Handbuch Sprache und Wissen
HSW 1

Handbücher Sprachwissen

―

Herausgegeben von
Ekkehard Felder und Andreas Gardt

Band 1

Handbuch Sprache und Wissen

Herausgegeben von
Ekkehard Felder und Andreas Gardt

DE GRUYTER

ISBN 978-3-11-057888-1
e-ISBN [PDF] 978-3-11-029597-9
e-ISBN [EPUB] 978-3-11-039516-7

Library of Congress Cataloging-in-Publication Data
A CIP catalog record for this book has been applied for at the Library of Congress.

Bibliografische Information der Deutschen Nationalbibliothek
Die Deutsche Nationalbibliothek verzeichnet diese Publikation in der Deutschen Nationalbibliografie; detaillierte bibliografische Daten sind im Internet über http://dnb.dnb.de abrufbar.

© 2015 Walter de Gruyter GmbH, Berlin/Boston
Dieser Band ist text- und seitenidentisch mit der 2015 erschienenen gebundenen Ausgabe.
Typesetting: fidus Publikations-Service GmbH, Nördlingen
Printing and binding: CPI books GmbH, Leck

♾ Printed on acid-free paper
Printed in Germany

www.degruyter.com

Inhaltsverzeichnis

Ekkehard Felder/Andreas Gardt
Einleitung —— IX

I Grundlagen

Ekkehard Felder/Andreas Gardt
1. **Sprache – Erkenntnis – Handeln —— 3**

Dietrich Busse
2. **Bedeutung —— 34**

Klaus-Peter Konerding
3. **Sprache und Wissen —— 57**

Helmuth Feilke
4. **Sprachsystem und Sprachgebrauch —— 81**

Ludwig Jäger
5. **Medialität —— 106**

II Sprache und ihr Gebrauch im systematischen Fokus

Ulrike Domahs/Beatrice Primus
6. **Laut – Gebärde – Buchstabe —— 125**

Ulrike Haß/Petra Storjohann
7. **Wort und Wortschatz —— 143**

Christa Dürscheid/Jan Georg Schneider
8. **Satz – Äußerung – Schema —— 167**

Nina Janich/Karin Birkner
9. **Text und Gespräch —— 195**

Ingo H. Warnke
10. **Diskurs —— 221**

Nina-Maria Klug/Hartmut Stöckl
11. Sprache im multimodalen Kontext —— 242

III Varietäten und metasprachliche Perspektiven

Jochen A. Bär/Anja Lobenstein-Reichmann/Jörg Riecke
12. Sprache in der Geschichte —— 267

Eva Neuland/Peter Schlobinski
13. Sprache in sozialen Gruppen —— 291

Jürgen Spitzmüller (unter Mitarbeit von Gerd Antos und Thomas Niehr)
14. Sprache im Urteil der Öffentlichkeit —— 314

IV Sprache in Wissensdomänen und Handlungsfeldern

Albert Busch/Thomas Spranz-Fogasy
15. Sprache in der Medizin —— 335

Ekkehard Felder/Friedemann Vogel
16. Sprache im Recht —— 358

Markus Hundt
17. Sprache in der Wirtschaft —— 373

Stephan Habscheid/Andreas P. Müller/Britta Thörle/Antje Wilton
18. Sprache in Organisationen —— 392

Vahram Atayan/Thomas Metten/Vasco Alexander Schmidt
19. Sprache in Mathematik, Naturwissenschaften und Technik —— 411

Heiko Hausendorf/Marcus Müller
20. Sprache in der Kunstkommunikation —— 435

Anne Betten/Ulla Fix/Berbeli Wanning
21. Sprache in der Literatur —— 455

Alexander Lasch/Wolf-Andreas Liebert
22. Sprache und Religion —— 475

Martin Wengeler/Alexander Ziem
23. **Sprache in Politik und Gesellschaft —— 493**

Beatrix Busse/Ingo H. Warnke
24. **Sprache im urbanen Raum —— 519**

Birgit Brouër/Jörg Kilian/Dina Lüttenberg
25. **Sprache in der Bildung —— 539**

Sachregister —— 557

Ekkehard Felder/Andreas Gardt
Einleitung

Mit dem *Handbuch Sprache und Wissen* liegt der erste Band der HANDBÜCHER SPRACHWISSEN (HSW) vor. In ihm wird das Konzept des *Sprachwissens* durch die einzelnen Beiträge entflochten und charakterisiert. Dabei meint *Sprachwissen* zweierlei: Das Wissen *über* Sprache, das durch die Handbücher der Reihe vermittelt wird, und die Art und Weise, wie Wissen *durch* Sprache konstituiert wird. In diesem letztgenannten Sinne schließt der zugrunde gelegte Wissensbegriff nicht nur das gesicherte, definitorisch präzise fassbare – prototypisch: fachliche – Wissen ein, sondern jeden durch Sprache (genauer: *insbesondere* durch Sprache) evozierten und im Akt des Verstehens individuell und zugleich sozial konstruierten, erkennenden Zugriff auf die Welt.

Die Titel der Beiträge des Handbuchs sind, mit Ausnahme der ersten fünf, identisch mit den Titeln der Bände der Reihe, sodass sich die Texte auf zweifache Weise lesen lassen: als in sich abgeschlossene Darstellung ihres jeweiligen Themas und zugleich als Hinweis auf die Konzeption der kommenden Handbücher. Der Band beginnt mit einem Kapitel „Grundlagen". Die Beiträge (*Sprache – Erkenntnis – Handeln, Bedeutung, Sprache und Wissen, Sprachsystem und Sprachgebrauch, Medialität*) spiegeln die Eckpunkte, zwischen denen das Handbuch *Sprache und Wissen* konzeptionell verortet ist.

Im Anschluss folgen Beiträge mit spachsystematischem Fokus: *Laut – Gebärde – Buchstabe, Wort und Wortschatz, Satz – Äußerung – Schema, Text und Gespräch, Diskurs*. Natürlich lassen sich Texte oder Diskurse nicht pauschal dem Sprachsystem zuordnen, aber der ihnen eigene systematische Anteil erlaubt es, sie auch unter dieser Perspektive zu betrachten. Etwas Vergleichbares trifft auch auf den letzten Beitrag dieser Gruppe zu, der *Sprache im multimodalen Kontext* beschreibt. Dabei bedeutet ein sprachsystematischer Fokus kein Ausblenden des Sprachgebrauchs, vielmehr favorisieren die Beiträge des Bandes insgesamt – wie die gesamte Reihe der HANDBÜCHER SPRACHWISSEN – einen gebrauchsorientierten und handlungsbetonten Blick auf Sprache. So erklärt sich auch die Überschrift dieses Kapitels: „Sprache und ihr Gebrauch im systematischen Fokus".

Das dritte Kapitel – „Varietäten und metasprachliche Perspektiven" – erweitert mit der Frage nach der Verfasstheit von Sprache in der Geschichte und in sozialen Gruppen den wissenschaftlichen Zugriff in die Vielfalt sprachlicher Erscheinungsformen. Ergänzt wird er durch die Einbeziehung des sprachreflexiven Urteils der Öffentlichkeit.

Die folgenden elf Beiträge befassen sich mit „Sprache in Wissensdomänen und Handlungsfeldern": *Medizin; Recht; Wirtschaft; Organisationen; Mathematik, Naturwissenschaften und Technik; Kunstkommunikation; Literatur; Religion; Politik und Gesellschaft; urbaner Raum* und *Bildung*. Sie beschreiben die Art und Weise, wie

Sprache dazu beiträgt, diese gesellschaftlich, fachlich und für den individuellen Alltag zentralen Bereiche kommunikativ zu strukturieren und damit zugleich individuell-kognitiv und gesellschaftlich-diskursiv verfügbar zu machen. In dieser Hinwendung zu den konkreten Gegenstandsbereichen und Handlungsfeldern liegt eine grundsätzliche Orientierung der HANDBÜCHER SPRACHWISSEN, die sich auch in der Titelformulierung der systembezogenen Beiträge und künftigen Handbücher niederschlägt: *Wort und Wortschatz* statt *Lexikologie, Satz – Äußerung – Schema* statt *Syntax* usw. Der Ansatz macht nicht die disziplinäre Gliederung zum Ausgangspunkt der wissenschaftlichen Beschreibung, sondern die konkreten sprachlichen und kommunikativen Phänomene selbst, da sie es sind, die in der Realität der Sprache zuallererst begegnen. Eine so verstandene phänomenorientierte Perspektive will in besonderer Weise der Tatsache Rechnung tragen, dass Sprache den primären intellektuellen Zugang zur Welt vermittelt, den Austausch über ihre Erscheinungen ermöglicht und dabei die Art und Weise des Erkennens und Handelns entscheidend prägt.

Bei all dem steht außer Frage, dass sprachliche Phänomene in den Blick des Wissenschaftlers erst aufgrund analytischer Kategorien treten, die ihrerseits auf theoretischen Prämissen beruhen. Diese Prämissen nachzuzeichnen, zugleich auf methodische und methodologische Fragen einzugehen, ist ebenfalls Aufgabe der Handbücher. Dabei weisen sie auch auf Desiderate der wissenschaftlichen Erschließung ihrer Gegenstände hin und zeigen Wege außerhalb des bislang Gedachten auf. Bei dieser Aufgabe sehen sich die Herausgeber mit unterschiedlichen Voraussetzungen konfrontiert. Handbücher mit einem stärker systembezogenen Gegenstandsbereich (Bände zwei bis sechs, zur Gliederung s. u.), außerdem die Bände zu den historischen und sozialen Erscheinungen von Sprache (Bände acht und neun), in Teilen auch das *Handbuch Sprache in Politik und Gesellschaft*, befassen sich mit etablierten sprachwissenschaftlichen Themen. Ihre Herausgeber sind mit einem umfassenden kanonisierten Wissen konfrontiert und müssen entscheiden, welche seiner Aspekte berücksichtigt werden soll und was an neuem Wissen eine Aufnahme rechtfertigt. Die Handbücher zur Sprache in Wissensdomänen und Handlungsfeldern dagegen (Bände elf bis 21), auch das *Handbuch Sprache im multimodalen Kontext* und das *Handbuch Sprache im Urteil der Öffentlichkeit* systematisieren Gegenstands- und Forschungsbereiche, die bisher eher als Konglomerat vielfältiger Einzelforschung erscheinen denn als ein strukturiertes Ganzes. Hier tragen die Handbücher dazu bei, einen Kanon erst zu etablieren.

Die Reihe der HANDBÜCHER SPRACHWISSEN ist offen für weitere Bände angelegt. Die folgende Liste nennt die bereits in Arbeit befindlichen Handbücher und ihre Herausgeber:

HSW 2 – Ulrike Domahs/Beatrice Primus
Handbuch Laut – Gebärde – Buchstabe

HSW 3 – Ulrike Haß/Petra Storjohann
Handbuch Wort und Wortschatz

HSW 4 – Christa Dürscheid/Jan Georg Schneider
Handbuch Satz – Äußerung – Schema

HSW 5 – Karin Birkner/Nina Janich
Handbuch Text und Gespräch

HSW 6 – Ingo Warnke
Handbuch Diskurs

HSW 7 – Nina-Maria Klug/Hartmut Stöckl
Handbuch Sprache im multimodalen Kontext

HSW 8 – Jochen A. Bär/Anja Lobenstein-Reichmann/Jörg Riecke
Handbuch Sprache in der Geschichte

HSW 9 – Eva Neuland/Peter Schlobinski
Handbuch Sprache in sozialen Gruppen

HSW 10 – Gerd Antos/Thomas Niehr/Jürgen Spitzmüller
Handbuch Sprache im Urteil der Öffentlichkeit

HSW 11 – Albert Busch/Thomas Spranz-Fogasy
Handbuch Sprache in der Medizin

HSW 12 – Ekkehard Felder/Friedemann Vogel
Handbuch Sprache im Recht

HSW 13 – Markus Hundt/Dorota Biadala
Handbuch Sprache in der Wirtschaft

HSW 14 – Stephan Habscheid/Andreas P. Müller/Britta Thörle/Antje Wilton
Handbuch Sprache in Organisationen

HSW 15 – Vahram Atayan/Thomas Metten/Vasco Alexander Schmidt
Handbuch Sprache in Mathematik, Naturwissenschaften und Technik

HSW 16 – Heiko Hausendorf/Marcus Müller
Handbuch Sprache in der Kunstkommunikation

HSW 17 – Anne Betten/Ulla Fix/Berbeli Wanning
Handbuch Sprache in der Literatur

HSW 18 – Alexander Lasch/Wolf-Andreas Liebert
Handbuch Sprache und Religion

HSW 19 – Kersten Sven Roth/Martin Wengeler/Alexander Ziem
Handbuch Sprache in Politik und Gesellschaft

HSW 20 – Beatrix Busse/Ingo H. Warnke
Handbuch Sprache im urbanen Raum

HSW 21 – Jörg Kilian/Birgit Brouër/Dina Lüttenberg
Handbuch Sprache in der Bildung

Die Herausgeber des ersten Handbuchs der Reihe danken Daniel Gietz und, für Fragen der Herstellung, Kevin Göthling vom Verlag De Gruyter sehr für die gute Zusammenarbeit. Laura Kleitsch und Katharina Böhm sei herzlich für redaktionelle Arbeiten in Heidelberg und Kassel gedankt.

I **Grundlagen**

Ekkehard Felder/Andreas Gardt
1. Sprache – Erkenntnis – Handeln

Abstract: Die Größen *Sprache* und *Erkenntnis* lassen sich in unterschiedlicher Weise zueinander in Beziehung setzen. So kann das Erkennen der Welt als sprachfrei gelten und die Sprache lediglich als Medium betrachtet werden, das dem Ausdruck des Erkennens einer vorgegebenen Wirklichkeit dient. Diese Auffassung deckt sich mit der vorwissenschaftlichen, intuitiven, bisweilen auch naiven Überzeugung von der Möglichkeit eines objektiven sprachlichen Zugriffs auf die Welt. Dem stehen konstruktivistische Positionen gegenüber, die die menschliche Erkenntnis als mehr oder weniger stark sprachgeprägt begreifen, und in der Geschichte der Sprachtheorie wurde immer wieder auf die zentrale Rolle der Sprache bei der Bildung kognitiver Kategorien und ganzer ‚Weltansichten' hingewiesen. Dabei erlaubt die Betonung der erkenntniskonstitutiven Dimension der Sprache einen Gestus des Hinterfragens, der etwa gesellschaftliche Zusammenhänge, die als ‚natürlich gegeben' dargestellt wurden, in ihrem Konstruiertsein ausweist, kann andererseits aber auch überbewertet werden und zu Überzeichnungen führen. Vor diesem Hintergrund erweist sich der akteurs- und wissensdomänenspezifische Gebrauch sprachlicher Erscheinungsformen als konventionalisierte Tätigkeitsform zum Austausch von Wissensbeständen (alltagsweltliche und fachspezifische Aufgabenbewältigung). Sowohl sprachliches Handeln von Individuen als auch die kommunikative Praxis von Gruppierungen manifestieren sich – bei aller Möglichkeit individueller Varianz – musterhaft in Performanzen als soziale Praxis und erscheinen in ihren kommunikativen Routinen als verfestigte Zeichenverwendungsformen, die sich als Typen von Texten, Gesprächen und multimedialen Einheiten in spezifischen Situationen kategorisieren lassen. Die sortale Struktur sprachlicher Phänomene und ihrer Einbettungsbedingungen illustriert das Gegebensein von Kommunikation als einer kulturell geprägten Lebenspraxis.

1 Einleitung
2 Sprachtheoretische Grundzüge
3 Sprache und Handeln
4 Synopse einer epistemologischen Sprachhandlungstypologie
5 Literatur

1 Einleitung

Die Größen Sprache, Erkenntnis und Handeln zueinander in Beziehung zu setzen, begegnet in der Geschichte der Sprachtheorie seit frühester Zeit. Dabei lässt sich eine

Abfolge zwischen ihnen denken, die je nach theoretischer Position unterschiedlich ausfällt. Bei der Annahme einer sprachfreien Erfassung der Wirklichkeit durch den Menschen dient Sprache erst in einem zweiten Schritt dem Ausdruck des Erkannten. Dem steht die Überzeugung gegenüber, dass Sprache ein mehr oder weniger großer Anteil am Zustandekommen menschlicher Erkenntnis zukommt. Entscheidend ist das *Mehr oder Weniger*, und die in diesem Kontext begegnenden Auffassungen bieten ein breites Spektrum. Es ist einerseits begrenzt von Positionen, die eine eher oberflächliche, häufig nur punktuelle und in einzelnen Individuen wirksam werdende Prägung der Erkenntnis durch die Sprache annehmen, wobei der sprachliche Einfluss als durchaus erkennbar und auch potentiell korrigierbar gilt, dort, wo die sprachlichen Strukturen und Kategorien dem erkennenden Subjekt ein Bild von der Wirklichkeit nahelegen, das von ihm als unzutreffend empfunden wird. Am anderen Ende des Spektrums wird der Sprache dagegen erkenntnistheoretisch ein vollständiges Apriori zugesprochen: Das Erkennen der Wirklichkeit geschieht grundsätzlich mittels und in Sprache, und die einzelnen Akte dieses Erkennens verlaufen entlang der lexikalischen und grammatischen Linien, wie sie von Sprache schlechthin (universalistische Position) bzw. von den verschiedenen Sprachen der Welt (einzelsprachliche Position) vorgezeichnet werden.

Beide geschilderten Auffassungen – Sprache als Ausdruck von Erkenntnis und Sprache als Voraussetzung von Erkenntnis – begegnen bis in die unmittelbare Gegenwart, auch in der Verbindung eines Sowohl-als-Auch. Dabei entspricht die Annahme eines (weitgehend) sprachfreien Erkennens der Welt unserer vorwissenschaftlichen, intuitiven, alltäglichen Erfahrung: Wir nehmen die Welt als gegeben an und halten ein unmittelbares Erkennen ihrer Phänomene sehr wohl für möglich. Eine (einzel)sprachliche Prägung von Erkenntnisvorgang und -resultat scheint dagegen in aller Regel nicht stattzufinden. Die dieser Annahme widersprechenden Auffassungen sollen im Folgenden unter dem Begriff des *Konstruktivismus* zusammengefasst werden. Konstruktivistische Positionen sind vor allem in den Geistes- und Sozialwissenschaften weit verbreitet, wo sie – in sehr unterschiedlichen Graden der Zuspitzung – aktuell das vorherrschende Paradigma bilden.

Auch die dritte der hier relevanten Größen, das Handeln, lässt sich in ein Folgeverhältnis zu den beiden anderen setzen. Dabei ist die Feststellung, dass aus einer Erkenntnis ein Handeln folgen kann bzw. dass durch ein Handeln eine Erkenntnis gewonnen werden kann, trivial. Interessanter ist die Korrelierung von Handeln und Sprache bzw. Sprechen. Intuitiv erscheinen sie getrennt, bisweilen geradezu gegensätzlich (charakteristisch etwa die Stelle aus *Faust I*: „Der Worte sind genug gewechselt, / Laßt mich auch endlich Taten sehn"). Sprachhandlungstheorien dagegen verbinden die Bereiche, da sie Sprechen als eine Form des Handelns begreifen: Indem man spricht, handelt man (über den offensichtlichen Vollzug des Äußerungsaktes hinaus) und gestaltet so Wirklichkeit. Solche Theorien begegnen zwar erst in neuerer Zeit, doch ist der Handlungscharakter von Sprache in gewisser Weise bereits in der Rhetorik angelegt und damit seit der Antike präsent. Als diejenige Disziplin, der es um das kommunikativ erfolgreiche Verwenden von Sprache geht, sieht die Rhetorik das Sprechen und Schreiben in unmittelbarem Bezug zur Lebenspraxis und die Sprache als deren bedeutendes Gestaltungsmittel. Für die aktuelle *Fundamentalrhetorik* ist der Mensch *Homo rhetoricus*, dem das Rhetorische als ein auf kommunikativen Erfolg zielendes sprachliches Handeln „als universales und fundamentales Phänomen bereits vor aller Redekunst [im Sinne der Kunstform der *ars rhetorica*, E. F./A. G.]" anthropologisch eigen ist (Oesterreich 2008, 870).

2 Sprachtheoretische Grundzüge

2.1 Sprache als Ausdruck von Erkenntnis

Dass Sprache dazu dient, Erkenntnis Ausdruck zu verleihen, ist selbstverständlicher Teil unserer Alltagserfahrung. Ebenso offensichtlich ist, dass dies nicht im leeren Raum geschieht, vielmehr in aller Regel eingebunden in konkrete kommunikative Zusammenhänge. Die Orientierung am Anderen ist daher in der Rede vom „Ausdruck von Erkenntnis" meist mitzudenken. Doch sind die gerade angebrachten Einschränkungen durch „in aller Regel" und „meist" notwendig, da nicht jedes Sprechen und Schreiben zwangsläufig bzw. ausschließlich kommunikativen Zwecken dient. Wo in der Geschichte der Reflexion über Sprache über die Funktionen von Sprache nachgedacht wurde, spielt die Funktion der Kommunikation zwar die dominante Rolle, letztlich begründet in der Sicht vom Menschen als *zoon politikon*, für das Sozialität unhintergehbar ist. Doch lässt sich daneben auch eine auf den Sprecher selbst verweisende Funktion erkennen, die wiederum unterschiedliche Facetten aufweist: eine mnemotechnische Funktion der Speicherung von Informationen, eine kathartische Funktion der psychischen Entlastung und Regenierung des Sprechers und eine kognitive Funktion der Strukturierung des eigenen Denkens (Gardt 1995). In dem Maße, in dem vor allem die kognitive Funktion betont wird, wird die reine Ausdrucksfunktion von Sprache, d.h. ihre epistemologische Nachordnung, hinterfragt (dazu s. u. 2.2).

Dort aber, wo Sprache lediglich die Funktion des Ausdrucks von sprachunabhängig Gedachtem zuerkannt wird, lässt sich das Verhältnis zwischen Sprache, Denken und Wirklichkeit als *sachsemantisch* beschreiben (für das Folgende vgl. Gardt 1999, 2001, 2002, 2013): Die Wirklichkeit ist uns vorgegeben, und aufgrund der weitgehenden Universalität der Mechanismen ihres Erfassens sind auch die Vorstellungen von ihr universell, d. h. bei allen Menschen nahezu identisch. Bis in die Neuzeit hinein war der Bezugspunkt für diese Auffassung Aristoteles (Aristoteles 1974, 95):

> Es sind also die Laute, zu denen die Stimme gebildet wird, Zeichen der in der Seele hervorgerufenen Vorstellungen, und die Schrift ist wieder ein Zeichen der Laute. Und wie nicht alle dieselbe Schrift haben, so sind auch die Laute nicht bei allen dieselben. Was aber durch beide an erster Stelle angezeigt wird, die einfachen seelischen Vorstellungen, sind bei allen Menschen dieselben, und ebenso sind es die Dinge, deren Abbilder die Vorstellungen sind.

Mit dieser Beschreibung der Nachordnung der Sprache ist zugleich das Problem der Unterschiedlichkeit der Einzelsprachen geklärt: Unterschiede bestehen lediglich zwischen den Ausdrucksseiten der Zeichen, die – so Aristoteles an anderer Stelle – per Konvention zustande kommen. Diese sachsemantische Vorstellung, für die Sprache vor allem Abbild der Wirklichkeit ist, erweist sich als ein sprachtheoretischer Klassiker, weil sie so unmittelbar einsichtig erscheint: Die Dinge sind, wie sie sind, das Verhältnis der Vorstellungen zu ihnen ist letztlich natürlich begründet, und die Sprache benennt lediglich das ontisch Vorgegebene. Eine solch ontologische Qualität besitzt Sprache dann, wenn ein Wort tatsächlich auf eine Vorstellung verweist, die ihrerseits wieder einen Sachverhalt der Wirklichkeit spiegelt. Natürlich gibt es Irrtum und Lüge, aber sie ändern nichts an dem Sprach- und Weltvertrauen, das sich in dieser Semantik zeigt und das, wie oben erwähnt, durch unsere Alltagserfahrung gestützt wird. Etwa zur selben Zeit, zu der Immanuel Kant seine erkenntnisskeptischen Überlegungen formuliert, stellt der Leipziger Sprachgelehrte Johann Christoph Gottsched unumwunden fest, dass „fast alle Wörter einer jeden Sprache abgesonderte Begriffe [bedeuten]" („Begriff" hier im Sinne von ‚Vorstellung'): „Und eben daher kann man von den Begriffen, die durch diese Absonderung entstanden sind, gar wohl versichert seyn: weil man sie nämlich von wirklich vorhandenen Dingen hergenommen hat" (Gottsched 1762, 140A).

Die Überzeugung von der grundlegenden Verankerung von Sprache und Denken in der vorgegebenen Wirklichkeit sei abschließend an einem Modell illustriert, das der Pädagoge, Theologe und Sprachgelehrte Johann Amos Comenius um 1681 entwickelt hat (Comenius 1681 [?], 2). Es ist symptomatisch für Auffassungen der geschilderten Art und bezieht in die triadische Darstellung zusätzlich das Handeln ein.

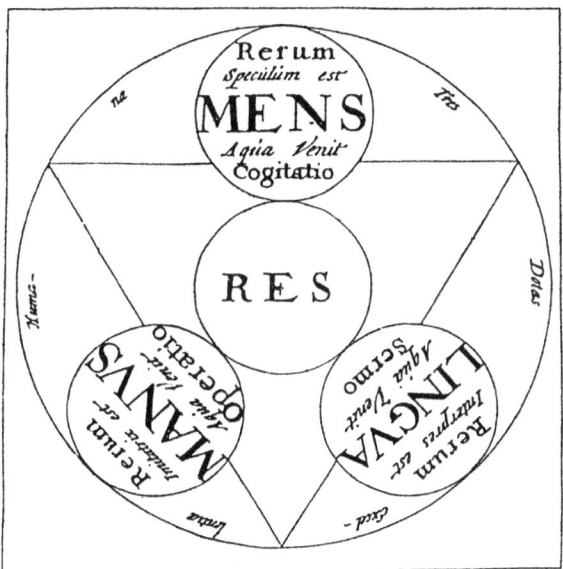

Abb. 1: Comenius 1681 [?]

Im Zentrum des Modells stehen die *res*, die Gegenstände der Wirklichkeit. Ihnen sind in symmetrischer Anordnung die Größen *mens*, *lingua* und *manus* zugeordnet. Der Geist ist Spiegel der Dinge (*rerum speculum est mens*) und bringt die einzelnen Akte des Denkens (*cogitatio*) hervor. Die Sprache drückt die Dinge aus, überträgt sie vom Geistigen in ein anderes Medium (*rerum interpres est lingua*) und schlägt sich in den konkreten Akten der Rede (*sermo*) nieder. Die Hand (*manus*), metonymisch das Handeln anzeigend, ist in ihrem konkreten physischen Tun die Nachahmerin der Dinge (*rerum imitatrix est manus*) und bewirkt die einzelne Handlung (*operatio*). Dabei stehen die Größen in einem dynamischen Verhältnis: Die Dinge werden vom Bewusstsein erfasst und dort zum Anlass für die Akte des Denkens. Diese Akte bewirken die Bildung sprachlicher Äußerungen über die Dinge. Denken und sprachliche Äußerungen werden schließlich auf die Ebene des Handelns übertragen, wo sie im Zusammenspiel wiederum die Dinge beeinflussen. In jedem Fall aber bildet die Welt der Dinge den unhintergehbaren Ausgangspunkt.

Die Auffassung vom Primat der Dinge und die Betonung der Abbildfunktion von Sprache begegnen, wie erwähnt, bis in die Gegenwart, allerdings in sehr unterschiedlicher Ausprägung innerhalb und außerhalb der Wissenschaften. In der Sprachtheorie des 20. Jahrhunderts wird diese Position in extremer Form etwa im Rahmen einer konsequent materialistischen Erkenntnistheorie formuliert. So geht Otto Kade (1971, 16) „von der Erkennbarkeit der Welt und vom Primat der objektiven Wirklichkeit gegenüber dem Bewusstsein und der Sprache" aus und sieht „Bewußtseinsinhalte" als subjektive Abbilder der objektiven Welt, die über die Bewährung in der gesellschaftlichen Praxis intersubjektiv verifiziert und dabei (im Sinne der unaufhaltsamen Annäherung an die absolute Wahrheit) ständig präzisiert werden.

Eine Sprachtheorie dagegen, die es für möglich hält, Bewusstseinsinhalte könnten „aus der Sprache als der kodifizierten ‚Vorstellungswelt' der betreffenden Sprachgemeinschaft" (Kade 1971, 14) entstehen, verkehre die Relation zwischen Sprache und Denken und sei nichts weiter als der „eklatanteste Irrtum" (Kade 1971, 13).

Solch radikale Positionen finden sich in der wissenschaftlichen Diskussion nicht mehr, aber die Auffassungen, die den Gegenpol zu ihnen bilden, weisen ein breites Spektrum auf, das durchaus auch Theoreme eines erkenntnistheoretischen Realismus umfasst, bis hin zu einem *Neuen Realismus.*

2.2 Sprache als Voraussetzung von Erkenntnis

Die kognitive Dimension von Sprache, die den Menschen erst zur Erkenntnis gelangen lässt, wird in der Geschichte der Sprachreflexion nicht selten ebenso prägnant hervorgehoben wie ihre kommunikative. So stellt etwa Johann Gottfried Herder in seiner Sprachursprungsschrift von 1771 fest (Herder 1771, 725):

> [D]er Wilde, der Einsame im Walde hätte Sprache für sich selbst erfinden müssen; hätte er sie auch nie geredet.

Dabei gelten die beiden Sprachfunktionen keineswegs als unvereinbar, und die Frage danach, welcher der Primat zukommt, ist müßig, weil sie der Frage nach dem Primat von Huhn oder Ei ähnelt. Gottfried Wilhelm Leibniz beantwortet sie ganz pragmatisch (1704, III/1/2):

> In der Tat glaube ich, daß wir ohne den Wunsch, uns verständlich zu machen, niemals die Sprache ausgebildet hätten. Nachdem sie aber einmal gebildet war, dient sie dem Menschen auch, Überlegungen für sich anzustellen [...].

Entscheidend ist, wie eingangs betont, das Ausmaß des Einflusses der Sprache auf das menschliche Denken. Dabei kann es nicht um die triviale Feststellung gehen, dass sprachlichen Äußerungen aufgrund ihres Inhalts ganz offenbar die Eigenschaft zukommen kann, den Bewusstseinsinhalt des Adressaten zu verändern und so sein Erkennen zu beeinflussen: Wenn ich nicht wusste, dass *Ruländer* eine Rebsorte bezeichnet, es aber nun gesagt bekomme, dann bin ich durch diese sprachliche Äußerung kognitiv – wenn auch geringfügig –, ein anderer'. Bei der Diskussion über die Korrelation von Sprache und Erkenntnis geht es dagegen in aller Regel um die Frage, ob die Sprache bereits durch die Spezifik ihrer lexikalischen und grammatischen Strukturen, also noch vor der Ebene expliziter Propositionen, die Erkenntnis prägt. Die Problematik der Bestimmung des Ausmaßes dieser Prägung verdeutlicht die häufig zitierte Bemerkung aus Wilhelm von Humboldts Schrift *Über die Verschiedenheit des menschlichen Sprachbaues und ihren Einfluß auf die geistige Entwicklung des Menschengeschlechts* (1836, 235):

> Der Mensch lebt mit den Gegenständen hauptsächlich, ja, da Empfinden und Handeln in ihm von seinen Vorstellungen abhängen, sogar ausschließlich so, wie die Sprache sie ihm zuführt.

Der Unterschied zwischen „hauptsächlich" und „ausschließlich" ist entscheidend, wobei die damit angedeutete Skala weit vor „hauptsächlich" einsetzen müsste (*gar nicht – geringfügig – mäßig – …*).

Ein sehr weitgehender, wenn auch nicht betont ins Sprachliche gewendeter Konstruktivismus wird von Immanuel Kant vertreten (1798, 71):

> die Dinge können unmöglich durch diese Vorstellungen und Begriffe vom Verstande als solche, wie sie an sich sein mögen, erkannt werden; die Dinge, die unsere Sinne und unser Verstand darstellen, sind vielmehr an sich nur Erscheinungen, d. i. Gegenstände unserer Sinne und unseres Verstandes, die das Product aus dem Zusammentreffen der Gelegenheitsursachen und der Wirkung des Verstandes sind.

„[D]er Mensch", so Kant in derselben Passage, „denkt mit seinem Verstande ursprünglich, und er schafft sich also seine Welt" (ebd.).

Sehr pointierte konstruktivistische Äußerungen finden sich auch in den Arbeiten Friedrich Nietzsches (Nietzsche 1873, 373 u. 374 f.):

> Das „Ding an sich" (das würde eben die reine folgenlose Wahrheit sein) ist auch dem Sprachbildner ganz unfasslich und ganz und gar nicht erstrebenswerth. Er bezeichnet nur die Relationen der Dinge zu den Menschen und nimmt zu deren Ausdrucke die kühnsten Metaphern zu Hülfe. […] Was ist also Wahrheit? Ein bewegliches Heer von Metaphern, Metonymien, Anthropomorphismen, kurz eine Summe von menschlichen Relationen, die, poetisch und rhetorisch gesteigert, übertragen, geschmückt wurden, und die nach langem Gebrauche einem Volke fest, canonisch und verbindlich dünken: die Wahrheiten sind Illusionen, von denen man vergessen hat, dass sie welche sind […].

Kaum jemand zeigt so überzeugend die Perspektivierungen auf, die mit den Bezeichnungsvorgängen einhergehen, das ‚Zurechtbündeln' der Wirklichkeit in den Kategorisierungen der Sprache und den Akten des Sprechens. Viele von Nietzsches Texten illustrieren eindringlich, dass sich jeder naive Glaube an eine Eins-zu-Eins-Relation zwischen Wort und Ding verbietet. Genau darin scheint für viele Autoren auch ein zentrales Motiv für ihr konstruktivistisches Argumentieren zu liegen: in der Unzufriedenheit mit einem vorschnell formulierten, im Alltag allenthalben begegnenden Glauben, mit dieser oder jener Aussage einen Zugriff auf ‚die Dinge an sich' zu besitzen. Zumal dort, wo es sich bei den vermeintlichen ‚Dingen an sich' um im gesellschaftlichen Raum auszuhandelnde Gegebenheiten handelt, wie das etwa bei sozialen, politischen oder anderen kulturellen Erscheinungen der Fall ist, ist der Hinweis auf die perspektivische Gebundenheit des Sprechens zugleich eine Warnung vor dem allzu schlichten Postulieren ‚absoluter Wahrheiten'.

Grundsätzlich beinhaltet die Annahme einer Prägung der Erkenntnis durch die Sprache nicht, ihr epistemologisch ein Apriori einzuräumen. In der Geschichte der Reflexion über Sprache hat es immer wieder Ansätze gegeben, die Einsicht in die Existenz einer kognitiven Funktion von Sprache mit dem Versuch zu verbinden, gewissermaßen ‚an der Sprache vorbei' auf die Welt zuzugreifen. Sowohl britische Empiristen wie kontinentale Rationalisten formulieren zwar stark sprachskeptische Positionen. Aber wenn John Locke etwa kritisiert, die Wörter könnten „between our Understandings, and the Truth" (1690, III, IX, 21) treten, dann teilt Gottfried Wilhelm Leibniz diese Bedenken durchaus, ist sich jedoch sicher, dass die Dinge „vom Verstand unabhängige reale Wesenheiten [...] haben" und wir durchaus in der Lage sind, „sie zu erkennen" (Leibniz 1704, III, VI, 27). Der präzise analytische Blick des Wissenschaftlers auf die Dinge vermag, so die Argumentation, die drohenden Täuschungen durch die Sprache zu verhindern. Was die natürlichen Sprachen aufgrund ihres (vermeintlichen) Mangels an struktureller Systematik nicht zu leisten vermögen, wurde von einer künstlichen *lingua rationalis* erhofft, für die es seit dem 17. Jahrhundert immer wieder Entwürfe und Vorschläge gab.

In einer weniger erkenntnisoptimistischen Form hält sich diese Position bis in die *Ideal Language Philosophy* des 20. Jahrhunderts. Sie spiegelt sich in Gottlob Freges Wunsch, „die Herrschaft des Wortes über den menschlichen Geist" möge überwunden werden (Frege 1964, XIII), wie auch in Ludwig Wittgensteins Warnung vor der „Verhexung unsres Verstandes" (Wittgenstein 1945, § 109) durch die Sprache.

Die oben angeführte Textstelle aus Humboldts Werk sei noch einmal herangezogen, nun in einem weiteren Zusammenhang (Humboldt 1836, 235):

> Wie der einzelne Laut zwischen den Gegenstand und den Menschen, so tritt die ganze Sprache zwischen ihn und die innerlich und äußerlich auf ihn einwirkende Natur. Er umgibt sich mit einer Welt von Lauten, um die Welt von Gegenständen in sich aufzunehmen und zu bearbeiten. Diese Ausdrücke überschreiten auf keine Weise das Maß der einfachen Wahrheit. Der Mensch lebt mit den Gegenständen hauptsächlich, ja, da Empfinden und Handeln in ihm von seinen Vorstellungen abhängen, sogar ausschließlich so, wie die Sprache sie ihm zuführt. Durch denselben Akt, vermöge dessen er die Sprache aus sich herausspinnt, spinnt er sich in dieselbe ein, und jede zieht um das Volk, welchem sie angehört, einen Kreis, aus dem es nur insofern hinauszugehen möglich ist, als man zugleich in den Kreis einer andren hinübertritt. Die Erlernung einer fremden Sprache sollte daher die Gewinnung eines neuen Standpunkts in der bisherigen Weltansicht sein [...].

Der Gedanke der Existenz sprachlich vermittelter *Weltansichten* begegnet in unterschiedlicher Terminologie in der Sprachphilosophie des 19. Jahrhunderts, etwa bei August Wilhelm Schlegel, wenn er feststellt, dass wir mit unserer Sprache „die Vorstellungen und Ansichten der Dinge [saugen]" (Schlegel 1801/1802, 417), auch bei Johann Gottlieb Fichte, Friedrich Wilhelm Schelling und zahlreichen anderen. Im 20. Jahrhundert findet sich die Position unter anderem in Ernst Cassirers *Philosophie der symbolischen Formen* (1923–1929) und wird in den Arbeiten Jost Triers (vor allem in *Der deutsche Wortschatz im Sinnbezirk des Verstandes*, 1931) an praktischer Wortfeldanalyse illustriert (Trier 1973, 2):

> Die Sprache *spiegelt* […] nicht reales Sein, sondern *schafft* intellektuelle Symbole, und das Sein selbst, das heißt das für uns gegebene Sein, ist nicht unabhängig von Art und Gliederung der sprachlichen Symbolgefüge.

Werden aus einzelnen Sprachen Belege für die sprachliche Strukturierung der Wirklichkeit herangezogen, so umfasst das sowohl lexikalische wie auch grammatische Elemente. Schon Humboldt hatte die Grammatik als „unsichtbar in der Denkweise der Sprechenden vorhanden" gesehen (1826, 128), und Benjamin Lee Whorfs Untersuchung unter anderem des Tempussystems der Sprache der nordamerikanischen Hopi (*Language, Thought and Reality*, 1956) lässt ihn zu einem *linguistic relativity principle* gelangen, wonach unterschiedliche Tempussysteme die Wahrnehmung von Zeit und deren kulturelle Bewertung beeinflussen. Eine Art Neuauflage haben die Ansichten Whorfs in den aktuellen Untersuchungen Daniel Everetts erlebt (D. Everett 2013).

Solch relativistische Positionen waren und sind Anlass heftiger Kontroversen, bis in die Gegenwart sind Fragen der Korrelation von Sprache und Erkenntnis umstritten (zum Bereich der Wahrnehmung und Bezeichnung von Farben vgl. etwa Lehmann 1998). Das ist nicht zuletzt deshalb der Fall, weil der Gedanke einzelsprachlicher Relativität kulturell und politisch brisante, bisweilen geradezu ideologische Züge annehmen kann. So gab die Differenzierung in flektierende, isolierende und agglutinierende Sprachen im späten 19. Jahrhundert Anlass zu einer Diskussion darüber, welcher Sprachtyp welche Qualität des Denkens ermöglicht. In eurozentrischen Argumentationen erscheinen die flektierenden indogermanischen Sprachen, zu denen auch die meisten europäischen Sprachen zählen, vor allem den isolierenden, oft asiatischen Sprachen hinsichtlich der in ihnen vermeintlich angelegten kognitiven Leistungsmöglichkeiten überlegen. Explizit nationalistischer Natur wiederum sind Darlegungen z. B. zum ‚schädlichen' Einfluss französischer Fremdwörter auf die Identität der Sprecher des Deutschen, wie sie sich im Zuge deutsch-französischer Auseinandersetzungen im 19. und frühen 20. Jahrhundert finden (Friedrich Gottlieb Welcker, in *Warum muss die Französische Sprache weichen und wo zunächst*, 1814, zit. nach Straßner 1995, 204):

> Mit der Sprache wird sich dann zugleich verlieren der Geist, der in ihr wohnt, Lebensart und Manieren, welche daraus hervorgehn, die Empfindungsweise, die Anschauung der Natur und die Ansicht der Geisteswelt, die ihr eingeboren sind, von denen sie nur der Abdruck ist, die ganze Französische Natur in ihrer Äußerlichkeit und Oberflächlichkeit im untrüglichsten Ebenbild.

Welche Züge ein solches Denken annehmen kann, geht aus der Darlegung der englischen Kafka-Übersetzerin Willa Muir hervor (Muir 1959, 95):

> I have the feeling that the shape of the German language affects the thought of those who use it and disposes them to overvalue authoritative statement, will power and purposive drive. In its emphasis on subordination and control it is not so ruthless as Latin, but both in Latin and in German the structure of the language, I am inclined to think, conditions the kind of thought that it expresses. And so it must have an organic relation to the apirations and imaginative constructions of those who use it. A language which emphasizes control and rigid subordination must tend to shape what we call *Macht-Menschen*.

Und weiter (ebd.):

> The drive, the straight purposive drive, of Latin, for instance, is remarkably like the straight purposive drive of the Roman roads. One might hazard a guess that fom the use of *ut* with the subjunctive one could deduce the Roman Empire. Could one then deduce Hitler's Reich from the less ruthless shap of the German sentence? I think one could [...].

Solche ideologisch zugespitzten und zugleich trivialen Ausformungen sprachrelativistischer Positionen begegnen zwar immer wieder, sie liegen aber nicht ‚in der Natur der Sache des Konstruktivismus', wo er sich mit einzelsprachlichen Phänomenen befasst. Aktuell haben Fragen des sprachlichen Relativismus Konjunktur in den Wissenschaften, wobei allerdings jegliche Wertung vermieden wird. Auch wird darauf geachtet, die Möglichkeit des Ausgleichs zwischen den Sprachgemeinschaften und den ihren Sprachen zugesprochenen ‚Weltbildern' zu betonen, zugleich einem umfassenden Determinismus zu widersprechen. Charakteristisch etwa Caleb Everett (2013, 274):

> The research we have discussed suggests that linguistic relativity is very much a reality, though we stress again that the acceptance of this fact by no means implies that speakers of different languages have incommensurable world-views. Their thoughts are not completely determined by their native language(s).

Eine andere Art pointiert konstruktivistischer Positionen begegnet aus natur- bzw. kognitionswissenschaftlicher Sicht, in der Form des Neurokonstruktivismus (auch *neurobiologischer Konstruktivismus*). Danach ist unsere Wahrnehmung eine „Online-Simulation der Wirklichkeit", die unser Gehirn in einer Weise aktiviert, dass wir sie „für echt halten" (Siefer/Weber 2006, 259). Aber was wir sehen, „ist nicht [...] *wirklich* da", sondern „es ist das, wovon Ihr Gehirn *glaubt*, es sei da" (Crick 1994, 30; beide Zitate nach Fuchs 2011, 347). So auch Gerhard Roth (1997, 21): „Die Wirklichkeit, in der ich lebe, ist ein Konstrukt des Gehirns". Roths Arbeiten sind für die Sprachwissenschaft deshalb von besonderer Bedeutung, weil sie einen Übergang zu sozialwissenschaftlichen Fragen erlauben, indem sie über die hirnphysiologischen Gegebenheiten hinaus die Sozialisation des Menschen berücksichtigen, denn „alles, was wir tun, [geschieht] im Lichte der gesamten individuellen (auch sozial vermittelten) Erfahrung [...]" (Roth 2003, 553). Mit der Frage der Sozialisation aber wird – obgleich Roth sie selbst nicht zum Thema macht – auch Sprache relevant.

Ähnlich verhält es sich mit Positionen des Radikalen Konstruktivismus, wie sie etwa von Ernst von Glasersfeld und Heinz von Foerster vertreten werden und in wesentlichen Theoremen auch bei Humberto Maturana, Francisco Varela und anderen begegnen. Auch hier wird die Auffassung zurückgewiesen, es könne so etwas wie eine „‚korrekte' Abbildung der Realität" (von Glasersfeld 1997, 43) geben. Sprache diene nicht „der Übermittlung von Informationen oder [...] der Beschreibung einer unabhängigen Außenwelt" (Maturana 1982, 73), sondern „der Erzeugung eines konsensuellen Verhaltensbereiches zwischen sprachlich interagierenden Systemen" (ebd.). Die Frage der Wahrheit von Referenz durch Sprache stellt sich gar nicht erst, einzig das Funktionieren des sprachlichen Austauschs, das Erreichen des kommunikativen Ziels ist wichtig. Unsere Annahmen von der Welt sind lediglich „Als-Ob-Fiktionen" (Schmidt 1988, 75), zwar in der Sache unzutreffend, aber unser Handeln erfolgreich leitend.

In dieser Radikalität sind konstruktivistische Auffassungen kontraintuitiv, weil sie unserer Spracherfahrung widersprechen. Wenn wir einer Wegbeschreibung folgen und mit ihr tatsächlich zum gewünschten Ziel gelangen oder nach der Lektüre einer Gebrauchsanweisung ein Gerät bedienen können, dann hat Sprache offenbar referentiell funktioniert, sind wir durch sie zu einer zutreffenden Erkenntnis über einen Ausschnitt der Welt gelangt. In diesem Zusammenhang von einer *Als-Ob-Fiktion* zu sprechen, überzeugt nicht wirklich, weil die Feststellung keine Relevanz für die Bewertung der Stellung der Sprache für den Menschen besitzt: Aus den Ergebnissen etwa der Hirnforschung zu schließen, der Mensch könne mit seiner Sprache referentiell beliebig verfahren, weil er mit ihr ohnehin nicht auf ‚die Welt an sich' zugreifen kann, wäre unsinnig. Sehr radikale Positionen des Konstruktivismus sind daher wiederholt in die Kritik geraten (aktuell z. B. durch Boghossian 2006 und Gabriel 2013).

Sieht man aber von solchen Positionen ab, dann hat der konstruktivistische Gestus einen unschätzbaren Vorzug: Als Gestus des Hinterfragens erlaubt er es, Sachverhalte, die als mehr oder weniger selbstverständlich oder gar natürlich gegeben dargestellt werden, in ihrem Konstruiertsein aufzuweisen. In den Kulturwissenschaften geht die Einnahme einer konstruktivistischen Position aktuell nicht selten mit dem Versuch einher, auf solche Konstruktionen gesellschaftlicher Wirklichkeit analysierend hinzuweisen, dabei bisweilen mit explizit ideologiekritischem Anspruch. Was die Dimension des Sprachlichen betrifft, so basiert etwa die gesamte Diskussion um die Art und Weise, wie die gesellschaftliche Stellung der Frau in der Sprache angemessen auszudrücken sei (z. B. *Studierende* anstelle von *Studenten*; *Bürger und Bürgerinnen* bzw. *Bürger/innen, BürgerInnen, Bürger_innen* anstelle von *Bürger*) letztlich auf der Überzeugung, dass Sprache Wirklichkeit nicht einfach abbildet, sondern unsere Wahrnehmung der Wirklichkeit zu großen Teilen prägt. Der Verzicht auf Doppelformen wie *Bürger und Bürgerinnen* befördere daher ein Denken, das die Frau aus dem gesellschaftlichen Raum tendenziell ausblende, da ihr durch die sprachliche Nichtberücksichtigung auch kognitive Präsenz verwehrt werde. Man sei sich der Frauen schlicht weniger bewusst.

Der konstruktivistische Gestus verliert allerdings dann seine Überzeugungskraft, wenn er den Phänomenen der Wirklichkeit eine Existenz jenseits ihres Konstruiertseins in gewisser Weise abspricht, so, als seien sie als ‚bloß konstruierte' Phänomene weniger real. Dass etwa das Phänomen *Europa* ein Resultat konstruktiver Akte ist, weil es nicht auf natürlichem Wege zustande gekommen ist und je nach Perspektive derjenigen, die sich mit diesem Phänomen z. B. in der Politik auseinandersetzen, immer ein wenig anders erscheint, ist offensichtlich. Das bedeutet jedoch nicht, dass es keine Tatsachen gibt – eine Gruppierung von Staaten, bestimmte geographische oder ökonomische Gegebenheiten usw. –, auf die man sich mit den Ausdruck *Europa* beziehen könnte. Phänomene der Wirklichkeit sind auch als Konstruktionen eben Phänomene der Wirklichkeit, d. h. sie besitzen, einmal konstruiert, ontische Qualität. In einem vergleichbaren Zusammenhang fordert Pierre Bourdieu dazu auf, den Gegensatz zwischen der Realität und den über diese Realität gebildeten Repräsentationen aufzuheben und stattdessen alles als Teil der einen, ungeteilten Realität zu begreifen: Bestimmte Zusammenhänge könnten nur dann verstanden werden, „[...] if one includes in reality the representations of reality, or, more precisely, the struggle over representations [...]" (Bourdieu 1991, 221; damit sind auch die *semantischen Kämpfe* [Felder 2006, 17] als Teil der Realität verortet). Noch eindeutiger löst sich das Problem einer Unterscheidung, was ‚tatsächlich' zur Realität gehört und was nicht, wenn man eine so konsequente Position einnimmt wie Markus Gabriel, der in seinem Entwurf einer *neuen Ontologie*, eines *Neuen Realismus*, grundsätzlich alles der Welt zugehörig erklärt, angefangen von dem, was gemeinhin als materielle Tatsachen gilt, über Fiktionen wie Einhörner bis zu den ganz persönlichen Gedanken jedes Einzelnen (Gabriel 2013).

Die Sprachwissenschaft allerdings muss sich diesen Fragen nicht in letzter Konsequenz stellen. Da es in ihren Analysen um Konstruktionen geht, die sprachlich-kommunikativ, also im gesellschaftlichen Raum entstehen, ist für sie eine konstruktivistische Perspektive in jeder Hinsicht plausibel. Denn dass wir mittels Sprache unsere Welt gestalten, dass sich vor allem in unseren Wortschätzen, in der Art und Weise unseres mündlichen Ausdrucks und in der unserer schriftlichen Textgestaltung unser Wissen, unsere Überzeugungen und unsere Werte spiegeln, ist ein selbstverständlicher Teil der Lebenserfahrung. Das gilt für den Einzelnen wie für die Sprachgemeinschaft als ganze. Ebenso selbstverständlich ist, dass das Gesprochene und Geschriebene wieder zum Motor für unser Handeln werden kann. Bei all dem bewegen wir uns in einem jeweils sprach- und kulturtypischen *Vokabular* (Rorty 1989), ohne das weite Teile unserer Wirklichkeit nicht bestehen könnten. Gesellschaftliche Institutionen etwa sind maßgeblich durch sprachliche Akte begründet (vgl. z. B. Searle 2010; aus soziologischer Perspektive z. B. Berger/Luckmann 1969/2009), tragen nun die Spuren dieser sprachlichen Verfasstheit in sich, die wiederum unseren Blick beeinflusst. Gesellschaftliche Themen wiederum werden in Diskursen behandelt, die keineswegs ‚die Dinge an sich' zum Ausdruck bringen, sondern in ihrer Versprachlichung zwangsläufig perspektivisch sind (Felder 2009 u. 2013; Gardt 2007 u. 2013). In diesem umfassenden Sinne ist die Sprache tatsächlich das „Haus des Seins" (Heidegger 2003, 310; zu aktuellen Positionen der Philosophie zur Sprache als dem „Grundlegendste[n] und zugleich [...] Höchste[n]" für den Menschen, als „unhintergehbar und unüberschreitbar" s. z. B. Angehrn/Küchenhoff 2012, hier: S. 7).

3 Sprache und Handeln

Unser Zugang zu Wirklichkeiten außerhalb unserer Primärerfahrungen vollzieht sich also über die in Texten und Gesprächen perspektivierten und kontextualisierten Sachverhalte. „Sowohl die Situationen wie auch die aus ihnen hervorgehenden Texte erfahren wir in der Lebenspraxis als Typen von Situationen und Texten" (Steger 1984, 186). Da dieser Zugang in der Regel in kommunikative Interaktionen eingebunden ist, erweist sich Sprechen immer auch als eine Form des sozialen Handelns: Wir erfahren und rezipieren diese Sachverhalte in interaktiven Kontexten als sprachgebundene, sozio-kommunikative Phänomene. In diesen Kontexten begegnen sie uns stets perspektiviert (Köller 2004). Darüber hinaus werden die Sachverhalte in den Kontexten von den Teilnehmern der sprachlichen Interaktion je neu und spezifisch konstituiert und in der Regel mit anderen Sachverhalten verknüpft (Gumperz 1982; Auer 1986; Busse 2007; Felder 2009, 13).

Ein phänomenorientierter sprachwissenschaftlicher Ansatz, wie er der Reihe *Handbücher Sprachwissen* (HSW) zugrunde liegt, konzentriert sich daher auf den sprachlichen Zeichengebrauch und seine sozio-kulturellen Einbettungsbedingungen als einen zentralen Zugang zur Welt. Morris (1946, 32) betrachtet in diesem Sinne den Sprachgebrauch als ein reziprokes soziales Zeichenverhalten: „Reciprocal social behavior may be either co-operative, competitive, or symbiotic." In einer sprachwissenschaftlichen Betrachtungsweise werden Aufbau und Funktionen von sprachlichen Zeichen in Anwendungskontexten aus dem Blickwinkel beteiligter Akteure und vorgegebener Situationskonstellationen untersucht. Im Mittelpunkt steht die Wechselwirkung zwischen sprachlichen Formen und möglichen Adressatenwirkungen in spezifischen Handlungskontexten (Form-Funktions-Korrelationen).

> Die Kommunikation wird in der Lebenspraxis, in Technik, Institutionen und Wissenschaften ausschließlich in sozialen Situationen vollzogen, in denen Personen mit ihrer wirklichen Umgebung in Beziehung treten und dabei Informationen erheben und/oder austauschen. (Steger 1984, 186)

Kommunikation wird hier als eine in Kulturen konventionalisierte Praxis verstanden. Diese Praxis (Schmidt 1973, 43 spricht von „kommunikativen Handlungsspielen" oder Levinson 1979 von „specific kinds of social activity", die er „activity types" nennt) gilt es nun vor dem Hintergrund unserer Thementrias *Sprache – Erkenntnis – Handeln* im Hinblick auf das Handeln in, durch und mit Sprache (kurz Sprachhandeln) zu charakterisieren. Denn das zentrale Moment kulturell geprägter Kommunikation besteht darin, dass kulturspezifisch sozialisierte Akteure mit ausgewählten Zeichen in zu interpretierenden Kontexten bei antizipierten Adressatenerwartungen durch Sprachhandeln eine Wirkung zu erreichen suchen. Auf Grund dessen kommt der Ebene der linguistischen Pragmatik ein besonderer Stellenwert zu (Firth 1957). In diesem Zusammenhang weisen Feilke und Linke (2009) auf die zentrale Rolle der Begriffe *Handlung, Kultur, Medium, Kontext* und *Zeichen* in der Theoriediskussion hin und präzisieren deren Beziehung wie folgt:

> Eine kulturell mit Sinnoptionen ausgestattete Handlung wird über ein kulturell rückgebundenes Medium in einem bestimmten Kontext als Zeichenhandlung realisiert. (Feilke/Linke 2009, 5)

3.1 Sprache in Sprachhandlungskontexten: das Phänomen

Aus linguistischer Sicht stellt sich daher die Frage, wo und wie sich individuelle Sprachhandlungen und, allgemeiner betrachtet, kommunikative Praktiken eines bestimmten kulturellen Bereichs manifestieren – wo also Handlungen als symbolische Repräsentationen iterativ erscheinen und erkennbar werden (Habscheid 2002, Liebert 2002, Felder 2003). Denn diese Manifestationen – also Formen und Mittel von Zeichen innerhalb von Zeichensystemen und gesellschaftlichen Tätigkeitsbereichen als realisierte Zeichenhandlung – sind Ausgangspunkt sprachlich-kultureller Analysen.

Evidente Manifestationen solcher Wissensformationen stellen Texte, Gespräche und multimediale Einheiten (im Folgenden verkürzt *Multimedialitätseinheiten* genannt) dar. Sie sind die Kommunikationsprodukte, in denen sich wissensbezogene (Konerding 2009 und in diesem Band) sowie verstehensrelevante (Busse 1992 und in diesem Band) Routinen eines Themenbereichs durch iterative Praktiken dingfest machen lassen, verfestigen, vergegenständlichen bzw. sedimentieren. Dieser Fokus auf Texte und Gespräche als Prozesse der Formulierung (Antos 2000) und als Prozesse des Verstehens (Scherner 1984; Biere 1989, 1998; Deppermann 2013) ist vor allem durch die kognitive Wende stark gemacht worden (vgl. aber die kritischen, historischen Anmerkungen zu den zeichen- und erkenntnistheoretischen Grundlagen kognitiver Sprachtheorie in Jäger 1994). Das Verstehen und das Praktizieren sprachlicher Handlungen in (fach)kommunikativen Prozessen ist – trotz der gleichen Gesamtsprache – an domänentypische Kontexte gebunden, die „über die Typik von Ausdrucksoberflächen indiziert werden" (Feilke und Linke 2009, 8).-

In der Linguistik wird neben Texten (vgl. zur Textlinguistik Hausendorf und Kesselheim 2009; Gardt 2013) oder Textarbeit (Busse 1992; Felder 2003) und Gesprächen (vgl. zur Gesprächsanalyse Deppermann 2001, 2007) auch von Diskursen als Praktiken (Warnke 2007; Warnke und Spitzmüller 2008; Spitzmüller und Warnke 2011) gesprochen. Gardt versteht unter Diskursen die

> Vernetzung von Texten; die Verknüpfung [...] mit dem Konzept des sprachlichen Handelns [und] die Rückbindung [...] an die Gesellschaft [sowie] die Betonung der Funktion von Diskursen als Stimuli für gesellschaftliche Veränderungen. (Gardt 2007: 29)

Spitzmüller und Warnke betonen die „virtuelle Gesamtheit von Äußerungen" zu einem Thema „in einer analytisch gegebenen Zeit" (Spitzmüller/Warnke 2011, 24) und begreifen mit Bezug auf Foucault den Diskurs als ein „Formationssystem von Aussagen, das auf kollektives, handlungsleitendes und sozial stratifizierendes Wissen verweist" (Spitzmüller/Warnke 2011, 9). Für diese deskriptiv orientierten Diskursansätze ist die Orientierung an Foucault (1981) grundlegend, dem zufolge Diskurse systematisch die Gegenstände formen, von denen sie sprechen. Anders formuliert: Thematisch zusammenhängende Sachverhalte, die in kultureller Kommunikationspraxis ausgehandelt und gebildet werden, unterliegen der Dynamik perspektivierter (Köller 2004), situationsabhängiger Wissenskonstitution. Busse unterscheidet daher im Hinblick auf sein Verständnis von Kontextualisierung zwischen einer „individuell epistemischen Leistung" und einer – sobald Muster von Sinnbildungen erkennbar sind – Kontextualisierung im Sinne von „kollektiven Epistemen (in einer Epoche oder in einer Gesellschaft)" (Busse 2007, 85). Diese sprachlichen Manifestationen sind also mitnichten statischer Natur, ganz im Gegenteil zeigt der Sprachgebrauch eine beachtliche Dynamik:

> In der Performanz verbindet sich der Aspekt der Wiederholung [...] mit dem der Abweichung bzw. der Variation von Mustern, der Aspekt des Wiedererkennens verbindet sich [...] mit dem des Kontrasterlebnisses. (Feilke/Linke 2009, 9)

Dabei fällt auf, dass sowohl jede Schreiberin als auch jeder Sprecher (und vice versa) sich intuitiv darüber im Klaren ist, dass wir Sprache in diversen Handlungszusammenhängen nach unterschiedlichen Konventionen verwenden. Hinter Konventionen stehen Regularitäten der Sprachverwendung, die – sind sie kodifiziert – als Regeln zu fassen sind. Nach Busse (in diesem Band) ist „Konventionalität [...] nichts anderes als Prototypikalität, bloß aus einer anderen Perspektive betrachtet".

So ist es unmittelbar nachzuvollziehen, dass die Sprachwissenschaft das zu untersuchende Phänomen, nämlich den unterschiedlichen Sprachgebrauch in öffentlichen oder privaten, in alltagsweltlichen oder fachlichen Kontexten, nach zu explizierenden Kriterien zu erfassen und zu analysieren trachtet, um Besonderheiten und Gemeinsamkeiten des Sprachgebrauchs in einzelnen Verwendungszusammenhängen herauszufinden und kontextabstrahiert zu modellieren. Sprachwissenschaftler eilen einer komplexen Sprachwirklichkeit und den beobachteten Phänomenen und ihren Einbettungsformen beschreibend und erklärend hinterher. Ein Teil sprachwissenschaftlicher Tätigkeit besteht demnach darin, sprachliche Intuitionen kategorial und systematisch zu explizieren. Das linguistische Erkenntnisinteresse zielt auf eine nachvollziehbare Beschreibung einzelner Sprachverwendungskonstellationen (wie z. B. Sprache in der Wirtschaft, Medizin, Verwaltung, Recht) unter sprachsystematischer und pragmatisch kommunikativer Perspektive, um dadurch die ‚ganze' Sprache (mit einer virtuellen Gesamtgrammatik als Gesamtsystem) darstellen zu können (Steger 1988).

3.2 Kategorisierung sprachlicher Phänomene im Fokus von Erscheinungsformen und Handlungskonstellationen

Eine Einzelsprache wie z. B. das Deutsche ist kein homogenes Gebilde, sondern unterteilt sich in Varietäten (Steger 1988, Löffler 2005, Felder 2009, 25). Sprachvarietäten werden aus heuristischen Gründen als Konstrukte und sprachliche Teilsysteme definiert, also als charakteristische Bündel von Variantenmerkmalen mit systemhaftem Charakter. Eine Varietät ist damit ein Teil-/Subsystem einer ‚ganzen' Sprache.

Vor dem Hintergrund dieses Befundes ist die Redeweise von *der* Einzelsprache und *der* Grammatik einer Sprache zu unpräzise. Es ist stattdessen vielmehr von einer virtuellen Gesamtgrammatik (Steger 1988, 304) auszugehen, aus der kontextabhängig Sprecher die von ihnen beherrschten und als angemessen eingeschätzten Sprachgebrauchsformen auswählen. In dieser Vorstellung wird eine Einzelsprache wie z. B. das Deutsche als Einzelsprache gemäß ihren Handlungs- und Interaktionsfeldern kategorisiert, um die Variabilität in ‚Sprachen' und ‚Texten/Gesprächen/multimedialen Einheiten' (Multimedialitätseinheiten) linguistisch zu erfassen, soweit die Varianten als Ausdrucksmöglichkeiten überindividuell regulär und damit kollektiv auftreten (Felder 2009, 24). Diese Teil- oder Subsysteme mit ihren Regularitäten instruieren die Sprachproduktion, sind als *Texte-in-Funktion* bzw. *Gespräche-in-Funktion* bzw. *Multimedialitätseinheiten-in-Funktion* beschreibbar und beeinflussen die Sprachrezeption auf Grund unserer Erwartungshaltung und unserer Erfahrungen im Umgang mit musterhaften Texten zur Erledigung kommunikativer Routinen vor dem Hintergrund sprachlichen (intuitiven) Wissens über Kriterien und Sorten von Texten, Gesprächen und Multimedialitätseinheiten.

Derartige kommunikative Routinen manifestieren sich musterhaft in alltagsweltlicher, fachinterner und fachexterner Kommunikation, insofern Akteure bei der Konstitution von Sachverhalten in Alltags- und Fachwelten gezwungen sind, sich in den routinehaft durch Text- und Gesprächssorten geprägten Kommunikationsgepflogenheiten zu bewegen. Akteure vollziehen sprachliche Handlungen, indem sie aus dem System bestimmte sprachliche Formen in der Annahme auswählen, dass sie damit spezifische Wirkungen erzielen (Form-Funktions-Korrelation). Die medial gebundene und sozial emergente Musterhaftigkeit von Sprache im Gebrauch ist gemeint, wenn im Beitrag von Feilke (in diesem Band) von der Spannung zwischen Sprachsystem und Sprachgebrauch die Rede ist.

Der Totalitätsbegriff ‚Sprache' ist aus dieser soziopragmatischen Perspektive aufzulösen zugunsten von Sprachgebrauchsformen in Situationen als *Texte-/Gespräche-/Multimedialitätseinheiten-in-Funktion*. Fokussiert man zusätzlich zu dieser Phänomenperspektive die Kommunikationspartner oder Interaktanten, die sich über etwas verständigen (Verstehen als Die-Welt-sinnvoll-Machen; Hörmann 1978), so kann Kommunikation als sprachlich und kontextuell gebundener Austausch von Wissensbeständen durch Menschen gesehen werden. Alltags- und Fachwissen ist dabei nicht nur ontisch vom Gegenstand oder Sachgebiet her zu sehen, sondern vor allem von sprachlich handelnden Akteuren und von der kognitiven (Konerding in diesem Band) und zeichengebundenen (Jäger in diesem Band) Formungskapazität der Diskurse her, in denen Akteure das Wissen kontextgebunden hervorbringen und äußern. Die Formung der Sachverhalte und Wissensbestände vollzieht sich also durch Diskursakteure, die sich eines Zeichensystems bedienen und auf der Basis ihrer bisherigen Sprachgebrauchserfahrungen Sachverhalte auf die eigene Lebenswelt zupassen (vgl. dazu auch Jeand'Heurs [1998, 1292] Bezeichnung der „Zubereitungsfunktion"). Die Perspektivität sprachlicher Einheiten (Köller 2004) bei der fachlichen Sachverhaltskonstitution wird dabei als unabdingbare Voraussetzung begriffen („semiotische Gefangenschaft", Felder 2009, 32).

Alle sprachlichen Erscheinungsformen, die von Laien als intuitiv zusammengehörend wahrgenommen werden und die von Linguisten systematisch mit Hilfe nachvollziehbarer Kategorien eingeteilt werden, zeichnen sich also einerseits durch sprachexterne Faktoren aus und lassen sich andererseits durch sprachinterne Kriterien bestimmen. Die dafür zuständige Teildisziplin firmiert unter zwei Bezeichnungen – nämlich unter *Soziolinguistik* und unter *Varietätenlinguistik*. Der varietätenlinguistische Blickwinkel fokussiert zunächst die innersprachlichen Merkmale auf phonologischer, morphologischer, lexikalischer, syntaktischer und textueller Ebene und setzt diese in einen Erklärungszusammenhang mit außersprachlichen Faktoren wie z. B. (virtueller) Raum, Zeit, Ort, Situation (sozialspsychische Konstellation der Kommunikationsteilnehmer, Grad der Öffentlichkeit, soziale Hierarchie, Interessenlage und Rolle Betroffener, Erwartungshaltung, Loyalität in Bezug auf Normeinhaltung, Modifikation von Konventionen aus Prestigegründen) und soziale Gruppierung im Hinblick auf Alter, Geschlecht, Identität, Sozialisationstyp, Herkunft, Sozialprestige und Gruppenzugehörigkeits- und Gruppenabgrenzungsbedürfnis. Der soziolinguistische Zugang setzt meist bei eben diesen außersprachlichen Faktoren an und verknüpft sie mit konkreten sprachlichen Varianten innerhalb des grammatischen Gesamtsystems. Sozio- und Varietätenlinguistik lassen sich demnach als zwei Seiten einer Medaille versinnbildlichen.

Beschäftigt sich also die Soziolinguistik mit dem Sprachgebrauch unter besonderer Berücksichtigung sozialer Faktoren und die Varietätenlinguistik mit Sprache unter besonderer Berücksichtigung ihrer systematischen Geordnetheit, so steht eine phänomenorientierte Herangehensweise vor dem Problem, wie die Phänomene im Spannungsfeld von System und Gebrauch (Feilke in diesem Band) vor dem Hintergrund spezifischer Kontextkonstellationen zu erklären sind. Es ist zu fragen, welche Faktoren in bestimmten Prozessen eine Rolle spielen.

Sprachintern zeichnet sich eine Varietät durch charakteristische Spezifika auf lexikalischer, grammatischer und textueller Ebene – kurz: durch charakteristische Merkmalsbündel – aus. Diese konkreten Sprachgebrauchsformen innerhalb einer Varietät sind zu spiegeln mit dem Sprachsystem als Ganzem, das die sprachlichen Erscheinungsformen aller Varietäten instruiert. Somit sind wir bei dem Korrelationsverhältnis von Sprachsystem – Sprachnorm – Sprachgebrauch (Coseriu 1970) angelangt, das in den unterschiedlichen Sprachvarietäten je spezifisch aufscheint. Es handelt sich bei der Trias *Sprachsystem – Sprachnorm – Sprachgebrauch* um eine Heuristik, mit deren Hilfe die allseits bekannte Festigkeit des konventionalisierten Sprachgebrauchs ebenso erfasst werden soll wie die zu beobachtende Möglichkeit der Sprachvariation. Ob Sprachvariation als ein Einzelphänomen zu betrachten ist oder kollektives Ausmaß erlangt und sich unter Umständen verstetigt, sich also im Sprachsystem verankert, ist unter Sprachwandelaspekten relevant.

Aus diesem Grund kommt der Sprachnorm besondere Aufmerksamkeit zu, weil sie einerseits die Festigkeit in Form konventionalisierter Regularitäten sicherstellt, andererseits aber auch auf Grund geänderter Regularitäten im Sprachgebrauch das Absorptionsbecken potentieller Veränderungen im Regelapparat darstellt. So gesehen justiert die Sprachnorm zwischen System und Gebrauch. Sie ist als implizites Wissen der inneren Grammatik in den Köpfen der Kommunikationsteilnehmer wirksam (oft in der Form einer Regelbewusstheit, ohne die Regel selbst explizieren zu können). Darüber hinaus manifestiert sie sich in der Kodifikation sprachlicher Regeln im Rahmen akzeptierter Referenzwerke wie einschlägiger Grammatiken (wobei der sog. Grammatik-Duden auf Grund seiner Stellung in der schulischen Bildung besonderer Erwähnung bedarf). Der sprachlichen Norm als Scharnier zwischen systeminduzierter Festigkeit und gebrauchsgeprägter gradueller Flexibilität kommt demnach eine besondere Bedeutung zu.

3.3 Kommunikation als kulturell geprägte Lebenspraxis

Die in bestimmten Fach- und Alltagskulturen sich kommunikativ wiederholende Konstitution von thematisch zusammengehörenden Sachverhalten trägt entsprechend dazu bei, Wissensbestände immer wieder prozedural neu zu formieren – verstanden als das Kennen und kommunikative Handhaben einer Sache, einer Tatsache, eines Sachverhalts oder als die „Gesamtheit der Kenntnisse, die jemand" oder eine Kulturgemeinschaft auf „(einem bestimmten Gebiet) hat" (Duden – Deutsches Universalwörterbuch [4]2001) oder diskursiv bearbeitet und ausgestaltet. Diese Wissensbestände werden durch das Singularetantum *Wissen* bezeichnet. Ausgewählte Komposita des Wortfeldes offenbaren den aspektuellen Facettenreichtum (*Fachwissen, Erfahrungswissen, Sachwissen, Weltwissen, Spezialwissen, Handlungswissen, Sprachwissen*) ebenso wie Attribuierungen (z. B. intuitives, implizites, explizites, prozedurales, deklaratives Wissen), die Spezifikationen offenlegen (vgl. auch Konerding 2009 zur

Prozeduralität und Deklarativität von Wissen, die er aus *Wissen* und *Kennen* als Verbalabstrakta plausibilisiert und in die Unterscheidung von „Praktiken" und „Praxen" überführt). Seit einiger Zeit wird in Anlehnung an soziologische Forschungen auch das Nichtwissen (Janich/Nordmann/Schebek 2012) als Untersuchungsgegenstand propagiert.

Mit Konerding (2009 und in diesem Band) wird der Wissensbegriff hier in einen weiten und handlungsinduzierten Rahmen gestellt, der Wissen als die Fähigkeit zum impliziten (Polanyi 1966/1985) und expliziten Umgang mit Kenntnissen und ihr Beherrschen fasst (vgl. das SECI-Modell – Socialization, Externalization, Combination, Internalization – von Nonaka und Takeuchi 1997). Damit wird ein Spektrum an relevanten Aspekten skizziert, das von den soziohistorischen Bedingungen in oralen und literalen Gesellschaften über kognitionspsychologische Erkenntnisse zur Aufmerksamkeitslenkung in der Situation bis zur Funktion von Vertextungs- und Sprachhandlungsmustern reicht. Die Rolle der Sprache sieht Konerding in der Generierung deklarativen Wissens aus prozessual organisierten vorreflexiven Handlungsroutinen. Sprechakttheoretisch kann Wissen als assertierte Sachverhaltsfestsetzung gefasst werden (Felder 2003, 207), die intersubjektiv mehr oder weniger umstritten ist – also einzustufen ist zwischen den Polen *relativ unstrittig* und *agonal umkämpft* (Felder 2013, 21).

Wissensbestände bzw. die sie bearbeitenden Akteure mit ihren Interessen konstituieren über thematische Konvergenzen eine Zusammengehörigkeit oder Einheitlichkeit und formen einen thematischen Bereich, auf den wir verkürzt mit *Wissen über X* referieren. Diese als relativ abgeschlossen und einheitlich aufgefassten Wissensbereiche charakterisieren, bestimmen und unterteilen Makrobereiche – wir sprechen daher in der Binnendifferenzierung von Diskursen z. B. im Bereichen Rechts-, Wirtschafts-, Natur-, Lebens-, Ingenieur-, Technik-, Bildungs-, Literatur-, Kunst-, Religions-, Geschichts- und Politikwissenschaft. Diese in kommunikativen Praktiken geformten thematischen Konglomerate werden hier mit dem Ausdruck *Wissensdomäne* (Felder 2009) benannt, der in Erweiterung der Bezeichnung *Diskursdomäne* darauf abzielt, dass Wissen zwar im Wesentlichen, aber eben nicht ausschließlich aus Sprache und durch Text- und Gesprächsformationen diskursiv geformt wird (vgl. zur Multimodalität Schneider/Stöckl 2011). Zeigen lässt sich dies beispielsweise an Untersuchungen zum Sterbehilfe-Diskurs (Felder/Stegmeier 2012) unter der Berücksichtigung der zentralen außersprachlichen medizinischen Korrelationsgefüge zwischen z. B. Medikation A und Patientenzustand B. Man könnte diese Entitäten als ontischen Input bezeichnen, der in Sprache aufgenommen und diskursiv weiterverarbeitet wird. Ein weiteres Exempel für einen ontischen Input präsentieren die Untersuchungen von Zimmer (2009) zum Nanotechnologiediskurs mit Blick auf die „Sachverhalte, die der naturwissenschaftlichen Forschung entwachsen sind" und „in einem neuen Kontext (z. B. in einem alltäglichen oder einem politisch-administrativen Kontext) beschrieben werden" müssen. Sie gilt es zunächst einmal begrifflich zu fassen, wobei zu berücksichtigen ist, dass

> die anfängliche sprachlich-konzeptuelle Rahmung und Perspektivierung von Sachverhalten und Modellvorstellungen [...] gravierende Konsequenzen für den späteren gesellschaftlich-öffentlichen Adaptionsprozess einer Technik haben [kann]. (Zimmer 2009, 280)

Die Frage der einschlägigen Manifestationen von Sprachhandlungen in diversen gesellschaftlichen Tätigkeitsfeldern, die einzelne Akteure oder Akteursgruppen als gesellschaftliche Praxis realisieren, ist nicht leicht zu beantworten, weil es sich dabei um ein sehr weites Feld mit heterogenen – obgleich durchaus vernetzten – Praktiken handelt. Solche Manifestationen sedimentieren sich in konkreten Texten und Gesprächen als Exempel von Routinen. Dementsprechend weisen Texte und Gespräche (also die Manifestationen der Sprachhandlungen und kommunikativ-kultureller Praxis) Musterhaftes (Feilke 1994), aber auch Spezifisches (Originäres) auf und können hinsichtlich ihrer Strukturen als symbolische Ordnungen gesehen werden. Diese Texte und Gespräche wiederum sind eingebunden in ein Geflecht von Texten und Gesprächen und lassen sich unter typologischen und klassifikatorischen Gesichtspunkten als Sorten von Typen (Steger 1984) beschreiben. Texttypologien geht es um „systematische Klassifizierung von Texten mittels universell anwendbarer wissenschaftlicher Kategorien", Textsortenklassifikationen richten ihr Augenmerk auf die sprachsystematische und handlungstheoretische Erfassung „einzelsprachlicher kommunikativer Routinen" (Adamzik 1995, 30).

Textsorten als „etwas intuitiv ungemein Einleuchtendes" (Sitta 1973) werden hier nicht in einer unspezifischen Lesart als „irgendeine Sorte, Menge oder Klasse von Texten" (Adamzik 1995, 14) auf der Basis irgendeines Differenzierungskriteriums verstanden, sondern als „Klassen von Texten, die in Bezug auf mehrere Merkmale spezifiziert sind, die [...] auf einer relativ niedrigen Abstraktionsstufe stehen" (Adamzik 1995, 16). Die einschlägigen Merkmale sind sowohl textexterner als auch textinterner Natur und werden durch ihre *Außenstruktur* (soziale Zwecke, Handlungskontexte, Rollenkonstellationen) und *Binnenstruktur* (strukturelle Merkmale der Formen und Mittel) charakterisiert (Habscheid 2009, 57). In Text- und Gesprächssorten manifestiert sich das in der Sprachgemeinschaft konventionalisierte Handlungswissen um die sprachliche Bewältigung wiederkehrender Aufgaben (Brinker 1985, 132). Die praktizierten Bewältigungsformen üben einerseits eine gewisse Verbindlichkeit aus und helfen andererseits, die jeweils erforderlichen Kommunikationstätigkeiten sprachökonomisch effizient zu bewältigen (z. B. Geschäftsbrief, Gutachten, Trauerreden, Dienstbesprechungen).

Derartige Aspekte der Text- und Gesprächssorten im Fokus von Handlungsmustern (vgl. Habscheid 2011) und Performanzen (Linke/Feilke [Hg.] 2009) basieren auf dem für die Soziopragmatik richtungsweisenden Sprachverhaltensmodell von Steger et al. aus den frühen 1970er-Jahren (Steger/Schütz 1973; Steger et al. 1974) mit den dort explizierten Redekonstellationstypen und werfen die Frage nach den Varietäten als Subsystemen und ihren Charakteristika im Umfeld einer (nationalen) Gesamtsprache als virtuelles Gesamtsystem auf (Steger 1988). Varietäten sind gebündelte Textexemplare [...], deren sprachliche Merkmale in der Hauptsache von Redekonstellationstypen oder sozio-pragmatischen Bedingungen wie Individuum, Gruppe, Gesellschaft, Situation, Funktion geprägt sind (Löffler ³2005, 79)

und die

auf der Systemseite wie auch in der konkreten Sprachverwendung ein Konglomerat verschiedener Subsysteme und Äußerungsvarianten [darstellen], die von innersprachlichen und außersprachlichen Faktoren bestimmt sind. (Löffler ³2005, 20)

Varietäten verweisen damit sowohl auf die langue-Ebene (Textem) als auch auf die parole-Ebene (konkrete Textexemplare) und fokussieren Muster auf der Sprachoberfläche und Routinen auf der pragma-semantischen Seite (vgl. dazu auch „the standard pattern of research methodology in variation studies" bei Chambers/Trudgill/Schilling-Estes 2002).

Mit Schwitalla (1976), Steger (1988) und Löffler (2005) lassen sich die einschlägigen Funktionsvarianten verschiedener Tätigkeitsbereiche gemäß einer horizontalen Gliederung in bestimmte kommunikative Bezugsbereiche mit spezifischen funktional-zweckhaften Leistungen einteilen. In Anlehnung an die Einteilungsvorschläge der Funktionalstilistik von Elise Riesel (²1970, 14 ff.) nach Funktionen in fünf Vorkommensbereiche (Alltags-, Literatur-, Wissenschafts-/Fach-, Instruktions- und Zeitungssprache) unterteilt Steger (1988) Existenzformen der Sprache gemäß der funktional-zweckhaften, varietätenbildenden Leistung des Inhaltssystems (Semantiken für Kommunikationsbereiche innerhalb der virtuellen Grammatik) und unterstellt verschiedene Semantiken unterschiedlicher Fachspezifik mit den folgenden Funktionsvarianten: Alltagssemantik, Institutionen-Fachsemantiken, Angewandte Technik-Fachsemantiken, Theoretische Wissenschafts-Fachsemantiken, Literatursemantiken, Religions- und Ideologiesemantiken. Damit wird die Einordnung sprachlicher Erscheinungsformen über gesellschaftliche Verhältnisse (nicht über Individuen oder Gegenstände) und Kommunikationsbereiche (Alltagspraxis, fachliche Kommunikation in Institutionen, Wissenschaft, Technik usw.) in den Vordergrund gerückt, wie dies in der Funktionalstilistik (Fleischer/Michel 1975, 253–267 und Riesel 1975) ebenfalls geschah. Erst die Kopplung der ausdrucksseitig bestimmten Reichweiten-Varietätentypen (Dialekte, Regiolekte und Standardlekte) mit semantisch bestimmten qualitativen Funktions-Varietätentypen (also Semantiktypen des Alltags oder verschiedener Fachdisziplinen usw.) ermöglicht die angemessene Charakterisierung von Erscheinungsformen des Deutschen. Das Inhaltssystem kann zusätzlich nach seinen Funktionsvarianten im Kontinuum von hohem Fachlichkeitsgrad (eng begrenzter Expertenkreis), mittlerem Fachlichkeitsgrad (fachextern ausgedehnte Verstehbarkeit) und geringem Fachlichkeitsgrad (weiter Rezipientenkreis) unterteilt werden (Felder 2009, 41).

Die Beschreibung der „Gesamtsprache als Thesaurus einer Sprachbevölkerung" (Steger 1988, 311) erfolgt demgemäß über die Erfassung der Kommunikation als Typen

sozialer Praxis auf der Basis unterscheidbarer kommunikativer Bezugsbereiche und der ihnen zugrunde liegenden Semantiken zwischen alltagsweltlicher und fachspezifischen Lebenswelten. Der horizontalen Gliederung folgend (Steger 1988, ähnlich Löffler ³2005, 97 ff.) können die folgenden sechs relevanten Lebenswelten mit ihren spezifischen kommunikativen Bezugsbereichen unterschieden werden:
- *Alltag* (Bewältigung alltagsweltlicher Aufgaben im Wechselspiel mit der sozialen und materiellen Umgebung sowie Befriedigung menschlicher Grundbedürfnisse),
- *Institutionen* (Justiz, Staat, Verwaltung, Wirtschaftsförderung, Schule, Ausbildungsbereich, Weiterbildungssektor usw.),
- *Technik/angewandte Wissenschaften* (Bauwesen, verarbeitendes Gewerbe, Elektrotechnik, Land- und Forstwirtschaft, Handwerk, Handel- und Dienstleistungsbereich usw.),
- *(Theoretische) Grundlagenwissenschaften* (das klassische Fächerspektrum der Hochschulen von z. B. Archäologie bis Zoologie),
- *Literatur/Kunst* (Sprachgebrauchsformen in literarischen Werken und Kommunikation über Kunst i. w. S. oder künstlerische Produkte, Performances oder Ähnliches),
- *Religionen/Spiritualität* (z. B. Riten und Gebräuche von Religionsgemeinschaften und spirituellen Gruppierungen).

3.4 Kommunikation im Spiegel akteursspezifischer und domänenspezifischer Diskurspraktiken

Folgt man konsequent dieser Sichtweise, so sind Diskursakteure als Handelnde kommunikativer Bezugsbereiche zu sehen, die ihr individuelles Handeln mittels Äußerungen in Texten, Gesprächen und multimedialen Einheiten im Rahmen kultureller Praxisroutinen realisieren, welche sprachwissenschaftliche Modelle systematisch und kategorisch zu erfassen suchen. Dieses Erkenntnisinteresse liegt – bezogen auf die sprachwissenschaftlichen Teildisziplinen – inmitten der linguistischen Soziopragmatik. Und damit sind wir bei einer durch Fachlichkeit charakterisierten Vorgehensweise. Akteure handeln mittels sprachlicher Zeichen in Fachlichkeitskontexten, und insofern stellt sich die Frage, welche Oberflächenspezifika und welche Routinen die Handlungen und die daraus hervorgehenden Manifestationen (Texte, Gespräche, Multimedialitätseinheiten) aufweisen. Sprachliche Phänomene der oben skizzierten Lebenswelten sind demnach zu differenzieren hinsichtlich Konvergenzen und Divergenzen fachlich handelnder Akteure und ihrer Kommunikationsprodukte (Texte, Gespräche, Mulitmedialitätseinheiten).

Die *domänenübergreifenden Gemeinsamkeiten* zeigen sich darin, dass das diskursiv bearbeitete Wissen zunächst einmal von Diskursakteuren mittels Zeichen konstituiert – also zum fachlichen Gegenstand geformt bzw. zubereitet werden muss. Das geschieht unter anderem mittels sprachlicher Zeichen und wird im Folgenden *Sachverhaltskonstitution* genannt. Die Sachverhaltskonstitution wird in der Referenzsemantik als Identifizieren eines Gegenstandes und Charakterisieren dieses Gegenstandes dargestellt (Referenzstellen/Bezugstellen – Bezugnehmen und Bezugsobjekte bei v. Polenz ²1988, 116 ff. und Searle 1969, 26–33; Wimmer 1979, 12; Liebert 2002, 49).

Die *domänenspezifischen Unterschiede* beim Sprachhandeln diverser Diskursakteure haben ihre Ursachen in den Gegenständen und Wissensbeständen selbst und ihren internen Relationssystematiken, in der gesamtgesellschaftlichen Aufgabenverteilung der Disziplinen, in den jeweiligen gesellschaftlichen Rollen der Akteure und in individuellen und kollektiven Interessenlagen (vgl. den Machtaspekt in den Diskurstheorien), welche die jeweiligen Akteure individuell und situationsspezifisch konstituieren und gleichzeitig innerhalb konventionalisierter Praktiken kontextualisieren. Diese spezifische Organisation von Wissensbeständen bildet das Charakteristikum der Fachlichkeit und ist damit Grundlage für Abgrenzungen gegenüber Wissensbeständen anderer Fächer. Wissensbestände als sprachlich konstituierte Artefakte werfen die Frage nach dem Medium auf, mit dessen Hilfe das Fachliche überhaupt erst zugänglich und operationalisierbar gemacht wird. Konzentriert man sich auf sprachliche Zeichen, so gehen wir von der Annahme aus, es existiere in den jeweiligen Wissensbereichen eine Fachsprache, die aus einer fachspezifischen Kommunikationspraxis als kontextabstrahiertes Konstrukt zu modellieren sei (vgl. die einschlägigen Systematisierungs- und Abgrenzungsversuche zwischen Fach- und Gemeinsprache von Becker und Hundt 1998 im Kontrast zu Kalverkämper 1990 sowie Hoffmann et al. 1998/1999 und Roelcke ³2010). Dieser Fragestellung der verschiedenen Formen von Fachlichkeit (als der Bezugspunkte der oben skizzierten Tätigkeitsbereiche) und ihrer je spezifischen Medialitätsbedingungen hat sich das internationale Forschungsnetzwerk *Sprache und Wissen* verschrieben (www.suw.uni-hd.de).

Das Ziel der abschließenden Ausführungen besteht darin, Analysekategorien darzulegen, welche die Typologie sprachlicher Handlungen individueller Akteure und die fachspezifische Praxis der Fachkulturen im Allgemeinen zu erfassen in der Lage sind, sodass Charakteristika der Kommunikationskultur in einzelnen Tätigkeitsbereichen operationalisierbar werden. Dazu wird ein Sprachhandlungsmodell der Analyse sprachlicher Manifestationen dargestellt.

4 Synopse einer epistemologischen Sprachhandlungstypologie

Als Fazit aus den bisherigen Ausführungen ergibt sich, dass Manifestationen von sprachlichen Handlungen und Praktiken sich in textuellen Gefügen bzw. an Text- und Gesprächsoberflächen auffinden lassen, die text- und gesprächstypologisch und hinsichtlich zugrunde liegender Routinen als Indikatoren von Kommunikationskulturen untersucht werden können. Wir legen hier einen handlungstheoretischen Ansatz zugrunde (v. Polenz ²1988, 298 ff), der sich an die praktische Semantik (Heringer 1974) anlehnt. Die dort einschlägigen Kategorien sind aus der Perspektive des Textproduzenten und aus der des Textrezipienten zu sehen.

Darüber hinaus referiert der hier unterbreitete Ansatz auf Searles Sprechakttheorie, die bekanntermaßen fünf Oberklassen von Sprechakten unterscheidet (Searle 1975/1982, 31 ff.): Assertiva/Repräsentativa, Direktiva, Kommissiva, Expressiva und Deklarativa. Sie sind für konkrete Analysen zu abstrakt und für empirische Diskursuntersuchungen auch nicht konzipiert worden. Im Gegenzug stiftet es keinen Erkenntnisgewinn, der Vielzahl von Einzelaussagen im konkreten Äußerungskontext jeweils entsprechende Sprachhandlungen zuzuschreiben, weil diese zu zahlreich und zu konkret sind, als dass sich allgemeine Diskursgepflogenheiten dingfest machen ließen. Die Bestimmung von Einzelhandlungen sprachlicher Äußerungen eröffnet keinen allgemeinen Orientierungs- oder Deutungsrahmen.

Aus diesem Grund werden hier Handlungstypen mittlerer Abstraktion angesetzt, die quer zu Searles Klassifikation liegen und auf der Grundlage empirischer Untersuchungen zur Rechtssprache entwickelt wurden (Felder 2003). Die drei grundlegenden Handlungstypen im Recht lauten *Sachverhalt-Festsetzen* (mit Bezug auf den zu verhandelnden Sachverhalt), *rechtliche Sachverhaltsklassifikation* (mit Bezug auf die einschlägigen und potentiell relevanten Normtexte) und *Entscheiden* (mit Bezug auf den Zwang der Gerichte, eine rechtsgültige Entscheidung fällen zu müssen) (Felder 2003, 205).

Verallgemeinert man diese Sprachhandlungstypen auf das Tun sprachlich handelnder Akteure in den oben beschriebenen Tätigkeitsbereichen, die als kommunikative Bezugsbereiche charakterisiert wurden (vgl. 3.3), so ist ihnen gemeinsam, dass sie bei der Produktion von Texten, Gesprächen und Multimedialitätseinheiten die folgenden drei grundlegenden Handlungstypen mittlerer Abstraktion teilweise oder vollständig vollziehen, wobei die Abfolge oder lineare Anordnung der Handlungstypen an der Sprachoberfläche völlig unterschiedlich ausfallen kann und mit dieser Aufzählung nicht prädisponiert werden soll:

– Akteure setzen einen Sachverhalt sprachlich fest (Sachverhaltskonstitution). Mit dieser Sachverhaltsfestsetzung gehen vorwiegend Sprachhandlungen zur Herstellung eines Faktizitätsanspruchs einher (Felder 2013, Rolf 2000).
– Akteure verorten den festgesetzten Sachverhalt in Relation zu anderen Sachverhalten (Sachverhaltsverknüpfung). Busse 2007 präzisiert den Begriff der *Kontextualisierung* in Anlehnung an Gumperz (1982) und Auer (1986) dahingehend, dass er unter *Kontext* nicht nur eine kopräsente (lokale, soziale) Situation während eines aktuellen Kommunikationsereignisses versteht, sondern vor allem einen umfassenden epistemisch-kognitiven Hintergrund unter Einbeziehung soziokultureller und sprachlich geprägter Wissensrahmen, die das Verstehen einzelner Zeichenketten überhaupt erst möglich machen (Busse 2007, 81).

- Akteure bewerten den Sachverhalt in der Regel explizit oder implizit (Sachverhaltsbewertung), mitunter gehen mit diesen Beurteilungen Entscheidungen einher, aus denen sich Konsequenzen für Individuen, gesellschaftliche Gruppierungen oder die Gemeinschaft ergeben.

Diese Sprachhandlungstypologie wurde zwar in fachlichen Kommunikationszusammenhängen gewonnen und ist dort unmittelbar einsichtig, sie gilt aber auch für alltagsweltliche Kommunikationsformen. Die drei Sprachhandlungstypen dienen der Erfassung symbolischer Ordnungen in Kontexten von Zeichenhandlungen. Sprachliche, d. h. textliche und diskursive Konstitution des Wissens in Tätigkeitsbereichen ist dabei auch aus Akteursperspektive zu beschreiben (vgl. dazu die Ausführungen zu Diskursakteuren in Spieß 2011). In diesem Zusammenhang sind Kontextualisierungsvariablen unter Aspekten der Polyfunktionalität (Holly 1990, 54) und Mehrfachadressierung (Kühn 1995) zu berücksichtigen. „Die Spannungsfelder (nicht Gegensätze!) Repräsentation und Konstruktion, Typik und Kontrast, Materialität und Iteration, Stabilisierung und Dynamisierung" (Feilke/Linke 2009, 11) erweisen sich als die zentralen Pole gradueller Art im Rahmen einer handlungstheoretischen Sichtweise auf kulturell geformte Kommunikationspraktiken von Individuen und fachlichen Akteursgruppen. Im Mittelpunkt pragmatischer Analysen stehen

> Verwendungszusammenhänge von Sprache auf interaktionaler, kognitiver und sozialer Ebene als Explicans für deren lexikalische und syntaktische Verfasstheit. (Felder/Müller/Vogel 2012, 3)

Für den Zusammenhang von *Sprache – Erkenntnis – Handeln* bedeutet dies: Kommunikative Routinen von sprachlichen und multimedialen Handlungen leiten mittels verfestigter Zeichenverwendungsformen, die sich in sozialen Praktiken herausgebildet haben, unsere Erkenntnis der Welt.

5 Literatur

Adamzik, Kirsten (1995): Textsorten – Texttypologie. Eine kommentierte Bibliographie. Münster.
Angehrn, Emil/Joachim Küchenhoff (Hg.) (2012): Macht und Ohnmacht der Sprache. Philosophische und Psychoanalytische Perspektiven. Weilerswist.
Angehrn, Emil/Joachim Küchenhoff (2012): Einleitung. In: Angehrn/Küchenhoff, 7–11.
Antos, Gerd (2000): Ansätze zur Erforschung der Textproduktion. In: Klaus Brinker/Gerd Antos/Wolfgang Heinemann/Sven F. Sager (Hg.): Text- und Gesprächslinguistik. Ein internationales Handbuch zeitgenössischer Forschung. Zwei Halbbände. Berlin/New York, 105–112.
Aristoteles (1974): Kategorien. Lehre vom Satz [De interpretatione]. Organon I u. II. Übers., mit Einl. u. Anm. v. E. Rolfes. Hamburg.
Auer, Peter (1986): Kontextualisierung. In: Studium Linguistik 19, 22–47.
Becker, Andrea/Markus Hundt (1998): Die Fachsprache in der einzelsprachlichen Differenzierung. In: Hoffmann/Kalverkämper/Wiegand, 118–133.

Berger, Peter/Thomas Luckmann (1969/2009): Die gesellschaftliche Konstruktion der Wirklichkeit. Eine Theorie der Wissenssoziologie. 22. Aufl. Frankfurt a. M.

Biere, Bernd Ulrich (1989): Verständlich-Machen. Hermeneutische Tradition – Historische Praxis – Sprachtheoretische Begründung. Tübingen.

Biere, Bernd Ulrich (1998): Verständlichkeit beim Gebrauch von Fachsprachen. In: Hoffmann/Kalverkämper/Wiegand, 402–407.

Boghossian, Paul (2006): Fear of Knowledge: Against Relativism and Constructivism. Oxford.

Bourdieu, Pierre (1991): Language and Symbolic Power: the Economy of Linguistic Exchanges. Cambridge.

Brinker, Klaus (1985): Linguistische Textanalyse. Eine Einführung in Grundbegriffe und Methoden. Berlin.

Busse, Dietrich (1992): Textinterpretation. Sprachtheoretische Grundlagen einer explikativen Semantik. Opladen.

Busse, Dietrich (2007): Diskurslinguistik als Kontextualisierung – Sprachwissenschaftliche Überlegungen zur Analyse gesellschaftlichen Wissens. In: Ingo Warnke (Hg.): Diskurslinguistik nach Foucault. Theorie und Gegenstände. Berlin/New York, 81–105.

Busse, Dietrich/Wolfgang Teubert (1994): Ist Diskurs ein sprachwissenschaftliches Objekt? Zur Methodenfrage der Historischen Semantik. In: Dietrich Busse/Fritz Hermanns/Wolfgang Teubert (Hg.): Begriffsgeschichte und Diskursgeschichte. Methodenfragen und Forschungsergebnisse. Tübingen, 10–28.

Chambers, Jack/Peter Trudgill/Natalie Schilling-Estes (Hg.) (2002): The handbook of language variation and change. Malden.

Comenius, Johann Amos (1681 [?]): Sapientia prima Usus Triertium Catholicum Appelandus, Hoc est, Humanarum Cogitationum, Sermonum, Operum Scientiam, Artem, Usum, Aperiens Clavis Triuna: sive Amabile Logica, Grammatica, Pragmaticaque cum Metaphysica Osculum. Lugduni Batavorum. Nachdruck o. O. um 1920.

Coseriu, Eugenio (1970): System, Norm und ‚Rede'. In: Ders. (Hg.): Sprache – Strukturen und Funktionen. Tübingen, 193–212.

Crick, Francis (1994): Was die Seele wirklich ist. Die naturwissenschaftliche Erforschung des Bewusstseins. München.

Deppermann, Arnulf (2001): Gespräche analysieren. Opladen.

Deppermann, Arnulf (2007): Grammatik und Semantik aus gesprächsanalytischer Sicht. Berlin/New York.

Deppermann, Arnulf (2013): Zur Einführung: Was ist eine „Interaktionale Linguistik des Verstehens"? In: Arnulf Deppermann (Hg.): Deutsche Sprache 1/13. Themenheft: Interaktionale Linguistik des Verstehens. Berlin, 1–5.

Duden – Deutsches Universalwörterbuch (^{4}2001). Mannheim.

Everett, Caleb (2013): Linguistic Relativity. Evidence Across Languages and Cognitive Domains. Berlin/Boston.

Everett, Daniel (2013): Die größte Erfindung der Menschheit. Was mich meine Jahre am Amazonas über das Wesen der Sprache gelehrt haben. München.

Feilke, Helmuth (1994): Common sense-Kompetenz. Überlegungen zu einer Theorie des „sympathischen" und „natürlichen" Meinens und Verstehens. Frankfurt/Main.

Feilke, Helmuth/Angelika Linke (2009): Oberfläche und Performanz – Zur Einleitung. In: Angelika Linke/Helmuth Feilke (Hg.): Oberfläche und Performanz. Untersuchungen zur Sprache als dynamische Gestalt. Tübingen (Reihe Germanistische Linguistik 283), 3–17.

Felder, Ekkehard (2003): Juristische Textarbeit im Spiegel der Öffentlichkeit. Berlin/New York (Studia Linguistica Germanica, 70).

Felder, Ekkehard (2006): Semantische Kämpfe in Wissensdomänen. Eine Einführung in Benennungs-, Bedeutungs- und Sachverhaltsfixierungs-Konkurrenzen. In: Ders. (Hg.): Semantische Kämpfe. Macht und Sprache in den Wissenschaften. Berlin/New York (Linguistik – Impulse und Tendenzen, 19), 13–46.

Felder, Ekkehard (2009): Sprachliche Formationen des Wissens. Sachverhaltskonstitution zwischen Fachwelten, Textwelten und Varietäten. In: Felder/Müller, 21–77.

Felder, Ekkehard (2013): Faktizitätsherstellung mittels handlungsleitender Konzepte und agonaler Zentren. Der diskursive Wettkampf um Geltungsansprüche. In: Ders. (Hg.): Faktizitätsherstellung in Diskursen. Die Macht des Deklarativen. Berlin/Boston (Sprache und Wissen, 13), 13–28.

Felder, Ekkehard/Marcus Müller (Hg.) (2009): Wissen durch Sprache. Theorie, Praxis und Erkenntnisinteresse des Forschungsnetzwerks ‚Sprache und Wissen'. Berlin/New York (Sprache und Wissen, 3).

Felder, Ekkehard/Marcus Müller/Friedemann Vogel (2012): Korpuspragmatik. Paradigma zwischen Handlung, Gesellschaft und Kognition. In: Ekkehard Felder/Marcus Müller/Friedemann Vogel (Hg.): Korpuspragmatik. Thematische Korpora als Basis diskurslinguistischer Analysen. Berlin/New York (Linguistik – Impulse und Tendenzen, 44), 3–30.

Felder, Ekkehard/Jörn Stegmeier (2012): Diskurstheoretische Voraussetzungen und diskurspraktische Bewertungen. Diskurse aus sprachwissenschaftlicher Sicht am Beispiel des Sterbehilfe-Diskurs. In: Michael Anderheiden/Wolfgang U. Eckart (Hg.): Sterben in der modernen Gesellschaft. Menschenwürde und medizinischer Fortschritt. Ein Handbuch. Berlin/Boston, 375–415.

Firth, John R. (1957): Papers in Linguistics (1934–1951). London/NewYork/Toronto.

Fleischer, Wolfgang/Georg Michel (1975): Stilistik der deutschen Gegenwartssprache. Leipzig (Neubearbeitung Frankfurt/Main 1993).

Foucault, Michel (1981): Archäologie des Wissens. Frankfurt/Main (frz. Originaltitel: L'Archéologie du savoir. Paris 1969).

Fraas, Claudia/Michael Klemm (2005): Diskurse – Medien – Mediendiskurse. Begriffsklärungen und Ausgangsfragen. In: Claudia Fraas/Michael Klemm (Hg.): Mediendiskurse. Bestandsaufnahme und Perspektiven. Frankfurt a. M., 1–8.

Frege, Gottlob (1964): Begriffsschrift und andere Aufsätze. Hrsg. v. I. Angelelli. 2. Aufl. Darmstadt.

Fuchs, Thomas (2011): Hirnwelt oder Lebenswelt? Zur Kritik des Neurokonstruktivismus. In: Deutsche Zeitschrift für Philosophie 59, 347–358.

Gabriel, Markus (2013): Warum es die Welt nicht gibt. Berlin.

Gardt, Andreas (1995): Die zwei Funktionen von Sprache: kommunikativ und sprecherzentriert. In: Zeitschrift für germanistische Linguistik 23, 153–171.

Gardt, Andreas (1998): Sprachtheoretische Grundlagen und Tendenzen der Fachsprachenforschung. In: Zeitschrift für germanistische Linguistik 26, 31–66.

Gardt, Andreas (1999): Geschichte der Sprachwissenschaft in Deutschland. Vom Mittelalter bis ins 20. Jahrhundert. Berlin/New York.

Gardt, Andreas (2001): Beeinflußt die Sprache unser Denken? Ein Überblick über Positionen der Sprachtheorie. In: Andrea Lehr/Matthias Kammerer/Klaus-Peter Konerding/Angelika Storrer/Caja Thimm/Werner Wolski (Hg.): Sprache im Alltag. Beiträge zu neuen Perspektiven in der Linguistik. Herbert E. Wiegand zum 65. Geburtstag gewidmet. Berlin/New York, 19–39.

Gardt, Andreas (2002): Das Wort in der philosophischen Sprachreflexion: Eine Übersicht. In: Alan Cruse/Franz Hundsnurscher/Michael Job/Peter Rolf Lutzeier (Hg.): Lexikologie. Lexicology. Ein internationales Handbuch zur Natur und Struktur von Wörtern und Wortschätzen 1. Halbbd. Berlin/New York, 89–100.

Gardt, Andreas (2007): Diskursanalyse. Aktueller theoretischer Ort und methodologische Möglichkeiten. In: Ingo Warnke (Hg.): Diskurslinguistik nach Foucault. Theorie und Gegenstände. Berlin/New York (Linguistik – Impulse und Tendenzen, 25), 27–52.

Gardt, Andreas (2013): Textanalyse als Basis der Diskursanalyse. Theorie und Methoden. In: Ekkehard Felder (Hg.): Faktizitätsherstellung in Diskursen. Die Macht des Deklarativen. Berlin/Boston (Sprache und Wissen, 13), 29–56.

Glasersfeld, Ernst von (1997): Radikaler Konstruktivismus. Ideen, Ergebnisse, Probleme. Frankfurt a. M.

Gottsched, Johann Christoph (1762): Grundlegung einer deutschen Sprachkunst (1748). 5. Aufl. Leipzig 1762. In: Ausgewählte Werke. Hg. v. P. M. Mitchell. Bd. 8. Bearb. v. H. Penzl. Berlin, New York 1978.

Gumperz, John J. (1982): Discourse strategies. Cambridge.

Habscheid, Stephan (2002): Sprache in der Organisation: sprachreflexive Verfahren im systemischen Beratungsgespräch. Berlin/New York (Linguistik – Impulse und Tendenzen, 1).

Habscheid, Stephan (2009): Text und Diskurs. Paderborn.

Habscheid, Stephan (2011): Das halbe Leben. Ordnungsprinzipien einer Linguistik der Kommunikation – Zur Einleitung in den Band. In: Stephan Habscheid (Hg.): Textsorten, Handlungsmuster, Oberflächen. Linguistische Typologie der Kommunikation. Berlin/New York, 3–29.

Hausendorf, Heiko/Wolfgang Kesselheim (2009): Textlinguistik fürs Examen. Göttingen.

Heidegger, Martin (2003): Gesamtausgabe. I. Abteilung: Veröffentlichte Schriften 1910 -1976. Bd. 5: Holzwege (1935–1946). Hrsg. v. F.-W. von Herrmann. 2. Aufl. Frankfurt a. M.

Herder, Johann Gottfried (1771): Werke in zehn Bänden. Bd. 1: Frühe Schriften. Hrsg. v. U. Gaier. Frankfurt 1985.

Heringer, Hans Jürgen (1974): Praktische Semantik. Stuttgart.

Hoffmann, Lothar/Hartwig Kalverkämper/Herbert Ernst Wiegand (Hg.) (1998/1999): Fachsprachen. Ein internationales Handbuch zur Fachsprachenforschung und Terminologiewissenschaft. 2 Halbbände. Berlin/New York (Handbücher zur Sprach- und Kommunikationswissenschaft, 14.1 und 14.2).

Holly, Werner (1990): Politikersprache. Inszenierungen und Rollenkonflikte im informellen Sprachhandeln eines Bundestagsabgeordneten. Berlin/New York.

Hörmann, Hans (1978): Meinen und Verstehen. Grundzüge einer psychologischen Semantik. Frankfurt/Main.

Humboldt, Wilhelm von (1826): Ueber den grammatischen Bau der Chinesischen Sprache. In: Wilhelm von Humboldt. Über die Sprache. Reden vor der Akademie. Hrsg., kommentiert u. mit einem Nachwort vers. v. J. Trabant. Tübingen/Basel 1994, 126–142.

Humboldt, Wilhelm von (1836): Über die Verschiedenheit des menschlichen Sprachbaues und ihren Einfluß auf die geistige Entwicklung des Menschengeschlechts (d. i. Einleitung zu: Über die Kawi-Sprache auf der Insel Java). In: Wilhelm von Humboldt. Schriften zur Sprache. Hrsg. v. M. Böhler. Stuttgart 1992, 30–207.

Jäger, Ludwig (1994): Die Linguistik des Innern. Historische Anmerkungen zu den zeichen- und erkenntnistheoretischen Grundlagen der kognitivistischen Sprachwissenschaft. In: Ludwig Jäger/Bernd Switalla (Hg.): Germanistik in der Mediengesellschaft. München, 291–326.

Janich, Nina/Alfred Nordmann/Liselotte Schebek (Hg.) (2012): Nichtwissenskommunikation in den Wissenschaften. Frankfurt/Main u. a. (Wissen – Kompetenz – Text, 1).

Jeand'Heur, Bernd (1998): Die neuere Fachsprache der juristischen Wissenschaft seit der Mitte des 19. Jahrhunderts unter besonderer Berücksichtigung von Verfassungsrecht und Rechtsmethodik. In: Hoffmann/Kalverkämper/Wiegand, 1286–1295.

Kade, Otto (1971): Das Problem der Übersetzbarkeit aus der Sicht der marxistisch-leninistischen Erkenntnistheorie. In: Linguistische Arbeitsberichte. Mitteilungsblatt der Sektion Theoretische und angewandte Sprachwissenschaft an der Karl-Marx-Universität Leipzig und des Leipziger Linguistenkreises 4, 13–28.

Kalverkämper, Hartwig (1990): Gemeinsprachen und Fachsprachen – Plädoyer für eine integrierende Sichtweise. In: Gerhard Stickel (Hg.): Deutsche Gegenwartssprache. Tendenzen und Perspektiven. Berlin/New York (Institut für deutsche Sprache Jahrbuch 1989), 88–133.

Kant, Immanuel (1798): Der Streit der Fakultäten, Anthropologie in pragmatischer Hinsicht. In: Kant's Gesammelte Schriften Werke [Akademieausgabe]. 1900 ff. Bd. VII, 1907, Nachdruck 1917. Berlin.

Köller, Wilhelm (2004): Perspektivität und Sprache. Zur Struktur von Objektivierungsformen in Bildern, im Denken und in der Sprache. Berlin/New York.

Konerding, Klaus-Peter (2009): Sprache – Gegenstandskonstitution – Wissensbereiche. Überlegungen zu (Fach-)Kulturen, kollektiven Praxen, sozialen Transzendentalien, Deklarativität und Bedingungen von Wissenstransfer. In: Felder/Müller, 79–111.

Kühn, Peter (1995): Mehrfachadressierung. Untersuchungen zur adressatenspezifischen Polyvalenz sprachlichen Handelns. Tübingen.

Lehmann, Beat (1998): ROT ist nicht „rot" ist nicht [rot]. Eine Bilanz und Neuinterpretation der linguistischen Relativitätstheorie. Tübingen.

Leibniz, Gottfried Wilhelm (1704): Nouveaux essais sur l'entendement humain. In: Ders.: Sämtliche Schriften und Briefe. Hrsg. v. d. Preußischen Akademie der Wissenschaften, später Deutsche Akademie der Wissenschaften zu Berlin bzw. Akademie der Wissenschaften der DDR, seit 1993 Berlin-Brandenburgische Akademie der Wissenschaften. Darmstadt, später: Leipzig, dann Berlin 1923 ff. [Akademieausgabe]. 6. Reihe: Philosophische Schriften, Bd. 6. Berlin. – Dt. Übersetzung: Neue Abhandlungen über den menschlichen Verstand. Hrsg. u. übers. v. W. v. Engelhardt u. H. H. Holz. Frankfurt 1961.

Levinson, Stephen C. (1979): Activity types and languages. In: Linguistics 17, 365–399.

Liebert, Wolf-Andreas (2002): Wissenstransformationen. Handlungssemantische Analysen von Wissenschafts- und Vermittlungstexten. Berlin/New York (Studia linguistica Germanica, 63).

Linke, Angelika/Helmuth Feilke (Hg.) (2009): Oberfläche und Performanz. Untersuchungen zur Sprache als dynamischer Gestalt. Tübingen (Reihe Germanistische Linguistik, 283).

Locke, John (1690): An Essay Concerning Human Understanding. Hrsg. v. P. Nidditch. Oxford 1975.

Löffler, Heinrich (³2005): Germanistische Soziolinguistik. Berlin (Grundlagen der Germanistik, 28).

Maturana, Humberto (1982): Erkennen: Die Organisation und Verkörperung von Wirklichkeit. Ausgewählte Arbeiten zur biologischen Epistemologie. Braunschweig/Wiesbaden.

Morris, Charles W. (1946): Signs, language and behavior. New York.

Muir, Willa (1959): Translating from the German (Teil II von: Edwin Muir/Willa Muir: Translating from the German). In: Reuben Arthur Brower (Hg.): On Translation. Cambridge/Mass., 93–96.

Nietzsche, Friedrich (1873): Über Wahrheit und Lüge im außermoralischen Sinne. In: Nietzsches Werke. Kritische Gesamtausgabe. Hrsg. v. G. Colli/M. Montinari. III.2: Nachgelassene Schriften 1870–1873. Berlin/New York 1973.

Nonaka, Ikujiro/Hirotaka Takeuchi (1997): Die Organisation des Wissens. Frankfurt/Main.

Oesterreich, Peter L. (2008): Anthropologische Rhetorik. In: Ulla Fix/Andreas Gardt/Joachim Knape (Hg.): Rhetorik und Stilistik. Rhetoric and Stylistics. Ein internationales Handbuch historischer und systematischer Forschung. Bd. 1. Berlin/New York (Handbücher zur Sprach- und Kommunikationswissenschaft HSK, 31.1), 869–880.

Polanyi, Michael (1966/1985): The Tacit Dimension. Gloucester.

Polanyi, Michael (1985): Implizites Wissen. Frankfurt/Main.

Polenz, Peter v. (²1988): Deutsche Satzsemantik. Grundbegriffe des Zwischen-den-Zeilen-Lesens. Berlin/New York.
Riesel, Elise (²1970): Der Stil der deutschen Alltagsrede. Leipzig.
Riesel, Elise (1975): Grundsatzfragen der Funktionalstilistik. In: Linguistische Probleme der Textanalyse. Jahrbuch 1973 des Instituts für deutsche Sprache. Düsseldorf, 36–53.
Roelcke, Thorsten (³2010): Fachsprachen. Berlin (Grundlagen der Germanistik, 37).
Rolf, Eckard (2000): Textuelle Grundfunktionen. In: Klaus Brinker/Gerd Antos/Wolfgang Heinemann/Sven F. Sager (Hg.): Text- und Gesprächslinguistik. Ein internationales Handbuch zeitgenössischer Forschung. Zwei Halbbände. Berlin/New York, 422–435.
Rorty, Richard (1989): Kontingenz, Ironie und Solidartät. Frankfurt a. M.
Roth, Gerhard (1997): Das Gehirn und seine Wirklichkeit. Kognitive Neurobiologie und ihre philosophischen Konsequenzen. Frankfurt a. M.
Roth, Gerhard (2003): Fühlen, Denken, Handeln. Wie das Gehirn unser Verhalten steuert. Frankfurt a. M.
Scherner, Maximilian (1984): Sprache als Text. Ansätze zu einer sprachwissenschaftlich begründeten Theorie des Textverstehens. Tübingen.
Schmidt, Siegfried J. (1973): Texttheorie. Probleme einer Linguistik der sprachlichen Kommunikation. München.
Schmidt, Siegfried J. (1988): Der Radikale Konstruktivismus. Ein neues Paradigma im interdisziplinären Diskurs. In: Siegfried J. Schmidt (Hg.): Der Diskurs des Radikalen Konstruktivismus. 2. Aufl. Frankfurt/Main, 11–88.
Schneider, Jan Georg/Hartmut Stöckl (Hg.) (2011): Medientheorien und Multimodalität. Ein TV-Werbespot – sieben methodische Beschreibungsansätze. Köln.
Schwitalla, Johannes (1976): Was sind Gebrauchstexte? In: Deutsche Sprache 1, 20–40.
Searle, John R. (1969): Speech acts. Cambridge.
Searle, John R. (1975/1982): Eine Taxonomie illokutionärer Akte. In: Ders. (Hg.): Ausdruck und Bedeutung. Untersuchungen zur Sprechakttheorie. Frankfurt/Main, 17–50. Original: John R. Searle (1975): A Taxonomy of Illocutionary Acts. In: Ders. (Hg.): Expression and Meaning. Studies in the Theory of Speech Acts. Cambridge, 1–29.
Searle, John (2010): Making the Social World. The Structure of Human Civilization. Oxford.
Siefer, Werner/Christian Weber (2006): Ich. Wie wir uns selbst erfinden. Frankfurt a. M.
Sitta, Horst (1973): Kritische Überlegungen zur Textsortenlehre. In: Horst Sitta/Klaus Brinker (Hg.): Studien zur Texttheorie und zur deutschen Grammatik. Düsseldorf, 63–72.
Spieß, Constanze (2011): Diskurshandlungen. Theorie und Methode linguistischer Diskursanalyse am Beispiel der Bioethikdebatte. Berlin/New York (Sprache und Wissen, 7).
Spitzmüller, Jürgen/Ingo Warnke (2011): Diskurslinguistik. Eine Einführung in Theorien und Methoden der transtextuellen Sprachanalyse. Berlin/New York.
Steger, Hugo (1984): Sprachgeschichte als Geschichte der Textsorten/Texttypen und ihrer kommunikativen Bezugsbereiche. In: Werner Besch/Anne Betten/Oskar Reichmann/Stefan Sonderegger (Hg.): Sprachgeschichte. Ein Handbuch zur Geschichte der deutschen Sprache und ihrer Erforschung. Erster Halbband. Berlin/New York (Handbücher zur Sprach- und Kommunikationswissenschaft, 2), 186–204.
Steger, Hugo (1988): Erscheinungsformen der deutschen Sprache. ‚Alltagssprache' – ‚Fachsprache'– ‚Standardsprache' – ‚Dialekt' und andere Gliederungstermini. In: Deutsche Sprache 16. Zeitschrift für Theorie, Praxis, Dokumentation, 289–319.
Steger, Hugo/Eva Schütz (1973): Vorschlag für ein Sprachverhaltensmodell. In: Funkkolleg Sprache 2. Frankfurt/Main, 194–210.
Steger, Hugo/Karl-Helge Deutrich/Gerd Schank/Eva Schütz (1974): Redekonstellation, Redekonstellationstyp, Textexemplar, Textsorte im Rahmen eines Sprachverhaltensmodells.

Begründung einer Forschungshypothese. In: Ulrich Engel/Hugo Moser/Hugo Steger (Hg.): Gesprochene Sprache. Jahrbuch 1972 des Instituts für Deutsche Sprache. Düsseldorf, 39–97.

Straßner, Erich (1995): Deutsche Sprachkultur. Von der Barbarensprache zur Weltsprache. Tübingen.

Trier, Jost (1973): Aufsätze und Vorträge zur Wortfeldtheorie. Hrsg. v. Anthony van der Lee/Oskar Reichmann. Den Haag/Paris.

Warnke, Ingo (2007): Diskurslinguistik nach Foucault – Dimensionen einer Sprachwissenschaft jenseits textueller Grenzen. In: Ingo Warnke (Hg.): Diskurslinguistik nach Foucault. Theorie und Gegenstände. Berlin/New York, 3–24.

Warnke, Ingo/Jürgen Spitzmüller (2008): Methoden und Methodologie der Diskurslinguistik. Grundlagen und Verfahren einer Sprachwissenschaft jenseits textueller Grenzen. In: Ingo Warnke/Jürgen Spitzmüller (Hg.): Methoden der Diskurslinguistik. Sprachwissenschaftliche Zugänge zur transtextuellen Ebene. Berlin/New York, 3–54.

Wimmer, Rainer (1979): Referenzsemantik. Untersuchungen zur Festlegung von Bezeichnungsfunktionen sprachlicher Ausdrücke am Beispiel des Deutschen. Tübingen (Reihe Germanistische Linguistik, 19).

Wittgenstein, Ludwig (verf. 1945): Philosophische Untersuchungen I. In: Schriften. Bd. 1. Frankfurt 1960, 279–554.

Zimmer, René (2009): Die Rahmung der Zwergenwelt. Argumentationsmuster und Versprachlichungsformen im Nanotechnologiediskurs. In: Felder/Müller, 279–308.

Dietrich Busse
2. Bedeutung

Abstract: Dass *Bedeutung* ein umgrenztes, beschreibbares und erklärbares Phänomen darstellt, ist in der Geschichte der Sprachphilosophie, Sprachtheorie und Linguistik ebenso vehement bezweifelt wie bejaht worden. Die Tatsache, dass ‚Bedeutung' als ein *konstituiertes* Phänomen aufgefasst werden muss, d. h. als ein Produkt oder Ergebnis wissenschaftlicher, theoretisch geleiteter Konstruktions-Akte, macht es schwierig, es überhaupt als ein sozusagen ‚reines Phänomen' in den Blick zu nehmen. Der Versuch, dies dennoch zu wagen, erfolgt in drei Schritten (kognitiv, sozial, sprachlich). Danach wird ein knapper Überblick über verschiedene Zugänge zu ‚Bedeutung' und zu Bedeutungen in Linguistik und Sprachtheorie gegeben. Zu klären sind dann noch *Konstitution, Konstanz* und *Wandel* von Bedeutungen. Ein knapper Einblick in Methoden der Bedeutungsforschung schließt den Beitrag ab. Geleitet werden die Darlegungen von einem Verständnis von *Bedeutung* als einem Phänomen, bei dessen Erklärung und Beschreibung der Schwerpunkt auf der Analyse des verstehens- bzw. bedeutungsrelevanten Wissens liegen sollte.

1 Bedeutung – ein schwieriges Phänomen
2 Bedeutung als kognitives (epistemisches) Phänomen
3 Bedeutung als soziales Phänomen
4 Bedeutung als sprachliches Phänomen
5 Zugänge zu *Bedeutung* und zu Bedeutungen
6 Konstitution, Konstanz und Wandel von Bedeutungen
7 Methoden der Bedeutungsforschung
8 Literatur

1 *Bedeutung* – ein schwieriges Phänomen

Die in der vorliegenden Handbuchreihe beschriebenen Gegenstände sollen von der Seite der Phänomene her beschrieben werden (nicht vorrangig aus der Perspektive von Theorien und Disziplinen). Bereits hier fangen die Probleme mit dem Gegenstand dieses Artikels an. Ist „Bedeutung" ein „Phänomen", wie es möglicherweise andere der sprachlichen Gegebenheiten sind, die in großer Zahl Gegenstand der Artikel dieser Handbuchreihe sind? Dass Bedeutung ein umgrenztes, beschreibbares und erklärbares Phänomen darstellt, ist in der Geschichte der Sprachphilosophie, Sprachtheorie und Linguistik ebenso vehement bezweifelt worden (etwa von Wittgenstein in seinen Philosophischen Untersuchungen) wie dadurch bejaht worden, dass ja „Bedeutungsbeschreibungen" – etwa in Form von Wörterbüchern – schon seit den ersten Anfängen der praktischen Sprachforschung eingeführt und üblich sind.

Nicht umsonst meldete der ausgewiesene Semantiker John Lyons (z. B. in Lyons 1983, 128) deutliche Zweifel am Gegenstandscharakter von „Bedeutung" an, indem er zwei unterschwellige Prämissen traditioneller Sprachphilosophie und Linguistik sehr kritisch in den Blick nahm, nämlich die „*Existenzprämisse*" („dass das, worauf man sich [...] mit dem Wort ‚Bedeutung' bezieht, überhaupt in irgendeiner Form existiert") und die „*Homogenitätsprämisse*" („dass alles, was als ‚Bedeutung' bezeichnet wird, seiner Natur nach ähnlich oder gar identisch ist"). Dazu erläuternd Busse (2009, 18f.):

> Die *Existenzprämisse* rührt aus dem seit der Antike überlieferten Bedeutungs-Platonismus her, nämlich der Vorstellung, dass die ‚*Bedeutung*' eines Wortes als ‚*Idee*' (Platon, Locke) oder als ‚*Begriff*' eine eigenständige Existenzform habe; sowohl über die Begriffstheorie der Bedeutung als auch in der lexikalischen Semantik ist diese Existenzprämisse bis in jüngste semantische Konzeptionen erhalten geblieben. Die *Homogenitätsprämisse* findet sich einerseits schon in der Beschränkung von Semantik auf *Wort*semantik wieder, andererseits in der damit zusammenhängenden Position auch modernster Syntax-Theorien, dass die Bedeutung eines Satzes als Zusammensetzung aus den Bedeutungen seiner Bestandteile (von denen die Wörter bzw. die sie bildenden Morpheme die ‚kleinsten selbständigen Einheiten' sind) aufgefasst wird (*Prinzip der Kompositionalität*). Dabei ist von vorneherein weder ausgemacht, ob alle ‚Wörter' (Substantive, Adjektive, Konjunktionen, Präpositionen, Partikel usw.) in gleicher Weise ‚Bedeutung' haben, noch, ob den verschiedenen Ebenen der Sprache (Wörter, Sätze, Texte) das Prädikat ‚*Bedeutung*' ohne weitere Unterscheidungen dieses zentralen sprachtheoretischen Begriffs zugesprochen werden kann.

Theorien und Modelle zum Phänomen *Bedeutung*, heute unter der Bezeichnung *Semantik* zusammengefasst (früher einmal auch *Semasiologie* genannt), sind das, was man mit einer häufig gebrauchten Metapher ein ‚vermintes Gelände' nennen kann; man könnte auch von einem theoretischen ‚Schlachtfeld' sondergleichen sprechen. Das Phänomen selbst – wenn es denn eines ist – scheint sich tendenziell der exakten wissenschaftlichen Erklärung und Beschreibung zu entziehen. Dieser Umstand hat in Phasen der Sprachforschung, in denen sich viele ihrer Vertreter verzweifelt darum bemühten, theoretisch und methodisch Anschluss an die von unseren Gesellschaften höher bewerteten Naturwissenschaften zu finden (so im amerikanischen Strukturalismus der 1940er und 1950er Jahre), dazu geführt, dass Viele es als unmöglich ansahen, *Bedeutung* überhaupt wissenschaftlich mit der gewünschten Exaktheit und Systematizität zu erforschen. Die Bedeutungsforschung (Semantik) wurde daher zeitweise aus der Linguistik ganz ausgeschlossen, oder wurde zumindest zu dem, was der Sprachpsychologe Hörmann (1976, 60) „die arme Verwandte (der Syntax)" genannt hat.

Die Probleme mit der Vielgestaltigkeit desjenigen Phänomens oder Phänomenbereichs, der mit dem Wort *Bedeutung* (in seiner „semantischen" Lesart) benannt werden soll, führen dazu, dass ‚Bedeutung' immer dann, wenn sie zu einem Gegenstand wissenschaftlicher (philosophischer, linguistischer, logischer, kognitionswissenschaftlicher) Betrachtung wird, als ein *konstituiertes* Phänomen aufgefasst werden muss, das heißt, als ein Produkt oder Ergebnis wissenschaftlicher, theoretisch geleiteter Konstruktions-Akte. Dies macht es schwierig, überhaupt ‚Bedeutung' als ein sozusagen ‚reines Phänomen' in den Blick zu nehmen. Doch der Versuch, es dennoch einmal aus dieser Perspektive anzugehen, ist durchaus reizvoll und soll im Folgenden in drei Schritten (kognitiv, sozial, sprachlich) gewagt werden.

2 Bedeutung als kognitives (epistemisches) Phänomen

Was wir gewöhnlich *Bedeutung* nennen (hier: in der sprachbezogenen Lesart dieser Wortform) hat unzweifelhaft etwas mit dem zu tun, was wir geistig (oder kognitiv, oder epistemisch, oder wie auch immer man dies nennen will) aus Teilen dessen machen, was wir über unsere Sinneskanäle wahrnehmen. In diesem Sinne ist *Bedeutung* immer auch ein Phänomen, das die Sphäre des Geistigen, Kognitiven, Epistemischen berührt. Dem widerspricht auch nicht wirklich der Glaubensartikel, der von manchen Sprachtheoretikern (auch solchen in der Linguistik) wie eine Fahne getragen wird, und der lautet: „Bedeutungen sind nicht im Kopf." Richtig würde dieser Satz, wenn er lautete: „Bedeutungen sind nicht *nur* im Kopf." (Das Richtige an diesem Satz werde ich im Abschnitt über ‚Bedeutung als *soziales* Phänomen' verhandeln.) Ein soziales Phänomen, das Bedeutung *auch* ist, wirkt aber immer (nur) über Prozesse der geistigen, kognitiven Verarbeitung. Deshalb lohnt es, unsere Aufmerksamkeit zunächst auf diese Ebene des komplexen Phänomens *Bedeutung* zu richten.

Höhere Formen von Lebewesen sind genetisch prädisponiert und ggf. trainiert, Sinneseindrücke, die sie über ihre Sinneskanäle erfahren, in unterschiedlicher Weise zu verarbeiten. Zahlreiche Sinneseindrücke werden auf eine Weise verarbeitet, die oft „instinktgeleitet" genannt wird; es handelt sich um meist genetisch prädisponierte „unwillkürliche" Reaktionen auf Sinnesreize, wie etwa der Fluchtreflex bei Fluchttieren wie Pferden. Immer dann, wenn äußere Reize (dem kognitiven Apparat zugänglich als Sinnesdaten) nicht in Form solcher ‚automatischer' genetisch angelegter Reiz-Reaktions-Muster, sondern auf andere Weise im kognitiven Apparat verarbeitet werden, liegt der Grundstock für das vor, was man bei höheren Formen solcher Verarbeitungsprozesse *Bedeutung* nennt. So weisen viele Säugetiere, wenn sie einem Widerpart der eigenen Gattung gegenüberstehen, häufig bestimmten Körperhaltungen, Positionen und Haltungen von Körperteilen des Gegenübers in der Weise „Bedeutung" zu, dass sie sie z. B. als aggressiv, als Aufforderung zum Spielen o. ä. „interpretieren" und ihr eigenes Verhalten daran ausrichten. Bereits auf dieser Ebene der Wahrnehmung und kognitiven Verarbeitung von Sinnesdaten wird vermutlich das wirksam, was unter Benutzung eines Begriffs von Kant in der Erkenntnistheorie und auch in der jüngeren Gedächtnispsychologie und Kognitionsforschung „Schema-Bildung" oder „schemageleitete Verarbeitung" von Sinnesdaten genannt wird.

Schema-Bildung liegt z. B. schon dann vor, wenn eine gegebene Konstellation von Sinnesdaten mit einer in der Vergangenheit erlebten Konstellation von Sinnesdaten in Verbindung gebracht, mit dieser als „dieselbe" (oder „ähnlich") identifiziert wird, und dies möglicherweise die Erwartung weckt, dass das im damaligen Fall erfolgreiche eigene Verhalten auch im gegebenen Fall erfolgreich sein könnte. M. a. W.: Es gibt keine Wahrnehmung (die diesen Namen verdient), die nicht schon auf der Verknüpfung von Erinnerungsdaten und damit auf Schema-Bildung beruht. Schon bei den elementarsten kognitiven Verknüpfungsleistungen ist laut dem britischen Gedächtnispsychologen Frederic C. Bartlett (1932, 33) aber bereits das wirksam, was er „Schlußfolgern" (Inferenzen) nennt. Was wir „wahrnehmen" nennen, ist für ihn tatsächlich stets bereits „schlußfolgernde Konstruktion" (Bartlett 1932, 33; zu einer ausführlichen Darstellung seines Gedächtnis-Konzepts siehe Busse 2012, 311ff.). Er führt die Dominanz des Schlussfolgerns in allen kognitiven Aktivitäten (er nennt Wahrnehmen, Vorstellen, Erinnern, Denken und Räsonieren) auf unser „Streben nach Bedeutung" (*effort after meaning*) zurück (Bartlett 1932, 44). Das Phänomen *Bedeutung* ist daher, wenn man dieser Annahme folgen will, bereits tief in den Grundstrukturen unserer Kognition verankert (und damit nicht ein rein sprachliches Phänomen). Bedeutung ist daher für Bartlett durchaus ein vorsprachliches Phänomen. Immer dann, wenn wir aktuell wahrgenommene Sinnesdaten auf Erinnerungen, auf in unserem Gedächtnis gespeicherte Muster oder Schemata beziehen, verleihen wir ihnen das, was man *Bedeutung* nennt.

Diejenige Art von Bedeutung, die wir denjenigen Arten von artikulierten Artefakten (Lautformen oder graphischen Gebilden auf Papier oder als Pixelformationen auf dem Bildschirm) zuweisen, die wir „sprachliche Zeichen" nennen (und ihren Kombinationen), ist also nur ein Spezialfall des allgemeineren Phänomens *Bedeutung* als einer Grundtatsache unserer Kognition (unseres Wahrnehmens, Schlussfolgerns und Denkens). Einer Sinneswahrnehmung (z. B. solcher artikulierter Artefakte) *Bedeutung* zuzuweisen, heißt dann, sie abzugleichen mit und einzugliedern in vorhandene (schema-geformte) Wissensstrukturen. Dadurch wird, wie Bartlett (1932, 188) es ausgedrückt hat, für diese Sinnesdaten eine „Signifikanz" erzeugt, „die ihren unmittelbaren Sinnes-Charakter übersteigt". Diese Signifikanz, so kann man vermuten, ist eine Signifikanz der epistemischen Strukturen, in die die Wahrnehmungsdaten jeweils „eingebaut" werden. Bedeutung erhält etwas Wahrgenommenes (und dazu zählen natürlich auch und gerade wahrgenommene Sprachzeichen) also dadurch, dass es zu etwas anderem, das bereits „im Wissen vorhanden" ist (ein Schema oder „Setting" i. S. v. Bartlett), in Beziehung gesetzt wird. Damit ist „Bedeutung" als *Relation* definiert. Das „Streben nach Bedeutung" ist dann nichts anderes als das Bemühen, im Geiste Verknüpfungen zu schaffen (so Bartlett 1932, 227). (Bartlett ist hier ganz im Einklang mit dem amerikanischen Philosophen und Semiotiker Charles Sanders Peirce (1931), für den die im Denken verortete Relationalität von Wissensdaten das zentrale Definiens für „Zeichen" war.)

Bedeutung als geistiges (kognitives, epistemisches) Phänomen ruht dann im Wesentlichen auf dem, was man die (epistemische) *Kontextualisierung* der durch Sinnesdaten aufgenommenen „gedeuteten" Objekte (seien es Artefakte oder natürliche

Ereignisse) nennen kann: Einlaufende Sinnesdaten werden eingefügt in eine vorhandene Wissens-Struktur; ihnen wird in dieser Struktur ein Ort zugewiesen und damit zugleich eine Form gegeben (oder besser: sie werden in eine Form eingepasst). Diese Strukturen sind schema-förmig (Bartlett nennt sie oft einfach „settings"); in der neuesten Forschung beschreibt man sie auch als *Frames* oder *Wissensrahmen* (vgl. dazu Busse 2009, 80ff. und 2012, 533ff.). Solche Schemata oder Wissensrahmen sind nicht nur i. d. R. kommunikativ (und damit sozial) vermittelt, sondern sie sind konstituiert bzw. konstruiert; in sie fließen, wie Bartlett (1932, z. B. 38, 211) mehrfach hervorhebt, bereits Interessen der Individuen ein. Mit *Kondensation, Elaboration, Einführung* (von neuen Wissenselementen) und *Kombination* (mehrerer Schemata) als den schemakonstituierenden Leistungen der wahrnehmenden und erinnernden Individuen nennt er genau solche Aspekte, die später für den kognitionswissenschaftlichen Frame-Begriff kennzeichnend werden.

Die Abhängigkeit der Schema-Bildung und -Struktur von Interessen und von einer je spezifischen Wechselwirkung zwischen den beteiligten Schemata führt laut Bartlett (1932, 213) dazu, dass das Gedächtnis stark individuenspezifisch, d. h. subjektiv geprägt ist. Dieser Punkt führt immer wieder zu (teilweise heftiger) Kritik an solchen theoretischen Positionen in der linguistischen Semantik, die über den Beitrag von Kognition und Episteme zum Prozess des Verstehens und zur Konstitution von *Bedeutung* nachdenken wollen. Hier muss aber Folgendes auseinandergehalten werden: Auch wenn die Strukturen des menschlichen Wissens, und damit auch die Strukturen desjenigen Wissens, das für die Konstitution bzw. das „Verstehen" von dem, was man *Bedeutung* (z. B. sprachlicher Zeichen) nennt, aktiviert werden muss, in der jeweils gegebenen Konstellation individuenspezifisch (und damit subjektiv geprägt) sind, so ändert dies doch nichts daran, dass die wesentlichen Grundstrukturen dieses Wissens auf dem Wege der sozialen Interaktion geprägt wurden, und damit letztlich auch das, was man (vielleicht etwas unbeholfen) die „Inhalte" dieses Wissens nennen könnte. Zentral hierfür ist der Prozess, der meist unter dem Begriff *Konvention* bzw. *Konventionalisierung* zusammengefasst wird.

Nach der hier vertretenen Position kann eine zureichende Erklärung des Phänomens *Bedeutung* nicht erfolgen, wenn man nicht erklärt, in welcher Weise sprachliche Zeichen bzw. ihre Verarbeitung durch vernunftbegabte Individuen dazu beitragen, dass in ihren Rezipienten geistige Prozesse („Verstehen") initiiert werden, welcher Art diese Prozesse sind, und in welcher Weise dabei Wissen und Wissensstrukturen ins Spiel kommen, über die die deutenden bzw. verstehenden Individuen bereits vor der Wahrnehmung der Zeichenereignisse verfügt haben. Ist eine empirische Beschäftigung mit Phänomenen der (sprachlichen) *Bedeutung* nicht bloß formalistisch orientiert, sondern an den in Sprache verhandelten Inhalten interessiert, so spricht nichts dagegen, wenn diese Forschung auch die Strukturen des verstehensrelevanten Wissens selbst (seien es Schemata, seien es Wissensrahmen, seien es Strukturen noch anderer Art) in den Blick nimmt.

3 Bedeutung als soziales Phänomen

Bedeutung ist mindestens so sehr, wie es ein Phänomen im Wissen und in den menschlichen geistigen Leistungen (Episteme und Kognition) ist, ein (wenigstens in Bezug auf das, was wir *Sprache* nennen) durch und durch sozial geprägtes Phänomen. *Epistemisch* (oder *kognitiv*) und *sozial* sind daher im Bereich der Bedeutungsforschung und -theorie keine Gegensätze, sondern nur verschiedene Aspekte ein und desselben, intern verflochtenen Funktionszusammenhangs. Diesen Zusammenhang hat insbesondere der amerikanische Sozialpsychologe George Herbert Mead (1934) ausführlich erläutert und begründet. Nach Mead (der hier auch Überlegungen des deutschen Psychologen Wilhelm Wundt weiterführt) entstehen Zeichen aus symbolischen Gesten. Eine „Geste" (z. B. eine Körperhaltung, die „Angriff" oder „Angriffsbereitschaft" bei einem Tier, z. B. einem Hund, ausdrückt) ist mit „beabsichtigten" Handlungen, oder solchem Verhalten, zu dem das die Geste produzierende Lebewesen unmittelbar prädisponiert ist, verknüpft. Mead nennt diese Prädispositionen „Haltungen". Seine Kernthese ist nun, dass eine Geste im die Geste produzierenden Lebewesen dieselbe „Haltung" auslöst wie in dem die Geste wahrnehmenden Lebewesen. Die Geste fungiert daher im sie wahrnehmenden Lebewesen als Anzeichen für bestimmte kognitive Dispositionen des Gegenüber. Sie ist Auslöser wenn nicht von eigenen Handlungen bzw. Verhalten des die Geste wahrnehmenden Lebewesens, so doch von kognitiven Prädispositionen, die zu ihrer unmittelbaren Vorbereitung dienen. D. h. Gesten sind immer mit einem Handlungspotential, einer Handlungsdisposition verknüpft; ob diese Disposition sich nun auf äußere („körperliche") Handlungen bezieht, oder auf „geistige" „Aktivitäten", ist für die Funktionsweise einer Geste völlig unerheblich. Eine Geste drückt daher nicht nur das Vorhandensein einer Handlungsdisposition beim die Geste produzierenden Lebewesen aus, sondern „sie drückt auch den Gedanken dieses Individuums aus" (Mead 1934, 84). Auf diese Weise entsteht ein signifikantes Symbol: „Wenn nun eine solche Geste die dahinterstehende Idee ausdrückt und diese Idee im anderen Menschen auslöst, so haben wir ein signifikantes Symbol." (85)

Die „Bedeutung" einer symbolischen Geste ist nun genau dieses Zusammenspiel der Haltung des gestenproduzierenden und der Haltung des gestenwahrnehmenden Individuums. Wendet man dies kognitiv oder epistemisch, so kann man auch sagen: Es gibt eine inhaltliche Entsprechung der epistemischen Prozesse im gestenproduzierenden und gestenwahrnehmenden Individuum. Diese Entsprechung ist die „Bedeutung" der Geste. Damit ist das Phänomen *Bedeutung* aber eng verflochten mit dem Zusammenspiel gesellschaftlicher Handlungen oder Handlungsdispositionen. Sie wird zu einem *sozialen* Phänomen, das ohne diesen sozialen Austausch- und Wechselwirkungs-Zusammenhang nicht gedacht werden kann. (Dazu Mead 1934, 85: „Die vokale Geste wird zum signifikanten Symbol [...], wenn sie auf das sie ausführende Individuum die gleiche Wirkung ausübt wie auf das Individuum, auf das sie gerichtet ist oder das ausdrücklich auf sie reagiert.") Deutlich ist hier die enge Verflechtung des Symbol-Begriffs und damit des Bedeutungs-Begriffs mit Aspekten von

Handlung, Handlungsbereitschaft und sozialer Interaktion. (Daher auch der übliche Name für die von Mead begründete Forschungsrichtung „Theorie des symbolischen Interaktionismus.") Für unseren Zusammenhang ist es dabei unerheblich, ob es sich dabei um ausgeführte, unter Einsatz körperlicher Bewegungen umgesetzte Handlungen handelt oder um geistige Aktivitäten, wie etwa das Abrufen bzw. „Aktivieren" bestimmter Schemata im verfügbaren Wissen. Meads Begriff der (psychischen) „Haltungen" als den zentralen Elementen im Symbolgeschehen deckt beides ab.

Symbolische (und damit sprachliche) Interaktion (und damit *Bedeutung* in dem Sinne, in dem wir uns hier damit beschäftigen) ist daher nur möglich, wenn sich die symbolisch interagierenden (miteinander „kommunizierenden") Individuen die „Haltungen" (oder, in unserer Terminologie: das Wissen, die Deutungsmuster, die Schemata und Deutungs-Routinen) der anderen Individuen, mit denen sie interagieren, vergegenwärtigen („sich in sie hineinversetzen") können. Dies geschieht nun üblicherweise meistens nicht in der Weise eines „sich Hineindenkens" in das Denken und die erwarteten (erwartbaren) Reaktionsweisen konkreter Einzel-Individuen, sondern auf dem Wege der Verallgemeinerung aus allen bisher gemachten Erfahrungen in der Interaktion mit anderen Individuen der Gemeinschaft. Dieses verallgemeinerte Gegenüber nennt Mead (1934, 196) „den generalisierten Anderen". In Bezug auf das Phänomen *Bedeutung* wird der ‚Generalisierte Andere' in der Weise wirksam, dass jedes symbolische Zeichen benutzende oder interpretierende Individuum gut daran tut, die eigenen Haltungen (konkret: die eigenen Sinn-vergegenwärtigenden – geistigen – Aktivitäten) an diesem Generalisierten Anderen auszurichten. Da das, was Mead den *Generalisierten Anderen* nennt, aber nichts anderes ist als die Summe aller bisherigen, in der gesellschaftlichen Interaktion gewonnenen Handlungserfahrungen (die in Bezug auf Sprache – aber nicht nur darauf – auch als *Deutungs*erfahrungen bezeichnet werden können), wird daran nicht nur die durch und durch gesellschaftliche Prägung des Phänomens *Bedeutung* sichtbar, sondern zugleich ihr enger Zusammenhang mit dem, was üblicherweise mit dem Begriff *Konvention* bezeichnet wird (z. B. Zeichenverwendungs-Konvention, Bedeutungs-Konvention, Regel des Wort-Gebrauchs usw.).

Unser Wissen um die Bedeutung eines sprachlichen Zeichenausdrucks ist gleichzusetzen mit unserem Wissen über erfolgreiche frühere Fälle der Wissensaktivierung mithilfe eben dieses Zeichenausdrucks. Wir greifen, wie es der Konventionstheoretiker D. K. Lewis (1969) gezeigt hat, immer auf eine ganze Klasse von Präzedenzfällen zurück. Jeder einzelne Präzedenzfall einer vorherigen Zeichenverwendung ist aber ein Fall von Kommunikation zwischen Angehörigen einer sozialen Gemeinschaft, oder, allgemeiner gesprochen, von sozialer Interaktion. Damit basiert die Klasse der Präzedenzfälle, auf denen die Zeichenverwendungskonvention beruht, auf einer Menge von einzelnen Fällen sozialer Interaktion. Dabei ist es elementar wichtig, dass die Beteiligten die sprachlichen Zeichen auch als Bestandteile einer sozialen Interaktion deuten. Diese Eigenschaft sprachlicher Zeichen ist nicht hintergehbar. Das soll heißen, dass symbolische Zeichen und ihre Bedeutungen unvermeidlich sozial sind, der Sphäre sozialer Interaktion angehören. Hier ergibt sich also ein enger, wenn nicht untrennbarer, Zusammenhang von *Zeichen, Bedeutung, Wissen, Konventionalität* und *sozialer Interaktion*. Schon dies macht deutlich, warum es so verfehlt ist, Phänomene wie *Wissen* und die *Wissensabhängigkeit der Bedeutung* als rein private, subjektive Phänomene zu sehen (wie es die Vertreter der „Bedeutungen sind nicht im Kopf"-Partei in einem grundsätzlichen Missverständnis unterstellen).

Dass über das (verstehensrelevante, verstehensermöglichende) Wissen zwar nur je individuell verfügt wird, ändert nichts daran, dass es in seinen Strukturen und Elementen durchweg sozial geprägt ist. Die Sozialität der Bedeutung und des bedeutungsrelevanten Wissens ergibt sich nicht nur aus der von Mead mit der Figur des *Generalisierten Anderen* beschriebenen sozialen Verallgemeinerung der Reaktionsweisen auf in sozialer Interaktion erfahrene Sinnesreize (hier: Wahrnehmungen symbolischer Zeichen). Sie ergibt sich, wie wiederum Bartlett (1932, Kap. XIIIff.) gezeigt hat, bereits aus der sozialen Beeinflussung der Schema-Bildung im Gedächtnis der Individuen selbst. Ihm zufolge geht jede Gedächtnisleistung mit Kategorisierungsleistungen einher; diese aber wiederum beruhen nicht nur auf Leistungen wie der Reduktion (von Sinnes-Information), sondern sind immer mit *Abstraktion* und *Typisierung* verbunden.

Nicht aktuelle Wahrnehmungsereignisse in allen Details werden memoriert, sondern typisierte „Zusammenfassungen" von ihnen, die es zugleich erlauben, eine Vielzahl real differierender Wahrnehmungsobjekte im Gedächtnis aufeinander zu beziehen (oder sogar unter einer Oberstruktur gemeinsam zu speichern). Diese (Proto)typisierung reflektiert aber, so Bartlett, immer schon die in einer Gesellschaft vorhandenen sozialen Typisierungen oder Schematisierungen und trägt gleichzeitig (über den Weg der Gedächtnisleistung) zu ihrer Bildung wie zu ihrer Aufrechterhaltung bei. Die jeder Schemabildung (jeder Abstraktion, jeder Kategorisierungsleistung) also notwendig vorausgehende Typisierung (modern ausgedrückt: Prototypenbildung) fasst, so könnte man sagen, eine bestimmte Menge von gleichartigen Präzedenzfällen von Wahrnehmungsereignissen zusammen. Gedächtnisbildung, Erinnern, ja Kategorienbildung und Konzeptualisierung überhaupt wird damit eine Angelegenheit von Präzedenzen. Hier schließt sich der Bogen zurück zur Konventionsthematik. Jeder Erinnerung wohnt, so könnte man sagen, ein Moment der Typisierung (Prototypikalität) inne. Konventionalität und Prototypikalität sind daher zwei Seiten ein und derselben Medaille. Um es auf den Punkt zu bringen: Konventionalität ist nichts anderes als Prototypikalität, bloß aus einer anderen Perspektive betrachtet. Über diese Typisierung und Präzendenzialität ist damit aber der Erinnerung, und damit der individuellen Kognition und Episteme, ein Moment des Sozialen, gesellschaftlich Geprägten von allem Anfang an eingeschrieben. Gedächtnis, verstehensrelevantes Wissen, Bedeutung sind (in ihren wichtigsten Aspekten) sozial, auch wenn je individuell über sie verfügt wird (und werden muss).

4 Bedeutung als sprachliches Phänomen

Die epistemische (oder kognitive) und die soziale Dimension von *Bedeutung* sind über das verbunden, was man *Sprache* nennt. Die sprachliche Dimension von *Bedeutung* ist nicht nur das verbindende Glied von deren epistemischer und sozialer Dimension, sondern zugleich auch von subjektgebundener, individueller und gesellschaftlicher, überindividueller Episteme. Dies hat in unnachahmlicher Klarheit Wilhelm von Humboldt (1820, 20) formuliert, wenn er mit Bezug auf die verbindende Leistung der Größe *Begriff* schreibt:

> Das Wort, welches den Begriff erst zu einem Individuum der Gedankenwelt macht, fügt zu ihm bedeutend von dem Seinigen hinzu, und indem die Idee durch dasselbige Bestimmtheit empfängt, wird sie zugleich in gewissen Schranken gefangen gehalten.

Nimmt man „Begriff" hier als eine Chiffre für das Denken, die Episteme, die Wissensstrukturen, dann stellt sich das Verhältnis von Sprachelementen und Elementen des Wissens (der Kognition) nach Humboldt also folgendermaßen dar: Auch wenn nicht der These einer völligen Identität von Sprache (z. B. der ihr inhärenten Semantik in ihrer Summe) und Wissen (bzw. Denken) das Wort geredet werden soll, so beeinflusst doch die Tatsache, dass Epistemisches nur (oder weit überwiegend) in sprachlicher Form veräußerlicht und damit kommuniziert werden kann, erheblich die Struktur und den Gehalt des Wissens selbst. („Das Wort fügt dem Begriff von dem Seinigen hinzu".) Wissenselemente sind als solche nur identifizierbar, indem wir sprachliche Mittel haben, diese zu isolieren und zu evozieren. („Das Wort macht den Begriff erst zu einem Individuum der Gedankenwelt.") Ohne Wörter (sprachliche Ausdrucksmittel) gibt es keine identifizierbaren Gedanken (epistemischen Elemente); erst durch sie bekommt Gedankliches eine Identität, Abrufbarkeit und Wiederholbarkeit; das heißt aber auch: erst durch sie wird es wandlungsfähig und kann eine Geschichte bekommen. („Die Idee erfährt durch das Wort Bestimmtheit.") Zugleich geben die sprachlichen Mittel dem Epistemischen Struktur und begrenzen es, spannen es gleichsam in das Korsett sprachkonstituierter Strukturen ein. („Die Idee wird durch das Wort in gewissen Schranken gefangen gehalten.")

Unser Wissen über die Konventionen einer Sprache (und damit auch über das, was man *Bedeutung* sprachlicher Zeichen oder der aus ihnen gebildeten Sätze und Texte nennt) entspricht – will man es metaphorisch ausdrücken – immer dem sozialen Gedächtnis der Sprache. Kognitive oder epistemische Prozesse beim sprachbenutzenden Menschen operieren zu einem größeren (und in unserem Kontext interessanteren) Teil auf und mit Wissen, das im Gebrauch von Sprache konstituiert und strukturiert wurde. Verbindendes Moment ist die Schematisierung des Wissens und seine sich aus diesen Schematisierungen ergebende Architektur. Schemabildungsprozesse (bzw. die Bildung von Wissensrahmen/Frames) sind insofern sprachlich, als nur (oder, will man es vorsichtiger ausdrücken: vor allem) der aktive Gebrauch der Schemata (Frames) in Akten sprachlicher Kommunikation diese stabilisiert (auf Dauer stellt), mit Wissen anreichert und veränderlich macht. „Das Wort fügt dem Begriff von dem seinigen bei" (Humboldt), indem die begriffsbildenden, aber auch die darüber hinaus gehenden epistemischen Schemata erst in ihrem Gebrauch im Kontext sprachlicher Äußerungen/Texte mit epistemischem Material (Wissenselementen) aufgeladen werden, mithin „eine Bedeutung erhalten".

Sprache ist (wenn man so will) das „Medium", in dem sich nicht nur die Artikulation und Kommunikation des gesellschaftlichen Wissens vollzieht, sondern in dem dieses zugleich als solches (d.h. als gesellschaftliches) konstituiert und strukturiert wird. Damit ist Sprache (sind die sprachlichen Erzeugnisse, wie z.B. Texte) aber keineswegs das „Archiv" dieses Wissens. Wollte man eine archivalische Metapher in Bezug auf die Sprache überhaupt verwenden, so könnte man sie noch am ehesten als das „Findebuch", als das „Register" des Archivs des gesellschaftlichen Wissens charakterisieren. Dieses „Suchregister" enthält nur Verweise; und zwar Verweise auf etwas, was jeder Sprachverstehende für sich im Prozess der Aktualisierung der *Bedeutung* der rezipierten Zeichen und Zeichenfolgen, bzw., im Prozess des Verstehens (genauer: in den Schlussfolgerungs-/Inferenz-Prozessen, die zum Verstehen bzw. zur Bedeutungsaktualisierung führen) allererst epistemisch realisieren, konkretisieren muss. Die Sprache als Register des Wissens erfüllt ihre Aufgabe, indem die einzelnen Zeichen und ihre spezifischen Kombinationen jeweils Wissen (Rahmen, Schemata und Rahmen/Schemakomplexe) „evozieren", wie es der Hauptvertreter der Wissensrahmen-Semantik, Charles J. Fillmore (1982, 117) ausgedrückt hat. (Damit wird zugleich deutlich, dass die Zeichen das verstehensrelevante Wissen, ihre „Bedeutung" nicht „enthalten" oder „transportieren".) Genau in dieser „Evokationsleistung" besteht die „Bedeutung" der sprachlichen Zeichen und Zeichenkomplexe. (Die Darstellung im Abschnitt 4 folgt bis hierher Formulierungen aus Busse 2007, 269ff.)

Die Sprachlichkeit des Phänomens *Bedeutung* hat aber noch eine andere, näher an den üblichen Gegenständen und Sichtweisen der Linguistik liegende Facette. Zunächst sind sprachliche Zeichen nichts anderes als materielle Artefakte, die in der zwischenmenschlichen Interaktion dazu eingesetzt werden, die diese Zeichen(-ausdrücke) Wahrnehmenden zu bestimmten Leistungen der Wissensaktivierung oder -erzeugung zu veranlassen. Diese Funktion können sie nur erfüllen, weil es mit den gesellschaftlich verankerten Konventionen bzw. Gebrauchsregeln der Zeichenverwendung eine Basis dafür gibt, dass solche Wissensaktivierungen in der wechselseitig unterstellten und erwarteten Art und Weise (bzw. „inhaltlichen Füllung") erfolgen. Soweit dies in einigermaßen verlässlicher Weise der Fall ist, sagt man, diese Zeichen hätten eine *konventionelle Bedeutung*. Allerdings entsteht mit dem, was man *Sprache* nennt, ein komplexes Geflecht von Sprachzeichen und Anordnungsregeln für Sprachzeichen, welches in entwickelten Gesellschaften beginnt, ein gewisses Eigenleben zu entwickeln. Wie weit diese *Autonomie des Sprachsystems* geht, darüber wird in Linguistik und Sprachtheorie heftig zwischen den einzelnen Schulen gestritten. (Oft unter Bezugnahme auf die Sichtweisen auf Sprache, die mit den Begriffen *langue Sprachsystem* und *parole/Sprachgebrauch* bezeichnet wurden – und deren Verhältnis zueinander.)

Wichtiger als die Frage nach der Autonomie sprachlicher Zeichen ist für unseren Zusammenhang (d. h. für die Frage nach dem Charakter des Phänomens *Bedeutung*), die Tatsache, dass in den menschlichen Sprachen eine mehr oder weniger stark ausdifferenzierte Funktionsvielfalt unterschiedlicher Zeichentypen und -klassen entstanden ist, die teilweise sehr spezielle, manchmal nur aus der „inneren Systemlogik" der jeweiligen sprachlichen (Regel-) Systeme erklärbare Aufgaben zugewiesen bekommen haben. Die eingangs erwähnte, von Lyons scharf kritisierte Homogenitätsprämisse der Bedeutung (sprachlicher Zeichen und Zeichenkombinationen) unterstellt kontrafaktisch, als habe diese Funktionsdifferenzierung für die Erklärung des Phänomens *Bedeutung* keinerlei Auswirkungen. Tatsächlich wird man jedoch davon ausgehen können, dass die unterschiedlichen Typen sprachlicher Zeichen (etwa Nomen, Verben, Adjektive, Adverbien, Präpositionen, Artikel, Konjunktionen, Pronomen, Partikel usw.) und die verschiedenen Ebenen der Zeichenagglomerationen (Wortbildungen, Phrasen, Sätze, Texte) in jeweils spezifischer Weise zu dem beitragen, was man zusammenfassend die Bedeutung sprachlicher Ausdrücke (einfacher oder komplexer Art) nennt. Dies einfach schon deshalb, weil die jeweiligen Sektionen von Wissen, die durch die verschiedenen funktionsdifferenzierten Typen von Sprachzeichen jeweils evoziert bzw. aktiviert werden (müssen), sich ebenfalls nach Sorten und Ebenen unterscheiden (lassen). Allerdings hat sich die linguistische Theorie und Erforschung der *Bedeutung* um solche notwendigen Funktionsdifferenzierungen (die in der hier eingenommenen Perspektive als Differenzierungen von Typen und Ebenen des verstehensrelevanten Wissens und der Wissensaktivierung erscheinen) bislang meist herzlich wenig gekümmert. (Siehe dazu unten Abschnitt 5.)

In diesem Kontext darf nicht übersehen werden, dass *Bedeutung* nicht nur (wie es lange Zeit behandelt wurde) ein Phänomen einzelner, isolierter, etwa gar aus ihren kommunikativen Gebrauchskontexten abstrahierter Sprachzeichen ist, sondern dass Formen (und Regeln) der Kombination von Zeichen (in Wortstrukturen, Wortbildung, Syntax, Satzsemantik und Textsemantik) in erheblichem Maß die wissensaktivierenden Leistungen von Sprachzeichenkombinationen beeinflussen. Diese unter dem Stichwort *Bedeutung* zu beschreiben, war keineswegs immer eine Selbstverständlichkeit in der Geschichte der modernen Linguistik. Aber nicht nur diese Art von Einbettung von Sprachzeichen und ihrer unter die Chiffre *Bedeutung* subsumierten Leistung (man könnte sie als sprachstrukturell gelenkte Einbettung bezeichnen) muss berücksichtigt werden. Gleichrangig kommt es wesentlich auch auf solche Einbettungen an, die in der Geschichte der Sprachforschung oft (etwas missverständlich) unter den Begriffen *Kontext* und *Situation* diskutiert wurden. Es geht um die Tatsache, dass Verwendungen von Sprachzeichen und Sprachzeichenkombinationen (Sätzen, Texten) in der Regel Teil sind von oder eingebettet sind in konkrete Handlungs- und Interaktionsverläufe, in denen sie oft eine sehr spezielle, manchmal nur aus dem konkret im

Einzelfall gegebenen Zusammenhang dieser situativen und kontextuellen Einbettung heraus verstehbare Funktion bzw. Leistung erfüllen. Diese Form der Kontextualisierung, die man verstehen muss als eine immer auch (oder hauptsächlich) *epistemische Kontextualisierung* (Verortung im Wissen), trägt wesentlich zu dem Gesamtbild bei, das man sich von dem Phänomen und Phänomenbereich *Bedeutung* (in sprachlicher Hinsicht) machen muss. Gerade die hier relevanten Aspekte und Funktionszusammenhänge von Sprache und ihrem Funktionieren sind jedoch in Linguistik, Sprachtheorie und Sprachphilosophie lange Zeit nahezu vollständig ignoriert worden. Dies war nicht zuletzt eine Folge der spezifischen theoretischen Zugänge, mit denen sich diese sprachbezogenen Disziplinen (denen noch die Logik hinzuzugesellen ist) dem Phänomen *Bedeutung* im allgemeinen und den *Bedeutungen* einzelner sprachlicher Zeichentypen und -ebenen über lange Zeit ausschließlich genähert haben.

5 Zugänge zu ‚Bedeutung' und zu Bedeutungen

Während „Bedeutungen" sprachlicher Einheiten in praktischer Hinsicht in Glossaren und Wörterbüchern einfach paraphrasiert und beschrieben (oder besser: *umschrieben*) wurden, ohne dass man sich über deren Charakter groß Gedanken machte, war die wissenschaftliche und philosophische Beschäftigung mit solchen Phänomenen, die man heute dem Bereich der *Bedeutung* (und Bedeutungsforschung, also *Semantik*) zurechnen würde, über viele Jahrhunderte mit dem Begriff des *Zeichens* und der Geschichte der *Zeichentheorie* verknüpft. Zeichen wurden dabei stets als Repräsentations- (oder Stellvertretungs-) Relationen gesehen, die zwischen den Dingen der äußeren Welt und dem menschlichen Geist eine Verbindung herstellen. Am Anfang jeder traditionellen Zeichentheorie steht daher die Definition des sprachlichen Zeichens als eines „etwas", das „für etwas anderes steht". Gefasst in die berühmte lateinische Formel: „*aliquid stat pro aliquo*". Anders ausgedrückt: Zeichen sind wahrnehmbare Dinge (bei Sprache handelt es sich um physisch, also akustisch oder graphisch realisierte Laut-/Schrift-Formen), die für etwas anders stehen, das wir nicht wahrnehmen können. Zu dem Phänomen, das man heute als *Bedeutung* sprachlicher Zeichen benennt, sagte der schottische Philosoph John Locke (1632 – 1704) nur folgendes: „Die Wörter vertreten also ihrer ursprünglichen oder unmittelbaren Bedeutung nach nur die Ideen im Geiste dessen, der sie benutzt." (Locke 1690) Er definierte also die *Bedeutungen* der Wörter als „Ideen" im Kopfe der Sprachbenutzer, d. h. als eindeutig geistige Größen. Dies haben nicht alle Zeichentheoretiker getan. Bei anderen (wie etwa Leibniz 1704) werden die „Zeichen im Kopf" (also die *Ideen* oder *Gedanken*) eher als Stellvertreter für die realen Dinge in der äußeren Welt aufgefasst. Bereits für die Logik von Port Royal (Arnauld/Nicole 1662) ist ein Zeichen jedoch eine rein geistige Relation, nämlich eine Relation zwischen einer geistigen Repräsentation eines Ausdruckssymbols (Lautgestalt, Graphemgestalt) und einem Gedanken (als dessen „Bedeutung").

Diese Überlegung wird dann insbesondere vom Zeichentheoretiker Charles Sanders Peirce (1839 – 1914) stark gemacht. Er verlagert das „Zeichen" vollständig „in den Kopf" der Zeicheninterpreten; bei ihm werden die landläufig als „Zeichen" bezeichneten Relationen zu Relationen im Geiste (in der Kognition) selbst – und damit zu den elementaren Bausteinen des Denkens.

Diese „rein geistige" Auffassung des (sprachlichen) Zeichens (und damit des „Bedeutungsproblems") prägt auch die Anfänge einer im engeren Sinne linguistischen Zeichen- und Bedeutungstheorie, so etwa bei dem als Begründer der modernen Linguistik geltenden Genfer Sprachwissenschaftler Ferdinand de Saussure (1857 – 1913), der das Sprachzeichen als *Verbindung von Vorstellung und Lautbild* definiert. Deutlich wird in seiner Definition (wie schon bei Locke und anderen Zeichentheoretikern) eine übliche Art des Umgangs mit dem Bedeutungsproblem: Bei der Definition dessen, als das „Bedeutung" aufzufassen sei (in der Form „Bedeutung ist ..."), wird dieser Terminus bestimmt durch jeweils andere Termini, die ich „Ersetzungskonzepte für Bedeutung" nenne. Von diesen gibt es eine verwirrend große Zahl: *Begriff, Vorstellung, Abbild (der Sache), Sinn, Gedankeninhalt, Idee, Extension, Intension, Bezeichnetes, Concept, Stereotyp, Prototyp*, um nur die wichtigsten zu nennen. Praktisch hinter jedem dieser Ersetzungskonzepte steht jeweils eine andere Bedeutungstheorie.

Bedeutungstheorien sind *de facto* fast ausschließlich Theorien der Wortbedeutung, während Satzbedeutung, Textbedeutung oder Äußerungsbedeutung kaum je beachtet wurden. Bei ihnen kann (weitgehend dem Verlauf der Theoriegeschichte folgend) zwischen Vorstellungstheoretischer Semantik, Merkmal- bzw. Komponenten-Semantik, Logischer Semantik, Prototypen- bzw. Stereotypen-Semantik, Pragmatischer (oder Praktischer bzw. Gebrauchstheoretischer) Semantik und Kognitiver Semantik unterschieden werden. Fast alle (wort-) semantischen Theorien haben sich auf die sog. „Autosemantika" („Selbstbedeuter" oder „Begriffswörter" wie Substantive/Nomen) beschränkt und die meisten anderen Wortarten, v. a. die sog. „Synsemantika" („Mitbedeuter" oder „Funktionswörter" wie Präpositionen, Artikel, Konjunktionen usw.) aus ihrem Erklärungsbereich ausgeschlossen. Mehr noch: Prototypisches Wortbeispiel und damit paradigmenbildend sind überwiegend die sog. „Konkreta" (d. h. solche Wörter, deren Bedeutungen ein eindeutig identifizierbares Korrelat in der auf Sinnesdaten rückführbaren Sach- oder Dingwelt haben); schon auf Abstrakta (also Wörter ohne ein sinnesphysiologisch verifizierbares Korrelat) sind viele der bis heute gängigen (Wort-)Bedeutungsmodelle nicht problemlos anwendbar. Heutige Theorien der Semantik sind daher (oft ohne Not) weit überwiegend Theorien mit begrenzter Reichweite und Aussagekraft. Dies gilt auch in der Hinsicht, dass traditionell zwischen sog. *denotativen* („dingbestimmenden", „begrifflichen") und *konnotativen* Bedeutungsaspekten („Nebensinn und Gefühlswert" nach Erdmann 1900, 82, aber auch *Bewertungs*bedeutungen im weitesten Sinn) unterschieden wird mit der Konsequenz, dass sich die „eigentliche" Semantik nur mit den denotativen Aspekten zu beschäftigen habe, die konnotativen völlig ignorieren könne. Aus Sicht einer Forschung (einer Semantik), die darauf zielt, den Phänomenbereich *(sprachliche) Bedeu-*

tung umfassend zu erforschen, können solche Ausgrenzungen ebenso wenig akzeptiert werden wie die Ausgrenzung inferenzieller (durch verstehendes Schlussfolgern erschlossener) und pragmatischer Bedeutungsbestandteile (wie etwa *Implikaturen* und *Präsuppositionen*), wie sie heutzutage meist als Gegenstand nicht der Semantik sondern der (linguistischen) Pragmatik begriffen werden.

In der Linguistik sind meist insbesondere solche Bedeutungsmodelle favorisiert worden, die die „Bedeutung" einzelner Zeichen (Wörter, „Lexeme") als begrenzte Listen sog. „semantischer Merkmale (Komponenten, Marker, Seme)" analysiert haben. Die Bedeutung eines Wortes (oder Lexems) wird dann betrachtet als eine Struktur aus begrifflichen Inhaltselementen und Relationen zwischen diesen. Da der Merkmalsbegriff letztlich auf die klassische Begriffslogik und deren Einteilung der Welt nach den Kriterien *genus proximum* und *differentia specifica* zurückgeht, kann die Merkmal-Semantik auch als eine neuere Variante der Begriffstheorie der Bedeutung aufgefasst werden. In den meisten Theorien ist der Merkmals-Begriff ein Beschreibungsbegriff (und somit eigentlich nur ein methodisches Instrument). Das von dieser Theoriegruppe vertretene Postulat der restfreien Zerlegung von Wortbedeutungen in semantische Merkmale (=„Notwendige-und-hinreichende-Bedingungen-Konzeption") konnte jedoch faktisch nie eingelöst werden. Der Theorie folgte daher keine umfassendere deskriptive Praxis. Begreift man die semantischen Merkmale jedoch (nur) als Aspekte einer Fragestrategie und nicht als determinierende und begrenzende Bedeutungseigenschaften, können sie in der Analyse nützliche Aspekte sein. Als texterzeugende und -verknüpfende Ketten sind sie in dem weiterführenden Modell der Isotopie-Ebenen und -Relationen (begründet von A. Greimas) in- und außerhalb der Sprachwissenschaft (v. a. in der Literaturwissenschaft) fruchtbar geworden.

Auch die – meist von Philosophen und Logikern, wie Frege (1891, 1892), Russell (1903), Carnap (1934, 1947) entwickelte – *Logische Semantik*, die freilich in der heutigen Linguistik zahlreiche Anhänger hat, ist merkmalorientiert (komponentialistisch) und teilt daher die Probleme dieser Theoriegruppe. Nützlich ist aber die dort getroffene Unterscheidung von zwei Aspekten bei jeder Theorie und Beschreibung sprachlicher Bedeutung: *Extension* und *Intension* (Carnap 1956, 18). Gemeint ist damit die Tatsache, dass die Bedeutung eines Wortes bestimmt werden kann entweder in Bezug auf die Menge der Gegenstände, auf die das Wort den Regeln folgend (also korrekt) angewendet wird (= Extension eines Begriffs), oder durch Beschreibung bzw. Paraphrasierung der begriffskonstitutiven Inhaltsmerkmale (= Intension eines Begriffs). Insbesondere an praktischen Bedeutungsbeschreibungen in Wörterbüchern sieht man: Wortbedeutungen werden auch durch die Art und Weise konstituiert, wie wir auf Gegenstände unserer (nicht notwendigerweise nur dinglichen) Welt Bezug nehmen (Referenz). Aus der Kritik an der Merkmalsemantik (vor allem der Einsicht in die Unmöglichkeit der Festlegung notwendiger, „definierender" Merkmale) entstand in den 1980er Jahren die sogenannte „Stereotypen-" oder „Prototypen-Semantik". Sie geht davon aus, dass Wortbedeutungen weder durch exhaustive

Merkmalangabe noch durch Angabe (im strengen logischen Sinne) „notwendiger" bzw. „wesentlicher" Merkmale erfasst werden können, sondern dass sich Sprecher/Schreiber einer Sprache sog. „Stereotypen" (Putnam 1979) bzw. „Prototypen" (Rosch 1978) bilden, welche eine „prototypische" Vorstellung von „typischen" Vertretern derjenigen Klasse von Objekten beinhalten, auf die mittels einer Verwendung des Wortes Bezug genommen werden kann. Beiden Konzepten gemeinsam ist die Annahme einer Hierarchie von „zentraleren" und „peripheren" Exemplaren in der Extension eines Begriffs. An den Rändern des Begriffs (der Kategorie, der Wortbedeutung) bleibt eine Unschärfe, die keine klaren Zuordnungsentscheidungen (Ja oder Nein der Zugehörigkeit) mehr erlaubt.

Eine vergleichsweise geringere Verbreitung erlangte bisher in der Linguistik die Praktische (pragmatische) Semantik. Sie geht auf die im Spätwerk des Philosophen L. Wittgenstein („Philosophische Untersuchungen", posthum 1953) entwickelte sog. „Gebrauchstheorie der Bedeutung" zurück. Aus ihr folgen Annahmen wie: Die Bedeutung eines sprachlichen Zeichens zu kennen heißt zu wissen, wie es verwendet werden kann, d. h. welche Regeln für seinen Gebrauch gelten. Das Verstehen sprachlicher Zeichenketten wird aufgefasst als ein Verstehen sprachlicher Handlungen, welches auf der Kenntnis von Regeln beruht. Missverstehen oder Differenzen im Verstehen sind damit gewöhnlich darauf zurückzuführen, dass die Kommunikationspartner nach unterschiedlichen Regeln handeln (die Zeichen nach unterschiedlichen Regeln verwenden). Wenn man die Bedeutung eines sprachlichen Zeichens beschreiben will, muss man seinen Zusammenhang innerhalb einer sozialen Lebensform, d. h. innerhalb lebensweltlicher Wissensrahmen wie auch Zweckgebungen und Funktionszusammenhängen berücksichtigen.

In den letzten Jahren ist verstärkt eine (neuerliche) Hinwendung zu psychologisch (bzw. kognitionswissenschaftlich) orientierten Ansätzen in der Semantik festzustellen. Dies hat sich vor allem in Modellen des semantischen Wissens (semantische Netze, Wissensrahmen/Frames, Schemata) niedergeschlagen. Aus linguistischer Sicht sind viele kognitive Modelle interessant, weil sie es ermöglichen, die traditionell dominante Engführung des linguistischen Bedeutungsbegriffs zu überschreiten in Richtung auf eine Semantik, welche die Gesamtheit der für den Gebrauch und das Verstehen sprachlicher Einheiten (Wörter, Sätze, Texte) relevanten Bedeutungsmerkmale bzw. -aspekte in den Blick nimmt. Die kognitivistischen Modelle zur Beschreibung und Erklärung von *Bedeutung* setzen am konkreten Wissen der einzelnen Sprachverwender und ihrer Gesamtheit (und damit den kognitiven/epistemischen Verstehensvoraussetzungen in natürlichen Sprachen) an und lösen sich daher aus den Beschränkungen der „Checklist-Theorien" der Bedeutung (Merkmalsemantik, Logische Semantik). Zudem sind die (den Gegenstand der *Semantik* stark in Richtung auf den real wirksamen Umfang des verstehensrelevanten Wissens erweiternden) wissens-orientierten Bedeutungs-Modelle sehr viel besser an kulturwissenschaftliche Forschungsansätze anschließbar als die stark reduktionistischen (gegenstands-einengenden) logisch-formalistischen Modelle und Methoden.

Die *Satzsemantik* ist nicht nur in der Linguistik bislang kaum vertreten oder gar praktisch betrieben worden, sondern bislang auch stark von logisch orientierten Modellen dominiert gewesen. Die Notwendigkeit einer eigenen semantisch-epistemisch und nicht formal-komponentialistisch orientierten Satzsemantik wird erst in jüngerer Zeit gesehen (so bei von Polenz 1985). Vor allem hier ergeben sich über die zentrale Rolle der semantisch relevanten Wissensrahmen Bezüge zur neueren kognitiven Semantik und zur linguistischen Epistemologie. Strukturelle Grundlage der Beschreibung von Satzbedeutungen sind dabei Prädikat-Argument-Strukturen, deren Analyse sich allerdings nicht auf die in Sätzen explizit ausgedrückten Elemente beschränken darf, sondern durch die durch Inferenzen (schlussfolgernde Verstehensleistungen) oder das allgemeine Sprach- und Weltwissen beigesteuerten Elemente ergänzt werden muss. – Der mit dem Aufkommen und der theoretisch-begrifflichen Ausdifferenzierung der Textlinguistik seit den 1970er Jahren ins Spiel gebrachten Forderung nach Entwicklung einer Textsemantik ist kaum eine nennenswerte Forschungspraxis gefolgt. Erst in jüngster Zeit (meist in Anlehnung an kognitive Bedeutungsmodelle) kann wieder eine leicht zunehmende Beschäftigung mit semantischen Textbeziehungen (Anaphern) festgestellt werden. (Vgl. zur vorstehenden Zusammenfassung ausführlicher Busse 2009, 22ff. und 111ff. und Busse 2011.)

Der empirische, analysierende oder beschreibende Zugang zu den *Bedeutungen* sprachlicher Einheiten (im Unterschied zum Zugang zu *Bedeutung* als Gegenstand der Theorie) ist bislang überwiegend als Zugang zu *Wortbedeutungen* erfolgt, und zwar meist im Rahmen der praktischen Lexikographie, also Wörterbucharbeit. Dabei ist jedoch zu beachten, dass „lexikalische Bedeutungen", also die sog. Wortbedeutungen, wie sie in Wörterbüchern beschrieben werden, *konstruierte* Entitäten sind, deren realer ontologischer Status fraglich ist. „Lexikalische Bedeutung" ist ein wissenschaftliches Konstrukt, also ein nur auf Definitionen und theoretischen Eingrenzungen beruhendes, durch wissenschaftliche Tätigkeit quasi „erzeugtes" Phänomen. So macht es z. B. einen erheblichen Unterschied, ob mit dem Begriff „Wortbedeutung" die konkrete Bedeutung eines Wortes im syntagmatischen und textuellen Zusammenhang eines konkreten Satzes oder Textes gemeint ist oder eine abstrakte Größe wie etwa „die Bedeutung des Wortes *Schule* im Deutschen". (Man spricht hier auch von der *type*-Bedeutung vs. der *token*-Bedeutung. Oder in klassischen strukturalistisch-linguistischen Begriffen von der Ebene der *langue*-Bedeutung oder der *parole*-Bedeutung.) Und auch innerhalb dieser beiden Ebenen oder Spielarten von „Wortbedeutung" macht es einen erheblichen Unterschied, ob man an die individuellen Kenntnisse einer einzelnen Person (z. B. das, was sich ein bestimmter Textverfasser oder Leser beim Schreiben/Lesen eines bestimmten Wortes vorstellt) denkt, oder jeweils an eine überindividuelle und damit soziale Größe, also etwas Abstraktes.

Die praktische lexikographische Semantik unterscheidet meist zwischen verschiedenen Teilbedeutungen oder „Lesarten" (engl. senses) eines Wortes, die dann im Wörterbuch aufgelistet werden. (Auf die Formulierung einer übergreifenden „Gesamtbedeutung" wird aus guten Gründen heutzutage verzichtet – obwohl so etwas in manchen Theorien, die darin ihre Praxisferne beweisen, vehement gefordert wird.) Aber auch der extensionale Aspekt der Bedeutungen findet dort Eingang in Form von Beispielen für die Anwendungsmöglichkeiten eines Wortes, die in den meisten Wörterbüchern neben den Bedeutungsdefinitionen und -paraphrasen abgedruckt werden. Bei all dem ist äußerst wichtig, sich zu verdeutlichen, dass das, was im Wörterbuch abgedruckt ist, nicht „*die Bedeutung*" eines Wortes ist, sondern nur eine unter verschiedenen möglichen Zugangsweisen zu etwas darstellt, welches als solches, als „Phänomen" in der realen Welt, schlichtweg undarstellbar ist. Aufgrund seiner Vielgestaltigkeit als kognitives (epistemisches), soziales und sprachliches Phänomen gibt es nicht nur in der Theorie zum „Phänomen" *Bedeutung* als solchem, sondern auch empirisch gesehen zu dem, was man langläufig die *Bedeutungen* einzelner sprachlicher Einheiten (größeren oder kleineren Umfangs) nennt, unterschiedlichste Zugangsweisen, die sich nicht alle nur wechselseitig ausschließen, sondern im Idealfalle auch ergänzen können zu einer Gesamtsicht auf einen höchst komplexen, multidimensionalen und multifaktoriellen Phänomenbereich.

6 Konstitution, Konstanz und Wandel von Bedeutungen

Das Phänomen (oder die Phänomenklasse) *Bedeutung* (sprachlicher Einheiten) ist nicht zureichend erfasst, wenn man nicht die Prozesse bzw. Teilaspekte der *Konstitution*, der *Konstanz* und des *Wandels* von Bedeutungen erklärt. Die meisten traditionellen Bedeutungstheorien (gleich ob sie ihre Wurzeln in Philosophie, Logik, allgemeiner Zeichentheorie oder Linguistik – heute auch: der Kognitionswissenschaft – haben) sind auf diese drei zentralen Aspekte kaum bis gar nicht eingegangen. Die drei Aspekte hängen zusammen über das, was als die *Konventionalität* der Bedeutungsrelation (Ausdrucks-Inhalts-Relation) identifiziert werden muss. Während der Hinweis auf die zentrale Rolle der Konventionalität für das Phänomen *Bedeutung* (oder *Zeichen* im sprachlichen Sinne) in der Theoriegeschichte der Semantik gelegentlich in pauschaler Weise erfolgt ist (so bei Saussure 1916, 11), so ist Fehlanzeige festzustellen hinsichtlich etwaiger Versuche, zu erklären, was genau sich hinter dieser Chiffre verbirgt. Dies ist erst im Zuge neuerer theoretischer Bemühungen, insbesondere im Rahmen der Konventionstheorie des analytischen Philosophen David K. Lewis (1969) erfolgt, der für mindestens zwei der drei Teilaspekte (nämlich *Konstanz* und *Wandel*) ein zureichendes Erklärungsmodell vorgelegt hat. Für den dritten Teilaspekt (*Konstitution* von Bedeutungen) kann man teilweise ebenfalls auf das Konventions-Modell von Lewis zurückgreifen (zumindest was den überindividuellen, regelbezogenen Teil des „Großphänomens" *Bedeutung* angeht); zur vollständigen Erklärung muss man es aber um Ansätze ergänzen, die auch den individuellen Konstitutions-Aspekt erklären können (wie etwa die bedeutungstheoretischen Überlegungen von H. P. Grice 1957,

1968, die man als eine Art „Bedeutungs-Entstehungs-Theorie" auffassen kann, und/
oder kognitiv ausgerichtete Modelle, etwa auf der Basis der Schema-Theorie von Bartlett 1932). In eher metaphorischer und aphoristischer Weise sind alle drei genannten Aspekte im Kontext der sog. *Gebrauchstheorie der Bedeutung* des Philosophen Ludwig Wittgenstein (1953) erörtert worden.

Nach den Überlegungen von Grice (1968) entstehen „Bedeutungen" im Sinne von lexikalisierten oder konventionalisierten *type*-Bedeutungen durch Prozesse der Verfestigung und Konventionalisierung aus *token*-Bedeutungen, die durch kommunikative Intentionen der Zeichenbenutzer beeinflusst sind. Den Umschlag von individuellen Äußerer-Intentionen zu überindividueller Interpretier- und Verstehbarkeit der Zeichen erklärt Grice mit einem Mechanismus (sozialtheoretisch gesprochen) wechselseitiger Erwartungen (sog. Erwartungs-Erwartungen) zwischen aktiven und rezipierenden Kommunikationspartnern, der im wesentlichen dem entspricht, was von Mead (1934) unter dem Begriff des „Generalisierten Anderen" beschrieben wurde, und was in der Hermeneutik Schleiermachers (1838, 94, 169) als „sich hineinversetzen in den anderen" bezeichnet wurde. Man könnte im Sinne von Grice und Mead den Begriff der *Bedeutung* (als lexikalisierte, konventionelle *type*-Bedeutung) dann auch erklären als ‚verfestigte überindividuell gültige Erwartbarkeit der Aktivierung spezifischer Wissensbestände als Reaktion auf das Wahrnehmen eines Zeichen-Tokens oder einer Kombination von solchen'. Dabei betrifft die Aktivierung sowohl Äußernden als auch Rezipierenden, da auch der Äußerer die Bedeutung, die im Rezipierenden zu evozieren er beabsichtigt, im Prozess des Äußerns in seinem eigenen Geist aktivieren muss (so übereinstimmend der Hermeneutiker Schleiermacher und der Gedächtnispsychologe Bartlett). Folgt man dem Frame-Semantiker Charles Fillmore, dann erweist sich die *Konstitution* von *Bedeutung* (im üblichen linguistischen Sinn) als Konventionalisierung bzw. überindividuelle Verfestigung des Evokationspotentials eines einzelnen Zeichen-*types*. (Evokationspotential meint dabei das Potential der kommunikativen Verwendung eines bestimmten Zeichens, in den Köpfen der Rezipienten regelmäßig und erwartbar die Aktivierung bestimmter zugehöriger Wissensbestände hervorzurufen.)

Die *Konstitution* von „Bedeutung" hängt, wie man daran sieht, also bereits eng mit den Grundzügen der *Konventionalisierung* zusammen. Die relative gesellschaftliche *Konstanz*, die wir dem zuschreiben, was wir die (lexikalische) *Bedeutung* einzelner Sprachzeichen nennen, wird laut dem Konventionstheoretiker Lewis darin begründet, dass im geteilten Wissen einer Sprach- bzw. Kommunikationsgemeinschaft ein Fundus von Präzedenzfällen erfolgreicher interaktiver Zeichenbenutzung entsteht, der es geraten sein lässt, auch künftige Kommunikationsakte an den durch diesen Fundus begründeten Erwartbarkeiten auszurichten (und nicht davon abzuweichen). Es ist also die Abhängigkeit von (erfolgreichen) Präzedenzen, was dasjenige ausmacht, das uns unter statischer Betrachtung als *Konstanz* von Bedeutungen in einer Sprache erscheint. (Verbunden ist sie laut Lewis mit einem System wechselseitig geteilter Präferenzen. Dies zeigt wieder einmal, dass *Bedeutung* ohne *Sozialität* nicht zu denken ist, vielmehr mit ihr intern, d. h. funktional wie begriffslogisch, engstens verflochten ist.)

Zur Erklärung des *Wandels* von Bedeutungen ist es dann nur noch ein kleiner Schritt. Da sich die Menge der (die Konvention letztlich tragenden, sie ausmachenden) Präzedenzfälle fortlaufend und ununterbrochen ändert, ist bereits dem, was wir die *Konstanz* der Bedeutung nennen, der *Wandel* und die *Wandelbarkeit* von Anfang an eingeschrieben: Alte Typen von Präzedenzfällen fallen fort, da sie (und Teile des mit ihnen verbundenen evozierten Wissens) in der alltäglichen Interaktion nicht mehr reproduziert werden, neue Typen von Präzedenzfällen kommen hinzu, integrieren neue Wissenselemente und verschieben damit den Bereich des von der Zeichenform gesellschaftlich verlässlich Evozierbaren zunächst unmerklich und so, dass ein von den Gesellschaftsmitgliedern bewusst bemerkter „Bedeutungswandel" oft erst nach längerer Veränderungsphase von ihnen auch explizit notiert wird. Anders, als es traditionelle wie auch modern-strukturalistische und formalistisch-logizistische Bedeutungstheorien implizit unterstellt haben, ist der Bedeutungswandel daher gar kein kompliziertes, schwierig zu erklärendes Phänomen, sondern durch und durch untrennbarer Bestandteil desjenigen Phänomens selbst, das wir *Bedeutung* (und *Konstanz* bzw. Beständigkeit von Bedeutung) nennen. (Zum Bedeutungsmodell von Grice siehe zusammenfassend Busse 1987, 122ff. und 1989; zur Konventionstheorie von Lewis 1969 ausführlich Busse 1987, 176ff., zum Zusammenhang mit der Gebrauchstheorie von Wittgenstein Busse 1987, 192ff., und zu Fillmore Busse 2012, 92ff.)

7 Methoden der Bedeutungsforschung

Angewandte Bedeutungsforschung war bislang (zumindest innerhalb der Sprachwissenschaften) fast immer allein oder weit überwiegend *Wort*bedeutungsforschung. Demgegenüber ist die Untersuchung von *Satz*bedeutungen, *Text*bedeutungen, *diskursiven* Bedeutungen bis heute eher marginalisiert. Man darf jedoch nicht übersehen, dass es auch außerhalb der Sprachwissenschaften immer eine – im 20. und 21. Jahrhundert stark intensivierte – wissenschaftliche Beschäftigung mit Phänomenen der Bedeutung gegeben hat und gibt. (Der Plural soll anzeigen, dass die Sprachforschung in den einzelnen Philologien, in der Allgemeinen Sprachwissenschaft und in der Psycholinguistik durchaus unterschiedlichen Ansätzen gefolgt ist und folgt, so dass von der Existenz einer „Gesamtsprachwissenschaft" oder „Gesamtsemantik" in keiner Weise die Rede sein kann.) So in der Begriffsgeschichte unterschiedlicher Disziplinen (Philosophie, Geschichtswissenschaft, Rechtswissenschaft), in den verschiedenen Interpretations- und Verstehenstheorien und Hermeneutiken (in Philosophie, Literaturwissenschaft, Kulturwissenschaften, Rechtswissenschaft, Sprachpsychologie, Kognitionswissenschaft), in der (historiographischen oder kulturwissenschaftlichen) Historischen Semantik generell, wie auch in Ansätzen zu einer gesellschaftstheoretischen Semantik (wie etwa bei Luhmann und anderen) und generell der neueren und neuesten Soziologie mit ihrer Renaissance qualitativer interpretativer Verfahren.

Entsprechend den in Abschnitt 5 („Zugänge zu ‚Bedeutung' und zu Bedeutungen") erläuterten unterschiedlichen Bedeutungstheorien können auch unterschiedliche methodische Zugänge in der Bedeutungsforschung unterschieden werden. Die Zerlegung von Wortbedeutungen in sog. *semantische Merkmale (Komponenten, Marker, Seme)* ist letztlich eine Fortsetzung und Systematisierung von herkömmlichen Vorgehensweisen bei der Bedeutungsbeschreibung in Wörterbüchern, aber auch bei der traditionellen Begriffsanalyse (Zerlegung in „Begriffsmerkmale"). War die ursprüngliche Idee dabei die Schaffung eines (eventuell sogar universalen) Sets von „Merkmalen", mit denen man im Endziel die Bedeutungen aller Lexeme aller Sprachen der Welt beschreiben zu können hoffte, so erwies sich bald, dass die Erstellung eines solchen allgemein verwendbaren Inventars an Beschreibungsinstrumenten (oder Paraphrase-Ausdrücken) auf unüberwindliche Schwierigkeiten stößt. Es ist nachvollziehbar, dass diesem eher theoretisch motivierten Postulat keinerlei umfassende empirische Praxis gefolgt ist. In der logisch-semantischen Variante sind die semantischen Merkmale meist mit „Dingeigenschaften" der von den Wörtern bezeichneten Sachen in der Welt gleichgesetzt worden (so z. B. Carnap 1956, 19f.); damit konnten aber Dingbeschreibungen (also enzyklopädische Beschreibungen) und Bedeutungsbeschreibungen nicht mehr auseinandergehalten werden. Auch erwies es sich als notorisch schwierig, mit einem solchen Modell die Bedeutungen von Wörtern für Nicht-Dinge (z. B. Abstrakta wie *Liebe, Demokratie, Eigentumsvorbehalt* usw.) angemessen zu beschreiben. In sozusagen ‚abgespeckter' Form, als nicht-universales Ad-hoc-Beschreibungsmittel eher intuitiver Art erfreut sich die Merkmalanalyse aber bis heute großer Beliebtheit. Eine der interessanteren Anwendungen einer merkmalzerlegenden Bedeutungsanalyse ist das Isotopie-Modell des Strukturalisten A. J. Greimas (1966/1971), nach dem wiederkehrende semantische Merkmale in Sätzen, Satzreihen oder Texten eine eigene Bedeutungsebene eines Textes (sog. „Isotopie-Ebenen") konstituieren – eine insbesondere für die Textsemantik nützliche Vorgehensweise.

Dem Strukturalismus entspringt auch die Untersuchung sog. *semantischer Relationen* wie Bedeutungsähnlichkeit/-identität (Synonymie), Bedeutungs-Über- oder Unterordnung (Hyponymie und Hyperonymie) und Bedeutungsgegensätze (Antonymie, Kontradiktion, Komplementarität), die allerdings ebenfalls nur sehr begrenzt als empirische Forschung ungesetzt wurde. Eine vergleichsweise etwas größere Zahl praktischer empirischer Analysen ist in Hinblick auf die ebenfalls einer strukturalistischen Idee entstammende Erforschung von *Wortfeldern* (oder *lexikalisch-semantischen Feldern*) entstanden.

Eine Hinwendung zu kognitiven Sichtweisen auf *Bedeutung* ist für die sog. *Prototypen*-Semantik festzustellen. Da diese Theorie aber lediglich den semantischen Merkmalen einen anderen Status zweist, nicht jedoch völlig auf die Merkmalsbeschreibung verzichtet, hat sie bislang nicht zu eigenen empirischen Methoden geführt. In Bezug auf Konkreta wären Bildwörterbücher eine der Prototypen-Idee am nächsten kommende Methode der Bedeutungs-„Beschreibung". Bei der Anwendung auf Abstrakta können prototypische Bedeutungen aber nur mit Text, also paraphrasierend, umschrieben werden. In der jüngsten Forschung werden häufig die ebenfalls kognitionswissenschaftlich inspirierten *Wissensrahmen-* oder *Frame*-Modelle (nach Fillmore 1982, Minsky 1974 oder Barsalou 1992) favorisiert (denen – insbesondere in der Gesprächsanalyse – auch das *Skript*-Modell nach Schank/Abelson 1977 zuzurechnen ist). Diese erlauben eine systematische Zerlegung von Bedeutungen in Wissensstrukturen, bei denen manche Wissenselemente als fest, andere aber als variabel angenommen werden (sog. Leerstellen-Füllungen- oder slot-filler- oder Attribute-Werte-Strukturen).

Vom konkreten methodischen Vorgehen her können heute eher intuitiv-interpretative Bedeutungsanalysen von den in jüngster Zeit zunehmend stärker favorisierten quantitativ-korpusbasierten Untersuchungsweisen unterschieden werden. Konkret geht es dabei vor allem um unterschiedliche Formen der (semantisch nutzbaren) Datengewinnung. Hierbei wird insbesondere auf die *Distribution* einzelner Wörter (d. h. die Untersuchung der Typen von semantischen und syntaktischen „Umgebungen", in denen einzelne Lexeme vorkommen) und dabei vor allem auf sog. *Kollokationen* (d. h. die semantischen Beziehungen zwischen einem untersuchten Wort und dem/den diesem unmittelbar benachbarten, mit diesem evtl. öfters wiederkehrende Kombinationen bildenden Wort/Wörtern) geachtet. Aber auch die Einbettung und Umgebung analysierter Wörter und ihrer Bedeutungen in *Satz-* oder *Prädikationsrahmen* stellt einen wichtigen Untersuchungsaspekt dar.

Hinsichtlich der Methoden, Modelle und Praxis der empirischen Bedeutungsforschung sollte zwischen zwei Aspekten oder Untersuchungsinteressen unterschieden werden: *Bedeutungserschließung* und *Bedeutungsbeschreibung* (bzw. Bedeutungsdarstellung). Geläufige linguistische, philosophische, logische, psychologische oder kognitivistische Bedeutungskonzeptionen haben ihre Aufgabe (neben der Theorie, worin stets ihr Schwerpunkt lag) meist eher oder nur in der *Bedeutungsbeschreibung* bzw. in der Darstellung beschriebener und bereits als bekannt vorausgesetzter Bedeutungen gesehen. Anders als die Hermeneutik (und verwandte mit Text- und Bedeutungsanalyse befasste Disziplinen, wie etwa die Literaturwissenschaft oder die juristische Auslegungslehre) haben es ihre Vertreter aber nicht als Aufgabe angesehen, dass Semantik auch einen Beitrag zur *Bedeutungserschließung* leisten könnte. D. h.: *Semantik* bzw. *Bedeutungsforschung* im weitesten Sinne war – wenn nicht ohnehin rein theoretisch ausgerichtet – nicht als bedeutungserschließende, d. h. *explikative* (so Busse 1991, 9f.) oder *interpretative* bzw. *Verstehens-Semantik* (so Fillmore 1985, 222) konzipiert. Hier gab und gibt es noch methodische und theoretische Lücken (Defizite und Desiderate), deren allmähliche Schließung im Zuge einer kulturwissenschaftlichen Erweiterung des linguistisch-semantischen Blicks (vgl. dazu Busse 2014) gerade erst begonnen hat. Insofern könnte die Semantik den eigentlichen Höhepunkt ihrer Leistungsfähigkeit und Phänomen-Aufschließung (trotz aller erreichten Erkenntnisse und Deskriptionen in der bereits sehr umfangreichen Lexikographie und Forschung des 19. und 20. Jahrhunderts) durchaus noch vor sich haben.

8 Literatur

Arnauld, Antoine/Nicole, Pierre (1662): Die Logik oder Die Kunst des Denkens. Übers. Christos Axelos. Darmstadt 2005.
Barsalou, Lawrence W. (1992): Frames, concepts, and conceptual fields. In: Adrienne Lehrer/Eva. F. Kittay (Hg.): Frames Fields and Contrasts. Hillsdale, N. J.
Bartlett, Frederic C. (1932): Remembering: A Study in Experimental and Social Psychology. Cambridge.
Busse, Dietrich (1991): Textinterpretation. Sprachtheoretische Grundlagen einer explikativen Semantik. Opladen.
Busse, Dietrich (2007): Sprache – Kognition – Kultur. Der Beitrag einer linguistischen Epistemologie zur Kognitions- und Kulturwissenschaft. In: Jahrbuch der Heinrich-Heine-Universität Düsseldorf 2006/2007. Düsseldorf, 267–279.
Busse, Dietrich (2009): Semantik. Eine Einführung. München (= UTB 3280 LIBAC Linguistik Bachelor).
Busse, Dietrich (2011): Art. „Semantik". In Helmut Reinalter/Peter J. Brenner (Hg.): Lexikon der Geisteswissenschaften. Sachbegriffe – Disziplinen – Personen. Wien/Köln/Weimar, 725–734.
Busse, Dietrich (2012): Frame-Semantik – Ein Kompendium. Berlin/Boston.
Busse, Dietrich (2014): Kulturwissenschaftliche Orientierungen in der Sprachwissenschaft. In: Ludwig Jäger u. a. (Hg.): Sprache – Kultur – Kommunikation. Ein internationales Handbuch zu Linguistik als Kulturwissenschaft. (Handb. zur Sprach- und Kommunikationswissenschaft) Berlin/New York.
Carnap, Rudolf (1934): Logische Syntax der Sprache, Wien, 2. Aufl. 1968.
Carnap, Rudolf (1947): Meaning and Necessity. Chicago/London 1947, erw. Ausg. 1956.
Erdmann, Karl Otto (1900): Die Bedeutung des Wortes. Wiederabdruck in: Ders.: Die Bedeutung des Wortes. Aufsätze aus dem Grenzbereich der Sprachpsychologie und Logik. Leipzig 1925.
Frege, Gottlob (1891): Funktion und Begriff. In: Ders.: Funktion, Begriff, Bedeutung. Fünf logische Studien. Hg. u. eingel. v. G. Patzig. 5. Aufl. Göttingen 1980, 17–39.
Frege, Gottlob (1892): Über Sinn und Bedeutung. In: Ders.: Funktion, Begriff, Bedeutung. Fünf logische Studien. Hg. u. eingel. v. G. Patzig. 5. Aufl. Göttingen 1980, 40–65.
Fillmore, Charles J. (1982): Frame Semantics. In: The Linguistic Society of Korea (ed.): Linguistics in the Morning Calm. Seoul, 111–137.
Greimas, Algirdas Julien (1971): Strukturale Semantik. Braunschweig.
Grice, Herbert Paul (1957): Meaning. In: Philosophical Review 66, 311–388. (Dt. in: Georg Meggle (Hg.): Handlung, Kommunikation, Bedeutung. Frankfurt a. M. 1979, 2–15.)
Grice, Herbert Paul (1968): Utterer's meaning, sentence-meaning and word-meaning. In: Foundations of Language 4, 225–242. (Dt. in: Georg Meggle (Hg.) (1979): Handlung, Kommunikation, Bedeutung. Frankfurt a. M., 85–111.)
Grice, Herbert Paul (1969): Utterer's meaning and intentions. In: Philosophical Review 78, 147–177. (Dt. in: Georg Meggle (Hg.) (1979): Handlung, Kommunikation, Bedeutung. Frankfurt a. M., 16–51.)

Grice, Herbert Paul (1975): Logic and conversation. In: Peter Cole/Jerry L. Morgan (eds.): Syntax and Semantics Vol. 3: Speech Acts. New York/San Francisco/London, 41–58. (Dt. in: Georg Meggle (Hg.) (1979): Handlung, Kommunikation, Bedeutung. Frankfurt a. M., 243 – 265.)

Hörmann, Hans (1976): Meinen und Verstehen. Grundzüge einer psychologischen Semantik. Frankfurt am Main.

Humboldt, Wilhelm von (1820): Ueber das vergleichende Sprachstudium. Zitiert nach: Ders.: Über die Sprache. Ausgewählte Schriften. Herausgegeben von Jürgen Trabant. München 1985.

Leibniz, Gottfried W. (1704): Neue Abhandlungen über den menschlichen Verstand. Hamburg 1996. (Originaltitel: Nouveaux Essais sur L'entendement humain.)

Lewis, David K. (1969): Convention. A philosophical study. Cambridge, Mass. (Dt.: Konventionen. Eine sprachphilosophische Abhandlung. Berlin 1975).

Locke, John (1690): Versuch über den menschlichen Verstand: in vier Büchern. Hamburg 1988, 2002.

Lyons, John (1983): Die Sprache. München.

Mead, George Herbert (1934): Mind, Self and Society. Chicago. (Dt.: Geist, Identität und Gesellschaft. Frankfurt a. M. 1968)

Minsky, Marvin (1974): A framework for representing knowledge. In: Artificial Intelligence Memo No. 306, M. I. T. Artificial Intelligence Laboratory. [Dt. in: Dieter Münch (1992) (Hg.): Kognitionswissenschaft. Grundlagen, Probleme, Perspektiven. Frankfurt am Main, 92–133]

Peirce, Charles Sanders (1903): Phänomen und Logik der Zeichen. Hg. u. übers. v. H. Pape. Frankfurt a. M. 1993. [Nummern beziehen sich auf die Zählung der Collected Papers]

Putnam, Hilary (1979): Die Bedeutung von „Bedeutung". Frankfurt am Main.

Polenz, Peter von (1985): Deutsche Satzsemantik. Grundbegriffe des Zwischen-den-Zeilen-Lesens. Berlin/New York.

Rosch, Eleanor (1978): Principles of categorization. In: Eleanor Rosch/Barbara B. Lloyd (eds.): Cognition and Categorization. Hillsdale N. J., 27–48.

Russell, Bertrand (1903): The Principles of Mathematics. Cambridge.

Saussure, Ferdinand de (1916): Grundfragen der allgemeinen Sprachwissenschaft. Herausgegeben von Charles Bally und Albert Sechehaye. Übersetzt von Herman Lommel. 2. Auflage. Berlin 1967 (franz. Original 1916; dt. zuerst 1931).

Schank, Roger C./Robert P. Abelson (1977): Scripts, Plans, Goals and Understanding: An Inquiry into Human Knowledge Structures. Hillsdale N. J.

Schleiermacher, Friedrich D. E. (1838): Hermeneutik und Kritik. Mit einem Anhang sprachphilosophischer Texte Schleiermachers. Hg. von M. Frank. Frankfurt a. M. 1977 (stw 211).

Wittgenstein, Ludwig (1971): Philosophische Untersuchungen. Frankfurt am Main.

Klaus-Peter Konerding
3. Sprache und Wissen

Abstract: Ausgehend von den gegenwärtigen Gebrauchsweisen des Ausdrucks *Wissen* wird zunächst der Stand der Diskussion zum Verständnis von *Wissen* im Rahmen der gegenwärtigen Kulturen westlicher Prägung bestimmt. Im Anschluss erfolgt die Klärung der fundamentalen Beziehung zwischen Wissen und Handeln, dies unter Bezug auf die in der Forschung zentrale terminologische Unterscheidung zwischen *prozeduralem* und *deklarativem Wissen*. Auf dieser Grundlage wird es möglich, die ebenso fundamentale Beziehung zwischen Bewusstsein, Wissen und Symbolisierungen zu bestimmen, um dann in einem weiteren Schritt das schwierige und forschungsgeschichtlich vieldiskutierte Verhältnis von Sprache und Wissen zu klären. Abschließend werden wichtige Konsequenzen für das zentrale Moment des Wissenstransfers zwischen Teilkulturen der komplex organisierten Gesellschaften der Gegenwart reflektiert.

1 Wissen und Wissensarten
2 Wissen und Handeln
3 Sprache und Wissen
4 Fachwissen, Fachkulturen, Wissenstransfer
5 Fazit
6 Literatur

1 Wissen und Wissensarten

Wissen ist ein geläufiger Ausdruck der Standardsprache, zudem aber auch fachlicher Terminus. Der Ausdruck *Wissen* ist für unsere gegenwärtige Kultur und Öffentlichkeit so prominent und kennzeichnend, weil er sich in den letzten fünfzig Jahren zu einer der zentralen Hochwert- und Leitvokabeln der westlichen Gesellschaften entwickelt hat. Dies zeigt sich auch daran, dass unsere gegenwärtige Gesellschaftskultur häufig als *Wissensgesellschaft* bezeichnet wird. Wissen, das heißt, vor allem der persönliche Erwerb und der gesellschaftliche Ausbau von Wissen, gilt als Garant für die gedeihliche Entwicklung von Mensch, Gesellschaft und Kultur. Wissen gilt als unabdingbare Voraussetzung dafür, dass die Menschheit den Herausforderungen ihrer ökologischen Nische gewachsen bleibt und Wohlstand und Wohlergehen sichert. Mit dem Stellenwert von *Wissen* als Leitwort unserer Zeit geht einher, dass dieser Ausdruck in unterschiedlichsten Kontexten zunehmend unter- wie unbestimmt gebraucht wird und kontextbedingt zugleich starken Variationen in seiner Deutung unterliegt. Das heißt, obwohl der Ausdruck *Wissen* eine zentrale Rolle in den dominanten öffentlichen Diskursen unserer Gesellschaft spielt, wissen wir immer weniger, was wir mit *Wissen* eigentlich genau bezeichnen, bzw., was wir meinen, wenn wir den Ausdruck – scheinbar problemlos – in einer Vielzahl von Alltagskontexten wie auch in der Öffentlichkeit gebrauchen.

Will man sich zu den Gebrauchsformen und -normen von Ausdrücken einer Sprache und deren Bedeutungen allgemein und halbwegs verlässlich orientieren, so wendet man sich in der Regel an ein Wörterbuch. Entwicklungen des standardbestimmten Sprachgebrauchs im Bereich der Lexik, der praktisch gängigen Gebrauchsvarianten von Wörtern, werden bekanntlich in einsprachigen Wörterbüchern, bzw., soweit die Fachsprachen betroffen sind, in Fachwörterbüchern dokumentiert. Aussagekräftig sind dabei diejenigen Wörterbücher, die mit wissenschaftlich validen Methoden erarbeitet wurden. Wendet man sich solchen zu, so findet man etwa die folgenden Informationen: *Wissen* wird standardsprachbezogen allgemein als die „Gesamtheit der Kenntnisse, die jemand (auf einem bestimmten Gebiet) hat" bestimmt (vgl. DUW 2001, Duden online 2013). *Kenntnis* wird dabei weitergehend als „das Kennen einer (Tat)sache, das Wissen von etwas", als „(Fach)wissen, Sach- und Erfahrungswissen" spezifiziert (ebd.). *Wissen* und *Kennen* sind Substantive, genauer, zwei Verbalabstrakta. Diese entstanden historisch, und dies ist wichtig für das weitere Verständnis des Lexems *Wissen*, aus Gebrauchsformen von Verben, und zwar durch Nominalisierungs- und anschließende Lexikalisierungsprozesse. Die zugehörigen Verben denotierten Prozess- und Zustandsqualitäten, die für den Bedeutungskern der heutigen Substantive aufschlussreich sind. Folgt man diesem sprachhistorischen Hinweis, so erhält man unter dem heutigen Verbum *wissen* in Wörterbüchern die Auskunft, dass *wissen* etwa so viel bedeute wie „durch eigene Erfahrung oder durch Mitteilung von außen Kenntnis von etwas/jemandem haben, so dass zuverlässige Aussagen gemacht werden können" (ebd.). Weiterhin ist die Auskunft zu finden, dass das Verbum *wissen* über mittelhochdeutsch *wizzen* und althochdeutsch *wizzan* auf die indogermanische Präteritalform *voida* (= *gesehen haben*) sowie die Sprachwurzel *vid* zurückgehe, die mit der Bedeutung von *sehen* und *Licht* verbunden sei. *Evidenz, sehen* und *einleuchten* seien die ausdrucks- und sinnverwandten Wörter im heutigen standardsprachlichen Deutsch. Das, was man selbst sieht bzw. gesehen zu haben meint, hält man für gesichert bzw. rechtfertigungsfähig hinsichtlich seiner Geltung, es verhält sich mit relativer Sicherheit so, man ‚weiß' es. *Kennen*, das zweite Verbalabstraktum, ist danach sprachhistorisch mit *können* verwandt; althochdeutsch *-chennan* ist die Kausativbildung zu *kunnan*, dies aus dem germanischen Präterito-Präsens **kann* (indogermanisch **genð/gno*) im Sinne von neuhochdeutsch *können, vermögen*. In diesem Sinne erhält *kennen* historisch die Bedeutungskontinuität einer passivischen Variante von *wissen* im Sinne von *bekannt geworden sein mit, teilhaftig geworden sein, in Berührung gekommen/gebracht worden sein mit, etwas erfahren haben, vertraut (gemacht worden) sein mit* etc. Neben *kennen* sind *erkennen* und *Erkenntnis* hier zeitgenössische Wörter, die, heute stärker als historisch zuvor, von *können* unterschieden werden (vgl. etwa DUW 2001, Duden Online 2013 und Kluge 2002).

In der zeitgenössischen lexikalischen Verwendungsweise dokumentieren sich tatsächlich zwei Jahrtausende alte dichotome Kategorisierungen, und zwar als verbal-kognitive Reflexe von grundlegenden Welterfahrungsformen. Diese Kategorisierungen halten sich bis in die Neuzeit hinein und werden durch die Ergebnisse der Forschung des 20. Jahrhunderts durchgängig bestätigt: Betroffen ist die mehr oder weniger bewusste Gegenüberstellung und Verwobenheit von Theorie und Praxis, *vulgo*, die Verwobenheit zwischen *vorstellungsgebundenem Wissen* von der Welt und *praktischen Fähigkeiten* erfolgreich zu handeln, oder, modern gesprochen, die enge Verwobenheit von *deklarativem* und *prozeduralen* Wissen im Bereich dessen, was man heute allgemein den Bereich menschlicher Kognition nennt. Betroffen ist dabei jede Art von Wissen, vom Alltagswissen der Straßenbahnbenutzung und des Supermarkteinkaufs bis zu den Theorien der Molekularbiologie oder der Hochenergiephysik und Kosmologie.

Die philosophische Tradition des Abendlandes hat den neuzeitlichen Formen von Wissen und Wissenschaft den Weg geebnet. Sie hat die diskursiv-symbolische Form der verbal-rationalen ‚Bestimmung' der Bedingungen und Beschaffenheit von Erfahrung und Wissen entwickelt und fortlaufend kultiviert. Dies war ursprünglich motiviert durch das Bedürfnis der Sicherung von Geltungsansprüchen von Aussagen im Range von bestreitbaren Behauptungen, und zwar als Antwort auf die Krise traditionell mythisch-genealogischer Formen der Legitimation von Direktiven. Die zugehörigen kognitiven Innovationen gingen einher mit dem Entstehen neuer sozialer Strukturen der interaktiven Aushandlung und Sicherung von sozial distribuierter Macht, vermittelt durch neue verbale Techniken in den ersten Demokratien der frühen griechischen Stadtstaaten (vgl. etwa Assmann 1992).

Die philosophische Tradition selbst bietet eine große Vielfalt konkurrierender Beschreibungen dazu, was menschliches Wissen sei. Dass diese traditionsgetragenen philosophischen Diskurse ihren eigenen domäneninternen Gesetzmäßigkeiten unterliegen, soll und kann hier nicht genauer betrachtet werden (dazu kritisch etwa Feyerabend 1970, 1973, Foucault 1973, Kuhn 1978, Fleck 1980, Rorty 1981, Lyotard 1999 u. a.). Zentral für die Spezifikation des Terminus ist hier die Kategorie des *Grundes* bzw. der *Begründung* von Aussagen (oder der des diskursiven Regresses bzw. der diskursiven ‚Anschließbarkeit'). Diese geht letztlich zurück auf Konsensproduktion durch Persuasion im Rahmen vor-aristotelischer topisch-rhetorischer Techniken. Es geht um die ‚schlüssige' bzw. ‚einleuchtende' Rede, die Rückführung potentiell strittiger Behauptungen, Forderungen und Beschreibungen auf das als unstrittig Habituierte bzw. Präsupponierte, auf das als ‚selbstverständlich' Unterstellte bzw. Vorausgesetzte.

Aufgrund der kontinuierlichen Erfahrung einer prinzipiellen Fehlbarkeit menschlicher Vorstellungen und Aussagen dazu, was jeweils als Realität erlebt oder sprachlich bestimmt wird, gehen Philosophen seit der Antike von einer Unterscheidung zwischen *Meinen* und *Wissen* aus. Gegenüber bloßem Meinen, einem nicht weiter begründeten Für-wahr-Halten bzw. Als-wahr-Behaupten von Vorstellungen und Aussagen, ist Wissen danach durch die Eigenschaften der akzeptierten Rechtfertigung bzw. der akzeptierten Erklärung der Geltung von Vorstellungen und Aussagen in einer Kooperations- und Kommunikationsgemeinschaft ausgezeichnet, das heißt,

> durch die auf objektiv und subjektiv zureichenden Gründen beruhende Überzeugung vom tatsächlichen Bestehen von Gegenständen, Vorgängen oder Sachverhalten (Wahrheitsanspruch). Die Begründung des Wissens kann der Erfahrung, kritisch geprüften Berichten, Dokumenten, Zeugnissen, Denkmälern (historisches Wissen) oder der Einsicht in das Wesen und die Zusammenhänge ideeller Gegenstände (Logik, Mathematik, Ethik) entnommen werden. (*Wörterbuch der philosophischen Begriffe* 1999, „Wissen")

Wissen bezieht sich danach auf kollektive Meinungen und zugehörige sprachliche Darstellungen, die als unstrittig geteilt werden und über deren Akzeptanz ein relativer Konsens besteht. Dieser Konsens wird durch die allgemeine Akzeptanz der Anführung einschlägiger Gründe für die Geltung zunächst nur subjektiver Meinungen erreicht. Gründe und Begründungen sind exklusiv verbaler Herkunft; sie gehören zu den Rechtfertigungsverfahren der Geltung von Aussagen, insbesondere von direktiven und repräsentativen Aussagen und Aussagekomplexen (vgl. dazu etwa Brandom 2000). Wird die Geltung dieser Aussagen mit ihren Begründungen akzeptiert, so wird der zugehörige propositionale und deontisch-modale Gehalt der Aussagen als *Wissen* qualifiziert. Die Form des zugehörigen Wissens ist entsprechend prinzipiell als propositional bestimmt. Es ist seiner Natur nach verbal-medial geprägt und geht auf symbolische Interaktionen, dort eingebettete Prädikationen, zugehörige Kategorisierungen und deren konsensuelle Geltung bzw. Akzeptanz zurück.

Neben diesem propositional gefassten und medial-verbal geprägten Wissen (altgriechisch *epistêmê*) wird selbst in philosophischen Zusammenhängen auch immer wieder auf die zweite Art des Wissens verwiesen – auf praktisches ‚Können', auf (Kunst-)Fertigkeiten und Fähigkeiten (altgriechisch *technê*), dies vor allem unter Bezug auf Alltagshandeln:

> In the Nicomachean Ethics, Aristotle defines *epistêmê* as (as it is usually translated) scientific knowledge, while *technê* is translated occasionally as skill, art, or craft, or even ‚general knowhow, the possession of which enables a person to produce a certain product'. (Stanford Encyclopedia of Philosophy 2012, „Knowledge How")

Dieses Wissen im Sinne von Fertigkeit bzw. Fähigkeit – das häufig auch als ‚implizites' Wissen charakterisiert und klassifiziert ist – wurde in philosophischen Bereichen als Untersuchungsgegenstand weniger geschätzt. Erst propositional geprägtes Wissen erlangt im Regelfall philosophische Aufmerksamkeit und Dignität.

Mit dem Beginn der Entwicklung vieler neuer einzelwissenschaftlicher Disziplinen im Verlauf der Neuzeit, besonders aber während des 19. und 20. Jahrhunderts, wird das Primat der Philosophie in Angelegenheiten der Bestimmung der Beschaffenheit menschlichen Wissens nach und nach aufgelöst. Mit dem Auftreten neuer disziplinübergreifender Forschungsparadigmen in der zweiten Hälfte des 20. Jahrhunderts wird zudem praktisches Wissen zunehmend zum Gegenstand wissenschaftlicher Untersuchung und Bestimmung.

2 Wissen und Handeln

Im Folgenden soll nicht auf die Vielzahl von Vorschlägen zu begrifflichen Distinktionen zwischen Wissensarten eingegangen werden, die vor allem im Laufe der neueren Forschungsgeschichte eingebracht und diskutiert worden sind (*episodisches* vs. *generisches* Wissen, *autobiographisches* vs. *kollektives* Wissen, *semantisches* vs. *enzyklopädisches* Wissen usw.). Stattdessen möchte ich auf die wichtigste und fundamentale Dichotomie genauer eingehen, die bereits zuvor thematisch wurde und die – vermutlich gerade aufgrund ihrer besonderen Relevanz für die kollektive menschliche Existenz – in den bedeutungsgeschichtlichen Wurzeln der indogermanischen Sprachen in Ansätzen deutlich erkennbar manifest wurde: die Dichotomie zwischen *prozeduralem* und *deklarativem* Wissen. Diese Dichotomie ist besonders für das hier thematische Verhältnis von Sprache und Wissen relevant, da sie das konstitutive Verhältnis von präsymbolischen, organismisch getragenen Fähigkeiten und Dispositionen zu bewusstseinsfähigen mentalen symbolischen Repräsentationen bzw. Simulationen fokussiert. Alternative Benennungen dieser Dichotomie sind traditionell mit den Bezeichnungen *Können* vs. *Wissen* bzw. *implizites* vs. *explizites Wissen* verfügbar. Dieses komplexe Verhältnis, das für menschliche Bewusstseinsformen absolut zentral ist, ist bis heute in der Forschung nur unzureichend bzw. nur in groben Ansätzen geklärt.

In der abendländischen Antike wurde das deklarative, symbolgetragene Wissen zunächst als eine Unterart des prozeduralen Wissens, nämlich als personal gebundene Disposition bzw. (Kunst-)Fertigkeit bestimmt (*epistêmê* und *technê* werden bei Platon entsprechend noch nahezu synonym verwendet). Erst mit der prominenter werdenden kulturellen Rolle der Literalität und der mit ihr einhergehenden neuartigen physisch-medialen Manifestation von Sprache, unabhängig von einer ‚wissenden' Person, wird sprachgetragenes Wissen und Wissensspeicherung zu einer Gegenständlichkeit eigener Art. Die medienspezifische Möglichkeit extrapersonaler und materiell-manifester Wissensrepräsentation hebt das deklarativ-propositional manifeste Wissen aus dem Bereich personaler Dispositionen in den Modus physischer Objekthaftigkeit: Wissen manifest als physisch durables Objekt lässt sich danach wie ein Werkstück kooperativ be- und verarbeiten und reproduzieren. Die großen, komplex gefügten Gesellschaften mit einer entsprechend reichhaltigen, kumulativen und breit differenzierten Wissenstradition sind ohne diesen Modus undenkbar (vgl. etwa Assmann 1992, Kohl 2000, 69 ff.).

Prozedurales Wissen – so der Stand der derzeitigen Diskussion – ist praktisches Wissen, spezieller, ein *Können*; es betrifft die jeweiligen Fähigkeiten von einzelnen

Individuen zweckorientiert erfolgreich zu handeln, eine spezielle Aufgabe zu meistern oder ein Problem eines bestimmten Typs erfolgreich zu lösen. Prozedurales Wissen kann partiell und selektiv in Form von sprachlichen Handlungsanweisungen ‚repräsentiert' werden (Prototyp wäre hier der Algorithmus, ein alltägliches Beispiel aus der Lebenswelt das Kochrezept). Derartige Anweisungen erfassen das zugehörige Wissen, das *Können* aber nur peripher und wesentlich unvollständig, sie sind zudem als sprachliche Direktive immer in zugehörige Verhaltens- bzw. Handlungszusammenhänge empraktisch eingebettet. Sie dienen hier der Steuerung bzw. Regulation des Erwerbs oder der Aktualisierung von Fähigkeiten über sprachlich bestimmte Konzeptualisierungen. Sie dienen besonders der aufmerksamkeitsgebundenen (Selbst-)Kontrolle und Orientierung bei der individuellen Koordination von Sensorik und Motorik, man denke etwa beispielhaft an das Training von (Leistungs-)Sportlern. Sie dienen gleichermaßen der wechselseitigen Aufmerksamkeitssteuerung bei der interindividuellen Koordination und Kooperation in Kollektiven, etwa beim Zusammenspiel einer Mannschaft auf einer Segelyacht bei einer Hochseeregatta. Handlungsanweisungen dienen hier erst in nachgeordneter Linie möglicher Erklärung oder Begründung – wie etwa in deontisch regulierten Kontexten normativen Verhaltens: „Warum hast Du nicht das getan, was wir vereinbart hatten, was von Dir erwartet wurde?"

Sprachliche Handlungsanweisungen sind integrierte Bestandteile der Lehr- und-Lern-Interaktion im Zusammenhang praktischer Unterweisungen im Laufe des Erwerbs einschlägiger Fähigkeiten: Radfahren oder Schwimmen erlernt man jedoch nicht, indem man ein Buch über das Radfahren oder Schwimmen liest, Kochen lernt man nicht dadurch, dass man lediglich ein Kochbuch studiert, Violinistin wird man nicht dadurch, dass man ein Lehrbuch über die Kunst des Violinspielens rezipiert: Prozedurales Wissen erwirbt man durch die schrittweise Einübung in eine entsprechende Praxis, begleitet durch sprachliche Hinweise und Erklärungen zu Funktionsweisen und zu beachtenden Zusammenhängen, durch praktischen Versuch und zugehörigen Irrtum. Dies wird ergänzt durch begleitende Anweisungen und konstruktive Kritik, die der metakognitiven Simulation, Steuerung, Regulation und Optimierung des Verhaltens bei der Selbstkontrolle und Habitualisierung dienen. Die Fähigkeit selbst erwirbt man letztlich nur durch den wiederholten praktischen Versuch angemessen zu handeln, durch die Erfahrung von Erfolg, Irrtum und Fehlgehen, durch fortgesetzte Korrektur, sukzessive Optimierung und anschließende Automatisierung des erforderlichen zweckbestimmten Eigenverhaltens, dies alles in fortgesetzten Performanzen. Irgendwann kann man radfahren, halbwegs gut kochen, gut segeln, einigermaßen Chinesisch sprechen, komplexe mathematische Beschreibungs- und Analyseverfahren verwenden, Violine spielen etc. Prozedurales Wissen umfasst nicht zuletzt die Fähigkeit der Verwendung von Sprache selbst, ist aber prinzipiell nicht an Sprachgebrauch und symbolische Repräsentation gebunden und von letzteren seiner Natur nach unabhängig. Eine Fähigkeit bzw. Fertigkeit als ‚Können' ist etwas, was gerade nicht in einem symbolisch-propositionalem Format seine Existenz hat.

Deklaratives Wissen hingegen ist ein Wissen, das uns orientiert, und zwar für unsere Handlungen. Es ist seiner Natur nach durch ein symbolisch vermitteltes Repräsentationsformat bestimmt. Dies muss nicht zwangsläufig ein sprachliches sein. Analoge Symbolisierungen sind hier zuerst und zunächst grundlegend (vgl. etwa Konerding 1993, 82ff., Barsalou 1999a). Eine symbolische Form ist jedoch die einzige Form, in der wir als menschliche Organismen uns selbst und unser Verhalten, ja unsere Welterfahrung bewusst machen und mit anderen teilen können (Konerding 1993, 82ff., Deacon 1997, Barsalou 1999a, Tomasello 2008, Konerding 2010). Deklaratives Wissen ist, falls es sprachlich vermittelt wurde, ein konzeptuell gefasstes Wissen in propositionaler Prägung, das einen Ausschnitt aus einer Lebenspraxis oder aus der Welterfahrung syntax- und semantikgeleitet modelliert und darüber hinaus ‚re'-präsentiert, das heißt, mental vergegenwärtigt. Deklaratives Wissen bleibt mittelbar jedoch immer auf präsymbolische Erfahrungen und Verhaltensaktivitäten des menschlichen Organismus und damit auf prozedurales Wissen bezogen (Barsalou 2008).

Alltagswissen ist zum größten Teil prozedurales Wissen. Alltagswissen ist eingebettet in kollektive Lebenspraxen, das heißt, in konkrete, organismisch und kulturell bestimmte Lebenssituationen, und umfasst zugehörige problemlösungsbestimmte Verfahrensweisen, Verhaltensformen, Verhaltensroutinen und -traditionen. Diese sind jeweils nur zu einem bestimmten Teil bewusst reflektiert und in symbolischen Repräsentationen erschlossen. Kollektive Lebenspraxen, als Gesamtheit von bedürfnisgesteuerten menschlichen Verhaltensweisen und Interaktionstypen, als Gesamtheit zugehöriger Praktiken, sind letztlich das Fundament gesellschaftlicher Existenz, das Fundament aller systematischer Beziehungen zwischen Individuen und das Fundament jeder Form von Wissen. Kollektive Praxen sind ökologisch und sozial funktionsfähige Systeme, die aus rekurrenten Mustern koordinierter Interaktionen bestehen. Sie unterliegen aufgrund ihres performativen Fundaments fortgesetzt Wandlungsprozessen, gewissermaßen einer emergent-evolutiven historischen *Drift* (vgl. dazu etwa Foley 1997, 12ff.). Sie sind weitgehend präreflexiv und präsymbolisch in organismisch getragenen Verhaltens- und Handlungsdispositionen verfügbar (etwa im Sinn von Bourdieus Theorie des *Habitus*, vgl. Bourdieu 1976). Jede Form von Wissen gründet damit mittel- oder unmittelbar in Handlungen bzw. Verhaltens- und Handlungsmustern. Dies gilt für das Wissen der alltäglichen Lebenswelt wie auch für fachliches Wissen.

Wichtig ist vor allem das intrikate Verhältnis von deklarativem zu prozeduralem Wissen. Bis heute gibt es nur recht vage und spekulative Modelle dazu, inwieweit deklaratives Wissen auf prozedurales Wissen bezogen ist und auf diesem aufbaut. Wichtige phänomenologisch orientierte Beobachtungen, Untersuchungen und Beschreibungen zu diesem Bereich hat vor allem der Chemiker und Philosoph Michael Polanyi in den fünfziger und sechziger Jahren des 20. Jahrhunderts bereit gestellt, der hier mit etwas anderen Worten zwischen *stillschweigendem* und *artikuliertem* Wissen unterscheidet (vgl. Polanyi 1962, 1966). *Artikuliertes Wissen* ist nach

Polanyi dasjenige Wissen, das explizit beschrieben werden kann und der bewussten Reflexion zugänglich ist, insbesondere das sprachlich bestimmte Wissen. *Stillschweigendes Wissen* betrifft komplementär den gesamten Bereich der erworbenen Verhaltens- und Handlungsmuster, die – weitgehend bewusstseinsentzogen – unser Verhalten und Handeln in der natürlichen und kulturell geprägten Umwelt bestimmen. Weiterhin klärt Polanyi die wesentliche Modalität menschlichen Wissens im Rahmen menschlicher Bewusstseinsfähigkeit und bewusster Aufmerksamkeit allgemein: Er unterscheidet „fokale" von „subsidiärer" Aufmerksamkeit. Das Beispiel der Alltagstätigkeit des Einschlagens eines Nagels mittels eines Hammers soll dieses Phänomen illustrieren: Während wir die Aufmerksamkeit – vor allem die visuelle – *fokal* auf das Aufschlagsmoment des Hammers auf den Nagelkopf und die Bewegung des Nagels beim Eintreiben richten, bleibt ein erheblicher Teil unserer Aufmerksamkeit nur partiell bewusst oder beinahe bewusstseinsentzogen bei einer Vielzahl nicht unbedingt diskreter sensorischer und motorischer Wahrnehmungsdaten. Diese Daten sind als rückkoppelnde Kontrollsignale in das zugehörige ‚Handlungsprogramm' der erworbenen Fähigkeit, einen Hammer erfolgreich zu nutzen, – im Sinne einer sensomotorischen rekursiven Schleife – funktional eingebunden. Sie dienen im Rang einer weitgehend bewusstseinsentzogenen metaoperativen Kontrolle (Monitoring) der Überwachung und der Anpassung motorischer Aktivitäten während der erfolgsorientierten und zweckbestimmten Ausführung des betreffenden prozeduralen Handlungsmusters. Nach Polanyi besitzt menschliches Wissen nun allgemein und prinzipiell diese Form: Wir wissen etwas „artikuliert" und „fokal" nur im weiteren Rahmen jeweils zugehörigen „subsidiären" und „stillschweigenden" Wissens.

Unter Bezug auf den gesamten Fundus neuerer Untersuchungen und zeitgenössischer Forschungsergebnisse bestätigt etwa der Kognitions- und Sprachpsychologe Michael Tomasello (vgl. Tomasello 2006, 245ff.) diese Charakterisierung. Er skizziert das Entstehen von deklarativem aus prozeduralem Wissen, insbesondere von sprachgetragenem deklarativen Wissen, unter Verweis auf die Entwicklungspsychologin Karmiloff-Smith (1992) weiterführend als „repräsentationale Neubeschreibung". Das grundlegende Wissen des Menschen ist danach, wie bereits zuvor konstatiert, das prozedurale Können, die Fähigkeit, entsprechend gewisser Vorgaben, Bedürfnisse und Ziele sich erfolgreich zu verhalten bzw. erfolgreich zu handeln. Dies ist ein Wissen, das Menschen dieser Modalität nach prinzipiell mit anderen Lebewesen teilen. Dieses Wissen erwerben zu können, das ‚Können' lernen zu können, beruht auf angeborenen Prinzipien. Kleinkinder erwerben die Muster für den Umgang mit der kulturspezifischen Gegenstandswelt zunächst rein prozedural im Rahmen imitativ interaktiven Verhaltens, ohne dass sich die Kinder bewusst sind, was sie eigentlich tun. Zentral für dieses Geschehen sind die neuronalen Spiegelsysteme (*mirror neurons*). Deklaratives Wissen, Wissen im Sinn von explizitem, bewusstseinsfähigem, sprachlich ausdrückbarem Wissen, entsteht durch eine Schritt für Schritt vollzogene „repräsentationale Neubeschreibung" – bzw. vielleicht angemessener: *symbolische*

Superformatierung – von prozeduralem Können und zugehörigem Tun. Wie hat man sich dies vorzustellen?

Im Rahmen der zunehmenden Verhaltenskompetenz, der zunehmenden Beherrschung erster dialogischer Sprachmuster und Interaktionszüge (Bruner 1987, Tomasello 2003) und der damit verbundenen zunehmenden prozedural-operativen Gegenstandserschließung und Objektrepräsentation, werden – beim Kleinkind wie auch beim Erwachsenen – nach und nach wahrnehmbare, bewusstseinsfähige Aspekte des eigenen Tuns durch die zentral-exekutive Funktion der selektiven Aufmerksamkeit kognitiv isoliert, aus dem Wahrnehmungskontinuum nach Gestaltprinzipien kognitiv extrahiert, kontextbezogen kontrastiv differenziert und als relevante Indikatoren, als Steuerungs- und Kontrollgrößen des eigenen Verhaltens genutzt (*Mentalisierung* sensomotorischer Erfahrung – dazu auch Mandler 1992, 2004, Barsalou 1999a, 2008, Tomasello 2006, Fonagy u. a. 2011). Es handelt sich dabei um solche Aspekte des eigenen Tuns, deren bewusste Modifikation – bzw. bewusst kontrollierte Manipulation – zu einer jeweils mehr oder weniger starken Änderung in der Erfolgsquote des jeweiligen Verhaltens führt (Tomasello 2006, 246). Insofern lässt sich hier – im Anschluss an die entsprechende Tradition der Forschung zu Selbstregulationsprozessen von Organismen – auch generalisiert von *Merk*- und *Wirkmalen* der Steuerung des Eigenverhaltens sprechen (vgl. etwa von Uexküll 1981, 11ff.). Ein Beispiel aus dem Alltag möge dies grob veranschaulichen: Man achte einmal bewusst auf die dynamische Entwicklung des (propriozeptiv bestimmten) Muskeltonus in Hand und Unterarm (= Aspekt 1), dies in simultaner Kopräsenz mit perzeptiven Daten aus den Fingern (exterozeptiv = Aspekt 2) und der zugehörigen visuellen Wahrnehmung (exterozeptiv = Aspekt 3), einschließlich der somatosensorisch-emotionalen Begleitorchestrierung (interozeptiv: „wie sich das insgesamt typischerweise anfühlt" = Aspekt 4) bei der praktischen Ausführung einer ganzheitlich erlebten Greif- und Drehbewegung, die dem jeweiligen Öffnen eines Schraubverschlusses eines handgroßen Behälters im Alltag dient (etwa Milchflasche, Honigglas, Teedose etc.). Man modifiziere nun einmal situationsspezifisch bewusst die Qualität des Griffs und beachte die Variation der genannten Aspekte im Verbund mit der Variation der Erfolgsquote des zielorientierten Verhaltens.

Im Rahmen dieser Selbststeuerungsprozesse schon bei entsprechend elementaren alltäglichen Aktivitäten gelangen lediglich gattungsspezifische kognitive Grundfähigkeiten zur selektiven Aufmerksamkeit, zur Kategorisierung (mentale Sortierung/ Mustererkennung), zur Schematisierung (Gestalt- bzw. Musterbildung) sowie zur Analogiebildung (letzteres als einer Sonderform der Kategorisierung) zum Einsatz (Tomasello 2006, 247). Rekognitionen steuerungsrelevanter Wahrnehmungsaspekte bzw. Perzeptkomplexe, die in einschlägigen Gedächtnisspuren gründen, führen zu dem, was man eine *mentale Konzeptbildung* bzw. *konzeptuelle Artikulation* (im Sinne Polanyis) nennen kann: Die Aspekte bzw. Perzeptkomplexe werden als handlungsbeeinflussende *Merk*- und *Wirkmale* kognitiv funktional registriert und als solche mental kategorisiert (mentale Kategorieninduktion, Schematisierung und Typenbildung auf der Grundlage von gedächtnisgetragenen Prozessen der kontextbezogenen Mustererkennung und -ergänzung). Zugehörige Merk- und Wirkmale erhalten die potentielle Funktion von *perzeptuellen Symbolen* (*perceptual symbols*) mit einschlägiger Bedeutung, insofern Sie über Vorerfahrungen organismisch relevante Situationen identifizieren und Situationsentwicklungen antizipieren helfen (hierzu speziell Konerding 1993, 81ff., Barsalou 1999a).

Die konzeptuelle Artikulation gestaltet sich mit fortschreitender Analyse und anwachsender Erfolgsquote des mit Aufmerksamkeit überwachten eigenen Tuns zunehmend aus: Das mentale Konzept, bzw., der zugehörige *Merk-* und *Wirkmalskomplex*, wird durch die aufmerksamkeitsbestimmte Feststellung weiterer steuerungsrelevanter Aspekte und Aspekt-Interdependenzen intern zunehmend differenziert; ebenso wird es mit situativ kopräsenten Konzepten, die in Folge im Verbund als verhaltensrelevant registriert werden, auch nach außen hin assoziativ verbunden (vgl. spez. Barsalou 1992, 1999a). Es entsteht ein komplexer Konzeptverbund, der das zugrunde liegende Verhalten, auf das er bezogen ist, als assoziierter Bestandteil sequenzbestimmt kontrollierend begleitet. Führt die konzeptuelle Überwachung und Steuerung des Verhaltens zu einem wiederholt hinreichenden bzw. gewünschten Erfolg des zielorientierten Verhaltens, so wird das derart konzeptgesteuerte Verhalten routinisiert und schrittweise automatisiert. Dabei ‚verfestigt' sich der verhaltenskontrollierende Konzeptverbund nach und nach und erhält die Qualität eines ganzheitlichen *Schemas*, bzw., in Hinsicht seines Bezugs auf das intendierte Verhalten, eines zunehmend automatisierten Kontroll-*Programms* (man denke etwa an den Erwerb der Fähigkeit ein Kraftfahrzeug zu steuern, sich an einem beruflichen Arbeitsplatz räumlich und aufgabenbezogen zu orientieren, oder etwa auch an den Erwerb der fachbezogene Fähigkeit, mathematische Differentialgleichungen zur Modellierung von physikalischen Phänomenen zu nutzen).

Bewährt sich nun ein konzeptueller Rahmen in der Routine der spezifischen Verhaltenssteuerung hinlänglich, so rückt das ‚Verhaltensprogramm', das bisher mittels Aufmerksamkeit exekutiv kontrolliert, gesteuert und gegebenenfalls auch adaptiv modifiziert wurde, Schritt für Schritt zurück in den Bereich bewusstseinsentzogenen prozeduralen Wissens: Steuerungsrelevante Aspekte des Tuns, zunächst solche in Wirkmalsfunktion, rücken aus dem fokalen Bereich in die Peripherie der Aufmerksamkeit und verlieren nach und nach den Status bewusster Wahrnehmung. Wir sind zum Schluss mit unserer Aufmerksamkeit ganz bei den ‚Sachen' selbst (man erinnere sich etwa an das Beispiel des Hammergebrauchs nach Polanyi). Der Rest liegt bei den automatisierten sensomotorischen Kontrollsystemen, neuronal prozessiert jenseits der (präfrontal-)kortikalen Regionen, die Bewusstsein und bewusste Modifikation ermöglichen. Dies gilt nun für jede menschliche Aktivität; so etwa für den Erwerb und die Optimierung von Fähigkeiten im erfolgreichen Umgang mit Messer und Gabel bei Tisch (Tischsitten), für das erfolgreiche Bedienen einer Computertastatur mit zehn Fingern, für das Schälen und Zerteilen einer Zwiebel beim Kochen; es gilt aber auch für weniger alltägliche Fähigkeiten, wie etwa für das zunehmend virtuose Spielen eines Musikinstruments oder für das symbolgetragene mathematische Modellieren komplexer wissenschaftlicher Phänomene (vgl. hierzu auch Barsalou 1999a, 2008, Clark 2008).

Wichtiges zur Terminologie: Ist der schematisierte Konzeptverbund auf die Kontrolle der Phasenfolge bei Steuerung eines zweckspezifischen Verhaltens beschränkt (*zuerst x tun, daraufhin y tun, anschließend z tun* etc.), so bezeichnet man den Verbund häufig auch als *Skript*. Treten hier weitere situativ bestimmte Konzeptualisierungen als Kontrollmomente hinzu und, darüber hinaus, in den Vordergrund, die eigentliche Verhaltenssteuerung qua Automatisierung zum Verhaltenspotential (Dispositiv) dagegen zunehmend in den Hintergrund, so spricht man bei dem entsprechenden Verbund allgemeiner von einem *konzeptuellen Wissensrahmen*, bzw., von einem *Frame* oder von einem *mentalen Schema* (vgl. etwa Barsalou 1992, 1999a, Konerding 1993, 1996).

Es bleibt zunächst festzuhalten: In Lern- bzw. Optimierungsprozessen von Verhalten wird bisher ‚stillschweigendes' Wissen, das heißt, verfügbare, routinisierte und automatisierte sowie situationsbestimmte Verhaltenspotentiale, und damit prozedurales Wissen, durch kognitive Extraktion von Merk- und Wirkmalsstrukturen entsprechender Verhaltensaktualisierungen bewusstseinsfähig, konzeptualisierbar und exekutiv kontrollierbar; das heißt, das Wissen wird fortschreitend konzeptuell ‚artikuliert' und darüber zweckspezifisch modifiziert und elaboriert. Konzeptuelle Artikulationen und bewusstseinsfähige Symbolisierungen – ob analog-perzeptiv oder digital-verbal – bleiben jedoch immer in den kognitiven Hintergrund nicht- bzw. teilkonzeptualisierten prozeduralen Wissens eingebettet und sind nur dort funktional (klassisch Polanyi 1962, 1965, aktuell etwa Clark 2008).

3 Sprache und Wissen

Es sind die kulturspezifischen Praktiken und ihre Traditionen, in denen die konzeptuellen Artikulationen sich vollziehen, in denen Wahrnehmungs- und Vorstellungsinhalte als kulturell relevante und sozial geteilte, als konsensuelle bzw. ‚objektive' bestimmbar und bewusstseinsfähig werden. Der zugehörige Wissenserwerb ist eng mit dem Erstspracherwerb verknüpft und kann als fundamentaler Enkulturationsprozess verstanden werden. Sprachliche Symbole als perzeptiv prägnante Gestalten mit ihren konzeptkonstitutiven semantischen Funktionen und ihren kognitiv effizienten syntaktisch-sequentiellen Strukturierungen forcieren den Prozess der konzeptuellen Artikulation, das heißt, den Prozess der Generierung von deklarativem Wissen und den Ausbau von artikuliert strukturiertem prozeduralem Wissen, erheblich. (Zur Emergenz von Syntax unter den Bedingungen der sequenziellen Prozessierung von Einheiten – *Chunks* – im menschlichen Arbeitsgedächtnis vgl. man z. B. Givón 2005, 2009). Ein Blick auf den Erstspracherwerb soll dies kurz illustrieren: Laut- und Symbolgebrauch erfolgen beim Kleinkind zunächst expressiv-kontaktmodulierend. Erst anschließend erfolgt der Lautäußerungsgebrauch direktiv: hin- bzw. anweisend, das heißt, mit dem Zweck, die Aufmerksamkeit und damit die Wahrnehmung von Kleinkindern oder Bezugspersonen auf die kognitive Fokussierung und Extraktion spezieller Aspekte zugehöriger Interaktionsformate und Handlungsrahmen zu lenken (Bruner 1987, Tomasello 2003, 2006, Klann-Delius 2008). Bald erfährt das Kind, dass die Verwendung des Symbols auch repräsentative Funktionen erfüllt, dies nämlich dann, wenn es bei Wahrnehmung des geäußerten Symbols qua Automatisierung (erworbenes prozedurales Wissen) vergeblich den Referenten in der Äußerungssituation sucht, oder auch umgekehrt, wenn der Interaktionspartner des Kindes nach einer vermeintlich direktiv gebrauchten Äußerung den zugehörigen Gegenstand in der Äußerungssituation zu suchen beginnt (Denotat-Funktionen von Lautmustern emergent aus situativ bestimmten mentalen Ko-Notaten).

Wenn Kleinkinder etwa das Wort *geben* kennen lernen, so handelt es sich dabei um eine lautliche Geste, die zunächst nur die geteilte Aufmerksamkeit auf ein ganzheitlich erfahrenes, kulturell relevantes Interaktionsmoment in der unmittelbar gemeinsam und wiederholt erlebten wie prozedural durchlebten Situation lenkt (Gebrauch der Wortform als *Holophrase*). Nach und nach lernen Kinder dabei aber auch die kulturell-interaktional relevanten Mitspielerrollen in ihren spezifischen Beschaffenheiten sowie die weiteren sequenz- und phasenbestimmten prozeduralen Aktivitäten kennen, soweit diese den kulturellen Akt des Gebens – seinem Typ und seinen wichtigen Varianten nach – wesentlich konstituieren (vgl. etwa Tomasello 2003, 2006). Auch hier steht die kognitive Extraktion steuerungsrelevanter Aspekte des Eigenverhaltens im Zentrum des Geschehens konzeptueller Artikulation. Maßgeblichen Einfluss auf Artikulationen dieser Art haben zudem die syntaktisch-semantischen Selektionsraster des Verbs, die – über die Zwischenstufen der *Angel-* bzw. *Insel-Konstruktionen* – ebenso gebrauchsorientiert erworben werden (Tomasello 2003, 2006, 173ff.). Analog lernt das Kind mit dem Wort *Ball* diejenigen kulturellen Aktivitäten, Rollen und zugehörigen weiteren Umstandskategorien kennen – deklarativ wie prozedural –, in denen Bälle eine zentrale Rolle spielen und die die kulturell relevanten Eigenschaften von Bällen bzw. von Ball-Sein vollständig bestimmen. Letzteres wird nachhaltig gesteuert durch begleitende sprachliche Benennungen, Unterscheidungen, Charakterisierungen, Kommentierungen, Anweisungen etc., dies mit der effizienten Wirkung des rasanten Ausbaus konzeptueller Artikulationen durch sprachliche Strukturen. Die ursprünglich ausschließlich sensomotorisch bestimmte Qualität und Struktur der Artikulation erfährt dabei eine lexik- und syntaxgetragene Restrukturierung sowie eine semantisch gesteuerte nachhaltige konzeptuelle Rekategorisierung und Elaboration (ebd.). Letzteres aber ist immer auch mit der jeweiligen einzelsprachlichen Form eng verbunden (klassisch: *Thinking for Speaking* vgl. etwa Slobin 1987, Foley 1997).

Sind erste sprachinduzierte, kulturell konsensuelle Konzeptrelationierungen als grundlegende Wissensrahmen (Frames) bzw. Skripte im Verlauf der Ontogenese verfügbar bzw. ‚implementiert', so setzen im Prozess der weiteren Sozialisation, von Bildung und Ausbildung, von Lernen und Lehren, schnell weitere ‚Neubeschreibungen', Reformatierungen und Elaborationen der zugehörigen konzeptuellen Bereiche ein, zunehmend exklusiv auf sprachgesteuerter Ebene (vgl. Jäger 2002, Tomasello 2006). Konzeptuelle Korrelate verschiedener sprachlicher Erklärungen bzw. Beschreibungen und unterschiedlicher kognitiver Elaboriertheit und Kohärenz überschichten sich und verweisen aufeinander – mehr oder weniger konsistent und kohärent, von der wiederholten alltäglichen Situations- und Selbstbeschreibung über sozial bestimmte Ideologien und Glaubenssysteme bis zur wissenschaftlichen Theorie und Erklärung.

Das ‚Kennen' kulturspezifischer Gegenstände, etwa eines Fuß- oder Golfballs, eines Kugelschreibers, eines Mobilfunkgerätes, beruht demnach in erster Linie auf dem ‚Kennen' ihrer gebrauchsbezogenen Einbettungen in kulturelle Praktiken, das heißt, auf dem ‚Kennen' der relevanten prozedural und deklarativ bestimmten Aktivitätskontexte, aus denen die Gegenstände in ihren kulturspezifischen Eigenschaften durch Thematisierung qua aufmerksamkeitsbezogener Fokussierung und nachfolgender, letztlich sprachgetragener konzeptueller Artikulation als kollektive wie individuelle mentale Repräsentationen hervorgegangen sind (vgl. etwa Paprotté 1985, Karmiloff-Smith 1992, Mandler 1992, Barsalou 1992, Konerding 1993, Wassmann 1993, Konerding 1996, Barsalou 1999a, 1999b, Barsalou 2003, Mandler 2004, Tomasello 2006, Barsalou 2008, Clark 2008). Der konzeptuelle Wissensrahmen zu einem Gegenstandskonzept ist deshalb eng mit den konzeptuellen Skripten derjenigen Aktivitäten verknüpft, die den Gegenstand in seinen kulturell-relevanten Dimensionen erfahrbar machen und in dieser Erfahrbarkeit qualitativ bestimmen. Dies ist uns in der Routine des Alltags kaum bewusst (man vgl. nochmals die zuvor präsentierten terminologischen Definitionen zu *Rahmen* und *Schema*). Dennoch: Fundamental ist hier die Erkenntnis im Bereich der kognitiven Psychologie, dass Sprach- bzw. Situationsverstehen wie Gegenstandskonstitution und -identifikation, und damit jede Form von Kategorisierung und Wissen, nicht primär dazu dient, ‚Informationen' abzuspeichern bzw. zu aktualisieren (vgl. etwa das Grice'sche Paradigma und selbst noch die *Relevanztheorie* von Sperber und Wilson), sondern unmittelbare Handlungsfähigkeit in einschlägigen Kontexten zu sichern. Im Prozess der Kognition, das heißt, beim Verstehen von etwas, werden die jeweiligen Akteure durch ihre neuronal getragenen Kenntnissysteme für situierte Handlungs- und Verhaltensweisen vorbereitet (Barsalou 2003, 2008): Die kognitive Neuropsychologie hat über bildgebende Verfahren nachgewiesen, dass beim Verstehen von Gegenstandsbezeichnungen sowie beim Wahrnehmen oder beim Vorstellen von Gegenständen immer auch das neuronale Substrat im Bereich des prozeduralen Wissens, das heißt, das neuronale Substrat der zugehörigen Skripte, und zwar bis in die bewusstseinsentzogenen automatisierten motorischen Prozesse hinein, aktiviert wird (vgl. z.B. Barsalou 1999b, 2003, 2008, Buccino u. a. 2005, Pulvermüller 2005, Pulvermüller u. a. 2005, Sebanz u. a. 2006).

Fazit: Das sprachliche Symbol, in seiner ursprünglichen Funktion als direktiv-indexikalische Geste, orientiert demnach Sprecher und Hörer kognitiv wie prozedural in sozial geteilten konzeptuellen Strukturen mit handlungsleitender Funktion, das heißt, in habituell korrelierten Wissensrahmen. Das sprachliche Symbol konserviert qua Gebrauchshabitualität diese praxisbezogene Korrelation als semantisch konventionalisierte Bindung, dies im Sinn einer kollektiv kongruenten Repräsentation (Konerding 1993, 1996, 2002, 2006, Barsalou 2003, Tomasello 2006, Barsalou 2008). Die Bindungen und die zugehörigen Rahmen in ihren jeweiligen kontextbestimmten Varianten werden kollektiv geteilt, insofern sie in permanent aktualisierten kulturellen Praxen interaktiv konstituiert werden. Das heißt, sie gehen auf kontinuierlich interaktiv koordinierte und wechselseitig als kongruent ratifizierte Situationserfahrungen, Wahrnehmungs- und Verhaltensprozeduren sowie zugehörige Beschreibungen, Bewertungen und Zielsetzungen zurück und werden wechselseitig entsprechend normativ präsupponiert. (Auch hier spielen die neuronalen Spiegelsysteme eine zentrale Rolle. Zur kulturbezogenen Rolle von Semantik und Wissensrahmen allgemein und zusammenfassend vergleiche man etwa Kövecses 2006, spez. 81 ff.).

Sprachliche Symbole und sprachliche Äußerungen sind letztlich ökonomische und präzise Instrumente für den Zweck, sich selbst oder Kooperationspartner (Koakteure) unmittelbar in die Lage zu versetzen, eine thematische Bezugssituation (oder Bestandteile von dieser) in vertrauter, kulturell vorbestimmter Weise aufzufassen und zugehörige Einstellungen, Verhaltens- und Handlungsdispositionen zu aktivieren (Tomasello 2006, 154f., Barsalou 2008). Das heißt mit anderen Worten, sprachliche Symbole sind Mittel für Anweisungen, ein kulturell weitgehend vorbestimmtes wahrnehmungs- und handlungsbezogenes Rahmungsprogramm auf eine jeweils thematische Situation anzuwenden. Es ist demgemäß wichtig zu unterscheiden, ob man – aus einem einschlägigen Kontext heraus – ein und dieselbe Person der Referenz etwa als *Chef, Professor, Arzt, Ehegatten, Großvater, Buddhisten, Golfspieler, Rosenzüchter* oder als *Malariapatienten* kategorisiert und damit der Bezugssituation, unter Berücksichtigung ihrer Verträglichkeit mit einschlägigen äußerungssituativen Präsuppositionen, einen jeweils alternativ beschaffenen Wissensrahmen für die Zuweisung möglicher Interpretationen und handlungsbezogener Relevanzen auferlegt. Symbolische Referenzierungen mit ihren zugehörigen konzeptuellen Rahmen fungieren entsprechend als relevanzbeschränkende und -modifizierende kognitive Filter, als adressatenspezifische kognitive Anweisungen, die jeweilige Entität der Referenz unter einer kulturell normierten kategorienkonstitutiven Eigenschaftsprofilierung wahrzunehmen und handlungsorientiert zu kontextualisieren. Dabei ist immer zu beachten: Die semantische Filterung bleibt – ganz im Sinne Polanyis (1962, 1966), Bourdieus (1976) u. a. – tief in der bewusstseinsentzogenen Praxis mit ihren impliziten habituellen Orientierungen und in der prozedural fixierten „Zuhandenheit" der Welt (Winograd/Flores 1987) der jeweiligen sozialen Kollektive verwurzelt.

Enkulturation bzw. Sozialisation entsprechen somit dem Erwerb der Wissensrahmen und Skripte, die die interaktive Teilhabe und Teilnahme an den spezifischen Lebenspraktiken einer Kultur ermöglichen. Wesentlichen Einfluss nehmen hier zudem normierende soziale Instanzen, die die prozeduralen und deklarativen Praktiken, ihre konzeptuellen Artikulation und ihre wechselseitigen Bezüge unter Berufung auf Konsens, Normen, Tradition, Praktikabilität, Werte, Ideologie, Weltbild oder Mythos direkt oder indirekt regulieren und kontrollieren. Jede Form von öffentlicher Initiation oder Zertifizierung stellt eine derartige Normierungspraxis dar. Die normativ regulierten, institutionell komplex organisierten Bildungs- und Ausbildungssysteme in den zeitgenössischen entwickelten Gesellschaften mit ihren jeweiligen Zugangs- und Qualifikationsordnungen sind ein sehr konkretes Beispiel für eine derartige Praxis.

Zusammenfassend ist festzuhalten, dass kollektive Praxen zum einen wesentlich stillschweigendes Wissen präsupponieren, andererseits – darauf gründend – fortlaufend artikuliertes Wissen generieren. Stillschweigendes Wissen – als prozedurales Wissen – besteht in den weitgehend präreflexiv verfügbaren Verhaltens- und Handlungsdispositionen der Individuen, die die jeweiligen Praxen in ihren Interaktionen konstituieren. Artikuliertes Wissen entsteht im Wesentlichen in drei Schritten kognitiver Aktivität: durch selektive Wahrnehmung handlungsrelevanter Aspekte von Erfahrungen, durch analog-symbolische Konzeptbildung über diesen Aspekten, und drittens, durch fortgesetzt sprachgetragene Reformatierung, Elaboration und Modifikation entsprechender Konzeptstrukturen. Dies erfolgt letztlich immer mit dem Ziel, prozedurales Wissen und dessen situationsadäquate Aktualisierung zu optimieren. Artikuliertes Wissen in letzter Instanz ist ein Wissen, das durch das Medium und Kategorieninventar der Sprache getragen und entsprechend semantisch propositional geprägt ist; es ist – als sprachlich differenziert entwickeltes und sozial geteiltes artikuliertes Wissen – ein deklaratives Wissen im engeren Sinn. Es resultiert als Emergat themenzentrierter verbaler Interaktion. Die Fähigkeit zum Sprachgebrauch selbst ist prozedurales Wissen. *Ursprünglicher Sprachgebrauch* ist empraktisch: Er ergänzt, begleitet, steuert und elaboriert nonverbale (prozedural bestimmte) Interaktion in direktiv-deiktischer Funktion. *Fortgeschrittener Sprachgebrauch* übernimmt, situationsentbunden, zunehmend repräsentationale Funktionen und damit wesentlich die Artikulation des Wissens. Fortgeschrittener Sprachgebrauch entfaltet eine ihm eigene, selbstreferentielle Dynamik in primär symbolisch-sprachlicher Interaktion. Deklaratives Wissen in seiner elaboriertesten Form erhält die Gestalt von ‚großen Erzählungen', von Mythen oder Theorien (vgl. dazu etwa Feyerabend 1973, Knorr-Cetina 1984, Hübner 1985, Ong 1988, Assmann 1992, Bargatzki 1997, Lyotard 1999, Kohl 2000, Konerding 2010). Theorien und Mythen sind komplexe, thematisch kohärente verbale Artikulationen konsensueller Praktiken. Sie dienen als symbolgetragene *mentale Karten* (mit deontischen Implikationen) für die metakognitive kollektive Selbstversicherung und Rollenfixierung – einschließlich der zugehörigen normativen Handlungsorientierung – im performativ-praktisch durchmessenen kulturspezifischen Handlungs- und Erfahrungsraum. Sie artikulieren – qua Exempel (Mythos) oder auf das abstrakt Wesentliche als Prinzip reduziert (Theorie) – kulturell verbindliche Prozeduren zur Bewältigung kollektiv prominent und frequent erfahrener Problem-, Konflikt- und Krisensituationen: „[...] we mentally map the environment to surround ourselves with a known, and hence, more secure or save world" (Wassmann 1993, 206). Dies gilt nicht nur für die natürliche, sondern auch gerade für die soziale, insbesondere für die historische Umgebung des Menschen. Und diese Umgebungen sind nach dem zuvor Ausgeführten als ineinander vermittelte kulturelle Konstrukte zu begreifen.

4 Fachwissen, Fachkulturen, Wissenstransfer

Aus dem zuvor Ausgeführten ergibt sich, dass das Wissen zu Gegenständen jeder Art durch den kulturspezifischen Umgang und durch die zugehörigen Erfahrungen mit diesen Gegenständen bestimmt ist. Es sind die kulturspezifischen Praktiken, in denen diese Gegenstände eine Rolle spielen, die dieses Wissen hervorbringen, und dies betrifft gerade auch die deklarativen, speziell die verbal beschreibenden und erklärenden Praktiken. Das Kennen der Gegenstände beruht letztlich auf dem Kennen der kulturspezifischen Praktiken, der normativ zugehörigen konzeptuellen Rahmen und der dort registrierten Distribution der Gegenstände über die prozedural relevanten kulturellen Kontexte, in denen die jeweiligen Gegenstände als mögliche Gegenstände der Erfahrung erscheinen.

Fachwissen ist dadurch gekennzeichnet, dass es Erfahrungen mit Gegenständen betrifft, die bestimmten Personengruppen vorbehalten sind, die eine Interaktionsgemeinschaft eigener Art innerhalb eines größeren Gesellschaftsverbundes bilden (in der Regel ohne dabei von den übrigen Interaktionen des normalen lebensweltlichen Bereichs isoliert zu sein – dazu grundsätzlich auch Felder 2009). In diesem Sinn lässt sich von *Fachkulturen* als Teilkulturen oder als Subkulturen der funktional komplexen kulturellen Systeme menschlicher Gesellschaften sprechen. Begreift man nun fachbezogenes Wissen in diesem Sinn als kulturspezifisches Wissen, so ist zu fragen, welchen Bedingungen ein ‚Transfer' von Wissen aus Fachkulturen in andere Bereiche einer Gesellschaft unterliegt, will er sich halbwegs erfolgreich vollziehen.

Zunächst ist unter den zuvor skizzierten Voraussetzungen festzustellen, dass Wissen im engeren Sinne nur über den Prozess der Enkulturation, bzw., der kulturbezogenen Sozialisation erworben werden kann. *Wissenstransfer* hingegen betrifft die Vermittlung von Wissen über (wissens-)kulturelle Grenzen hinaus, ohne den Prozess der wechselseitigen Enkulturation selbst vorauszusetzen. Dies ist ein alltäglicher Vorgang in komplex entwickelten Gesellschaften mit entsprechend zahlreichen Teilkulturen. Wissenstransfer verlangt positive Antworten auf die Fragen, ob es Praktiken, Praxisbereiche und zugehörige Gegenstände gibt, die in beiden Kulturen vorhanden sind, oder die zumindest ineinander vermittelt sind, und so die beiden (Wissens-)

Kulturen aneinander anschließbar machen. Traditionellerweise ist dieser Bereich ein Gegenstandsgebiet der Kulturkontaktforschung.

Im Folgenden sollen diese Überlegungen anhand einiger einschlägiger Untersuchungen zum Wissenstransfer an der Schnittstelle zwischen Experten- und Laienkulturen etwas genauer betrachtet werden. Hier sind speziell die Untersuchungen von Sigurd Wichter einschlägig. Die Untersuchungen von Wichter und seiner Forschungsgruppe bieten sich im vorliegenden Kontext insofern an, als sie die spezifische Konstitution der kognitiven Wissensrahmen von Experten und Laien sowie ihr Verhältnis zueinander berücksichtigen und dabei zugleich ein allgemein etabliertes und linguistisch reflektiertes Repräsentationsmodell für konzeptuell bestimmte Wissensrahmen verwenden. Es existiert zudem bis heute in der Linguistik kein Ansatz, der in Methode, Reichweite und Erkenntniswert dem Vorgehen von Wichter und seinen Mitarbeitern vergleichbar wäre.

Die Forschungsgruppe von Wichter hat zu Beginn der 90er Jahre des 20. Jahrhunderts in mehreren Untersuchungen die Schnittstellen bzw. Übergangsbereiche zwischen verschiedenen Experten- und Laienkulturen in Deutschland aus sprachwissenschaftlicher Perspektive analysiert, in Teilen auch mit Bezug auf deren historische Entwicklung (vgl. dazu synoptisch Wichter 1994). In diesem Zusammenhang ist folgendes festzuhalten: Expertenwissen ist häufig in weiten Teilen deklarativ verfügbar und in schriftlichen Texten ausführlich dokumentiert, im Sinne einer symbolisch detailliert reflektierten bzw. differenziert modellierten Praxis. Laienwissen hingegen ist in der Mehrzahl nur implizit-prozedural verfügbar und an personale Wissensträger gebunden, es muss über einschlägige Erhebungstechniken wie Interviews – und gegebenenfalls auch Experimente, letzteres soweit primär prozedurales Wissens betroffen ist – methodisch kontrolliert elizitiert und in ein deklaratives Format überführt werden. Nur im verbal-deklarativen Format ist eine sprachbezogene – linguistische – Untersuchung möglich. Im Folgenden sollen einige signifikante Resultate der Untersuchungen von Wichter und Mitarbeitern skizziert werden. Sie dokumentieren recht treffend die Dynamik von Teilkultur-spezifischen Wissensbeständen und zugehörigen sprachlichen Ausdrucksmitteln. Die ausgewählten Domänen betreffen die Bereiche der Computer- und der Kfz-Technik; jede der Domänen weist eine einschlägige Verteilung über Experten- und Laienkulturen auf. Die Frage ist, wie das zugehörige Wissen in Abhängigkeit von sprachlichen und nicht-sprachlichen Praktiken intra- und interkulturell variiert.

Die Einführung der Computertechnologie in die Breite der Gesellschaft hat die Lebenswelt und die zugehörigen Praktiken bis in die Alltagsphäre (*Personalcomputer* und *World-Wide-Web*) in der zweiten Hälfte des 20. Jahrhunderts grundlegend verändert. Untersuchungen zur zugehörigen Wissensdistribution ergaben das Folgende: Wichter stellte fest, dass die Struktur der Personengruppen, die über einschlägige Praktiken und Kenntnisse aus dem betroffenen Bereich verfügten, sich seit den 50er Jahren des 20. Jahrhunderts (Beginn industriell-kommerzieller Entwicklungen von Großrechnern) stark veränderte. Zunächst gab es nur wenige informierte Laien im näheren Umfeld der eigentlichen fachkulturspezifischen Expertengruppen. Der größere Teil der Öffentlichkeit war im Prinzip nur über spektakuläre Nachrichten aus dem einschlägigen Expertenbereich einbezogen. Anfang der 90er Jahre – kurz nach der Einführung des Personal-Computers und noch vor der medialen Revolution des Internets – konstatierte Wichter, dass zum einen der Bereich der Fachkultur und des zugehörigen Wissens enorm gewachsen war, zum anderen der Bereich der informierten Laien außerordentlich zugenommen hatte und hinsichtlich seiner Wissensniveaus, je nach Tätigkeitsbereich (Teilkultur), ebenfalls stark ausdifferenziert war. Uninformierte Anteile der Gesellschaft existierten danach nur noch in Rückzugsbereichen, insbesondere bei älteren Generationen, die außerhalb von Ausbildung und Beruf stehend mit der neuen Technologie – im Rahmen ihrer traditionellen Lebenspraktiken – nicht oder nur mittelbar in Kontakt gelangten (Wichter 1994, 308).

Wichter hielt weiterhin fest, dass sich ein einschlägiger fachbezogener Teilwortschatz der Standardvarietät erst nach und nach entwickelte. Wesentlich ist auch die Veränderung der Wissensbestände in dem betreffenden Zeitraum: Die einschlägige Entwicklung ging einher mit der kognitiven Aneignung von konzeptuellen Schemata bzw. Rahmen bei den jeweiligen Wissensträgern. Es wurden in den Laienkulturen immer mehr Rahmen mit zugehörigen Wörtern und Wendungen (sprachlichen Ausdrucks- und Beschreibungsformen) erworben. Dabei war nach Wichter zu beobachten, dass die zugehörigen Personengruppen zu Beginn in der Regel nur über intern weitgehend undifferenzierte globale konzeptuelle Schemata bzw. Rahmen verfügten. Im weiteren Verlauf der Zeit konnte dann aber jeweils eine graduell zunehmende interne Differenzierung der zugehörigen konzeptuellen Wissensrahmen verzeichnet werden, was in der Regel von einer nahezu vollständigen oder zumindest partiellen sprachlichen Besetzung (Repräsentation) der differenzierten konzeptuellen Anteile begleitet wurde. Es lässt sich im Sinn der vorausgegangenen Ausführungen zur Wissenskonstitution und zum Wissensausbau hier von einer zunehmenden *Artikulation* der Schemata/Rahmen unter dem zunehmenden Einfluss immer differenzierterer prozeduraler und deklarativer Praktiken in den verschiedenen Teilkulturen – und zwar außerhalb der eigentlichen Experten- bzw. Fachkultur (EDV-Technologie) – sprechen. Zugleich wurden aber auch viele Bereiche der Alltagserfahrung auf der Grundlage computertechnischer Konzepte, Modelle und zugehöriger sprachlicher Belegungen mittels Analogie, Metapher und Metonymie in den Laienkulturen konzeptuell restrukturiert bzw. ‚reskribiert'. So wurde insbesondere der gesamte Bereich der menschlichen Kognition durch die Computermetaphorik diskursiv nachhaltig remodelliert: Der Mensch versteht sich in seinen geistigen Prozessen zunehmend als ‚Rechner'. Das kollektive Leitbild der zeitgenössischen *Wissens-* bzw. *Informationsgesellschaft* ist zweifellos ein Höhepunkt in der weiteren Kontinuität dieser Entwicklungen.

Dass die Art und Weise dieser Aneignung und die Ausdifferenzierung der zugehörigen Rahmen in Abhängigkeit von einschlägigen Kultur- und Lebenszusammenhängen und entsprechenden Praktiken emergiert, verdeutlicht eine weitere prominente

Wissensdomäne mit alltagspraktischer Relevanz: die Domäne der Kfz-Technologie. Für diese Domäne stellte Wichter fest, dass derjenige Bereich, zu dem das meiste Wissen bei Laien verzeichnet werden konnte, der der gebrauchsbezogenen funktionalen Spezifikationen war. Dies hängt zweifellos mit der teilkulturspezifischen, das heißt hier, der alltagspraktischen Relevanz dieses Bereiches zusammen. Ein Verwendungs- bzw. Anwendungswissen, das durch die intendierten Gebrauchsweisen von Artefakten in den jeweiligen Lebens- und Handlungszusammenhängen bestimmt ist, betrifft gerade die für diese Handlungszusammenhänge vorgesehenen Funktionsspezifika der jeweiligen Gegenstände und die zugehörigen Skripte. Dieses Wissen bezieht sich entsprechend immer auf den individuellen bzw. kollektiven Nutzen. Durch die Alltäglichkeit natürlicher Gebrauchszusammenhänge (Praktiken) wird das betroffene funktionsbezogene (prozedurale) Wissen schneller und umfassender erworben als das Wissen zugehöriger Rahmen bzw. Schemata von Experten, welches unter anderem dasjenige zu Bauteilen, Materialien und internen Funktionsweisen etc. umfasst (Wichter 1994, 272). Es konnten zudem deutliche Differenzen im Sprachgebrauch zwischen Experten und Laien festgestellt werden. Weiterhin wurde nachgewiesen, dass fachlich weniger versierte Sprecher einem Fachwort in vielen Fällen eine andere Bedeutung zuordneten als fachlich versierte Sprecher. Laien verfügten in vielen Fällen nur über stereotyp simplifizierte Wortbedeutungskonzepte und zugehörige Wissensrahmen und verwendeten das entsprechende Fachwort auch in anderen Zusammenhängen, dies sogar mit Bezug auf andere und äußerst vage bestimmte Referenten und Referenzbereiche (Wichter 1994, 273). Erklärungen zu internen Funktionsweisen fielen häufig sehr dürftig aus, was darauf zurückgeführt wurde, dass umfassende verbale Erläuterungen von Funktionszusammenhängen eine hohe fachliche Kompetenz, das heißt, umfangreich artikuliertes deklaratives Wissen zu dem jeweiligen (fremdkulturellen) Sachbereich erfordern. Selbst praktisch arbeitende Kfz-Techniker in Werkstätten verfügten nicht in jedem Fall über dieses Wissen, was von Wichter darauf zurückgeführt wurde, dass im Fall von Reparaturen ganze Funktions-Module als Bauteil-Komponenten geschlossen ausgetauscht und die defekten Module ohne Reparaturen entsorgt wurden, so dass detaillierte Fachkenntnisse zu inneren Funktionsweisen für die zugehörigen Praktiken nicht mehr erforderlich waren. Dieses Wissen war in der Regel nur den Ingenieuren bei den Modulentwicklern und -herstellern verfügbar.

Mit diesen Ergebnissen dokumentiert sich noch einmal in aller Deutlichkeit die Erfahrungs- und damit Praxenfundiertheit der betreffenden fachlich bzw. laienspezifisch bestimmten Wissensbestände, dies in prozeduraler wie deklarativer Hinsicht. Die ermittelten Wissensrahmen und die dort eingebetteten Skripte sind nur insoweit kompatibel bzw. kongruent, insofern sich in den jeweiligen Praxis- und Diskursbereichen gemeinsame Gegenstände und gegenstandsbezogene Praktiken als interkulturelle Anschlussstellen für die transkulturelle Interaktion und Kommunikation ergeben. Damit ist keineswegs gesichert, dass eine tatsächliche Verständigung über die jeweiligen wissenskulturellen Grenzen hinaus tatsächlich erfolgt. Die Gegenstände sind, wie eingangs detailliert ausgeführt wurde, letztlich durch die zugehörigen Praxen definiert, in denen sie regulär erscheinen.

5 Fazit

Zieht man eine Bilanz aus den vorausgegangen Ausführungen, so ergeben sich für die angemessene kommunikative Vermittlung von Wissen einige wichtige Konsequenzen: Wissen ist in jedem Fall in kulturellen Praktiken fundiert, die nur bis zu einem speziellen Grad reflexiv bzw. ‚rational' transparent gemacht werden können, insofern jede Form von mentaler Transparenz als deklarative Explizierung auf Abstraktion, Artikulation und symbolgetragene Repräsentation von einzelnen Aspekten dieser Praxen verwiesen ist. Und dies geschieht letztlich wesentlich mit Hilfe sprachlicher Bestimmung und Beschreibung. Aufmerksamkeitsvermittelte mentale Artikulation und symbolische Modellierung sind Grundlage jeder bewusstseinsfähigen Form von Konzeptbildung. Artikulation und kognitive Modellierung dienen der Selbst- und Fremd-Steuerung von Individuen, vor allem beim Erwerb, bei dem Aus- und Aufbau und bei der Aktualisierung von Fähigkeiten, von prozeduralem Wissen. Erfolgt die Artikulation und Modellierung primär sprachgeleitet, etwa auf der Grundlage komplexer sprachlicher Repräsentationen, so resultieren komplexe mentale Darstellungs- und Erklärungsmodelle propositionaler Prägung vom Typus deskriptiver, narrativer, instruktiver oder explanativer Provenienz: Sprache generiert deklaratives Wissen. Prozeduralität, konzeptuelle Artikulation, Bewusstseinsfähigkeit, Symbolisierung und Deklarativität sind, wie ausgeführt, immer eng miteinander verwoben (rekursive repräsentationale Superformatierung und Elaboration des jeweiligen Wissens mit dem Ziel verbesserter Verhaltensorientierung und Handlungsfähigkeit). Dem Grad der konzeptuellen Superformatierung durch Sprache entsprechend kann das jeweils thematische kognitive Konzept und sein aktivitätsbezogener Wissensrahmen mehr oder weniger stark deklarativ-propositional strukturiert und elaboriert sein. Konzeptuelle Wissensrahmen sind, ob nun primär analog-symbolisch oder primär digital-verbal bestimmt, letztlich Merkmals- und Wirkmals-Strukturen der kognitiv überwachten Steuerung kulturell situierter Aktivitäten von Individuen, wobei diese Strukturen der situationsspezifischen Anpassung und Optimierung dieser Aktivitäten dienen.

Wichtig für die linguistische Forschung jedoch ist, dass stärker prozedural wie auch stärker deklarativ geprägte Wissensrahmen sich (meta-)sprachlich modellieren und zum Gegenstand und Instrument von wissenschaftlichen Untersuchungen sowie symbolischer Darstellung machen lassen. Die Untersuchungen von Wichter demonstrierten die Variation und Dynamik dieser Rahmen in spezifischen Teilkulturen einer Gesellschaft. In Abhängigkeit von praktischer Betroffenheit und Kulturkontakt sowie von der Veränderung von kulturellen Praktiken und zugehörigen Technologien entwickelten sich diese Rahmen in ihrer jeweiligen Verteilung über Teilkulturen und

Mengen zugehöriger Wissensträger sehr verschieden und mit unterschiedlicher Dynamik. Aus den hier vorgestellten Überlegungen und Ergebnissen ergeben sich wichtige Konsequenzen für sachbezogene Verständigung und den kommunikativen ‚Transfer' von Wissen generell. Verständigung im eigentlichen Sinne kann überhaupt nur gelingen, wenn die zugehörigen praxisbestimmten kognitiven Rahmen funktionale und/oder strukturelle Ähnlichkeiten bzw. praktische Berührungspunkte aufweisen, was letztlich durch die partielle Anschlussfähigkeit zugehöriger Praktiken bestimmt ist.

Ein abschließendes Wort noch zur Stellung der Wissenschaften als Expertenkulturen und zum Status wissenschaftlichen Wissens generell: Wissenschaftliches Wissen gilt häufig noch als „gerechtfertigte wahre Meinung" (man vgl. etwa Abschnitt 1 dieses Beitrags). Es sind insbesondere die deklarativen Stipulations- und Rechtfertigungstechniken und ihre Traditionen (Brandom 2000, Jäger 2002), die seit der Antike in Rhetorik und Philosophie ununterbrochen zum auch praxisnormierenden Thema gemacht wurden. Logik ist ihrem Ursprung nach ein Kind der Rhetorik, und Logik ist nicht zuletzt etwas, was als ‚logisch' gestaltete Rede und propositionale Organisation ‚einleuchtet', was ‚evident' ist. Was aber ist ‚Evidenz'? Evident ist das Vertraute, das unhinterfragt Präsupponierte, das – auch mental – Habituierte; es ist die Sicherheit, Berechenbarkeit und Orientierung ermöglichende viable Praxis als Fundament einer Kultur. Wir wissen heute, vor allem aus kulturvergleichenden Studien, dass so genanntes ‚logisches' Denken, das heißt, letztlich ein Denken, das an den (sprachbezogenen) aristotelischen Syllogismen oder an ihren algebraischen Nachfahren gemessen wird, ein vor allem durch Schriftsprache möglich gewordenes Manipulieren von Symbolen ist, ein ‚Sprachspiel', das seine ihm letztlich eigene, medial-spezifisch und damit diskursiv-selbstreferentiell gestiftete Relevanz und Legitimität besitzt (dazu etwa Ong 1987, Wassmann 1993, Kohl 2000). Dabei greift ‚Logik' prälogische Regularien der menschlich-kognitiven Prinzipien auf und expliziert diese in stipulierten bzw. normierten Regeln der Symbolmanipulation. Letztere sind aber letztlich deshalb erfolgreich, weil sie gerade ein prälogisches Moment der evolutionär bestimmten kognitiven-operationalen Passung auf die ökologische Nische des Menschen halbwegs erfolgreich modellieren –, bzw., symbolisch superformatieren (vgl. etwa Foley 1997, Barsalou 2003, 2008, Tomasello 2006, Johnson 2007, Clark 2008). Wissen hat definitiv kein logisch oder mathematisch gesichertes Fundament. Wissen hat ein praktisches Fundament. Herstellung, kollektive Aushandlung und Sicherung von ‚Erkenntnis', von ‚Faktizität', von ‚Wahrheit' und deren Instrumentalisierung ist funktional in komplexen diskursiven Prozessen der symbolgetragenen Selbstorganisation und Selbstregulation sozialer Kollektive, in denen es für Individuen (oder Gruppen von solchen) letztlich um den Zugriff, die kompetitive Aushandlung und die Verteilung von Ressourcen sowie um die Erlangung und Kontrolle von identitäts-, macht- und statusstiftenden wie -sichernden sozialen Privilegien und Technologien geht. Dies geschieht nicht zuletzt unter Berufung auf transzendente Werte und handlungsleitende Grundsätze, die in proklamierten Diskurstraditionen situiert, in symbolischen Formeln stereotypisiert und (quasi)sakralisiert ohne streng sanktionierte Tabuverletzungen keiner Hinterfragung fähig sind (vgl. z. B. Feyerabend 1973, Kuhn 1978, Fleck 1980, Knorr-Cetina 1984, 1999). Literalisierte Kulturtraditionen, als komplexe ‚diskursive' Traditionen, sind in dieser Hinsicht besonders ausdifferenziert (vgl. Foucault 1973, Assmann 1992, Jäger 2002). „Semantische Kämpfe" und „Wettbewerb" um Erklärungshoheit und Gegenstandsspezifikation sowie die damit verknüpften sozialen Privilegien sind alltäglich im Bereich der Wissenschaften (vgl. etwa Felder 2006, 2013). So sollte bewusst bleiben, dass die Ausdrücke *Wissen* und *Wahrheit* diskursgebundene deklarative Rahmen identifizieren, die, in einschlägigen kulturellen Traditionen und Diskursen funktional, selbst wieder kulturspezifische symbolisch-verbale Modellierungen sind.

6 Literatur

Assmann, Jan (1992): Das kulturelle Gedächtnis. München.
Bargatzki, Thomas (1997): Ethnologie. Hamburg.
Barsalou, Lawrence (1992): Frames, concepts, and conceptual fields. In: Eva Kittay/Adrienne Lehrer (Hg.): Frames, Fields, and Contrasts: New Essays in Semantic and Lexical Organization. Hillsdale, NJ, 21–74.
Barsalou, Lawrence (1999a): Perceptual symbol systems. Behavioral and Brain Science 22, 105–167.
Barsalou, Lawrence (1999b): Language comprehension: Archival memory or preparation for situated action? Discourse Processes 28, 61–80.
Barsalou, Lawrence (2003): Social embodiment. In: Brian H. Ross (Hg.): The Psychology of Learning and Motivation. New York, 43–92.
Barsalou, Lawrence (2008): Grounded cognition. Annual Revue of Psychology 56, 617–645.
Brandom, Robert (2000): Articulating Reasons. Cambridge, Mass.
Bruner, Jerome (1987): Wie das Kind sprechen lernt. Bern.
Buccino, Giovanni u. a. (2005): Listening to action-related sentences modulates the activity of the motor system: A combined TMS and behavioral study. Cognitive Brain Research 24, 355–363.
Bourdieu, Pierre (1976): Entwurf einer Theorie der Praxis auf der ethnologischen Grundlage der kabylischen Gesellschaft. Frankfurt a. M.
Chao, Linda L./Alex Martin (2000): Representation of manipulable man-made objects in the dorsal stream. Neuroimage 12, 478–484.
Clark, Andy (2008): Supersizing the Mind. Embodiment, Action, and Cognitive Extension. Oxford.
Deacon, Terrence (1997): The Symbolic Species. London.
Dudenredaktion (Hg.) (2001): DUW (Duden Deutsches Universalwörterbuch). 4. Auflage. Mannheim.
Duden online (2013): Zit. nach: http://www.duden.de/woerterbuch. (Abruf: 24.06.2013).
Felder, Ekkehard (Hg.) (2006): Semantische Kämpfe. Macht und Sprache in den Wissenschaften. Berlin.
Felder, Ekkehard (2009): Sprachliche Formate des Wissens. Ein Überblick über die Relevanz sprachlicher Prägungen in Wissensdomänen unter varietätenspezifischen Gesichtspunkten. In: Ekkehard Felder/Marcus Müller (Hg.): Wissen durch Sprache. Berlin, 20–77.
Felder, Ekkehard (Hg.) (2013): Faktizitätsherstellung in Diskursen. Die Macht des Deklarativen. Berlin.
Feyerabend, Paul (1970): Consolations for the specialist. In: Lakatos/Musgrave, 197–230.

Feyerabend, Paul (1973): Wider den Methodenzwang. Frankfurt a. M.
Feyerabend, Paul (1980): Erkenntnis für freie Menschen. Frankfurt a. M.
Fleck, Ludwik (1980): Entstehung und Entwicklung einer wissenschaftlichen Tatsache. Einführung in die Lehre vom Denkstil und Denkkollektiv. Frankfurt a. M.
Fonagy, Peter u. a. (2011): Affektregulierung, Mentalisierung und die Entwicklung des Selbst. Stuttgart.
Foley, William (1997): Anthropological Linguistics. Oxford.
Foucault, Michel (1973): Archäologie des Wissens. Frankfurt a. M.
Givón, Talmy (2005): Contexts as Other Minds. The Pragmatics of Sociality, Cognition, and Communication. Amsterdam.
Givón, Talmy (2009): The Genesis of Syntactic Complexity. Amsterdam.
Jäger, Ludwig (2002): Transkriptivität. Zur medialen Logik der kulturellen Semantik. In: Ludwig Jäger/Georg Stanitzek (Hg.): Transkribieren: Medien – Lektüre. München, 19–41.
Jäger, Siegfried (2006): Diskurs und Wissen. Theoretische und methodische Aspekte einer Kritischen Diskurs- und Dispositivanalyse. In: Reiner Keller/Andreas Hirseland/Werner Schneider (Hg.): Handbuch Sozialwissenschaftliche Diskursanalayse. Band 1: Theorien und Methoden. 2., aktualisierte Auflage. Wiesbaden, 83–114.
Johnson, Mark (1987): The Body in the Mind. Chicago.
Johnson, Mark (2007): The Meaning of the Body. Chicago.
Karmiloff-Smith, Anette (1992): Beyond Modularity. A Developmental Perspective on Cognitive Science. Cambridge, MA.
Klann-Delius, Gisela (2008): Spracherwerb. Stuttgart.
Kluge (2002) = Friedrich Kluge – Etymologisches Wörterbuch der deutschen Sprache. 24. Auflage. Berlin.
Knorr-Cetina, Karin (1984): Die Fabrikation von Erkenntnis. Frankfurt a. M.
Knorr-Cetina, Karin (1999): Epistemic Cultures: How the Sciences Make Knowledge. Cambridge, MA.
Kohl, Karl-Heinz (2000): Ethnologie – die Wissenschaft vom kulturell Fremden. München.
Konerding, Klaus-Peter (1993): Frames und lexikalisches Bedeutungswissen. Tübingen.
Konerding, Klaus-Peter (1996): Grundlagen einer linguistischen Schematheorie und ihr Einsatz in der Semantik. In: Inge Pohl (Hg.): Methodologische Aspekte der Semantikforschung. Frankfurt, 57–84.
Konerding, Klaus-Peter (2002): Semantische Kommentare im produktionsorientierten Wörterbuch. In: Kennosuke Ezawa u. a. (Hg.): Linguistik jenseits des Strukturalismus. Tübingen, 293–319.
Konerding, Klaus-Peter (2005): Themen, Diskurse und soziale Topik. In: Claudia Fraas/Michael Klemm (Hg.): Mediendiskurse. Frankfurt a. M., 9–38.
Konerding, Klaus-Peter (2006): Schichten, Grenzen, Gradationen. Plädoyer für eine performativ bestimmte Mehr-Ebenen-Semantik von Nominalen. In: Kristel Proost/Edeltraud Winkler (Hg.): Von Intentionalität zur Bedeutung konventionalisierter Zeichen. Tübingen, 65–102.
Konerding, Klaus-Peter (2008): Diskurse, Topik, Deutungsmuster. Zur Komplementarität, Konvergenz und Explikation sprach-, kultur- und sozialwissenschaftlicher Zugänge zur Diskursanalyse auf der Grundlage kollektiven Wissens. In: Ingo Warnke/Jürgen Spitzmüller (Hg.): Methoden der Diskurslinguistik. Berlin, 117–150.
Konerding, Klaus-Peter (2010): Symbolische Formen. Macht und Grenzen menschlichen Wissens. In: Thomas Fuchs/Grit Schwarzkopf (Hg.): Verantwortlichkeit – nur eine Illusion? Heidelberg, 61–104.
Kövecses, Zoltan (2006): Language, Mind, and Culture. Oxford.
Kuhn, Thomas S. (1978): Die Struktur wissenschaftlicher Revolutionen. Frankfurt a. M.
Lakatos, Imre/Alan Musgrave (Hg.) (1970): Criticism and the Growth of Knowledge. Cambridge.
Lyotard, Jean-Francois (1999): Das postmoderne Wissen. Wien.

Mandler, Jean (1992): How to build a baby II: Conceptual primitives. Psychological Review 99, 567–604.
Mandler, Jean (2004): The Foundations of Mind: Origins of Conceptual Thought. Oxford.
Ong, Walter (1988): Orality and Literacy. The Technologizing of the Word. London.
Paprotté, Wolf (1985): Linguistische Aspekte der Begriffsentwicklung. In: Wolfgang Wannenmacher/Thomas Seiler (Hg.): Begriffs- und Wortbedeutungsentwicklung. Berlin, 175–201.
Polanyi, Michael (1962): Personal Knowledge. Towards a Post-Critical Philosophy. Chicago.
Polanyi, Michael (1966): The Tacit Dimension. Gloucester, MA.
Pulvermüller, Friedemann (2005): Brain mechanisms linking language and action. In: Nature Reviews Neuroscience 6, 576–82.
Pulvermüller, Friedemann u. a. (2005): Functional interaction of language and action: a TMS study. In: European Journal of Neuroscience 21, 793–797.
Rorty, Richard (1981): Der Spiegel der Natur. Eine Kritik der Philosophie. Frankfurt a. M.
Sebanz, Natalie/Harold Bekkering/Günther Knoblich (2006): Joint action: bodies and minds moving together. In: Trends in Cognitive Science 10, 70–76.
Slobin, Dan I. (1987): Thinking for Speaking. Proceedings of the Thirteenth Annual Meeting of the Berkeley Linguistics Society. Berkeley, 435–445.
Stanford Encyclopedia of Philosophy (2012): „Knowledge How". Zit. nach: http://plato.stanford.edu/entries/knowledge-how/. (Abruf: 24.06.2013).
Tomasello, Michael (2003): Constructing a Language. A Usage-Based Theory of Language Acquisition. Cambridge, MA.
Tomasello, Michael (2006): Die kulturelle Evolution menschlichen Denkens. Frankfurt a. M.
Tomasello, Michael (2008): Origins of Human Communication. Cambridge, MA.
Uexküll, Thure von (Hg.) (1981): Lehrbuch der Psychosomatischen Medizin. München.
Wassmann, Jürg (1993): Das Ideal des leicht gebeugten Menschen. Eine ethno-kognitive Analyse der Yupno in Papua New Guinea. Berlin.
Wichter, Sigurd (1994): Experten- und Laienwortschätze. Tübingen.
Winograd, Terry/Fernando Flores (1987): Understanding Computers and Cognition. A New Foundation for Design. Reading, MA.
Wörterbuch der philosophischen Begriffe (1999). Armin Regenbogen/Uwe Meyer (Hg.). Hamburg.

Helmuth Feilke
4. Sprachsystem und Sprachgebrauch

Abstract: Die Unterscheidung von Sprachsystem und Sprachgebrauch ist eines der wichtigen methodologischen Schemata, die die Sprachwissenschaft nutzt, um über ihren Gegenstand nachzudenken. Obwohl beide Begriffe, gerade wenn sie im Zusammenhang gebraucht werden, für ihr Verständnis selbst schon ein theoretisches Vorwissen voraussetzen, bilden sie einen Ausgangspunkt für den Diskurs der Sprachwissenschaft, ein Spannungsfeld, in dem widerstreitende Beobachtungen und divergierende sprachwissenschaftliche Theorien artikuliert und in Beziehung zueinander gesetzt werden können. Der Beitrag stellt im ersten Teil unterschiedliche Positionen zum Verhältnis von System und Gebrauch vor. Es gibt Argumente sowohl für eine auf Autonomie und ein modulares Verhältnis der Bereiche setzende Konzeption als auch für ein stark interdependentes Verhältnis. Die Antworten hängen von den gestellten Fragen und vom Beobachtungsbereich ab. Im zweiten Teil stellt der Beitrag an ausgewählten Beispielen Aspekte des Sprachsystems vor und erläutert die Leitkonzepte der Systemsicht sowie ihre Grenzen: System, Wert, Struktur, Ebene, Kompositionalität. Der dritte Teil verfährt analog für den Gebrauch. Er zeigt, wie aus dem Kernkonzept der Semiose und der Weiterführung einer systemischen Sicht, die auch die Frage der Entstehung des Systems bedenkt, gebrauchsorientierte Sprachkonzeptionen erwachsen, die in einem umfassenden Pragmatikbegriff die Systematizität der Sprache einerseits und ihre durch und für den Gebrauch bestimmten Ordnungen andererseits zusammenführen.

1 *System* und *Gebrauch* im Diskurs der Sprachwissenschaft
2 Aspekte des Sprachsystems
3 Aspekte des Sprachgebrauchs
4 Literatur

1 *System* und *Gebrauch* im Diskurs der Sprachwissenschaft

Im Kern geht es bei der Unterscheidung von System und Gebrauch um zwei miteinander verbundene Fragen:
– Erstens: Welche Basis-Ordnungen gibt es im Bereich der Sprache bzw. des sprachlichen Wissens?
– Zweitens: Wie sieht das Verhältnis zwischen diesen Ordnungen aus?

Dieses Kapitel wirft zunächst einen Blick auf den Gebrauch der Unterscheidung in linguistischen Einführungen; wie wird diese Basisdifferenz für Novizen im Fach dargestellt? Danach geht der Beitrag auf die Fragen der Autonomie und der Interdependenz von System und Gebrauch ein und stellt abschließend verschiedene Perspektiven auf die kausalen Beziehungen von System und Gebrauch vor.

1.1 *System* und *Gebrauch* als „linguistisches Gemeingut"

Die Unterscheidung von Sprachsystem und Sprachgebrauch spielt in Einführungen in die Sprachwissenschaft eine zentrale Rolle. Ein Blick darauf ist instruktiv. Das Vorgehen ist auf den ersten Blick sehr unterschiedlich. Der in der Reihe *Uni-Wissen* des Klettverlags von Anke Lüdeling verfasste *Grundkurs Sprachwissenschaft* (2009) reklamiert einleitend „im Wesentlichen deskriptiv bleiben" (ebd. 8) zu wollen. Wichtig sei, „dass man sprachliche Phänomene erst genau beschreiben kann, bevor man sie in einem theoretischen Rahmen diskutiert" (Lüdeling 2009, 8). Was die zu beschreibenden sprachlichen Phänomene, um die es gehen soll, sind, wird drei Seiten später verdeutlicht: „Dieses Buch blendet viele Aspekte der Sprache zunächst einmal aus, und begreift Sprache als System, in dem auf unterschiedlichen Ebenen kleine Einheiten zu größeren zusammengefasst werden" (ebd. 11). Sprache erscheint hier als ein direkt beobachtbarer und beschreibbarer, auf verschiedenen Ebenen systemisch strukturierter ‚Gegenstand'. In der Geschichte des Strukturalismus ist diese Sprachauffassung auch ironisch als „God's truth"-Position apostrophiert worden (vgl. Albrecht 1988, 104 f.). Die Sprache *hat* danach eine bestimmte Struktur, die es zu beschreiben gilt. Das entspricht der „realistischen" Sicht Platons im sogenannten Universalien-Streit.

Auf den ersten Blick ganz anders, nämlich explizit theoriegeleitet, ist das Vorgehen im bekannten *Studienbuch Linguistik* von Linke/Nussbauer/Portmann (2004). Hier wird schon zu Beginn der Einleitung verdeutlicht, dass es nicht um bloße Beschreibung, sondern um ein Schema der Sprachreflexion geht. Es wird darauf verwiesen, dass die Sprachwissenschaft sich durch eine disziplinär besondere, nämlich auf die Sprache selbst gerichtete „Betrachtung" von anderen Sprachfächern wie der Theologie, Philosophie, Rechtswissenschaft unterscheide. Zudem wird betont, dass auch in der Sprachwissenschaft selbst „verschiedene, mehr oder weniger weitreichende, mehr oder weniger stringente Entwürfe miteinander konkurrieren [...] teilweise auch in den Herzen der Linguistinnen und Linguisten selber" (ebd. 7). Gemeinsames Fundament sei dabei die Semiotik, die aber die Basis für zwei komplementäre „Betrachtungsweisen" bilde: die „Systemlinguistische Betrachtungsweise von Sprache" (Grammatik i. w. S.) und die „Handlungsbezogene Betrachtungsweise von Sprache (Pragmatik)" (ebd. 7). Hier ist Sprache nicht einfach als Phänomen beschreibbar, sondern jede Beschreibung ist abhängig von der Betrachtungsweise. Das entspricht der bekannten erkenntnistheoretischen Auffassung de Saussures, es sei erst „der Gesichtspunkt, der das Objekt erschafft" (de Saussure 1967, 9). Bezogen auf die oben angesprochene Parallele zum Universalienstreit wäre dies ein Beispiel für die gleichfalls ironisch so genannte „Hokus-Pokus-Linguistik", also für eine „nominalistische" Position, nach der die Sprache lediglich unter bestimmten *Aspekten* als strukturiert *aufgefasst* wird (vgl. Albrecht 1988, 104 f.).

Am Beispiel der beiden Einführungen wird eine der Grundfragen zum Verhältnis von Sprachsystem und Sprachgebrauch im Diskurs der Sprachwissenschaft deutlich: Handelt es sich dabei um je exklusive Deskriptionsbereiche linguistischer Analyse, die gewissermaßen linguistisch phänomenal zu erfassen und voneinander abzugrenzen sind, oder handelt es sich um theoretische Leitmetaphern, die für Betrachtungsweisen und ihnen zugeordnete Fragestellungen und Methoden der Untersuchung von Sprache insgesamt stehen?

Beim genaueren Blick in die Zürcher Einführung ebenso wie beim Vergleich weiterer Einführungen (z. B. Bergmann/Pauly/Schlaefer 1991, Meibauer u. a. 2002) zeigt sich durchgängig dasselbe Bild: Das Sprachsystem wird als der primär zu beschreibende Gegenstand der Linguistik vorgestellt, dessen Beschreibung durch die Angabe von Regeln des Gebrauchs zu ergänzen ist. In den Worten der Zürcher Einführung: „Wir sind davon ausgegangen, dass die pragmatische Betrachtungsweise eine autonome, eine zusätzliche Betrachtungsweise von Sprache ist, die zur systemlinguistischen hinzutritt" (Linke u. a. 2004, 206). Diese Perspektive auf System und Gebrauch als ein Verhältnis von Fundamentum und Additum, das jedoch zugleich durch eine Autonomie der Bereiche gekennzeichnet ist, spiegelt sich entsprechend auch in den Gliederungen aller Einführungen. Es handelt sich um einen „common ground" des Fachs, wie ihn Einführungen selbstverständlich zu repräsentieren haben. Entsprechend resümieren Meibauer u. a. (2002, 12):

> Dieser Zweiteilung [von Sprachsystem und Sprachverwendung, H. F.] entspricht grob die klassische Unterscheidung zwischen 'langue' und 'parole' bei Saussure und die Unterscheidung zwischen Kompetenz und Performanz bei Chomsky [...]. Man kann sich leicht vorstellen, dass die Abgrenzung zwischen den einzelnen Gebieten nicht ganz einfach ist und immer wieder Gelegenheit zu theoretischen und empirischen Auseinandersetzungen gibt, aber insgesamt hat sie sich als sinnvoll erwiesen und kann als linguistisches Gemeingut gelten.

Was eine Einführung als Gemeingut bekanntmachen und voraussetzen muss, ist in einem linguistischen Handbuch – gewissermaßen am anderen Ende der Skala wissenschaftlicher Publizistik – genauer zu befragen. Denn z. B. auch *Laut* und *Buchstabe*, *Wort* und *Satz*, *Lexikon* und *Grammatik* sind einerseits linguistisches Gemeingut, andererseits aber resultiert der disziplinäre Fortschritt gerade im Wandel dieser Begriffe und der sie jeweils bestimmenden Theorien. Nicht anders verhält es sich bei *System* und *Gebrauch*. Im Folgenden sollen deshalb unterschiedliche Fassungen dieses Verhältnisses im Diskurs der Sprachwissenschaft – jeweils unter Bezug auf einschlägige sprachliche Beispiele – vorgestellt werden. Die Leitfragen sind dabei: Welche Beobachtungen und Phänomene werden unter dem Systemaspekt, welche unter dem Gebrauchsaspekt gefasst? Und wie verhalten sich System und Gebrauch zueinander?

1.2 *System* und *Gebrauch* – autonom und modular

Mit den Ausdrücken „Sprachsystem" und „Sprachgebrauch" wird auf prima facie gänzlich verschiedene und je autonome Ordnungstypen referiert: zum Beispiel *Phonologie, Grammatik* und *Lexik* einerseits, *Sprechakte, Implikaturen* und *Textsorten* andererseits. Erstere haben etwas mit der Struktur der Sprache zu tun, während letztere die Kontextbezüge und Regularitäten im Bereich des Handelns und seiner Formen betreffen. Dass Sprachen in vielen Bereichen hochgradig handlungsfern strukturiert sind, wird exemplarisch an phonologischen Strukturen deutlich. Hierzu zählt etwa die systembildende Unterscheidung stimmhafter, stimmloser und frikativer Konsonanten, wie sie das in Grafik 1, aus der Phonologie Trubetzkojs entlehnte Beispiel illustriert (vgl. Albrecht 1988, 118), das hier mit eigenen Sprachbeispielen ergänzt ist:

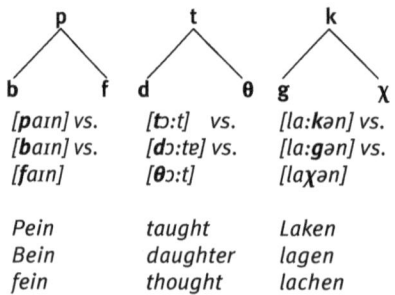

[paɪn] vs.   *[bɔ:t]* vs.   *[la:kən]* vs.
[baɪn] vs.   *[dɔ:te]* vs.   *[la:gən]* vs.
[faɪn]   *[θɔ:t]*   *[laχən]*

Pein   taught   Laken
Bein   daughter   lagen
fein   thought   lachen

Abb. 1: Konsonantengebilde nach Trubetzkoj (vgl. Albrecht 1988, 118)

Die Konsonanten gehen nicht einfach als substantielle phonische Äußerungskomponenten, die aneinandergereiht werden, in die Sprachproduktion ein. Innerhalb des phonologischen Paradigmas der Konsonanten bilden vielmehr bestimmte Gruppen am selben Artikulationsort (labial, alveolar, velar) jeweils noch einmal in sich geschlossene, übersummative Teilsysteme, die die mögliche Unterscheidungsleistung bestimmen. Die hier beobachtbare innere Systematik der sprachlichen Verhältnisse ist in keiner Weise durch irgendwelche spezifischen Handlungsfunktionen motiviert oder gar determiniert; es ist eine Struktur *eigener Art*. Solche Verhältnisse finden sich ebenso in der Morphologie und in der Syntax.

Die beobachtbare Autonomie der internen Struktur phonologischer Systeme gilt aber umgekehrt auch für den phonologischen Gebrauch. Die *phonologische* Bedeutungsunterscheidung ist *im Normalfall* für die Produktion wie für das Verstehen im Gebrauch irrelevant. Für die Seite der Produktion gilt: Sprecher produzieren beim Sprechen nicht Folgen von Phonemen, sondern sie artikulieren phonetisch suprasegmentale, stark koartikulative, prosodisch-silbisch bestimmte Einheiten. Und für die Seite des Verstehens im Gebrauch reicht es, die bedeutung*tragenden* Einheiten erkennen und unterscheiden zu können. So ist z. B. für die Interpretation der Äußerung „Alle Menschen werden Brüder/prüder" [aləmɛnʃənveɐdənpʀyːdɐ] die Opposition von stimmhaft/stimmlos bei /b/:/p/ im Normalfall pragmatisch irrelevant. Das Verstehen sprachlicher Äußerungen orientiert sich relativ problemlos am kontextuellen Rahmen – etwa einem Vortrag über die Französische Revolution (-> Brüderlichkeit, -> Brüder) oder einer Diskussion über Sexualnormen (-> prüde, prüder) – und an den in diesem thematischen Rahmen als sinnvoll unterstellbaren bedeutungstragenden und damit gleichermaßen natürlich auch bedeutungsunterscheidenden Einheiten. Pragmatisch ist das Verstehen deshalb kaum auf die *kleinsten* bedeutungsunterscheidenden sprachlichen Einheiten angewiesen.

Phonologische Bedeutungsunterscheidungen sind also *strukturelle Grenzwerte* des Verstehens (vgl. Knobloch 1994, 168 f.), auf die der Gebrauch allenfalls in pragmatisch seltenen oder eben in künstlichen Grenzsituationen – z. B. beim Sprachspiel – einmal zurückgreift. Der Gedanke der Autonomie der Gebrauchsfaktoren lässt sich noch weiter zuspitzen: Für den Gebrauch sind es oft gerade die *nichtsystemischen* sprachlichen Unterschiede, die pragmatisch hochgradig relevant sein können. So differenzieren etwa die Allophone des Phonems /r/ im Deutschen die dialektale Zuordnung von Sprechern und Sprechergruppen und indizieren damit soziale Zugehörigkeiten und Identitäten. Unterschiede der *Lautstärke, Intonation, Sprechgeschwindigkeit, Sprechpausen* und *Akzent* kennzeichnen phonetisch das paraverbale Handeln, und sie können pragmatisch als Kontextualisierungshinweise und Illokutionsindikatoren für das Signalisieren der Handlungsintention von hoher Relevanz sein. Aber sie sind eben gerade nicht vom Sprachsystem her, sondern vom Sprachgebrauch her regularisiert. So ließe sich anhand des Beispiels der Phonologie resümieren: Das System ist keine Funktion des Gebrauchs, aber auch der Gebrauch ist keine Funktion des Systems. Beide weisen Strukturen *sui generis* auf und sind in diesem Sinn autonom. Dafür ist in der neueren Sprachtheorie der Begriff der Modularität geprägt worden. Module sind autonome, jeweils für sich strukturierte Teilkomponenten der Kompetenz, die aber untereinander durchaus in einer hierarchischen Beziehung stehen können.

Auch wenn die Autonomie-Annahme, die für eine Art Zwei-Reiche-Lehre des Verhältnisses von System und Gebrauch spricht, durch eine große Zahl von sprachlichen Fakten und Beobachtungen gestützt werden kann, greift sie für sich genommen zu kurz. Denn der Gebrauch ist nicht ohne die Existenz eines phonologischen Systems denkbar: Der soziolinguistische Distinktionswert von Allophonen und suprasegmentalen phonetischen Signalen ergibt sich nur im Spielraum der nicht systemisch belegten Komponenten. Und auch die scheinbare pragmatische Irrelevanz phonologischer Unterscheidungen im Gebrauch setzt nichtsdestoweniger voraus, dass ein entsprechender semiotischer Apparat überhaupt existiert.

Eine Analogie: Die biochemische Struktur von Eiern ist autonom gegenüber den verschiedenen Möglichkeiten der Nutzung von Eiern, d. h., sie wird nicht dadurch bestimmt. Das gleiche gilt auch umgekehrt: Wie Eier sozial oder ökonomisch genutzt werden, ist nicht durch ihre Biochemie determiniert. Gleichwohl gilt: Auch wenn die Molekülstruktur von Eiweißen oder der Nährstoffgehalt von Eiern z. B. für die Tradition des Ostereierwerfens und ihre Regeln belanglos sein mag; ohne gekochte Eier, zu denen als strukturelles Merkmal ihre Festigkeit ebenso gehört wie die Möglichkeit, beim Aufprall zu zerspringen, wäre das Spiel – selbst wenn es autonom und nach eigenen Regeln modular funktioniert – nicht denkbar. *In dieser Perspektive* ist zu konstatieren: Trotz der faktischen Autonomie von System und Gebrauch besteht ein Bedingungsverhältnis, durchaus in dem Sinn, wie es auch die Einführungen in die Linguistik formulieren: Das System determiniert den Gebrauch nicht, aber der Gebrauch setzt ein geordnetes Zeichensystem voraus. In der Geschichte der Sprachwissenschaft ist nicht zuletzt aus diesem Grund der Phonologie eine theoretisch exemplarische Rolle zugewachsen. Die strukturalistische Sprachwissenschaft hat die Sprache nach dem Modell der Phonologie konzipiert und von diesem Beispiel her ihr Bild des Verhältnisses von System und Gebrauch konzipiert. Die Vorstellung einer gleichermaßen modularen wie hierarchischen Beziehung von System und Gebrauch gehört auch zum Kernbestand der sprachtheoretischen Annahmen der generativen Grammatik (z. B. Bierwisch 1987).

1.3 *System* und *Gebrauch* – interdependent

Damit ist aber die Debatte keineswegs zu Ende. Zur Diskussion über System und Gebrauch gehört ebenso die Einsicht, dass die Sprache nicht einfach nach dem modularen Modell der Phonologie oder der generativen Grammatik funktioniert, sondern sich je nach betrachtetem Strukturbereich und gewähltem Gesichtspunkt, das Verhältnis von Gebrauchsfaktoren und innerer Struktur der Sprache anders darstellt. Um dies zu verdeutlichen, wird im Folgenden – komplementär zur Phonologie – ein Beispiel aus der Semantik vorgestellt. Anders als in der Phonologie wird hier die substantielle Interdependenz von Gebrauch und System deutlich. In vielen Fällen ist kaum auseinanderzuhalten, was der einen und der anderen Seite zuzurechnen ist.

Das Lexem „meckern" z. B. kann man unter dem Systemaspekt in ein Paradigma der Sprechaktverben einordnen, in dem es semantisch in Differenz zu anderen, z. B. „tadeln" oder „sich beschweren" zu analysieren und zu beschreiben ist (vgl. z. B. Proost 2007) (vgl. Grafik 2):

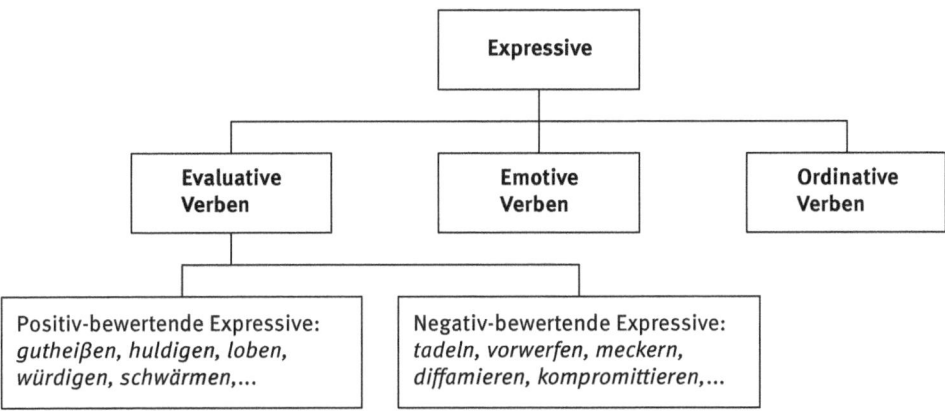

Abb. 2: Strukturen der Expressive (vgl. Proost 2007, 251 f.)

Auf diese Art und Weise kann im Wortfeld die strukturelle Semantik des Verbs erfasst werden, das bei Proost (2007, 251 ff.) als *expressiv-evaluativ*, genauer *negativ-evaluativ* klassifiziert und im Paradigma von *expressiv-emotiven* (z. B. „jubeln") und *expressiv-ordinativen* (z. B. „einschätzen") unterschieden wird. Aber anders als bei dem Phonologiebeispiel kann die Wortsemantik von „meckern" nicht unabhängig von der Angabe der Gebrauchsbedingungen beschrieben werden, zu denen u. a. gehört, dass der Sprecher damit konventionell nur auf Sprachhandlungen *anderer* referieren kann (vgl. Schlieben-Lange u. a. 1979, 76; Proost 2007, 289 ff.). Wer die Semantik solcher Redeverben etwa lexikographisch beschreiben möchte, kann dies nur, *indem* er die Gebrauchsbedingungen der verschiedenen Verben spezifiziert, wie sie Proost im folgenden Zitat erläutert:

> Negativ-bewertende Expressive sind Verben, mit denen die Einstellung eines Sprechers lexikalisiert ist, der P schlecht findet und mit seiner Äußerung bewirken möchte, dass H dies erkennt. Mit negativ-bewertenden Expressiven ist außerdem die Vorannahme des Sprechers lexikalisiert, dass P der Fall ist; negativ-bewertende Expressive sind faktive Verben. Beispiele negativ-bewertender Expressive *sind tadeln, vorwerfen, meckern* und *diffamieren*. (Proost 2007, 279)

Semantisches Wissen und konzeptuelles gebrauchsbasiertes Wissen sind hier kaum sinnvoll zu trennen. Die Verbbedeutung als Komponente des Bedeutungssystems erscheint als eine Funktion des Gebrauchs im Bereich der Lexik (vgl. Ziem 2008, 50 ff.).

Damit ist aber nun keineswegs gesagt, dass die Bedeutung einseitig durch den Gebrauch determiniert sei. Denn auch umgekehrt, das heißt aus der Perspektive des Gebrauchs, ist die Trennung schwierig: Der mit „meckern" bezeichnete pragmatische Handlungszusammenhang hat keine *unabhängig* von der Wortsemantik beschreibbare pragmatische Dignität. Sprechakte sind in ‚Traditionen des Sprechens' verankert, die zugleich auch die semantischen Konzepte zur kognitiven Repräsentation und kommunikativen Thematisierung dieser Akte lexikalisch mit hervorbringen (vgl.

Schlieben-Lange u. a. 1979). Die bezeichnete Handlung ist außerhalb des Systems der sie *semantisch* interpretierenden Verben begrifflich nicht fassbar. Das semantische System entsteht historisch aus dem Gebrauch, aber es wirkt auch auf den Gebrauch zurück und strukturiert ihn.

Ein eindrucksvolles Beispiel dafür ist die in Grafik 3 wiedergegebene Darstellung der historischen Entwicklung von *speech act-* und *mental state-verbs* im Englischen aus Olson (1994).

Germanic		Latinate	
Believe	OE	Assert	1604
Know	OE	Assume	1436
Mean	OE	Claim	ME
Say	OE	Concede	1632
Tell	OE	Conclude	ME
Think	OE	Confirm	ME
Understand	Early ME[b]	Contradict	1570
		Criticize	1649
		Declare	ME
		Define	ME
		Deny	ME
		Discover	ME
		Doubt	ME
		Explain	1513
		Hypothesize	1596(Greek)
		Imply	ME
		Infer	1526
		Interpret	ME
		Observe	Late ME
		Predict	1564
		Prove	ME
		Remember	ME
		Suggest	1526

Abb. 3: Date of first known use of some speech act and mental state verbs in English (Olson 1994, 109; OE = Old English (< 1150), ME = Middle English (1150 – 1350))

Olson kommt es hier vor allem auf den Gebrauchsfaktor der „Medialität" und auf die Rolle der Schriftlichkeit an. Die Darstellung zeigt, wie im Englischen, motiviert durch den Schriftgebrauch, ein Bedeutungssystem zur Bezeichnung und semantischen Strukturierung textbezogen-literaler Sprachhandlungen lexikalisiert wird. Dabei wird das System im Wesentlichen aus der älteren Schriftsprache Latein entlehnt und adaptiert, die die entsprechenden Handlungen (z. B. *definieren, zusammenfassen, kritisieren* etc.) schon kennt. Auch dieses Beispiel zeigt: Es liegen offenkundig stark interdependente Beziehungen zwischen dem einzelsprachlichen semantischen System der Sprechaktverben und dem Gebrauch vor.

Während das zunächst diskutierte Beispiel aus der Phonologie ein Verhältnis von System und Gebrauch im Sinn je autonomer Module der Sprache bzw. der Sprachkompetenz nahelegt, fordern Beispiele wie die beiden zuletzt diskutierten aus der Semantik dazu heraus, gerade den inneren kausalen Zusammenhang und die Interdependenz von Gebrauch und Systembildung in den Blick zu nehmen. Hier sind dann nicht modulare, sondern *holistisch* argumentierende Sprachtheorien gefragt (vgl. Ziem 2008), die gerade die Zusammenhänge von kommunikativer Sinnbildung und sprachlicher Konventionalisierung und Systematisierung von Sinneffekten in semantischen Systemen zum Gegenstand haben.

1.4 Henne oder Ei? – Die Ursachenfrage

Die bisherige Darstellung sollte deutlich machen, dass System und Gebrauch nicht in einer definitiven Beziehung zueinander stehen. Sie sind einerseits *relativ* autonom und sie sind ebenso *relativ* voneinander abhängig und einander determinierend. Das hängt vom Beobachter, dem Beobachtungsbereich und der jeweils gestellten Frage ab. Man kann hier abschließend einige hilfreiche Unterscheidungen mit einem bekannten aristotelischen Begriffsschema formulieren, in dem er vier Ursachentypen unterscheidet: *Stoffursache, Formursache, Zweckursache und Wirkursache*. Wie also verhalten sich im Blick auf die Ursachenfrage Sprachsystem und Sprachgebrauch zueinander?

Das System ist eine semiotische Ressource. Auch wenn etwa Phoneme selbst gerade nicht stofflich definierbar sind, es ist die durch jedes phonologische System strukturierte phonetische Stofflichkeit, die die materielle Substanz des Sprechens bildet. In diesem Sinn ist das System zunächst als Stoffursache (causa materialis) auf jeden Fall eine Bedingung des Zeichenhandelns.

Weniger eindeutig sieht es schon aus bei der Frage nach der Formursache (causa formalis). Was bestimmt die Form sprachlicher Äußerungen? Jedes konkrete Sprechen erfolgt in Übereinstimmung mit grammatischen Wohlgeformtheitsbedingungen eines einzelsprachlichen Systems und ist deshalb als deutsch, französisch usw. überhaupt erkennbar. Das ist die Bedingung der *Grammatikalität*. Dabei ist die vom System her bestimmte grammatische Form unabhängig von der Frage, ob auch etwas verstanden wird:

> *Die venten crapetten pontenten radital*
> *Les crapèts ventieux pontaient raditallement.*
> *The ventious crapets pounted raditally.*
> *etc.*

In diesem Beispiel erkennt man unschwer einen deutschen, französischen und englischen Satz. Die systembedingte Form scheint prioritär gegenüber dem Gebrauch. Die *langue*, so heißt es bei de Saussure, sei „die Norm aller anderen Äußerungen der menschlichen Rede" (de Saussure 1967, 11). Danach kann es zwar in der *parole* vielfältig bedingte Abweichungen geben, aber die Form der Norm, das System also, bildet als causa formalis die Basis der Verständigung.

Der Gesichtspunkt für sich genommen greift jedoch explanativ zu kurz, solange nicht die Ziele des Handelns als Zweckursache (causa finalis) mit einbezogen werden. *Ausdrucksökonomie, Höflichkeit, Aufmerksamkeitslenkung, Vertrautheit* sprachlicher Selektionen und Kombinationen, *Medialität und Grad der Situationsbindung* der Kommunikation u. a. m. sind wichtige Gebrauchsfaktoren, die die Form sprachlicher Äußerungen bestimmen. Hier geht es um die Bedingung der *Akzeptabilität* von Äußerungen. Zweckursachen sind eine Gebrauchsgröße. Originell, verständlich oder auch höflich sein zu wollen, kann in erheblichem Maß Einfluss auf das grammatische System einer Sprache gewinnen und „grammatikalisiert" werden, z. B. indem in die Morphosyntax einer Sprache die Möglichkeit eingebaut wird, größeren oder geringeren Respekt gegenüber dem Angeredeten zum Ausdruck zu bringen (Haase 1994).

Unter dem Aspekt der causa finalis ist eine das Verstehen stützende grammatische Strukturiertheit zwar eine notwendige, aber keine hinreichende Bedingung für die Akzeptabilität von Äußerungen. Denn grammatisch wohlgeformte Sätze können unverständlich sein, und auch umgekehrt können ungrammatische Äußerungen verständlich sein, solange sie einem Usus des Sprechens formal entsprechen und pragmatisch angemessen sind. Die Form des Handelns ist nicht vom Sprachsystem i. S. einer Formursache *determiniert*. Das zeigt auch der schon in den 1950er Jahren entwickelte Normbegriff Coserius (1988), der auch solche Gebrauchsformen umfasst, die nicht den systemgrammatischen Regularitäten entsprechen, aber gleichwohl im Gebrauch stabil sind. Pragmatisch entscheiden die vom Handlungszweck her zu bestimmenden Gebrauchskriterien über die Frage, ob eine Äußerung tauglich und der Sprecher kompetent ist.

Ein Beispiel: Die folgenden Äußerungen sind als Sätze grammatisch nicht wohlgeformt; sie sind nicht systemgemäß:

Klaus-Dieter und Professor werden?
Ich und Bratwurst essen?
Madelaine und tanzen?

Gleichwohl zeigen diese Sätze alle dieselbe grammatische Struktur, die pragmatisch einem bestimmten Handlungsschema zugeordnet ist. Solche Beispiele aus dem Kontext der konstruktionsgrammatischen Forschung – sie spricht hier von „incredulty-response-constructions" – zeigen, dass es grammatische Formen auch außerhalb systembestimmter Wohlgeformtheitsgrenzen gibt (vgl. Lambrecht 1990, Feilke 2007).

Das wirft die Frage nach der Wirkursache (causa efficiens) auf. Damit ist man bei einer wissenschaftstheoretischen Grundfrage. Das ist die Frage, ob die Beschaffenheit von Zeichen auf vom Explanandum unabhängige Wirkursachen – etwa eine universale Sprachfähigkeit – kausal rückführbar und in diesem Sinn erklärbar und prognostizierbar ist.

Ich denke, dass dies weder für sprachsystemische noch für sprachpragmatische Sachverhalte möglich ist. Sprache existiert phänotypisch in Zeichengestalten, die Ergebnis historisch-sozialer und individueller Gestaltungsprozesse sind. Während im Bereich der Natur der Phänotyp uninteressant für die Erklärung des Funktionierens ist, ist der Phänotyp von Zeichen, d. h. die Zeichengestalt, zentral für die Erklärung von Bedeutungsorganisation und gelingender Verständigung. Das ist der Grund für Hermann Pauls Diktum „Erst wo Sprechen und Verstehen auf Reproduktion beruht, ist Sprache da" (Paul 1995/1880, 187). Die Frage, ob es eine definitive sprachliche Formanlage im Sinn eines universalgrammatischen Systems gibt und was genau sie gegebenenfalls umfasst, ist offen und ungeklärt. Klar ist aber, dass sie sich nicht im Sinn einer Genexpression kausal auf die phänotypische Sprache auswirkt. Der Spracherwerb ist vielmehr wesentlich als Aneignung einer gebrauchten Sprache und sprachlicher Gebräuche (Keller 1990) zu verstehen. Sprache ist – als Zeichen – historisch bestimmt, d. h. durch einen bisherigen Gebrauch geprägt und auf diesen bezogen. Wenn man eine Wirkursache für die geäußerte Sprache im Sinn der aristotelischen causa efficiens annehmen möchte, dann kommt dafür in erster Linie der Sprecher in Frage, der sich beim Sprechen mit Blick auf seine Handlungsziele an einem bisherigen Sprachgebrauch orientiert und *auf diese Weise* zum Ausdruck bringt, was er sagen möchte. Die Zeichenhaftigkeit und die Form sprachlicher Zeichen als Explanandum sind in dieser Sicht Ergebnis originärer semiotischer Prozesse und damit nicht auf gebrauchsunabhängige Wirkursachen kausal rückführbar.

2 Aspekte des Sprachsystems

Im Verlauf dieses Kapitels sollen einige Basiskonzepte der Rede vom Sprachsystem in der Sprachwissenschaft im Zusammenhang vorgestellt werden. Da es sich um einen Handbuchartikel handelt, wird die Begriffserläuterung eher knapp gehalten und ein Akzent auf die Vorstellung der Diskussion der Konzepte gelegt. Elementare Konzepte einer systemlinguistischen Betrachtungsweise sprachlicher Zeichen sind:

- *Wert und Opposition inklusive Paradigma oder Klasse,*
- *Synchronie,*
- *Struktur,*
- *duale oder mehrfache Codierung,*
- *Ebene.*

Mit diesen Elementar-Konzepten verbinden sich in der Sprachwissenschaft seit Beginn der Diskussion dazu theoretisch ebenso elementare Kontroversen. Einschlägige Spannungspunkte sind:

- *Arbitrarität vs. Motiviertheit sprachlicher Zeichen,*
- *Konventionalität vs. Natürlichkeit der Zeichenstrukturen,*
- *leere Formen vs. Substanzbindung der Zeichen,*
- *Synchronie vs. Historizität der Zeichenkonstitution,*
- *Kompositionalität vs. Geprägtheit sprachlicher Zeichen,*
- *poly- vs. monostratale Sprachauffassungen.*

Die Aspekte werden im Folgenden in einer Auswahl behandelt.

Wert und Opposition: Die Sprache, so lautet das Saussure zugeschriebene Diktum, sei ein System „oú tout se tient", das heißt eine Ordnung, die nicht durch die Addition einzelner Elemente entsteht, sondern übersummativ als relationales Gefüge von Oppositionen und Differenzen zu beschreiben ist. Ein Bild davon vermittelt die folgende Darstellung zur akustischen Phonetik der deutschen Vokale nach Pompino-Marschall (Fuhrhop/Peters 2013, 23). Nicht nur artikulatorisch, auch akustisch zeigt sich ein Bild von Differenzen, das dem phonetischen Vokalviereck sehr nahe kommt. Dabei aber wird strukturalistisch das Oppositionsverhältnis zwischen den Vokalen nicht etwa nach der Größe des akustischen Unterschieds bestimmt, sondern nach der inneren Struktur des phonologischen Systems. Das physikalische Kontinuum vokalisch minimaler Unterschiede, z. B. die linke äußerste Linie der Grafik von [iː] über [I], [eː], [ɛ] bis zu [aː], wird phonologisch bedeutungsunterscheidend in diskrete Differenzen zerlegt (z. B. *bieten, bitten, beten, Betten, baten*) (vgl. ebd. 25).

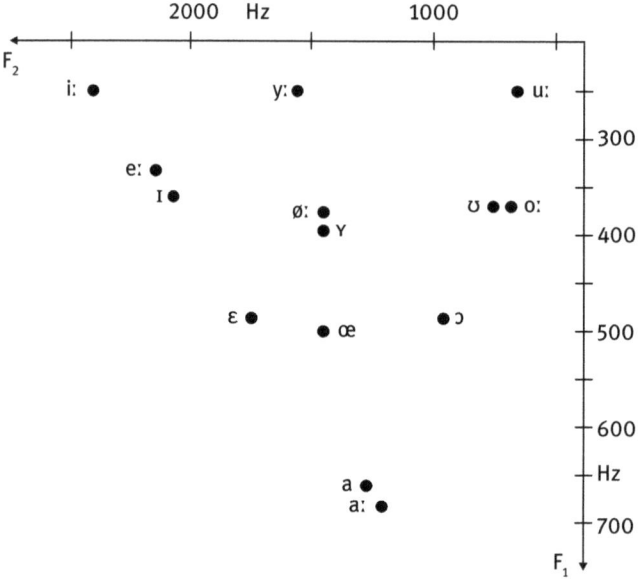

Abb. 4: Gemittelte Formantwerte deutscher Vokale (Fuhrhop/Peters 2013, 23)

Dabei können phonetisch fast identische Laute, z. B. [aː] vs. [a], phonologisch den gleichen Unterscheidungswert haben, wie phonetisch weiter auseinanderliegende Laute, z. B. [oː] vs. [ɔ]. Die Beziehungen zwischen den Elementen definieren das einzelne Element nicht positiv – etwa durch seine phonische Substanz –, sondern *negativ* als differentiellen Wert/valeur, der gesamthaft als Funktion aller Elemente beschrieben werden kann, zu denen es in Opposition steht. Wenn eines der Elemente des phonologischen Gefüges – aus welchen Gründen auch immer – geändert wird, ändern sich nach diesem Modell auch alle übrigen Werte. Das ist die Rechtfertigung für den Begriff des Systems und die damit verbundene Idee der Autonomie. Denn der Wandel eines Elements kann möglicherweise zwar extern motiviert sein, die Folgen aber sind stets intern durch die eigene Struktur des Systems bedingt. „Die Sprache [*langue*] ist ein System, das nur seine eigene Ordnung zulässt" (Saussure 1997, 76). Das entspricht dem Konzept der „inneren Form" der Sprache auch bei Humboldt. Zugleich liegt hier das phonologische Hauptargument de Saussures gegen die phonetisch argumentierende junggrammatische Schule. Phonetischer Wandel kann in seinen Folgen nicht ohne Berücksichtigung des Systems der *bedeutungsunterscheidenden* phonologischen Oppositionen erklärt werden. Das System ist kausal prioritär gegenüber dem Wandel.

Die relevanten Oppositionen sind nach Coseriu (z. B. 1988, 267 ff.) die *funktionellen* Oppositionen, das heißt Oppositionen innerhalb derselben Klasse oder desselben Paradigmas. Z. B. ist der Glottisverschlusslaut – z. B. in [ʃpiːɡəlʔaɪ] vs. [ʃpiːɡəlaɪ] – phonetisch gut als Hemmlaut und Konsonant beschreibbar – und unterscheidet sich artikulatorisch und distributionell von anderen Konsonanten; aber ob er ins System der deutschen Konsonanten gehört, hängt davon ab, ob er *funktionell* bedeutungsunterscheidend in Opposition zu anderen Konsonanten treten kann, was kontrovers ist (Fuhrhop/Peters 2013, 64 f.). Funktionelle Oppositionen sind insofern unterschieden von Oppositionen der Norm i. S. Coserius, z. B. norddeutsch [keːzə] vs. Standard [kɛːzə]. Das heißt nicht, dass Oppositionen der Norm nicht auch funktional sein können, etwa im Blick auf die Indizierung sprachlicher Varianten und sprachlicher Variation, z. B. dialektal oder soziolektal; sie sind nur nicht systembildend.

Struktur und Funktion: Ein System wird also strukturell aus funktionalen Oppositionen gebildet: „Ein Gefüge von Funktionen stellt eine Struktur dar, und diese wiederum ist die Eigenschaft eines Systems", so resümiert Albrecht (1988, 192) die Diskussion zum Verhältnis von System und Strukturbegriff. Die weiter oben kurz diskutierten Konsonantengebilde Trubetzkojs sind Beispiele solcher Funktionengefüge, die eine Struktur des Konsonantensystems bilden. *System* ist der abstraktere Begriff. *Strukturen* sind die Eigenschaften von Systemen. Notorisch kritische Diskussionspunkte dieser Sicht auf Sprache folgen aus dem großen Gewicht, das den funktionellen Oppositionen und damit den paradigmatischen Strukturen zugeschrieben wird (vgl. Feilke 1994, 341 ff.).

„Man sieht also, daß man keine materiellen Zeichen braucht, um eine Vorstellung auszudrücken. Die Sprache kann sich begnügen mit der Gegenüberstellung von Etwas mit Nichts" (de Saussure 1967, 103). Die Denkweise zwingt zur Annahme, dass es ausdruckseitig ‚leere' Zeichen geben kann. Die Annahme z. B. eines morphosyntaktischen Paradigmas der Pluralformen macht es notwendig, bei Wörtern wie *Besen, Fenster, Gewitter* ein Null-Morphem als Pluralmorphem anzunehmen. Kann es aber solche Zeichen ohne Ausdruck überhaupt geben, oder ist die Annahme nur ein Artefakt der methodologischen Prämissen? Immer wieder ist der Vorwurf erhoben worden, der Systemgedanke setze sich über elementare sprachliche Fakten wie die Rolle der phonologischen Substanz, Motiviertheit und Irregularität hinweg (vgl. Albrecht 1988, 218 f.). So zeigt auch ein genauer Blick schon in den *Cours*, dass de Saussure keineswegs ein Apologet ‚leerer' sprachlicher Formen war. Immer wieder weist er darauf hin, dass „eine Funktion nur vermöge der Stütze irgendeiner materiellen Form" (de Saussure 1967, 166) existiert: „Denn im Bereich der Sprache ist die Vorstellung eine Begleiterscheinung der lautlichen Substanz" (de Saussure 1967, 122).

Unterscheidungen in System und Gebrauch: Das System der Sprache ist für de Saussure kein quasi-mathematisches Gebilde im gebrauchsfreien Raum. Sein Begriff der Opposition und Differenz ist – auch wenn er die Eigenständigkeit des Systems betont – stets letztlich bezogen auf den Prozess der Semiose. Letztlich ist in diesem Sinn auch das strukturalistische „System" pragmatisch rückgebunden durchaus in dem Sinn, in dem Hans Hörmann dies in seinem Buch *Meinen und Verstehen* (1976) formuliert hat:

> Das strukturalistische Definiens von Zeichen, nämlich die Unterschiedenheit von anderen Zeichen, kann eigentlich nicht ohne Rekurs auf die Gelegenheit der *Verwendung* des Zeichens festgestellt werden. Es gibt nicht Unterschiede an sich, sondern Unterschiede in bestimmten Situationen, für bestimmte Sprecher, zu bestimmten Zwecken. (Hörmann 1976, 27)

Die im Sprechen notwendigen semiotischen Unterscheidungs- und Identifizierungsleistungen werden durch das System gestützt. Damit aber sind dessen Parameter funktional eingebunden in die syntagmatische Organisation des Sprechens, das sozial stets an die Ausdruckssubstanz rückgebunden bleibt.

Ebenen und Kombinatorik: Nur von hier aus ist auch ein weiteres zentrales Merkmal des Sprachsystems zu verstehen: Sprache ist als komplexes System in Subsysteme gegliedert, die in je eigenständigen Ebenen organisiert sind. Zu Grunde liegt das bekannte Prinzip der so genannten *dualen* oder auch *mehrfachen Gegliedertheit* der Sprache: Aus kleinsten, lediglich distinktiven Einheiten werden größere, Bedeutung tragende Einheiten aufgebaut. Der Aufbau des Systems stützt eine strukturelle Kreativität, die die Sprache mit anderen analog aufgebauten Systemen im Bereich der Natur, etwa dem Molekülaufbau und dem genetischen Code teilt (vgl. Wunderlich 2008, 241). Herkömmlich wird diese Option zu struktureller Kreativität mit dem Konzept der formalen und semantischen Kompositionalität des Bedeutungsaufbaus in der Sprache verbunden. Aus diskreten, kategorial in Systemen strukturierten Einheiten wird über Regeln der sprachlichen Kombinatorik eine Aussagebedeutung kompositionell aufgebaut (vgl. z. B. Löbner 2003, 18 f.). Für de Saussure (1967, 79 f., 123 f.), aber ebenso für einen Generativisten wie Bierwisch (2008) folgt das Merkmal der Diskretheit distinktiver Einheiten des Systems unmittelbar und zwingend aus der Arbitrarität symbolischer Zeichen: Weil es keine analog motivierte Beziehung zum Bezeichneten gibt, kann es nur arbiträr und konventionell strukturierte lineare Folgen diskreter Zeichen geben. Sprache erscheint damit fast zwingend als ein rein aszendent kompositorisches System, das diskrete Zeichen zu größeren Einheiten kombiniert und auf diese Art und Weise Bedeutung für den Gebrauch organisiert. Das ist die Standardsicht zum Verhältnis von System und Gebrauch.

Motivierung und sprachliche Ordnungsbildung: Für ein darüber hinaus gehendes Verständnis der Beziehungen zwischen System und Gebrauch scheint mir das folgende Argument wichtig: Im Unterschied zur Betrachtung des sprachlichen Zeichens an sich ist jedes Sprechen motiviert (Benveniste 1976). Das gilt schon phonologisch für die suprasegmentale Gliederung des Sprechens in Silben. Der interne Silbenaufbau ist entsprechend dem Silbenbaugesetz und der Sonoritätshierarchie sowohl durch Faktoren der Wahrnehmbarkeit als auch der Artikulierbarkeit *natürlich* motiviert. Wort- und Satz-Akzent setzen wichtige bedeutungtragende Morpheme und Phrasen prominent. Jede Aneinanderreihung und Zusammensetzung auf der Wort-Ebene, der Phrasenebene, der Satzebene und auch der Textebene ist von der Bezeichnungs- und Handlungsabsicht her motiviert. Daraus folgt im Umkehrschluss mit dem gleichen Argument, das de Saussure und Bierwisch zur Diskretheit sprachlicher Zeichen vortragen, zwingend, dass Sprechen und Sprachgebrauch durch ein Prinzip des Abbaus struktureller Diskretheit bzw. positiv ausgedrückt durch ein Prinzip der Stabilisierung motivierter Leistungseinheiten des Sprechens gekennzeichnet sein müssen. So, wie aus der Arbitrität die Diskretheit und aus dieser der kombinatorische Charakter des Form- und Bedeutungsaufbaus folgt, folgt umgekehrt aus dem Faktum der Motiviertheit und Motivierung im Sprechen die Emergenz und Stabilisierung formaler und semantischer Gebrauchsmuster der Sprache. „Many forms are called by the grammar but few are chosen" (Pawley 1986, 112). Im Rückblick auf den Diskurs der Sprachwissenschaft im letzten Vierteljahrhundert kann m. E. resümiert werden, dass dieser Gesichtspunkt zu einem der Hauptthemen der sprachwissenschaftlich empirischen Forschung avanciert ist. Vorbereitet wurde er schon seit den 1950er Jahren, etwa im Norm-Begriff Coserius:

> Es geht uns darum, ob der Sprecher nicht auch ein Wissen hat, in Bezug auf die *Realisierung* dessen, was dem Sprachsystem nach möglich ist. [...] System ist das, was in einer Sprache möglich ist [...], Norm ist hingegen das, was tatsächlich realisiert wird und realisiert worden ist. (Coseriu 1988, 50/52)

In ähnlicher Weise hatte gleichfalls in den 1950er Jahren J.R Firth den Strukturbegriff des britischen Kontextualismus begründet. In den Worten von E. F. K. Koerner, der Firth referiert: „*structures* pertain to the ‚*horizontal*' patterning of *syntagmatic* relations, *whereas systems* are ‚*vertical*' and refer to *paradigmatic* relations" (Koerner 1999, 162). Diese frühen Einsichten haben etwa im Kontext der so genannten kognitiven Linguistik bei Langacker dazu geführt, den linguistischen Systembegriff deutlich stärker gebrauchsorientiert zu fassen:

> [...] a linguistic system is viewed as a simple inventory of 'cognitive routines', which are interpretable as recurrent patterns of activation, that are easily elicited by virtue of connection weights; the construction of complex expressions reduces to co-activation of appropriate routines and 'relaxation' into a pattern of activation that simultaneously satisfies all constraints. (Langacker 1988, 8)

Aus heutiger Sicht erscheint es gar nicht notwendig, die gebrauchsorientierten Aspekte der sprachlichen Struktur rein kognitiv fassen zu wollen. Vielmehr hat die Entwicklung der Diskussion und der methodischen Forschungsgrundlagen zu dieser Fragestellung vor allem in den vergangenen 25 Jahren eine Fülle genuin linguistischer Zugänge zu einer gebrauchsorientierten Modellierung der Sprache und sprachlicher Kompetenz hervorgebracht. Diese Entwicklungen erlauben es aber, die sprachsystemischen Aspekte besser in Beziehung zu setzen zu den stärker pragmatisch qualifizierten Ordnungen und den Leistungseinheiten des sprachlichen Wissens. Das ist das Thema des folgenden letzten Kapitels.

3 Aspekte des Sprachgebrauchs

In seinem auch für die Linguistik einflussreichen Buch *Meinen und Verstehen* aus dem Jahr 1976 geht der Sprachpsychologe Hans Hörmann hart mit der strukturalistischen und der generativen Linguistik ins Gericht. Er wirft ihr vor, Bestände des sprachlichen Wissens zu modellieren, die niemand braucht, und vor allem umgekehrt, die Bestände nicht zu modellieren, die für den Gebrauch eine wichtige Rolle spielen (vgl. Hörmann 1976, 56). Für seinen Standpunkt beruft er sich gleich zu Beginn des Buches auf Karl Bühler „[...] hätte Bühler gefragt, was der sprachbenutzende Mensch mithilfe von Zeichen *tut*, so fragt der Linguist, was ein Zeichen *sei*" (ebd., 16). Das damit gekennzeichnete Spannungsfeld scheint zunächst durch einander ausschließende Pole gekennzeichnet. Hintergrund dafür in der Semiotik ist die Morris'sche Trias Syntaktik, Semantik und Pragmatik, die der Pragmatik einen Residualstatus zuweist: Bis heute wird die Pragmatik in den einschlägigen Einführungen dadurch definiert, dass sie die durch Syntax und wahrheitswertfunktionale Semantik nicht erklärbaren sprachlichen Regularitäten behandelt. Zu ihren klassischen Gebieten zählen etwa nach dem Inhaltsverzeichnis der einflussreichen Pragmatik Levinsons

(1994): *Deixis, Konversationsimplikaturen, Präsuppositionen, Sprechakte, Gesprächs- und Textstruktur*. Die Pragmatik, so schreibt Levinson unter Bezug auf Gazdar, „hat jene Bedeutungsaspekte von Äußerungen zum Thema, die man mit direkter Referenz auf die Wahrheitsbedingungen von Sätzen nicht erklären kann" (Levinson 1994,12). Positiv wird sie bestimmbar durch den notwendigen *Kontextbezug* bei der Beschreibung und Analyse pragmatischer Regularitäten. Zweifellos kommt einer solch engen Pragmatikdefinition ein großer heuristischer Wert zu. Die damit gleichzeitig gegebene Kennzeichnung von Syntax und Semantik als *definitiv* nicht pragmatisch bestimmten Strukturbereichen der Sprache aber ist im Fachdiskurs hochgradig kontrovers. Entsprechend definiert etwa Verschueren im *Handbook of Pragmatics* (1995):

> If [...] pragmatics is to be defined as the study of meaning in context, it should study whatever meaning emerges as a result of the contextual use of any linguistic feature (including phonological, morphological, or syntactic ones), whether this feature has a 'semantics' of its own or not. (Verschueren 1995, 11)

> Pragmatics [is] a general functional perspective on (any aspect of) language, i. e. an approach which takes into account the full complexity of its cognitive, social and cultural (i. e. meaningful) functioning in the lives of human beings. (Verschueren 1995, 13 f.)

Mit diesem Plädoyer für einen weiten Pragmatikbegriff schließt Verschueren an gebrauchsorientierte Sprachkonzeptionen einer Pragmatik *ante litteram* an, wie sie im 19. und frühen 20. Jahrhundert bis zum Beginn des zweiten Weltkriegs entwickelt wurden (vgl. Nerlich/Clarke 1995). Der Kristallisationspunkt dieses Diskurses am Ende der benannten Periode ist zweifellos Bühlers Sprachtheorie, die den Kontext- und Handlungs-Bezug zum Ausgangspunkt auch auf das Sprachsystem bezogener Fragestellungen macht. Exemplarisch formuliert Bühler das Credo eines gebrauchsorientierten Sprachverständnisses: „Jedes konkrete Sprechen steht im Lebensverbande mit dem übrigen sinnvollen Verhalten eines Menschen; es steht unter Handlungen und ist selbst eine Handlung" (Bühler 1934/1982, 52).

Aus der Bestimmung als Handlung lassen sich für die Pragmatik wesentliche Kernideen auch der Sprachwissenschaft des 19. Jhs. ableiten, die Bühler gemäß seiner Wissenschaftsauffassung integriert. Hierzu zählen u. a.: *Semiose und Zeichenbildung aus dem Gebrauch, Symbolische Indexikalität und nichtrepräsentationistische Semantik, Kontextualisierung, Sprechhandlung und Sprechakt, Performativität, Semiotische Typik, Text und Diskurs.* Die Konzepte werden im Folgenden in einer exemplarischen Auswahl diskutiert.

Der Zeichengebrauch ist als *Semiose* zu verstehen, d. h. als ein Zeichen schaffender und Zeichen verändernder Prozess. Hierfür steht exemplarisch Humboldts dynamischer Sprachbegriff. Sein Programm ist es, „aus der Masse des Sprachvorraths [...] die Verfahrensart des Menschen, die Sprache zu erfinden und fortzubilden" zu erschließen (Humboldt GS 7, 599). Konzepte wie *Grammatikalisierung, Lexikalisierung, Pragmatikalisierung* (vgl. Pawley/Syder 1983, Lehmann 1995, Diewald 1997, Auer/

Günthner 2003) sind in der aktuellen sprachwissenschaftlichen Forschung die prominenten Bezugspunkte für einen dynamischen Sprachbegriff und ein Pragmatikverständnis, das semantisches und syntaktisches Wissen einbezieht. Das grammatische System ist in dieser Perspektive nicht bloß Voraussetzung, sondern zugleich auch ein Ergebnis des Handelns. Entsprechend schreibt Lehmann im Blick auf die Herausbildung grammatischer Formen (1995):

> Sprache und somit auch Grammatik wird immerfort geschaffen. Die zielorientierte Kreativität des Sprechers setzt freilich an den oberen grammatischen Ebenen an, wo er die Freiheit zu manipulieren hat. Des Sprechers unmittelbares Ziel ist es, expressiv zu sein. Dadurch überlagert er immer wieder schon vorhandene Ausdrucksmittel, deren Einsatz sich automatisiert. Dadurch entsteht Grammatik. [...] [Sie] wird also nicht als eigenes Ziel angestrebt, sondern ist das notwendige Ergebnis der Neugestaltung von Ausdrucksformen auf den höheren Ebenen. (Lehmann 1995, 1265)

Ein unspektakuläres Beispiel ist etwa die Grammatikalisierung von pragmatisch gebundenen Deiktika, die im System der Wortarten lexikogrammatische Oppositionen begründen und die syntaktische Struktur von Sätzen verändern kann. Aus der vokalen und pragmatisch situativ gebundenen Zeigegeste „da" wird das gleichfalls noch situativ determinierende Demonstrativum „das", das sich über eine sogenannte „Polygrammatikalisierung" (Diewald 1997, 13 f.) zum Artikel und Relativpronomen einerseits und zur Konjunktion andererseits mit je verschiedener Funktionsbedeutung im System ausdifferenziert. Im gleichen Zusammenhang bildet sich durch eine *Reanalyse* der ursprünglichen Satzgliederung nach Otto Behaghel die Struktur des Komplementsatzes aus. Aus der pragmatisch deiktisch gebundenen Äußerung „*Ich sehe das. Er kommt.*" wird „*Ich sehe, dass er kommt*" (vgl. Diewald a. a. O.). Den Zusammenhang illustriert Abbildung 5.

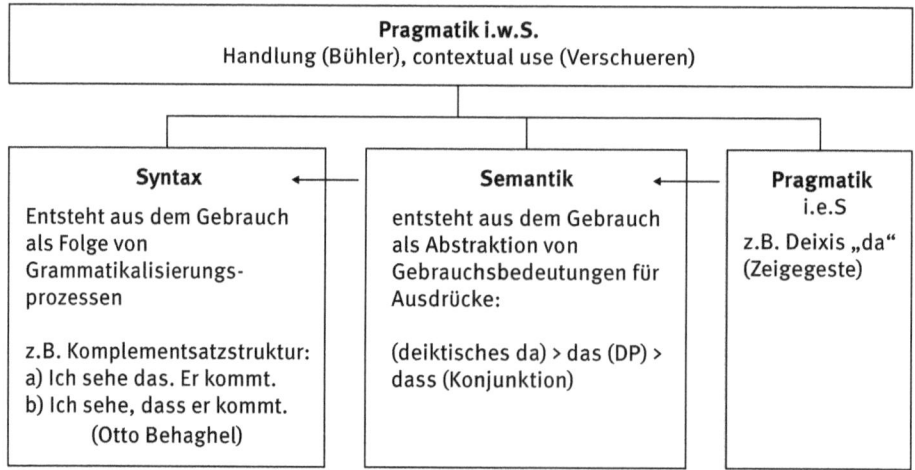

Abb. 5: Beispiel: Sprachgebrauch, Semiose, Grammatikalisierung

In der Konsequenz solcher Beobachtungen entsteht ein Verständnis von Sprache, das einen wichtigen Parameter des Sprachsystems, nämlich die Sicht auf das Verhältnis von syntaktischer und lexikalischer Struktur, nachhaltig verändert: In einer klassisch-systemischen Sicht ist das Lexikon möglichst redundanzfrei zu halten. Sie sieht es als „list of basic irregularities" (Bloomfield 1933, 274), d. h. als Depositum der nicht kompositionell vorhersagbaren Bedeutungen in der Sprache; die lexikalischen Einheiten sind syntaktisch subkategorisiert und werden mittels der Syntax zu kompositionellen Satzbedeutungen aufgebaut. Der Nestor der modernen Korpuslinguistik, John Sinclair (1991), nennt dies das „principle of open choice", dem er das „idiom principle" gegenüberstellt. Dieses Prinzip geht davon aus, dass als Folge von Lexikalisierungs- und Grammatikalisierungsprozessen das Verhältnis von Syntax und Lexikon als Kontinuum aufzufassen ist. Ursprünglich syntaktisch kombinierte Einheiten werden als gebräuchliche Wortkombinationen, als Kollokationen lexikalisiert, z. B. *leben: leben und leben lassen, jmd. leben lassen, jmd. ums Leben bringen, jmd. um sein Leben bringen* etc. Dabei erweisen sich, wie Sinclair (1991) und die seit über 20 Jahren prosperierende korpuslinguistische Forschung eindrucksvoll nachweisen, auch auf den ersten Blick völlig unauffällige statistische Kookkurrenzen eine konzept- und/oder diskursspezifische Prägung auf (Stefanowitsch 2009). Aber auch umgekehrt werden lexikalische Einheiten zu Einheiten grammatischer Konstruktionen. Dabei wird, das ist theoretisch zentral, semantische Kontextinformation in die Grammatik aufgenommen. Ein klassisches Beispiel dafür ist die Grammatikalisierung des Temporaladverbs *weyl* zur Konjunktion *weil/dieweil*, wie sie folgende Zusammenstellung einiger Sätze Luthers aus Diewald (1997, 57) illustriert:

1) *Weyl die paten das kind noch hallten ynn der tauffe, sol yhm der priester die hauben auffsetzen.*
2) *Dieweil Mose seine Hände emporhielt, siegete Israel.*
3) *Ihr wisset um der Fremdlinge Herz, dieweil ihr auch seid Fremdlinge in Ägyptenland gewesen.*

In Beispiel 1 ist die *weyl*-Verwendung eindeutig adverbial temporal. Beispiel 2 ist kontextuell ambig, es erlaubt aber konversationell eine kausale Inferenz, die paraphrasiert werden kann als: Mose schützte das Volk, und *aus diesem Grund* siegte Israel. In Beispiel 3 schließlich ist diese kausale Inferenz bereits konventionell impliziert. Was also in Beispiel 2 als kausale Interpretation noch Kontextinformation war, ist in Beispiel 3 in der kausalen Konstruktion mit *dieweil* grammatikalisiert worden. In einer synchronen Perspektive stellt sich dann die Syntax in weiten Teilen als historisch emergentes Gefüge lexikalisierter „grammatischer Konstruktionen" dar, und das Lexikon enthält neben dem Morpheminventar vornehmlich lexikalisierte lexikogrammatische Einheiten und Kollokationen. Im Blick auf die kleineren bedeutungstragenden Einheiten, die eben vielfach in verschiedenen größeren vorkommen, ist das Lexikon damit notwendig hochgradig redundant. Syntax und Lexikon – aber auch Sprechakte, Diskurs- und Textstrukturen – werden durch und für den Gebrauch „idiomatisch geprägt" (vgl. Feilke 1998, 2007).

Wie auch Textverhältnisse konstruktionell in die Grammatik eingehen, sieht man sehr gut auch an den sogenannten Doppelkonnektoren (vgl. Redder 2007). *Zwar ... aber ...* z. B. ist ein solcher Doppelkonnektor, der das im Frühneuhochdeutschen noch selbstständige Bekräftigungsadverb *zeware* und die adversative Konjunktion *aber* im Verlauf der Entwicklung zum Neuhochdeutschen zu einer Konzessivkonstruktion im Sinn der Konstruktionsgrammatik verbindet (vgl. Leuschner/van den Nest 2012). Die grammatische Konstruktion ist dabei selbst wiederum konventionell auf ein textuelles Handlungsschema, nämlich das *Konzedieren* innerhalb argumentativer Texte, bezogen und dadurch in ihrer historischen Genese motiviert.

Das Beispiel erlaubt es abschließend, drei weitere zentrale Konzepte zum gegenwärtigen Stand gebrauchsorientierter Sprachauffassungen in Beziehung zur bisherigen Diskussion zu setzen: *Indexikalität*, *Typik* und *Performativität* des Sprachgebrauchs.

Ein kompetenter Sprecher/Schreiber des Deutschen ist in der Lage, den Ausdruck *zwar ... aber ...* auch ohne weiteren Kontext als Einheit zu verstehen und ihn auf einen typischen Textkontext zu beziehen. Das heißt: *Zwar* und *aber* sind zwar sprachliche Symbole – sie sind arbiträr und konventionell –, aber der Ausdruck *zwar ... aber ...* funktioniert semiotisch zugleich als *indexikalisches* Zeichen für einen bekannten Gebrauch. Jeder kompetente Sprecher des Deutschen ist in der Lage, dem semiotischen Fragment *zwar ... aber ...* einen passenden Kontext und Kotext zuzuordnen. Die Beobachtung an diesem Beispiel kann semantisch zu einer für die Theorie des Sprachgebrauchs wichtigen Erkenntnis verdichtet werden, die zuletzt von der Kontextualisierungstheorie (Auer/di Luzio 1992) explizit formuliert worden ist. Sprachzeichen denotieren damit nicht nur Sachverhalte bzw. Begriffe; vielmehr rufen sie als „Kontextualisierungshinweise" (Gumperz 1982, Auer 1986) bekannte Situationen der Verständigung, bekannte Diskurs- und Textsortenkonzepte und einschlägige Handlungsschemata auf und stellen dieses Schemawissen als „common ground" für die Verständigung zur Verfügung. Auer schreibt dazu: „[...] während das traditionelle sprachliche Zeichen eine *Bedeutungsbeziehung* etabliert, *indiziert* der Kontextualisierungshinweis ein Schema" (1986, 25). Daraus resultiert unter anderem auch die Relevanz des Kontextualisierungsansatzes für die Analyse sprachkulturell bedingter Missverständnisse.

Der Sprachgebrauch verweist also – jenseits der symbolischen Bedeutung – über eine signalhaft indexikalische Semantik der Ausdrucksoberfläche auf bereits etablierte und bekannte komplexe Handlungsschemata. Die Sprache funktioniert im Gebrauch nicht primär als Mittel der semantischen Repräsentation von Inhalten, sondern als Instrument der *Erinnerung* an vorhergehende Situationen der Verständigung (vgl. Feilke 2014). Jedes Sprechen muss – mit den Worten Philipp Wegeners (1885/1991, 68–71, 100) – „sympathisch", d. h. über geteilte Spracherfahrung, an vorhergehende Situationen der Verständigung erinnern und durch den Mittelgebrauch an das Verständnis appellieren können. Dies ist die Kernidee einer *nichtrepräsentationistischen Semantik* des Sprachgebrauchs.

Ein weiterer für den Sprachgebrauch zentraler Gesichtspunkt kann an einem Beispiel verdeutlicht werden. Er ist historisch vor allem auf Ludwig Wittgenstein und sein Konzept der „Familienähnlichkeit" und die später daraus entwickelte Prototypentheorie zurückzuführen (vgl. zur Diskussion Löbner 2003, 254 ff.). Konzessionen können sprachlich auf sehr unterschiedliche Weise zum Ausdruck gebracht werden (Rezat 2010). Empirisch zeigt sich aber in der Realisierung solcher Handlungen ebenso wie auch in sprachlichen Bezeichnungshandlungen häufig eine ausgeprägte *Typik des Ausdrucks*. Nicht nur semantisch, sondern auch im Ausdruck zeigt sich die Gebrauchskompetenz in der Kenntnis typischer Realisierungsmöglichkeiten. Ein schönes Beispiel dafür liefert die Darstellung der Ergebnisse eines Experiments von Granger (1998) in Abbildung 6.

Signalwort	Native-speaker responses	EFL-Learner responses
highly	*highly significant* (33) *highly reliable* (3) *highly important* (2) *highly aware* (3)	*highly significant* (15) *highly reliable* (7) *highly important* (6) *highly impossible* (6) *highly difficult* (5) *highly essential* (4) *highly different* (2)

Abb. 6: Typizität und Salienz des Ausdrucks, Granger (1998, 153)

Studentische Fremdsprachenlerner (EFL) und *native speakers* des Englischen waren aufgefordert worden, auf das Signalwort „highly" hin eine Ergänzung durch ein weiteres Wort vorzunehmen, das ihnen spontan dazu einfällt. Beide Sprechergruppen produzieren unterschiedliche grammatisch mögliche und semantisch sinnvolle Varianten. Aber die native speakers zeigen im Unterschied zu den EFL-Studierenden eine klare Präferenzstruktur im Antwortverhalten. Sie kommt in der geringeren Zahl für möglich gehaltener Varianten und in der klaren Bevorzugung einer der Varianten zum Ausdruck. „Highly significant" erweist sich als der typische bzw. prototypische Ausdruck, den die Studierenden auf den Impuls hin assoziieren. Zu beachten ist hier auch der Faktor der Diskursbindung – in diesem Fall an den Bereich der Wissenschaftskommunikation – und der damit gegebenen Spracherfahrungsabhängigkeit in der Beherrschung der entsprechenden Formen und Handlungsschemata.

Hierher gehört auch ein weiterer Punkt, der an *zwar ... aber ...* sehr schön exemplarisch ablesbar ist. Die Ausdruckstypik ist nicht beliebig, sondern vielfach durch Gebrauchsfaktoren motiviert. In diesem Fall reflektiert der Konnektor in seinem internen Aufbau ein sogenanntes *recipient design*. Die grammatische Struktur ist auf den Adressaten bezogen und durch den Adressatenbezug motiviert, denn der erste Teil des Doppelkonnektors antizipiert ein mögliches Gegenargument und berücksichtigt dies für den Aufbau der Gesamtäußerung, die in der zweiten Komponente dann das antizipierte Gegenargument entkräftet. Die Syntaktik des Ausdrucks ist also nicht logisch-propositional, sondern dialogisch-diskursiv motiviert. Hier hat in der jüngeren Forschungsgeschichte die sogenannte *Interaktionale Linguistik* deutlich gemacht, in welchem Umfang nicht nur der Sprechakt in seiner Ausformung, sondern eben auch der Satz und die pragmatisch möglichen Satzstrukturen fundamental durch den Gebrauch und den Faktor der Dialogizität bestimmt sind (vgl. z. B. Günthner 2009).

Ein letzter, für die Geschichte der Forschung zum Sprachgebrauch zentraler Punkt sei zum Schluss angesprochen. Abgesehen von der Deixis (Bar-Hillel 1954), setzt die Karriere der modernen linguistischen Nachkriegs-Pragmatik mit der ‚Entdeckung' der Sprechakte ein. Die Trennung von Satz und Äußerung, die Doppelstruktur sprachlicher Äußerungen mit einer illokutiven und einer propositionalen Komponente und vor allem die theoretische Herausstellung der nicht wahrheitswertfunktional analysierbaren performativen Sprechakte im engeren Sinne bei Austin bzw. der Deklarativa bei Searle, begründen zunächst die Eigenständigkeit der Pragmatik als linguistischer Disziplin, die namentlich von Searle fachrhetorisch im Sinn einer Universalpragmatik gegen die Vorherrschaft Chomskys und der generativen Grammatik ins Feld geführt worden ist (vgl. Feilke 2000). Trotz der theoretisch produktiven Abgrenzung von Satz und Äußerung bleibt vor allem Searles Verständnis des Sprachgebrauchs eng auf den Satz bezogen: Er bestimmt den illokutionären Akt als „die *minimale Einheit* der sprachlichen Kommunikation" und als „die *Produktion* des Zeichens für den Satz" (Searle 1965/1975, 154; Herv. HF). Die Rede von der ‚minimalen Einheit' wiederholt auch für die Pragmatik – ganz analog zur Grammatik – die alte Idee einer rein aszendent kompositorisch bestimmten Form sprachlichen Handelns. Mit der Akzentuierung von „Produktion" behauptet Searle, der Sprechakt sei die entscheidende *performative* Größe. Der Text als Größe des Sprachgebrauchs wird auf die Komposition von Sprechakten nach Illokutionshierarchien reduziert. Diese Sichtweise ist heute nicht mehr haltbar: Auch hier kann am Beispiel *zwar ... aber ...* deutlich werden, wie sich das sprachpragmatische Denken seit der Sprechakttheorie verändert hat. Es sind in diesem Fall nicht die – wiederum satzanalogen – performativen *Verben*, wie sie Searle vor allem als Illokutionsindikatoren im Blick hatte, sondern *zwar ... aber* ist ein genuin textbezogener *discourse marker*. Der Skopus der konzessiven Konstruktion ist nicht der Satz, sondern der Text. Er umfasst mindestens zwei Propositionen – das antizipierte Gegenargument und die Entgegnung darauf –, die keineswegs syntaktisch integriert sein müssen. Die Sprechakttheorie kann die originäre pragmatische und semantische Ordnungsleistung von Texten nicht fassen. Zu den *felicity conditions* für das Gelingen von Sprechakten gehören nicht nur der weitere Text- und Diskursrahmen, sondern ebenso – wie oben ausgeführt – die kompetente Kontextualisierung der Handlung und die einer Typik des Gebrauchs entsprechende Realisierung der Äußerung. Das heißt, für den Sprachgebrauch rücken – gegenüber dem satzbezogenen Akt – zunehmend genuin *text- und diskursbezogene Performanz- und Kohärenzkriterien* in den Vordergrund der linguistischen Analyse.

4 Literatur

Albrecht, Jörn (1988): Europäischer Strukturalismus. Ein forschungsgeschichtlicher Überblick. Tübingen.
Auer, Peter (1986): Kontextualisierung. In: Studium Linguistik 19, 22–48.
Auer, Peter/Aldo di Luzio (eds.) (1992): The Contextualization of Language. Amsterdam/Philadelphia.
Auer, Peter/Susanne Günthner (2003): Die Entstehung von Diskursmarkern im Deutschen – ein Fall von Grammatikalisierung? (InLiSt No. 38 Interaction and linguistic Structures). Freiburg/Münster.
Bar-Hillel, Yehoshua (1954): Indexical expressions. In: Mind 63, 359–379.
Benveniste, Émile (1976): Zur Natur des sprachlichen Zeichens. In: ders.: Probleme der allgemeinen Sprachwissenschaft. München, 61–68.
Bergmann, Rolf/Peter Pauly/Michael Schlaefer (1991): Einführung in die deutsche Sprachwissenschaft. Heidelberg.
Bierwisch, Manfred (1987): Linguistik als kognitive Wissenschaft – Erläuterungen zu einem Forschungsprogramm. In: Zeitschrift für Germanistik 6, 645–667.
Bierwisch, Manfred (2008): Bedeuten die Grenzen meiner Sprache die Grenzen meiner Welt?. In: Heidrun Kämper/Ludwig M. Eichinger (eds.): Sprache – Kognition – Kultur. Berlin (IDS-Jahrbuch 2007), 323–355.
Bloomfield, Leonhard (1933): Language. New York.
Bühler, Karl (1934/1982): Sprachtheorie. Die Darstellungsfunktion der Sprache. Mit einem Geleitwort von Friedrich Kainz. Ungekürzter Neudr. d. Ausg. Jena 1934. Stuttgart/New York.
Chomsky, Noam (1986): Knowledge of Language. It's Nature Origin and Use. New York.
Coseriu, Eugenio (1988): Sprachkompetenz. Grundzüge der Theorie des Sprechens. Tübingen.
Diewald, Gabriele (1997): Grammatikalisierung. Eine Einführung in Sein und Werden grammatischer Formen. Tübingen.
Feilke, Helmuth (1994): Common sense-Kompetenz. Überlegungen zu einer Theorie 'sympathischen' und 'natürlichen' Meinens und Verstehens. Frankfurt a. M.
Feilke, Helmuth (1998): Idiomatische Prägung. In: Irmhild Barz/Günther Öhlschläger (Hg.): Zwischen Grammatik und Lexikon. Tübingen, 69–81.
Feilke, Helmuth (2000): Die pragmatische Wende in der Textlinguistik. In: Klaus Brinker u. a. (Hg.): Text- und Gesprächslinguistik. Linguistics of Text and Conversation. Bd. 1 (Reihe HSK). Berlin/New York, 64–82.
Feilke, Helmuth (2007): Syntaktische Aspekte der Phraseologie: Construction grammar und verwandte Ansätze. In: Harald Burger u. a. (Hg.): Phraseologie/Phraseology. Bd. 1 (Reihe HSK). Berlin/New York, 63–76.
Feilke, Helmuth (2014): Sprache, Kultur und kommunikatives Gedächtnis. In: Nora Benitt u. a. (Hg.): Korpus – Kommunikation – Kultur. Ansätze und Konzepte einer kulturwissenschaftlichen Linguistik. Trier, 87–108.
Fuhrhop, Nanna/Jörg Peters (2013): Einführung in die Phonologie und Graphematik. Stuttgart/Weimar.
Granger, Sylviane (1998): Prefabricated patterns in advanced EFL writing: Collocations and formulae. In: Anthony P. Cowie (Ed.): Phraseology. Theory, Analysis, and Applications. Oxford, 145–160.
Grice, H. Paul (1968/1975): Logic and conversation. In: Peter Cole/Jerry L. Morgan (eds.): Syntax and Semantics. Bd. 3. 'Speech acts'. New York, 41–58.
Gumperz, John J. (1982): Discourse strategies. Cambridge.

Günthner, Susanne (2009): Konstruktionen in der kommunikativen Praxis. Zur Notwendigkeit einer interaktionalen Anreicherung konstruktionsgrammatischer Ansätze. In: Zeitschrift für germanistische Linguistik 37.3, 402–427.

Haase, Martin (1994): Respekt: die Grammatikalisierung von Höflichkeit. 2. Auflg. München.

Hörmann, Hans (1976): Meinen und Verstehen. Grundzüge einer psychologischen Semantik. Frankfurt a. M.

Humboldt, Wilhelm (1903–1936): Gesammelte Schriften. Hrsg. v. Albert Leitzmann u. a., Bd. VII, Berlin.

Keller, Rudi (1990): Sprachwandel. Von der unsichtbaren Hand in der Sprache. Tübingen.

Knobloch, Clemens (1994): Sprache und Sprechtätigkeit. Sprachpsychologische Konzepte. Tübingen.

Koerner, E. F. K. (1999): Linguistic Historiography: Projects & Prospects. Amsterdam.

Lambrecht, Knud (1990): "What, me worry?" – 'Mad Magazine Sentences' revisited. In: Berkeley Linguistic Society (BLS) 16, 215–228.

Langacker, Ronald W. (1988): The cognitive perspective. Duisburg: L.A.U.D. [A 197].

Lehmann, Christian (1995): Synsemantika. In: Joachim Jacobs u. a. (Hg.): Syntax. Ein internationales Handbuch zeitgenössischer Forschung. Bd. 2. Berlin u. a., 1199–1215.

Leuschner, Torsten/Daan van den Nest (2012): Die zwar ... aber-Relation im Gegenwartsdeutschen: Funktionsweise – Variation – Grammatikalisierung. In: Deutsche Sprache 40/1, 2–31.

Levinson, Stephen. C. (1994): Pragmatik. 2. unver. Aufl. Tübingen.

Linke, Angelika/Markus Nussbaumer/Paul R. Portmann (2004): Studienbuch Linguistik. 5. erweiterte. Auflg. Tübingen.

Löbner, Sebastian (2003): Semantik. Eine Einführung. Berlin/New York.

Lüdeling, Anke (2009): Grundkurs Sprachwissenschaft. Stuttgart.

Meibauer, Jörg u. a. (2002): Einführung in die germanistische Linguistik. Stuttgart.

Morris, Charles William (1938/1988): Grundlagen der Zeichentheorie. Ästhetik der Zeichentheorie. Frankfurt a. M.

Nerlich, Brigitte/David D. Clarke (1995): Language, action and context. The early history of pragmatics in Europe and America 1780–1930. Amsterdam.

Olson, David (1994): The world on paper. Cambridge.

Paul, Hermann (1880/1995): Prinzipien der Sprachgeschichte. 9. Auflg. Tübingen.

Pawley, Andrew (1986): Lexicalisation. In: Deborah Tannen/James E. Alatis (eds.): Language and Linguistics: The interdependence of theory, data and application. Washington DC, 98–120.

Pawley, Andrew/Francis Hodgett Syder (1983): Two puzzles for linguistic theory: nativelike selection and nativelike fluency. In: Jack C. Richards/Richard W. Schmidt (eds.): Language and Communication. London, 191–226.

Proost, Kristel (2007): Lexikalische Strukturen der Expressive. In: Gisela Harras u. a.: Handbuch deutsche Kommunikationsverben Bd. 2. Berlin, 251–314.

Redder, Angelika (2007): Konjunktor. In: Ludger Hoffmann: Deutsche Wortarten. Berlin/New York, 483–524.

Rezat, Sara (2010): Konzessive Konstruktionen. In: Zeitschrift für germanistische Linguistik 37.3, 469–489.

Saussure, Ferdinand de (1931/1967): Grundfragen der allgemeinen Sprachwissenschaft. 2. Auflage. Berlin.

Saussure, Ferdinand de (1997): Linguistik und Semiologie. Notizen aus dem Nachlaß. Texte, Briefe und Dokumente. Gesammelt, übersetzt und eingeleitet von Johannes Fehr. Frankfurt a. M.

Schlieben-Lange, Brigitte u. a. (1979): Streitgespräch zur Historizität von Sprechakten. In: Linguistische Berichte 60, 65–78.

Searle, John R. (1965/1975): Was ist ein Sprechakt? In: Horst Holzer/Karl Steinbacher (Hg.): Sprache und Gesellschaft. Frankfurt a. M., 153–187.

Sinclair, John. (1991): Corpus, Concordance, Collocation. Oxford.

Stefanowitsch, Anatol (2009): Bedeutung und Gebrauch in der Konstruktionsgrammatik. Wie kompositionell sind modale Infinitive im Deutschen? In: Zeitschrift für germanistische Linguistik 37.3, 565–592.

Verschueren, Jef/Jan-Ola Östman/Jan Blommaert (eds.) (1995): Handbook of Pragmatics. Manual. Amsterdam/Philadelphia.

Wegener, Philipp (1885/1991): Untersuchungen über die Grundfragen des Sprachlebens. Halle a. S./Amsterdam/Philadelphia.

Wittgenstein, Ludwig (1958/1967): Philosophische Untersuchungen. Frankfurt a. M.

Wunderlich, Dieter (2008): Spekulationen zum Anfang von Sprache. In: Zeitschrift für Sprachwissenschaft 27, 229–265.

Ziem, Alexander (2008): Frames und sprachliches Wissen. Kognitive Aspekte der semantischen Kompetenz. Berlin.

Ludwig Jäger
5. Medialität

Abstract: *Medialität* hat sich in den jüngeren kulturwissenschaftlichen Diskursen zur Medientheorie als ein „philosophischer Grundbegriff" (Blank) etabliert, über den sich die „anthropologische Existenzbedingung" (Schürmann) des Menschen freilegen, d. h. der Mensch als eine *anthropomediale Gestalt* fokussieren läßt, die in ihrem Welt- und Selbstbezug „immer schon als in ein mediales Feld, eine Mediasphäre, ein Medienhabitat eingelassen begriffen" werden muß (Engell/Siegert). Zugleich kann der Begriff der *Medialität* als ein heuristischer Suchbegriff aufgefasst werden, über den sich zentrale Problemaspekte des Medienbegriffs theoretisch aufschlussreich in den Blick nehmen lassen: die Probleme etwa der Medienklassifikation oder der Mediengeschichte bzw. die Frage, ob und – wenn ja – inwiefern die Sprache als Medium aufgefasst werden kann. Schließlich lässt der Medialitätsbegriff die operative und performative Verfasstheit der Medien sichtbar werden und ermöglicht so eine grundsätzliche Kritik essentialistischer Medientheorien. Die Diskussion des Medialitätsbegriffs kann also nicht als eine periphere Seitenverzweigung der Mediendebatte aufgefasst werden. Sie führt vielmehr in das Zentrum des Medienproblems.

1 *Medialität* als heuristischer Suchbegriff
2 Medialitätsbegriff und Medientheorie: vier Perspektiven
3 *Medialität* – einige Erwägungen
4 Literatur

1 *Medialität* als heuristischer Suchbegriff

Der Begriff der *Medialität* hat in den einschlägigen kulturwissenschaftlichen Diskursen der letzten Jahrzehnte – und das gilt auch für korrelative Begriffe wie *Intermedialität*, *Multimedialität*, *Intramedialität* und *Transmedialität* etc. (Spielmann 1998; Rajewsky 2002; Schröter 2004; Deppermann/Linke 2010; Jäger 2010; Schneider/ Stöckl 2011; Toro 2013) – neben dem zentralen Begriff des *Mediums* selbst (Luhman 1997; Krämer 1998a, 1998b; Ehlich 1998; Seel 1998, 2003; Habscheid 2000; Kallmeyer 2000; Liebrand/Schneider 2002; Krämer 2003, 2005; Leschke 2003; Sandbothe 2003; Münker/Roesler 2008; Münker 2009, Weber 2010) wachsende theoretische Aufmerksamkeit erfahren. Dabei darf die Diskurs-Karriere des Medialitätsbegriffs nicht als eine nur periphere Seitenverzweigung der Mediendebatte angesehen werden. Vielmehr ist sie – so hat es den Anschein – Ausdruck des Umstandes, dass sich Medientheorie und Medienphilosophie von der Erörterung des *Medialitätproblems* substantielle Beiträge zur Klärung des Medienbegriffs (Jäger 1997; Jäger 2002a; Münkler/Roesler/

Sandbothe 2003; Krämer 2004; Lagaay/Lauer 2004; Schneider 2008) erwarten. So wird *Medialität* in jüngerer Zeit etwa als „philosophischer Grundbegriff" (Blank 2004, 250, im Anschluss an Seel), oder als „anthropologische Existenzbedingung" (Schürman 2013, 76) in den Blick genommen. Der Zusammenhang von „Medialität und Mentalität" (Jäger/Linz 2004), die „Medialität des Kognitiven" (Hartmann 2010, 270; ebenso Linz 2002, 219 ff.; Fehrmann 2004, 162 ff.) bzw. die „medialen Bedingungen des Denkens" (Scholz 2013, 156) rücken ebenso in den Fokus theoretischer Aufmerksamkeit wie etwa die grundlegende *Medialität* des *Intentionalen*: „Denn unser Verhältnis zu allem, wozu wir ein intentionales Verhältnis haben, ist durch und durch medial. [...] keine Intentionalität ohne Medialität" (Seel 1998, 244, 248 f.). Insgesamt tritt also neben die Analyse der verschiedenen Medien und ihrer kommunikativen und kognitiven Leistungen die Reflexion des intensionalen Bestimmungsmomentes, das das extensionale Feld des Medialen zusammenhält: die Reflexion der *Medialität der Medien*. Diese Diskursbewegung vom Begriff des Mediums zu dem der Medialität macht insofern Sinn, als sich – wie sich noch zeigen wird – die Medientheorie von einer Theorie der Medialität Gewinn durchaus erwarten darf. In der Tat lassen sich aus der Medialitätsperspektive einige der zentralen Fragen, die mit den Versuchen der kategorialen Bestimmung des Medienbegriffs aufgeworfen werden, besonders aufschlussreich in den Blick nehmen. Das Konzept *Medialität* – und hierin liegt seine diskurspolitische Bedeutung – scheint es in einer fruchtbaren Weise zu erlauben, einige der Probleme, die mit den verschiedenen Ansätzen der theoretischen Konzeptualisierung des Medienbegriffs verbunden sind, sichtbar und erörterungsfähig zu machen – ja sie vielleicht sogar einer Lösung näher zu bringen. *Medialität* läßt sich also heuristisch gleichsam als ‚Suchbegriff' einsetzen, um neuralgische Punkte der Medientheorie zu identifizieren und in den Theoriediskurs einzuführen.

2 Medialitätsbegriff und Medientheorie: vier Perspektiven

Vier dieser durch den Medialitätsbegriff eröffneten Perspektiven, die es erlauben, den Medienbegriff analytisch aufschlussreich in den Blick zu nehmen, sollen im Folgenden kurz dargestellt werden.

2.1 *Medialität* und das Problem der Medienklassifikation

Zunächst lenkt die Frage nach der „Medialität der Medien" (Jäger 1997, 199) den Blick auf Eigenschaften des Medialen, die den verschiedenen und beinahe schon unüberschaubar gewordenen Ordnungs- und Klassifikationsversuchen auf dem Feld der Medien (Künzler/Wassmer/Oehmer/Puppies 2013, 15 ff.) eher zugrunde liegen, als dass sie aus ihnen abgeleitet werden könnten. *Medialität* lässt sich zwar an den verschiedenen Typen von Medienvorkommnissen in je unterschiedlicher Form beobachten, liegt aber diesen Klassifikationsversuchen als ein zentrales Bestimmungsmoment des Medialen immer schon reflexionsbedürftig voraus: „Medialität wäre also zu bestimmen als eine gegenüber den Medien sich selbst distanzierende Voraus-Setzung, als Vor-weg-Nahme medienvermittelter Welterschließung" (Tholen 2012, 43). Ob etwa Künzler u. a. im Anschluss an Pross und Burkart Distinktionen zwischen *primären* (Rede, Gesang, Tanz), *sekundären* (Buch, Brief), *tertiären* (Telefon, Film, Fernsehen) und *quartären* Medien (Social Media) einziehen (Künzler u. a. 2013), ob etwa Luhmann hinsichtlich dessen, was er *Kommunikationsmedien* nennt, *Verbreitungsmedien* und *symbolisch generalisierte Medien* unterscheidet (Luhmann 1997, 190 ff.), ob Seel *natürliche* von *nichtnatürlichen*, *inklusive* von *exklusiven Medien* abhebt und zwischen *Wahrnehmungsmedien*, *Handlungsmedien* und *Darstellungsmedien* differenziert (Seel 1998, 126 ff.) oder ob Sandbothe schließlich die Klasse der Medien in *sinnliche Wahrnehmungsmedien*, *semiotische Kommunikationsmedien* und *technische Verbreitungsmedien* unterteilt (Sandbothe 2003, 189), unterschiedliche Kategorisierungen wie diese, die im Übrigen nur einen Ausschnitt aus dem großen Feld der Medien-Klassifikationsmodelle darstellen, werfen die Frage doch eher auf, als dass sie sie beantworteten, worin die theoretischen Kriterien bestehen, die es erlauben, die verschiedenen Ausprägungen des Medialen einer gemeinsamen Klasse zuzurechnen. Eine solche mit den verschiedenen Kategorisierungen aufgeworfene Frage könnte etwa lauten: Gibt es bezüglich der unterschiedlichen Funktionen, die man Medien zuschreiben kann, „eine gewisse strukturelle Konstante, etwas, das man die Medialität des diese Funktionen Erfüllenden nennen könnte?" (Khurana 1998, 114). Dass Fragen wie diese substantiell sind und ihre Beantwortung dringlich ist, läßt sich an verschiedenen Umständen ablesen. So tendieren etwa, ohne dass dies medialitätstheoretisch hinreichend gerechtfertigt würde (vgl. aber Stetter 2005, 184 ff.), die üblichen Klassifikationsversuche der Medien dazu, die anthropologischen *Artikulationsmedien* (Khurana 1998, 114) *Stimme* (Epping-Jäger/Linz 2003), *Hände* (Bickenbach/Klappert/Pompe 2003) und *Gesicht* (Löffler/Scholz 2004) sowie die *nicht-literalisierte Sprache* aus dem Feld des Medialen auszugrenzen und außer Betracht zu lassen (Kittler 1993, 182; zu der Exklusion kritisch Jäger 2001, 20 ff.). Menschliche Körper – formuliert Krämer im Anschluss an Kittler –, „insofern sie der Irreversibilität der Zeit ohne Umkehrmöglichkeit unterworfen sind, sind somit keine Medien" (Krämer 2004b, 223; Stetter 2005, 186). Der Körper als *semiotischer und artefaktischer Körper* (Engell/Siegert 2013, 5) als Zusammenhang von *Leib und Sprache* (Alloa/Fischer 2013), der Körper, den der Mensch „verspürt und zeigend einsetzt" (Bühler 1978, 129), gerät so aus dem Fokus der medientheoretischen Aufmerksamkeit. Ja – *Sprache* und *Medien* werden mitunter sogar derart in einen begrifflichen Gegensatz gebracht (Assmann/Assmann 1990, 2 f.; Mersch 2004, 91), dass (nicht verschriftete) Sprache dem Feld des Medialen nicht mehr zugerechnet zu werden braucht. An diesen Aussortierungen wird exemplarisch deutlich, dass sich klassifikatorische Modelle sowie ihre Inklusions- und Exklusionsgesten erst rechtfertigen lassen, wenn die Medialitätsfrage in den Blick genommen wird, die Frage also, was die Medialität der Medien ausmacht. Erst in der Perspektive der Medialitätsidee lassen sich jene theoretischen Klärungen voranbringen, die etwa auch eine Strukturierung des Feldes der Medien erlauben. Sicher ist es eine vertretbare Forderung, dass eine „ausgearbeitete Theorie der Medien [...] eine Theorie der Differenz und des *Verhältnisses* der unterschiedlichen Arten von Medien zu sein" hätte (Seel 1998, 257). Eine solche Theorie könnte aber den „Unterschied der Medien" (Fohrmann 2004) nur unter der Voraussetzung klären, dass zugleich auch die allgemeinen Konstitutionsbedingungen des Medialen überhaupt herausgearbeitet würden. Das Medialitätsproblem macht also evident, dass Medientheorie nicht bei den Versuchen stehen bleiben kann, die Differenzen unterschiedlicher Arten von Medien zu bestimmen. Die Theorie der Medien muß durch eine Theorie der Medialiät begründet werden, die es unter anderem auch erlaubt, Klassifikationsfragen angemessen zu erörtern. Medientheorie müsste dann verstanden werden als Teil einer umfassenderen Theorie der Medialität (Jäger 2000, 13).

2.2 *Medialität* und das Problem der Mediengeschichte

In einer zweiten Hinsicht vermag die Einschaltung des Medialitätsproblems zur theoretischen Schärfung des Medienbegriffs beizutragen. Im Horizont der Medialitätsfrage wird nämlich sichtbar, dass die Geschichte der Medien, die verschiedentlich mit der Entstehung der Schrift als einer „Technologisierung des Wortes" (Ong 1987), mit dem „Einschnitt, den die [...] kulturelle Durchsetzung der Literalität" darstellt (Krämer 2004b, 202, 223), also mit dem Auftreten *technischer* Medien verbunden worden ist, jünger ist als die Geschichte der Medialität. Aus einer medialitätstheoretischen Perspektive ist es deshalb auch problematisch, die Schrift als das „Paradigma des Medialen schlechthin" anzusehen (Krämer 1997, 18). Es gibt eine Medialitätsgeschichte vor der Schrift und vor deren Auftreten auch eine ausgefaltete Präsenz des Medialen. Die Geschichte der (technischen) Medien stellt insofern nur einen Ausschnitt aus einer umfassenderen Geschichte der Medialität dar, die verstanden werden kann als die Geschichte der kulturhistorisch sich wandelnden Bedingungen und Formen der menschlichen Ich- und Weltkonstitution im Horizont von Zeichenprozessen (Jäger 2000; 2001b; Winkler 1997, 268 ff.), der Ausfaltungen also der anthropomedialen Rahmenbedingungen, die die kulturelle Entwicklung des Menschen bestimmen (Voss 2010; Schürmann 2013). Medialiät erscheint in dieser Perspektive als eine Eigenschaft semiologischer Systeme, lange bevor sich technische Medien etabliert haben. Bereits die anthropologischen Artikulations- und Ausdrucksmedien (Schlette/Jung 2005; Meute 2006), also etwa die noch nicht verschriftete Sprache, sind insofern durch Medialität geprägt und im Übrigen bereits in der Frühgeschichte der Gattung in multimediale Strukturen eingewoben. Schon die dreißigtausend Jahre alten Zeugnisse der paläolithischen Kunst beweisen ein in Gravur, Malerei und Bildhauerei sich ausdrückendes, teilweise intermedial organisiertes symbolisches Darstellungsvermögen des Menschen (Leroi-Gourhan 1988, 237 ff., 448 ff.; Jäger 2001b, 33 ff.; 2006). Medialität kommt also Medien nicht erst zu, wenn sich Übertragungsleistungen, Distributionsreichweiten sowie Verarbeitungs- und Speicherkapazitäten durch die Verfügbarkeit technischer Mittel ausgeweitet haben.

2.3 *Medialität* und das Problem eines essentialistischen Medienbegriffs

In einer dritten Hinsicht vermag die Frage nach der Medialität der Medien den Medienbegriff zu erhellen: Sie transformiert nämlich die essentialistische Frage, was Medien sind, in die Frage danach, wie Medien verfahren (Seel 2003, 13; Fohrmann 2004; Jäger 2004a). Medialität ist eine operative Eigenschaft der Medien. Oder anders: Medialität ist die Verfasstheit von Medien, an der sich zeigt, dass und wie sie operieren. Aus der Perspektive der Medialität tritt die Operativität der Medien als eine ihrer grundlegenden Eigenschaften hervor: Medien lassen sich dann bestimmen als „in Operation gesetzte Apparatur[en]", als „symbolisierende Performanzen" (Stetter 2005, 187). „Nicht etwas ist Medium, sondern es fungiert als solches" (Stoellger 2013, 109). Mit dem Begriff *Medialität* werden also Eigenschaften adressiert, an denen sich die spezifischen Prozeduren sichtbar machen lassen, die Medien als Medien durchführen: „Medialität heißt, daß es da etwas gibt, in dem sich Formen, Dinge, Bestimmtheiten geben lassen: ausdrücken, transferieren, konservieren, transformieren und entnehmen lassen" (Khurana 1998, 114). Den Begriff der Medien bzw. des Medialen aus der Perspektive des Medialitätsbegriffs theoretisch in den Blick nehmen, heißt also, die Prozeduralität der Medien in den Blick zu nehmen. Mit dem Prädikat *Medialität* wird die spezifische Form, der charakteristische Modus näher bestimmt, in dem Medien etwas in Szene setzen. Das Mediale der Medien zeigt sich durch die spezifische Art und Weise, in der sie prozedieren: nämlich als *Figuren der Vermittlung* (Krämer 2003, 79; ebenso Sandbothe 2003), in deren Vollzug die Elemente dessen, was vermittelt wird, allererst konstituiert werden. Für die Vermittlungsoperationen der Medien, in denen sich ihre Medialität zeigt, genauerhin für die Operationen der intramedialen oder intermedialen Bezugnahme (Jäger 2004b; Jäger/Fehrmann/Adam 2012; Jäger 2012) bzw. der Transkription (Jäger 2002b; 2013; Krämer 2003, 85), ist dabei zweierlei charakteristisch: einmal, dass das, was die verschiedenen Formen der medialen Vermittlung vermitteln, also zum Ausdruck bringen, distribuieren, übersetzen, speichern etc., durch die Vermittlung in einem gewissen Sinne erst hervorgebracht wird, dass also „Medien als *Medien der Artikulation* und nicht als *Medien der Übertragung*" operieren (Khurana 2004, 122), und zum zweiten, dass das Verfahren der medialen Bezugnahme nie auf prämediale, etwa mentale, sondern auf immer schon ihrerseits medialisierte Entitäten trifft (Jäger/Linz 2004): „Immer geht dem Medium etwas voraus; doch das, was ihm vorausgeht, ist zwar in einem anderen Medium, nie aber ohne Medium gegeben" (Krämer 2003, 85). Insgesamt läßt sich also für den hier diskutierten Zusammenhang festhalten: Die Fokussierung des Medienbegriffs unter der Perspektive der Medialiät lenkt den Blick auf *performative*, mit medialen Verfahren verknüpfte und nicht auf gleichsam *ontologische* oder ‚Wesenseigenschaften' der Medien.

2.4 *Medialität* und das Problem der Sprache

Schließlich und nicht zuletzt erlaubt es die Fokussierung der Medialitätsperspektive, ein Problem genauer zu identifizieren, das der medientheoretische Diskurs lange ausgeblendet hat (Jäger 1997, 2000) und dem erst in jüngerer Zeit einige Aufmerksamkeit zuteil wurde: dem Problem nämlich, dass *Medialität* nicht nur als ein Bestimmungsmoment der im weitesten Sinne *technischen* Medien angesehen werden kann, sondern als eines, das bereits natürlichen Sprachen, unabhängig davon, ob sie mit literaler Medialität ausgestattet sind oder nicht, zugerechnet werden muss (Jäger 2000, 2001b). Diese Einsicht blieb lange sowohl der Medientheorie, als auch bemerkenswerterweise der Sprachtheorie selbst verborgen. Die *Sprachvergessenheit der Medientheorie* konvergierte hier mit der *Medialitätsvergessenheit der Sprachtheorie* (Jäger 2000). Während das Problem der Medialität von Sprachen in den – lange Zeit in der Sprachwissenschaft dominierenden – Strömungen des linguistischen Strukturalismus und Kognitivismus keine theoretische Aufmerksamkeit gefunden hat, weil Sprachen genau insoweit, als sie *medial erscheinen* die Dignität wissenschaftlicher Gegenständlichkeit abgesprochen wurde (Hjelmslev 1942, 32; 1947, 69; Chomsky 1986, 3; 1990, 632, 641; Bierwisch 1987, 645; hierzu kritisch Jäger 1994; 2000, 26 ff.; 2004b; 2013a), tendierte der medientheoretische Diskurs dazu, Sprache erst mit der Erfindung der Schrift, also mit dem, was Ong „Technologisierung des Wortes" genannt hat (Ong 1987, 81 ff.), in den Horizont des Medialen eintreten zu lassen und der anthropologisch-präliteralen Sprache Medialität abzusprechen (hierzu Jäger 2001b, 20 ff.). Die Medialität von Formen der Sprache, die außerhalb des Verfahrensraumes der Schrift operieren, wurde dabei unterschätzt und weitgehend ignoriert (Jäger 2001b, 22 ff.; Jäger/Springer 2000; Jäger 2005, 291 ff.). Freilich gibt es keinen prämedialen Status von Sprache, und es ist der Horizont ihrer Medialität, in dem sie sich in einer nicht unwesentlichen Hinsicht als Erkenntnisgegenstand konstituiert. Gerade *Medialität* muss deshalb – insofern, als Sprachen *semiologische*, durch *Zeichenhaftigkeit* (Jäger 1997, 201, 202 ff.; 2013b, 16 ff.) bestimmte Systeme sind – als eine substanzielle Eigenschaft von Sprache angesehen werden, vielleicht sogar als eine, durch die andere Formen der Medialität von Medien fundiert sind. Es spricht einiges dafür, dass alle, seit der Schrifterfindung sich ausfaltenden, medientechnologisch bestimmten medialen Systeme systematisch auf die Medialität der Sprache rückbezogen bleiben, dass also in der ursprünglichen Medialität der Sprache prinzipiell der Raum späterer medien-technologischer Ausfaltungen dieser Medialität konstitutiv enthalten ist. Sprache müsste dann als „Archimedium" (Ehlich 1998, 20; Jäger 2001b, 22 ff.; 2007, 10, 16), als „Primär-Medialität" (Jäger 1997, 216) dieser Systeme angesehen werden: „Die umfassenden Leistungen der Sprache stellen den Maßstab dar, gegen den alle folgende Medien anzutreten hatten [...]" (Winkler 1997, 332) – oder, wie Seel formuliert: „[...] nur im Verhältnis zur Sprache lässt sich der Status unterschiedlicher Arten von Medien wirklich deutlich machen" (Seel 2003, 12). Für ihn ist deshalb „Sprache [...] das einzige Erkenntnismedium sine qua non. Ohne die Ausbildung einer Sprache können die anderen Medien nicht als Erkenntnismedien entwickelt und genutzt werden. Alle anderen Medien sind Erkenntnismedien nur zusammen mit dem Medium der propositionalen Artikulation" (Seel 1998, 354; hierzu auch Blank 2004, 259 ff.). Wenn man also davon ausgeht, dass die konstitutionelle Verfasstheit der verschiedenen Medien in einer gemeinsam sie bestimmenden *Medialität* begründet liegt, und wenn *Medialität* zugleich eine grundlegende Eigenschaft von Sprache ist, wird sichtbar, wie wesentlich die theoretische Aufklärung des Medienbegriffs mit dem Sprachproblem und insbesondere mit dem Problem der Sprachzeichenmedialität verwoben ist. In der Medialitätsperspektive dehnt sich also das medientheoretische Problemfeld über den Bereich der im weitesten Sinne *technischen* Medien hinaus aus in den des *Mediums Sprache* (Strohner/Sichelschmidt/Hielscher 1998; Ehlich 1998; Jäger 2001b; Holly/Paul 2007; Jäger 2007; Schneider 2008).

3 *Medialität* – einige Erwägungen

Der Begriff der *Medialität* – und diesem Umstand verdankt er seinen Aufstieg im medientheoretischen Diskurs – ist eng verbunden mit einem semantischen Wandel des Medienbegriffs sowie der in diesen jeweils konstitutiv eingeschriebenen Zeichenidee. Man kann diesen Wandel in der Terminologie Sybille Krämers beschreiben als die allmähliche Ersetzung einer *medienmarginalistischen* durch eine *mediengenerativistische* Auffassung dessen, was ein Medium sei (Krämer 2004b, 22f), als einen theoretischen „shift", der die Rolle, die den Medien in der kulturellen Kommunikation zugeschrieben wird, konzeptionell verändert und neu bewertet – genauer, der der überkommenen *kommunikativen* Rolle eine kognitive oder *epistemologische* neu hinzufügt: Der Gedanke, dass „Medien vermitteln und übertragen, indem sie das zu Übertragende möglichst invariant und stabil halten", wird zunehmend substituiert durch eine Medienauffassung, die „Medien für das, was sie mediatisieren, eine konstituierende Funktion" zuschreibt (Krämer 2004b, 22f). Dieser Wandel des Medienbegriffs ist eng verbunden mit dem Wandel der jeweils in ihn implementierten Zeichenidee: Die Annahme, das Mediale am Zeichen beschränke sich darauf, als *materieller Zeichenträger*, als *äußerliches Vehikel einer Zeichenbedeutung* zu fungieren (Krämer 1998, 77; 2003, 79), die als präkonstituierter Inhalt dem *medialen* Zeichenausdruck immer schon vorausliegt, wird weithin substituiert durch die Annahme, dass „das

Mediale an den Zeichen nicht nur Bedingung der Möglichkeit ihrer Übertragbarkeit, sondern der Sinnbildung selber ist" (Krämer 1997, 12; vgl. hierzu Humboldt GS 7, 53; Cassirer 1964, 19, 27, 43; 1965, 178; Luhmann 1992, 59; Jäger 1997; 2000, 16; 2001a, 16; 2001b; 2013). Zeichenmedialität partizipiert also in einer grundlegenden Weise an der Hervorbringung jenes Sinnes, den das Zeichen überträgt, distribuiert und aufbewahrt. „Medialität ist eine Möglichkeitsbedingung von Mentalität" (Jäger 2000, 30; Linz 2002; Fehrmann 2004; Jäger/Linz 2004). Insofern verarbeitet Sprache als semiologisches System keinen *sprachtranszendenten Sinn*, sondern sie erzeugt *Eigensinn* (Jäger 2005b; vgl. hierzu unten die folgenden Abschnitte). Es ist nun dieser sowohl am gewandelten Medienbegriff als auch an der veränderten Zeichenidee ablesbare Aufstieg des Medialen von einer *Übertragbarkeitsbedingung* zu einer *Konstitutionsbedingung* des jeweils mediatisierten Gehaltes, der im Begriff der *Medialität* seinen theoretischen Kristallisationsort gefunden hat. Mit *Medialität* wird vor allem jene genuine Leistung adressiert, die Zeichen und Medien über ihre Funktion der Sinn*übertragung* hinaus charakterisiert, die Leistung nämlich der Sinn*konstitution*: „Medien übertragen nicht einfach Botschaften, sondern entfalten eine Wirkkraft, welche die Modalitäten unseres Denkens, Wahrnehmens, Erfahrens, Erinnerns und Kommunizierens prägt" (Krämer 1998b, 14; vgl. auch 2003, 83). Wie diese Diskursbewegung zeigt, wurde *Medialität* also in eben dem Maße zu einem „philosophische[n] Grundbegriff" (Blank 2004, 250), in dem immer mehr in den Blick rückte, wie grundlegend Medialität menschliche Verhältnisse bestimmt, d. h. „wie sehr die historischkulturelle Wirklichkeit von medialen Operationen geprägt ist" (Seel 2003, 10). An keinem Medium läßt sich dieser epistemologische Status der Medialität einschlägiger ablesen als am Medium Sprache. Sie kann deshalb auf dem Feld des Medialen als ein für die Exemplifikation der Medialitätsfrage paradigmatischer Fall gelten.

3.1 *Medialität* und die Dekonstruktion des *transzendenten Sinns*

Wie sich bisher gezeigt hat, rückt der Begriff der Medialität in dem Maße in das Zentrum des medientheoretischen Diskurses, in dem eine *mediengenerativistische* Konzeptualisierung des Medienbegriffs dessen *medienmarginalistische* Auffassung zu verdrängen beginnt. Der um den Medialitätsbegriff zentrierte Diskurs wird zum genuinen Ort der Kritik der Medienmarginalisierung und der Profilierung der epistemologischen Funktion des Medialen (Seel 2003; Krämer 2003; Vogel 2001; 2003; Sandbothe 2003; Schürmann 2013). Er reaktivierte dabei freilich, ohne dass er sich dessen bewusst gewesen wäre, die bereits in der Sprach- und Zeichenphilosophie des 18. und 19. Jahrhunderts ausgetragenen Auseinandersetzung zwischen *semiotischen, antimedialistischen* (Hartmann 2010, 270 ff.) und *semiologischen* Auffassungen, die der Medialität eine konstitutive Rolle für die Genese des Mentalen zuschrieben (etwa Jäger 2004c, 28 ff.; 1988). Hatte bereits Humboldt die Sprache als ein *gedankenbildendes* Medium aufgefasst (Humboldt GS 7, 53), wird nun auch im Horizont des Medialitätsparadigmas über die Funktion kommunikativen Austauschs hinaus die epistemisch kognitive Dimension der kulturellen Kommunikation, ihre Funktion als *epistemischer Ort medialer Welterschließung* (Tholen 2012, 45) herausgearbeitet. Eben diese Funktion des Medialen war in den gängigen Modellen der Sprach- und Zeichentheorie (etwa Fodor 1975; Chomsky 1986; 1990; Walter 1974; Eco 1977; Bentele/Bystrina 1978), sowie der Kommunikation (Weaver/Shannon 1963; Levelt 1989) systematisch unterschätzt und ausgeblendet worden. In der Perspektive dieser ‚antimedialistischen' Theorietradition kommt den Medien der Kommunikation für die Konstitution der von ihnen transportierten und übertragenen Inhalte keinerlei Bedeutung zu. *Kommunikationsmedien* operieren als reine „Repräsentationsmedien" (Mayer/Schneck 1996, 6) und werden verstanden als Apparate *zur Übermittlung kultureller Inhalte* (Großklaus 1995, 7), als „Mittel" (Walter 1974, 105), die es in einem „informationellen Prozeß" ermöglichen, „Information von einer Quelle (einem Sender) zu einem Empfänger" zu übertragen (Bentele/Bystrina 1978, 97): „Ein Kommunikationsmedium ist alles, was den Bezug zwischen den Gedanken des Senders und des Empfängers ermöglicht" (Boeckmann 1994, 34; vgl. auch Posner 1986, 293f). Die Information selbst, d. h. der kommunizierte Sinn, wird im Horizont dieses semiotischen Paradigmas gedacht als Import aus medien- und sprachtranszendenten Quellen, in denen er *prämedial* konstituiert wurde. Information, Bedeutung und Sinn operieren als dem medialen System *transzendente* Entitäten, die von außen in die Kommunikation eingespeist werden. Sie sind in ihrer Identität von der Art ihrer medialen Erscheinung, von der Materialität der Kommunikationsmittel (Gumbrecht/Pfeiffer 1988), in denen sie übertragen werden, unabhängig. Es ist eine in diesem Denkraum weit verbreitete epistemologische Überzeugung, dass das Verhältnis der Sphären des Symbolisch-Medialen und des Kognitiv-Mentalen durch eine konstitutive Nachträglichkeit des Medialen bestimmt ist. Der *Geist* geht den Medien seines Ausdrucks als autonomes Regime voraus, und er ist den möglichen Formen seines medialen Erscheinens transzendent (vgl. etwa Fodor 1975; hierzu kritisch Linz 2004; Jäger 2004c). Insofern kann man auch davon sprechen, dass das antimedialistische Paradigma Sinn als *transzendenten Sinn* konzeptualisiert. Der *Geist*, so wie er im Horizont dieses Paradigmas adressiert wird, ist umgeben von einer präkommunikativen, medienindifferenten Aura, und er spricht jenseits aller medialen Diskurswelten seine eigene amodale, universale Sprache. Der *medialen Sprache* – wie der Medialität überhaupt – kommt also in diesem Modell, wie Brandom formuliert, lediglich „eine sekundäre, zeitlich nachgeordnete, bloß instrumentelle Rolle" zu (Brandom 2001, 14).

3.2 *Medialität* als Ermöglichungsgrund von *Eigensinn*

Es ist dieses Konzept des *transzendenten Sinns*, gegen das der Medialitätsdiskurs die Idee des *Eigensinns* in Stellung bringt. Wenn die Medialität als ein wesentliches Moment auch für die Konstitution der Inhalte, die durch ein mediales System ‚übertragen' werden, ins Spiel kommt, verlieren diese Inhalte ihre transzendente Autonomie und werden zu einem Eigenprodukt des medialen Systems. Sie verdanken sich keinen Quellen, die von der medialen Maschine unabhängig wären. Sprache – wie auch nichtsprachliche mediale Systeme – lassen sich nun insofern als Medien des *Eigensinns* verstehen, als sie Sinn in genuin sprachlichen bzw. medialen Verfahren generieren. *Eigensinn* meint also einen Sinn, der in das Operationsfeld der Sprache nicht als ein sprachtranszendenter Sinn gelangt, sondern im System selber, in den verschiedenen Prozeduren inferentieller Bezugnahme (zum *Inferentialismus* vgl. Brandom 2001, 67 ff.) produziert wird. Sprache verfügt nämlich in paradigmatischer Weise über die Eigenschaft, sich rekursiv auf sich selber zurückzubiegen und so die eigene Zeichenverwendung fortlaufend zum Gegenstand weiterer thematisierender, kommentierender, explizierender Zeichenverwendungen zu machen, in denen sich das zeigt, was man die *rekursive Transkriptivität* der Sprache nennen könnte (Jäger 2008, 297 ff.; 2010, 305 ff., 315), eine Eigenschaft im Übrigen, die für mediale Systeme und ihre Verfahren der *remediation* insgesamt konstitutiv ist (Bolter/Grusin 2001; Manovich 2001). Die Informationen, die in sprachlichen bzw. medialen Prozessen übermittelt, übertragen, verschickt, adressiert oder auch gespeichert werden, sind keine, die von sprachtranszendenten Instanzen des Sinns – etwa einer vorsprachlichen *Sprache des Geistes* – in sprach-kommunikative Prozesse eingespeist würden: „Sie werden" – so Luhmann – „in der Kommunikation aufgebaut und abgebaut, aktualisiert, eventuell aufgezeichnet, eventuell erneut thematisiert. Sie kommen nicht als Bewußtseinsoperationen in das System, nicht als Wissen eines psychischen Systems, das vorher da ist und dann in die Kommunikation eingegeben wird" (Luhmann 1992, 24). Jeder Sinn, der mit den semiologischen Verfahren der Sprache kommuniziert wird, ist also seinerseits in semiologischen Verfahren der Sprache oder anderer, nicht-sprachlicher Medien generiert worden. Sinnkonstitution ist ein *Eigenverfahren* der Sprache (und in anderen Medien ein Eigenverfahren dieser Medien), ein Eigenverfahren, in dem immer wieder Zeichen im Raum medialer Diskursivität auf Zeichen Bezug nehmen müssen. Die Genese von Sinn ist insofern eng mit der Medialität der Zeichensysteme verschaltet, in denen er hervorgebracht wird. Ohne seine Versinnlichung hätte das im Zeichen zum Ausdruck gebrachte kognitive Moment keine unabhängige Existenz. Selbst „die reine Funktion des Geistigen" muß – wie Cassirer bemerkt – „im Sinnlichen ihre konkrete Erfüllung suchen" (Cassirer 1964, I, 19). Sinnliche Erscheinungsmodalität und kognitiver Gehalt von Zeichen/Symbolen sind also im Eigensinnverfahren nur in ihrer wechselseitigen Bezogenheit aufeinander existent. Sie sind durch eine Eigenschaft charakterisiert, die Cassirer „symbolische Prägnanz" nennt (Cassirer 1964, III, 235): Sie entfalten Bedeutung als *Sinn im Sinnlichen* (Krois 1988, 23), also als einen Typus von Sinn, der unaufhebbar mit jener sinnlicher Erscheinung verwoben ist, die er transzendiert. Aus diesem Grund sind Zeichen/Symbole in einer von ihrer jeweiligen aisthetischen Verfassung abhängigen spezifischen Form an der Konstitution dessen beteiligt, was sie zum Ausdruck bringen. Der kognitive Gehalt eines Zeichens ist von der sinnlichen Modalität, von der Medialität des Zeichens abhängig, in der er zum Ausdruck kommt (zu den verschiedenen Modalitätsformen von Sprache vgl. etwa Jäger 2013b). Er hat keine modalitätsneutrale Existenzform.

3.3 *Medialität* als *Spur* und *Bewegung*

Neben ihrer semiologischen Funktion als Ermöglichungsgrund der Eigensinngenese kommt der Medialität eine zweite Funktion zu, die der semiologischen Funktion gleichsam zugrundeliegt: die Funktion nämlich, dem ‚einsamen' und anthropozentrischen Subjekt jenen Raum medialer Selbstbegegnung bereitzustellen, den es zur Selbstkonstitution und zur Konstitution seiner Erkenntniswelt notwendig immer wieder durchqueren muss. In den beiden epistemologischen Dimensionen der *Referenz* und der *Introspektion*, in denen das *Erkenntnissubjekt* Weltbezug und Selbstbezug herstellt, besetzt *Medialität* den funktionalen Ort der Unterbrechung und Suspendierung von Unmittelbarkeit. Weder die Erkenntniswelt, noch die eigene Kognition sind dem Erkenntnissubjekt unvermittelt, d. h. unabhängig von medialen Vermittlungsoperationen, zugänglich: Als *anthropomediale* Gestalt (Voss 2010; Engell/Siegert 2013) muss es „immer schon als in ein mediales Feld, eine Mediasphäre, ein Medienhabitat eingelassen begriffen [werden]" (Engell/Siegert 2013, 9). Ohne die mediale *Spur*, auf der das mentale System zugleich seine eigene Zeichen-Aktivität im Netzwerk sozialer Sprachspiele ‚liest' und sie für andere lesbar macht, bliebe – wie Humboldt formuliert hatte – der Geist „durchaus innerlich und gewissermaßen spurlos vorübergehend" (Humboldt GS 7: 53). „Der Mensch [...] muß den flüchtigen Geist in Worte fassen, um ihn zu heften, und die Worte als Stützen gebrauchen, um über sie selbst noch hinauszureichen" (Humboldt GS 7, 602). Die Sprache – und das gilt auch für andere Formen der Zeichenmedialität – ermöglicht es dem *Geist* dadurch, sich selber zu begegnen, und sich im Zuge dieser medialen Selbstbegegnung (immer wieder) zu konstituieren; sie fungiert gleichsam als die *mediale Spur* seiner mentalen Bewegungen. Der *Geist* läßt – so Humboldt – „sein Gepräge, als Spur seines Wirkens, in dem Worte zurück [...]" (Humboldt GS 4, 431). Die Seele muß – so heißt es an anderer Stelle – „das Wort [...] wie einen Anhaltspunkt ihrer inneren Thätigkeit behandeln" (Humboldt GS 7, 100; zur Spurtheorie vgl. Jäger 1988, 81 ff.; 1997, 203 ff., 209 ff.; 2001, 17 ff.; Linz/Fehrmann 2005; Linz 2012). Die Formulierung Humboldts macht deutlich, wie eng für ihn Mentalität an Medialität geknüpft ist: Die für die Ausbildung des mentalen Systems zentrale Voraussetzung der objektivierenden Selbstbegegnung in der Lektüre der eigenen Spur wird nämlich allein durch die semiologische Medialität des sinnlich erscheinenden Sprachzeichens gewährleistet. Das interne mentale System vermag sich nur über seine externe Zeichenspur als mentales System zu konstituieren. Es muss sich gleichsam in ein mediales System transkribieren, um sich als mentales zu konstituieren. Mentalität vermag sich also nur über die Spur ihrer eigenen leiblichzeichenhaften Tätigkeit, erst auf dem Umweg (Jäger 1997; 2001a; Angehrn 2011) einer solchen medialen Selbstbegegnung als Subjekt in seiner Erkenntnisbeziehung zur

Welt zu konstituieren. Ohne exteriore Zeichenhandlungen im Raum der Mediasphäre könnten weder Subjekte noch Erkenntniswelten, auf die diese sich erkennend richten und in denen sie interagieren, gedacht werden. „Der Geist selbst ist auf mediale Materialität verwiesen" (Schürmann 2013, 75; vgl. auch Vogel 2001; Jäger/Linz 2004; Jäger 2004c) – und gerade als mediale Bewegung der Selbstbegegnung ist Medialiät eine „anthropologische Existenzbedingung" (Schürmann 2013, 76), die Verfassung des anthropomedialen Menschen.

4 Literatur

Alloa, Emmanuel/Miriam Fischer (Hg.) (2013): Leib und Sprache. Zur Reflexivität verkörperter Ausdrucksformen. Weilerswist.
Andriopoulos, Stefan/Gabriele Schabacher/Eckhard Schumacher (Hg.) (2001): Die Adresse des Mediums. Köln.
Angehrn, Emil (2001): Der hermeneutische Umweg. Von der Gegenständlichkeit des Sinns. In: David Espinet/Friederike Rese (Hg.): Gegenständlichkeit und Objektivität. Tübingen, 39–59.
Angehrn, Emil (2013): Körper, Leib, Fleisch. Von Inkarnationen der Sprache. In: Alloa/Fischer, 27–44.
Baecker, Dirk (2005): Form und Formen der Kommunikation. Frankfurt.
Bartz, Christina/Ludwig Jäger/Marcus Krause/Erika Linz (Hg.) (2012): Handbuch der Mediologie. Signaturen des Medialen. München.
Bartz, Christina u. a. (2012): Einleitung – Signaturen des Medialen. In: Christina Bartz/Ludwig Jäger/Marcus Krause/Erika Linz, 7–15.
Bentele, Günter/Ivan Bystrina (1978): Semiotik. Grundlagen und Probleme. Stuttgart u. a.
Bierwisch, Manfred (1987): Linguistik als kognitive Wissenschaft – Erläuterungen zu einem Forschungsprogramm. In: Zeitschrift für Germanistik. 8. Jg., 6/12, 645–667.
Blank, Stefan/Martin Seel (2004): Medialität und Welterschließung. In: Lagaay/Lauer, 249–272.
Boeckmann, Klaus (1994): Unsere Welt aus Zeichen: Zur Theorie der Kommunikationsmedien. Wien.
Bolter, Jay David/Richard Grusin (2001): Remediation. Understanding New Media. London.
Brandom, Robert B. (2001): Begründen und Begreifen. Eine Einführung in den Inferentialismus. Frankfurt.
Cassirer, Ernst (1964): Philosophie der Symbolischen Formen. Erster Teil. Die Sprache. Darmstadt.
Cassirer, Ernst (1965): Wesen und Wirkung des Symbolbegriffs. Darmstadt.
Chomsky, Noam (1986): Knowledge of Language. Its Nature, Origin and Use. New York/London.
Chomsky, Noam (1990): On nature, use and acquisition of language. In: W. G. Lycan (Hg.): Mind and Cognition. Oxford/Cambridge/Mass, 627–646.
Eco, Umberto (1977): Zeichen. Einführung in einen Begriff und seine Geschichte. Frankfurt.
Deppermann, Arnulf/Angelika Linke (Hg.) (2010): Sprache Intermedial. Stimme und Schrift, Bild und Ton. Berlin/New York.
Ehlich, Konrad (1998): Medium Sprache. In: Strohner/Sichelschmidt/Hielscher, 9–21.
Engell, Lorenz/Bernhard Siegert (2013): Editorial. In: Zeitschrift für Medien- und Kulturforschun, Heft 1/2013. Schwerpunkt Medienanthropologie, 5–10.
Engell, Lorenz/Frank Hartmann/Christiane Voss (Hg.) (2013): Körper des Denkens. Neue Positionen der Medienphilosophie. München.
Fehrmann, Gisela (2004): Verzeichnung des Wissens. Überlegungen zu einer neurosemiologischen Theorie der sprachgeleiteten Konzeptgenese. München.

Fehrmann, Gisela/Erika Linz/Cornelia Epping-Jäger (Hg.) (2005): Spuren Lektüren. Praktiken des Symbolischen. München.
Fodor, Jerry A. (1975): The Language of Thought. New York.
Fohrmann, Jürgen (2004): Der Unterschied der Medien. In: Jürgen Fohrmann/Erhard Schüttpelz (Hg.): Die Kommunikation der Medien. Tübingen, 5–19. Engl. Fassung: Differentiating Media. In: Ludwig Jäger/Erika Linz/Irmela Schneider (Hg.): Media, Culture and Mediality. New Insights into the Current State of Research, Bielefeld 2010, 19–36.
Großklaus, Götz (1995): Medien-Zeit – Medien-Raum. Zum Wandel der raumzeitlichen Wahrnehmung in der Moderne. Frankfurt.
Grube, Gernot/Werner Kogge/Sybille Krämer (Hg.) (2005): Schrift. Kulturtechnik zwischen Auge, Hand und Maschine. München.
Gumbrecht, Hans Ulrich/K. Ludwig Pfeiffer (Hg.) (1988): Materialität der Kommunikation. Frankfurt.
Habscheid, Stephan (2000): ‚Medium' in der Pragmatik. Eine kritische Bestandsaufnahme. In: Deutsche Sprache 2, 126–143.
Hartmann, Frank (2010): Techniktheorien der Medien. In: Weber, 51–77.
Hartmann, Frank (2010): Medienphilosophische Theorien. In: Weber, 267–293.
Hess-Lüttich, Ernest W./Dagmar Schmaucks (2004): Multimediale Kommunikation. In: Roland Posner/Klaus Robering/Thomas A. Sebeok (Hg.): Semiotik. Ein Handbuch zu den zeichentheoretischen Grundlagen von Natur und Kultur. Bd. 4. Berlin/New York, 3487–3503.
Hjelmslev, Louis (1947): Structural analysis of language. In: Studia Linguistica I, 69–78.
Hjelmslev, Louis (1942): Langue et parole. In: Cahiers Ferdinand de Saussure (CFS) 2, 29–44.
Holly, Werner/Ingwer Paul (Hg.) (2007): Medialität und Sprache. Mitteilungen des Germanistenverbandes. Bielefeld.
von Humboldt, Wilhelm: Gesammelte Schriften. Hg. von der Königlich Preußischen Akademie der Wissenschaften (A. Leitzmann u. a.). 17 Bde. Berlin 1903–1936. Nachdruck Berlin 1968 [zitiert als GS mit Band- und Seitenzahl].
Jäger, Ludwig (1988): Über die Individualität von Rede und Verstehen. Aspekte einer hermeneutischen Semiologie bei Wilhelm von Humboldt. In: Manfred Frank (Hg.): Poetik und Hermeneutik XIII. Individualität. München, 76–94.
Jäger, Ludwig (1994): Die Linguistik des Innern. Historische Anmerkungen zu den zeichen- und erkenntnistheoretischen Grundlagen der kognitivistischen Sprachwissenschaft. In: Ludwig Jäger/Bernd Switalla (Hg.): Germanistik in der Mediengesellschaft. München, 291–326.
Jäger, Ludwig (1997): Die Medialität der Sprachzeichen. Zur Kritik des Repräsentationsbegriffs aus der Sicht des semiologischen Konstruktivismus. In: Maria Lieber/Willi Hirdt (Hg.): Kunst und Kommunikation. Betrachtungen zum Medium Sprache in der Romania. Festschrift für Richard Baum. Tübingen, 199–220.
Jäger, Ludwig (2000): Die Sprachvergessenheit der Medientheorie. Ein Plädoyer für das Medium Sprache. In: Kallmeyer, 9–30.
Jäger, Ludwig/Luise Springer (Hg.) (2000): Über die Medialität der gesprochenen Sprache. Themenheft der Zeitschrift „Sprache und Literatur" (SuL) 85.
Jäger, Ludwig (2001): Zeichen/Spuren. Skizzen zum Problem der Zeichenmedialität. In: Georg Stanitzek/Wilhelm Voßkamp (Hg.): Schnittstelle: Medien und kulturelle Kommunikation. Köln, 17–31. (=2001a)
Jäger, Ludwig (2001): Sprache als Medium. Über die Sprache als audio-visuelles Dispositiv des Medialen. In: Horst Wenzel/Wilfried Seipel/Gotthart Wunberg (Hg.): Audiovisualität vor und nach Gutenberg – Zur Kulturgeschichte der medialen Umbrüche. Wien, 19–42. (=2001b)
Jäger, Ludwig (2002): Medialität und Mentalität. Die Sprache als Medium des Geistes. In: Krämer/König, 45–75. (=2002a)

Jäger, Ludwig (2002): Transkriptivität. Zur medialen Logik der kulturellen Semantik. In: Ludwig Jäger/Georg Stanitzek (Hg.): Transkribieren – Medien/Lektüre. München, 19–41. (=2002b)
Jäger, Ludwig (2004): Störung und Transparenz. Skizze zur performativen Logik des Medialen. In: Krämer, 35–73. [= 2004a]
Jäger, Ludwig (2004): Die Verfahren der Medien: Transkribieren – Adressieren – Lokalisieren. In: Jürgen Fohrmann/Erhard Schüttpelz (Hg.): Die Kommunikation der Medien. Tübingen, 69–79. [= 2004b]
Jäger, Ludwig/Erika Linz (Hg.) (2004): Medialität und Mentalität. Theoretische und empirische Studien zum Verhältnis von Sprache, Subjektivität und Kognition. München.
Jäger, Ludwig (2004): Wieviel Sprache braucht der Geist. Mediale Konstitutionsbedingungen des Mentalen. In: Jäger/Linz, 15–42. [=2004c]
Jäger, Ludwig (2005): Versuch über den Ort der Schrift. Die Geburt der Schrift aus dem Geist der Rede. In: Grube/Kogge/Krämer, 187–209. [= 2005a]
Jäger, Ludwig (2005): Vom Eigensinn des Mediums Sprache. In: Dietrich Busse/Thomas Niehr/Martin Wengeler (Hg.): Brisante Semantik. Neuere Konzepte und Forschungsergebnisse einer kulturwissenschaftlichen Semantik. Tübingen, 45–64. [= 2005b]
Jäger, Ludwig (2006): Bild/Sprachlichkeit. Zur Audiovisualität des menschlichen Sprachvermögens. In: Sprache und Literatur 98, 2–24.
Jäger, Ludwig (2007): Medium Sprache. In: Holly/Paul, 8–24.
Jäger, Ludwig (2008): Rekursive Transkription. Selbstlektüren diesseits der Schrift. In: Davide Giuriato/Martin Stingelin/Sandro Zanetti (Hg.): „Schreiben heißt sich selber lesen". Schreibszenen als Selbstlektüren. München, 283–300.
Jäger, Ludwig (2010): Intermedialität – Intramedialität – Transkriptivität. Überlegungen zu einigen Prinzipien der kulturellen Semiosis. In: Deppermann/Linke, 301–323.
Jäger, Ludwig (2012): Bezugnahmepraktiken. Skizze zur operativen Logik der Mediensemantik. In: Jäger/Fehrmann/Adam, 13–41.
Jäger, Ludwig/Gisela Fehrmann/Meike Adam (Hg.): Medienbewegungen. Praktiken der Bezugnahme. München.
Jäger, Ludwig (2012): Transkription. In: Bartz u. a., 306–315.
Jäger, Ludwig (2013): Die Leiblichkeit der Sprache. Phylogenetische Reminiszenzen in systematischer Absicht. In: Alloa/Fischer, 56–76. [= 2013a]
Jäger, Ludwig (2013): Sprache. In: Natalie Binczek/Till Dembeck/Jörgen Schäfer (Hg.): Handbuch Medien der Literatur. Berlin/Boston, 11–26. [= 2013b]
Kallmeyer, Werner (Hg.) (2000): Sprache und neue Medien. Berlin/New York.
Kittler, Friedrich (1993): Draculas Vermächtnis. Technische Schriften. Leipzig.
Kittler, Friedrich (1995): Aufschreibsysteme 1800/1900. München.
Krämer, Sybille (1997): Einleitung. In: Peter Koch/Sybille Krämer (Hg.): Schrift, Medien, Kognition. Über die Exteriorität des Geistes. Tübingen, 9–26.
Krämer, Sybille (Hg.) (1998): Über Medien. Geistes- und kulturwissenschaftliche Perspektiven. Vorlesung [Typoskript]. Berlin. [http://userpage.fu-berlin.de~sybkram/medium/inhalt.html] [=1998a]
Krämer, Sybille (Hg.) (1998): Medien Computer Realität. Wirklichkeitsvorstellungen und neue Medien. Frankfurt. [=1998b]
Krämer, Sybille (1998): Was haben die Medien, der Computer und die Realität miteinender zu tun? Zur Einleitung in diesen Band. In: Krämer 1998b, 9–26.
Krämer, Sybille (1998): Medium als Spur und Apparat. In: Krämer 1998b, 73–94.
Krämer, Sybille (2000): Über den Zusammenhang zwischen Medien, Sprache und Kulturtechniken. In: Kallmeyer, 31–56.

Krämer, Sybille (2001): Sprache, Sprechakt, Kommunikation. Sprachtheoretische Positionen des 20. Jahrhunderts. Frankfurt.

Krämer, Sybille (2003): Erfüllen Medien eine Konstitutionsleistung? Thesen über die Rolle medientheoretischer Erwägungen beim Philosophieren. In: Münker/Roesler/Sandbothe, 78–90.

Krämer, Sybille (Hg.) (2004): Performativität und Medialität. München. [=2004a]

Krämer, Sybille (2004): Was haben ‚Performativität' und ‚Medialität' miteinander zu tun? Plädoyer für eine in der ‚Aisthetisierung' gründende Konzeption des Performativen. Zur Einleitung in diesen Band. Einleitung in: Krämer 2004a. [=2004b]

Krämer, Sybille/Friedrich Kittler (2004): Kulturtechniken der Zeitachsenmanipulation. In: Lagaay/Lauer, 201–224. [=2004c]

Krämer, Sybille (2005): Das Medium zwischen Zeichen und Spur. In: Fehrmann/Linz/Epping-Jäger, 153–166.

Krois, John Michael (1988): Problematik, Eigenart und Aktualität der Cassirerschen Philosophie der symbolischen Formen. In: Hans-Jürg Braun/Helmut Holzhey/Ernst Wolfgang Orth (Hg.): Über Ernst Cassirers Philosophie der symbolischen Formen. Frankfurt, 15–44.

Künzler, Matthias u. a. (2013): Medien als Institutionen und Organisationen: Anachronismus in der Onlinewelt? In: Matthias Künzler u. a. (Hg.): Medien als Institutionen. Institutionalistische Ansätze in der Publizistik- und Kommunikationswissens. Baden Baden, 13–25.

Krämer, Sybille/Ekkehard König (Hg.) (2002): Gibt es eine Sprache hinter dem Sprechen? Frankfurt.

Khurana, Thomas (1998): Umarbeitung der Ontologie mit Luhmann und Derrida. In: Krämer 1998c, 111–143.

Lagaay, Alice/David Lauer (Hg.) (2004): Medientheorien. Eine philosophische Einführung. Frankfurt/New York.

Lauer, David/Hartmut Winkler (2004): Die Dialektik der Medien. In: Lagaay/Lauer, 225–247.

Leroi-Gourhan, André (1988): Hand und Wort. Die Evolution von Technik, Sprache und Kunst. Frankfurt.

Levelt, Willem J. M. (1989): From Intention to Articulation, Cambridge/Mass.

Liebrand, Claudia/Irmela Schneider (Hg.) (2002): Medien in Medien. Köln.

Linz, Erika (2002): Indiskreten Semantik. Kognitive Linguistik und neurowissenschaftliche Theoriebildung. München.

Linz, Erika (2004): ‚Language of Thought' – mentale Symbole oder medialen Zeichen. In: Jäger/Linz, 45–68.

Linz, Erika (2012): Spur. In: Bartz u. a., 265–271.

Linz, Erika/Gisela Fehrmann (2005): Die Spur der Spur. Zur Transkriptivität von Wahrnehmung und Gedächtnis. In: Fehrmann/Linz/Epping-Jäger, 89–103.

Luhmann, Niklas (1992): Die Wissenschaft der Gesellschaft. Frankfurt.

Luhmann, Niklas (1997): Die Kunst der Gesellschaft. Frankfurt.

Manovich, Lev (2001): The Language of New Media. London.

Margreiter, Reinhard (1999): Realität und Medialität. Zur Philosophie des „Medial Turn". In: Media Journal 23, Heft 1, 9–18.

Mayer, Ruth/Ernst-Peter Schneck (1996): Hyperkultur – die ganze Welt ist ein Text. Eine Einleitung. In: Martin Klepper/Ruth Mayer/Ernst-Peter Schneck (Hg.): Hyperkultur: Zur Fiktion des Computerzeitalters. Berlin/New York.

Merleau-Ponty, Maurice (1966): Phänomenologie der Wahrnehmung. Berlin.

Mersch, Dieter (2002): Was sich zeigt. Materialität, Präsenz, Ereignis. München.

Mersch, Dieter (2004): Medialität und Undarstellbarkeit. Einleitung in eine ‚negative' Medientheorie. In: Krämer 2004a, 75–95.

Meuter, Norbert (2006): Anthropologie des Ausdrucks. München.

Mitchell, W. J. T. (2001): Der Mehrwert von Bildern. In: Stefan Andriopoulos/Gabriele Schabacher/ Eckhard Schumacher (Hg.): Die Adresse des Mediums. Köln, 158–184.
Mitchell, W. J. T. (2008): Das Leben der Bilder. Eine Theorie der visuellen Kultur. München.
Münker, Stefan (2009): Philosophieren nach dem „Medial Turn": Beiträge zur Theorie der Mediengesellschaft. Bielefeld.
Münker, Stefan/Alexander Roesler/Mike Sandbothe (Hg.) (2003): Medienphilosophie. Beiträge zur Klärung eines Begriffs. Frankfurt.
Ong, Walter J. (1987): Oralität und Literalität. Die Technologisierung des Wortes. Opladen.
Posner, Roland (1986): Zur Systematik der Beschreibung verbaler und nonverbaler Kommunikation. Semiotik als Propädeutik der Medienanalyse. In: Hans Georg Bosshardt (Hg.): Perspektiven auf Sprache. Interdisziplinäre Beiträge zum Gedenken an Hans Hörmann. Berlin/New York.
Rajewsky, Irina (2002): Intermedialität. Tübingen.
Roesler, Alexander (2003): Medienphilosophie und Zeichentheorie. In: Münker/Roesler/Sandbothe, 34–52.
Sandbothe, Mike (2003): Der Vorrang der Medien vor der Philosophie. In: Münker/Roesler/ Sandbote, 185–197.
Schneider, Jan Georg (2008): Spielräume der Medialität. Linguistische Gegenstandskonstitution aus medientheoretischer und pragmatischer Perspektive. Berlin/New York.
Schneider, Jan Georg/Hartmut Stöckl (Hg.) (2011): Medientheorien und Multimodalität. Ein TV-Werbespot – Sieben methodische Beschreibungsansätze. Köln.
Schlette, Magnus/Matthias Jung (Hg.) (2005): Anthropologie der Artikulation. Würzburg.
Leander Scholz, Leander (2013): Hegel und das leere Blatt Papier. In: Engell/Hartmann/Voss, 155–171.
Schröter, Jens (2004): Intermedialität, Medienspezifik und die universelle Maschine. In: Krämer 2004a, 385–411.
Schürmann, Eva (2013): Verkörpertes Denken, Medialität des Geistes. Skizze einer darstellungstheoretischen Medienanthropologie. In: Engell/Hartmann/Voss, 69–82.
Seel, Martin (1998): Bestimmen und Bestimmen lassen. Anfänge einer medialen Erkenntnistheorie. In: DZPhil 46, 351–365, wiederabgedruckt in Seel 2002, 146–166.
Seel, Martin (2002): Sich bestimmen lassen. Studien zur theoretischen und praktischen Philosophie. Frankfurt.
Seel, Martin (2003): Eine vorübergehende Sache. In: Münker/Roesler/Sandbote, 10–15.
Shannon, Claude Elwood (1948): A mathematical theory of communication. Bell System Technical Journal 27, 379–423; 623–656.
Spielmann, Yvonne (1998): Intermedialität: Das System Peter Greenaway. München.
Stetter, Christian (2005): Zur Medialität der Schrift. Symboltheoretische Überlegungen. In: Gisela Fehrmann/Erika Linz/Cornelia Epping-Jäger (Hg.): Spuren Lektüren. Praktiken des Symbolischen. München, 183–209.
Stoellger, Philipp (2013): Wer spricht? Zur Inkarnation des Denkens und Sprechens. In: Engell/ Hartmann/Voss, 83–112.
Strohner, Hans/Lorenz Sichelschmidt/Martina Hielscher (Hg.) (1998): Medium Sprache. Frankfurt a. M. u. a.
Tholen, Georg Christoph (2012): Dazwischen – Die Medialität der Medien. Eine Skizze in vier Abschnitten. In: Ludwig Jäger/Gisela Fehrmann/Meike Adam (Hg.): Medienbewegungen. Praktiken der Bezugnahme. München, 43–87.
Toro, Alfonso de (Hg.) (2013): Translatio. Transmédialité et transculturalité en littérature, peinture, photographie et au cinéma. Paris.
Vogel, Matthias (2001): Medien der Vernunft. Eine Theorie des Geistes und der Rationalität auf der Grundlage einer Theorie der Medien. Frankfurt.

Vogel, Matthias (2003): Medien als Voraussetzungen für Gedanken. In: Münker/Roesler/Sandbothe, 107–134.
Voss, Christiane (2010): Auf dem Weg zu einer Medienphilosophie anthropomedialer Relationen. In: Zeitschrift für Medien- und Kulturforschung (ZMK) 2, 169–184.
Walther, Elisabeth (1974): Allgemeine Zeichenlehre. Einführung in die Grundlagen der Semiotik. Stuttgart.
Weaver, Warren/Claude Elwood Shannon (1963): The Mathematical Theory of Communication. Illinois.
Winkler, Hartmut (1997): Docuverse. Zur Medientheorie der Computer. Regensburg.

II Sprache und ihr Gebrauch im systematischen Fokus

Ulrike Domahs/Beatrice Primus
6. Laut – Gebärde – Buchstabe

Abstract: Zwei Entwicklungen haben unser phonologisches Wissen in den letzten Jahrzehnten maßgeblich erweitert. Zum einen hat die intensive Erforschung von Gebärdensprachen ergeben, dass phonologische Einheiten nicht an das lautsprachliche Medium gebunden sind. Wenn Gebärdensprachen über eine in einem nichtlautlichen Medium realisierte Phonologie verfügen, so müssen „Phonologie" und „phonologische" Einheiten begrifflich neu gefasst werden. Zum anderen ermöglichen technische Entwicklungen, Sprachdaten in neuen quantitativen und qualitativen Dimensionen zu erheben und zu bearbeiten. Diese Entwicklungen haben einen Paradigmenwechsel in der Linguistik hervorgerufen, der in einer Neukonzeption des Verhältnisses von Langue und Parole bzw. Kompetenz und Performanz mündete. Im Zuge dieses Paradigmenwechsels verlor die scharfe Trennung zwischen der Phonologie und der traditionellerweise der Performanz zugeschlagenen Phonetik an Attraktivität und neue Forschungsparadigmen, die wir als experimentelle Phonologie verschlagworten, gewannen an Boden. Dieser Beitrag führt diese Forschungserkenntnisse zusammen und behandelt phonologisches Wissen aus einer modalitätsübergreifenden und experimentellen Perspektive.

1   Modalitätsübergreifende Phonologie
2   Silbe
3   Experimentelle Phonologie
4   Fazit und Ausblick
5   Literatur

1 Modalitätsübergreifende Phonologie

Im vorliegenden Beitrag präsentieren wir zwei grundlegende Entwicklungen, die unser phonologisches Wissen maßgeblich geändert haben. Zum einen wurde die in der Linguistik traditionelle Trennung zwischen Kompetenz und Performanz aufgegeben, indem ehemals der Performanz zugeschlagene Ergebnisse aus empirisch-experimenteller Forschung stärker mit systematischen Aspekten von Sprache in Verbindung gebracht wurden (vgl. hierzu Abschnitt 3 weiter unten). Zum anderen setzt sich eine neue, modalitätsübergreifende Sichtweise auf die Phonologie durch. Demnach ist Phonologie nicht auf lautsprachliche Phänomene und Repräsentationen begrenzt, sondern modalitätsübergreifend auf grundlegende Eigenschaften von Sprache als kombinatorisches System zu beziehen.

Eine vor allem im Strukturalismus entwickelte und bis heute sehr einflussreiche Auffassung geht von einem Primat der mündlichen Sprache aus: „Nicht die Verknüpfung von geschriebenem und gesprochenem Wort ist Gegenstand der Sprachwissenschaft, sondern nur das gesprochene Wort allein ist ihr Objekt." (Saussure 1916, 67). Ein Schriftsystem sei – so die Standardauffassung – aus der entsprechenden Lautsprache ableitbar, nicht-ableitbare Aspekte mithin unsystematisch und willkürlich. Hinzu kommt das Stigma des Normativen und Künstlichen: Es handele sich im Gegensatz zu einer Lautsprache um ein künstlich erschaffenes System. Eine ähnliche Stigmatisierung haben Gebärdensprachen erfahren, denen der Status als genuine Sprachsysteme lange Zeit abgesprochen wurde.

Mit der rapiden Entwicklung der Gebärdensprach- und Schriftsystemforschung in den letzten Jahrzehnten hat man eine Fülle neuer Erkenntnisse über Sprachsysteme gewonnen, die nicht im lautlichen Medium realisiert werden. Im Zuge dieser Forschungen hat die oben genannte Standardauffassung viel an Boden verloren. Dieser Beitrag führt diese Forschungserkenntnisse zusammen und behandelt Einheiten und Erscheinungen der Laut-, Gebärden- und Schriftsprache, die unter einem modalitätsübergreifenden Begriff von Phonologie zusammengefasst werden können. Damit wird der Medialität der Sprache, die im deutschen Sprachraum und in vielen anderen Kulturen gesprochen, geschrieben und gebärdet in Erscheinung tritt, Rechnung getragen.

Wenn Schrift- und Gebärdensprachen über eine Phonologie verfügen, die nicht im lautlichen Medium realisiert wird, so muss „Phonologie" nicht nur terminologisch, sondern auch begrifflich neu gefasst werden. Denn die folgende traditionelle Definition, die man in ähnlicher Formulierung in vielen Einführungen in die Phonologie findet, gilt nicht für Gebärdensprachen und Schriftsysteme: „In der Phonologie werden sprachliche Laute in ihren systematischen und funktionalen Aspekten untersucht " (Féry 2002, 77). Zunächst wollen wir festhalten, dass der Terminus „phonologisch" in zweifacher Weise verwendet wird: Wir beziehen uns damit vornehmlich auf den Untersuchungsgegenstand, aber im obigen Zitat bezeichnet er die linguistische Teildisziplin.

Um uns einem modalitätsübergreifenden Begriff der Phonologie als Untersuchungsgegenstand zu nähern, gehen wir zunächst von den Beschreibungsgrößen der lautsprachlichen Phonologie aus, die von der Silbe bis zur Intonationsphrase auch als prosodische Hierarchie bekannt ist (vgl. u. a. Nespor/Vogel 2007):

(1) Die phonologische Hierarchie:
Merkmal – Segment (Phon/Phonem) – Silbe – Fuß – phonologisches Wort – Intonationsphrase

Die in (1) dargestellte Hierarchie ist so zu interpretieren, dass kleinere Einheiten einer tieferen Ebene eine größere Einheit auf der nächsthöheren Ebene konstituieren. Ein Merkmalbündel bildet ein Segment, Segmente bilden Silben, Silben Füße, Füße phonologische Wörter und phonologische Wörter bilden wiederum Intonationsphrasen. Man kann weitere Zwischenebenen berücksichtigen, aber für unsere Diskussion sind die Einheiten in (1) hinreichend. Eine solche Hierarchie trägt der grundlegenden Eigenschaft von Sprache als kombinatorisches System Rechnung, in welchem einige wenige Grundbausteine zu immer größeren Einheiten nach allgemeinen Strukturierungsprinzipien zusammengefügt werden.

Nach der *Strict Layer Hypothesis* (vgl. Nespor/Vogel 2007) muss jede kleinere Einheit in der unmittelbar nächst höheren Konstituente enthalten sein. Das bedeutet bspw., dass die selbständige Äußerung *Oh!* [oː] aus dem den Laut [oː] charakterisierenden Merkmalbündel besteht, das auf der nächsten Ebene eben dieses Segment konstituiert. Das Segment bildet eine Silbe, die wiederum einen einsilbigen Fuß konstituiert, der Teil des phonologischen Wortes ist. Dieses bildet auf der nächsten Ebene die Intonationsphrase, welche den Tonhöhenverlauf und die lautliche Grenze dieser Ein-Segment-Äußerung enthält.

Die oben zitierte traditionelle Definition der Phonologie greift durch die Einschränkung auf die Bezugsgröße Laut auch für Lautsprachen zu kurz. Die Fokussierung auf den Laut als zentrale Einheit erkennt man auch in Martinets (1960) Hypothese der „double articulation", die zwischen bedeutungsunterscheidenden und bedeutungstragenden Sprachelementen trennt. Man könnte auf diese Weise phonologische Einheiten von bedeutungstragenden, d. h. morphologischen und syntaktischen, Einheiten, die auch Konstituentenhierarchien bilden, trennen und hätte eine von der sprachlichen Substanz abstrahierende, modalitätsübergreifende Begriffsbestimmung der Phonologie gefunden. So definiert Brentari Phonologie für Gebärden- und Lautsprachen wie folgt (2002, 35):

> Phonology is the level of grammatical analysis where primitive structural units without meaning are combined to create an infinite number of meaningful utterances.

In der Tat sind alle in (1) aufgelisteten und generell alle phonologischen Einheiten zwischen Merkmal und Fuß, falls sie nicht mit Wörtern zusammenfallen, zwar ggf. bedeutungsunterscheidend, aber nicht selbst bedeutungstragend und somit keine linguistischen Zeichen im engeren Sinn. Fraglich ist diese Einschränkung für das Wort und die Intonation nicht nur in Lautsprachen (vgl. Baumann/Grice 2006, Truckenbrodt 2013), sondern auch in Gebärdensprachen (vgl. Herrmann 2013) und für die Interpunktion in der Schriftsprache, die hinsichtlich der Größenordnung mit der Intonation vergleichbar ist (vgl. Bredel 2008).

Eine alternative, strukturbezogene Sicht, die wir als tentative Arbeitsdefinition formulieren, nimmt auf die Hierarchie in (1) Bezug: Phonologisch sind alle Einheiten, die in der Hierarchie (1) organisiert sind, und alle Erscheinungen und weitere Einheiten, für welche die in (1) genannten Einheiten konstitutiv sind. Gemäß dieser Definition sind Wörter genau dann phonologische Einheiten, wenn der Bezug zu anderen Einheiten der Hierarchie in (1) konstitutiv ist, etwa dadurch, dass phonologische Wörter die Domäne für die Silbengliederung und für segmentbezogene Erscheinungen wie Assimilationen und Dissimilationen bilden. Insbesondere muss man nachweisen können, dass phonologische Wörter nicht immer mit den Einheiten der morpho-syntaktischen Hierarchie, d. h. mit Morphemen oder syntaktischen Wörtern, zusammenfallen. So z. B. findet man Argumente dafür (Wiese 2000, 65 f.), dass *Versicherungen* zwei phonologische Wörter enthält: {Ver}{sicherungen}. Auf der morphosyntaktischen Hierarchie hingegen ist *Versicherungen* ein syntaktisches Wort, das aus vier Morphemen, nämlich *Ver+sicher+ung+en*, besteht.

Man kann sich der Phonologie nicht nur strukturell, sondern auch von der Substanz her nähern. So charakterisiert Brentari (2002, 35) die Phonologie der Laut- und Gebärdensprachen wie folgt: „It is the level of grammar that has a direct link with the articulatory and perceptual phonetic systems, either visual/gestural or auditory/vocal." Wir fügen hinzu: oder eine direkte Beziehung zum schreibmotorisch/visuellen System. Bisher gibt es nur wenige Arbeiten, die sich phonologischer Erscheinungen in allen drei Modalitäten widmen und Phonologie sowohl in ihrer modalitätsspezifischen Substanzausprägung als auch in ihrer modalitätsübergreifenden strukturellen Organisation betrachten (vgl. Primus 2003).

Im Tandem mit der begrifflichen muss auch die terminologische Frage geklärt werden. In der aktuellen Gebärdensprachforschung werden fast alle Termini der Lautsprachenphonologie für die Beschreibung von Gebärdensprachen übernommen (die Bezeichnung der kleinsten Gebärdenkomponenten als „cheremes", eine Ableitung aus dem griechischen Wort für Hand, hat sich nicht durchgesetzt). Man redet wie in der Lautsprachenphonetik und -phonologie von Artikulatoren, Merkmalen, Silben, Prosodie und Intonation (vgl. u. a. Brentari 2002, 2012; Sandler/Lillo-Martin 2006, Steinbach 2007).

Ganz anders verhält es sich mit der Schriftsystemforschung, die über eine sehr lange Tradition verfügt. Einer direkten Übernahme lautsprachlicher Termini standen zwei Faktoren entgegen. Zum einen haben sich „Buchstabe", „Graphem" bzw. „Graphematik" und „Interpunktion" als Termini schon seit langem eingebürgert. Zum anderen musste die jüngere Schriftsystemforschung gegen die bereits eingangs erwähnte Annahme, ein Schriftsystem sei ein bloßes Abbild der dazugehörigen Lautsprache, zu Felde ziehen. Vor dem Hintergrund dieser Annahme wäre eine direkte Übernahme lautsprachlicher Termini eine Diskreditierung des eigenen Forschungsgegenstandes.

Das zu lösende terminologische und begriffliche Problem können wir nun klarer wie folgt formulieren. Die hier zur Diskussion stehenden Erscheinungen der verschiedenen Modalitäten weisen – wie bereits erwähnt und weiter unten am Beispiel der Silbe ausführlicher dargestellt – Gemeinsamkeiten, aber auch Unterschiede auf. Der Versuch, die Gemeinsamkeiten dadurch zu erklären, dass man die Erscheinungen einer Modalität aus einer als primär postulierten Modalität, nämlich der lautsprachlichen, direkt ableitet, ist für das Schriftsystem problematisch (vgl. Dürscheid 2012) und auf die Gebärdensprache nicht übertragbar. Die hier vorgeschlagene Lösung ist das folgende verzweigende Modell (vgl. Primus 2003 und tendenziell z. B. Brentari 2002, 2012; Sandler/Lillo-Martin 2006; Steinbach 2007, hinsichtlich Laut- und Gebärdensprachen):

(2) **Verzweigendes Modell für eine modalitätsübergreifende Phonologie**

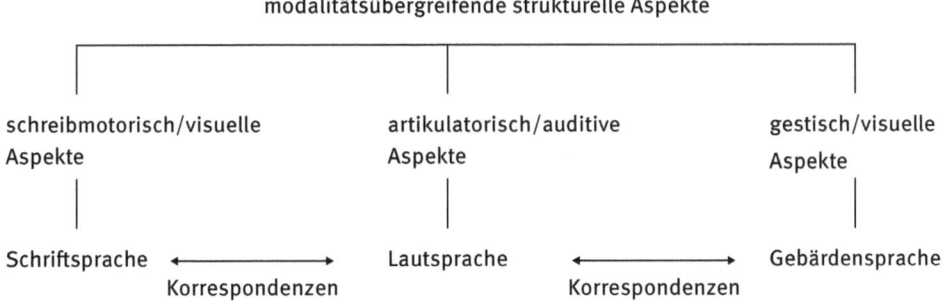

Ein Schema wie das in (2) ist zwangsläufig eine Vereinfachung. So weist bspw. eine Gebärdensprache Korrespondenzen sowohl mit einer Lautsprache als auch mit der dazugehörigen Schriftsprache auf, was wir in (2) nicht notiert haben. Außerdem kann sie verschriftet werden (vgl. Wöhrmann 2003).

In diesem Modell sind die drei modalitätsspezifischen Sprachsysteme – die Laut-, Schrift- und Gebärdensprache – Schnittstellen-Phänomene, die einerseits durch modalitätsübergreifende Strukturprinzipien und anderseits durch das artikulatorisch-auditive, schreibmotorisch-visuelle bzw. gestisch-visuelle System mitbestimmt werden.

Der modalitätsübergreifende interdisziplinäre Ansatz gewährt nicht nur neue Einblicke in Gemeinsamkeiten und Unterschiede zwischen Laut-, Gebärden- und Schriftsprache, sondern wirft auch neue Fragen nach der Bestimmung der zentralen Forschungsgegenstände der Linguistik auf: Gibt es modalitätsunabhängige Aspekte menschlicher Sprachfähigkeit (eine modalitätsübergreifende Phonologie, Morphologie, etc.) und wie lassen sie sich gegebenenfalls erklären? Welche Rolle spielt die modalitätsspezifische Substanz? Die Tragweite der modalitätsübergreifenden Herangehensweise hat Goldsmith bereits in den 1990er Jahren erkannt (1995, 19):

> The study of signed languages [...] promises to have a profound effect on phonological theory, and perhaps ultimately on our understanding of what a human language is. The possibilities that emerge from a linguistic system not constrained by the resources of the vocal tract exploit capacities that had until recently been hidden from linguists' view, and the broadened vista that we have today may in retrospect be as significant for the development of linguistics as was the impact of the Western tradition of the study of non-Indo-European languages.

2 Silbe

Der Silbenbegriff wurde für die Phonologie der Lautsprachen entwickelt und am eingehendsten erforscht. Er spielt aber auch in neueren Ansätzen zur Schrift- und Gebärdensprache eine zentrale Rolle. Bei der strukturbezogenen, modalitätsübergreifenden Charakterisierung der Silbe nehmen wir auf die Hypothese der doppelten Artikulation und auf die phonologische Hierarchie (1) in Abschnitt 1 Bezug. Zur Silbenstruktur gehören nicht-bedeutungstragende Einheiten zwischen Segment und Fuß. Vgl. die nicht-lineare (hierarchische) graphematische Analyse des Wortes *Vater* in einem nicht-linearen Graphematikmodell (vgl. Primus 2003, Evertz/Primus 2013) in (3):

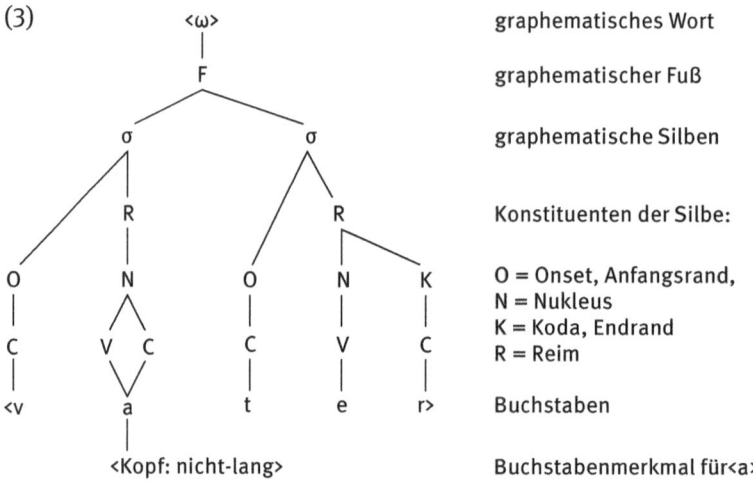

Die lautsprachliche Struktur des Wortes *Vater* /faːtɐ/ wäre im Ansatz von Wiese (2000, 44) von der Segmentebene aufwärts identisch. Die enge Beziehung zwischen phonologischer und graphematischer Repräsentation rührt zum einen daher, dass ein Schriftsystem per definitionem mit einer bestimmten Lautsprache korrespondiert. Zum anderen sind die Gemeinsamkeiten darauf zurückzuführen, dass die Lautsprache im graphischen Medium notiert wird, so dass substanzbasierte Spezifika der beiden Modalitäten durch das Notationssystem nivelliert werden.

Ganz anders verfährt die Artikulatorische Phonologie (vgl. Browman/Goldstein 1986, Hermes 2013). In dieser Forschungsrichtung sind nicht Merkmale und Segmente (Laute bzw. Phoneme), sondern artikulatorische Gesten grundlegend. Artikulatorische Gesten sind in diesem Modell gleichzeitig abstrakte phonologische Informationseinheiten und physikalische Aktionseinheiten, womit die traditionelle Trennung zwischen Phonetik und Phonologie überwunden wird (vgl. auch Abschnitt 3 weiter unten).

Als phonologische ‚Repräsentationen' dienen u. a. Gestenpartituren, welche die Zeitspanne der sich partiell überlappenden artikulatorischen Aktionseinheiten schematisch anzeigen. Vgl. (4):

(4) Gestenpartitur für *need* und *dean* (bereitgestellt von Doris Mücke, Universität zu Köln)

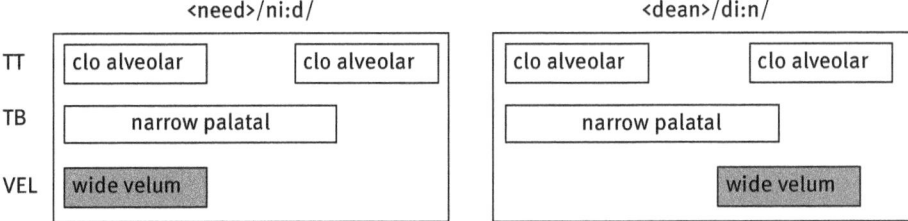

In (4) zeigen wir die Gestenpartituren für engl. *need* ‚Bedarf' und *dean* ‚Dekan'. Folgende zeitlich von links nach rechts angeordnete Gesten sind beteiligt: eine Senkung des Velums (engl. *wide velum*) für /n/, eine alveolare Schließung (clo von *closure*) durch die Zungenspitze (TT von Engl. *tongue tip*) für /n/ und /d/ und eine palatale Verengung durch die Hebung des Zungenkörpers (TB von engl. *tongue body*) für /i:/. Wie die Abbildung zeigt, sind für *need* und *dean* zwar dieselben artikulatorischen Gesten konstitutiv; aber diese sind anders koordiniert (vgl. bes. die Geste des Velums). Struktureinheiten wie die Silbe entstehen durch die spezifische, strukturbezogene Kopplung konsonantischer Gesten an die vokalische Geste und fungieren als Domäne des artikulatorischen Timings. Wir halten fest: Die Gestenpartituren der Artikulatorischen Phonologie erfassen die phonetische Substanz der Lautsprache angemessener als die traditionellen, schriftbasierten phonologischen Repräsentationen.

Gebärdensprachen sind wiederum in einem von der Schrift- und Lautsprache klar unterscheidbaren Medium realisiert. In (5) zeigen wir die schematische Repräsentation der Gebärde VATER (Bilder unter www.egli-online.de):

(5) Schematische Repräsentation der Gebärde VATER (nach Steinbach 2007, 14)

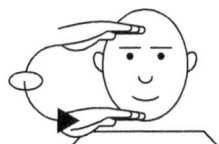

Eine Gebärde wird mit einer oder zwei Händen ausgeführt, wobei nicht-manuelle Markierungen auch eine Rolle spielen. Die kleinsten phonologischen Bestandteile von Gebärden lassen sich mithin in manuelle und nicht-manuelle Komponenten einteilen. Es gibt vier wichtige manuelle Komponenten: i) Handform, in der Gebärde VATER die Flachhand, ii) die Handstellung oder Handorientierung (in unserem Bsp. zeigt die Handfläche zum Boden und der Fingeransatz zur Köperseite, die der Hand gegenüberliegt. Der Kontakt beim ersten Segment ist zwischen Stirn und Zeigefinger, der des dritten Segments zwischen Kinn und Zeigefinger), iii) die Ausführungsstelle, in unserem Bsp. der Bereich vor dem Kopf, und schließlich iv) die Bewegung der Arme und Hände, mit der eine Gebärde ausgeführt wird. Die Gebärde VATER wird am Kopf mit einer gewölbten Bewegung nach unten, wie vom Pfeil in (5) angedeutet, ausgeführt.

Nachdem wir die spezifische Substanz der drei Sprachmodalitäten in (3), (4) und (5) illustriert haben, können wir uns etwas eingehender mit der Silbe beschäftigen. In allen drei Modalitäten verfügt die Silbe über einen konstitutiven Bestandteil, nämlich den Gipfel – in (3) die V-Einheit –, um den sich Onset (Anfangsrand) und Koda (Endrand) als fakultative Konstituenten gruppieren. Der Gipfel beherbergt das salienteste bzw. prominenteste Segment, so dass die Silbe als Gruppierung nicht-prominenter Elemente um ein prominentes Segment aufgefasst werden kann (vgl. Wiese 2000, 34, für die Lautsprache; Brentari 2012, 21, für die Gebärdensprache). Modalitätsübergreifend gilt (vgl. Primus 2003): Je prominenter ein Segment ist, umso präferierter ist seine Silbengipfelplatzierung und umso dispräferierter seine Randplatzierung. Je weniger prominent ein Segment ist, umso präferierter ist seine Randplatzierung und umso dispräferierter seine Silbengipfelplatzierung. Dies setzt voraus, dass sich die Segmente der verschiedenen Sprachmodalitäten in Prominenzhierarchien aufgliedern lassen.

In der Lautsprache legt man die Prominenzhierarchie als Sonoritätsskala aus (vgl. Wiese 2000, 258; Eisenberg 2006, 104), so dass in dieser Modalität tiefe Vokale die besten Gipfelkandidaten und Plosive die optimalen Randlaute insbesondere im Onset darstellen. Vgl. (6):

(6) Lautsprachliche Sonoritätshierarchie:
    Plosive < Frikative < Nasale < l < r < hohe Vokale < tiefe Vokale

In Gebärdensprachen bildet das visuell auffälligste Segment den optimalen Silbengipfel. Das ist die Bewegung der körpernahen Artikulatoren (primäre Bewegung), z. B. von Arm und Hand in der Gebärde VATER in (5). Eine Bewegung der Finger (sekundäre Bewegung) ist hingegen visuell weniger prominent. Die Ausführungsstelle (Position) ist am wenigsten prominent und somit ein optimaler Kandidat für die Randplatzierung. Vgl. (7):

(7) Gebärdensprachliche Prominenzhierarchie (Steinbach 2007, Brentari 2012):
    Position < sekundäre Bewegung < primäre Bewegung

Die gebärdensprachliche Silbe ergibt sich mithin als Kombination von Position (P) und Bewegung (B), wobei in Gebärdensprachen die Silbenstruktur P-B-P, an der Gebärde VATER illustriert, optimal zu sein scheint.

Eine genuin graphematische Prominenzhierarchie für Schriftsysteme, die auf dem Modernen Römischen Alphabet beruhen, erhält man, wenn man die Buchstaben in Merkmale zerlegt. Im Gegensatz zu Lauten und Gebärden, deren Merkmale gebündelt auftreten, bestehen Buchstaben aus vertikal oder horizontal nebeneinander auftretenden Komponenten (Linien). In einem Buchstaben ist ein vertikales Element der obligatorische Kopf (auch Grundelement) der Konstruktion, von dem fakultative, ggf. horizontale Elemente, die wir für Buchstaben Codas nennen, abhängen. So ist z. B. beim <e> der nach rechts offene Bogen der Kopf und die horizontale Linie die Coda. Vgl. (8):

(8) Graphematische Prominenzhierarchie (nach Primus 2004, Fuhrhop/Buchmann/Berg 2011)

Kopf lang	Kopf schräg	Kopf nicht-lang & nicht-schräg		
		unten offen	oben offen	oben/unten nicht-offen
b, p, q, d, g, k, h, t, ß, j, f	v, w, x, z, s	m, n, l, r	i, u	a, e, o

Für die graphematische Silbe ist auch das virtuelle Drei-Bänder-Schema, in dem sich die Kleinbuchstaben einfügen, relevant. Vgl. (9):

(9) Das virtuelle Drei-Bänder-Schema unserer Kleinbuchstaben

pate

Visuell am salientesten ist für die Erkennung der Kleinbuchstaben das Mittelband (vgl. Coueignoux 1981). Die Salienz des Mittelbands erklärt, warum Buchstaben, die sich als möglichst geschlossene Figur vollständig im Mittelband befinden, wie <a, e>, prominenter und mithin die graphisch optimalen Silbengipfelkandidaten sind. Buchstaben, deren Kopf Ober- oder Unterlänge aufweist, wie <p, t>, sind nicht vollständig im Mittelband dekodierbar und mithin weniger prominent. Sie bilden graphisch optimale Silbenränder.

Eine wichtige Motivation für Silbenstrukturen sind phonologische Regeln und Distributionsbeschränkungen. Hier nennen wir nur einige exemplarische silbenstrukturbezogene Erscheinungen des Deutschen. Da die Silbe in der Lautsprache am besten untersucht ist, begnügen wir uns aus Platzgründen mit einer Kurzdarstellung der Vokalopposition (vgl. Wiese 2000, 37 f.). Statt wie in der herkömmlichen Phonologie zwei Vokalreihen anzunehmen, die sich durch Länge und Gespanntheit voneinander unterscheiden, vgl. /iː/ wie in *Lied* vs. /ɪ/ wie in *litt* und *litten*, kann man von einer Vokalreihe ausgehen und die Vokalopposition als silbenstrukturelle Erscheinung behandeln. Der Längen- und Gespanntheitskontrast ist als Folgeerscheinung aus der silbenstrukturellen Einbettung des Vokals ableitbar: Ein Vokal, der beide Nukleuspositionen belegt, wie [aː] in *Vater*, ist immer gespannt und unter Betonung auch lang. Die Korrelation Lang – Gespannt ist nur bei /ɛː/ wie in *Ähre* aufgebrochen (vgl. Wiese

2000, 21 für eine Erklärung). Ein Vokal, der nur die Gipfelposition besetzt, ist immer ungespannt und kurz.

Im Schriftsystem des Deutschen zeigt sich die Relevanz der graphematischen Silbenstruktur bei Schreibungen, die suprasegmentale lautliche Kontraste, allen voran die Vokalopposition, wiedergeben (vgl. u. a. Primus 2003). An diesen Korrespondenzen ist die zweite Nukleusposition maßgeblich beteiligt. Wir beschränken uns auf die Kennzeichnung der Vokalopposition durch Vokalbuchstaben (Dehnungsgraphie), wie in *Seen, sie, Haar* und *Moor*. Vokalbuchstaben mit Dehnungsfunktion sind nur <a, e, o>, wenn man von regional bedingten Namenschreibungen absieht (vgl. *Troisdorf, Broich*). Sie sind in der zweiten Nukleusposition der Schreibsilbe platziert. In dieser Silbenposition sind sie mit lautlich korrespondierenden Buchstaben <i, u>, wie etwa in *sein, Saite, Heu* und *Bäume,* komplementär verteilt. In (10) wird diese Systematik durch ein partielles Strukturschema und durch Beispiele verdeutlicht:

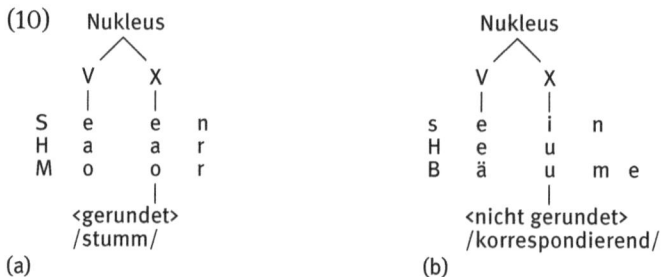

Die in der zweiten Nukleusposition komplementär verteilten Buchstaben lassen sich durch Buchstabenmerkmale auseinanderhalten. Die stummen Buchstaben <e, a, o> haben einen gerundeten Kopf, während der Kopf der lautlich korrespondierenden Buchstaben <i, u> gerade ist. Zusammenfassend betrachtet ergibt sich folgende Systematik. In der ersten Nukleusposition, d. h. im Gipfel der graphematischen Silbe wird die Vokalqualität viel eindeutiger als traditionell angenommen verschriftet. Die zweite Nukleusposition der Schreibsilbe ist für die Wiedergabe der Vokalopposition freigegeben.

Auch in Gebärdensprachen findet man Beschränkungen und Prozesse, die nur in Bezug auf die Silbe und deren Eigenschaften angemessen erklärt werden können. So findet in einigen Gebärdensprachen (der Amerikanischen, Finnischen und Italienischen, vgl. Brentari 2012) eine Silbenstrukturoptimierung durch die Epenthese einer Bewegung statt, wenn die zugrunde liegende Form einer Gebärde keine aufweist. Weitere Evidenz für die Silbe bieten Prozesse, die für die Unterscheidung zwischen leichten und schweren Silben sensitiv sind. Silben, die nur ein Bewegungselement enthalten, sind leicht, solche mit mehr als einem simultanen Bewegungselement sind schwer. In der Amerikanischen Gebärdensprache gibt es einen reduplikativen Nominalisierungsprozess, der nur auf leichte Silben angewandt werden kann (Brentari 2012).

Dieser Abschnitt gewährte am Beispiel der Silbe einen Einblick, wie man sich phonologischem Wissen aus der Perspektive der drei Sprachmodalitäten nähern kann. Der Silbe liegt ein modalitätsunabhängiges Strukturprinzip zugrunde, auf das die gemeinsamen Strukturmerkmale der silbischen Organisation in verschiedenen Modalitäten zurückgeführt werden können. Es handelt sich um die Gruppierung weniger prominenter Segmente um ein prominentes Segment. Spezifika des Mediums – kontinuierliche artikulatorische Gesten in der Lautsprache, visuell fixierte, diskrete graphische Elemente in der Schriftsprache, kontinuierliche simultane manuelle Gesten in der Gebärdensprache – schlagen sich bei der Realisierung dieser Alternationsstruktur nieder und erfordern mediumspezifische Repräsentationsformate. Wir haben auch gezeigt, dass neuere experimental-phonetisch fundierte phonologische Theorien wie die Artikulatorische Phonologie die lautsprachliche Modalitätsspezifik angemessener erfassen als traditionelle auf der Lautschrift basierte Ansätze.

3 Experimentelle Phonologie

Die rasanten technischen Entwicklungen der letzten Jahrzehnte eröffneten die Möglichkeit, Sprachdaten in neuen quantitativen und qualitativen Dimensionen zu erheben und zu bearbeiten: u. a. große elektronische Sprachkorpora, die verschiedene historische, soziolinguistische oder mediale Varietäten des Deutschen dokumentieren, experimentell erhobene Daten zur phonetischen Realisation sowie zur neuronalen Sprachverarbeitung phonologischer Strukturen.

Diese Entwicklungen haben einen Paradigmenwechsel in der gesamten, auch theoretisch orientierten Linguistik hervorgerufen, der in einer Neukonzeption der im Strukturalismus etablierten Unterscheidung von Langue und Parole (vgl. Saussure 1916) und Kompetenz und Performanz (vgl. Chomsky, 1965) mündete. Für Saussure ist die Langue eine soziale Institution, die essentiell und homogen ist. Die Parole konstituiert sich im individuellen Akt des Sprechens, der heterogen und akzidentell sein kann. Als natürliche Konsequenz dieser Auffassung bildet das Essentielle und Homogene, also die Langue, den zentralen Untersuchungsgegenstand der Sprachwissenschaft. Diese Auffassung kulminiert in Noam Chomskys (1965, 3) viel zitierter Aussage:

> Linguistic theory is concerned primarily with an ideal speaker-listener, in a completely homogeneous speech community [...] who is unaffected by such grammatically irrelevant conditions such as memory limitations.

Wichtige Evidenz gegen eine scharfe Trennung von Kompetenz und Performanz bzw. Sprachsystem und Sprachverarbeitung kam von Psycholinguisten, welche die Systematizität (Prinzipien) der sprachlichen Performanz aufdeckten (u. a. Frazier/Fodor 1978). Das, was gemeinhin als akzidentell eingestuft wurde, erwies sich mithin als systematisch. Und umgekehrt erwies sich das postuliert Homogene, das Sprachsystem, als heterogen und variabel (u. a. Ross 1973). Eine konsequente Weiterentwicklung sind frequenz-basierte (vgl. Bybee/Hopper 2001) und performanz-basierte Sprachsystemtheorien (vgl. Hawkins 2004).

Von den technischen Entwicklungen und der Performanzwende in der Linguistik profitieren auch Phonetik und Phonologie. Eine wichtige Entwicklung in der phonetischen Forschung ist die Verfügbarkeit freizugänglicher Programme zur digitalen Sprachsignalverarbeitung, welche die Bearbeitung komplexer signalphonetischer Daten auch am privaten Computer ermöglichen. Nennenswert ist das Programmpaket PRAAT (http://www.fon.hum.uva.nl/praat). Neben die klassischen Geräte der Phonetik wie z. B. den Sonagraphen ist in den letzten Jahrzehnten eine Vielzahl von Messmethoden getreten. Hierzu zählen beispielsweise die elektromagnetische Artikulographie (EMA) zur Bestimmung der Position der Artikulatoren während der Sprachproduktion (vgl. Hermes 2013), die Elektropalatographie zur zeitlichen und räumlichen Darstellung des Kontaktes zwischen Zunge und Gaumen oder die Laryngographie (auch Elektroglottographie genannt) zur Untersuchung der Stimmlippenschwingung. Diese und weitere Methoden ermöglichen durch die Untersuchung artikulatorischer Gesten phonologische Generalisierungen und führten zu einer engen Verzahnung zwischen Phonetik und Phonologie, die in neue theoretische Richtungen wie die Laborphonologie (Cohn u. a. 2012) und Artikulatorische Phonologie (Browman/Goldstein 1986, Hermes 2013) mündeten. In Abschnitt 2 wurde bereits darauf verwiesen, dass die Artikulatorische Phonologie die Sichtweise auf die Repräsentation der Silbe verändert hat. Zudem gab die Untersuchung artikulatorischer Gesten mit der elektromagnetischen Artikulographie Aufschluss über die silbenstrukturbezogene Koordination von Gesten.

Datenbanken und große elektronische Sprachkorpora erlauben heute die systematische Überprüfung von Generalisierungen über phonologische Strukturen. Eine Wortdatenbank mit Informationen über Struktur, Gebrauch, Form und Häufigkeit von Wörtern ist beispielsweise CELEX (http://celex.mpi.nl), in dem auch die phonologische und orthographische Struktur von Wörtern kodiert wurde (phonematische Struktur und Silbenstruktur). Aktuellere umfangreichere Wortdatenbanken werden webbasiert aktualisiert (Wortschatzdatenbank der Universität Leipzig: http://wortschatz.uni-leipzig.de) oder basieren in größerem Umfang auf gesprochener Sprache in Form von Untertiteln (SUBTLEX: http://crr.ugent.be/archives/534).

Die psycho- und neurolinguistische Forschung im Bereich der Phonetik-Phonologie hat sich in den vergangenen Jahrzehnten rasant entwickelt und bietet heute eine große Palette an Methoden und Untersuchungsdesigns (vgl. Höhle 2010, Cohn u. a. 2012). Die Methoden werden danach unterschieden, ob sie Verhalten bzw. Reaktionen der Versuchsteilnehmer messen (z. B. Antwortlatenzen, Grammatikalitätsbeurteilungen, Benennungsaufgaben, Blickrichtung oder Blickbewegung) oder neurophysiologische Prozesse im Gehirn während der Sprachverarbeitung.

Bei verhaltensorientierten Methoden wird untersucht, ob in Abhängigkeit von dem dargebotenen sprachlichen Material bestimmte Verhaltensmodifikationen zu beobachten sind. In Blickbewegungsstudien, einer wichtigen Methode zur Erforschung der Schriftsprachverarbeitung, werden die Bewegungen der Augen beim Lesen mit einer Infrarotkamera aufgezeichnet. Die Position und Dauer von Fixationen der Augen, die Richtung von Fixationssprüngen (Sakkaden) sowie Regressionen ermöglichen beispielsweise Rückschlüsse auf verschiedene Lesestrategien (segmental vs. lexikalisch) bei Dyslexie (z. B. Schattka/Radach/Huber 2010 zu erworbener Dyslexie). Eine neuere Methode, die Schriftsprachproduktion zu untersuchen, ist die Aufzeichnung der Handschrift mit Hilfe eines Grafiktabletts. Auf diese Weise kann der dynamische Verlauf der handschriftlichen Schreibproduktion mit allen Pausen, Verzögerungen und Beschleunigungen dahingehend untersucht werden, inwieweit sich Spuren der beteiligten mentalen Prozesse zeigen. Die Grundannahme ist, dass sich besondere Belastungen, z. B. durch Silbengrenzen, im dynamischen Verlauf niederschlagen und dadurch identifiziert werden können (u. a. Nottbusch 2008, Kandel et al. 2009).

Auch im Säuglings- und Kleinkindalter können verhaltensorientierte Methoden verwendet werden (Kauschke 2012, Kap. 2). So kann bspw. in den ersten Lebensmonaten die Nuckelrate Aufschluss über die Diskriminationsfähigkeit von segmentalen und rhythmischen Kontrasten geben. Ab der zweiten Hälfte des ersten Lebensjahres kann die Sprachperzeption über Fixationen von visuellen Reizen, die mit einem auditiven Reiz verknüpft sind, untersucht werden.

Moderne neurowissenschaftliche Methoden ermöglichen, den zeitlichen Verlauf der Sprachverarbeitung zu messen sowie zu lokalisieren, welche Hirnstrukturen an den jeweiligen Sprachverarbeitungsprozessen beteiligt sind: Die wichtigsten Methoden sind die Messung ereigniskorrelierter Potentiale (EKP) und die funktionelle Magnetresonanztomographie (fMRT). Bei der EKP-Methode werden hirnelektrische Korrelate von dargebotenen sprachlichen Reizen ermittelt. EKPs sind hirnelektrische Spannungsänderungen in der Zeit, die aus einer Reihe von negativen oder positiven Spannungsänderungen relativ zu einer Ruhespannung bestehen. Die räumliche Auflösung ist wegen der Messung an der Kopfoberfläche eher schlecht und lässt keine genauen Rückschlüsse auf die neuronale Quelle zu. Für die Klassifikation von EKPs ist die Polarität (Negativierung oder Positivierung), die Latenzzeit in Millisekunden (ms) ab Beginn der Stimuluspräsentation, die Amplitude in Mikrovolt sowie die Lokalisation der Spannungsänderung relevant. Eine für die Untersuchung phonologischer Fragestellungen interessante EKP-Komponente ist bspw. die *Mismatch Negativity* (MMN), die als negativer Gipfel 150 bis 250 ms nach Stimulusbeginn auftritt, wenn ein neuer auditiver Stimulus von bisher präsentierten Stimuli abweicht. Die MMN gilt als Marker für die automatische Erkennung von Signalveränderungen und ist sensitiv für sprachspezifische phonologische Repräsentationen. Mit dieser Methode kann daher der Status eines phonetischen Stimulus innerhalb eines phonologischen Systems untersucht werden (z. B. Näätänen et al. 1997, Scharinger et al. 2012).

Als weiteres wichtiges neurowissenschaftliches Verfahren hat sich die funktionelle Magnetresonanztomographie (fMRT) etabliert, die im Gegensatz zur EKP-Messung eine sehr gute räumliche, aber indirekte, verzögerte zeitliche Auflösung bietet. In Abhängigkeit von der neuronalen Aktivität einer bestimmten Nervenzellpopulation verändert sich die Konzentration von sauerstoffreichem und sauerstoffarmem Blut, was die Grundlage für das fMRT-Signal bietet. Das fMRT-Signal kann demnach Hirnregionen lokalisieren, die bei bestimmten kognitiven Prozessen stärker durchblutet sind und erhöhte Stoffwechselaktivität aufweisen. Im Bereich der phonologischen Verarbeitung wurden bihemisphärische Aktivierungen des Gyrus temporalis superior (STG nach engl. superior temporal gyrus) sowie in Abhängigkeit von der Aufgabe und Verarbeitungstiefe unterschiedliche neuronale Netzwerke unter Einschluss der beiden Gyri temporalis superior nachgewiesen (vgl. Hickok/Poeppel 2007).

In Bezug auf die Gebärdensprachverarbeitung wurden zur Lautsprachverarbeitung vergleichbare Netzwerke identifiziert. In Studien, die die Verarbeitung einzelner Gebärden untersuchten, fanden Petitto et al. (2000) Aktivierungen im linken STG. Im Vergleich zu hörenden Gebärdensprechern sind die Aktivierungen im STG bei gehörlosen Gebärdensprechern stärker ausgeprägt (MacSweeney et al. 2002). Diese Beobachtung wird als Evidenz für modalitätsübergreifende Plastizität interpretiert, wonach der sekundäre auditive Kortex bei fehlendem auditivem Input modifiziert wird. Welche Rolle genau der linke STG bei Gehörlosen übernimmt, ist derzeit noch nicht bekannt.

Aus der Fülle der mit diesen Methoden gewonnenen Erkenntnisse über die phonologische Verarbeitung bzw. Repräsentation nennen wir exemplarisch an dieser Stelle einige experimentelle Befunde zur prosodischen Einheit Fuß und zum Wortakzent. Der Fuß ist, wie in der phonologischen Hierarchie in (1) gezeigt, eine Einheit zwischen Silbe und phonologischem Wort, und seine wesentliche Funktion liegt in der Bestimmung von betonten, betonbaren und unbetonbaren Silben innerhalb phonologischer Wörter (Wortbetonung) und größerer Einheiten (u. a. Liberman/Prince 1977, Nespor/Vogel 2007).

Die Gruppierung von Silben zu Füßen hängt – gemäß Mehrheitsmeinung – von der Position des Fußkopfes, der Richtung der Fußzuweisung und in Quantitätssprachen vom Silbengewicht ab. Im Deutschen ist der von rechts nach links zugewiesene Trochäus grundlegend, umstritten ist jedoch, ob Akzentzuweisung von Silbengewicht (vgl. Vennemann 1991) oder Fußstruktur (Wiese 2000, Eisenberg 2006) abhängt. Erst experimentelle Arbeiten konnten die Debatte beenden, indem sie nachwiesen, dass im Standarddeutschen das Silbengewicht zunächst die Verfußung beeinflusst und erst letztere den Akzent.

Befunde aus Kunstwort- und Korpusstudien (Janßen 2003) sowie EKP- (Domahs et al. 2008) und fMRT-Studien (Domahs et al. 2013) sprechen für ein gewichtssensitives System, in dem schwere finale Silben einen nicht-verzweigenden Trochäus bilden, wie in *Vitamin* (vi.ta.)('min) und *Dromedar* (dro.me)('dar) im Vergleich zu *Kasino* ka.('si.no), *Salami* und *Bikini*. Da in mehrfüßigen phonologischen Wörtern normalerweise der letzte Fuß prominent ist, trägt der schwere finale Trochäus in der Regel (*Dromedár*), aber nicht immer den Wortakzent (*Drómedar*, vgl. Noël 2002). Die direkte Korrelation zwischen Fußstruktur und Silbengewicht erkennt man in solchen Fällen daran, dass der Akzent nicht zwingend auf die schwere Silbe fällt; weil ein finaler Trochäus und somit ein zweifüßiges Wort aufgebaut wird, kann der Akzent auch auf den vorderen Fuß fallen, wie in *Drómedar* ('dro.me)(dar). Eine direkte Korrelation zwischen Silbengewicht und Fußstruktur konnte auch in der Schriftsprache durch eine rein graphematische Manipulation von Kunstwörtern experimentell nachgewiesen werden (Evertz/Primus 2013).

Außerdem zeigen die oben genannten EKP- und fMRT-Studien, dass verschiedene Akzentverletzungen unterschiedlich verarbeitet werden. Akzentverletzungen, die eine Veränderung der Fußstruktur zur Folge haben, z. B. (vi.ta.)('min) > *vi('ta.min), führen in der EKP-Studie zu ausgeprägten späten Positivierungen als Indiz für die Verarbeitung einer Strukturverletzung, während die Verarbeitung von Akzentverschiebungen ohne Veränderung der Fußstruktur solche Effekte nicht zeigt: (vi.ta.)('min) > *('vi.ta.)(min). In der funktionellen Bildgebung (fMRT) führen Strukturverletzungen zu ausgeprägten Aktivierungen beider Gyri temporalis superior und Akzentverletzungen ohne Strukturverletzung zu stärkerer Aktivierung des Broca-Areals sowie des linken Gyrus frontalis inferior. Diese Dissoziation in der Verarbeitung von Akzentverletzungen deutet darauf hin, dass die jeweiligen Akzentverletzungen auf unterschiedlichen Ebenen verarbeitet werden.

Die neuere empirisch-experimentelle Ausrichtung der lautsprachlichen Phonologie tritt aus den obigen Ausführungen deutlich hervor. Die Ergebnisse der experimentellen Forschung ermöglichen die Überprüfung und ggf. Revision theoretischer Annahmen und hinterfragen im Allgemeinen die Trennung zwischen Phonetik und Phonologie. Darüber hinaus deuten die Befunde auf Parallelen in der Verarbeitung zwischen Laut-, Gebärden- und Schriftsprache hin, die die Annahme einer modalitätsübergreifenden Phonologie, wie in Abschnitt 1 und 2 vorgeschlagen, stützen.

4 Fazit und Ausblick

In diesem Beitrag präsentierten wir wichtige neuere Entwicklungen der Phonologie, die phonologische Phänomene und Repräsentationen modalitätsübergreifend betrachten und systematische Aspekte der Sprache evidenzbasiert mit Hilfe experimenteller Verfahren untersuchen.

Am Beispiel der prosodischen Einheit Silbe wurden Gemeinsamkeiten und Unterschiede der Laut-, Gebärden- und Schriftsprache demonstriert und ein modalitätsübergreifendes Silbenstrukturprinzip vorgestellt. Unserer Auffassung nach ist dies eine Herangehensweise, die es verdient, weiterverfolgt und auf andere Ebenen der prosodischen Hierarchie angewandt zu werden. Daher ist ein Handbuch, das die bisher gewonnenen Erkenntnisse zusammenträgt und die Ebenen der prosodischen Hierarchie aus der Perspektive aller drei Modalitäten darstellt, ein wichtiges Desiderat.

Die enge Verzahnung zwischen empirisch-experimenteller und systembezogener Forschung ist eine weitere zukunftsweisende Entwicklung, die sich im hier besprochenen Wissensbereich unter anderem – wie anhand der Silbe gezeigt – in der Artikulatorischen Phonologie manifestiert. Darüber hinaus bieten experimentelle Untersuchungen sprachlicher Einheiten die Möglichkeit, linguistische Annahmen zu überprüfen und gegebenenfalls zu revidieren. Wie am Beispiel der Studien zum Fuß im Deutschen belegt, lassen sich Debatten über prosodische Strukturen durch avancierte experimentelle Verfahren klären. Eine besondere Chance eröffnet sich hierin auch für die modalitätsübergreifende Phonologie. Vergleiche zwischen Bildgebungsstudien (fMRT), die die phonologische Verarbeitung in der Laut- und Gebärdensprache untersuchten, fanden vergleichbare Aktivierungen im Gehirn.

5 Literaturverzeichnis

Baumann, Stefan/Martine Grice (2006): The intonation of accessibility. In: Journal of Pragmatics 38/10, 1636–1657.
Bredel, Ursula (2008): Die Interpunktion des Deutschen. Ein kompositionelles System zur Online-Steuerung des Lesens. Tübingen.
Brentari, Diane (2002): Modality differences in sign language phonology and morphophonemics. In: Meier, Richard P./Kearsy Cormier & David Quinto-Pozos (Hg.): Modality and Structure in Signed and Spoken Languages. Cambridge, 35–64.
Brentari, Diane (2012): Sign language phonology: The word and sub-lexical structure. In: Pfau, Roland/Steinbach, Markus/Woll, Bencie (Hg.) Sign Language. An International Handbook. Berlin, 21–54.
Browman, Catherine P./Louis Goldstein (1986): Towards an articulatory phonology. In: Phonology Yearbook 3, 219–252.
Bybee, Joan L./Paul Hopper (Hg.) (2001): Frequency and the Emergence of Linguistic Structure. Amsterdam.
Chomsky, Noam (1965): Aspects of the Theory of Syntax. Cambridge/Mass.
Cohn, Abigail C. u. a. (Hg.) (2012): The Oxford Handbook of Laboratory Phonology. Oxford.
Coueignoux, Philippe. (1981): La reconnaissance des charactères. In: La recherché 126/12, 1094–1103.
Domahs, Ulrike u. a. (2013): Good, bad and ugly word stress: fMRI evidence for foot structure driven processing of prosodic violations. In: Brain and Language 125, 272–282.
Domahs, Ulrike u. a. (2008): German word stress: Evidence for the prosodic hierarchy. In: Phonology 25, 1–36.
Dürscheid, Christa (2012): Einführung in die Schriftlinguistik. Grundlagen und Theorien. 4., überarb. und akt. Aufl. Göttingen.
Eisenberg, Peter (2006): Grundriss der deutschen Grammatik: Das Wort. 3. Aufl. Stuttgart.
Evertz, Martin/Beatrice Primus (2013): The graphematic foot in English and German. In: Writing Systems Research 5/1, 1–23.

Féry, Caroline (2002): Phonologie. In: Müller, Horst (Hg.): Arbeitsbuch Linguistik. Stuttgart, 77–101.

Frazier, Lyn/Janet Fodor (1978): The sausage machine: a new two-stage parsing model. In: Cognition 6, 291–325.

Fuhrhop, Nanna/Franziska Buchmann/Kristian Berg (2011): The length hierarchy and the graphematic syllable: Evidence from German and English. In: Written Language and Literacy 14/2, 275–292.

Goldsmith, John A. (Hg.) (1995): The Handbook of Phonological Theory. Cambridge, Mass.

Hawkins, John A. (2004): Efficiency and Complexity in Grammars. Oxford.

Hermes, Anne (2013): Articulatory Coordination and Syllable Structure in Italian. Frankfurt a. M.

Herrmann, Annika (in press 2013): Prosody in German Sign Language. In: Prieto, Pilar/Gorka Elordieta (Hg.): Prosody and Meaning. Berlin.

Hickok, Greg/David Poeppel (2007): The cortical organization of speech perception. In: Nature Reviews Neuroscience 8, 393–402.

Höhle, Barbara (Hg.) (2010): Psycholinguistik. Eine Einführung. Berlin.

Janßen, Ulrike (2003): Untersuchungen zum Wortakzent im Deutschen und Niederländischen. Dissertation Universität Düsseldorf. URL: http://docserv.uni-duesseldorf.de/servlets/DocumentServelet?id=2911.

Kandel, Sonja u. a. (2009). Orthographic vs. phonologic syllables in handwriting production. In: Cognition 110, 440–444.

Kauschke, Christina (2012): Kindlicher Spracherwerb im Deutschen. Verläufe, Forschungsmethoden, Erklärungsansätze. Berlin.

Liberman, Mark/Alan S. Prince (1977): On stress and linguistic rhythm. In: Linguistic Inquiry 8/2, 249–336.

MacSweeney, Mairéad u. a. (2002): Neural systems underlying British Sign Language and audio-visual English processing in native users. In: Brain 125/7, 1583–1593.

Martinet, André (1960): Éléments de linguistique générale. Paris.

Näätänen, Risto u. a. (1997): Language-specific phoneme representations revealed by electric and magnetic brain responses. In: Nature 385, 432–434.

Nespor, Marina/Irene Vogel (2007): Prosodic Phonology. Berlin. Original 1986 Dordrecht.

Noël, Patricia (2002): 'Dromedar oder Drome'dar? Eine Untersuchung des deutschen Simplexakzents anhand von Wörtern mit doppeltem Akzentmuster. In: Sprachwissenschaft 27, 423–446.

Nottbusch, Guido (2008): Handschriftliche Sprachproduktion. Sprachstrukturelle und ontogenetische Aspekte. Tübingen.

Petitto, Laura Ann u. a. (2000): Speech-like cerebral activity in profoundly deaf people processing signed languages: Implications for the neural basis of human language. In: Proceedings of the National Academy of Sciences of the United States of America 97/25, 13961–13966.

Primus, Beatrice (2003): Zum Silbenbegriff in der Schrift-, Laut- und Gebärdensprache – Versuch einer mediumunabhängigen Fundierung. In: Zeitschrift für Sprachwissenschaft 22, 3–55.

Primus, Beatrice (2004): A featural analysis of the Modern Roman Alphabet. In: Written Language and Literacy 7/2, 235–274.

Ross, John R. (1973): Nouniness. In: Fujimura, Osamu (Hg.): The Dimensions of Linguistic Research. Tokyo.

Sandler, Wendy/Diane Lillo-Martin (2006): Sign language and linguistic universals. Cambridge.

Saussure, Ferdinand de (1916): Cours de linguistique générale. Genève.

Scharinger, Mathias/Alexandra Bendixen/Jonas Obleser (2012): A sparse neural code for some speech sounds but not for others. In: PloS One 7, e40953. doi:40910.41371/journal.pone.0040953

Schattka, Kerstin/Ralph Radach/Walter Huber (2010): Eye movement correlates of acquired central dyslexia. In: Neuropsychologia 48, 2959–2973.

Steinbach, Markus (2007): Gebärdensprache. In: Steinbach, Markus u. a. (Hg.): Schnittstellen der germanistischen Linguistik. Stuttgart, 137–185.
Truckenbrodt, Hubert (2013): Semantics of intonation. Erscheint in: Claudia Maienborn/Klaus von Heusinger/Paul Portner (Hg.): Handbook of Semantics. Berlin.
Vennemann, Theo (1991): Skizze der deutschen Wortprosodie. In: Zeitschrift für Sprachwissenschaft 10, 86–111.
Wiese, Richard (2000): The Phonology of German. 2. Aufl. Oxford, New York.
Wöhrmann, Stefan (2003): Handbuch zur Gebärdenschrift. Hamburg.

Ulrike Haß/Petra Storjohann
7. Wort und Wortschatz

Abstract: Das Verständnis darüber, was ein Wort ist, zeigt sich je nach linguistischer Teildisziplin, je nach Untersuchungsinstrument und je nach betrachtetem Medium (Schriftlichkeit, Mündlichkeit) als äußerst wandelbar und kontrovers. Zunächst wird eine Übersicht über die wichtigsten Wortbegriffe in Geschichte und Gegenwart gegeben, um zu zeigen, wie sehr sich ein formaler, am Schriftbild orientierter Wortbegriff von semantisch-kognitiven Wortbegriffen unterscheidet. Anschließend wird dargelegt, wie sich welche sprachwissenschaftlichen Methoden auf die Konstituierung des Phänomens ‚Wort' auswirken und dass die isolierende Sicht auf das Einzelwort durch die Betrachtung von Relationen zwischen Wörtern abgelöst wurde. Dabei kommt den neueren, computerlinguistisch fundierten Verfahren besondere Relevanz zu. Auf dieser Basis wird gezeigt, welche Aspekte und Ebenen der Wortforschung es aktuell gibt; dabei wird der Interaktion von theoretischen wie anwendungsbezogenen Forschungsperspektiven und dem gesellschaftlichen bzw. Laieninteresse an Wörtern besondere Beachtung geschenkt.

1 Einführung
2 Der Begriff des Worts
3 Methodische Aspekte
4 Mögliche Untersuchungsgegenstände
5 Fazit und Ausblick
6 Literatur

1 Einführung

Das, was ein Wort ist, wird je nach Forschungsperspektive und -zweck außerordentlich unterschiedlich beurteilt. Einige Ansätze gehen gar so weit, das Wort lediglich als eine kulturell konstruierte Kategorie des Laienbewusstseins gelten zu lassen und ihm einen sprachwissenschaftlich bestimmbaren Status abzusprechen. Nachfolgend werden nicht so sehr die Positionen, sondern eher die Eigenschaften des Worts behandelt, die zu einer jeweils anderen Bestimmung des Worts führen können. Man kann sich mit dem Wort an sich nicht beschäftigen, ohne immer wieder das, was unter einem Wort verstanden wird, mit zu berücksichtigen. Die Probleme der Definition des Worts sind für sprachvergleichende Linguisten am größten, und je geringer, je stärker sich eine Linguistik einer bestimmten einzelnen Schriftsprache zuwendet.

Generell entpuppt sich der Begriff des Worts als „fuzzy" (Haspelmath 2011), sowohl im Rahmen der sprachreflexiven Betrachtung durch Sprachphilosophen,

Grammatiker und Linguisten, d. h. innerhalb von Expertendiskursen, als auch im Alltagsverständnis und in den Diskursen der Sprachteilhaber selbst. Letztere haben mit der prototypischen Natur des Wort-Begriffs allerdings weitaus weniger Probleme als Linguisten, für die das Ziel gilt, eine solche zentrale Kategorie unabhängig von den Besonderheiten einer Einzelsprache zu bestimmen. Dies aber gelingt nicht, wie wiederholt gezeigt wurde, und so ist das Wort v. a. in den strukturell orientierten Linguistiken eine „Kategorie non grata" (Maas 2004, 9), die irgendwo im Kontinuum zwischen den kleinsten Wortbausteinen, den Morphemen, und dem Satz ‚verschwindet'.

In Abschnitt 2 dieses Beitrags sollen die Eigenschaften des Wort-Konzepts derart vorgestellt werden, dass wir von der mutmaßlichen phylogenetischen Entwicklung von Mündlichkeit zu Schriftlichkeit und weiter zum Buchdruck und zu Sprachtechnologie vorangehen. In einer solchen chronologischen Perspektive werden zudem nicht wenige Interaktionen zwischen Expertendiskursen und Alltagsdiskursen über das Wort erkennbar, die bei einer umfassenden Behandlung des Gegenstands ‚Wort' nicht nur zu berücksichtigen, sondern wenn möglich zu integrieren sind. Sowohl im alltäglichen Gebrauch des deutschen Ausdrucks *Wort* als auch in der europäischen philosophischen Tradition mit den äquivalenten Bezeichnungen (*word, woord, ord, mot,* usw.) werden immer wieder die gleichen konzeptuellen Eigenschaften genannt, die eine Rekonstruktion nicht nur des Begriffs, sondern auch des damit eröffneten linguistischen Untersuchungsfelds erlauben. Die Gewichtung und Fokussierung der Eigenschaften, die dem Konzept Wort zugeschrieben wurden und werden, ändern und wandeln sich gleichwohl in Zeit und Diskurs.

Abschnitt 3 betrachtet in groben Zügen v. a. die aktuellen Methoden der Wortforschung und wie sie sich auf den Wort-Begriff und dessen vielfältige linguistische Differenzierungen auswirken. Vor diesem Hintergrund lassen sich in Abschnitt 4 ausgewählte Untersuchungsperspektiven auf das Wort begründen; dabei können nur die relevantesten zur Sprache kommen (4.1 und 4.2). Abschnitt 4.3 erläutert Untersuchungsperspektiven, die der Angewandten Linguistik zugeordnet sind und die damit den Wissensinteressen der Sprachteilhaber an Wörtern nahe stehen.

2 Der Begriff des Worts

2.1 Von der ‚Rede' über das ‚orthografische Wort' zum bedeutungsvollen Sprachzeichen

Das ‚erste Wort', das ein Mensch spricht, ist immer eine satzwertige Äußerung, ein ‚Stück Rede'. Beim individuellen Spracherwerb wird von „Einwortäußerungen" gesprochen, die zwischen dem 10. und dem 18. Lebensmonat auftreten und ganz überwiegend performative, nicht referentielle Funktion haben (Rothweiler/Meibauer 1999, 14). Fast alle Sprachen rein mündlicher Kulturen besitzen den Begriff des Eigennamens, aber keine hat einen Begriff für das ‚Wort' (Dixon/Aikhenvald 2002, zit. in Haspelmath 2011, 34) und es ist daher wahrscheinlich, dass der Begriff für die Rede, das Gesagte, grundsätzlich früher als der Begriff für das einzelne Wort entwickelt wurde.

Auch in der Etymologie aller indoeuropäischen Sprachen bedeutete dt. *Wort* und partiell äquivalente Bezeichnungen wie *logos, vox, vocabulum, onoma, verbum, nomen* zunächst, ‚die Rede', ‚das Sprechen', ‚das Gesagte' bzw. ‚das Gehörte', insbesondere das rituell und feierlich Gesagte/Gehörte (Pfeifer 1989, Haebler 2002, Meier-Oeser 2004). Hierin zeigt sich ein Benennungsbedarf, der ein wiederholtes und damit wiedererkennbares, kommunikativ relativ selbständiges Element gesprochener Sprachverwendung identifizieren möchte. In lexikalisierten Wortbildungen und in Phraseologismen wie *Grußwort* oder *das letzte Wort haben* ist diese Bedeutung nach wie vor lebendig.

Nach der Erfindung der Schrift, v. a. mit dem Buchdruck und seiner stärkeren Ausrichtung auf das individuelle, ‚stille', sinnentnehmende Lesen, tritt die zweite Bedeutung von *Wort* im Sinne des zählbaren einzelnen Bestandteils einer schriftlich repräsentierten Äußerung hinzu. Dabei ist die Zählbarkeit abhängig von der Einführung der Wortzwischenräume (Spatien), die das (stille) Lesen erleichtern, beschleunigen und sich mit dem Buchdruck durchsetzen. Zugleich erfordern Spatien die Konstruktion von (orthografischen) Regeln darüber, wo sie gesetzt werden sollen. Diese Regeln sind stark von den morphologischen Eigenschaften einer Einzelsprache abhängig. In isolierenden Sprachen fällt das durch Spatien abgetrennte Wort tendenziell mit dem Morphem oder der Silbe zusammen, in polysynthetischen Sprachen hingegen fallen Wort und Satz zusammen (Maas 2004, 10).

Vor dem Hintergrund der Tatsache, dass es in gesprochener Sprache keine ‚Pausen' zwischen Wörtern – analog den Spatien der geschriebenen Sprache – gibt, ist es erstaunlich, dass das Gehirn bei der Sprachverarbeitung offensichtlich in der Lage ist, Ausschnitte aus dem ununterbrochenen phonetischen Strom als im mentalen Lexikon gespeicherte Einheiten wiederzuerkennen. Wie es das bewerkstelligt, ist noch nicht geklärt, doch scheinen freie und Stammmorpheme dabei eine tragende Rolle zu spielen (Zwitserlood 2002).

Wortgrenzen sind so kontingent, dass die Anzahl der Wörter schon bei Übersetzungsäquivalenten der typologisch ähnlichen europäischen Sprachen nicht übereinstimmt (frz. *chemin de fer* – dt. *Eisenbahn*, lat. *amavi* – dt. *ich habe geliebt*), und auch für eine Sprache mit entwickelter Schriftlichkeit wie das Deutsche gibt es nicht wenige Probleme der Wortabgrenzung, die nur durch normative Entscheidungen gelöst werden können. Man denke an Fälle wie *abschneidet, schneidet ab*, aber *abzuschneiden, ins, aufs*, aber sowohl *wenns* als auch *wenn's* usw., sowohl *in Frage* als auch *infrage*. Während sog. Autosemantika oder lexikalische Wörter relativ leicht identifizierbar scheinen – Substantive sind z. B. im Deutschen leichter als Verben begrenzbar –, geht man bei den grammatischen bzw. Funktionswörtern von einem

Kontinuum zwischen Affix und Wort aus, was durch die Erforschung von Grammatikalisierungsprozessen bestätigt wird.

Die Ambiguität der Bestimmung von *Wort* als ‚Rede' einerseits und als ‚orthografisches Wort' andererseits führte zu diversen Differenzierungsstrategien: Schon in der rhetorischen Tradition wurden im Kontext von Synonymen und Tropen den *verba* im Sinne der ‚Rede' die *verba singula* gegenübergestellt (Lausberg 1990, 27 u. 62). Andere antike Autoren begegneten dem Begriffswirrwarr mit Alternativbezeichnungen wie *locutio, dictio, lexis* u. a. (Meier-Oeser 2004). Vor allem im Deutschen ist die Existenz zweier semantisch differierender Plurale (*Worte, Wörter*) auffällig, die seit dem 16. Jahrhundert verstärkt und explizit markiert sind (Pfeifer 1989). In den deutsch-lateinischen Wörterbüchern der Epoche hieß das zählbare Wort auch das „Einzelwort". Das Einzelwort-Konzept wurde seitdem v. a. im thematischen Zusammenhang von Übersetzung (Maxime ‚von Wort zu Wort'), Sprachvergleich (‚fremde Wörter') und der ideologischen Konstruktion der eigenen deutschen Sprache (‚alte Wörter') gebraucht.

So sehr Sprachnormierungen bis heute die Pluraldifferenzierung *Worte* für selbständige Äußerungen und *Wörter* für zählbare Einheiten der Schriftsprache verteidigen, so deutlich zeigen Recherchen in gegenwartssprachlichen Textkorpora, dass der standardsprachliche Gebrauch des Ausdrucks *Wort* und seiner Plurale einen semantisch-pragmatischen Überschneidungsbereich aufweist: Auch das rituell-feierliche oder auf sonstige Weise ‚besonders' verwendete bzw. thematisierte Einzelwort zeigt den Plural *Worte*, der dadurch stilistisch herausgehoben und meliorisierend erscheint, wohingegen die umgelautete Form *Wörter* eher semantisch entleerten Denotaten vorbehalten zu sein scheint. Die der Norm entgegenlaufende Tendenz, die Extension des Plurals *Worte* auf Kosten von *Wörter* zu verbreitern, kann aber auch mit der unterschiedlichen morphologischen Komplexität und Reihenbildung der beiden Formen zusammenhängen – der Plural *Worte* ist regelmäßig und kommt ohne Umlaut aus.

Festzuhalten ist, dass das heutige Alltagsverständnis und der Gebrauch des Ausdrucks *Wort* weniger semantische Ambiguität als Vagheit aufweisen, bei der das Merkmal der „Bedeutungshaltigkeit" (Meier-Oeser 2004, 1026) zwischen den semantischen Polen ‚Rede' und ‚Einzelwort' graduelle Ausprägungen annimmt. Erst vom zählbaren Einzelwort aus wird in der Geschichte die konzeptuelle Eigenschaft des Worts, ein bedeutungsvolles Sprachzeichen zu sein, entwickelt. Ein Wort als Bedeutungsträger zu verstehen, setzt mithin eine verschriftete Sprache voraus. Sieht man nämlich von morphologischen und orthografischen Abgrenzungsfragen ab, zeichnet sich das Wort v. a. dadurch aus, dass es für ein Ding oder eine Vorstellung stehen kann. Spätestens seit dem 17. Jahrhundert existiert ein breiter und später in die Öffentlichkeit hineinwirkender sprachphilosophischer/sprachwissenschaftlicher Diskurs, der das Wort wegen seiner kognitiven bzw. Abbildfunktion als primäres Sprachzeichen, als Zeichen des Gedankens begreift (Gardt 1999, Meier-Oeser 2004). So wird auch in weiten Teilen der Linguistik in Annäherung an die Wahrnehmung der Sprachteilhaber der ungeliebten Kategorie Wort allgemein zugestanden, dass es „Fenster zum Weltwissen" (Maas 2004, 14), „informationsintensive Einheit" (Herbermann 2002, 20) ist und „realitätskonstituierende Macht" hat (Linke 2002, 122).

Weniger in der Syntax, sondern v. a. im Wort verdichtet sich konzeptuelles Wissen und zwar auf eine kulturspezifische Weise. Diese von Leibniz, Herder und vielen anderen in unterschiedlichen Spielarten früh formulierte Erkenntnis hat im und seit dem 19. Jahrhundert weit verbreitete, ambivalente Vorstellungen hervorgebracht. Das Verhältnis von Sprache und Denken wurde z. B. bei W. von Humboldt keinesfalls auf begriffliche Zeichen, d. h. Wörter beschränkt, sondern morphologische wie syntaktische Strukturen einbeziehend weit gefasst. Aber im nicht-wissenschaftlichen Diskurs wurde und wird das Verhältnis von Sprechen und Denken meist als Verhältnis von Wort und Begriff exemplifiziert und damit – man denke an die Geschichte von den angeblich besonders zahlreichen Wörtern für Schnee in der Sprache der Inuit – simplifiziert.

Das einzelne Wort bzw. die Menge der Wörter für ‚die Sprache' als Ganzes zu nehmen, öffnet gewissermaßen ein Tor zur ideologischen Pervertierung, bei der Kultur und Wert einer Sprachnation an ihrem Wortschatz und dem darin enthaltenen Begriffsvorrat abgelesen werden könne. Vom 16./17. Jahrhundert bis zur Gegenwart stellte dieser Topos auch den ideologischen Hintergrund für den Fremdwortpurismus zur Verfügung – von selbstverständlich gegebenen historischen Unterschieden sei hier einmal abgesehen. Generell ist der deutschsprachige Purismus eine wortbezogene Ideologie, die grammatische bzw. sprachstrukturelle Entlehnungen nicht zur Kenntnis nimmt, weil das Wort in der Schrift unmittelbar erkennbar und bewertbar ist, eine abstraktere Struktur hingegen nicht.

Der kognitive Wortbegriff mit seiner Ambivalenz zwischen Bedeutungsforschung und Weltbild-Ideologie besaß weitere Spielarten, die hier nur aufgezählt, nicht vertieft werden können: Die historisch-vergleichende Sprachwissenschaft war wortzentriert (Gardt 1999, 268 ff.), v. a. dort, wo sie um öffentliche Anschlussfähigkeit bemüht war, d. h. in der Lexikografie des 19. und frühen 20. Jahrhunderts. Auch die Anfänge der Wortbedeutungslehre (Semasiologie) standen im Kontext der (lateinischen) Lexikografie, freilich ohne ideologische Indienstnahme. Die Sprachinhaltsforschung Weisgerber'scher Prägung vor und nach dem zweiten Weltkrieg griff mit dem Schlagwort vom „Worten der Welt" (Weisgerber 1955) die Ideen in einer Zeit auf, in der die Sprachwissenschaft sich längst grammatisch-strukturellen Fragen zu und von wortsemantischen Fragen abgewandt hatte. Mit den Junggrammatikern und dem Strukturalismus ließ die moderne Sprachwissenschaft jede Form der Spekulation über die Bedeutungshaltigkeit der Wörter hinter sich und besann sich auf ‚problemlosere' Einheiten der Sprache, auf den Laut und den Satz, auf den Text und auf die Silbe.

2.2 Wortbegriff und Wortforschung

Betrachtet man die Sprachwissenschaft von der Mitte des 20. Jahrhunderts bis zur Gegenwart in Gänze, zeichnen sich vier Perspektiven auf das Wort ab, die sich darin unterscheiden, wie sie das Wort begreifen und welchen theoretischen Status sie dem Wort verleihen, welche Methoden das jeweilige Verständnis des Worts prägen und welchen Anwendungsbezug sie aufweisen: Erstens eine syntaktische Perspektive, die das Wort als Element des Satzes bzw. einer syntaktischen Struktur betrachtet, zweitens eine semantische, die Regularitäten bei Konstitution und Wandel der Bedeutung des Worts untersucht. Die syntaktische Perspektive erstreckt sich einerseits auch auf transphrastische, d. h. textuelle Funktionen von Wörtern, und fokussiert andererseits die Kompositionalität von Wörtern, d. h. ihre Zusammengesetztheit und ihre Elemente, die Morpheme.

Neben diesen eher theoretischen und z. T. übereinzelsprachlichen Perspektiven sind für eine Einzelsprache wie das Deutsche, das Französische, das Englische usw. drittens auch die sozio-pragmatische Linguistik und viertens die Angewandte Linguistik zu nennen, die beide jenseits der sprachsystematischen Ebenen (Morphem, Satz, Text) komplexere sprachliche Interaktionen, Gespräche, Diskurse, Medien, Stile, Varietäten und Mehrsprachigkeiten untersuchen und dabei Wörter als Elemente untergeordneten Ranges behandeln.

Das Wort in der Syntax: Bestehen Sätze aus Wörtern? – Nein! In formal orientierten linguistischen Paradigmen hat das Wort praktisch keinen theoretischen Status. Es ist lediglich Element oder Knoten in einer lexiko-grammatischen Struktur, namentlich in Satz bzw. Phrase. Infolgedessen interessieren auch v. a. seine formalen Eigenschaften, also die Morphologie. Lediglich im Zusammenhang mit Argumentstrukturen v. a. von Verben und Verbalsubstantiven – spielen auch relativ allgemein gefasste, abstrakte semantische Wortklassen (z. B. Handlungs-, Vorgangs- und Eigenschaftsausdrücke) eine Rolle. Die semantische Seite des Worts wird in der Syntax gern bewusst vernachlässigt als etwas, das sich der Formalisierung weitgehend entzieht oder das sowieso als außerhalb der Sprache liegend aus linguistischer Erkenntnis ausgeklammert werden sollte.

Die Konstruktionsgrammatik legt den Fokus zwar ebenfalls nicht auf das einzelne Wort, bezieht Wörter als bedeutungshaltige Einheiten aber ein, insofern eine Konstruktion als ‚form-meaning pair' definiert wird (vgl. Lakoff 1987) und Untersuchungen zu Konstruktionen oft an bestimmten Wörtern ‚aufgehängt' werden.

Redewendungen wie z. B. *in trockenen Tüchern* sind Sonderfälle des Worts: Eine Bedeutung wird durch mehrere Wörter gemeinsam repräsentiert. In der modernen Phraseologie-Forschung werden solche Mehrwort-Einheiten zunehmend unter dem Aspekt der Konstruktion beleuchtet und infolgedessen stärker als Einheit der Sprache verstanden. Das Einzelwort trägt zwar als Vertreter einer abstrakteren Klasse auf irgendeine Art und Weise zur Konstruktionsbedeutung bei, aber die funktional entscheidende Einheit ist die (phraseologische) Konstruktion. Das Wort wird dabei als semantische bzw. kognitive Einheit verstanden – unabhängig davon, aus wie vielen Bestandteilen es besteht und ob diese Bestandteile zusammengeschrieben werden oder nicht.

Das Wort in der Semantik: In semantischer Hinsicht können lexikalische Ausdrücke trotz unterschiedlicher Form den gleichen zeichentheoretischen Status beanspruchen, vom gebundenen lexikalischen Morphem über das freie Morphem und die komplexe Wortbildung bis hin zu Phraseologismen. Alle diese lexikalischen Formen sind „prominente Kristallisationspunkt[e] kognitiver Prozesse" (Feilke 1996, 65). Von dieser gemeinsamen Basis aus entwickelten Semantik und lexikografische Praxis Ausdifferenzierungen des Wortbegriffs im Hinblick auf die Binnengliederung der Wortbedeutung in Bedeutungsvarianten (oder Sememe oder Einzelbedeutungen) und im Hinblick auf die Unterscheidung denotativer und pragmatisch-konnotativer ‚Bedeutungsanteile'. Statt sich auf die Binnengliederung der Wortbedeutung zu konzentrieren, kann man auch, wie die eher sprachpragmatische lexikalische Semantik, modellieren, dass das einzelne Wort bzw. der einzelne Phraseologismus im Sprachgebrauch semantisch vielfach vernetzt ist und in seinen syntagmatischen wie paradigmatischen Relationen zu anderen Ausdrücken, zu Texten, Stilen und Diskursen gesehen werden muss.

Den Fokus auf die externe Vernetzung der Wortbedeutung zu legen ist eine Sichtweise, die durch psychologische und kognitionswissenschaftliche Ansätze (Prototypen-/Stereotypensemantik, Framesemantik, Construal Approach) unterstützt wurde. In der Tendenz (wie z. B. in der Framesemantik; Dynamic Construal Ansatz) wird der Kontext zur entscheidenden Größe; die ehemals scharfe Grenze zwischen Wortbedeutung und -kontext löst sich zwar nicht völlig auf, aber Wortbedeutung wird als mentale Einheit verstanden, die das Ergebnis der Interaktion kognitiver Routinen mit konventionellen Kontexten ist.

Das Wort in Sozio-Pragmatik und Varietätenlinguistik ist von sehr untergeordnetem Interesse: Unter Sozio-Pragmatik sollen hier unterschiedliche Ansätze wie Gesprächsanalyse, Interaktionsforschung, Diskursanalyse und Soziolinguistik zusammengefasst werden. Der Fokus der Betrachtung liegt klar bei größeren Gebilden des Sprachgebrauchs und bei deren Dynamik infolge interaktiver Strategien der Kommunikationsbeteiligten. Sprachliche Mittel sämtlicher Ebenen, darunter der Lexik, erweisen sich im untersuchten Gebrauch als hochgradig flexibel und variant. Dies geht soweit, dass manche Vertreter die Präexistenz wörtlicher Bedeutungen infrage stellen und stattdessen die Semantik des Worts in jedem Gespräch, in jedem Äußerungsakt neu und kollektiv bestimmt entstehen sehen. Andere Arbeiten widmen sich kleinräumigen Interaktionsstrukturen, die mittels eines Einzelworts, oft einer bestimmten Partikel identifiziert werden.

Die meist auf geschriebenen Textkorpora basierende Diskursanalyse findet zunächst einen überkomplexen Untersuchungsgegenstand, den Diskurs zum Thema X, vor, der immer nur in exemplarischer Reduktion auf z. B. Argumentationsmuster, Metaphern und sog. Schlüsselwörter hin untersucht werden kann. Das Wort gerät hier also eher nolens volens und aus heuristischen Gründen in den Fokus. Gleichzeitig kann die Diskursanalyse aber für sich in Anspruch nehmen, der auch außerhalb der Wissenschaft evidenten realitätskonstituierenden Macht (s. o.) der Wörter Rechnung zu tragen und die eigene Forschung damit an gesellschaftliche Diskurse anschlussfähiger zu machen.

Das Beispiel der Varietätenlinguistik zeigt gewissermaßen die umgekehrte Tendenz. Am Beginn stand hier das Laieninteresse an Dialekt- und Fachwörtern, die in unzulässiger Reduktion den Begriff *Sprache* (z. B. in *Regionalsprache, Fachsprache, Jugendsprache* usw.) als ‚Menge von Wörtern' konzeptualisierten und Erklärung hierüber forderten. Die darauf bezogene Varietätenlinguistik war zunächst ebenfalls wortbezogen, mehr noch wortisolierend, entwickelte aber unter dem Einfluss von Sprachpragmatik, Text- und Diskurslinguistik ein komplexeres und angemesseneres Modell sprachlicher Spielarten (Adamzik/Niederhauser 1999). Hierin spielen lexikalische Ausdrücke beliebiger Komplexität keine herausgehobene Rolle mehr, wenn man vom Sonderfall der Fachwörter und Termini absieht.

3 Methodische Aspekte

Nachfolgend sollen Verfahrensweisen umrissen werden, mit denen das Phänomen ‚Wort' je nach Wortbegriff und Perspektive (anders) erforscht wird. In der jeweiligen Methodenanwendung wird das Wort als mitunter differentes Phänomen sichtbar. Als Wege der Erkenntnisgewinnung weitgehend ausgeschlossen sind die Introspektion, die allein auf das Sprachgefühl oder -bewusstsein des Forschenden setzt, und eine naive Form der Befragung von Sprechern zu Bedeutung und Gebrauch bestimmter Wörter. Beiden Wegen mangelt es oft an überindividueller Gültigkeit der Ergebnisse; Bedeutungskonstitution der Wörter und alle Dimensionen des Gebrauchs finden ‚hinter dem Rücken' der Sprecher statt und sind dem Bewusstsein nicht unverfälscht zugänglich. Vielmehr muss eine wissenschaftlich akzeptierte Methode den tatsächlichen Sprachgebrauch einer Sprechergruppe in einem Zeitraum empirisch zu erfassen versuchen. Auch Fragen zum Sprachsystem können nicht unmittelbar, sondern nur über den Sprachgebrauch untersucht werden. Quantitative Verfahren spielen eine große Rolle, aber qualitative, d. h. textinterpretative sind keineswegs ausgeschlossen.

Die Art der Datengewinnung und die eingesetzten empirischen Verfahren unterscheiden sich grundsätzlich in experimentelle und korpusanalytische Methoden (Litosseliti 2010). Unter einem Korpus wird im Allgemeinen eine große Sammlung digital verfügbarer Texte oder Gespräche verstanden. Die Analyse eines Korpus geschieht in der Regel mithilfe von Software, die Elemente des Korpus zählen und die Ko- bzw. Kontexte des einzelnen Elements ermitteln kann. Dahinter steckt eine Reihe bekannter statistischer Algorithmen und Modelle (vgl. Perkuhn/Keibel/Kupietz 2012; Lemnitzer/Zinsmeister 2010). Die Analyse eines Korpus zu Zwecken der Wortforschung endet aber keineswegs bei den Resultaten, die die eingesetzte Software an die Forschende übergibt; vielmehr zählen Prüfung, Interpretation, Einordnung und Schlussfolgerung ebenfalls zur Korpusanalyse hinzu. Dabei ergänzen empirische Evidenzen die intuitiven Urteile nicht oder stellen sie auf eine solide Grundlage (corpus-based-Ansatz), sondern sie sind zunehmend selbst die Basis des Erkenntnisprozesses und der Theoriebildung (corpus-driven-Ansatz).

Die Korpuslinguistik kennt gewissermaßen die Normalverteilung der Wörter in Texten, sodass aus den Abweichungen Schlüsse auf Besonderheiten des Gebrauchs gezogen werden könnten. Die häufigsten Wörter der deutschen Gegenwartssprache sind in allen Korpora identisch; es handelt sich z. B. um homonyme (multifunktionale) Formen von Artikelwörtern (*die, der*), die Konjunktion *und* sowie häufige Präpositionen und Verbformen (*sein, werden, hat, ist*). Etwa die Hälfte der Wörter, die in einem Text bzw. Korpus vorkommen, kommt dort nur einmal vor; für die andere Hälfte derer, die öfter vorkommen, gibt es bekannte Verteilungsregeln. Allgemein gilt, dass Wörter, die aus mehreren Elementen kombiniert sind (Komposita, Ableitungen), deutlich seltener vorkommen als Simplizia, also ist etwa *Haus* häufiger als *Wohnhaus*. Bei Fragen der Wortfrequenz muss aber zunächst geklärt werden, was man als ein Wort zählen will: das ‚laufende' Textwort, die grammatisch determinierte Wortform oder die grammatisch unmarkierte Grundform (dazu s. u. 3.1).

3.1 Das Wort in der Sprachtechnologie

Der Computer ist bei der Verarbeitung von Sätzen und Texten darauf angewiesen, das Wort als zählbare Einheit der Schrift- oder verschrifteten Sprache zu begreifen und kann Wörter nur anhand der Spatien identifizieren (siehe 2.1). Bereits der Punkt am Satzende bzw. nach Abkürzungen und Satzzeichen überhaupt stellen ein wenn auch lösbares Problem dar. Der hier vorhergehende Satz enthält 18 Wörter, die in diesem Zusammenhang Token genannt werden. Mittels der Größe Token-Zahl kann man den Umfang eines Korpus angeben. Token wie *die, ein, Häusern* usw. stellen eine bestimmte Wortform-Variante dar, die in Sätzen, Texten, Korpora wiederholt gebraucht werden. Sollen nur die verschiedenen Formvarianten betrachtet werden, spricht man von Type (oder Wortform). So haben z. B. literarische Texte vermutlich eine höhere Anzahl an Types als die halbstandardisierte Sprache der Piloten in einem Cockpit. Sowohl bei Token als auch bei Type wird von Bedeutungsaspekten ganz abgesehen. Die Form *sein* ist ein Type, unabhängig davon, ob es sich dabei um eine Form des Possessivartikels oder um den Infinitiv des Hilfsverbs handelt. *die* ist also das häufigste Wort der deutschen Sprache im Sinne von Type.

Verschiedene Types hängen offensichtlich zusammen: *sein, seinen, seine, seines* usw. sowie *sein, ist, sind, war, gewesen,* usw. Forschende, die sich mit diesen ‚Wörtern' beschäftigen, wollen alle grammatischen Varianten ihres ‚Suchworts' einbezogen wissen. Viele Nutzer geben bei Suchwörtern meist die Grundform ein, das Lemma. Die Software leistet dies über eine Komponente (ein Analyseprogramm) namens Lemmatisierer, in dem alle einer Grundform zugeordneten Types erfasst werden – gelegentliche Fehllemmatisierungen nicht ausgeschlossen.

Mittels der notwendigen Ausdifferenzierung des Wortbegriffs in Token, Type und Lemma/Grundform ist die Computerlinguistik in der Lage, sprachliche Einheiten und ihre Eigenschaften für spezielle Modellbildungen operationalisierbar und algorithmisierbar zu machen. Die Möglichkeiten der automatischen Zerlegung erstrecken sich auch auf die Struktur eines Types, bei dem zumindest einige Affixe von der Basis sowie die lexikalischen Elemente eines Kompositums unterschieden werden können.

Aber die Kategorisierung der Wörter nach Wortarten wie Nomen, Verb, Adverb usw., die v. a. morphologischen, aber auch syntaktisch-funktionalen Kriterien folgt, kann computerlinguistisch nicht angewendet werden. Daher gibt es für computerlinguistische Software besondere Klassifikationen für ‚Wortarten' und Wortgruppen (parts of speech). Jedem Token in einem Korpus seine Wortklasse zuzuordnen wird Tagging oder morphosyntaktische Annotation genannt; dies ist meist Voraussetzung für Untersuchungen zu syntaktischen Aspekten von Wörtern. In manchen Fällen gibt aber auch schon die Wortumgebung Aufschluss über die morphosyntaktische Kategorie: Folgt dem Type *sein* ein großgeschriebenes Nomen nach, handelt es sich eher um ein Possessivum; steht *sein* hingegen hinter einem Partizip Perfekt und am Ende von Sätzen, wird es sich um den Infinitiv des Hilfsverbs handeln.

Trotz der so ganz anderen Perspektive auf ‚das' Wort stimmt die Computerlinguistik mit der Intuition der Sprecher darin überein, das Wort an Schrift gebunden und durch Spatien abgetrennt zu verstehen.

3.2 Aktuelle Methoden der Wortforschung

Korpuslinguistische und experimentelle Verfahren unterscheiden sich nicht zuletzt in ihren Fragerichtungen und in ihrer Nähe zu dieser oder jener Nachbardisziplin.

Korpuslinguistik: Lexikologische Studien, die sich deskriptiven Beschreibungen authentischen Sprachgebrauchs verpflichten, konzentrieren sich eher auf Korpusuntersuchungen, bei denen Textkorpora empirisch ausgewertet werden. Häufigkeitsanalysen und statistische Auswertungen zur Verteilung von Wörtern auf Texte bieten Wortschatzinteressierten Zugänge zu regelhaften sprachlichen Strukturen und Mustern unterschiedlicher Komplexität, seien es Strukturen im Inneren des Worts oder (meist) Strukturen, die ein Wort mit anderen Wörtern im engeren oder weiteren Kontext verbindet. Ein zunehmend höher bewertetes Potenzial der Software besteht in der Ermittlung sog. Kookkurrenzen (Kollokationen, Cluster). Dabei werden ein oder mehrere Partnerwörter zu einem infragestehenden Wort (Lemma) ermittelt und zwar so, dass man sagen kann, diese Wörter kommen statistisch signifikant gemeinsam vor, und sie kommen in dieser oder jener syntagmatischen Anordnung vor. Der Nutzen der Kookkurrenzanalyse ist äußerst vielfältig, sei es für morphologische, syntaktische, semantische, pragmatische oder themen- bzw. diskursbezogene Fragestellungen.

Wegen der zentralen Rolle der Statistik wird in Hinblick auf korpusanalytische Ansätze von quantitativen Methoden gesprochen. Moderne Analysetools mit elaborierten Suchstrategien vermögen es jedoch, Daten stärker differenziert nach linguistischen Kriterien zu analysieren und damit qualitative Auswertungen einzuschließen. Daher stellen korpusgestützte Methoden heute sehr gute Zugänge zu quantitativ informierten qualitativen Wortschatzanalysen dar (Bubenhofer 2013).

Mittels Korpusanalysen können Annahmen, etwa über den Geltungsgrad einer sprachlichen Norm, bestätigt oder widerlegt werden; man kann aber auch Unerwartetes entdecken, was die eigene Fragestellungen modifiziert oder ganz neue Aspekte zu den fokussierten Wörtern aufwirft. Dabei eröffnet sich nicht nur ein detaillierter Blick auf Usuelles, sondern auch auf das Spektrum sprachlicher Irregularitäten und ungewöhnlicher Konstruktionen. Korpusanalytische Zugänge unterteilen sich prinzipiell in zwei Verfahren, die unterschiedliche Ausgangshypothesen zugrunde legen. Das sogenannte korpusbasierte (corpus-based) Verfahren dient der Messung von Häufigkeiten und der Überprüfung bestehender Hypothesen oder Theorien. Mit der korpusgeleiteten/-gesteuerten (corpus-driven), explorativen Herangehensweise an Korpusdaten werden Hypothesen erst im Anschluss an Evidenzen der Korpusanalysen, d. h. induktiv gebildet (Tognini-Bonelli 2001). Beide Verfahren werden zwar mitunter als konträre Ansätze betrachtet, aber einige Studien zeigen, dass sie für bestimmte Untersuchungszwecke komplementär genutzt werden können, um zu differenzierten Beschreibungen des Wortgebrauchs zu gelangen (z. B. Storjohann 2012).

Auch gesprochene Sprache muss für korpuslinguistische Analyse erst in eine besondere Form der Verschriftung (Transkription) gebracht und annotiert sowie mit den Audio-Daten sekundengenau verknüpft (aligniert) werden. Wegen der arbeitsintensiven Aufbereitung gesprochensprachlicher Texte sind Korpora mündlicher Sprache weniger umfangreich und werden noch deutlich weniger eingesetzt als schriftsprachliche Texte. Schriftsprachliche Korpora sind dagegen umfangreich und können, je nach Untersuchungsgegenstand, in ihren Merkmalen (Region, Zeit, Textsorten, Themen usw.) so zusammengesetzt werden, dass sie dem Ideal der Repräsentativität nahezukommen scheinen. In sog. multimodalen Korpora werden neben den (geschriebenen) Wörtern (Tokens) auch nicht-sprachliche Zeichen wie Bilder, Fotos, Grafiken, Musik, Geräusche usw. organisiert, auch wenn die Alignierung verschiedener Modi aufwändig ist.

Die stetige Weiterentwicklung von Korpusanalyse-Werkzeugen führt dazu, dass computergesteuerte Prozesse sprachliche Daten hinsichtlich unterschiedlicher linguistischer Kriterien automatisiert extrahieren, inhaltlich bündeln und vorsystematisiert anbieten. Künftige Werkzeuge werden intelligente Instrumente sein, die aus Interpretations- und Selektionsprozessen der Nutzer(innen) selbsttätig lernen und zusätzliche Analyseschritte für neue Anfragen ableiten können (Rundell/Kilgarriff 2011). Interessante Sprachgebrauchsuntersuchungen können auch erwartet werden, wenn geschriebene und gesprochene Texte mit einem gemeinsamen Recherchetool gleichzeitig ausgewertet werden können.

Je nachdem, für welche Aspekte des Worts man sich interessiert, sind unterschiedliche Korpusarten sinnvoll. Monolinguale Korpora beispielsweise werden in der Morphologie genutzt, die nach der Flexibilität der Wortbildung fragt; in Korpora ist ein größeres Spektrum an Varianten auch wenig usueller Formen zu finden. In der Lexikografie werden Korpora eingesetzt, um entweder automatisiert Informationen zu Stichwörtern zu extrahieren oder um auf der Basis statistischer Auswertungen zu objektiveren Dokumentationen tatsächlichen Wortgebrauchs zu gelangen. Dabei spielen nicht nur Frequenzen, sondern zunehmend die Wortumgebungen eine Rolle. Für syntaktische Fragen an Wörter eignen sich annotierte Korpora (s. o.). Um fach- und sondersprachliche bzw. Varietäten-Wortschätze zu untersuchen, stehen spezialisierte Korpora zur Verfügung. Bi- oder multilinguale Korpora bzw. sog. Parallelkorpora, die nur auseinander übersetzte Texte enthalten, werden für sprachtypologische Studien und in der Übersetzungswissenschaft eingesetzt. Die Übersetzungswissenschaft wie die Übersetzerinnen und Übersetzer in ihrer praktischen Arbeit greifen öfter auf Resultate einer Kookkurrenzanalyse zurück, weil Übersetzungsäquivalente in einem bestimmten fachlichen und institutionellen Kontext selten Wortpaare, sondern Syntagmen- oder Konstruktions-Paare darstellen. Im Fremdsprachenunterricht werden sog. Lernerkorpora genutzt, mit denen Lehrkräfte typische Fehler in bestimmten Lernstadien der Lerner oder den abweichenden Gebrauch bestimmter Wörter oder syntaktischer Phänomene im Vergleich zu Korpora mit Texten von Erstsprachlern erkennen. Historische Korpora sind in der diachronen Sprachwissenschaft von wachsender Bedeutung, um (nicht nur) Wort(schatz)entwicklungen empirisch nachzuweisen. Dass korpuslinguistische Methoden weit mehr vermögen als nur quantitative Aussagen zu Fragen von Text, Stil und Diskurs zu treffen und die Subjektivität der Analysen reduzieren, wird ebenso in der Textlinguistik als auch in der Kritischen Diskursanalyse zunehmend anerkannt.

Die große Herausforderung für die Sprach- und Texttechnologie bleibt, dass Sprache ein komplexes, dynamisches und selbstorganisierendes System ist, für dessen Untersuchung es gilt, angemessene Modellierungen zu finden, die die flexiblen Strukturen des Wortschatzes und der Relationen des mentalen Lexikons im linguistischen Sinne abbilden können.

Experimentelle Methoden der Wortforschung dominieren bei kognitionslinguistischen und manchen semantischen Untersuchungen. Sie ermöglichen einen Zugang zu verschiedensten Aspekten der Sprachverarbeitung im menschlichen Gehirn, insbesondere bei Fragen der Konzeptualisierung (Begriffsbildung), der Repräsentation von

Konzepten durch Wörter und auch bei Fragen zu rein kognitiven Prozessen, an die man ohne Wörter kaum herankommt (Vorweg 2012). Die kognitiv orientierte Wortforschung, wie z. B. die Spracherwerbsforschung, hat zum Teil Analysemethoden der Sozialwissenschaften und Psycho- bzw. Neurolinguistik übernommen, um etwa zu untersuchen, welche kognitiven Mechanismen und konzeptuellen Ebenen bei der Verwendung bestimmter Wörter aktiviert werden.

Die grundlegende Idee bei der Durchführung experimenteller Verfahren wie der Informantenbefragung oder des freien Assoziations- und des Elizitationstests ist, wie durch ein ‚Fenster' direkt in das mentale Lexikon zu blicken. Dies wird z. T. durch Gehirnstrommessung und bildgebende Verfahren unterstützt. Auch hier gilt, dass das Forschungsinteresse nie nur einzelnen Wörtern gilt und dass den Probanden nie nur isolierte Wörter präsentiert werden, sondern Wörter oder Sätze immer in kontrollierte und manipulierbare Kontexte und Situationen eingebunden erscheinen. Beispielsweise wird für psychologische Befragungen in einer linguistischen Vorstudie oft geklärt, welchen Bekanntheitsgrad die für die Befragung vorgesehenen Wörter für die Probanden haben. Experimentelle Methoden werden oft als Kompetenz ermittelnde Tests bei Spracherwerb, Sprachstörungen eingesetzt; allerdings spielen Wörter und Wortschatz hier nur eine Rolle unter anderen Phänomenen (vgl. Albert/Marx 2010).

Bei Experimenten zur Erforschung von Stadien und Formen des aktiven Spracherwerbs werden u. a. Wort-Bild-Interferenzen oder Elizitationstest genutzt, bei denen z. B. die Produktion von Fragen, Negationen, Pluralformen und anderem getriggert werden soll. Für die Erforschung der Rezeption von Wörtern werden vordergründig phonologische, orthographische, morphologische, semantische und assoziative Primingtests verwendet, um Worterkennung und benötigte Aktivierungszeiten im Gehirn zu messen bzw. Sprachverarbeitung Bilingualer zu untersuchen. Neueste methodologische Entwicklungen schließen auch Eye-Tracking-Verfahren ein, die Augenbewegungen u. a. bei Tests zur Einschätzung von Richtigkeit und Wahrheitsgehalt und beim Analysieren des Verhältnisses zwischen aktiver und passiver Sprachproduktion auswerten. Im Rahmen der lexikalischen Semantik werden auch experimentelle Methoden genutzt, um konzeptuelle Strukturierung, Organisationsprinzipien sowie mentale Repräsentation von Sprache zu erforschen und um die Arten der Wissensrepräsentation im mentalen Lexikon und beteiligte Aspekte der Bedeutungsmanifestation zu erfassen.

Jede Methode verfügt über Vor- und Nachteile. Erkenntnisse und Resultate experimenteller Methoden stehen dabei Verfahren der Korpuslinguistik nicht gegensätzlich gegenüber. Manche Lexikologen und Lexikologinnen arbeiten daher mit diversen „Multi-Method"-Ansätzen, die korpuslinguistische Verfahren mit experimentellen Techniken verknüpfen und dabei zu kompatiblen Analysen und Erklärungen gelangen, die einer schlüssigen Theoriebildung dienlich sind.

4 Mögliche Untersuchungsgegenstände

Es ist deutlich gemacht worden, dass das Wort als Gegenstand der Forschung immer *mehr* als nur das einzelne Wort umfassen muss. Dieses ‚Mehr' ist je nach Untersuchungsperspektive ein anderes und wird nachfolgend erläutert.

4.1 Das Wort im System der Sprache

Die Elemente des Worts: Wörter bestehen aus sog. Morphemen, den kleinsten bedeutungstragenden Elementen der Sprache (z. B. *sing, denk, aus, ab, en, st, zer, bar, keit,* usw.), und, wenn man allein auf die Ebene der Aussprache bzw. Lautung fokussiert, aus Silben, die sprechrhythmisch bestimmt sind. Die Analyse der Morpheme und ihrer Kombinierbarkeit zu Wörtern ist Untersuchungsfeld der Morphologie. Man unterscheidet freie (z. B. *heiter*) von gebundenen (z. B. *keit*) und lexikalische (z. B. *heiter*) von grammatischen (z. B. *er, ste* sowie *von, je* usw.) Morphemen. Für die Wortbildungsregeln einer Sprache sind aber auch andere sprachliche Phänomene relevant, wie z. B. die Wortart, die Reihenfolge der morphologischen Elemente sowie lautliche Charakteristika. Zu den zentralen Wortbildungsmustern gehören solche, die zweigliedrige Elementstrukturen aufweisen, wie Zusammensetzungen (*Denkmal*) und Ableitungen (*denkbar*) (Thurmair 2010). In der jüngeren Forschung zu Elementen und Mustern der Wortbildung zeigten sich zahlreiche Inkonsistenzen bei der Klassifikation einiger Wortbildungsarten. So stellen sog. Konfixbildungen Sonderfälle, aber wichtige Bestandteile des Systems dar: Konfixe sind meist entlehnte Morpheme wie *thermo* oder *log*, aber auch *Schwieger* oder *Schorn*, die zwar Wortstatus haben, aber nur gebunden vorkommen. Ferner wurden Kategorien aus der Wortbildung der Nomina auf deutsche Verben übertragen, was den Charakteristika der Verben nicht gerecht wird (Kauffer/Métrich 2007). Kategorien wie etwa Partikelverb (z. B. *ablesen*), präfigiertes Verb (z. B. *vergessen*) oder Verbkompositum (wie *radfahren*) können oft nicht eindeutig zugeordnet, klare Grenzen zwischen Komposita und Präfigierungen nicht immer gezogen werden. Zahlreiche Wortbildungsmuster werden daher in der jüngeren Forschung unterschiedlich kategorisiert und die Kategorisierung selbst auf den Prüfstand gestellt.

Die Elemente des Worts, ihre Funktionen und Bedeutungen hängen in starkem Maß von musterbildenden Strukturen ab, da sie zwischen (komplexen) syntaktischen Ausdrücken (*radfahren*) und Einheiten mit Wortstatus (*Rad fahren, Auto fahren*) angesiedelt sind. Die Gebräuchlichkeit sowie die Produktivität von Wortbildungsarten und -mustern sind quantitativ messbar. Daher wird zunehmend das Augenmerk auf Phänomene mit (noch) unbekannten Regularitäten bzw. mit Varianz gelegt. Computerprogramme können ‚trainiert' werden, um Vorhersagen über das Auftreten bestimmter Wortbildungselemente zu treffen oder um herauszufinden, ob die Gestaltung bestimmter Wortbildungselemente an bestimmte Kriterien geknüpft ist (Bubenhofer

u. a. 2012). Solche Forschungsfragen könnten neben rein statistischen Ermittlungen fundierte Einblicke in morphologische Mechanismen und kontextuelle Prinzipien der Bildung neuer Wörter gewähren.

Mehrwort-Einheiten: Kollokationen/Idiomatismen/Phraseme: Die an sich triviale Feststellung, dass wir nicht in einzelnen Wörtern, sondern in regelhaften Wort-Kombinationen *(z B. Ausfahrt + verpassen; eigentlich + Sinn, springen + Punkt)* sprechen, die ihrerseits Elemente des Satzes sind (s. u.), hat Konsequenzen für den Wortbegriff. Solche musterhaften lexikalischen Wortsyntagmen sind an bestimmte thematische oder situative Kontexte gebunden und dadurch charakterisiert, dass sie über einen bestimmten Grad an Präferenz, Festigkeit bzw. Expressivität verfügen. Entsprechend können sie als lexikalisch-semantische oder als syntaktische Phänomene betrachtet werden. Inzwischen prägen solche Mehrwort-Einheiten, die mehrfach und verschieden klassifiziert werden, die Auffassung über das Verhältnis von Wörtern, Wortbedeutung, Grammatik und Text nachhaltig und sie lieferten wichtige Impulse für die Kontextforschung (z. B. Sinclair (1991), Hunston/Francis (1999) oder Hoey (2005)).

Wörter werden nämlich offensichtlich nicht zufällig bzw. beliebig miteinander zu Mehrwort-Einheiten kombiniert; folglich interessiert man sich in der sog. Kookkurrenzforschung verstärkt für Regeln bzw. Präferenzen der Ko-Selektion der Wörter, die sich nicht durch die klassische Syntax bzw. Grammatik erklären lassen.

Bei den Regularitäten der Wort-Kombination spielen zweifellos auch kognitive Aspekte und Repräsentationen von Konzepten (Begriffen) in bestimmten Kontexten eine bedeutende Rolle. Hiermit befasst sich u. a. die Frame-Semantik (Fillmore 1968). Dies geschieht auch vor dem Hintergrund der Erforschung der Verarbeitung von Wissensrepräsentation und weiterer psychologischer Grundlagen des Sprachgebrauchs.

Das Phänomen der Mehrwort-Einheit verdeutlicht – ungeachtet der eingenommenen Betrachtungsweise – die Notwendigkeit der Auflösung starrer linguistischer Ebenen wie Lexik und Grammatik und ebenso starrer linguistischer Kategorien wie ‚Wort', ‚lexikalische Einheit', ‚Phrasem' oder ‚Syntagma'. Die Untersuchung von Mehrwortverbindungen ist Ausgangspunkt semantischer und syntaktischer Analyse. Dies setzt v. a. die Konstruktionsgrammatik um und betrachtet Kookkurrenzforschung deshalb auch als Verbindung von Semantik- und Grammatikforschung.

Die Bedeutung des Worts: Die Bedeutung des Wortes ist nie nur am einzelnen Wort ablesbar, sondern stets sozial-diskursiv konventionalisiert und von seinen Beziehungen zu Partnerwörtern (Kollokatoren) abhängig. Kommunikationsbeteiligte handeln die Bedeutung in jeder Situation erneut aus und passen sie an. Die lexikalische Semantik arbeitet empirisch, am Sprachgebrauch orientiert und korpusbasiert. Die Bedeutung des Wortes ist ein Untersuchungsgegenstand, der konkrete und umfassende Verwendungen systematisch im Kontext berücksichtigt und dabei eine Vielzahl kontextuell variabler Faktoren einschließt.

Viele, wenn nicht die meisten Wörter haben mehrere Einzelbedeutungen (auch Lesarten oder Bedeutungsvarianten genannt), die untereinander nach bekannten Regeln wie Metonymisierung, Metaphorisierung, Differenzierung zusammenhängen und die Polysemie des Worts bilden. Es gibt jedoch keine ‚harten' und objektivierbaren Kriterien, wie man Anzahl und Spezifik der Einzelbedeutungen feststellen könnte. Klar ist aber, dass historisch-etymologische Aspekte in der prinzipiell synchronen Sprachwissenschaft keine Rolle spielen sollten. Das Wort *Bank* in der Einzelbedeutung ‚Sitzgelegenheit' und *Bank* in der Einzelbedeutung ‚Geldinstitut' werden demzufolge als zwei homonyme Wörter, nicht als ein polysemes Wort angesehen.

Fragen der Disambiguierung und Distribution von Einzelbedeutungen lassen sich empirisch anhand umfangreicher sprachlicher Daten und mithilfe der Erfassung regelhafter sprachlicher Strukturen und Muster beantworten. Befragung von Sprachverwendern scheidet (nicht nur) bei semantischen Fragen aus, denn Meinungen über Wortbedeutungen decken sich fast nie mit den in der Verwendung tatsächlich realisierten Bedeutungen. Dank korpuslinguistischer Möglichkeiten stehen v. a. solche semantischen Phänomene im Fokus der Forschung, die auf differenzierte Weise den Einfluss des Kontextes auf die Bedeutungskonstitution belegen, wie z. B. adjektivische Polarität, Metaphern, Anaphora und komplexe Zusammenhänge wie Frames und Diskurse. Fortgeschrittenes Know-how im Bereich der Korpus-Annotation (Anreicherung mit Metadaten) wirkt somit auf die semantische Theoriebildung zurück.

Im Kontrast dazu begreift die Kognitive Semantik die Bedeutung des Worts als konzeptuelle Struktur und Bedeutungsrepräsentation und damit als etwas Vor- oder Außersprachliches, als etwas Enzyklopädisches. Dabei wird ein Zusammenspiel von semantischen und pragmatischen Faktoren, von Bedeutungskonstruktion, Konventionalisierung, interpretativer Deutung und Wissensrepräsentation durchaus anerkannt. Aber die Bedeutungskonstruktion ist hier besonders dynamisch und an bestimmte Konzeptualisierungsprozesse und an die Aktivierung von Wissenskategorien geknüpft. Für Croft/Cruse (2004, 98) sind Wörter ‚an sich' gar bedeutungslos; ihre Bedeutung werde erst beim kontextuell-situativen Gebrauch dynamisch konstruiert. Paradis (2005) ist eines der wenigen Beispiele, die das kognitiv-semantische Modell des *dynamic construal account* mithilfe experimenteller und korpusbasierter Daten generell stützt, wenn auch modifiziert (vgl. Wrede 2013). Außersprachlich hergeleitete ontologische Kategorien und kognitive Verfahren können somit auf der Basis bestimmter Konstruktionen und sprachlicher Muster nachvollziehbar gemacht und die Theorie kann auf empirische Füße gestellt werden.

Zunehmend werden in semantischen Studien beide Ansätze, der am Sprachgebrauch orientierte und der kognitive, miteinander kombiniert, nicht nur, um die Ergebnisse vergleichen zu können. Sie werden vor allem auch zusammen genutzt, um unterschiedliche Forschungsfragen bezüglich der Bedeutung von Wörtern, Mustern bzw. von Konstruktionen – also kontextuell-strukturellen Erscheinungen einerseits und funktionalen sowie ontologisch-konzeptuellen Fragen andererseits – gleichzeitig nachzugehen (vgl. Paradis u. a. 2009).

Das Wort im Satz: Ein Satz besteht nicht aus Wörtern, sondern aus Wortgruppen oder sog. Phrasen; sie bilden die Satzglieder, nicht das einzelne Wort. So hat es bereits die traditionelle Grammatik gesehen, allerdings ohne den Terminus der Phrase zu prägen. Das Zusammenspiel zwischen Wort und Bedeutung, Sprache und Wissen wird auch bei der Analyse von Phrasen und Sätzen deutlich, in denen verschiedene sprachliche Konzepte in bestimmter Weise zueinander in Beziehung gesetzt und recht komplexe Sachverhalte und Äußerungen konstruiert werden. Dafür wird ein Repertoire an sprachlichen Mitteln zur Markierung der verflochtenen Beziehungen genutzt. Hierbei werden traditionellerweise Autosemantika von Synsemantika unterschieden. Letztere sind Wörter mit primär syntaktischer Funktion, z. B. Konjunktionen und Präpositionen, deren Bedeutung nur zusammen mit den Autosemantika des Satzes konkret wird. Tatsächlich haben auch viele Autosemantika über ihre Wortartenzugehörigkeit syntaktische Bedeutung, und viele Synsemantika haben konzeptuelle Anteile (vgl. z. B. *auf* mit *unter*). Die Phrase und der Satz bilden für das Einzelwort eine wesentliche, aber nicht die einzige Art Kontext, der hier auch Kotext heißt.

Eine wichtige kontextrelevante Frage ist, ob ein Wort in geschriebener oder gesprochener Sprache vorkommt. Jede der beiden medialen Realisierungsformen folgt eigenen und kaum übereinstimmenden syntaktischen Regeln; Wörter werden also je anders gebraucht, und es werden mitunter auch andere (typisch schriftsprachliche bzw. typisch gesprochensprachliche) Wörter gebraucht. Der dynamisierende Effekt von Kotext und (weiterem) Kontext auf das Einzelwort ist in gesprochener Sprache deutlich höher als in geschriebener. Die oben schon erwähnte Konstruktionsgrammatik untersucht Strukturen von Phrasen wie von Sätzen und verbindet dabei semantische mit syntaktischen Aspekten. Das Wort nimmt dabei keine Rolle als Satzelement ein, sondern ist ‚nur' ein interner konstruktionskonstituierender Baustein.

Anders ist dagegen die framesemantische Perspektive auf das Wort im Satz, die einem im Fokus stehenden Wort sowohl syntaktische als auch semantische ‚Macht' über seine Satzumgebung zuweist. Dies ist v. a. bei Verben im Zusammenhang mit ihrer Valenz der Fall, gilt aber auch für Wörter vieler anderer Wortarten. Z. B. erfordert das Verb *waschen* im selben Satz die Realisierung einer Person oder Vorrichtung, die handelt, und einen Gegenstand oder eine Person, an dem bzw. der die Handlung vollzogen wird. Ähnliches liegt z. B. bei Adjektiven (*stolz*: jemand worauf und weswegen?) oder vielen Nomina (z. B. *Frieden*: wo, zwischen welchen Parteien, als Folge wovon?) vor.

Semantische und grammatische Aspekte fließen hier als sog. Argumentstrukturen, bestehend aus einzelnen thematischen Rollen (Agens, Patiens, Instrument usw.), oder eher semantisch als syntaktisch definierbaren Frames zusammen. Argumentstrukturen und Frames eröffnen um Einzelwörter herum kognitive Leerstellen, die in Satz bzw. Ko-/Kontext durch keineswegs beliebige andere Wörter gefüllt werden.

Das Wort im Text und im Diskurs: Der Gebrauch von Wörtern in Texten hat zwangsläufig wichtige Aufgaben in der Konstitution eines Textes und reflektiert das text- und kontextspezifische bedeutungsrelevante Wissen. Die Textlinguistik hat bestimmte Arten von Wörtern als besonders relevant herausgestellt: Konnektoren und andere, Vertextung herstellende oder unterstützende Wörter, wie z. B. Pronomina. Aber auch alle anderen Textwörter tragen zur Funktion des Textes in einer spezifischen sozialen Praxis bei. Dies gilt umso mehr, wenn größere Textmengen als Diskurs betrachtet und qualitativ wie quantitativ analysiert werden. In der sog. Diskurssemantik spielen Wörter oft eine Schlüsselrolle, weil sich an ihnen Strukturen des gesamten Diskurses fokussiert zeigen lassen.

Diskurse sind Sammlungen thematisch ähnlicher, intertextuell verflochtener Einzeltexte, an denen kollektives Wissen, Denkstrukturen und ‚Mentalitäten' sichtbar gemacht werden können (Busse/Teubert 1994). Im Diskurs wird die Bedeutung einzelner Wörter ausgehandelt, konventionalisiert oder auch ggf. geändert (Teubert 2005). Insbesondere für die Analyse brisanter Wörter oder politisch bzw. sozial umstrittener Schlagwörter werden statistisch abgesicherte Erkenntnisse über diskurssemantische Strukturen gewonnen. Das Wort in Text und Diskurs wird zusehends zum quantitativ-informierten, aber ‚noch' qualitativen Untersuchungsgegenstand (Bubenhofer 2013). Obwohl Konsens darüber besteht, dass Diskurse und ihre relativ abstrakten Strukturen, und nicht Wörter, der eigentliche Untersuchungsgegenstand zu sein haben, wird in Text- und Diskurslinguistik immer wieder auf lexikalische Einheiten wie Schlag- und Schlüsselwörter sowie Metaphern rekurriert. Daneben spielen aber auch über das Wort hinausgehende Einheiten wie Topoi, abstraktere Argumentationsstrukturen sowie Text-Bild-Beziehungen eine große Rolle.

Betrachtet man Texte in ihrem medialen Kontext, z. B. in Printmedien, im Internet, in der Werbung usw., zeigt sich, dass das einzelne Wort nicht nur durch sprachliche Partner, sondern vermehrt auch durch Zeichen anderer medialer Codes in Form wie Bedeutung modifiziert und syntaktisiert wird. Hierzu hat die Bildlinguistik aus der Literaturwissenschaft den Begriff der Sehfläche übernommen (Schmitz 2011), mit dem alle modalen Codes gemeinsam betrachtet werden können. Es wird deutlich, dass alle Arten von Bildern und Typografien grammatische, semantische und pragmatische Verbindungen mit Wörtern eingehen und die Wörter damit noch einmal anders kontextuell bestimmt werden.

4.2 Wort – Wörter – Wortschatz

Es ist bisher deutlich geworden, dass Wörter zu einander vielfältige und mitunter sehr differenziert beschriebene Relationen aufweisen, die man grob in semantische und syntaktische gliedern kann. Deutlich wurde auch, dass traditionelle Abgrenzungen schwierig sind, dass die Dichotomie zwischen Syntax und Semantik sich mehr und mehr auflöst und dass man sich heute eher für die Übergänge und Kombinationen und für deren Dynamik im Sprachgebrauch interessiert. Es gibt keine Forschungsperspektive, die das Einzelwort isoliert. Von Wortschätzen ist dann die Rede, wenn man größere und meist offene Mengen miteinander verknüpfter Wörter nach bestimmten Kriterien zusammenfasst und zusammen betrachten will.

Der Lexikografie als der Wissenschaft von der Herstellung von Wörterbüchern wird oft vorgeworfen, dass sie die Eigenschaften der Wörter zu statisch und isoliert darstelle und damit nicht mehr ‚state of the art' sei. Doch hat die Lexikografie selbst Mittel zur ‚Reparatur' dieses Mangels, z. B. Verweise auf sinnverwandte oder syntaktisch verknüpfte Partnerwörter, entwickelt. Solche Mittel werden im elektronischen Medium um ein Vielfaches effektiver nutzbar. Außerdem ist die künstliche Isolierung eines Phänomens zu analytischen Zwecken auch in anderen Disziplinen üblich und notwendig.

Beziehungen zwischen wenigen, meist zähl- und überschaubaren Wörtern werden, wie oben mehrfach gezeigt, in der Computer- und insbesondere in der Korpuslinguistik in zahlreichen Variationen untersucht und für wiederum viele verschiedene Zwecke beschrieben bzw. aufbereitet. Lexikografie, (halb)automatische Übersetzung, Systeme der Mensch-Maschine-Kommunikation, z. B. in Telefon-Hotlines, in Internet-Suchmaschinen und sog. Text-Mining, und Sprachlern-Forschung sind nur einige dieser Zwecke. Hinzu kommen, wie wir nun wissen, auch geheimdienstliche Zwecke.

Wortschätze sind größere Inventare von Wörtern einer Sprache und werden meist nach sozialen, regionalen, zeitlichen, situativen, sach- und fachbezogenen und weiteren Kriterien bestimmt, und oft wird ein Wortschatz als (zentraler) Bestandteil einer Varietät oder Spielart von Sprache begriffen. Danach gäbe es z. B. den Wortschatz der deutschen Sprache, denjenigen der deutschen Sprache in Österreich, denjenigen Goethes, ‚der' Kinder, ‚der' Alten, der Elektrotechnik, ‚der' Deutsch-als-Fremdsprache-Lerner, der Sozialwissenschaft, der Firma Opel (‚corporate language'). Man sieht, die Liste ist potenziell unendlich. Ein Wortschatz wird immer dann annähernd genau definiert und abgegrenzt, wenn ein bestimmter Zweck bzw. Anwendungsbezug dies erfordert. Abgrenzungskriterien sind dann auch eher pragmatischer als theoretischer Natur. Fragen nach Umfang und Art verschiedener Wortschätze stehen vor allem im Mittelpunkt sprachdidaktischer Überlegungen im Erst- und Fremdsprachenerwerb, aber auch in der Lexikografie. Welchen Wortschatz braucht bzw. kennt ein DaF-Lerner auf Niveau A1 des Gemeinsamen Europäischen Referenzrahmens, welchen auf B1? Höchst umstritten sind nach wie vor Konzepte wie ‚Kernwortschatz' oder ‚Grundwortschatz' (Schnörch 2002). Eine v. a. von Laien gestellte Frage ist die nach ‚Fremdwortschatz' und ‚deutschem' Wortschatz, nach Fachwortschatz und umgangssprachlichem Wortschatz. In der Vergangenheit befasste man sich, stärker als heute, auch mit Text- und Autorenwortschätzen.

Je nach Ziel und theoretischer Verankerung variieren die Methoden zur Bestimmung eines bestimmten Wortschatzes. Die experimentelle Elizitierung von Äußerungen wird bei der Erforschung verschiedener Spracherwerbsstadien sowohl bei Muttersprachlern als auch beim Fremdsprachenerwerb genutzt. Bei Befragungen von Probanden steht die Analyse individueller rezeptiver und produktiver Wortschätze im Vordergrund. Für die Beantwortung der Frage, was Bestandteil des Wortschatzes einer Sprache ist, welche Zusammensetzung der Wortschatz für ein Wörterbuch der Größe X haben und welche Wörter die beschreibenden Teile eines Wörterbuchs umfassen sollte (Beschreibungswortschatz), werden dagegen textbasierte, korpuslinguistische Verfahren genutzt, die Gebräuchlichkeit zu quantifizieren in der Lage sind. Auswertungen von Lehrbüchern zeigen z. B. die Diskrepanz zwischen zu vermittelndem Wortschatz und tatsächlichen Vorkommenshäufigkeiten im sprachlichen Usus (Bubenhofer 2012). Maschinelle Verfahren werden auch für systematische Wortschatzauswertungen in der Lexikografie genutzt, um etwa Wörterbuchlücken aufdecken zu können, um Neologismen oder diskursrelevante Schlüsselwörter ermitteln zu können (Geyken 2009).

4.3 Angewandte Wortforschung und auf das Wort gerichtete Fragen der Sprachgemeinschaft

Auch wenn die beiden großen Innovationen aus der Computer- und der Kognitionswissenschaft die Erforschung von Wörtern und v. a. die dabei zugrunde gelegten Perspektiven revolutioniert haben, so bleibt die Linguistik herausgefordert, zumindest einige der traditionellen und von Nicht-Experten nach wie vor für wesentlich gehaltenen Fragen an Wörter auf angemessene und vielleicht neue Art zu beantworten. Die Perspektive von Kontextualisierung und Vernetzung hat bei einigen der folgenden Bereiche der Angewandten Linguistik neue Wege einschlagen lassen:

Die Spracherwerbsforschung geht schon länger vom Handlungscharakter des Sprechens aus, betrachtet Ein-Wort-Sätze als kommunikativ vollständig und ‚weiß' daher um die Integriertheit des Worts in komplexe Äußerungen.

Die Orthografie oder besser: Schriftsystemforschung berücksichtigt das Wort v. a. als kognitive Größe. Hierbei spielt die für das Deutsche charakteristische Großschreibung der Nomina eine große Rolle, aber auch die Silbenstrukturen werden mittlerweile als etwas eingeordnet, das für Gegenüberstellung von gesprochener und geschriebener Sprache zentral ist.

Die Übersetzungswissenschaft hat sich schon lange von einer wortisolierenden Betrachtungsweise ab- und einer konstruktions- und kollokationsorientierten Betrachtungsweise zugewendet. Ganz ähnliches gilt für die wissenschaftlich fundierte Lexikografie, die den unaufgebbaren, leichten Zugriff über das Alphabet und den Anfangsbuchstaben eines Worts mit der Beschreibung seiner semantischen, syntaktischen, pragmatischen, textuellen und diskursiven Zusammenhänge verbindet. Die Tendenz geht hin zur Diskurslexikografie, in der das Wort gewissermaßen als Fenster oder Einstiegsluke in den Diskurs übrigbleibt, dem das eigentliche Interesse gilt, der aber ohne lexikalische Anhaltspunkte kaum fassbar ist.

Nur teilweise wird dies auch bei der Dokumentation von Fachwortschatz als Teil der Fachsprachenforschung so gesehen. Während aber Fachwörter, Fach-Konstruktionen und Phraseme in und durch den fachlichen Diskurs in ihren Eigenschaften konventionalisiert sind, können die lexikalischen Einheiten explizit geschaffener Terminologien und Ontologien (Begriffsnetze) kontextunabhängiger sein; umso stärker ist aber der Geltungsbereich solcher Begriffssysteme beschränkt.

Begriffsgeschichte und historische Semantik wandeln sich seit einiger Zeit zu Spielarten der Diskursforschung, und nichts könnte ihre Forscher schlimmer treffen als der Vorwurf, die begrifflichen Seiten lexikalischer Ausdrücke ‚isoliert' zu betrachten. Auch die Spielarten der Wort(schatz-)Geschichte wie der Lehnwortforschung, verstanden als diachrone Erforschung vollständiger, d. h. aus Inhalt und Ausdruck bestehender Wortzeichen, und die Erforschung ihrer transkulturellen Veränderungen im Sprachenkontakt sind letztlich auf die Perspektive des Diskurses verwiesen; hier sind wohl noch einige Forschungslücken zu füllen.

Gesellschaftliches Interesse an Wörtern ist oft sprachkritisch motiviert; Aktionen wie die ‚Wörter' und ‚Unwörter des Jahres', die Rede von ‚Schlag- und Modewörtern' unterstützen diese – inadäquate – Sicht. Es ist eine noch uneingelöste Forderung, dass die Linguistik an diesen und anderen Arten ‚besonderer' Wörter erweist, dass und wie einzelne Wörter nur im funktionalen Zusammenhang und in kognitiv basierten Netzen aufkommen und gebräuchlich werden. Da Wörter, wie eingangs gezeigt, eine komplexitätsreduzierende Wahrnehmung von Sprache ermöglichen, ist die Eliminierung des Wortkonzepts aus der Angewandten Linguistik und in der Wissenschaftsvermittlung weder möglich noch sinnvoll.

Zuguterletzt sieht sich die Wortforschung mit Vorannahmen einer weiter gefassten Philologie und der an Literatur interessierten Öffentlichkeit konfrontiert, die mitunter fragt, ob literarische Sprache und poetische Kreativität durch in irgendeiner Weise exzeptionelle Wörter (mit)bewirkt wird. Oder ist es vielmehr die Art der Kontextualisierung des Worts, die literarische Sprache ausmacht? Will Literatur verstanden werden, können ja die Semantik der Wörter und alle anderen sprachlichen Mittel so ganz und gar unkonventionell nicht sein.

5 Fazit und Ausblick

Für das Wort gilt wohl mehr noch als für andere Gegenstände der Sprachwissenschaft, dass es sich einerseits um ein altes und deshalb im Bewusstsein der Sprachteilhaber tief verwurzeltes Konzept handelt, das sich aber seit einiger Zeit unter dem Einfluss radikaler Veränderungen in den methodischen Möglichkeiten und innovativer Neu-Perspektivierungen innerhalb der Linguistik zunächst beinahe aufgelöst zu haben scheint. Den Wortbegriff vollends aufzugeben, wie vereinzelt gefordert wurde, käme dem Kappen wichtiger Verbindungen zwischen Sprachwissenschaft und Sprechern gleich – davon kann keine Rede sein. Es sind sogar fruchtbare Gemeinsamkeiten im Wortbegriff von Laien und Experten zu erkennen: Wort ist ‚zusammenhängende

Rede' und willkürlicher Ausschnitt aus einem unüberblickbaren Diskurs, den Sprecherinnen und Sprechern setzen, um (eigene) Sprachpraxis der Reflexion und kritischen Verhandlung zugänglich zu machen.

6 Literatur

Adamzik, Kirsten/Jürg Niederhauser (1999): Fach-/Wissenschaftssprache versus Gemeinsprache im Laiendiskurs und im linguistischen Fachdiskurs. In: Jürg Niederhauser/Kirsten Adamzik (Hg.): Wissenschaftssprache und Umgangssprache im Kontakt. Frankfurt/a. M. u. a., 15–37.

Albert, Ruth/Nicole Marx (2010): Empirisches Arbeiten in Linguistik und Sprachlehrforschung: Anleitung zu quantitativen Studien von der Planungsphase bis zum Forschungsbericht. Tübingen.

Bubenhofer, Noah (2013): Quantitativ informierte qualitative Diskursanalyse. Korpuslinguistische Zugänge zu Einzeltexten und Serien. In: Kersten Sven Roth/Carmen Spiegel (Hg.): Angewandte Diskurslinguistik. Felder, Probleme, Perspektiven. Berlin, 109–134.

Bubenhofer, Noah/Katrin Hein/Caren Brinckmann (2012): Maschinelles Lernen zur Vorhersage von Fugenelementen in nominalen Komposita. grammis 2.0: Korpusgrammatik. Mannheim. (http://hypermedia.ids-mannheim.de/call/public/korpus.ansicht?v_id=4697 <2.9.2013>)

Bubenhofer, Noah (2012): Lehrwerke und Referenzwortschätze. Der Nutzen frequenzbasierter Grundwortschätze. In: Saburo Okamura/Willi Lange/Joachim Scharloth (Hg.): Grundwortschatz Deutsch: lexikografische und fremdsprachendidaktische Perspektiven, Tokyo (Studienreihe der Japanischen Gesellschaft für Germanistik (SrJGG) 088), 13–27.

Busse, Dietrich/Wolfgang Teubert (1994): Ist Diskurs ein sprachwissenschaftliches Objekt? Zur Methodenfrage der historischen Semantik. In: Dietrich Busse/Fritz Hermanns/Wolfgang Teubert (Hg.): Begriffsgeschichte und Diskursgeschichte. Methodenfragen und Forschungsergebnisse der historischen Semantik. Opladen, 10–28.

Croft, William/Alan Cruse (2004): Cognitive Linguistics. Cambridge.

Cruse, D. Alan/Franz Hundsnurscher/Michael Job/Peter Lutzeier (Hg.) (2002): Lexikologie/Lexicology. Ein internationales Handbuch zur Natur und Struktur von Wörtern und Wortschätzen. Berlin/New York (Handbücher zu Sprach- und Kommunikationswissenschaft 21.1.).

Fillmore, Charles J. (1968): The Case for Case. In: Emmon Bach/Robert T. Harms (Hg.): Universals in Linguistic Theory. New York, 1–88.

Feilke, Helmuth (1996): Sprache als soziale Gestalt. Ausdruck, Prägung und die Ordnung der sprachlichen Typik. Frankfurt.

Gardt, Andreas (1999): Geschichte der Sprachwissenschaft in Deutschland. Berlin.

Geyken, Alexander (2009): Automatische Wortschatzerschließung großer Textkorpora am Beispiel des DWDS. In: Linguistik online 39, 3.

Haebler, Claus (2002): Zur Etymologie von Benennungen für „Wort": Beispiele aus indogermanischen Sprachen Europas. In: Alan D. Cruse u. a. 2002, 78–83.

Haspelmath, Martin (2011): The indeterminacy of word segmentation and the nature of morphology and syntax. In: Folia Linguistica 45/1, 31–80.

Herbermann, Clemens-Peter (2002): Das Wort als lexikalische Einheit. In: Alan D. Cruse u. a. 2002, 14–33.

Hoey, Michael (2005): Lexical Priming: A New Theory of Words and Language. London.

Hunston, Susan/Gill Francis (1999): Pattern Grammar: A Corpus-Driven Approach to the Lexical Grammar of English. Amsterdam.
Kauffer, Maurice/René Métrich (Hg.) (2007): Verbale Wortbildung im Spannungsfeld zwischen Wortsemantik, Syntax und Rechtschreibung (Eurogermanistik. Europäische Studien zur deutschen Sprache 26). Tübingen.
Lakoff, George (1987): Women, Fire, and Dangerous Things: What Categories Reveal about the Mind. Chicago.
Lausberg, Heinrich (1990): Elemente der literarischen Rhetorik. Eine Einführung für Studierende der klassischen, romanischen, englischen und deutschen Philologie. 10. Auflage. Ismaning.
Lemnitzer, Lothar/Heike Zinsmeister (2010): Korpuslinguistik. Eine Einführung. 2. Auflage. Tübingen.
Litosseliti, Lia (2010): Research Methods in Linguistics. London.
Linke, Angelika (2002): Das Wort in der feministischen Sprachreflexion. Eine Übersicht. In: Alan D. Cruse u. a. 2002, 121–128.
Maas, Utz (2004): Sprachwissenschaftliches *know-how* und Lehrerausbildung: Schrift, Schriftsprache und Orthographie. (Plenarvortrag auf der DGfS-Tagung in Mainz 25.2.04. unveröff. Ms. unter http://zentrum.virtuos.uni-osnabrueck.de/wikifarm/fields/utz.maas/uploads/Main/know_how.pdf<3.3.2013>).
Maas, Utz (2007):Wort. Einige grundlegende Überlegungen, verdeutlicht am Deutschen. unveröff. Ms. (http://zentrum.virtuos.uni-osnabrueck.de/wikifarm/fields/utz.maas/uploads/Main/Wort-Grundb.pdf <20.2.2013>).
Meier-Oeser, Stephan (2004): „Wort". In: Joachim Ritter/Karlfried Gründer/Gottfried Gabriel (Hg.): Historisches Wörterbuch der Philosophie. Bd. 12 (W-Z). Basel, 1023–1030.
Paradis, Carita (2005): Ontologies and construals in lexical semantics. In: Axiomathes 15, 541–73.
Paradis, Carita/Carolin Willners/Steven Jones (2009): Good and bad opposites: using textual and experimental techniques to measure antonym canonicity. In: The Mental Lexicon, 380–429.
Perkuhn, Rainer/Holger Keibel/Marc Kupietz (2012): Korpuslinguistik. Paderborn.
Pfeifer, Wolfgang (1989): Etymologisches Wörterbuch des Deutschen. Berlin.
Rothweiler, Monika/Jörg Meibauer (1999): Das Lexikon im Spracherwerb – Ein Überblick. In: Jörg Meibauer/Monika Rothweiler (Hg.): Das Lexikon im Spracherwerb. Tübingen, 9–31.
Rundell, Michael/Adam Kilgarriff (2011): Automating the creation of dictionaries: Where will it all end? In: Fanny Meunier u. a. (Hg.): A Taste for Corpora. Amsterdam/Philadelphia, 257–281.
Schmitz, Ulrich (2011): Sehflächenforschung. Eine Einführung. In: Hajo Diekmannshenke/Michael Klemm/Hartmut Stöckl (Hg.): Bildlinguistik. Theorien –Methoden –Fallbeispiele. Berlin, 23–42.
Schnörch, Ulrich (2002): Der zentrale Wortschatz des Deutschen. Strategien zu seiner Ermittlung, Analyse und lexikografischen Aufarbeitung. Tübingen.
Sinclair, John (1991): Corpus, Concordance, Collocation: Describing English Language. Oxford.
Storjohann, Petra (2012): Der Einsatz verschiedener Korpusmethoden und -verfahren zur Qualitäts- und Konsistenzsicherung am Beispiel der Ermittlung und Dokumentation von Synonymen und Antonymen. In: Lexikographica 28, 121–139.
Teubert, Wolfgang (2005): My version of corpus linguistics. In: International Journal of Corpus Linguistics 10, 1–13.
Thurmair, Maria (2010): Morphologie: Wortbildung. In: Hans-Jürgen Krumm/Christian Fandrych/Britta Hufeisen/Claudia Riemer (Hg.): Deutsch als Fremd- und Zweitsprache. Ein internationales Handbuch Band 1. HSK35.1, Berlin/New York, 227–236.
Tognini-Bonelli, Elena (2001): Corpus Linguistics at Work. New York/Amsterdam.
Vorweg, Constanze (2012): Experimental methods in psycholinguistics. In: Andrea Ender/Adrian Leemann/Bernhard Wälchli (Hg): Methods in Contemporary Linguistics. Berlin/Bosten (Trends in Linguistics. Studies and Monographs 247), 363–386.

Weisgerber, Leo (1955): Das Worten der Welt als sprachliche Aufgabe der Menschheit. In: Sprachforum. Zeitschrift für angewandte Sprachwissenschaft zur überfachlichen Erörterung gemeinwichtiger Sprachfragen aller Lebensgebiete 1, 10–19.

Wrede, Julia (2013): Bedingungen, Prozesse und Effekte der Bedeutungskonstruktion. Der sprachliche Ausdruck in der Kotextualisierung – eine korpuslinguistische Untersuchung kognitiver Phänomene und semantischer Konsequenzen. Duisburg.

Zwitserlood, Pienie (2002): Words from a psychological perspective: An overview. In: Alan D. Cruse u. a. 2002, 101–106.

Christa Dürscheid/Jan Georg Schneider

8. Satz – Äußerung – Schema

Abstract: Im Beitrag werden einleitend grundlagentheoretische Aspekte zum Verhältnis von Sprachsystem (Langue) und Sprachgebrauch (Parole) sowie zu den basalen Einheiten in der Linguistik diskutiert. In Abschnitt 3 folgen Überlegungen zu dem in der Grammatiktradition zentralen Terminus *Satz*. Hier werden nicht nur ausgewählte Definitionen vorgestellt, es wird auch gezeigt, wie der wissenschaftliche Diskurs über das Satzkonzept in den letzten Jahrzehnten geführt wurde, und es wird die Frage diskutiert, ob der Satz als zentrale Analyseeinheit der Syntax geeignet ist. Abschnitt 4 behandelt die Frage, wie Äußerungen definiert werden können und wie sich komplexe sprachliche Einheiten (z. B. Gesprächsbeiträge, Texte) in Äußerungen untergliedern lassen. In diesem Zusammenhang plädieren wir auch dafür, den Terminus *Äußerung* modalitätsübergreifend, als Oberbegriff für kommunikativ-funktionale Einheiten in Interaktionen der gesprochenen, geschriebenen und gebärdeten Sprache, zu verwenden. In Abschnitt 5 wird die dritte im Titel genannte Beschreibungskategorie eingeführt, die in der einschlägigen Literatur gegenüber Satz und Äußerung zu Unrecht in den Hintergrund tritt: *Schema*. Hier wird gezeigt, dass das Schema nicht nur als komplexe kognitive Einheit aufgefasst werden kann, sondern auch als basale linguistische Analyseeinheit. Zu diesem Zweck erläutern wir zunächst den Schemabegriff vor dem Hintergrund der philosophischen Tradition, dann grenzen wir ihn als Terminus von *Konstruktion* und *Muster* ab. Im Anschluss daran zeigen wir, dass die Grammatik aller drei Modalitäten, der Lautsprache, der Schriftsprache und der Gebärdensprache, auf der Umsetzung basaler Schemata beruht. Bei diesem Schematisierungsprozess spielt – wie am Ende von Abschnitt 5 dargelegt wird – das Bezugnahmeverfahren der Exemplifikation eine entscheidende Rolle. Abschließend plädieren wir dafür, den Schemabegriff auch auf die Syntax redebegleitender Gesten anzuwenden.

1 Einführung
2 Langue und Parole
3 Zur Vielgestaltigkeit des Satzbegriffs
4 Äußerungen als kommunikativ-funktionale Einheiten
5 Das Schema als basale syntaktische Analyseeinheit
6 Fazit
7 Literatur

1 Einführung

Auf welcher Komplexitätsebene liegen Sätze und Äußerungen? In welcher Relation stehen beide zu Schemata? Und wie verhalten sich diese Analysekategorien zu den drei sprachlichen Modalitäten, der geschriebenen, gesprochenen und gebärdeten Sprache? Zumindest in der geschriebenen Sprache stellt der Satz – bei allen Schwierigkeiten, die seine Definition mit sich bringt – nach wie vor und auch unserer alltagsweltlichen Intuition entsprechend eine zentrale Analysekategorie dar. So wird in der Duden-Grammatik erläutert, dass die vier Einheiten der geschriebenen Sprache der Buchstabe, das Wort, der Satz und der Text seien (vgl. Duden 2009, 1165) und dem Satz ein eigenes Großkapitel gewidmet. Was die gesprochene Sprache betrifft, werden gar fünf grundlegende Einheiten genannt, der Laut, das Wort, die funktionale Einheit, der Gesprächsbeitrag und das Gespräch (vgl. Duden 2009, 1165), der Satz ist in dieser Auflistung aber nicht enthalten. Doch tritt hier auch nicht der Terminus *Äußerung* auf. Das mag erstaunen, denn die Vermutung liegt nahe (und wird durch den Titel unseres Beitrags möglicherweise auch suggeriert), dass Sätze in der geschriebenen Sprache und Äußerungen in der gesprochenen Sprache auf einer Ebene liegen.

Inwieweit diese Vermutung zutreffend ist und wo die Grenzen einer solchen Parallelisierung von Satz und Äußerung liegen, wird weiter unten gezeigt. Wie wir aber hieran schon sehen, gibt es Gründe dafür, anzunehmen, dass die Gliederungseinheiten der gesprochenen und der geschriebenen Sprache nicht dieselben sind. Ein Grund ist der, dass die gesprochene Sprache anderen kommunikativen Bedingungen unterliegt als die geschriebene. Diese Bedingungen sind im prototypischen Fall durch Merkmale wie Interaktivität, Kopräsenz der Kommunikationspartner, Zeitlichkeit, Flüchtigkeit u. a. (vgl. dazu ausführlich Fiehler et al. 2004, Dürscheid 2012, 24–34, Hennig 2006, 71–86) gekennzeichnet. Und damit kommen wir zurück zum Satzbegriff: Gerade wenn es sich in der gesprochenen Sprache um eine dialogische Kommunikation handelt (also nicht z. B. um eine Predigt), in der die Kommunikationspartner spontan interagieren, dann hat das zur Folge, dass ihre Redebeiträge oft nicht – herkömmlichen Vorstellungen entsprechend – satzförmig sind. Betrachten wir dazu den folgenden Mini-Dialog, in dem als Antwort ein ganzer Satz (mit Subjekt und Prädikat) geäußert wird: (A) „Wann treffen wir uns heute?", (B) „Wir treffen uns heute um neun Uhr". Die Antwort von (B) ist befremdlich, man erwartet hier nur eine Aussage, die auf die Uhrzeit Bezug nimmt (z. B. „Um neun") – nicht mehr als das. Insofern geht die bekannte Ermahnung „Sprich in ganzen Sätzen!" an den kommunikativen Anforderungen im Gespräch vorbei; das an der geschriebenen Sprache entwickelte Ideal der grammatischen Vollständigkeit von Sätzen ist hier nicht in gleicher Weise anwendbar. Und das wiederum hat in der Forschung dazu geführt, dass der Satzbegriff in vielen Arbeiten zur gesprochenen Sprache (und so auch im Duden-Kapitel „Gesprochene Sprache", vgl. Duden 2009, 1165–1244) ganz aufgegeben wurde.

Halten wir an dieser Stelle fest, dass die Gliederungsprinzipien im Gesprochenen andere sind als im Geschriebenen und sich – aus guten Gründen – die Frage stellt, ob das Satzkonzept mit Bezug auf die gesprochene Sprache überhaupt anwendbar ist. Das wiederum führt uns zu dem nächsten Begriff, der weiter unten diskutiert werden soll, dem der Äußerung. So wurde in der Gesprochene-Sprache-Forschung dafür argumentiert, dass man Gesprächsbeiträge nicht nach Sätzen, sondern nach „Äußerungseinheiten" (Terminus von Rath 1979) untergliedern sollte. Doch wo liegen die Grenzen zwischen den Äußerungseinheiten innerhalb eines Gesprächsbeitrages, und ist es berechtigt, diesen Terminus – wie Rainer Rath und viele andere es tun – nur auf die gesprochene Sprache zu beziehen und nicht auch auf die geschriebene und gebärdete Sprache? Und wie verhält es sich mit Gesten, die in der Lautsprache redebegleitend eingesetzt werden oder als alleinige kommunikative Handlung auftreten können (z. B. ein Kopfschütteln)? Haben auch sie den Status von Äußerungen?

Bevor wir uns diesen Fragen im Folgenden zuwenden, wollen wir in Abschnitt 2 die grundsätzliche Frage behandeln, wie das Verhältnis von Langue und Parole vor dem Hintergrund gebrauchsbasierter und medialitätstheoretischer Ansätze zu konzeptualisieren ist. Im Anschluss daran legen wir den Schwerpunkt auf die zahlreichen, in der Literatur vorfindlichen Aussagen zur Definition von Satz (Abschnitt 3). Bereits vorweg sei hier schon angemerkt, dass sich in der Grammatikschreibung auch deshalb so viele Definitionen finden, weil der Satzbegriff im Deutschen mehrdeutig ist – anders als im Englischen und Französischen z. B., wo eine Unterscheidung zwischen *sentence* und *clause* respektive *phrase* und *proposition* gemacht wird. In Abschnitt 4 werden die in der linguistischen Forschung genannten Merkmale von Äußerungen (im Unterschied zu Sätzen) rekapituliert und auf alle drei Modalitäten, die gesprochene, geschriebene und gebärdete Sprache bezogen. Hier werden wir auch dafür argumentieren, dass immer dann von einer Äußerung die Rede sein kann, wenn – im Sinne der Relevanztheorie von Sperber/Wilson (1995) – ein Akt ostensiver Kommunikation vorliegt, eine Handlung also intentional zur Kommunikation eingesetzt bzw. als abgeschlossene zeichenhafte Einheit verstanden wird. Das bedeutet, dass auch ein Räuspern beispielsweise in einer Interaktion als Äußerung (= kommunikative Handlung) klassifiziert werden kann, aber nicht muss (so z. B. wenn das Räuspern Folge einer Erkältung ist). In Abschnitt 5 schließlich werden wir die beiden Konzepte ‚Satz' und ‚Äußerung' auf den Schemabegriff beziehen und darlegen, dass das Schema eine basale linguistische Einheit darstellt, die Sätzen und Äußerungen zugrunde liegt und für die modalitätsübergreifende Beschreibung sprachlicher Strukturen besonders geeignet ist.

2 Langue und Parole

In jeder Grammatiktheorie ist eine Unterscheidung zwischen Äußerung und dazugehörigem Muster, Schema o. Ä. – wir lassen die Terminologie hier zunächst noch offen – unabdingbar. Dies gilt nicht nur für klassische systemlinguistische Ansätze generativer oder strukturaler Prägung, sondern auch für gebrauchsbasierte und oberflächennahe Grammatiktheorien, in welchen Medialität als grundlegender Faktor mit einbezogen wird. Würde eine Lautfolge, eine Figurenanordnung auf Papier, eine Handbewegung nicht jeweils als Zeichen eines Zeichen*systems* verstanden, dann hätten wir es eben nicht mit einem Sprachzeichen, sondern mit etwas anderem, etwa einem Geräusch, einem Bild, einer unwillkürlichen Handbewegung zu tun. Dass man in diesem allgemeinen Sinne zwischen System (Langue) und Performanz (Parole) sowie zwischen Type und Token unterscheiden muss, gehört zu den unstrittigen Grundannahmen jedweder Grammatiktheorie – sei sie nun eher generativ, valenztheoretisch oder konstruktionsgrammatisch ausgerichtet. Die Frage ist aber, wie das Verhältnis von Langue und Parole genauer zu bestimmen ist und wie sich Type und Token zueinander verhalten. Darauf wurden in der Geschichte der Linguistik sehr unterschiedliche Antworten gegeben. Schulbildend war hier ohne Frage der *Cours de linguistique générale* (CLG), der wohl am stärksten rezipierte Grundlagentext zur Langue-Parole-Unterscheidung. Der letzte Satz des *Cours* lautet:

> [L]a linguistique a pour unique et véritable objet la langue envisagée en elle-même et pour elle-même. (CLG, 317)
> ([D]ie Sprache an und für sich selbst betrachtet ist der einzige wirkliche Gegenstand der Sprachwissenschaft. GRF, 279)

In dieser Formulierung, die nicht von Saussure selbst stammt, sondern von den Herausgebern Bally und Sechehaye eingefügt wurde, wird die Parole marginalisiert. Das einzige wahre Untersuchungsobjekt der Linguistik sei die Langue; die Parole dagegen wird – wie es an anderer Stelle im *Cours* heißt – als bloße Aufführung der „Symphonie" Langue konzeptualisiert, ohne dass die Aufführung die Symphonie jemals verändern würde (CLG, 36). Diese ‚undialektische', gebrauchsferne Sicht des Langue-Parole-Verhältnisses wurde durch Herausgeber-Eingriffe in die Vorlesungsmitschriften befördert, von denen Bally und Sechehaye ahnten, dass Saussure sie möglicherweise nicht autorisiert hätte (vgl. CLG, Vorwort, 11 und ausführlich hierzu Jäger 2010, 9–24). Andererseits hat diese Sicht die Saussure-Rezeption in der strukturalen Sprachwissenschaft und auch in der Konstruktionsgrammatik geprägt (vgl. Goldberg 1995, 2006; vgl. auch Schneider 2014).

Ein zweiter Grund, warum die Saussure'sche Semiologie gerade in grammatiktheoretischen Ansätzen eher wenig und erst recht nicht affirmativ rezipiert wird, besteht wohl darin, dass Saussure sich – und das gilt auch für den Saussure der Quellentexte – bei der Konstitution des Zeichenbegriffs stark auf die Einzelwortebene konzentrierte und den Satz (*la phrase*) als Element der Parole, nicht der Langue, definierte:

> La phrase est le type par excellence du syntagme. Mais elle appartient à la parole, non à la langue [...]. (CLG, 172) (Der Satz ist der Haupttypus der Anreihung, aber er gehört dem Sprechen an und nicht der Sprache [...]. GRF, 148)

Aufgrund dieser Formulierung gelangt Beat Louis Müller (1985, 21) zu der kritischen Auffassung, dass Saussure „das Spannungsverhältnis von Satz und Wort nicht einholen konnte". Es sei ihm „bei seiner Sprachkonzeption" nämlich „gar nichts anderes übrig[geblieben], als den Satz in seiner strengen Dichotomie als ‚unitas non grata' zur parole zu schlagen und ihn damit letztlich als nicht-linguistischen Gegenstand abzutun." Paradoxerweise habe also gerade jener Forscher, „der das Fundament der modernen, synchronischen Sprachwissenschaft legte", deren „Hauptgegenstand", nämlich den Satz, aus den Augen verloren.

Saussures Entscheidung, den Satz der Parole zuzuordnen, hat aber auch heute noch durchaus ihre Plausibilität, zumindest kann sie nicht einfach als überholt abgetan werden. *Satz* ist in unserer Geistes- und Kulturgeschichte ein beinahe hoffnungslos mehrdeutiger Ausdruck. In der Logik spielt er ebenso wie in der Rhetorik und der Grammatik eine zentrale Rolle. Wenn wir in der geschriebenen Sprache einen Satz formulieren, so handelt es sich um eine geschriebensprachliche Äußerung und somit um ein Parole-Phänomen. Auch die vielen psychologisch orientierten Satz-Definitionen (z. B. ‚Der Satz ist Ausdruck eines Gedankens') verweisen auf diese Parole-Bezogenheit des Begriffs: Ein ‚ausgedrückter' Gedanke mit einer konkreten Referenz und Prädikation kann wohl nur als Parole-Phänomen aufgefasst werden. Andererseits gibt es – wie in Abschnitt 3 mit Blick auf die Mehrdeutigkeit des Satzbegriffs genauer dargelegt wird – auch zahlreiche Definitionen, die den Satz der Langue zuordnen.

Müller wird Saussure aber auch insofern nicht gerecht, als er hier unerwähnt lässt, dass im *Cours* unmittelbar im Anschluss an die Formulierung zum Satzbegriff (vgl. CLG, 172) dargelegt wird, dass andere komplexe Syntagmen, insbesondere Phraseologismen und weitere lexikalisch voll- und teilspezifizierte Konstruktionen sehr wohl der Langue zuzuordnen seien, da es sich um fest gespeicherte Muster bzw. Schemata handelt. Der Satz dagegen sei durch eine „Freiheit der Kombinationen" gekennzeichnet und mithin Element der Parole:

> Le propre de la parole, c'est la liberté des combinaisons; il faut donc se demander si tous les syntagmes sont également libres. (CLG, 172) (Die Besonderheit des Sprechens ist die Freiheit der Zusammenstellungen; man muß sich also fragen, ob alle Aneihungen gleichermaßen frei sind. GRF, 149)

Der Saussure des *Cours* bringt hier also – ebenso wie der Saussure der Quellentexte – die Idee sprachlicher Kreativität ins Spiel. Menschen sind in der Lage, frei mit Sprache umzugehen, in Situationen ad hoc neue sprachliche Gebilde zu erzeugen. Gleichzeitig erwähnt er die Idee mehr oder weniger fester Syntagmen. Eben jenes Spannungsverhältnis ist es ja, mit dem sich die Konstruktionsgrammatik heute auseinandersetzt. Was ist in einer Sprache Konstruktion, was ist keine mehr? Haben vielleicht sogar alle sprachlichen Zeichen Konstruktionsstatus?

Ob der Satz tatsächlich als zentrale Kategorie der Syntaxtheorie taugt oder ob Saussure Recht hat, wenn er ihn der Parole zuordnet, wird in Abschnitt 3 auf der Grundlage unterschiedlicher Satzdefinitionen diskutiert. Hier können wir aber bereits Folgendes festhalten: Auch nach Saussure sind komplexe Zeichen, nämlich Syntagmen, der Langue zuzuordnen, selbst wenn er sich sowohl im *Cours* als auch in den Quellentexten am Einzelwort als Prototyp eines sprachlichen Zeichens orientiert. Eine Herausforderung ist es also, den Saussure'schen Zeichenbegriff im Hinblick auf komplexere Zeichen, genauer gesagt Zeichen*schemata*, zu spezifizieren. Das werden wir in Abschnitt 5 zu leisten versuchen.

Auf jeden Fall kann man die Langue nach Saussure als ein System einfacher und komplexer Zeichen auffassen. Dies ist ein grundlegender Unterschied zum generativen Paradigma, das sich von vornherein nicht am Zeichenbegriff orientiert. Nur die konsequente Trennung von Signifiant und Signifié ermöglicht ja in der Generativen Grammatik die Annahme eines autonomen, d. h. für sich existierenden Syntaxmoduls (vgl. Stetter 2005, 194f.). Dieses Syntaxmodul interagiert, so die Annahme, im menschlichen Gehirn zwar mit anderen Modulen, jedoch wird die Sprachkompetenz – anders als beim zeichentheoretischen Ansatz – nicht als Teil eines ganzheitlichen kognitiven Vermögens betrachtet, sondern davon abgetrennt. Bei Chomsky wird die sprachliche Kompetenz also tatsächlich als ein neuronales System ‚hinter' der Performanz/Parole konzeptualisiert, nicht als etwas, das im alltagsweltlichen Sinne als ‚Sprache' zu bezeichnen wäre. Kaum etwas hat die Linguistik des 20. Jahrhunderts so sehr geprägt wie diese Konzeption von Grammatik als einem internen System (vgl. Linz 2002, 48ff.), das von der Performanz gänzlich abgekoppelt ist.

Eine andere Möglichkeit, die Langue im Anschluss an Saussure zu konzipieren, hat Christian Stetter in seinem Buch „System und Performanz" präsentiert: Die Langue könne nicht hinter der Parole, sondern nur *in* dieser gefunden werden (vgl. Stetter 2005, 217). Stetter konzipiert die Langue als ein System von Types, die Types wiederum als Mengen einander hinreichend ähnlicher Tokens (vgl. Stetter 2005, 199 und 267). Jeder sprachliche Type konstituiert sich, so Stetter, im Gebrauch, in der sprachlichen Interaktion, in der Iteration von Tokens. Hiermit kommt also die Frage nach der Typenbildung, der Typisierung, in den Blick; gleichzeitig wird der Zusammenhang zwischen Typisierung und Variation deutlich. So klingt ein von Sprecher XY geäußertes Wort – nehmen wir das Wort *daneben* – nie genauso, wie wenn es von jemand anderem geäußert wird; es klingt auch nie genau gleich, wenn es von XY selbst mehrfach geäußert wird. Dennoch ist es normalerweise als das Wort *daneben* zu verstehen, eben weil eine Typisierung durch Token-Iteration in einem differentiellen Sprachsystem vonstattengeht. Mit anderen Worten: In einer Art „Überschreibverfahren" (Stetter 2005, 273ff.) von Tokens bildet sich jeder Type in Differenz zu anderen Types heraus. Das arbiträre Zeichen als Type wird durch das System einerseits stabilisiert, andererseits erklärt die Parole-Gebundenheit der Langue auch deren Fragilität, Variabilität und Veränderlichkeit. Denn die geäußerten Tokens sind ja nie genau gleich, sondern einander nur hinreichend ähnlich, d. h. so ähnlich, dass die

Verständigung gewährleistet bleibt. Die Langue ist also gleichermaßen durch Varianz und Konstanz gekennzeichnet. Saussure selbst trägt diesem Umstand durch seine Diskussion sprachlicher „Identitäten" sowohl im *Cours* als auch in den Quellentexten Rechnung (vgl. CLG, 150ff., 246ff., Saussure 1997, 302f. und 365–371): Jedes Sprachzeichen existiert „nur in den Reihen seiner Versionen" (Fehr 1997, 133) – also Tokens –; es wird, so Saussure, „im Zeitraum von 24 Stunden Tausende von Malen neu ediert" (Saussure 1997, 303) und findet so Eingang in das Netzwerk der Langue.

Dieser Zusammenhang lässt auch das Faktum des unablässigen Sprachwandels, das für alles Sprechen charakteristisch ist, als wenig verwunderlich erscheinen: Langue und Parole stehen in permanenter Wechselwirkung miteinander, und zwar sowohl auf individueller als auch auf sozialer Ebene. In der sozialen Interaktion und in der individuellen Parole der Sprecher und Schreiber bilden sich iterierbare Zeichen heraus, die in die individuelle Langue jedes Einzelnen und auch in die Langue als soziales System Eingang finden. Umgekehrt kann nur derjenige sprachlich interagieren, der bereits über einfache als auch komplexe sprachliche Zeichen verfügt und diese im Gehirn gespeichert hat und abrufen kann (vgl. CLG/E (I), 383f., I R 2.23, 2560, Saussure 2003, 164, Jäger 2010, 188f.). Wir haben es also – anders als es der *Cours* stellenweise nahelegt – nicht mit einem Verhältnis vom Typus Symphonie-Aufführung (vgl. CLG, 36) zu tun, sondern eher mit einem Henne-Ei-Verhältnis. Das heißt, Sprechen bedeutet von Anfang an: sprachliche Zeichen verwenden, die zu einem Sprachsystem gehören; anderseits wird das Sprachsystem in der Parole hervorgebracht und kann auch – wie oben gesagt – nur in ihr gefunden werden.

Wie sich auf der Grundlage dieser Konzeption von Langue und Parole die Herausbildung komplexer Zeichen modellieren lässt, wird in Abschnitt 5 dargelegt. Zunächst aber soll eine Instanz komplexer Zeichen genauer betrachtet werden: der Satz. Weiter unten werden wir zwar, u. a. aufgrund der Mehrdeutigkeit des Satzbegriffs, dafür plädieren, nicht den Satz, sondern das komplexe Zeichenschema als Domäne der Syntax zu begreifen; jedoch verdient auch der Satz – nicht zuletzt aufgrund seiner historischen Bedeutung für die Linguistik – eingehende Beachtung.

3 Zur Vielgestaltigkeit des Satzbegriffs

Ein Satz ist eine syntaktische Einheit, die nicht ihrerseits in eine größere syntaktische Einheit eingebettet ist. Das ist nur eine der zahlreichen Definitionen von Satz, die es in der zweitausendjährigen Geschichte der Sprachwissenschaft gegeben hat; je nachdem, aus welcher Perspektive der Satz betrachtet wird (z. B. Grammatik, Logik, Pragmatik), ist die Definition eine andere. Was die Grammatik betrifft, so lässt sich festhalten, dass die obige Definition noch am ehesten konsensfähig ist. Sie geht auf den bekannten amerikanischen Strukturalisten Leonard Bloomfield zurück, der in einem Aufsatz von 1926 schreibt:

> A maximum construction in any utterance is a sentence. Thus, a sentence is a construction which, in the given utterance, is not part of any larger construction. Every utterance therefore consists of one or more sentences [...]. (Bloomfield 1926, 158)

Danach sind Sequenzen wie *der Junge* und *das Kind* Phrasen, die in größere Konstruktionen eingebettet sein können (z. B. *Sie wartet auf das Kind*); für einen Satz wie *Der Junge kommt sehr spät* gilt das dagegen nicht, diese Sequenz ist ihrerseits nicht Teil einer größeren Konstruktion. Eine solche Definition freilich setzt voraus, dass größere sprachliche Einheiten (z. B. Texte und Gespräche) nicht als Konstruktionen bezeichnet werden – eine Annahme, die gerade in jüngster Zeit im Kontext der Konstruktionsgrammatik (vgl. Lasch/Ziem 2013) in Frage gestellt wird.

Wie weit verbreitet Bloomfields Satzdefinition ist, zeigt sich u. a. daran, dass sie sich in der einen oder anderen Formulierung immer wieder in Grammatiken findet. So heißt es bei Matthews (1993, 95) in seiner Übersicht zu den zentralen Konzepten der Syntax: „If the sentence is the largest syntactic unit, the smallest is traditionally the word". Und auch in der Duden-Grammatik (2009, 764) ist zu lesen, der Satz sei „die größte Einheit, die man mit den Regeln der Syntax erzeugen kann." Im Duden werden noch zwei weitere Satzdefinitionen genannt, die ebenfalls weit verbreitet sind und deshalb hier auch erwähnt werden sollen. Es ist zum einen die Aussage, ein prototypischer Satz „ist eine abgeschlossene Einheit, die nach den Regeln der Syntax gebildet worden ist" (Duden 2009, 764). Ein Vorteil dieser Definition sei, so heißt es dazu, dass man damit dem Umstand Rechnung tragen könne, dass Sätze ohne finites Verb (z. B. *Hinaus mit dir!*) auftreten oder nur aus einem Wort bestehen (z. B. *Feuer!*). Ob es sich bei den genannten Beispielen aber tatsächlich um Sätze bzw. – in der Terminologie von Duden (2009, 763) – um „satzwertige Fügungen (Satzäquivalente)" handelt, ist eine Frage, die mit der jeweiligen Satzdefinition zusammenhängt. Die folgende Definition, die auch aus der Duden-Grammatik stammt, schließt solche Beispiele auf jeden Fall aus: „Ein Satz ist eine Einheit, die aus einem Prädikat mit finitem Verb und allen zugehörigen Satzgliedern besteht" (Duden 2009, 763, vgl. auch Zifonun et al. 1997, 86f., Hennig 2006, 178–181).

Kommen wir an dieser Stelle zurück auf das obige Zitat von Leonard Bloomfield. Bloomfield stellt fest, dass jede Äußerung aus einem oder mehreren Sätzen besteht; er setzt Sätze also in Beziehung zu Äußerungen („utterances"). Eine solche Koppelung von Satz und Äußerung findet sich in vielen linguistischen Arbeiten; und fast hat man den Eindruck, dass man das eine nicht ohne das andere definieren kann. So wird auch in Chomskys *Syntactic Structures*, dem Erstlingswerk der Generativen Grammatik, ein Unterschied zwischen Sätzen (als grammatisch wohlgeformten Sequenzen) und Äußerungen (als auf empirischer Grundlage gewonnenen Einheiten) gemacht:

> On what basis do we actually go about separating grammatical sequences from ungrammatical sequences? [...] First, it is obvious that the set of grammatical sentences cannot be identified with any particular corpus of utterances obtained by the linguist in his field work. (Chomsky 1957, 15)

Hans-Jürgen Heringer stellt ebenfalls eine enge Beziehung zwischen Satz und Äußerung her, wenn er den Satz bereits Anfang der Siebzigerjahre in seinem Buch „Deutsche Syntax" als „Muster für kleinste, potentiell selbständige Äußerungen" definiert (1972, 11). Und auch in Arbeiten aus dem Bereich der Pragmatik werden die beiden Konzepte in Beziehung zueinander gesetzt, wobei hier der Blick in der Regel nicht vom Satz auf die Äußerung, sondern von der Äußerung auf den Satz gerichtet ist. Das ist z. B. der Fall in der Pragmatik-Einführung von Jörg Meibauer, der betont, dass Äußerungen eine kommunikative Funktion haben und sich diese Funktion nur über den Kontext bestimmen lasse. Das gelte für Sätze nicht, sie sind, so Meibauer (2008, 8), „als potentielles Produkt der Grammatik denkbar, die vielleicht noch nie geäußert worden sind und vielleicht auch nie geäußert werden." Diese Formulierung macht deutlich, dass Meibauer Sätze – ebenso wie Heringer – der Langue zuordnet und sie nicht als Mitteilungseinheiten ansieht. Bei einer solchen Definition entfällt allerdings die Möglichkeit, Sätze von strukturell anderen Äußerungseinheiten funktional abzugrenzen.

Dass Sätze (als Mitteilungseinheiten) in der gesprochenen Sprache eine besondere kommunikative Funktion wahrnehmen können, zeigt Arnulf Deppermann in seinem Aufsatz „Über Sätze in Gesprächsbeiträgen" sehr anschaulich. Danach haben Sätze, die am Anfang eines Redebeitrags stehen, die Funktion, einen Redegegenstand zu etablieren. Sie werden gebraucht, wenn der Sprecher „eine neue Initiative ergreift, eine eigene Perspektive in der Interaktion deutlich macht" (Deppermann 2012, 12), also nicht nur Stellung zu etwas vorher Gesagtem nimmt. In Deppermanns Ausführungen wird allerdings vorausgesetzt, dass es sich bei Sätzen um syntaktische Einheiten handelt, die ein finites Verb enthalten und bei denen durch die Füllung der Argumentstellen und die damit verbundene Referenzierung ein neuer Redegegenstand eingeführt werden kann. Würde Deppermann Sätze – wie etwa Heringer – als Muster für kleinste potentiell selbständige Äußerungen definieren, so könnte er in Bezug auf das Gespräch gar nicht zwischen Sätzen und anderen selbständigen Syntagmen unterscheiden. Hier zeigt sich, dass man sich in linguistischen Untersuchungen zwischen einem pragmatisch definierten Satzbegriff (à la Heringer) und einem strukturell definierten (wie Deppermann ihn verwendet) entscheiden muss, wenn man konsistent argumentieren will. Wir kommen am Ende dieses Abschnitts darauf zurück.

Vorweg sei noch eine weitere Satzdefinition angeführt, die in der Forschung ebenfalls viel Beachtung gefunden hat und stellvertretend für viele Arbeiten steht, die am Ende des 19. und beginnenden 20. Jahrhunderts einen an der Psychologie angelehnten Satzbegriff zugrunde legen:

> Der Satz ist der sprachliche Ausdruck, das Symbol dafür, daß die Verbindung mehrerer Vorstellungen oder Vorstellungsmassen in der Seele des Sprechenden sich vollzogen hat und das Mittel dazu, die nämliche Verbindung der nämlichen Vorstellungen in der Seele des Hörenden zu erzeugen. (Paul 1919, 10)

Wie Paul weiter ausführt, besteht ein Satz aus mindestens zwei Gliedern, Subjekt und Prädikat, die ihrerseits in einer bestimmten Relation zueinander stehen (vgl. Paul 1919, 11). Allerdings darf man diese beiden Glieder nicht mit der herkömmlichen Subjekt-Prädikat-Unterscheidung gleichsetzen, sie stellen vielmehr, so Hermann Paul, ein ‚psychologisches' Subjekt und ein ‚psychologisches' Prädikat dar. Danach ist in dem Satz *Mich friert* das Akkusativpronomen *Mich* das psychologische Subjekt (d. h. die Vorstellung, die zuerst „in der Seele des Sprechenden" vorhanden ist), das Verb *friert* das psychologische Prädikat (d. h. die Vorstellung, die daran angeknüpft wird). Eine solche Definition hat zwar den Vorteil, dass auch Sequenzen, die nicht der prototypischen Zuordnung von Nominativkasus und Subjektfunktion entsprechen, als Sätze klassifiziert werden, doch wird dadurch ein charakteristisches Formmerkmal von Nominalgruppen im Subjekt aufgegeben: ihre nominativische Markierung.

Historisch gesehen hängt dieser psychologische Satzbegriff eng mit dem logischen zusammen. Schon bei Platon und Aristoteles wird der Satz (*logos*) als eine sprachliche Erscheinung gesehen, bei der einem Subjekt bzw. einem Referenzobjekt ein Prädikat zugesprochen wird (vgl. Platon: *Kratylos* 385b, *Sophistes* 261e, 262a; Aristoteles: *Kategorien* V, 2a, 19ff.). In der modernen Linguistik wird durch diese Definition aber eher Verwirrung gestiftet, denn ein logisches Prädikat kann nach dieser Auffassung auch mehr als lediglich ein finites Verb umfassen. Es handelt sich danach immer um denjenigen Teil des Satzes, der dazu dient, eine Aussage über das Referenzobjekt zu machen. In dem Satz *Paul geht zur Schule* ist also – logisch gesehen – die Person Paul das Referenzobjekt, das Wort *Paul* der Referenzausdruck und *geht zur Schule* das Prädikat, das Paul zugesprochen wird. Interessanterweise steht z. B. auch Chomskys Definition von *Verbalphrase* in der Tradition dieses logischen Prädikatsbegriffs. Um die Ebenen zu trennen und die Vermischung mit der formalen Logik zu vermeiden, ist für die Syntax von einem solchen Satz- und Prädikatsbegriff abzuraten.

An dieser Stelle könnte man noch weitere Satzdefinitionen anführen, jedoch mögen die hier vorgestellten für die Zwecke unseres Beitrags genügen (einen informativen Überblick bietet Müller 1985). Stattdessen möchten wir noch auf den wissenschaftlichen Diskurs zum Satzbegriff eingehen, denn dieser macht deutlich, dass das Ringen um eine adäquate Satzdefinition bis heute die Geschichte der Sprachwissenschaft begleitet. So beginnt Hermann Paul das Kapitel, aus dem seine Satzdefinition stammt, mit der Feststellung: „Der Begriff ‚Satz' ist freilich nicht so einfach zu bestimmen, und sehr verschiedene Definitionen sind aufgestellt" (1919, 10). Viele dieser Definitionen sind in der Arbeit von John Ries (1931), die die Überschrift „Was ist ein Satz?" trägt, zusammengestellt. Ries präsentiert auf über 180 Seiten seine eigenen Überlegungen zur Satzproblematik, dann folgt eine alphabetisch geordnete, 16 Seiten umfassende Liste mit einer Zusammenstellung früherer Definitionen. In dieser Liste finden sich 140 Zitate von Johann Christoph Adelung über Apollonios Dyskolos, Karl Ferdinand Becker, Karl Bühler, Jakob Grimm, Wilhelm von Humboldt, Otto Jespersen, André Meillet, Hermann Paul, Ludwig Sütterlin, Wilhelm Wundt u. v. a. bis Hermann Ziemer. Auch seine eigene Definition von Satz stellt John Ries unter der Überschrift

„Endlösung der Inhaltsfrage" vor. Danach ist der Satz die „grammatisch geformte kleinste Redeeinheit, die ihren Inhalt im Hinblick auf sein Verhältnis zur Wirklichkeit zum Ausdruck bringt" (Ries 1931, 99). Nach Einschätzung von Beat Louis Müller (1985, 23), der über 50 Jahre später ebenfalls eine Vielzahl von Satzdefinitionen diskutiert und sich in seinem Urteil auf den Sprachpsychologen Karl Bühler beruft, war dies eine Definition, „die alles Herkömmliche um Längen übertraf."

Wiederum einige Jahre später, bei einer Podiumsdiskussion anlässlich der Jahrestagung des Instituts für Deutsche Sprache (IDS), wurde die Diskussion um den Satzbegriff wieder aufgenommen – mit dem Ziel, „anhand neuer Vorschläge die Problematik der Konzeptualisierung eines grammatiktheoretisch zentralen Begriffs" zu erörtern (Hoffmann 1992, 363). Zu der Podiumsdiskussion waren Joachim Buscha, Konrad Ehlich, Karl Erich Heidolph und Bruno Strecker geladen. Ihre Kurzreferate sind im IDS-Jahrbuch abgedruckt, ebenso die kritischen Diskussionsbeiträge aus dem Plenum (vgl. Hoffmann 1992, 363–434). Zusätzlich findet man im IDS-Jahrbuch eine Auflistung von Problemfällen und grundsätzlichen Fragen rund um den Satzbegriff (vgl. Hoffmann 1992, 364–366) sowie eine Materialiensammlung, die eine Auswahl der von Ries zusammengestellten Satzdefinitionen, ergänzt um neuere Definitionen, bietet (vgl. Hoffmann 1992, 366–376). Als „Standard-Problemfälle" werden von Hoffmann die folgenden genannt (vgl. 1992, 376): Satz-Konjunkte (z. B. *Er kommt, und sie geht*), Parenthesen (*Er kommt – soweit man weiß – heute*), Nebensätze (*Sie geht, weil er kommt*), Vokative (z. B. *Ober!*), Interjektionen (z. B. *Aha!*), Imperative (z. B. *Komm!*), Ellipsen (z. B. *Ein Bier!*) und selbständige Antwortausdrücke (z. B. *Nein!*). Die ersten drei Problemfälle beziehen sich auf Sequenzen, die mehr als einen Satz zu umfassen scheinen, die letzten auf solche, die sich nicht auf Anhieb mit dem Konzept von vollständigen, grammatischen Sätzen in Einklang bringen lassen.

Was die von Ludger Hoffmann angeführten grundsätzlichen Fragen betrifft, so kann hier nur eine Auswahl wiedergegeben werden. Sie zeigen, welche Aspekte damals in der Podiumsdiskussion eine Rolle spielten (und noch immer in der Satzdebatte relevant sind): 1) Ist der Satz eher einzelsprachlich oder universal zu konzipieren? 2) Soll man einer formalen oder einer pragmatisch-funktionalen Definition von Satz den Vorzug geben? 3) Kann man in einer Grammatik auch ohne einen Satzbegriff auskommen – und wenn ja, welche andere Einheit kann an diese Stelle treten?

Nicht nur auf dem Podium, auch im Plenum wurde auf diese Fragen kontrovers reagiert. Hier seien nur einige Stimmen wiedergegeben und kritisch kommentiert. So begann Hans Glinz seinen Beitrag mit den freundlichen Worten: „Ich weiß natürlich die schöne Vorlage von Herrn Hoffmann sehr zu schätzen [...] und bitte daher jetzt nur um Entschuldigung, wenn ich mir trotzdem gestatte, in einer ganz anderen Richtung zu argumentieren" (Glinz, in Hoffmann 1992, 417). Dann fuhr er fort, dass man im Französischen zwischen ‚phrase' und ‚proposition' unterscheide und dass ‚phrase' die Inhaltseinheit sei, die man „mit einem Punkt abgrenzt und die in der gesprochenen Sprache grosso modo mit einem Melodienbogen umfasst wird". Dagegen sei die ‚proposition' das, „was den linguistischen Aspekt im engeren Sinne ausmacht"

(Glinz, in Hoffmann 1992, 417). In diesem Sinne könne ein Satz aus mehreren Propositionen bestehen, aber auch nur eine Proposition darstellen. Eine solche Unterscheidung zwischen Mitteilungseinheit (frz. *phrase*) und Struktureinheit (frz. *proposition*) sei ja auch im Englischen geläufig, wo man von *sentence* und *clause* spreche.

Glinz' Ausführungen zur Mehrdeutigkeit des Wortes *Satz*, wie er sie auch an anderer Stelle vorgetragen hat, sind zutreffend, sie blieben aber, wie Stephan Stein (2003, 46) schreibt, „konsequenzenlos": Im Deutschen werden die beiden Satzbegriffe (Satz als Mitteilungseinheit/Satz als Struktureinheit) weiterhin nicht terminologisch unterschieden. Das hat zur Folge, dass sowohl eine Satzreihe, die aus mehreren Sätzen besteht, als Satz (*sentence*) bezeichnet wird (vgl. *Der Vorhang fällt, und alle klatschen*), als auch die Bestandteile dieses Satzes, die ja ihrerseits syntaktisch vollständige Einheiten sind (*clause*). Hans Glinz bedauerte damals, dass seine Unterscheidung nicht übernommen werde und er selbst zwar den Terminus *Proposition* in seinen Arbeiten verwende, dieser aber in der deutschen Grammatikschreibung „keine Furore" (Glinz, in Hoffmann 1992, 417) gemacht habe. Aufgrund der im Deutschen üblichen Verwendung des Terminus *Proposition* in der Semantik und der Pragmatik wäre der Vorschlag von Glinz, den Ausdruck auch für die Syntax zu übernehmen, jedoch irreführend. Wenn überhaupt, ist hier eher der Terminus *clause* aus dem Englischen geeignet.

Als Reaktion auf Glinz' Diskussionsbeitrag meldete sich bei der IDS-Tagung Günther Grewendorf zu Wort. Er betonte, dass es ihm grundsätzlich müßig scheine, über den Satzbegriff zu debattieren:

> [E]inen theoretischen Begriff der Linguistik unabhängig von einer Theorie klären zu wollen, dies kommt mir ungefähr so vor, als wolle man herausfinden, ob die Suppe schmeckt, bevor man sie gekocht hat. (Grewendorf, in Hoffmann 1992, 420)

Angesichts ihrer Allgemeinheit kann man dieser Feststellung natürlich kaum widersprechen. Allerdings stellt sich – und zwar nicht nur wegen der historisch bedingten Vielgestaltigkeit und Mehrdeutigkeit des Satzbegriffs – die Frage, ob man *Satz* überhaupt als zentrale Analyseeinheit der Syntax beibehalten sollte. Wenn man dies möchte, muss man sich in jedem Fall *vor* dem „Kochen der Suppe" entscheiden, ob man den Satz pragmatisch, d. h. als Muster für kleinste, potentiell selbständige Äußerungen, definieren will. Dann kann man aber nicht Deppermanns Analyse folgen, um die spezifische Funktion von Sätzen in Gesprächsbeiträgen herauszuarbeiten, denn der pragmatischen Definition zufolge wären ja *alle* selbständigen Einheiten in Gesprächsbeiträgen satzförmig. Oder man begreift Sätze – wie Deppermann es voraussetzt – strukturell, dann hat man aber keinen pragmatisch offenen Satzbegriff mehr, sondern definiert Sätze als Einheiten, die mindestens ein finites Verb und dessen obligatorische Ergänzungen enthalten. Dies scheint mindestens ebenso plausibel wie die erstgenannte Definition, stellt aber den Sonderstatus von Sätzen in der Syntax in Frage, denn neben Syntagmen mit finiten Verben können ja auch andere

Syntagmen potenziell als selbständige Äußerungen auftreten und syntaktisch analysiert werden (z. B. *Her mit dem Geld!*).

Schlägt man nun noch einmal den Bogen zu obiger Diskussion des Verhältnisses von Parole und Langue, sieht man, wo die Lösung des Problems liegen könnte. Da Sprachgebrauch und Sprachsystem sich permanent wechselseitig beeinflussen und die Langue sich nur in der sozialen Interaktion herausbilden kann, ist prinzipiell nicht absehbar, *welche* Formen in der Parole entstehen und syntaktisch zu analysieren sind. Mit anderen Worten: Ein syntaktisches Konstitutionssystem ist stets nach oben hin offen. An der Stelle, wo sich etwa in einer Konstituentenstrukturgrammatik das Symbol S für ‚Satz' befindet, müsste daher eigentlich ein Fragezeichen stehen (vgl. Stetter 2005, 229). Dieses Fragezeichen markiert gewissermaßen die „Schnittstelle" von Langue und Parole (ebd., 230, vgl. auch Schneider 2008, 176–181) und verdeutlicht damit auch die Unabsehbarkeit des Sprachwandels und der sprachlichen Varianz.

Macht man sich diese Sichtweise zu eigen, dann wird der Satzbegriff entlastet, und der Satz lässt sich Einheit des Sprachgebrauchs definieren, orthografisch betrachtet als diejenige Einheit, die mit einem Großbuchstaben beginnt und mit einem Schlusszeichen endet. In diesem Sinne kann man sagen, dass prototypische geschriebene Texte – also z. B. Zeitungsberichte oder Kurzgeschichten, nicht aber Einkaufslisten oder Wunschzettel – aus Sätzen bestehen. Ein solcher Satzbegriff trägt der schriftorientierten Grammatiktradition Rechnung. Dagegen ist in Bezug auf die gesprochene Sprache die Kategorie ‚Satz' als zentrale Analyseeinheit höchst umstritten (vgl. Abschnitt 4). Allerdings kommen, wie wir gesehen haben, auch in Gesprächsbeiträgen Sätze – im Sinne des u. a. von Deppermann vertretenen strukturellen Satzbegriffs – vor.

Halten wir also fest: Wenn man Sätze aus orthografischer Sicht betrachtet, dann orientiert man sich schlicht daran, ob ein Satzschlusszeichen steht. Das hat aber zur Folge, dass nicht alle Sätze, die man auf diese Weise identifiziert, im syntaktischen Sinne auch satzförmig sind. So ist z. B. die Sequenz *So weit, so gut!* nach dieser Auffassung ein Satz. Will man diese Mehrdeutigkeit nicht in Kauf nehmen und rein syntaktisch argumentieren, dann ist folgende Alternative möglich: Man bezeichnet – sowohl in Bezug auf die gesprochene als auch die geschriebene Sprache – nur solche Äußerungen als Sätze, in denen ein finites Verb auftritt. Bei beiden Alternativen ist der entscheidende Punkt aber der Folgende: Der Satz wird als eine Einheit der Parole definiert und ist – aufgrund der oben beschriebenen Offenheit des Konstitutionssystems – nur eine der verschiedenen Analyseeinheiten in der Syntax, zu deren Domäne alle komplexen Zeichen gehören, die in der Parole als Äußerungen realisiert werden und als komplexe syntaktische Types beschreibbar sind.

4 Äußerungen als kommunikativ-funktionale Einheiten

Damit kommen wir zu einer genaueren Betrachtung des Terminus *Äußerung*, der in der germanistischen Linguistik, wie bereits erwähnt, erst seit den 1970er-Jahren im Gebrauch ist. Wenden wir uns zunächst der Gesprochenen-Sprache-Forschung zu, da dieser Terminus hier eine zentrale Rolle spielt. In der Arbeit von Rainer Rath aus dem Jahr 1979 wird der Ausdruck erstmals verwendet. Rath führt dazu aus, dass die gesprochene Sprache durch ihren interaktiven Charakter geprägt sei, dass deshalb die Segmentierungsprinzipien andere als in der geschriebenen Sprache seien und man die Lautsprache deshalb auch nicht nach Sätzen untergliedern könne. Diese Auffassung bringt er auch einige Jahre später, in einem Aufsatz zur „Einheitenbildung in der Standardschriftsprache und in der gesprochenen Sprache" deutlich zum Ausdruck. Hier heißt es u. a.:

> [D]ie Schriftsprache ist nach Sätzen gegliedert, der „Satz" ist ihr Angelpunkt. Gilt dies auch für die Sprache des spontanen Dialogs? Oder sind in der gesprochenen Sprache andere Gliederungsprinzipien, andere Segmentierungsprinzipien wirksam? Diese Fragen sind von erheblicher theoretischer und praktischer Bedeutung. (Rath 1990, 200)

In seinem bekannten Einführungswerk *Gesprochenes Deutsch* nimmt Johannes Schwitalla den Terminus *Äußerung* ebenfalls auf und widmet ihm ein eigenes Kapitel, das er mit den folgenden Worten beginnt: „Die Segmentierung gesprochener Lautketten macht beim Sprechen und Hörverstehen eigentlich keine Probleme. [...] Umso problematischer ist die Rekonstruktion der Einheitenbildung in der Theorie" (Schwitalla 2012, 84). Weiter referiert Schwitalla verschiedene Ansätze, die zur Segmentierung gesprochener Sprache vorgeschlagen wurden, und präsentiert abschließend seinen eigenen Gliederungsvorschlag. Demnach basiert die Gliederung gesprochener Sprache auf vier Ebenen (vgl. Schwitalla 2012, 85). Die Äußerungseinheit steht dabei nicht auf der untersten Komplexitätsebene, ihr folgt noch eine weitere Gliederungseinheit. Die vier Ebenen sind die folgenden:
a) die höchste Ebene, die den Redebeitrag bildet (= turn),
b) zusammengehörende Blöcke von Intonationsphasen,
c) Äußerungseinheiten,
d) Teile von Äußerungseinheiten.

Als prototypisch für die Ebene c) nennt Schwitalla „Sätze mit einer Intonationsstruktur"; weiter gehören für ihn auch „Responsive (*ja*) wegen ihres dialogischen Status als Antwort und kurze Sprechakte (*halt mal; pass auf*) dazu" (Schwitalla 2012, 85). Das Ende von Äußerungseinheiten erkenne man daran, „dass ein syntaktischer Abschluss mit fallender Intonation, leiserem Sprechen, einer Etceteraformel (*und so*) und einer Pause zusammenfällt" (Schwitalla 2012, 85). Allerdings stellt sich hier die Frage, ob auf diese Weise eine systematische Segmentierung durchgeführt werden kann – und ob es überhaupt sinnvoll ist, hier die strukturalistische Operation des Segmentierens als Verfahren anzusetzen. Stephan Stein hält in seiner Arbeit zur „Einheitenbildung im geschriebenen und gesprochenen Deutsch" (die in der Tradition von Rainer Rath steht) dazu kritisch fest: „Kriterien für die Segmentierung sind sprachsystembezogener Natur, wohingegen Kriterien für die Gliederung sprachgebrauchsbezogener Natur sind" (Stein 2003, 16). Daraus folge, so Stein (2003, 16), dass man die Gliederungseinheiten aus dem Interaktionsgeschehen selbst herausfiltern müsse, nicht aus den Prinzipien der Satzstruktur. Doch stellt sich dann immer noch die Frage, wie dies geschehen kann. Peter Auer bringt das Problem auf den Punkt: „In der mündlichen Sprache lassen sich Handlungen zwar identifizieren, jedoch nicht problemlos aus dem Transkript ‚herausschneiden': es ist schwierig, ihre Ränder gegen die Nachbarhandlungen exakt zu bestimmen" (Auer 2010, 6).

Bislang haben wir den Terminus *Äußerung* nur in Relation zur gesprochenen Sprache betrachtet, spätestens jetzt ist es an der Zeit, auch die geschriebene und die gebärdete Sprache einzubeziehen. So weist Meibauer (2008) in seiner Abgrenzung von Satz und Äußerung (s. o.) darauf hin, dass auch schriftliche Mitteilungen als Äußerungen zu klassifizieren seien, sofern sie in einer konkreten Kommunikationssituation stehen. Diese Auffassung ist in der Linguistik keineswegs unumstritten, oft wird wie selbstverständlich davon ausgegangen, dass das Vorkommen von Äußerungen an die Lautsprache geknüpft sei. Dem kann entgegengehalten werden, dass auch im Geschriebenen spontane Interaktionen möglich sind (z. B. in Chat-Konversationen), so dass es hier ebenso berechtigt scheint, Kommunikationsbeiträge nach Äußerungseinheiten (und nicht nach Sätzen) zu gliedern. Es gilt also keineswegs, dass „die Schriftsprache", wie Rainer Rath schreibt (s. o.), generell „nach Sätzen" (im traditionellen Sinne) gegliedert ist, auch in der geschriebenen Sprache treten Ausdrucksmittel auf, die nicht mit einer am Ideal der grammatischen Vollständigkeit orientierten Satzdefinition erfasst werden können. Vor allem in Beiträgen, die in einem eher informellen, nähesprachlichen Duktus (sensu Koch/Oesterreicher 2011 u. ö.) verfasst sind, kommen solche Ausdrucksmittel vor – und zwar unabhängig davon, ob sie gesprochen (z. B. in Stammtischdiskussionen) oder geschrieben (z. B. in Chat-Konversationen) sind. Das zeigt der folgende Ausschnitt aus einem Facebook-Dialog, in dem bereits der erste Beitrag mit einem aus traditioneller Sicht unvollständigen Satz beginnt: A: „Juhuuuu morgen ab nach Köln zum Karneval!!! [...]", B: „[XY] und ich wollten auch nach Köln zum Karneval, doch wurde mein Urlaub gestrichen, da Engpass im Labor."

Äußerungseinheiten stellen aber nicht nur in der gesprochenen und geschriebenen Sprache eine relevante Kategorie dar, dasselbe gilt auch für die Gebärdensprache, in der manuelle (Hände und Arme) und nicht-manuelle Komponenten (Gesichtsausdruck, Blick, Kopf, Oberkörper, Mundbild) eingesetzt werden (vgl. Boyes Braem 1995, 14). Auch die Gebärdensprache ist auf mehreren Ebenen strukturiert, die von der sublexikalischen Ebene (dem Phonem in der Lautsprache) bis zur Ebene des Gesprächs reichen, und auch hier ist es nur konsequent anzunehmen, dass in spontanen Interaktionen nicht Sätze gebärdet werden, sondern diese Teile von Äußerungen sind.

Noch etwas zur Terminologie: Der Ausdruck *Äußerungseinheit* ist nur einer der Termini, der in der Linguistik verwendet wird, um kommunikative Handlungen zu bezeichnen. In der Duden-Grammatik ist stattdessen von *funktionalen Einheiten* die Rede. Diese werden als Einheiten definiert, denen die Gesprächsbeteiligten „eine separate Funktion im und für den Kommunikationsprozess zuschreiben", sie werden also „primär funktional, nicht syntaktisch oder prosodisch bestimmt" (Duden 2009, 1221f.). Das kommt unserem modalitätsübergreifenden Ansatz insofern entgegen, als hier die Prosodie als Gliederungsprinzip explizit ausgeklammert wird. Als Beispiele für funktionale Einheiten werden Äußerungen genannt, welche die Aufmerksamkeit des Hörers erregen (z. B. *Vorsicht! Achtung!*) oder als Adressierungen (z. B. *Hans, kommst du?*) oder Bedingungen (z. B. *Hans, wir können das – wenn du uns dabei unterstützt – auch anders lösen*) zu interpretieren sind. Es ist offensichtlich, dass es hier genau um solche Phänomene geht, die für einen schriftzentrierten Satzbegriff problematisch sind (z. B. Ellipsen, Vokative, Parenthesen).

Der Terminus *funktionale Einheit* findet sich auch in dem Buch von Fiehler et al. (2004), das den Titel *Eigenschaften gesprochener Sprache* trägt. Das verwundert nicht, da Reinhard Fiehler sowohl der Autor des einschlägigen Duden-Kapitels als auch Hauptautor des Buches ist. So wird auch hier die Frage diskutiert, nach welchen Kriterien die gesprochene Sprache untergliedert werden kann und welche Positionen sich dazu in der Forschung finden (vgl. Fiehler 2004, 175–204). Weiter führen die Autoren an, dass man sich in einer frühen Phase der Gesprächsforschung zunächst an der Kategorie ‚Satz' orientierte, dann aber den Sprechakt als grundlegende Einheit angesehen habe (z. B. Versprechen, Drohen), dies aber Probleme aufwerfe, weil nicht „weitreichend genug geklärt und operationalisiert [ist], was sprachliche Handlungen sind" (Fiehler et al. 2004, 185, vgl. dazu auch Auer 2010, 5f.). Auch auf die Bezeichnung *Äußerungseinheit* und die Arbeiten von Rainer Rath wird hier Bezug genommen, ebenso auf weitere Segmentierungsvorschläge, die sich in der Literatur finden (z. B. „Intonation unit", „Talk unit", „Turn constructional unit"). Zum Schluss wird der Terminus *funktionale Einheit* eingeführt und ausführlich erläutert (vgl. Fiehler et al. 2004, 204–238). Doch so geeignet dieser Terminus auch scheinen mag: Es fehlt ein Zusatz, der deutlich macht, von welcher Funktion die Rede ist. So spricht man ja auch in der Syntax von funktionalen Einheiten, um Satzglieder von Wortarten (= kategorialen Einheiten) zu unterscheiden.

Im Folgenden definieren wir Äußerungen daher nicht nur als funktionale, sondern als kommunikativ-funktionale Einheiten. Damit nähern wir uns auch der IDS-Grammatik an, in der von „kommunikativen Minimaleinheiten" (vgl. Zifonun et al. 1997, 86–92) die Rede ist. Mit ‚kommunikativ' wird der Tatsache Rechnung getragen, dass eine Sequenz immer in einem Kommunikationszusammenhang stehen muss, um als Äußerung klassifiziert zu werden. Dabei ist es irrelevant, in welcher Modalität sich die Äußerung vollzieht (im Geschriebenen, Gesprochenen oder Gebärdeten oder über redebegleitende Gesten). Wichtig dagegen ist, dass durch eine solche Sequenz beim Hörer die Erwartung erzeugt wird, dass sie kommunikativ relevant ist. Äußerungen stellen also im Sinne der Relevanztheorie von Sperber/Wilson (1995) einen ostensiven Akt dar, der einen pragmatischen Folgerungsprozess auslöst. Im Umkehrschluss heißt das aber auch: Wenn eine Handlung kein ostensiver Akt ist (man z. B. jemandem im Bus den Rücken zuwendet, nur weil man sich dann besser festhalten kann), dann liegt auch keine Äußerung vor.

5 Das Schema als basale syntaktische Analyseeinheit

In den letzten beiden Abschnitten haben wir den Satz- und den Äußerungsbegriff behandelt. Der Terminus *Äußerung* wurde dabei sowohl auf gesprochene als auch auf geschriebene und gebärdete kommunikativ-funktionale Einheiten bezogen. In Bezug auf den Satz haben wir dargelegt, wie vielgestaltig sein Begriff ist, und weiter die Frage gestellt, ob er tatsächlich als zentrale Analyseeinheit der Syntax anzusehen ist und in welcher Relation er zur Äußerung steht. In diesem Abschnitt wollen wir nun – anstelle von ‚Satz' – den Begriff des (komplexen) Zeichenschemas als kognitiv-strukturelles Pendant zu ‚Äußerung' vorschlagen. Wie sich zeigen wird, eignet sich der Terminus *Schema* als Bezeichnung für die basalen Analyseeinheiten in der Syntax, und er lässt sich auf alle sprachlichen Modalitäten anwenden.

Nähern wir uns dem Schemabegriff zunächst an, indem wir bei der Alltagssprache ansetzen. Wie verwenden wir normalerweise den Ausdruck *Schema*? Wir sagen z. B., dass jemand immer nach demselben Schema verfährt bzw. immer ‚Schema F' anwendet. Hieran sieht man bereits, dass der Schemabegriff stark mit dem Regelbegriff zusammenhängt, dass er mit Wiederholung (Iteration) und Gleichförmigkeit in Verbindung gebracht wird. Andererseits bezeichnen wir im Alltag auch bildliche Darstellungen bestimmter Zusammenhänge oder Verfahrensweisen – z. B. in Tabellen- oder Diagrammform – als Schema bzw. schematische Darstellung. Das Adjektiv *schematisch* verhält sich hier analog zum Substantiv *Schema*: Wenn wir von jemandem sagen, er gehe sehr schematisch vor, dann wollen wir damit vielleicht seine Gründlichkeit lobend hervorheben, gleichzeitig hat eine solche Redeweise aber auch den Beigeschmack des Unkreativen und wenig Innovativen.

Der Begriff des Schemas hängt in der Allgemeinsprache also eng mit den Begriffen ‚Regel', ‚Gleichförmigkeit', ‚Wiederholung' und ‚Anschaulichkeit'/‚optische Wahrnehmung' zusammen. Von diesem Alltagsverständnis ausgehend, wird es nun darum gehen, den linguistisch-philosophischen Schemabegriff vorzustellen und sein Verhältnis zu sprachlicher Innovation und Kreativität auszuloten. Dies führt uns zu Kants Schematismus-Lehre. Danach vermittelt das Schema zwischen reinem Denken und Wahrnehmung; es hat „sowohl Anschauungs- als auch Begriffscharakter" (Höffe

2003, 154). Durch die Anwendung von Schemata sind wir, Kant zufolge, in der Lage, Anschauungen zu verbegrifflichen und Begriffe zu veranschaulichen. Unseren sinnlichen Begriffen liegen dabei genau betrachtet nicht Bilder, sondern Schemata (als bestimmte Arten von anschauungsaffinen Regeln) zugrunde. Im Schematismus-Kapitel der „Kritik der reinen Vernunft" veranschaulicht Kant dies u. a. an folgendem Beispiel:

> Der Begriff vom Hunde bedeutet eine Regel, nach welcher meine Einbildungskraft die Gestalt eines vierfüßigen Thieres allgemein verzeichnen kann, ohne auf irgend eine einzige besondere Gestalt, die mir die Erfahrung darbietet, oder auch ein jedes mögliche Bild, was ich *in concreto* darstellen kann, eingeschränkt zu sein. (KrV B, 136)

Ein Schema lässt sich also mit Kant als eine Regel zur Erzeugung einer Gestalt begreifen. Die Regeln, von denen Kant hier spricht, sind dabei eng an die sinnliche Anschauung gebunden. Gleichzeitig ermöglichen sie eine begriffliche Verallgemeinerung und Abstraktion. Die Schematisierung ist dementsprechend ein Verfahren, in dem ein kognitives Schema auf Anschauungen angewandt wird – und umgekehrt.

Dieser Begriff von Schematisierung ist auch für die Linguistik interessant. Die Übertragung des Kant'schen Schemabegriffs in die Linguistik ermöglicht es nämlich, die sprachliche Typenbildung zu konzeptualisieren, ohne dabei – wie in der Generativen Grammatik – von „semantisch leeren Regeln" (Tomasello 2003, 99) ausgehen zu müssen, also von Signifiants, die von Signifiés gänzlich abgekoppelt sind. Wie weiter oben schon erläutert, stellt die sprachliche Typenbildung eine Verallgemeinerung und Abstraktion von Tokens, d. h. von konkreten Performanzereignissen, dar. Diese Verallgemeinerung und Abstraktion erlaubt die wiederholte Anwendung eines Zeichenschemas, gleichzeitig wird das Schema erst durch diese Wiederholung in der Parole selbst erzeugt. Bezogen auf die Sprache heißt Schematisierung also Typenbildung bzw. Typisierung. Diese lässt sich mit Stetter (2005, 273) als ein „Überschreibverfahren" einander hinreichend ähnlicher Tokens begreifen (vgl. Abschnitt 2). Die Langue ist danach ein System von Types (Zeichenschemata), und die Types sind Mengen einander hinreichend ähnlicher Tokens. Folgt man Stetters Annahme, dass die Langue nicht hinter der Parole liegt, sondern nur in dieser gefunden werden kann, dann kann man das Verhältnis von System und Performanz als ein dialektisches Wechselspiel begreifen.

Evidenz für diese Annahme kommt auch aus der Spracherwerbsforschung. Wie Tomasello (2003) empirisch fundiert darlegt, lässt sich der kindliche Spracherwerb als ein Prozess der Herausbildung von Konstruktionen bzw. Zeichenschemata begreifen. Schemata werden einerseits in der sprachlichen Interaktion durch Iteration gelernt; andererseits ist es auch möglich, erworbene syntaktische Schemata z. B. durch Analogiebildungen (vgl. auch Itkonen 2005, Saussure 1997, 262) zu überschreiten und somit Schematisierung und Innovation miteinander zu verbinden. Kindliche Analogiebildungen wie z. B. die transitive Verwendung intransitiver Verben („Die will sich da hinknien – knie die mal da hin!" in Analogie etwa zu „Die will sich da hinsetzen – setz die mal da hin!") zeugen ebenso von dieser kreativen Fähigkeit wie Wortschöpfungen der Gegenwartssprache (z. B. *jemanden googeln*, *cheffig* oder *geliked*).

Aufgrund der Allgemeinheit seines Begriffs eignet sich das Schema als basale syntaktische Analyseeinheit für alle sprachlichen Modalitäten, d. h. sowohl für die geschriebene als für die gesprochene Sprache (inklusive redebegleitender Gesten) und für die Gebärdensprache. In allen diesen Erscheinungsformen von Sprache betont der Ausdruck *Schema* einerseits die Zeichenhaftigkeit/Materialität der fraglichen Einheit und andererseits die Regelhaftigkeit ihrer Bildung (im Sinne musterhafter Verfestigung, engl. *entrenchment*). Auch hat der Schemabegriff etwa im Vergleich zum Konstruktionsbegriff den Vorteil, dass man sich nicht von vornherein auf eine bestimmte ‚Schule', hier die Konstruktionsgrammatik, mit all ihren Implikationen festlegt. Allerdings ist der Konstruktionsbegriff grundsätzlich durchaus eine Alternative. Im Folgenden soll er daher in der gebotenen Kürze diskutiert werden, wobei wir auch die Frage stellen werden, ob *Konstruktion* ausschließlich als Alternative zu *Schema* aufzufassen ist oder beide Termini in einem gemeinsamen Ansatz gebraucht werden können.

Die Konstruktionsgrammatik (KxG) entwickelte sich in kritischer Abgrenzung von der Generativen Grammatik (GG), in der die Idee einer regelgeleiteten Generierung von Sätzen im Vordergrund stand und – wie auch in der traditionellen Grammatik – von einer strikten Trennung zwischen Lexik und Syntax ausgegangen wurde. Es ist evident, dass Phraseologismen (z. B. *Tomaten auf den Augen haben*) vor diesem Hintergrund in der GG den zu erklärenden Ausnahmefall darstellen. Die KxG dagegen konzentrierte sich von Anfang an (vgl. etwa Fillmore/Kay/O'Connor 1988) gerade auf solche idiomatischen Wendungen und konstatierte, dass diese als Form-Bedeutungs-Paare anzusehen seien, da sie als Ganzes eine Bedeutung hätten, die nicht als bloße Summe der Bedeutungen ihrer Einzelwörter aufgefasst werden könne. Nach einer häufig zitierten Definition ist eine Konstruktion ein „nicht-kompositionelles" Form-Bedeutungs-Paar, ein komplexes Zeichen also, dessen Bedeutung nicht allein aus seinen Bestandteilen „vorhersagbar" ist (vgl. Goldberg 1995, 4). In einer späteren Arbeit formulierte Adele Goldberg eine zweite, modifizierte Definition – mit der Ergänzung, dass nicht nur nicht-kompositionelle Muster Konstruktionen seien, sondern darüber hinaus alle sprachlichen Muster, die mit hinreichender Häufigkeit auftreten (vgl. Goldberg 2006, 5). Es ist auf Anhieb erkennbar, dass nach dieser zweiten Definition tatsächlich jede frequent vorkommende grammatische Einheit als Konstruktion aufgefasst werden kann. Folgt man dagegen der engeren, ersten Definition, so besteht die Forschungsstrategie der KxG darin, für immer mehr grammatische Muster zu zeigen, dass diese nicht-kompositionell sind. So wird z. B. geltend gemacht, dass ditransitive Konstruktionen zwar abstrakt seien, da hier keine spezifizierten lexikalischen Füllungen vorliegen, dass sie aber dennoch als Ganzes eine Bedeutung aufweisen: Sie drücken in der Regel einen Transfer aus (x transferiert y an z). Eine derart ausgerichtete KxG verfolgt also eine der GG entgegengesetzte Strategie. Während Phraseologismen für Generativisten den Ausnahmefall darstellen, betrachten Konstruktionsgrammatiker kompositionell-syntaktische Muster als den Ausnahmefall.

Stefanowitsch (2009, 569) schlägt vor diesem Hintergrund vor, tatsächlich nur nicht-kompositionelle Muster als Konstruktionen zu bezeichnen, kompositionelle dagegen als „Satzmuster". Jedoch scheint uns dieser Vorschlag nicht weiterführend, da sich hier wiederum die Frage stellt, wie Satz bzw. „Satzmuster" definiert werden kann. Zudem ist das Kriterium der Kompositionalität und damit auch das der Nicht-Kompositionalität nicht unproblematisch: Die Idee reiner Kompositionalität beruht auf einer Baustein-Auffassung von Sprache, die aus gebrauchsbasierter Sicht nicht überzeugen kann (vgl. hierzu Schneider 2014). Plausibler ist es, verschiedene Abstraktionsebenen anzunehmen und zwischen lexikalisch spezifizierten Konstruktionen (z. B. Sprichwörtern und anderen Phraseologismen), lexikalisch teilspezifizierten Konstruktionen (z. B. *typisch x*) und abstrakten Konstruktionen (z. B. Ditransitivkonstruktion) zu differenzieren. Je abstrakter eine Konstruktion, desto stärker kommt der Aspekt des Regelwissens und der „Regelschaffung" (Welke 2009, 521), also der sprachlichen Innovation, ins Spiel. Wenn man ‚Regel' dabei nicht generativistisch auffasst, sondern im oben beschriebenen Sinne auf sozial und kognitiv konstituierte Schemata bezieht, dann ergibt sich daraus auch eine gewisse Rehabilitierung des Regelbegriffs. Eine solche Rehabilitierung findet sich auch in dem erwähnten Aufsatz von Klaus Welke, der den Versuch unternimmt, KxG und Valenztheorie zusammenzuführen: Einerseits stecke die jeweilige Bedeutung in der Gesamtkonstruktion, andererseits aber auch im Verb und seiner Valenz.

Wie verhalten sich nun Konstruktion und Schema zueinander? Im Glossar ihres Buches *Konstruktionsgrammatik. Konzepte und Grundlagen gebrauchsbasierter Ansätze* definieren Alexander Ziem und Alexander Lasch ‚Schema' als ein „kognitives Muster, das aus strukturell ähnlichen sprachlichen Äußerungen hervorgegangen ist" (Ziem/Lasch 2013, 201). Ergänzend führen sie aus, dass von Unterschieden zwischen ähnlichen Äußerungen abstrahiert werde und das Schema mindestens eine Leerstelle aufweise, die variabel durch „Instanzen" gefüllt werden könne. Weiter heißt es:

> Jede lexikalisch nicht voll spezifizierte Konstruktion (wie schematische Idiome, Argumentstruktur-Konstruktionen, Vergleichssätze usw.) bildet folglich ein Schema. (Ziem/Lasch 2013, 201)

Die von den Autoren vertretene Annahme, dass es eine enge Verbindung von Schema und Konstruktion gibt, halten wir für plausibel. Jedoch fehlt in ihren Erläuterungen der Hinweis darauf, dass lexikalisch voll spezifizierte Konstruktionen ebenfalls Schemata sind. Auch diese können variieren (z. B. hinsichtlich der Aussprache), und auch für diese gilt, dass in der Interaktion von solchen Unterschieden abstrahiert wird. Mit anderen Worten: Jede Konstruktion, ob lexikalisch fixiert oder nicht, muss in der sprachlichen Interaktion als Zeichenschema konstituiert werden. Damit ist unser Schemabegriff auch wesentlich weiter konzipiert als in der Arbeit von Klaus-Michael

Köpcke, der mit seinem „Schema-Modell" (vgl. Köpcke 1993, 11) die Vielfalt der deutschen Pluralmorphologie zu beschreiben versucht. Zu Köpckes kognitivem Ansatz gibt es zwar Parallelen (vgl. seine Definition: „Unter Schemata werden abstrakte, vom Sprecher des Deutschen gespeicherte Gestalten verstanden", Köpcke 1993, 10), doch bezieht Köpcke den Schemabegriff auf die morphologische Ebene, während wir davon ausgehen, dass auf allen sprachlichen Ebenen Schemata zu verorten sind.

Damit kommen wir zu einer weiteren Frage, die an dieser Stelle zu klären ist: Sind Konstruktion und Zeichenschema extensional identisch? Und wenn nicht, wo liegt der Unterschied? Eine Möglichkeit der Differenzierung besteht darin, Konstruktionen als *komplexe Zeichenschemata* aufzufassen. Einzelmorpheme würden dann – wie bei Langacker (1987 und 2009) – nicht als Konstruktionen, gleichwohl aber als Schemata gelten, denn auch diese können variabel realisiert werden. Der Ausdruck *Konstruktion* legt ja auch – anders als *Schema* – nahe, dass es sich dabei um komplexe Einheiten handelt, die aus mehreren Teilen bestehen. Alle Konstruktionen sind demnach Schemata, aber nicht umgekehrt. Dafür spricht auch der Umstand, dass man unter dem Schemabegriff auch bildhafte Darstellungen wie Tabellen und Diagramme erfassen kann (s. o.). Den Begriff ‚Konstruktion' sollte man dagegen aus Gründen der terminologischen Klarheit auf *sprachliche* Schemata beschränken.

Unser Schemabegriff ist also wesentlich weiter gefasst als Köpckes Schemabegriff und auch weiter gefasst als der Konstruktionsbegriff – gemeinsam sind aber beiden die Wiederholbarkeit, die Musterhaftigkeit und der Zeichencharakter. In diesem Sinne besteht auch eine große Affinität zwischen Schema und Type. Ebenso wie Zeichenschemata können Types sowohl einfach als auch komplex sein. Jedoch ist es sinnvoll, den Type-Begriff – ebenso wie den Konstruktionsbegriff – nur auf sprachliche Zeichen zu begrenzen. Mit dem Ausdruck *Type* wird zudem immer die Relation zum Token fokussiert, während *Schema* allgemeiner die Vermittlung von Kognition und Anschauung zum Ausdruck bringt. Ein Schema lässt sich in diesem Sinne – frei nach Kant – als eine implizite, anschauungsgebundene Regel zur Erzeugung einer Gestalt begreifen.

Schließlich besteht auch eine große Ähnlichkeit zwischen Schema und Muster. Darauf weist auch die oben zitierte Schemadefinition aus Ziem/Lasch (2013, 201) hin, nach der ein Schema eine „kognitive Struktur bzw. ein kognitives Muster" ist. Diese Darstellung des Verhältnisses von Schema und Muster macht deutlich, dass der Musterbegriff noch weiter gefasst ist als der Schemabegriff. Ein Muster kann auch etwas ganz Konkretes sein, wie z. B. ein Teppichmuster, das bestimmte Eigenschaften eines Teppichs „exemplifiziert" (vgl. Goodman 1998, 63–72). Exemplifizieren bedeutet hier (nach Goodman 1998): als Beispiel für ein bestimmtes Zeichen fungieren und etwas Bestimmtes daran selektiv hervorheben. So hebt das Teppichmuster eben nur bestimmte Eigenschaften eines Teppichs, etwa seine Farbe, Musterung und Weichheit, nicht aber seine Größe und seinen Preis, hervor. Damit ist genau das beschrieben, was ein Muster auch im alltäglichen Sinne leistet: die selektive Exemplifikation.

Im Vergleich zu *Muster* macht *Schema* dagegen deutlich, dass es sich bei den zu untersuchenden Entitäten nicht nur um ‚externalisierte', sinnlich wahrnehmbare Muster (wie etwa Teppichmuster), sondern auch um kognitive, virtuelle Muster handelt. Der Schemabegriff eignet sich zudem für die syntaktische Analyse aller sprachlichen Modalitäten. Um dies klarer zu machen, widmen wir uns abschließend der Frage, wie die Entstehung komplexer Types modalitätsübergreifend konzeptualisiert werden kann. Dazu ist es sinnvoll, den Blick zurück auf das in Abschnitt 2 diskutierte Saussure-Zitat zum ‚Satz' (*la phrase*) zu richten.

Wie bereits erläutert, ordnet Saussure den Satz der Parole zu, da er durch eine „Freiheit der Kombinationen" („la liberté des combinaisons", CLG, 172) gekennzeichnet sei. Was hier von Saussure indirekt angesprochen wird, ist, dass es ein flexibles Regelwissen gibt, das umso relevanter wird, je abstrakter die Konstruktionen sind. Bei diesem Regelwissen geht es um die Beherrschung syntagmatischer und paradigmatischer Relationen – eine Fähigkeit, die für den Spracherwerb von entscheidender Bedeutung ist und z. B. auch in Tomasellos Diskussion abstrakter Konstruktionen thematisiert wird (vgl. Tomasello 2003, 144–195). Davon abgesehen spielen diese Überlegungen in der Konstruktionsgrammatik aber nur eine marginale Rolle, was damit zusammenhängt, dass die KxG in ihren Analysen zunächst auf idiomatische Syntagmen ausgerichtet war. Mittlerweile gibt es zwar Arbeiten, die Aspekte der Syntagmatik und Paradigmatik in die KxG integrieren (u. a. Verhagen 2009, Welke 2009, Schneider 2014) – insgesamt wird das Thema aber ausgeblendet, was möglicherweise damit zu tun hat, dass die Termini *syntagmatisch* und *paradigmatisch* mit dem Strukturalismus in Verbindung gebracht werden, der in den gebrauchsbasierten Ansätzen der KxG keine große Wertschätzung genießt. Verzichtet man aber auf das so wichtige Konzept syntagmatischer und paradigmatischer Relationen, dann lässt sich grammatische Flexibilität kaum noch modellieren. Stattdessen muss man eine Unzahl von Einzelkonstruktionen als feste Form-Bedeutungs-Paare annehmen – und mutet dem Konstruktionsbegriff damit möglicherweise zu viel zu (vgl. Deppermann 2011, 231). Das von der Generativen Grammatik immer wieder vorgetragene Argument, dass schon kleine Kinder in der Lage sind, Sätze zu verstehen und zu bilden, die sie noch nie zuvor gehört haben, ist ja nach wie vor aktuell und verdient eine gebrauchsbasierte Reformulierung.

Kommen wir vor dem Hintergrund dieses Postulats noch einmal auf Stetters Konzeption der Typisierung und seinen Langue-Begriff zurück. Die Langue ist danach ein System von Types, die sich als Mengen einander hinreichend ähnlicher, aber nicht identischer Tokens, als Kopien ohne Original (vgl. Stetter 2005, 15) fassen lassen. Somit stellt das Modell Varianz und Veränderlichkeit der Types von vornherein in Rechnung. Entscheidend für die Typisierung und auch für die Entstehung komplexer Zeichenschemata ist der oben bereits erläuterte Begriff der *Exemplifikation*, der besagt, dass etwas selektiv hervorgehoben wird, wobei dieses Hervorheben aber nicht bewusst geschehen muss. In der sprachlichen Performanz (also beim Sprechen, Schreiben und Gebärden) findet diese Exemplifikation nach Stetter (2005, 82ff.) stets auf drei Ebenen statt. Mit jeder Äußerung eines sprachlichen Tokens exemplifiziert man nicht nur den jeweiligen Type, sondern auch eine spezifische syntaktische und eine semantische Verwendung. So wird mit der Äußerung des Satzes *Luca spielt im Hof* (a) die Wortform *spielt* syntaktisch und semantisch anders exemplifiziert als in dem Satz *Du kannst doch nicht sagen, dass Geld keine Rolle spielt* (b). In (a) exemplifiziert *spielt* die Verwendung dieses Verbs in Verbzweitstellung (in Kombination mit einem Lokaladverbial), in (b) Verbendstellung (in Kombination mit einem Akkusativobjekt). In (a) exemplifiziert *spielt* semantisch die wörtliche Bedeutung, in (b) die metaphorische in einem Phraseologismus. Berücksichtigt man weiter noch den jeweiligen pragmatischen Kontext, wird deutlich, dass in jeder sprachlichen Performanz gleichzeitig mehrere Ebenen exemplifiziert sind. Verkürzt gesagt kann man sich den Spracherwerb als ein permanentes aktives und rezeptives Exemplifizieren vorstellen: Man exemplifiziert durch sein Reden, Schreiben und Gebärden, und man versteht bzw. missversteht die auf diese Weise vorgetragenen Exemplifikationen anderer.

Ein solcher Ansatz ist auch mit konstruktionsgrammatischen Überlegungen kompatibel und kann für diese sogar eine sinnvolle Bereicherung darstellen, denn er eröffnet die Möglichkeit, individuelle Schematisierungen im Spracherwerb wie folgt zu modellieren: Abstrakte komplexe Schemata entstehen dadurch, dass reichhaltige paradigmatische und syntagmatische Varianten exemplifiziert werden, bei lexikalisch teil- und vollspezifizierten Konstruktionen ist vor allem die paradigmatische Varianz geringer, und bei Sprichwörtern und Floskeln handelt es sich um Muster, die als Ganzes gelernt werden. Dennoch weisen auch diese – was z. B. die Aussprache angeht – ein gewisses Maß an Varianz auf.

Grundsätzlich gilt: Die Exemplifikation lässt sich sowohl auf einfache als auch auf komplexe Zeichen anwenden. Durch wiederholte Exemplifikation baut sich beim Kind ein differentielles Sprachsystem auf, in welchem – mit Saussure gesprochen – jedes einfache und jedes komplexe Schema seinen eigenen Wert (*valeur*, CLG, 155ff.) erhält, der aufgrund fortwährender Schematisierungsprozesse immer leicht variiert und sich auch ganz verschieben kann. Dies genau besagt ja das Saussure'sche Prinzip der Arbitrarität und Differenz (vgl. Saussure 2003, Jäger 2011, Schneider 2014). Jedes Wort und jede Konstruktion erhält im „Überschreibverfahren" durch fortwährende Exemplifikationen a) einen Gestalt- oder Type-Wert, b) einen syntaktischen Wert und c) einen semantischen Wert (vgl. Stetter 2005, 82ff., 202 und 279f.) – ergänzen könnte man noch d) einen pragmatischen Wert, wobei allerdings die Trennung von Semantik und Pragmatik aus gebrauchsbasierter Perspektive schwierig ist. Exemplifizieren ist also viel mehr als bloßes Iterieren, denn es wird ja nicht nur der Type-Wert durch Iteration konstituiert, sondern es werden gleichzeitig fortwährend syntaktische und semantische Kontexte exemplifiziert und mental gespeichert. Und genau hier eröffnet sich ein interessantes Feld für die Zusammenarbeit von Linguistik, Kognitionspsychologie und Neurologie.

Der Begriff der Exemplifikation verweist somit auf ein sprachliches Grundverfahren, das im Spracherwerb und im Sprachgebrauch eine konstitutive Rolle spielt.

Ein Vorteil dieses Konzepts ist, dass es die medialen Eigenschaften und die Varianz von Sprache berücksichtigt und daher als oberflächennah und performanzorientiert bezeichnet werden kann. Bei einem solchen Ansatz ist es naheliegend, syntaktische Schematisierung sowohl modalitätsübergreifend als auch modalitätsspezifisch zu beschreiben. Dass Exemplifikation im Gesprochenen anders vor sich geht als im Geschriebenen, wird in der Grammatikforschung mittlerweile verstärkt berücksichtigt. So haben wir es in der gesprochenen Sprache mit Online-Syntax-Phänomenen (vgl. Auer 2000, Duden 2009, 1198–1213) zu tun, die spezifische syntaktische Strukturen (wie z. B. Apokoinu-Konstruktionen) begünstigen; in der geschriebenen Sprache dagegen stellt die Starre der Textur andere mediale Spielräume bereit (vgl. Stetter 1997, 273ff., Dürscheid 2012, 24–34); und auch für bestimmte Formen computervermittelter schriftlicher Interaktion müssen u. U. andere Formen der Schematisierung angenommen werden (vgl. Albert 2013). Die Gebärdensprache wiederum ist medial anders organisiert, da hier in der Kommunikation sowohl die Zeit als auch der Raum genutzt werden (vgl. Fehrmann/Jäger 2004).

Diese unterschiedlichen Spielräume der Medialität, die hier nur angedeutet werden können, sollen in unserem geplanten Handbuch zu „Satz, Äußerung, Schema" genauer ausgelotet werden. Interessant und beispielhaft wird dabei u. a. Ellen Frickes Konzept einer multimodalen Grammatik sein (vgl. Fricke 2012). In ihrer semiotisch fundierten Argumentation begreift Fricke die gesprochene Sprache als ein multimodales Zeichensystem, in welchem Gesten die Rolle von Wörtern übernehmen können: z. B. *Das war [Zeigegeste Daumen hoch]!* statt *Das war klasse!* Andererseits können – wie Fricke zeigt – Gesten in der Kommunikation auch als grammatische Attribute eingesetzt werden (vgl. Fricke 2012, 189–202). Das ist z. B. dann der Fall, wenn eine Dreiecksgeste begleitend zu einer Äußerung wie „Wir haben am Sonntag diese gelben Kacheln angeschaut" ausgeführt wird. Indem Fricke solche redebegleitenden Gesten als schematisierte Einheiten beschreibt, nähert sie sich den Einheiten der Gebärdensprache an. Gleichzeitig berücksichtigt sie aber, dass die Oppositionen in der Gebärdensprache mannigfaltiger sind, da die Gebärdensprache – wie die Laut- und die Schriftsprache – über eine zweifache Gliederung (doppelte Artikulation) in bedeutungstragende und bedeutungsunterscheidende Einheiten verfügt. In diesem Sinne spricht Fricke auch treffend von einer „Skalierung der Typisierbarkeit" (Fricke 2012, 81): Die Artikulationsspielräume sind bei redebegleitenden Gesten viel größer als bei Gebärden, Gebärdensprachsysteme sind ungleich differenzierter.

6 Fazit

Unsere Ausführungen sollten einen Eindruck davon vermitteln, in welche Richtung eine Syntaxtheorie gehen könnte, die (Multi-)Modalität, Medialität und Performanz hinreichend berücksichtigt. Weiter war es uns ein Anliegen, deutlich zu machen, dass syntaktische Analysen nicht nur – wie bisher – auf Lautsprache (auditiv) und Schriftsprache (visuell) ausgerichtet sein sollten, sondern auch die Gebärdensprache (visuell) und redebegleitende Gesten, als Kombination der visuellen und auditiven Modalität, einbeziehen sollten. Weil dies bislang nicht der Fall war, stand in der Syntaxforschung auch nicht die Frage im Fokus, welche syntaktischen Beschreibungseinheiten über alle Modalitäten hinweg geeignet sein könnten. Wir haben diese Frage hier aufgenommen und dafür argumentiert, dass der Terminus *Schema* passend ist, wenn man – modalitätsübergreifend – komplexe sprachliche Zeichen benennen möchte. Weiter haben wir gezeigt, dass die Grammatik aller drei Modalitäten auf der Umsetzung von Schemata beruht und dass bei dieser Schemabildung die Exemplifikation eine entscheidende Rolle spielt.

An dieser Stelle möchten wir aber auch deutlich machen, dass der Terminus *Satz*, den wir in Abschnitt 3 ausführlich thematisiert haben, bei allen Problemen, die seine Definition mit sich bringt, ebenfalls eine wichtige Beschreibungskategorie für die Linguistik darstellt. Auf den Prüfstand gestellt haben wir ihn ja nicht nur wegen der Definitionsschwierigkeiten (diese gibt es bei anderen linguistischen Termini wie *Wort* und *Text* auch), sondern weil er durch die logische Tradition äußerst belastet ist und zudem den Fokus traditionell zu sehr auf eine bestimmte Modalität, nämlich auf die geschriebene Sprache, lenkt. Vor allem aber wird die Kategorie ‚Satz' einem grundlegenden sprachlichen Verfahren nicht gerecht: dem der Schemabildung. Hinzu kommt ein weiteres Problem, auf das wir ebenfalls hingewiesen haben: Da prinzipiell nicht absehbar ist, welche gesprochenen, geschriebenen und gebärdeten Parole-Phänomene in der Langue tatsächlich schematisiert werden, wäre es unangemessen, wenn man in der Syntax den Satz (als Struktureinheit, die aus einem finiten Verb und seinen Argumenten besteht) als zentrale Analyseeinheit ansehen würde. Zwar erfüllen Sätze in der gesprochenen und geschriebenen Sprache spezifische kommunikative Funktionen – sie eignen sich aufgrund ihrer Argumentstruktur in besonderer Weise zum Referieren und Prädizieren –, doch stehen sie in dieser kommunikativen Funktion neben anderen komplexen sprachlichen Zeichen, die ebenfalls einen Schematisierungsprozess durchlaufen haben. Gezeigt wurde dies am Beispiel von verblosen Konstruktionen vom Typus *Her mit dem Geld*, die ja auch in der Konstruktionsgrammatik eine zentrale Rolle spielen.

Abschließend sei nochmals betont: Wir brauchen in der Linguistik Termini, mit denen man die Gemeinsamkeiten zwischen den verschiedenen Modalitäten beschreiben kann. In Bezug auf die Syntax eignen sich dafür *Schema* (als Basiskategorie in der Langue) und *Äußerung* bzw. *kommunikativ-funktionale Einheit* als Terminus für Erscheinungen des Sprachgebrauchs. Gleichzeitig ist es aber auch wichtig, sich klarzumachen, dass für die unterschiedlichen Zeichenarten spezifische mediale Produktionsbedingungen zu berücksichtigen sind. So werden mündliche Sprachzeichen lautlich prozessiert, schriftliche visuell. Diese unterschiedlichen Produktionsbedingungen führen dazu, dass die verschiedenen Modalitäten ihre je eigene Syntax herausbilden. Auf die Unterschiede zwischen der Syntax der gesprochenen und geschriebenen Sprache wird in neueren Arbeiten denn auch zu Recht immer wieder verwiesen; das Augenmerk sollte aber – nicht zuletzt in linguistischen Einführungswerken – auch darauf gerichtet werden, welches die spezifischen Merkmale in der Syntax der Gebärdensprache sind.

7 Literatur

7.1 Verwendete Abkürzungen

CLG/E (I): Saussure, Ferdinand de (1967ff.): Cours de linguistique générale. Edition critique par Rudolf Engler. Wiesbaden.
CLG: Saussure, Ferdinand de (1972): Cours de linguistique générale. Édition critique préparée par Tullio de Mauro. Paris.
GRF: Saussure, Ferdinand de (2001): Grundfragen der allgemeinen Sprachwissenschaft. 3. Aufl. Berlin/New York.
KrV B: Kant, Immanuel (1911): Kritik der reinen Vernunft, zweite Auflage. In: Ders: Gesammelte Schriften, hrsg. von der Königlich Preußischen Akademie der Wissenschaften (Akademieausgabe), Band III. Berlin.

7.2 Literatur

Albert, Georg (2013): Innovative Schriftlichkeit in digitalen Texten. Syntaktische Variation und stilistische Differenzierung in Chat und Forum. Berlin.
Aristoteles (1986): Kategorien. Hrsg. von K. Oehler. Berlin (Aristoteles' Werke in deutscher Übersetzung Bd. 1).
Auer, Peter (2000): On line-Syntax – Oder: Was es bedeuten könnte, die Zeitlichkeit der mündlichen Sprache ernst zu nehmen. In: Sprache und Literatur 85, 43–56.
Auer, Peter (2010): Zum Segmentierungsproblem in der Gesprochenen Sprache. In: InLiSt – Interaction and Linguistic Structures 49.
Bloomfield, Leonard (1926): A set of postulates for the science of language. In: Language 2, 153–164.
Boyes Braem, Penny (1995): Einführung in die Gebärdensprache und ihre Erforschung. 3., überarbeitete Auflage. Hamburg.
Chomsky, Noam (1957): Syntactic Structures. The Hague.
Deppermann, Arnulf (2011): Konstruktionsgrammatik und Interaktionale Linguistik: Affinitäten, Komplementaritäten und Diskrepanzen. In: Alexander Lasch/Alexander Ziem (Hg.): Konstruktionsgrammatik III. Aktuelle Fragen und Lösungsansätze. Tübingen, 207–240.
Deppermann, Arnulf (2012): Über Sätze in Gesprächsbeiträgen – wann sie beginnen und wann man sie braucht. In: Colette Cortès (Hg.): Satzeröffnung. Formen, Funktionen, Strategien. Tübingen (Eurogermanistik 31), 1–14.
Duden (2009): Die Grammatik. Unentbehrlich für richtiges Deutsch. 8. Auflage. Mannheim u. a. (Duden 4).
Dürscheid, Christa (2012): Einführung in die Schriftlinguistik. Mit einem Kapitel zur Typographie von Jürgen Spitzmüller. 4., überarbeitete und aktualisierte Auflage. Göttingen (UTB 3740).

Fehr, Johannes (1997): Saussure: Zwischen Linguistik und Semiologie. Ein einleitender Kommentar. In: Saussure (1997), 17–226.

Fehrmann, Gisela/Ludwig Jäger (2004): Sprachraum – Raumsprache. Raumstrategien in Gebärdensprachen und ihre Bedeutung für die kognitive Strukturierung. In: Ludwig Jäger/Erika Linz (Hg.): Medialität und Mentalität. Theoretische und empirische Studien zum Verhältnis von Sprache, Subjektivität und Kognition. München, 177–191.

Fiehler, Reinhard u. a. (2004): Eigenschaften gesprochener Sprache. Tübingen (Studien zur Deutschen Sprache 30).

Fillmore, Charles J./Paul Kay/Mary Catherine O'Connor (1988): Regularity and idiomacity in grammatical constructions. The case of *let alone*. In: Language 64, 501–538.

Fricke, Ellen (2012): Grammatik multimodal. Wie Wörter und Gesten zusammenwirken. Berlin/Boston (Linguistik – Impulse und Tendenzen 40).

Goldberg, Adele E. (1995): Constructions: a Construction Grammar Approach to Argument Structure. Chicago/London.

Goldberg, Adele E. (2006): Constructions at Work: The Nature of Generalization in Language. Oxford.

Goodman, Nelson (1998): Sprachen der Kunst. Entwurf einer Symboltheorie. Übersetzt von Bernd Philippi. 2. Auflage. Frankfurt a. M.

Hennig, Mathilde (2006): Grammatik der gesprochenen Sprache in Theorie und Praxis. Kassel.

Heringer, Hans Jürgen (1972): Deutsche Syntax. 2., völlig neu bearbeitete Auflage. Berlin/New York.

Höffe, Otfried (2003): Kants Kritik der reinen Vernunft. Die Grundlegung der modernen Philosophie. München.

Hoffmann, Ludger (Hg.) (1992): Deutsche Syntax. Ansichten und Aussichten. Berlin/New York (Jahrbuch des Instituts für Deutsche Sprache 1991).

Itkonen, Esa (2005): Analogy as Structure and Process: Approaches in linguistics, cognitive psychology and philosophy of science. Amsterdam/Philadelphia.

Jäger, Ludwig (2010): Ferdinand de Saussure zur Einführung. Hamburg.

Kant, Immanuel (1911): Kritik der reinen Vernunft. In: Ders: Gesammelte Schriften, hrsg. von der Königlich Preußischen Akademie der Wissenschaften (Akademieausgabe), Band III. Berlin. – Zitiert als KrV B.

Köpcke, Klaus-Michael (1993): Schemata bei der Pluralbildung im Deutschen. Versuch einer kognitiven Morphologie. Tübingen.

Langacker, Ronald W. (1987): Foundations of Cognitive Grammar. Stanford.

Langacker, Ronald W. (2009): Cognitive (Construction) Grammar. In: Cognitive Linguistics 20, 167–176.

Linz, Erika (2002): Indiskrete Semantik. Kognitive Linguistik und neurowissenschaftliche Theoriebildung. München.

Koch, Peter/Wulf Oesterreicher (2011): Gesprochene Sprache in der Romania. Französisch, Italienisch, Spanisch. 2., aktualisierte und erweiterte Auflage. Berlin/New York (Romanistische Arbeitshefte 31).

Matthews, Peter (1993): Central concepts of syntax. In: Joachim Jacobs u. a. (Hg.): Syntax. Ein internationales Handbuch zeitgenössischer Forschung/An International Handbook of Contemporary Research. Berlin (HSK 9.1), 89–117.

Meibauer, Jörg (2008): Pragmatik. Eine Einführung. 2., verbesserte Auflage, unveränderter Nachdruck der Ausgabe von 2001. Tübingen.

Müller, Beat Louis (1985): Der Satz: Definition und sprachtheoretischer Status. Tübingen (Reihe Germanistische Linguistik 57).

Paul, Hermann (1919): Deutsche Grammatik. Bd. 3, Teil IV. Syntax. Halle a. S.

Platon (1990): Werke in acht Bänden. Griechisch und Deutsch; übers. von Friedrich Schleiermacher, hrsg. von Gunther Eigler. Darmstadt.

Rath, Rainer (1979): Kommunikationspraxis: Analysen zur Textbildung und Textgliederung im gesprochenen Deutsch. Göttingen.

Rath, Rainer (1990): ‚Satz' und ‚Äußerungseinheit'. Syntaktische und interaktive Struktur in der Sprache? In: Eynar Leupold/Yvonne Petter (Hg.): Interdisziplinäre Sprachforschung und Sprachlehre. Tübingen, 197–216.

Ries, John (1931): Was ist ein Satz? Beiträge zur Grundlegung der Syntax. Heft III. Prag.

Saussure, Ferdinand de (1967ff.): Cours de linguistique générale. Edition critique par Rudolf Engler. Wiesbaden. – Zitiert als CLG/E (I).

Saussure, Ferdinand de (1972): Cours de linguistique générale. Édition critique préparée par Tullio de Mauro. Paris. – Zitiert als CLG.

Saussure, Ferdinand de (1997): Linguistik und Semiologie. Notizen aus dem Nachlaß. Texte, Briefe und Dokumente. Gesammelt, übersetzt und eingeleitet von Johannes Fehr. Frankfurt a. M.

Saussure, Ferdinand de (2001): Grundfragen der allgemeinen Sprachwissenschaft. Herausgegeben von Charles Bally und Albert Sechehaye unter Mitwirkung von Albert Riedlinger. Übersetzt von Herman Lommel. 3. Auflage. Berlin/New York. – Zitiert als GRF.

Saussure, Ferdinand de (2003): Wissenschaft der Sprache. Neue Texte aus dem Nachlaß. Herausgegeben und mit einer Einleitung versehen von Ludwig Jäger. Übersetzt und textkritisch bearbeitet von Elisabeth Birk und Mareike Buss. Frankfurt a. M. (stw 1677).

Schneider, Jan Georg (2014): Spielräume der Medialität. Linguistische Gegenstandskonstitution aus medientheoretischer und pragmatischer Perspektive. Berlin/New York (Linguistik – Impulse & Tendenzen 29).

Schneider, Jan Georg (2014): In welchem Sinne sind Konstruktionen Zeichen? Zum Begriff der Konstruktion aus semiologischer und medialitätstheoretischer Perspektive. In: Alexander Lasch/Alexander Ziem (Hg.): Grammatik als Netzwerk von Konstruktionen? Sprachwissen im Fokus der Konstruktionsgrammatik. Berlin/Boston.

Schwitalla, Johannes (2012): Gesprochenes Deutsch. Eine Einführung. 4., neu bearbeitete und erweiterte Auflage. Berlin (Grundlagen der Germanistik 33).

Sperber, Dan/Deidre Wilson (1995): Relevance. Communication and Cognition. 2. Auflage. Oxford.

Stefanowitsch, Anatol (2009): Bedeutung und Gebrauch in der Konstruktionsgrammatik. Wie kompositionell sind modale Infinitive im Deutschen? In: Zeitschrift für germanistische Linguistik 37, 565–592.

Stein, Stephan (2003): Textgliederung. Einheitenbildung im geschriebenen und gesprochenen Deutsch: Theorie und Empirie. Berlin/New York (Studia Linguistica Germanica 69).

Stetter, Christian (1997): Schrift und Sprache. Frankfurt a. M.

Stetter, Christian (2005): System und Performanz. Sprachtheoretische Grundlagen von Medientheorie und Sprachwissenschaft. Weilerswist.

Tomasello, Michael (2003): Constructing a Language. A Usage-Based Theory of Language Acquisition. Cambridge (Mass.).

Verhagen, Arie (2009): The conception of constructions as complex signs: Emergence of structure and reduction to usage. In: Constructions and Frames 1.1, 119–152.

Welke, Klaus (2009): Konstruktionsvererbung, Valenzvererbung und die Reichweite von Konstruktionen. In: Zeitschrift für germanistische Linguistik 37, 514–543.

Ziem, Alexander/Alexander Lasch (2013): Konstruktionsgrammatik. Konzepte und Grundlagen gebrauchsbasierter Ansätze. Berlin/Boston (Germanistische Arbeitshefte 44).

Zifonun, Gisela et al. (1997): Grammatik der deutschen Sprache. Band 1. Berlin/New York.

Nina Janich / Karin Birkner
9. Text und Gespräch

Abstract: Ausgehend von einer verbreiteten theoretisch-methodischen Trennung von (medial geschriebenen, tendenziell monologischen) Texten und (medial gesprochenen, tendenziell dialogischen) Gesprächen wird in diesem Beitrag das Trennende wie das Verbindende zwischen Texten und Gesprächen diskutiert und für die *kommunikative Praktik* als gemeinsame Bezugsgröße plädiert. Die Diskussion wird dabei aus einer besonderen Perspektive heraus geführt, nämlich im Hinblick auf die Frage nach den Dimensionen von Wissen *in* und *über* geschriebene und gesprochene Texte. Damit versucht der Beitrag sowohl Klarheit in sprachwissenschaftlich relevante Beschreibungsdimensionen von Wissen zu bringen als auch – darauf aufbauend – einen zukunftsweisenden Überblick über entsprechende Fragestellungen in Textlinguistik und Gesprächsforschung zu bieten.

1   Einführung: *Text* versus *Gespräch*?
2   Das Verbindende: Wissen und Text
3   Das Spezifische: Wissen in gesprochenen & geschriebenen Texten
4   Literatur

1 Einführung: *Text* versus *Gespräch*?

Zur Text- und Gesprächslinguistik liegt bereits eine breite germanistische Forschung vor, die sich etwa seit den 1970er Jahren entwickelt hat (vgl. u. a. für die Textlinguistik Beaugrande/Dressler 1981, Gansel/Jürgens 2002, Heinemann/Heinemann 2002, Adamzik 2004, Hausendorf/Kesselheim 2008, N. Janich 2008b, Brinker 2010, Wichter 2011, Habscheid 2011, Fritz 2013; für die Gesprächslinguistik Henne/Rehbock 2001, Brinker/Sager 2006, Fiehler 2005, Schwitalla 2012, Auer u. a. im Ersch.). Zahlreiche Grundlagenwerke und Einführungen verweisen auf verschiedenste Ansätze in Theorie und Methode, und das zweibändige Handbuch „Text- und Gesprächslinguistik" (Brinker u. a. 2000, 2001) der Reihe „Handbücher der Sprach- und Kommunikationswissenschaft/HSK" belegt eindrucksvoll die endgültige Etablierung als sprachwissenschaftliche Teildisziplinen. Die dort vorgenommene dichotomische Verteilung der Handbuch-Beiträge auf einen Band „Textlinguistik" und einen Band „Gesprächslinguistik" zeigt jedoch ebenso wie folgende Forschungsarbeiten, dass Text- und Gesprächslinguistik einander erstaunlich fremd bleiben und

> sich Vertreter der Text- und Textsortenlinguistik und Vertreter der Gesprächslinguistik in ihren methodischen Überlegungen nur ausschnittsweise, z. T. aber auch gar nicht gegenseitig zur Kenntnis nehmen. (Stein 2011, 9)

Dies ist umso überraschender, als sowohl in der Gesprächslinguistik die sich gegenseitig kaum befruchtende Koexistenz beider Teildisziplinen beklagt wird (vgl. z. B. Fiehler u. a. 2004, Schwitalla 2010) als auch in der Textlinguistik die Einbeziehung gesprochener Texte bereits seit ihren Anfängen zwar kontrovers diskutiert, aber inzwischen zumeist bejaht wird. Dies zeigen die ersten Texttypologisierungsversuche von Sandig (1972) ebenso wie der anhaltende Metadiskurs zum Textbegriff selbst (vgl. Adamzik 2002, 172 f., 2004, 41 f.). Will man den Forschungsstand zum Thema „Text und Gespräch" darstellen, landet man meist unwillkürlich wieder bei der gewohnten Trennung, wie sie sich ja auch im Titel dieses Beitrags niederschlägt.

Das *Gespräch* ist ein Forschungsgegenstand *sui generis*: Die Gesprächslinguistik stellt beispielsweise Fragen danach, was das soziale Ereignis *Gespräch* auszeichnet, wie ein Gespräch interaktiv hergestellt, vollzogen und beendet wird, welche Beteiligungsrollen die Interagierenden herstellen, wie Kontexte geschaffen und genutzt werden, welche Gesprächstypen oder kommunikativen Gattungen in einer Kommunikationsgemeinschaft realisiert werden etc. Ebenso gilt in Bezug auf das Phänomen *Text*, dass die Konstitutionsmerkmale prototypischer geschriebener Texte spezifische Forschungsperspektiven begründen, die sich auf die sprachlichen Mittel und Strategien der Vertextung, das Verhältnis von Textsortenmustern und konkretem Text, die Funktionen von Texten in einer Gesellschaft, ihre wechselseitigen Bezugnahmen, die zu rekonstruierenden Textplanungs- und Textverstehensprozesse oder entsprechende Textroutinen richten.

Die begriffliche Unterscheidung von *Gespräch* und *Text* indes legt nahe, dass es sich dabei – aufgrund einer „scheinbar eindeutigen Opposition von Mündlichkeit und Schriftlichkeit" (Stein 2011, 9) – um klar geschiedene Entitäten handele. Tatsächlich kommen sie in kommunikativen Ereignissen in vielfältiger Verschränkung vor, z. B. wenn gesprochene Vorträge von Powerpoint-Folien oder Tischvorlagen gestützt werden, wenn im Arzt-Patienten-Gespräch der Patient einen Ausdruck seiner Internetrecherche mitbringt oder die Sprechstundenhilfe die in der Beschwerdendarstellung genannten Symptome im Computer notiert, wenn neuere Messenger-Formate wie *WhatsApp* „getippte" Gespräche ermöglichen, in deren Verlauf unterschiedlichste Dateien mitgeschickt werden können, oder SMS und E-Mail im Smartphone per Spracherkennung eingegeben werden.

Ein sehr frühes und prominentes Modell, das die Dichotomie von Mündlichkeit und Schriftlichkeit zu überwinden sucht, stammt von Koch/Oesterreicher (1985). Es unterscheidet zwei Ebenen: Der *Medialität* mit dem *phonischen* und *graphischen* Kode steht die *Konzeption* sprachlicher Äußerungen gegenüber, bei der die beiden Modi *mündlich* und *schriftlich* unterschieden werden. Mittels einer Kreuzklassifikation von Medium und Modus können konzeptionell mündliche Texte sowohl medial gesprochen als auch geschrieben auftreten (z. B. vertrautes Gespräch vs. abgetipptes Interview) bzw. konzeptionell schriftliche Texte in beiden medialen Realisierungsformen erscheinen (z. B. Verwaltungsvorschrift vs. Vortrag). Die damit verbundene zentrale Hypothese von Koch und Oesterreicher lautet, dass die jeweiligen Merkmale auf spezifische Kommunikationsbedingungen und Versprachlichungsstrategien zurückzuführen sind, die – metaphorisch gefasst – in eine „Sprache der Nähe" und eine „Sprache der Distanz" resultieren. Dabei wird konzeptionelle Mündlichkeit als Ausdruck kommunikativer Nähe, konzeptionelle Schriftlichkeit als Ausdruck kommunikativer Distanz verstanden, unabhängig von der jeweiligen medialen Realisierung (vgl. zu Kritik und Ausbau des Modells für digitale Gattungen wie Chat, SMS etc. Dürscheid 2006).

Auch Stein betont, dass die wechselseitige Nichtwahrnehmung von Gesprächs- und Textlinguistik „angesichts einer zunehmenden Vermischung von nähe- und distanzsprachlichen Phänomenen in Kommunikationsprozessen [...] an Plausibilität verliert" (Stein 2011, 9). In Anlehnung an Fiehler (z. B. 2000, 2005) schlägt er den Begriff der *kommunikativen Praktik* als Überbegriff für (medial) gesprochene und geschriebene Texte vor und diskutiert die Anknüpfungspunkte zwischen dem textlinguistischen Konzept der *Textsorte* (Gülich/Raible 1972, Überblick bei Adamzik 2008) und dem gesprächslinguistischen Konzept der *kommunikativen Gattung* (Luckmann 1986, Günthner 1995). Ähnlich definiert Feilke (2012, 19) die kommunikative Praktik als Überbegriff für Textsorten und kommunikative Gattungen; sie ist als Routine zugleich konstitutiv für Handlungsfelder wie Domänen.

In der Textlinguistik ist eine Ausweitung des Textbegriffs bereits seit längerem in der Diskussion, die sich nicht mehr mit der Frage nach dem Medium gesprochen/geschrieben aufhält, sondern semiotische Erweiterungen auf Nicht-Sprachliches wie Typographie, Textdesign und Bilder in den Blick nimmt (vgl. z. B. die Beiträge in Roth/Spitzmüller 2007 oder Diekmannshenke u. a. 2011). Hier stehen sich das Plädoyer für einen weit gefassten semiotischen Supertext auf der einen Seite und die Einschränkung des *Text*-Begriffs auf die sprachlichen Anteile von multikodalen (= mehr als ein verwendeter Zeichenkode) bzw. multimodalen (= mehr als ein Wahrnehmungsmodus), ggf. sogar multimedialen *Kommunikaten* (= mehr als ein verwendetes Trägermedium) auf der anderen Seite gegenüber (vgl. z. B. Fix 2008a, 2008b vs. Adamzik 2002). Bei der Analyse beispielsweise von Konkreter Poesie oder von Werbespots im Fernsehen lassen sich diese multikodalen und multimodalen Ebenen von *Text* jedenfalls nicht ignorieren.

Auch in der gesprochensprachlichen Kommunikation greifen Sprecher auf mehrere Ausdrucksressourcen zurück: das Verbale, Vokale und Visuelle. Das Verbale (= der wortbasierte Text) steht seit langem im Mittelpunkt sprachwissenschaftlicher Analysen. In den 1990er Jahren nahm dann die Prosodieforschung zunehmend das Vokale in den Blick, d. h. suprasegmentale Merkmale wie Akzent bzw. Intonationskonturen, Rhythmus, Lautstärke etc., eben diejenigen linguistischen Phänomene, deren semiotisches Zeichenpotenzial vorrangig indexikalisch ist (Auer/Selting 2001). Während der verbale und vokale Bereich auf dem Auditiven beruhen („gesprochen/gehört", Hausendorf 2007a, 12), umfasst der dritte Bereich das Visuelle („gezeigt/gesehen", ebd.), d. h. Blickverhalten, die räumliche Anordnung der Beteiligten etc., also Ausdrucksressourcen, die auf den Display von Wahrnehmung und Wahrnehmungswahrnehmung bezogen sind. Zu den multimodalen „3V" kommt schließlich noch das Extralinguistische hinzu: Artefakte, technische Medien (Multimedialität), räumliche Gegebenheiten etc., die in der Interaktion relevant werden (können).

Die multikodale bzw. multimodale Textkonstitution ist in das Konzept der kommunikativen Praktik integriert. Eine spezifische kommunikative Praktik wird in der Regel (immer?) mit einer typischen Auswahl von verbalen (Stile, Varietäten etc.), vokalen/graphemischen und damit paraverbalen (Intonation/Schriftart etc.) und/oder visuellen und damit nonverbalen Ausdrucksressourcen (Bilder, Gesten etc.) sowie extralinguistischen Merkmalen (z. B. Trägerflächen für Texte oder empraktisch relevante Artefakte etc.) realisiert, die die kommunikative Praktik in eben dem Maße erkennbar machen, wie sie sie zugleich vollziehen.

Wir plädieren daher dafür, text- und gesprächslinguistisch die Besonderheiten von (prototypisch geschriebenen, monologischen) Texten und (prototypisch gesprochenen, dialogischen) Gesprächen weiterhin durch spezifische theoretische Ansätze und Methoden im Blick zu behalten, doch ihre analytische Trennung gezielt zu überwinden, indem der Blick stärker auch auf das Verbindende, das Gemeinsame, die Übergänge und die Verschränkungen zwischen beiden geworfen werden (exemplarisch z. B. bei Wichter 2011 im Konzept der *Kommunikationsreihe* vorgeführt). Wir unterscheiden im Folgenden daher begrifflich nicht mehr in erster Linie zwischen *Text* und *Gespräch*, sondern zwischen *(medial) geschriebenem* und *(medial) gesprochenem* Text, wobei der *verbale* Text den Ausgangspunkt bildet, der jedoch nicht ohne die Berücksichtigung seiner auch para- und nonverbalen Konstituiertheit betrachtet werden kann.

Die hier eingenommene Perspektive ist geprägt von der Frage nach dem wechselseitigen Verhältnis von Text (im obigen Sinne) und Wissen, d. h. gesellschaftsrelevanter Kommunikation, die nicht erst seit dem Einzug kognitionslinguistischer Ansätze in Text- und Gesprächslinguistik gestellt wird. So wird in Text- und Gesprächslinguistik seit Jahrzehnten intensiv untersucht, welches Wissen *über* (gesprochene und geschriebene) Texte notwendig ist, um Wissen *in* (gesprochenen und geschriebenen) Texten adäquat zu verstehen bzw. zu vermitteln, sei es in Textproduktions- und Schreibforschung (vgl. z. B. Jakobs/Perrin 2014 oder die Beiträge in Feilke/Lehnen 2012), sei es im Hinblick auf Kontextualisierung und Textverstehen (vgl. z. B. die Beiträge in Auer/di Luzio 1992 oder Blühdorn u. a. 2006), sei es konkret bezüglich etablierter Lehr-Lern- und Wissensvermittlungskontexte (vgl. z. B. Kilian 2002, Göpferich 2006). Als Leitperspektive begründen lässt sich der Zusammenhang von Wissen und Text, weil Texte „soziale Werkzeuge" sind,

> d. h. sie können dazu verwendet werden, kommunikative Aufgaben in einer Gemeinschaft zu erfüllen. [...] Sie sind Werkzeuge zur Wissensgenerierung, Wissensorganisation, Wissensakkumulation und Wissensvermittlung. (Fritz 2013, 14 f.)

Dementsprechend dienen auch kommunikative Praktiken als Verschränkungen von geschriebenen und gesprochenen Texten der gesellschaftlichen Organisation:

> Das im kommunikativen Haushalt einer Gesellschaft verfügbare kollektive Repertoire kommunikativer Praktiken wird von den Mitgliedern einer Sprach- und Kulturgemeinschaft auf der Grundlage individueller, aber in wesentlichen Teilen intersubjektiv vergleichbarer Wissensbestände aktualisiert, um für die Lösung rekurrenter kommunikativer Probleme auf sozial verfestigte Strukturen und Handlungsmuster unterschiedlicher Komplexität zurückgreifen zu können. (Stein 2011, 24)

Wissen *in* Texten bzw. Wissensvermittlung im engeren Sinne ist in gesprochenen und geschriebenen Texten von sehr unterschiedlicher Bedeutung. So steht z. B. im Liebesgeplänkel oder in einem Kondolenzbrief nicht die Wissensvermittlung im Zentrum, sondern die Beziehungspflege, und in der Lyrik mag es um den ästhetischen Ausdruck und die Verarbeitung innerer Zustände gehen. Diese Fälle werden im Folgenden eher unter dem Aspekt des Wissens *über* gesprochene und geschriebene Texte relevant, d. h. unter der Perspektive kommunikativer Praktiken und konkreter Textroutinen.

Der folgende Beitrag ist so aufgebaut, dass zuerst eine Klärung des Wissensbegriffs im Bezug auf seine Relevanz für gesprochene und geschriebene Texte erfolgt (Abschnitt 2) – hier liegt der Fokus auf dem *Gemeinsamen*, das gesprochene und geschriebene Texte als Bestandteile kommunikativer Praktiken prägt. Diese Klärung wird daraufhin genutzt, um einen Blick auch noch auf das *Spezifische* gesprochener vs. geschriebener Texte zu werfen (Abschnitt 3). In beiden Abschnitten wird damit auf relevante kommunikative Praktiken und zentrale Domänen verwiesen, die detaillierter in den Blick genommen werden müssten, um systematische Erkenntnisse über das Zusammenspiel von geschriebenen und gesprochenen Texten und ihre jeweils spezifischen Potenziale bei der Wissensorganisation, -repräsentation, -durchsetzung und -vermittlung zu erlangen.

2 Das Verbindende: Wissen und Text

Der Wissensbegriff, zu dem eine Fülle an erkenntnistheoretischer, wissenssoziologischer, aber auch sprachwissenschaftlich orientierter Literatur vorliegt, die an dieser Stelle keinesfalls erschöpfend referiert werden kann, soll im Folgenden in Hinblick auf seine Relevanz für gesprochene und geschriebene Texte genauer konturiert werden. Dabei sind zwei Perspektiven zu unterscheiden:
- das Wissen *über* gesprochene und geschriebene Texte: über ihre Funktion, über prototypische Struktur- und Stilmuster, über Leser/Hörer/Gesprächspartner usw., und

– das Wissen *in* Texten, d. h. die grammatische und semantische Wissensorganisation, die didaktische Wissensaufbereitung, die unterschiedlich perspektivierenden und fokussierenden Wissenstransformationen und der diskursive Status.

Unter Berücksichtigung dieser doppelten Perspektive legen wir unseren Ausführungen vier Beschreibungsdimensionen von Wissen zugrunde, die wir in Bezug auf gesprochene/geschriebene Texte beleuchten wollen: Erstens ist zu fragen, *wer* etwas weiß (und wie er/sie dazu kommt). Zweitens ist zu fragen, *was* gewusst wird. Drittens lässt sich dieses „Was" daraufhin untersuchen, *wie sicher* es gewusst wird. Und viertens ist im Hinblick auf Wissen im Text interessant, *wie und wo* sich Wissen manifestiert. Daraus leiten sich die Beschreibungsdimensionen Träger, Referenz, epistemische Qualität und Manifestationsebenen von Wissen ab, die wir im Folgenden bereits mit Vorschlägen zur jeweiligen Binnenkategorisierung versehen.

2.1 Beschreibungsdimension: Träger von Wissen

Zu unterscheiden sind das *individuelle* Wissen eines einzelnen Menschen und das *kollektive* Wissen einer Gruppe oder Gesellschaft. Beim individuellen Wissen lässt sich in Bezug auf den Wissenserwerb differenzieren zwischen einem selbst erkannten (Erkenntnis) und einem durch Nachahmung oder in Lehr-Lern-Kontexten erworbenen, urheberunabhängigen Wissen (P. Janich 2000, 135 f.). Bereits Russell (1911) unterscheidet ähnlich zwischen *knowledge by acquaintance* und *knowledge by description*, d. h. einem Wissen, das sich kausal aus der Interaktion mit einem Objekt ergibt (*by acquaintance*), und einem sprachlich vermittelten Wissen (*by description*).

Eine solche Unterscheidung erscheint beim kollektiven Wissen irrelevant. Eine Gemeinschaft von Menschen kann nicht etwas als Gemeinschaft „erkennen", sondern nur individuelle Erkenntnisse als Wissen „anerkennen". Beim kollektiven Wissen stellt sich demnach eher die Frage, ob und inwieweit es innerhalb einer Gemeinschaft Gültigkeit besitzt. Solche Gültigkeit beruht dabei nicht auf rational begründeter Erkenntnis, sondern ist Ergebnis von Interessenausgleich und Interessenverbindung im Rahmen agonaler Diskurse, d. h. ist ein „dynamisch verhandeltes Gut der Vergesellschaftung" (Warnke 2009, 114). Unter kollektivem Wissen verstehen wir mit Warnke (2009, 118–122) daher im Folgenden allgemein anerkannte Aussagensysteme, die bereits sprachlich-diskursiv als wahr konstruiert und argumentativ gerechtfertigt sind und deren Geltungsanspruch distribuiert wird.

Für den Zusammenhang von Wissen und geschriebenen bzw. gesprochenen Texten spielen beide Träger-Dimensionen von Wissen, die individuelle und die kollektive, eine zentrale Rolle. So ist beispielsweise bei der zweckrationalen Wissensvermittlung (z. B. in Lehr-Lern-Kontexten in Schule, Ausbildung und Universität) die Frage nach dem individuellen (Vor-)Wissen der Rezipienten eine zentrale für die konkrete Gesprächsführung bzw. für Textproduktion und Textgestaltung – die kollektive

Dimension ist jedoch in Bezug auf die Auswahl und Perspektivierung des zu vermittelnden Wissens hier ebenfalls hoch relevant (man denke z. B. an das Verhältnis von Schulmedizin zu alternativen Positionen wie der Homöopathie). Umgekehrt scheint in Diskursen, in denen es um die Durchsetzung möglicherweise kontroverser Wissensansprüche geht, vordergründig eher der kollektive Status von Wissen von Bedeutung zu sein – doch sind solche Diskurse zugleich stark geprägt vom Verweis auf Wissensautoritäten und damit letztlich wieder auf individuelle Erkenntnis und den Anspruch ihrer intersubjektiven Gültigkeit (z. B. in öffentlichen Diskursen, in denen wissenschaftliche Kontroversen politisch wie massenmedial zur Interessensdurchsetzung oder zur bloßen Erregung von Aufmerksamkeit instrumentalisiert werden).

Nicht aus dem Blick verloren werden sollte in Bezug auf die Träger von Wissen auch deren Bereitschaft und Möglichkeit, individuell Wissen zu erwerben und sich an der Genese kollektiven Wissens zu beteiligen: So gibt es im Gegenzug einen Zustand des Nichtwissens – des unabsichtlichen Nicht-wissen-*Könnens*, des freiwillig-fahrlässigen Nichtwissens, des absichtlichen Nicht-wissen-*Wollens* oder des *Noch-nicht-Wissens*, letzteres als mögliche Motivation für Wissensgenese zum Beispiel in der Wissenschaft (vgl. z. B. Wehling 2004, Gross 2007).

Alle diese Formen von Nichtwissen sind sowohl individuell als auch kollektiv nachweisbar, und auch sie können Gegenstand agonaler (insbesondere zum Beispiel politischer) Diskurse sein:

> Idealtypisch steht auf der einen Seite der bewusste und ausdrückliche Wille bestimmter Akteure, Wissensinhalte, die bereits mehr oder weniger gut bekannt sind, nicht zur Kenntnis zu nehmen. Auf der anderen Seite dagegen ein vollkommen unbeabsichtigtes und insofern „unvermeidbar" erscheinendes Nichtwissen. Gerade bei Kontroversen um wissenschaftlich induzierte Gefährdungen spielen Zwischenformen wie fahrlässiges, durch mangelnde Aufmerksamkeit oder geringes Erkenntnisinteresse bedingtes, aber dennoch nicht bewusst gewolltes oder gezielt erzeugtes Nichtwissen eine wichtige Rolle. [...] Dabei treten konträre Interpretationen darüber auf, was man in einer gegebenen Situation hätte wissen *können* oder wissen *müssen*. [...] Das wohl prominenteste Beispiel hierfür ist das so genannte „Recht auf Nichtwissen" im Kontext der prädiktiven genetischen Diagnostik, also technischer Möglichkeiten, mittels DNA-Analysen die Wahrscheinlichkeit zukünftiger Erkrankungen abschätzen zu können. (Wehling 2012, 80 f.)

2.2 Beschreibungsdimension: Referenz von Wissen

Das abschließende Zitat des vorigen Abschnitts macht bereits deutlich, dass es nicht nur darum geht, *wer* etwas weiß, sondern auch darum, *was* jemand weiß (und wofür er Wissen dementsprechend nutzen kann). Wissen bezieht sich also immer auf etwas, es ist entweder propositionales (*knowing that*) oder instrumentelles Wissen (*knowing how*). Diese ursprünglich von Gilbert Ryle eingeführte Unterscheidung ist vielfach aufgegriffen worden, prominent sind begriffliche Unterscheidungen wie die nach

Orientierungs- und *Verfügungswissen* oder – in der Sprachwissenschaft häufig bevorzugt – nach *deklarativem* und *prozeduralem Wissen*.

1. Das *propositionale (deklarative) Wissen* lässt sich mit P. Janich (2012, 32–38) feiner und methodisch aufeinander aufbauend differenzieren in

a) *analytisch-semantisches Wissen* (z. B. über die Relativität von Wörtern wie *mehr/ weniger* oder die semantischen Beziehungen zwischen Ausdrücken wie *Eltern – Kind* oder *Geschwister – Bruder – Schwester*),

b) *analytisch-logisch-syntaktisches Wissen* (z. B. über die logische Bedeutung und syntaktische Funktion von Konnektoren),

c) *singulär-empirisches Wissen* (d. h. das personen- und situationsabhängige Wissen; unterscheidbar weiter nach der Beobachter-, der Teilnehmer- und der Vollzugsperspektive, d. h. ob die Geltung der Aussage von der Geltung der Aussage für den Sprecher/Schreiber bzw. von einem Handlungsvollzug abhängt oder nicht),

d) *Handlungsfolgenwissen* (z. B. dass man nicht zugleich an zwei verschiedenen Orten sein kann, gesellschaftlich im „Alibi-Pinzip" anerkannt),

e) *technikbasiertes Wissen* (d. h. generiert mittels technischer Instrumente des Messens, Beobachtens, Experimentierens und damit abhängig von einem „Herstellungsapriori", also einem unterstellten ungestörten Funktionieren der verwendeten Technik),

f) *historisches Wissen* (d. h. erschlossenes und rekonstruiertes, nicht mehr unmittelbar durch Beobachtung, Teilnahme, Vollzug, Messung oder Experiment überprüfbares Wissen der Natur- und Kulturgeschichte).

Es leuchtet ein, dass die ersten beiden Formen a) und b) sowohl für die Produktion als auch die Rezeption gesprochener und geschriebener Texte unmittelbar relevant sind. Doch spielen auch die anderen Typen propositionalen Wissens in den unterschiedlichsten Texten und Interaktionszusammenhängen eine Rolle, wenn sie zum Beispiel als gesellschaftlich akzeptierter Teil des Allgemeinwissens definiert werden, wissenschaftlicher Arbeit zugrunde gelegt werden oder als Basis für Entscheidungen in Organisationen, in Politik oder Medizin dienen. Sie müssten allerdings für thematisch wie funktional orientierte Typologien von Textsorten und kommunikativen Gattungen erst noch systematisch fruchtbar gemacht werden.

2. Das *instrumentelle (prozedurale) Wissen* bezieht sich auf Können im Sinne von Fähigkeiten und Fertigkeiten. Diese sind meist zuerst individuell bestimmt (d. h. dass jemand z. B. gut kochen oder kompetent eine Sprache sprechen kann). Instrumentelles Wissen lässt sich als explizit lehr- und lernbares Wissen aber auch kollektiv verstehen, nämlich als „transsubjektiv nachvollziehbare und in ihren Leistungen explizit bestimmbare Handlungsweise" (z. B. in Form einer wissenschaftlichen Methode) (P. Janich 2012, 38):

> Allgemein wird also ein Know-how sprachlich durchaus in Theorien gefasst, zählt aber nicht zum propositionalen Wissen, sofern die Sätze der Theorie nicht als Behauptungen genommen werden, sondern als Vorschriften. Als solche sind sie weder wahr noch falsch, sondern bestenfalls als zweckmäßig bewährt bzw. nicht bewährt (und entsprechend gerechtfertigt). (P. Janich 2012, 39)

Damit zählen in der Text- und Gesprächslinguistik diskutierte Wissenstypen wie Textsorten-/Gattungs-, Situations- oder Partnerwissen (vgl. z. B. Strohner/Brose 2001) zu weiten Teilen eher zum instrumentellen, prozeduralen Wissen, da ihre Bewertung mittels wahr/falsch-Urteilen weniger relevant erscheint als ihre Bewährung im Rahmen kommunikativer Praktiken. Das Beispiel des Textsorten- und Gattungswissens bestätigt dabei ganz deutlich das obige Postulat, dass auch instrumentelles Wissen eine kollektive Dimension hat, wenn beispielsweise wissenschaftliche Hausarbeiten oder Prüfungsgespräche mit schlechten Noten enden, weil – neben Unzulänglichkeiten auf der inhaltlichen Ebene – konventionellen Textsorten- bzw. Gattungskonventionen wie begrifflicher Präzision und sachlicher Darstellung nicht entsprochen wurde.

Wissensvermittlung durch gesprochene oder geschriebene Texte kann sich demnach auf die Vermittlung von situationsbezogenen Fertigkeiten, darauf aufbauend von situationsunabhängigen Kenntnissen und damit auf intersubjektiv gültiges instrumentelles Wissen beziehen, aber auch auf die Weitergabe von propositionalem, nicht im Handeln selbst überprüftem (und oft auch nicht überprüfbarem) Wissen, auf dessen Wahrheit wir aufgrund seiner kollektiven Gültigkeit vertrauen. Ob ein solcher Vertrauensvorschuss im Diskurs geleistet wird, hängt auch davon ab, wie transparent die Prozesse der Wissensgenese gemacht werden (vgl. N. Janich 2005; zum Zusammenspiel von propositionalem und instrumentellem Wissen in der Wissensvermittlung vgl. auch 2.3 zum impliziten Wissen).

2.3 Beschreibungsdimension: Epistemische Qualität von Wissen

Für die Untersuchung von gesprochenen und geschriebenen Texten spielt des Weiteren die Elaboriertheit und Gewissheit des individuellen wie kollektiven Wissens eine Rolle. Mit Elaboriertheit ist hier gemeint, inwiefern und wie differenziert Wissen sprachlich ausgedrückt werden kann. Mit Gewissheit ist die epistemische Qualität von Wissen (immer bezogen auf den Träger von Wissen) und damit die Qualität seiner Begründbarkeit bzw. Begründetheit gemeint. Beides hängt eng zusammen, wie die unterschiedlichen Qualitätstypen, die im Folgenden vorgestellt werden, zeigen.

Im Hinblick auf die prinzipielle Diskursivität und intertextuelle Einbettung von geschriebenen und gesprochenen Texten einerseits, von kollektivem Wissen andererseits, erscheint es interessant zu fragen, welcher Grad an Sicherheit oder Unsicherheit einem bestimmten individuellen oder kollektiven Wissen zugeschrieben wird (und im

Hinblick auf konflikthafte Diskursverläufe z. B. in der öffentlichen Kommunikation erscheint zudem interessant, wer diese Zuschreibung vornimmt, der Wissensträger selbst, eine bestimmte Akteursgruppe im Diskurs oder das Kollektiv – man denke beispielsweise an Teildiskurse im Feld der Technikfolgenabschätzung).

Unsicher ist ein „Wissen" (welches dann unter Umständen noch nicht *Wissen* genannt werden kann oder sollte), wenn es mit P. Janich (2012, 28)
- noch nicht klar formulierbar ist (nach Leibniz (1996 [1684]: 9–15) die *cognitio obscura*, das *Ahnen*),
- klar formulierbar, aber subjektiv noch nicht gültig ist (nach Leibniz die *cognitio clara confusa*, das *Vermuten*),
- subjektiv gültig, aber transsubjektiv noch nicht begründet ist (nach Leibniz die *cognitio clara distincta inadaequata*, das *Meinen*).

Zu wissenschaftlichen Qualitätsmaßstäben einer transsubjektiven Begründung (nach Leibniz die *cognitio clara distincta adaequata*) gehört unter anderem die Differenzierung nach (argumentativ vermittelter) Plausibilität oder (statistisch berechneter) Wahrscheinlichkeit, beides sozusagen „legitime" Formen von Unsicherheit, die nicht zum Nichtwissen, sondern zumindest wissenschaftsintern in der Regel zum Wissen gezählt werden.

Die epistemische Qualität, der Grad von Unsicherheit bzw. Gewissheit, lässt sich in gesprochenen und geschriebenen Texten jedoch *mit Worten* nur schwer exakt und intersubjektiv eindeutig beschreiben (z. B. durch Modalwörter wie *sicher, wahrscheinlich, vermutlich, ungewiss*; zur Vagheit dieser Ausdrücke und individuellen Assoziationsspielräumen selbst in wissenschaftlichen Texten vgl. z. B. N. Janich 2005, 28 f.). Selbst Wahrscheinlichkeiten (z. B. in der Risikoforschung), die mathematisch-numerisch exakt beschrieben werden können, müssen in der Experten-Laien-Kommunikation in Sprache transformiert werden und lösen dann unter Umständen Missverständnisse und Fehleinschätzungen aus.

Ein Sonderfall, der unseres Erachtens auch auf die Ebene der epistemischen Qualität gehört, ist das implizite Wissen (oder *tacit knowledge*), wie es Michael Polanyi (1966, 1969) postuliert und Neuweg (2001) in seinem Spannungsverhältnis zum expliziten Wissen pädagogisch-didaktisch diskutiert. Unter implizitem Wissen ist diejenige Wissensbasis zu verstehen, „die sich im [individuellen!] Können zeigt, aber nicht, nicht vollständig oder nicht angemessen sprachlich rekonstruiert werden kann" (Neuweg 2001, 2). Die Gesprächsforschung spricht von *tacit knowledge* z. B. in Bezug auf die Gesprächsorganisation (das Sprecherwechselsystem etc.), das zwar im Allgemeinen unbewusst, aber durchaus bewusstseinsfähig ist. Der Grad der Gewissheit lässt sich – mangels angemessener sprachlicher Explizierbarkeit – bei dieser Art von Wissen in der Regel intersubjektiv nicht beurteilen, sondern allenfalls subjektiv behaupten. Intersubjektiv kann es sich wiederum nur im Handlungsvollzug bewähren, also zum Beispiel in der handwerklichen Ausbildung.

Spannend sind unter text- und gesprächsanalytischer Perspektive die pädagogischen Schlussfolgerungen, die Neuweg aus dem Postulat eines solch impliziten Wissens für den didaktischen Dialog zieht:

> Das Prinzip des Wechselspiels von Analyse und Integration wird daher idealerweise zu einem Gestaltungsprinzip für die Makrostruktur des Lernprozesses. Phasen des theoretischen Unterrichts und der handlungsentlasteten Reflexion wechseln dabei ab mit Praxisphasen, in denen einverleibt und zur Deutung von Erfahrung verwandt wird, was zuvor in den Fokus gelangt ist, so wie umgekehrt die in Distanz zur Praxis geübte Reflexion dazu dient, implizites Erfahrungswissen zu versprachlichen, in explizite subjektive Theorien zu überführen und mit Alternativen zu konfrontieren. So wie der Sprecher zum Sprechen keine explizite Grammatik benötigt, sie ihm aber bei der Reflexion und Korrektur seines Sprechens Hilfe sein kann, so handelt der Könner nicht auf der Grundlage expliziter Regeln und zieht doch Nutzen aus dem Versuch, die in seiner Handlungspraxis ausgedrückten Verallgemeinerungen zu formulieren und zu reflektieren. (Neuweg 2001, 398)

Aber auch metakommunikativ kann die Aushandlung des Gewissheits- bzw. Unsicherheitsgrades von individuellem wie kollektivem Wissen zum Thema gesprochener und geschriebener Texte werden, was sich beispielsweise im Expertenstreit und in wissenschaftlichen Kontroversen, aber auch in diagnostischen und beratenden Kontexten wie dem Arzt-Patienten-Gespräch zeigt. Selbst in Prüfungsgesprächen sind Fragen wie „Sind Sie sich da sicher?" erwartbar, die Brücken zu Korrekturen bauen sollen. Die Aushandlung epistemischer Qualität der Wissens ausgewählter Wissensträger ist damit in vielen Domänen und Kommunikationssituationen fester Bestandteil der kommunikativen Praktik und bietet eine von vielen Möglichkeiten zur Durchsetzung eigener Geltungsansprüche im kollektiven Wissenshaushalt.

2.4 Beschreibungsdimension: Manifestationsebenen von Wissen

Wie aus den vorhergehenden Beschreibungsdimensionen hervorgeht, spielt Sprache und spielen damit gesprochene und geschriebene Texte in vielerlei Hinsicht eine zentrale Rolle für die Bestimmung dessen, was unter Wissen verstanden werden kann. Das Postulat eines impliziten Wissens verweist jedoch darauf, dass es auch Manifestationen von Wissen gibt, die sich nur im nicht-sprachlichen Handeln zeigen, in einer nicht, nicht vollständig oder nicht angemessen zu versprachlichenden Könnerschaft (siehe oben unter 2.3).

Daher wird eine letzte Beschreibungsdimension notwendig, die den *kognitiven Status* von Wissen vom *semiotischen* unterscheidet, also sozusagen unterschiedliche Ebenen der Manifestation von Wissen: das *Wissen im Kopf*, das sich im sprachlichen und nicht-sprachlichen Handeln zeigen kann, gegenüber dem *Wissen im Text*, das ebenfalls eine sprachliche wie eine nicht-sprachliche Dimension haben kann (z. B. Bilder neben dem/im geschriebenen Text, Gestik und Mimik neben dem/im gesprochenen Text).

Diese Unterscheidung korreliert eng mit der Unterscheidung der Wissensträger, weil wir in der Regel *Wissen im Kopf* zuerst mit dem Individuum assoziieren und *Wissen im Text* mit fixiertem, tradierbarem und daher mit kollektivem Wissen. Doch setzen wir bei allen gesprochenen und geschriebenen Texten auch Sprecher/Schreiber und damit deren individuelle Wissensbestände voraus, umgekehrt lässt sich gerade instrumentelles kollektives Wissen (wie z. B. das über Textsortenmuster oder Muster des Sprecherwechsels) auch vor allem als ein *Wissen im Kopf* denken.

Sprache kommt hierbei eine zentrale Rolle zu, nicht nur weil sie das Medium und Instrument dieser diskursiven Prozesse der Wissensgenese und -durchsetzung ist, sondern auch weil sich in ihr selbst kollektives Wissen in Form von sprachlichen Routinen und text- und gesprächsbezogenen Handlungsmustern manifestiert (vgl. Coulmas 1981, Feilke 1994, Stein 1995). Damit lassen sich kommunikative Praktiken als Verfestigungen kollektiven Wissens fassen, das sich immer wieder neu in der Realisierung konkreter gesprochener und geschriebener Texte, d. h. in Textsorten und kommunikativen Gattungen, manifestieren (vgl. auch Kap. 1).

3 Das Spezifische: Wissen in gesprochenen und geschriebenen Texten

3.1 Wissen *in* und *über* geschriebene(n) Texte(n)

In welcher Art und Weise zeigt sich nun Wissen im geschriebenen Text? Viele Aspekte wurden in den vorangegangenen Kapiteln bereits angesprochen, weshalb der folgende knappe Überblick mit seinen wieder notwendigerweise nur exemplarischen Zugriffen vor allem den Versuch darstellt, auf engstem Raum zentrale Fragestellungen und Entwicklungen der Textlinguistik zu skizzieren.

Der geschriebene Text lässt sich zum einen als ein einzelnes Kommunikat, eine komplexe konkrete Äußerungseinheit betrachten – und zum anderen als Vertreter seiner Art, d. h. einer Textsorte. Daraus ergeben sich für die Textlinguistik verschiedene theoretische und methodische Bezugspunkte: Erstens wird diskutiert, was eigentlich ein geschriebener Text ist, welche sprachlichen, strukturellen und kontextuellen Merkmale ihn erst zu einem Text machen (z. B. seine sprachliche Kohäsion und semantisch-pragmatische Kohärenz, seine Informativität/Thematizität und Intentionalität/Textfunktion, seine Intertextualität/Musterhaftigkeit – und nicht zuletzt seine Akzeptabilität aus Leserperspektive; vgl. Beaugrande/Dressler 1981 und die Reflexion, Kritik und Weiterführung z. B. bei Fix 2008b). Die Diskussion um den Textbegriff und die grundsätzlichen Merkmale von Texten führt – im Hinblick auf instrumentelles Wissen – unter anderem zu der didaktisch relevanten Frage, wie Texte idealerweise sein sollen (z. B. Nussbaumer 1991 für Schülertexte, Ballstaedt

1997 für Lehrtexte), wie Texte tatsächlich in der Regel sind (vgl. z. B. Sieber 1998 zum Phänomen „Parlando"), welche Relevanz Texte in verschiedenen (z. B. beruflichen) Kontexten haben (vgl. z. B. die Beiträge in Jakobs/Lehnen/Schindler 2005, systematisch einführend darin Jakobs 2005) und was dies für ein Konzept von Textkompetenz bedeutet (vgl. z. B. Beiträge in Schmölzinger-Eibinger/Weidacher 2007).

Zweitens wird diskutiert, aufgrund welcher Merkmale geschriebene Texte in Textsorten gruppiert werden können, d. h. was das Prototypische an ihnen ist (vgl. z. B. den Überblick bei Fandrych/Thurmair 2011) – und wo Abweichungen Einzeltexte als Analysegegenstand erst interessant machen (vgl. z. B. Adamzik 2008). In diesem Sinn lassen sich beispielsweise auch für wissensvermittelnde Texte deutliche generelle Unterschiede je nach Domäne nachweisen, z. B. im Kontrast wissenschaftlicher und populärwissenschaftlicher/wissenschaftsjournalistischer Texte (vgl. z. B. Niederhauser 1999, Liebert 2002).

Für die Herstellung (beim Schreiben) und den Nachvollzug (beim Lesen) von Kohäsion und Kohärenz ist dabei sowohl individuelles analytisch-semantisches als auch analytisch-logisch-syntaktisches propositionales Wissen notwendig (vgl. z. B. Ansätze der Frame-Semantik (grundlegend z. B. Holly 2001 oder Busse 2005) oder der Konstruktionsgrammatik (umfassend z. B. Ziem/Lasch 2013)); für die Akzeptabilität (im Sinne einer historisch und kulturell angemessenen Umsetzung der Intentionalität über Handlungs- und Formulierungsroutinen) dagegen ein instrumentelles Textsorten- sowie ein partnerbezogenes Wissen – beiderlei Wissen wird dabei auf der Basis kollektiv gültiger Wissensbestände durch „Texterfahrungen" aller Art erworben und wieder in Text umgesetzt (vgl. z. B. Stein 1995 oder die Beiträge in Feilke/Lehnen 2012). Diesen Zusammenhang von kollektivem und individuellem Wissen, der sich im Verhältnis von Textsorte/Textmuster zu konkretem Einzeltext spiegelt, zeigen gerade die *Abweichungen* vom Musterhaften, die kollektive Konventionen voraussetzen, um über den individuellen Einzeltext in der individuellen Rezeption eine „wilde Semiose" erzeugen zu können (als Schlüsseltext hierzu kann Fix 1997 gelten).

Konsequent weitergedacht, verweist eine integrative dritte Perspektive der neueren Textlinguistik bereits in Richtung Diskurslinguistik, nämlich die auf die Frage nach Textvernetzungen: In welcher Weise – außer über die Musterhaftigkeit einer gemeinsamen Textsorte – beziehen sich geschriebene Texte explizit oder implizit aufeinander (d. h. welches Wissen über Referenztexte ebenso wie über die textsorten- bzw. domänenspezifische Adäquatheit intertextueller Verweisformen wird vorausgesetzt?) und wie entsteht aus dem Zusammenspiel verschiedener Texte ein durch syntagmatische und paradigmatische Beziehungen strukturierter kommunikativer Haushalt einer Gemeinschaft bzw. das semantisch und argumentativ strukturierte Geflecht eines Diskurses (vgl. z. B. Adamzik 2001 und N. Janich 2008a, die Umsetzung bei Wichter 2011 sowie zahlreiche Beiträge in Habscheid 2011)? Wie lassen sich z. B. – im Hinblick auf die Aushandlung des kollektiv gültigen Wissens – über die Analyse von Text-Text-Beziehungen Kontroversen, Konflikte, Missverständnisse oder auch die Bildung von Schulen und die Etablierung von Denkstilen rekonstruieren (vgl. für die Domäne Wissenschaft z. B. die exemplarische Skizze bei Harras 1997 und die grundsätzliche Aufarbeitung von Jakobs 1999)?

Unter einer vierten Perspektive, die sich im neuerlichen Zurückgehen auf die Frage nach einem adäquaten Textbegriff semiotisch geweitet hat, wird in jüngster Zeit das Verhältnis von Verbaltext und Bildern sowie die Relevanz des Textdesigns im Rahmen kommunikativer Praktiken diskutiert (vgl. die Beiträge in Roth/Spitzmüller 2007 oder Diekmannshenke u. a. 2011). Die multikodale Dimension von Texten spielt im Zusammenhang mit Wissensspeicherung, -repräsentation und -vermittlung eine zentrale Rolle, angefangen von Bedienungsanleitungen mit ihren Abbildungen technischer Geräte und Funktionen über Lehrbücher und populärwissenschaftliche Texte bis hin zu Wetter- oder Börsenberichten, die nicht ohne Karten oder Graphen auskommen (vgl. z. B. grundlegend Tufte 1997, textlinguistisch angewendet auf populärwissenschaftliche Wissensvermittlung z. B. bei Liebert 2007). Bei Ulla Fix (2008a) findet sich diese Perspektive noch ausgeweitet auf die Ebenen der Medialität, Materialität und Lokalität von Texten, die unser Wissen *über* Texte ebenso wie die Wissensrepräsentation *in* Texten entscheidend prägen (vgl. die unterschiedliche Bedeutung beispielsweise eines Karl Marx-Zitats im Kontext einer Werkausgabe vs. auf der Berliner Mauer, aber auch medial-materiale Unterschiede zwischen Sachbüchern oder Frage-Antwort-Karten von „Wissensspielen" wie *Trivial Pursuit* o. Ä.).

Schließlich sei nochmals darauf verwiesen, dass fünftens neben dem Text als Produkt immer schon auch die Produzenten und Rezipienten von Texten (und damit die Träger von Wissen) im Blickfeld der Textlinguistik bzw. der verwandten Teildisziplinen Textproduktions- und Schreibforschung bzw. Verstehens- und Verständlichkeitsforschung standen: In Kapitel 1 bereits angesprochen (und mit Literaturhinweisen versehen), geht es in Bezug auf Schreiber/Leser von Texten um Fragen der Wissensorganisation im Schreiben, um kognitive Prozesse der Wissensverarbeitung im Schreiben und Lesen und um die Entwicklung von produktiver und rezeptiver Textkompetenz. Damit ergibt sich auch hier wieder der Konnex zu den Sprach- und Textroutinen, d. h. zu kollektivem Wissen, dessen Kenntnis den Einzelnen entlastet und ihm das Können erleichtert.

Beide Ebenen, das Wissen *über* Texte und das Wissen *in* Texten, sind aufeinander bezogen – ein systematischer, domänenvergleichender und methodisch klar auf unterschiedliche Wissenstypen bezogener Überblick über Wissen und geschriebenen Text steht jedoch noch aus.

3.2 Wissen *in* und *über* gesprochene(n) Texte(n)

Nicht jeder gesprochene Text ist ein Gespräch, und umgekehrt wird nicht jedes Gespräch (ausschließlich) gesprochensprachlich realisiert (vgl. dazu u. a. die Diskussion um „getippte Gespräche", Storrer 2001). Die Gesprächslinguistik hat der Frage, was ein Gespräch ausmacht, um es gegen Nicht-Gespräche abzugrenzen, jedoch bislang weit weniger Aufmerksamkeit geschenkt, als die Textlinguistik der Frage „Was ist ein Text" (Stein 2011, 23). Auch für gesprochene Texte gilt, dass sie ein einzelnes Kommunikat und zum anderen die Instantiierung einer spezifischen kommunikativen Praktik darstellen (je nach Ansatz Gesprächssorte/Diskurstyp bzw. Gesprächstyp/Diskurssorte, kommunikative Gattung und kleine Muster, Aktivitätstyp, Handlungsmuster etc. genannt). Das Erkenntnisinteresse liegt auf den Merkmalen gesprochener Texte in unterschiedlichen Kommunikations- bzw. Praxisbereichen sowie bei verschiedenen Teilnehmerkonstellationen und den Verfahren und Prozessen sprachlichen Handelns.

Gesprächslinguistisch resultiert die Unterscheidung zwischen Wissen *über* vs. *in* Texten in folgende Untersuchungsfelder, die sich von Makro- bis hin zu Mikrostrukturen erstrecken.

1. Wissen *über* gesprochene Texte spiegelt sich in den Merkmalen spezifischer kommunikativer Praktiken, und zwar in Hinsicht auf Strukturen der Gesprächsorganisation, institutionelle oder alltagsweltliche Kontextualisierung, Formulierungsverfahren, Formen und Funktionen sprachlicher Variation (soziolektale, regionale, bildungssprachliche etc.) bis hin zu in Sprachstrukturen sedimentiertem grammatischen, semantischen und pragmatischen Wissen.

2. Wissen *in* gesprochenen Texten verweist auf zwei Perspektiven: Erstens wird in Anlehnung an die Kognitive Linguistik und die Discursive Psychology untersucht, wie geteiltes Wissen interaktiv hergestellt und genutzt (Clark 1996, Fauconnier/Turner 2002, Te Molder/Potter 2005) und als „Wissen im Text" (Antos 2005, 347) analysierbar wird. Vorausgesetztes geteiltes Wissen einer Kommunikationsgemeinschaft zeigt sich in vielfältiger Weise, z. B. bei der sozialen Typisierung in Witzen (Kotthoff 1998), in der Performanz von Gattungen, z. B. im Bewerbungsgespräch (Birkner 2001), oder in Fiktionalisierungen, wenn verschiedene Blends miteinander verbunden werden, um eine geteilte fiktive – und spaßhafte – Welt zu schaffen (Ehmer 2011). Mit dem konversationsanalytischen Konzept des Adressatenzuschnitts wiederum wird deutlich, dass Äußerungen sehr fein auf die Gesprächspartner und damit auf ein Wissen über den anderen zugerichtet sind (Sacks 1992, Vol. II, 438, 445).

Eine zweite Perspektive nimmt Wissenstransferkommunikation in den Blick, d. h. die Wissensgenerierung, die Wissensvermittlung und didaktische Aufbereitung von Wissen sowie Wissenstransformationen etc. Dabei stehen weniger die Wissensbestände, sondern Prozesse der intersubjektiven Verständigung, des Verfügbarmachens sowie die Verfahren und Formen der Vermittlung spezifischer Wissensbestände in der sprachlichen Interaktion im Zentrum des gesprächslinguistischen Interesses (Beckers 2012).

Die Gesprächslinguistik in Deutschland ist dabei ohne die Gesprochene-Sprache-Forschung in Deutschland nicht zu denken. Schon in den 1960er Jahren etablierte sich das Forschungsgebiet am Institut für deutsche Sprache und wurde in den 1970er Jahren durch die Freiburger Arbeiten zur Redekonstellation weitergeführt (vgl. Schank/Schoenthal 1976, Schwitalla 2012). Das schriftsprachlich geprägte Sprachbewusstsein bedingt jedoch einen „written language bias" (Linell 2005), insofern die an der geschriebenen Sprache entwickelten Kategorien und damit verbundene Normvorstellungen (z. B. vom „vollständigen Satz") auf die Beschreibung grammatischer Merkmale gesprochener Sprache übertragen wurden (Fiehler 2005, 1176 f.). Das führte u. a. dazu, dass Dialogizität zunächst ausgeblendet blieb (Schwitalla 2001, 900); erst allmählich erkannte man sie als geradezu konstitutiv für die Strukturen gesprochener Sprache und entdeckte z. B. die interaktionale Relevanz von Ellipsen, Anakoluthen, Selbstkorrekturen, Gesprächspartikeln etc. (ebd., 898–900; vgl. auch Fiehler 2005, Fiehler u. a. 2004, Hennig 2006).

Starken Einfluss auf die Gesprächslinguistik übte – insbesondere in Bezug auf den Aspekt des Wissens – die aus der Soziologie stammende ethnomethodologische Konversationsanalyse aus. Im Zuge ihrer Rezeption wird u. a. untersucht, wie Intersubjektivität im Sinne von wechselseitigem Verstehen („shared" bzw. „mutual understanding") als Ziel und Voraussetzung von den Beteiligten in der Interaktion hergestellt wird. Bereits Sacks unterschied in seinen legendären Vorlesungen der 1970er Jahre zwischen „Verstehen behaupten" (*claiming*) und „Verstehen darstellen" (*displaying*) (Sacks 1992, 252 f.). Hier spielt Wissen zweifellos eine zentrale Rolle.

Die Untersuchung von Wissen mittels gesprächslinguistischer Methoden, d. h. empirisch, korpusbasiert und beobachtend, steht vor einer methodologischen Herausforderung: Wissen als eine kognitive Größe ist sowohl für die beteiligten Akteure wie auch für Wissenschaftler nicht direkt zugänglich (Bergmann/Quasthoff 2010, 22–27). In der konversationanalytisch geprägten Gesprächsforschung verhinderten zudem lange eine antimentalistische Grundhaltung und die Priorisierung der sprachlichen Oberfläche, „Wissen" als Untersuchungsgegenstand in den Blick zu nehmen. Zunehmend setzt sich jedoch die Erkenntnis durch, dass Wissen als interaktionales Phänomen („Wissenspraktiken", ebd., 21) auf der sprachlichen Oberfläche durchaus untersucht werden kann, insofern Interaktionsbeteiligte ihre Äußerungen auf (unterstelltes) geteiltes Wissen hin gestalten, Wissensvermittlung ratifizieren, die Geltung von Wissen/Nicht-Wissen aushandeln und Verstehen dokumentieren bzw. Nicht-/Missverstehen reparieren. Auf dieser Basis sind in jüngerer Zeit im deutschsprachigen Raum eine Vielzahl einschlägiger Publikationen zum Thema „Wissen im Gespräch" erschienen (vgl. Dausendschön-Gay u. a. 2010, Deppermann u. a. 2010, Stivers u. a. 2011, Deppermann 2013). Im Folgenden wird die gesprächslinguistische Forschung zu Wissen *in* und *über* (deutsche(n)) gesprochene(n) Texte(n) anhand der Darstellung von Kommunikationsbereichen einerseits sowie Untersuchungsgegenständen und theoretischen Konzepten andererseits grob skizziert.

Als großer Kommunikationsbereich ist die sog. „Institutionelle Kommunikation" bzw. das „Sprechen am Arbeitsplatz" (*talk at work*, vgl. Drew/Heritage 1992, Arminen 2005) zu nennen. Sprechen ist hier eng mit der Verrichtung institutionell vorgegebener Aufgaben und Arbeitsabläufe verquickt. Bereits gut untersuchte professionelle Handlungsfelder sind Unternehmen und Organisationen, medizinische Kommunikation/*helping professions* und Schule. Häufig generieren die Institutionenvertreter als sog. „Gatekeeper" via der sprachlichen Arbeit Wissen, das für Entscheidungen über gesellschaftliche Teilhabe genutzt wird, z. B. bei Gericht (Hoffmann 1983), im Sozialamt (Selting 1987) oder im Bewerbungsgespräch (Birkner 2001). (Überschneidungen zwischen den Kommunikationsbereichen sind augenfällig, so sind Bildungsinstitutionen natürlich zugleich Arbeitsplatz, und interkulturelle Kommunikation kommt auch im Krankenhaus oder am Kaffeetisch vor.)

Ein zentrales Konzept in Zusammenhang mit der Untersuchung von Wissen in der institutionellen Kommunikation ist das der Wissensasymmetrien (Drew 1991). Sie gelten für die Experten/Laien-Kommunikation (Brünner 2009) als konstitutiv. Dabei wird allerdings nicht davon ausgegangen, dass Asymmetrien a priori institutionell vorgegeben sind, sondern dass sie von den Beteiligten im Gespräch aktualisiert werden. Auch die Verteilung von Wissen/Nichtwissen lässt sich nicht einfach auf der Achse Experte/Laie verteilen, vielmehr liegen je spezifische Wissensbestände vor: So hat eine Patientin partikulares Wissen über die Beschwerden (Art, Umfang, Dauer etc.), während die Ärztin über diagnostisches Wissen verfügt; entsprechend unterscheiden sich die wissenstransferierenden Gesprächsanteile in verschiedenen Phasen. Zahlreiche Arbeiten untersuchen daher die Herstellung von Expertise (*doing being expert* vgl. Marková/Foppa 1991) und deren Untergrabung (z. B. genderspezifische Unterschiede, Kotthoff 1995).

Auch in nicht-institutionellen Kommunikationsbereichen, in der sog. Alltagskommunikation (vgl. Birkner/Meer 2011), spielen Wissensasymmetrien eine Rolle. So wurden in Tischgesprächen und geselligen Runden z. B. Belehrungen beschrieben; im Unterschied zur Experten-Laien-Kommunikation jedoch müssen die Beteiligten die Beteiligungsrechte explizit modifizieren und die Rezipienten den Display von Expertentum temporär lizensieren (vgl. Keppler 1989, Keppler/Luckmann 1991).

Wissensasymmetrien erwachsen schließlich aus unterschiedlicher Sprachkompetenz, z. B. in der mehrsprachigen Interaktion. Sprach(en)wissen ist Teil des kulturellen Wissens; in der exolingualen Kommunikation, d. h. der Interaktion zwischen Sprechern verschiedener Muttersprachen, sind Verfahren der Bearbeitung dieser spezifischen Wissensasymmetrien intensiv untersucht worden (Dausendschön-Gay u. a. 1995). Kulturelles (Nicht-)Wissen wurde im Rahmen der Forschung zu „Interkultureller Kommunikation" untersucht; so kann Zugehörigkeit zu (unterschiedlichen) kulturellen Gemeinschaften in der Interaktion mittels „kultureller Wissensdifferenzen" relevant gemacht werden (Dausendschön-Gay/Krafft 1998). Zentrale Konzepte in diesem Kontext sind Verständigungsprobleme und Missverstehen (Fiehler 2000). Aufgrund divergierenden kulturellen Wissens bei den Gesprächspartner gilt die interkulturelle Verständigung als besonders gefährdet. Allerdings wurde auch gezeigt, dass multiple Anpassungsleistungen das Gelingen der Verständigung sicherstellen und Gesprächszusammenbrüche verhindern (di Luzio u. a. 2001, Bührig/ten Thije 2005). Dabei laufen nicht nur Gesprächspartner, sondern auch Wissenschaftler Gefahr, in die interkulturelle Falle zu tappen und Verläufe aus Differenzen aufgrund nationaler/kultureller Zugehörigkeit zu erklären, die von den Beteiligten selbst gar nicht als solche behandelt werden (Czyzewski u. a. 1995).

Verständigungsprobleme kommen natürlich nicht nur in der interkulturellen Kommunikation vor, sie können unterschiedlichster Natur sein. Es wird von einem Verstehenskontinuum ausgegangen, vom (unterstellten) Verstehen über Missverständnisse bis hin zu Nicht-Verstehen (Hinnenkamp 1998, Bührig/ten Thije 2005). Hinnenkamp (1998, 55) fasst Missverständnisse als Diskrepanz zwischen Intendiertem und Verstandenem. Ferner plädiert er (ebd., 23) für eine Unterscheidung von Nicht-Verstehen und Missverstehen, da sie dialogisch unterschiedlich behandelt werden: Missverstehen wird so lange als Richtig-Verstehen behandelt, bis es entdeckt wird (ebd., 124). Rost-Roth (1994, 30) weist darauf hin, dass Missverstehen u. U. auch funktional sein kann.

Auf der Ebene der sprachlichen Handlungen wurde der „Frage" als wohl augenfälligster sprachlicher Handlung zur Darstellung und Bearbeitung von Wissensasymmetrien großes analytisches Augenmerk geschenkt. Die Bandbreite der Arbeiten reicht von der Fragentypologie im Arzt/Patient-Gespräch (vgl. Spranz-Fogasy 2010) über Fragen als Mittel der Identitätskonstruktion (Konzett 2012) bis hin zu Frage-Antwort-Sequenzen in schulischen Kontexten (Mazeland 1983, Kilian 2002). Letztere kennzeichnet im Gegensatz zu „Alltagsfragen", dass Lehrende im Kontext der Wissensvermittlung die Antwort bereits kennen – nur dadurch wird ein dritter Zug, die Evaluation oder das Feedback, überhaupt erst möglich. Auch im Alltag kommen Fragen vor, die nicht dem Ausgleich eines Informationsdefizits im engeren Sinne dienen, z. B. rhetorische Fragen oder auch Vorwürfe, die häufig in Fragenformaten auftreten (Günthner 2000).

Fragen können durch Verständigungsprobleme ausgelöst werden und diese beheben, wenn sie auch natürlich nicht die einzige sprachliche Handlung sind, die sich bei der Untersuchung von Wissensasymmetrien als relevant erweist (Selting 1987, Fiehler 2002, Rost-Roth 2006). An Fragen lässt sich jedoch gut deutlich machen, inwiefern Nichtwissen auch Wissen voraussetzt bzw. abbildet: In dem Maße, wie sich in der konkreten Formulierung einer Frage Nichtwissen konturiert, bilden sich auch die enthaltenen Wissensbestandteile des Fragenden wie auch seine Annahmen hinsichtlich des Wissens des Gefragten ab (Spranz-Fogasy 2010).

Verstehen, als Ziel und Voraussetzung für Intersubjektivität, wird in jüngerer Zeit ins Zentrum des Untersuchungsinteresses gestellt und mit dem Begriff der Verstehensdokumentationen erfasst (Deppermann u. a. 2010, Deppermann 2013). Dank technologischer Weiterentwicklungen bei der Datenerhebung und -auswertung tritt darüber hinaus zunehmend die multimodale Herstellung von Intersubjektivität in den Forschungsfokus (Mondada 2011a, 2011b, Hausendorf u. a. 2012, Schmitt im Ersch., Stukenbrock im Ersch.).

Das Kontinuum, auf das bereits beim Verstehen bzw. Miss- und Nicht-Verstehen hingewiesen wurde, existiert auch in Bezug auf den Gewissheitsstatus bzw. Geltungsanspruch von Wissen im gesprochenen Text. Neuere Forschungsaktivitäten, die auf frühe Arbeiten von John Heritage zurückgehen, untersuchen die unterschiedlichen Grade von Gewissheit in Bezug auf Verfahren ihres Displays sowie ihrer interaktiven Aushandlung (vgl. Heritage/Raymond 2005 zu epistemischer Autorität; Heritage 2013). Damit kommen gesprächslinguistisch Verfahren zur Durchsetzung von Wissen (Birkner 2004) sowie Wissenskonflikte in den Blick (Schank/Schwitalla 1987, Burkhardt/Reiher 1994, Nothdurft 1998).

Einen ganz anderen Ansatz stellen Arbeiten dar, die Wissensspuren in der grammatischen Struktur untersuchen. Hier sind vor allem konstruktionsgrammatische Arbeiten zu nennen (Fischer/Stefanowitsch 2005, Stefanowitsch/Fischer 2008), in denen davon ausgegangen wird, dass in Sprachwissen zugleich Wissen über die Welt und Handlungsstrukturen sedimentiert ist. Im Rahmen des Konzeptes der „Formulierungsarbeit" untersucht die Gesprächslinguistik, wie in Darstellungsverfahren Wissensstrukturen des Produzenten bzw. Annahmen über das Wissen des Rezipienten abgebildet werden (vgl. u. a. das Konzept der „*formulations*", Heritage/Watson 1980, Gülich/Kotschi 1986). Im Adressatenzuschnitt wird bspw. auch deutlich, welche Wissensbestände ein Äußerungsproduzent als geteiltes Wissen zugrunde legt. Veranschaulichungsverfahren wie Metaphern, Belegerzählungen etc. (Brünner/Gülich 2002, vgl. auch Birkner/Ehmer 2013) werden eingesetzt, um Wissensbestände zu vermitteln bzw. Wissensdifferenzen aufzulösen. Anhand von Medienformaten wie Gesundheitssendungen bspw. wurde gezeigt, dass Experten und Laien zwar vergleichbare Verfahren der Veranschaulichung verwenden, diese aber für unterschiedliche Zwecke nutzen (Brünner/Gülich 2002, Brünner/Lalouscheck 2010). Neuere Arbeiten schließlich zeigen, dass ausgesprochen subtile Unterschiede in der Wissensumstrukturierung markiert und dabei zugleich bestehende Wissensbestände angezeigt werden (vgl. die sog. „Erkenntnisprozessmarker" *ach so, aha, oh*, Heritage 1984, Imo 2009, Golato 2010).

Dieser knappe Abriss über gesprächslinguistische Perspektiven und Fragestellungen zeigt, wie in Kapitel 1 angesprochen, deren genuine Spezifik im Kontrast zur Textlinguistik. Aspekte wie Veranschaulichungsstrategien in Wissenstransferkontexten, Fragen wie die nach der Bewältigung von Formulierungsarbeit oder Ansätze wie der der Konstruktionsgrammatik zeigen – nur exemplarisch aufgezählt – jedoch auch, wie vielfältig die Berührungspunkte, wenn nicht immer im methodischen Zugriff, so doch sehr oft im Erkenntnisinteresse, sind. Eine wissenschaftliche Kooperation insbesondere im Hinblick auf Wissen in und über gesprochene(n) und geschriebene(n) Texte(n) erscheint uns daher anregend und vielversprechend.

4 Literatur

Adamzik, Kirsten (2001): Die Zukunft der Text(sorten)linguistik. Textsortennetze, Textsortenfelder, Textsorten im Verbund. In: Ulla Fix/Stephan Habscheid/Josef Klein (Hg.): Zur Kulturspezifik von Textsorten. Tübingen, 15–30 (Textsorten 3).
Adamzik, Kirsten (2002): Zum Problem des Textbegriffs. Rückblick auf eine Diskussion. In: Ulla Fix u. a. (Hg.): Brauchen wir einen neuen Textbegriff? Frankfurt a. M. u. a., 163–182 (forum Angewandte Linguistik 40).
Adamzik, Kirsten (2004): Textlinguistik. Eine einführende Darstellung. Tübingen (Germanistische Arbeitshefte 40).
Adamzik, Kirsten (2008): Textsorten und ihre Beschreibung. In: Janich, 145–175.
Antos, Gerd (2005): Wissenstransfer durch Sprache als gesellschaftliches Problem. In: Gerd Antos/Sigurd Wichter (Hg.): Wissenstransfer durch Sprache als gesellschaftliches Problem. Frankfurt a. M., 57–74 (Transferwissenschaften 3).
Arminen, Ilkka (2005): Institutional Interaction. Studies of Talk at Work. Ashgate.
Auer, Peter u. a. (im Ersch.): Einführung in die Konversationsanalyse. Berlin u. a.
Auer, Peter/Aldo di Luzio (Hg.) (1992): The Contextualization of Language. London/New York.
Auer, Peter/Margret Selting (2001): Der Beitrag der Prosodie zur Gesprächsorganisation. In: Brinker u. a., 1122–1131.
Ballstaedt, Steffen-Peter (1997): Wissensvermittlung. Die Gestaltung von Lernmaterial. Weinheim.
Beaugrande, Robert-Alain de/Wolfgang Ulrich Dressler (1981): Einführung in die Textlinguistik. Tübingen (Konzepte der Sprach- und Literaturwissenschaft 28).
Beckers, Katrin (2012): Kommunikation und Kommunizierbarkeit von Wissen. Prinzipien und Strategien kooperativer Wissenskonstruktion. Berlin (Philologische Studien und Quellen 237).
Bergmann, Jörg/Uta Quasthoff (2010): Interaktive Verfahren der Wissensgenerierung: Methodische Problemfelder. In: Dausendschön-Gay u. a., 21–34.
Birkner, Karin (2001): Ost- und Westdeutsche im Bewerbungsgespräch. Eine kommunikative Gattung in Zeiten gesellschaftlichen Wandels. Tübingen.
Birkner, Karin (2004): Hegemonic struggles or transfer of knowledge? East and West Germans in job interviews. In: Journal of Language and Politics 3, 293–322.
Birkner, Karin/Oliver Ehmer (2013): Veranschaulichungsverfahren im Gespräch. Mannheim.
Birkner, Karin/Dorothea Meer (Hg.) (2011): Institutionalisierter Alltag – Mündlichkeit und Schriftlichkeit in unterschiedlichen Praxisfeldern. Mannheim.
Blühdorn, Hardarik/Eva Breindl/Ulrich Hermann Waßner (Hg.) (2006): Text – Verstehen. Grammatik und darüber hinaus. Berlin/New York.
Brinker, Klaus (2010): Linguistische Textanalyse, Eine Einführung in Grundbegriffe und Methoden. 7. Aufl., bearbeitet von Sandra Ausborn-Brinker. Berlin (Grundlagen der Germanistik 29).
Brinker, Klaus u. a. (Hg.) (2000/2001): Text- und Gesprächslinguistik. Ein internationales Handbuch zeitgenössischer Forschung. 2 Bde. Berlin/New York (Handbücher zur Sprach- und Kommunikationswissenschaft 16).
Brinker, Klaus/Sven Sager (2006): Linguistische Gesprächsanalyse. Eine Einführung. Berlin (Grundlagen der Germanistik 30).
Brünner, Gisela (2009): Die Verständigung zwischen Arzt und Patient als Experten-Laien-Kommunikation. In: Norbert Klusen/Anja Fließgarten/Thomas Nebling (Hg.): Informiert und selbstbestimmt: Der mündige Bürger als mündiger Patient. Baden-Baden, 170–188.
Brünner, Gisela/Elisabeth Gülich (2002): Verfahren der Veranschaulichung in der Experten-Laien-Kommunikation. In: Gisela Brünner/Elisabeth Gülich (Hg.): Krankheit verstehen. Interdisziplinäre Beiträge zur Sprache in Krankheitsdarstellungen. Bielefeld, 17–94.

Brünner, Gisela/Johanna Lalouschek (2010): Gesundheitsinformation im Fernsehen. Gesunde Ernährung in klassischen und neuen Sendungsformaten. In: Dausendschön-Gay u. a., 315–346.

Bührig, Kristin/Jan ten Thije (2005): Beyond Misunderstanding. Linguistic analyses of intercultural communication. Amsterdam/Philadelphia.

Burkhardt, Armin/Ruth Reiher (Hg.) (1994): Sprache im Konflikt. Berlin/New York.

Busse, Dietrich (2005): Architekturen des Wissens – Zum Verhältnis von Semantik und Epistemologie. In: Ernst Müller (Hg.): Begriffsgeschichte im Umbruch. Berlin, 43–57.

Clark, Herbert H. (1996): Using Language. Cambridge.

Coulmas, Florian (1981): Routine im Gespräch. Zur pragmatischen Fundierung der Idiomatik. Wiesbaden.

Czyzewski, Marek u. a. (Hg.) (1995): Nationale Selbst- und Fremdbilder im Gespräch. Kommunikative Prozesse nach der Wiedervereinigung Deutschlands und dem Systemwandel in Ostmitteleuropa. Opladen.

Dausendschön-Gay, Ulrich/Christine Domke/Sören Ohlhus (Hg.) (2010): Wissen in (Inter)aktion. Verfahren der Wissensgenerierung in unterschiedlichen Praxisfeldern. Berlin u. a.

Dausendschön-Gay, Ulrich/Elisabeth Gülich/Ulrich Krafft (1995): Exolinguale Kommunikation. In: Reinhard Fiehler/Dieter Metzing (Hg.): Untersuchungen zur Kommunikationsstruktur. Bielefeld, 85–117.

Dausendschön-Gay, Ulrich/Ulrich Krafft (1998): Kulturelle Differenz als account. In: Birgit Apfelbaum/Hermann Müller (Hg.): Fremde im Gespräch. Frankfurt a. M., 163–198.

Deppermann, Arnulf (Hg.) (2013): Special issue 'Interaktionale Linguistik des Verstehens'. Deutsche Sprache 2/13.

Deppermann, Arnulf u. a. (2010): Verstehen in professionellen Handlungsfeldern. Tübingen (Studien zur Deutschen Sprache 52).

di Luzio, Aldo/Susanne Günthner/Franca Orletti (Hg.) (2001): Culture in Communication. Analyses of Intercultural Situations. Amsterdam/Philadelphia.

Dieckmannshenke, Hajo/Michael Klemm/Hartmut Stöckl (Hg.) (2011): Bildlinguistik. Theorien – Methoden – Fallbeispiele. Berlin (Philologische Studien und Quellen 228).

Drew, Paul (1991): Asymmetries of knowledge in conversational interactions. In: Marková/Foppa, 29–48.

Drew, Paul/John Heritage (Hg.) (1992): Talk at Work. Interaction in Institutional Settings. Cambridge.

Dürscheid, Christa (2006): Einführung in die Schriftlinguistik. 3., überarb. und erg. Aufl. Göttingen.

Ehmer, Oliver (2011): Imagination und Animation. Die Herstellung mentaler Räume durch animierte Rede. Berlin u. a.

Fandrych, Christian/Maria Thurmair (2011): Textsorten im Deutschen. Linguistische Analysen aus sprachdidaktischer Sicht. Tübingen.

Fauconnier, Gilles/Mark Turner (2002): The Way We Think: Conceptual Blending & the Mind's Hidden Complexities. New York.

Feilke, Helmuth (1994): Common sense-Kompetenz. Überlegungen zu einer Theorie „sympathischen" und „natürlichen" Meinens und Verstehens. Frankfurt a. M.

Feilke, Helmuth (2012): Was sind Textroutinen? Zur Theorie und Methodik des Forschungsfeldes. In: Feilke/Lehnen, 1–31.

Feilke, Helmuth/Katrin Lehnen (Hg.) (2012): Schreib- und Textroutinen. Theorie, Erwerb und theoretisch-didaktische Modellierung. Frankfurt a. M. (forum Angewandte Linguistik 52).

Fiehler, Reinhard (2000): Über zwei Probleme bei der Untersuchung gesprochener Sprache. In: Sprache und Literatur 31, 85, 23–42.

Fiehler, Reinhard (2005): Gesprochene Sprache. In: DUDEN – Die Grammatik. 7. Aufl. Mannheim, 1175–1252.

Fiehler, Reinhard (Hg.) (2002): Verständigungsprobleme und gestörte Kommunikation. Radolfzell.

Fiehler, Reinhard u. a. (2004): Eigenschaften gesprochener Sprache. Tübingen.
Fischer, Kerstin/Anatol Stefanowitsch (Hg.) (2005): Konstruktionsgrammatik II: Von der Anwendung zur Theorie. Tübingen.
Fix, Ulla (1997): Kanon und Auflösung des Kanons. Typologische Intertextualität – ein ‚post-modernes' Stilmittel? Eine thesenhafte Darstellung. In: Gerd Antos/Heike Tietz (Hg.): Die Zukunft der Textlinguistik. Traditionen, Transformationen, Trends. Tübingen, 97–108 (Reihe Germanistische Linguistik 188).
Fix, Ulla (2008a): Nichtsprachliches als Textfaktor: Medialität, Materialität, Lokalität. In: Zeitschrift für germanistische Linguistik 36, 3, 343–354.
Fix, Ulla (2008b): Text und Textlinguistik. In: Janich, 15–34.
Fritz, Gerd (2013): Dynamische Texttheorie. Giessen (Linguistische Untersuchungen 5). Zit. nach: http://geb.uni-giessen.de/geb/volltexte/013/9243.
Gansel, Christina/Frank Jürgens (2002): Textlinguistik und Textgrammatik. Wiesbaden (Studienbücher zur Linguistik).
Golato, Andrea (2010): Marking understanding versus receipting information in talk: ‚Achso' and ‚ach' in German interaction. In: Discourse Studies 12, 2, 147–176.
Göpferich, Susanne (2006): Textproduktion im Zeitalter der Globalisierung. Entwicklung einer Didaktik des Wissenstransfers. 2. Aufl. Tübingen (Studien zur Translation 15).
Gross, Matthias (2007): The unknown in process. Dynamic connections of ignorance, non-knowledge and related concepts. In: Current Sociology 55, 5, 742–759.
Gülich, Elisabeth/Thomas Kotschi (1986): Reformulierungshandlungen als Mittel der Textkonstitution. Untersuchungen zu französischen Texten aus mündlicher Kommunikation. In: Walter Motsch (Hg.): Satz, Text, sprachliche Handlung. Berlin (Ost), 199–272.
Gülich, Elisabeth/Wolfgang Raible (Hg.) (1972): Textsorten. Differenzierungskriterien aus linguistischer Sicht. Frankfurt am Main.
Günthner, Susanne (1995): Gattungen in der sozialen Praxis. Die Analyse ‚kommunikativer Gattungen' als Textsorten mündlicher Kommunikation. In: Deutsche Sprache 23, 193–218.
Günthner, Susanne (2000): Vorwurfsaktivitäten in der Alltagsinteraktion. Grammatische, prosodische, rhetorisch-stilistische und interaktive Verfahren bei der Konstitution kommunikativer Muster und Gattungen. Tübingen.
Günthner, Susanne/Hubert Knoblauch (1994) ‚Forms are the Food of Faith' – Gattungen als Muster kommunikativen Handelns. In: Kölner Zeitschrift für Soziologie und Sozialpsychologie 46, 4, 693–723.
Habscheid, Stephan (Hg.) (2011): Textsorten, Handlungsmuster, Oberflächen. Linguistische Typologien der Kommunikation. Berlin/New York.
Harras, Gisela (1997): Intertextualität von linguistischen Fachtexten: ein Analysebeispiel. In: Lothar Hoffmann u. a. (Hg.): Fachsprachen. Ein internationales Handbuch zur Fachsprachenforschung und Terminologiewissenschaft. Bd. 1. Berlin/New York, 602–610 (Handbücher zur Sprach- und Kommunikationswissenschaft 14.1).
Hausendorf, Heiko (2007a): Die Prozessualität der gesprochenen Sprache als Dreh- und Angelpunkt der linguistischen Gesprächsforschung. In: Heiko Hausendorf (Hg.): Gespräch als Prozess. Linguistische Aspekte der Zeitlichkeit verbaler Interaktion. Tübingen, 11–32.
Hausendorf, Heiko/Wolfgang Kesselheim (2008): Textlinguistik fürs Examen. Göttingen.
Hausendorf, Heiko/Lorenza Mondada/Reinhold Schmitt (Hg.) (2012): Raum als interaktive Ressource. Tübingen (Studien zur Deutschen Sprache 62).
Hausendorf, Heiko (Hg.) (2007b): Gespräch als Prozess. Linguistische Aspekte der Zeitlichkeit verbaler Interaktion. Tübingen (Studien zur deutschen Sprache 37).
Heinemann, Margot/Wolfgang Heinemann (2002): Grundlagen der Textlinguistik. Interaktion – Text – Diskurs. Tübingen (Reihe Germanistische Linguistik 230 – Kollegbuch).

Henne, Helmut/Helmut Rehbock (2001): Einführung in die Gesprächsanalyse. 4. Aufl. Berlin.
Hennig, Mathilde (2006): Grammatik der gesprochenen Sprache in Theorie und Praxis. Kassel.
Heritage, John (1984): A change-of-state token and aspects of its sequential placement. In: J. Maxwell Atkinson/John Heritage (Hg.): Structures of Social Action. Cambridge, 299–345.
Heritage, John (2013): Epistemics in Conversation. In: Jack Sidnell/Tanya Stivers (Hg.): Handbook of Conversation Analysis. Boston, 370–394.
Heritage, John/Geoffrey Raymond (2005): The terms of agreement: Indexing epistemic authority and subordination in talk-in-interaction. In: Social Psychology Quarterly 68, 15–38.
Heritage, John C./Donald R. Watson (1980): Aspects of the Properties of Formulations in Natural Conversations: Some Instances Analysed. In: Semiotica 30, 245–262.
Hinnenkamp, Volker (1998): Missverständnisse in Gesprächen. Eine empirische Untersuchung im Rahmen der interpretativen Soziolinguistik. Wiesbaden.
Hoffmann, Ludger (1983): Kommunikation vor Gericht. Tübingen.
Holly, Werner (2001): ‚Frame' als Werkzeug historisch-semantischer Textanalyse. Eine Debattenrede des Chemnitzer Paulskirchen-Abgeordneten Eisenstuck. In: Hajo Dieckmannshenke/Iris Meißner (Hg.): Politische Kommunikation im historischen Wandel. Tübingen, 125–146.
Imo, Wolfgang (2009): Konstruktion oder Funktion? Erkenntnisprozessmarker (‚change-of-state tokens') im Deutschen. In: Susanne Günthner/Jörg Bücker (Hg.): Grammatik im Gespräch – Konstruktionen der Selbst- und Fremdpositionierung. Berlin u. a., 57–86.
Jakobs, Eva-Maria (1999): Textvernetzung in den Wissenschaften. Zitat und Verweis als Ergebnis rezeptiven, reproduktiven und produktiven Handelns. Tübingen (Reihe Germanistische Linguistik 210).
Jakobs, Eva-Maria (2005): Writing at Work. Fragen, Methoden und Perspektiven einer Forschungsrichtung. In: Jakobs u. a., 13–40.
Jakobs, Eva-Maria/Katrin Lehnen/Kirsten Schindler (Hg.) (2005): Schreiben am Arbeitsplatz. Wiesbaden (Schreiben – Medien – Beruf 1).
Jakobs, Eva/Daniel Perrin (Hg.) (2014): Handbook of Writing and Text Production. Berlin u. a. (Handbooks of Applied Linguistics 10).
Janich, Nina (2005): Richtig und falsch oder „Anleitung zum Querdenken"? Zur Frage des Anspruchs an Wissenstransfer. In: Gerd Antos/Thilo Weber (Hg.): Transferqualität. Bedingungen und Voraussetzungen für Effektivität, Effizienz. Erfolg des Wissenstransfers. Frankfurt a. M. u. a., 23–39 (Transferwissenschaften 4).
Janich, Nina (2008a): Intertextualität und Text(sorten)vernetzung. In: Janich (Hg.), 177–196.
Janich, Nina (Hg.) (2008b): Textlinguistik. 15 Einführungen. Tübingen (narr studienbücher).
Janich, Nina/Alfred Nordmann/Liselotte Schebek (Hg.) (2012): Nichtwissenskommunikation in den Wissenschaften. Frankfurt a. M. u. a. (Wissen – Kompetenz – Text 1).
Janich, Peter (2000): Was ist Erkenntnis? Eine philosophische Einführung. München.
Janich, Peter (2012): Vom Nichtwissen über Wissen zum Wissen über Nichtwissen. In: Janich/Nordmann/Schebek 23–49.
Keppler, Angelika (1989): ‚Schritt für Schritt'. Das Verfahren alltäglicher Belehrungen. In: Soziale Welt 40, 538–556.
Keppler, Angela/Thomas Luckmann (1991): ‚Teaching'. Conversational Transmission of Knowledge. In: Markova/Foppa (Hg.), 143–165.
Kilian, Jörg (2002): Lehrgespräch und Sprachgeschichte. Untersuchungen zur historischen Dialogforschung. Tübingen (Reihe Germanistische Linguistik 233).
Koch, Peter/Wulf Oesterreicher (1985): Sprache der Nähe – Sprache der Distanz. Mündlichkeit und Schriftlichkeit im Spannungsfeld von Sprachtheorie und Sprachgeschichte. In: Romanistisches Jahrbuch 36, 15–43.

Konzett, Carmen (2012): Any Questions? Identity Construction in Academic Conference Discussions. Berlin u. a.
Kotthoff, Helga (1995): Konversationelle Belehrungsvorträge als Geschlechterpolitik. In: Christa M. Heilman (Hg.): Frauensprechen – Männersprechen. Geschlechtsspezifisches Sprechverhalten. München, 58–68.
Kotthoff, Helga (1998): Spaß verstehen. Zur Pragmatik von konversationellem Humor. Tübingen.
Leibniz, Gottfried Wilhelm (1996 [1684]): Hauptschriften zur Grundlegung der Philosophie. Übersetzt von Artur Buchenau, mit Einleitung und Anmerkungen herausgegeben von Ernst Cassirer, Teil 1, Hamburg (Gottfried Wilhelm Leibniz. Philosophische Werke in vier Bänden, Bd. 1).
Liebert, Wolf-Andreas (2002): Wissenstransformationen. Handlungssemantische Analysen von Wissenschafts- und Vermittlungstexten. Berlin/New York.
Liebert, Wolf-Andreas (2007): Mit Bildern Wissenschaft vermitteln. Zum Handlungscharakter visueller Texte. In: Wolf-Andreas Liebert/Thomas Metten (Hg.): Mit Bildern lügen. Köln, 175–191.
Linell, Per (2005). The Written Language Bias in Linguistics. Its Nature, Origins and Transformations. London.
Luckmann, Thomas (1986): Grundformen der gesellschaftlichen Vermittlung des Wissens: Kommunikative Gattungen. In: Kölner Zeitschrift für Soziologie und Sozialpsychologie, Sonderheft 27, 191–211.
Luckmann, Thomas (1988): Kommunikative Gattungen im kommunikativen Haushalt einer Gesellschaft. In: Gisela Smolka-Koerdt/Peter Spangenberg/Dagmar Tillmann-Batylla (Hg.): Der Ursprung der Literatur. München, 279–288.
Marková, Ivana/Klaus Foppa (Hg.) (1991): Asymmetries in Dialogue. Hemel Hampstead.
Mazeland, Harrie (1983): Sprecherwechsel in der Schule. In: Konrad Ehlich/Jochen Rehbein (Hg.): Kommunikation in Schule und Hochschule. Tübingen, 77–101.
Mondada, Lorenza (2011a): Understanding as an embodied, situated and sequential achievement in interaction. In: Journal of Pragmatics 43, 11, 542–552.
Mondada, Lorenza (2011b): The management of knowledge discrepancies and of epistemic changes in institutional interactions. In: Stivers/Mondada/Steensig, 27–57.
Neuweg, Georg Hans (2001): Könnerschaft und implizites Wissen. Zur lehr-lerntheoretischen Bedeutung der Erkenntnis- und Wissenstheorie Michael Polanyis. 2. Aufl. Münster u. a.
Niederhauser, Jürg (1999): Wissenschaftssprache und populärwissenschaftliche Vermittlung. Tübingen (Forum für Fachsprachen-Forschung 53).
Nothdurft, Werner (1998): Wortgefecht und Sprachverwirrung. Gesprächsanalyse der Konfliktsicht von Streitparteien. Opladen/Wiesbaden.
Nussbaumer, Markus (1991): Was Texte sind und wie sie sein sollten. Ansätze zu einer sprachwissenschaftlichen Begründung eines Kriterienrasters zur Beurteilung von schriftlichen Schülertexten. Tübingen (Reihe Germanistische Linguistik 119).
Polanyi, Michael (1966): The Tacit Dimension. Garden City/New York.
Polanyi, Michael (1969): Knowing and Being. Essays by Michael Polanyi. Edited by Marjorie Grene. London.
Rost-Roth, Martina (1994): Verständigungsprobleme in der interkulturellen Kommunikation. Ein Forschungsüberblick zu Analysen und Diagnosen in empirischen Untersuchungen. In: LiLi. Zeitschrift für Literaturwissenschaft und Linguistik 93, 9–45.
Rost-Roth, Martina (2006): Nachfragen. Formen und Funktionen äußerungsbezogener Interrogationen. Berlin/New York.
Roth, Kersten Sven/Jürgen Spitzmüller (Hg.) (2007): Textdesign und Textwirkung in der massenmedialen Kommunikation. Konstanz.

Russell, Bertrand (1911): Knowledge by Acquaintance and Knowledge by Description. Proceedings of the Aristotelian Society (New Series). Vol. XI (1910-1911), 108–128.
Sacks, Harvey (1992): Lectures on Conversation. Oxford.
Sandig, Barbara (1972): Zur Differenzierung gebrauchssprachlicher Textsorten im Deutschen. In: Gülich/Raible, 113–124.
Schank, Gerd/Gisela Schoenthal (1976): Gesprochene Sprache. Eine Einführung in Forschungsansätze und Analysemethoden. Tübingen.
Schank, Gerd/Jürgen Schwitalla (1987): Konflikte in Gesprächen. Tübingen.
Schmitt, Reinhold (im Ersch.): Körperlich-räumliche Aspekte der Interaktion. Tübingen (Studien zur Deutschen Sprache 64).
Schmölzer-Eibinger, Sabine/Georg Weidacher (Hg.) (2007): Textkompetenz. Eine Schlüsselkompetenz und ihre Vermittlung. Tübingen (Europäische Studien zur Textlinguistik 4).
Schwitalla, Johannes (2001): Gesprochene-Sprache-Forschung und ihre Entwicklung zu einer Gesprächsanalyse. In: Brinker u. a., Bd. 2, 896–903.
Schwitalla, Johannes (2010): Vergleichbares und Unvergleichbares in mündlichen und schriftlichen Texten. In: Norbert Dittmar/Nils Bahlo (Hg.): Beschreibungen für gesprochenes Deutsch auf dem Prüfstand. Frankfurt u. a., 1–22 (Deutsche Sprachwissenschaft international 11).
Schwitalla, Johannes (2012): Gesprochenes Deutsch. Eine Einführung. 4., neu bearbeitete und erweiterte Aufl. Berlin (Grundlagen der Germanistik 33).
Selting, Margret (1987): Verständigungsprobleme. Eine empirische Analyse am Beispiel der Bürger-Verwaltungs-Kommunikation. Tübingen.
Sieber, Peter (1998): Parlando in Texten. Zur Veränderung kommunikativer Grundmuster in der Schriftlichkeit. Tübingen (Reihe Germanistische Linguistik 191).
Spranz-Fogasy, Thomas (2010): Verstehensdokumentation in der medizinischen Kommunikation: Fragen und Antworten im Arzt-Patient-Gespräch. In: Deppermann u. a., 27–116.
Stefanowitsch, Anatol/Kerstin Fischer (2008): Von der Konstruktion zur Grammatik. Tübingen.
Stein, Stephan (1995): Formelhafte Sprache. Untersuchungen zu ihren pragmatischen und kognitiven Funktionen im gegenwärtigen Deutsch. Frankfurt a. M. u. a.
Stein, Stephan (2011): Kommunikative Praktiken, kommunikative Gattungen und Textsorten. Konzepte und Methoden für die Untersuchung mündlicher und schriftlicher Kommunikation im Vergleich. In: Karin Birkner/Dorothee Meer (Hg.): Institutionalisierter Alltag: Mündlichkeit und Schriftlichkeit in unterschiedlichen Praxisfeldern. Mannheim, 8–27.
Stivers, Tanya/Lorenza Mondada/Jakob Steensig (Hg.) (2011): The Morality of Knowledge in Conversation. Cambridge, 159–183.
Storrer, Angelika (2001): Sprachliche Besonderheiten getippter Gespräche: Sprecherwechsel und sprachliches Zeigen in der Chat-Kommunikation. In: Michael Beißwenger (Hg.): Chat-Kommunikation. Sprache, Interaktion, Sozialität und Identität in synchroner computervermittelter Kommunikation. Stuttgart, 3–24.
Strohner, Hans/Roselore Brose (2001): Die Rolle von Wissenssystemen für die Gestaltung interaktiven Handelns. In: Brinker u. a., Bd. 2, 1169–1178.
Stukenbrock, Anja (im Ersch.): Deixis in der face-to-face-Interaktion. Berlin u. a.
Te Molder, Hedwig/Jonathan Potter (Hg.) (2005): Conversation and Cognition. Cambridge.
Tufte, Edward R. (1997): Visual Explanations: Images and Quantities, Evidence and Narrative. Cheshire, CT.
Warnke, Ingo (2009): Die sprachliche Konstituierung von geteiltem Wissen in Diskursen. In: Ekkehard Felder/Marcus Müller (Hg.): Wissen durch Sprache. Theorie, Praxis und Erkenntnisinteresse des Forschungsnetzwerks „Sprache und Wissen". Berlin/New York, 113–140 (Sprache und Wissen 3).

Wehling, Peter (2004): Weshalb weiß die Wissenschaft nicht, was sie nicht weiß? – Umrisse einer Soziologie des wissenschaftlichen Nichtwissens. In: Stefan Böschen/Peter Wehling (Hg.): Wissenschaft zwischen Folgenverantwortung und Nichtwissen. Aktuelle Perspektiven der Wissenschaftsforschung. Wiesbaden, 35–105.

Wehling, Peter (2012): Nichtwissenskulturen und Nichtwissenskommunikation in den Wissenschaften. In: Janich/Nordmann/Schebek, 73–91.

Wichter, Sigurd (2011): Kommunikationsreihen aus Gesprächen und Textkommunikaten. Zur Kommunikation in und zwischen Gesellschaften. Berlin/Boston (Reihe Germanistische Linguistik 294).

Ziem, Alexander/Alexander Lasch (2013): Konstruktionsgrammatik. Konzepte und Grundlagen gebrauchsbasierter Ansätze. Berlin (Germanistische Arbeitshefte 44).

Ingo H. Warnke
10. Diskurs

Abstract: Der Beitrag erörtert die Frage nach dem linguistischen Ort des Diskurses in systematischer und disziplinärer Hinsicht und stellt dazu aktuelle Felder der linguistischen Diskursanalyse vor. Im Zentrum steht die Frage nach dem diskursiven Status von Aussagen, verbunden mit der Infragestellung des textanalytischen Primats der Diskurslinguistik. Vor diesem Hintergrund wird der Diskurs als transversales Sprachphänomen der Aussagenstrukturierung verstanden. In methodischer Hinsicht folgt daraus eine Ausrichtung der Diskurslinguistik als intersektionale Sprachtheorie, die weit mehr als eine Erweiterung linguistischer Gegenstände ist; Diskurslinguistik bezweifelt vielmehr die Angemessenheit kategorialer Ansprüche einer strukturalistisch geprägten Linguistik überhaupt.

1   Diskurs und Sprache
2   Der linguistische Ort des Diskurses
3   Praxis der Diskurslinguistik
4   Literatur

1 Diskurs und Sprache

Es liegt keineswegs nahe, Diskursanalyse als linguistische Aufgabe zu verstehen. Schon die allgemeine Unschärfe des Begriffs *Diskurs* lässt grundsätzliche Zweifel an Möglichkeiten einer sprachwissenschaftlichen Aneignung aufkommen. Ob nun festgehalten wird, dass „Foucault niemals wirklich ganz zu einer Disziplin gehört hat" (Ruoff 2007, 13) oder die „Vagheit" des Begriffs unterstrichen und der Forderung nach terminologischer „Eindeutigkeit und Präzision" (Bilut-Homplewicz 2009, 51) gegenübergestellt wird: Diskurs und Diskursanalyse waren, sind und bleiben vieldeutige Konzepte, die zumindest auf den ersten Blick als anschlussfähige Entwürfe für die stets um Präzision bemühte Linguistik ungeeignet sind. Die „Ubiquität und Ambiguität des Diskursbegriffes" (Schöttler 1997, 137) – die der poststrukturalistischen „Kritik an den Begriffen einer geschlossenen Struktur und eines einheitlichen Textes oder einer fixierbaren Konstanz der Bedeutung" (Rusterholz 1998, 2329) entspricht – entzieht sich vorderhand dem Versuch einer linguistischen Operationalisierung. Doch gilt dies tatsächlich nur auf den ersten Blick. Denn es gehört zu den erstaunlichen Tatsachen, dass letzthin alle zentralen Einheiten der Linguistik terminologisch unterspezifiziert geblieben sind, trotz zahlreicher Versuche, linguistische Gegenstände möglichst eindeutig zu bestimmen und trotz einer teilweise sogar inflationären Überspezifizierung in immer entlegeneren Terminologiesystemen. So lässt sich bisher weder für *Wort* eine allgemein verbindliche Definition anführen, noch für *Satz* oder *Text* und andere vergleichbare Phänomene der Sprache. Gleichwohl bezweifeln aber nur wenige, dass *Wort*, *Satz*, *Text* etc. als Sammelbegriffe zentrale Gegenstände des Faches bezeichnen. Als Beispiel soll nur angeführt werden, dass Haspelmath (2011, 31) die Linguistik jüngst daran erinnert hat, *Wort* sei – obgleich ein „language-specific concept" – ein „fuzzy concept".

Die Vagheit des Begriffs *Diskurs* sowie die Unschärfe der Disziplin *Diskursanalyse* sind also keineswegs starke Argumente gegen eine Linguistik des Diskurses. Ganz im Gegenteil entsprechen diese Vagheit und Unschärfe der grundlegenden und allgemeinen Schwierigkeit, zentrale und alltagssprachlich verankerte Konzepte von Sprache überhaupt zu definieren: vom *Laut*, über das *Wort* und den *Satz* bis hin zum *Text* und *Diskurs*. Dass Sprachwissenschaft sich mit diesen Phänomenen aber zu beschäftigen hat, steht damit nicht in Zweifel.

Wir wollen im Folgenden, ausgehend von dieser Vagheit und disziplinären Unschärfe, die terminologische Polysemie des Diskurses als produktive Voraussetzung linguistischer Diskursanalyse bestimmen. Dabei geht es uns um dreierlei, um die theoretisch-konzeptionellen, die disziplinären und die gegenstandsbezogenen Dimensionen einer Linguistik des Diskurses, die wir Diskurslinguistik nennen. Unser Ziel ist es, *Diskurs* im Kontext dieses Buches als linguistische Größe erkennbar zu machen.

1.1 Terminologische Polysemie als produktive Voraussetzung

Die poststrukturalistische Herkunft des sozial- und humanwissenschaftlichen Diskursbegriffes entbindet m. E. nicht von einem Versuch der begrifflichen, konzeptionellen, methodologischen und anwendungsorientierten Einordnung, auch wenn damit nur weiter vorgeführt wird, wie wenig die diskategoriale Macht des Diskursbegriffes einzudämmen ist. Schon etymologisch ist die zerstreute, unpräzise Tendenz der allerorten so und auch anders gebräuchlichen Bedeutungen von *Diskurs* vorgegeben. Das lateinische Nomen *discursus* meint nichts anderes als „das Auseinanderlaufen, -stieben = das Sich-Zerstreuen"; es bedeutet den „Streifzug (nach allen Richtungen hin)" und das „Hinundherlaufen, das Hinundherrennen, das Umherlaufen, das Umherrennen, Sich-Umhertummeln"; das lateinische Verb *discursare* bedeutet unter anderem „ein Land nach allen Richtungen durchziehen" (Georges 1913/1998, Bd. 1, Sp. 2205). Es gilt, von dieser Bedeutung auszugehen und sie als Voraussetzung der Prüfung linguistischer Relevanz zu bestimmen. Mit *Diskurs* bezeichnen wir demgemäß zunächst eine mehr oder weniger ungeordnete Bewegung durch den Raum.

Vor diesem Hintergrund erstaunt es nicht, dass zahlreiche, miteinander konkurrierende, einander überlagernde oder sich wechselseitig bestätigende Diskursbegriffe im Umlauf sind; das Feld ist vielgestaltig durchzogen. Welches Muster ergibt sich? Gardt (2007, 27) hat den Vorschlag unterbreitet, Diskursanalyse nicht nur als Theorie und Methode zu verstehen, sondern als eine „wissenschaftliche Haltung", als eine „Reihe grundlegender Annahmen und Überzeugungen", die „nicht als idealiter widerspruchsfreies System von Aussagen aufgebaut" ist. Wir fragen in Anlehnung daran erneut, welche Gemeinsamkeiten eine solche *linguistische Haltung* zum Diskurs haben könnte. Festlegen wollen wir uns dabei jedoch nicht, sondern die Offenheit und Unabgeschlossenheit des Gegenstandes aufrechterhalten. Dessen ungeachtet gibt es aber durchaus begriffliche Tendenzen, Lagerbildungen und Paradigmen in der Diskurslinguistik. In Spitzmüller/Warnke (2011, 9) werden vier Hauptlinien benannt: ein soziolektal bildungssprachlicher Diskursbegriff, die diskursethische Semantik bei Habermas, die konversationsanalytische Tradition der Diskursanalyse und die von Foucault begründete Bedeutung, die auch im disziplinären Kompositum *Diskurslinguistik* verankert ist. Diskurs bedeutet in einer solchen an Foucault angelehnten Begrifflichkeit ein „Formationssystem von Aussagen, das auf kollektives, handlungsleitendes und sozial stratifizierendes Wissen verweist" (Spitzmüller/Warnke 2011, 9).

Diesen Foucaultschen Diskursbegriff legen wir auch hier zugrunde. Wir setzen dabei zwei konzeptionelle Anker für die Linguistik: 1) die Umkehrung einer zentralen Annahme Chomskys und 2) die absolute Fixierung von Aussagen als Objekte diskurslinguistischer Analyse.

Zu den Grundannahmen der Generativen Grammatik gehört Chomskys bereits früh geäußerte Setzung, dass Sprache ein System sei, das es ermögliche, auf der Grundlage eines endlichen Sets von Regeln eine unendliche Anzahl von Sätzen zu produzieren (vgl. auch Spitzmüller/Warnke 2011, 27–28). Bei Chomsky (1965, 15–16) hört sich das so an:

> Hence, a generative grammar must be a system of rules that can iterate to generate an indefinitely large number of structures. This system of rules can be analyzed into the three major components of a generative grammar: the syntactic, phonological, and semantic components.

Wohlweislich hat Chomsky die Pragmatik ausgeklammert, denn unter pragmatischen Bedingungen gilt genau das, was hier behauptet wird, nicht. Im Gegenteil – und das hat auch Foucault gezeigt, etwa in *Die Ordnung des Diskurses* (Foucault 1972/2012) – ist das Vorkommen möglicher Aussagen zu einer Zeit stets durch Regeln beschränkt. Die Diskursregeln selbst hingegen sind höchst dynamisch, historisch variabel und keineswegs universal fixiert oder endlich. Diskurslinguistik erfasst also die potentiell indefiniten Regeln, die das Vorkommen von Aussagenbeschränkungen bestimmen.

Mit dieser Umkehrung des generativen Prinzips der *indefinitely large number of structures* ist zugleich die Wendung des linguistischen Interesses vom Regelsystem zum Aussagensystem verbunden. Gegenstand der Diskurslinguistik sind eben nicht abstrakte generative Regeln einer optimistischen Doktrin, die die potentielle Sagbarkeit von allem behauptet, sondern es sind die machtgebundenen Beschränkungen im Aussagenapparat einer Sprache, die in der Diskurslinguistik zentral sind, auch wenn vor dem Hintergrund des Nicht-Gesagten oder Nicht-Sagbaren das tatsächlich Gesagte analysiert wird. Um dieses tatsächlich Gesagte geht es der Diskurslinguistik, um eine „Geschichte, die gegeben ist, denn es ist die der wirklich gesagten Dinge" (Foucault 1969/1981, 184). Mit diesem Prinzip der Positivität der Aussage schließt die Diskurslinguistik unmittelbar an eine aussagenorientierte Tradition der Sprachwissenschaft an, die wir hier für die Germanistische Linguistik reaktualisieren wollen. Dabei betonen wir weiterhin die Unabgrenzbarkeit des Diskursbegriffs im Spannungsfeld von Aussagen, Wissen, Macht, Sozialität und Akteuren und verstehen diese Polysemie trotz unseres Versuchs der linguistischen Positionierung als letzthin unhintergehbar und gerade dadurch auch als produktiv.

1.2 Vernetzte Aussagen

In einer grundlegenden und aufschlussreichen Abhandlung zum *Diskurs als Aussage und Äußerung* hat Angermüller (2007, 59–61) auf eine wichtige Diskussion zum Äußerungs- und Aussagenbegriff (*énonciation* und *énoncé*) der 1970er Jahre hingewiesen. Unter anderen wird Émile Benveniste hervorgehoben:

> Indem Benveniste die *énonciation* als den Vollzug eines sprachlichen Akts betrachtet, durch den das sprechende Individuum zu einem Subjekt der Sprache wird, rückt er die Gebrauchsdimension von Sprache in den Blick. (Angermüller 2007, 59)

Im absoluten Primat der Äußerung und der durch sie hervorgebrachten Aussagen treffen sich Benveniste und Foucault, denn Foucault fragt insbesondere in der *Archäologie des Wissens* (Foucault 1969/1981),

> wie die *énoncés*, spezifisch geäußerte Aussagen, zu größeren Ensembles aggregiert werden, zu ‚diskursiven Formationen', die, anders als eine *langue*, nur in einer positiven Existenzweise möglich sind, d. h. deren Aussagen faktisch geäußert werden müssen. (Angermüller 2007, 60)

Bei Foucault wird die Konzentration der Diskursanalyse auf die realen Äußerungen zunächst noch mit dem Begriff der *Positivität* bezeichnet. Agamben (2008) führt aus, dass Foucault diesen Positivitätsbegriff von seinem Lehrer Jean Hyppolite übernommen und später durch den Begriff des *Dispositivs* ersetzt hat. Die *Aussage* an sich und die Formation der durch Aussagen hervorgebrachten *Äußerungen*, der Diskurs als Schichtung von Handlungsprodukten und als Äußerungshandlung gleichermaßen, ist Gegenstand der Diskursanalyse.

Was bedeutet das für eine linguistische Wendung, für den theoretischen wie auch empirischen Anspruch der Diskurslinguistik? Nicht mehr und nicht weniger, als unter *Diskurs* die Gesamtheit vernetzter Aussagen zu verstehen. Und genau das hat bereits Harris mit seinem Vorschlag zu einer Diskursanalyse geleistet:

> The earliest work in discourse analysis can be traced back to Harris, in 1939, and the first published work appeared in the beginning of the 1950s [...]. In his pioneering study *Discourse Analysis Reprints*, Harris described ‚a method of seeking in any connected discrete linear material, whether language or language-like, which contains more than one elementary sentence, some global structure characterizing the whole discourse (the linear material), or large sections of it' [...]. (Barsky 2011, 154)

In der Germanistischen Linguistik ist dieser Diskursbegriff eher unterbelichtet geblieben. Dies liegt nicht zuletzt daran, dass man in der deutschsprachigen Rezeption von Harris *discourse* und *Text* häufig gleichgesetzt hat, was die möglichen Verbindungen zu Foucault entsprechend verdeckt. Deutlich wird das an der deutschen Übersetzung von Harris (1952) durch Peter Eisenberg (siehe Harris 1976): *Discourse Analysis* heißt hier *Textanalyse*. Nun mag man engl. *discourse* tatsächlich als dtsch. *Text* verstehen, doch bei Harris geht es um mehr:

> Harris was interested in the ways in which segments of discourse (utterances, sentences, parts of sentences, words, parts of words) recur within a whole constituent or a sequence of constituents. (Barsky 1993, 35)

Texte können durchaus als Teile des *discourse* verstanden werden, der *discourse* geht aber zugleich über den Text hinaus. Dieses Verständnis von *discourse* bestätigt auch Dönninghaus (2005, 329):

> Der hier zugrundegelegte Diskursbegriff lehnt sich an die englische Verwendungsweise von *discourse* an, die quasisynonym für die Bezeichnung hypersatzhafter sprachlicher Erscheinungen (engl. *text*) verwendet wird, ganz allgemein sprachliche Kommunikation meint und sowohl mündliche als auch schriftliche Kommunikationsformen einschließt. Der Diskursbegriff ist dem Textbegriff damit übergeordnet, da er auch längerfristige sprachliche Interaktion zu einem bestimmten Thema und über verschiedene Texte umfassen kann.

Unter Diskurs verstehen wir in diesem Zusammenhang also eine Struktur von Aussagen, der Diskurs ist „connected speech (or writing)" (Harris 1952, 1). Die Verbindungslinien zu Foucault sind evident. Eine Re-Lektüre von Harris ist im diskurslinguistischen Zusammenhang lohnend, nicht zuletzt auch aufgrund einer Entgegensetzung, die Harris für die Diskursanalyse zwischen „descriptive linguistics" und einer als linguistisch nicht-relevant erachteten Verbindung von „,culture' and language" (Harris 1952, 1) formuliert. Darüber wäre gerade im Rahmen kulturwissenschaftlicher Arbeiten der Germanistischen Linguistik noch nachzudenken. Wir wollen diese Aspekte hier nicht vertiefen, sondern allein die linguistische Spur der Aussagenanalyse aufnehmen und damit in Erinnerung rufen, dass bereits im amerikanischen Strukturalismus wesentliche Grundlagen der linguistischen Untersuchung des Diskurses gelegt sind, Grundlagen, mit denen man heute noch sinnvoll arbeiten kann.

Festzuhalten bleibt hier, dass die Grenzen zwischen Aussage, Text und Diskurs also zerfasert sind, und dass das Diskursive sich in der Verschränkung von Aussagen manifestiert, um Harris (1952, 1) aufzugreifen. Der Bezug auf Aussagenzusammenhänge in positiven Strukturen leistet aber noch keine Positionierung des Diskurses im formalen Konstituentensystem der Sprache und schon gar nicht eine verbindliche Integration in die Teildisziplinen der Linguistik. Wir wollen deshalb im Folgenden noch genauer nach dem linguistischen Ort des Diskurses fragen.

2 Der linguistische Ort des Diskurses

Mit unserer Frage nach dem linguistischen Ort des Diskurses versuchen wir zweierlei zu klären. Einerseits geht es darum, den Diskurs im sprachlichen Konstituentensystem als transtextuelle Struktur zu verorten. Andererseits darum, der Diskurslinguistik als einer Teildisziplin der Sprachwissenschaft einen erkennbaren Ort zuzuweisen. Unsere Frage richtet sich also auf den Diskurs im System und in der Disziplin.

2.1 Grenzen der Transtextualität

Den m. E. bisher überzeugendsten Vorschlag zur systematischen Verortung des Diskurses hat Wichter (1999) in seiner Göttinger Antrittsvorlesung gemacht, genauer mit seinem Aszendenz-Deszendenz-Modell. Nachvollziehbar und die Linguistik des 20. Jh. zusammenfassend wird hier das sprachliche Konstituentensystem als aszendente und deszendente Struktur aufgefasst. Kleinere Einheiten gehen in je größeren auf und umgekehrt. Das gesamte linguistische Analyseinstrumentarium – insbesondere der Morphologie und Syntax – beruht bekanntlich auf dieser Setzung. Wichter (1999, 265) macht dieses tradierte und breit akzeptierte Modell nun produktiv, wenn er fragt, welche „Funktionen [...] eine texttranszendente Einheit erfüllen" muss. Die Antwort auf diese erkennbar systemlinguistische Frage weist dem Diskurs einen deutlichen Ort zu:

> Die texttranszendente Einheit muß Texte als Elemente umfassen, und sie muß das besitzen, womit ein Text vorgängige Texte ergänzt bzw. wodurch der vorgängige Text weitere Texte zur Ergänzung an sich bindet. Wir haben mithin anaphorische und kataphorische Ergänzungsbeziehungen. Diese können sich auch auf Teiltexte beziehen. (Wichter 1999, 265)

Natürlich erinnert die Argumentation an frühe Textlinguistik und ihre Legitimierung gegenüber der Satzsyntax. Busse/Teubert (1994, 12) haben diese Parallelitäten ex negativo früh erkannt:

> Manche Argumente, die damals dazu benutzt wurden, um zu begründen, weshalb Texte kein linguistischer Gegenstand seien [...], sind den heute gegen den Diskurs-Begriff geäußerten verblüffend ähnlich.

Wichter (1999, 267) lässt Einwände aber nicht gelten und hält fest: „Aus der Zuordnung nach Aszendenz und Deszendenz ergibt sich die Relevanz des Diskurses für die Linguistik."

Damit scheint ein eindeutiger systematischer Ort für den Diskurs gefunden zu sein, der Diskurs wird gesetzt als eine über den Text hinausgehende Strukturebene, als transtextuelle Struktur. Für die fachgeschichtliche Legitimierung der Diskurslinguistik ist diese Verortung ausgesprochen wichtig gewesen, doch sie birgt auch die Gefahr, (schriftliche) Texte als de facto-Basis des Diskurses anzusehen: „Diskursanalyse ist dann die Analyse mehr oder weniger großer Mengen von Schrifttexten, Textanalyse ist das Kerngeschäft der Diskursanalyse" (Gardt 2013, 29). Eine solche Operationalisierung des Diskursbegriffes ist naheliegend; sie entspricht strukturell der möglichen weitergehenden Argumentation, dass Satzanalyse dann die Basis der Textanalyse ist usw. In den aszendenten und deszendenten Konstituentenbezügen fände man so die wechselseitigen Begründungen für analytische Gegenstände des linguistischen Erkenntnisinteresses.

So wie Texte aber nicht nur Mengen von Sätzen sind und damit Satzanalyse zwar eine notwendige, aber keine hinreichende Basis für linguistische Textanalysen darstellt, so ist der Diskurs als transtextuelle Struktur zwar an Texte rückgebunden, gesagt ist aber damit noch nicht, wo und inwiefern der Diskurs nicht nur über den Text hinausgeht, sondern ein linguistisches Phänomen sui generis darstellt.

Greifen wir hier den Vorschlag von Harris (1952, 1) noch einmal auf, Diskursanalyse als „method for the analysis of connected speech (or writing)" und diese ‚verbundene Rede' bzw. das ‚verbundene Schreiben' im Sinne Foucaults als Aussagenformation zu verstehen, so richten wir das Interesse der Diskurslinguistik weniger auf den Text als auf die Analyse von Aussagen. Von hier aus können wir, bei aller fachsystematischen Überzeugtheit, durchaus auch die kritische Frage stellen, ob Wort-Analyse, Satz-Analyse und Text-Analyse nicht in einem quer dazu liegenden Verfahren der aussagenbezogenen Diskurs-Analyse aufgehen. Ein solcher Versuch hätte aber nicht nur Konsequenzen für die systematische Verortung des Diskurses – den wir dann nicht mehr selbstverständlich als transtextuelle Struktur verstehen könnten –, sondern insbesondere auch für den disziplinären Ort der Diskurslinguistik. Wir sollten uns fragen, ob Diskurslinguistik tatsächlich eine Linguistik des erweiterten Gegenstandes ist – vgl. auch das sogenannte „Erweiterungspostulat" (Heinemann/Viehweger 1991, 26) – oder ob Diskurslinguistik nicht vielmehr quer zu gesetzten Konstituenten des linguistischen Systems liegende Strukturen der Aussagenformation analysiert. Folgten wir dieser Annahme, so wären nicht nur Aussagen Gegenstand der Diskurslinguistik, sondern Aussagen auf allen Ebenen der Sprache und durch diese quer verlaufend. Dieser Annahme wollen wir hier folgen, wenn wir das Modell der Transtextualität durch ein linguistisches Verständnis des Diskurses als transversale Struktur ergänzen und dabei zeigen, dass die Analyse transversaler Sprachstrukturen letzthin immer intersektional ist.

2.2 Transversalität und Intersektionalität

Diskurslinguistische Untersuchungen werden zwar häufig an Texten oder auf der Basis eines Textkorpus durchgeführt, doch ist dies a) keineswegs zwingend und eröffnet b) bei der Analyse zahlreiche Abgrenzungsprobleme. Ich möchte dies am Status der Aussage näher darlegen.

Diskurslinguistik als Aussagenanalyse richtet das Interesse formal auf Propositionen, die im sprechakttheoretischen Verständnis Konstruktionen mit „reference and predication" (Searle 1969, 29) darstellen und offensichtlich sowie prototypisch zunächst in Aussagesätzen des Typs NP-VP realisiert werden. Doch sowohl aszendent als auch deszendent ist das propositionale Prinzip von Verweis (Ref) und Eigenschaftszusprechung (Präd) auch jenseits der einfachen NP-VP-Struktur produktiv. Der Satz

(1)   *Foucault liest den Text.*

ist fraglos eine prototypische Proposition der Struktur [Foucault]$_{NP(Ref)}$ [liest den Text]$_{VP(Präd)}$, doch bleibt diese Struktur auch in

(1a)   *Foucault liest den Text von Kant.*

erhalten, wenn auch in einer Expansion der Verbalphrase [liest den Text von Kant]$_{VP(Präd)}$. Das hier zugrunde liegende Phrasenprinzip

S → NP VP
NP → N
VP → V NP'
NP' → NP" PP
NP" → D N
PP → P N

kann aber auch kompositional ersetzt werden in

(1b)   *Foucault liest den Kanttext.*

und so [den Kanttext] als NP' realisieren. Die NP' ist dabei sowohl im Phrasenprinzip als auch im Kompositionsprinzip jeweils referierend und prädizierend, wenn auch nicht verbal markiert, sondern pragmatisch erschließbar. Sowohl die Phrase [den Text von Kant] als auch das Determinativkompositum {Kanttext} sind eingebettete Propositionen und werden als Ellipsen der Relativkonstruktion [Text, den Kant geschrieben hat] verstanden, wie er im Satzgefüge

(1c)   *Foucault liest den Text, den Kant geschrieben hat.*

realisiert ist. Die Proposition [Foucault]$_{NP(Ref)}$ [liest den Text]$_{VP(Präd)}$ ist in (1b) [Foucault]$_{NP(Ref)}$ [liest den Kanttext]$_{VP(Präd)}$ mithin strukturell erhalten, beinhaltet hier aber eine eingebettete, verbal unmarkierte pragmatische Proposition. Und auch im Satzgefüge finden sich natürlich mehrere verbal markierte Propositionen, ohne dass die Grundstruktur „reference and predication" (Searle 1969, 29) verletzt wird. Aussagen sind also nicht an einfache Sätze gebunden, sondern werden in morphologischen Konstruktionen ebenso realisiert wie in komplexen Sätzen. Und auch über den Satz hinausgehend lassen sich propositionale Konstruktionen selbstverständlich beschreiben; das zeigt etwa das Konzept der „Textproposition (die den Text bestimmende Textreferenz und Textprädikation)" (Fix 2008, 68). Aussagen sind ein multikategoriales formales Prinzip der Sprache, von der morphematischen bis zur transtextuellen Ebene. Insoweit wäre es willkürlich, gerade Texte als Basis der Diskurslinguistik anzusehen. Schon ein Eigenname kann im pragmatischen Sinne ja eine Proposition sein und damit eine Aussage im Diskurs manifestieren; Robertson (2008) hat dies beispielsweise in einer Analyse der Sklavenbenennung im antiken Athen eindrücklich gezeigt.

Ein Verständnis von Diskurslinguistik als nicht (nur) transtextuell orientiert, sondern (auch) aussagebezogen fundiert, entgrenzt folglich den Fokus auf Phänomenbereiche der Sprache. Diskurslinguistik ist dabei aber nicht vorzustellen als eine erweiterte Onomastik, Lexikologie, Morphologie, Syntax, Textlinguistik usw., sondern vielmehr als eine (auch) quer zu diesem Aszendenz-Deszendenz-Modell stehende Theorie von Sprache. Wir können den Diskurs insofern als eine transversale sprachliche Struktur verstehen, analog zum lateinischen Verb *transvehere* „hinüber-, überführen, -fahren, -tragen, -bringen" (Georges 1913/1998, Bd. 2, Sp. 3198) und dem lateinischen Adjektiv *transversus* „quergehend od. liegend, schief, schräg, [...] seitwärts" (Georges 1913/1998, Bd. 2, Sp. 3199). Querstehende Multikategorialität ist eine prinzipielle Eigenschaft von Aussagen. Transversalität von Aussagenformationen ist die entsprechenden Diskurseigenschaft, denn „kollektives, handlungsleitendes und sozial stratifizierendes Wissen" (Spitzmüller/Warnke 2011, 9) ist in Aussagen unterschiedlicher Granularität wirksam bzw. hinterlegt, in Namen, Kollokationen, Phrasen, Sätzen, Textteilen, Texten usw. Als transversales Phänomen stellt der Diskurs damit die kategorialen Grenzziehungen einer traditionellen Linguistik ebenso in Frage, wie er sie in ihren Interdependenzen denkt.

Verstehen wir Diskurs nun in diesem Sinne als ein transversales sprachliches Phänomen, so ist linguistische Diskursanalyse sinnvoll nur in Perspektive auf *Intersektionalität* zu denken. Wir greifen deshalb diesen zentralen Begriff der Gender Studies auf – ohne seinen spezifischen Kontext hier weiter zu verfolgen – und transferieren ihn in die diskurslinguistische Diskussion. Im Konzept der Intersektionalität geht es um „the complexity that arises when the subject of analysis expands to include multiple dimensions of social life and categories of analysis" (McCall 2005,

1772). Intersektionalität meint insoweit die Zugehörigkeit von Phänomenen zu unterschiedlichen Kategorien, was in der Umkehrung einer Kritik an der Privilegierung von Kategorien gleichkommt, also bedeutet, dass die Multiplizität von „intersectional analyses refers not to dimensions within categories but to dimensions across categories" (McCall 2005, 1781).

McCall (2005, 1773) unterscheidet drei Perspektiven auf Intersektionalität, die sie als a) „anticategorial complexity", b) „intracategorial complexity" und c) „intercategorial complexity" bezeichnet. Wir können eben diese Perspektiven direkt auf die Problematik einer linguistischen Verortung des Diskurses beziehen. Diskurslinguistik ist als sprachtheoretisches Programm zunächst antikategorial, sie arbeitet mit Aussagen und Aussagenformationen, die nicht als linguistisch distinkte Kategorien gelten können. Diskurslinguistik ist auch intrakategorial komplex, etwa dort, wo sie innerhalb von Aussagenformationen – ein Beispiel wären intratextuelle Analysen – unterschiedliche Phänomene der sprachlichen Wissenskonstituierung untersucht. Und Diskurslinguistik ist schließlich immer auch interkategorial komplex, weil sie singuläre Aussagen, Aussagenformationen, Akteure und Transtextualität in Interdependenzen denkt. Foucault (1972/2012, 35) hat ja nicht zuletzt mit den diskursanalytischen Termini *Ereignis*, *Serie*, *Regelhaftigkeit*, und *Möglichkeitsbedingung* systematisch gezeigt, dass Aussagen nicht unabhängig vom Gesagten sind, dass das Gesagte die Sagbarkeiten ordnet und damit die interkategoriale Komplexität des Diskurses deutlich bestimmt.

Wir können also den Diskurs als eine transversale Aussagenstruktur modellieren und dabei die intersektionale Methodologie der Diskurslinguistik als Infragestellung eines kategorialen Aszendenz-Deszendenz-Modells verstehen, ohne damit die systematische Verortung des Diskurses als transtextuelle Struktur grundsätzlich in Frage stellen zu müssen. Es ist kein Zufall, dass gerade in den Gender Studies die theoretischen Diskussionen zu Kategorialität, Antikategorialität, Intrakategorialität und Interkategorialität besonders pointiert geführt werden, weil es hier nicht nur um wissenschaftlich tradierte Kategoriensysteme geht, die ohnehin der fortlaufenden Infragestellung unterliegen, sondern um vermeintlich natürliche, essentialistische Kategorien wie Geschlechtszugehörigkeit, mit denen auch Fragen von Ein- und Ausschlüssen verbunden sind. Es ist lohnend, diese Diskussionen als Modell einer kritischen Infragestellung vermeintlich gesetzter Kategoriensysteme gerade auch für die Verortung des Diskurses in der Linguistik zu rezipieren. Beispielhaft sei dazu auch auf linguistische Arbeiten der kritischen Heteronormativitätsforschung verwiesen, insbesondere auf die *Queer Linguistics* als soziolinguistisches Programm:

> From a Queer Linguistic perspective, all identity categories are problematic because they regulate and exclude people who do not fully meet their normative requirements. (Motschenbacher 2011, 152)

Es ist für die Linguistik ungewöhnlich, sich jenseits vermeintlich sicherer Kategoriensysteme zu bewegen, doch nicht zuletzt angesichts der faktischen Vagheit aller linguistischen Kategorien – das haben wir bereits gezeigt – durchaus angemessen.

3 Praxis der Diskurslinguistik

Wir wollen nun vor dem Hintergrund der terminologischen Polysemie des Diskurses sowie seiner Verortung als transversale und transtextuelle Struktur im Programm einer intersektionalen linguistischen Analyse die Praxis der Diskurslinguistik skizzieren und dazu auf wichtige Felder und auf aktuelle Profile eingehen.

3.1 Zum Feld der Diskurslinguistik

Es sollte bereits deutlich geworden sein, dass die theoretische und methodologische Offenheit der Diskurslinguistik eine verbindliche Kennzeichnung von Forschungsfeldern unmöglich macht und dass eine solche auch gar nicht erstrebenswert ist. Wir wollen dennoch einige Koordinaten nennen, die für die Vermessung des diskurslinguistischen Areals zumindest nützlich sind, weil auf sie immer Bezug genommen wird: a) Wissen, b) Implizitheit, c) Thematizität, d) Singularität und Serialität sowie e) Mündlichkeit und Schriftlichkeit. Dazu im Folgenden einige Erläuterungen.

a) Wissen: Diskursanalyse ist wissensorientiert, darüber scheint weitestgehend Einigkeit zu bestehen. Am deutlichsten und erkennbar hervorgehoben erscheint diese Annahme im sozialwissenschaftlichen Konzept der *Wissenssoziologischen Diskursanalyse* (Keller 2011). Auch in der Linguistik wird der Bezug auf Wissen breit thematisiert, wobei man sich hier vor allem auf die Zusammenhänge von sprachlichen Phänomenen und Wissen konzentriert. Damit ist jedoch ein sehr weiter Rahmen gezogen, der von kognitionslinguistischen Fragestellungen bis zu kulturwissenschaftlichen Erörterungen reicht. Die Wissensbegriffe sind entsprechend vielfältig. Was Wissen ist, oder wie man es analysieren möchte, wird in einem weiten Feld alternativer Ideen recht verstreut erörtert. Ich möchte vorschlagen, hier zwei Anhaltspunkte zu fixieren, vermittels derer eine linguistisch ausgerichtete Wissensanalyse nachvollziehbar verortet werden könnte. Zunächst kann man sich auf Foucault selbst beziehen und Wissen als eine zeitgebundene Aussagenformation verstehen, die als geteiltes Wissen im Diskurs jenseits essentialistisch-ontologischer Gegebenheiten erscheint und die Existenz solcher unverhandelter Wissensbestände in Frage stellt. Wissen ist dann zwar eine apriorische Voraussetzung unserer Handlungen, aber

> (e)in *Apriori* nicht von Wahrheiten, die niemals gesagt werden oder wirklich der Erfahrung gegeben werden könnten; sondern einer Geschichte, die gegeben ist, denn es ist die der wirklich gesagten Dinge. (Foucault 1969/1981, 184)

Mit einem solchen Wissensbegriff lässt sich die Aussagenorientierung der Diskurslinguistik direkt begründen.

Busse hat diesen Wissensbegriff linguistisch präzisiert und damit für Erkenntnisinteressen der Historischen Semantik und der Framelinguistik nutzbar gemacht. Dieser Bezug ist ein zweiter Anker der wissensorientierten Diskurslinguistik. Der Bezug auf semantische Fragestellungen ist insbesondere auf Fragen unseres Bedeutens und Verstehens konzentriert: „Ich spreche in diesem Zusammenhang auch von dem Bereich des *bedeutungsrelevanten* bzw. *verstehensrelevanten* Wissens [...]" (Busse 2003, 26). Wir verstehen Aussagen als das, was wir durch ihre diskursiven Kontexte von transtextuell vernetzten Aussagen verstehen. Der Diskurs manifestiert das ‚bedeutungsrelevante bzw. verstehensrelevante Wissen'. Wissen ist mithin eine an sprachliche Materialität gebundene, historisch variable Bezugsgröße in Prozessen der Verständigung. Wissen ist dabei auch machtgebunden, denn in Prozessen der Verständigung geht es immer auch um Konkurrenzen, Rivalitäten, Geltungsansprüche, um Meinungen, Positionen, Abgrenzungen und Koalitionen. ‚Bedeutungsrelevantes bzw. verstehensrelevantes Wissen' ist ein Wissen diesseits machtgeleiteter Interessen. Insoweit gehört die Wissensanalyse zur Programmatik der Diskurslinguistik.

b) Implizitheit: In ihrem noch immer paradigmatischen Beitrag zur Frage *Ist Diskurs ein sprachwissenschaftliches Objekt?* haben Busse/Teubert (1994, 14) Diskurs unter anderem definiert als Texte, die „durch explizite oder implizite (text- oder kontextsemantisch erschließbare) Verweisungen aufeinander Bezug nehmen". Die hier wesentliche Distinktion zwischen expliziter und impliziter Information wird in vielen Arbeiten der Diskurslinguistik aufgenommen. Dabei sind die formalen Eigenschaften von Explizitheit und Implizitheit keineswegs verbindlich festzulegen. Wirksam ist ein strukturalistisches Modell von Oberfläche und Tiefe, wie es in strukturalistischen und generativen Sprachtheorien gesetzt ist.

Als explizit erscheint dann solche Information, die an der sprachlichen Oberfläche manifest ist, als implizit die tiefeninformationelle Bedeutung. Das führt schließlich dazu, dass man Wortschatzphänomene als explizite Diskursinformationen wertet und Phänomene wie Argumentationstopoi und grammatische Konstruktionen als implizite Wissensformationen annimmt. Grundsätzlich ist das nachvollziehbar, jedoch bleibt zu bedenken, dass Diskursphänomene selbstredend erst dadurch diskursiv sind, dass sie materialisiert, also in Aussagenoberflächen explizit werden. Implizites Wissen ist als diskursives Wissen immer auch gesagtes Wissen. Daraus folgt, dass Implizitheit in der Diskurslinguistik keine Kategorie der Potentialität sein kann, also gerade keine zugrundeliegende tiefenstrukturelle Regelbasis. Explizitheit und Implizitheit bezeichnen lediglich graduell unterscheidbare Phänomencluster. Versteht man dabei mit Härtl (2008, 161) unter impliziten Propositionen „sprachlich nicht realisierte Aussagen, die mit einem Ausdruck mitverstanden werden", also Propositionen, „die sich aus den lexikalischen und semantischen Eigenschaften der betreffenden sprachlichen Ausdrücke [...] ergeben und damit notwendiger Teil ihrer

Bedeutung sind", so ist Implizitheit vor allem auch mit „[i]nterpretative[r] Variabilität" (Härtl 2008, 186) verbunden.

c) Thematizität: Viele diskurslinguistische Arbeiten richten ihr besonderes Interesse auf Diskursthemen. Diese thematische Orientierung beginnt mit der Erstellung „thematische[r] Korpora" (Felder/Müller/Vogel 2010, 314) und endet mit der bereits von Busse/Teubert (1994, 14) gesetzten und von Konerding (2009, 165) reaktualisierenden Darstellung von Diskurs als Menge „[a]lle[r] kommunikativen Äußerungen zu einem Thema". Ich bezweifle die Notwendigkeit einer solchen Themenzentrierung, ohne damit aber die Relevanz von Thematizität grundsätzlich in Frage zu stellen. Diskursthemen sind interessante Forschungsfelder. Doch neben Fragen des Typs *Über was spricht eine Gesellschaft?* gibt es selbstredend zahlreiche weitere Fragen der Diskurslinguistik, etwa: *Wer spricht und wer spricht nicht im Diskurs? In welchen Formaten des Sagens erscheinen Aussagen? Welche Diskursräume sind produktiv? Welche zeitlichen Übergänge und Brüche ordnen den Diskurs? Welche Funktionen haben Diskurse?* Diese Fragen sind in allen diskurslinguistischen Untersuchungen relevant und werden auch mehr oder weniger erkennbar verfolgt.

Es ist nicht notwendig, dieses komplexe Fragenbündel durch Fokus auf thematisch gerichtete Aussagenformationen zu reduzieren. *Liquid democracy, Netzintelligenz, soziale Netzwerke, virtuelle Grenzen der Privatheit* usw. sind beispielsweise höchst produktive diskursive Formationen, die keineswegs thematisch spezifiziert sind, sondern im Gegenteil von privater Subjektthematisierung bis zu global relevanten Entscheidungen unterschiedlichste Themenbereiche betreffen. Auch Verfahren einer *quantitativ informierten qualitativen Diskursanalyse* (Bubenhofer 2013) zeigen, dass diskursive Information keineswegs zwangsläufig thematische Information ist, sondern viel eher als Sprachmusterinformation bezeichnet werden kann. Es spricht folglich viel dafür, Diskurslinguistik nicht auf ein thematisches Programm zu reduzieren, auch wenn damit einmal mehr die kategoriale Offenheit der linguistischen Analyse von Aussagenformationen eingefordert wird.

d) Singularität und Serialität: Die Korpusorientierung der Diskurslinguistik unterstreicht ebenso wie eine allgemeine Neigung der Linguistik zur Analyse von Regelhaftigkeiten auf der Ebene makrosozial verbindlicher Repräsentationen ein Interesse an seriellen Sprachgebrauchsdaten. Das Primat der Serialität ist durchaus auch kompatibel mit einem Begriff von Diskurs als Aussagenformation. Formation bedeutet dann immer Serialität, Musterhaftigkeit und Sozialität sprachlicher Phänomene. Nun ist aber Musterhaftigkeit keineswegs gebunden an formale Iterationen. Formal differente Daten, die in verstreuten ethnographisch zugänglichen Aussagen manifest sind, stehen nicht neben Sprachgebrauchsmustern (Bubenhofer 2009). Urbane Diskurse in und über die Stadt sind beispielsweise nicht nur in Massengebrauchsdaten erfassbar, sondern vor allem auch in „single acts vis-à-vis larger social and historical patterns", wie (Blommaert/Jie 2010, 8) „language-in-society" bestimmen.

Fraglos werden in einer seriell orientierten Diskurslinguistik diskursive Muster unter anderem durch quantitative Verfahren offengelegt. Ereignisorientierte Diskurslinguistik legt durch ethnographische Verfahren zur Bestimmung von Interaktionsmustern aber ebenso Diskursmuster frei. Folgt man also Blommaert/Jie (2010, 8), so geht es um die Beziehungen von einzelnen Handlungen auf der einen Seite und größeren sozialen und historischen Mustern auf der anderen Seite. Dass in einer dafür notwendigen ethnographischen Perspektive auf singuläre Kommunikate dabei immer auch Musterbezüge von Interesse sind, lässt sich nicht zuletzt mit Bezug auf Hymes' (1974, 3–4) Konzept einer Ethnographie des Sprechens begründen:

> One needs fresh kinds of data, one needs to investigate directly the use of language in contexts of situations, so as to discern patterns proper to speech activity, patterns that escape separate studies of grammar, of personality, of social structure, religion, and the like, each abstracting from the patterning of speech activity into some other frame of reference.

Vor diesem Hintergrund ist es eine Aufgabe der Diskurslinguistik, neben ihrer korpusorientierten Betonung von Massengebrauchsdaten auch die kontextgebundene Singularität von Aussagen stärker als bisher zu gewichten.

e) Mündlichkeit und Schriftlichkeit. Unmittelbar mit der ethnographischen Aufmerksamkeit der Diskurslinguistik hängt ein Interesse auch an Mündlichkeit zusammen. Üblicherweise werden unter Diskursen schriftbasierte Aussagenformationen verstanden. Eine Behandlung von Mündlichkeit überlässt man weithin der Gesprächsanalyse. Roth (2008) hat in einem einschlägigen Beitrag zu *Interpersonalen Diskursrealisationen* und zu ihrer möglichen *Integration in die diskurssemantische Forschung* gezeigt, dass eine Schriftbegrenzung von Diskurslinguistik weder notwendig noch sinnvoll ist. Fraglos kommen bei der Untersuchung von mündlichen Kommunikaten andere analytische Aspekte ins Spiel; Diskurse sind aber selbstverständlich sowohl mündlich als auch schriftlich wirksam und manifestieren sich in beiden medialen Varietäten. Dies gilt umso mehr, als Mischformen – etwa in webbasierter Kommunikation – eine strenge Grenze zwischen Oralität und Literalität ohnehin als problematisch erscheinen lassen.

Gerade mit Blick auf mündliche und schriftliche „Diskursrealisationen" (Roth 2008) entspricht die Diskurslinguistik ihrem transversalen und intersektionalen Anspruch, denn beim gleichzeitigen Blick auf gesprochene und geschriebene Sprache geht es um die Aufhebung einer kategorialen Grenzziehung der Linguistik, die sich in diskurslinguistischen Zusammenhängen als höchstens analytisch sinnvoll, aber als empirisch inadäquat erweist. Wir bestätigen hier Roth (2008, 355) und halten seinen Standpunkt überdies für generalisierbar für das Feld der Diskurslinguistik:

> Es kann dabei weder darum gehen, die bestehende gesprächslinguistische Semantikforschung neu zu erfinden, noch darum, die Gesprächslinguistik als Ganzes unter das [sic!] Etikett der Diskurssemantik zu vereinnahmen. Umgekehrt aber dürfen einmal gezogene Disziplingrenzen der Nutzbarmachung relevanter Forschungsansätze aus anderen Bereichen dort nicht im Wege stehen, wo diese den eigenen Gegenstand unübersehbar berühren.

3.2 Zu Profilen der Diskurslinguistik

Fassen wir die bisherigen Überlegungen zusammen, so befasst sich Diskurslinguistik mit dem unauflösbaren Zusammenhang von linguistischen Aussagengesamtheiten und Praxisformen der Sprache, die auf Wissen gleichermaßen verweisen, wie sie Wissen hervorbringen. Da *Diskurs* aber nicht nur ein systematischer Terminus zur Hierarchisierung des sprachlichen Konstituentensystems ist, sondern auch und vor allem eine transversale Dimension von Sprache und ihrer Analyse bezeichnet, ergibt sich aus den breit verankerten diskurslinguistischen Erkenntnisinteressen ein innerdisziplinäres und interdisziplinäres Profil. Wir können diese Bezüge in vier Dimensionen zusammenfassen: a) Basiskonzepte und Anschlusstheorien der Diskurslinguistik, die sowohl grundlegende Voraussetzungen als auch aktuelle Entwicklungen der Diskurslinguistik thematisieren, b) methodische Anker der Diskurslinguistik, c) diskursive Dynamik und Varianz sowie d) Heterogenität von Diskurskodierungen. Zum Zweck der Profilierung des aktuellen Ortes der diskurslinguistischen Diskussion werden wir die wichtigsten Anknüpfungspunkte in diesen Dimensionen im Folgenden knapp skizzieren.

3.2.1 Basiskonzepte der Diskurslinguistik

Sicherlich ist es problematisch, arbiträr oder potentiell ausgrenzend, ein Bündel von basalen Konzepten für die Diskurslinguistik zu benennen. Dass solche Zuschnitte selbst immer wieder verhandelbar und in Frage zu stellen sind, ist Teil der diskurslinguistischen Konzeption. Es sei festgehalten, dass diese Einschränkung auch für die nachfolgenden Skizzen zu aktuellen methodischen Ausrichtungen der Diskurslinguistik, für die Bemerkungen zu methodischen Ankern der Diskurslinguistik sowie zur diskursiven Dynamik/Varianz und Heterogenität von Diskurskodierungen gilt.

a) Diskurslinguistik und Wissensrahmen. Unter Rückgriff auf sprachwissenschaftliche Theorien des Wissens behandelt Diskurslinguistik grundsätzlich den Zusammenhang von sprachlicher Formalisierung und Strukturierung mit Wissensrepräsentationen; zentral sind dabei Bezüge auf frame-semantische Theorien. In diesem Kontext reflektiert Diskurslinguistik ihre Vernetzung mit kognitionslinguistischen Theorien des Wissens und ist damit vor allem intradisziplinär anschlussfähig.

b) Diskurslinguistik und Wissenssoziologie. Einen interdisziplinären Bezug weist Diskurslinguistik dort erkennbar auf, wo sie soziologische Diskursanalysen rezipiert und Theorien der Wissenssoziologie für sprachwissenschaftliche Konzeptionen prüft. Vor allem Prozesse der sozialen Aushandlung von Wissen sowie Fragen nach dem Diskurs als Praxisform vs. Aussagenformation sind in diesem Zusammenhang relevant.

c) Diskurslinguistik und textuelle Historizität. Die Traditionslinien der historischen Semantik haben der Diskurslinguistik früh eine zeitgeschichtliche Dimension eingeschrieben. Trotz aller innerfachlichen Differenzierung der Diskurslinguistik ist das Interesse an begriffsgeschichtlichen Fragestellungen, an historischer Pragmatik sowie textueller Historizität und damit verbunden an der Gegenwärtigkeit historischer Diskursformationen ein Anker des diskurslinguistischen Erkenntnisinteresses.

d) Diskursgrammatik. Zu den interessanten Neuentwicklungen der Diskurslinguistik gehört das wachsende Interesse an grammatischen Phänomenen. Während frühe Diskurslinguistik in Tradition der historischen Semantik eher wortschatzorientiert war, wird die Analyse von grammatischer Bedeutung in der wissensanalytischen Linguistik zunehmend relevant.

e) Diskurslinguistik und Kognitive Grammatik. Bereits früh spielen framelinguistische Konzepte für die Diskurslinguistik eine Rolle. Im Rahmen kognitiver Grammatik werden Frametheorien auch auf Fragen nach dem geteilten Wissen in Gesellschaften bezogen. Für die Integration der Diskurslinguistik in die neuere Fachgeschichte der Sprachwissenschaft spielen Bezüge auf kognitive Theorien eine wichtige Rolle.

f) Diskurs und Text. Wie bereits ausgeführt, kann die Infragestellung der textuellen Fundierung von Diskursen zu den wichtigsten aktuellen Themen im Bereich konzeptioneller Basiskonzepte gelten. Dabei ist zu bedenken, dass nicht nur die Textbasiertheit von Diskursen bezweifelt werden kann, sondern dass das Konzept des Diskurses als transversales Sprachphänomen die allgemeine Gültigkeit von Textbegriffen selbst relativiert.

g) Intersektionalität als diskurskritisches Basiskonzept. Diskurslinguistik als transversale Sprachwissenschaft räumt intersektionalen Verfahren eine zunehmend wichtige Bedeutung ein. Hier öffnet sich Diskurslinguistik vor allem auch für kritische Arbeiten etwa in den Genderstudies, den (Post)Colonial Studies oder für kritische kulturwissenschaftliche Arbeiten überhaupt. Unter Berücksichtigung intersektionaler Konzepte werden übliche Kategoriensysteme in der Diskurslinguistik hinterfragt.

3.2.2 Methodische Anker der Diskurslinguistik

a) Diskurslinguistik und Kritik. In den Traditionslinien der germanistischen Linguistik ist die sprachwissenschaftliche Diskursanalyse vorrangig und häufig auch erklärtermaßen deskriptiv. Daneben und nicht selten in Konfrontation dazu steht eine kritische Tradition wissenschaftlicher Praxis, die ihre Aufgaben in der Aufdeckung (politisch) problematischer Machtkonstellationen sieht. Die Gegenüberstellung dieser Lager ist jedoch nicht selten eher ein inszenierter Antagonismus als ein notwendiger oder tatsächlich wirksamer Unterschied. Reine Deskription gibt es aufgrund immer normativer Bezüge ebenso wenig wie reine Kritik, muss diese doch immer auch beschreiben, was sie hinterfragen will. In den aktuellen Debatten der Diskurslinguistik wird die Entgegensetzung von Deskription und Kritik daher zugunsten eines integrativen Konzeptes in Frage gestellt.

b) Diskurslinguistik und Korpusanalyse. Zu den wichtigsten Neuentwicklungen der Diskurslinguistik gehört die Ausrichtung der immer schon korpusbezogenen Arbeitsweise auf tatsächlich korpuslinguistische Untersuchungsmethoden. Korpuslinguistik ist eines der zentralen Verfahren der sprachwissenschaftlichen Diskursanalyse. Unter dem Einfluss immer ausgefeilterer Möglichkeiten der maschinellen Korpusanalyse werden Verfahren der computergestützten Diskursanalyse in den nächsten Jahren fraglos zentrale Impulse für die Diskurslinguistik darstellen.

c) Diskurslinguistik als Argumentationsanalyse. Die topologische Struktur von impliziten Wissensbeständen gehört weiterhin zu den methodischen Ankern der Diskurslinguistik. Insbesondere der Zusammenhang mit der Rhetorik ist dabei eine wesentliche Bezugnahme auf traditionelle Verfahren der Aussagenanalysen, die in rezenten Entwicklungen der Diskursanalyse immer wieder auch aufzugreifen sind.

d) Diskurslinguistik und die Ethnographie des Alltags. Zu den Neuerungen der linguistischen Diskursanalyse gehört die Berücksichtigung auch ethnographischer und das heißt insbesondere singulärer, verstreuter Daten, deren Musterhaftigkeit weniger ausgeprägt ist, als dies in herkömmlichen Gegenständen der linguistischen Diskursanalyse der Fall ist. Methodisch bedeutet das auch eine Öffnung der Diskursanalyse für linguistische Feldstudien.

e) Diskurslinguistik als Grounded Theory. Die Feldorientierung einer ethnographischen Diskursanalyse zieht ein heterogenes Datenmaterial nach sich, dessen dichte Beschreibung vor allem auch mit Verfahren einer theoriebildenden, stufenweisen Induktion erreicht werden kann. Methoden der Grounded Theory sind dabei für die Diskurslinguistik von großem Interesse.

3.2.3 Diskursive Dynamik und Varianz

a) Diskurs und Handlung. Sind Diskurse aussagenverfasste Korpora, also letzthin verfestigtes Ergebnis sprachlicher Handlungen oder sind die sprachlichen Handlungen bzw. sogar ihre ordnenden Prinzipien selbst der Diskurs? In der Analyse des Wechselspiels zwischen Korpus und Handlung und den damit verbundenen Beschreibungen von diskursiver Dynamik liegen wichtige Potentale der weiteren Entwicklung von Diskurslinguistik.

b) Diskurslinguistik und Interaktion. Interaktionsanalyse verbindet man in der Sprachwissenschaft vor allem mit konversationsanalytischen Arbeiten. Das ist jedoch keineswegs zwingend. Nicht nur im mündlichen Gespräch, auch in den schriftlichen verfassten Formen gesellschaftlicher Aushandlungen von Wissen spielen Interaktionen eine wichtige Rolle. Die damit verbundenen Varianzen von Diskursen gehören zu den interessantesten Gegenständen der aktuellen Diskurslinguistik.

c) Diskurslinguistik und Vertikalität. Machtvolle Hierarchisierungen von Wissenszugängen, hegemoniale Diskurse, Herrschaftsstrukturen im Diskurs sind die gravierenden Dimensionen eines sehr viel weiter wirksamen Prinzips im Diskurs: seine

Vertikalität. Die Verteilung von Wissensbeständen in vertikalen Dimensionen (etwa von Experte/Laie, Alt/Jung etc.) sind bisher zu wenig untersucht worden und können einen wichtigen Gegenstand der weiteren Entwicklung von Diskurslinguistik darstellen.

d) Diskurslinguistik und sprachliche Innovationen. Sprachwandel als Etablierung neuer Formen, Funktionen und Bedeutungen sprachlicher Inventare ist ein wichtiges Feld einer dynamisch orientierten Diskurslinguistik. Gerade unter dem Gesichtspunkt der Sprachgebrauchsgeschichte sind entsprechend ausgerichtete historiolinguistische Untersuchungen höchst wünschenswert.

e) Diskurslinguistik und Onlinekommunikation. Post-Privacy, das Internet der Dinge, soziale Netzwerke, digitale Empörungswellen, virtuelle Partizipation sind nur wenige Bespiele für die herausragende Bedeutung onlinebasierter Kommunikationsformen für die Etablierung und Wirksamkeit von Diskursen. Bisher ist dieses Feld noch bei Weitem nicht hinreichend ausführlich in die Agenda der Diskurslinguistik integriert, was sich in den nächsten Jahren sicherlich deutlich ändern wird.

3.2.4 Heterogenität von Diskurskodierungen

a) Diskurslinguistik und Transsemiotizität. Diskurse sind nicht nur textverfasste Kollektionen von Aussagen, sondern Formationssysteme von Wissen in allen Bereichen zeichenhafter Repräsentation. Wenngleich Diskurslinguistik auf sprachliche Zeichenbestände konzentriert ist, geht es darum, die transsemiotischen Vernetzungen von Aussagen deutlich präziser als bisher in den Blick zu nehmen. Text-Bild-Analysen sind dabei nur ein allererster Anfang.

b) Diskurslinguistik und Stil. Wenngleich Stilistik aufgrund ihrer langen Tradition im Verdacht einer konventionellen Sprachwissenschaft steht, sind es doch gerade Arbeiten in der Soziostilistik, die wichtige neuere Perspektiven auf Diskurse eröffnen. Diskurse sind immer auch stilistische Profilierungen von Aussagen, was in der jüngeren Diskurslinguistik auch immer deutlicher gesehen wird.

c) Diskurslinguistik und Emotionskodierung. Die Erschließung rationaler Propositionen in Aussagenbündeln gehört zum üblichen Handwerkszeug der Linguistik. Schon das Interesse an deontischen Dimensionen hat aber eine wesentliche Erweiterung der strukturellen Beschreibungen zur Folge, etwa durch Berücksichtigung von Modalitätsphänomenen. Noch deutlicher wird der entgrenzende Anspruch der Diskurslinguistik bei Analyse auch emotionaler Kodierungen von Aussagen. Nicht zuletzt mit Blick auf kognitive Dimensionen von Emotionen verspricht dieses Feld wichtige Impulse für die zukünftige Diskurslinguistik zu geben,

d) Multimodalität und Materialität im Diskurs. Während Transsemiotizität die Realisierung von Aussagen in unterschiedlichen Zeichentypen meint, verstehen wir unter Multimodalität die Verbindung von Mündlichkeit, Schriftlichkeit, Para- und Nonverbalität im sprachlichen Code. Mit einer strikten Infragestellung der Notwendigkeit einer Trennung von Gesprächs- und Textanalyse, die in der Diskurslinguistik angelegt ist, gewinnen die Interdependenzen dieser Multimodalität auch zunehmend an Bedeutung.

e) Diskurslinguistik und Kodierung von Gewissheiten. Zu den zentralen sprachphilosophischen Themen der Diskurslinguistik gehört der Zusammenhang von Aussage und Gewissheit. Was als selbstverständlich angenommen wird, ist auch in kollektiv geteilten Zeicheninventaren hinterlegt und umgekehrt. Diskurslinguistik als eine linguistische Theorie der Gewissheit zu verstehen, könnte dabei ein wichtiger Impuls für die Reflexion von Unifizierung und Heterogenisierung von zeitlich gebunden Meinungen darstellen.

4 Literatur

Agamben, Giorgio (2006/2008): Was ist ein Dispositiv? Zürich/Berlin. [ital.: Che cos'è un dispositivo? Rom 2006].

Angermüller, Johannes (2007): Diskurs als Aussage und Äußerung: Die enunziative Dimension in den Diskurstheorien Michel Foucaults und Jacques Lacans. In: Ingo H. Warnke (Hg.): Diskurslinguistik nach Foucault: Theorie und Gegenstände. Berlin/New York, 53–80.

Barsky, Robert F. (1993): Discourse analysis theory. In: Irena R. Makaryk (Hg.): Encyclopedia of Contemporary Literary Theory: Approaches, Scholars, Term. Toronto/Buffalo/London, 34–36.

Barsky, Robert F. (2011): Zellig Harris: From American Linguistics to Socialist Zionism. Cambridge, Mass.

Bilut-Homplewicz, Zofia (2009): Sind Diskurs und dyskurs terminologische Tautonyme: Zu Unterschieden im Verständnis der Termini in der deutschen und polnischen Linguistik. In: Beate Henn-Memmesheimer/Joachim Franz (Hg.): Die Ordnung des Standard und die Differenzierung der Diskurse. Teil 1. Frankfurt a. M., 49–59.

Blommaert, Jan/Dong Jie (2010): Ethnographic Fieldwork: A Beginner's Guide. Bristol.

Bubenhofer, Noah (2009): Sprachgebrauchsmuster. Korpuslinguistik als Methode der Diskurs- und Kulturanalyse. Berlin/New York.

Bubenhofer, Noah (2013): Quantitativ informierte Diskursanalyse. Korpuslinguistische Zugänge zu Einzeltexten und Serien. In: Kersten Sven Roth/Carmen Spiegel (Hg.): Angewandte Diskurslinguistik. Felder, Probleme, Perspektiven. Berlin, 109–134.

Busse, Dietrich (2003): Begriffsgeschichte oder Diskursgeschichte? Zu theoretischen Grundlagen und Methodenfragen einer historisch-semantischen Epistemologie. In: Carsten Dutt (Hg.): Herausforderungen der Begriffsgeschichte. Heidelberg, 17–38.

Busse, Dietrich/Wolfgang Teubert (1994): Ist Diskurs ein sprachwissenschaftliches Objekt? Zur Methodenfrage der historischen Semantik. In: Dietrich Busse/Fritz Hermanns/Wolfgang Teubert (Hg.): Begriffsgeschichte und Diskursgeschichte. Methodenfragen und Forschungsergebnisse der historischen Semantik. Opladen, 10–28.

Chomsky, Noam (1965): Aspects of the Theory of Syntax. Cambridge, Mass.

Dönninghaus, Sabine (2005): Die Vagheit der Sprache: Begriffsgeschichte und Funktionsbeschreibung anhand der tschechischen Wissenschaftssprache. Wiesbaden.

Felder, Ekkehard/Marcus Müller/Friedemann Vogel (2010): Das Heidelberger Korpus. Gesellschaftliche Konflikte im Spiegel der Sprache. In: Zeitschrift für Germanistische Linguistik 38(2), 314–319.

Fix, Ulla (2008): Texte und Textsorten: Sprachliche, kommunikative und kulturelle Phänomene. Berlin.
Foucault, Michel (1969/1981): Archäologie des Wissens. Frankfurt a. M. [frz.: L'archéologie du savoir. Paris, 1969].
Foucault, Michel (1972/2012): Die Ordnung des Diskurses. Inauguralvorlesung am Collège de France, 2. Dezember 1970. Aus dem Französischen von Walter Seitter. Mit einem Essay von Ralf Konersmann. 10. Aufl. Frankfurt a. M. [frz.: L'ordre du discours. Leçon inaugurale au Collège de France prononcée le 2. décembre 1970. Paris, 1972].
Gardt, Andreas (2007): Diskursanalyse: Aktueller theoretischer Ort und methodische Möglichkeiten. In: Ingo H. Warnke (Hg.): Diskurslinguistik nach Foucault: Theorie und Gegenstände. Berlin/New York, 27–52.
Gardt, Andreas (2013): Textanalyse als Basis der Diskursanalyse: Theorie und Methoden. In: Ekkehard Felder (Hg.): Faktizitätsherstellung in Diskursen: Die Macht des Deklarativen. Berlin/Boston, 29–55.
Georges, Karl Ernst (1913/1998): Ausführliches lateinisch-deutsches Handwörterbuch: Aus den Quellen zusammengetragen und mit besonderer Bezugnahme auf Synonymik und Antiquitäten unter Berücksichtigung der besten Hilfsmittel ausgearbeitet. Unveränderter Nachdruck der achten verbesserten und vermehrten Auflage. Darmstadt.
Härtl, Holden (2008): Implizite Informationen: Sprachliche Ökonomie und interpretative Komplexität bei Verben. Berlin.
Harris, Zellig S. (1952): Discourse analysis. In: Language 28(1), 1–30.
Harris, Zellig S. (1976): Textanalyse. In: Elisabeth Bense/Peter Eisenberg/Hartmut Haberland (Hg.): Beschreibungsmethoden des amerikanischen Strukturalismus. München, 261–298.
Haspelmath, Martin (2011): The indeterminacy of word segmentation and the nature of morphology and syntax. In: Folia Linguistica 45(1), 31–80.
Heinemann, Wolfgang/Dieter Viehweger (1991): Textlinguistik: Eine Einführung. Tübingen.
Hymes, Dell (1974): Foundations in Sociolinguistics: An Ethnographic Approach. Philadelphia.
Keller, Reiner (2011): Wissenssoziologische Diskursanalyse: Grundlegung eines Forschungsprogramms. 3. Aufl., Wiesbaden.
Konerding, Klaus-Peter (2009): Diskurslinguistik: Eine neue linguistische Teildisziplin. In: Ekkehard Felder (Hg.): Sprache. Heidelberg, 155–177.
McCall, Leslie (2005): The complexity of intersectionality. In: Signs 30(3), 1771–1800.
Motschenbacher, Heiko (2011): Taking queer linguistics further: Sociolinguistics and critical heteronormativity research. In: International Journal of the Sociology of Language 212, 149–179.
Robertson, Bruce (2008): The slave-names of *IG* i[3] 1032 and the ideology of slavery at Athens. In: Craig Cooper (Hg.): Epigraphy and the Greek Historian. Toronto/Buffalo/London, 79–116.
Roth, Kersten Sven (2008): Interpersonale Diskursrealisationen – Überlegungen zu ihrer Integration in die diskurssemantische Forschung. In: Ingo H. Warnke/Jürgen Spitzmüller (Hg.): Methoden der Diskurslinguistik. Sprachwissenschaftliche Zugänge zur transtextuellen Ebene. Berlin/New York, 323–358.
Ruoff, Michael (2007): Foucault-Lexikon. Paderborn.
Rusterholz, Peter (1998): Poststrukturalistische Semiotik. In: Roland Posner/Klaus Robering/Thomas A. Sebeok (Hg.): Semiotik: Ein Handbuch zu den zeichentheoretischen Grundlagen von Natur und Kultur, Bd. 2. Berlin/New York, 2329–2339.
Schöttler, Peter (1997): Wer hat Angst vor dem „linguistic turn"? In: Geschichte und Gesellschaft 23(1), 134–151.
Searle, John R. (1969): Speech Acts. Cambridge/New York/Melbourne/Madrid.

Spitzmüller, Jürgen/Ingo H. Warnke (2011): Diskurslinguistik: Eine Einführung in Theorien und Methoden der transtextuellen Sprachanalyse. Berlin/Boston.

Wichter, Sigurd (1999): Gespräch, Diskurs und Stereotypie. In: Zeitschrift für Germanistische Linguistik 27, 261–284.

Nina-Maria Klug/Hartmut Stöckl
11. Sprache im multimodalen Kontext

Abstract: Aufbauend auf der Annahme, dass Sprachgebrauch nur angemessen im Kontext seiner multimodalen Zusammenhänge erfasst werden kann, umreißt dieser Beitrag Paradigmen einer multimodalen Betrachtung von Sprache. Dabei werden verschiedene Möglichkeiten des methodengeleiteten Zugriffs auf multimodale Kommunikate bzw. Texte, die sie konstituierenden Modes und die Prozesse ihrer interaktiven Produktion und Rezeption aufgezeigt. Sie werden vor dem Hintergrund knapper Beispielanalysen illustriert, die sich – der Einfachheit der printmedialen Darstellung wegen – auf statische Kombinationen von Bild und Sprache beschränken. Die Beschreibung berücksichtigt sowohl intratextuelle Aspekte der (syntaktischen, semantischen und funktionalen) Multimodalität wie auch intertextuelle (z. B. genre-, textsorten- und -typenkonstituierende) Muster und transtextuelle Strukturen der diskursiven Verknüpfung von Texten unterschiedlicher Modalität.

1   Das Phänomen der Multimodalität
2   Zum Begriff der Zeichenmodalität
3   Funktionsweisen von Multimodalität
4   Disziplinen und Methoden der Multimodalitätsforschung
5   Status Quo und Forschungsdesiderate
6   Literatur

1 Das Phänomen der Multimodalität

Menschliche Kommunikation ist grundsätzlich multimodal (s. Kress/van Leeuwen 1998, 186). Das bedeutet mit Blick auf die sprachliche: Sobald das abstrakte System der Sprache gebraucht wird, ist es nur noch in seiner materialisierten bzw. medialisierten Form zu fassen, die notwendigerweise auf unterschiedliche Zeichenressourcen zurückgreift. Während gesprochene Sprache immer an die para-verbale Zeichenmodalität der Intonation, typischerweise auch an die non-verbalen Zeichenmodalitäten der Gestik, der Mimik und der Körperhaltung gebunden wird, so ist schriftliche Kommunikation allein über den para-verbalen Weg ihrer visuellen Gestaltung realisier- und erfassbar (z. B. in Form von Handschrift oder Typographie/Layout).

Multimodalität bezeichnet eine solche zweckorientierte Form des Rückgriffs auf Zeichen unterschiedlicher semiotischer Natur im Rahmen der Kommunikation, die auch, aber eben nicht ausschließlich auf der Basis des sprachlichen Zeichensystems vollzogen wird. „Sprache pur" (Holly 2009, 289) ist mit Blick auf ihren stets materialisierten und damit per se multimodalen Gebrauch eine – wenn auch durchaus nachvollziehbare – sprachwissenschaftliche Konstruktion, die jedoch an der kommunikativen Wirklichkeit vorbeitheoretisiert.

Nicht zuletzt durch die stetig voranschreitende Weiterentwicklung der v. a. technischen Kommunikationsmedien begegnet uns Sprache im Alltag darüber hinaus immer häufiger auch im Kontext weiterer non-verbaler Zeichensysteme. Im Radio hören wir gesprochene Sprache im textuellen Verbund mit Ton, d. h. konkret: mit Geräuschen unterschiedlicher Art und mit Musik; im Fernsehen oder im Internet wird Sprache geschriebener oder gesprochener Art typischerweise mit Geräuschen, Musik und bewegten und/oder statischen Bildern zu semiotisch komplexen kommunikativen Einheiten, zu multimodalen Texten verknüpft. Die vielfältigen Formen von Druckmedien stellen in dieser Hinsicht keinen ‚altmodischen' Sonderfall dar: Auch auf Produktverpackungen, Plakatwänden, Litfaßsäulen und Flugblättern, in Prospekten, Zeitschriften und Zeitungen wird Sprache seit jeher nicht nur typographisch auf eine variationsreiche Weise gestaltet, sondern ganz usuell auch in den semiotischen Kontext von Bildern und graphischen Elementen eingebettet, die ihrerseits einen wichtigen wie notwendigen Anteil zur zweckgerichteten Konstitution von Textbedeutung beisteuern.

Mit Blick auf die Allgegenwärtigkeit und Unvermeidbarkeit des Gebrauchs unterschiedlicher Zeichenressourcen im Rahmen der Kommunikation muss gelten: Der Sprachgebrauch einer Gemeinschaft lässt sich nur auf der Basis einer möglichst umfassenden Kontextualisierung angemessen erfassen, also dann, wenn Sprache in ihre relevanten Deutungs- bzw. Verstehensrahmen eingebettet wird.

Zu ihnen gehören zwingend auch ihre multimodalen Kontexte, mit denen sie sich in syntaktischer, semantischer und funktionaler Hinsicht zu einem kommunikativen Ganzen, d. h. konkret: zu einem multimodalen, semiotisch komplexen Gespräch, (Gesamt-)Text oder – transtextuell gedacht – Diskurs verbindet.

Eine an kulturellen Phänomenen interessierte gebrauchsorientierte Sprachwissenschaft, die einen Beitrag zur „Analyse gesellschaftlichen Wissens" leisten will (Busse 2000), sollte sich deshalb einer multimodalen Sprachbeschreibung öffnen. Erst auf diesem Wege kann sie ihrem Gegenstand gerecht werden und das Wissen möglichst holistisch erfassen, das zum adäquaten gemeinschaftlichen Gebrauch von Texten, zu ihrem rezeptiven Verstehen und ihrer (modalitäts- und textsortenadäquaten) produktiven Gestaltung – und damit zur Ausbildung einer multimodalen Textkompetenz als einer grundlegenden Kulturtechnik (vgl. Stöckl 2011) – die notwendige Voraussetzung bildet.

2 Zum Begriff der Zeichenmodalität (*mode*)

Wie erläutert, besteht das Wesen von Multimodalität in der „Integration mehrerer ‚semiotischer Ressourcen' im Hinblick auf einen kommunikativen Zweck" (Fricke

2012, 39) – dies ist ein textuelles oder rhetorisches Prinzip, das man auf die beiden Schlagwörter „multiplicity and integration" (Cope/Kalantzis 2000, 5) von Kodes bringen kann. Eine solche ganzheitliche Sicht auf Text und kommunikative Interaktion bedeutet für die Sprachwissenschaft einen Paradigmenwechsel, den Page (2010, 3) als „shift away from mode-blindness" kennzeichnet. Von zentralem Interesse ist dabei, wie Sprache im Ensemble verschiedener semiotischer Zeichenmodalitäten kontextualisiert wird und welche Aufgaben und welcher Status ihr zufallen. Dass dies überfällige Fragestellungen sind, ergibt sich aus der historisch gewachsenen Verknüpftheit der *modes*, ihrer prinzipiellen Integration und Arbeitsteilung in den Prozessen der Wahrnehmung und des Verstehens sowie aus dem hohen Stellenwert, den multimodale Texte beim Lernen und bei der Wissensvermittlung haben (s. *multimodal literacy*, Jewitt/Kress 2003). Kurzum: Multimodalität ist der natürliche Urzustand unserer kommunikativen Ökologie. Für die theoretische Basis und das Entwicklungspotenzial des Forschungsfeldes ist eine Klärung des Mode-Begriffs unseres Erachtens unerlässlich – dazu trägt dieses Kapitel grundlegende Gedanken zusammen.

Zunächst hängt die Agenda einer Multimodalitätsforschung wesentlich von den Sichtweisen auf den Phänomenbereich ab. Fasst man Multimodalität als empirischen Begriff auf, so liegt das Augenmerk auf den kommunikativen Praktiken und Gestaltungsmustern, in denen unterschiedliche Zeichenmodalitäten verknüpft werden und die den Medien- und Gattungswandel vorantreiben. Hier kann man von der „fluid nature of modes" (Page 2010, 6) ausgehen und die Frage nach der Definition von Zeichenmodalitäten unter Verweis auf ihre mangelnde Trennschärfe, Überlappungen und wechselseitige Integration verdrängen. Versteht man Multimodalität aber als einen kategorialen Begriff – und daher als Wesensmerkmal von Zeichengebrauch in Text und Interaktion –, so kommt man an einer Bestimmung des Begriffs *mode* nicht vorbei. In Anlehnung an diese Dichotomie der Begriffsauffassung von Bucher (2011, 113 f.) schlägt Fricke (2012, 47 ff.) vor, zwischen *Multimodalität im engeren und im weiteren Sinn* zu unterscheiden. Beide Typen eint als distinktives Merkmal von Multimodalität, dass Kodes strukturell und funktional integriert werden bzw. ein und derselbe Kode sich in verschiedenen Medien manifestiert (Fricke 2012, 49 f.). Beispiele hierfür sind: Bewegte Bilder und gesprochene Sprache werden in der Struktur des Films zusammen mit Musik und Geräusch verknüpft; oder Sprache manifestiert sich zugleich im Medium der Rede und der Gestik. Multimodalität im engeren Sinn liegt vor, wenn mehrere Sinnesmodalitäten beteiligt sind – etwa auditive (Ton) und visuelle (Schrift, Bild). Im weiteren Sinn sind Zeichenprodukte dann multimodal, wenn sie nur eine Sinnesmodalität bedienen – dies trifft auf Schrift-Bild-Kombinationen oder Rede-Geräusch-Kombinationen zu. Diese Unterscheidungen und generellen Überlegungen machen deutlich, dass Multimodalität ein Phänomen unterschiedlicher Extension ist und der Begriff des *mode* nur im Kraftfeld der Konzepte Medium, Kode und Sinneswahrnehmung zu klären ist.

Das Konzept des *mode* wird verschieden benannt; die Namen sind aufschlussreich und verhalten sich komplementär. Einerseits finden wir auf die Funktion orientierte Bezeichnungen wie *communicative resource* (z. B. van Leeuwen 2011, 549) bzw. *mode of communication* (Levine/Scollon 2004, 1 f.) oder auch *textual resource* (Page 2010, 7). Andererseits wird mit *semiotic resource* (z. B. O'Halloran 2004, 1 f.) und *representational mode* (Jewitt/Kress 2003, 1) der zeichenhafte Charakter hervorgehoben. Mit Blick auf den Begriffsinhalt lassen sich zwei unterschiedlich akzentuierte, aber kompatible Sichtweisen unterscheiden. Dem empirischen Begriff von Multimodalität entspricht eine Definition von *mode*, die erstens mediale, kode-bezogene und sozial-kulturelle Faktoren vermengt, und zweitens keine klaren Unterscheidungen zwischen *modes* trifft. So definiert Kress (2009, 54) *mode* als „socially shared and culturally given resource for making meaning" und anderswo (Jewitt/Kress 2003, 1 f.) als „regularized organized set of resources", die durch „work of culture in shaping material" geschaffen werden. Zur Frage der Abgrenzung von *modes* heißt es: „a mode is what a community takes to be a mode and demonstrate that in its practices" (Kress 2009, 58 f.).

Einer kategorialen Auffassung von Multimodalität ist eher ein Begriff von *mode* dienlich, der die verschiedenen Aspekte zu trennen und zu ordnen versucht (s. Stöckl 2014a, 276). Danach sind *modes* primär Zeichensysteme, die über Ressourcen und Regeln ihrer Verwendung (Grammatik) verfügen. Zugleich ist jeder Zeichengebrauch an eine entsprechende Materialität, d. h. an ein Medium, und eine Art der Sinneswahrnehmung gebunden. Dabei kann prinzipiell eine Zeichenmodalität medial verschieden realisiert werden: Sprache geschrieben und gesprochen, Bilder gezeichnet, gemalt oder auf einen Schirm projiziert. Ein und dieselbe Zeichenmodalität kann dann über unterschiedliche Sinneskanäle prozessiert werden: Eine Musikpartitur und ein Redemanuskript werden gelesen, gespielte Musik und eine Rede gehört. Ebenso sind Übergänge von einer Zeichenmodalität in die andere möglich; Schrift kann zum Bild mutieren (Typographie) und Musik zum Geräusch. Hinzu kommt, dass aufgrund ihrer kognitiven Verwobenheit eine Modalität eine andere evozieren kann (Stöckl 2004c, 339 ff.): etwa wenn ein Bild die Redewendung „es ist fünf vor 12" visualisiert (s. Abb. 1). Nach dem Medienbegriff von Posner (1986) gefasst, erscheint eine Zeichenmodalität als jeweils inhärent auf ein physisch-materielles, biologisch-sinnliches und technologisches Medium bezogen. Eine Hierarchisierung der im Begriff der Zeichenmodalität synthetisierten Aspekte ist in Stöckl (2012, 18 ff.) vorgeschlagen. Danach erlaubt ein technisches Medium wie das iPad zunächst Kommunikationsformen, d. h. technische Verfahren, mediale Prozessierungsroutinen und soziale Konfigurationen des Kommunizierens, wie z. B. die elektronische Zeitung oder das Web-Radio. Die Kommunikationsformen sind dann die regulativen Rahmen, in denen genrebezoge multimodale Texte hergestellt werden; diese sind der eigentliche Ort der Verknüpfung von *modes*. Zusammenfassend sind in einem Konzept von semiotischen *modes* zumindest die folgenden Aspekte von Zeichenressourcen synthetisiert: 1 Materialität und Medialität, 2 Kodalität (Zeichenset und Grammatik), 3 Sinnesmodalität, 4 Prozessierungsverfahren, 5 sozio-kulturelle Konventionen.

Abb. 1: PETA. People for the Ethical Treatment of Animals, *Verkaufsverbot für Tierversuchs-Kosmetik*, Deutschland 2012 (Freianzeigenmotiv, www.peta.de)

Ein analytisch-ordnender Zugang zu *modes* ermöglicht auch die Bestimmung multimodaler Texttypen nach der Art der beteiligten Zeichenressourcen. So verfügen Print-Texte über Schrift, Bild und Typographie, Audiotexte hingegen über Rede, Musik und Geräusch. Die semiotische Komplexität ist dann am größten, wenn im audiovisuellen Text – wie prinzipiell im elektronischen Text – Sprache, Bild, Musik und Geräusch verknüpft werden. Hinzu kommt, dass bei diesem multimodalen Texttyp eine Modalität in verschiedenen medialen Varianten realisiert wird: Sprache kann geschrieben und gesprochen vorkommen, Bilder und Typographie statisch oder bewegt realisiert werden. Diese differenzierten Verhältnisse der Modeintegration lassen es sinnvoll erscheinen, zentrale Zeichenressourcen von ihren medialen Varianten und weiteren eher peripheren, d. h. parasemiotischen *modes* zu unterscheiden (Stöckl 2004a, 11 ff.). Sprache ist eine zentrale Zeichenmodalität, die sich nur in den medialen Varianten Rede und Schrift materialisiert. Schreiben z. B. aber bedingt den Einsatz typographischer Ressourcen, d. h. dies ist ein paralinguistischer Aspekt, den man von Sprache nicht abtrennen aber als semiotische Ressource gesondert theoretisieren muss (Stöckl 2004b). Auf einer hierarchisch oberen Ebene gilt es zudem, medialisierte (hier im Sinne eines technologischen Medienbegriffs) multimodale Artefakte (Kommunikate bzw. Texte) von multimodaler Interaktion (d. h. face-to-face-Kommunikation) zu unterscheiden. Für Letzteres hat man den Begriff des *communicative event* (vgl. van Leeuwen 2011, 549) reserviert und damit beschäftigt sich die *Multimodal Interaction Analysis* (Norris 2011, 35 ff.), die soziales Handeln durch sprachliche Interaktion und multimodale Koordination (Raum, Objektmanipulation, Gestik, Mimik etc.) untersucht. Die kulturelle Bedeutsamkeit von *modes* innerhalb der Semiosphäre, d. h. im Spektrum verfügbarer Zeichenressourcen, kann sich verändern. So z. B. scheinen Bilder und Typographie in den letzten Jahrzehnten vom Rand ins Zentrum unserer kommunikativen Ökologie gewandert zu sein.

3 Funktionsweisen von Multimodalität

Eine anfängliche Ablehnung nicht-sprachlicher Zeichenmodalitäten innerhalb der Linguistik ist mit ihren rein illustrativen oder der Sprache unterlegenen Funktionalitäten und mit disziplinärem Purismus begründet worden. Inzwischen floriert das Studium multimodaler Kommunikation vor allem dank semiotischer, funktionalistischer, text- und diskurslinguistischer sowie rhetorischer Ansätze. Dabei geht man prinzipiell von einem komplementären und wechselseitig integrierenden Bezug der Zeichenmodalitäten in Gesamttext oder multimodalem Kommunikat bzw. Ereignis aus, der etwa mit der Metapher des Reißverschlusses (Holly 2009) benannt worden ist. Sehen einige Multimodalität eher als Kohärenz stiftendes Vertextungsprinzip (z. B. Royce 2007), so betonen andere (Jäger 2002) die grundlegendere Natur von Multimodalität als unverzichtbares transkriptives Verfahren der Relektüre zwischen *modes* und Medien, das kulturelle Semantik und Sinnstiftung überhaupt erst ermöglicht.

Klar ist in jedem Falle, dass die in einem Text integrierten semiotischen Ressourcen an bestimmten Punkten der Textur in konkrete strukturelle und semantische Berührung kommen müssen. Diese Idee einer mehr oder weniger expliziten Bezugnahme der *modes* bringen Begriffe wie *Kontaktstelle* (Stöckl 1992), *edit point* (van Leeuwen 2005) oder zuletzt *Junktor* (Wetzchewald 2012) zum Ausdruck.

Das semiotisch inspirierte Diktum „all modes are equal" (Page 2010, 4), das prinzipiell gleiche pragmatisch-semantische Potenziale im Gesamttext unterstellt, ist der Einsicht gewichen, dass jede Zeichenmodalität ihre Stärken und Schwächen hat und generell von ihrer unterschiedlichen Semantik auszugehen ist. Jewitt/Kress (2003, 14 ff.) haben dazu nützliche begriffliche Vorschläge gemacht, die wir hier präzisieren. So wird mit *modal affordance* das distinkte Ausdruckspotenzial einer Zeichenmodalität gefasst (vgl. auch den Begriff *reach of mode* in Kress 2009, 57). Während Sprache flexible Referenz und die Darstellung logischer Zusammenhänge gut ermöglicht, eignet sich das Bild zur merkmalsreichen Darstellung von Objekten im Raum. Jede Zeichenmodalität hat zudem eine ihr eigene Logik. Darunter wird ihre referentielle und wahrnehmungs- wie kognitionsbezogene Grundausrichtung verstanden. Ist Sprache als kompositionale Abfolge von Ausdruckseinheiten inhärent linear und propositional organisiert, so funktionieren Bilder als ganzheitlich und flexibel integrierbare Gefüge von Gestalten. Schließlich legen unterschiedliche modale Logiken und *affordances* eine generelle semantisch-funktionale Spezialisierung der *modes* in der Kommunikation nahe. Beschreibt man die multimodale Arbeitsteilung in einem konkreten Kommunikat, so kann man von *functional load* sprechen. Hier wird die Frage beantwortet, welchen Beitrag zur Gesamtinformation eine bestimme Zeichenmodalität leistet.

Eine Grundfrage der Beschreibung von Multimodalität ist es, ob sich „common semiotic principles [which – N. M. K./H. S.] operate in and across different modes" (Kress/van Leeuwen 2001, 2) wirklich finden lassen. Uns scheint, dass für solche „unified and unifying semiotics" (ibid.) nur sehr allgemeine Kriterien bzw. Dimensionen in Frage kommen wie z. B. C. W. Morris' Unterscheidung in Semantik, Syntax und Pragmatik, C. S. Peirces Zeichentypen oder M. A. K. Hallidays Metafunktionen (s. dazu Stöckl 2014a, 278 ff.). Sie zeigen die gemeinsame semiotische Basis unterschiedlicher Ressourcen, können aber ihre jeweilige Spezifik nur grob erfassen. Erfolg versprechender scheint es uns, die „Grammatiken" der einzelnen *modes* zu beschreiben und darauf aufbauend die Muster und Techniken ihrer wechselseitigen Integration. Im Folgenden werden größere Herangehensweisen an Multimodalität skizziert; das nächste Kapitel stellt dann konkrete Methoden bzw. Disziplinen der Multimodalitätsforschung vor.

Den vielleicht bedeutendsten Anstoß zur einer Theorie- und Methodenbildung multimodaler Kommunikation gab Barthes' (1964/1977/1984) Aufsatz *Die Rhetorik des Bildes*. Hier wird eine erste semiotische Sichtweise zum Bezug von Sprache und Bild entwickelt, die allgemeine semantische Mechanismen der Informationsverteilung und Botschaftskonstruktion im multimodalen Text erklärt. Im Wesentlichen schlägt Barthes Antworten auf drei Fragen vor: erstens, wie beeinflussen sich sprachliche und bildliche Botschaft, zweitens, welche Grundbezüge zwischen ihnen sind möglich, und drittens, gibt es Dominanzen einer Zeichenressource bzw. Richtungen der semantischen Funktionsweise von Sprache-Bild-Bezügen?

Grundlegend ist die Erkenntnis, dass sich Sprache und Bild auf der denotativen als auch auf der konnotativen Bedeutungsebene gegenseitig beeinflussen. Denotativ hilft Sprache festzulegen, was das Bild darstellt – dies nennt Barthes die *denominative* Funktion, die zu einer Einschränkung des polysemen Potenzials von Bildern führt. Auf der konnotativen Ebene hat die Sprache einen *repressiven Wert* – sie unterdrückt mögliche Konnotationen des Bildes und betont andere, etwas, das Barthes auch als (ideologische) Interpretation durch Sprache bezeichnet. In Abb. 2 z. B. fungiert Sprache denotativ, um den gezeigten Pinguin einer Klasse zuzuweisen (*they* – Tiere); konnotativ bewirkt der Text eine Schwächung etwaiger emotionaler Mitbedeutungen. Prinzipiell unterscheidet Barthes zwei Grundbezüge zwischen sprachlicher und bildlicher Botschaft. Einerseits gibt es Redundanz (Verankerung/*anchorage*) – Bild und Sprache wiederholen gleichartige Konzepte und Aussagen. Andererseits können die *modes* verschiedene Informationen enthalten und sich komplementär zueinander verhalten (*relay*). Die möglichen semantischen Bezüge zwischen verschiedenen Zeichensystemen haben sich in der nachfolgenden Forschung als ein zentraler Punkt erwiesen – hier gibt es diverse Ansätze, die paradigmatische Sinnbezüge (z. B. Antonymie), rhetorische Operationen (z. B. Analogie) oder Kohäsions- bzw. Kohärenz-Relationen (z. B. Koreferenz, Relationen zwischen Propositionen wie z. B. konzessiv) als Beschreibungskategorien nutzen. Barthes' Erkenntnis, dass multimodale Texte von einer Zeichenressource dominiert werden können, während die anderen eine untergeordnete Rolle spielen (z. B. illustriert das Bild den Text lediglich), hat sich hingegen nicht durchgesetzt. Vielmehr geht man heute von der essentiell multiplikativen und komplementären Bedeutungskonstruktion in Gesamttexten aus.

Ist dieses erste Paradigma der Beschreibung von Multimodalität universell semiotisch ausgerichtet, so übertragen andere Herangehensweisen linguistische Modelle auf die Funktionsweise von Bildern und deren Zusammenspiel mit Sprache. Hier gibt es zum einen den mediendidaktisch motivierten Versuch, Bilder als sprachanaloge Strukturen zu analysieren (Doelker 1997). Dabei sieht man z. B. Bildelemente als Wörter eines *visuellen Lexikons* (s. Abb. 2: Pinguin/Tier, Kühlschrank/Haushaltsgerät) Beleuchtung, Aufnahmewinkel und Brennweiten als *Flexion*, raum- und inhaltslogische Zusammenhänge zwischen Elementen als *Syntax* und bildliche Darstellungsstile als *Modus* (z. B. Realis vs. Irrealis; s. Abb. 2: fiktionales Bild). Abgesehen vom heuristischen Wert dieser Vergleiche scheint dies wenig nützlich. Zum anderen hat man Bilder als prinzipiell satz- bzw. propositionsanaloge Phänomene beschrieben (Muckenhaupt 1986). Dies hat zwar Vorteile bei der Operationalisierung von Sprache-Bild-Bezügen (etwa als komplexe Sätze oder Verknüpfungen von Propositionen; s. Abb. 2: Pinguin schließt Kühlschranktür), entspricht aber kaum der Realität. Bilder stellen Konzepte als Wahrnehmungsgestalten zur kommunikativen Verfügung, die flexibel in größere Strukturen eingebunden werden und im Unterschied zu Sätzen eben keine klaren Propositionen ausdrücken können. Vielmehr entsprechen sie, funktional betrachtet, Texten, die auf Kotexte anderer Zeichenmodalitäten angewiesen sind und nur im situativen und kulturellen Kontext bedeutungsfähig werden.

Eine weniger strukturell und stärker funktional ausgerichtete Theoretisierung multimodaler Bedeutungskonstruktion finden wir in den Ansätzen der Sozialsemiotik. Sie zeigen Barthes' Einflüsse, sind aber primär von der Funktionalen Grammatik M. A. K. Hallidays geprägt. Hier sieht man multimodale Botschaften im Wesentlichen als Verknüpfungen von Teilaussagen nach den Mustern komplexer Sätze oder ganzer Teiltexte, denen Funktionen im Gesamttext zugewiesen werden können. Zwei zentrale Begriffe sind dabei *relative image-text status* und *logico-semantic relations* (Martinec/Salway 2005). *Status* fragt nach der Anteilsverteilung von Informationen auf die *modes* und deren generellem Verhältnis zueinander. Die logisch-semantischen Bezüge zwischen Zeichenmodalitäten werden sozialsemiotisch wiederum sprachanalog mit der Struktur komplexer Sätze erklärt. Der Funktion von Nebensätzen vergleichbar, können *modes* andere spezifizieren (*elaboration*), gänzlich neue Informationen liefern (*extension*) oder die Information des anderen durch Umstandbestimmungen (Zeit, Ort, Art und Weise etc.) präzisieren (*enhancement*). Der funktional-grammatische Ansatz ist hilfreich, weil er auf allgemeine semantische Prozesse abhebt, die von der Intention des Kommunikats bestimmt werden. Seine Schwächen liegen in der mangelnden Trennschärfe der Kategorien, die daher rührt, dass man explizite und propositional organisierte Sprachstrukturen auf nicht-sprachliche Kodes überträgt. Die Komplexität und Fluidität multimodaler Bedeutungsgenerierung scheint reicher als das eine sprachlich inspirierte Grammatik modellieren kann.

In der sozialsemiotischen Theoriebildung zu Multimodalität werden aber umgekehrt auch Funktionsweisen des Bildes für die Beschreibung der Gesamtkommunikate nutzbar gemacht. So kann man den formalen („syntaktischen") Zusammenhang von Sprache und Bild z. B. mit den von der Logik des Bildraumes und der Komposition hergeleiteten Kategorien *framing*, *salience* und *information value* erklären (Jewitt/Oyama 2001). Erstens werden Teile eines Gesamtkommunikats etwa durch Farb- und Formkontraste oder graphische Mittel organisiert. Zweitens erlangen bestimmte Teile der multimodalen Textur durch Hervorhebung einen besonderen Stellenwert. Drittens sind alle Komponenten des Gesamttexts in einer Struktur organisiert, die ihren Teilen bestimmte relative Positionen und Bedeutungen zuweist. In Abb. 2 sticht der offene Kühlschrank durch seine Helligkeit hervor, das Bild scheint aufgrund von Größe und Position zentral und geht dem Text voraus, außerdem folgt die Komposition einer Oben-Unten-Leselogik. Diese formalen Kriterien haben Rückwirkungen auf die Deutung der *Mode*-Verknüpfung.

Abb. 2: CELG Electricity Distribution, AMP Propaganda, Aparecida de Goiânia, Brasilien (Lürzer's Archiv 6/12, 6.1258, 105)

Neben allgemein semiotischen und sprachanalogen Modellen gibt es auch primär text- bzw. diskurslinguistische oder rhetorische Ansätze. Ihnen ist eigen, dass sie Multimodalität eher von der Konstitution des Textganzen und seiner Funktionalität her betrachten. So lässt sich z. B. Kohäsion bzw. Kohärenz modellieren, indem lexikogrammatische Bezüge zwischen Sprache und Bild analysiert werden. Solche *intersemiotische Komplementarität* (Royce 2007) kann man neben der Inhaltsebene auch für die Ebenen der Interaktion zwischen Produzent und Rezipient wie auch für die Ebene der graphischen Komposition des multimodalen Kommunikats beschreiben.

Rhetorische Ansätze nutzen den Gedanken multisemiotischer rhetorischer Figuren. Dies sind verschiedene Zeichenressourcen übergreifende und verkoppelnde mentale Operationen, die unterschiedlichen pragmatischen Zielen dienen können (z. B. Erklären, Beweisen, Emotionalisieren). In Abb. 2 z. B. fungiert der Pinguin als metonymisches Exempel für die generalisierte Aussage *Save the planet*. Während einige die gesamte multimodale Logik von Textsorten mit rhetorischen Mustern erklären (Gaede 1981), verweisen andere (Durand 1987, Doelker 2007) darauf, dass sich rhetorische Figuren als sprachlicher Mechanismus auf die Organisation bildlicher Strukturen übertragen lassen.

4 Disziplinen und Methoden der Multimodalitätsforschung

Der Blick auf die aktuelle Forschungslandschaft zeigt also ein zunehmend breiter werdendes Spektrum methodischer Zugänge zur Analyse multimodaler Kommunikate und Kommunikationsprozesse. Hier lassen sich auf der einen Seite Herangehensweisen beschreiben, die sich dem Phänomen der Multimodalität eher strukturbezogen nähern. Auf der anderen Seite stehen ihnen solche Ansätze gegenüber, die einen betont gebrauchsorientierten (z. T. zudem kognitiv ausgerichteten) Zugriff wählen. Einer funktionalistisch begründeten und pragmatisch ausgerichteten Sprachwissenschaft wird es vermehrt darum gehen müssen zu beschreiben, wie Zeichennutzer Bedeutung durch die symbiotische Kombination verschiedener Zeichenressourcen interaktiv generieren, aktualisieren und modifizieren. Sie sollte die kommunikativen (kognitiven) Strategien erfassen, die diesem Umgang mit dem Text zu Grunde liegen.

4.1 Semiotik

Der Ansatz der *verbal-visuellen Semiotik* orientiert sich hauptsächlich an der Struktur multimodaler Zusammenhänge. Neben der Beschreibung der semiotischen Eigenschaften, Gemeinsamkeiten und Unterschiede der Modalitäten Bild und Sprache sowie ihrer kognitiven Verarbeitung steht hier vor allem die Typologisierung des symbiotischen (z. B. kohäsions- und kohärenzbildenden) Zusammenspiels beider Modalitäten im Fokus des Interesses (s. u. a. Spillner 1982, Nöth 2000). Semiotisch-strukturalistische Ansätze fragen danach, wie sich Bild und Sprache als verstehensrelevante Teile eines multimodalen Gesamttexts im Rahmen der Konstitution von Textbedeutung wechselseitig ergänzen oder determinieren (s. zu dieser Herangehensweise z. B. Molitor/Ballstadt/Mandl 1989). Wie z. B. die Ellipse *They would if they could* in Abb. 2 erst durch die zugehörigen visuellen Signifikanten inhaltlich bestimmt werden kann (sie füllen die Leerstelle der Handlung und geben die für die Interpretation notwendige Referenz der anaphorischen Proform *they* an), so erweitert der sprachliche Text die Bedeutung des dargestellten Pinguins vom Einzelexemplar auf die Art.

Das Ziel der von Halliday begründeten und von Kress/van Leeuwen (z. B. 1996) ausgearbeiteten *Sozialsemiotik* liegt darin, eine übergreifende Grammatik verschiedener Zeichenmodalitäten (wie Sprache, Bild, Ton usw.) zu entwerfen, die ihre sozialen Funktionen systematisch inventarisiert (vgl. dazu z. B. Machin 2010 mit Blick auf Musik; s. auch Kap. 3 dieses Beitrags). Über das darstellend auf die Welt bezugnehmende und sich im multimodalen Text niederschlagende Wissen (*ideational*), die soziale Interaktion zwischen Produzenten und Rezipienten von Texten (*interpersonal*) sowie seine inhaltliche und formale Textstruktur (*textual*) versucht sie, auf das soziale Bedeutungspotential multimodaler Kommunikate (und oft auch auf die ihm zu Grunde liegenden ideologischen Strukturen) zuzugreifen, auf dessen Basis die sozialen Akteure semiotisch handeln (s. dazu umfassender Stöckl 2014c).

Für den Zugriff auf jede der drei bedeutungskonstituierenden Ebenen (Darstellung, Interaktion und Komposition) hat der sozialsemiotische Ansatz klare Beschreibungskategorien entwickelt. Sie werden beispielsweise auf die Bildanalyse angewendet (s. Kress/van Leeuwen 1996, Jewitt/Oyama 2001). So erfasst eine sozialsemiotische Analyse auf der Ebene der Darstellung von Bildern zunächst die textkonstituierenden Elemente (*participants,* in Abb. 3 *Hund* und *Angelschnur/-haken*) und den Handlungszusammenhang (*narrative structure*), in den diese Elemente eingebettet werden (z. B. durch Blickrichtungen bzw. *eyeline-vectors*).

Abb. 3: PETA, People for the Ethical Treatment of Animals, *Bei einem Hund würde Ihnen das niemals einfallen*, Deutschland 2012 (Freianzeigenmotiv, www.peta.de)

Auf der interaktionalen Ebene (*interpersonal*) beschreibt sie, wie der Betrachter durch verschiedene Bildtechniken zum Dargestellten positioniert und mit diesem in eine interaktionale Beziehung (*contact*) gesetzt wird. Dieser Kontakt kann sich z. B. im Appell des Bildes an den Betrachter manifestieren (*demand*), eine bestimmte Haltung zum Bildgegenstand einzunehmen, eine daraus folgende Handlung auszuführen oder zu unterlassen (z. B. durch die fokussierte Darstellung der blutigen Lefze und der angstvoll aufgerissenen Augen des Hundes in Abb. 3).

Auf der dritten Ebene werden schließlich die bedeutungsbildenden Strukturen der räumlich-flächigen Komposition (*compositional*) dargestellt. Sie wird u. a. durch die Herausstellung einzelner Bildelemente (*salience*) mittels Farbe oder Kontrast bestimmt (z. B. durch den Lichtkegel, der das Bildelement *Kühlschrank* in Abb. 2 salient erscheinen lässt).

4.2 Text- und Diskurslinguistik

Die Sozialsemiotik steht mit ihrer Arbeitsweise textbezogenen Ausprägungen der pragmatischen Sprachwissenschaft nahe. Zu ihnen zählen verschiedene Ansätze der *Text- und Diskurslinguistik*. Während sich die Kritische Diskursanalyse vorrangig für das Wechselverhältnis von Zeichengebrauch und sozialer Macht interessiert (vgl. z. B. Machin/Mayr 2012), geht es der deskriptiv arbeitenden Text- und Diskurslinguistik (s. Meier 2008; Klug 2013) um die Beschreibung textueller/diskursiver Formen der Bedeutungsbildung, der kollektiven Wissensrepräsentation und -konstitution. Beide Ausprägungen der Text- und Diskurslinguistik heben dabei typischerweise auf die Erfassung von Strukturen des öffentlichen Zeichengebrauchs ab, wie sie sich nur einzeltextübergreifend (und damit korpusbasiert) beschreiben lassen. Dadurch unterscheiden sie sich von der Sozialsemiotik, die sich eher für das kulturelle Bedeutungspotential von Einzeltexten interessiert. Trotz ihrer korpusbasierten, an transtextuellen Mustern des Zeichengebrauchs orientierten Zugriffsweise setzt die Text- und Diskurslinguistik einen mehr oder weniger starken Bezug zu den Strukturen des (semiotisch komplexen) Einzeltexts, seinen punktuellen (z. B. Einzelwort oder -bildzeichen bezogenen) und flächigen, nur auf der Ebene des (multimodalen) Gesamttextes greifbaren Formen der Bedeutungsbildung (z. B. seiner Argumentationsmuster) voraus. Das gilt ebenso für die Einbettung der Texte in ihre größeren gesellschaftlichen, z. B. religiösen oder politischen Zusammenhänge, aus denen die Texte hervorgehen und in die hinein sie wirken sollen (vgl. zu dieser Art des kulturorientierten sprachwissenschaftlichen Arbeitens grundlegend Gardt 2003).

Um die unterschiedlichen Formen und Ebenen der kollektiven Bedeutungsbildung zu erfassen, bedienen sich text- und diskursbezogene Arbeiten deskriptiver oder kritischer Provenienz einer Vielzahl von Methoden und Kategorien, die nur z. T. in den eigenen Reihen der Text- und Diskurslinguistik entwickelt wurden (vgl. zum Überblick Gardt, zuletzt 2013). Sie stammen auch aus Gebieten wie der wortbezogenen (kognitiven) Semantik, der Pragmatik oder der Rhetorik und Stilistik. Die meisten dieser Methoden wurden damit zwar zur rein sprachbasierten Inhalts- bzw. Wissensanalyse entwickelt, in z. T. nur leicht modifizierter Form lassen sie sich aber auch gewinnbringend auf die Analyse multimodaler Texte bzw. Textkorpora anwenden.

Diese semiotische Ausweitung der Methoden ist v. a. vor dem Hintergrund einer pragma-kognitiven Haltung zur Textarbeit möglich, wie sie u. a. von der gebrauchsorientierten Framesemantik vertreten wird (vgl. zu einer solchen holistischen Haltung der semantischen Analyse z. B. Klug 2012). Sie plädiert dafür, semantische Analysekategorien, wie beispielsweise Argumentationsmuster (s. Wengeler 2003) oder die deontische (Wertung und Appell verbindende) Bedeutung von Schlagwörtern (vgl. zum Konzept Hermanns, z. B. 1994) nicht mehr als sprachliche, sondern stattdessen als konzeptuelle Phänomene aufzufassen, die durch Zeichenformen unterschiedlicher Modalität realisiert werden können.

Abb. 4: PETA. People for the Ethical Treatment of Animals, *Rassenwahn? Falsch bei Menschen. Falsch bei Vögeln*, Deutschland 2012 (Freianzeigenmotiv, www.peta.de)

Bei einer Argumentationsanalyse geht es beispielsweise darum, kulturell etablierte Schlussmuster (*Topoi*) zu erfassen. Diese kollektiven, konzeptuellen Muster der Argumentation stellen den Mitgliedern einer Kommunikationsgemeinschaft kulturelle Wissensbestände bereit, die ihnen – weil sie allgemein akzeptiert sind – den Schluss von einem unstrittigen Argument auf eine strittige These ermöglichen. Aus diesen gemeinsamen Wissensbeständen können innerhalb einer konkreten Argumentation überzeugende Argumente zur Stützung der eigenen oder zur Widerlegung der gegnerischen Position gewonnen werden.

Z. B. stützt die Tierschutzorganisation PETA ihren Appell an die Ablehnung tierquälerischer Handlungen (wie des Angelsports in Abb. 3 oder der Ziervogelzucht in Abb. 4) wiederholt auf der Basis visuell-verbaler Argumente, die ihre Schlusskraft aus dem sogenannten Analogietopos gewinnen. Als normativer Vergleichsschluss fordert er den gleichen Umgang mit zwei Entitäten, deren Ähnlichkeit nicht zu leugnen ist. Wenn es in unserer gegenwärtigen Gesellschaft also eine Selbstverständlichkeit darstellt, jegliche Form von Rassenideologie mit Blick auf Menschen abzulehnen, so die Analogie-Argumentation in Abb. 4, dann sollten wir auch Wert, Lebens- und Fortpflanzungswürdigkeit anderer Lebewesen, in diesem Fall die von Ziervögeln, nicht an ihrer Rasseneinheit messen. Der explizite, den Appell verstärkende Bezug zum Nationalsozialismus kann erst durch das Stigmabild des (durch den vorgehaltenen Kamm symbolisierten) Hitlerbarts erschlossen werden. Die Argumentation ist hier also von bildlichen wie von sprachlichen Argumenten getragen.

4.3 Zugriffe auf multimodale Einzelphänomene

Während die bisherigen Ansätze eher ganzheitlich auf multimodale Texte zugreifen, gibt es auch solche, die auf einzelne multimodale Zusammenhänge oder Methoden ausgerichtet sind. Zu ihnen zählen z. B. die *multimodale Metaphernanalyse* (z. B. Forceville/Urios-Aparisi 2009) oder die noch recht junge *Forschung zur Typographie*. Sie beleuchtet die skriptographische Varianz sowohl als strukturell-funktionalen (vgl. Stöckl 2004b) wie sozialen Faktor (v. a. Spitzmüller, z. B. 2012). Das bedeutungsbildende Potential von Schrift wird im Rahmen typographieorientierter Analysen dabei u. a. mit Blick auf die Konstitution kommunikativer Muster (z. B. von Textsorten und Genres) oder vor dem Hintergrund der durch sie erzielbaren kommunikativen Effekte beschrieben. Der Appell der PETA-Anzeige (Abb. 4) wird z. B. nicht nur durch das Bild, sondern auch durch die typischerweise mit dem Nationalsozialismus assoziierte Fraktur-Type getragen. Als ebenso deontische Kategorie wie das Schlagbild *Hitlerbart* trägt auch sie zur Assoziation mit der nationalsozialistischen Ideologie bei. Eine ähnlich intensivierende Funktion kann auch dem Gebrauch von Versalien (wie in Abb. 2 und Abb. 3), dem Fettsatz oder einer auffälligen großen oder farblich auf besondere Weise (z. B. in einer Signalfarbe wie Rot) gestalteten Schrift zugesprochen werden (s. Abb. 1: *Lassen Sie nicht zu, dass Politiker die Uhr zurückdrehen!* oder Abb. 4: *Rassenwahn?*).

Die multimodale Metaphernanalyse richtet ihren Fokus auf die systematische Weiterentwicklung der konzeptuellen Metapherntheorie (im Anschluss an Lakoff/Johnson 1980) und ihrer Analyseinstrumente mit Blick auf multimodale Realisierungsformen von Metaphernkonzepten. Sie werden als grundlegende kognitive Muster des menschlichen Denkens und Handelns verstanden. Eine Metaphernanalyse orientiert sich prinzipiell an der Frage, wie Konzepte (*targets*) auf der Basis bereits verfügbaren Wissens zu Entitäten anderer Bereiche (*sources*) kollektiv bestimmt oder modifiziert werden (*mapping*). In Abb. 3 dient die instrumentalisierte Metapher des ‚Hundfischs' dazu, *Fische* auf der Basis etablierten Wissens über *Hunde* (beliebte Haustiere) als des Schutzes würdig zu konzeptualisieren.

4.4 Rhetorik

Die *visuell-verbale Rhetorik* ist weniger als eine explizite Methode zu begreifen denn als eine breit aufgestellte Disziplin, deren Ziel darin besteht, etablierte rhetorische Kategorien und Fragestellungen auf visuell-verbale bzw. multimodale Zusammenhänge zu übertragen.

Den Kernbereich der bisherigen Forschung zur visuell-verbalen Rhetorik stellt die Beschreibung visuell-verbaler Figuren und Tropen dar (s. dazu bereits Kap. 3). Sie gelten im klassischen Verständnis als sprachliche Phänomene der kunstvollen und zugleich effektvollen Devianz, während kognitiv geprägte Ansätze (wie die Forschung zur multimodalen Metapher) sie als essentielle Denkmuster begreifen, die konkreten Realisierungen zu Grunde liegen.

Die Forschung zur visuell-verbalen Rhetorik hat analog zu sprachlichen Figurenkatalogen bereits umfangreiche semiotische Klassifikationen visuell-verbaler Figuren und Tropen vorgelegt. Unter funktional-pragmatischen Prämissen werden sie auch in ihrem persuasiven Wirkungspotential (*movere, delectare, docere*) erfasst (vgl. z. B. Durand 1987, Gaede 1981), das sich oft erst aus dem komplexen Zusammenspiel von Bild und Sprache ergibt. So kann die Darstellung des die Kühlschranktür schließenden Pinguins in Abb. 2 als Form der Metonymie, genauer: der *visuellen Synekdoche* verstanden werden. Sie steht in einer *pars pro toto*-Beziehung zur verbalen Aussage des Kommunikats. Bezieht sich die verbale Aussage ganz allgemein auf *Tiere* (*they*) und den Schutz des Planeten (*save the planet*), visualisiert das Bild einen Pinguin, der eine bestimmte Handlung ausführt. Die visuelle Synekdoche dient hier also der Konkretisierung sprachlich eher abstrakt dargestellter Inhalte und trägt damit zugleich zur Verdeutlichung der an diese Inhalte geknüpften direktiven Gesamttextfunktion bei.

Stöckl (2014b) zeigt, dass das Programm einer multimodalen Rhetorik jedoch viel breiter sein muss als eine Systematik rhetorischer Figuren. Die Erfassung von Stadien der Produktion visuell-verbaler Texte sollte ebenso zum Spektrum eines rhetorischen Zugriffs gehören wie die Betrachtung der Gestaltungsprinzipien visuell-verbalen Ausdrucks (z. B. mit Bezug auf Gattungen, Stilhöhen und Wirkungsweisen) und der kommunikativen Kontexte, in denen sie produziert, instrumentalisiert und rezipiert werden.

4.5 Empirische Produktions-/Rezeptionsforschung und Kulturvergleich

Die hier besprochenen Einzelansätze der Multimodalitätsforschung haben eines gemeinsam: Sie wählen allesamt einen eher produktorientierten Zugriff auf Phänomene bzw. Aspekte der Multimodalität. Die produktbezogene Forschung allein kann jedoch kein vollständiges Bild multimodaler Kommunikation zeichnen. Das Phänomen der Multimodalität möglichst holistisch zu erfassen, bedeutet ebenso, die kommunikativen Prozesse aufzuzeigen und zu systematisieren, die ihrer Produktion und Rezeption zu Grunde liegen. Einen solchen prozessorientierten Zugriff auf das Phänomen der Multimodalität wählen empirische Forschungsrichtungen wie die Ansätze der Produktions- und Rezeptionsforschung.

Um Kommunikationsprozesse unter dynamischer Perspektive zu erfassen, fragt die *Empirische Rezeptionsforschung* (vertreten z. B. von Bucher 2011) danach, wie multimodale Texte wahrgenommen und verstanden werden. Bei ihren Analysen stützt sie sich vor allem auf Befunde von Blickaufzeichnungsstudien. Dabei zeigt sich, dass die Art des Lesens (holistisch oder zielgerichtet, am Inhalt oder der Struktur orientiert) und damit zugleich die Selektion von Information bzw. die Bedeutungsbildung nicht nur in grundsätzlicher Weise von bereits verfügbaren kulturellen Wissensrahmen abhängig ist, sondern in hohem Maße auch von Faktoren wie der konkreten Aufgabenstellung oder dem individuellen Leseinteresse. Wenn rezeptionsorientierte Studien also belegen, dass verschiedene Rezipienten Texte auf eine unterschiedliche Weise wahrnehmen und verstehen, dann bedeutet das für produktions- und textanalyserelevante Kategorien wie den sogenannten *page flow* (z. B. Bateman 2008, 159), dass sie weniger von der internen Komposition des Textes (z. B. seinem Layout) bestimmt sind als bislang angenommen. Die Relevanz empirischer Studien auch für die Theoriebildung und Analysepraxis produktorientierter Forschung ist damit nicht zu unterschätzen.

Dasselbe gilt für die *Textproduktionsforschung*, die ihre Ergebnisse ebenfalls konsequent auf der Basis empirischer Daten gewinnt (vgl. z. B. Perrin 2001; s. auch die DFG-geförderte *interdisziplinäre Plattform für Textproduktions- und Schreibforschung* [ipTS], www.ipts.rwth-aachen.de). Als mittlerweile theoretisch wie methodisch breit aufgestellter Disziplin liegt ihr Forschungsinteresse darin, domänen-, medien- und textsortenbezogene Prozesse des Entstehens und der Gliederung von multimodalen Texten aufzuzeigen, zu reflektieren und letztlich zu verbessern. Dabei werden nicht nur Produktionsprozesse erfasst, als deren Ergebnis ein semiotisch komplexes Produkt entsteht (z. B. eine Werbeanzeige oder eine Powerpointpräsentation). Auch die Produktion sprachbasierter Texte (z. B. von Abstracts oder wissenschaftlichen Hausarbeiten) ist typischerweise von Medialitäts- und Modalitätswechseln begleitet und damit multimodaler Gegenstand empirischer Progressionsanalysen (z. B. durch handschriftliche Notizen und Annotationen vor oder während des Schreibens am

Computer, durch die Erstellung konzeptioneller Mind-Maps im Vorfeld des eigentlichen Schreibens o. ä.).

Der kulturvergleichenden Multimodalitätsforschung geht es schließlich darum zu beschreiben, wie vergleichbare Textsorten in unterschiedlichen Kulturen strukturiert, vertextet, rezipiert und verstanden werden. Dabei werden u. a. folgende Fragen gestellt: Kann eine Dominanz des Bildes (beispielsweise in der Werbung, s. Abb. 2) den Gesamttext international (über die Grenzen der Einzelsprache hinaus) wirkungsfähig machen? Welche kommunikativen Schwierigkeiten resultieren aus Konnotationen und Konzepten, die an bestimmte kulturelle Gemeinschaften gebunden sind (z. B. deontische Bedeutungen wie die des Hundes in Abb. 3 oder des ‚Hitlerbarts' in Abb. 4)? Wie können kulturspezifische Wissensrahmen auf der Basis interkultureller Kommunikation erweitert werden und welche Bedeutung kommt dabei einzelnen Sprachen (wie beispielsweise dem Englischen) zu?

Mit seinen Fragestellungen liegt dieser Ansatz (z. B. vertreten von Machin/van Leeuwen 2007) im Grunde genommen quer zu den bisher besprochenen Zugriffsweisen auf Multimodalität: Jedes multimodale Phänomen, für das sich Methoden bzw. Disziplinen interessieren (von Prozessen der Textkonstitution und -rezeption bis hin zu den Strukturen textueller, konkret: syntaktischer, semantischer und funktionaler Gestaltung), lässt sich nicht nur kulturspezifisch, sondern prinzipiell auch kulturvergleichend beschreiben.

4.6 Vorschlag für ein integratives Mehrebenenmodell

Zusammenfassend scheint eine theoretisch-methodische Annäherung an Multimodalität sinnvoll, die in mehreren Beschreibungsdimensionen operiert. Viele der vorgestellten Modelle mischen unterschiedliche Ebenen und wählen ihre Kriterien nach Bedarf. Dabei kann man einerseits kodeintegrierende Prinzipien definieren, wie dies z. B. van Leeuwen (2005, 179 ff.) tut, wenn er *rhythm* zur Beschreibung der Verknüpfungen von Rede, Musik und Geräusch und *composition* für die Bezüge zwischen Schrift und Bild vorschlägt. Andererseits wählt man Dimensionen der Beschreibung und dazu passende Kriterien der Analyse. Verallgemeinernd kommen dafür Aspekte der Form, des Inhalt und der Funktion von multimodalen Bezügen in Frage. Dieses Dreiebenenmodell (Stöckl 2011, 55 ff.) spiegelt Morris' Vorstellung, Zeichensysteme verfügen generell über Syntax, Semantik und Pragmatik. Aber auch auf Hallidays Metafunktionen (Halliday/Hasan 1985, 16 ff.) – *ideational, interpersonal, textual* – lassen sich die Ebenen projizieren.

Für die inhaltliche Ebene ist zu klären, wie sich die Botschaften der beteiligten Kodes aufeinander beziehen. In der Energiespar-Anzeige (s. Abb. 2) verweist das Personalpronomen *they* auf den im Bild dargestellten Pinguin, der offenbar metonymisch für Tiere steht. Auch das Fehlen des Vollverbs bei Vorhandensein der Modalverben *would/could* deutet auf eine stark komplementäre Beziehung von Sprache und Bild hin – das Bild zeigt die Handlung, die wiederum exemplarisch für *Save the planet* im Slogan steht. Der elliptische Satz *They would if they could* findet im Bild seine Erweiterung (*extension*). Der Status von Sprache und Bild ist gleich – sie werden in Gänze zueinander in Beziehung gesetzt. Durch den sprachlichen Junktor *they* und den visuellen Junktor (Kabelstecker), der zugleich den Schriftzug enthält, entsteht eine starke Kohäsivität der *modes*. Auf der formalen Ebene interessiert, welche räumlichen Strukturmuster durch die Kodeintegration entstehen und wodurch die Zeichenressourcen graphisch verknüpft werden. Größe und Sequenz von sprachlichen und bildlichen Textteilen legen eine bildzentrierte Lesart nahe. Das Konzept des offenen Kühlschranks wird durch die Helligkeitsverteilung im Kommunikat hervorgehoben. Graphische Kohäsion entsteht andererseits durch die Farbe weiß, die Kühlschrank, Pinguin und Schriftzug verbindet, eine Konnektivität, die mittels der oben-unten und links-rechts-Strukturierung von Sprache und Bild unterstützt wird. Funktional betrachtet fragen wir nach dem kommunikativen Beitrag der *modes* und nach ihrer rhetorischen Grundorientierung. Stellt das Bild eine fiktive Situation und eine Handlung dar, so formuliert die Sprache eine Argumentation und einen konkreten Appell. Rhetorisch gesehen fungiert das Bild als metonymisches Symbol und Exempel. Das Voraugenführen der Unmöglichkeit der gezeigten Handlung soll die Einsicht in die Notwendigkeit unseres eigenen Handelns im Interesse der Natur befördern. Es bleibt abschließend festzuhalten, dass trotz aller Strukturierungsversuche und begrifflichen Festlegungen multimodale Analyse eine Heuristik darstellt, die Bedeutung nur interpretieren, Sinn aber nicht festschreiben kann.

5 Status Quo und Forschungsdesiderate

Der Beitrag hat gezeigt, dass sich die Erforschung von Sprache im multimodalen Kontext als Gegenstand der Linguistik fest etabliert hat und zunehmende Beachtung findet. Dies beweist erstens ein breites Spektrum multimodaler Textsorten oder Diskurstypen, die bereits mit Blick auf die Muster und Techniken der Verknüpfung von Zeichenmodalitäten untersucht worden sind. Hier finden wir u. a. journalistische Texte (z. B. Infographiken), Werbung (z. B. Anzeigen, Radio-/TV-Spots), kurze Fernsehbeiträge (z. B. Nachrichten), didaktische Texte (z. B. Lehrbücher), Formen populärer Literatur/Kunst (z. B. Kinderbücher, Ausstellungen) und elektronische Texte neuer Medien (z. B. Websites, YouTube). Zweitens hat sich eine auf mehreren komplementären Säulen basierende Methodik der Analyse von multimodalen Formen etabliert, die mit unterschiedlichen Zielorientierungen und Erträgen angewendet wird. Drittens gibt es zahlreiche Versuche, die theoretisch-begrifflichen Grundlagen zu befestigen und zu erweitern – hierzu gehört vor allem auch die semiotische Erschließung der ‚Grammatiken' und Funktionsweisen von nicht- oder para-sprachlichen Zeichenressourcen wie z. B. Musik, Geräusch, Farbe und Gestik.

Diese Befunde sprechen für ein etabliertes und dynamisches Forschungsfeld mit Raum für Entwicklung und Expansion. Es zeigen sich aber auch zahlreiche Lücken, die es zu schließen gilt. So bedarf es einer stärkeren Zusammenführung der diversen methodischen Ansätze in einem integrativen Modell und einer kanonisierenden theoretischen Begründung von Multimodalität etwa in Form eines Lehrbuchs. Die Erweiterung des Studiums multimodaler Textsorten sollte zu einer umfassenden Typologie der kommunikativen Formen und Muster der Zeichenintegration führen. Dazu wird es notwendig sein, die bestehenden Ungleichgewichte zugunsten audiovisueller und auditiver Typen von Multimodalität zu beseitigen sowie die Studien weniger exemplarisch und selektiv und stärker auf der Basis von Korpora und diskursbezogen auszurichten. Außerdem tut es Not, die gewonnenen Ergebnisse zueinander in Beziehung zu setzen und daraufhin zu befragen, welche generellen semiotischen Prinzipien die Kodeintegration leiten. Schließlich wird es wichtig sein, Methodik und Empirie der multimodalen Analyse beständig auf einige der zentralen Grundfragen zu beziehen: Was sind die semantischen, syntaktischen und pragmatischen *affordances* einer Zeichenmodalität? Welchen semiotischen und kognitiven Logiken folgen die einzelnen *modes*? Wie teilen sie sich die kommunikative Arbeit im Gesamttext? Für alle genannten Ziele sind terminologische Vereinheitlichung, ein Abbau des Schulendenkens und die Annäherung der verschiedenen Forschungstraditionen förderlich.

Status Quo und Desiderate der Multimodalitätsforschung zeigen ein junges, aber bereits gut konturiertes Forschungsfeld mit großem Potenzial für theoretische Vertiefung und methodische Ausdifferenzierung sowie zahlreichen Anwendungen.

6 Literatur

Bateman, John A. (2008): Multimodality and Genre. A Foundation for the Systematic Analysis of Multimodal Documents. Basingstoke.

Barthes, Roland (1964/1977): The rhetoric of the image. In: R. Barthes: Image, Music, Text, translated by Stephen Heath. London, 32–51. (dt.: Rhetorik des Bildes. In: Günther Schiwy (Hg.) (1984): Der französische Strukturalismus. Mode – Methode – Ideologie. Reinbek bei Hamburg, 162–170.)

Bucher, Hans-Jürgen (2011): „Man sieht, was man hört" oder Multimodales Verstehen als interaktionale Aneignung. Eine Blickaufzeichnungsstudie zur audiovisuellen Rezeption, in: Jan Georg Schneider/Hartmut Stöckl (Hg.): Medientheorien und Multimodalität. Ein TV-Werbespot – Sieben methodische Beschreibungsansätze. Köln, 109–150.

Busse, Dietrich (2000): Historische Diskurssemantik. Ein linguistischer Beitrag zur Analyse gesellschaftlichen Wissens. In: Anja Stukenbrock/Joachim Scharloth (Hg.): Linguistische Diskursgeschichte. Paderborn (Sprache und Literatur in Wissenschaft und Unterricht, 31/86), 39–52.

Cope, Bill/Mary Kalantzis (eds.) (2000): Multiliteracies. Literacy Learning and the Design of Social Futures. London/New York.

Diekmannshenke, Hajo/Michael Klemm/Hartmut Stöckl (Hg.) (2011): Bildlinguistik. Theorien – Methoden – Fallbeispiele. Berlin (Philologische Studien und Quellen, 228).

Doelker, Christian (1997): Ein Bild ist mehr als ein Bild. Visuelle Kompetenz in der Multimedia-Gesellschaft. Stuttgart.
Doelker, Christian (2007): Figuren der visuellen Rhetorik in werblichen Gesamttexten. In: Joachim Knape (Hg.): Bildrhetorik. Baden-Baden, 71–112.
Durand, Jacques (1987): Rhetorical figures in the advertising image. In: Jean Umiker-Sebeok (ed.): Marketing and Semiotics. New Directions in the Study of Signs for Sale. Berlin, 295–318.
Forceville, Charles/Eduardo Urios-Aparisi (eds.) (2009): Multimodal Metaphor. Berlin/New York (Applications of Cognitive Linguistics, 11).
Fricke, Ellen (2012): Grammatik multimodal. Wie Wörter und Gesten zusammenwirken. Berlin/Boston.
Gaede, Werner (1981): Vom Wort zum Bild. Kreativ-Methoden der Visualisierung. München.
Gardt, Andreas (2003): Sprachwissenschaft als Kulturwissenschaft. In: Ulrike Haß-Zumkehr/Christoph König (Hg.): Literaturwissenschaft und Linguistik von 1960 bis heute. Göttingen (Marbacher Wissenschaftsgeschichte, 4), 271–288.
Gardt, Andreas (2013): Textanalyse als Basis der Diskursanalyse. Theorie und Methoden. In: Ekkehard Felder (Hg.): Faktizitätsherstellung in Diskursen. Die Macht des Deklarativen. Berlin/Boston (Sprache und Wissen, 13), 29–56.
Halliday, Michael A. K./Ruqaiya Hasan (1985): Language, Context, and Text: Aspects of Language in a Social-Semiotic Perspective. Victoria.
Hermanns, Fritz (1994): Schlüssel, Schlag- und Fahnenwörter. Zur Begrifflichkeit und Theorie der lexikalischen „politischen Semantik". Mannheim (Arbeiten aus dem Sonderforschungsbereich 245, 81).
Holly, Werner (2009): Der Wort-Bild-Reißverschluss. Über die performative Dynamik der audiovisuellen Transkriptivität. In: Angelika Linke/Helmuth Feilke (Hg.): Oberfläche und Performanz. Untersuchungen zur Sprache als dynamischer Gestalt. Tübingen, 389–406.
Jäger, Ludwig (2002): Transkriptivität. Zur medialen Logik der kulturellen Semantik. In: Ludwig Jäger/Georg Stanitzek (Hg.): Transkribieren. Medien/Lektüre. München, 19–41.
Jewitt, Carey/Gunther Kress (eds.) (2003): Multimodal Literacy. New York.
Jewitt, Carey/Rumiko Oyama (2001): Visual meaning: A social semiotic account. In: van Leeuwen/Jewitt, 143–156.
Jewitt, Carey (ed.) (2009): The Routledge Handbook of Multimodal Analysis. London/New York.
Klug, Nina-Maria (2012): Das konfessionelle Flugblatt 1563-1580. Eine Studie zur historischen Semiotik und Textanalyse. Berlin/Boston (Studia Linguistica Germanica 112).
Klug, Nina-Maria (2013): Bilder als Texte. Methoden einer semiotischen Erweiterung angewandter Diskursanalyse. In: Kersten Sven Roth/Carmen Spiegel (Hg.): Angewandte Diskurslinguistik. Felder, Probleme, Perspektiven. Berlin (Diskursmuster, 2), 163–188.
Kress, Gunther (2009): What is mode? In: Jewitt, 54–67.
Kress, Guther/Theo van Leeuwen (1996): Reading Images. The Grammar of Visual Design. London/New York.
Kress, Gunther/Theo van Leeuwen (1998): Front pages: the (critical) analysis of newspaper layout. In: Allan Bell/Peter Garrett (eds.): Approaches to Media Discourse. Oxford, 186–219.
Kress, Gunther/Theo van Leeuwen (2001): Multimodal Discourse. The Modes and Media of Contemporary Communication. London.
Lakoff, George/Mark Johnson (1980): Metaphors we Live by. Chicago.
Leeuwen, Theo van (2005): Introducing Social Semiotics. London/New York.
Leeuwen, Theo van (2011): Multimodality and multimodal research. In: Eric Margolis/Luc Pauwels (Hg.): The Sage Handbook of Visual Research Methods. London, 549–569.
Leeuwen, Theo van/Carey Jewitt (2001): Handbook of Visual Analysis. London.

Levine, Philip/Ron Scollon (eds.) (2004): Discourse and Technology. Multimodal Discourse Analysis. Washington, D. C.
Machin, David (2010): Analysing Popular Music. Image, Sound and Text. London.
Machin, David/Andrea Mayr (2012): How to do Critical Discourse Analysis. A Multimodal Introduction. London.
Machin, David/Theo van Leeuwen (2007): Global Media Discourse. A Critical Introduction. New York.
Martinec, Radan/Andrew Salway (2005): A system for image-text relations in new (and old) media. In: Visual Communication 4(3), 337–371.
Meier, Stefan (2008): Von der Sichtbarkeit im Diskurs – Zur Methode diskursanalytischer Untersuchung multimodaler Kommunikation. In: Ingo H. Warnke/Jürgen Spitzmüller (Hg.). Methoden der Diskurslinguistik. Sprachwissenschaftliche Zugänge zur transtextuellen Ebene. Berlin/New York (Linguistik – Impulse & Tendenzen, 31), 263–286.
Molitor, Sylvie/Steffen Peter Ballstaedt/Heinz Mandl (1989): Problems in knowledge acquisition from texts and pictures. In: Heinz Mandl/Ivel R. Lewin (eds.): Knowledge Acquisition from Text and Pictures. Amsterdam, 3–35.
Muckenhaupt, Manfred (1986): Text und Bild. Grundfragen der Beschreibung von Text-Bild-Kommunikation aus sprachwissenschaftlicher Sicht. Tübingen (Tübinger Beiträge zur Linguistik, 271).
Norris, Sigrid (2011): Identity in (Inter)action. Introducing Multimodal (Inter)action Analysis. Berlin (Trends in Applied Linguistics, 4).
O'Halloran, Kay L. (ed.) (2004): Multimodal Discourse Analysis. Systemic Functional Perspectives. London/New York.
Nöth, Winfried (2000): Der Zusammenhang von Text und Bild. In: Klaus Brinker; Gerd Antos u. a. (Hg.): Text- und Gesprächslinguistik. Ein internationales Handbuch zeitgenössischer Forschung. Berlin/New York (HSK 16.1), 489–496.
Page, Ruth (ed.) (2010): New Perspectives on Narrative and Multimodality. New York/London.
Perrin, Daniel (2001). Wie Journalisten schreiben. Ergebnisse angewandter Schreibprozessforschung. Konstanz.
Posner, Roland (1986): Zur Systematik der Beschreibung verbaler und nonverbaler Kommunikation. In: Hans-Georg Bosshardt (Hg.): Perspektiven auf Sprache. Interdisziplinäre Beiträge zum Gedenken an Hans Hörmann. Berlin/New York, 267–313.
Royce, Terry D. (2007): Intersemiotic complementarity. A framework for multimodal discourse analysis. In: Terry D. Royce/Wendy L. Bowcher (eds.): New Directions in the Analysis of Multimodal Discourse. Mahwah, NJ/London, 63–109.
Spillner, Bernd (1982): Stilanalyse semiotisch komplexer Texte. In: Kodikas/Code 4/5, 91–106.
Spitzmüller, Jürgen (2012): Vom ‚everyday speech' zum ‚everyday writing'. (Anders-)Schreiben als Gegenstand der interpretativen Soziolinguistik. In: Britt-Marie Schuster/Doris Tophinke (Hg.): Andersschreiben. Formen, Funktionen, Traditionen. Berlin (Philologische Studien und Quellen, 236), 115–133.
Stöckl, Hartmut (1992): Der ‚picture relation type' – Ein praktischer Analysemodus zur Beschreibung der vielfältigen Einbettungs- und Verknüpfungsbeziehungen von Bild und Text. In: Papiere zur Linguistik, 46 (11), 49–61.
Stöckl, Hartmut (2004a): In between modes. Language and image in printed media. In: Eija Ventola u. a. (eds.): Perspectives on Multimodality. Amsterdam, 9–30.
Stöckl, Hartmut (2004b): Typographie: Gewand und Körper des Textes – Linguistische Überlegungen zu typographischer Gestaltung. In: Zeitschrift für Angewandte Linguistik 41, 5–48.
Stöckl, Hartmut (2004c): Die Sprache im Bild – Das Bild in der Sprache. Zur Verknüpfung von Sprache und Bild im massenmedialen Text. Berlin/New (Linguistik – Impulse & Tendenzen, 3).

Stöckl, Hartmut (2011): Sprache-Bild-Texte lesen. Bausteine zur Methodik einer Grundkompetenz. In: Diekmannshenke/Klemm/Stöckl, 43–70.

Stöckl, Hartmut (2012): Medienlinguistik. Zu Status und Methodik eines (noch) emergenten Forschungsfeldes. In: Christian Grösslinger/Gudrun Held/Hartmut Stöckl (Hg.): Pressetextsorten jenseits der ‚News'. Frankfurt/Main, 13–34.

Stöckl, Hartmut (2014a): Semiotic paradigms and multimodality. In: Carey Jewitt (Hg.): The Routledge Handbook of Multimodal Analysis. 2nd edition London/New York, 274–286.

Stöckl, Hartmut (2014b): Rhetorische Bildanalyse. In. Netzwerk Bildphilosophie (Hg.): Bild und Methode. Theoretische Hintergründe und methodische Verfahren der Bildwissenschaft. Köln, 378–392.

Stöckl, Hartmut (2014c): Sozialsemiotik. In: Netzwerk Bildphilosophie (Hg.): Bild und Methode. Theoretische Hintergründe und methodische Verfahren der Bildwissenschaft. Köln, 156–164.

Wengeler, Martin (2003): Topos und Diskurs. Begründung einer argumentationsanalytischen Methode und ihre Anwendung auf den Migrationsdiskurs (1960–1985). Tübingen (Reihe Germanistische Linguistik, 244).

Wetzchewald, Marcus (2012): Junktoren zwischen Text und Bild – dargestellt anhand der Unternehmenskommunikation im Internet. Duisburg.

III Varietäten und metasprachliche Perspektiven

Jochen A. Bär/Anja Lobenstein-Reichmann/Jörg Riecke
12. Sprache in der Geschichte

Abstract: Sprachgeschichtsschreibung ist wie jede Geschichtsschreibung eine von Interessen und Werturteilen geleitete Tätigkeit. Welche konkreten Interessen und Werturteile ihr zugrunde liegen, prägt die Darstellung – oder konstruktivistisch gedacht: die Konstitution – der Gegenstände. Es gibt damit keine ‚objektive' Darstellung sprachhistorischer Fakten, sondern nur Perspektiven auf dieselben, nicht *die* Geschichte einer Sprache, sondern unterschiedliche mögliche Geschicht*en*. An ausgewählten Beispielen wird gezeigt, wie unterschiedlich solche Entwürfe einer ‚Sprachgeschichte des Deutschen' ausfallen können. Vor diesem Hintergrund erfolgt das Plädoyer für eine Sprachgeschichte auf der zweiten Metaebene, die konsequent die verschiedenen möglichen Perspektiven im Blick behält und sich der Tatsache ihrer eigenen Historizität bewusst ist. Damit wird ein Gegenmodell zum ‚harten Kern' bisheriger Sprachgeschichtsforschung entworfen, der in der Beschreibung von Laut- und Schreibvarianten, von morphologischen Gegebenheiten, von ungebräuchlich gewordenen lexikalischen Einheiten und ihrer Semantik, in der Nachzeichnung des Wandels von Satzkonstruktionen und im Nachweis textgeschichtlicher Fakten besteht.

1   Sprache und Geschichte – konzeptionelle Prämissen
2   Exemplarische sprachhistorische Konzepte
3   Konzeptionelle Überlegungen für eine künftige Sprachgeschichtsschreibung
4   Literatur

1 Sprache und Geschichte – konzeptionelle Prämissen

Dass Wilhelm Dilthey im Jahre 1910 den *Aufbau der geschichtlichen Welt in den Geisteswissenschaften* veröffentlichte, ist kein zeithistorischer Zufall, sondern die Resonanz auf eine auseinanderdriftende Wissenschaftswelt, in der das naturwissenschaftliche Denken zur siegreichen Konkurrenz für eine bis dahin eher unbestimmte Geisteswissenschaft wurde. Man könnte sagen, die Geschichtlichkeit (oder besser: der geschichtliche Ort) Wilhelm Diltheys war geprägt von dem, was Max Weber später als „Entzauberung der Welt" beschrieb (Weber 1919, 612; ders. 1913, 433; ders. 1916, 263 u. ö.; ders. 1920, 94 u. ö.). Metaphysische Welterklärungsmodelle hatten sich in gewisser Weise überlebt und wurden zunehmend durch naturwissenschaftliche Erkenntnisse z. B. aus der Medizin, der Biologie und der Physik ersetzt. Disziplinen wie die Geschichtswissenschaft oder die Philosophie mussten sich in der Auseinandersetzung mit der naturwissenschaftlichen Konkurrenz und dem Glauben an die Möglichkeit definitiver Erkenntnisse neu formieren. Bei dieser Herausforderung kommen genuin geisteswissenschaftliche Konzepte ins Spiel, darunter vor allem das ‚Verstehen' und mit ihm die Hermeneutik. Über den Aufbau der Geisteswissenschaften schreibt Dilthey:

> [Der Aufbau der geschichtlichen Welt] geht vom Erlebnis aus, von Realität zu Realität; er ist ein sich immer tiefer Einbohren in die geschichtliche Wirklichkeit, ein immer mehr aus ihr Herausholen, immer weiter sich über sie Verbreiten. Es gibt da keine hypothetischen Annahmen, welche dem Gegebenen etwas unterlegen. Denn das Verstehen dringt in die fremden Lebensäußerungen durch eine Transposition aus der Fülle eigener Erlebnisse. Natur, so sahen wir, ist ein Bestandteil der Geschichte nur in dem, was sie wirkt und wie auf sie gewirkt werden kann. Das eigentliche Reich der Geschichte ist zwar auch ein äußeres; doch die Töne, welche das Musikstück bilden, die Leinwand, auf der gemalt ist, der Gerichtssaal, in dem Recht gesprochen wird, das Gefängnis, in dem Strafe abgesessen wird, haben nur ihr Material an der Natur; jede geisteswissenschaftliche Operation dagegen, die mit solchen äußeren Tatbeständen vorgenommen wird, hat es allein mit dem Sinne und der Bedeutung zu tun, die sie durch das Wirken des Geistes erhalten haben; sie dient dem Verstehen, das diese Bedeutung, diesen Sinn in ihnen erfaßt. (Dilthey 1910, 140)

Mit Äußerungen wie diesen wird Dilthey nicht nur zum Begründer der Geisteswissenschaft, sondern auch zu einem Gründervater der Hermeneutik, der verstehenden Auslegungskunst:

> Und nun gehen wir über das bisher Dargelegte hinaus. *Dies* Verstehen bezeichnet nicht nur ein eigentümliches methodisches Verhalten, das wir solchen Gegenständen gegenüber einnehmen; es handelt sich nicht nur zwischen Geistes- und Naturwissenschaften um einen Unterschied in der Stellung des Subjekts zum Objekt, um eine Verhaltungsweise, eine Methode, sondern das Verfahren des Verstehens ist sachlich darin begründet, daß das Äußere, das ihren Gegenstand ausmacht, sich von dem Gegenstand der Naturwissenschaften durchaus unterscheidet. Der Geist hat sich in ihnen objektiviert, Zwecke haben sich in ihnen gebildet. Werte sind in ihnen verwirklicht, und eben dies Geistige, das in sie hineingebildet ist, erfaßt das Verstehen. Ein Lebensverhältnis besteht zwischen mir und ihnen. *Ihre* Zweckmäßigkeit ist in *meiner* Zwecksetzung gegründet, *ihre* Schönheit und Güte in *meiner* Wertgebung, *ihre* Verstandesmäßigkeit in *meinem* Intellekt. Realitäten gehen ferner nicht nur in *meinem* Erleben und Verstehen auf: sie bilden den Zusammenhang der Vorstellungswelt, in dem das Außengegebene mit meinem Lebensverlauf verknüpft ist: in dieser Vorstellungswelt lebe ich, und ihre objektive Geltung ist mir durch den beständigen Austausch mit dem Erleben und dem Verstehen *anderer* selbst garantiert; endlich die Begriffe, die allgemeinen Urteile, die generellen Theorien sind nicht Hypothesen über etwas, auf das wir äußere Eindrücke beziehen, sondern Abkömmlinge von Erleben und Verstehen. Und wie in diesem die Totalität unseres Lebens immer gegenwärtig ist, so klingt die Fülle des Lebens auch in den abstraktesten Sätzen dieser Wissenschaft nach. (Ebd., 140 f.)

Geschichte, herkömmlich verstanden als objektartig gedachter Verlauf von etwas, wird also zum Ort der Hermeneutik, und zwar insofern, als ihre besondere Herausforderung darin besteht, die sogenannten ‚Gegebenheiten' der ‚Geschichte', die Hans-Georg Gadamer (1960, 233) im Sinne Diltheys als „Äußerung des Lebens" betrachtet,

„dem sie entstammen", in der Differenz zwischen einem zeitgenössischen und einem historisch späteren Erwartungshorizont zu verankern.

> Das historische Bewußtsein breitet sich ins Universelle aus, sofern es alle Gegebenheiten der Geschichte als Äußerung des Lebens versteht, dem sie entstammen; ‚Leben erfaßt hier Leben' [...]. Insofern wird die gesamte Überlieferung für das historische Bewußtsein zur Selbstbegegnung des menschlichen Geistes. (Gadamer 1960, 233)

Aus der Differenz der Geschichtlichkeit des Menschen wird die Geschichtlichkeit des Gegenstandes begründet sowie die Geschichtlichkeit des Verstehens entwickelt bzw. umgekehrt: Aus dem jeweils zeittypischen Verstehen wird die Prägung des Gegenstandes hergeleitet. ‚Gegenstand' und Verstehen geraten in eine Wechselbeziehung.

Die Sprache spielt im Prozess geschichtlichen Verstehens und der damit verbundenen Gegenstandssetzung/-prägung/-konstitution eine Doppelrolle. Sie ist sowohl historischer Untersuchungsgegenstand – das, was ausgelegt und beschrieben wird – als auch gleichzeitig Untersuchungs„instrument": das zentrale Mittel, mit dem ‚Gegenstände' überhaupt bestimmt, ausgelegt, beschrieben werden können. Auch und gerade in ihrer historischen Dimension, das heißt als Aufgabe für die Sprachgeschichtsschreibung, hat ‚Sprache' einen Gegenstand, den es so lange neu zu verhandeln gilt, wie sich die aus späterer Perspektive in die historische Zeit hinein gebildeten Zwecke und Wertgebungen verändern (s. o.); die

> Ausgangspunkte der Kulturwissenschaften bleiben damit wandelbar in die grenzenlose Zukunft hinein, solange nicht chinesische Erstarrung des Geisteslebens die Menschheit entwöhnt, neue Fragen an das immer gleich unerschöpfliche Leben zu stellen. (Weber 1904, 184)

Bloße, d. h. nicht sinnvoll bestreitbare Fakten mögen dabei als Orientierungsrahmen erhalten bleiben, sie rücken aber in einen unterschiedlich weiten Hintergrund. Im Vordergrund steht das Verstehen des „Verlauf[s], in welchem das Wissen von dieser Welt sich entwickelte" (Dilthey 1910, 101). Wird also eine in diesem Sinne sich selbst als hermeneutisch verstehende Sprachgeschichtsschreibung beabsichtigt, so steht nicht das sogenannte Faktische im Mittelpunkt, sondern die „Einsicht in die Struktur des Wissens, in die Denkformen und wissenschaftlichen Methoden".

Sprachgeschichtsschreibung als Projekt wird damit zur Geschichtsgeschichte: zur Geschichte des Erzählens von Sprachgeschichte, einer Beschäftigung mit Sprache auf der zweiten Metaebene. Die Geschichte einer Sprache existiert aus einer solchen Perspektive nicht von dem Augenblick an, in dem man sie – die Sprache – spricht bzw. schreibt (vor allem letzteres, denn faktisch handelt es sich bei der Sprachgeschichte des Deutschen, um die es hier geht, aufgrund der Quellenlage zumeist um die Geschichte geschriebener Sprache), sondern von dem Augenblick an, in dem man sie – die Geschichte – erzählt.

Eine Geschichte der deutschen Sprache in *diesem* Sinne ‚gibt es' seit etwa dem 16. Jahrhundert, im engeren Sinne sogar erst seit dem 19. Jahrhundert, in dem die

Deutsche Philologie als wissenschaftliche Disziplin etabliert wurde. Wann man in der *Erzählung* die Geschichte beginnen und welche Bereiche man sie umfassen lässt, entscheidet sich nach den Wertmaßstäben und Ideologien, denen die geschichtsschreibende Person anhängt. Und dasselbe gilt für die historischen Fakten, die man für seine Darstellung auswählt – so dass parallel und mit gleichem Recht mehrere unterschiedliche Geschichten einer und derselben Sprache möglich sind. Die Erzählung, wohlgemerkt, ist schon dadurch gegenstandskonstitutiv, dass sie die sprachlichen Äußerungen, über die sie berichtet, für Zeugnisse eben der Sprache erklärt, um die es ihr geht. Denn man könnte sie ja auch für Manifestationen einer anderen Sprache erklären. Solche Überlegungen sind keineswegs nur hypothetisch; vielmehr stehen durchaus konkrete Beispiele vor Augen. So handelt Jacob Grimms *Geschichte der deutschen Sprache* (1848) von den germanischen Sprachen in ihrer Gesamtheit (‚Deutsch' wird also in einem weiteren als dem heute üblichen Sinne verstanden) und *endet* dort, wo aus heutiger Sicht das Deutsche überhaupt erst *beginnt*: beim Althochdeutschen in der Mitte des 8. Jahrhunderts. Solch imperialistisch anmutende Ausdehnung der deutschen Sprachgeschichte ist vor dem Hintergrund einer national-patriotischen, gegen die herrschende Kleinstaaterei der Zeit gerichteten Ideologie zu sehen: Der nationalen Zerrissenheit eine fiktive sprachliche Einheit entgegenzusetzen und diese bis in graue Vorzeit zurückzudatieren, erlaubte es, den aktuellen politischen Zustand als unnatürlich zu kritisieren und den landesfürstlichen Partikularinteressen anzulasten.

Wie man eine Geschichte schreibt, ist prinzipiell geprägt von interessengeleiteter Perspektivität und Teil der ideologischen (Selbst-)Konstruktion einer Gesellschaft. Sprachgeschichte erscheint als das „sinnstiftende [...], gesellschaftlich funktionalisierte Bild von der Herkunft, der Gegenwart und der Zukunft einer Sprache" (Reichmann 1998, 1); ihr Gegenstand sind Fakten im Wortsinn (*facta* ›Gemachtes‹): „in Sprache gestaltete Konstrukte, Ideen, Bilder, Fiktionen, Entwürfe, nicht [...] vom Forschenden bloß affizierte, sondern effizierte Größen, nicht vorsprachliche und vorkognitive Grundlagen einer irgendwie verstandenen Repräsentation von Vorgegebenem, sondern Größen, die ihre Existenz ausschließlich der Sprachgeschichtsschreibung als einem Konstruktionsakt verdanken" (ebd.).

Sprachgeschichte lässt sich daher verstehen als Geschichte narrativer Konstruktionen. Zu denken wäre sie als eine Art Sprachgeschichtsschreibungsarchäologie, die verschiedene einander überlagernde, auch einander verdeckende Ideologie‚schichten' – Leitfragen, wissenschaftliche Paradigmen im Sinne Th. S. Kuhns, Sprachgeschichtskonzeptionen usw. – herausarbeitet, nicht nur, insofern sie als historisch i. S. v. vergangen, sondern auch, indem sie als aufgegangen in neuere Ansätze und damit bis heute wirksam erscheinen. Aus diesem Grund hat Reichmann (1998) die bestehenden sprachhistorischen Werke nach verschiedenen thematischen Gesichtspunkten untersucht. Im kritischen Blickfeld standen: 1. die erzählte Zeit, 2. der erzählte Raum, 3. das erzählte sozialsprachliche Spektrum, 4. das erzählte sozialsituative Spektrum, 5. das erzählte Sprachmedium, 6. die Rolle von Einzelpersonen,

Einzeltexten und einzelnen Textgruppen, 7. systemorientierte versus soziopragmatisch orientierte Sprachgeschichtsschreibung, 8. die beschriebenen hierarchischen Ränge der Sprache, 9. die Gewichtung von Ausdrucks- und Inhaltsgeschichte, 10. die Gewichtung der Geschichte der Objektsprache und der Geschichte des Sprachbewusstseins, 11. das Verhältnis von Zweckfreiheit und Zweckorientierung und schließlich 12. die deutsche versus die europäische Orientierung der Sprachgeschichtsschreibung.

2 Exemplarische sprachhistorische Konzepte

Welche Auswirkungen vorgängige Werturteile, Ideologeme usw. auf sprachhistorische Konzepte haben, deren Bezugs- und Orientierungsrahmen sie darstellen, sei im Folgenden anhand einiger Beispiele angedeutet.

2.1 ‚Uraltertum' der deutschen Sprache

Vor dem Hintergrund der bis dato nicht grundlegend erschütterten Überzeugung von der Wahrheit biblischer Aussagen lässt sich ein Gedanke sehen, der insbesondere die sprachhistorischen Entwürfe des 16. und 17. Jahrhunderts prägte, der jedoch auch noch – losgelöst von den ursprünglich bestimmenden theologischen Aspekten – in der national-patriotischen Sprachgeschichtsschreibung des 19. Jahrhunderts zu finden ist (s. o.): der Gedanke vom ‚Uraltertum' der deutschen Sprache. Die menschliche Sprache überhaupt stammt nach frühneuzeitlichem Verständnis von Gott, der sie dem Adam vor dem Sündenfall als Fähigkeit verliehen hat (vgl. Bär 2011, 190). Durch die babylonische Sprachverwirrung sei dann die ‚adamische Ursprache' in die verschiedenen Sprachen der Welt diversifiziert worden, wobei man speziell die deutsche Sprache gemeinhin auf einen der Urenkel Noahs, den als Stammvater der ‚Deutschen' geltenden Aschkenas oder Askenas zurückführte (vgl. ebd., 193 f.). Die ‚deutsche' Sprache konnte so als eine sehr alte – und dadurch zugleich vornehme, ehrwürdige – Sprache apostrophiert werden, was insbesondere im Zusammenhang der gegen den französischen Spracheinfluss gerichteten sprachpuristischen Polemik des 17. Jahrhunderts argumentativ eingesetzt wurde. So identifizierten einige Autoren die ‚deutsche' Sprache mit der keltischen (vgl. Gardt 1994, 349), hoben sie damit auf eine Ebene mit dem ebenfalls altehrwürdigen Lateinischen und konnten sie folglich gegenüber dem Französischen als einer vom Lateinischen abgeleiteten, d. h. jüngeren Sprache für höherwertig erklären:

> Es ist [...] unserem Gemüte angeboren eine sonderliche Werthaltung / Furcht / Liebe / und Andacht zu demselben / was alhie zu vielen Jahren komt und alt wird. (Schottelius 1663, 29)

Das populäre Argumentationsmuster entfaltete eine derartige suggestive Kraft, dass man sogar darauf kam, das ‚Deutsche' für die älteste europäische Sprache zu halten (so Schottelius 1663, 30) – älter auch als das Lateinische. Die deutsche Sprache geht, dem Wesen nach unverändert (ebd., 27 ff.), bis auf die babylonische Sprachverwirrung zurück: „Die Stadt [...] und der Ort dieser [...] Verwirrung ist Babel genennet worden / dahero auch die Teutschen [...] das Wort *babbelen / gebabbel / herbabbelen /* bis auf diese Zeit behalten haben." (Ebd., 33.) Die fremdwortkritische Grundhaltung ist deutlich erkennbar:

> Man weis ja [...], daß erst im Jahr 3212. nach Erschaffung der Welt / Rom erbauet / und von allerhand zusammen gelaufenem Völklein / derer Sprachen vielerley gewesen / bewohnet worden / auch die Lateinische Sprache under ihnen etliche hundert Jahre lang ungewiß und barbarisch gewesen; da hingegen im Jahr 1780. nach der Welt Anfang die Teilung der Erde von dem Erzvater Noa vorgegangen / und Aszenas sich nacher Europa und Abendwärts gewendet / auch mit seinem Volke 1432. Jahr Teutsch geredet / ehe noch ein einziger Stein an den Mauren der Stadt Rom geleget worden. Wie haben dann nun die neue Römer denen uralten Teutschen / von denen sie doch so weit entfernet gewesen / auch nur ein einziges Wort aus ihrer Flicksprache anzwingen können? (Stieler 1691, Vorrede)

Ihren Höhepunkt erreichte die Uraltertumsideologie dort, wo die kontrovers diskutierte Frage, ob die Askenas-Nachkömmlinge bei der babylonischen Sprachverwirrung anwesend waren oder nicht (vgl. Gardt 1994, 394), mit Nein beantwortet wurde. Autoren, die dies taten – beispielsweise der so genannte Oberrheinische Anonymus –, konnten behaupten, dass die Sprache des Paradieses im ‚Deutschen' noch ungebrochen fortlebe und dass dieses daher „älter und vornehmer [sei] als selbst das Hebräische, dessen Stammvater Heber zusammen mit den Stammvätern aller anderen ‚sekundären' Sprachen beim Turmbau zu Babel gearbeitet habe" (Bär 2011, 194).

Aus der Tatsache, dass es sich bei diesem Ansatz um eine ‚vorwissenschaftliche' Position handelt und dass aus heutiger, ‚wissenschaftlicher' Sicht die sprachhistorischen Zusammenhänge anders dar- bzw. hergestellt werden, folgt keine einseitige Relativierung. Es gilt das Bewusstsein festzuhalten, dass prinzipiell jedes historiographische Konzept – auch jedes aktuelle –, durch die ideologiekritische Brille und vor seinem jeweiligen historischen Hintergrund betrachtet, als relativ erscheinen muss.

2.2 ‚Klassisches Mittelhochdeutsch'

Ein anderes Beispiel für ein interessegeleitetes sprachhistorisches Konstrukt ist das so genannte Lachmann'sche Mittelhochdeutsch. Karl Lachmann, einer der Gründerväter der germanistischen Mediävistik, vertrat die Überzeugung,

> daß die Dichter des dreizehnten Jahrhunderts, bis auf wenig mundartliche Einzelheiten, ein bestimmtes unwandelbares Hochdeutsch redeten, während ungebildete Schreiber sich andere Formen der gemeinen Sprache, theils ältere, theils verderbte, erlaubten. (Lachmann 1820, VIII)

Die Aufgabe einer wissenschaftlichen Edition mittelhochdeutscher Texte sah er darin, möglichst nahe an den Urtext (und damit idealerweise an die originäre Intention des Autors) heranzukommen. Dies ist seiner Meinung nach nur durch „wahre strenghistorische Kritik" möglich, also durch einen Vergleich der Handschriften, der die „guten Sprachformen" ergibt (ebd.). Die „gewöhnliche" editorische Methode, die „Eine älteste Handschrift zum Grunde legt", ist für Lachmann „nicht die wahre [...], sondern unsicher und trügerisch" (ebd.):

> „[G]anz offenbar ist, daß aus einer hinlänglichen Anzahl von Handschriften, deren Verwandtschaft und Eigenthümlichkeiten der Kritiker genau erforscht hat, ein Text sich ergeben muß, der im Kleinen und Großen dem ursprünglichen des Dichters selbst oder seines Schreibers sehr nah kommen wird." (Ebd., X)

Ausschlaggebend für Lachmanns kritisches Verfahren ist die Auffassung, dass die Jahrzehnte um 1200 eine klassische Periode der deutschen Literaturgeschichte darstellen. Klassische Autoren, also solche, deren Texte in ästhetischer Hinsicht derart exemplarisch sind, dass man sie mit Gewinn immer wieder von neuem lesen kann, fordern nach Ansicht der deutschen Romantik, der Lachmann hier verpflichtet ist, das aufwändige textkritische Verfahren; nur sie sind zugleich lohnende Gegenstände desselben. Der Handschriftenvergleich, bei dem ‚besseren' Lesarten gegenüber ‚verderbten' der Vorzug gegeben wird, soll der Rekonstruktion der originären Textgestalt dienen, die dann als kanonisch ausgegeben werden kann. Dass eine solche Rekonstruktion aufgrund der Überlieferungslage in den meisten Fällen gar nicht möglich ist, stellt für Lachmann kein Hindernis dar. In Fällen, in denen eine aus seiner Sicht ‚gute' Lesart in den Handschriften nicht aufzufinden ist, sieht er sich berechtigt, ja verpflichtet, sie auch gegen die historischen Befunde herzustellen. Seine Editionen sind daher historiographische Konstrukte, die weit mehr mit der Sprachideologie des 19. Jahrhunderts (‚Das klassische Mittelhochdeutsch war eine ausgebaute, einheitliche Literatursprache') als mit der Sprachrealität des 12./13. Jahrhunderts zu tun haben.

Das so genannte klassische Mittelhochdeutsch ist aus heutiger Sicht zwar keine reine Fiktion – das Ideal einer über den Dialekten sich erhebenden literarischen Ausgleichssprache hat es um 1200 nachweislich gegeben, und etliche Autoren haben sich daran orientiert –, die Handschriften sind aber trotzdem weitaus uneinheitlicher als es die Texteditionen des 19. Jahrhunderts suggerieren. Das idealtypische Mittelhochdeutsch, wie es Lachmann vorschwebte, erscheint daher heute als Produkt historiographischen Wunschdenkens. Die Philologie des 19. und des frühen 20. Jahrhunderts hat sich auf der Grundlage dieses Wunschdenken große Freiheiten im Umgang mit der historischen Realität erlaubt: Sie hat bei Texten mittelhochdeutscher Autoren, die ausschließlich in nicht mittelhochdeutscher Form überliefert sind – so beim *Erec* Hartmanns von Aue, der lediglich in einer einzigen, dem Lautstand nach bereits frühneuhochdeutschen Handschrift vorliegt –, Rückübersetzungen in die vermeintlich originale sprachliche Gestalt vorgenommen.

Wenngleich die Sprachgeschichtsschreibung das Dogma vom klassischen Mittelhochdeutschen im späten 20. und frühen 21. Jahrhundert weithin verabschiedet hat: Es prägt manche der gängigen Überblicksdarstellungen und vor allem die Leseausgaben mittelhochdeutscher Texte bis heute. Immer noch und immer wieder bedarf es des Hinweises, dass die historische Realität um 1200 anders ausgesehen hat als in den meisten Editionen der Anschein erweckt wird. Dabei gibt es selbstverständlich Ausnahmen, so die große handschriftensynoptische Nibelungenlied-Ausgabe von Michael S. Batts (1971), die allerdings nicht als Leseausgabe bezeichnet werden kann.

Nicht selten wird zur Rechtfertigung für die Perpetuierung des editorischen Status quo das Argument ins Feld geführt, man könne Laien und wissenschaftlichen Anfängern nicht zu viel zumuten: Die ganze Varianzbreite der historischen Sprache sei verwirrend und behindere den Lernerfolg. Schon Karl Lachmann argumentiert implizit so: Seine *Auswahl aus den Hochdeutschen Dichtern des dreizehnten Jahrhunderts* (Lachmann 1820) trägt den Untertitel *Für Vorlesungen und zum Schulgebrauch*. Man kann allerdings in Anknüpfung an das oben verwendete Archäologie-Bild darauf hinweisen, dass man es auch bei diesem Anliegen mit einer historischen (d. h. hier: einer älteren) Ideologie‚schicht' zu tun hat – einer Schicht, die offen zutage liegt, mit anderen Worten: bis heute wirksam ist. Das Ideologem, nur eine einheitliche, durchgängig normierte Sprache ermögliche und sichere eine allgemeine Kommunikation und befähige zu kulturellen Hochleistungen, wurzelt im nationalpatriotischen Pathos des 17. bis 19. Jahrhunderts; sprachpflegerische Bemühungen waren das Feld, auf dem die politisch nicht realisierbare nationale Einheit kompensatorisch erstrebt wurde (s. o.; vgl. Stukenbrock 2005); die kodifizierte Einheitssprache galt als historische Errungenschaft. Dass eine allgemeine Kommunikation auch unter ganz anderen historischen Rahmenbedingungen als unter denen einer kodifizierten Einheitssprache funktioniert, ist zwar eine Tatsache, die der Sprachgeschichtsschreibung und auch der gegenwartsbezogenen Sprachwissenschaft seit Jahrzehnten bewusst ist; in das Bewusstsein einer weiteren Öffentlichkeit ist diese Tatsache aber offenbar noch nicht vorgedrungen. Dies zeigte eindrucksvoll die in den Jahren um 2000 geführte Diskussion um die neue deutsche Rechtschreibung. FAZ-Feuilletonchef Frank Schirrmacher beispielsweise nannte die Rechtschreibreform ein „nationales Unglück" (vgl. Bär 2004). Denn das neue Regelwerk erlaubt in einigen Fällen (z. B. *Delphin/Delfin*) mehrere Varianten, und durch seine Einführung entstand bei etlichen Zeitgenossen eine gewisse Verwirrung hinsichtlich weiterer Schreibungen (z. B. wurde oft fälschlich angenommen, das ß sei vollständig abgeschafft).

2.3 Das Werden der neuhochdeutschen Schriftsprache

Ein Standardbeispiel für die Abhängigkeit der Sprachgeschichtsschreibung von zeittypischen Werturteilen ist die Beschäftigung mit der Herausbildung der neuhochdeutschen Schriftsprache. Zu diesem Themenkomplex hat es im Laufe der letzten anderthalb Jahrhunderte mehrere deutlich unterschiedliche Beschreibungsansätze gegeben.

2.3.1. Im Vorwort seiner Textsammlung *Denkmäler deutscher Poesie und Prosa aus dem VIII–XII Jahrhundert* (1863) hat zunächst Karl Müllenhoff – in Anlehnung an ältere, schon im 17. Jahrhundert greifbare Erklärungsmuster – eine kontinuierliche Entwicklung der Schriftsprache von althochdeutscher bis in neuhochdeutsche Zeit angenommen, deren Stationen im Wesentlichen an bestimmte Herrscherhöfe gebunden sind. Die Hofsprache Karls des Großen im 8. und frühen 9. Jahrhundert (vgl. dazu Matzel 1971) sei als Kultursprache über die Höfe der Staufer im 12. und 13. Jahrhundert, der Luxemburger (insbesondere Karls IV.) in Prag im 14. Jahrhundert und der Habsburger im 15. Jahrhundert weitergegeben und weiterentwickelt worden; in Form der wettinisch-sächsischen Kanzleisprache sei sie dann im 16. Jahrhundert von Martin Luther, insbesondere durch seine Bibelübersetzung, aufgegriffen und zur allgemeinen neuhochdeutschen Literatursprache transformiert worden.

Karl Müllenhoff studierte klassische Philologie und Germanistik, unter anderem bei Karl Lachmann. 1858 wurde er Professor in Berlin. Durch die behauptete Tradition suggerierte er (alle Diskontinuitäten und Brüche der sprachhistorischen Entwicklung ignorierend) im Sinne einer pro-preußischen Ideologie eine gerade Entwicklungslinie von dem sich ankündigenden wilhelminischen Kaiserreich bis zurück zu Karl dem Großen:

> die entwicklung, die im VIII/IX jh. begonnen, ist [...] zum ziele gelangt [...]. wie im staat, in religion, wissenschaft und kunst, so geht auch in der sprache das einheitliche leben der nation von dem gewaltigen manne aus, der zuerst ihre verschiedenen stämme zusammenfasste, ihre geschichte an die der alten welt anknüpfte und sie so in eine bahn wies, deren letztes stadium noch zu durchlaufen ist. (Müllenhoff 1892, XXXV)

2.3.2. Einem zweiten, 1884 von Konrad Burdach entworfenen Erklärungsmodell zufolge ist die neuhochdeutsche Schriftsprache erst nach 1350 im kaiserlichen Prag entstanden. Der Literaten- und Gelehrtenkreis um Kaiser Karl IV., der durch den italienischen Frühhumanismus des 14. Jahrhunderts befruchtet wurde, hat demnach durch seinen Einfluss auf die Sprache der kaiserlichen Kanzlei diese – insbesondere auf syntaktisch-stilistischer Ebene – zu einer Kultur- und Bildungssprache umgeformt, die dann aufgrund ihres Sozialprestiges zum Vorbild der sprachlichen Einigung wurde: „Nach dieser Reichssprache der kaiserlichen Kanzlei hatten bald die mitteldeutschen Kanzleien – die östlichen zuerst – sich zu richten angefangen, und gegen Ende des 15. Jahrhunderts entstand so allmählich für ein ‚gemeines Deutsch'

[...] eine festere Grundlage" (Burdach 1884, 2). Auch nach dieser Theorie fungierte dann im 16. Jahrhundert Martin Luther als Katalysator der sprachhistorischen Entwicklung; seine Autorität verblasst allerdings bald, während andere „Sprachformer" an Einfluss und Bedeutung zunehmen, beispielsweise Opitz und andere Barockautoren wie Gryphius und Grimmelshausen, im 18. Jahrhundert dann beispielsweise Lessing, Klopstock, Wieland und Goethe (Burdach 1884, 9). Spätestens zu dieser Zeit ist die neuhochdeutsche Schriftsprache als Kultur- und Standardsprache vollständig etabliert.

Burdach behauptet also keine Kontinuität der Sprachentwicklung seit althochdeutscher Zeit, sondern sieht in der neuhochdeutschen Schriftsprache „eine neue Schöpfung, unter einmaligen kulturellen Bedingungen entstanden" (Besch 1985, 1784). Sie hatte zunächst nur Geltung als Amts- und Verwaltungssprache, wurde aber durch den humanistischen Einfluss am Prager Kaiserhof auch zur Kultur- und Geistessprache ausgebaut. In den 1880er Jahren, einer Zeit, in der sich das zweite deutsche Reich ideologisch gefestigt hatte, konnte er auf den Schöpfungsmythos ‚Karl der Große' offenbar verzichten; es ging nun um *kultur*nationale Selbstvergewisserung im Sinne des Historismus. Sprachgeschichte ist bei Burdach nicht mehr vorrangig Herrschergeschichte, sondern Bildungsgeschichte.

2.3.3. Eine wiederum völlig andere Theorie legte in den 1930er Jahren der Mundartforscher Theodor Frings vor. Im Gegensatz zu Müllenhoff und Burdach, die von einer sprachlichen Einigung im schriftsprachlichen Bereich ausgingen, verlegte er den Ausgleich zwischen den territorialen Varianten des Deutschen in die gesprochene Sprache. An der Gemeinsamkeit bestimmter dialektaler Sprachphänomene in verschiedenen Gegenden glaubte er „Stammesverwandtschaft" der Bevölkerung ausmachen und daher Siedlungszüge nachvollziehen zu können. Sein besonderes Augenmerk galt dem meißnischen Sprachgebiet, der Region östlich von Erfurt, die von allen Mundarten die geringsten Abweichungen von der Hochsprache aufweist.

Durch Vergleich von Dialektlandkarten entdeckte Frings in Meißen Einflüsse dreier verschiedener Sprachgebiete. Im Zuge der mittelalterlichen deutschen Ostkolonisation seien drei „Siedlungsbahnen [...] insgesamt auf Meißen gerichtet" gewesen: „die mainisch-erzgebirgische von Südwesten, die mitteldeutsche von Westen, die niederdeutsche von Nordwesten" (Frings 1936, 14). Aufgrund der Notwendigkeit, sich im täglichen Leben untereinander zu verständigen, sei unter den Siedlern allmählich ein sprachlicher Ausgleich zu Stande gekommen. Die dadurch entstehende neue Mundart sei dann auch zur Verwaltungssprache der kursächsischen Kanzlei geworden und habe – vor allem durch Martin Luther – späterhin auch eine Umformung zur Kultur- und Literatursprache erfahren.

Theodor Frings' theoretischer Ansatz verleugnet weder inhaltlich noch sprachlich die Zeit, in der er entstand. Vielfach lassen sich inhaltliche Verflechtungen mit gängigen Gedankenmodellen des Nationalsozialismus bei ihm nachweisen. So schließt die Überzeugung, dass die sprachformenden Siedler Bauern waren, die das fruchtbare

Land in Obersachsen bearbeiteten, an die nationalsozialistische ‚Blut-und-Boden'-Ideologie an: Urwüchsige ‚völkische' Kräfte haben demnach die kulturelle Leistung der sprachlichen Einigung vollbracht. Auch der Gedanke vom ‚Lebensraum im Osten' findet sich, wenn Frings (1936, 6) die deutsche Ostkolonisation des Mittelalters als eine „Wiedereroberung" der „östlichen Wohnsitze" der Germanen bezeichnet und sie mit der spanischen Reconquista in einem Atemzug nennt (ebd., 7).

Interessant ist angesichts dieser Fakten, dass Frings durchaus kein Parteigänger der Nationalsozialisten war. 1937 legte er sein Amt in der Sächsischen Akademie der Wissenschaften aus Protest gegen den Ausschluss eines jüdischen Kollegen nieder. Auch von seinen Zeitgenossen wurde er nicht mit der braunen Diktatur in Verbindung gebracht: Nach deren Ende war er nicht weniger angesehen als zuvor. Nach 1945 musste er in der sowjetischen Besatzungszone und späteren DDR statt des Aspektes, dass die Formung der neuhochdeutschen Schriftsprache eine ‚völkische' Leistung gewesen sei, nur den Gesichtspunkt betonen, dass Angehörige der ‚werktätigen Bevölkerung' diese Leistung vollbracht hätten, um auch im Arbeiter- und Bauernstaat zu reüssieren.

2.3.4. Seit den 1960er Jahren haben verschiedene Autoren die Auffassung vertreten, die neuhochdeutsche Schriftsprache sei als das Resultat eines schreiblandschaftlichen Ausgleichs zu sehen, der erst seit dem 16. Jahrhundert erfolgte. Die sprachlichen Varianten unterschiedlicher Regionen vom Phonem bzw. Graphem bis zum Satzmuster sind demnach in Konkurrenz zueinander getreten, wobei zumeist nur eine von ihnen historisch ‚erfolgreich' war. Die neuhochdeutsche Schriftsprache, die Eigentümlichkeiten unterschiedlicher regionaler Varietäten aufweist, erscheint in ihrer Gesamtheit als das Ergebnis eines vielschichtigen Mischungsprozesses. Der schreibsprachliche Ausgleich in frühneuhochdeutscher Zeit lässt nach dieser Auffassung so genannte „Regularitäten" (Besch 1985, 1790) oder „Wirkungsfaktoren" (Moser 1985, 1404) erkennen: Prinzipien, die als idealtypische Muster der empirischen sprachlichen Veränderungen (d. h. der Prozesse von Verdrängung bzw. Durchsetzung verschiedener Varianten) konstruiert werden und die sich in den verschiedenen Konzeptionen (z. B. Stopp 1973, v. a. 35–54; Besch 1979, 132–135) weitgehend gleichen. Diese Prinzipien sind:

1. das Geltungsareal – „von konkurrierenden Formen hat die weitestverbreitete ceteris paribus die besten Chancen, gemeinsprachliche Geltung zu erlangen" (Moser 1985, 1404) –,
2. der Geltungsgrad – „die Verwendungshäufigkeit im Vergleich zur Frequenz konkurrierender Varietäten" (ebd.) – und
3. die strukturelle Disponiertheit: „Varianten, die bestehende Systemansätze ausbauen, haben ceteris paribus bessere Chancen als solche, die bestehende Strukturbeziehungen wieder zerstören würden" (ebd.).

Besch (1979, 132; vgl. auch Besch 1985, 1791) führt ein weiteres Prinzip ein: die so genannte Landschaftskombinatorik. Hiermit meint er

> das seit dem 15. Jahrhundert häufig zu beobachtende Phänomen, dass sich besonders diejenigen Varianten letztlich durchsetzen, die im Spätmittelalter in einer bestimmten Kombination von Sprachlandschaften verbreitet gewesen sind. Und hier ist es besonders wiederum der ostoberdeutsch-ostmitteldeutsche Kernraum, der für die weitere Entwicklung von herausragender Bedeutung gewesen ist. (Mattheier 1981, 281)

Der Frings'schen Auffassung, dass dem ostmitteldeutschen Raum eine besondere Bedeutung bei der Entstehung der neuhochdeutschen Schriftsprache zukommt, wird also von den Vertretern der Ausgleichs- und Mischungsthese durchaus nicht widersprochen. Allerdings beziehen sie in der Regel den ostoberdeutschen Raum in die Betrachtung mit ein, nehmen eine Wechselwirkung zwischen dem Ostmitteldeutschen und dem Ostoberdeutschen an und gehen auch nicht mehr von einer ‚Modelllandschaft' aus, in der zunächst die sprachliche Einigung insgesamt vollzogen worden sei und die dann auf die anderen Regionen ‚ausgestrahlt' habe. Im Gegensatz zu Frings wird der sprachliche Ausgleich jedoch nicht als eine Leistung der gesprochenen, sondern als eine der geschriebenen Sprache angesehen.

Die Vertreter der Ausgleichs- und Mischungsthese sind dem arealen Modell der Sprachgeschichtsschreibung und dem sprachwissenschaftlichen Strukturalismus verpflichtet. Sie konzentrieren sich auf die Untersuchung der sprachlichen Systemebenen und sehen weitgehend ab von so genannten außersprachlichen Faktoren wie historischen Rahmenbedingungen oder historischer Sprachreflexion und -bewertung. Stattdessen unternehmen sie eine gleichsam statistische Auswertung verschiedener empirischer Sprachdaten aus unterschiedlichen Regionen, die, auf Landkarten übertragen, je ein spezifisches Verteilungsbild ergibt.

Die strukturalistische Sprachbeschreibung bot nach 1945 die Möglichkeit einer weitgehend unpolitischen Wissenschaft – eine Haltung, die 1968 und in den Folgejahren die fundamentale Kritik der jüngeren Generation hervorrief. Getragen von einflussreichen Fachvertretern wie Werner Besch, war das Modell jedoch noch bis in die 80er Jahre des 20. Jahrhunderts führend; neben ihm begannen sich erst allmählich neuere kulturhistorisch-soziologische Positionen durchzusetzen.

2.3.5. Kritik an der These seines Lehrers Besch übte zu Beginn der 1980er Jahre insbesondere Klaus J. Mattheier. Er vertritt eine spezifisch soziolinguistisch orientierte Ausrichtung: Sprachwandel ist für ihn stets auf „außersprachliche Faktoren" zurückzuführen, die

> Änderungen in dem bis dahin üblichen Spektrum der kommunikativ-sozialen Anforderungen an das Kommunikationsmittel Sprache verursachen können. So macht es eine durch sozialhistorische Umwälzung verursachte Auswanderung etwa für die Emigranten nötig, in ihrer neuen Heimat ganz neue sprachliche Varietäten zu benutzen, die sie bis dahin noch nicht kennen. Es

ist aber auch möglich, daß ohne größere Bevölkerungsverschiebungen und allein aufgrund von allgemeinen gesellschaftlichen und kulturellen Bedingungen eine Sprachvarietät innerhalb einer größeren Sprachgemeinschaft auch für Regionen, in denen sie ursprünglich nicht verbreitet war, Verbindlichkeit erhält, daß sich etwa ein Sprachprestigegefälle entwickelt. Auch in solchen Fällen ändern sich die kommunikativen Anforderungen, die an die sprachlichen Ausdrucksformen gestellt werden. Die überkommene Varietät kann man etwa für offizielle Sprechersituationen nicht mehr verwenden. (Mattheier 1981, 282)

Vor diesem Hintergrund lässt sich gegenüber dem Ansatz von Besch und anderen ein fünftes Erklärungsprinzip formulieren, das im Gegensatz zu den unter 2.3.4 erläuterten Prinzipien nicht nur zur Beschreibung von Sprachentwicklungen, sondern zu ihrer kausalen Erklärung dienen kann – die so genannte Geltungshöhe: „Varianten, die von Sendern mit hohem Sozialprestige gebraucht werden, haben einen Vorteil" (Moser 1985, 1404).

Die kritische Wendung gegen die Mischungsthese ist Ausdruck des neuen, kultur- und sozialhistorischen Forschungsansatzes, der im Zusammenhang mit dem geisteswissenschaftlichen Paradigmenwechsel während und nach der Studentenbewegung von 1968 steht. Er führte dazu, dass in der Sprachgeschichtsschreibung neben die Erforschung des Sprachsystems auch wieder das Interesse für außersprachliche (kulturhistorische und soziopragmatische) Faktoren trat, mit anderen Worten: Es werden „neben der Sprachlichkeit auch die Sprachgemeinschaft und das sprachliche Handeln thematisiert" (Mattheier 1995, 17).

Eine konsequente Weiterführung des kulturhistorischen Ansatzes hat seit den späten 1980er Jahren in mehreren Beiträgen Oskar Reichmann geliefert. Seine These zur Entstehung der neuhochdeutschen Schriftsprache ist durch den Terminus *Vertikalisierung* gekennzeichnet (Reichmann 1988, 175 u. ö.). Die Varietäten des Deutschen im Mittelalter und noch im 15. Jahrhundert sind demnach von den Sprechern bzw. Schreibern „in einem Verhältnis gesehen" worden, „das wesentlich stärker durch ihre Andersartigkeit als durch unterschiedliche Wertungshöhe gekennzeichnet war" (ebd., 174). Diese Sichtweise hat sich dann im 16. Jahrhundert grundlegend geändert:

Das Überregionale und den gehobenen Varietäten Zugehörige wird tendenziell als richtig, das Raumgebundene tendenziell als falsch hingestellt oder vorausgesetzt [...]. Die Entwicklung verläuft in gleicher Richtung noch im 16., in mehreren Schüben sodann im 17. und 18. Jh. weiter. Sie ist eine alles umfassende sprachsoziologische Umschichtung der bis ins 16. Jh. auf annähernd gleicher Wertebene horizontal nebeneinander stehenden Vielheit von Varietäten zu einem spätestens seit dem Frühbarock vertikal organisierten, von oben nach unten geschichteten Übereinander. Die unteren Positionen der neuen Varietätenpyramide unterliegen einer zunehmenden Ausrichtung nach den oberen Positionen hin. Die Kommunikation zwischen den Sprechern auch der Basisvarietäten verläuft höchstens noch bei geringer Raumdifferenz (unmittelbare Nachbarschaft) horizontal, d. h. von grundschichtigem Dialekt zu grundschichtigem Dialekt; sie verläuft viel eher und geschichtlich im allgemeinen [...] zunehmend über eine höherschichtige Varietät. Es ist deshalb kein Zufall, daß sich die großen raumgeographischen Veränderungen (auf phonologischer Ebene etwa die frnhd. Diphthongierung, Monophthongierung, Dehnung in offener Silbe) in einer Zeit abspielten, in der sich der Varietätenkontakt horizontal vollzog. (Ebd., 174 f.)

Dieser Befund passt zu den seit dem 16. Jahrhundert zu beobachtenden unterschiedlichen Bemühungen um Sprachkultivierung und bewusste Normierung:

> In dem Augenblick, in dem Sprache der Vertikalisierung im Sinne von hoch- und bildungsschichtiger Steuerung, von Bindung an konzeptionelle Schriftlichkeit, von struktureller Veränderung durch Regelverfestigung, durch neue Sprachgebrauchsverhältnisse unterworfen wird, erfährt sie plausiblerweise so etwas wie Philologisierung [...], philosophische, linguistische, literarische Sprachpflege (durch Philosophen, Grammatiker, Gelehrte, Literaten usw.). (Reichmann 2003, 50)

Reichmann kann als einer der Hauptvertreter der kulturhistorisch orientierten Sprachwissenschaft gelten. Die Grundüberzeugung, die für seine Arbeiten bestimmend ist, formulierte er 1984 im Vorwort zur ersten Auflage des gemeinsam mit Werner Besch und Stefan Sonderegger herausgegebenen Handbuchs *Sprachgeschichte* folgendermaßen:

> Sprachen werden von Menschen gesprochen; Sprechen ist Handeln; dies geschieht erstens prinzipiell in kommunikativen Situationen gegenüber Mitmenschen; es geschieht zweitens unter kommunikationsbedingter Bezugnahme auf eine (vorhandene oder vorausgesetzte oder in der Kommunikation fiktional aufgebaute) Wirklichkeit; und es geschieht drittens nach geschichtlich erlernten, sozial gültigen, aber dennoch (oder gerade deshalb) variablen und veränderbaren Regeln. Mit diesen knappen Sätzen ist implizit auf die Differenzierungen der Sprache ebenso hingewiesen wie auf ihre Begründung und ihre Rolle im Gesamt von Handlungen, Handlungsbedingungen und Handlungsergebnissen geschichtlich tätiger Individuen und Individuengruppen, nochmals konkreter: in Staat und Politik, in Recht und Wirtschaft, in Kirche, Literatur, Philosophie und Bildung, in Ordnungen des Alltags und in der Organisation der Arbeit. (Besch/Reichmann/Sonderegger 1984, V)

Sprache ist demnach nicht in erster Linie als System von Zeichen und deren Verwendungsregeln Gegenstand der linguistischen Beschreibung, sondern als eine „gemeinschaftliche Handlungsweise einer großen Menschenmasse" (A. W. Schlegel, zit. bei Reichmann 2003, 32). Als solche ist sie in ihrer Entwicklung nicht auf ein bestimmtes Ziel (beispielsweise auf eine immer größer werdende Einheitlichkeit und Regelhaftigkeit) hin orientiert, sondern abhängig von sozialen Verhältnissen und kommunikativen Rahmenbedingungen. Dem teleologischen Grundverständnis von Sprachgeschichte, das bis in die 1980er und sogar 1990er Jahre hinein in der Sprachgeschichtsschreibung vorherrschte – die sprachliche Entwicklung läuft zu auf ein konkretes Ziel: die normierte, zu maximaler Darstellungsleistung gelangte Hochsprache – stellt Reichmann die Überzeugung gegenüber, dass alle Erscheinungsformen und Ausprägungen von Sprache prinzipiell gleichwertig sind:

> Steckt in der qualitativ darstellungsfunktionalen Erklärung von Sprachgeschichte [...] nicht ein guter Schuß positiven Fortschrittsglaubens, der einerseits natürlich seine Gründe hat, da das Wissen der Moderne ja tatsächlich insgesamt umfänglicher (auch tiefer, komplexer?) ist als z. B. dasjenige des Mittelalters, der sich in neutraler oder etwas skeptischerer Terminologie aber auch

als typisch neuzeitlicher Optimismus oder als Hochmut bezeichnen ließe? Schließlich sind doch Dichter wie Gottfried von Straßburg, Wolfram von Eschenbach oder Johannes von Saaz nicht unpräziser als gute Schriftsteller des 20. Jahrhunderts! Muß dann aber nicht das Mittel- bzw. Frühneuhochdeutsche als qualitativ gleichwertig mit den entwickeltsten Formen des Neuhochdeutschen beurteilt werden? (Reichmann 1988, 173)

2.4 Sprachwandel

Sprachwandel gehört zu den wichtigsten Gegenständen sprachwissenschaftlichen und sprachgeschichtlichen Arbeitens. Seine Erklärung, seine Beschreibung wie seine Bewertung differieren von Kulturzeit zu Kulturzeit und von Perspektive zu Perspektive des Betrachters (und unter vielen weiteren Aspekten).

Beispielhaft sei nur daran erinnert, dass Autoren wie J. G. Schottelius in der Barockzeit Sprachwandelerscheinungen als Verfallserscheinungen des göttlichen Ursprungs durch die *fressigkeit* der Zeit betrachteten. In der Aufklärungszeit unterlag die Sprachgeschichte einer nahezu teleologischen Entwicklungsidee von ‚primitiv/konkret/undifferenziert' zu ‚hoch entwickelt verfeinert/differenziert/logisch'. In der Romantik findet sich demgegenüber die Vorstellung, die Sprache sei ursprünglich ‚poetisch' (klangreich, bildlich, sinnlich-anschaulich) gewesen und habe sich im Laufe ihrer Entwicklung ‚prosaisiert', sei also klangärmer – gemeint sind Phänomene wie die Abschwächung der Nebentonsilben – und begrifflich abstrakter geworden. Diese Auffassung findet sich noch in Jacob Grimms Vorrede zum ersten Band des *Deutschen Wörterbuchs*:

> Wer nun unsere alte sprache erforscht und mit beobachtender seele bald der vorzüge gewahr wird, die sie gegenüber der heutigen auszeichnen, sieht anfangs sich unvermerkt zu allen denkmälern der vorzeit hingezogen und von denen der gegenwart abgewandt. je weiter aufwärts er klimmen kann, desto schöner und vollkommener dünkt ihn die leibliche gestalt der sprache, je näher ihrer jetzigen fassung er tritt, desto weher thut ihm jene macht und gewandtheit der form in abnahme und verfall zu finden. [...] es gab stunden, wo für abhanden gekommene theile des ULFILAS ich die gesamte poesie der besten zeit des dreizehnten jahrhunderts mit freuden ausgeliefert haben würde. den leuchtenden gesetzen der ältesten sprache nachspürend verzichtet man lange zeit auf die abgeblichenen der von heute (Grimm 1854, IIIf.).

Die Frühromantik, insbesondere A. W. Schlegel, leitet aus diesem Sprachgeschichtsverständnis die Forderung ab, die Sprache müsse repoetisiert werden (vgl. Bär 1999, 105 ff.), ein Gedanke, der sich allerdings beim späten A. W. Schlegel und auch bei Jacob Grimm nicht mehr findet (vgl. Bär 2010, 15 ff., insbes. 19).

In jüngerer Zeit werden wiederum andere Theorien vertreten: Eugenio Coseriu (1974, 56) sieht Sprachwandel als zweckgerichtetes „unaufhörliches Schaffen" an; Rudi Keller erklärt in seinem Sprachwandeldesign den Sprachwandel mit wirtschaftswissenschaftlichen Metaphern zum *invisibile-hand*-Prozess und siedelt ihn jenseits der Willkür des Individuums an. Allein dem letzten Punkt würde Coseriu (1974, 176) widersprechen: „Deswegen hat der Sprachwandel tatsächlich EINE *Wirkursache*, nämlich Sprachfreiheit, und EINEN *universellen Grund*, nämlich den Ausdrucks- und (Mitteilungs-)Zweck der Sprecher".

Coseriu betont den Aspekt der Kommunikation und der Interaktion, der die Variation mitbegründet. Denn, so sagt er:

> Der Sprachwandel hat seinen Ursprung im Dialog: im Übergang sprachlicher Verfahren vom Sprechen des einen Gesprächspartners zum Wissen des anderen. All das, worin sich das vom Sprecher Gesprochene – als *sprachliches Verfahren* – von den in der Sprache, in der das Gespräch geführt wird, vorhandenen Mustern entfernt, kann *Neuerung* genannt werden. Und die Annahme einer Neuerung von Seiten des Hörers als Muster für weitere Ausdrücke kann man Übernahme nennen. (Coseriu 1974, 67)

Dies wiederum bringt v. Polenz (1989, 1) auf den Punkt:

> Sprache existiert konkret im gesellschaftlichen Umgang zwischen Menschen, ist also historisch veränderlich. [...] Sprache ist immer wieder ein Neuvollzug, bei dem selbst das schon oft Gesagte meist anders gesagt wird. [...] Und: Sprache ist nicht nur veränder*lich* (im Sinne eines selbsttätigen, natürlichen Wandlungsprozesses), sondern auch veränder*bar* durch menschliches Handeln.

Sprachwandel wird damit in einen variationslinguistischen Rahmen gestellt (so z. B. Lüdtke/Mattheier 2005, 30 ff.; Eichinger 2005, 369), was wiederum Auswirkungen auf seine Darstellung und Bewertung hat. Ergänzt man diese Betrachtungen noch mit den Fragen nach dem normativen Eingreifen durch Institutionen und Sprachpfleger und durch die zur Zeit aufkommenden Fragen nach der Salienz, dann wird deutlich, dass sprachliche Phänomene wie der Sprachwandel zeittypisch variantenreich, jedenfalls immer wieder völlig unterschiedlich perspektiviert werden. Diese Perspektive äußert sich regelmäßig in den jeweiligen fachlichen Darstellungsweisen, darunter den verwendeten Metaphern. Es ist ein Unterschied, ob man Wandel metaphorisch als Verfall symbolisiert, als Phänomen der dritten Art oder als Möglichkeitsraum. Die Bandbreite der Bewertungen reicht vom Verfallsphänomen über das Fehlerprodukt bis hin zur ausgeübten Sprachfreiheit oder zur Sprache als Möglichkeitsraum. Je nachdem, wo man die Perspektive hinführt, erhält man eine andere Theorie. Für das hier zu entwerfende Handbuch bedeutet dies konzeptionell: Es geht nicht darum, eine neue Sprachwandeltheorie zu entwickeln und durchzusetzen, sondern darum, die gängigen Theorien zu beschreiben (Darstellung von Wissen) und darüber nachzudenken, warum wer zu welcher Zeit welche Sprachwandeltheorie entwickelt hat und warum gerade diese eine Theorie von jemandem in genau dieser bestimmten Zeit erfolgreich war oder nicht (ideologiekritische Reflektion von Wissen). Man kann Sprachwandeltheorien entwickeln, aber man kann auch darüber nachdenken, wie zeitabhängig die jeweiligen Theorien sind. Sinnvoll wäre daher nach den vorgegebenen Prämissen eine Bestandsaufnahme der vergangenen und der bestehenden Sprachwandeltheorien zusammen mit einer theoriekritischen Reflexion ihrer Entstehensbedingungen und ihrer Anwendbarkeit.

3 Konzeptionelle Überlegungen für eine künftige Sprachgeschichtsschreibung

Überlegungen zur Sprachgeschichtsschreibung mit Worten Diltheys und Gadamers einzuleiten, ist Teil eines Programms, bei dem Grundfragen der Sprachgeschichtsschreibung und damit der ‚Sprachgeschichte' neu formuliert werden. Waren es doch diese beiden Autoren, die in ihren Ausführungen nicht müde wurden, die Geschichtlichkeit des Menschen zu betonen, wobei sie ‚Geschichtlichkeit' lebensphilosophisch, als *Äußerungen* vergangenen *Lebens* und in Abhängigkeit von diesem verstanden. Beide forderten dazu auf, die Spuren dieses ‚vergangenen Lebens' in ihren ideologisch-weltanschaulichen Prägungen zu reflektieren, das heißt die gemeinhin angenommenen Spuren des Vergangenen, das bereits durch die historische Distanz fremd ist, auf dem Hintergrund und mit Berücksichtigung des eigenen gegenwärtigen und scheinbar vertrauten Seins und Erlebens als ‚Spuren' zu fassen und in dieser Prägung zu reflektieren. Motiv und Ziel dieser Spurensuche, so Gadamer, sind Selbstbegegnung, Selbstreflexion im historischen Bewusstsein, schließlich auch Selbsterkenntnis sowie die Auslegung vorherrschender Weltanschauungen. Ihre eigene, noch heute vertretene Spur legten Dilthey (1910) und Gadamer mitunter dadurch, dass sie die Geisteswissenschaft einer ihrer hervorstechendsten Existenzqualitäten im Sein der Erlebenden, man könnte im Sinne Gadamers auch sagen: der „Weise der Selbstbegegnung", nämlich der modernen Hermeneutik, zuführten. Sinnverstehen und das dieses voraussetzende Sinnverlangen bedingen das existentielle Bedürfnis des Menschen nach ‚Sprechen' und ‚Sprache'. Aber der Mensch wäre nicht, was er ist, wenn nicht als dritte Größe die Gestaltung, d. h. hier: die Sinnbildung bzw. Sinnstiftung hinzukäme, die – verbal ausgeführt – alle Menschen als Gegenstände suchende und diese als geschichtliche Identitäten (also: als ‚Gegenstände') konstituierende Wesen ausmacht. Diese Aussage betrifft das Verhältnis von Sprechenden bzw. von Sprache und Welt. Indem die Gestaltung des gemeinten Verhältnisses in die Verfügung des sprechenden Menschen verlegt wird, mutiert der ‚Einzelne' zum ‚Individuum', das heißt: zu einem Einzelnen, den es nur in der je sozialen und geschichtlichen Einmaligkeit gibt. Einmaligkeit bildet sich – und das war eines der zentralen Anliegen schon Wilhelm von Humboldts – dabei konstitutiv aus dem vergleichenden, Übereinstimmung oder Abgrenzung suchenden Bezug auf den Anderen, gleichsam in dessen Dimension, aus dessen Mitsicht heraus. In dieser Dimension „nistet notwendig auch die Differenz, die Verschiedenheit der Sprache jedes einzelnen" (Trabant 2010, 25). Wo sich Einzelne gleichen, ähneln oder unterscheiden, bilden sich nun, soziologisch gesprochen, Gruppen, Schichten, Großgruppen, Gemeinschaften, Völker und soziale

Gebilde, die diese Einheiten unterschreiten oder übergreifen. Linguistisch gesprochen bilden sich Register, Varietäten, mediale Formen, Einzelsprachen, Sprachfamilien und Sprachbünde als je besondere Weisen kommunikativen Handelns und Aushandelns, und zwar auf allen hierarchischen Ebenen des Sprachsystems vom Phonem bis zur Texttradition und zum zeitspezifischen Textverbund (Diskurs), auf der Ausdrucks- und auf der Inhaltsebene, im Sprechen wie im Schreiben. Bereits indem man ‚Gegenstände' konstituiert, konstituiert man diese im Vergleich zu den Setzungen Anderer als ähnlich oder als verschieden. Die Gesamtheit sprechender Individuen, die sich bei aller Einmaligkeit des Einzelnen als ähnlich sprechend, als ähnliche ‚Gegenstände' bildend, als semantisch ähnlich handelnd einschätzt (nicht: die sprachstrukturell ähnlich *sind*), ist eine Gruppe. Als linguistisch besonders relevant innerhalb eines offenen Ensembles von Gruppen gilt die gerne als *Sprachgemeinschaft* bezeichnete und mit ‚Volk' in Beziehung gesetzte Gruppe. Der Philosoph E. Angehrn schreibt hierzu:

> Hermeneutische Positionen stellen das Sinnverlangen heraus, das unser Sprechen als tiefstes Anliegen motiviert. Sprache ist das herausragende Medium der Sinnbildung; das Bedürfnis nach Symbolisierung, nach Versprachlichung unserer Welterfahrung ist ein Bedürfnis nach Verständnis, nach sinnhafter Durchdringung unseres Selbst- und Weltbezugs. (Angehrn/Küchenhoff 2012, 37)

Sinnverstehen, Sinnverlangen und Sinnstiftung sind auch bei ihm sprachliche Prozesse, die sich in der Interaktion, das heißt in der Sozialität mit anderen vollziehen. Die Öffnung einer ‚lebens'bezüglichen Hermeneutik zur Sprachsoziologie und zur Sprachpragmatik jeweils im weitesten Sinne beider Ausdrücke ist offensichtlich.

Sprachgeschichtsschreibung ist wie alle Bereiche der Sprachwissenschaft, zumindest nach den ideologisch-weltanschaulichen Prämissen der hier schreibenden Autoren, eine gesellschafts- und geisteswissenschaftliche Disziplin. Sie hat, dem Gesagten zufolge, als Aufgabe, aus jeweils gegenwartsgeprägter Sicht derjenigen kulturellen Tätigkeit nachzugehen, deren Ergebnis man dann allerdings nicht objektivierend oder gar statisierend als Sprachgeschichte in eine historische Wirklichkeit projiziert, sondern die man im Sinne Gadamers als „Schöpfung des gemeinsamen Lebens" aufzufassen und nun ihrerseits als Schöpfung der jeweiligen Forschergegenwart zu gestalten hat. Sprachgeschichtsforschung und Sprachgeschichtsschreibung stehen damit in engster Beziehung zu den kulturellen Tätigkeiten, der man in Kunst, Religion, Philosophie und allen gesellschaftsbezogenen Domänen schon deshalb interagierend nachgehen sollte, weil ihre Gegenstände sprachlich verfasst sind, also als Konstitute des kommunikativen Mitseins, des Sprechens miteinander, darunter des sach- wie des noch wichtigeren beziehungskonstitutiven Sprechens aufgefasst werden können.

Es geht also um eine Begründung der Sprachgeschichtsforschung, in der die Gegenstände des Wissens zu analytischen Zwecken zwar aus dem Kontext des sozial gegliederten Lebens und seiner semantischen und pragmatischen Äußerungen herausgelöst werden können, aber systematisch im Horizont von Sinnverlangen, Sinnverstehen und Sinnstiftung verbleiben und in den Kontext von Beziehungsverlangen und Beziehungsstiftung eingebettet werden (Lobenstein-Reichmann 2012; 2013).

Im Mittelpunkt stehen dann nicht nur historische Äußerungen selbst mit den ihnen entsprechenden Sinngebungen, Sach- und Beziehungsstiftungen, sondern vor allem die darauf antwortenden gegenwärtigen Interpretationen durch ihrerseits sinnverlangende wie sinngestaltende Menschen, die deren Bilder zu rezipieren bereit sind. Das so verstandene Verstehen historischen Gewesenseins, vergangener Kulturen und Persönlichkeiten führt über die Selbstexplikation des Betrachters zur kollektiven wie individuellen Sinnstiftung. Diese ist immer eine deontische Handlungsgröße. Sie impliziert die Befolgung von gestaltenden Handlungsprämissen, z. B. die Orientierung auf ein als ‚Bestes' verstandenes Ideal hin oder zum abwehrenden Gegenteil. Sie hat in jedem Fall Handlungskonsequenzen.

Das hier vorgetragene Programm steht – wie schon angedeutet – in einem offensichtlichen Spannungsverhältnis zum harten Kern bisheriger Sprachgeschichtsforschung. Dieser besteht in der Beschreibung von Laut- und Schreibvarianten, von morphologischen Gegebenheiten, von ungebräuchlich gewordenen lexikalischen Einheiten und ihrer Semantik, in der Nachzeichnung des Wandels von Satzkonstruktionen und im Nachweis textgeschichtlicher Fakten. Von den sprach- und kommunikationswissenschaftlichen Aspekten bei den Gestaltungen des menschlichen Geistes ist da selten die Rede, ebenso wenig vom historischen Bewusstsein derjenigen, die verbal gestalten bzw. derjenigen, die die vormaligen Gestaltungen wiederum verbal beschreiben. Wenn man die Metapher der Geschichtlichkeit als „Äußerung des Lebens" einmal wörtlich nimmt, ist es geradezu die vornehmste Aufgabe der Sprachgeschichtsforschung, diesen Äußerungen des Lebens nachzuspüren, oder mit den Worten von Charles Sanders Peirce:

> Wir sollten niemals damit beginnen, über reine Ideen zu sprechen – gleichsam vagabundierenden Gedanken, welche ohne eine menschliche Behausung über öffentliche Straßen ziehen –, sondern wir sollten mit den Menschen und ihren Gesprächen beginnen. (CP 8.112, übers. d. Vf.)

Die in diesem Rahmen erzielten Ergebnisse müssen also aus ihrem Status als unbezweifelbare linguistische Fakten und tatsächliche Faktenstrukturen herausgerückt und zur Grundlage eines neuen Wurfes von Sprachgeschichte funktionalisiert werden. Der Weg läuft zu einer Sprachgeschichte, deren Ausrichtung in folgenden Fragen angedeutet sei:

Unter welchen Bedingungen und mit welchen Anliegen haben geschichtliche Menschen seit althochdeutscher Zeit ihr eigenes Sprechen und Schreiben und ihre eigene Sprache als Möglichkeit kulturellen Gestaltens erkannt und für ihre je zeittypischen Zwecke zu handhaben, zu verbessern, zu überhöhen, zu kritisieren, zu modifizieren versucht? Welche genauen Aspekte führten zu welchem Wissen von Sprechen und Sprache und zu welchem Handeln in welcher Sprache oder Sprachvarietät?

Waren es pädagogische, religiöse, philosophische, herrschaftsbedingte, rationalistische, ästhetische, nationalpatriotische, hilfs- oder grundlagenwissenschaftliche oder andere Zwecke? Wie kann das aus dem genannten harten Kern der Sprachgeschichtsforschung stammende Wissen auf die hier gestellten Fragen bezogen werden? Warum kommen heutige Menschen (so die Autoren dieses Artikels) zu Fragen der genannten Art? Wieso kann man annehmen, dass sie einen Kreis von Rezipienten erreichen, die ihre Ausführungen wahrnehmen und in die heutige Kulturalität einbringen?

Es wird deutlich sein, dass wir nicht anstreben, eine weitere „Geschichte der deutschen Sprache" in dem Sinne vorzulegen, dass erneut Fakten zum Werden des distingemischen (phonologisch-graphematischen), grammatischen, lexikalischen, semantischen und textlichen Systems des Deutschen dargestellt werden (dazu sind hinreichend viele und auch einige qualitativ hochwertige Werke vorhanden). Gegenstand ist vielmehr – nunmehr in variierenden Worten und mit Beispielen unterlegt – die Rolle, die dem Sprechen und Schreiben in der Sprache Deutsch und ebendiesem ‚Deutsch' als einer virtuellen, aber dadurch nicht weniger *wirk*lichen orientierungs- und handlungsleitenden Bewusstseinsgröße sowie ihren Varianten im Laufe der Sprachgeschichte zugeschrieben wird. Die damit angedeuteten Teil‚gegenstände' sind zeit-, sozial-, raumtypisch konstituiert; sie werden in der sogenannten althochdeutschen Zeit (etwa von Karl dem Großen) also anders konstituiert als in der neuhochdeutschen, in mittelalterlichen Hochschichten anders als in neuzeitlichen, für die Dialekte anders als für Fachsprachen und für die Hoch- und Schriftsprache sowie für gesprochene und geschriebene Sprache ebenfalls je unterschiedlich. Dieser Gegenstandskomplex ist in der bisherigen Sprachgeschichtsforschung jeweils nach herrschenden zeitgeschichtlichen Einsichten und zeittypischen wissenschaftstheoretischen Vorgaben beschrieben worden. Der Aspekt der historischen Gestaltung der Beziehungsebene des Sprechens und Schreibens blieb dabei seltsam unberücksichtigt. Was hat das zu besagen, hat das Zeichenwert? Umgekehrt gefragt: Welchen Zweck haben die herkömmlichen Faktenanhäufungen? Geht es um letztlich positivistisch interesseloses Einzelwissen, um reines Fachinteresse innerhalb eines eingefahrenen Wissenschaftsbetriebes oder um dahinter stehende ideologische Anliegen? Wir meinen, dass dies Letztere der Fall sei, dass also alle sogenannten ‚Fakten' und ‚Faktengebäude' Züge zeit- und interessebedingter Konstrukte tragen.

Der hier entworfene Aufsatz fordert daher dazu auf, sich der Aufgabe zu stellen, die original-zeitgenössische und die sekundäre (wissenschaftshistorisch konstruierte) ‚Geschichtlichkeit' von Sprache mit all ihren Facetten konsequent aus dem überlieferten (z. B. mittel- oder frühneuhochdeutschen) Sprachbewusstsein bzw. aus dem Gebrauchsspektrum der Sprache zu erschließen und in den Mittelpunkt der Behandlung zu stellen.

Das Konzept bedarf der Benennung einiger Leitlinien. Eine dieser Leitlinien ergibt sich aus der von K. J. Mattheier (1995, 15 ff.) vorgeschlagenen Fassung des Gegenstandes der Sprachgeschichtsforschung. Diese sind (hier zweckgerecht adaptiert):

1. die Sprachsystemgeschichte „mit ihren strukturalistischen oder auch variationslinguistischen Beschreibungsmethoden",
2. die Sprachkontaktgeschichte, die nicht nur die nationalsprachlichen Kontaktphänomene zu erfassen sucht, sondern auch die binnensprachlichen Kontakte zwischen den Einzelvarietäten umfasst (also z. B. auch Sprachkontakt zwischen Dialekt und Standard),
3. die Sprachbewusstseinsgeschichte mit ihrer besonderen Fokussierung der „Veränderungen in den kommunikativen Mentalitäten, Einstellungen und Theorien", schließlich
4. die Sprachgebrauchsgeschichte und damit die Betrachtung der jeweils „zeitspezifischen Veränderungen in den soziosituativen Verwendungsweisen der Varietäten und Sprachstile".

Eigens als weitere Gegenstandsbereiche herausgehoben seien die Geschichte der Semantik, die wir im Sinne Wittgensteins, Rudi Kellers und anderer als Geschichte der Verwendung sprachlicher Zeichen (mit offenen Übergängen einerseits zur Grammatik, andererseits zur Pragmatik) verstehen, und die in den letzten Jahren besonders ins Gespräch geratene Medialitätsgeschichte, in der nicht nur die Frage nach dem Verhältnis von Schriftlichkeit und Mündlichkeit gestellt wird, nach dem Unterschied des sprechenden Menschen zum schreibenden, sondern auch wissenssoziologisch nach den Medien des Wissens und deren Anteil am Prozess der Konstruktion von Wissen gefragt wird. Mit Nietzsche (1986 [1882], 172) gesprochen: „[U]nser Schreibzeug arbeitet mit an unseren Gedanken." Schließlich gehören auch – wie bereits am Beispiel des „klassischen Mittelhochdeutschen" gezeigt wurde – Fragen der Textedition und der philologischen Erschließung historischer Texte zum Gegenstand der Sprachgeschichtsforschung (vgl. Riecke 2009).

Eine Beschreibung der Gegenstandsbereiche alleine würde dem postulierten Programm jedoch nicht genügen. Wichtig ist ihre grundsätzliche Verortung im sozialen und geistigen Leben. Diese kann durch die Berücksichtigung des aus der Textlinguistik resultierenden Ansatzes der Freiburger Linguistik (Hugo Steger, in der Nachfolge dann: Kästner u. a. 2000, 1606) erfolgen. Demnach lassen sich die textlichen Äußerungen vergangenen Lebens nach fünf Sinnwelten gliedern:
1. die Sinnwelt des Alltags,
2. die Sinnwelt der Institution,
3. die Sinnwelt der Religion,
4. die Sinnwelt der Wissenschaft,
5. die Sinnwelt der Dichtung.

In jeder dieser Sinnwelten wird jeweils anders gesprochen und geschrieben; jede fordert vom Sprachhistoriker andere Perspektiven und stellt andere Aufgaben.

Die konzeptionellen Grundfragen einer Sprachgeschichte wie der hier angedachten lauten:

- Aufgrund welcher Sprachgeschichtsverständnisse werden die Äußerungen vergangenen Lebens behandelt? Welche Auswirkungen hat dies auf die verfasste „ausgedrückte" Sprachgeschichte?
- Was sind die Gegenstände der Sprachgeschichtsschreibung?
- Welche Sinnwelten erfasst die Sprachgeschichtsschreibung?
- Welches Sinnstiftungspotential hat Sprachgeschichtsschreibung heute?

4 Literatur

Angehrn, Emil/Joachim Küchenhoff (Hg.) (2012): Macht und Ohnmacht der Sprache. Philosophische und psychoanalytische Perspektiven. Weilerswist.
Bär, Jochen A. (1999): Sprachreflexion der deutschen Frühromantik. Konzepte zwischen Universalpoesie und Grammatischem Kosmopolitismus. Mit lexikographischem Anhang. Berlin/New York (Studia Linguistica Germanica 50).
Bär, Jochen A. (2004): „Bewährte Rechtschreibung". http://www.baer-linguistik.de/beitraege/glossen/rechtschreibreform.htm. Heidelberg.
Bär, Jochen A. (2010): Das romantische Modell. Jacob Grimms Konzept der Sprachgeschichte. In: Dituria. Zeitschrift für Germanistische Sprach- und Literaturwissenschaft 7, 7–24.
Bär, Jochen A. (2011): Frühneuhochdeutsche Sprachreflexion. In: Anja Lobenstein-Reichmann/Oskar Reichmann (Hg.): Frühneuhochdeutsch – Aufgaben und Probleme seiner linguistischen Beschreibung. Hildesheim/Zürich/New York (Germanistische Linguistik 213-15/2011), 157–233.
Batts, Michael S. (Hg.) (1971): Das Nibelungenlied. Paralleldruck der Handschriften A, B und C nebst Lesarten der übrigen Handschriften. Tübingen.
Coseriu, Eugeniu (1974): Synchronie, Diachronie, Geschichte. München.
Besch, Werner (1979): Zur Bestimmung von Regularitäten bei den schriftsprachlichen Ausgleichsvorgängen im Frühneuhochdeutschen. In: Zeitschrift für deutsche Philologie 98, 130–150.
Besch, Werner (1985): Die Entstehung und Ausformung der neuhochdeutschen Schriftsprache/Standardsprache. In: Werner Besch/Oskar Reichmann/Stefan Sonderegger, 1781–1810.
Besch, Werner/Oskar Reichmann/Stefan Sonderegger (Hg.) (1984): Sprachgeschichte. Ein Handbuch zur Geschichte der deutschen Sprache und ihrer Erforschung. 1. Halbbd. Berlin/New York (Handbücher zur Sprach- und Kommunikationswissenschaft 2.1).
Besch, Werner/Oskar Reichmann/Stefan Sonderegger (Hg.) (1985): Sprachgeschichte. Ein Handbuch zur Geschichte der deutschen Sprache und ihrer Erforschung. 2. Halbbd. Berlin/New York (Handbücher zur Sprach- und Kommunikationswissenschaft 2.2).
Burdach, Konrad (1884): Die Einigung der neuhochdeutschen Schriftsprache. Einleitung: Das sechzehnte Jahrhundert. In: Konrad Burdach: Vorspiel. Gesammelte Schriften zur Geschichte des deutschen Geistes. Bd. 1.2. Halle/Saale 1925, 1–33.
Dilthey, Wilhelm (1910): Der Aufbau der geschichtlichen Welt in den Geisteswissenschaften. Zitiert nach der Ausgabe Frankfurt a. M. 1970.
Eichinger, Ludwig M. (2005): Standardnorm, Sprachkultur und die Veränderung der normativen Erwartungen. In: Ludwig M. Eichinger/Werner Kallmeyer (Hg.): Standardvariation. Wie viel Variation verträgt die deutsche Sprache? Berlin/New York (Jahrbuch des Instituts für Deutsche Sprache 2004), 363–381.
Frings, Theodor (1936): Die Grundlagen des Meißnischen Deutsch. Ein Beitrag zur Entstehungsgeschichte der deutschen Hochsprache. Halle/Saale.

Gadamer, Hans-Georg (1960): Wahrheit und Methode. Grundzüge einer philosophischen Hermeneutik. 5., durchges. u. erw. Aufl. Tübingen 1986.

Gardt, Andreas (1994): Sprachreflexion in Barock und Frühaufklärung. Entwürfe von Böhme bis Leibniz. Berlin/New York (Quellen und Forschungen zur Sprach- und Kulturgeschichte der germanischen Völker 232, N. F. 108).

Grimm, Jacob (1854): Deutsches Wörterbuch von Jacob Grimm und Wilhelm Grimm. Bd. 1: A – Biermolke [bearb. v. Jacob Grimm]. Leipzig, fotomechanischer Nachdruck München 1984.

Jones, William Jervis (1995): Sprachhelden und Sprachverderber. Dokumente zur Erforschung des Fremdwortpurismus im Deutschen (1478–1750). Ausgewählt und kommentiert. Berlin/New York (Studia Linguistica Germanica 38).

Kästner, Hannes J./Bernd Schirok (2000): Die Textsorten des Frühneuhochdeutschen. In: Werner Besch/Anne Betten/Oskar Reichmann/Stefan Sonderegger (Hg.): Sprachgeschichte. Ein Handbuch zur Geschichte der deutschen Sprache und ihrer Erforschung. 2. Aufl. Teilbd. 2. Berlin/New York, 1605–1623.

Lachmann, Karl (1820): Auswahl aus den Hochdeutschen Dichtern des dreizehnten Jahrhunderts. Für Vorlesungen und zum Schulgebrauch. Berlin.

Lobenstein-Reichmann, Anja (2008): Houston Stewart Chamberlain – Zur textlichen Konstruktion einer Weltanschauung. Eine sprach-, diskurs- und ideologiegeschichtliche Analyse. Berlin/New York: de Gruyter. (Studia Linguistica Germanica 95).

Lobenstein-Reichmann, Anja (2011): Historische Semantik und Geschichtswissenschaft – eine verpasste Chance? In: Jörg Riecke (Hg.): Historische Semantik. Tagungsband zur Jahrestagung der Gesellschaft für Historische Sprachwissenschaft. Berlin/Boston, 62–79.

Lobenstein-Reichmann, Anja (2012): Sprachgeschichte als Gewaltgeschichte. Ein Forschungsprogramm. In: Jochen A. Bär/Marcus Müller (Hg.): Geschichte der Sprache – Sprache der Geschichte. Probleme und Perspektiven der historischen Sprachwissenschaft des Deutschen. Oskar Reichmann zum 75. Geburtstag. Berlin 2012 (Lingua Historica Germanica 3), 127–158.

Lobenstein-Reichmann, Anja (2013): Sprachliche Ausgrenzung im späten Mittelalter und in der Frühen Neuzeit. Berlin/Boston (Studia Linguistica Germanica 117).

Lüdtke, Jens/Klaus J. Mattheier (2005): Variation – Varietäten – Standardsprachen. In: Alexandra N. Lenz/Klaus J. Mattheier (Hg.): Varietäten – Theorie und Empirie. Frankfurt a. M. u. a. (VarioLingua 23), 13–38.

Mattheier, Klaus J. (1995): Sprachgeschichte des Deutschen: Desiderate und Perspektiven. In: Andreas Gardt/Klaus J. Mattheier/Oskar Reichmann (Hg.): Sprachgeschichte des Neuhochdeutschen. Gegenstände, Methoden, Theorien. Tübingen, 1–18.

Matzel, Klaus (1971): Das Problem der „karlingischen Hofsprache". In: Rosemarie Lühr/Jörg Riecke/ Christiane Thim-Mabrey (Hg.): Klaus Matzel. Gesammelte Schriften. Mit einem Geleitwort von Jean-Marie Zemb. Heidelberg 1990 (Germanische Bibliothek. Reihe 3), 235–251.

Moser, Hans (1985): Die Kanzleisprachen. In: Besch u. a., 1398–1408.

Müllenhoff, Karl (1892): Vorwort. In: Denkmäler deutscher Poesie und Prosa aus dem VIII–XII Jahrhundert. Hrsg. v. Karl Müllenhoff/Wilhelm Scherer. 3. Ausg. v. E. Steinmeyer. Berlin.

Nietzsche, Friedrich (1986): Sämtliche Briefe. Kritische Studienausgabe in 8 Bden. Hrsg. von Giorgio Colli/Mazzino Montinari. Bd. 6. München/Berlin/New York.

Polenz, Peter von (1991): Deutsche Sprachgeschichte vom Spätmittelalter bis zur Gegenwart. Bd. I: Einführung. Grundbegriffe. Deutsch in der Frühbürgerlichen Zeit. Berlin/New York. 2. Aufl. 2000 (Sammlung Göschen 2237).

Reichmann, Oskar unter Mitwirkung von Christiane Burgi/Martin Kaufhold/Claudia Schäfer (1988): Zur Vertikalisierung des Varietätenspektrums in der jüngeren Sprachgeschichte des Deutschen. In: Horst Haider Munske/Peter von Polenz (Hg.): Deutscher Wortschatz. Lexikologische Studien.

Ludwig Erich Schmitt zum 80. Geburtstag von seinen Marburger Schülern. Berlin/New York, 151–180.

Reichmann, Oskar (1998): Sprachgeschichte: Idee und Verwirklichung. In: Werner Besch/Anne Betten/Oskar Reichmann/Stefan Sonderegger (Hg.): Sprachgeschichte. Ein Handbuch zur Geschichte der deutschen Sprache und ihrer Erforschung. 2. Aufl. Teilbd. 1. Berlin/New York, 1–41.

Reichmann, Oskar (2003): Die Entstehung der neuhochdeutschen Schriftsprache: Wo bleiben die Regionen? In: Raphael Berthele u. a. (Hg.): Die deutsche Schriftsprache und die Regionen. Entstehungsgeschichtliche Fragen in neuer Sicht. Berlin/New York (Studia Linguistica Germanica 65), 29–56.

Riecke, Jörg (2009): Sprachgeschichte trifft Medizingeschichte. Über die Aufgaben der Sprachgeschichtsschreibung. In: Ekkehard Felder (Hg.): Sprache. Berlin/Heidelberg (Heidelberger Jahrbücher 53), 107–129.

Schottelius, Justus Georg (1663): Ausführliche Arbeit Von der Teutschen HaubtSprache. Braunschweig.

Stieler Kaspar (1691): Der Teutschen Sprache Stammbaum und Fortwachs oder Teutscher Sprachschatz. Nürnberg.

Stopp, Hugo (1973): Grammatik des Frühneuhochdeutschen. Bd. I.2: Vokalismus der Nebensilben II. Heidelberg.

Stukenbrock, Anja (2005): Sprachnationalismus. Sprachreflexion als Medium kollektiver Identitätsstiftung in Deutschland (1617–1945). Berlin/New York (Studia Linguistica Germanica 74).

Trabant, Jürgen (2010): Die Arbeit des Geistes. In: Jürgen Trabant (Hg.): Wilhelm von Humboldt. Das große Lesebuch. Frankfurt a. M., 7–28.

Weber, Max (1904): Die „Objektivität" sozialwissenschaftlicher und sozialpolitischer Erkenntnis. In: Johannes Winckelmann (Hg.): Gesammelte Aufsätze zur Wissenschaftslehre von Max Weber. 4., erneut durchges. Aufl. Tübingen 1973, 146–214.

Weber, Max (1913): Ueber einige Kategorien der verstehenden Soziologie. In: Johannes Winckelmann (Hg.): Gesammelte Aufsätze zur Wissenschaftslehre von Max Weber. 4., erneut durchges. Aufl. Tübingen 1973, 427–474.

Weber, Max (1916): Die Wirtschaftsethik der Weltreligionen. Vergleichende religionssoziologische Versuche. In: Max Weber. Gesammelte Aufsätze zur Religionssoziologie. 8., photomech. gedr. Aufl. Tübingen 1986, Bd. 1, 237–573.

Weber, Max (1919): Wissenschaft als Beruf. In: Johannes Winckelmann (Hg.): Gesammelte Aufsätze zur Wissenschaftslehre von Max Weber. 4., erneut durchges. Aufl. Tübingen 1973, 582–613.

Weber, Max (1920): Die protestantische Ethik und der Geist des Kapitalismus. In: Max Weber. Gesammelte Aufsätze zur Religionssoziologie. 8., photomech. gedr. Aufl. Tübingen 1986, Bd. 1, 17–206.

Eva Neuland/Peter Schlobinski

13. Sprache in sozialen Gruppen

Abstract: Im Spannungsverhältnis von Individuum und Gesellschaft gibt es Zwischeninstanzen, die für die gesellschaftliche und somit auch für die kommunikative und sprachliche Dynamik von großer Bedeutung sind. Soziale Gruppen gehören zentral dazu. Die Auffassung, dass die soziale, ‚sozialisierte' Gruppe eine Mittlerrolle zwischen Individuum und Gesamtgesellschaft bildet, findet sich erstmals bei Georg Simmel:

> Wie innerhalb der gesellschaftlichen Entwicklung die engere, ‚sozialisierte' Gruppe ihr inneres wie geschichtliches, alternierendes wie simultanes Gegenstück daran gewinnt, dass sie zu der größeren Gruppe sich erweitert, zu dem Einzelelement der Gesellschaft sich spezialisiert – so erscheint von dem an dieser Stelle letzterreichbaren Punkte aus die Gesellschaft überhaupt als eine spezielle Aggregierungsform, jenseits deren, ihre Inhalte andren Betrachtungs- und Wertungsformen unterordnend, die Idee der Menschheit und die des Individuums steht. (Simmel 1908, 573)

Als soziales Aggregat, sei es als eher zufälliges Konglomerat (z. B. wartende Fußgängergruppe vor roter Ampel), sei es als eine organisierte Zweckgemeinschaft (z. B. Rat für deutsche Rechtschreibung) oder organisierte Interessensgemeinschaft (z. B. Fußballmannschaft), bilden soziale Gruppen in ihren objektiven Verbindungen Kommunikationsnetzwerke und in ihren subjektiven mehr oder weniger gemeinsam geteilte Werte- und Sinnsysteme. Erstere bilden für Sprachvariations-, Sprachentwicklungs- und Sprachwandelprozesse soziale Tatsachen, die zusammen mit Spracheinstellungen, -bewertungen und sprachlichen Emotionen für dynamische Prozesse in Sprachgemeinschaften verantwortlich sind.

In empirischen Forschungen zum Sprachgebrauch spielen soziale Gruppen häufig eine explizite oder auch eine implizite Rolle. Eine explizite Auseinandersetzung mit dem soziologischen Gruppenbegriff findet sich aber auch in soziolinguistischen Studien nur selten. Zwar ist der Terminus *Gruppensprachen* seit Ende des 19. Jahrhunderts in der Sprachwissenschaft etabliert und wird auch immer wieder aktualisiert, so vor allem in der linguistischen Jugendsprachforschung. Doch bemüht man sich auch in diesem Kontext nur selten um eine theoretische Fundierung des Gruppenbegriffs.

Der vorliegende Beitrag führt in das Thema ‚Sprache und soziale Gruppe' ein, wobei der Fokus auf sprachlicher Variation in Beziehung zur sozialen Gruppe als ‚Aggregierungsform' und als Interaktionsnetzwerk liegt.

1   Vom Wandel der soziolinguistischen Kategorie: Gruppe
2   Gruppensprachen als linguistisches Gegenstandsfeld

3   Soziale Netzwerke und sprachliche Variation
4   Gruppen und soziale Netzwerke in der digitalen Kommunikation
5   Methodische und empirische Fragen und Probleme
6   Literatur

1 Vom Wandel der soziologischen Kategorie: Gruppe

In der deutschsprachigen Soziologie wurde der Gruppenbegriff zur Bezeichnung sozialer Gebilde der Vergemeinschaftung und Vergesellschaftung von Individuen erst um die Wende des 19./20. Jahrhunderts fruchtbar gemacht, u. a. durch Ferdinand Tönnies, Max Weber, Georg Simmel und Leopold von Wiese. Vor allem aber hat die amerikanische Kleingruppenforschung in der ersten Hälfte des 20. Jahrhunderts (u. a. Robert Bales, Charles Cooley, George Homans, Jacob L. Moreno, Kurt Lewin) die Ausbildung einer *Gruppensoziologie* maßgeblich beeinflusst. Seitdem hat sich die Gruppensoziologie mit unterschiedlichen Theorien und Anwendungsfeldern des Gruppenbegriffs auseinandergesetzt und verschiedene Formen und Funktionen sozialer Gruppen unterschieden (z. B. Freundes- und Arbeitsgruppen, Neigungs- und Gesinnungsgruppen, Leistungs- und Rückzugsgruppen).

Aus der Vielzahl soziologischer Begriffsbestimmungen und unterschiedlichen Dimensionierungen des Gruppenbegriffs seien folgende Schwerpunkte herausgegriffen und näher beleuchtet.

1.1 Soziale Gruppen

Schäfers (2013) fasste kürzlich prägnant zusammen:

> Eine soziale Gruppe umfasst eine bestimmte Anzahl von Mitgliedern, die ein gemeinsames Ziel verfolgen und für die Erreichung dieses Ziels dauerhaft in einem relativ kontinuierlichen Kommunikations- und Interaktionsprozess stehen, aus dem sie ein Zusammengehörigkeitsgefühl (Wir-Gefühl) entwickeln. Voraussetzung für die Erreichung des Gruppenziels und die Herausbildung einer Gruppen-Identität sind gemeinsame Normen und ein gruppenspezifisches Rollendifferenzial. (Schäfers 2013, 108)

Die Gruppensoziologie hat verschiedene Typen sozialer Gruppen unterschieden und z. T. mit binären Bezeichnungen charakterisiert. Cooley definierte schon 1909 die *Primärgruppe* als eine durch sehr enge unmittelbare persönliche Verbindungen (face-to-face) gekennzeichnete Gruppe. Die Familie, Spielgruppen von Kindern, Nachbarschaftsgruppen u. a. sind Beispiele für unmittelbare persönliche Verbindungen von Individuen. Solche Primärgruppen sind an die konkreten Erfahrungsräume der Einzelnen gebunden und sozialen Wandlungsprozessen ausgesetzt. Daneben werden *sekundäre* Gruppen unterschieden, die nicht auf unmittelbaren persönlichen Beziehungen, sondern auf gesellschaftlichen Formationen (Vereine, Fachverbände) basieren.

Ein weiteres Begriffspaar unterscheidet *formale*, planmäßig geschaffene von *informellen*, spontan gebildeten Gruppen wie z. B. Neigungs- und Gesinnungsgruppen. Weitere Unterscheidungen betreffen *Klein-* und *Großgruppen*, *Kern-* und *Randgruppen* etc.

Gruppen, denen in der Forschung besondere Aufmerksamkeit zuteil wurde, waren seit Beginn des 20. Jahrhunderts Jugendgruppen, Peergruppen gleichaltriger Kinder und Jugendlicher sowie *Bezugsgruppen* (Robert K. Merton), deren Normen und Ziele einen Orientierungsrahmen für die einzelnen Individuen bilden (vgl. Gukenbiehl 1999).

Zentrale Fragestellungen der Gruppensoziologie betreffen einerseits gruppeninterne Prozesse der Führung und Rangdifferenzierung, Einstellungsbildung und Handlungspraktiken, die als wesentliche Bestandteile einer Gruppenidentität angesehen werden. Andererseits bilden unterschiedliche gruppenexterne Kontexte und Handlungsfelder weitere Schwerpunkte, darunter schon früh die Auswirkungen auf Leistungssteigerung in betrieblichen Arbeitsgruppen oder die sozialisatorischen Auswirkungen auf Kinder und Jugendliche (vgl. Neidhardt 1999).

1.2 Peergruppen

Der unmittelbare persönliche Kontakt ist das Charakteristikum von *Peergruppen*, die für Prozesse der Sprachentwicklung, der Ausbildung spezifischer Kommunikationsgemeinschaften und Register und der Kommunikation in altersbezogenen Gruppen/Soziolekten von erheblicher Bedeutung sind (vgl. dazu Krappmann 1991, Machwirth 1999):

> Die Gleichaltrigengruppe gilt als sozialer Ort spezifischer sozialer Erfahrungen und der Selbstverortung. [...] Die zentrale Funktion dieser Primärgruppen ist ihr Sozialisationsbeitrag zur Entwicklung der sozialen Identität. [...] Die Gleichaltrigengruppen geben die Chance zur Behauptung gegenüber der Erwachsenenwelt, zur Suche nach Authentizität und zum Aufbau der eigenen Persönlichkeit und ihrer Identität. (Machwirth 1999, 248 ff.)

Die Peergruppenforschung entwickelte sich von verschiedenen Ansätzen her, darunter die jugendsoziologische und pädagogische Sozialforschung und Sozialpsychologie. Forschungsschwerpunkte bilden v. a. die Funktionen von Peergruppen für umfassendere soziale Gebilde sowie für die soziale Entwicklung des Individuums.

Empirische Studien wandten sich bereits Mitte des 20. Jahrhunderts dem ‚abweichenden' Verhalten ‚delinquenter' Jugendlicher in *Gangs* oder *Banden* im Kontext von Verstädterungs- und frühen Migrationsprozessen sowie sozialer Benachteiligung zu (z. B. Whyte 1943: Street-Corner-Society, Hollingshead 1949: Elmtown's Youth, Eisenstadt 1956, in künstlerischer Form wurde die Thematik durch Leonard Bernsteins populäres Musical West Side Story von 1957 aufgegriffen). Dieser jugendsoziologische Forschungsbereich ist bis heute aktuell geblieben (z. B. Bohnsack 1989, Tertilt 1996).

Im Rahmen zunehmend komplexer gesellschaftlicher Anforderungen und Erwartungen können Peergruppen eine Schutz- und Ausgleichsfunktion erfüllen und in diesem Rahmen Sicherheit und Status vermitteln. Peergruppen spielen in der soziolinguistischen Forschung daher auch eine besondere Rolle: Durch die Ausbildung gemeinsamer Interessen, Meinungen und Wertungen und durch gemeinsame Handlungspraxen liegt die Entwicklung eines gruppentypischen Wortschatzes nahe; da es sich zugleich um Interaktionsgemeinschaften handelt, ist dieser Wortschatz aber in sprachliche Handlungskontexte eingebunden und oft nur in solchen Kontexten zu verstehen. Zur relativen Altershomogenität tritt zumeist eine milieu- und geschlechtstypische Ausbildung von Peergruppen, die diese zu einem bevorzugten Gegenstandsfeld soziolinguistischer Forschungen macht. Aufgrund der Unmittelbarkeit des Face-to-face-Kontakts bildet der Sprachgebrauch in Peergruppen auch eine wichtige Basis für Forschungen zur gesprochenen Sprache (z. B. Schwitalla 2012) und zu subkulturellen Stilbildungen (z. B. Deppermann/Schmidt 2001, Spreckels 2006, Kotthoff 2010).

1.3 Szenen, Milieus, Subkulturen

Angesichts zunehmender gesellschaftlicher Differenzierung geht die soziologische Forschung heute von vielfachen Pluralisierungs- und Individualisierungsprozessen aus (vgl. Beck/Beck-Gernsheim 1994), die zu gewichtigen Umstrukturierungen des sozialen Lebens und zu neuen Vergemeinschaftungsformen und Gesinnungsgenossenschaften führen, denen die traditionellen Sozialisationsagenturen, neben Familie und Schule auch Vereine, Verbände und Gemeinden, immer weniger gerecht werden können. Hinzu treten Strukturveränderungen des Erfahrungsraums speziell der jugendlichen Peergruppen, v. a. durch die Verbreitung neuer Medien, durch erhöhte Mobilität und vermehrte Sprach- und Kulturkontakte. Dadurch verlieren auch die traditionellen Einteilungskriterien und Definitionsmerkmale sozialer Gruppen an Trennschärfe.

Peergruppen gehen teilweise in de-lokalisierte *Szenen* über. Hitzler/Bucher/Niederbacher definieren solche Szenen als:

> Thematisch fokussierte kulturelle Netzwerke von Personen, die bestimmte materiale und/oder mentale Formen der kollektiven Selbststilisierung teilen und Gemeinsamkeiten an typischen Orten und zu typischen Zeiten interaktiv stabilisieren und weiterentwickeln. (Hitzler/Bucher/Niederbacher 2001, 20)

Im Unterschied zu traditionellen Gemeinschaftsformen weisen Szenen zwar auch inhaltliche Relevanzen (v. a. Großthematiken wie Musik, Sport, Mode und neue

Medien; vgl. auch die Studie von Strzoda u. a. 1996), Routinen und Deutungsschemata auf; sie sind aber auch durch eine höhere Dynamik, geringere Verbindlichkeitsansprüche und partiellere Geltungsbereiche gekennzeichnet. Szenen können, so Hitzler/Honer/Pfadenhauer (2008, 20), als Angebote zur zeitweiligen Vergemeinschaftung und sozialen Selbst- und Fremdverortung ohne größere Verpflichtungen und ohne dauerhafte Bindungen dienen.

Als thematisch fokussierte soziale Netzwerke können Szenen auch einzelne soziale Gruppen umfassen. Durch Ästhetisierung und Stilisierung der Ausdrucks- und Handlungsformen im thematischen Fokus, aber auch durch die Außenperspektiven öffentlicher Wahrnehmung eines Szene-Publikums unterscheiden sich Szenen von Milieus (vgl. Schulze 1992) und umfassenderen Sozialgebilden von Vergesellschaftung und Lebensstil (vgl. dazu Hörning/Michailow 1990).

Für die soziolinguistische Jugendsprachforschung hat sich das Gegenstandsfeld kultureller Szenen als äußerst fruchtbar erwiesen, wie die verschiedenen Studien zum Sprachgebrauch in z. B. Musik-, Sport- und Modeszenen zeigen. Dabei geht es nicht nur um oftmals fachspezifische Wortschätze, sondern etwa auch um Anredeformen und spezifische kommunikative Handlungsmuster (Androutsopoulos 1997, Watzlawik 2000, Bindel 2011).

Man kann diesen Zusammenhang in Form eines ‚Zwiebelmodells' veranschaulichen, in dem Gruppen Netzwerke in Szenen bilden (z. B. die ‚Punker-Szene am Ratinger Tor in Düsseldorf'), diese wiederum bilden Netzwerke in Milieus und Subkulturen (vgl. Clarke 1979). Insofern sind auch Szenen keine Zufallsprodukte willkürlicher Selbstverortung, sondern weisen zumindest teilweise auch sozial vororganisierte Erfahrungen auf. Die folgende Abbildung nach Hitzler u. a. soll in dieser Hinsicht wie folgt erweitert werden:

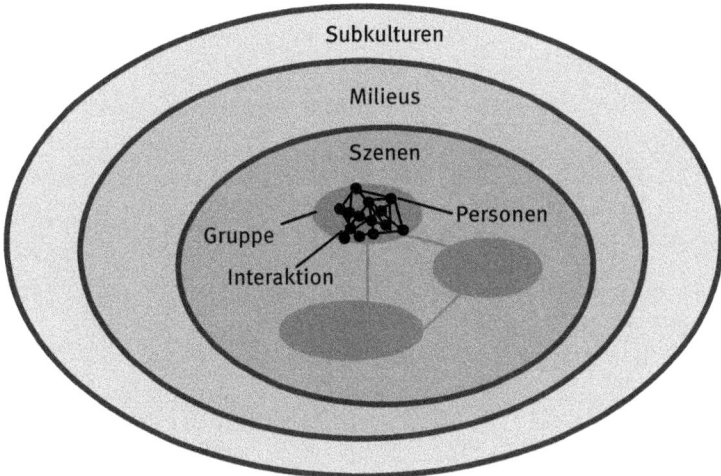

Abb. 1: Gruppen in Szenen, Milieus und Subkulturen (erweitert nach Hitzler/Bucher/Niederbacher 2001, 25)

1.4 Posttraditionale Gemeinschaften

Auch in soziologischer Sicht stellt sich die Frage nach dem speziellen Anteil des kommunikativen Handelns in solchen Formen postmoderner Vergemeinschaftungen. Knoblauch (2008) entwickelt die These, dass traditionale Gemeinschaften zumeist eine Form der Unmittelbarkeit bzw. *Kopräsenz* und mithin eine Unmittelbarkeit der kommunikativen Begegnung von Angesicht zu Angesicht implizieren, auf gemeinsam geteiltem Wissen beruhen und daher als Wissensgemeinschaften bezeichnet werden können. Demgegenüber haben sich mit der funktionalen Ausdifferenzierung der Gesellschaft und dem vermehrten Bedarf an und den entwickelten Möglichkeiten von mittelbarer Kommunikation *posttraditionale* Gemeinschaften entwickelt, die durch Anonymisierung, Entkontextualisierung und Medialisierung charakterisiert sind. Beispiele für solche *Kommunikationsgemeinschaften*, die durch gemeinsame Nutzung kommunikativer Muster und Verfahrensweisen erst eigentlich konstituiert werden, bilden gerade die interaktiven Medien (z. B. Blogs, Pins, Gästebücher):

> Als Kommunikationsgemeinschaften teilen sie nicht nur gemeinsame Codes und Formen, sondern auch die Vorstellung einer Gemeinschaft, der man angehört; damit verbunden, im Rahmen der entkontextualisierten Kommunikation noch wichtiger, ist die kommunikative Markierung einer Identität, die der Gemeinschaft entspricht. (Knoblauch 2008, 85)

Die ‚Mitgliedschaft' in solchen Gemeinschaften wird durch kommunikative Partizipation performativ praktiziert. Weitere Beispiele solcher Gemeinschaften stellen aber auch Fan- und Event-Gruppen dar, Party-Szenen sowie die ad hoc-Gemeinschaften beim „public viewing"; die Zugehörigkeit wird stets durch die kommunikative Partizipation angezeigt.

Eine solche Erweiterung der traditionellen soziologischen Kategorie der sozialen Gruppe trägt nicht nur in besonderer Weise dem kulturellen Wandel der Gesellschaft Rechnung; sie eröffnet zugleich Möglichkeiten einer Neubestimmung der soziolinguistischen Kategorie der Gruppensprache. Die Berücksichtigung des Rahmenkonzepts posttraditionaler Gemeinschaften bietet zusätzlich zu Peergruppen und Szenen fruchtbare Anknüpfungspunkte für die Sprachforschung (z. B. Androutsopoulos 2003, Kleinberger Günther/Spiegel 2006) und zwar nicht nur im Bereich soziolinguistischer Sprachgebrauchsuntersuchungen, sondern etwa auch für Aspekte des Bedeutungswandels: In der *Generation Facebook* stellt sich die Frage: ‚Ist ein Freund noch ein Freund?' (Dürscheid/Brommer 2013) sowie ‚Welche Stufen des Bedeutungswandels hat der Ausdruck *Soziale Gruppe* bis heute vollzogen?'

1.5 Interaktionsnetzwerke

Betrachten wir zum Schluss noch eine weitere Perspektive, die schon den früheren Gruppenkonzepten inhärent war, aber immer nur aspektuell verfolgt wurde. In interaktionaler Perspektive können soziale Gruppen als Interaktionsnetzwerke begriffen werden, was in der Soziolinguistik ein zentraler und fruchtbarer Ansatz war und ist. Wenn auch in den Arbeiten von Georg Simmel und in Folge von Leopold von Wiese Fundamente für die *Geometrie sozialer Beziehungen* gelegt waren, sind für die moderne Netzwerkforschung die von Moreno (1934) entwickelte Soziometrie sowie sozialanthropologisch fundierte Arbeiten der 40er und 50 Jahre ausschlaggebend. Moreno entwickelte die Soziometrie, um die Beziehungsstrukturen zwischen Menschen zu untersuchen. Die Matrix der Repräsentation dieser Beziehungen nannte er *sociomatrix*, die graphische Abbildungen dieser Matrix *sociogram*. Moreno schuf die Grundlagen der soziometrischen Gruppenanalyse, die in Folge mathematisch ausgearbeitet wurde und in der Netzwerkforschung ihre Anwendung fand. Die Arbeiten im Labov-Paradigma sind u. a. in dieser Perspektive einzuordnen.

In seiner klassischen Fallstudie über einen norwegischen Kirchensprengel gibt Barnes (1954) eine operationable Definition, die für weitere Untersuchungen relevant war und ist:

> Each person is, as it were, in touch with a number of people, some of whom are directly in touch with each other and some of whom are not [...] I find it convenient to talk of a social field of this kind as a *network*. The image I have is of a set of points some of which are joined by lines. The points of the image are people, or sometimes groups, and the lines indicate which people interact with each other. (Barnes 1954, 43)

An dieser Definition orientiert sich Bott (1955) in ihrer explorativen Studie zur Struktur der Familiennetzwerke und dem Ausmaß der Segregation der Geschlechterrollenbeziehungen. In dieser Untersuchung, an die Milroy (1980) direkt anküpft, wird das Netzwerkkonzept weiter ausgearbeitet, indem der Konnexionsgrad eines Netzwerkes als relevanter Faktor eingeführt wird:

> I use the term *dispersed network* to describe a network in which there are few relationships amongst the component units, and the term *higly connected network* to describe a network in which there are many such relationships. (Bott 1955, 349)

Bott gibt zur Veranschaulichung eine schematische Darstellung (s. Abb. 2), wie man sie – entsprechend modifiziert – in zahlreichen soziologischen und soziolinguistischen Studien finden wird (vgl. z. B. Milroy 1980, 58).

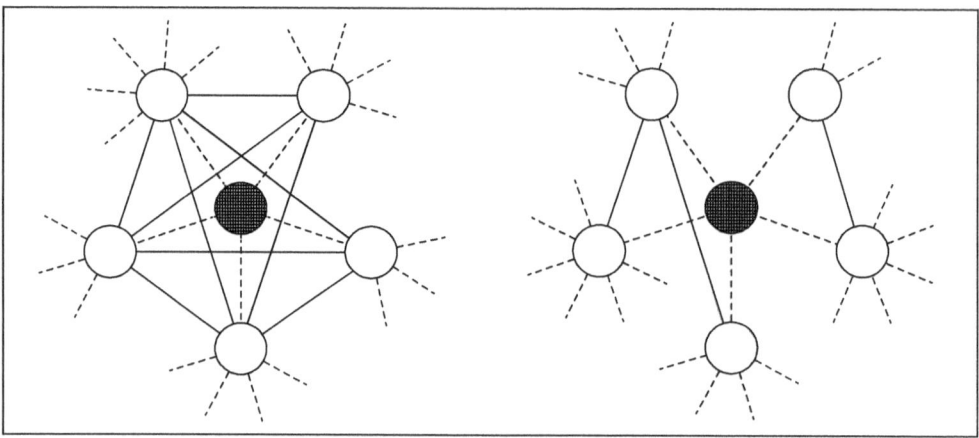

Abb. 2: Schematische Darstellung des Vergleichs zweier Familiennetzwerke (links: highly connected network, rechts: dispersed network, Bott 1955, 349)

Die Grundidee, Gruppen- und Interaktionsstrukturen als formale Netzwerkstrukturen zu analysieren, spielt in der Soziolinguistik eine ebenso wichtige Rolle wie in Kommunikationsanalysen, insbesondere im Hinblick auf digitale Kommunikationsstrukturen.

2 Gruppensprachen als linguistisches Gegenstandsfeld

Wechseln wir nun die Perspektive zur Tradition der linguistischen Forschung mit dem Ausgangspunkt der *Gruppensprachen*. Ein kurzer Blick in die Geschichte der sprachwissenschaftlichen Beschäftigung mit Gruppensprachen weist zwei wichtige theoretische und empirische Schwerpunkte auf, und zwar Gruppensprache als Sondersprache sowie Gruppensprache als Soziolekt.

2.1 Gruppensprache als Sondersprache

Dem sondersprachlichen Wortschatz wurde schon früh in der Geschichte der deutschen Sprache und in der Geschichte der deutschen Sprachwissenschaft ein besonderer Stellenwert zuteil. So hob Jakob Grimm 1854 in der Vorrede zum deutschen Wörterbuch die Bedeutung der Standes- und Berufssprachen hervor (zit. n. Schirmer 1981 [1913], 1). Eine systematische Erforschung der deutschen Sondersprachen hatte sich erst die *Sondersprachforschung* mit ihren Vertretern Friedrich Kluge (1907), Hermann

Hirt (1909) u. a. zum Ziel gesetzt. Von Hirt stammt die folgende systematische Übersicht über die seinerzeit unterschiedenen Sondersprachen

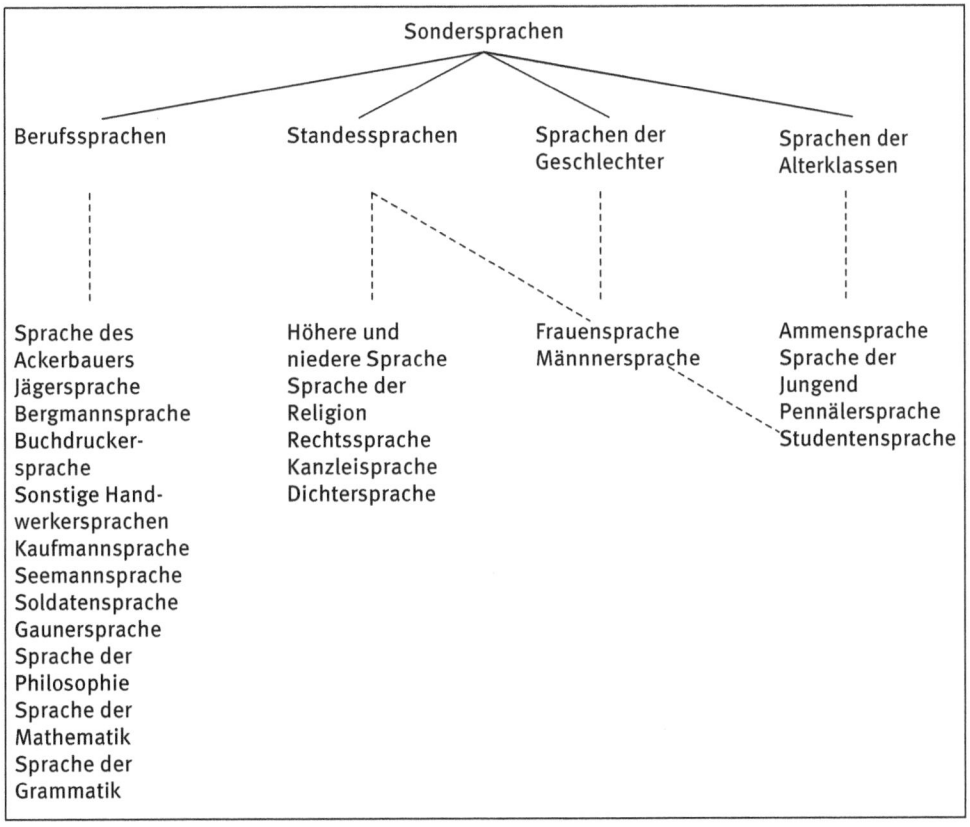

Abb. 3: Sondersprachen in der Systematik von Hirt (1909)

Dabei ist allerdings auffällig, dass der (berufs)ständische Aspekt neben den sozialen Variablen des Geschlechts und der Altersklasse überwiegt, der Bezeichnung *Gruppensprache* jedoch keine klassifikatorische Funktion zugeschrieben wird.

„Die Belehrung, die das Studium der Sondersprachen bietet, ist eine doppelte: eine sprachliche und eine sachliche", führt Schirmer (1981, 2) später aus und differenziert im Einzelnen:
- in sondersprachlichen Wortbildungen sind manche alte Wortstämme erhalten geblieben,
- gemeinsprachliche Wörter tragen hier oft besondere Bedeutungen,
- Sondersprachen weisen zahlreiche Neubildungen auf, z. T. auch mit geheimsprachlichen Funktionen,
- auch sind Sondersprachen reich an Entlehnungen.

Als typische sondersprachliche Erscheinungsweisen wurden die Studenten- und Pennälersprache, Soldatensprache, das Rotwelsch sowie Berufs- und Fachsprachen, z. B. einzelner Handwerke wie der Buchdrucker, Bergleute, Kaufleute, Seeleute, Jäger sowie die Sprache von Spiel und Sport (so schon bei Schirmer 1981, 18) vor allem im Hinblick auf ihre besonderen Wortschätze untersucht, und zwar im Hinblick auf die Herkunftsbereiche, Bildungsformen und den Übergang in Stilschichten der Gemein- und Literatursprache.

Prägend für diese Forschungsrichtung war insbesondere Friedrich Kluge mit vielen Einzeldarstellungen (u. a. zum Rotwelschen (1901), zur Seemannssprache (1908) und Studentensprache (1895)) sowie mit dem etymologischen Wörterbuch der deutschen Sprache (1883) und der von ihm begründeten *Zeitschrift für deutsche Wortforschung* (seit 1901). Zu Beginn seiner Abhandlung über die Studentensprache hebt Kluge (1895, 1) hervor:

> Alles sprachliche Leben vollzieht sich fern von den Blicken der beobachtenden Kritik. Jede Neuerung tritt in den Gesichtskreis des Sprachforschers erst als vollzogene Thatsache. Unsere Worte entstehen wie die Volkslieder. Wir wissen nicht, von wannen sie kommen. Sie haben ein langes Vorleben, ehe die Litteratur sich ihrer bemächtigt und sie der zuständigen Kritik ausliefert. Nur eine verschwindend kleine Wörterzahl können wir auf einen Urheber, auf ein festes Datum zurückführen. Die große Masse unseres Wortschatzes hat keine Geschichte. Finsternis umgibt ihre Anfänge, ehe der scharfe Blick eines Lessing oder die volkstümliche Kraft eines Luther sie aus dem Dunkel hervorzieht und als würdige Glieder in die hohen Kreise der Litteratur einführt.

Abb. 4: Kluge 1895, 1

Zwar zeigt die Analyse der historischen Dokumente und vor allem der Wörterbücher der frühen deutschen Studentensprache, dass diese keineswegs so homogen war, wie die sondersprachliche Erforschung sie darstellte. Vielmehr lässt sich eine Heterogenität soziokultureller Sprach- und Lebensstile in landschaftlicher, aber auch in subkultureller Hinsicht erkennen. So wird z. B. in den Lebenserinnerungen des Magisters Laukhard (1908) über den Unterschied zwischen dem jenischen, burschikosen ‚Ton' der Studenten und der Leipziger ‚petis mäterei' räsonniert, wie z. B.:

> Die Leutchen machen Komplimente und schneiden Referenzen bis an die Erde: alles geht da per Sie, das trauliche, dem Studenten so angemessene Du ist verbannt; da werfen sie mit „Gerhorsamster Diener", mit „ich empfehle mich" – „haben Sie doch die Güte" – „oh, ich bitte ganz gehorsamst!" und ähnlichen Floskeln um sich, daß es einem ganz schlimm wird. Das heißt da guter Ton! (Laukhard 1908, 203 f.)

Interaktive Gesprächssequenzen von Studentengruppen sind leider nicht dokumentiert und daher kein Gegenstand der Sprachforschung geworden.

2.2 Übergänge

Erst lange nach dem Zweiten Weltkrieg wurde das Gegenstandsfeld der Gruppensprachen von der deutschen Sprachwissenschaft wieder aufgegriffen, und zwar im Zusammenhang der großen Paradigmenwechsel von der inhaltsbezogenen Sprachbetrachtung zur modernen Sprachwissenschaft. So setzte sich Hugo Steger (1964) mit dem Unvermögen der inhaltsbezogenen Sprachbetrachtung auseinander, sprachliche Veränderung zu beschreiben und zu erklären, und folgerte:

> Mit der Beobachtung von Gruppensprachen bietet sich somit eine Methode an, die Gesamtheit der sprachverändernden Vorgänge, das Sprachliche in seiner unauflösbaren Beziehung zur außersprachlichen sozialen Situation exakt zu beobachten. (Steger 1964, 129)

Steger wählte für seine Beobachtungen Gruppen junger Akademiker aus seinem Mitarbeiterkreis aus und sonderte vier Kernbereiche gruppensprachlichen, von der Standardsprache unterschiedlichen Wortschatzes aus: Seminarbetrieb, gemeinsame Mahlzeit und Geselligkeit sowie Gewohnheiten in der Gruppe.

Hermann Bausinger wandte sich hingegen von volkskundlich-kulturwissenschaftlicher Seite aus den Gruppensprachen (damals auch: „Sozialdialekte") zu, wobei sein Forschungsinteresse insbesondere dem funktionalen Aspekt der „Gruppierungsfunktion" von „Sprache als Gruppenabzeichen" (so 1972, 118 ff.) galt: Gruppensprachen „sind aber *für* einzelne Gruppen und *in* einzelnen Gruppen charakteristisch, und sie tragen zur Herausbildung und Verfestigung der Gruppe bei" (ebd., 119).

Insbesondere hebt Bausinger die Funktionen der Stärkung des Gruppenzusammenhalts einerseits und die externe Abgrenzung und Geheimhaltung andererseits hervor. Dies führt ihn zu folgender funktionalen Differenzierung von Sondersprachen:

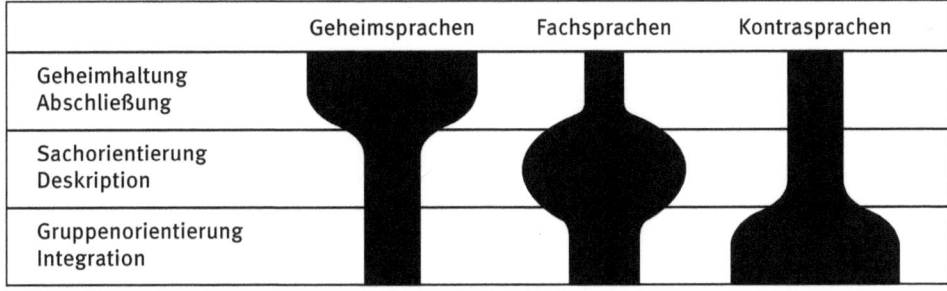

Abb. 5: Funktion der Sondersprachen (nach Bausinger 1972, 124)

Schließlich wird auch der Aspekt des Wandels von Gruppensprachen durch Verbreitung von Bausinger angesprochen. Als Gegenstandsbereich fehlt auch bei ihm die Jugendsprache nicht.

2.3 Gruppensprache als Soziolekt

Mit der Entwicklung der Soziolinguistik und der Varietätenlinguistik nahmen die Versuche zu, die Gruppensprachen als Soziolekte in das varietätenlinguistische Klassifikationssystem einzuordnen. So ordnete Nabrings (1981) Gruppensprachen neben Sonder-, Berufs-, Geschlechts- und Alterssprachen der *diastratischen* Dimension sprachlicher Variation zu, die neben der diachronen, diatopischen und diasituativen Dimension das weiteste Feld der sprachlichen Differenzierung darstellt, dadurch aber auch wenig Trennschärfe aufweist. Sie schließt:

> Ohne eine fundierte Theorie der sozialen Gruppe und eine eingehende sozialpsychologisch orientierte Analyse aktueller Gruppen kann also die Untersuchung von Gruppensprachen nur zu relativ vordergründigen Ergebnissen führen. (1981, 140)

Der *Soziolekt* war in der frühen Soziolinguistik in Deutschland relativ stark mit der Bernsteinschen *Code-Theorie* verbunden und wurde praktisch mit den schichtspezifischen Sprechweisen gleichgesetzt. Nach Steinig (1976, 14) repräsentiert ein Soziolekt „das Sprachverhalten einer gesellschaftlich abgrenzbaren Gruppe von Individuen". Als hauptsächliches Abgrenzungsmerkmal diente derzeit die soziale Herkunft im Sinne sozialstruktureller Schichtzuordnungen, wenn auch deren unzureichende Differenzierungen stets betont wurden.

Heinrich Löffler widmet in seiner germanistischen Soziolinguistik (2010) ein umfangreicheres Kapitel den Soziolekten als soziolektale (gruppale) Varietäten: „Gruppenspezifische Varietäten im weitesten Sinne werden neuerdings Soziolekte genannt" (Löffler 2010, 112), wobei er skeptisch anmerkt, dass sich die Tragfähigkeit der neuen Begrifflichkeit „bei einer überschneidungslosen Neu-Klassifizierung des gruppensprachlichen ‚Sprachknäuels' noch nicht erwiesen" hat (ebd., 113). Seinem gegenüber der Erstauflage von 1985 leicht veränderten Einteilungsmodell zufolge werden drei große Gruppen von Soziolekten unterschieden:

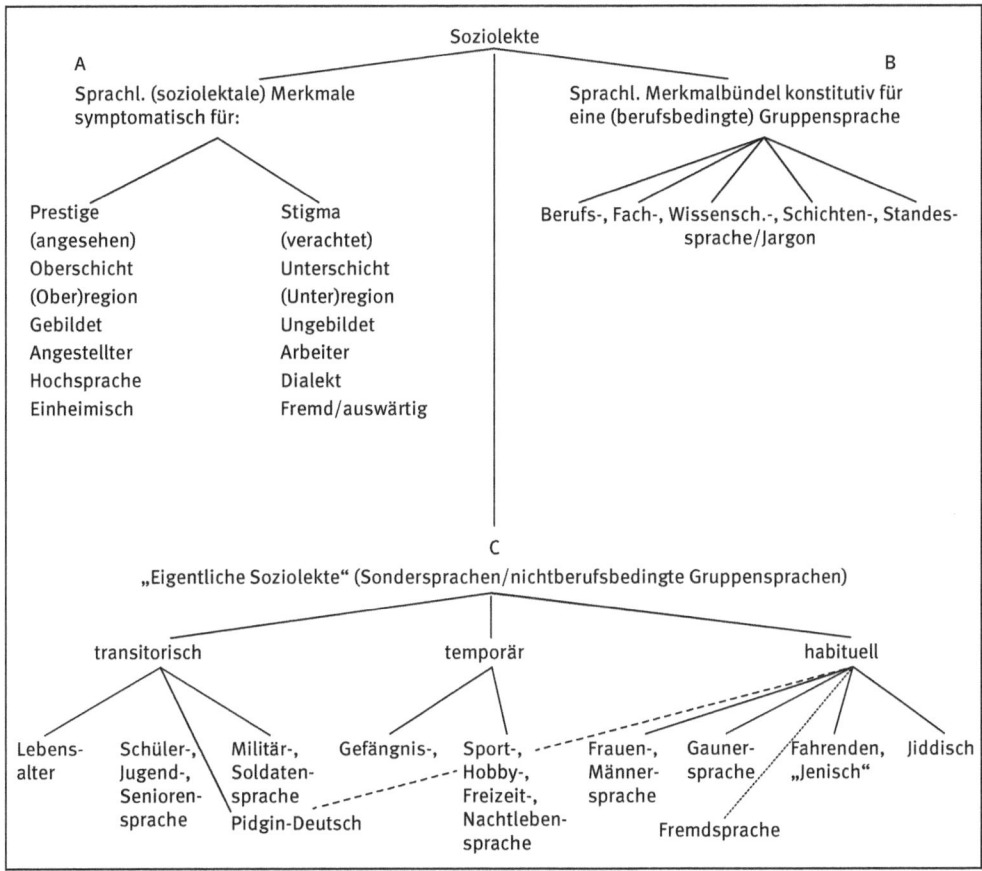

Abb. 6: Soziolekte (nach Löffler 2010, 115)

Dabei wird das Gegenstandsfeld speziell der „eigentlichen", nicht berufsbedingten Gruppensprache ungemein ausgedehnt, was zu einem fast unüberschaubaren Feld unterschiedlicher Differenzierungen führt. Die Einführung der Untergruppen transitorisch (z. B. Schüler- und Soldatensprache, Pidgin-Deutsch), temporär (z. B. Sport- und Freizeitleben) sowie habituell (z. B. Frauen- und Männersprache, Gaunersprache, Fremdsprache) kann zwar unter dem Aspekt der relativen Dauerhaftigkeit eine begrenzte Systematisierung, jedoch keine theoretische Fundierung leisten, und zwar weder in sozialer noch in sprachlicher Hinsicht.

Aber auch weitere Einführungs- und Übersichtswerke zur Soziolinguistik führen an dieser Stelle nicht weiter; sie beschränken sich z. T. auf Einzelfälle (z. B. Veith 2002 kurz zu Peergruppen Jugendlicher, 63 f.) und heben die Problematik der Überlappung verschiedener Varietäten hervor (z. B. Dittmar 1997, 189 ff.), auch gerade zwischen Fach- und Gruppensprachen (z. B. Möhn 1997). Möhn entwickelt das folgende ‚gruppenzentrierte' Varietätenmodell:

Gesamtsprache Deutsch	
Sprecherausschnitt ⇄	Teilsprachen
Supergruppe nicht gruppendifferenziert	*Standardsprache* als überdachende Varietät
Einzelgruppen (Auswahl) Areale Gruppen	*Gruppensprachen (Auswahl)* Regionalsprachen: Dialekte/regionale Umgangssprachen
Schichtspezifische Gruppen	Unter-/Mittel-/Oberschichtsprachen
Geschlechtsspezifische Gruppen	Frauen-/Männersprachen
Expertengruppen	Fachsprachen
Paare	Paarsprachen
Familien	Familiensprachen
Altersgruppen	Jungend-/Altensprachen
Arbeitsplatzbestimmte Gruppen	Arbeitsgemeinschaftssprachen
Kontragruppen	Gauner-/Kriminellen sprachen
⋮	⋮
Glaubensgemeinschaften	Glaubenssprachen
Politische Gruppen	Ideologiesprachen
⋮	
Individuen	*Individualsprachen*

Abb. 7: Gruppenzentriertes Varietätenmodell (nach Möhn 1997, 171)

Trotz aller Betonung von Interdependenzen und Mehrfachzugehörigkeiten bleiben Modelle mit statischen, festgeschriebenen Einheiten von Varietäten oder ‚Teilsprachen' unzureichend, da sie die Dynamik sozialen wie sprachlichen Wandels unbeachtet lassen.

Aufschlussreich erscheint dagegen der Versuch von Schank/Schwitalla (2000), Ansätze neuer Gruppen- und Sondersprachen seit der Mitte des 20. Jahrhunderts als Entwicklungstendenzen der deutschen Sprache aufzufassen und damit im sprach- und kulturgeschichtlichen Kontext zu situieren.

Als wichtige Erkenntnis der frühen Sozio- und Varietätenlinguistik aber bleibt die Bedeutung der *Bewertungsdimension* als ein Unterscheidungskriterium zwischen Soziolekten und der Standardsprache festzuhalten: Soziolektale Merkmale unterliegen zumeist negativen subjektiven Bewertungen. Dies scheint sich aber auch entscheidend verändert zu haben, wie gerade die linguistische Jugendsprachforschung und Befunde zum ‚verdeckten' Prestige von Nonstandard-Varietäten (z. B. Trudgill 1972) zeigen konnten.

Das Manko an theoretischer und methodologischer Reflexion des Gruppenbegriffs in der Linguistik ist umso bedeutsamer, als das Gegenstandsfeld des Sprachgebrauchs in sozialen Gruppen durch viele Einzelstudien immer wieder neu belebt wird, wobei Studien zu aktuellen Kleingruppen in Familie, Schule, Freundeskreisen und Mediennutzung überwiegen.

Der Großteil der empirischen Gesprächsforschung, Soziolinguistik und Angewandten Linguistik hat interpersonelle Kommunikation zur Grundlage, ebenso wie empirische Forschungen zum Sprachkontakt und Codeswitching. Eine systematischere Berücksichtigung von linguistischen Forschungen, in denen soziale Gruppen eine implizite wie explizite Rolle spielen, kann weitere Forschungsimpulse auslösen.

3 Soziale Netzwerke und sprachliche Variation

In seiner berühmten Untersuchung zum Black English Vernacular in jugendlichen Kleingruppen knüpft Labov (1972, 256) explizit an Netzwerkanalysen an, indem er einen ethnographischen Ansatz wählt. Labov geht es um die Frage, welche Jugendlichen im New Yorker Ghetto der Schwarzen, in Harlem, konsistente Sprecher des Black English Vernacular (BEV) sind und welche Beziehungsstrukturen zwischen Jugendlichen dabei eine Rolle spielen. Labov untersuchte hierfür das Sprachverhalten verschiedener Peergroups und deren Interaktionsnetze, die er soziometrisch erfasste und in Soziogrammen darstellte.

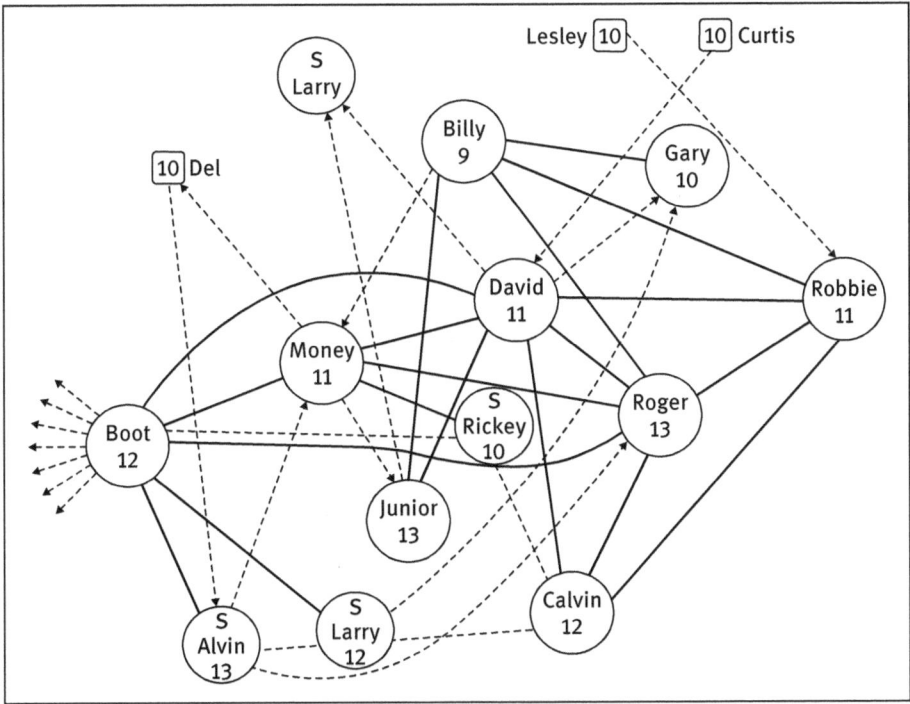

Abb. 8: Hang-out pattern of the Thunderbirds (Labov 1972, 262)

Die soziometrische Analyse ergab, dass einzelne Jugendliche unterschiedlich stark in die jeweilige Peergroup eingebunden sind, wobei neben Kern- und eher peripheren Mitgliedern die sog. ‚Lames' (Außenseiter) für die soziolinguistische Analyse, in der phonologische und morphologische Merkmale mit den Interaktionsrollen der Gruppenmitglieder in Zusammenhang gebracht wurden, eine besondere Rolle spielen. Während die Kernmitglieder am stärksten den Vernacular gebrauchen – so die generelle Tendenz –, orientieren sich die Außenseiter eher am Standardenglisch (SE) der Weißen:

> Categorical or semicategorical rules of BEV are weakened to variable rules by the Lames: rules that are strong use in BEV are reduced to a low level by the Lames. Whenever there is a contrast between SE and BEV, the language of the Lames is shifted dramatically towards SE. In many cases, this leads to a close alignment between the Lames and white nonstandard vernaculars. (Labov 1972, 271)

Die unterschiedliche Orientierung erklärt sich damit, dass die Insider einer Gruppe über gemeinsam geteilte solidarische Werte verfügen, während sich die Lames von der lokalen Subkultur entfernen: „They are more open to the influence of the standard culture, and they can take advantage of the path of upward mobility through education" (ebd., 285).

Labov konnte in seiner Analyse zeigen, das in jugendlichen Subkulturen mit dem Grad der Integration in die Peergroup hinsichtlich des lokalen Vernaculars Sprachstabilität und -loyalität wächst, umgekehrt mit der Dissoziation aus der Gruppe eine Orientierung zum Mainstream und zur Standardvarietät verbunden ist.

Eine der wichtigsten Untersuchungen zur Sprachvariation in sozialen Netzwerken ist die von Milroy (1980), die im Paradigma der korrelativen Soziolinguistik und Stadtsprachenforschung steht. In ihrer Belfast-Studie überprüft Milroy die Grundhypothese, inwieweit Sprachloyalität, d. h. die Affinität von Sprechern zu Sprachnormen des Vernaculars, positiv mit dem Grad der Integration in soziale Netzwerke korreliert. Auf der linguistischen Ebenen wählt Milroy eine Anzahl phonologischer Variablen und korreliert diese mit der Dichte und Multiplexität von sozialen Netzwerken. Mit Rekurs auf frühere soziologische Arbeiten wird die Dichte eines Netzwerkes über die Anzahl von Interaktionspartnern einer ausgewählten Person X definiert, Multiplexität über die verschiedenen Beziehungen zwischen X und seinen Interaktionspartner (Milroy 1980, 49 f.). Eine Beziehung, die durch eine einzige Kapazität strukturiert ist, ist als uniplex definiert, eine Beziehung, die aus mehr als einer Kapazität strukturiert ist, als multiplex. Teilbereiche eines Netzwerkes, die durch eine hohe Dichte gekennzeichnet sind, bilden sog. ‚cluster'. In Abhängigkeit von der Dichte bestehen geschlossene und offene Netzwerke. Zur Messung von Dichte und Multiplxität konstruiert Milroy (ebd., 141 f.) eine Netzwerkskala.

In ihrer empirischen Studie untersucht Milroy drei Gemeinschaften (communities) in Belfast: Ballymacarett im Osten von Belfast, Clonard und Hammer im Westen. Alle drei Communities sind traditionelle Arbeiterbezirke, in denen eine hohe Solidarität herrscht, eine ausgeprägte *street corner society* ausgebildet ist und die Nachbarschaftsgrenzen als Kommunikationsschwellen fungieren.

Nach dem *principle of anchorage* erstellt Milroy ein Sample von 46 Personen, geschichtet nach den drei Communities. Die Sprechdaten werden durch ein soziolinguistisches Interview gewonnen. Hieraus werden neun phonologische Variablen im Hinblick auf Alter, Geschlecht, Bezirk, Stil und soziales Netzwerk mit Hilfe von Varianz- und Korrelationsanalysen untersucht. Korrelationstests zeigen u. a. einen signifikanten Zusammenhang zwischen einer hohen Punktzahl auf der Netzwerkskala und einer hohen relativen Häufigkeit des Gebrauchs der gerundeten Variante eines halboffenen Hintervokals von den Älteren. Milroy erklärt diese zwei Phänomene damit, dass die ursprünglichen Migranten nach Belfast die stereotype, gerundete Variante aus dem ländlichen Hinterland mit nach Belfast brachten, und diese Variante zunächst als *marker of network loyalty* funktionierte, solange die sozialen Netzwerke der Migranten stabil waren. Als jedoch die Migrantennetzwerke aufbrachen und sich langsam neue städtische Netzwerke ausbildeten, verlor die gerundete Variante ihre Funktion. Aus diesem und anderen Beispielen zieht Milroy folgenden Schluss:

> An important corollary to the capacity of close-knit networks to maintain linguistic stability is then that a looser network structure is more likely to produce the social mechanism whereby change can take place. (Milroy 1980,191)

Sprachwandel wird also verbunden mit der Änderung des Wertesystems und dem Aufbrechen sozialer Netzwerke. Die Studien im Milroy-Paradigma zeigen, dass mithilfe des Konzepts des sozialen Netzwerks, subtile Variations- und Sprachwandelmechanismen erfasst und beschrieben werden können, der relationalfundierte Interaktionsansatz steht hierbei in Konkurrenz zum stratifikationalen Ansatz von Merkmalsanalysen (s. 5).

4 Gruppen und soziale Netzwerke in der digitalen Kommunikation

In den digitalen Kommunikationsnetzen haben sich in jüngster Zeit Perspektiven eröffnet, soziale Gruppen und Netzwerke hinsichtlich kommunikativer und linguistischer Strukturen empirisch und methodisch in neuer Qualität zu analysieren. Für netzbasierte, digital-virtuelle Gruppen ist unter den Aspekt einer gewissen Gruppenstabilität grundlegend, dass die Mitglieder einer Gruppe

> über längere Zeit in einem relativ kontinuierlichen Kommunikations- und Interaktionsprozess stehen und ein Gefühl der Zusammengehörigkeit (Wir-Gefühl) entwickeln. (Schäfers 1999, 20)

Demgegenüber stehen ‚flüchtige' Gruppen, die sich flashmobartig bilden. So gibt es in der Chatkommunikation freie, unverbindliche Kommunikationskonstellationen, flüchtige, themenbezogene Ad-hoc-Gruppenbildungen bis hin zu festen, über rekurrente Interaktionen und über das Wir-Gefühl konstituierte soziale Gruppenbildungen (vgl. Lehnhardt 2002).

In Kontrast zu Real-Life-Interaktions- und Kommunikationskontakten beruhen Kommunikationsformen in virtuellen Gruppen auf computervermittelten Netzwerkstrukturen. Klassisches Beispiel sind Newsgroups, neuere Entwicklungen stellen Social Networks wie *Facebook*, *Tumblr* oder *Twitter* mit ihren zahlreichen Gruppenbildungen dar. *Twitter* ist ein typisches kontobasiertes Social Network, in dem Mitteilungen von Nutzern veröffentlicht werden, die auf 140 Zeichen beschränkt sind (im Einzelnen Siever/Schlobinski 2013). Eine wichtige Funktion ist das Verschlagworten von Inhalten, für das so genannte ‚Hashtags' (#) eingesetzt werden. Hierdurch werden themenbezogen und somit merkmalsbasiert Gruppenprozesse in Gang gesetzt, die extrem flüchtig sein oder aber zu einer relativen Stabilität führen können. Und Twitter ist hoch interaktiv. Durch die Echtzeitverarbeitung ist es möglich, relativ schnell auf Tweets zu reagieren (quasisynchron), was dialogartige Turns ermöglicht. Ein beliebtes Verfahren ist die ‚Weiterleitung' von Tweets, die dann ‚Retweets' (RT) genannt werden. *Twitter* weist ein Abonnement-Modell auf. Tweets von Nutzern können abonniert werden, womit man einem Account ‚folgen' kann (Follower-Funktion), umgekehrt wird auf einer Profilseite auch angezeigt, wie viele Abonnenten dem Accountinhaber folgen. Accountinhaber können Einzelpersonen oder eine Personengruppe sein.

Die Analyse von Kommunikations- und sprachlichen Strukturen in Social Networks bietet völlig neue Perspektiven, da erstmalig über große Datenmengen Interaktionsstrukturen und Gruppenprozesse in einer Feinheit analysiert werden können, wie es bisher nicht möglich war. Dies hat weitreichende Konsequenzen für Analysen zur sprachlichen Variation und zum Sprachwandel; entsprechende linguistische Studien stehen bis dato aus. In ihrer (soziologischen) Studie zur Entstehung und Evolution spezifischer Konventionen in sozialen Onlinenetzwerken am Beispiel *Twitter* untersuchen Kooti u. a. (2012), wie Retweet-Varianten entstehen und sich durchsetzen. Da Retweets durch @ markiert sind, geht es um den linken Kotext vom At-Zeichen (via @xxx, RT @xxxx, Retweet @xxx etc.). Datengrundlage bildet ein Korpus von 1,7 Milliarden öffentlichen Tweets aus den Profilen von 52 Millionen Nutzern im Zeitraum zwischen 2006 und 2007. Die Verfasser zeigen im Detail vom ersten Aufkommen einer Variante (via), wie diese und andere Varianten sich ausbreiten. So finden sie u. a. heraus, dass die früh gebrauchte und am 16.3.2007 entstandene Variante via sich wesentlich weniger stark durchsetzt als die Abkürzung RT für ‚Retweet', obwohl diese erstmalig am 25.1.2008 gebraucht wurde. Und sie weisen nach, „that the early adopters of the retweeting convention are active and innovative users, who explore more features provided by Twitter than the average user" (Kothi u. a. 2012, 198). Über eine Big-Data-Analyse können im Hinblick auf linguistische Parameter auf der einen Seite komplexe Netzstrukturen, auf der anderen Seite auf der Basis von Clusteranalysen Gruppenprozesse analysiert werden. Hierin liegt unserer Meinung nach ein zukunftsweisender Wendepunkt für die korpusbasierte, empirische Sprachwissenschaft.

5 Methodische und empirische Fragen und Probleme

In der Soziolinguistik ist der Zusammenhang von sprachlichen Merkmalen und sozialen Gruppen im Hinblick auf die empirische Erfassung und der Auswertung sowie Analyse der Daten von grundlegender Bedeutung und Gegenstand von Reflexionen seit den 1970er Jahren des letzten Jahrhunderts. Auf der Ebene der Methodik steht an einem Ende des Spektrums die Methode der teilnehmenden Beobachtung, am anderen Ende die Fragebogenerhebung und das Interview. Verbunden hiermit ist oft der Unterschied in eine qualitative und quantitative (kardinale) Daten verwendende Sprachwissenschaft sowie in eine eher statistisch analysierende versus interpretativ verfahrende Sprachwissenschaft (vgl. Schlobinski 1996). Quantitative und qualitative Methoden in den Sprach- und Sozialwissenschaften bezeichnen unterschiedliche Vorgehensweisen, Daten zu gewinnen, zu beschreiben und zu erklären. Quantitative Verfahren sind solche, bei denen das Operieren mit Zahlen eine zentrale Rolle spielt, qualitative sind solche, bei denen der Interpretationsprozess im Vordergrund steht und die sich auf der Folie hermeneutischer Verfahren entwickelt haben. Quantitative Verfahren sind letztlich statistische Verfahren, qualitative sind – zumindest in den Sprachwissenschaften – solche, bei denen Texte oder Diskurse nach einer bestimmten Methodik interpretativ analysiert werden. Die Differenzierung in *korrelative Soziolinguistik* und *interpretative Soziolinguistik* (Auwärter 1982) spiegelt den Kontrast wider.

In Bezug auf die Analyse von Gruppen, speziell sozialen Gruppen, sind zwei Aspekte besonders hervorzuheben und zu beachten, die zudem [zusammenhängen] mit der Frage nach kleinen versus großen Datenmengen [...]: 1. der Aspekt der Mikro- versus Makrogruppe und 2. der Aspekt einer merkmalsbasierten versus netzwerkbasierten Herangehensweise.

Eine typische soziale Mikrogruppe stellt die Gruppe der Thunderbirds in Labovs Untersuchung dar (s. o.): Die Gruppe hat weniger als 25 Mitglieder; die Interaktionsbeziehungen sind über ein einfaches soziometrisches Verfahren zu erfassen. Die Gruppe aller weiblichen Twitteruser im Alter von 14 bis 16 Jahren, die #Justin Bieber folgen, wäre eine soziale Makrogruppe mit mehreren Millionen Personen. Diese Gruppe ist dadurch gekennzeichnet, dass Personen bestimmte soziale Merkmale (Geschlecht, Alter) zugewiesen werden. Es findet also eine merkmalsbasierte Agglomeration statt und die statistische Gruppenanalyse ist ein grundsätzliches Verfahren, entsprechende hierarchische Cluster zu analysieren. Methodisch stellt sich die Frage und das Problem, wie die Daten aus dem World Wide Web gewonnen werden können. Mithilfe von Programmen (Crawlern) ist es möglich, Tweets, Metadaten und Profilseiten systematisch zu durchsuchen und zu erfassen, sodass prinzipiell eine Totalerhebung möglich ist. Diese Daten können dann durch Clusteranalysen weiter analysiert und z. B. mit sprachlichen Parametern korreliert werden. Eine andere Perspektive wäre die über interaktionale Netzwerkstrukturen. Alle Justin-Bieber-Follower sind in jedem Falle auf einen Knotenpunkt hin verbunden (✱-förmiges Netzwerk). Es ist aber davon auszugehen, dass es weitere Interaktionsstrukturen gibt, z. B. @mentions, Adressierungen und RT-Strukturen, thematische Strukturen, Zitate usw. All diese Verbindungen können als Kanten zwischen Tweet-Einträgen (Knotenpunkte) analysiert werden, sodass gerichtete und gruppierte Netzwerke vorliegen. Diese können nun auch hinsichtlich sprachlicher Merkmale, z. B. Intensifier oder Emotive, untersucht werden. Wenn Netzstrukturen große Datenmengen zugrunde liegen, dann reichen klassische und einfache Netzwerkanalysen nicht mehr aus, sondern es müssen komplexe Verfahren der dynamischen Netzwerkanalyse angewandt werden (Daley/Vere-Jones 2003).

Solche Analysen sind bisher in der Linguistik nicht durchgeführt worden. In dem World Wide Web als Korpusarchiv und in der Datengewinnung durch Analysetools der Informatik sowie in der Untersuchung der Daten durch moderne Netzwerkanalysen sehen wir eine große Perspektive für medien- und soziolinguistische Fragestellungen. Und dies immer auch dann, wenn Makrogruppierungen vorliegen. Allerdings setzt dies die Anwendung fortgeschrittener mathematisch-statistischer Verfahren voraus.

6 Literatur

Androutsopoulos, Jannis (1997): Mode, Medien und Musik. Jugendliche als Sprachexperten. In: Der Deutschunterricht 6/1997, 10–21.
Androutsopoulos, Jannis (2003): Online-Gemeinschaften und Sprachvariation. Soziolinguistische Perspektiven auf Sprache im Internet. In: Zeitschrift für germanistische Linguistik 31.2, 173–197.
Auwärter, Manfred (1982): Sprachgebrauch in Abhängigkeit von Merkmalen der Sprecher und der Sprechsituation. Eine soziolinguistische Untersuchung. Berlin.
Barnes, John (1954): Class and committees in a Norwegian Islan Parish. In: Human Relations 7(1), 39–58.
Bausinger, Hermann (1972): Deutsch für Deutsche. Dialekte, Sprachbarrieren, Sondersprachen. Frankfurt a. M.
Beck, Ulrich/Elisabeth Beck-Gernsheim (1994): Individualisierung in modernen Gesellschaften – Perspektiven und Kontroversen einer subjektorientierten Soziologie. In: Ulrich Beck/Elisabeth Beck-Gernsheim (Hg.): Riskante Freiheiten. Frankfurt a. M., 10–39.
Bindel, Tim (2011): „Man muss sich selbst integrieren!" Jugendliche im informellen Gruppensport. In: Jürgen Baurmann/Eva Neuland (Hg.): Jugendliche als Akteure. Sprachliche und kulturelle Aneignungs- und Ausdrucksformen von Kindern und Jugendlichen. Frankfurt a. M., 177–189.
Bohnsack, Ralf (1989): Generation, Milieu und Geschlecht. Ergebnisse aus Gruppendiskussionen mit Jugendlichen. Opladen.

Bott, Elizabeth (1955): Urban families: Conjugal roles and social networks. In: Human Relations 8, 345–383.
Busch-Lauer, Ines-Andrea (2009): Fach- und gruppensprachliche Varietäten und Stil. In: Ulla Fix/Andreas Gardt/Joachim Knape (Hg.): Rhetorik und Stilistik. Ein internationales Handbuch historischer und systematischer Forschung. Bd. 2. Berlin, 1706–1721.
Clarke, John u. a. (1979): Jugendkultur als Wiederstand. Milieus, Rituale, Provokationen. Frankfurt a. M.
Cooley, Charles (1909): Social Organization. A Study of the Larger Mind. New York.
Daley, Daryl/David Vere-Jones (2003): An Introduction to the Theory of Point Processes. Vol. 1: Elementary Theory and Methods. New York.
Deppermann, Arnulf/Axel Schmidt (2001): Hauptsache Spaß – Zur Eigenart der Unterhaltungskultur Jugendlicher. In: Der Deutschunterricht 6/2001, 27–37.
Dittmar, Norbert (1997): Grundzüge der Soziolinguistik: ein Arbeitsbuch mit Aufgaben. Tübingen.
Dürscheid, Christa/Sarah Brommer (2013): Ist ein Freund noch ein Freund? Facebook und Sprachwandel. In: Der Deutschunterricht 2/2013, 28–42.
Eisenstadt, Samuel Noah (1966): Von Generation zu Generation. Altersgruppen und Sozialstruktur. München [1956].
Fisch, Rudolf (2004): Gruppe. In: Ulrich Ammon/Norbert Dittmar/Klaus J. Mattheier (Hg.): Soziolinguistik. Ein internationales Handbuch zur Wissenschaft von Sprache und Gesellschaft. 2. Aufl. Berlin, 423–429.
Grimm, Jacob (1854): Vorrede zur deutschen Grammatik. In: Deutsches Wörterbuch. Leipzig.
Gukenbiehl, Hermann (1999): Bezugsgruppen. In: Schäfers (Hg.), 113–135.
Hirt, Hermann (1909): Etymologie der neuhochdeutschen Sprache: Darstellung des deutschen Wortschatzes in seiner geschichtlichen Entwicklung. München.
Hitzler, Ronald/Anne Honner/Michaela Pfadenhauer (2008): Posttraditionale Gemeinschaften. Theoretische und ethnografische Erkundungen. Wiesbaden.
Hitzler, Ronald/Thomas Bucher/Arne Niederbacher (2001): Leben in Szenen. Formen jugendlicher Vergemeinschaftung heute. Opladen.
Hollingshead, August B. (1949): Elmtown's Youth: The Impact of Social Classes on Adolescents. New York.
Hörning, Karl/Matthias Michailow (1990): Lebensstil als Vergesellschaftungsform. Zum Wandel von Sozialstuktur und sozialer Integration. In: Peter Berger/Stefan Hradil (Hg.): Lebenslagen, Lebensläufe, Lebensstile. Göttingen, 501–521.
Kleinberger Günther, Ulla/Carmen Spiegel (2006): Jugendliche schreiben im Internet: Grammatische und orthographische Phänomene in normgebundenen Kontexten. In: Christa Dürscheid/Jürgen Spitzmüller (Hg.): Perspektiven der Jugendsprachforschung. Frankfurt a. M., 101–117.
Kluge, Friedrich (1895): Deutsche Studentensprache. Straßburg. In: Helmut Henne/Georg Objartel (Hg.) (1984): Bibliothek zur historischen deutschen Studenten- und Schülersprache. Berlin, 93–237.
Kluge, Friedrich (1907): Unser Deutsch. Einführung in die Muttersprache. Vorträge und Aufsätze. Leipzig.
Knoblauch, Hubert (2008): Kommunikationsgemeinschaften. Überlegungen zur kommunikativen Konstruktion einer Sozialform. In: Hitzler/Honner/Pfadenhauer (Hg.), 73–89.
Kooti, Farshad u. a. (2012): The emergence of conventions in online social networks. In: Proceedings of the Sixth International AAAI Conference on Weblogs and Social Media, 194–201.
Kotthoff, Helga (2010): Constructions of the romantic market in girls' talk. In: Normann J. Jorgensen (Hg.): Vallah Gurkensalat 4U & Me. Current Perspectives in the Study of Youth Language. Frankfurt a. M., 43–74.

Krappmann, Lothar (1991): Sozialisation in der Gruppe der Gleichaltrigen. In: Klaus Hurrelmann/ Dieter Ulich (Hg.): Handbuch der Sozialisationsforschung. Weinheim/Basel, 355–375.
Labov, William (1972): Language in the Inner City. Studies in the Black English Vernacular. Oxford.
Laukhard, Friedrich Christian (1908): Leben und Schicksale. Von ihm selbst geschrieben. Deutsche und französische Kultur- und Sittenbilder aus dem 18. Jahrhundert. Bearb. v. Viktor Petersen. 2. Aufl. Stuttgart.
Lehnhardt, Jochen (2002): Inwieweit weisen Webchats Merkmale sozialer Gruppen auf? Norderstedt.
Löffler, Heinrich (2010): Germanistische Soziolinguistik. 4., neu bearb. Aufl. Berlin.
Machwirth, Eckart (1999): Die Gleichaltrigengruppe (peer-group) der Kinder und Jugendlichen. In: Schäfers (Hg.), 248–268.
Milroy, Lesley (1980): Language and Social Networks. Oxford.
Möhn, Dieter (1997): Fachsprachen und Gruppensprachen. In: Lothar Hoffmann u. a. (Hg.): Fachsprachen. Ein internationales Handbuch zur Fachsprachenforschung und Terminologiewissenschaft. Berlin, 168–181.
Moreno, Jacob L. (1934): Who shall Survive? Nervous and Mental Disease. Washington.
Nabrings, Kirsten (1981): Sprachliche Varietäten. Tübingen.
Neuland, Eva (2011): Gruppensprachen. In: Inge Pohl/Winfried Ulrich (Hg.): Wortschatzarbeit. Deutschunterricht in Theorie und Praxis Bd. 7, Baltmannsweiler, 297–310.
Neidhardt, Friedrich (Hg.) (1983): Gruppensoziologie. Perspektiven und Materialien. KZfSS; Sonderheft 25. Opladen.
Neidhardt, Friedhelm (1999): Innere Prozesse und Außenweltbedingungen sozialer Gruppen. In: Schäfers, 135–157.
Schäfers, Bernhard (Hg.) (1999): Einführung in die Gruppensoziologie. Geschichte, Theorien, Analysen. 3. Aufl. Wiesbaden.
Schäfers, Bernhard (2008): Gruppe. In: Sina Farzin/Stefan Jordan (Hg.): Lexikon Soziologie und Sozialtheorie. Stuttgart, 96–97.
Schäfers, Bernhard (2013): Einführung in die Soziologie. Wiesbaden.
Schank, Gerd/Johannes Schwitalla (2000): Ansätze neuerer Gruppen- und Sondersprachen seit der Mitte des 20. Jahrhunderts. In: Werner Besch u. a. (Hg.): Sprachgeschichte. Ein Handbuch zur Geschichte der deutschen Sprache und ihrer Erforschung. Berlin, 1999–2008.
Schirmer, Alfred (1981): Die Erforschung der deutschen Sondersprachen. In: Germanisch-Romanische Monatsschrift 5, 1–22 [1913].
Schlobinski, Peter (1996): Empirische Sprachwissenschaft. Opladen.
Schulze, Gerhard (1992): Die Erlebnisgesellschaft. Kultursoziologie der Gegenwart, Frankfurt a. M.
Schwitalla, Johannes (2012): Gesprochenes Deutsch. Eine Einführung. 4., neu bearb. u. erw. Aufl. Berlin.
Siever, Torsten/Peter Schlobinski (Hg.) (2013): Microblogs global. Eine internationale Studie zu Twitter & Co. aus der Perspektive von zehn Sprachen und Ländern. Frankfurt a. M.
Simmel, Georg (1908): Soziologie. Untersuchungen über die Formen der Vergesellschaftung. Berlin.
Spreckels, Janet (2006): „Tussis, Schlampen, Britneys und wir" – Fremd- und Selbstkategorisierungen in einer adoleszenten Mädchengruppe. In: Christa Dürscheid/Jürgen Spitzmüller (Hg.): Perspektiven der Jugendsprachforschung. Frankfurt a. M., 151–164.
Steger, Hugo (1964): Gruppensprachen. Ein methodisches Problem der inhaltsbezogenen Sprachbetrachtung. In: Zeitschrift für Mundartforschung, 125–138.
Steinig, Wolfgang (1976): Soziolekt und soziale Rolle. Untersuchung zu Bedingungen und Wirkungen von Sprachverhalten unterschiedlicher gesellschaftlicher Gruppen in verschiedenen sozialen Situationen. Düsseldorf.
Strzoda, Christiane u. a. (1996): Szenen, Gruppen, Stile. Kulturelle Orientierungen im Jugendraum. In: Rainer Silbereisen u. a. (Hg.): Jungsein in Deutschland. Opladen, 57–63.

Tertilt, Hermann (1996): Turkish Power Boys. Ethnographie einer Jugendbande. Frankfurt a. M.
Trudgill, Peter (1972): Sex, Covert Prestige and Linguistic Change in the Urban British English of Norwich. In: Language in Society 1 (2): 175–195.
Watzlawik, Sonja (2000): Sprechen Rapper anders als Raver? Sprachstile in Musikszenen. In: Der Deutschunterricht 3/2000, 78–84.
Whyte William F. (1996): Die Street Corner Society: Die Sozialstruktur eines Italienerviertels, 3., durchges. u. erw. Aufl. Berlin/New York [1943].

Jürgen Spitzmüller (unter Mitarbeit von Gerd Antos und
Thomas Niehr)

14. Sprache im Urteil der Öffentlichkeit

Abstract: Dieser Beitrag führt in das Gegenstandsfeld der alltagsweltlichen Sprachreflexion ein. Er diskutiert jene Herausforderungen, denen sich die Linguistik stellen muss, wenn sie ‚Sprache im Urteil der Öffentlichkeit' differenziert und fair betrachten will. Dazu werden einschlägige sprachwissenschaftliche Ansätze miteinander verglichen und in deren Rahmen unterschiedliche Perspektiven aufgezeigt. Insbesondere werden Konzepte, Probleme und Desiderate vorgestellt, die das Thema bzw. spezifische Auffassungen davon betreffen. Ferner versucht der Beitrag aufzuzeigen, wo zentrale Konzepte und Begrifflichkeiten unscharf sind und deshalb differenziert, kritisiert oder ergänzt werden müssen. Die zentrale Botschaft des Beitrags ist, dass es trotz aller Schwierigkeiten für die Linguistik wichtig und lohnenswert ist, sich ernsthaft und vorurteilsfrei mit ‚Sprache im Urteil der Öffentlichkeit' zu befassen – und dass die Linguistik entgegen aller Kritik auch in der Lage ist, dies zu tun.

1 Einleitung
2 ‚Sprache' im ‚Urteil' ‚der Öffentlichkeit'
3 Linguistik auf der Meta-Ebene
4 Historizität und Aktualität, Kulturalität und Universalität
5 Fazit und Ausblick
6 Literatur

1 Einleitung

Wenn Sprache beurteilt wird, stellt sich bei vielen Linguistinnen und Linguisten Skepsis ein (vgl. Antos/Tietz/Weber 1999; Leweling/Roth/Spitzmüller 2002). Sprache zu beurteilen, dies lernen angehende Sprachwissenschaftler häufig schon in den Einführungsseminaren, sei heikel, denn die Urteile führten meist zu Pauschalisierungen, verkennten die Polyfunktionalität von Sprache, vermischten oft Sprachliches mit Nichtsprachlichem. Viele Linguistinnen und Linguisten – wenn auch längst nicht alle und vermutlich nicht mehr so viele wie noch zur Jahrtausendwende (vgl. Kilian/Niehr/Schiewe 2010) – tun sich entsprechend schwer damit, Urteile über Sprache, Sprachwandel und Sprachgebrauch zu äußern (sieht man einmal von den häufig irritierenden Grammatikalitätsurteilen der Art „X kann [!] man nicht sagen" ab). Sie verweisen darauf, dass es die Aufgabe einer Sprachwissenschaft nicht sein könne, Sprache, Sprachwandel und Sprachgebrauch zu beurteilen. Aufgabe einer auf ‚Deskription' ausgerichteten Linguistik sei es vielmehr, diese möglichst differenziert zu beschreiben. Dieses ‚wertungsfreie' Beschreiben – das natürlich in der Praxis niemals ohne Wertungen auskommt (vgl. Gardt 2002; Dieckmann 2012, 43–60; Reisigl/Warnke 2013) – ist in der Wahrnehmung der Disziplin eine distinktive und distinguierende Praxis, die den sprachwissenschaftlichen Blick auf Sprache von dem der ‚Laien' unterscheidet und ihn gegenüber diesem auch in einer bestimmten Weise privilegiert (vgl. dazu kritisch Cameron 1995, 5; Spitzmüller 2005 b).

Entsprechend kritisch stehen Linguistinnen und Linguisten zumeist den „vortheoretischen" (Welte/Rosemann 1990, 1) ‚Laien'-Urteilen über Sprache gegenüber. Dies tun sie nicht nur, weil sie viele dieser Urteile sachlich für problematisch halten. Sie tun es auch, um den eigenen Expertenstatus gegenüber fachfremden Autoritätsansprüchen zu verteidigen. Und sie tun es nicht zuletzt, weil die Praxis der Sprachbewertung, die in der alltagsweltlichen und medialen Sprachreflexion so zentral ist (die von der Linguistik so genannte *Präskription*), in der Diskursordnung der Linguistik (ganz im Sinne Foucaults [1971] 1997) so negativ bewertet ist: Sie ist der böse Bruder der *Deskription*, die für die Linguistik als „academic discourse community" (Swales 1990, 62) identitätskonstitutiv ist:

> Prescriptivism [...] is the disfavoured half of a binary opposition, ‚descriptive/prescriptive'; and this binarism sets the parameters of linguistics as a discipline. [...] Prescriptivism thus represents the threatening Other, the forbidden; it is a spectre that haunts linguistics and a difference that defines linguistics. (Cameron 1995, 5)

Was die in Differenzierung und Relativierung metasprachlicher Argumentation trainierten Linguistinnen und Linguisten an alltagsweltlichen Sprachurteilen auf einer generellen Ebene offenbar besonders irritiert, sind die oft ausgesprochen dezidierten Urteile von ‚Laien' über Sprache:

> Denn das alltägliche Meinen „weiß", wie die Sprache entstanden ist, „kennt" die „erste" aller Sprachen und die „beste". Es hat keinen Zweifel über die Grammatikalität von Sätzen und kann genau „begründen", warum ein bestimmter Sprachgebrauch „fehlerhaft" ist; es hat eine eindeutige Interpretation diachroner Veränderungen bei der Hand: als „Sprachverfall". (Welte/Rosemann 1990, 1)

Um die Dekonstruktion solch fester Meinungen geht es häufig, wenn ‚laizistische' Urteile über Sprache in Vorträgen und Texten von Linguistinnen und Linguisten thematisiert werden. Dort wird dann gezeigt, dass es ‚so einfach' und ‚so pauschal' wie behauptet eben nicht ist und dass ein Urteil über Sprache und Sprachwandel demnach nicht so leicht zu fällen sei. Wenn ‚Sprache im Urteil der Öffentlichkeit' in linguistischen Texten thematisiert wird, dann also häufig nur, um zu zeigen, dass diese Urteile falsch oder undifferenziert seien. Das Urteil der Sprachwissenschaftler über die Urteilenden ist dabei freilich häufig nicht minder fest und pauschal wie die Urteile der Beurteilten über Sprache.

Aber warum ist „das alltägliche Meinen" zu Sprache häufig so „eindeutig"? Warum fallen die Urteile so aus, wie sie ausfallen? Warum weichen sie von linguistischen Einschätzungen so häufig ab? Und nicht zuletzt: Warum bringen die linguistischen Erklärungen die ‚Laien' nicht von ihren aus linguistischer Sicht so falschen Urteilen ab (denn diese Erklärungen nehmen die ‚Laien' entgegen einer im Fach weit verbreiteten Meinung, wonach hier einfach nur ein ‚Vermittlungs-' oder ‚Transferproblem' vorliege, vielfach ja durchaus zur Kenntnis; vgl. Johnson 2001; Spitzmüller 2009, 2011)? Diese Fragen werden vielfach erst gar nicht gestellt. ‚Sprache im Urteil der Öffentlichkeit': Das ist im Fach nach immer noch weit verbreiteter Auffassung gleichzusetzen mit ‚Sprache im Urteil von Unkundigen', wenn nicht gar mit ‚Sprache im Urteil von Ignoranten'.

Seit einigen Jahren jedoch haben sich in der Linguistik einige Teildisziplinen herausgebildet, die sich mit den genannten Fragen intensiv befassen, die sich die ‚laizistischen' Sprachurteile genauer ansehen und sich dabei nicht primär fragen, was daran ‚falsch' oder ‚richtig' ist, sondern vor allem herauszuarbeiten versuchen, was daran – im Vergleich zu den fachwissenschaftlichen Einschätzungen – anders und spezifisch ist. Im Mittelpunkt dieser Disziplinen, deren erste Ansätze bereits in der Soziolinguistik und Linguistischen Anthropologie der 1960er- und 1970er-Jahre zu erkennen sind (vgl. Hoenigswald 1966; Silverstein 1979), die sich aber vor allem ab den 1990er-Jahren zu etablieren beginnen (vgl. etwa Welte/Rosemann 1990; Antos 1996; Kroskrity/Schieffelin/Woolard 1998; Paul 1999 a; Niedzielski/Preston 2000; Lehr 2002; Spitzmüller 2005 a), stehen Fragen wie diese: Warum überhaupt ist Sprache so häufig Gegenstand der Beurteilung? Welche Funktion haben Sprachurteile? Welche spezifischen Perspektiven auf die soziale Wirklichkeit liegen den Urteilen zugrunde? Wie sind alltagsweltliche Sprachkonzepte beschaffen? In welcher Hinsicht unterscheiden sie sich (kategorial) von fachwissenschaftlichen? Inwiefern helfen alltagsweltliche Sprachkonzepte (vielleicht besser als die fachwissenschaftlichen) bei der Bewältigung alltagsweltlicher Aufgaben? Inwiefern sind Sprachevaluationen – bzw. *Sprachideologien* – nicht einfach nur verzerrte Wahrnehmungen sprachlicher Tatsachen, sondern ihrerseits funktionale Dimensionen sprachlichen Handelns, die fundamental das kommunikative Handeln sozialer Akteure, soziale Interaktion, die (horizontale und vertikale) soziale Balance sowie auch die Geschichte und Entwicklung von Sprache und sprachlichem Handeln prägen? Mit anderen Worten: Inwieweit sind Sprache, sprachliches Handeln und die Sprachgeschichte selbst die *Folge* – wenn auch vielleicht nicht das intendierte *Ergebnis* (vgl. Keller 1994, 91) – metasprachlicher Evaluation (vgl. dazu Woolard 2008)? Und inwieweit ist metasprachliche Evaluation umgekehrt geprägt von kulturellen und historischen Entwicklungen, die somit vermittelt wiederum auf die sprachliche zurückwirken?

Diese Fragen stellen ‚Sprache im Urteil der Öffentlichkeit' in ein neues Licht, und sie verdeutlichen, dass dies ein äußerst relevantes Thema für die Linguistik ist – nicht einfach nur ein Fundus kurioser Behauptungen, mit deren (nicht selten süffisant vorgetragener) Falsifikation man linguistische Erläuterungen kolorieren und die eigene

Expertise kontrastiv hervorheben kann, sondern ein für das Verständnis von Sprache, Sprachwandel und sprachlichem Handeln sehr wichtiges Forschungsfeld und ein Gebiet, über das die Linguistik noch viel lernen kann und muss.

2 ‚Sprache' im ‚Urteil' ‚der Öffentlichkeit'

Doch was heißt *Sprache im Urteil der Öffentlichkeit*? Dieser Titel hat es, im wahrsten Sinne des Wortes, in sich: Nahezu jedes Wort (mit Ausnahme vielleicht der Präposition) eröffnet Raum für Reflexionen und kritische Einwände. Das fängt bei *Sprache* an. Diese ist ein bekanntlich gerade für Linguisten notorisch schillernder bzw. im Sinne der Humboldt'schen Wolke ‚neblig grauer' (vgl. von Humboldt [1810/1811] 1981, 130–131) Gegenstand, der je nach Fachrichtung anders und unterschiedlich eng konzeptualisiert und spezifiziert wird (vgl. Trabant 2008, 11–21). Und auch was *Sprache* ‚im Urteil der Öffentlichkeit' bedeutet, ist nicht leicht zu bestimmen. Zwar fällt es vielen Teilnehmenden am medialen Diskurs offenbar sehr viel leichter als den Sprachwissenschaftlern zu sagen, was ‚Sprache' bzw. was ‚eine Sprache' wie ‚das Deutsche' ist: Sowohl Sprache allgemein als auch Einzelsprachen werden in der Alltagswelt häufig als homogene Entitäten mit wenigen, klar hierarchisierten Funktionen wahrgenommen (vgl. Spitzmüller 2005 a, 294–298; Moschonas 2008; Maitz/Elspaß 2011) – was übrigens eine sozial (im Sinne einer Kontingenzreduktion und sozialen Orientierung) durchaus funktionale Simplifizierung ist (vgl. dazu Spitzmüller 2009). Andererseits jedoch sind alltagsweltliche Sprachbegriffe auch in vielerlei Hinsicht diffus und, aus sprachwissenschaftlicher Sicht, inkongruent. Dies hat in der Vergangenheit zu vielerlei Missverständnissen geführt, wenn etwa der publizistischen Sprachkritik vorgehalten wurde, dass sie ‚Sprachliches' und ‚Nichtsprachliches', Synchronie und Diachronie oder Sprachgebrauch und Sprachsystem nicht systematisch trenne oder falsch priorisiere – als seien die linguistischen Gegenstandsmodellierungen die sprachliche Realität selbst (vgl. Schiewe 1998, 242–249; Niehr 2002; Schiewe 2003; Kilian/Niehr/Schiewe 2010, 17–18). Seither haben nicht nur einige in diese Missverständnisse unmittelbar involvierte Linguisten aus diesem Fehler gelernt (vgl. von Polenz in Heringer 1982, 164; Ortner/Sitta 2003). Auch im Fach insgesamt zeichnet sich seit einigen Jahren ein Umdenken ab. Statt sich weiterhin einseitig darüber zu beklagen, dass es so schwer sei, ‚der Öffentlichkeit' die wissenschaftlichen Argumente zu ‚übermitteln' und die ‚linguistischen Fakten' verständlich zu machen, wird nun zunehmend danach gefragt, was denn Nichtlinguisten ihrerseits zu Sprache zu sagen haben, wie also die alltagsweltlichen Konzepte und Modelle von Sprache überhaupt beschaffen sind. Damit schließt sich die Linguistik einem Trend an, der in der allgemeinen Wissenschaftskommunikationsforschung zu beobachten ist. Denn es herrscht mittlerweile weitgehend Konsens darüber, dass Wissenskommunikation keine Einbahnstraße von ‚der Wissenschaft' zu ‚der Öffentlichkeit' sein kann, dass also neben einem *Public Understanding of Science* auch ein *Scientific Understanding of Public* nötig ist (vgl. dazu Irwin/Wynne 1998; Hargreaves/Ferguson 2000; Johnson 2001; Spitzmüller 2011, Bär/Niehr 2013).

Dass es alltagsweltliche Sprachmodelle und -konzepte gibt, die komplex und durchaus kohärent sind und die sich in vielerlei Hinsicht von den gängigen linguistischen unterscheiden, das haben Untersuchungen vor allem aus dem Umfeld der *Folk Linguistics* gezeigt (vgl. Niedzielski/Preston 2000; Anders/Hundt/Lasch 2010). Ingwer Paul bringt deren zentrale Erkenntnis auf den Punkt:

> Linguisten einerseits und normale Sprachteilhaber andererseits reflektieren Sprache nicht richtig oder falsch bzw. mehr oder weniger, sondern sie gehen aufgrund ihrer qualitativ anderen Voraussetzungen und Interessen anders mit dem Reflexionsgegenstand um und kommen daher gelegentlich auch zu unterschiedlichen Ergebnissen. (Paul 1999 b, 194)

> Die Sprachwissenschaft hat es nicht mehr mit einer primitiven Vorform ihrer selbst zu tun, sondern mit einer den vielfältigen Bedingungen der Kommunikation angepaßten Reflexionsform, die sich aus den Erfahrungen der Sprecher in der Kommunikationssituation speist, die in der Kommunikationspraxis tradiert und dort auch modifiziert wird. (Paul 1999 a, 2)

Das heißt, dass ‚die Öffentlichkeit' nicht einfach (noch) nicht verstanden hat, wie Sprache ‚richtig' funktioniert, sondern dass Sprache dort häufig aus einer fundamental anderen Perspektive betrachtet wird, konkret: dass ‚Laien' und Linguisten, was Sprache betrifft, vielfach „schlicht unterschiedliche Probleme" (Paul 1999 a, 4) haben und unterschiedliche Fragen stellen (vgl. Ortner/Sitta 2003, 8–9). Konsequent weiter gedacht heißt das aber auch, dass sie unter ‚Sprache' häufig nicht dasselbe verstehen. *Sprache* im Urteil (eines spezifischen Teils) der Öffentlichkeit und *Sprache* im Verständnis (eines spezifischen Teils) der Linguistik sind somit mitunter zwei recht unterschiedliche Dinge. Das ist bei der Betrachtung und Beurteilung nichtlinguistischer Sprachurteile zu berücksichtigen.

Und noch etwas Weiteres kommt hinzu: Genauso wie Sprache als benenn- und beschreibbares Konzept bzw. ‚Objekt' *durch* linguistische Betrachtung und *in* der linguistischen Betrachtung erst entsteht, genauso entsteht Sprache im Urteil der Öffentlichkeit als benenn-, beschreib- und bewertbares Konzept bzw. ‚Objekt' erst tatsächlich *in* und *durch* dieses Urteil. Mit anderen Worten: Sprache ist kein exopragmatisches Phänomen, über das dann im Diskurs Urteile gefällt werden, sie ist (als thematisierbarer Gegenstand) selbst ein diskursives Konstrukt, dessen Grenzen und Funktionen durch den Diskurs letztlich erst gezogen und bestimmt werden. Die historisch divergierenden dominanten Konzepte und Bilder für Sprache legen davon Zeugnis ab (vgl. Gardt 1999; Köller 2012). Von Interesse für eine Linguistik, die nichtlinguistische Sprachurteile verstehen will, ist somit, wie – d. h. durch welche diskursiven Prozesse und aufgrund welcher historisch-kultureller Konstellationen – Sprache im und durch das ‚Urteil' der ‚Öffentlichkeit' entsteht, und warum dies in einer spezifischen Art und Weise der Fall ist.

Was nun aber heißt *Urteil*? Ist das *Urteil* ‚der Öffentlichkeit' über Sprache das, was ‚die Öffentlichkeit' über Sprache (wertend) *sagt*? Oder ist es vielmehr das, was ‚die Öffentlichkeit' über Sprache *denkt*? Häufig werden diese beiden Aspekte gleichgesetzt, doch dies ist (in aller Regel) ein Kurzschluss. Es kann vielerlei Gründe dafür geben, warum das, was man über eine Sache denkt, von dem divergiert, was man über diese Sache sagt (und auch davon, was man sagt, dass man denkt): Erwartungsprojektionen angesichts der Befragungssituation, Diskrepanzen zwischen reflektierten und nicht reflektierten Ansichten, Täuschungsabsichten, Lenkung durch Art und Inhalt der Befragung, Aspekte der Selbstdarstellung und so weiter. Diese Diskrepanzen sind in der methodologisch von den Sozialwissenschaften geprägten Soziolinguistik natürlich seit Langem bekannt, und es wurden elaborierte Methoden entwickelt, um die Ebene der Urteils-Reflexivität gewissermaßen zu umgehen und damit freien Blick auf das ‚wirklich Gemeinte' bzw. ‚Geglaubte', das ‚Nichtgesagte' und ‚Verdeckte' zu bekommen (vgl. bspw. Garrett 2005; 2010). Andererseits kann man sich aber auch mit guten Gründen auf den Standpunkt stellen, dass dieses ‚wirklich Gemeinte' eine Chimäre ist und dass es letztlich doch das ‚Gesagte' ist, was zählt, da dieses Gesagte performativ (diskursiven) Sinn generiert (vgl. dazu grundsätzlich Feilke 1994, 73–80, im Anschluss an Wittgenstein [1953] 2003, 226). In der linguistischen Forschung zu Sprachurteilen besteht in dieser Frage kein Konsens. Im Gegenteil lassen sich verschiedene mit Sprachurteilen befasste Disziplinen – etwa die kognitiv ausgerichtete *Spracheinstellungsforschung* und die diskursiv orientierte *Sprachideologieforschung* – mehr oder weniger anhand dieser Frage voneinander unterscheiden (einige Ausnahmen bestätigen allerdings diese Regel; vgl. dazu Blommaert 2005, 161–164; Garrett 2010, 142–158). Dies zeigen schon die Definitionen der in den jeweiligen Disziplinen zentralen Begriffe. So wird *Einstellung/Attitüde* zumeist als kognitives, methodisch erst ‚freizulegendes' Phänomen, als Disposition oder Handlungsbereitschaft gefasst (vgl. Vandermeeren 1996; Hermanns 2002), während *Ideologie* mehrheitlich als diskursives, medial materialisiertes Phänomen verstanden wird, also als Resultat konkreter Praktiken (vgl. Silverstein 1979; Woolard/Schieffelin 1994; Blommaert 2005, 161–171). Auch die Methodik und die Datenauswahl unterscheiden sich aufgrund dieser divergierenden Gegenstandsbestimmung erheblich. Entsprechend sind auch die Ergebnisse dieser verschieden ausgerichteten Disziplinen unterschiedlich zu interpretieren. Für an ‚Sprache im Urteil der Öffentlichkeit' Interessierte, die sich von diesen linguistischen Disziplinen Informationen versprechen, ist es also wichtig zu wissen, was denn jeweils konkret als ‚Urteil' verstanden wird und wie dieses methodisch exploriert wird. Dabei ist nicht so sehr die Frage relevant, welche der Urteilsbegriffe und Zugänge denn nun ‚besser' sei, denn jeder hat spezifische Stärken und Grenzen, die zu berücksichtigen sind. Wichtig allerdings ist die Frage, inwieweit die Begrifflichkeiten und Ansätze kompatibel sind und inwieweit sie sich gegenseitig ergänzen können. Eine Beantwortung dieser Frage setzt allerdings voraus, dass sich die Vertreter der verschiedenen Richtungen gegenseitig zur Kenntnis nehmen und sich intensiv über ihre Ansätze austauschen; dies ist bislang nicht immer hinreichend der Fall.

Die heikelste Konstituente des von uns gewählten Titels ist aber zweifellos *die Öffentlichkeit*. Was ist damit gemeint? Bereits *Öffentlichkeit* selbst, die ja ein historisch gewachsenes, an spezifische soziale Bedingungen gekoppeltes und mit spezifischen sozialen Werten belegtes Phänomen ist (vgl. dazu ausführlich Schiewe 2004), ist schwer zu bestimmen. Und erst recht, was mit der durch den definiten Artikel homogenisierten *Öffentlichkeit* gemeint (und gerade nicht gemeint) ist, wirft viele Fragen auf. Wenn aus linguistischer Sicht von *der Öffentlichkeit* die Rede ist, dann ist damit zunächst einmal in aller Regel ein gesellschaftlicher Bereich gemeint, der jenseits der Sprachwissenschaft liegt. „Öffentlichkeit ist alles, was nicht Linguistik ist und was ‚Publizität' beanspruchen kann", definiert etwa Hoberg (1997, 55). Dass dies ein im Fach verbreiteter Öffentlichkeitsbegriff ist, zeigen Titel wie *Sprache – Sprachwissenschaft – Öffentlichkeit* (Stickel 1999), *Konzepte und Impulse für Wissenschaft und Öffentlichkeit* (Schiewe 2011), *Die Germanistik und die Öffentlichkeit* (Bachorski 1994) oder *Braucht die Öffentlichkeit die Sprachwissenschaft* (Hoberg 2002), in denen *Sprachwissenschaft* und *Öffentlichkeit* klar gegeneinander abgegrenzt werden. Damit sind mehrere problematische Implikationen verbunden. Erstens wird mit der Gegenüberstellung impliziert, dass ‚die Sprachwissenschaft' nicht Teil ‚der Öffentlichkeit' ist. Dies ist aber angesichts der medialen Präsenz der Wissenschaften (und auch der Linguistik) eine durchaus problematische Vorstellung. Zwar mögen manche Wissenschaftler (vielleicht auch aufgrund der Rekurrenz dieser Zweiteilung) das Gefühl haben, sie bewegten sich in der Fremde, wenn sie sich als Wissenschaftler in ‚der Öffentlichkeit' bewegen (wenn sie also beispielsweise ein Radiointerview geben), sie tun es aber ungeachtet dessen nicht selten. Sprechen sie dann aber nicht mehr als Wissenschaftler? Oder sind sie, wenn sie als Wissenschaftler im öffentlichen Raum auftreten, nicht Teil dieses öffentlichen Raums (vgl. Antos 2003)? Umgekehrt impliziert die Zweiteilung, dass ‚die Öffentlichkeit' ihrerseits nicht ‚wissenschaftlich' sei. Dies impliziert aus wissenschaftlicher Sicht durchaus auch Wertungen und Hierarchisierungen: Die ‚Öffentlichkeit', das ist die Arena der ‚Laien', während die ‚Wissenschaft' das Feld der ‚Experten' ist. Wann aber ist man ‚Experte' für Sprache (oder auch nur für einen Aspekt von Sprache), wann ‚Laie'? Offenbar kann man hier keine klare Grenze ziehen, wie sie die Wissenschafts-Öffentlichkeits-Dichotomie impliziert. Dass ‚Experten-' und ‚Laientum' vielmehr relativ und skalar gedacht werden muss, hat nicht zuletzt die Fachsprachenlexikographie gezeigt (vgl. etwa Wichter 1994, 42–55). Allerdings zeigt die unter anderem von Wichter (1994) geprägte Metaphorik der *Vertikalität* (die Experten sind ‚oben', die Laien ‚unten'), dass auch in der Fachsprachenlexikographie mit dem Experten-Laien-Kontinuum offenbar soziale Wertungen verbunden sind. *Experte* und *Laie* haben also – und dies ist kein randständiger Punkt – nicht nur eine denotative, sondern auch eine starke expressive und soziale Bedeutung, und dies auch im linguistischen Diskurs. Eine Linguistik, die sich Gedanken über ‚Sprache im Urteil der Öffentlichkeit' macht, muss diese Bedeutungskomponenten mitreflektieren, da sie den Diskurs über Sprache und den Diskurs über Sprachreflexion – inner- und außerhalb der Linguistik – sowie auch die Selbstwahrnehmung der Disziplin maßgeblich mitprägen. Und sie muss, da sich sowohl inner- als auch außerhalb der Wissenschaft für spezifische sprachliche Fragen unterschiedlich kompetente Akteure bewegen, gründlich differenzieren, wenn sie über diese Akteure und die Domänen spricht. Ob die Unterscheidung von *Sprachwissenschaft* und *Öffentlichkeit* am Ende aufrechterhalten werden kann oder ob es nicht sinnvoller ist, andere Unterscheidungen zu treffen, um den Diskurs und seine Handlungsfelder zu charakterisieren, ist eine durchaus offene und unserer Ansicht nach unbedingt zu diskutierende Frage.

Auch das von Hoberg (1997, 55) genannte Kriterium der *Publizität* gibt Anlass zur Diskussion. Ist ‚Sprache im Urteil der Öffentlichkeit' gleichzusetzen mit einem möglichst *breit publizierten* Urteil? Ist der ‚öffentliche Diskurs' also deckungsgleich mit dem massenmedialen Diskurs? Dies kann man mit guten Gründen so sehen, allerdings verengt man damit das Feld alltagsweltlicher Sprachreflexion auf eine bestimmte Domäne und schließt somit einen großen Teil alltagsweltlicher (wenn auch nicht ‚öffentlicher' im Sinne ‚massenmedial publiker') Sprachurteile aus dem Fokus der Betrachtung aus. Weiterhin muss bei einer solchen Beschränkung reflektiert werden, wie mediale Hierarchien und Distributionsmechanismen beschaffen sind. Die Zugänge zu den Massenmedien unterliegen ja auch in Zeiten des Internets noch immer sozialer Kontrolle, bestimmte Interessengruppen – die von Blommaert (1999, 9) so genannten ‚ideology brokers' (zu denen durchaus auch Wissenschaftler zu zählen sind) – verstehen es besser als andere Akteure, sich dort Gehör zu verschaffen und somit ihre Positionen und Urteile sichtbar zu machen. Wenn ‚Sprache im Urteil der Öffentlichkeit' betrachtet wird, ist also auch zu fragen, aus welchen Gruppen sozialer Akteure sich die ‚Öffentlichkeit' konstituiert, wie die Machtverhältnisse im Diskurs beschaffen sind, welche Konflikte zwischen verschiedenen Gruppen ausgetragen werden, welche Strategien zum Zuge kommen, um Sprachurteile ‚in' den Diskurs zu bringen oder auch, um Gegenpositionen zurückzudrängen, und warum ausgerechnet diese Strategien erfolgreich sind. Auch die Frage der Publikationsanlässe bzw. des Agenda-Settings wird dann wichtig. Wenn Sprachurteile in der Öffentlichkeit überwiegend oder ausschließlich anhand massenmedialer Daten analysiert werden, treten bestimmte medienkompatible Themen und vermutlich auch Haltungen stärker in den Vordergrund als andere, die in der alltagsweltlichen Sprachreflexion außerhalb der Medien möglicherweise von Bedeutung sind. Die Rolle der Medialität und die Spezifika von Diskursdomänen (vgl. Spitzmüller/Warnke 2011, 183–187) sind hier also mitzuberücksichtigen.

Solch grundsätzliche Dinge sind zu klären, wenn ‚Sprache' im ‚Urteil' ‚der Öffentlichkeit' betrachtet wird. Entsprechend ist der von uns gewählte Titel keine Gegenstandsbeschreibung, sondern das Destillat einer Reihe virulenter Probleme, mit denen man sich auseinandersetzen muss, wenn man sich mit alltagsweltlicher Sprachreflexion befasst. Kurzum: Er ist und soll verstanden werden als Aufforderung und Einladung zur kritischen Reflexion.

3 Linguistik auf der Meta-Ebene

Wie immer man die angesprochenen Probleme löst und aus welcher Perspektive man auch immer alltagsweltliche Sprachreflexion in den Blick nimmt und eingrenzt, eines ist sicher: Der Gegenstand einer Linguistik, die sich mit ‚Sprache im Urteil der Öffentlichkeit' befasst, ist nicht primär Sprache, sondern *Metasprache* bzw., wenn man den Gegenstandsbereich weiter fasst, *Metapragmatik*. Was darunter alles fällt und was für eine Sprachreflexionsforschung von Relevanz ist, kann wiederum sehr unterschiedlich bestimmt werden.

Die in der Linguistik wohl einflussreichste Konzeptualisierung von *Metasprache* stammt von Roman Jakobson ([1955] 1971 a), der der Linguistik bekanntlich auch die Wichtigkeit der *metasprachlichen Funktion* als eine der „sechs grundlegenden Funktionen sprachlicher Kommunikation" (Jakobson [1960] 1971 b, 125) deutlich gemacht hat. Jakobson fasst *Metasprache* in strukturalistischer Art und Weise als Zeichenrelation, in der sich eine Aussage (*message*) oder ein Zeichensystem (*code*) reflexiv auf eine Aussage und/oder ein Zeichensystem bezieht, und er kreuzklassifiziert auf der Basis der Unterscheidung von *message* (M) und *code* (C) vier Arten metasprachlicher Referenz: (1.) „messages referring to messages (M/M)" (bspw. Zitate, indirekte Rede, Paraphrasen), (2.) „code referring to code (C/C)" (bspw. Eigennamen: „In the code of English, ‚Jerry' means a person named Jerry. The circularity is obvious: the name means anyone to whom this name is assigned"; Jakobson [1955] 1971 a, 131), (3.) „messages referring to code (M/C)" (bspw. Sprechen über Sprache oder die Bedeutung eines Wortes) und (4.) „code referring to message (C/M)" (indexikalische Zeichen wie Deiktika, die erst im Kontext einer konkreten Botschaft Bedeutung erlangen, mithin Jakobsons *Shifters*; Jakobson [1955] 1971 a, 130–132).

Das ist ein sehr weit gefasster Begriff von Metasprache, der auf die Reflexivität von Sprache bzw. des Sprachsystems grundsätzlich abzielt. Nicht der ganze hiermit abgedeckte Bereich ist für eine Sprachreflexionsforschung gleichermaßen wichtig. Wichtig erscheinen vor allem die expliziten Referenzen M/M und M/C (vgl. für die Unterscheidung von „expliziter" und „impliziter Metasprache" im Sinne von M/M und M/C vs. C/M und C/C Verschueren 2004, 54–55), also konkrete Kommunikationsereignisse, in denen sich Kommunizierende zu einem Sprachgebrauch oder einem sprachsystematischen Aspekt äußern. Zwar kann die implizite Reflexivität des Systems durchaus auch ein relevantes Thema werden, allerdings nur dann, wenn sie explizit zum Thema gemacht wird.

Nun zielt aber eine Sprachreflexionsforschung nicht nur auf konkret geäußerte metasprachliche Referenzen ab. Je nach Ausrichtung thematisiert sie in unterschiedlichem Maß (siehe die Diskussion oben) abstrakte Haltungen, welche Vorstellungen von Sprache, Sprachgebräuchen und Sprachakteuren zugrunde liegen, also all das, was je nach fachlicher Tradition und Perspektive *Ideologie, Einstellung, Mentalität, metasprachliches Wissen* usw. genannt wird. Diese Ebene bildet Jakobsons rein zeichenorientierte Unterscheidung nicht ab. Eine terminologische Modellierung, die dies tut, haben Niedzielski und Preston vorgelegt (vgl. Niedzielski/Preston 2000, 302–314; Preston 2004). Sie unterscheiden zwei (Preston 2004 drei) Formen von Metasprache: Als *Metalanguage 1* bezeichnen sie explizite Urteile über Sprache („overt comments about language"; Niedzielski/Preston 2000, 302), also M/*-Referenzen im Sinne Jakobsons bzw. „explizite Metasprache" im Sinne Verschuerens. Von dieser unterscheiden sie eine *Metalanguage 2*, die implizit ist, jedoch nicht (wie in Jakobsons und Verschuerens Modellierung) sprachsystemimplizit, sondern *diskurs*implizit:

> For us, the richest territory to mine for folk belief about language has been the presuppositions which lie behind much *Metalanguage 1* use. They are, we believe, sorts of unasserted beliefs which members of speech communities share. We will call such shared folk knowledge about language *Metalanguage 2*, although we are aware that such underlying beliefs do not literally constitute a „language" or even a specific kind of language use. (Niedzielski/Preston 2000, 308)

In einem neueren Beitrag nennt Preston (2004) diese Ebene *Metalanguage 3* (*Metalanguage 1* und *2* unterscheiden hier zwei Formen expliziter Metasprache, das Sprechen über Sprache [*Metasprache 1*] und das Berichten eines sprachlichen Aktes [*Metasprache 2*]).

Ob die Bezeichnung als *Metasprache* für diese Formen abstrakter Sprachauffassungen glücklich ist, ist sicher zu diskutieren. Dass hier aber zwei wichtige Ebenen des primären Gegenstands der Sprachreflexionsforschung differenziert und benannt werden, steht außer Frage.

Man kann aber auch noch in anderer Hinsicht differenzieren, nämlich hinsichtlich der Art und Weise, wie, und mit Blick darauf, welche Form kommunikativen Handelns reflexiv thematisiert wird. Dies hat vor allem Michael Silverstein in mehreren Arbeiten getan (vgl. etwa Silverstein 1979; 1993). Silverstein unterteilt in semiotischer Tradition Meta-Referenzen (*Metasemiose*) in eine *metasemantische* und eine *metapragmatische* Dimension, wobei sich die erste reflexiv auf Bedeutung bezieht, die zweite auf sprachliches Handeln. Der gebräuchlichste Terminus dieser Trichotomie ist der der *Metapragmatik*, der zumeist als übergeordnete Bezeichnung für jegliche Form kommunikativen Handelns verwendet wird, welche sich auf kommunikatives Handeln bezieht. Die *metapragmatische Funktion* bezeichnet entsprechend die Fähigkeit sprachlichen Handelns, reflexiv auf sprachliches Handeln zu verweisen („[s]igns functioning metapragmatically have pragmatic phenomena – indexical sign phenomena – as their semiotic objects"; Silverstein 1993, 33). Silversteins Begrifflichkeit ist gegenüber dem Terminus der *Metasprache* in mehrerer Hinsicht vorteilhaft: Erstens verdeutlicht sie, dass es nicht die Sprache für sich genommen ist, die selbstreferenziell ist, vielmehr *nutzen* die Kommunikationsakteure Sprache selbstreferenziell, und zwar, indem sie kommunikativ *handeln*. Der Sprachreflexionsforschung geht es daher vor allem um kommunikative (evaluative) *Praktiken*, weniger um die Reflexivität von Sprache als System. Insofern kann man Verschueren (2004, 55) zustimmen, wenn er die Sprachideologieforschung der Pragmatik zuordnet und (auch) deswegen den Ausdruck *Metapragmatik* als Gegenstandsbezeichnung (gegenüber *Metasprache*) favorisiert. Zweitens erweitert die Begrifflichkeit den Blick vom sprachlichen zum kommunikativen Handeln allgemein. Metapragmatik bezeichnet ja gerade nicht nur *sprachliches* Handeln, sondern jede Form von kommunikativem Handeln, die sich auf kommunikatives Handeln bezieht. Das ist für eine für die Sprachreflexionsforschung relevante Erweiterung, denn in metapragmatischen Diskursen geht es ja häufig nicht nur um ‚richtiges' Sprechen und Schreiben im engeren Sinn, sondern um ‚richtiges' kommunikatives Verhalten in einem umfassenden Sinn, inklusive nonverbaler und paraverbaler Aspekte. Umgekehrt werden kommunikative Urteile nicht nur verbal vorgebracht, es kann also durchaus auch nonverbales kommunikatives Handeln metapragmatisch auf (verbales oder nonverbales) kommunikatives Handeln verweisen und dieses bewerten (eine hochgezogene Augenbraue kann ja, um es konkret zu machen, ein sehr starkes metapragmatisches Verdikt sein). Freilich beschert eine solche multimodale Erweiterung des Gegenstands der Sprachreflexionsforschung auch zusätzliche methodologische und theoretische Herausforderungen.

4 Historizität und Aktualität, Kulturalität und Universalität

Wer sich mit alltagsweltlicher Sprachreflexion befasst, kann schnell zu der Auffassung gelangen, dass sich die Themen, Urteile, Klagen und Argumente über die Zeit hinweg kaum ändern (vgl. dazu bereits Tschirch 1965; Sitta 1990; Hoberg 1990). Hält dieser Eindruck aber einer eingehenden Prüfung stand? Mit anderen Worten: Wie zeitlos sind Metasprachdiskurse, beziehungsweise umgekehrt, welche Rolle spielt die Historizität? Und was bedeutet in diesem Zusammenhang überhaupt *Historizität*?

Blommaert (1999, 3–8) weist darauf hin, dass auch bei sprachideologischen Diskursen verschiedene Ebenen der Historizität (mit Braudel 1969, auf den sich Blommaert beruft, Ebenen *kürzerer* und *längerer Dauer*) zu differenzieren sind. Bestimmte Dinge – grundsätzliche Wahrnehmungen und Bewertungen von Sprache und Sprachgebrauch (die Ebene der *Metasprache 2* bzw. *3* in der Terminologie Prestons) – scheinen sich über sehr lange Zeiträume kaum zu ändern (vgl. Corr 2013), auf konkreterer Ebene (Prestons *Metasprache 1*) lassen sich hingegen jedoch durchaus signifikante Veränderungen feststellen, etwa was die Themen oder die Bewertung spezifischer Sprachgebrauchsformen angeht (ein hierfür instruktives Fallbeispiel ist die Veränderung der Wahrnehmung der so genannten ‚Jugendsprache' zumindest im massenmedialen Diskurs; vgl. dazu Spitzmüller 2006; vgl. weiterhin für den Sprachpurismus Gardt 2001, Niehr 2011). Um diese verschiedenen Ebenen der Historizität hinreichend berücksichtigen zu können, ist es wichtig, Sprachurteile sowohl über längere Zeiträume als auch detailliert in bestimmten Zeitabschnitten zu betrachten, einerseits, um einschätzen zu können, wie viel Tradition in spezifischen Debatten enthalten ist, andererseits aber auch, um die Zeitgebundenheit und die historische Kontextualisierung der jeweiligen Debatten angemessen herausarbeiten zu können. Eine Linguistik, die sich mit Sprachurteilen befasst, ist somit notwendigermaßen gleichzeitig eine *synchrone* und eine *diachrone* Disziplin.

Sie ist aber nicht nur eine Disziplin mit einer synchronen und einer diachronen Perspektive, sondern sie muss stets beide Dimensionen berücksichtigen und sie aufeinander beziehen. Denn Historizität spielt in metasprachlichen Diskursen nicht nur deswegen eine Rolle, weil Diskurse immer historisch situiert sind. Gerade in sprachideologischen Diskursen wird ja sehr häufig Historizität selbst zum Thema des Diskurses, wenn etwa Traditionen beschworen, kulturelle Wurzeln betont, Etymologien und traditionelle Gebräuche argumentativ ins Feld geführt werden. Hier wird Historizität diskursiv konstruiert, sie wird zum argumentativen Kapital und ist somit selbst Teil von Sprachideologien (vgl. zu den verschiedenen Ebenen der *Diskurshistorizität* auch Spitzmüller/Warnke 2011, 193–195). In Blommaerts Worten:

> Too often, the historicity of linguistic data is taken for granted. The question as to why certain data are *historical* (and would hence be objects of historical-linguistic analysis) is supposed to be answered by history itself: this text is dated 1689; therefore it is historical, therefore any analysis of this text is historical analysis. [...] What we need to look for, in my opinion, is a formulation of the historicity of language data as *part of the definition of our object*. In other words, the historical dimension should be intrinsic to every synchronic or diachronic observation made in and about language. Every language fact is intrinsically historical. (Blommaert 1999, 4–5, 6)

Was für die Zeitgebundenheit metasprachlicher Diskurse gilt, gilt ähnlich auch für deren Kulturgebundenheit. Auch hier ist es so, dass sich im kontrastiven Vergleich vor allem auf der abstrakten Ebene (Konzeptualisierung von ‚Sprache', Metaphorik, Topoi usw., also *Metasprache 2*) sehr viele Ähnlichkeiten in der Sprachreflexion verschiedener Kulturen finden lassen, auf konkreterer Ebene hingegen (*Metasprache 1*, bspw. Themensetting, Erklärungsmuster, Argumente) zeigen sich mitunter deutliche kulturelle Spezifika (vgl. für einen Vergleich deutscher und griechischer Diskurse Moschonas/Spitzmüller 2010; vgl. auch Irvine/Gal 2000).

Auch was die Kulturalität betrifft, sind also, ähnlich wie im Bereich der Historizität, verschiedene Grade der Verfestigtheit zu unterscheiden. So wie es wichtig ist, sowohl die Synchronie als auch die Diachronie in den Blick zu nehmen, ist es für eine Sprachreflexionsforschung wichtig, über den Horizont der eigenen Sprache hinauszublicken (und – was außerhalb der Linguistischen Anthropologie leider immer noch viel zu selten gemacht wird – kontrastive metapragmatische Forschung zu betreiben). Dies ist nicht zuletzt darum geboten, weil häufig Modelle und Theorien zur Beschreibung sprachreflexiver Diskurse herangezogen werden, die anhand von Daten anderer Kulturen entwickelt wurden.

Weiterhin gilt auch hier, dass Kulturalität nicht einfach nur ein Aspekt des Kontexts ist, in dem ein Diskurs situiert und dessen Bedingungen er unterworfen ist. Im Fall sprachideologischer Diskurse ist sehr offensichtlich, dass Kulturalität im Diskurs selbst in vielfältiger Weise als sozial relevantes ideologisches Konstrukt relevant gemacht wird (so wie übrigens auch Universalität, etwa wenn ‚universelle Funktionen' von Sprache und Kommunikation propagiert werden). Wie die Historizität ist also auch die Kulturalität sowohl *diskurssteuernd* als auch *diskursgesteuert*, sowohl ein Faktor als auch ein Produkt des Diskurses.

Um diese verschiedenen Ebenen analytisch zu differenzieren, könnte man im Anschluss an die oben (Abschnitt 3) diskutierte Aufteilung von *impliziter* und *expliziter Metasprache/Metapragmatik* bzw. von *Metasprache 1* und *2* von *impliziter* und *expliziter Historizität* bzw. *Kulturalität* oder abkürzend auch von *Historizität 1/2* und *Kulturalität 1/2* sprechen (vgl. Tabelle 1). Dass die Trennung der Ebenen heuristisch ist, ist dabei allerdings stets im Auge zu behalten. Bereits ein flüchtiger Blick zeigt, dass zwischen diesen nicht nur graduelle Übergänge, sondern auch zahlreiche Interferenzen bestehen, deren Herausarbeitung und Beschreibung Aufgabe der Analyse ist.

Tabelle 1: Abstraktionsebenen der Sprachreflexionsbetrachtung

Terminologie	Extension	Wirkungsdimension
Metapragmatik 1 (explizite Metapragmatik)	konkretes Kommunizieren über Kommunikation/kommunikatives Handeln	diskursgesteuert
Metapragmatik 2 (implizite Metapragmatik)	abstrakte Annahmen über Kommunikation/kommunikatives Handeln	diskurssteuernd
Historizität 1 (explizite Historizität)	konkretes Kommunizieren über Geschichtlichkeit	diskursgesteuert
Historizität 2 (implizite Historizität)	historischer Kontext	diskurssteuernd
Kulturalität 1 (explizite Kulturalität)	konkretes Kommunizieren über Kultur	diskursgesteuert
Kulturalität 2 (implizite Kulturalität)	kultureller Kontext	diskurssteuernd

5 Fazit und Ausblick

Sprache im Urteil der Öffentlichkeit ist, wie dieser Beitrag zeigen sollte, ein komplexes Forschungsfeld, das aus sehr unterschiedlichen Perspektiven und auf verschiedenen Ebenen betrachtet werden kann. Wir sind der Meinung, dass es auch nötig ist, das Phänomen aus diesen unterschiedlichen Perspektiven und auf diesen unterschiedlichen Ebenen zu betrachten. Verschiedene disziplinäre Hintergründe, verschiedene Methoden, verschiedene Datenpräferenzen und verschiedene Modellierungen von Metapragmatik und Sprachreflexion erfassen jeweils spezifische Aspekte dieses komplexen Feldes und erhellen spezifische Bereiche. Von daher ist es gut, dass sich so unterschiedliche Disziplinen wie – um nur eine Auswahl zu nennen – die Sprachhistoriographie, die linguistische Sprachkritik, die soziolinguistische Sprachideologieforschung, die kognitionslinguistische Einstellungsforschung oder die Dialektologie mit dem Thema befassen. Sie alle tragen dazu bei, dass die Linguistik Verständnis erlangt über die Rolle von Sprache als sozialer Ressource im Alltag und über die Art und Weise, wie soziale Akteure Sprache und Sprachgebrauch begreifen und wahrnehmen. Sie tragen dazu bei, dass die Linguistik differenzierter (und vielleicht vorurteilsfreier) über sprachreflexive Äußerungen urteilen kann und dass sie diese in ihrer Funktionalität besser versteht. Vielleicht tragen sie auch dazu bei, dass die Linguistik lernt, durch die Betrachtung anderer Formen der Sprachreflexion auch ihren eigenen fachhistorisch geprägten Blick auf Sprache kritischer zu reflektieren und die eigene Handlungsrolle im sozialen Feld bewusster wahrzunehmen.

Damit allerdings aus den verschiedenen Einzelperspektiven ein Gesamtbild entsteht, ist es unbedingt notwendig, dass sich die verschiedenen mit dem Thema befassten Disziplinen austauschen und dass sie ihre jeweiligen Beiträge zu den genannten Aspekten und Ebenen des Gegenstands methodologisch reflektieren und vergleichen. Dazu bedarf es eines Forums, in dem sich die Vertreter der jeweiligen disziplinären Strömungen außerhalb der Grenzen ihrer eigenen disziplinären Parzelle treffen, ja vielleicht überhaupt erst einmal wahrnehmen können. Unser Handbuch zu ‚Sprache im Urteil der Öffentlichkeit' hat sich zum Ziel gesetzt: eine große Zahl verschiedener Perspektiven auf den Gegenstand (teilweise erstmals) zu versammeln, notwendige Differenzierungen des Gegenstands zu diskutieren und die Historizität und Kulturalität alltagsweltlicher Sprachurteile im hier angesprochenen multidirektionalen Sinn herauszuarbeiten. Das ist natürlich nur ein erster kleiner Schritt, aber vielleicht einer, der zu weiteren Schritten ermuntert.

6 Literatur

Anders, Christina A./Markus Hundt/Alexander Lasch (Hg.) (2010): Perceptual Dialectology. Neue Wege der Dialektologie. Berlin/New York (Linguistik – Impulse & Tendenzen, 38).

Antos, Gerd (1996): Laien-Linguistik. Studien zu Sprach- und Kommunikationsproblemen im Alltag. Am Beispiel von Sprachratgebern und Kommunikationstrainings. Tübingen (Reihe Germanistische Linguistik, 146).

Antos, Gerd/Heike Tietz/Tilo Weber (1999): Linguistik in der Öffentlichkeit? Ergebnisse einer Umfrage unter LinguistInnen zum Forschungstransfer. In: Stickel (1999), 100–120.

Antos, Gerd (2003): Wie kann sich die Linguistik Öffentlichkeit „schaffen"? Wissenschaftspraktische Perspektiven einer künftigen Linguistik. In: Linke/Ortner/Portmann-Tselikas (2003), 471–488.

Bachorski, Hans-Jürgen (1994): Überlegungen zum Leitthema: Die Germanistik und die Öffentlichkeit. In: Mitteilungen des deutschen Germanistenverbandes 41/3, 10–15.

Bär, Jochen A./Thomas Niehr (2013): Alternativen zum Elfenbeinturm. Die Linguistik will stärker in die Öffentlichkeit hineinwirken. In: Sprachreport 1/2, 2–5. [Wiederabdruck aus: Aptum 3, 281–287].

Blommaert, Jan (1999): The debate is open. In: Jan Blommaert (Hg.): Language Ideological Debates. Berlin/New York (Language, Power and Social Process, 2), 1–38.

Blommaert, Jan (2005): Discourse. A Critical Introduction. Cambridge (Key Topics in Sociolinguistics).

Braudel, Fernand (1969): Histoire et sciences sociales: La longue durée. In: Écrits sur l'histoire. Paris, 41–83.

Cameron, Deborah (1995): Verbal Hygiene. London (Language and Politics).

Corr, Andreas (2013): Über die konservative Traditionslinie populärer Sprach- und Stilratgeber. In: Sprachreport 1/2, 13–18.

Dieckmann, Walther (2012): Wege und Abwege der Sprachkritik. Bremen.

Feilke, Helmuth (1994): Common sense-Kompetenz. Überlegungen zu einer Theorie ‚sympathischen' und ‚natürlichen' Meinens und Verstehens. Frankfurt a. M.

Foucault, Michel (1997): Die Ordnung des Diskurses. Inauguralvorlesung am Collège de France, 2. Dezember 1970. Übers. v. Walter Seitter. Mit einem Vorw. v. Ralf Konersmann. Frankfurt a. M. (Fischer Wissenschaft, 10083) [zuerst frz.: L'ordre du discours. Leçon inaugurale au Collège de France prononcée le 2 décembre 1970. Paris 1971].

Gardt, Andreas (1999): Geschichte der Sprachwissenschaft in Deutschland. Vom Mittelalter bis ins 20. Jahrhundert. Berlin/New York.

Gardt, Andreas (2001): Das Fremde und das Eigene. Versuch einer Systematik des Fremdwortbegriffs in der deutschen Sprachgeschichte. In: Gerhard Stickel (Hg.): Neues und Fremdes im deutschen Wortschatz. Aktueller lexikalischer Wandel. Berlin/New York (Jahrbuch des Instituts für Deutsche Sprache, 1999), 30–58.

Gardt, Andreas (2002): Sprachkritik und Sprachwissenschaft. Zur Geschichte und Unumgänglichkeit einer Einflussnahme. In: Spitzmüller u. a. (2002), 39–58.

Garrett, Peter (2005): Attitude measurement. In: Ulrich Ammon u. a. (Hg.): Soziolinguistik. Ein internationales Handbuch zur Wissenschaft von Sprache und Gesellschaft. Bd. 2. 2., vollst. neu bearb. u. erw. Aufl. Berlin/New York (Handbücher zur Sprach- und Kommunikationswissenschaft, 3.2), 1251–1260.

Garrett, Peter (2010): Attitudes to Language. Cambridge (Key topics in sociolinguistics).

Hargreaves, Ian/Galit Ferguson (2000): Who's Misunderstanding whom? Bridging the Gulf of Understanding between the Public, the Media and Science. Swindon. URL: http://www.esrc.ac.uk/_images/Whos_misunderstanding_whom_tcm8-13560.pdf <19.07.2013>.

Heringer, Hans Jürgen (1982): Der Streit um die Sprachkritik. Dialog mit Peter von Polenz. In: Hans Jürgen Heringer (Hg.): Holzfeuer im hölzernen Ofen. Aufsätze zur politischen Sprachkritik. Tübingen, 161–175.

Hermanns, Fritz (2002): Attitüde, Einstellung, Haltung. Empfehlung eines psychologischen Begriffs zu linguistischer Verwendung. In: Dieter Cherubim/Karlheinz Jakob/Angelika Linke (Hg.): Neue deutsche Sprachgeschichte. Mentalitäts-, kultur- und sozialgeschichtliche Zusammenhänge. Berlin/New York (Studia Linguistica Germanica, 64), 65–89.

Hoberg, Rudolf (1990): Sprachverfall? Wie steht es mit den sprachlichen Fähigkeiten der Deutschen? In: Muttersprache 100, 233–243.

Hoberg, Rudolf (1997): Öffentlichkeit und Sprachwissenschaft. In: Muttersprache 107/1, 54–63.

Hoberg, Rudolf (2002): Braucht die Öffentlichkeit die Sprachwissenschaft? In: Spitzmüller u. a. (2002), 19–37.

Hoenigswald, Henry M. (1966): A Proposal for the study of folk-linguistics. In: William Bright (Hg.): Sociolinguistics. Proceedings of the UCLA Sociolinguistics Conference, 1964. Den Haag (Janua linguarum. Series maior, 20), 16–26.

von Humboldt, Wilhelm (1981): Einleitung in das gesammte Sprachstudium. In: Wilhelm von Humboldt: Werke in fünf Bänden. Bd. 1: Kleine Schriften, Autobiographisches, Dichtungen, Briefe. Kommentare und Anmerkungen zu Band I–V, Anhang. Hg. v. Andreas Flitner und Klaus Giel. Darmstadt, 100–112 [zuerst: 1810/1811].

Irvine, Judith T./Susan Gal (2000): Language ideology and linguistic differentiation. In: Paul V. Kroskrity (Hg.): Regimes of Language: Ideologies, Polities, and Identities. Oxford (School of American Research advanced seminar series), 35–84.

Irwin, Alan/Brian Wynne (Hg.) (1998): Misunderstanding science? The Public Reconstruction of Science and Technology. Cambridge.

Jakobson, Roman (1971 a): Shifters, verbal categories, and the Russian verb. In: Selected Writings. Bd. 2: Word and Language. Berlin, 130–147 [zuerst: Harvard 1955].

Jakobson, Roman (1971 b): Linguistik und Poetik. In: Jens Ihwe (Hg.): Literaturwissenschaft und Linguistik. Ergebnisse und Perspektiven. Bd. II/1: Zur linguistischen Basis der Literaturwissenschaft. Frankfurt a. M. (ars poetica, 8), 142–178 [zuerst engl.: Closing statement: Linguistics and poetics. In: Thomas A. Sebeok (Hg.): Style in Language. Cambridge, MA 1960, 350–377].

Jaworski, Adam/Nikolas Coupland/Dariusz Galasiński (Hg.) (2004): Metalanguage. Social and Ideological Perspectives. Berlin/New York (Language, Power and Social Process, 11).

Johnson, Sally (2001): Who's misunderstanding whom? (Socio)linguistics, public debate and the media. In: Journal of Sociolinguistics 5/4, 591–610.

Keller, Rudi (1994): Sprachwandel. Von der unsichtbaren Hand in der Sprache. 2., überarb. u. erw. Aufl. Tübingen/Basel (UTB, 1567).

Kilian, Jörg/Thomas Niehr/Jürgen Schiewe (2010): Sprachkritik. Ansätze und Methoden der kritischen Sprachbetrachtung. Berlin/New York (Germanistische Arbeitshefte, 43).

Köller, Wilhelm (2012): Sinnbilder für Sprache. Metaphorische Alternativen zur begrifflichen Erschließung von Sprache. Berlin/Boston (Studia Linguistica Germanica, 109).

Kroskrity, Paul V./Bambi B. Schieffelin/Kathryn A. Woolard (Hg.) (1998): Language Ideologies: Practice and Theory. New York (Oxford Studies in Anthropological Linguistics, 16).

Lehr, Andrea (2002): Sprachliches Wissen in der Lebenswelt des Alltags. Tübingen (Reihe Germanistische Linguistik, 236).

Leweling, Beate/Kersten Sven Roth/Jürgen Spitzmüller (2002): Sprachkritik – eine unlösbare Aufgabe? Ergebnisse einer Befragung unter Linguisten. In: Sprachreport 18/1, 19–23.

Linke, Angelika/Hanspeter Ortner/Paul R. Portmann-Tselikas (Hg.) (2003): Sprache und mehr. Ansichten einer Linguistik der sprachlichen Praxis. Tübingen (Reihe Germanistische Linguistik, 245).

Maitz, Péter/Stephan Elspaß (2011): Zur sozialen und sprachpolitischen Verantwortung der Variationslinguistik. In: Elvira Glaser/Jürgen Erich Schmidt/Natascha Frey (Hg.): Dynamik des Dialekts – Wandel und Variation. Akten des 3. Kongresses der Internationalen Gesellschaft für Dialektologie des Deutschen (IGDD). Stuttgart (Zeitschrift für Dialektologie und Linguistik. Beihefte, 144), 221–240.

Moschonas, Spiros A. (2008): Vers une théorie performative du purisme. In: Le Français moderne 76/1, 38–50.

Moschonas, Spiros A./Jürgen Spitzmüller (2010): Prescriptivism in and about the media: A comparative analysis of corrective practices in Greece and Germany. In: Sally Johnson/Tommaso M. Milani (Hg.): Language Ideologies and Media Discourse: Texts, Practices, Politics. London (Advances in Sociolinguistics), 17–40.

Niedzielski, Nancy A./Dennis R. Preston (2000): Folk Linguistics. Berlin/New York (Trends in Linguistics: Studies and Monographs, 122).

Niehr, Thomas (2002): Linguistische Anmerkungen zu einer populären Anglizismen-Kritik. Oder: Von der notwendig erfolglos bleibenden Suche nach dem treffenderen deutschen Ausdruck. In: Sprachreport 4, 4–10.

Niehr, Thomas (2011): Von der „Fremdwörterseuche" bis zur „Sprachpanscherei". Populäre Fremdwortkritik gestern und heute. In: Birte Arendt/Jana Kiesendahl (Hg.): Sprachkritik in der Schule. Theoretische Grundlagen und ihre praktische Relevanz. Göttingen, 91–104.

Ortner, Hanspeter/Horst Sitta (2003): Was ist der Gegenstand der Sprachwissenschaft? In: Linke/Ortner/Portmann-Tselikas (2003), 3–64.

Paul, Ingwer (1999 a): Praktische Sprachreflexion. Tübingen (Konzepte der Sprach- und Literaturwissenschaft, 61).

Paul, Ingwer (1999 b): Praktische Sprachreflexion. In: Brigitte Döring/Angelika Feine/Wilhelm Schellenberg (Hg.): Über Sprachhandeln im Spannungsfeld von Reflektieren und Benennen. Frankfurt a. M. u. a. (Sprache – System und Tätigkeit, 28), 193–204.

Preston, Dennis R. (2004): Folk metalanguage. In: Jaworski/Coupland/Galasiński (2004), 75–101.

Reisigl, Martin/Ingo H. Warnke (2013): Diskurslinguistik im Spannungsfeld von Deskription, Präskription und Kritik. Eine Einleitung. In: Ulrike Hanna Meinhof/Martin Reisigl/Ingo H. Warnke (Hg.): Diskurslinguistik im Spannungsfeld von Deskription und Kritik. Berlin, 7–35.

Schiewe, Jürgen (1998): Die Macht der Sprache. Eine Geschichte der Sprachkritik von der Antike bis zur Gegenwart. München.

Schiewe, Jürgen (2003): Über die Ausgliederung der Sprachwissenschaft aus der Sprachkritik. Wissenschaftsgeschichtliche Überlegungen zum Verhältnis von Normsetzung, Normreflexion und Normverzicht. In: Linke/Ortner/Portmann-Tselikas (2003), 401–416.

Schiewe, Jürgen (2004): Öffentlichkeit. Entstehung und Wandel in Deutschland. Paderborn (UTB, 2440).

Schiewe, Jürgen (Hg.) (2011): Sprachkritik und Sprachkultur. Konzepte und Impulse für Wissenschaft und Öffentlichkeit. Bremen (Greifswalder Beiträge zur Linguistik, 6).

Silverstein, Michael (1979): Language structure and linguistic ideology. In: Paul R. Cline/William Hanks/Carol Hofbauer (Hg.): The Elements: A Parasession on Linguistic Units and Levels. Chicago, 193–247.

Silverstein, Michael (1993): Metapragmatic discourse and metapragmatic function. In: John A. Lucy (Hg.): Reflexive Language. Reported Speech and Metapragmatics. Cambridge, 33–58.

Sitta, Horst (1990): Defizit oder Entwicklung. Zum Sprachstand von Gymnasialabsolventen und Studenten. In: Gerhard Stickel (Hg.): Deutsche Gegenwartssprache. Tendenzen und Perspektiven. Berlin/New York (Institut für deutsche Sprache; Jahrbuch 1989), 233–254.

Spitzmüller, Jürgen (2005 a): Metasprachdiskurse. Einstellungen zu Anglizismen und ihre wissenschaftliche Rezeption. Berlin/New York (Linguistik – Impulse & Tendenzen, 11).

Spitzmüller, Jürgen (2005 b): Das Eigene, das Fremde und das Unbehagen an der Sprachkultur. Überlegungen zur Dynamik sprachideologischer Diskurse. In: Aptum. Zeitschrift für Sprachkritik und Sprachkultur 1/3, 248–261.

Spitzmüller, Jürgen (2006): Der mediale Diskurs zu Jugendsprachen: Kontinuität und Wandel. In: Christa Dürscheid/Jürgen Spitzmüller (Hg.): Perspektiven der Jugendsprachforschung/Trends and Developments in Youth Language Research. Frankfurt a. M. u. a. (Sprache – Kommunikation – Kultur, 3), 33–50.

Spitzmüller, Jürgen (2009): Sprachliches Wissen diesseits und jenseits der Linguistik. In: Tilo Weber/Gerd Antos (Hg.): Typen von Wissen. Begriffliche Unterscheidung und Ausprägungen in der Praxis des Wissenstransfers. Frankfurt a. M. u. a. (Transferwissenschaften, 7), 112–126.

Spitzmüller, Jürgen (2011): Sprachkritik und ‚Wissenstransfer'. Wege zu einem kritischen Selbstverständnis. In: Schiewe (2011), 167–177.

Spitzmüller, Jürgen/Ingo H. Warnke (2011): Diskurslinguistik. Eine Einführung in Theorien und Methoden der transtextuellen Sprachanalyse. Berlin/Boston (De Gruyter Studium).

Spitzmüller, Jürgen u. a. (Hg.) (2002): Streitfall Sprache. Sprachkritik als angewandte Linguistik? Bremen (Freiburger Beiträge zur Linguistik, 3).

Stickel, Gerhard (Hg.) (1999): Sprache – Sprachwissenschaft – Öffentlichkeit. Berlin/New York (Jahrbuch des Instituts für Deutsche Sprache, 1998).

Swales, John M. (1990): Genre Analysis. English in Academic and Research Settings. Cambridge (Cambridge Applied Linguistics).

Trabant, Jürgen (2008): Was ist Sprache? München (Beck'sche Reihe, 1844).

Tschirch, Fritz (1965): Wachstum oder Verfall der Sprache? In: Muttersprache 75/5/6, 129–139/161–169.

Vandermeeren, Sonja (1996): Sprachattitüde. In: Hans Goebl u. a. (Hg.): Kontaktlinguistik. Ein internationales Handbuch zeitgenössischer Forschung. Bd. 1. Berlin/New York (Handbücher zur Sprach- und Kommunikationswissenschaft 12.1), 692–702.

Verschueren, Jef (2004): Notes on the role of metapragmatic awareness in language use. In: Jaworski/Coupland/Galasiński (2004), 53–73.

Welte, Werner/Philipp Rosemann (1990): Alltagssprachliche Metakommunikation im Englischen und Deutschen. Frankfurt a. M. u. a.

Wichter, Sigurd (1994): Experten- und Laienwortschätze. Umriß einer Lexikologie der Vertikalität. Tübingen (Reihe Germanistische Linguistik, 144).

Wittgenstein, Ludwig (2003): Philosophische Untersuchungen. Hg. u. mit einem Nachw. vers. v. Joachim Schulte. Frankfurt a. M. (Bibliothek Suhrkamp, 1372) [zuerst: Oxford 1953].

Woolard, Kathryn A./Bambi B. Schieffelin (1994): Language Ideology. In: Annual Review of Anthropology 23, 55–82.

Woolard, Kathryn A. (2008): Why *dat now*? Linguistic-anthropological contributions to the explanation of sociolinguistic icons and change. In: Journal of Sociolinguistics 12/4, 432–452.

IV Sprache in Wissensdomänen und Handlungsfeldern

Albert Busch/Thomas Spranz-Fogasy
15. Sprache in der Medizin

Abstract: Medizinisches Wissen und Handeln ist ohne Sprache nicht denkbar: weder in der Arzt-Patienten-Kommunikation noch in fachinternen und fachexternen Medizintexten oder in den Medien. Dieser Beitrag liefert einen nähernden Überblick über verschiedene Formen medizinischer Kommunikation. Im Zentrum stehen dabei (1) der Konnex von Sprache und Wissen in der Medizin, (2) Arzt-Patient-Gespräche als Primärkommunikation und (3) der Zusammenhang zwischen Medialisierung und Medikalisierung.

1   Medizin und Sprache
2   Medizinische Wissenskommunikation
3   Gespräche in der Medizin
4   Mediale Medizinkommunikation
5   Literatur

1 Medizin und Sprache

Medizin betrifft „alle Menschen, Ärzte wie Patienten, Fachleute wie Laien, gleichermaßen zu allen Zeiten. Die Medizin steht daher wie kein zweiter Bereich des Lebens im Spannungsfeld von fachwissenschaftlicher Spezialisierung und menschlichen Alltagserfahrungen" (Riecke 2004, 2).

Medizinisches Wissen und Handeln sind untrennbar und in vielfältigen Formen mit Sprache verknüpft. In mündlicher Kommunikation sprechen Mitglieder unterschiedlicher Gesundheitsberufe miteinander in Teambesprechungen, Dienstübergaben und Ausbildungsgesprächen oder mit Patienten in Anamnesegesprächen, Visiten oder Aufklärungsgesprächen, sie sprechen von Angesicht zu Angesicht oder am Telefon, oder auch nur en passant bei Anweisungen während Operationen oder während körperlicher oder apparativer Untersuchungen. Und auch schriftliche Texte finden sich in unüberschaubarer Zahl in Computerdateien von Krankenbetreuungs-Institutionen, in Patientenakten, als Arztbrief, Überweisung, Rezept, Krankschreibung, Beipackzettel und Arzneimittelwerbung.

Aber nicht nur im unmittelbaren medizinischen Handeln kommt der Sprache hohe Bedeutung zu. Auch die gesellschaftliche Kommunikation über Themen des Gesundheitswesens und das „Trilemma der Medizin zwischen Wissenschaftlichkeit, Kostendämpfung und Kundendienst" (Bauer 2001) bedient sich der Sprache in vielen gesellschaftlichen Bereichen.

Der Diskurs der „Gesundheitsgesellschaft" (Kickbusch 2006) findet statt in Politik und Medien, in Jurisdiktion und Wissenschaft, in Wirtschaft und Werbung. Er füllt Zeitschriften und Fernsehprogramme, Millionen von Internetseiten beziehen sich auf ihn, Lebensmittel enthalten Informationen zur Gesundheit und unzählige Geräte und Trainingsprogramme versprechen die Beseitigung von Beschwerden oder den Erhalt körperlicher Fitness. Sprache ist also in hohem Maße beteiligt am gesellschaftlich-ökonomischen Wert des Gesundheitswesens, der auch einen erheblichen Anteil am Bruttoinlandsprodukt besitzt: 11,6 % im Jahr 2010 (https://www.destatis.de/DE/ZahlenFakten/GesellschaftStaat/Gesundheit/_Grafik/AnteilBIP.html; abgerufen am 25.03.2013).

Sprache ist dabei das zentrale Medium, um medizinisches Wissen herzustellen, zu systematisieren, zu tradieren und auszutauschen. All diese Aspekte sind von Bedeutung, will man die Funktion von Sprache in der Medizin, aber auch im gesellschaftlichen Diskurs zur Medizin erfassen. Die Vielfalt, Vielschichtigkeit und Komplexität des Gegenstandes „Sprache (in) der Medizin" macht es jedoch unmöglich, einem umfassenden Darstellungsanspruch gerecht zu werden. Wir versuchen daher in diesem Beitrag, den Gegenstand in groben Zügen zu skizzieren und dabei Schwerpunkte festzulegen, die (1) den Zusammenhang von Sprache, Wissen und Wissensentwicklung in der Medizin beleuchten (2) das „Herz der Medizin" (Epstein/Campbell/Cohen-Cole 1993), das Gespräch mit dem Patienten, erfassen und (3) die Wechselwirkung von Sprache und Medium kennzeichnen.

2 Medizinische Wissenskommunikation

Wissen ist „Sediment einer Unzahl von Kommunikationen" (Luhmann 1994, 13). So ist Wissen in der Medizin das Ergebnis fachinterner und fachexterner Wissenskommunikation und stellt das Aushandlungsresultat *interaktiver Bedeutungskonstitution* (Spranz-Fogasy 1993) in mündlicher, schriftlicher und medialer Form dar. Medizinisches Wissen, die medizinischen Fachsprachen und das diskursive Sprechen über medizinische Gegenstände sind untrennbar miteinander verbunden: „Was wir wissen (oder zu wissen glauben), ist zunehmend das Resultat von kommunikativen Prozessen" (Antos 2005, XI). Auch die Vermittlung medizinischen Wissens,

> der Transfer von kognitiven Strukturen bzw. von vorab in Information externalisierten Wissensinhalten vollzieht sich im Prozess der Kommunikation, die wiederum mittels verschiedener Medien erfolgen kann." (Beckers 2010, 92)

In der medizinischen Wissenskommunikation gehen Wissen und Sprache auch deshalb eine besonders anspruchsvolle Verbindung ein, weil die Medizin trotz disziplinärer Wissensbasen nicht statisch, sondern sehr dynamisch ist. Sie weist „eine der kürzesten Halbwertszeiten des Wissens" (Weinreich 2010, 107) auf und ist vielfachen

Beeinflussungen aus verschiedenen Feldern und teilweise ausgeprägten semantischen Kämpfen unterworfen. So ist medizinisches Wissen von jeher interdisziplinäres „wissenschaftliches Wissen, Praxiswissen und Erfahrungswissen gleichermaßen, tendenziell instabil, muss ständig verändert und auf Individualfälle hin angepasst werden und hat daher grundlegend transformativen und modifikativen Charakter" (Busch 2006, 51).

Die sprachlich gebundenen medizinischen Wissensordnungen komplexitätsgerecht zu definieren, ist bisher nicht gelungen; stattdessen gibt es eine umfangreiche Diskussion der Frage, was medizinisches Wissen sei (übergreifend Kaltenborn 1999, Mandl/Reinmann-Rothmeier 2000 und Greulich 2005), die weiter ausgreift als Kaltenborns Typologie, die für den klinischen Bereich den Wissenshorizont praxisnah aufgliedert in *patientenbezogene Informationen* (Anamnese, Befunde, Laborwerte), *medizinische Informationen* (Wissen über Krankheitsbilder, Therapie, diagnostische Verfahren etc.), *Morbiditäts- und Mortalitätswissen* sowie *logistisches* und *Stressorenwissen* (vgl. Kaltenborn 1999, Busch 2001).

Im Paradigma des Wissensmanagements wird Wissen in Medizin und Gesundheitswesen besonders im Hinblick auf die betriebswirtschaftlich formatierende Frage hin untersucht, „wo in der Organisation Wissen fließt, und wie dies aktiv gesteuert und vor allem gesichert werden kann" (Greulich 2005, XI). Eine der im Wissensmanagement am häufigsten verwendeten Wissensdefinitionen ist die von Probst/Raub/Romhard, die Wissen definieren als:

> die Gesamtheit der Kenntnisse und Fähigkeiten, die Individuen zur Lösung von Problemen einsetzen. Dies umfasst sowohl theoretische Erkenntnisse als auch praktische Alltagsregeln und Handlungsweisen. Wissen stützt sich auf Daten und Informationen, ist im Gegensatz zu diesen aber immer an Personen gebunden. (Probst/Raub/Romhard 1999, 46)

Die angesprochenen Zusammenhänge zwischen Daten, Informationen und Wissen werden in unterschiedlicher Weise als *Wissenstreppe* (North 1998) oder für das Gesundheitswesen als *Wissenspyramide* (Brixler/Greulich/Wiese 2005, 8) geordnet und unterschiedlichen Wissensarten zugeordnet: *Expertenwissen, individuelles* vs. *kollektives Wissen, implizites* vs. *explizites Wissen, internes* vs. *externes Wissen* (Brixler/Greulich/Wiese 2005).

Dabei kommt die Dimension des medizinischen *Laienwissens* und der *Laienkommunikation* (Busch 1994, Eckkrammer 2005, Brünner 2011, 397–445) in aller Regel zu kurz, die sich in Patientenwissen, Laienwortschatz (Wichter 1994) und Arzt-Patienten-Kommunikation besonders auswirkt und durch die Möglichkeiten elektronischer Medien zusätzliche Bedeutung erlangt.

Überdies erlegt eine Definition wie die von Probst/Raub/Romhard (1999) dem Definiendum Grenzen auf, die für einen interdisziplinären und offenen Wissensbegriff, wie er für die Erörterung der Zusammenhänge von Sprache und Wissen in Medizin und Gesundheitswesen notwendig ist, unangemessen wären. Deshalb wird hier Wissen als Resultat interaktiver Bedeutungskonstitution (Spranz-Fogasy 1993) aufgefasst, das eine sozial konstruierte Entität darstellt, die lern- und enttäuschungsbereit ist, wie Heidenreich (2003, 48) in Anlehnung an Luhmann hervorhebt:

> Im Gegensatz zu Normen – an denen auch im Enttäuschungsfall festgehalten wird – ist Wissen durch einen kognitiven Erwartungsstil gekennzeichnet, d. h. durch die Bereitschaft, Erwartungen zu verändern, wenn sie durch widersprechende Sachverhalte widerlegt werden sollten [...] Wissen steht also prinzipiell auf den Prüfstand. Nur wenn es sich in verschiedenen Situationen bewährt, wird es bewahrt und weiter entwickelt. (Heidenreich 2003, 48)

Vor diesem Hintergrund ist es sinnvoll, den Zusammenhang *medizinisches Wissen und Kommunikation* als „Komplexbegriff" nach Gottschalk-Mazouz (2007) aufzufassen, der zumindest folgende Konstituenten aufweist:

Medizinisches Wissen
- hat einen praktischen Bezug (Anwendung, Kuration, Salutogenese)
- ist sozial gebunden (personale und institutionelle Träger medizinischen Wissens: Experten, Laien, Institutionen)
- ist in kodierter Form repräsentiert (Textsorten, Klassifikationen, ICD)
- ist vernetzt (sozial, intertextuell und technisch)
- ist bereichsweise normativ (Fachwissensbasis)
- ist dynamisch und dauerhaft veränderungsfähig (Forschung, Evidenzorientierung)
- beruht vielfach auf Vertrauen.

Entwicklung medizinischer Wissenskommunikation: Historisch betrachtet spielt die schriftliche Wissenskommunikation in der Medizin eine wichtige Rolle. Daher besitzen Untersuchungen zur Sprache der Medizin schon aufgrund der Datenlage einen Schwerpunkt auf schriftlichen Texten. Sie befassen sich mit der Entwicklung der medizinischen Terminologie und der damit verbundenen Wissenssysteme wie auch mit der Entwicklung und Ausdifferenzierung von Textsorten. Auch heute entwickeln und differenzieren sich schriftliche Formen in der Medizin, im Bereich des Gesundheitswesens und in den damit befassten Medien ständig weiter: in der Medizin selbst mit Terminologielehre, in Klassifikationssystemen wie der *International Classification of Diseases* (*ICD*), dem „standard diagnostic tool for epidemiology, health management and clinical purposes" (http://www.who.int/classifications/icd/en/; abgerufen am 25.03.2013), oder in medizinrelevanten Texten in Forschung, Patientenbetrieb in Klinik und Praxis, Patientenverwaltung (bspw. bei Versicherungen) etc., aber auch durch immer neue Texte in Zeitschriften, populärmedizinische Bücher, Internet etc.

So ist es wenig überraschend, dass der Bereich der historischen Entwicklung der Sprache in der Medizin sowie die schriftliche und diskursive Vertextung medizinischen Wissens vielfach untersucht worden ist.

Die Beschaffenheit kommunizierten Wissens ist von hoher Dynamik gekennzeichnet und hat sich im Laufe der Jahrtausende mit massiver Umfangserweiterung immer weiter ausdifferenziert. Das Fach Medizin kennt heute eine Unzahl von Fächern und Subdisziplinen, die sich über verschiedene Phasen historisch entwickelt haben. Für jede dieser Teildisziplinen sind im Verlaufe ihrer historischen Entwicklung jeweils Paradigmen bildende Denkstile (vgl. Fleck 1935/1980, Kuhn 1962), Leitvorstellungen und Leitsysteme prägend geworden. Die Spanne reicht u. a. von antiken theurgischen Konzepten über die Elementenlehre und Humoralpathologie, die Entwicklung einer experimentellen Medizin bis zur Entwicklung der modernen medizinischen Wissenshorizonte und Verfahren. Einen Eindruck von der Vielschichtigkeit und Wirkungsmacht liefern Medizin- und Kommunikationsgeschichte (vgl. etwa Ylönen 2001, Riecke 2004, Eckkrammer 2005, Eckart 2008, Weinreich 2010).

3 Gespräche in der Medizin

Im Zentrum früherer wie heutiger medizinischer Kommunikation aber steht das Gespräch zwischen Arzt und Patient. Diese Interaktionsform ist nach wie vor die zentrale Produktionseinheit des Gesundheitswesens (Hart 1998). Allein das ärztliche Gespräch, im Verbund mit nur wenigen zusätzlichen körperlichen Untersuchungen, führt in 75 % der Fälle zu korrekten Diagnosestellungen (siehe Hampton u. a. 1975), es werden Therapiepläne entwickelt und entschieden und die relevanten ökonomischen Entscheidungen des Gesundheitswesens getroffen. Arzt und Patient stellen darin die psychosozialen Grundlagen für die Therapietreue und damit für die Behandlungsergebnisse her und setzen Selbstheilungsprozesse in Gang. Für die Ärzte selbst sind ihre Gespräche mit Patienten ebenfalls von zentraler Bedeutung, sie führen im Lauf ihres Berufslebens ca. 150.000 solcher Gespräche (Lipkin u. a. 1995), die damit also den weitaus größten Teil des beruflichen Handelns von Ärzten ausmachen. Und in einer Gesellschaft, die immer mehr eine Entwicklung zu autonomeren und stärker selbstbestimmten Bürgern fordert, folgt der mündige Patient nicht mehr bloß einer traditionell paternalistischen Medizin, sondern erwartet persönliche Beratung und Information durch den Arzt als Voraussetzung für das Gelingen der Behandlung.

Das ärztliche Gespräch mit dem Patienten – und das darin zum Ausdruck kommende interaktive Handlungswissen der Beteiligten – steht daher auch im Zentrum dieses Beitrags und ist doch kein einheitlicher Gegenstand. Kann man das Erstgespräch in der niedergelassenen Praxis noch als zwar komplexen, aber handlungslogisch einheitlichen Interaktionstyp betrachten, in dessen Kern eine Phase der Beschwerdenexploration und ggf. körperliche Untersuchungen zur Diagnosestellung führen, aus der heraus dann therapeutische Planungen erfolgen können (Byrne/Long 1976, Nowak/Spranz-Fogasy 2009), so können diese drei Handlungskomponenten in anderen, v. a. klinischen Zusammenhängen eigene Interaktionstypen wie das Anamnese-, das Diagnosemitteilungs-, das Therapieplanungs- oder das Entlassgespräch ausbilden.

Im Zusammenhang mit der Ausdifferenzierung von Handlungsaufgaben beeinflussen auch andere Faktoren die Durchführung ärztlicher Gespräche. Zu nennen sind da zunächst die medizinischen Fachbereiche, die unterschiedliche Anforderungen an die Gespräche mit sich bringen wie bspw. in der Pädiatrie, in der Ärzte meist mit zwei Parteien, den Kindern bzw. Jugendlichen und ihren Eltern bzw. Fürsorgeberechtigten kommunizieren müssen, oder die Gynäkologie, in der oft Themen besprochen werden, die weit in den territorialen Lebensbereich eindringen, oder auch die Palliativmedizin, die den Arzt selbst mit existenziellen Fragen konfrontiert. Wie hier schon zu sehen, spielen auch bestimmte Patientengruppen eine wesentliche Rolle für die Bearbeitung von Interaktionsaufgaben, und dies oft wiederum auch im Verbund mit spezifischen Krankheitsbildern. Gespräche mit Kindern/Eltern sind eben nicht nur der Personenzahl und der damit einhergehenden gespaltenen Gesprächspartnerschaft wegen anders zu führen, sondern auch, weil sich die epistemische Autorität in Bezug auf das Beschwerdenerleben unterschiedlich verteilt oder auch die elterliche Verantwortung potenziell einer Imagebedrohung ausgesetzt ist. Und natürlich stellen Gespräche mit Demenzkranken oder mit HIV-Patienten unterschiedliche Anforderungen an bspw. Verständigungssicherung oder lebenslange Therapieplanung.

Die folgenden Ausführungen reflektieren die Vielschichtigkeit und Komplexität ärztlicher Gespräche mit Patienten, können aber keinesfalls auch nur annähernd Vollständigkeit beanspruchen, sondern setzen Schwerpunkte und versuchen, mit Verweisen auf die Forschungsliteratur, notwendige Lücken zu kompensieren. Der Hauptfokus des Kapitels liegt dabei auf der Handlungsstruktur ärztlicher Gespräche, vom Erstgespräch über Diagnose- und Therapieaufklärung bis zur Gesprächsbeendigung. Dabei werden spezifische Problemstellungen einbezogen, wie der Umgang mit patientenseitigen Markierungen von Relevanz, mit subjektiven Krankheitstheorien oder mit den Emotionen der Patienten, wie auch die Analyse von Krankenakten und deren Funktionen in den Gesprächen selbst. Exemplarisch werden auch Besonderheiten medizinischer Fachbereiche und Patientengruppen diskutiert, und schließlich wird gezeigt, wie sich das steigende Interesse und die medizinische Notwendigkeit (an) einer guten ärztlichen Gesprächsführung in universitären medizinischen Ausbildungsprogrammen und in der Entwicklung von Gesprächsleitlinien dokumentieren. Nicht angesprochen werden aus Gründen der notwendigen Beschränkung der in der linguistischen Gesprächsforschung sich gerade erst entwickelnde Bereich innerfachlicher Kommunikation (bspw. im OP-Saal, siehe Uhmann 2010) oder der weit gefasste Bereich der Pflegekommunikation (siehe Walther 2003).

3.1 Handlungsstrukturen ärztlicher Gespräche

Zum alltagsweltlichen Handlungswissen über institutionelle Gespräche wie das ärztliche Erstgespräch gehört das Wissen über kommunikative Handlungsaufgaben, deren handlungslogische Abfolge und ihre Verteilung auf die Beteiligten, das als Handlungsschema (Kallmeyer 2001) rekonstruierbar ist. Für das ärztliche Erstgespräch mit Patienten werden dafür in der Gesprächsforschung fünf zentrale Aufgaben genannt. Neben der Gesprächseröffnung und der -beendigung als rahmengebenden Aufgaben aller Gespräche werden dabei drei Komponenten einer Kernphase angeführt: (1) die Exploration der Beschwerden inklusive einer fakultativen körperlichen Untersuchung, (2) die Erstellung und ggf. Mitteilung einer Diagnose und (3) die Entwicklung und ggf. Entscheidung einer Therapieplanung (Spranz-Fogasy 2005; mit leichten Abwandlungen bzw. Differenzierungen Byrne/Long 1976, Meyer 2004, Nowak 2010).

Das Handlungsschema ist hier in idealtypischer Weise dargestellt. Es geht dabei nicht um den idealen Ablauf eines ärztlichen Gesprächs, sondern um die empirische Häufigkeit dieser Reihenfolge und vor allem um ihren handlungslogischen Sinn. Einzelne Aufgaben des Handlungsschemas können von den Teilnehmern jedoch auch in mehreren Anläufen oder Runden bearbeitet werden, oder es werden bestimmte Teilaufgaben vorgezogen oder zu einem späteren Zeitpunkt in einer anderen Handlungsphase nachgeholt (Nowak/Spranz-Fogasy 2009). Die Ausführungen dieses Abschnitts orientieren sich jedenfalls an der idealtypischen Abfolge des ärztlichen Erstgesprächs und behandeln ausführlicher die Aktivitäten innerhalb einzelner Handlungsschemakomponenten.

3.1.1 Beschwerdenexploration

Die Handlungskomponente der Beschwerdenexploration dient der Ermittlung der Beschwerden des Patienten. Zu diesem Zweck muss der Patient sein subjektives Krankheitswissen mitteilen und der Arzt dieses Wissen wie auch weitere Symptome und Krankheitszeichen mittels verbaler und nonverbaler Untersuchungstechniken gemäß seinem professionellen Wissen eruieren (Spranz-Fogasy 2005, Boyd/Heritage 2006, Heritage 2013).

Gesprächseröffnung
Für viele Ärzte ist jedoch nicht erst der Einstieg in die Beschwerdenexploration medizinisch relevant. Ripke (1996) weist darauf hin, dass bereits die Kontaktaufnahme mit Begrüßung, Händedruck und Platznahme diagnostischen Wert hat. Die Eröffnung selbst mit der Aufforderung zur Beschwerdenschilderung kann dann sehr unterschiedlich ausgestaltet sein: als direktive Frage nach konkreten Beschwerden oder dem Grund des Arztbesuchs, als rituelle Frage nach dem Befinden, als Erzählaufforderung oder, in seltenen Fällen, als nichtverbales Sich-zur-Verfügung-Stellen, wie es Ripke praktiziert hat (Ripke 1996; zur Differenzierung von Eröffnungszügen siehe Spranz-Fogasy 2005, Robinson/Heritage 2006). Insbesondere die rituelle Frage nach dem Befinden führt dabei oft zu Irritationen, der Patient, im Zwiespalt von Ritual und Erzählaufforderung, reagiert dann häufig zunächst auf das Ritual und schildert

anschließend seine Beschwerden, was zu paradoxen Äußerungen führt, bei denen ein „danke, mir geht es gut" von Schilderungen schwerwiegender Beschwerden gefolgt wird – der Patient zeigt sich dann oft auch durch das gesamte Gespräch hindurch irritiert (Robinson/Heritage 2006, Gill/Roberts 2013).

Beschwerdenschilderung
Nichtsdestotrotz eröffnet der Arzt dem Patienten mit seiner Aufforderung zur Beschwerdenschilderung ein ausführlicheres Rederecht, das dazu dienen soll, sein beschwerdenrelevantes Wissen darzustellen. Patienten greifen dabei zum Darstellungsmuster des Erzählens, mit dem sie Erfahrungen, Ereignisse und Handlungen für den Arzt und gemeinsam mit ihm rekonstruieren (Koerfer u. a. 2000, Lucius-Hoene/Deppermann 2002, Gülich 2005, Chatwin 2006). Dabei lassen sich verschiedene Formen narrativer Darstellungen unterscheiden (Gülich 2005):
- Episodisches Erzählen rekonstruiert einzelne, konkrete Episoden, die in einem Handlungsverlauf deutlich abgegrenzt sind.
- Iteratives Erzählen bezieht sich auf sich wiederholende, meist als typisch dargestellte Abläufe und bietet damit eine verallgemeinernde Beschreibung.
- Szenische Darstellungen setzen Vergangenes in Szene und reinszenieren Erfahrungen und Ereignisse.

Patienten müssen in all diesen Darstellungsformen ihr Wissen gemäß erzählerischer Zugzwänge gestalten. Sie müssen Relevanzen setzen und ihre Darstellungen fokussieren (Relevanzsetzungs- und Kondensationszwang), aber auch ausreichend detaillieren (Detaillierungszwang) und schließlich eine Gestaltschließung erzielen, um einen Gesamtzusammenhang herzustellen (Kallmeyer/Schütze 1977).

Hilfreich für die Angleichung der unterschiedlichen Wissensbestände sind dabei Verfahren der Veranschaulichung wie Metaphern, Analogie oder Vergleiche (Brünner/Gülich 2002). Diese Verfahren greifen auf alltagsweltliche Konzepte zu und ermöglichen bzw. erleichtern so den Wissenstransfer und die Herstellung von Intersubjektivität. Diese Verfahren werden dann auch in späteren Gesprächsabschnitten von Ärzten eingesetzt, bei der Diagnosemitteilung und der Therapieentwicklung.

Ein zentraler Punkt der narrativen Beschwerdenschilderungen von Patienten ist die Legitimation des Arztbesuchs, die Herstellung von *doctorability* (Heritage/Robinson 2006). Hier lassen sich unfragliche Krankheitsbilder von solchen unterscheiden, die eigens begründet werden müssen, entweder als bereits aus der Patientengeschichte bekannte Beschwerden oder solche, die durch ihre Unbekanntheit den Patienten zum Arztbesuch gezwungen haben (Heritage/Clayman 2010). Ein regelmäßiges Thema ist dabei auch die Darstellung von Schmerzen, die hoch differenziert ausfallen kann und für den Arzt zur diagnostischen Einordnung von hoher Relevanz ist (Overlach 2008, Sator 2011).

Ärztliche Fragen

Für den Arzt ist die Beschwerdenschilderung dann der Ausgangspunkt für eigene Aktivitäten zur Ermittlung des Krankheitsbildes. Mittel der Wahl ist dafür der Aktivitätstyp Fragen (Heritage 2009). Er ist prädestiniert dazu, Bekanntes und Nichtbekanntes zu dokumentieren und Letzteres qua seines Aufforderungscharakters zu elizitieren. In der linguistischen Gesprächsforschung werden, gerade auch in Bezug zu Fragen im medizinischen Kontext, unterschiedliche Modellierungen von Fragen diskutiert (Nowak 2010). Die wohl bekannteste Unterscheidung ist dabei die in offene und geschlossene Fragen, also solche, die qua linguistischer Merkmale wie Fragewort oder Syntax vom Antwortenden eine ausführlichere oder eine ausschließliche ja/nein-Antwort erwarten. Diese Unterscheidung wird jedoch obsolet, wenn man die tatsächlichen Reaktionen untersucht: Patienten antworten auf geschlossene Fragen fast so ausführlich wie auf offene (Spranz-Fogasy 2010; siehe auch Robinson/Heritage 2006, Nowak 2010).

In Bezug auf Grade des vorausgesetzten Wissens ist die semantosyntaktische Unterscheidung in w-Fragen, syntaktische Fragen (Fragen mit Verb-Erststellung) und Deklarativsatzfragen jedenfalls aufschlussreicher. Hier zeigt sich in dieser Reihenfolge ein aufsteigendes Verständnis des Redegegenstands, seiner kategorialen Bezüge und seines Wahrheitsanspruchs, wodurch jeweils auch der Antwortskopus definiert wird (Spranz-Fogasy 2010; siehe auch Heritage 2009).

Insbesondere in therapeutischer Hinsicht ist dagegen noch ein weiteres Fragemodell von Bedeutung, die Unterscheidung in Präzisierungs- und Komplettierungsfragen (Spranz-Fogasy 2005). Präzisierungsfragen sind Fragen, die inhaltlich unmittelbar an Aussagen des Patienten anschließen und diese zu präzisieren suchen, Komplettierungsfragen dagegen entspringen dem medizinischen Fachwissen des Arztes und zielen auf eine nur vom Arzt gewusste diagnostische Systematik. Bei Präzisierungsfragen erkennt der Patient sofort, worauf sich der Arzt bezieht, bei Komplettierungsfragen weiß er oft nicht, warum der Arzt die Frage stellt. Die mangelnde Transparenz führt dann oft zu zurückhaltenderen Antworten. Die beiden Fragetypen werden von Ärzten unterschiedlich genutzt. Ärzte mit einer klassischen biomedizinischen Ausbildung nutzen fast nur und schon sehr früh im Gespräch Komplettierungsfragen, orientieren sich also eher am eigenen Wissen, während Ärzte mit psychosomatischer Ausbildung oder mit einem Training in Gesprächsführung überwiegend Präzisierungsfragen einsetzen und Komplettierungsfragen, wenn überhaupt, nur am Ende der Beschwerdenexploration zur abschließenden systematisch-diagnostischen Klärung nutzen.

Patientenantworten

Die Antwortreaktionen der Patienten auf ärztliche Fragen zeigen, dass sie zumeist mehr antworten, als sie gefragt wurden. Schon Stivers/Heritage (2001, 151) verweisen darauf, dass Patienten auch im „restrictive environment" ärztlich-institutioneller

Gespräche in ihren Antworten regelmäßig lebensweltliche Sachverhalte einbringen, die therapeutisch genutzt werden können. Es zeigt sich darüber hinaus aber noch, dass Patienten in ihren Antworten auch implizite Gehalte, ärztliche Relevanzen oder auch sog. next-turn-questions – also mögliche bzw. wahrscheinliche nächste Fragen – mitbearbeiten (Spranz-Fogasy 2010). So antizipieren Patienten beispielsweise, dass Zeitangaben medizinisch relevant sind, erahnen potenzielle Kritik an ihren Schilderungen (und weisen sie zurück) oder wissen, dass speziellen Fragen oft allgemeinere folgen, die sie dann schon proaktiv beantworten. Patienten überschreiten damit zwar den sequenzorganisatorischen Antwortraum, sie tun dies aber unter Berücksichtigung einer umfassenderen organisatorischen Orientierung, nämlich der an der interaktionstypologisch definierten Aufgabenstellung einer möglichst progressiven und kooperativen Exploration (Grice 1975, Heritage 2007).

Die deutlich selteneren knappen Antworten von Patienten enthalten ebenfalls wichtige Informationen über den Patienten: dass ihm ein Thema peinlich ist oder er es ganz verweigert, dass Fragen, die auf die Psyche abzielen, in somatischen Zusammenhängen für nicht relevant erachtet werden oder auch, dass der Patient eine konkurrierende Vorstellung vom Stand und Ablauf des Gesprächs hat (Spranz-Fogasy 2010).

Prädiagnostische Mitteilungen
Ärztliche Fragen dienen der Elizitierung des Patientenwissens, das in Antworten zum Ausdruck kommt. Schon in Fragen dokumentiert sich der Wissensstand und oft auch der Gewissheitsstatus des Arztes zu den Beschwerden des Patienten. Am deutlichsten wird das in Deklarativsatzfragen, die vor allem dazu dienen, sich die eigene Einschätzung bestätigen zu lassen. Der Übergang von Deklarativsatzfragen zu prädiagnostischen Mitteilungen ist dann fließend, nur durch die Berücksichtigung der nachfolgenden Handlungen, also wie die Gesprächsteilnehmer selbst eine deklarative Äußerung behandeln, kann eine Funktionsbestimmung erfolgen.

Prädiagnostische Mitteilungen sind Aussagen des Arztes im Deklarativmodus, die Beschwerdensachverhalte als möglich oder tatsächlich gegeben behaupten. Sie beziehen sich auf verschiedene medizinische Inhalte wie Befunde, ätiologische Zusammenhänge bzw. Ursachen, Ausschlussdiagnosen oder vorläufige Diagnosen. Der Arzt teilt dem Patienten damit sein gesprächslokales Wissen über das Krankheitsbild und den darauf bezogenen Gewissheitsstatus mit (Spranz-Fogasy i.Dr.).

Prädiagnostische Mitteilungen dienen aber nicht nur der Information und Beteiligung des Patienten im Sinne der Herstellung von Intersubjektivität, sondern vor allem auch der Aufbereitung der verschiedenen Beschwerdensachverhalte im Blick auf die Aufgabenstellung einer integrierenden Diagnose. Aus diesem Grund finden sich auch viele kognitionsbezogene Ausdrücke und Verweise, die medizinische und alltagsweltliche Kategorien, Konzepte und Operationen wie bspw. Schlussfolgerungsverfahren kommunizieren. Im Prozess der Exploration wird dabei sukzessive und im Verbund mit Fragen und Antworten das Krankheitsbild gemeinsam ausgearbeitet. Insbesondere die prädiagnostischen Mitteilungen erweisen sich dabei als Zwischenresultate, die das jeweilige Wissen und die kognitiven Bezugspunkte erkennbar machen und – mit den Einschränkungen der Partialität sowie der ärztlichen Zurückhaltung bspw. bei problematischen Krankheitsbildern – die Rekonstruktion des ärztlichen Hypothesenbildungsprozesses ermöglichen.

In pädiatrischen Gesprächen dienen prädiagnostische Mitteilungen auch strategischen Zwecken zur Abwehr unnötiger, aber von Eltern oft eingeforderter Verschreibung von Antibiotika (Heritage/Stivers 1999, Heritage u. a. 2010). Prädiagnostische Mitteilungen dienen also nicht nur dem intersubjektiven Wissensabgleich oder der reinen Diagnostik, sondern auch institutionell-strategischen, sicher aber auch therapeutischen Zwecken, bspw. um Vertrauen zu schaffen und die Compliance zu erhöhen oder auch zur Umdeutung unangemessener Krankheitstheorien der Patienten (Spranz-Fogasy i.Dr.).

3.1.2 Diagnosestellung

In allen Modellen, die der Rekonstruktion des Ablaufs ärztlicher Erstgespräche dienen, wird der Diagnosestellung der Charakter einer eigenständigen Handlungskomponente bzw. -phase zuerkannt (Byrne/Long 1976, Heath 1992, Maynard 2003, Spranz-Fogasy 2005, Heritage/Clayman 2010). Dies verwundert, da Diagnosemitteilungen empirisch gesehen durchaus häufig ausbleiben und der Arzt unmittelbar zur Therapieplanung übergeht. Nichtsdestotrotz ist die handlungslogische Notwendigkeit einer Diagnosestellung evident, auch wenn es sich nur um eine Verdachts- oder Arbeitsdiagnose handelt. Es zeigt sich jedenfalls hier wie in allen vergleichbaren Interaktionstypen, die Problem- oder Konfliktlösungen als zentrale Handlungsanforderung beinhalten, dass das Ausbleiben einer solchen definitorischen Feststellung den Fortgang der Interaktion erschwert (siehe bspw. für den Interaktionstyp Beraten Nothdurft/Reitemeier/Schröder 1994; für Schlichtungsgespräche Nothdurft 1995; generell für den Bereich helfender Berufe Kallmeyer 2001). Der Grund dafür liegt in der mangelnden Transparenz der Bezugspunkte des nachfolgenden Interaktionshandelns, was in medizinischen Zusammenhängen durchaus auch noch Einfluss auf die Compliance haben kann.

Diagnostische Informationen werden meist direkt nach der Beschwerdenexploration und der Untersuchung abgegeben. Ziel ist es, „eine für beide Seiten gemeinsame Definition des von der PatientIn vorgestellten und mit ihr ausgehandelten Beschwerdebildes zu finden und zu formulieren" (Spranz-Fogasy 2005, 22). In der Medizin wird die Diagnose als „überzeugende Zuordnung von Beschwerdebildern zu einem Krankheitsbegriff" (Pschyrembel 2002, 316) definiert und damit als integrierende Gesamtschau des bis dato ermittelten Beschwerdenwissens. Sie dient damit der „Reziprozitätssicherung der Ergebnisse der Beschwerdenschilderung und der Beschwerdenexploration" (Spranz-Fogasy, 2010).

Maynard hat aus sequenzanalytischer Perspektive eine *news delivery sequence* mit den vier Schritten *announcement, announcement response, elaboration, receipt/ assessment* rekonstruiert (Maynard 2003, 95), wobei sich Ärzte bei Ankündigung und Erläuterung, also den Schritten 1 und 3, vielfach auf Evidenzen aus der vorangegangenen Beschwerdenexploration beziehen. Er zeigt, dass auch schon im Vorfeld der Diagnosemitteilung eklatante Unterschiede bestehen, je nachdem, ob der Arzt eine eher harmlose oder eine schlechte Diagnose überbringt. Unproblematische Diagnosen werden umstandslos und direkt mitgeteilt, während kritische Diagnosen zögerlich, stark modalisiert und mit einem Vorlauf qua einer *perspective display sequence* vorgebahnt werden (Maynard/Frankel 2006), in der der Arzt seine eigenen Beobachtungen, die des Patienten sowie ggf. die von Kollegen zusammenführt. Auch die Wortwahl unterscheidet sich stark, es finden sich eher positive Bewertungen bei unproblematischen und eher neutrale Formulierungen bei schlechten Diagnosen. Reaktionen der Patienten auf beide Diagnosetypen fallen hingegen in der Regel gleichermaßen kurz aus – der Patient erkennt also hier die epistemische Autorität des Arztes an (Peräkylä 2002, Heritage/Raymond 2005).

Die Diagnosestellung, gleich ob sie dem Patienten auch mitgeteilt wird, ist jedenfalls dann der sach- und interaktionslogische Ausgangspunkt der nachfolgenden Therapieplanung und Entscheidungsfindung.

3.1.3 Therapieplanung und Entscheidungsfindung

Bei der Therapieentwicklung und Entscheidungsfindung müssen Arzt und Patient gemeinsam einen Ausgleich zwischen dem medizinisch Gebotenen, das der Arzt auf der Grundlage seines professionellen Wissens entwickelt, und den Bedürfnissen und Möglichkeiten des Patienten suchen und aushandeln (Nowak/Spranz-Fogasy 2009). Dabei entwickelt und erläutert zunächst der Arzt einen Therapieplan, erfragt die Vorstellungen des Patienten und ist aufgefordert, auch dessen Verständnis zu überprüfen.

Für die Entscheidungsfindung werden dabei in der Forschung drei Modelle diskutiert (vgl. Ditz 2006, Koerfer u. a. 2007). Im *paternalistischen Modell* liegt die Kommunikationsführung beim Arzt. Er stellt den Gesundheitszustand des Patienten fest und trifft Entscheidungen darüber, welche diagnostischen und therapeutischen Maßnahmen aus seiner professionellen Sicht am besten dazu geeignet sind, die Gesundheit des Patienten wiederherzustellen. Der Arzt entscheidet somit aufgrund seiner Expertise darüber, welche Behandlung geeignet ist und übernimmt dafür die volle Verantwortung. Im *Dienstleistungsmodell* übernimmt der Arzt dagegen die Aufgabe eines Dienstleisters: Er liefert Informationen und gibt dem Patienten damit eine Grundlage für dessen rationale und autonome Entscheidung. Das Modell des *shared decision making* schließlich ist ein Modell der partizipativen, interaktiven Entscheidungsfindung. Entscheidend ist dabei, dass beide Seiten der Behandlungsoption zustimmen, wobei die getroffene Entscheidung nicht zwingend für beide Partner die beste Wahl darstellen muss. Die gegenseitige Akzeptanz der gemeinsam getroffenen Entscheidung ist aber die Voraussetzung dafür, dass beide Seiten die Verantwortung für die Behandlung und ihre Folgen übernehmen. Aus gesprächslinguistischer Sicht muss festgehalten werden, dass alle Modelle eine gemeinsame Hervorbringung der Beteiligten darstellen, der paternalistisch entscheidende Arzt benötigt den die Entscheidung unterstützenden Patienten ebenso wie der Dienstleistung einfordernde Patient den dazu bereiten Arzt (Gill/Roberts 2013).

In der linguistischen Forschung ist die Handlungskomponente „Therapieplanung und Entscheidungsfindung" noch eher unterbelichtet, sie konzentrierte sich auf die Untersuchung spezifischer Probleme wie die Verschreibung oder auf den Nachvollzug der Entscheidungsfindungsmodelle, die der medizinischen bzw. medizinpsychologischen und psychotherapeutischen Kommunikationsforschung entstammen.

3.1.4 Gesprächsbeendigung

In aufgabenorientierten Gesprächen wie dem ärztlichen Erstgespräch ist die Gesprächsbeendigung bedeutsam hinsichtlich der Ergebnissicherung und der Sicherung außersituativer Aufgaben wie der Therapiedurchführung und ggf. auch der Verabredung künftiger Interaktion, also bzgl. Maßnahmen, die die Compliance der Patienten befördern helfen (White u. a. 1997, West 2006, White 2012). Probate interaktive Mittel dafür sind Wiederholungen, Zusammenfassungen und ggf. letzte Abklärungen zur Diagnose und Therapie sowie prognostische Aussagen, die dem Patienten die Einschätzung des Behandlungsverlaufs ermöglichen und Vereinbarungen zur Therapiekontrolle bzw. zum Verhalten bei erwartungsabweichenden Entwicklungen. Den tatsächlichen Abschluss bilden dann Verabschiedungsrituale.

White u. a. (1997) machen zudem darauf aufmerksam, dass Arzt und Patient in der Abschlussphase oft Emotionen kommunizieren. Sie stellen auch fest, dass in mehr als einem Drittel der Gespräche die Beendigungsphase unterbrochen wird, sei es durch die Wiederaufnahme schon besprochener Themen oder sei es auch durch die Einführung neuer, bis dato nicht besprochener Aspekte des Beschwerdenbildes oder gar gänzlich neuer Beschwerden. Sie machen fehlende Gelegenheiten, heikle Themen in früheren Gesprächsphasen anzusprechen, als Ursachen dingfest und konstatieren Probleme im Zeitmanagement des Arztes sowie Unzufriedenheit mit dem Gesprächsverlauf auf beiden Seiten. Die Vermutung, dass solche *door-knob concerns* vor allem der Initiative der Patienten entspringen, hat West (2006) aber als unbegründet charakterisiert: In ihren Korpora sind es oft auch die Ärzte, die an solch später Stelle zur Einbringung neuer Themen einladen. Die Beendigungsphase ärztlicher Gespräche macht diesen Mechanismus zur Verstehenssicherung für beide Seiten aber auch erwartbar und sinnvoll. In der Gesprächsbeendigungsphase aufgabenorientierter Interaktionen müssen abschließende Aufgaben auf allen Konstitutionsebenen bearbeitet werden, neben der Fixierung der Inhalte müssen laufende Aktivitäten beendet und notwendige zukünftige Handlungen organisiert sowie die bestehenden Beziehungen gesichert werden, um Vertrauen und Compliance auf einer stabilen Basis herzustellen bzw. aufrechtzuerhalten.

West (2006) zeigt auch, dass die Gesprächsbeendigung oft schon früh vorgebahnt wird durch Themenbeendigungsinitiativen, explizite Beendigungsankündigungen und implizite Vorbeendigungsaktivitäten, die wechselseitige Bestätigung solcher Vorbeendigungsinitiativen oder durch Verweise auf die Behandlungskontinuität über die aktuelle Interaktion hinaus. White (2012, 58) identifiziert in chirurgischen Arzt-Patient-Gesprächen sieben Typen Arzt-induzierter Vorbeendigungen (z. B. *final-concern sequences; referring back; organising a follow-up*), denen in den 35 Gesprächen ihres Korpus nur eine Patient-initiierte Vorbeendigung gegenübersteht, in der der Patient von sich aus mitteilt, keine weiteren Fragen mehr zu haben.

3.2 Handlungsstruktur-Varianten

Das ärztliche Erstgespräch mit dem Patienten gilt als Mustertypus ärztlicher Gespräche. Es enthält die zentralen Anforderungen der Ermittlung, diagnostischen Bestimmung und Therapieentwicklung in Bezug auf ein Krankheitsbild. Diese Anforderungen können auch separat in verschiedene Interaktionen eigenen Typs ausgelagert werden und bspw. gemäß institutionellen Erfordernissen in einem seriellen Ablauf angesiedelt werden, oder externe Faktoren wie Patientengruppen oder Krankheitsbilder sind verantwortlich für eine spezifische Variation.

Auslagerung und Serialisierung sorgen dann für eine stärkere Ausprägung einzelner Komponenten, so ist das ausführliche Anamnesegespräch (Lalouschek 2005) die spezialisierte Variation der Beschwerdenexploration und dient in klinischen Kontexten der weitestmöglichen Exploration somatischer und psychosozialer Beschwerdenaspekte als Grundlage weiterer apparativer und/oder labortechnischer Diagnostik und Therapie. Differenzialdiagnostisch relevante Untersuchungen sind aber auch schon auf gesprächslinguistischer Basis möglich, wie die Arbeiten des Bielefelder Epi-Projekts zur Unterscheidung von epileptischen und dissoziativen Anfallspatienten zeigen (http://www.uni-bielefeld.de/lili/forschung/projekte/epiling/; abgerufen am 18.06.2013).

Als eigener Gesprächstyp hat sich vor allem im Zusammenhang komplexer und schwerwiegender Krankheitsbilder das Diagnosemitteilungs-Gespräch herausgebildet, wie es bspw. bei Brustkrebsdiagnosen in Brustkrebszentren mittlerweile die Regel ist (Ditz 2006). Und entsprechend sind dann auch Therapieplanungsgespräche ein Interaktionstyp sui generis geworden (Koerfer u. a. 2007). Im Zusammenhang mit operativen Therapien haben sich, zunächst aus medizinisch-therapeutischen, dann zunehmend aus rechtlichen Gründen, präoperative Aufklärungsgespräche zum chirurgischen, aber auch zum anästhesiologischen Vorgehen zu Standardgesprächen entwickelt (Jung 2005, Klüber/Motsch/Spranz-Fogasy 2012).

Zwar sind die medizinischen Fachbereiche in erster Linie als Reaktion auf die Ausdifferenzierung der medizinischen Praxis anzusehen, aber auch hier werden in den Gesprächen mit den Patienten spezifische Anforderungsvarianten der Gesprächsführung erkennbar. So bringt im pädiatrischen Gespräch die triadische Konstellation von Arzt – Patient – Eltern(teil) es mit sich, dass der Arzt die Einholung diagnostischer wie die Gabe therapeutischer Information gemäß den Verstehensmöglichkeiten seiner Gesprächspartner gestalten und erhöhte Anforderungen hinsichtlich der so gespaltenen Gesprächspartnerschaft erfüllen muss, wie er auch die Empfindlichkeit der elterlichen Verantwortungsnahme berücksichtigen muss (Spranz-Fogasy/Winterscheid 2013). Patienten mit chronischen Erkrankungen stellen dagegen den Arzt vor das Problem, dass es sich meist um bestens informierte Patienten handelt, die bei ihrer Therapie ein Mitspracherecht einfordern und, bspw. HIV-Patienten, die Mitarbeit gelegentlich ganz einstellen (Groß 2013). Und auch bei Palliativpatienten muss der Arzt regelmäßig Kommunikationsentzugsstrategien der Patienten konzedieren und aushalten (Lindtner u. a. 2010).

Die linguistische Forschung zur Entwicklung einer umfassenden Interaktionstypologie steht erst am Anfang, neben der exemplarischen Analyse einiger Interaktionstypen sind bislang allenfalls die generellen Einflussfaktoren bekannt wie spezialisierte Kommunikationsaufgaben, medizinische Fachbereiche, Krankheitsbilder oder Patientengruppen. Neben der Rekonstruktion der Handlungsschemata verschiedener ärztlicher Gesprächstypen müssen vertieft die interaktiven Verfahren der institutionell gegebenen und interaktionstypspezifischen kommunikativen Anforderungen sowie die interaktionstypspezifischen Probleme und die Verfahren des Umgangs mit ihnen erforscht werden.

3.3 Allgemeine Aspekte ärztlicher Gespräche mit Patienten

Im Rahmen der Durchführung von Arzt-Patient-Gesprächen werden von den Beteiligten nicht nur interaktionstypspezifische Aufgaben bearbeitet, sondern auch allgemeinere Aspekte krankheits- und medizinbezogener Natur. So ist bspw. der Umgang mit Emotionen regelmäßig ein zentrales Thema solcher Gespräche (Fiehler 2005; für den spezifischen Zusammenhang von Angsterkrankungen siehe Lindemann 2012).

Stellen sich für den Patienten im Zusammenhang seiner Beschwerden regelmäßig existenzielle Fragen wie der Umgang mit Schmerzen und Einschränkungen oder sogar die Erfahrung lebensbedrohlicher Zustände, ist der Arzt persönlich nicht selbst betroffen, muss aber im Gespräch mit den damit verbundenen Emotionen und Affekten umgehen. Fiehler (2005) weist darauf hin, dass das Ignorieren von Emotionen die nachfolgende Interaktion oft stark belastet, dass aber auch das alltagsweltliche

Anteilnahmemuster in medizinischen Kontexten nicht angemessen ist, sondern der Arzt nach Problem- bzw. Emotionserkundung und Kategorisierung auch Angebote zum Umgang damit unterbreiten sollte.

Emotionen gehören zu den regelmäßigen Themen ärztlicher Gespräche mit Patienten, die oft selbst anzeigen, dass dieser Aspekt zu den zentralen Relevanzen ihres Arztbesuches zählt. Aber auch allgemeinere lebensweltliche Aspekte können im Zusammenhang des Beschwerdenerlebens für Patienten so bedeutsam sein, dass sie im Gespräch implizit in Form von subtilen Themenangeboten als relevant markiert werden und die Bearbeitung durch den Arzt einfordern. Solche Relevanzmarkierungen (Sator/Gstettner/Hladschik-Kerner 2008) werden von Patienten mit Hilfe von Clustern interaktiver Verfahren auf den verschiedenen linguistischen Beschreibungsebenen eingebracht (z. B. Wiederaufnahmen von Themen an späteren Gesprächsstellen, Adjektive und Adverbien, drastische Metaphern oder syntaktische Herausstellungen, prosodische Markierung), und es bedarf interaktiver Anstrengungen der Ärzte, diese Initiativen als solche zu verstehen, sie zu unterstützen und darauf einzugehen.

Sind Relevanzmarkierungen mit einzelnen Beschwerdenaspekten verbunden, stellen subjektive Krankheitstheorien der Patienten demgegenüber eine globale Erklärungskategorie dar, die dem Patienten zur Rationalisierung seines Beschwerdenerlebens dienen. Unter subjektiven Krankheitstheorien versteht man

> ein System krankheitsbezogener Vorstellungen, Überzeugungen und Bewertungen. Ein Mensch bildet sie, wenn er mit einer Krankheit konfrontiert wird. Kernstücke des Konzepts sind Vorstellungen über die Verursachung einer Krankheit und über die Beeinflussbarkeit (Wüstner, zitiert nach Birkner 2006, 158).

Solche Krankheitstheorien können, wenn sie im Gespräch nicht eigens thematisiert werden, die Akzeptanz ärztlichen Handelns im Gespräch und darüber hinaus erschweren oder verunmöglichen (Winterscheid/Spranz-Fogasy 2013). Umgekehrt sorgt ihr Einbezug dafür, dass der Patient sich angenommen fühlt und den ärztlichen Ratschlägen Vertrauen schenkt (Birkner 2006).

Eine zentrale institutionell geforderte Aufgabe des Arztes ist auch die Patientendokumentation in einer Krankenakte. Krankenakten sind aber nicht nur Dokumente, die während und im Anschluss an jeweilige Gespräche angefertigt werden. Sie dienen auch der Organisation von Behandlungsschritten und der institutionellen Krankenverwaltung, ggf. auch als rechtliche Grundlage. Auch für die Gespräche selbst werden Krankenakten als interaktionelle Ressource zur Planung, Vorbereitung oder bei der Durchführung genutzt. Sie spiegeln darüber hinaus auch die Perspektive der dokumentierenden Ärzte auf ihre Erfahrungen und Wahrnehmung der sozialen Realitäten wider (Harvey/Koteyko 2012).

3.4 Gesprächsausbildung im Medizinstudium und in der Weiterbildung

Die Komplexität des Interaktionsgeschehens in ärztlichen Gesprächen mit Patienten wie auch die Bedeutung solcher Gespräche im und für das medizinische Handeln machen es erforderlich, dass auch die Aus- und Weiterbildung von Ärzten diesem zentralen professionellen Arbeitsinstrument hohe Aufmerksamkeit widmet. Stand in der zweiten Hälfte des letzten Jahrhunderts noch die technisch-apparative Medizin im Vordergrund, so ist in den letzten Jahren die Vermittlung kommunikativer Kompetenzen Bestandteil fast aller Reform-Curricula geworden (Langewitz 2012). Im Rahmen des Nationalen Kompetenzbasierten Lernzielkatalogs Medizin wird derzeit die Lehre von Kommunikation gesetzlich verankert (http://www.mft-online.de/lehre/nationaler-kompetenzbasierter-lernzielkatalog-medizin; abgerufen am 25.03.2013) und die Lehre gemäß eines integrativen, longitudinalen Kommunikationscurriculums weiter entwickelt. Lehrinhalte umfassen z. B. den Beziehungsaufbau und die Einübung von Empathie, Fehlerkommunikation, Anamnese, die Lehrmethoden beziehen Feedback, Rollenspiel, Videoanalyse und Gespräche mit Standardisierten Patienten ein und Kommunikation wird zunehmend Bestandteil der Prüfungen. Auch die gesprächslinguistische Kompetenz wird dabei vermehrt im Rahmen gemeinsamer Forschungsprojekte und Publikationen (z. B. Neises/Ditz/Spranz-Fogasy 2005) einbezogen.

4 Mediale Medizinkommunikation

Medizinische Wissenskommunikation ist von jeher medial vermittelt und schöpft die Summe der jeweils verfügbaren technischen Möglichkeiten einer Zeit aus. Deshalb soll dieses Kapitel ein kurzes Schlaglicht auf den Zusammenhang von Medikalisierung und Medialisierung werfen.

In den letzten Jahrzehnten ist in der „Dreiecksbeziehung zwischen Textsorte(n), Sprachwandel und Medienwechsel" (Eckkrammer 2005, 204) unter dem Eindruck von Print-, audiovisuellen und zunehmend elektronischen Medien die Diskursivierung elektronischer Kommunikation besonders prägend geworden. Medizinisches Wissen wird auf allen medialen Ebenen mit großem, auch journalistischem Interesse verhandelt, und so werden die verschiedenen medizinischen Wissensformen in medial figurierte Formate der Gesundheitskommunikation überführt.

Diese Kommunikationen bilden einen vielschichtigen Medizindiskurs, der getragen von zahlreichen Akteuren, Zielstellungen und Formvarianten in typische Teildiskurse aufgegliedert werden kann. Insbesondere der kurative und der salutogenetische Diskurs bestimmen zahlreiche der meist an Laien adressierten medialen Beiträge, wobei die diskursiven Grundkonzepte wie bspw. *Krankheit* oder *Gesundheit* erheblichen Instrumentalisierungen und Verformungen unterliegen können (Busch 1999).

Im fachexternen Medizindiskurs bilden sich wie auch in anderen Domänen laienorientierte Wissens- und Wortschatzordnungen heraus, die fachlich möglicherweise verzerrt oder gar falsch sein können, die aber im Sinne der medial kommunikativen Arbeitsteilung, einem der wichtigsten Funktionsprinzipien fachexterner Diskurskommunikation, kommunikativ gesehen funktional sein können (Busch 2004, 22–27).

In der Medienkommunikation wie im Arzt-Patient-Gespräch spielt die metaphorische Veranschaulichung eine wichtige Rolle und ermöglicht als „gemeinsprachliches Veranschaulichungsgerüst" (Busch 2000) eine popularisierte Repräsentation von Fachwissen, die Veranschaulichung von Fachwissen durch den Bezug auf alltagsweltliche Wissensordnungen und bildet eine Brücke zwischen Fach- und Laiensystemen (Brünner/Gülich 2002, Busch 2004).

Lexikalisch werden im Mediendiskurs aus den beteiligten Fachlexiken heraus eigene, oft emotionsbetonte Inventare etabliert, die nicht immer so kühn gemeinsprachliche und terminologische Wortbildungskonstituenten verbindet, wie bspw. auf Bild.de, etwa wenn dort vom „Schweinegrippe Todes-Virus H1N1" die Rede ist (http://www.bild.de; abgerufen am 03.04.2010). Fachwortschatz wird so entterminologisiert und ggf. unter Verlust fachlichen Bedeutungsgehaltes laienadressiert zugerichtet. So können sich, wie Eckkrammer (2005, 989) betont,

> fachmedizinische Begrifflichkeiten sogar den Weg in die Gemeinsprache bahnen und dort – vielfach mit veränderter Semantik – einen festen Platz erobern. Mehrheitlich bleiben sie jedoch als unverstandene Versatzstücke einer prestigeträchtigen Diskursebene stehen, ohne dem Laien ihre Bedeutung zu enthüllen.

Daraus schließt sie, gestützt auf umfangreiche historische Belege, dass sich eine wachsende Kluft zwischen Fach- und Gemeinsprache auftue.

Trotz Wissenskluft wird aber der medial gestützte Austausch zwischen Fach- und Gemeinsprache immer intensiver. Die Gemeinsprache und die ihr zugeordneten diskursiven Wissenssysteme werden durch laienorientierte diskursive Thematisierungen und den diskursweise massiven Transfer medizinischen Wissens verfachlicht und durch fachbezogenes Vokabular angereichert. Typische lexikalische Transferprozesse dieser Art sind bspw. die Etablierung zahlreicher medizinspezifischer Wortbildungen, fachsprachliche Entlehnungen, medizintypische Schlüsselwörter, Metaphern und Metonymien sowie die bereichsbezogene Themenabdeckung durch Medizin-Wortfamilien, -Wortfelder und -Stereotype.

Die Thematisierung und Diskursivierung von Medizinthemen findet medienübergreifend mit den Mitteln seriösen Wissenschaftsjournalismus ebenso statt wie mit Techniken in der Tradition der Regenbogenpresse. Während der wissenschaftsjournalistische Diskursstrang sich tendenziell eher an der medizinischen Fachauseinandersetzung orientiert (Ruhrmann/Milde/Zillich 2011), sind die Yellow-Press-Thematisierungen eher nach einem „Zettelkastenprinzip" organisiert, das es ermöglicht, die allwöchentlichen Medizin- und Gesundheitsthemen „in Form einer Endlosschleife" (Stodiek 2008, 311) zu bedienen.

Die Aufbereitung von Medizinthemen für Gesundheitssendungen im Fernsehen hat neben der Orientierung an den laienseitigen Formen der Risikokommunikation (Renner/Panzer/Oeberst 2007) ganz eigene Formate und Inszenierungsstrategien hervorgebracht. Dabei steht oft nicht das Fachliche und die wissenschaftliche Diskussion im Zentrum, sondern Zuschauerbedürfnisse, ein spezifisches intradiegetisches Figuren-, Rollen- und Moderatorenensemble sowie ein umfangreiches Set an laienorientierten Vermittlungs-, Veranschaulichungs- und Erklärstrategien (Brünner 2011).

Das Internet mit seinen hypertextuellen Angeboten und interaktiven Optionen ermöglicht seinerseits eigenständige Laiendiskurse zu Medizinthemen. Hier wird Medizinwissen im elektronischen Medium dargeboten und von Wikipedia bis zu den Chats und Foren diskutiert und auf diese Weise „demokratisiert, relativiert, arbeitsteilig nach dem Prinzip trial and error zusammengetragen, dadurch auch beliebig, unvollständig, zeitabhängig und individuell" (Kübler 2009, 132). So entsteht auch im Medizin- und Gesundheitsdiskurs mehr und mehr ein „Kollektives Laien-Expertentum" (Pscheida 2012, 431), das die geschriebene und gesprochene medizinische Kommunikation massiv beeinflusst.

5 Literatur

Antos, Gerd (2005): Vorwort. In: Gerd Antos/Sigurd Wichter (Hg.): Wissenstransfer durch Sprache als gesellschaftliches Problem. Frankfurt a. M., IX–XII.

Bauer, Axel (2001): Das Trilemma der Medizin zwischen Wissenschaftlichkeit, Kostendämpfung und Kundendienst. In: Dietrich von Engelhardt/Volker von Loewenich/Alfred Simon (Hg.): Die Heilberufe auf der Suche nach ihrer Identität. Jahrestagung der Akademie für Ethik in der Medizin e. V., Frankfurt 2000. Münster, 94–106.

Beckers, Katrin (2010): Kommunikation und Kommunizierbarkeit von Wissen. Prinzipien und Strategien kooperativer Wissenskonstruktion. Berlin.

Birkner, Karin (2006): Subjektive Krankheitstheorien im Gespräch. In: Gesprächsforschung – Online-Zeitschrift zur verbalen Interaktion, Band 7, 152–183.

Boyd, Elizabeth/John Heritage (2006): Taking the history: Questioning during comprehensive history-taking. In: Heritage/Maynard, 151–184.

Brixler, Stephan/Andreas Greulich/Dirk Wiese (2005): Theoretische Betrachtung des Wissensmanagements. In: Andreas Greulich (Hg.): Wissensmanagement im Gesundheitswesen. Heidelberg, 1–36.

Brünner, Gisela/Elisabeth Gürlich (2002): Verfahren der Veranschaulichung in der Experten-Laien-Kommunikation. In: Gisela Brünner/Elisabeth Gülich (Hg.): Krankheit verstehen. Bielefeld, 17–93.

Brünner, Gisela (2011): Gesundheit durch Fernsehen. Linguistische Untersuchungen zur Vermittlung medizinischen Wissens und Aufklärung in Gesundheitssendungen. Duisburg.

Busch, Albert (1994): Laienkommunikation. Vertikalitätsuntersuchungen zu medizinischen Experten-Laien-Kommunikationen. Frankfurt a. M. u. a.

Busch, Albert (1999): Semantische Vertikalitätstypik und diskursive Grundkonzepte in der Gesundheitskommunikation. In: Adamzik, Kirsten/Jürg Niederhauser (Hg.): Wissenschaftssprache und Umgangssprache im Kontakt. Frankfurt a. M. u. a., 103–122.

Busch, Albert (2000): Die tropische Konstruktion von Wirklichkeit. Metaphern und Metonymien als gemeinsprachliches Veranschaulichungsgerüst des Computerdiskurses in Printmedien. In: Albert Busch/Sigurd Wichter (Hg.): Computerdiskurs und Wortschatz. Corpusanalysen und Auswahlbibliographie. Frankfurt a. M., 125–203.

Busch, Albert (2001): Wissenstransfer und Kommunikation in Gesundheitszirkeln. In: Gerd Antos/Sigurd Wichter (Hg.): Wissenstransfer zwischen Experten und Laien. Umriss einer Transferwissenschaft. Frankfurt a. M. u. a., 85–103.

Busch, Albert (2004): Diskurslexikologie und Sprachgeschichte der Computertechnologie. Tübingen.

Busch, Albert (2006): Semantische Kämpfe in der Medizin. Ansätze zu einer Typologie der Wissenskämpfe. In: Ekkehard Felder (Hg.): Semantische Kämpfe. Macht und Sprache in den Wissenschaften. Berlin/New York, 47–72.

Byrne, Patrick/Barrie Long (1976): Doctors Talking to Patients: A Study of the Verbal Behaviour of General Practitioners Consulting in their Surgeries. London.

Chatwin, John (2006): Patient Narratives: A Micro-interactional Analysis. In: Communication & Medicine 3/2, 113–123.

Ditz, Susanne (2006): Diagnoseübermittlung, Entscheidungsfindung und präoperatives Aufklärungsgespräch. In: Susanne Ditz/Christa Diegelmann/Margarete Isermann (Hg.): Psychoonkologie – Schwerpunkt Brustkrebs. Stuttgart, 167–186.

Eckart, Wolfgang, U. (2008): Geschichte der Medizin. Fakten, Konzepte Haltungen. Heidelberg.

Eckkrammer, Eva Martha (2005): Medizin für den Laien vom Pesttraktat zum digitalen Ratgebertext. Ausgliederung, Pragmatik, Struktur-, Sprach- und Bildwandel, fachexterner Textsorten unter Berücksichtigung des Medienwechsels. Habilitationsschrift. Salzburg.

Epstein, Ronald/Thomas Campbell/Steven Cohen-Cole (1993): Perspectives on patient-doctor communication. In: The Journal of Family Practice 37/4, 377–388.

Fiehler, Reinhard (2005): Erleben und Emotionalität im Arzt-Patienten-Gespräch. In: Neises/Ditz/Spranz-Fogasy, 120–136.

Gill, Virginia Teas/Felicia Roberts (2013): Conversation analysis in medicine. In: Jack Sidnell/Tanya Stivers (Hg.): The Handbook of Conversation Analysis. Boston, 575–592.

Fleck, Ludwik (1935/1980): Entstehung und Entwicklung einer wissenschaftlichen Tatsache. Einführung in die Lehre vom Denkstil und Denkkollektiv. Mit einer Einleitung herausgegeben von Lothar Schäfer und Thomas Schnelle. Berlin.

Gottschalk-Mazouz, Nils (2007): Was ist Wissen? Überlegungen zu einem Komplexbegriff an der Schnittstelle von Philosophie und Sozialwissenschaften. In: Ammon u. a. (Hg.): Wissen in Bewegung: Vielfalt und Hegemonie in der Wissensgesellschaft. Weilerswist, 21–40.

Greulich, Andreas (Hg.) (2005): Wissensmanagement im Gesundheitswesen. Heidelberg.

Grice, Herbert Paul (1975): Logic and conversation. In: Peter Cole/Jerry Morgan (Hg.): Syntax and Semantics Vol. 3 Speech Acts. New York, 41–58.

Groß, Alexandra (2013): „Und die Erys?" – Interaktive Konstitution von Patientenexpertise in der HIV-Sprechstunde während der Mitteilung der Blutwerte – ein Fallbeispiel. Ms.

Gülich, Elisabeth (2005): Krankheitserzählungen. In: Neises/Ditz/Spranz-Fogasy, 73–89.

Hampton, John u. a. (1975): Relative contributions of history-taking, physical examination, and laboratory investigation to diagnosis and management of medical outpatients. In: British Medical Journal, 486–489.

Hart, Julian (1998): Expectations of health care: Promoted, managed or shared? In: Health Expectations 1/1, 3–13.

Harvey, Kevin/Nelya Koteyko (2012): Exploring Health Communication: Language in Action. London.

Heath, Christian (1992): The delivery and reception of diagnosis in the general-practice consultation. In: Paul Drew/John Heritage (Hg.): Talk at work: Interaction in Institutional Settings. Cambridge, 235–267.
Heidenreich, Martin (2003): Die Debatte um die Wissensgesellschaft. In: Stefan Böschen/Ingo Schulz-Schaeffer (Hg.): Wissenschaft in der Wissensgesellschaft. Opladen, 25–48.
Heritage, John (2007): Intersubjectivity and progressivity in references to persons (and places). In: Tanya Stivers/Nick Enfield (Hg.): Person Reference in Interaction: Linguistic, Cultural and Social Perspectives. Cambridge, 255–280.
Heritage, John (2009): Questioning in medicine. In: Alice Freed/Susan Ehrlich (Hg.): „Why do you ask?" The Function of Questions in Institutional Discourse. Oxford, 42–68.
Heritage, John (2013): Epistemics in conversation. In: Jack Sidnell/Tanya Stivers (Hg.): Handbook of Conversation Analysis. Boston, 370–394.
Heritage, John/Douglas Maynard (Hg.) (2006): Communication in medical care: Interactions between Primary Care Physicians and Patients. Cambridge.
Heritage, John/Geoffrey Raymond (2005): The Terms of Agreement: Indexing Epistemic Authority and Subordination in Talk-in-Interaction. In: Social Psychology Quarterly 68/1, 15–38.
Heritage, John/Jeffrey Robinson (2006): Accounting for the visit: giving reasons for seeking medical care. In: Heritage/Maynard, 48–85.
Heritage, John/Steven Clayman (2010): Talk in Action: Interactions, Identities, and Institutions. Oxford.
Heritage, John/Tanya Stivers (1999): Online Commentary in acute medical visits: a method of shaping patient expectations. In: Social Science & Medicine, 49/11, 1501–1517.
Heritage, John u. a. (2010): Reducing inappropriate antibiotics prescribing: the role of online commentary on physical examination findings. In: Patient Education and Counseling 81/1, 119–125.
Jung, Sybille (2005): Das präoperative Aufklärungsgespräch. Baden-Baden.
Kallmeyer, Werner (2001): Beraten und Betreuen. Zur gesprächsanalytischen Untersuchung von helfenden Interaktionen. In: Zeitschrift für Qualitative Bildungs-, Beratungs- und Sozialforschung 2, 227–252.
Kallmeyer, Werner/Fritz Schütze (1977): Zur Konstitution von Kommunikationsschemata der Sachverhaltsdarstellung. In: Dirk Wegner (Hg.): Gesprächsanalysen. Hamburg, 159–274.
Kaltenborn, Karl-Franz (Hg.) (1999): Informations- und Wissenstransfer in der Medizin und im Gesundheitswesen, Frankfurt. a. M.
Kickbusch, Ilona (2006): Die Gesundheitsgesellschaft. Megatrends und deren Konsequenzen für Politik und Gesellschaft. Hamburg.
Klüber, Maike/Johann Motsch/Thomas Spranz-Fogasy (2012): „wenn sie sonst jetzt zum eingriff keine fragen mehr haben dann unterschreiben (.) sie noch mal hier" – Verständigungssicherung in anästhesiologischen Aufklärungsgesprächen – Arztangebote und Patientenfragen. In: Deutsche Sprache 3/12, 240–268.
Koerfer, Armin/Karl Köhle/Rainer Obliers (2000): Narrative in der Arzt-Patient-Kommunikation. In: Psychotherapie und Sozialwissenschaft. Zeitschrift für qualitative Forschung 2/2000, 87–116.
Koerfer u. a. (2007): Kommunikationsmuster der medizinischen Entscheidungsfindung. In: Susanne Niemeier/Hajo Diekmannshenke (Hg.): Profession und Kommunikation. Bern, 91–156.
Kübler, Hans-Dieter (2009): Mythos Wissensgesellschaft. Gesellschaftlicher Wandel zwischen Information, Medien und Wissen. Wiesbaden.
Kuhn, Thomas, S. (1962): Die Struktur wissenschaftlicher Revolutionen. Berlin.
Lalouschek, Johanna (2005): Medizinische Konzepte und ärztliche Gesprächsführung – am Beispiel der psychosomatischen Anamnese. In: Neises/Ditz/Spranz-Fogasy, 48–72.

Langewitz, Wolf (2012): Zur Erlernbarkeit der Arzt-Patienten-Kommunikation in der Medizinischen Ausbildung. In: Bundesgesundheitsblatt 55, 1176–1182.

Lindemann, Katrin (2012): Angst im Gespräch. Eine gesprächsanalytische Studie zur kommunikativen Darstellung von Angst. Göttingen.

Lindtner, Heide u. a. (2010): Kommunikation in der Palliativmedizin: Eine linguistische Gesprächsanalyse von Diskursen zwischen ÄrztInnen, schwerkranken PatientInnen und Angehörigen. Poster auf dem 8. Kongress der Deutschen Gesellschaft für Palliativmedizin Dresden, 9.–11. September 2010.

Lindtner, Heide (1995): Performing the interview. In: Lipkin/Lazare/Putnam, 65–82.

Lipkin, Mack/Aaron Lazare/Samuel Putnam (Hg.) (1995): The Medical Interview: Clinical Care, Teaching, and Research. New York.

Lucius-Hoene, Gabriele/Arnulf Deppermann (2002): Rekonstruktion narrativer Identität. Ein Arbeitsbuch zur Analyse narrativer Interviews. Opladen.

Luhmann, Niklas (1994): Die Wissenschaft der Gesellschaft. Frankfurt a. M.

Mandl, Heinz/Gabi Reinmann-Rothmeier (Hg.) (2000): Wissensmanagement. Informationszuwachs – Wissensschwund? Die strategische Bedeutung des Wissensmanagements. München.

Maynard, Douglas (2003): Bad News, Good News. Conversational Order in Everyday Talk and Clinical Setting. Chicago.

Maynard, Douglas/Richard Frankel (2006): On diagnostic rationality: Bad news, good news, and the symptom residue. In: Heritage/Maynard, 248–278.

Meyer, Bernd (2004): Dolmetschen im medizinischen Aufklärungsgespräch. Eine diskursanalytische Untersuchung zur Arzt-Patienten-Kommunikation im mehrsprachigen Krankenhaus. Münster.

Neises, Mechthild/Susanne Ditz/Thomas Spranz-Fogasy (Hg.) (2005): Psychosomatische Gesprächsführung in der Frauenheilkunde. Ein interdisziplinärer Ansatz zur verbalen Intervention. Stuttgart.

North, Klaus (1998): Wissensorientierte Unternehmensführung, Wertschöpfung durch Wissen. Wiesbaden.

Nothdurft, Werner (Hg.) (1995): Streit schlichten – gesprächsanalytische Untersuchungen zu institutionellen Formen konsensueller Konfliktregelung. Berlin (Schriften des Instituts für deutsche Sprache, Schlichtung Bd. 1).

Nothdurft, Werner/Ulrich Reitemeier/Peter Schröder (1994): Beratungsgespräche. Analyse asymmetrischer Dialoge. Tübingen.

Nowak, Peter (2010): Eine Systematik der Arzt-Patient-Interaktion. Systemtheoretische Grundlagen, qualitative Synthesemethodik und diskursanalytische Ergebnisse zum sprachlichen Handeln von Ärztinnen und Ärzten. Frankfurt a. M.

Nowak, Peter/Thomas Spranz-Fogasy (2009): Medizinische Kommunikation – Arzt und Patient im Gespräch. In: Andrea Bogner u. a. (Hg.): Professionelle Kommunikation. München, 80–96.

Overlach, Fabian (2008): Sprache des Schmerzes – Sprechen über Schmerzen. Eine grammatisch-semantische und gesprächsanalytische Untersuchung von Schmerzausdrücken im Deutschen. Berlin/New York.

Peräkylä, Anssi (2002): Agency and authority: Extended responses to diagnostic statements in primary care encounters. In: Research on Language & Social Interaction 35/2, 219–247.

Probst, Gilbert/Steffen Raub/Kai Romhardt (1999): Wissen managen: Wie Unternehmen ihre wertvollste Ressource optimal nutzen. Wiesbaden.

Pscheida, Daniela (2010): Das Wikipedia-Universum: Wie das Internet unsere Wissenskultur verändert. Bielefeld.

Pschyrembel, Willibald (2002): Klinisches Wörterbuch. Berlin/New York.

Renner, Britta/Martina Panzer/Andriest Oeberst (2007): Gesundheitsbezogene Risikokommunikation. In: Ulrike Six/Uli Gleich/Roland Gimmler (Hg.): Kommunikationspsychologie und Medienpsychologie. Weinheim/Basel, 251–270.
Riecke, Jörg (2004). Die Frühgeschichte der mittelalterlichen medizinischen Fachsprache im Deutschen. Band 1: Untersuchungen. Berlin/New York.
Ripke, Thomas (1996): Patient und Arzt im Dialog. Stuttgart/New York.
Robinson, Jeffrey/John Heritage (2006): Physicians' opening questions and patients' satisfaction. In: Patient Education and Counseling 60, 279–285.
Ruhrmann, Georg/Jutta Milde/Arne Freya Zillich (Hg.) (2011): Molekulare Medizin und Medien. Zur Darstellung und Wirkung eines kontroversen Wissenschaftsthemas. Wiesbaden.
Sator, Marlene (2011): Schmerzdifferenzierung – Eine gesprächsanalytische Untersuchung ärztlicher Erstgespräche an der Kopfschmerzambulanz. Göttingen.
Sator, Marlene/Andreas Gstettner/Birgit Hladschik-Kermer (2008): „Seitdem mir der Arzt gesagt hat ‚Tumor' – Das war's." Arzt-Patient-Kommunikation an der onkologischen Ambulanz. Eine sprachwissenschaftliche Pilotstudie zu Problemen der Verständigung. In: Wiener Klinische Wochenschrift 120, 158–170.
Spranz-Fogasy, Thomas (1993): Beteiligungsrollen und interaktive Bedeutungskonstitution. Mannheim (Arbeiten aus dem Sonderforschungsbereich 245, 52).
Spranz-Fogasy, Thomas (2005): Kommunikatives Handeln in ärztlichen Gesprächen. In: Neises/Ditz/Spranz-Fogasy, 17–47.
Spranz-Fogasy, Thomas (2010): Verstehensdokumentation in der medizinischen Kommunikation: Fragen und Antworten im Arzt-Patient-Gespräch. In: Arnulf Deppermann u. a. (Hg.): Verstehen in professionellen Handlungsfeldern. Tübingen, 27–121.
Spranz-Fogasy, Thomas (i.Dr.): Die allmähliche Verfertigung der Diagnose im Reden. Prädiagnostische Mitteilungen im Gespräch zwischen Arzt und Patient. Berlin/Boston.
Spranz-Fogasy, Thomas/Jenny Winterscheid, (2013): Medizinische Kommunikation. Allgemeine und pädiatrische Gespräche. In: Günter Bentele/Manfred Piwinger/Gregor Schönborn (Hg.): Kommunikationsmanagement, (Losebl. 2001 ff), Art. -Nr. 7.42. Köln.
Stivers, Tanya/John Heritage (2001): Breaking the sequential mold: Answering more than the question during comprehensive history taking. In: Text 21, 1/2, Special Issue: Lay Diagnosis, 151–185.
Stodiek, Oskar (2008): Die Medien-Agenda in der Medizinpublizistik der „Regenbogenpresse". Thematisierungsmuster einer Printmediengattung. Berlin.
Uhmann, Susanne (2010): Bitte einmal nachfassen. Professionelles Wissen und seine interaktive Vermittlung. In: Ulrich Dausendschön-Gay/Christine Domke/Sören Ohlhus (Hg.): Wissen in (Inter-)Aktion. Verfahren der Wissensgenerierung in unterschiedlichen Praxisfeldern. Berlin/New York, 37–70.
Walther, Sabine (2003): Sprache und Kommunikation in der Pflege. Forschungsarbeiten und Publikationen zur mündlichen und schriftlichen Kommunikation in der Pflege. Duisburg.
Weinreich, Cornelia (2010): Das Textsortenspektrum im fachinternen Wissenstransfer. Berlin.
West, Candace (2006): Coordinating closings in primary care visits: producing continuity of care. In: Heritage/Maynard, 379–415.
White u. a. (1997): Wrapping things up: a qualitative analysis of the closing moments of the medical visit. In: Patient Education and Counseling 30, 155–165.
Wichter, Sigurd (1994): Experten- und Laienwortschätze. Umriß einer Lexikologie der Vertikalität. Tübingen (Reihe Germanistische Linguistik 144).
Ylönen, Sabine (2001): Entwicklung von Textsortenkonventionen: Am Beispiel von Originalarbeiten der Deutschen Medizinischen Wochenschrift (DMW). Frankfurt. a. M.

Ekkehard Felder/Friedemann Vogel
16. Sprache im Recht

Abstract: Der Beitrag umreißt das Handlungsfeld des Rechts aus sprachlicher Perspektive. Die Frage nach der Rolle der Sprache im Recht ist deshalb so zentral, weil in der Bestimmung von Normtextbedeutungen die eigentliche Rechtfertigung rechtsstaatlichen Handelns angelegt ist. Im Zentrum der rechtslinguistischen Beschäftigung stehen unterschiedliche Erklärungsansätze der juristischen Bedeutungs- bzw. Normenkonstitution in Legislative, Exekutive und Judikative. Dabei wird induktiv Rechtsarbeit als institutionalisierte Form der Textarbeit beschrieben, bei der sowohl die textbasierte Fachwelt als auch die Lebenswelt (wie ist der Sachverhalt beschaffen?) im sprachlichen Zugriff erst konstituiert werden. Juristische Akteure sind damit nicht lediglich ‚Mund des Gesetzes', sondern als Diskursakteure in konkreten historischen Situationen aktiv an der Konkretisierung juristischer Normen beteiligt. Sprachwissenschaftler können in Theorie und Methodik dazu beitragen, die sprachlichen Konstitutionsbedingungen rechtlicher Normgenese transparent zu machen und das Verständnis des sprachlich verfassten Rechtssystems zu verbessern.

1   Einleitung
2   Bedeutungsexplikation im Recht als linguistische Aufgabe
3   Sprache und Recht: Berührungspunkte zwischen Jurisprudenz und Linguistik
4   Fazit und Ausschau
5   Literatur

1 Einleitung

Recht und Wirtschaft sind herausstechende Beispiele für einflussreiche Wissensdomänen in gegenwärtigen Gesellschaften. Die Sprache des Rechts, die im Mittelpunkt der folgenden Überlegungen steht, prägt dabei unser Alltagsleben, unsere beruflichen Handlungsspielräume und den öffentlichen Sprachgebrauch in einem außerordentlichen Maße (Wimmer 2009). Bedenkt man darüber hinaus die wirklichkeitskonstituierende Kraft der Sprache in allen gesellschaftlichen Feldern, in denen wir mit Rechtssprache konfrontiert werden, so kann der Einfluss dieser Sprachgebrauchsform gar nicht hoch genug eingeschätzt werden. Der bei Humboldt so zentrale Begriff *energeia* zur Bezeichnung des Tätigkeitsaspekts in Sprache erlangt im Rechtskontext einen besonderen Stellenwert (vgl. auch Searle 1997). Denn „Recht ist in Sprache verfasst und ohne sie nicht zu haben. Die Verständigung darüber, was Recht und was rechtens ist, ist an das Medium der Sprache gebunden." (Lerch 2005, Bd. 3, V)

Die Sprachlichkeit des Rechts kann mit Fug und Recht als ein Topos bezeichnet werden, wie Markus Nussbaumer an zahlreichen rechtssprachlichen Formulierungen illustriert: „Recht *sprechen* – jemanden frei *sprechen* – ein Gesetz in erster *Lesung* beraten – ein erlassenes Gesetz *verkünden* – dem Richter *Red'* und Antwort stehen – sich vor Gericht ver*antworten* – eine *Klageschrift* einreichen – der Anspruch auf rechtliches *Gehör*." (Nussbaumer 1997, 1) Die Sprachlichkeit des Rechts ist unhintergehbar: „Es ist eine Binsenweisheit, dass Rechtsarbeit [...] immer Spracharbeit ist, in dem doppelten Sinn von ‚Arbeit mit der Sprache' und ‚Arbeit an der Sprache'. Man kann sagen, das Gericht macht seine Rechtsarbeit, indem es Spracharbeit macht." (Wimmer 2009, 237)

Vor diesem Hintergrund lässt sich der zunächst verhängnisvoll erscheinende Topos von einer totalen Verrechtlichung unserer Welt konstruktiv auflösen: In der Versprachlichung des Rechts wird das globale Wort von der *Gerechtigkeit* durch Sprache lokal verhandel- und kontrollierbar. „Der Rechtsstaat bildet eine Textstruktur" (Müller/Christensen/Sokolowski 1997, 119), in der die Gewalt sozialer Konflikte durch semantische Kämpfe um ‚das' Recht in Sprache aufgehoben wird.

Damit steht das Wissen um Sprache und Recht im Fokus gesellschaftlicher Partizipation, denn die Möglichkeit, Recht zu erstreiten, vor Gericht Recht zu bekommen oder Rechtsschutz zu gewährleisten, ist unmittelbar an juristisches Wissen und an das Verstehen von rechtlichen Zusammenhängen und das Handeln in ihnen gebunden. Wissen wird damit zum zentralen Element gesellschaftlicher Rechtewahrnehmung. Den Zugang zum Wissen bekommen wir über die Sprache. Die Sprachlichkeit der Wissenskonstituierung hat die Gesellschaftlichkeit von Sprache zur Folge (Felder/Müller 2009). Für eine gesellschaftlich reflektierte Sichtweise auf Sprache und ihrer wissenschaftlichen Beschäftigung bedeutet dies: Sprache und Wissen sind zentrale Machtfaktoren und konstitutiv für die Erschließung der Welt, in ihnen verdichten sich spannungsgeladen gesellschaftliche Gerechtigkeitskonzeptionen und Verwirklichungsformen von Individuen. Hier setzt das rechtslinguistische Erkenntnisinteresse an.

Im Unterschied zu den Analysen der Rechtswissenschaft nimmt die Rechtslinguistik nicht nur die Inhalte von Rechtstexten (Gesetzestexte, Gerichtsentscheidungen, Vertragstexte etc.) und mögliche Interpretationen in Augenschein, sondern interessiert sich an ausgewählten Beispielen – metaphorisch gesprochen – vor allem für das ‚davor liegende' Medium, durch welches uns überhaupt die Inhalte erst zugänglich gemacht werden, nämlich die Rechtssprache. Damit rückt dieses Paradigma im Sinne Humboldts konsequent die natürliche Sprache in den Mittelpunkt der Wahrnehmungs- und Kategorisierungsprozeduren. Der Fokus wird also von den Dingen und Inhalten weg auf deren Anschauungen verlagert, die uns in der Gestalt kommunikativ eingesetzter Sprachzeichen begegnen. In diesem Sinne stellt die Rechtslinguistik als hermeneutisch ausgerichtete Sprachwissenschaft auch ihr erkenntnistheoretisches und -praktisches Potential unter Beweis, insofern sie stets das Verhältnis zwischen

Ausdruckskomplex, begrifflicher Konzeptualisierung und den (rechtlich oder alltagsweltlich) konstituierten Sachverhalten der Welt problematisiert.

Dabei will sie unter anderem Verfahren der Fallkonstitution (Seibert 1981), der rechtlichen Aushandlungspraxis (Busse 1992, Felder 2003) und der rechtlichen Normgenese (Vogel 2012) transparent machen. Mit anderen Worten: Rechtslinguistik versucht nachzuvollziehen, wie ein Jurist – von Tatbeständen und Rechtstexten als juristischem Wissensrahmen ausgehend – Sachverhalte der alltagsweltlichen Lebenswelt „zubereitet" (Jeand'Heur 1998, 1292).

Im Folgenden sollen zunächst drei unterschiedliche Modelle der Norm- bzw. Bedeutungskonstitution im Recht skizziert und dabei der Mehrwert rechtslinguistischer Perspektiven veranschaulicht werden: weg von einer vermeintlich objektiven Bedeutungs*ermittlung*, über das Modell der Bedeutungs*festsetzung* hin zu einem transparenten Verfahren pragma-semiotischer Bedeutungs*explikation* (2). Die in Institutionen vollzogenen Zuschreibungen von Normtextbedeutungen stellen den zentralen Rechtfertigungsprozess rechtsstaatlichen Handelns, ihrer Akteure und der Regulierung sozialen Verhaltens dar – Machtausübung basiert also auf einem sprachlichen Legitimationsprozess. Im Anschluss findet sich ein Überblick zu globalen Themen- und Arbeitsfeldern der Rechtslinguistik (3).

2 Bedeutungsexplikation im Recht als linguistische Aufgabe

Wenn in der Rechtspraxis agierende Juristen oder Rechtswissenschaftler auf Sprachwissenschaftler treffen und wissenschaftlich kooperieren wollen, dann steht auf juristischer Seite zumeist die Erwartungshaltung, dass Linguisten ein Werkzeug zur Legitimiation von ‚eindeutigen' Normtext-Interpretationen bereitstellen mögen. Im Kontext der klassischen juristischen Auslegungslehre – der grammatischen, systematischen, historischen und teleologischen Auslegung (Engisch 1956/[6]1997, 90), die größtenteils Friedrich Carl von Savigny zugeschrieben werden – hofft der juristische Experte innerhalb der grammatischen Auslegung auf methodisch instrumentelle Unterstützung durch linguistische Expertise.

Im Kontext der rechtstheoretischen Diskussionen um eine angemessene Erklärung der Bedeutungsexplikation im Recht gibt es zwei große Paradigmen, die letztlich unvereinbar sind. Der eine Erklärungsansatz geht von einer (1) Bedeutungs*ermittlung* (Larenz 1960/[6]1991) aus und spricht von der Möglichkeit, aus einem Normtext den eindeutigen Wortsinn entnehmen zu können. Der andere Erklärungsansatz geht von einer im Paradigma der linguistischen Pragmatik verorteten (2) Bedeutungs*festsetzung* aus, so wie dies bei Busse (1993/[2]2010), Müller/Christensen/Sokolowski (1997) und Felder (2003) ausgeführt ist.

2.1 Der Ansatz der Bedeutungsermittlung

Die Protagonisten, die von der Bedeutungs*ermittlung* ausgehen, vertreten die These einer „Objektivität sprachlicher Bedeutung" (Klatt 2004, 285) mit der Konklusion, „daß sprachliche Bedeutung entgegen vielen Kritikern die ihr aufgebürdete Basis-Verantwortung für die Objektivität juristischer Entscheidungen erfüllen kann" (Klatt 2004, 284). Damit sucht dieser Ansatz, am überlieferten Positivismus der traditionellen Rechtstheorie festzuhalten (Logischer Positivismus, Subsumtionsmodell der Rechtsanwendung, Wortsemantik), fällt dabei aber nicht nur „hinter differenziertere Ansätze der alten Hermeneutik und der Hamann-Herder-Wilhelm von Humboldt-Tradition" zurück, sondern vernachlässigt darüber hinaus auch „Einsichten der Spätphilosophie Wittgensteins (1958/[11]1997) und der neueren Sprachwissenschaft und -philosophie des letzten Jahrhundertdrittels seit dem pragmatic turn" (Müller 1989, 5).

Dies gilt insbesondere für das verbreitete und auch in außerjuristischen Kreisen bekannte syllogistische Subsumtionsmodell mit seiner idealisierten Vorstellung einer anzustrebenden Übereinstimmung von Obersatz („Wenn die Voraussetzungen $t_1, t_2, t_3,$ … verwirklicht werden, gilt die Rechtsfolge R.") und Untersatz („Die Voraussetzungen $t_1, t_2, t_3,$ … werden durch den konkreten Sachverhalt $s_1, s_2, s_3,$ … verwirklicht") bis hin zu dem Schluss („Also gilt für den konkreten Sachverhalt $s_1, s_2, s_3,$ … die Rechtsfolge R.") (Engisch [9]1997, 55; Haft 1978, 87). Dieses Subsumtionsmodell ist dazu prädestiniert, eine Trennung von Sprache und Welt als getrennte Entitäten zu implizieren und damit Sprache als Abbild von Wirklichkeit aufzufassen. Jeand'Heur skizziert die in der Jurisprudenz, aber auch in der Rechtswissenschaft geläufige Abbildtheorie in vier Stichworten: „1. Instrumentalistische Sprachtheorie; 2. Repräsentationsfunktion der Sprache; 3. Atomistische Bedeutungsauffassung sowie 4. Annahme einer ontologisch-essentialistischen Beschaffenheit von Welt(gegenständen)" (Jeand'Heur 1989, 57.) Diese Vorstellung unterstellt eine Sprachtheorie, der zufolge Sprache ein Werkzeug zur Bezeichnung von Gedanken (instrumentalistische Sprachauffassung) sei, welche durch Worte transportiert würden, „ohne dabei die Identität dieser Gedanken zu tangieren" (Simon 1977, 1).

Inwiefern die Vorstellung der automatischen Subsumtion heute noch im Alltagsbewusstsein und in der Selbstdarstellung von Juristen bzw. der juristischen Methodenlehre vorherrscht, ist umstritten (Busse 1992, 18). Hassemer (1972, 468) hält die Vorstellung für überwunden, nach Haft (1978, 87) wird an ihr festgehalten. Larenz unterscheidet zwischen der Mehrzahl juristischer Fälle, bei denen sich Sachverhalte unter Sätze subsumieren lassen, und einer „verschwindenden Minderzahl", die so „hart an der Grenze" liegen, dass nur die „reine Dezision übrigbleibt" (Larenz [6]1991, 158). Auch Zippelius stellt als erklärungsfähiges Gedankengebäude juristischer Tätigkeit die Konzeption der Subsumtion vor, obgleich sich „Zweifel" regen, ob „Tatsachen […] streng genommen überhaupt unter abstrakte Begriffe […] subsumiert werden können" (Zippelius [6]1994, 90).

Die Sichtweise, eine Trennung von Sprache und Welt als getrennte Entitäten und damit Sprache als Abbild von Wirklichkeit anzunehmen, wird von der *Strukturierenden Rechtslehre* in Übereinstimmung mit sprachwissenschaftlichen Auffassungen des pragmatischen Paradigmas abgelehnt und ersetzt durch die Sprachauffassung, die sich thesenartig zusammenfassen lässt als „Rechtsarbeit ist Sprach- bzw. Textarbeit!"

2.2 Der Ansatz der Bedeutungsfestsetzung

Damit sind wir beim Kontrapunkt und zweiten Paradigma innerhalb der rechtstheoretischen Streitfrage um eine angemessene Erklärung der Bedeutungsexplikation im Recht angelangt. Die Vertreter dieser Position gehen von einer Bedeutungs*festsetzung* aus. Dieses Paradigma unterscheidet sich unter Bezugnahme auf die *Strukturierende Rechtslehre* von deduktiv argumentierenden Rechtsontologien (Müller [2]1994), es beginnt inmitten juristischer Texte und geht damit induktiv vor (Müller [8]2002, 15). Der Ansatz will Reflexionen einer Praxis des Rechts in einem theoretisch fundierten Modell bündeln. „Damit sind theoretische Annahmen nicht Voraussetzung, sondern Folge einer Analyse der Praxis und ist der Rationalitätsmaßstab [...] ein sprachspielimmanenter." (Müller/Christensen/Sokolowski 1997, 15).

Die wissenschaftlichen Ansätze, die von einer Bedeutungs*festsetzung* ausgehen, nähern sich dem Problemkreis pragmalinguistisch. Sie beschreiben Akteure im Recht vor dem Hintergrund konkreter Kommunikationssituationen und Handlungs- oder Rolleninteressen. Damit wird einerseits der sprachliche Zugriff auf die zu konstituierenden Sachverhalte und die ihr immanente Perspektivität (Köller 2004) verdeutlicht (also die zeichentheoretische Ebene mit ihren semantischen Kämpfen um adäquate Wirklichkeitsherstellungen). Andererseits setzt die handlungstheoretisch fundierte Analyse bereits dort ein, wo sprachliches Handeln auf die juristische Wirklichkeitsverarbeitung einwirkt – also bei der „normativen Stellungnahme zu einer Situation" (Seibert 1981, 16). Diese Sprachhandlung kann als „Wirklichkeitsherstellung" im Recht bezeichnet werden. Der Rechtswissenschaftler Bernd Jeand'Heur (1998, 1292) spricht in diesem Zusammenhang von der „Zubereitungsfunktion", die der Verwendung juristischer Fachtexte eigen ist, wodurch der „Fall" überhaupt erst zum rechtlich relevanten „Sachverhalt" umgestaltet, also konstitutiv hergestellt wird.

In diesem Sinne schlägt Müller in seiner *Juristischen Methodik* ein Modell der Normkonkretisierung (Müller [8]2002, 193 ff.) vor, mit dem versucht wird, rechtliche Normen und lebensweltliche Sachverhalte über institutionalisierte Vertextungsverfahren miteinander zu vermitteln. Dabei werden folgende Annahmen zugrunde gelegt: Der juristische Funktionsträger setzt Normtexte in Bezug zu einem aus Lebenssachverhalten konstruierten Fall und schreibt damit (vor dem Hintergrund bisheriger Rechtspraxis als Sprachpraxis, wie sie beispielsweise in der Kommentarliteratur dokumentiert wird) Normtexten Bedeutung zu, welche die Grundlage für die Generierung einer Rechtsnorm und schließlich einer Entscheidungsnorm darstellt.

Eine weitere zu berücksichtigende Ebene des Auslegungsstreites betrifft das Verhältnis zwischen Gesetzesauslegung bzw. Rechtsanwendung einerseits und Rechtsfortbildung andererseits. Diverse rechtstheoretische Gesetzesauslegungskonzeptionen sehen im Richter den „Mund des Gesetzes" (Montesquieu) sprechen. Laut Grundgesetz (Art. 20 Abs. 3) ist Rechtsprechung an „Gesetz und Recht" gebunden. Damit gibt es offensichtlich neben dem gesetzlichen Normtext noch ‚etwas anderes' („Recht"). In der Rechtsprechungspraxis können sich Richter darüber hinaus auch auf andere Texte wie z. B. Entscheidungsbegründungen, Kommentare etc. berufen. In der herkömmlichen rechtswissenschaftlichen Lehre bewegen sich ihre Entscheidungsbegründungen dabei im Spannungsfeld zwischen Auslegung – also Argumenten, die sich auf den Normtext zu stützen beanspruchen – und Rechtsfortbildung, also der Befugnis des Gerichts, bei unvollständiger oder fehlender gesetzlicher Regelung (umgangssprachlich „Gesetzeslücke") eine rechtliche Wertung selbst zu finden und der Entscheidung zugrunde zu legen (vgl. Larenz [6]1991, 366 ff. und Zippelius [6]1994, 76). Selbstredend sieht sich das Gericht bei der Rechtsfortbildung einem größeren Rechtfertigungsdruck ausgesetzt.

2.3 Der pragma-semiotische Ansatz der Bedeutungsexplikation

Aktuelle Untersuchungen streben in Fortführung des soeben dargestellten Modells der Bedeutungsfestsetzung nach einer Überführung in ein linguistisches Analysemodell, das den pragmatischen Teil unter Bezugnahme auf Searle und den semiotischen Anteil unter Bezugnahme auf Peirce zu präzisieren beabsichtigt.

Versteht man also im Sinne des Ansatzes der Bedeutungsexplikation (vgl. 2.2) Sprechen als menschliche Tätigkeit bzw. als eine Form des kommunikativen Handelns, dem in verschiedenen Situationskontexten unterschiedliche Lebensformen oder „Sprachspiele" (Wittgenstein 1958/[11]1997, § 7, 19, 23) zugrunde liegen, so können – in Abhängigkeit des jeweiligen Handlungszusammenhangs – die einzelnen Sprachspiele als durch spezifische Regeln (vgl. Wittgenstein 1958/[11]1997, §§ 185-242) (sprachliche Verwendungsweisen) konstituiert beschrieben werden, die die Sprachteilnehmer befolgen (Jeand'Heur 1989). Ohne Wittgensteins Regelbegriff hier problematisieren zu können (Busse 1993/[2]2010, 253 ff., Müller/Christensen/Sokolowski 1997, 74), ist es offensichtlich, wie diese Gedanken auf das Sprachspiel der juristischen Entscheidungstätigkeit übertragen werden können.

Unter Berücksichtigung der pragma-semiotischen Textarbeit (Felder 2003, 2012) kann nun folgende Fortführung resümiert werden: Ausgehend von dem Textstufenmodell der Strukturierenden Rechtslehre (Müller [2]1994, 246 ff., Müller/Christensen/Sokolowski 1997, 35) werden drei Sprachhandlungstypen mit weiterführenden Differenzierungen als die zentralen Aktivitäten juristischer Funktionsträger zugrunde gelegt – nämlich die Untersuchungsebenen *Sachverhaltsfestsetzung, rechtliche Sachverhaltsklassifikation, Entscheiden (inklusive Argumentieren)* (Felder 2003, Li 2011,

Vogel 2012, Luth 2014). Diese Handlungstypen mittlerer Abstraktion sind empirisch im Rechtsdiskurs ermittelt worden (Felder 2003) und liegen quer zu Searles (1975/1982, 31 ff.) Klassifikation der fünf Oberklassen von Sprechakten, den so genannten Assertiva/Repräsentativa, Direktiva, Kommissiva, Expressiva, Deklarativa. Juristen klassifizieren demnach im Hinblick auf den zu konstituierenden Sachverhalt eine bestimmte Anzahl an lebensweltlichen Sachverhaltseigenschaften als rechtlich relevant und setzen diese damit als bedeutsam für den Sachverhalt fest (Zubereitung eines „Falls").

Zur Explizierung von Bedeutung im Recht kann also auf Wittgensteins gebrauchstheoretischen und Searles pragmatischen Ansatz zurückgegriffen werden. Damit ist das Attribut *pragmatisch* in der Bezeichnung *pragma-semiotischer Ansatz* erklärt.

Das Attribut *semiotisch* basiert auf dem folgenden Gedanken: Versucht man auf der Grundlage semantischer Ansätze zu erklären, wie juristische Funktionsträger kodifizierten Texten Bedeutung zuschreiben, so ist das Paradigma der (theoretisch unendlichen und in der Rechtspraxis temporär endlichen) Semiose als Erklärungsmodell fachspezifischer Bedeutungsfestsetzung heranzuziehen (Felder 2012a). In der Semiotik wird der Prozess, bei dem etwas als Zeichen fungiert, als Semiose bezeichnet: „Semiose ist die triadische ‚Handlung [action] des Zeichens', der Prozeß, durch den das Zeichen auf seinen Interpreten oder Quasi-Interpreten einen kognitiven Effekt ausübt" (Nöth ^{2}2000, 62; vgl. Peirce 1960, 5.472, 5.484). In der Theorie wird dieser Prozess auf Grund seiner Unabgeschlossenheit als unendlicher gedacht, da jedes Zeichen zum Interpretanten eines anderen wird (unbegrenzte Ersetzbarkeit von Zeichen durch Zeichen).

Unter „unendlicher Semiose" versteht man in der Sprachwissenschaft in der Folge von Charles Sanders Peirce und Umberto Eco den Umstand, dass das Zeichen im engeren Sinne oder die äußere Zeichengestalt nur durch Interpretanten im Sinne anderer sprachlicher Zeichen erklärt werden kann – kurz gesagt: Um die Bedeutung eines Wortes zu erklären, benötige ich ein weiteres, und um dieses zu veranschaulichen, wiederum ein weiteres. Nöth spricht von einem „unendlichen Prozeß der Semiose" (Nöth ^{2}2000, 64), weil der Prozess der Semiose zwar unterbrochen, aber nie beendet werden kann. Der Prozess wird beispielsweise durch jede gerichtliche Entscheidung oder durch einen Verwaltungsakt unterbrochen, und zwar in dem Sinne, dass die Bedeutungsfestsetzung mit erheblichen Konsequenzen für die an den Verfahren beteiligten Parteien einhergeht (temporär endliche Semiose). Prozessual gesehen und von einem theoretischen Standpunkt aus wird jede rechtlich gültige Bedeutungsfestsetzung von den zuständigen Institutionen durch die intertextuelle Weiterschreibung konventionalisierter Wortverwendungsformen fortgeführt. Ihre Gültigkeit ist zum einen auf den verhandelten Einzelfall begrenzt (solange es keine Einsprüche oder Berufungs- oder Revisionsverfahren gibt) und wird durch vergleichbare Fälle und deren Bedeutungsfestsetzung bestätigt oder modifiziert. Deswegen ist der Prozess der Semiose zu spezifizieren: In der Rechtspraxis kann er in der Wirkung temporär endlich sein, rechts- und sprachtheoretisch ist er im Rahmen des Rechtsdiskurses unendlich.

Bedeutung ist demnach weder eine statische Gegebenheit noch ontisch zu hypostasieren; Bedeutungsexplikation vollzieht sich durch zeichenhafte Interpretation von Zeichen (also durch Auslegung sprachlicher Zeichen und Zeichenketten in Texten unter Bezugnahme auf ihren Stellenwert im Textgeflecht).

Um es pointiert und zugespitzt zu formulieren: Wörter per se haben keine Bedeutung, sondern die Kommunikationsteilnehmer haben Gebrauchserfahrungen mit bestimmten Wörtern in wechselnden Kotexten, Kontexten und Interaktionen. Demzufolge machen wir Sprecher mit Wörtern Bedeutung – und zwar auf der Basis unserer Sprachgebrauchserfahrungen (Wittgenstein 1958/[11]1997) sowie unseres Vorwissens durch interaktionsspezifische Kontextualisierung. Der wittgensteinsche Grundsatz, die Bedeutung eines Wortes sei sein (regelhafter) Gebrauch in der Sprache (Wittgenstein 1958/[11]1997, § 43), gehört in diesem Kontext zu den meist zitierten Texthinweisen. Dabei spielen diverse Wissensformen unterschiedlicher Fachlichkeit eine Rolle, die sich kognitiv in den Wissensrahmen (Busse 1992, 37, Felder 2003, 89) der handelnden Subjekte manifestieren.

Vor diesem Hintergrund kommt ein pragma-semiotisches Modell nicht nur der juristischen Textpraxis am nächsten, in dem es Versuche der Bedeutungs*ermittlung* als Semiose-eigener Teil von Bedeutungs*festsetzungen* demaskiert. Es erklärt darüber hinaus über eine diskursbezogene (und nicht nur einzelfallbezogene) Sichtweise den Umstand, wie gesellschaftlicher Wertewandel prozedural in den Rechtsdiskurs eingewoben wird. Somit kann eine veränderte Rechtsprechung oberster Gerichte oder des Bundesverfassungsgerichts sprach- und rechtstheoretisch plausibel hergeleitet werden – und zwar durch Bedeutungsexplikation im Paradigma der Semiose, der zufolge ein Zeichen im jeweils zeitspezifischen Kontext zum Interpretanten eines anderen Zeichens wird. Damit werden in der Synthese auch transparente und kontrollierbare Wege zur Explikation von juristischen *Be*deutungen durch Verfahren der Kontextualisierung eröffnet.

3 Sprache und Recht: Berührungspunkte zwischen Jurisprudenz und Linguistik

Die Sprachwissenschaft – oder hier synonym verwendet – die Linguistik beschreibt und analysiert Aufbau und Funktionen von Sprachen. Eine nationale Sprache wie z. B. die deutsche Sprache ist kein homogenes Gebilde, sondern unterteilt sich in sog. Varietäten (Steger 1988). Sprachvarietäten werden aus heuristischen Gründen als Konstrukte und sprachliche Teilsysteme definiert, also als charakteristische Bündel von Variantenmerkmalen mit systemhaftem Charakter. Eine Varietät ist damit ein Teil-/Subsystem einer ‚ganzen' Sprache (mit einer virtuellen Gesamtgrammatik als Gesamtsystem). Sowohl Schreiber als auch Sprecher sind sich intuitiv im Klaren, dass wir Sprache in diversen Handlungszusammenhängen nach unterschiedlichen Regeln verwenden. So ist es unmittelbar nachzuvollziehen, dass Linguisten den Sprachgebrauch in unterschiedlichen gesellschaftlichen und fachlichen Kontexten und Wissensdomänen erfassen und analysieren, um Besonderheiten und Gemeinsamkeiten des Sprachgebrauchs in einzelnen Verwendungszusammenhängen herauszufinden (vgl. dazu das Forschungsnetzwerk „Sprache und Wissen" unter www.suw.uni-hd. de). Das linguistische Erkenntnisinteresse zielt auf eine systematische Beschreibung einzelner sprachlicher Subsysteme (wie z. B. Sprache in der Wirtschaft, Medizin, Verwaltung, Recht), um dadurch die Sprachen in der Sprache darstellen zu können.

Die Rechtssprache als ein Subsystem eines (wie auch immer zu bestimmenden) Gesamtsystems wird linguistisch dadurch erforscht, dass man die von Rechtsarbeitern in der Praxis tatsächlich verwendeten Texte und mündlichen Beiträge untersucht. Die juristische Arbeit mit Texten nennt der Rechtstheoretiker Friedrich Müller (^{2}1994, ^{8}2002) „Rechtsarbeit", Gesetzesmacher und -anwender werden in seiner Juristischen Methodik „Rechtsarbeiter" genannt. Mit diesen Bezeichnungen wird die Rolle des juristisch handelnden Subjekts bei der Normkonkretisierung betont. Der Rechtswissenschaftler Neumann charakterisiert die Rechtssprache angemessen, indem er Nicht-Fachsprachen, also die Gemeinsprache (Neumann bezeichnet diese als *Umgangssprache*), als eine „ungenaue", aber keinesfalls defizitäre Variante ansieht: „Rechtliche Fachsprache und Umgangssprache folgen unterschiedlichen, aber prinzipiell gleichberechtigten Regeln." (Neumann 1992, 110) Unter „Rechtssprache" versteht Neumann im empirischen Sinne eine Fachsprache, in der „die Gesetze, die Regeln, die Rechtsdogmatik und sonstige juristische Texte tatsächlich formuliert werden." (Neumann 1992, 111) Bezeichnet Neumann die Rechtssprache als eine Fachsprache, die weithin auf das „Vokabular der Umgangssprache" zurückgreift, so beschreibt das Autorenkollektiv Müller, Christensen und Sokolowski die Sprache des Rechts als eine von „fachsprachlichen Elementen durchsetzte natürliche Sprache" (Müller/Christensen/Sokolowski 1997, 9). Die beiden letzten Definitionsversuche dürften nicht weit auseinander liegen und decken sich im Großen und Ganzen mit dem Verständnis von Rechtssprache in der Rechtslinguistik.

So lässt sich eine grundlegende Gemeinsamkeit von Recht und Sprache wie folgt resümieren: „Aber nun ist es eines, was der Einzelne von der Sprache weiß und wie er davon Gebrauch macht, und ein anderes, was die Sprache selbst ist. Ebenso ist es eines, was einer vom Recht weiß und wie er davon Gebrauch macht, und ein anderes, was das Recht ist." (Dietrich/Klein 2000, 5)

3.1 Themenfelder der Rechtslinguistik

Mit den erwähnten Charakteristika der Sprache des Rechts drängt sich die Frage auf, wie das Verhältnis der beiden zuständigen Wissenschaftsdisziplinen ist. Sprach- und Rechtswissenschaft wissen schon lange um das Potenzial einer Zusammenarbeit, einzelne Projekte sind von herausragender Bedeutung (vgl. z. B. die von Lerch 2004 und

2005 herausgegebenen drei Bände „Die Sprache des Rechts" oder der 2009 eingerichtete Redaktionsstab »Rechtssprache« beim Bundesministerium der Justiz).

Eine grundsätzliche Klärung unter Offenlegung der jeweiligen sprachwissenschaftlichen und rechtswissenschaftlichen Erkenntnisinteressen und Methoden hat bisher immer nur partiell stattgefunden (für eine bibliographische Sortierung vgl. Nussbaumer 1997; vgl. auch einführend Rathert 2006). Folgende Teilbereiche lassen sich dabei grob differenzieren:

- Kommunikation im Rechtsbereich – Analyse des mündlichen, forensischen Bereichs;
- Auslegung von Normtexten und von Sachverhalten – juristische Semantik und Hermeneutik;
- Entscheidungsfindung und -begründung – juristische Argumentation, Rhetorik und Topik;
- Normgenese im Recht;
- Sprachliche Eigenheiten von Rechtstexten – Rechtssprache als Fachsprache;
- Juristische Korpuspragmatik;
- Verständlichkeitsdiskussion – Sprachkritik;
- Mehrsprachigkeitsproblematik im Recht und europäische Rechtslinguistik;
- Rechtsgeschichte und Sprachgeschichte;
- Generelle Bezüge zwischen Rechts- und Sprachtheorie;
- Sprachenrecht – rechtliche Bestimmungen über Sprachen und Sprachverwendung;
- Forensische Linguistik – sprachwissenschaftliche Gutachten für das Recht;
- Sprachausbildung in der juristischen Ausbildung;
- Juristische Texte im Sprachunterricht.

In der Rechtslinguistik lassen sich unter Berücksichtigung der oben genannten Aspekte und Schwerpunktbildungen des Gesamtbereiches *Sprache im Rechtswesen und in der Justiz* drei Forschungsrichtungen herauskristallisieren: zum einen empirische (diskurs- und interaktionsanalytische, soziolinguistische) Untersuchungen von rechtlicher Kommunikation des Geschriebenen und Gesprochenen, zum zweiten praktisch-semantische Analysen rechtstheoretischer und rechtspraktischer Probleme der Normtextentstehung und Normtextbearbeitung und zum dritten das Gebiet der forensischen Linguistik.

Die hier für den Phänomenbereich „Sprache im Recht" vorgeschlagene Programmatik der Rechtslinguistik soll die bisherigen Arbeiten und Ansätze zusammenführen und zur Strukturierung eines nachhaltigen Dialogs zwischen Rechts- und Sprachwissenschaft beitragen. Das dazugehörige Handbuch „Sprache im Recht" (Felder/Vogel in Vorb.) beleuchtet das Verhältnis von Sprache und Wissen im Kontext institutioneller Rechtsarbeit. Im Fokus stehen die sprachlichen Produktions- und Rezeptionsprozesse juristischer Textarbeit: Wie wird in juristischen Entscheidungstexten unter Bezugnahme auf Normtexte Bedeutung hergestellt und damit Recht gesprochen bzw.

entschieden? Mit welchen sprachlichen Formen konstituieren die Akteure Geltungsansprüche sowohl vor Gericht als auch im parlamentarischen Rechtsetzungsprozess? Wie werden juristische Normkonzepte in die Gesellschaft vermittelt?

Die vorgeschlagene Programmatik für den Themenbereich „Sprache im Recht" unterteilt sich in sieben Phänomenbereiche, wie juristisches Fachwissen sprachlich bearbeitet und für Laien transparent gemacht werden kann: Der erste Bereich behandelt in Form von Überblicksartikeln alle zentralen Aspekte der Sprachlichkeit juristischer Fachsprache und -kommunikation aus linguistischer Perspektive (Semiotik, Semantik, Pragmatik des Rechts; Mündlichkeit und Schriftlichkeit; Fach- und Gemeinsprache). Welche Rolle Sprachkonzepte in der juristischen Theorie und Methodik spielen, fasst ein zweiter Phänomenbereich zusammen. Sparte drei dokumentiert alle wichtigen sprachwissenschaftlichen Zugänge und Untersuchungsfelder der Rechtslinguistik, sowohl national als auch international, ein- und mehrsprachig perspektivierend, gesprächs- wie textorientiert, qualitative und quantitative Ansätze. Die Fachgebiete vier bis sechs widmen sich den sprachlichen Besonderheiten und Problemstellungen der drei Gewalten Legislative, Exekutive und Judikative. Im Zentrum stehen dabei Fragen nach der Norm(text)genese, der Interaktion zwischen Juristen und Laien in der Verwaltung sowie nach der Medialität und Textarbeit im und vor Gericht. Die letzte und siebte Sparte illustriert wichtige Elemente des Sprachgebrauchs von Tätern in kriminalistischen und Strafverfolgungskontexten.

3.2 Fragestellungen und Erkenntnisinteresse der Rechtslinguistik

Worin besteht das spezifische Erkenntnisinteresse der Sprachwissenschaft am Recht? Linguisten interessieren sich naturgemäß in dem oben skizzierten gesellschaftlichen Handlungsfeld für die sprachlichen Formen und Mittel, welche die jeweiligen Akteure zum Vollziehen von Handlungen realisieren. Diese sprachlichen Realisierungsformen manifestieren sich in Texten und Gesprächen. Texte und Gespräche als Einzelphänomene sind stets eingebettet in Textgeflechte und Diskurse. Sie unterliegen und folgen konventionalisierten bzw. sedimentierten Routinen und sprachlichen Mustern, mit denen Erwartungshaltungen korrespondieren. In ausgewählten Texten und Gesprächen als Konstitutiva und Spuren von (Sprach)Handlungen findet man Zugang zu (Rechts)Diskursen bzw. seinen Teilen. Diskurs wird hier nicht auf mündliche Kommunikationsformen beschränkt (vgl. Hoffmann 1989), sondern als thematisch und inhaltlich zusammengehörige Text- und Gesprächsverbünde verstanden (Busse/Teubert 1994). Unter dem Terminus „Diskurs" werden bei Hoffmann 1989 (im Unterschied zu dem hier vorliegenden Verständnis) mündliche Kommunikationsformen – vor allem gesprochene (Alltags)Sprache institutionell gebundener Kommunikation – verstanden. Wir verorten hingegen (um Verwechslungen zu vermeiden) unsere Ausführungen in dem in der Diskurslinguistik favorisierten epistemologischen Diskursbegriff, der in der Traditionen Foucaults steht und dessen Programm linguistisch zu operationalisieren trachtet (Busse/Teubert 1994, Fraas/Klemm 2005, Gardt 2007, Warnke 2007, Warnke/Spitzmüller 2008, Felder 2012, Felder/Müller/Vogel 2012). Diese intertextuell aufeinander verweisenden Texte bzw. Gespräche sind zwar nicht identisch mit dem Diskurs, aber man wird Teilen des Diskurses über seine Textexemplare habhaft. Rechtslinguisten interessieren sich für die sprachlichen Formate ausgewählter Handlungsfelder in Rechtskontexten (vor allem für Sachverhaltsfestsetzungen sowie rechtliche Norm- und Entscheidungsgenerierung) und analysieren diese mit Hilfe linguistischer Verfahren unter Berücksichtigung der Akteursperspektive.

Folgende Erkenntnisinteressen möchten wir resümieren:
(1) Wie manifestiert sich die Regulierung sozialen Verhaltens in rechtlichen Texten und Gesprächen? Welche Routinen und Muster lassen sich abstrahieren, um adäquate Beschreibungs- und Erklärungskonstellationen für Rechtskommunikation zu modellieren?
(2) Wie werden lebensweltliche Sachverhalte der Gemeinsprache in fachliche Gegenstände der Rechtssprache transformiert – und zwar bei der parlamentarischen Normtexterstellung als auch bei der judikativen (mündlichen und schriftorientierten) Normtextbearbeitung?
(3) Wie lässt sich die Kommunikation zwischen Staat und Bürger in rechtlichen Kontexten beschreiben und welche Verstehensschwierigkeiten sind damit verbunden? Welche demokratietheoretisch und rechtsstaatlich unerwünschten Ausschlussprozesse entstehen dadurch für bestimmte gesellschaftliche Gruppierungen?
(4) Welche Auswirkungen zeitigt die europäische Mehrsprachigkeit im Recht für das nationale und europäische Rechtsstaatsdenken und -handeln (Müller/Burr 2004)?

4 Fazit und Ausschau

Rechtswissenschaft und Sprachwissenschaft haben eines gemein: die Beschäftigung mit Sprache, mit Texten. Die Erkenntnisinteressen der beiden Disziplinen unterscheiden sich: Während juristische Funktionsträger soziale Regulierungen durch die Arbeit in und mit Sprache zu bearbeiten suchen, interessieren sich Sprachwissenschaftler für die sprachlich-kommunikativen Paradigmen, nach denen mittels Zeichen rechtsspezifische Sprachhandlungen von Akteuren vollzogen und dadurch Rechtswirklichkeit überhaupt erst konstituiert wird. Die Linguistik verhält sich insofern zur Rechtswissenschaft wie Sprach-Grundlagenforschung zur angewandten Sprachwissenschaft. Die Rechtslinguistik versucht dabei durch interdisziplinäre Kooperationen beide Perspektiven zu koorientieren: Einerseits sollen für die Linguistik Einsichten in das Textuniversum Recht geschaffen und ein Blick für die Komplexität dieser gesellschaftlichen Institution vermittelt werden. Andererseits zielt sie in Zusammenarbeit mit Juristen auf die Entwicklung neuer Verfahren zu einer transparenten, phänomenadäquaten Bedeutungsexplikation. Beide Forschungsperspektiven stehen seit der Entwicklung neuer Medien, allen voran des Internets, vor neuen Herausforderungen. Die Digitalisierung – und damit Hypertextualität – des Rechts wirft neue Fragen der Textakquise, -recherche und -auswertung auf, die sowohl bisherige Theorien als auch qualitative Ansätze auf die Probe stellen. In diesem Kontext stehen auch Bemühungen um computergestützte Zugänge zu juristischer Semantik, mittels derer introspektive Interpretationshypothesen korpuspragmatisch kontrastiert werden können, ohne dabei die Grenzen informatischer Möglichkeiten gegenüber qualitativer Textarbeit zu überschreiten (Vogel 2012a, Vogel in Vorb.).

5 Literatur

Busse, Dietrich (1992): Recht als Text. Linguistische Untersuchungen zur Arbeit mit Sprache in einer gesellschaftlichen Institution. Tübingen (Reihe Germanistische Linguistik, 131).

Busse, Dietrich (1993/²2010): Juristische Semantik. Grundfragen der juristischen Interpretationstheorie in sprachwissenschaftlicher Sicht. Berlin (Schriften zur Rechtstheorie, 157).

Busse, Dietrich/Wolfgang Teubert (1994): Ist Diskurs ein sprachwissenschaftliches Objekt? Zur Methodenfrage der Historischen Semantik. In: Dietrich Busse/Fritz Hermanns/Wolfgang Teubert (Hg.): Begriffsgeschichte und Diskursgeschichte. Methodenfragen und Forschungsergebnisse. Tübingen, 10–28.

Dietrich, Rainer/Wolfgang Klein (2000): Einleitung „Sprache des Rechts". In: Zeitschrift für Literaturwissenschaft und Linguistik (LiLi), Jahrgang 30, Heft 118, Juni 2000, 5–6.

Engisch, Karl (1956/⁹1997): Einführung in das juristische Denken. Stuttgart u. a.

Felder, Ekkehard (2003): Juristische Textarbeit im Spiegel der Öffentlichkeit. Berlin/New York (Studia Linguistica Germanica, 70).

Felder, Ekkehard (2012): Pragma-semiotische Textarbeit und der hermeneutische Nutzen von Korpusanalysen für die linguistische Mediendiskursanalyse. In: Ekkehard Felder/Marcus Müller/Friedemann Vogel (Hg.) (2012): Korpuspragmatik. Thematische Korpora als Basis diskurslinguistischer Analysen. Berlin/New York, 115–174 (Linguistik – Impulse und Tendenzen, 44).

Felder, Ekkehard (2012a): Unendliche Semiose im Recht als Garant der Rechtssicherheit. In: Carsten Bäcker/Matthias Klatt/Sabrina Zucca-Soest (Hg.): Sprache – Recht – Gesellschaft. Tübingen, 141–162.

Felder, Ekkehard/Marcus Müller (Hg.) (2009): Wissen durch Sprache. Theorie, Praxis und Erkenntnisinteresse des Forschungsnetzwerks ‚Sprache und Wissen'. Berlin/New York 2009 (Sprache und Wissen, 3).

Felder, Ekkehard/Friedemann Vogel (Hg.) (in Vorb.): Sprache im Recht. Berlin/Boston (Handbücher Sprachwissen).

Fraas, Claudia/Michael Klemm (2005): Diskurse – Medien – Mediendiskurse. Begriffsklärungen und Ausgangsfragen. In: Claudia Fraas/Michael Klemm (Hg.): Mediendiskurse. Bestandsaufnahme und Perspektiven. Frankfurt, 1–8.

Gardt, Andreas (2007): Diskursanalyse – Aktueller theoretischer Ort und methodische Möglichkeiten. In: Ingo Warnke (Hg.): Diskurslinguistik nach Foucault. Theorie und Gegenstände. Berlin/New York, 27–52.
Haft, Fritjof (1978): Juristische Rhetorik. Freiburg/München.
Hassemer, Winfried (1972): Juristische Argumentationstheorie und juristische Didaktik. In: Hans Albert/Niklas Luhmann/Werner Maihofer/Ota Weinberger (Hg.): Rechtstheorie als Grundlagentheorie der Rechtswissenschaft. Düsseldorf, 467–480 (Jahrbuch für Rechtssoziologie und Rechtstheorie, 2).
Hofmann, Ludger (Hg.) (1989): Rechtsdiskurs. Untersuchungen zur Kommunikation in Gerichtsverfahren. Tübingen.
Jeand'Heur, Bernd (1989): Sprachliches Referenzverhalten bei der juristischen Entscheidungstätigkeit. Berlin (Schriften zur Rechtstheorie, 139).
Jeand'Heur, Bernd (1998): Die neuere Fachsprache der juristischen Wissenschaft seit der Mitte des 19. Jahrhunderts unter besonderer Berücksichtigung von Verfassungsrecht und Rechtsmethodik. In: Lothar Hoffmann/Hartwig Kalverkämper/Herbert Ernst Wiegand (Hg.): Fachsprachen. Berlin/New York. 1. Halbband, 1286–1295.
Klatt, Matthias (2004): Theorie der Wortlautgrenze. Semantische Normativität in der juristischen Argumentation. Baden-Baden.
Köller, Wilhelm (2004): Perspektivität und Sprache. Zur Struktur von Objektivierungsformen in Bildern, im Denken und in der Sprache. Berlin/New York.
Larenz, Karl (1960/1991): Methodenlehre der Rechtswissenschaft. 6. Aufl. Berlin u. a.
Lerch, Kent D. (Hg.) (2004/2005): Die Sprache des Rechts. Studien der interdisziplinären Arbeitsgruppe Sprache des Rechts der Berlin-Brandenburgischen Akademie der Wissenschaften. 3 Bände. Berlin u. a.
Li, Jing (2011): „Recht ist Streit". Eine rechtslinguistische Analyse des Sprachverhaltens in der deutschen Rechtsprechung. Berlin/Boston (Sprache und Wissen, 8).
Luth, Janine (2014): Semantische Kämpfe im Recht. Eine rechtslinguistische Analyse zu Konflikten zwischen dem EGMR und nationalen Gerichten. Heidelberg (Schriften des Europäischen Zentrums für Sprachwissenschaften, 1).
Müller, Friedrich (^{2}1994): Strukturierende Rechtslehre. Berlin.
Müller, Friedrich (^{8}2002): Juristische Methodik. Band 1: Grundlagen, Öffentliches Recht. Berlin.
Müller, Friedrich/Ralph Christensen/Michael Sokolowski (1997): Rechtstext und Textarbeit. Berlin (Schriften zur Rechtstheorie, 179).
Müller, Friedrich (Hg.) (1989): Untersuchungen zur Rechtslinguistik. Interdisziplinäre Studien zu praktischer Semantik und Strukturierender Rechtslehre in Grundfragen der juristischen Methodik. Berlin (Schriften zur Rechtstheorie, 133).
Müller, Friedrich/Isolde Burr (Hg.) (2004): Rechtssprache Europas. Reflexion der Praxis von Sprache und Mehrsprachigkeit im supranationalen Recht. Berlin.
Neumann, Ulfrid (1992): Juristische Fachsprache und Umgangssprache. In: Günther Grewendorf (Hg.): Rechtskultur als Sprachkultur. Zur forensischen Funktion der Sprachanalyse. Frankfurt, 110–121.
Nöth, Winfried (^{2}2000): Handbuch der Semiotik. Stuttgart.
Nussbaumer, Markus (1997): Sprache und Recht. Heidelberg (Studienbibliographien Sprachwissenschaft, 20).
Peirce, Charles Sanders (1960): Collected Papers. Cambridge/Massachusetts.
Rathert, Monika (2006): Sprache und Recht. Heidelberg (Kurze Einführung in die Linguistik, 3).
Searle, John R. (1975/1982): Eine Taxonomie illokutionärer Akte. In: John R. Searle (1982): Ausdruck und Bedeutung. Untersuchungen zur Sprechakttheorie. Frankfurt, 17–50.

Searle, John R. (1997): Die Konstruktion der gesellschaftlichen Wirklichkeit. Zur Ontologie sozialer Tatsachen. Hamburg.
Seibert, Thomas-Michael (1981): Aktenanalyse. Zur Schriftform juristischer Deutungen. Tübingen.
Simon, Josef (1977): Sprachphilosophische Alternative. In: Theodor Viehweg (Hg.): Recht und Sprache. Wiesbaden, 1–11.
Steger, Hugo (1988): Erscheinungsformen der deutschen Sprache. ‚Alltagssprache' – ‚Fachsprache' – ‚Standardsprache' – ‚Dialekt' und andere Gliederungstermini. In: Deutsche Sprache, 16. Jahrgang 1988. Berlin, 289–319.
Vogel, Friedemann (2012): Linguistik rechtlicher Normgenese. Theorie der Rechtsnormdiskursivität am Beispiel der Online-Durchsuchung. Berlin/Boston (Sprache und Wissen, 9).
Vogel, Friedemann (2012a): Das Recht im Text. Rechtssprachlicher Usus in korpuslinguistischer Perspektive. In: Ekkehard Felder/Marcus Müller/Friedemann Vogel (Hg.): Korpuspragmatik. Thematische Korpora als Basis diskurslinguistischer Analysen. Berlin/New York, 314–353.
Vogel, Friedemann (Hg.) (in Vorb.): Zugänge zur Rechtssemantik. Interdisziplinäre Ansätze im Zeitalter neuer Medien. Berlin/Boston.
Warnke, Ingo (2007): Diskurslinguistik nach Foucault – Dimensionen einer Sprachwissenschaft jenseits textueller Grenzen. In: Ingo Warnke (Hg.): Diskurslinguistik nach Foucault. Theorie und Gegenstände. Berlin/New York, 3–24.
Warnke, Ingo/Jürgen Spitzmüller (2008): Methoden und Methodologie der Diskurslinguistik. Grundlagen und Verfahren einer Sprachwissenschaft jenseits textueller Grenzen. In: Ingo Warnke/Jürgen Spitzmüller (Hg.): Methoden der Diskurslinguistik. Sprachwissenschaftliche Zugänge zur transtextuellen Ebene. Berlin/New York, 3–54.
Wimmer, Rainer (2009): Zur Verflechtung von Spracharbeit und Rechtsarbeit in der EU. In: Muttersprache. 119. Jahrgang, Heft 3/2009, 234–239.
Wittgenstein, Ludwig (1958/1997): Philosophische Untersuchungen. Werkausgabe Band 1. 11. Aufl. Frankfurt.
Zippelius, Reinhold (^{6}1994): Juristische Methodenlehre. München (Schriftenreihe der Juristischen Schulung, 93).

Markus Hundt
17. Sprache in der Wirtschaft

Abstact: Der Beitrag umreißt das Handlungsfeld der Wirtschaft aus sprachlicher Perspektive. Die gesellschaftliche Relevanz der Wissensdomäne Wirtschaft ist unstrittig, sind doch wirtschaftliche Sachverhalte und Prozesse geradezu ubiquitär und für jeden Einzelnen unumgehbar. Insofern ist die Rolle der Sprache in dieser Domäne ebenfalls von zentraler Bedeutung. Im Beitrag wird ein Fokus auf die interne und externe Unternehmenskommunikation gelegt. Dabei werden anhand ausgewählter Beispiele die grundlegenden kommunikativen und wissensgenerierenden Muster der Wissensdomäne aufgezeigt. Behandelt wird die Frage, wie Sprache als zentrales Mittel der Wissenskonstitution fungiert und welche wichtigen Bereiche der Unternehmenskommunikation derzeit in der Forschung diskutiert werden. Daraus ergeben sich dann drei zentrale Erkenntnisinteressen der Wirtschaftslinguistik: die Sachverhaltskonstitution in der Unternehmenskommunikation durch Sprache, das Spannungsverhältnis zwischen Fachlichkeit und sprachlicher Vermittlung in den Alltag sowie die Verbindungen zwischen den zunächst disparat erscheinenden Teilbereichen der internen und externen Unternehmenskommunikation.

1 Einleitung
2 Sachverhaltskonstitution durch Sprache in der Wirtschaft
3 Gegenstandsbereiche der Unternehmenskommunikation
4 Erkenntnisinteressen der Wirtschaftslinguistik
5 Fazit
6 Literatur

1 Einleitung

Die Relevanz der Wissensdomäne Wirtschaft zu begründen und zu erklären, erscheint in heutiger Zeit als ein müßiges Unterfangen und gleicht dem Versuch „Eulen nach Athen zu tragen". Überall sind wir von Prozessen und Auswirkungen wirtschaftlichen Handelns in der Gesellschaft betroffen. Wirtschaft bestimmt den Alltag der Menschen wie kaum eine andere Wissensdomäne. Gemeinsam mit der Domäne des Rechts, der Verwaltungsinstitutionen und in immer zunehmendem Maße der Wissenschaften ist es die Wissensdomäne Wirtschaft, die geradezu ubiquitär präsent ist. Dies ist jedoch nur ein Aspekt dieser Domäne. Ein anderer Aspekt betrifft die Vielfalt und Differenziertheit dieser Domäne. Wirtschaft kann als Sammelbegriff verstanden werden für alle diejenigen Prozesse der Wissensgenerierung, der Sachverhaltskonstitution und des praktischen Handelns, die mit der Produktion und der Verteilung wirtschaftlicher Güter (in einem weiten Sinne) verbunden sind. Eine klassische Aufteilung des Bereichs unterscheidet vier Wirtschaftssektoren: Den Primärsektor, zu dem die Landwirtschaft gehört (Urproduktion), den Sekundärsektor, der die industrielle Produktion von Wirtschaftsgütern umfasst, den tertiären Sektor, der alle wirtschaftlichen Dienstleistungen umfasst (z. B. Handel, Tourismus, Finanzdienstleistungen) und den quartären Sektor, der – als Erweiterung des tertiären Sektors – für den Bereich Information zuständig ist (Beratungsberufe, Rechtsanwälte, Informationsdienstleistungen, vgl. Schäfers 2002).

Bereits bei diesem Blick auf die Sektorenverteilung der Wirtschaft wird deutlich, dass auch nur der Versuch, alle Wirtschaftsektoren in der Beschreibung einer Wissensdomäne gleichmäßig zu berücksichtigen und zu behandeln, zum Scheitern verurteilt ist. Deswegen fokussiert dieser Beitrag einen bestimmten Teil der Wirtschaft in exemplarischer Weise. Der Fokus liegt dabei auf der Unternehmenskommunikation als dem Teil der Wirtschaftskommunikation, der letztlich alle vier Wirtschaftssektoren betrifft, jedoch vorrangig im tertiären und quartären Sektor relevant wird. Dies bedeutet nicht, dass andere Teile der Wirtschaftskommunikation, wie z. B. die Entwicklung und der Ausbau wirtschaftsspezifischer Fachsprachen, die Verschränkung von Wirtschaftskommunikation und Kommunikation in Verwaltungsinstitutionen oder die Tatsache der immer stärkeren globalisierten Wirtschaftskommunikation weniger wichtig wären. Ziel dieses Beitrags ist es vielmehr, am Beispiel ausgewählter Bereiche der Unternehmenskommunikation die grundlegenden kommunikativen und wissensgenerierenden Muster der Wissensdomäne Wirtschaft aufzuzeigen.

Um dies zu ermöglichen, werden im Folgenden drei Faktoren der Wissensdomäne Wirtschaft in den Blick genommen. In einem ersten Schritt geht es darum zu zeigen, wie im Bereich der Wirtschaftskommunikation – und hier am Beispiel der externen und internen Unternehmenskommunikation – Sprache als das zentrale Mittel der Sachverhaltskonstitution fungiert (Kap. 2). Daran schließt sich ein knapper Überblick über die wichtigsten Bereiche der Unternehmenskommunikation an (Kap. 3). Schließlich werden die zentralen Erkenntnisinteressen der Wirtschaftslinguistik, die sich aus den wissenstheoretischen und aus den gegenstandsbereichsbezogenen Überlegungen ergeben, vorgestellt.

2 Sachverhaltskonstitution durch Sprache in der Wirtschaft

In einem ersten Zugriff auf den Gegenstandsbereich Wirtschaft mag sich der Eindruck einstellen, dass wir es hier in ganz ähnlicher Weise wie im Bereich der Technikfachsprachen mit einem Bereich zu tun haben, bei dem die Gegenstände, über die kommuniziert wird, in ähnlich materieller Weise zuhanden sind wie technische Gegenstände, nur dass es sich eben im Bereich der Wirtschaft in einem umfassenderen Sinne um Wirtschaftsgüter handelt. Dieser erste Eindruck ist jedoch ebenso trügerisch wie falsch. Sicherlich gibt es auch im Bereich der Wirtschaft konkret fassbare Güter, v. a. im primären und sekundären Wirtschaftssektor. Allerdings ist der Großteil aller kommunikativen Referenten in der Wissensdomäne Wirtschaft nicht gegenständlich, sondern allererst durch kommunikative Praktiken konstituiert. Die sogenannte Wirklichkeit der Wirtschaft v. a. im tertiären und quartären Wirtschaftssektor ist fast vollständig kommunikativ erschaffen und erst über den sprachlichen Zugriff, durch Definitionen, durch kommunikative Aushandlungsprozesse für die Kommunikationsteilnehmer real. Beispiele für die wirklichkeitskonstitutive Kraft der Kommunikation sind hier nicht allein z. B. Versicherungsverträge, Miet- und Kaufverträge, sondern auch so grundlegende Konzepte wie GELD. Die Geschichte des Geldes in den verschiedenen Wirtschaftssystemen zeigt in immer gleicher Weise einen Prozess, der die Definition dessen, was unter Geld verstanden werden soll, immer weiter von einem zunächst stoffwertgebundenen Geld (Vieh, Metall o. Ä.) hin zu stoffwertlosem Geld, dessen Geltung sich über die Wertzuschreibung der Wirtschaftssubjekte ergibt, verschiebt. Bereits Simmel (1900) hat dies in seiner Philosophie des Geldes trefflich festgestellt. Diesem Abstraktionsprozess zur Seite stehen Strategien zur Versprachlichung des Konzeptes GELD, die sich immer wieder derselben metaphorischen Konzepte bedienen (z. B. Geld als Flüssigkeit vgl. Hundt 1995).

Wie am Beispiel des GELDES deutlich wird, ist es eben nicht die materielle Seite eines Produktes, das dieses zum Produkt (mit Stoffwert, Tauschwert, Wertaufbewahrungsfunktion etc.) macht, sondern in erster Linie die in einer Wirtschafts- und damit Kommunikationsgemeinschaft stattfindenden Konzeptdefinitionen, die sich sämtlich in Versprachlichungen manifestieren müssen, die konkrete oder abstrakte (s. Versicherungen, Puts, Calls, Finanzderivate o. Ä.) Wirtschaftsgüter allererst zu Produkten machen.

Der Umstand, dass Wirtschaftsgüter nicht unmittelbar als solche zuhanden sind, sondern erst über kommunikative Aushandlungsprozesse der beteiligten Wirtschaftssubjekte, über Konzeptdefinitionen (im Rahmen geltender wirtschaftlicher Rahmenbedingungen), über wirtschaftstheoretische und ordnungspolitisch-praktische Setzungen geschaffen werden, gilt in gleicher Weise für alle Bereiche der Unternehmenskommunikation. Ob in den Bereichen Marketing, Krisenkommunikation, Issues Management, Change Communication, Markenkommunikation, Investor Relations oder in den vielfältigen unternehmensbezogenen Text- und Gesprächssorten (Mitarbeiterzeitschrift, Geschäftsbericht, Corporate Governance Codex, Reklamationsgespräche, Mediation, soziale Netzwerke) sowie in den identitätstiftenden Konzeptionalisierungen der Corporate Identity (Corporate Branding, Corporate Wording etc.): Überall erfolgt nicht allein der Zugriff auf die entsprechenden Denkmuster und Konzepte über Sprache, sondern die wirtschaftsbezogenen Gegenstände selbst werden erst über die Sprache als Objekte generiert (vgl. dazu auch Felder 2013). Ein einfaches Beispiel hierfür sind einzelne Börsengeschäfte und die damit verbundenen Konzepte. Wetten auf die Entwicklung von Börsenkursen einzelner Aktien, wie sie etwa bei Put-

und Call-Optionsgeschäften vorgenommen werden, sind allererst dadurch möglich, dass das Konzept dieser Optionsgeschäfte konstruiert und versprachlicht wird. Erst dadurch wird das Objekt generiert.

In einem zweiten Schritt ergibt sich aus diesem Sachverhalt aber auch, dass der Zugriff darauf, was – nach sprachlicher Wirklichkeitskonstitution – überhaupt als Gegenstand der Wissensdomäne Wirtschaft behandelt werden kann, ebenfalls nicht primär über unmittelbare Erfahrungen mit den Gegenständen erfolgt, sondern wiederum vermittelt über Sprache. Der Großteil unseres Wissens über die Welt – und hier nicht allein der kommunikativen Bezugswelt der Wirtschaftsinstitutionen (vgl. Steger 1988) – wird von den Menschen eben nicht in unmittelbarem Erleben und Erfahren dieser Gegenstände gemacht, sondern vermittelt über Sprache. Dies ist keine neue Erkenntnis, muss jedoch immer wieder betont werden, um dem Missverständnis auszuweichen, dass es so etwas wie ein unmittelbares Erfahren/Erleben der Wirtschaftswelt geben könne (vgl. in historischem Kontext Hundt 2011).

Ganz ähnlich wie in anderen Wissensdomänen geht es auch in der Wirtschaft sehr häufig darum, die entsprechenden Begriffe semantisch zu besetzten, d. h. mit der vom jeweiligen Unternehmen gewünschten Bedeutung aufzuladen und so – z. B. im Bereich der Markennamen oder in Geschäftsberichten oder im Corporate Wording – nach Möglichkeit zu Alleinstellungsmerkmalen der jeweiligen Unternehmen zu machen. Da die Unternehmen nicht nur in ihren jeweiligen Produktpaletten, sondern auch in der Selbstdarstellung (Unternehmensphilosophie) häufig um dieselben Konzepte ringen, hat die sprachliche Selbstpositionierung ähnliche Züge wie der Kampf um Begriffe im politischen oder juristischen Bereich (vgl. dazu mit Beispielanalysen aus verschiedenen Wissensdomänen Felder 2006 und Hundt 2006). Das Ringen um die Begriffe ist dabei immer auch ein Ringen darum, wer welche Bedeutungszuschreibungen im Diskursraum setzen und behaupten kann und damit ein agonaler Prozess, der das Ziel hat, die Verfügungsmacht über Bedeutungen und damit über die Wirklichkeit zu erringen. Am deutlichsten ist dies sicherlich im Bereich des Marketings, der Public Relations oder der Markenführung. Aber auch in allen anderen Bereichen der Wirtschaftskommunikation spielt dieser Kampf um Begriffe eine zentrale Rolle, was nicht zuletzt der große Bereich zeigt, der mit den Konzepten Corporate Branding, Corporate Identity, Corporate Design, Corporate Governance umrissen werden kann.

Diese Überlegungen machen deutlich, weshalb für die Wissensdomäne Wirtschaft die Sprache nicht nur ein (beliebig austauschbares) Medium des Wissenstransports, der Informationsvermittlung über den Bereich Wirtschaft ist, sondern dass Sprache sowohl zur Konstitution dieses Wirklichkeitsausschnittes allererst maßgeblich beiträgt und auch der Umgang mit den Gegenständen der Wirtschaft fast ausnahmslos über Sprache erfolgt. Pointiert formuliert kann dies in zwei Sätzen zusammengefasst werden:

Der Gegenstandsbereich der Wirtschaft, hier der Unternehmen, der Güter, der Stake Holder, besteht aus sprachlichen Handlungen, erst mit Sprache tritt die Wissensdomäne Wirtschaft überhaupt in Erscheinung.

Der konkrete Umgang mit den Gegenständen der Wirtschaft und die Erfahrungen der Wirtschaftssubjekte in diesem Bereich sind primär sprachlicher Art, sprachlich vermittelt und somit nicht unmittelbar (wie man dies in einem ersten Zugriff vermuten könnte).

3 Gegenstandsbereiche der Unternehmenskommunikation

Wie bereits eingangs vermerkt wurde, kann es bei der Bearbeitung der Wissensdomäne Wirtschaft nicht darum gehen, sämtliche Felder wirtschaftlichen Handelns in kommunikativer Hinsicht auszuloten. Die Fokussierung, die in diesem Beitrag „Sprache in der Wirtschaft" vorgenommen wird, bezieht sich auf ausgewählte Themen der internen und externen Unternehmenskommunikation.

Die interne und externe Unternehmenskommunikation wird in der Forschung nicht allein und bislang nicht einmal vorrangig von Sprachwissenschaftlern erforscht, sondern von der Soziologie, der Psychologie, der Betriebs- und Volkswirtschaftslehre und von weiteren Disziplinen, in denen die sprachliche Verfasstheit der zu untersuchenden Gegenstände nicht primär ist. Die Erforschung der internen und externen Unternehmenskommunikation ist somit „von Haus aus" stark interdisziplinär angelegt und zeichnet sich durch verschiedenste theoretische und disziplinär geprägte Zugänge aus. Dennoch lassen sich über die verschiedenen Disziplinen hinweg eine Reihe von Themen und Untersuchungsgebieten ausmachen, die immer wieder im Fokus der Untersuchungen stehen. Gemäß diesen Hauptgebieten der Unternehmenskommunikation ließe sich das Thema *Sprache in der Wirtschaft* nach sechs Großthemen gliedern, die das Feld der internen und externen Unternehmenskommunikation aus einem primär linguistischen Blickwinkel beschreiben. Eine solche Gliederung liegt auch dem geplanten „Handbuch Sprache in der Wirtschaft" (Hundt/Biadala in Vorb.) zugrunde:
1. Grundlagen und Theorien
2. Zentrale linguistische Aspekte
3. Spezifische Eigenschaften der Wirtschaftssprache (am Beispiel der Unternehmenskommunikation)
4. Teilbereich der internen und externen Unternehmenskommunikation
5. Übergreifende Fragestellungen und Konzeptionalisierungen.
6. Rahmenbedingungen der internen und externen Unternehmenskommunikation.

Bereits diese Grobgliederung macht deutlich, dass in den sechs Großgebieten jeweils von den sprachlichen Phänomenen selbst ausgegangen werden soll und nicht von disziplinenbezogenen (linguistischen, soziologischen, psychologischen, wirtschaftstheoretischen) Forschungsrichtungen und Theorien. Das einigende Band für alle sechs Großbereiche sind folgende Fragen:

a) In welchen Formen ist die sprachliche Verfasstheit des jeweiligen Gegenstandsbereichs greifbar? Wie zeigt sich die wirklichkeitskonstitutive Funktion der Sprache in der Unternehmenskommunikation?
b) In welchem Verhältnis stehen die in der internen und externen Unternehmenskommunikation vollzogenen sprachlichen Aushandlungsprozesse zu den jeweils umgebenden sprachlichen Bezugswelten (Alltag, Wissenschaft, Technik, Institutionen)?
c) Wie wirken die einzelnen kommunikativen Teilbereiche zusammen?
d) In welchen Formen wird der Kampf um Begriffe und die damit verbundene Wirklichkeitskonstitution und die avisierte Festschreibung der Wirklichkeit im Sinne der jeweiligen unternehmensspezifischen Interessen vollzogen?

Gemäß diesen Ausgangsfragestellungen ergibt sich eine Programmatik der Wirtschaftslinguistik mit Fokus auf die interne und externe Unternehmenskommunikation. Eine solche Herangehensweise an das Phänomen Wirtschaftssprache muss die verschiedenen derzeit diskutierten theoretischen Ansätze ebenso berücksichtigen wie die zahlreichen – jeweils stark aus Nachbardisziplinen inspirierten – praktischen Ansätze der Analyse sprachlicher Prozesse.

Im Zentrum eines sprachwissenschaftlichen Interesses am Phänomenbereich Wirtschaftssprache steht die Frage, wie sich die kommunikative Bezugswelt der Wirtschaft sprachlich konstituiert, wie die entsprechenden semantischen Kämpfe ausgetragen werden, welche spezifischen sprachlichen Mittel und Strategien eingesetzt werden und wo derzeit aktuelle Hauptbrennpunkte der Spracharbeit in der internen und externen Unternehmenskommunikation bestehen (v. a. Abschnitte 4. – 6.).

Wenn es um die Konstitution von Wirklichkeit durch Sprache geht, sind prinzipiell drei Möglichkeiten des sprachlichen Zugangs und der sprachlichen „Zubereitung" von Sachverhalten relevant. Erstens der begrifflich-definitorische Zugang, zweitens die Konzeptualisierung von Sachverhalten über Metaphern und drittens die narrative Entwicklung von Konzepten (vgl. dazu Köller 2004, 2006, 2012). Mit allen drei Zugangswegen ist immer auch ein perspektivischer, im besten Falle multiperspektivischer Zugriff auf den zu versprachlichenden Sachverhalt verbunden. Wie in der Objektwahrnehmung ist auch in der sprachlichen Sachverhaltskonstitution durch das Medium Sprache bedingt, dass der Gegenstand nicht aus allen denkbaren Perspektiven zugleich beleuchtet, sondern jeweils nur ausschnitthaft thematisiert werden kann. Für Köller (2004) sind es drei Faktoren, die für diesen perspektivischen Zugang relevant sind: Der Aspekt, der Sehepunkt und die Perspektive.

Unter *Aspekt* ist der jeweils durch die Versprachlichung am Objekt fokussierte Teilbereich zu verstehen:

> Der Begriff *Aspekt* ist genuin objektorientiert. Er dient dazu, die menschliche Grunderfahrung zu thematisieren, dass wir in keinem visuellen und keinem kognitiven Wahrnehmungsprozess unsere Wahrnehmungsgegenstände bzw. Referenzobjekte in ihrer ganzen Totalität erfassen können, sondern allenfalls hinsichtlich derjenigen Teilansichten, die die aktuellen Wahrnehmungsbedingungen jeweils zulassen. (Köller 2004, S. 9)

Der Sehepunkt nimmt das wahrnehmende Subjekt in den Blick:

> Der Begriff *Sehepunkt* bzw. die Varianten *Standort, Gesichtspunkt* oder *Blickpunkt* sind subjektorientiert. Mit ihm soll darauf aufmerksam gemacht werden, dass Objekte sich nicht von selbst zur Erscheinung bringen, sondern immer von Subjekten von einer bestimmten räumlichen und geistigen Position aus bzw. mit Hilfe einer besonderen methodischen Anstrengung wahrgenommen werden. Ein Wahrnehmungsgegenstand konstituiert sich als Wahrnehmungsinhalt immer nur durch intentionale Akte. Das bedeutet, dass bei der Konstitution von Wahrnehmungsinhalten es nicht nur einen Informationsfluss vonseiten der Wahrnehmungsobjekte gibt, sondern auch einen Informationsfluss vonseiten der Wahrnehmungssubjekte. (Köller 2004, S. 9)

Schließlich fokussiert die Perspektive die Relation zwischen wahrnehmendem Subjekt und dem Gegenstand.

> Der Begriff *Perspektive* ist strukturorientiert. Mit ihm lässt sich darauf aufmerksam machen, dass alle Wahrnehmungsinhalte eine relationale, wenn nicht interaktive Genese haben und folglich weder von der Objektseite noch von der Subjektseite her befriedigend beschrieben werden können, sondern nur aus dem Zusammenwirken beider. (Köller 2004, S. 10)

Darüber hinaus ist die Perspektivität noch in zweifacher Weise relevant, einmal als kommunikative und zum anderen als kognitive Perspektivität.

> Von der *kommunikativen Perspektivität* können wir immer dann sprechen, wenn wir uns auf der Analyseebene der Sprachverwendung danach fragen, in welcher Wahrnehmungsperspektive konkrete Vorstellungsinhalte für einen Adressaten objektiviert werden. Wir interessieren uns dann für das konkrete Produkt eines sprachlichen Objektivierungs- und Sinnbildungsvorgangs. (Köller 2004, S. 21)

Dieser Zugang ist von der kognitiven Perspektivität insofern abzugrenzen, als die kognitive Perspektivität eine vorgelagerte Ebene darstellt, die kollektives Wissen, hier für die Wissensdomäne der Wirtschaft und ihrer Kommunikationsteilnehmer, beinhaltet, das wiederum für die sprachliche Umsetzung der Wissensbestände relevant ist.

> Von der *kognitiven Perspektivität* sprachlicher Formen können wir dagegen immer dann sprechen, wenn sich unser Analyseinteresse nicht gegenstandsthematisch auf die Gestaltung konkreter Sachvorstellungen richtet, sondern reflexionsthematisch auf die konventionalisierte immanente Perspektivität der sprachlichen Muster, mit denen wir konkrete Vorstellungen objektivieren. Die Frage nach der kognitiven Perspektivität sprachlicher Formen zielt also auf die Struktur des kollektiven Wissens, das sich in sprachlichen Mustern verfestigt hat und das die

> kommunikativen Perspektivierungsmöglichkeiten dieser Muster vordeterminiert. (Köller 2004, S. 22)

Beide Ebenen sind jedoch nicht unabhängig voneinander zu sehen, sondern sie beeinflussen sich gegenseitig. Da die entsprechenden Sachverhalte und damit auch das kollektive Wissen über den Gegenstandsbereich erst durch Sprache zur Verfügung gestellt werden können, bestimmt die kommunikative Perspektivität letztlich auch die kognitive Perspektivität und nicht nur umgekehrt.

Schließlich ist zu beachten, dass das sprachliche Perspektivierungspotential nicht allein über begrifflich-definitorische Sprachhandlungen (sozusagen der klassische, erwartbare Weg) vollzogen wird, sondern in gleicher Weise über metaphorische Perspektivierungen (GELD als FLÜSSIGKEIT, UNTERNEHMEN als PERSONEN) oder über narrative Erschließungen der entsprechenden Sachverhalte (z. B. Story-telling im Marketing). Diese perspektivitätstheoretischen Grundannahmen sind für alle sechs Themen des Bereichs Sprache in der Wirtschaft relevant.

Im ersten Bereich (Grundlagen und Theorien) werden die theoretischen Grundlagen der internen und externen Unternehmenskommunikation gelegt (vgl. z. B. Herbst 2003, Mast 2006, Piwinger/Zerfaß 2007, Schmid/Lyczek 2007). Dabei werden sowohl die theoretischen Ansätze, die bislang das Feld der Unternehmenskommunikation aus linguistischer und wirtschaftswissenschaftlicher Sicht prägen, erörtert als auch an praktischen Beispielen gezeigt, wie Unternehmenskommunikation an der Schnittstelle zwischen Fachkommunikation und Alltagssprache (hier am Beispiel der Kommunikation über das Konzept GELD) oder auch im interkulturellen Kontext der Übersetzungswissenschaften funktioniert. Dabei wird deutlich, dass sich die kommunikativen Aushandlungsprozesse, die Prozesse der Wirklichkeitskonstitution durch Sprache, die Besetzung von Begriffsfeldern und die damit verbundene Bedeutungsfestsetzungen jeweils in einem mehrfach adressierten Umfeld vollziehen. Sind in der internen Unternehmenskommunikation v. a. diejenigen Gruppen der Stake Holder involviert, die unmittelbar im Unternehmen tätig sind, wodurch Unternehmenskommunikation in dieser Hinsicht zu einer intragruppalen Kommunikation wird, so sind bei der externen Unternehmenskommunikation letztlich alle Stake Holder eines Unternehmens die Adressaten der Kommunikation. Die verschiedenen Aspekte der kommunikativen Mehrfachadressiertheit, der kommunikativen Machtausübung in den Zielmärkten, die sprachliche Umsetzung der Corporate Identity sind somit bereits für die theoretische Grundlegung des Gegenstandsbereichs relevant (vgl. Mast 2006, Piwinger/Zerfaß 2007, Hundt 2009).

Der zweite Bereich (zentrale linguistische Aspekte) legt dann das Hauptaugenmerk auf einzelne linguistische Besonderheiten in der internen und externen Unternehmenskommunikation. Hier sind es vor allem die metaphorischen und narrativen Perspektivierungen, die erforscht werden. Es wird hier ebenso die wissenskonstitutive Funktion von Metaphern in der Wirtschaftskommunikation behandelt wie die Spezifik des Text-Bild-Verhältnisses, das Story-telling (in Verbindung mit dem Text-Bild-Verhältnis Stöckl 2004, Herbst 2008), die Merkmale spezifischer wirtschaftssprachlicher Text- und Gesprächssorten in der Unternehmenskommunikation (Geschäftsberichte Glahn 2003, Keller 2006, Piwinger 2007; Kundenzeitschrift Steinmetz 2003, Schmitz 2004, Lücke 2005; Mitarbeiterzeitschrift Schweizer 2004, Viedebantt 2007; Beratungs-, Mediations-, Coachinggespräche Habscheid 2003, Graf 2011; Verkaufs- und Reklamationsgespräche Schnieders 2005; sowie spezifische Werbetextsorten Janich 2010).

Beim dritten Großthema (spezifische Eigenschaften der Wirtschaftssprache) stehen dann verstärkt die begrifflich-definitorischen Perspektivierungen im Zentrum des Interesses, wobei immer mitgedacht werden muss, dass sich die drei Perspektivierungsmöglichkeiten (begrifflich-definitorisch, metaphorisch, narrativ) jeweils auch überschneiden und einander ergänzen können. Vorausgeschickt werden muss, dass Auseinandersetzungen mit der „Sprache in der Wirtschaft" gerade im Bereich der spezifischen Eigenschaften der Wirtschaftssprache, hier der externen und internen Unternehmenskommunikation, nur exemplarisch stattfinden können. Viele Aspekte der Wirtschaftskommunikation, die auf den spezifisch fachsprachlichen Charakter der Unternehmenskommunikation abzielen, können hier nicht im Detail besprochen werden (vgl. dazu z. B. Hundt 1995, 2000, 2002, Fluck 1996, Brünner 2000, Becker-Mrotzek/Fiehler 2002, Roelcke 2010). Zudem werden einzelne Textsorten der Unternehmenskommunikation in den letzten Jahren mit Mitteln der Diskursanalyse in Detailstudien analysiert. Ein Beispiel hierfür ist die KIMATEK-Studie, in der auf vier verschiedenen Ebenen anhand von knapp 50 verschiedenen linguistischen Kriterien der Internetauftritt einzelner börsennotierter Unternehmen (Teilbereich Karrierewebsites) untersucht wurde. Das eigens entwickelte methodische Instrumentarium hat sich bewährt und steht somit auch für die Sprachanalyse anderer Internetseiten zur Verfügung (vgl. Hundt/Lasch/Anders 2010). Selbstverständlich kann man nicht davon ausgehen, dass die interne und externe Unternehmenskommunikation beim derzeitigen Stand der Forschung hinreichend in Bezug auf alle sprachlichen Spezifika erforscht wäre. Zudem sind einige Hauptcharakteristika von Fachsprachen, die auch für Wirtschaftsfachsprachen in gleicher Weise Geltung haben, in anderen Publikationen hinreichend dargestellt worden. So gilt für die fachsprachliche Seite der Unternehmenskommunikation wie für andere Fachsprachen auch, dass sie sich durch eine erhöhte Frequenz im Bereich der Nominalisierungen, der Passivverwendung, der spezifischen Wortbildungsmuster (Derivationen, Mehrfachkomposita), durch spezifische Neusemantisierungen von Begriffen, die auch in der Alltagssprache verwendet werden, allgemein durch Informationsverdichtung, Präzision, Terminologien auszeichnen (vgl. z. B. Hoffmann u. a. 1998/1999). Verstärktes Interesse hat die Forschung an zwei Bereichen gezeigt, die spezifische Eigenschaften der internen und externen Unternehmenskommunikation thematisieren. Zunächst steht die Frage im Vordergrund, welche sprachlichen Auswirkungen die zunehmende internationale Verflechtung (Globalisierung Andres 2004, Huck 2006) der Unternehmen und Wirtschaftsprozesse allgemein haben. Bei dieser Frage sind folgende Punkte essentiell:

In welchem Verhältnis stehen die jeweiligen Unternehmenssprachen (zunehmend Englisch) zu den lokalen Sprachen, die dort gesprochen werden, wo die einzelnen Unternehmen(steile) ansässig sind? Daran schließt sich die Frage der Übersetzungsproblematik (z. B. Böttger 2003, 2007) an, da auch bei einer einheitlichen Unternehmenssprache in der internen Unternehmenskommunikation nach wie vor die Aufgabe besteht, die nationalen Einzelsprachen gerade mit Blick auf alle Stake Holder des jeweiligen Unternehmens angemessen in der Unternehmenskommunikation zu berücksichtigen. Der Übersetzungsproblematik eng verbunden ist schließlich der Problembereich der interkulturellen Kommunikation (Müller-Jacquier 1993, Heringer 2004, Lüsebrink 2005). Gerade bei international tätigen Unternehmen ist dieser kommunikativ-pragmatische Aspekt in den letzten Jahren immer stärker in den Blick geraten, gleichgültig ob es sich dabei um Verhandlungsgespräche, um die Etablierung von Marken- und Produktnamen oder um andere externe Kommunikationsformen handelt. So werden die sprachlichen Spezifika, die durch die Mehrsprachigkeit in Unternehmen, durch die Anforderungen an Übersetzungen und durch die Besonderheiten der interkulturellen Kommunikation bestehen, auch Ansatzpunkte liefern für die übergreifenden Fragen wie die des Sprachkontakts und des Sprachwandels.

Darüber hinaus behandelt die Forschung auch die mediale Verfasstheit der internen und externen Unternehmenskommunikation. Sind es im Bereich der Soziolinguistik sprachexterne Faktoren (Alter, Geschlecht, soziale Gruppe etc.), die den Sprachgebrauch in einer Varietät verändern und festlegen können, so ist in gleicher Weise die Frage des Mediums der Kommunikation relevant. Dies gilt in besonderer Weise für die Unternehmenskommunikation, die sich den Herausforderungen der neuen Medien schneller stellen muss als etwa andere Bereiche. Erörtert werden hier die Auswirkungen der neuen Medien (Internetblogs, soziale Netzwerke u. Ä.) auf die interne und externe Unternehmenskommunikation (vgl. Pleil/Zerfaß 2007, Dörfel/Schulz 2011, Fraas u. a. 2012, Stölzer 2012 mit weiterer Literatur).

Ein viertes Großthema zur Sprache in der Wirtschaft befasst sich mit einzelnen Teilbereichen der Unternehmenskommunikation, die sich aus den primären Adressaten der Kommunikation ergeben. Dabei wird z. B. die Kundenkommunikation aus der Perspektive der Public Relations und des allgemeinen Kommunikationsmanagements behandelt (Huck 2004, Mast u. a. 2006).

Andererseits befasst sich die Forschung mit den kommunikativen Besonderheiten der Investor Relations, also einem für alle Unternehmen besonders wichtigen Stake Holder (Kirchhoff/Piwinger 2007, Porák u. a. 2007). Ein immer wichtiger werdender Teil der internen Unternehmenskommunikation ist derjenige, der sich an die eigenen Mitarbeiter im Unternehmen richtet. Hier steht die Frage im Vordergrund, wie die Veränderungsprozesse in Unternehmen vonstatten gehen, die – nicht nur – aber auch durch Globalisierung, Veränderung der wirtschaftlichen Rahmenbedingungen und durch die ständig notwendige Anpassung an jeweils veränderte Marktbedingungen ausgelöst werden (Change Communications). Sowohl auf unternehmensinterne als auch – noch mehr – auf unternehmensexterne Adressaten sind die Krisenkommunikation und das Issues Management gerichtet. Während in der Krisenkommunikation an konkreten Beispielen gezeigt werden kann, welche kommunikativen Fehler beim Umgang mit für das jeweilige Unternehmen schädlichen Themen und Ereignissen gemacht werden, zielt das Issues Management darauf ab, bereits im Vorfeld (vor dem Eintritt einer für das Unternehmen bedrohlichen Lage) diejenigen Themenfelder zu identifizieren, die sich gegebenenfalls zu einer Krise für das jeweilige Unternehmen entwickeln könnten. Insofern gehören Krisenkommunikation und Issues Management eng zusammen (Piwinger/Zerfaß 2007).

Das fünfte Großthema behandelt übergreifende Fragestellungen der internen und externen Unternehmenskommunikation. Dabei stehen zwei Bereiche im Fokus. Zum einen geht es um das nach wie vor expandierende Begriffsfeld, das sich mit unternehmensweiten Grundsätzen und Selbstdefinitionen beschäftigt. Dieses Begriffsfeld kann man tentativ als Corporate X bezeichnen, wobei X als Platzhalter für verschiedenste begriffliche Perspektivierungen steht. Zum anderen geht es um den Bereich der Public Relations, d. h. der sprachlichen Spezifika einer primär auf unternehmensexterne Adressaten gerichteten Kommunikation. Aus der Vielzahl an Corporate-Begriffen (Corporate Identity, Corporate Design, Corporate Branding, Corporate Wording, Corporate Style vgl. Vogel 2012; Corporate Governance vgl. Hundt 2009) werden folgende detaillierter behandelt.

Zunächst zum Corporate-X-Begriffsfeld: Corporate Identity: Das Selbstverständnis eines Unternehmens ist notwendigerweise sprachlich manifestiert und kann sich auch im ersten Schritt nur über Sprache dokumentieren lassen. Dieses Selbstverständnis kann in unternehmensweiten Leitsätzen, in einer Unternehmensphilosophie (wobei anzumerken ist, dass der Ausdruck *Philosophie* im Kontext der Corporate Identity eher alltagssprachlich zu verstehen ist), in sprachlich ausformulierten Unternehmensleitbildern und -zielvorstellungen umgesetzt werden. Daran können sich in einem zweiten Schritt Maßnahmen zur Sichtbarmachung dieser Leitsätze anschießen, etwa in einem unternehmensweit einheitlichen Außenauftritt (Webseiten, Marketing, Public Relations u. a.). Somit ist die Corporate Identity in dieser Hinsicht selbstverständlich nicht unabhängig von den anderen Corporate-Begriffen zu sehen, sondern vielmehr als Oberbegriff, der sich in verschiedenen Unterbegriffen jeweils spezifisch präzisiert. Einer dieser Bereiche, in dem sich die Corporate Identity dann zeigt, ist das sogenannte Corporate Branding. Die Definition von Unternehmen als Marken, die sich in Produkten und Produktlinien manifestieren, ist in der linguistischen Beschäftigung mit der Unternehmenskommunikation schon längere Zeit ein Thema (z. B. in der Werbekommunikation). Beim Markenbegriff geht es immer darum, die verschiedenen Bedeutungsanteile (kognitive, emotive und konative), die allen Konzepten qua Gebrauch und qua definitorischer Setzungsbemühungen (der Unternehmen) zukommen, zu eruieren. Somit wird der Markenbegriff und die Markenkommunikation zu einem ganz zentralen Feld semantischer Kämpfe, geht es doch hier darum, über die Positionierung der eigenen Marke bzw. eigener Marken sich in Konkurrenz zu anderen Unternehmen eine Vorrangstellung zu erringen. Dieser Kampf wird zu einem großen Teil über sprachliche Setzungen, über sprachliche Perspektivierungen (in allen drei Formen) durchgeführt. Corporate Branding ist damit zu verstehen als die (vorwiegend) sprachliche Konstitution von Marke(n), die Kommunikation über Marken und als Versuch die jeweils vom Unternehmen intendierten Bedeutungen der eigenen Marke(n) im Bewusstsein aller Stake Holder zu etablieren (in Abgrenzung und häufig auch in Abwertung gegenüber anderen Markenetablierungsversuchen vgl. Kastens 2008).

Alle Versuche der Corporate-Kommunikation, d. h. die Bemühungen der Unternehmen ihr Selbstbild (Unternehmensgrundsätze, Leitbilder, Marken etc.) intern und extern erfolgreich zu kommunizieren, sind gebunden an bestimmte kommunikative Grundlagen. In den letzten Jahren kam daher das sogenannte Corporate Wording stärker in den Blick als zuvor (vgl. Förster 1994, Vogel 2012). Gemeint ist damit der unternehmensweit möglichst einheitliche, aber zugleich erfolgreiche und unverwechselbare sprachliche Auftritt des Unternehmens. Die Hinwendung zum Corporate Wording als einer zentralen Größe im semantischen Kampf des Corporate-X-Feldes ist nur folgerichtig, wenn man berücksichtigt, dass die in der Unternehmenskommunikation konstituierte Wirklichkeit überwiegend erst durch Sprache geschaffen und determiniert wird. Beim Corporate Wording geht es aber nicht darum, durch Sprachregulierung und Sprachplanung die kommunikativen Möglichkeiten der an der internen und externen Unternehmenskommunikation Beteiligten einzugrenzen. Ziel ist hier nicht eine Orwellsche Sprachverarmung, die man etwas plakativ fassen kann unter Sätzen wie: *Wofür man keine Ausdrücke hat, das kann man auch nicht denken; also muss in der Kommunikation im eigenen Unternehmen und über das eigene Unternehmen lediglich alles Negative vermieden werden, um zu einer positiven Selbstdarstellung und Wahrnehmung von außen zu gelangen.* Der Anspruch des Corporate Wording ist vielmehr anders und weitreichender: Es geht darum einen für das jeweilige Unternehmen unverwechselbaren kommunikativen Stil zu finden, so dass idealiter in allen Texten des Unternehmens bereits an den sprachlichen Mitteln die Herkunft der Texte erkennbar ist und diese sprachlichen Mittel auch dazu maßgeblich beitragen, die Unternehmensziele deutlich zu machen. In diesem Zusammenhang fallen dann auch Stichwörter wie unternehmensspezifisches Sprachklima und Sprachstil.

Public Relations ist ebenso wie das Marketing in der Unternehmenskommunikation ein gewissermaßen alteingeführter Begriff und Aufgabenbereich (Zerfaß 2004, Mast 2006, 7–27). Allerdings darf hier nicht übersehen werden, dass sich beide auch immer in Bezug zur umfassenden Corporate Identity befinden. Somit liegt auch hier eine enge Verschränkung vor. Ebenso enge Verbindungen bestehen zwischen Public Relations und Krisenkommunikation bzw. Issues-Management (Höbel 2007, Ingenhoff/Röttger 2007, Töpfer 2007). Dabei geht es u. a. darum, den PR-Bereich definitorisch abzugrenzen (z. B. von Alltagskonzeptualisierungen der PR oder von der Verwechslung von PR mit Marketing). Konkrete Analysen der PR in der Unternehmenskommunikation zeigen, dass – bedingt durch die primären Adressaten (Öffentlichkeit, unternehmensexterne Stake Holder) – die PR-Kommunikation einerseits

Überlappungen und Verbindungen mit verschiedenen anderen Kommunikationsfeldern aufweist (z. B. zum Marketing, zur Pressesprache, zur Alltagssprache), andererseits jedoch auch deutliche fachsprachliche Züge trägt.

Das sechste Großthema widmet sich schließlich verschiedenen Rahmenkriterien der Unternehmenskommunikation. Ein zentrales Thema ist dabei die mittlerweile allgegenwärtige Globalisierung. Es geht darum, das Konzept der Globalisierung genauer zu fassen und seine Tragweite und Anwendungsmöglichkeiten für die interne und externe Unternehmenskommunikation aufzuzeigen. Dabei spielt nicht nur die offenkundige, immer stärker werdende Dominanz des Englischen und die damit verbundenen Einflüsse auf die Unternehmenskommunikation eine Rolle, sondern auch die durch die Globalisierung von Wirtschaftsprozessen stattfindenden Veränderungen in der einzelsprachlichen, hier deutschsprachigen Unternehmenskommunikation (vgl. z. B. Andres 2004).

Eine zentrale Frage für alle wirtschaftssprachlichen Varietäten ist die nach dem Spannungsverhältnis zwischen genuiner Fachsprachlichkeit, die durch die Spezifik des zu versprachlichenden Weltausschnittes bedingt ist, einerseits und der zu leistenden Sprachvermittlungsarbeit in die Alltagswelt und damit in die Alltagssprache andererseits (vgl. Steger 1988) und auch die zu leistende Übersetzung von einer Sprache – wie z. B. der Wirtschafts-lingua-franca Englisch ins Deutsche (vgl. z. B. Gerzymisch-Arbogast 1996, Langer u. a. 2002). Es geht somit um Textverständlichkeit im weiteren Sinne.

Eine gleichermaßen wichtige Frage für die gesamte Unternehmenskommunikation ist die nach den Möglichkeiten des Zugangs zu den Stake Holdern über Sprache. Dieser Zugang soll nicht nur den reibungslosen Ablauf der Kommunikation (Verständlichkeit, Übernahme der vom Unternehmen intendieren Semantik) gewährleisten sowie die Handlungen der Stake Holder beeinflussen, sondern auch eine generelle positive Einstellung der Rezipienten sichern. Der Erfolg der Unternehmen hängt in sehr großem Maße davon ab, was die Rezipienten dem Unternehmen zutrauen, d. h. welches Vertrauen sie in das Unternehmen setzen. Deshalb ist das Konzept des Vertrauens, die Möglichkeiten der Herstellung von Vertrauen via Sprache in unterschiedlichen Medien, auch Thema der linguistischen Forschung zur Unternehmenskommunikation. Die Herstellung von Vertrauen durch und in der Kommunikation ist aus linguistischer Sicht Gegenstand der linguistischen Pragmatik. Zu diesem Feld gehören weitere Konzepte, die für die Wirtschaftskommunikation insgesamt maßgeblich und für die Herstellung von Vertrauen eine Grundbedingung sind: Respekt und Höflichkeit. Die Höflichkeitsforschung ist in der Linguistik grundlegend angestoßen worden durch die Beiträge von Brown/Levinson (1987). Mittlerweile hat dieses Forschungsfeld an Breite gewonnen und ist auch für die Wirtschaftskommunikation in verschiedenen Beiträgen fruchtbar gemacht worden (vgl. allg. Haase 1994, bezogen auf die Wirtschaftskommunikation Ebert 2003).

4 Erkenntnisinteressen der Wirtschaftslinguistik

Es dürfte deutlich geworden sein, dass es sich bei der Unternehmenskommunikation und der ganzen Wissensdomäne Wirtschaft um ein sehr heterogenes Feld handelt. Bislang kann man nicht davon sprechen, dass es *die* Theorie oder *den* linguistischen Ansatz zur Bearbeitung dieses Feldes gibt. Vielmehr reicht das Spektrum von sprachphilosophischen Überlegungen (Wirklichkeitskonstitution durch Sprache), Analysen zur Fachsprachlichkeit, diskursanalytischen Zugängen über Stil und Sprachberatung für die Praxis bis zur Analyse einzelner Gegenstände. Dabei ist deutlich, dass bislang das Gebiet der Unternehmenskommunikation nicht vorrangig von der Linguistik bearbeitet wurde, sondern dass hier andere Disziplinen ebenfalls maßgebliche Beiträge geleistet haben (Kommunikationswissenschaft, Betriebswirtschaftslehre, Soziologie, Psychologie etc.).

Aus linguistischer Sicht können dennoch zentrale Erkenntnisinteressen formuliert werden, die auch von den anderen Disziplinen jeweils in der einen oder anderen Form aufgegriffen worden sind:

1. Wie konstituieren sich die Gegenstände der Unternehmenskommunikation über die Sprache? Welche sprachlichen Verfahren der Perspektivierung werden dabei genutzt? Welche semantischen Kämpfe um Begriffe werden geführt? Wie können Unternehmen z. B. in der Markenkommunikation hier Begriffe besetzen und so das kommunikative, aber dann auch das wirtschaftliche Feld behaupten?
2. In welchem Spannungsverhältnis steht die unbestrittene Fachsprachlichkeit verschiedener Teilbereiche der externen und internen Unternehmenskommunikation zur Alltagssprache, also zu der sprachlichen Varietät, die letztlich für alle Stake Holder die Basis der Kommunikation ist?
3. Wie hängen die zunächst disparat erscheinenden Bereiche der internen und externen Unternehmenskommunikation zusammen? Welche Konsequenzen hat – um ein Beispiel zu nennen – die von Unternehmen propagierte Corporate Identity für den sprachlichen Auftritt im Gesamtunternehmen, d. h. worin zeigt sich der Anspruch unternehmensweiter Grundsätze in den zahlreichen Text- und Gesprächssorten, in den kommunikativen Schnittstellen zwischen Unternehmen und Kunden?

5 Fazit

Es ist unzweifelhaft, dass der gesamte Bereich der Wirtschaftskommunikation im Reigen der kommunikativen Bezugsbereiche (Alltag, Institutionen, Theorie/Wissenschaften, Technik, Literatur, Ideologien/Religion vgl. Steger 1988) eine ganz zentrale Stellung einnimmt. Neben der Alltagssprache, deren Aufgabe es ist, die kommunikativen Grundprobleme zu lösen, ist die Wirtschaftskommunikation – gemeinsam mit der Rechtsdomäne – wohl derjenige Bereich, dem man sich kommunikativ am wenigsten entziehen kann. Zugleich greift die Wirtschaftskommunikation auf verschiedene kommunikative Bezugsbereiche (Institutionen, Theorie/Wissenschaften, Technik) zu. Da uns Wirtschaft überall umgibt, wir ihr nicht nur passiv ausgesetzt sind, sondern mit ihr auch ständig in kommunikativer Hinsicht aktiv umgehen müssen, ist die gesellschaftliche Relevanz der Wissensdomäne und damit auch der sprachlichen Besonderheiten dieser Domäne völlig unzweifelhaft.

Aus dem Überblick zum Stand der Forschungen und zu den Gegenständen der Wirtschaftskommunikation ist deutlich geworden, dass im Hinblick auf die wissenschaftliche Erforschung dieses Gebietes vielfältige Zugangswege existieren. Unter diesen Zugangswegen ist die Linguistik nur einer neben wirtschaftswissenschaftlichen, soziologischen, psychologischen, kommunikationswissenschaftlichen u. a. Viele Disziplinen sind an der Erforschung dieser Wissensdomäne beteiligt. Aber: Sprachwissenschaftliche Analysen bilden die Grundlagenforschung zum gesamten Bereich. Das sieht man auch daran, dass sich alle Zugänge aus anderen Disziplinen immer auf die sprachliche Verfasstheit des Gegenstandsbereichs beziehen. Insofern kann man die sprachwissenschaftliche Analyse der Wirtschaftskommunikation im Allgemeinen und der internen und externen Unternehmenskommunikation im Besonderen als Leit- und Grundlagendisziplin betrachten.

Der disziplinären Vielfalt im Zugang entspricht auch eine große Vielfalt an Themen und Sachverhaltsbereichen innerhalb der der Wirtschafts(fach)sprachen und auch der internen und externen Unternehmenskommunikation als einem Teilbereich der Wirtschaftssprache. Es ist eine große Heterogenität in den Aktionsfeldern (von Begriffsfeldbesetzungen Corporate X, Personalführung via Sprache über die verschiedenen Text- und Gesprächssorten bis zu den verschiedenen Adressaten etc.) festzustellen. Aus linguistischer Sicht können zwar einige Gegenstände sowie methodische und sprachtheoretisch dominante Positionen benannt werden. Dies sollte jedoch nicht darüber hinwegtäuschen, dass man bislang noch von weit mehr Forschungsdesideraten als von gesicherten Erkenntnissen ausgehen kann. Die bereits vorliegenden und die derzeit entstehenden Forschungsarbeiten in den verschiedenen Themenbereichen der Unternehmenskommunikation sollen diese Lücken schließen helfen. Derzeit sind diskursanalytische Untersuchungen (Methode/Theorie), Studien zur Interkulturalität der Unternehmenskommunikation, der Einfluss der neuen Medien auf diesen Bereich, aber auch nach wie vor Studien zu fachsprachlichen Besonderheiten vorherrschend. Bei den behandelten Gegenständen wiederum dominieren einzelne Begriffs- und Handlungsfelder in der Unternehmenskommunikation (Corporate X, Change Communication, Krisenkommunikation, Issues Management etc.).

Festgehalten werden kann darüber hinaus, dass die bisherigen Arbeiten zur internen und externen Unternehmenskommunikation häufig einen starken Praxisbezug aufweisen. Zwar gibt es immer wieder auch Versuche die linguistische Theoriebildung in die Praxis der Unternehmenskommunikation zu überführen (z. B. KIMATEK), doch ist insgesamt zu konstatieren, dass die sprachtheoretische Erfassung dieser Wissensdomäne noch deutlich verbreitert werden könnte.

6 Literatur

Andres, Susanne (2004): Internationale Unternehmenskommunikation im Globalisierungsprozess. Wiesbaden.
Becker-Mrotzek, Michael/Richard Fiehler (Hg.) (2002): Unternehmens-kommunikation. Tübingen.
Böttger, Claudia (2003): Übersetzen als interkulturelles Mitteln in der mehrsprachigen Wirtschaftskommunikation. In: Interculture-Online 5, 2003 www.interculture-online.info.
Böttger, Claudia (2007): Lost in Translation? An Analysis of the Role of English in Multilingual Business Communication. Hamburg.
Brown, Penelope/Stephen C. Levinson (1987): Politeness. Some Universals in Language Usage. Cambridge.
Brünner, Gisela (2000): Wirtschaftskommunikation. Linguistische Analyse ihrer mündlichen Formen. Tübingen (Reihe Germanistische Linguistik 213).
Dörfel, Lars/Theresa Schulz (Hg.) (2011): Social Media in der Unternehmenskommunikation. Berlin.
Ebersbach, Anja/Markus Glaser/Richard Heigl (2011): Social Web. 2., völlig überarb. Aufl. Konstanz.
Ebert, Helmut (2003): Höflichkeit und Respekt in der Unternehmenskommunikation: Wege zu einem professionellen Beziehungsmanagement. 1. Aufl. München/Unterschleißheim.
Emmerling, Tanja (2008): Selbstdarstellung auf Unternehmenswebsites – im Spannungsfeld zwischen sprachlicher Differenzierung und unternehmerischem Standard. In: Susanne Niemeyer/Hajo Diekmannshenke (Hg.): Profession und Kommunikation. Forum Angewandte Linguistik. Bd. 49. Frankfurt a. M., [Seitenabgabe].
Felder, Ekkehard (Hg.) (2006): Semantische Kämpfe. Macht und Sprache in den Wissenschaften. Berlin/New York (Linguistik – Impulse und Tendenzen 19).
Felder, Ekkehard (2013): Faktizitätsherstellung mittels handlungsleitender Konzepte und agonaler Zentren. Der diskursive Wettkampf um Geltungsansprüche. In: Ekkehard Felder (Hg.): Faktizitätsherstellung in Diskursen. Die Macht des Deklarativen. Berlin/New York, 14–28 (Sprache und Wissen Bd. 13).
Fluck, Hans-Rüdiger (1996): Fachsprachen. Einführung und Bibliographie. 5., überarb. und erw. Auflage. Tübingen.
Förster, Hans Peter (1994): Corporate Wording. Konzepte für eine unternehmerische Schreibkultur. Frankfurt/New York.
Fraas, Claudia/Stefan Meier/Christian Pentzold (2012): Online-Kommunikation: Grundlagen, Praxisfelder und Methoden. München.
Gerzymisch-Arbogast, Heidrun (1996): Termini im Kontext: Verfahren zur Erschließung und Übersetzung der textspezifischen Bedeutung von fachlichen Ausdrücken. Tübingen (Forum für Fachsprachenforschung 31).
Glahn, Richard (2003): Unternehmenskommunikation: Geschäftsberichte des Jahres 2002. In: Muttersprache 113/1, 36–50.
Graf, Eva-Maria (2011): Analyse diskursiver Praktiken im Führungskräfte-Coaching: Ein sprachwissenschaftlicher Beitrag zur Professionalisierungsdebatte. In: Zeitschrift für Angewandte Linguistik 55, 59–90.
Haase, Martin (1994): Respekt. Die Grammatikalisierung von Höflichkeit. München/Newcastle.

Habscheid, Stephan (2003): Sprache in der Organisation. Sprachreflexive Verfahren im systemischen Beratungsgespräch. Berlin/New York (Linguistik – Impulse und Tendenzen, Bd. 1).
Herbst, Dieter (2003): Praxishandbuch Unternehmenskommunikation. Berlin.
Herbst, Dieter (2008): Storytelling. Konstanz.
Heringer, Hans Jürgen (2004): Interkulturelle Kommunikation – Grundlagen und Konzepte. Tübingen/Basel.
Höbel, Peter (2007): Kommunikation in Krisen – Krisen in der Kommunikation? In: Piwinger/Zerfaß: Handbuch Unternehmenskommunikation. Wiesbaden, 875–889.
Hoffmann, Lotha/Hartwig Kalverkämper/Herbert Ernst Wiegand (Hg.) (1998/1999): Fachsprachen. Ein internationales Handbuch zur Fachsprachenforschung und Terminologiewissenschaft. 2 Halbbände. Bd. 1 1998. Bd. 2 1999. Berlin/New York.
Huck, Simone (2004): Public Relations ohne Grenzen? Eine explorative Analyse der Beziehung zwischen Kultur und Öffentlichkeitsarbeit von Unternehmen. Wiesbaden.
Huck, Simone (2006): Internationale Unternehmenskommunikation. In: Mast: Unternehmenskommunikation, 369–387.
Hundt, Markus (1995): Modellbildung in der Wirtschaftssprache. Zur Geschichte der Institutionen- und Theoriefachsprachen der Wirtschaft. Tübingen (Reihe Germanistische Linguistik 150).
Hundt, Markus (1998): Neuere institutionelle und wissenschaftliche Wirtschaftsfachsprachen. In: Ludger Hoffmann u. a. (Hg.): Fachsprachen. Ein internationales Handbuch zur Fachsprachenforschung und Terminologiewissenschaft. 1. Halbband. Berlin/New York, 1296–1304.
Hundt, Markus (2000): Textsorten des Bereichs Wirtschaft und Handel. In: Klaus Brinker u. a. (Hg.): Text- und Gesprächslinguistik. Ein internationales Handbuch zeitgenössischer Forschung. 1. Halbband. Berlin/New York, 642–658.
Hundt, Markus (2002): Wirtschaftsbezogene Wortschätze. In: Alan D. Cruse u. a. (Hg.): Lexikologie. Ein internationales Handbuch zur Natur und Struktur von Wörtern und Wortschätzen. 1. Halbband. Berlin/New York, 932–942.
Hundt, Markus (2006): Das Ringen um den Geldbegriff. Begriffswandel und Metaphernkonstanz in historischen und zeitgenössischen Geldtheorien. In: Ekkehard Felder (Hg.): Semantische Kämpfe. Benennungs-, Bedeutungs- und Referenzfixierungs-Konkurrenzen in ausgewählten Wissensdomänen. Berlin/New York, 313–351 (Linguistik – Impulse und Tendenzen 16).
Hundt, Markus (2009): Verhaltensregulierung und Identitätsstiftung durch Unternehmensverfassungen. Corporate Governance unter sprachlichen Aspekten. In: Ekkehard Felder/Marcus Müller (Hg.): Wissen durch Sprache. Theorie, Praxis und Erkenntnisinteresse des Forschungsnetzwerkes „Sprache und Wissen". Berlin/New York, 479–502.
Hundt, Markus (2011): Diskursivierung von Wissen durch Sprache – der multimodale Ansatz von Georg Philipp Harsdörffer in den *Frauenzimmer Gesprächspielen*. In: Thorsten Burkard u. a. (Hg.): Politik – Ethik – Poetik. Diskurse und Medien frühneuzeitlichen Wissens. Berlin, 177–200 (Diskursivierung von Wissen in der Frühen Neuzeit Bd. 1).
Hundt, Markus (2011a): Wie wir die Dinge benennen, so begegnen wir ihnen: Naming-Prozesse im Kontext der HR-Markenarbeit. In: Marco Esser/Bernhard Schelenz (Hg.): Erfolgsfaktor HR Brand. Den Personalbereich und seine Leistungen als Marke managen. Erlangen, 165–174.
Hundt, Markus/Alexander Lasch/Christina Anders (2010): Kieler Modell zur Analyse von Texten auf Karrierewebseiten (KIMATEK 2010). Studie: „Personalrekrutierung durch Sprache." Trends und Tendenzen in der sprachlichen Gestaltung von Karrierewebseiten. Mainz.
Ingenhoff, Diana/Ulrike Röttger (2007): Issues Management. Ein zentrales Verfahren der Unternehmenskommunikation. In: Schmid/Lyczek: Unternehmenskommunikation, 319–350.
Janich, Nina (2010): Werbesprache. Ein Arbeitsbuch. 5., erw. Auflage. Tübingen.

Kastens, Inga Ellen (2008): Linguistische Markenführung: Die Sprache der Marken – Aufbau, Umsetzung und Wirkungspotenziale eines handlungsorientierten Markenführungsansatzes. Berlin.

Keller, Rudi (2006): Der Geschäftsbericht. Überzeugende Unternehmenskommunikation durch klare Sprache und gutes Deutsch. Wiesbaden.

Kirchhoff, Klaus Rainer/Manfred Piwinger (2007): Kommunikation mit Kapitalgebern: Grundlagen der Investor Relations. In: Piwinger/Zerfaß: Handbuch Unternehmenskommunikation, 723–740.

Köller, Wilhelm (2004): Perspektivität und Sprache. Zur Struktur von Objektivierungsformen in Bildern, im Denken und in der Sprache. Berlin/New York.

Köller, Wilhelm (2006): Narrative Formen der Sprachreflexion: Interpretationen zu Geschichten über Sprache von der Antike bis zur Gegenwart. Berlin/New York.

Köller, Wilhelm (2012): Sinnbilder für Sprache. Metaphorische Alternativen zur begrifflichen Erschließung von Sprache. Berlin/New York.

Langer, Inghard/Friedemann Schulz von Thun/Reinhard Tausch (2002): Sich verständlich ausdrücken. München.

Lücke, Richard (2005): Fakten, Trends, und Perspektiven. Konzeption, Herstellung und Vertrieb von Kundenzeitschriften. Bonn.

Lüsebrink, Hans-Jürgen (Hg.) (2005): Interkulturelle Kommunikation. Stuttgart/Weimar.

Mast, Claudia (2006). Unternehmenskommunikation. Ein Leitfaden. 2., neubearb. und erw. Auflage. Stuttgart.

Mast, Claudia/Simone Huck/Karoline Güller (2006): Kundenkommunikation. Ein Leitfaden. Stuttgart.

Müller-Jacquier, Bernd (Hg.) (1993): Interkulturelle Wirtschaftskommunikation. München.

Piwinger, Manfred (2007): Geschäftsberichte als Mittel der Information und Beziehungspflege. In: Piwinger/Zerfaß: Handbuch Unternehmenskommunikation, 453–464.

Piwinger, Manfred/Ansgar Zerfaß (Hg.) (2007): Handbuch Unternehmenskommunikation. Wiesbaden.

Pleil, Thomas/Ansgar Zerfaß (2007): Internet und Social Software in der Unternehmenskommunikation. In: Piwinger/Zerfaß: Handbuch Unternehmenskommunikation, 511–532.

Porák, Victor u. a. (2007): Finanzkommunikation. Die Grundlagen der Investor Relations. In: Schmid/Lyczek: Unternehmenskommunikation, 257–283.

Roelcke, Thorsten (2010): Fachsprachen. 3., neu bearb. Auflage. Berlin.

Schäfers, Bernhard (2002): Sozialstruktur und sozialer Wandel in Deutschland, 7. Auflage. Stuttgart.

Schmid, Beat F./Boris Lyczek (Hg.) (2007): Unternehmenskommunikation. Kommunikationsmanagement aus Sicht der Unternehmensführung. Wiesbaden.

Schmitz, Thomas (2004): Kundenzeitschrift. Mehrwert für Marken. Göttingen.

Schnieders, Guido (2005): Reklamationsgespräche. Eine diskursanalytische Studie. Tübingen.

Schweizer, Matthias (2004): Kommunikationsprozesse von Mitarbeiterzeitungen. Bern u. a.

Simmel, Georg (1900): Philosophie des Geldes. Leipzig.

Steger, Hugo (1988): Erscheinungsformen der deutschen Sprache. ‚Alltagssprache' – ‚Fachsprache' – ‚Standardsprache' – ‚Dialekt' und andere Gliederungstermini. In: Deutsche Sprache, 16. Jahrgang 1988. Berlin, 289–319.

Steinmetz, Heike (2003): Erfolgsfaktor Kundenzeitschrift. Von der Idee bis zum Vertrieb. Bonn.

Stöckl, Hartmut (2004): Die Sprache im Bild – das Bild in der Sprache. Zur Verknüpfung von Sprache und Bild im massenmedialen Text: Konzepte, Theorien, Analysemethoden. Berlin/New York (Linguistik – Impulse und Tendenzen 3).

Stölzer, Diana (2012): Markenkommunikation 2.0. Sprachliche Aspekte der Imagebildung in sozialen Netzwerken. Unveröff. Magisterarbeit. Technische Universität Dresden.

Töpfer, Armin (2007): Krisenkommunikation. Anforderungen an den Dialog mit Stakeholdern in Ausnahmensituationen. In: Schmid/Lyczek: Unternehmenskommunikation, 351–398.

Viedebantt, Klaus (2007): Die Mitarbeiter-Zeitschrift als Führungsinstrument. In: Piwinger/Zerfaß: Handbuch Unternehmenskommunikation, 465–475.

Vogel, Kathrin (2012): Corporate Style: Stil und Identität in der Unternehmenskommunikation. Darmstadt.

Zerfaß, Ansgar (2004): Unternehmensführung und Öffentlichkeitsarbeit. Grundlegung einer Theorie der Unternehmenskommunikation und Public Relations. 2., erg. Auflage. Wiesbaden.

Stephan Habscheid/Andreas P. Müller/Britta Thörle/Antje Wilton
18. Sprache in Organisationen

Abstract: Quer zu den verschiedenen gesellschaftlichen Institutionen, Wissens- und Handlungsfeldern – weit über staatliche Verwaltung und privatwirtschaftliche Unternehmungen hinaus – legen organisationale Rationalisierungen dem Sprachgebrauch spezifische Bedingungen auf, sei es in Form von Standardisierung oder eines rational-kalkulierenden Umgangs mit sprachlicher und kultureller Diversität. Der vorliegende Beitrag skizziert – unter Berücksichtigung ihrer historischen Entwicklung – zentrale Phänomenbereiche des sprachlich-kommunikativen Alltags in Organisationen und stellt ausgewählte Forschungsrichtungen, -gegenstände und -desiderate im Grenzbereich von sprachwissenschaftlichen und anderen Zugängen zur organisationalen Kommunikation vor. Der Aufbau des Beitrags stellt zugleich einen Vorschlag zur Systematisierung einer Linguistik der Organisation dar, die das vorhandene Wissen integriert und mögliche Pfade für die künftige Weiterentwicklung aufzeigt.

1   Organisationale Rationalisierung von Sprache und Kommunikation
2   Kommunikative Konstruktion organisationaler Identität
3   Organisationale Interaktionstypen und kommunikative Gattungen
4   Anwendungsfelder der Organisationslinguistik
5   Literatur

1 Organisationale Rationalisierung von Sprache und Kommunikation

Organisation wird bereits im Alltag begrifflich oft mit Bürokratie in Verbindung gebracht, mitunter wird in diesem Zusammenhang ihr „rationaler" Charakter, mitunter auch ihre „Unfähigkeit" zur Veränderung herausgestrichen (vgl. Derlien/Böhme/Heindl 2011, 201 u. Anm. 105). Das Wort *Bürokratie* wird auf einen Terminus zurückgeführt, mit dem der Ökonom Vincent de Gournay im 18. Jahrhundert den „‚unproduktiven' Beamtenstand des Ancien Régime" in Frankreich charakterisierte; der Begriff steht zudem im Kontext der typologischen Unterscheidung von *Herrschaftsformen* (Aristokratie, Demokratie, Tyrannis, Monarchie), die in ihrer klassischen Form auf Aristoteles zurückgeht und die, nicht zuletzt im Blick auf den modernen, ‚bürokratischen' Typus, maßgeblich von Max Weber theoretisch ausgearbeitet wurde (ebd., 16).

Wie bereits der Verweis auf das Bureau in der Benennung zeigt – der Ausdruck konnotierte ursprünglich den Kontext öffentlicher Einrichtungen, während das entsprechende Institut in der privaten Wirtschaft als Kontor bezeichnet wurde (vgl. Derlien/Böhme/Heindl 2011, 16; Rehbein 1998, 661) –, impliziert die Herrschaftsform der Bürokratie eine intensive Kommunikation, für die vor allem, wenn auch nicht ausschließlich, textvermittelte Gattungen und der Gebrauch geschriebener, gedruckter oder elektronisch verarbeiteter Sprache konstitutiv sind (Becker-Mrotzek/Scherner 2000, 628). Diese dienen der Bewahrung, Reproduktion und materiellen Autorisierung von Wissen (ebd., 633; Rehbein 1998, 666) und stellen damit eine Durchführungsbedingung für jene formell geregelten Verfahren dar, aus der die Herrschaftsform ihre Legitimation bezieht: Bürokratie impliziert „Schriftlichkeit und Aktenkundigkeit des Verkehrs mit der Möglichkeit interner und externer [...] Kontrollierbarkeit" (Derlien/Böhme/Heindl 2011, 20).

Vor diesem Hintergrund erfuhr die Bürokratie – für Weber (1921/2002, 719) „der technisch reinste Typus der legalen Herrschaft" und stetig wichtiger werdender Organisationskern moderner Staatlichkeit wie kapitalistischer Wirtschaftsbetriebe – als „Produkt und Promotor" im „universalgeschichtlichen Prozess der Rationalisierung" (Derlien/Böhme/Heindl 2011, 21) nicht nur eine räumliche Ausdehnung, sondern breitete sich auch, weit über öffentliche Einrichtungen hinaus, in andere Institutionen hinein aus (vgl. ebd., 24): Medizin, Bildung, Kirche, Industrie, Handel, Banken, Vereinswesen, Verbände, Parteien etc. (vgl. Rehbein 1998, 661, Derlien/Böhme/ Heindl 2011, 19).

Von *Bürokratie* spricht man daher zunächst im Blick auf die öffentliche Verwaltung, in der Bundesrepublik Deutschland zum Beispiel *Behörden* auf Bundesebene (Ministerien), in den Ländern und Kommunen, jeweils mit *Ämtern* für diverse Aufgabenbereiche und diesen zugeordneten *Dienststellen*, einschließlich der Verwaltungen in den diplomatischen Auslandsvertretungen (Rehbein 1998, 662). Diese bilden die Exekutive als dritte staatliche Gewalt (neben der Gesetzgebung und der Rechtsprechung) und führen das Handeln des Staates gegenüber dem Bürger auf gesetzlicher Basis aus (Becker-Mrotzek/Scherner 2000, 632). Moderne Rechtsstaatlichkeit ist eng an bürokratische Formen gebunden:

> Mit der Entwicklung des liberalen Rechtsstaats und der Durchsetzung des Gesetzesvorbehalts bei hoheitlichen Eingriffen wird die Regelgebundenheit des Verwaltungshandelns und damit dessen interne Programmierbarkeit, externe Berechenbarkeit und gerichtliche Kontrollierbarkeit ausgebaut. Dessen Pendant ist die umfassende Schriftlichkeit und Aktenkundigkeit der internen und externen Kommunikation der Verwaltung – zugleich eine Voraussetzung für hierarchische und gerichtliche Kontrollen. (Derlin/Böhme/Heindl 2011, 24)

Vor diesem Hintergrund sind in Texten der öffentlichen Verwaltung die geschriebene Standardsprache und die Sprache des Rechts miteinander verwoben (Becker-Mrotzek/Scherner 2000, 629).

Sprachlich Handelnde in der Verwaltung beziehen ihre Texte (z. B. Anträge, Bescheide) im Kern reverbalisierend und verweisend auf andere Texte (z. B. Gesetze, Erlasse etc.), in denen das zur Konstitution und Bearbeitung eines ‚Falles' erforderliche Wissen mit verbindlichen fachsprachlichen Ausdrucksformen vorformuliert und als Bezugsrahmen gesetzt ist (vgl. Rehbein 1998, 667). Unter dem Gesichtspunkt der Organisation wird auf diese Weise das sprachlich-kommunikative Handeln der Agenten nicht nur kontrollierbar, sondern auch in planbare Bahnen gelenkt. Auf diese Weise kann der Eigensinn der individuellen Organisationsmitglieder zurückgedrängt und ihr Handeln im Sinne organisationaler Kalküle (nicht zuletzt Effizienz) durch Hierarchie, Bürokratie und medientechnische Infrastrukturen gelenkt werden (vgl. Habscheid 2005).

Die unterschiedlichen Perspektiven, Wissensvoraussetzungen und Handlungschancen von Agenten und Klienten der Verwaltung bilden den Hintergrund für charakteristische Verständigungsprobleme und Konflikte (vgl. Becker-Mrotzek/Scherner 2000, 632). In dem Maße, wie das Bewusstsein für die Rechte des Bürgers gewachsen ist und erforderliche Kooperation – nicht nur verwaltungsintern, sondern auch zwischen Bürger und Verwaltung – komplexer wurde, rückten Sprache und Kommunikation als – oft problematische – Grundlage des Verwaltungshandelns ins Blickfeld (Rehbein 1998, 662). Treten Bürger als Klienten mit der öffentlichen Verwaltung in Kontakt – sei es als Antragsteller aus eigenem Antrieb, sei es als Betroffene oder Beteiligte an einer behördlichen Maßnahme (Becker-Mrotzek/Scherner 2000, 632) – zielt das kommunikative Handeln der Agenten der Verwaltung auf eine

> Adaptation der Bedürfnisse und Verstöße an die Sprache der Institution und ihre Rekonstruktion als behördlicher Sachverhalt [...]. Mit der Sachverhaltsrekonstruktion sind die weiteren Entscheidungswege vorstrukturiert. (Rehbein 1998, 664)

Dementsprechend werden beispielsweise auch mündliche Erzählungen von Klienten in der Sozialberatung „von den Beratern auf jurifizierbare Kategorien hin so gefiltert, daß das Erzählen seines homileïschen Zwecks beraubt und dadurch zum institutionsadäquaten *Berichten* umfunktioniert wird" (Rehbein 1998, 670, Hervorh. im Original). Auf die Konstruktion eines behördlichen Sachverhalts folgen in einem Verwaltungsverfahren zahlreiche weitere Schritte, die diverse Gattungen der – schriftlichen und mündlichen – Kommunikation umfassen (Rehbein 1998, 662 ff.), u. a. die Konstitution einer Akte und eines Vorgangs, der Abgleich mit Bestimmungen und dem Budget, Erkundigungen dokumentierende Aktenvermerke, die sukzessive Herstellung einer Entscheidung unter Beteiligung verschiedener Instanzen und u. U. Gutachter, der Beschluss über die Maßnahme, die Aktenverfügung und Katalogisierung durch die Registratur, der Bescheid an den Bürger.

Weit über den Bereich der öffentlichen Verwaltung hinaus versteht man unter Bürokratie einen Modus der Organisation, der u. a. durch folgende idealtypische Merkmale charakterisiert werden kann (in Anlehnung an Derlien/Böhme/Heindl 2011, 19 f., die sich ihrerseits auf Weber beziehen):

– Hierarchie;
– formale Arbeitsteilung/Spezialisierung;
– Regelgebundenheit/Unpersönlichkeit der Abläufe;
– Schriftlichkeit/Aktenkundigkeit der Kommunikation und Wissensverarbeitung;

- Trennung von Amt und Person, von Betriebsmitteln und Privatvermögen sowie, bezogen auf die Organisationsmitglieder (ebd., 19),
- hauptberufliches Personal;
- formale Kriterien für Einstellung und Aufstieg;
- Entlohnung in Geld;
- Unabhängigkeit/Unbestechlichkeit;
- Fachwissen;
- Berufsethos/Disziplin.

Vor diesem Hintergrund kommt es – wie bereits im Blick auf die öffentliche Verwaltung erläutert – regelmäßig auch zu einer Rationalisierung sprachlich-kommunikativer Praktiken, deren Kehrseite die partielle Unterdrückung organisational unerwünschter Handlungen darstellt (Heller 2010, 107, unter Bezug auf Boutet 2008). Neuartige Formen der Rationalisierung von Sprache und Kommunikation – jenseits der Standardisierung – entwickeln sich im Kontext des „Post-Fordismus" (Knoblauch 1996), insofern mit der Relation der Ware oder Dienstleistung zum *Kunden* auch deren kulturelle Prägung in den Fokus der Optimierung rückt (vgl. Heller 2010, 103 f., 106–110). Im Mittelpunkt einer solchen „Kommunikationspolitik" (Bühler 1999) steht das Ziel, Loyalität zum Unternehmen zu schaffen, indem Kundenbedürfnisse spezifisch und umfassend befriedigt werden (Cameron 2000b, 338; Habscheid 2012).

Hinsichtlich der Standardisierung organisationaler Kommunikation muss allerdings berücksichtigt werden, dass kommunikatives Handeln unter derartigen Bedingungen nicht einfach im repetitiven Vollzug starrer Vorgaben und Pläne der Organisation besteht; vielmehr besteht die Herausforderung oftmals darin, verständlich und nachvollziehbar jeweils sowohl den allgemeinen organisationalen Normen und den spezifischen Anforderungen der kontingenten Situation gerecht zu werden. Dies belegen eindrücklich die *Studies of Work* (vgl. Bergmann 2006) sowie empirische Fallstudien im Rahmen der *Workplace Studies*, deren besonderes Interesse dem Zusammenhang von Arbeits- als Kommunikationsvollzügen mit neuen Medientechnologien gilt (grundlegend: Suchman 2007). Technologische Innovationen in Organisationen können daher nur in dem Maße erfolgreich sein, wie sie an die in alltägliche kommunikative Praxisvollzüge eingelassenen Interpretationen der Handelnden anschlussfähig sind (vgl. z. B. Heath/Luff 2000, 1–30) und wie die im Inneren der Maschinen ablaufenden technischen Prozesse an der dem Benutzer zugewandten Oberfläche für eine flexible situierte Nutzung hinreichend ‚verständlich' werden (Dourish 2004, 84 ff.).

In der populären *Kritik an der Bürokratie*, in der oft Fragen des Organisationsmodells mit politisch-ideologischen Themen (Rolle des Staates, Macht der Verwaltung gegenüber dem Parlament) vermischt sind (vgl. Derlien/Böhme/Heindl 2011, 29), wird die Kehrseite der Verwaltungsrationalität (über-)betont, werden Ambivalenzen zur Negativseite hin einseitig aufgelöst: blinder Gehorsam; „Rädchen im Getriebe"; Pedanterie; menschliche Kälte; Schablonisierung usw. (ebd., 17). Einen Spezialfall einer derartigen oft unterkomplexen Verwaltungskritik stellt die sprachkritische Auseinandersetzung mit Verwaltungssprache und -kommunikation dar, wenn ausschließlich Extremformen oder negative Begleiterscheinungen wie die „Entpersönlichung" des Menschen in der „verwalteten Welt" thematisiert werden (vgl. dazu Becker-Mrotzek/Scherner 2000, 628, mit weiteren Literaturhinweisen), die prinzipielle Funktionalität von Verwaltung und größere institutionelle Zusammenhänge aber nicht in den Blick kommen. Aus einem anderen Blickwinkel kann Bürokratie für den Bürger bzw. Klienten Verlässlichkeit bedeuten; auch aus der Perspektive der individuellen Mitglieder ist die bürokratische Form der Organisation, insofern sie nicht nur Entfaltungsspielräume einschränkt, sondern auch möglichen Übergriffen von außen Grenzen setzt, potenziell durchaus auch mit Vorteilen verbunden (vgl. Baecker 2003, 26 ff.).

Gleichwohl erscheint grundsätzliche Kritik am Bürokratie-Modell insoweit berechtigt, als durch dessen blinde Flecken bestimmte Aspekte des sozialen Gebildes einer Organisation ausgeblendet werden (vgl. Derlien/Böhme/Heindl 2011, 202–206), z. B. Informationsdefizite an der Spitze der Hierarchie, die Anforderungen einer – mehr oder weniger dynamischen – Umwelt, die Gefahr der Abschottung und Erstarrung, die Notwendigkeit soziokultureller Diversität, Perspektiven- und Interessenvielfalt sowie die Relevanz von informeller Kommunikation und Prozesse der ‚Selbststeuerung' (vgl. dazu auch Habscheid 2005, mit weiteren Literaturangaben).

Je nach Grad der – vertikalen, horizontalen, technologischen, topographischen und soziokulturellen – Komplexität einer (mehr oder weniger) bürokratischen Organisation und den Umweltbedingungen, denen sie unterliegt, treten in einer Organisation erfahrungsgemäß vielfältige Probleme der internen Kommunikation und Koordination auf (Derlien/Böhme/Heindl 2011, 27). Die Organisationstheorie hat hierauf mit diversen alternativen Konzeptualisierungen reagiert, in denen das Modell der Bürokratie bzw. der Maschine durch andere erkenntnisleitende Metaphern ersetzt wurde (vgl. Morgan 1986/1997): ‚Organismus', ‚Gehirn', ‚Fluss', ‚Machtinstrument' etc.

2 Kommunikative Konstruktion organisationaler Identität

Bis weit in die zweite Hälfte des 20. Jahrhunderts hinein war die Vorstellung von der Organisation als einer plan- und steuerbaren Einrichtung, deren Mitarbeiter als direkt oder indirekt an der Wertschöpfung beteiligte, aber jedenfalls steuer- und kontrollierbare Agenten Teil des Gesamtbetriebs sind, eine dominante Perspektive in der Organisationstheorie. Die Bürokratisierung, Rationalisierung und Formalisierung (kommunikativer) organisationaler Praxen galten als quasi unumstößliche Leitprinzipien. Erst im Zuge des Cultural Turn ist dieser Blick relativiert und die Auffassung wichtiger geworden, dass Organisationen auch Kollektive oder Koalitionen seien und dass sie auf der dialogisch vollzogenen Einigung gründeten, dass das gemeinschaftliche Handeln einen Sinn ergibt (vgl. Scott 1986, Weick 1995, sowie die Beiträge in Ortmann/Sydow/Türk 2000). Für Organisationen und insbesondere das Management ist diese Neuorientierung in zweifacher Hinsicht produktiv gewesen. Einerseits wird im Management ein Zugriff auf umfangreichere Anteile der sozialen Identität von Mitarbeitern wünschenswert; die weiter oben angesprochene Eindämmung des Eigensinns wird lebensweltlich legitimiert. Insofern bieten sich neue Möglichkeiten von ‚Führung'. Andererseits können Aspekte der Unternehmensidentität (‚Corporate Identity') mit Fragen aus gesellschaftlichen Wertediskursen abgeglichen werden oder mit diesen auch in einen Wettbewerb um kollektive Legitimationen treten, wodurch ein Zugewinn an gesellschaftlicher Anerkennung möglich wird (vgl. hierzu die Debatte um den Begriff der *Unternehmenskultur*, etwa in Schmidt 2005).

Sicherlich hat diese qualitative Neuorientierung nicht derart grundlegend gewirkt, dass sich die rational-ökonomischen Begriffsfelder der Wirtschaftswissenschaft aufgelöst hätten. Neoklassische und neo-institutionalistische Denkmodelle bilden weiterhin wichtige Stränge in der organisationalen Lehre und Forschung. Immerhin befassen sich jedoch bestimmte Bereiche des Managements und der wirtschaftswissenschaftlichen Theoriebildung heute stärker mit qualitativer Forschung als zuvor; der konstruktivistische Ansatz der Sozialwissenschaften ist rezipiert und unter bestimmten Vorzeichen integriert worden (Witt 1995). Von Interesse sind beispielsweise Aspekte von kreativer Performativität und in dem Zusammenhang die Überlegungen von Wittgenstein zu *Sprachspielen* und von Austin zum *Handlungswert* sprachlicher Äußerungen. Die Sinnkonstitution in Organisationen kann diesen Konzeptionen zufolge als ein nicht abzuschließender Fluss beschrieben werden, in dem schriftliche und mündliche Texte eine wichtige Funktion haben: Sie sind nicht nur als Ergebnisse oder als Ziele etwa von Verwaltungs- oder Produktionsprozessen zu verstehen – dies würde ihren Wert für die Konstitution sozialen Sinns in der Organisation unterschätzen –, sondern vielmehr als Motoren zur Aufrechterhaltung ideologischer Referenzebenen (Svetlova 2008, 94 ff.).

Als ein weiteres Moment dieser Veränderungen wirken im Übrigen bestimmte Neuerungen in der Ethnologie und in der Soziologie. Die Kritik an der scheinbaren Objektivierbarkeit der wissenschaftlichen Beobachtung führt in der Ethnologie zu der Erkenntnis, dass die Gegenstandsbestimmungen selbst auch gesellschaftliche Konstruktionen sind. Erst die Beobachterposition *zweiter Ordnung*, die Möglichkeit etwa, die Steuerung sozialer Systeme wie etwa Organisationen aus einem reflexiven Blickwinkel zu betrachten, ermöglicht grundsätzlich neue Fragen in der Theoriebildung der Organisationsforschung (vgl. Berg/Fuchs 1993). Insgesamt kann man sagen, dass verschiedene post-strukturalistische, geistes- und gesellschaftswissenschaftliche Ansätze in der Organisationstheorie eine gewisse Karriere gemacht haben, darunter zum Beispiel die Diskursanalyse.

Sprache und sprachliches Handeln oder sprachliches Verhalten sind in diesem Zusammenhang auf mehreren Ebenen relevant. Die zuletzt genannte, reflexive Perspektive hat zu der Erkenntnis geführt, dass die organisationswissenschaftliche Theoriebildung Moden unterworfen ist, indem sie in typischer Weise neues sprachliches Material in den ontologischen Prozess einbindet (Kieser 1996, Czarniawska 1997). In ähnlicher Weise ist auch das Sprechen über Organisationen häufig Teil eines Diskurses, in dem es zu Legenden und Mythen bildenden narrativen Strukturen kommt (Czarniawska 2013). An Gesprächen aus den Organisationen kann zwar einerseits gezeigt werden, dass das kommunikative Verhalten Musterhaftigkeiten aufweist – eine Folge von Adaptation und Formalisierung, die auf die Möglichkeit schließen lässt, dieses Verhalten zu steuern und entsprechend des organisationalen Bedarfs zu wandeln. Andererseits sind diese Musterhaftigkeiten jedoch auch kulturell determiniert. Sie finden unter pfadabhängigen sozial-historischen Bedingungen statt und enaktieren jeweils unterschiedliche sozialsymbolische Bedeutungen (Thörle 2005). Man könnte auch sagen, dass das kommunikative Handeln in der Organisation auf eine organisationskulturelle Tiefensemantik zurückgreift, wo mehr oder weniger formalisierte soziale Kognitionen zur Verfügung stehen. Dieses kollektive organisationale *Gedächtnis* unterliegt einem beständigen Wandlungs- und Anpassungsdruck; die organisationale Identität ist in diesem Zusammenhang eine komplexe kommunikativ konstituierte und dynamische Textur.

Unter dem Stichwort *Bürokratie* sahen wir bereits, dass ökonomische und Standardisierungszwänge in der Organisation dem Variantenreichtum Grenzen setzen. Mit dem Ziel der Absicherung gemeinsamer Sinnhorizonte in der organisationalen Arbeit sind Rationalisierungen und Formalisierungen ein Gegenstand der Arbeit im Management und in der Organisationssteuerung. Die Frage, inwieweit es sich jeweils um einen konsensuell zu vereinbarenden Sinnhorizont handelt, kann dabei angesichts der Zwänge aus der Massenökonomie und der Marktdynamik schnell in den Hintergrund treten. Oder genauer gesagt, die Frage, inwieweit der Konsens im Sinne einer partizipativen Organisationsgestaltung ausgehandelt werden kann, fällt dem ökonomischen Zwang zum Opfer. Die Konsenslosigkeit ist also gleichsam Teil des unterstellten Konsenses. Sprachregulierungen erfolgen in dem Zusammenhang mit hoher Priorität zugunsten von Spracheffizienz und zu Lasten sprachlicher und kultureller Identität (ein Phänomen übrigens, das auch gesamtwirtschaftlich gilt und als Konsequenz aus ökonomisch motivierten Sprachhegemonien entsteht). Sprachregulierungen können mit organisationspolitischen Positionsbestimmungen einhergehen (Heller 2010); sie können die Arbeit bestimmter Organisationseinheiten betreffen (etwa Vertriebszentren, Kundencenter, Key Account-Managementeinheiten, vgl. Prego Vázquez 2007 und Cameron 2000a, b); sie können schließlich als Sinnangebote verstanden werden, und zwar innerhalb der Organisation, etwa als Vorgabe an die Führungskommunikation; oder auch nach außen, an die Gesellschaft (indem etwa die Strategien von Unternehmen auf einen spezifischen gesellschaftlichen Bedarf antworten, Pfriem 2004, 400) u. a. Zugleich verweisen Maßregelungen im Bereich des Sprachverhaltens in der Regel auf ideologische Überhöhungen. Dies heißt, dass der korrekte Sprachgebrauch zum sanktionierbaren Muster und zu einem kaum verhandelbaren Wert für individuelle und kollektive identitätskonstitutive Orientierungen wird (ein Aspekt, der besonders gut in *Change Management*-Zusammenhängen beobachtet werden kann, vgl. etwa bei Vacek 2009, 215).

Die Regulierung des sprachlichen und kommunikationsstilistischen Verhaltens von Mitarbeitern zählt zu den augenscheinlichsten Einflussnahmen auf die soziale Identität von Mitarbeitern in ihren verschiedenen Rollen im Unternehmen. Aus unternehmerischer Sicht ist dabei die plausibelste Begründung, dass durch die Regulierung der notwendigen Standardisierung und Rationalisierung des Arbeitens Genüge getan werden kann. Unterschätzt werden hingegen die identitätspolitischen Effekte der Regulierung. Die Einflussnahme auf das sprachliche und kommunikationsstilistische Verhalten von Mitarbeitern ist ein vergleichsweise mächtiges Instrument zur Kontrolle von Arbeitsprozessen, vor allem in internationalen Arbeitszusammenhängen. Sprachliche Standards erlauben die Transferierbarkeit und Translation der Stationen in der Wertschöpfung, reduzieren den Arbeitsaufwand im Informations- und Wissensmanagement und sie fördern Effektivität – so zumindest der instrumentelle Ansatz (Janssens/Lambert/Steyaert 2004). Zunächst ist es für die Organisation von zentraler Bedeutung, die Verständigung zwischen den Mitarbeitern und zwischen Mitarbeitern und Klienten zu ermöglichen. Entsprechend sind Fragen der plurilingualen Kommunikation und der Lingua franca für viele Organisationen außerordentlich relevant. Ein entsprechendes Management kann hierfür mehr oder weniger stark vorstrukturierte Komponenten einsetzen (Harzing/Köster/Magner 2011), wobei auch die Unterregulierung vorteilhaft sein kann, wenn die Sprachenwahl beispielsweise in selbst organisierten Prozessen durch die Mitarbeiter ad hoc getroffen wird (Lüdi/Heiniger 2007).

Die Vielfältigkeit der Phänomene an den Schnittstellen von Identität, Kultur und Sprache ist groß. Was vergleichsweise gut beobachtet werden kann, sind Spannungsbögen zwischen den Polen des organisationalen Sprachgebrauchs, und zwar zwischen einerseits der Regulierung und andererseits der emergenten Ausgestaltung diskursiver Lebensräume durch die Belegschaft. Das Management ist darauf angewiesen, den Mitarbeitern immer wieder neue Wege aufzuzeigen und eine kollektive Legitimation über einen gemeinsamen Sprachgebrauch zu ermöglichen und zu verhandeln. Angleichungsprozesse, bei denen sich Sprachgebrauchsgewohnheiten bestimmten, mehr oder weniger spezifisch formulierten Normierungen nähern, können in dem Zusammenhang als Nähe-Distanz-Regulierung in beruflichen Tätigkeitsfeldern verstanden werden.

3 Organisationale Interaktionstypen und kommunikative Gattungen

Ein weiterer Zugang zu Sprache und Kommunikation in Organisationen setzt an den organisationsspezifischen Interaktionstypen oder kommunikativen Gattungen an, denen oft eine im Vergleich zur Alltagskommunikation stärker reflektierte und ausgeprägte Musterhaftigkeit zugeschrieben wird. Diese Musterhaftigkeit ist dabei nicht allein das Resultat rationaler Zwänge oder normativer Vorgaben, denen das kommunikative Handeln in Organisationen freilich unterliegt, sondern muss als eine durch die kommunikative Praxis der Organisationsmitglieder hervorgebrachte, kulturell determinierte, immer wieder neu zu (re)konstruierende und damit wandelbare Strukturiertheit betrachtet werden, die von den Beteiligten zugleich als Ressource für kommunikatives Handeln genutzt wird (vgl. z. B. Habscheid 2001, 1690). Die in der Auseinandersetzung mit organisationalen Aufgaben, Zwecken und Bedingungen entwickelten mehr oder weniger stabilen kommunikativen Muster sind im kollektiven Wissen der Organisation verankert und stehen den Organisationsmitgliedern als eine Art „prêt-à-parler" (Boutet 2005, 21) zur Bewältigung rekurrenter (Routine-)Aufgaben zur Verfügung. In der Summe bilden Gattungen und andere Formen den *„kommunikativen Haushalt"* der Organisation (vgl. zu den Konzepten Luckmann 1986).

Beschreibungen von Sprache und Kommunikation in Organisationen konzentrieren sich meistens auf bestimmte *Interaktionstypen*, die als prägend für die jeweilige Organisation betrachtet werden. So liefert etwa Brünner (2000) eine Typologie mündlicher Gesprächstypen in der Wirtschaft, innerhalb derer sie u. a. Verkaufs-, Reklamations-, Servicegespräche, Verhandlungen und Besprechungen unterscheidet. Beispiele für Interaktionstypen aus anderen Organisationen wären Anamnese- oder Visitengespräche im Krankenhaus (Lalouschek 2002, Löning 2001, Köhle/Raspe Hg. 1982), Seminare, Prüfungen, Labor-, Dienst- oder Beratungsgespräche an der Hochschule (Sucharowski 2001, Munsberg 1994) sowie Datenerhebungs- oder Beratungsgespräche in der öffentlichen Verwaltung (Becker-Mrotzek 2001, Rosenberg 2014). Viele der Untersuchungen entstanden im Kontext *Angewandter Gesprächs- oder Diskursforschung*. Auch wenn sie teilweise von verschiedenen theoretischen Grundannahmen ausgehen, gleichen sich diese Arbeiten in ihren methodischen Prinzipien. Sie stützen sich auf die Transkription und Interpretation authentischer Gesprächsdaten und identifizieren und beschreiben Sequenzen, Schemata und Muster kommunikativer Ereignisse mit dem Ziel, die in diesen Ereignissen auftretenden kommunikativen Probleme zu erklären (Brünner/Fiehler/Kindt 2002, 8, Becker-Mrotzek/Meier 2002). Dabei finden Interaktionen an den Schnittstellen der Organisation in den Untersuchungen insgesamt eine stärkere Berücksichtigung als organisationsinterne Interaktionstypen, was einerseits mit dem Problem- und Konfliktpotential der organisationsexternen Kommunikation und dem damit verbundenen Interesse angewandt-linguistischer Forschung zusammenhängen könnte, andererseits aber auch auf das forschungspraktische Problem der eingeschränkten Zugänglichkeit organisationsinterner Kommunikationsräume für externe Beobachter zurückzuführen sein dürfte.

Eine Ausnahme stellen hier *Arbeitsbesprechungen* als gut untersuchter Interaktionstyp der organisationsinternen Kommunikation dar, denen hinsichtlich des organisationalen Handelns, der Konstitution, Aufrechterhaltung und Entwicklung der Organisation zentrale Bedeutung zugeschrieben wird:

> They may be preceded, arranged, complemented, augmented and cancelled by other forms of organizational communication such as telephone calls, memoranda and reports, but meetings remain the essential mechanism through which organizations create and maintain the practical activity of organizing. They are, in other words, *the* interaction order of management, the occasioned expression of management-in-action, the very social action through which institutions produce and reproduce themselves. (Boden 1994, 81, Hervorh. im Original)

Hervorgehoben wird unter diesem Gesichtspunkt vor allem die Rolle von Besprechungen als Teil der *organisationalen Entscheidungskommunikation*. Indem sie in Besprechungen Entscheidungen vorbereiten, herstellen oder weiterreichen, schaffen die Teilnehmer Anknüpfungspunkte für ihr weiteres Handeln und gewährleisten damit die Aufrechterhaltung bzw. den Fortgang des organisationalen ‚Lebens'.

> Die grundsätzliche Aufgabe des Besprechens wird hier darin gesehen, das Angesprochene so zu bearbeiten, dass es einen erkennbaren Punkt zum Anknüpfen, zum „damit-Arbeiten" gibt. Was geäußert und eingebracht wird, z. B. Informationen, Veränderungen, Probleme, Fragen und Beschwerden (s. o.), muss so „bereitgestellt" werden, dass im Anschluss an die Zusammenkunft ein spezifischer „Zustand" der angesprochenen Themen zur Orientierung für den Arbeitsalltag werden kann. (Domke 2006, 14)

In diesem Sinne werden in Besprechungen Informationen zum Stand der Dinge oder zu neuen Entwicklungen weitergegeben, arbeitsplatzspezifische Schwierigkeiten konstruiert und aufrechterhalten, Lösungen diskutiert, Aufgaben festgelegt und Handlungen eingefordert, wodurch die notwendigen Voraussetzungen für weiteres organisationales Handeln geschaffen werden (vgl. Domke 2008). Die „(Re)Produktion" der Organisation findet in Besprechungen dabei nicht nur auf der Ebene der Arbeitsprozesse statt, sondern beinhaltet ebenso die (Re)Konstitution organisationaler Rollen und Beziehungen, indem die Teilnehmer in ihrem Gesprächsverhalten Hierarchieorientierung zum Ausdruck bringen (Schmitt/Heidtmann 2002, Poro 1999, Müller 1997) oder ihre Zugehörigkeit zu bestimmten beruflichen Gruppen oder sozialen Welten innerhalb des Unternehmens anzeigen und damit soziale Rollen und berufliche Identitäten in der Organisation (re)definieren (Thörle 2005). Aus anthropologischer Sicht wird in diesem Zusammenhang auf den rituellen Charakter von Meetings hingewiesen, die mitunter mit Stammeszusammenkünften verglichen werden (Boden 1994). Motive, Bestrebungen, Wünsche und Gefühle von Mitgliedern der Organisation bilden dabei „hidden agendas" (Schwartzman 1981), die nicht offen besprochen werden (können) und dazu führen, dass die vordergründigen organisationalen

Zwecke in den Hintergrund treten, Aufgaben nicht erfüllt und Entscheidungen nicht getroffen werden. Besprechungen erscheinen jedoch auch unter dieser Perspektive als zentrale kommunikative Ereignisse, in denen die Mitglieder der Organisation sich ihrer Gemeinschaft versichern, ihrem Handeln Sinn verleihen und die Organisation aufrechterhalten.

Unterhalb dieser übergreifenden Funktionalität im kommunikativen Haushalt der Organisation weist der Interaktionstyp Arbeitsbesprechung eine ausgeprägte Heterogenität auf, die sich einerseits in unterschiedlichen Benennungen („Technical Meeting" Lenz 1989, „Meisterbesprechungen" Schwandt 1995), andererseits in der Variationsbreite der Eigenschaften (z. B. hinsichtlich der Anzahl und Zusammensetzung der Teilnehmer, des Formalitätsgrades, der Länge, der Thematik) manifestiert. Müller (2006, 149) unterscheidet deshalb auf der Grundlage von Korrelaten der Kriterien „Anlass" und „Teilnehmer" verschiedene kommunikative Gattungen innerbetrieblicher Besprechungen wie etwa Planungs-, Präsentations-, Schulungs- oder Krisengespräche.

Der Verlauf von Besprechungen ist durch eine Rollenverteilung unter den Teilnehmern charakterisiert, die mit unterschiedlichen Beteiligungsmöglichkeiten im Hinblick auf die Allokation und Länge von Turns (Larrue/Trognon 1993; Lenz 1989) oder die Gestaltung thematischer Übergänge (Meier 1997) einhergeht. Dabei korrelieren die Beteiligungsrollen nicht zwangsläufig mit hierarchischen Positionen oder organisationalen Funktionen. Status, Zuständigkeit und fachliche Expertise können von den Sprechern jedoch als Ressourcen für die Aushandlung von Beteiligungsmöglichkeiten herangezogen werden. Eine andere Ressource der Gesprächsorganisation ist die Struktur der Arbeitsaufgabe, an der die Besprechungsteilnehmer sich bei der Konstitution und Sequenzierung von Themen orientieren (Linde 1991).

Gemeinsame Fokussierung, Teilnehmerkonstellation und Beteiligungsformate sind innerhalb ein und derselben Besprechung allerdings nicht stabil. Besprechungen sind vielmehr dynamische Interaktionen (Meier 1997) mit wechselndem *footing* (Goffman 1981), in denen Rahmenwechsel häufig mittels sehr subtiler stilistischer sowie nicht zuletzt auch nonverbaler Ressourcen wie Körperhaltung und Bewegung im Raum kontextualisiert und koordiniert werden (vgl. Deppermann/Schmitt/Mondada 2010). Ein solcher Rahmenwechsel kann sich beispielsweise beim Übergang zwischen verschiedenen Interaktionsmustern innerhalb der Besprechung vollziehen. Neben übergreifenden besprechungstypischen Handlungsmustern wie „Informieren", „Aufgaben-Festlegen" oder „Dissens-Austragen" (Dannerer 1999) spielen hier auch an der konkreten Arbeitsaufgabe ausgerichtete, organisations- und gruppenspezifische Muster eine Rolle (Thörle 2005). Müller (2006) unterscheidet kleinere kommunikative „Formen" unterschiedlicher Tragweite (Routineinformation, Vorgesetztenfazit, Dozieren), die sich durch spezifische Teilnehmerkonstellationen, Inhalte sowie sequentielle Eigenschaften auszeichnen. Unter ihnen finden sich auch quasi alltagssprachliche Gattungen wie Erzählungen oder Klatsch, die jedoch als organisationale Muster mitunter von ihren alltagssprachlichen Pendants abweichen, indem ihr Gebrauch im organisationalen Kontext Mitgliedern bestimmter Statusgruppen vorbehalten ist oder spezifische Funktionen im Hinblick auf das organisationale Handeln erfüllt (vgl. z. B. Müller 2006, 175 zur ideologischen Funktion des Erzählens von Vorgesetzten oder Dannerer 2002 zur Statusabhängigkeit von Scherzen).

4 Anwendungsfelder der Organisationslinguistik

Wissen über Sprache und Kommunikation in Organisationen erlangt in vielen professionellen Tätigkeitsprofilen und -bereichen einen unmittelbaren Praxisbezug. Zu diesen Anwendungsfeldern einer Organisationslinguistik gehören Formen der Personalentwicklung mit dem Ziel, organisational relevante individuelle sprachliche und kommunikative Kompetenzen zu verbessern, sowie die Unterstützung der Akteure durch kommunikationsbezogene (und ihrerseits kommunikative) Formen von Beratung, fallbezogener Supervision und Coaching. Professionelle Tätigkeiten, die zur Gestaltung organisationaler Prozesse in kalkulierter Weise Mittel von Sprache und Kommunikation einsetzen, sind ebenfalls Gegenstand anwendungsbezogener Forschung und Beratung.

Im Bereich der *Personalentwicklung* zielen etwa interkulturelle Trainings auf die Entwicklung von Kompetenzen bei der Vermeidung oder Bearbeitung kultureller und sprachlicher Probleme, die sich sowohl innerhalb einer Organisation, etwa nach einer Unternehmenszusammenführung (vgl. Bastien 1992), als auch zwischen Organisationen bemerkbar machen können und u. a. auf schwach oder unsystematisch ausgeprägte Sprachkompetenzen (in der Sprache des Gegenübers oder einer Verkehrssprache), divergierende, (sub)kulturell geprägte Sprachstile oder schlicht auf die Unkenntnis oder das Unverständnis von Handlungsmustern des Gegenübers (Müller 2007, Knapp ersch.) zurückzuführen sind. Die Anwendung linguistisch gewonnen Wissens kann darüber hinaus zur *Optimierung organisationaler Vorgänge* eingesetzt werden, die in einem starken Maße durch sprachlich-kommunikative Handlungen geprägt sind. Dies gilt beispielsweise für „mündliche Interaktionen als Bestandteil industrieller Prozessmodellierungsmethoden" im Rahmen der Wertschöpfungskette (Jakobs u. a. 2011, 223), mit denen die einzelnen Prozessschritte entwickelt, überprüft und gesteuert werden, oder – im Zusammenhang des *Change Managements* – für die Gestaltung organisationaler Wandelprozesse, die in einem Spannungsfeld zwischen Integration divergierender Perspektiven und Sinnentwürfe auf der einen Seite und hierarchischer Machtausübung auf der anderen durch das Management kommunikativ legitimiert werden müssen (Vacek 2009). Ein Faktor der Optimierung kommunikativer Prozesse ist schließlich die *Effizienz kommunikativen Handelns*, verstanden als die Eigenschaft, mit möglichst geringem Aufwand ein möglichst gutes Ergebnis zu erzielen (Dannerer 2005, 37). Aus linguistischer Sicht stellt sich hier die Frage nach geeigneten Parametern für die Messung effizienten Handelns unter kommunikativen Gesichtspunkten (vgl. Dannerer 2005).

Den erwähnten Anwendungsfeldern sind drei Aspekte gemeinsam, die bei der Anwendung sprachwissenschaftlich gewonnener Erkenntnisse im Praxisalltag zutage treten bzw. zu berücksichtigen sind: die unterschiedliche Wahrnehmung kommunikativer und sprachlicher Probleme bei den beteiligten Akteuren, die Notwendigkeit, von einer neutralen Beschreibung sprachlicher Phänomene zu einer Bewertung hinsichtlich ihrer Praxistauglichkeit zu gelangen, und die Komplexität alltagsweltlicher organisationaler Kontexte, die ein interdisziplinäres Vorgehen bei der Problemidentifikation, -analyse und -behebung erfordern.

Beteiligte nehmen einen kommunikativ zu bearbeitenden Sachverhalt oder eine kommunikativ zu erreichende Zielsetzung unterschiedlich wahr. Die *Perspektivendivergenz* zeigt sich entweder im kommunikativen Vorgang selbst, z. B. durch Verständnisprobleme, oder aber in der Umsetzung der ausgehandelten Handlungsschritte. So kann die Sicht der Beteiligten auf einen bestimmten Anwendungskontext divergieren, sei es, weil die Beschäftigten einer Organisation eine andere Sichtweise auf die kommunikativen Vorgänge haben als die Führungsebene dieser Organisation, sei es, weil die unterschiedlichen institutionellen Rollen der Beteiligten am selben kommunikativen Ereignis durch Wissensasymmetrien und unterschiedliche Handlungsanforderungen (Experte – Laie, Anbieter – Kunde, Berater – Betroffener) divergente Perspektiven hervorbringen (vgl. Reitemeier 2010, Thörle 2008, Menz 2002), sei es, weil kulturelle Prägungen Einzelner oder ganzer Gruppen deutlich unterschiedliche Sichtweisen bedingen. Eine solche Perspektivendivergenz kann zum einen für das Kommunikationsereignis inhärente Folgen haben, wenn die unterschiedlichen Sichtweisen nicht explizit gemacht oder sogar strategisch verschleiert oder unterschlagen werden, um Machtentscheidungen durchzusetzen (Vacek 2009, 318) oder Verstehensprozesse gefährdet werden (Deppermann u. a. (Hg.) 2010). Zum anderen kann auf einer anderen Ebene eine Perspektivendivergenz Auswirkungen auf die Bearbeitung des Kommunikationsproblems haben, wenn die Erwartungen der Beteiligten an eine Diagnose- und Beratungsmaßnahme auseinandergehen. So kann die Sicht auf ein kommunikatives Problem oder eine Anforderung bei den Beteiligten (z. B. der Belegschaft) anders sein als bei den Auftraggebern (z. B. der Unternehmensleitung) und wiederum anders als die der Forscher, die die externe Beobachterperspektive einbringen (Dannerer 2005, 44 ff., Knapp ersch.). Dies hat unter Umständen Konsequenzen für die Akzeptanz und Bewertung von Schulungsmaßnahmen durch die Beteiligten oder Auftraggeber (Knapp ersch.).

Akteure in Organisationen können Wissen über und Kompetenzen in sprachlich-kommunikativen Handlungsfeldern auf verschiedene Arten erwerben: zum einen *in situ* durch ihre aktive Teilnahme an diesen Vorgängen, die sie im Zusammenspiel mit anderen Akteuren in der kommunikativen Praxis interaktiv gestalten. Basierend auf ihren Sozialisationserfahrungen in alltagskommunikativen Situationen erwerben Akteure in der beruflichen Praxis organisationsspezifische Formen des sprachlichen und kommunikativen Handelns (siehe Abschnitt 3). Zum anderen können Organisationsmitglieder ihr Wissen und ihre Kompetenzen durch systematisiertes, dem kommunikativen Alltag zumindest teilweise enthobenes Lernen in Form von Training (mit dem Schwerpunkt der Vermittlung von Wissen und Kompetenzen), Beratung oder Coaching (mit Fokussierung der individuellen Persönlichkeitsentwicklung) erweitern und/oder entwickeln (vgl. Brünner/Fiehler/Kindt 2002, 10). Letzteres wird insbesondere dann wichtig, wenn kommunikationsintensive Tätigkeiten in Organisationen hohe Anforderungen an die Kompetenzen der Akteure stellen, die in stark professionalisierten Kontexten sprachlich-kommunikativ möglichst optimal agieren müssen (vgl. Brünner/Fiehler/Kindt 2002, 7).

Organisationslinguistische Forschung stellt eine Brücke zwischen beiden Kontexten her, indem sie – unter anderem mit ethnographischen Methoden wie Beobachtung, Interview und Gesprächsanalyse – die von den Akteuren praktizierten sprachlich-kommunikativen Handlungsschemata identifiziert, dokumentiert und analysiert und so erfolgreiche von problembehafteten Handlungsmustern trennt. Basierend auf diesen Erkenntnissen können dann Empfehlungen, Beratungen oder auch Weiterbildungsmaßnahmen verschiedenster Art wiederum dazu beitragen, dass das bei den Akteuren vorhandene Wissen systematisiert, objektiviert, optimiert und ergänzt wird. Nicht nur problematische, sondern auch erfolgreiche, aber noch nicht systematisch angewendete Wissensbestände und Handlungsmuster, die im sprachlich-kommunikativen Verhalten der Akteure gleichsam im Verborgenen wirken (*tacit knowledge*), können identifiziert und nutzbar gemacht werden (Perrin 2012, 9).

Viele Angebote zur Optimierung kommunikativer Prozesse und Vermittlung kommunikativer Kompetenzen für Organisationen und Unternehmen basieren nicht oder in nur rudimentärer Weise auf sprachwissenschaftlichen Erkenntnissen; es besteht – aus wissenschaftlicher Sicht – die Gefahr der Unseriosität oder Theorieferne (Brünner/Fiehler/Kindt 2002, 10). Ratgeberliteratur auf nicht- oder semiwissenschaftlicher Basis folgt oft einem aktuellen Trend, erkennbar unter anderem an der Verwendung eines typischen, aus der populärwissenschaftlichen Literatur gewachsenen Jargons, der zum Beispiel den „Hype" um Wandelprozesse begleitet (Vacek 2009, 15). Andere wiederum basieren auf sehr vereinfachten Kommunikationsmodellen (Brünner/Fiehler/Kindt 2002, 10, Dannerer 2005, 48). Die Aufgabe der anwendungsorientierten organisationslinguistischen Forschung ist demnach das für den Transfer von wissenschaftlich fundiertem Wissen notwendige Abrücken von der für die Wissenschaft kennzeichnenden beschreibenden, wertneutralen Ebene und das Einlassen auf Wertungen, um ein Eingreifen in den Praxisalltag dessen Erfordernissen anzupassen (Brünner/Fiehler/Kindt 2002, 11–12, Dannerer 2005, 48):

> Researchers at the interface of applied linguistics, ethnography of news, and transdisciplinary action research are experienced at revealing 'what works for whom in what circumstances' (e. g. Sealey & Carter, 2004, p. 197, drawing on Pawson & Tilley, 1997), at reflecting on the 'transferability' of such situated knowledge (e. g. Denzin & Lincoln, 2000, pp. 21–22), and at returning

the knowledge to the organization in understandable and sustainably generalized forms, for example, as ethnographically based narratives and typologies of critical situations and good practices. (Perrin 2011, 346)

Das für die wissenschaftliche Analyse relativ bequem zu isolierende sprachliche Datum ist nur ein Teil, wenn auch ein wesentlicher, der in der Realität komplexen und oftmals multimodalen Interaktionssituation. Die zahlreichen Studien zu authentischen organisationalen Arbeitssituationen bestätigen, dass Interdisziplinarität und Methodenvielfalt sowohl bei der Analyse als auch bei der Rückführung der Ergebnisse in die Praxis eine entscheidende Rolle spielen. Beispielsweise greift eine Reduktion des Kommunikationsverhaltens einer Führungsperson auf deren kulturelle bzw. ethnische Prägung als Erklärungsmodell zu kurz. Vielmehr sind noch wesentliche andere Ebenen einflussreich, die den Führungsstil und die damit verbundenen kommunikativen Verhaltensweisen einer Person prägen, unter anderem Geschlechterdifferenzen, Machtgefüge und institutionelle Rahmenbedingungen (Holmes/Marra/Vine 2011, 162–163). Auch bei Trainings, die zunächst vordergründig zur Aufgabe haben, zwei kulturell unterschiedliche Gruppen für kulturell bedingte Kommunikationsprobleme zu sensibilisieren, müssen diese nicht notwendigerweise die einzige Ursache für Probleme darstellen. So können auch hier Machtgefüge und Rollenverteilungen innerhalb der Organisation sowie organisationsstrukturelle Bedingungen ausschlaggebend sein (Knapp ersch.). Auf methodologischer Ebene zeigt sich, dass bei der Analyse kommunikativer Anlässe Methodenvielfalt vonnöten ist, um möglichst alle relevanten Phänomene zu erfassen und damit der Analyse und letztendlich der Optimierung zugänglich zu machen (Jakobs u. a. 2011, 260, Perrin 2012, 13).

5 Literatur

Baecker, Dirk (2003): Organisation und Management. Frankfurt a. M.
Bastien, David (1992): Change in organizational culture. The use of linguistic methods in a corporate acquisition. In: Management Communication Quarterly 5/4, 403–442.
Becker-Mrotzek, Michael (2001): Gespräche in Ämtern und Behörden. In: Brinker u. a., 2. Halbband, 1505–1525.
Becker-Mrotzek, Michael/Christoph Meier (2002): Arbeitsweisen der Angewandten Diskursforschung. In: Brünner/Fiehler/Kindt, Bd. 1, 18–45.
Becker-Mrotzek, Michael/Maximilian Scherner (2000): Textsorten der Verwaltung. In: Brinker u. a., 1. Halbband, 628–641.
Berg, Eberhard/Martin Fuchs (Hg.) (1993): Kultur, soziale Praxis, Text. Die Krise der ethnographischen Repräsentation. Frankfurt a. M.
Bergmann, Jörg R. (2006): Studies of Work. In: Ruth Ayaß/Jörg Bergmann (Hg.): Qualitative Methoden der Medienforschung, Reinbek bei Hamburg, 391–405.
Boden, Deirdre (1994): The Business of Talk. Organizations in Action. Cambridge.

Boutet, Josiane (2005): Genres de discours en situation de travail. In: Laurent Filliettaz/Jean-Paul Bronckart (Hg.): L'analyse des actions et des discours en situation de travail. Concepts, méthodes et applications. Louvain-la Neuve, 19–35.

Boutet, Josiane (2008): La vie verbale au travail. Des manufactures aux centres d'appels. Toulouse.

Bühler, Charlotte (1999): Kommunikation als integrativer Bestandteil des Dienstleistungsmarketing. Eine systematische Analyse der Bedeutung, Wirkungsweise und Gestaltungsmöglichkeiten der Kommunikationspolitik im Dienstleistungsmarketing. Bern.

Brinker, Klaus u. a. (Hg.) (2000-2001): Text- und Gesprächslinguistik/Linguistics of Text and Conversation. Ein internationales Handbuch zeitgenössischer Forschung. 2 Bde. Berlin/New York (Handbücher zur Sprach- und Kommunikationswissenschaft, 16).

Brünner, Gisela (2000): Wirtschaftskommunikation. Linguistische Analyse ihrer mündlichen Formen. Tübingen (Germanistische Linguistik, 213).

Brünner, Gisela/Reinhard Fiehler/Walther Kindt (Hg.) (2002): Angewandte Diskursforschung. 2 Bde. Radolfzell. [www.verlag-gespraechsforschung.de]

Brünner, Gisela/Reinhard Fiehler/Walther Kindt (2002): Einführung in die Bände. In: Brünner/Fiehler/Kindt, Bd. 1, 7–15.

Cameron, Deborah (2000a): Good to Talk? Living and Working in a Communication Culture. London.

Cameron, Deborah (2000b): Styling the worker: Gender and the commodification of language in the globalized service economy. In: Journal of Sociolinguistics 4/3, 323–347.

Czarniawska, Barbara (1997): A Narrative Approach to Organization Studies. Thousand Oaks.

Czarniawska, Barbara (2013): The Tales of Institutional Entrepreneurs. In: Andreas P. Müller/Lutz Becker (Hg.): Narrative and Innovation. New Ideas for Business Administration, Strategic Management and Entrepreneurship. Wiesbaden, 89–117.

Dannerer, Monika (1999): Besprechungen im Betrieb. Empirische Analysen und didaktische Perspektiven. München (Studien Deutsch, 26).

Dannerer, Monika (2002): Allen Ernstes scherzen? Formen und Funktionen von Scherzen und Lachen in innerbetrieblichen Besprechungen. In: Michael Becker-Mrotzek/Reinhard Fiehler (Hg.): Unternehmenskommunikation. Tübingen (Forum für Fachsprachen-Forschung, 58), 89–115.

Dannerer, Monika (2005): Effizienz in beruflicher Kommunikation: Überlegungen zu einer linguistischen Beschreibung am Beispiel von innerbetrieblichen Besprechungen. In: Sociolinguistica 19, 36–49.

Denzin, Norman K./Yvonna S. Lincoln (2000): Introduction. The discipline and practice of qualitative research. In: dies. (Hg.): Handbook of Qualitative Research. 2. Aufl. London, 1–28.

Deppermann, Arnulf/Reinhold Schmitt/Lorenza Mondada (2010): Agenda and emergence: Contingent and planned activities in a meeting. In: Journal of Pragmatics 42, 1700–1718.

Deppermann, Arnulf u. a. (Hg.) (2010): Verstehen in professionellen Handlungsfeldern. Tübingen.

Derlien, Hans-Ulrich/Doris Böhme/Markus Heindl (2011): Bürokratietheorie. Einführung in eine Theorie der Verwaltung. Wiesbaden (Studienskripten zur Soziologie).

Domke, Christine (2006): Besprechungen als organisationale Entscheidungskommunikation. Berlin (Linguistik Impulse & Tendenzen, 18).

Domke, Christine (2008): Besprechungen und ihr Bedarf. In: Andreas P. Müller/Florian Menz (Hg.): Organisationskommunikation. Grundlagen und Analysen der sprachlichen Inszenierung von Organisation. München und Mering (Managementkonzepte, 34), 205–224.

Dourish, Paul (2004): Where the Action Is. The Foundations of Embodied Interaction. Cambridge, Mass./London.

Goffman, Erving (1981): Forms of Talk. Oxford.

Habscheid, Stephan (2001): Gesprächsanalyse in Organisationsprozessen. In: Brinker u. a., 2. Halbband, 1690–1697.

Habscheid, Stephan (2005): Zwischen Rationalisierung und Eigensinn: Zur Organisation kommunikativer Tätigkeiten im Dienstleistungssektor. In: Nina Janich (Hg.): Unternehmenskultur und Unternehmensidentität. Wirklichkeit und Konstruktion. Wiesbaden (Europäische Kulturen in der Wirtschaftskommunikation), 189–203.

Habscheid, Stephan (2012): Sprache gegen Geld. Zur linguistischen Analyse spätkapitalistischer Tauschverhältnisse. In: Patrick Voßkamp/Ulrich Schmitz (Hg.): Sprache und Geld. Beiträge zur Pekunialinguistik. Duisburg (Osnabrücker Beiträge zur Sprachtheorie, 81), 41–61.

Harzing, Anne-Wil/Kathrin Köster/Ulrike Magner (2011): Babel in Business: The language barrier and its solutions in the HQ-subsidiary relationship. In: Journal of World Business, Vol. 46-3, 279–287.

Heath, Christian/Paul Luff (Hg.) (2000): Technology in Action. London.

Heller, Monica (2010): The commodification of language. In: The Annual Review of Anthropology 39, 101–114.

Holmes, Janet/Meredith Marra/Bernadette Vine (Hg.) (2011): Leadership, Discourse, and Ethnicity. Oxford.

Jakobs, Eva-Maria u. a. (2011): Industrielle Prozessmodellierung als kommunikativer Prozess. Eine Typologie zentraler Probleme. Gesprächsforschung – Online-Zeitschrift zur verbalen Interaktion 12/2011, www.gespraechforschung-ozs.de, 223–264.

Janssens, Maddy/José Lambert/Chris Steyaert (2004): Developing language strategies for international companies: the contribution of translation studies. In: Journal of World Business 39 (4), 414–430.

Kieser, Alfred (1996): Moden & Mythen des Theoretisierens über die Organisation. In: Christian Scholz (Hg.): Individualisierung als Paradigma. Stuttgart/Berlin/Köln, 236–259.

Knapp, Karlfried (erscheint): Kultur, Sprache, Organisation – was ist das Problem? – Eine Fallstudie interkultureller Misskommunikation in einem Unternehmen. In: Konrad Ehlich (Hg.): Interkulturelle Kommunikation? Möglichkeiten und Bedingungen ihrer Untersuchung. Frankfurt.

Knoblauch, Hubert (1996): Arbeit als Interaktion. Informationsgesellschaft, Post-Fordismus und Kommunikationsarbeit. In: Soziale Welt 47, 344–362.

Köhle, Karl/Hans-Heinrich Raspe (Hg.) (1982): Das Gespräch während der ärztlichen Visite. Empirische Untersuchungen. München/Wien/Baltimore.

Lalouschek, Johanna (2002): Frage-Antwort-Sequenzen im ärztlichen Gespräch. In: Brünner/Fiehler/Kindt, Bd. 1, 155–173.

Larrue, Janine/Alain Trognon (1993): Organization of turn-taking and mechanisms for turn-taking repairs in a chaired meeting. In: Journal of Pragmatics 19, 177–196.

Lenz, Friedrich (1989): Organisationsprinzipien in mündlicher Fachkommunikation. Frankfurt a. M. u. a.

Linde, Charlotte (1991): What's next? The social and technological management of meetings. In: Pragmatics 1/3, 297–317.

Löning, Petra (2001): Gespräche in der Medizin. In: Brinker u. a., 2. Halbband, 1576–1588.

Luckmann, Thomas (1986): Grundformen der gesellschaftlichen Vermittlung des Wissens: kommunikative Gattungen. In: Kölner Zeitschrift für Soziologie und Sozialpsychologie, Sonderheft 27, 191–211.

Lüdi, Georges/Monika Heiniger (2007): Sprachpolitik und Sprachverhalten in einer zweisprachigen Regionalbank in der Schweiz. In: Shinichi Kameyama/Bernd Meyer (Hg.): Mehrsprachigkeit am Arbeitsplatz. Frankfurt a. M., 73–86.

Meier, Christoph (1997): Arbeitsbesprechungen. Interaktionsstruktur, Interaktionsdynamik und Konsequenzen einer sozialen Form. Opladen. (Studien zur Sozialwissenschaft, 187)

Menz, Florian (2002): Verständigungsprobleme in Wirtschaftsunternehmen. Zum Einfluß von unterschiedlichen Konzeptualisierungen auf die betriebsinterne Kommunikation. In: Reinhard

Fiehler (Hg.): Verständigungsprobleme und gestörte Kommunikation. Radolfzell, 134–154. [www.verlag-gespraechsforschung.de]
Morgan, Gareth (1986/1997): Bilder der Organisation. Stuttgart (Original Newbury Park, Cal. 1986).
Müller, Andreas P. (1997): ‚Reden ist Chefsache'. Linguistische Studien zu sprachlichen Formen sozialer ‚Kontrolle' in betrieblichen Arbeitsbesprechungen. Tübingen (Studien zur deutschen Sprache, 6).
Müller, Andreas P. (2006): Sprache und Arbeit. Aspekte einer Ethnographie der Unternehmenskommunikation. Tübingen (Forum für Fachsprachen-Forschung, 71).
Müller, Andreas P. (2007): Babylon ist überall: Führen in fremden Kulturen. In: Lutz Becker/Johannes Ehrhardt/Walter Gora (Hg.): Führungspraxis und Führungskultur. Düsseldorf, 299–314.
Munsberg, Klaus (1994): Mündliche Fachkommunikation. Das Beispiel Chemie. Tübingen (Forum für Fachsprachen-Forschung, 21).
Ortmann, Günther/Jörg Sydow/Klaus Türk (Hg.) (2000): Theorien der Organisation. Die Rückkehr der Gesellschaft. 2., durchgesehene Auflage. Wiesbaden.
Pawson, Ray/Nick Tilley (1997): Realistic evaluation. London.
Perrin, Daniel (2011): Language policy, tacit knowledge, and institutional learning. The case of the Swiss national broadcast company. In: Current Issues in Language Planning 4(2), 331–348.
Perrin, Daniel (2012): Transdisciplinary action research. Bringing together communication and media researchers and practitioners. In: Journal of Applied Journalism and Media Studies 1(1), 3–23.
Poro, Susanne (1999): Beziehungsrelevanz in der beruflichen Kommunikation. Frankfurt a. M.
Pfriem, Reinhard (2004): Unternehmensstrategien sind kulturelle Angebote an die Gesellschaft. In: Forschungsgruppe Unternehmen und gesellschaftliche Organisation (FUGO) (Hg.) (2004): Perspektiven einer kulturwissenschaftlichen Theorie der Unternehmung. Marburg, 375–404.
Prego Vázquez, Gabriela (2007): Frame conflict and social inequality in the workplace: professional and local discourse struggles in employee/customer interactions. In: Discourse & Society 18-3, 295–335.
Rehbein, Jochen (1998): Die Verwendung von Institutionensprache in Ämtern und Behörden. In: Lothar Hoffmann/Hartwig Kalverkämper/Herbert Ernst Wiegand (Hg.): Fachsprachen/ Languages for Special Purposes. Ein internationales Handbuch zur Fachsprachenforschung und Terminologiewissenschaft. 1. Halbband. Berlin/New York (Handbücher zur Sprach- und Kommunikationswissenschaft, 14.1), 660–675.
Reitemeier, Ulrich (2010): Verstehensdokumentation in der Migrationsberatung: Transformationen zwischen institutioneller und Betroffenenperspektive. In: Deppermann u. a., 117–208.
Rosenberg, Katharina (2014): Interkulturelle Behördenkommunikation. Eine gesprächsanalytische Untersuchung zu Verständigungsproblemen zwischen Migranten und Behördenmitarbeitern in Berlin und Buenos Aires. Berlin (Beihefte zur Zeitschrift für Romanische Philologie, 380).
Scott, W. Richard (1986): Grundlagen der Organisationstheorie. Frankfurt a. M.
Schmitt, Reinhold/Daniela Heidtmann (2002): Die interaktive Konstitution von Hierarchie in Arbeitsgruppen. In: Michael Becker-Mrotzek/Reinhard Fiehler (Hg.): Unternehmenskommunikation. Tübingen, 179–208.
Schmidt, Siegfried J. (2005): Unternehmenskultur. Grundlagen für den wirtschaftlichen Erfolg von Unternehmen. Weilerswist.
Schwandt, Berndt (1995): „Erzähl mir nix". Gesprächsverlauf und Regelaushandlung in den Besprechungen von Industriemeistern. München/Mering (Organisation und Personal, 8).
Schwartzman, Helen B. (1981): Hidden agendas and formal organizations or how to dance at a meeting. In: Social Analysis 9, 77–88.
Sealey, Alison/Bob Carter (2004): Applied linguistics as social science. London.

Sucharowski, Wolfgang (2001): Gespräche in Schule, Hochschule und Ausbildung. In: Brinker u. a., 2. Halbband, 1566–1576.
Suchman, Lucy (2007): Human-Machine Reconfigurations. Plans and Situated Action 2nd Edition. Cambridge u. a.
Svetlova, Ekaterina (2008): Sinnstiftung in der Ökonomik. Wirtschaftliches Handeln aus sozialphilosophischer Sicht. Bielefeld.
Thörle, Britta (2005): Fachkommunikation im Betrieb. Interaktionsmuster und berufliche Identität in französischen Arbeitsbesprechungen. Tübingen.
Thörle, Britta (2008): Divergierende Konzeptualisierungen als ‚Barrieren' in der Kommunikation zwischen Professionen im Betrieb. In: Susanne Niemeier/Hajo Diekmannshenke (Hg.): Profession und Kommunikation. Frankfurt a. M. (forum Angewandte Linguistik), 49–73.
Vacek, Edelgard (2009): Wie man über Wandel spricht. Zur perspektivischen Darstellung und interaktiven Bearbeitung von ‚Wandel' in Organisationsprozessen. Wiesbaden.
Weber, Max (1921): Soziologische Grundbegriffe. In: Max Weber: Schriften 1894–1922. Ausgewählt und herausgegeben von Dirk Kaesler. Stuttgart 2002, 653–716 (Original 1921).
Weick, Karl E. (1995): Der Prozeß des Organisierens. 5. Aufl. Frankfurt a. M.
Witt, Frank (1995): Theorietraditionen der betriebswirtschaftlichen Forschung. Wiesbaden.

Vahram Atayan/Thomas Metten/Vasco Alexander Schmidt
19. Sprache in Mathematik, Naturwissenschaften und Technik

Abstract: Die prägende Kraft, die die Mathematik, die Naturwissenschaften und die Technik in unserem Alltag entfalten, ist auch sprachlich bedingt. Sprache ist Medium der Wissensgewinnung und -vermittlung und beeinflusst unsere Sicht auf Natur und Technik. Vor diesem Hintergrund ist es wichtig, sich ihrer zentralen Rolle bei der Entstehung, Vermittlung und Anwendung von Fachwissen bewusst zu sein. Darauf aufbauend möchte der Beitrag das Arbeitsfeld einer Linguistik der Sprache in Mathematik, Naturwissenschaften und Technik abstecken. Die Linguistik entwickelt Theorien, die die sprachliche Verfasstheit des Wissens dieser Wissensdomänen erklären und die Gewinnung, Weitergabe und Verwertung von Erkenntnissen aus Forschung und Entwicklung beschreiben. Zudem stellt sie Methoden zur Verbesserung der Kommunikation in und außerhalb der Domänen bereit. Sie macht uns Selbstverständliches bewusst und kann Schwerverständliches verständlich machen. Daraus werden linguistische Aufgaben und Methoden abgeleitet und abschließend Forschungsfragen erläutert, denen sich die Linguistik dieser Wissensdomänen stellen sollte.

1 Einleitung
2 Wissen in Mathematik, Naturwissenschaften und Technik
3 Wissensgewinnung und -vermittlung durch Sprache
4 Linguistische Aufgaben und Methoden
5 Zusammenfassung
6 Literatur

1 Einleitung

Erkenntnisse aus Mathematik und Naturwissenschaften speisen den technischen Fortschritt und prägen die Welt, in der wir leben. Technische Geräte, seien es Smartphones, Küchengeräte, Fernseher, Autos oder große technische Infrastrukturen wie Straßen, Strom- und Datenleitungen, begleiten unseren Alltag. Parallel zur Technisierung entfalten naturwissenschaftliche Theorien wie die Evolutionstheorie oder die allgemeine Relativitätstheorie ihre weltbildprägende Kraft und verändern unsere Sicht der Welt. Spuren von Mathematik, Naturwissenschaften und Technik finden sich auch in unserer Alltagssprache. Wie selbstverständlich verwenden wir Fremdwörter wie *Laptop* oder *Software*, Abkürzungen wie *ABS* und *ESP* oder Metaphern wie *Maus* für die Computermaus. Mit der Verwendung solcher Wörter und Abkürzungen gehen immer auch eine bestimmte Vorstellung und ein bestimmter Umgang mit

Sprache und Wissen einher. Fachleute geben den Fachbegriffen meist eine eindeutige Definition; für sie stellt die Fachsprache ein Instrument dar, das die benötigte Präzision gewährleisten soll, um die zuvor gewonnenen Erkenntnisse zu dokumentieren und weiterzugeben. Im Alltag werden die Fachbegriffe dagegen anders verwendet und damit auch anders verstanden als in den Fachdomänen. Wir sagen *Die Sonne geht auf*, obwohl sich die Erde um die eigene Achse und um die Sonne dreht. Im Bio-Gemüse *ist keine Chemie drin*, obwohl das Gemüse sehr wohl aus Atomen und Molekülen besteht, also Chemie enthält.

So wie Fachbegriffe in den Alltag eingehen, tragen Wissenschaftler und Ingenieure ihre Alltagssprache aber auch in ihre Wissensdomäne hinein, nutzen sie und verfeinern sie für Forschung und Entwicklung. Sie verwenden Alltagsbegriffe und Metaphern als Denkwerkzeuge und Erkenntnisinstrumente; Texte werden zum Medium, in dem Erkenntnisse entstehen, dokumentiert und weitergegeben, aber auch eingeordnet, gerechtfertigt und beworben werden. Schließlich sind Experten eine von mehreren Stimmen in der Öffentlichkeit, wenn es um die Vermittlung und Aneignung von Fachwissen geht. Man denke an die öffentlichen Debatten zu Umweltverschmutzung und -zerstörung, zu Naturkatastrophen, Unfällen und Kriegen. Wissenschaftlich-technische Entwicklungen zu verstehen, deren Chancen und Risiken zu beurteilen und deren Erkenntnisse angemessen einzusetzen, ist wesentlicher Teil unserer Bildung.

Vor diesem Hintergrund ist es wichtig, sich der zentralen Rolle der Sprache bei der Entstehung, Vermittlung und Anwendung des Fachwissens bewusst zu sein. Die Linguistik der Sprache in Mathematik, Naturwissenschaften und Technik soll genau dies leisten: Sie entwickelt Theorien und Methoden, um die sprachliche Verfasstheit des Wissens dieser Wissensdomänen zu erklären und Bewusstsein darüber zu schaffen, wie Erkenntnisse in Forschung und Entwicklung gewonnen, weitergegeben und verwertet werden und wie sie ihrerseits unsere Sprache und unser Denken beeinflussen. Neben einem solchen reflexiven Wissen über die Sprachverwendung und das Sprachsystem liefert die Linguistik in diesen Bereichen auch Handlungswissen, das sich in Schreibberufen einsetzen lässt, die eng mit den Wissensdomänen verbunden sind, etwa von technischen Autoren, Wissenschaftsjournalisten und Fachübersetzern. Die Linguistik hilft beim Verstehen und Bewerten naturwissenschaftlichen und technischen Wissens und entwickelt Methoden zur Verbesserung der Kommunikation in und außerhalb dieser Domänen. Sie macht uns Selbstverständliches bewusst und kann Schwerverständliches verständlich machen.

2 Wissen in Mathematik, Naturwissenschaften und Technik

In seinem berühmten Aufsatz *Die zwei Kulturen* unterscheidet C. P. Snow die mathematisch-naturwissenschaftliche und technische Welt von der geisteswissenschaftlich-literarischen Welt. Beide Welten würden eigene Wissenskulturen bilden, die durch jeweils eigene Annahmen über die Welt, eigene Beschreibungsansätze sowie eigene Normen und Verhaltensmuster geprägt sind. Vertreter einer Kultur würden sich untereinander verstehen und könnten auch ihre Erkenntnisse nachvollziehen. Die Gegenstände der jeweils anderen Kultur verstünden sie dagegen nicht.

Die Verschiedenheit der zwei Kulturen zeigt sich unter anderem in der mathematischen Formelsprache sowie in anderen Symbolsprachen, Diagrammen und Bildern, die in der Mathematik, den Naturwissenschaften und der Technik verwendet werden. Diese Elemente bedingen eine hohe Abstraktheit und Dichte bei der Darstellung mathematisch-naturwissenschaftlichen und technischen Wissens. Sie sind dort in die natürliche Sprache eingebettet, tragen aber meist selbst die zentrale Bedeutung eines Satzes, Absatzes oder Textes. Nur wer das spezifische Zeicheninventar sowie den Aufbau und die Logik der abstrakten Formen versteht, kann deren Bedeutung korrekt erfassen und den Gesamtsinn verstehen. Darin zeigt sich eine erste Rahmenbedingung linguistischen Arbeitens in Mathematik, Naturwissenschaften und Technik: Fachwissen aus diesen Domänen ist für linguistische Untersuchungen unabdingbar (im Kern betrifft dies allerdings jede linguistische Beschäftigung mit Wissensdomänen). Linguisten, die die Sprache in diesen Domänen untersuchen, arbeiten daher meist eng mit Fachwissenschaftlern zusammen oder haben selbst entsprechende Fächer studiert.

Die Idee der zwei Kulturen ist für uns zweifach relevant: Zum einen weist sie auf eine grundlegende Gemeinsamkeit von Mathematik, Naturwissenschaften und Technik hin, die sich – wie weiter unten gezeigt wird – auch in der Art und Weise äußert, wie Wissen hervorgebracht und aufeinander bezogen wird. Daher ist es sinnvoll, die Sprache in Mathematik, Naturwissenschaften und Technik als einen Gegenstandsbereich zu fassen. Zum anderen stellt die linguistische Beschäftigung mit Mathematik, Naturwissenschaften und Technik offenbar eine Brücke zwischen den zwei Kulturen dar: Sie verlangt linguistisches Wissen und zugleich Wissen aus den Wissensdomänen, wodurch sie zu einem besseren Verständnis auf beiden Seiten beitragen kann (siehe auch Abschnitt 3 zu Erkenntnisgewinnung und Wissensvermittlung durch Sprache).

2.1 Axiomatik, Empirie und Praxis

Die Mathematik kann als Grundlagenwissenschaft verstanden werden. Anders als bei den anderen Wissensdomänen gehören zu ihrem Gegenstandsbereich im Kern weder Naturphänomene noch technische Artefakte, sondern abstrakte Strukturen und deren Eigenschaften und Abhängigkeiten. Der (theoretischen) Mathematik geht es um das Verstehen, Gestalten und Weiterentwickeln des logischen Gerüsts rational gewonnenen bzw. konstruierten Wissens. Das Wissen ist dabei so angelegt, dass sich jede mathematische Aussage durch einen Beweis aus Axiomen, also gesetzten, nicht hintergehbaren Grundaussagen einer Theorie, ableiten lässt. Ein Beispiel ist die Euklidische Geometrie der Ebene, die sich aus Axiomen ableiten lässt, in denen die Eigenschaften von Punkten, Geraden, Parallelen sowie einige elementare Zusammenhänge fixiert werden. Das erste Axiom heißt beispielsweise „Zwischen zwei beliebigen Punkten kann eine Strecke gezogen werden." Axiome und mathematische Postulate können sich wie in diesem Beispiel auf Anschauung und Alltagserfahrungen beziehen, müssen dies aber nicht. Mathematische Theorien können rein abstrakt sein. Ihr Beweis erfolgt auf Basis der Axiome und logischer Schlussfolgerungen, also nur in der Sprache und ohne Anleihen an naturwissenschaftliche Experimente oder technische Tests. Dennoch erweist sich die Mathematik oft als unerlässlich für Naturwissenschaften und Technik, da sie trotz ihrer ‚Abstraktheit' wesentliche Eigenschaften von Natur und Technik erfassen kann. Bereits Galilei nannte die Mathematik die Sprache, in der das Buch der Natur geschrieben ist, und der Ingenieur Wigner bezeichnete die überraschende Nützlichkeit theoretischer Mathematik als „unvernünftige Effektivität" (Wigner 1960).

Die Naturwissenschaften finden ihren Gegenstand unmittelbar in den Phänomenen der Natur, wozu die belebte Natur (Biologie), die unbelebte Natur (Physik), deren stoffliche Grundlagen (Chemie) und eine Vielzahl weiterer Phänomene gezählt werden. Auch wenn die jeweils untersuchten Wirklichkeitsausschnitte sehr verschieden sind, haben die Naturwissenschaften eine bedeutsame Gemeinsamkeit: Sie orientieren sich an einem empirisch gesicherten Wissen. Die Theorien der Naturwissenschaften sind so formuliert, dass sie sich durch Beobachtungen und Experimente (vorläufig) bestätigen lassen oder sich als falsch bzw. unvollständig erweisen. Auch wenn in der Entwicklung der Hypothesen sehr wohl Intuition, Stil und menschliche Faktoren eine Rolle spielen, ist deren Formulierung und Absicherung als Fakten – meist durch Laborexperimente – ein wesentlicher Aspekt des empirischen naturwissenschaftlichen Wissens.

Ein Beispiel hierfür ist das aus der Schule bekannte so genannte Planetenmodell des Atoms. Es besagt, dass ein Atom aus einem festen Kern besteht, um den kleinere Teilchen wie Planeten um die Sonne kreisen. Der Atomkern besteht aus positiv geladenen und neutralen Teilchen, den so genannten Protonen und Neutronen. Die kleineren Teilchen, die um den Kern kreisen, sind negativ geladen und heißen Elektronen. Berühmtheit hat das Rutherford-Experiment erlangt, mit dem nachgewiesen wurde, dass das Atom nicht, wie zuvor angenommen, für schwere geladene Teilchen gänzlich durchlässig ist und dass es einen im Vergleich zum Gesamtumfang des Atoms kleinen Atomkern gibt. Bei dem Experiment werden Alphateilchen (aus zwei Protonen und zwei Neutronen bestehende Heliumkerne) auf eine sehr dünne Goldfolie geschossen. Die meisten hiervon gehen ohne Ablenkung durch die Goldfolie, einige jedoch prallen ganz zurück oder werden zumindest abgelenkt, was die Existenz eines kleinen, materiell dichten und elektrisch geladenen Bereichs, des Atomkerns, nachweist. Das Planetenmodell und das Rutherford-Experiment zeigen exemplarisch das naturwissenschaftliche Denken und Arbeiten. Es gibt bereits weitere, auch differenziertere Atommodelle (wie das so genannte Schalenmodell). Bisherige Theorien werden dadurch nicht obsolet. Vielmehr zeigt sich darin die naturwissenschaftliche Arbeitsweise, vorhandene Modelle durch neue Ideen und Experimente weiterzuentwickeln, um ein tieferes und differenzierteres Verständnis der Natur zu erreichen.

Anders als bei den Naturwissenschaften steht bei den Technikwissenschaften nicht das Verstehen der Phänomene der Natur im Vordergrund. Sie haben das Ziel, technische Zusammenhänge aufzudecken und systematisch darzustellen sowie Handlungswissen für Ingenieure und Techniker bereitzustellen, also letztendlich das Beherrschen und Gestalten von Natur und Artefakten. Zu den Technikwissenschaften gehören unter anderem Elektrotechnik, Maschinenbau und Architektur, die wiederum ganz verschiedene Aspekte von Technik untersuchen. Ihr Wissen speist sich aus der Modellierung technischer Zusammenhänge, aus Erfahrungen mit der Technik sowie dem Test und der Weiterentwicklung von Produkten und Verfahren. In diese Modellierung fließen Erkenntnisse aus den Naturwissenschaften ein, und es werden Methoden aus der Mathematik verwendet. Dies zeigt, wie eng Mathematik, Naturwissenschaften und Technik trotz ihrer Verschiedenheit miteinander verwoben sind.

2.2 Harte Wissenschaften mit weichen Eigenschaften

Während das Wissen der Mathematik als axiomatisches Wissen beschrieben werden kann, erarbeiten die Naturwissenschaften in erster Linie empirisches und die Technikwissenschaften anwendungsbezogenes Wissen. Gemeinsam ist ihnen, dass sie als ‚harte' Wissenschaften gelten, deren Wissen unabhängig von Zeit und Ort, Sprache und Gesellschaft, Kultur und Medien besteht und kumulativ wächst. In der Alltagserfahrung vieler Fachvertreter existieren die mathematisch-naturwissenschaftlichen und technischen Gegenstände und Sachverhalte außerhalb der Sprache. Der Sprache kommt aus dieser Perspektive vorrangig die Funktion der Dokumentation des Wissens über diese Gegenstände und Sachverhalte zu.

Bei näherer Betrachtung müssen diese Sprachunabhängigkeit, Zeitlosigkeit und Kulturneutralität allerdings relativiert werden. Die Geschichte der einzelnen Domänen hat nämlich gezeigt, dass auch das Wissen harter Wissenschaften zu einem bestimmten Grade weich ist, also sehr wohl von Sprache, Kultur und Geschichte abhängt. So können neue Erkenntnisse die Gültigkeit vorhergehender naturwissenschaftlicher Theorien einschränken; die klassische Mechanik gilt beispielsweise nicht universell wie ursprünglich angenommen, sondern nur für bestimmte Größenordnungen, wie die Entwicklung der Quantenmechanik belegt. Auch können Theorien in Vergessenheit geraten oder gar irrelevant werden. Nicht zuletzt haben sich in der Geschichte von Mathematik, Naturwissenschaften und Technik die Kriterien für Theorien und Methoden wiederholt verändert. Zum Teil mussten sich neue Erkenntnisse und Verfahren gegen Widerstände außerhalb, aber auch innerhalb der verschiedenen Wissensdomänen durchsetzen, weil sie mit damaligen Annahmen und Voraussetzungen wissenschaftlichen Arbeitens nicht im Einklang standen. So waren die Experimente von Boyle zum Nachweis des Vakuums im 17. Jahrhundert umstritten, und innerhalb der Mathematik entbrannte Anfang des 20. Jahrhunderts ein Streit um die fortschreitende Formalisierung des Fachs, die heute üblich, damals aber neu war. Der technische Eingriff in die Natur hat wiederum im 21. Jahrhundert zu Debatten geführt, beispielsweise wegen der genetischen Manipulation von Versuchstieren zur Erzeugung von Krebs (*Krebsmäuse*), um Experimente zur Entwicklung neuer Medikamente und Therapien zu unterstützen. Die Vorstellung eines zeitlosen, unveränderlichen Wissens kann daher nur als ein handlungsleitendes Ideal verstanden werden, an dem sich Fachwissenschaftler orientieren mögen, das aber nicht erreicht werden kann. Noch stärker ist jedoch der Status von harten Wissenschaften aufgrund ihrer schlussendlichen Sprachabhängigkeit zu relativieren.

3 Wissensgewinnung und -vermittlung durch Sprache

Sprache bildet in allen drei Domänen eine konstitutive Bedingung wissenschaftlichen Wissens, die als solche gerade nicht auf eine der Wissensdomänen begrenzt ist und insofern quer zur Einteilung der Domänen liegt. Damit ist jene Dimension angesprochen, die das Arbeitsfeld der Linguistik mit Bezug auf Mathematik, Naturwissenschaften und Technik bestimmt. Die Grundlagen einer solchen Betrachtung haben sich in der Philosophie entwickelt und sind von dort in die verschiedenen Einzelwissenschaften eingegangen: Wissen ist sprachlich verfasst. Die durch den Philosophen Richard Rorty (1967) etablierte Bezeichnung *linguistic turn* bezeichnet jene Wende, gemäß der alle Erkenntnis nicht losgelöst von den sprachlichen Bedingungen verstanden werden kann. Ausgehend davon wird Sprache in zweierlei Hinsicht untersucht: als Medium der Wissensgewinnung und als Medium der Wissensvermittlung. Von daher eröffnet sich die Möglichkeit einer linguistischen Epistemologie, die das Zusammenspiel von Sprache und Wissen in den Wissensdomänen Mathematik, Naturwissenschaften und Technik untersucht. Aus linguistischer Sicht kann man sich daher fragen, wie Sprache in der Erkenntnisgewinnung wirkt, ob Wissen in der

Schrift durch die Zeit bewahrt und dem Vergessen entzogen werden kann oder inwiefern die Vermittlung von Wissenschaft in die Öffentlichkeit in und durch Sprache möglich wird.

3.1 Erkenntnis durch Sprache

Dass die Sprache Medium der Erkenntnisgewinnung ist, lässt sich für die Mathematik sofort einsehen, da sie ihren Gegenstand nicht durch Experiment oder Test, sondern in erster Linie durch sprachliche Beschreibung – und dies bedeutet: Darstellung im Medium der Schrift – fasst. Schriftliches Rechnen und schriftliche Erläuterungen vollziehen sich dabei im gleichen Medium. Die Sprache wird demnach nicht nur zur Darstellung der Erkenntnisse verwendet; d. h. sie ist dem Forschungsprozess gegenüber nicht sekundär und nachträglich, sondern dient dazu, Erkenntnisse zuallererst zu gewinnen. In den Naturwissenschaften sind die Praktiken des Schreibens eng mit Praktiken des Messens und Erfassens von Ereignissen verbunden. Die Gespräche in der Forschergruppe und die schriftlichen Praktiken des Aufzeichnens spielen auf dem Weg vom Labortisch zur Veröffentlichung eine entscheidende Rolle und sind Bestandteil jenes Zwischenraums, in dem sich Erkenntnisse zunehmend konkretisieren und ausbilden (vgl. Rheinberger 2010).

Insgesamt ist die Sprache in all diesen Prozessen nicht durchlässiges und transparentes Medium, das den Blick auf den Forschungsgegenstand frei gibt, vielmehr wirkt diese konstitutiv in den Prozessen der Erkenntnisgewinnung mit. Sprachliche Formationsprozesse vollziehen sich in allen Phasen der Forschung und lassen sich auf allen linguistischen Gliederungsebenen aufweisen: Sie zeigen sich in der Fachlexik ebenso wie in der Terminologiearbeit, in der fachsprachlichen Syntax, in bereichsspezifischen Argumentationsformen sowie in Fachtextsorten. Damit dient die Fachsprache insgesamt dem Zweck einer adäquaten Darstellung und Verständigung über Sachverhalte (vgl. dazu auch Hoffmann 1976). Verben wie *einspeisen*, *anschließen*, *vorschalten*, *abdecken* oder *umformen*, die der Fachsprache der Elektrotechnik zugehören, bilden dabei ebenso jenen Fachwortschatz wie die mathematischen Ausdrücke *Parallelogramm* oder *Logarithmus*.

Sprache ermöglicht somit die Gewinnung von Erkenntnissen, d. h. sie ist erkenntniskonstitutiv, etwa wenn in und durch die Sprache mathematische, naturwissenschaftliche oder technische Phänomene darstellbar werden. Als Erkenntnisbedingung bildet die Sprache zugleich jedoch eine Grenze. Dies wird insbesondere anhand der Metaphern in den Fachsprachen deutlich: Die Molekularbiologie ist etwa durch eine Vielzahl von Informations- und Schriftmetaphern bestimmt. Insgesamt hat sich hier die Vorstellung eines genetischen *Codes* durchgesetzt sowie die Überzeugung, dass Gene *Informationen* übertragen. Wie sehr solche Prozesse die Vorstellungen prägen, zeigt sich darin, dass heute kaum noch vorstellbar ist, dass Gene vor den 1950er Jahren noch keine Information übertrugen. Damals lautete der Fachausdruck zur Beschreibung des Phänomens *Spezifität*. Erst im Informationszeitalter hat sich die Vorstellung durch die allmähliche Übernahme eines informationstheoretischen Vokabulars durchgesetzt (vgl. dazu Kay 2005). Eine solche metaphorische Konzeption bildet dabei nicht nur eine rhetorische Fassade, sondern hat tiefgreifende Folgen für die Theoriebildung, den Aufbau von Experimenten und deren Interpretation. Die Rolle der Metapher besteht dabei darin, eine Sache in den Begriffen einer anderen darzustellen. Wie bei jeder Metapher werden somit bestimmte Aspekte hervorgehoben, andere hingegen systematisch ausgeblendet, weshalb die Metapher selbst eine Erkenntnisgrenze in sich birgt: Sie beleuchtet einen Aspekt, indem sie einen anderen verbirgt (vgl. hierzu Black 1979, Lakoff/Johnson 1980).

Die Übertragung verläuft allerdings auch in umgekehrter Richtung: So bringt die Übernahme wissenschaftlicher Ausdrücke in anderen gesellschaftlichen Bereichen neue, adäquate oder aber auch missverständliche und unangemessene Konzeptualisierungen mit sich. Dass es hier nicht nur um einzelne Ausdrücke geht, sondern dass oftmals ganze Bereiche durch eine partielle Übertragung von Konzepten organisiert werden, zeigt sich anhand der Evolutionstheorie. Seit der Begründung durch Darwin hat sie sich als besonders produktiver Spenderbereich erwiesen. Evolutionstheoretische Begriffe wie *Auswahl* und *Selektion* sind von dorther in den Rassen-Diskurs ebenso wie in die Diskurse der Biopolitik eingegangen. Darwins Evolutionstheorie ist dadurch nicht nur zu einem der wichtigsten Organisationsprinzipien der Biologie geworden, sondern ebenso zu einem der folgenreichsten Erklärungsmodelle der Moderne. Der Darwinismus hat sich so von einer naturwissenschaftlichen Theorie zu einem allgemeinen Erklärungsmodell gesellschaftlichen Geschehens und politischen Handelns entwickelt (vgl. dazu Hübinger 2011).

Erkenntnisgewinnung in Mathematik, Naturwissenschaften und Technik erfolgt somit stets *in* und *durch* Sprache, weshalb sich die ‚harten' Wissenschaften somit selbst als Wissenschaften mit einem ‚weichen' Kern erweisen. Mathematisches, naturwissenschaftliches und technisches Wissen kann demnach nicht als universell und ahistorisch gelten, vielmehr handelt es sich um ein sprach- und kulturrelatives Wissen, das an die konkreten Bedingungen seiner Entstehung und Rezeption gebunden ist. Es ist daher keinesfalls eine bloße Randbemerkung, wenn man festhält, dass Mathematik, Naturwissenschaften und Technik nicht selbst der unveränderbaren Natur oder einer vom Menschen unabhängigen Technik zugehören, sondern als Domänen einer Wissenskultur in historische und kulturelle Zusammenhänge eingebunden sind und den konstitutiven Bedingungen medialer Darstellungsformen unterliegen. Die Sprache bestimmt als Medium der Darstellung nicht nur die Grenzen des Darstellbaren, sondern fungiert – etwa in der Metaphorisierung – auch als ein produktiver Mechanismus, der neue Einsichten ermöglicht. Die Abgrenzung von Natur- und Kulturwissenschaften mag daher zwar angesichts der unterschiedlichen Bezugsgegenstände und Methoden angemessen erscheinen, hinsichtlich der Erkenntnisbedingungen erweist sich diese hingegen als zu schematisch. Sprache und Bild wirken in den Natur- wie in den Kulturwissenschaften gleichermaßen erkenntniskonstitutiv – allerdings haben sich in den verschiedenen Domänen bereichsspezifische Darstellungsformen, Argumentationsmuster und auch Bildtypen entwickelt.

3.2 Wissensvermittlung in und durch Sprache

Insbesondere seit den 1990er Jahren ist die Untersuchung des Zusammenhangs von Sprache und Wissen zunehmend auf den weiteren Zusammenhang von Kommunikation und Wissen ausgedehnt worden, wodurch die (vormals) klare Trennung von Kommunikations- und Wissensforschung weitgehend aufgehoben wurde. Entscheidend hierfür waren u. a. die linguistische Vermittlungs- und Diskursforschung, die Texte nicht mehr als oberste Ebene der Analyse betrachtet, sondern zum Ausgangspunkt für die Untersuchung textübergreifender Zusammenhänge macht. So werden Fachtexte nicht mehr nur als Darstellungsformen von Wissen verstanden, sondern in ihrer Einbindung in wissenschaftsinterne sowie gesamtgesellschaftliche Diskurse betrachtet. Dies wird deutlich, wenn man sich vor Augen führt, dass die Darstellung eines mathematischen oder naturwissenschaftlichen Sachverhalts immer schon die Orientierung an kommunikativen Zielen, bestimmten Adressaten sowie den damit verbundenen rhetorisch-kommunikativen Mustern impliziert. Solche Diskurse sind folglich nicht auf die Wissenschaft selbst begrenzt, sondern fungieren als gesellschaftlich und historisch entstandene Wissens- und Kommunikationsräume, in denen mathematische, naturwissenschaftliche und technische Themen eng mit dem politischen Handeln, institutionellen Zielen, persönlichen Einstellungen und kulturellen Vorstellungen verflochten sind.

So zeigt sich anhand der Kontroversen um die Präimplantationsdiagnostik (PID) und den Umgang mit Embryonen, wie die Verwendung von Bezeichnungen wie *krank*, *gesund* oder *lebenswert* oder von Schlagworten wie *Designerbabys* die Vor- und Einstellungen innerhalb des Diskurses prägen. Befürworter der diagnostischen Verfahren gebrauchen Vokabeln, die negative Folgen verbergen, wohingegen deren Gegner davon sprechen, dass Föten *verbraucht* oder *getötet* werden. Problematisch innerhalb des Diskurses um die Zulassung der PID sind dabei gerade auch vage Formulierungen wie *geringe* Lebenserwartung oder *Schwere* der Krankheit. Es bleibt offen, wer etwa die *Schwere einer Krankheit* definiert bzw. wem die Definitionsmacht zur Festlegung zukommt (vgl. dazu Domasch 2007, Spieß 2011). Die diskursive Formation des Wissens vollzieht sich somit stets in und durch Sprache, wobei das Zusammenspiel naturwissenschaftlichen und medizinischen Wissens mit rechtlichen und ethischen Fragen auch im Sprachgebrauch ersichtlich wird. Dabei ist allerdings nicht entschieden, ob wissenschaftliches Wissen auch in anderen gesellschaftlichen Bereichen als ausgezeichnetes Wissen gilt. So hatten etwa Klima- und Atmosphärenforscher 2010 anlässlich eines Vulkanausbruchs in Island auf die Gefahr hingewiesen, die von den Aschepartikeln für den Flugverkehr ausging. Im Kern bezog sich die Kontroverse auf die Relevanz des Expertenwissens, das dem Erfahrungswissen der Piloten entgegenstand. Dabei wurde in Frage gestellt, ob und inwiefern die Modelle der Wissenschaftler, die zur Simulation atmosphärischer Prozesse dienten und darin Ersatzwirklichkeiten bildeten, tatsächlich mit der Wirklichkeit übereinstimmen, und welchen Wert diese haben. Die Aussagen innerhalb des Diskurses ließen dabei in der Öffentlichkeit eine insgesamt negative Einstellung gegenüber wissenschaftlichen Erkenntnissen erkennen (vgl. hierzu Metten 2012). Einen weiteren Fall bildet der Prozess gegen sechs italienische Seismologen, die im Anschluss an das Erdbeben von L'Aquila wegen fahrlässiger Tötung angeklagt wurden. Laut Anklage hatten diese die Vorzeichen eines Erdbebens nicht angemessen gedeutet und so zu einer Verharmlosung der Gefahr beigetragen. Dem stand die Aussage der Wissenschaftler entgegen, dass Erdbeben prinzipiell nicht vorhersagbar sind.

Die Kontroversen um die Bewertung wissenschaftlichen Wissens zeigen, dass die Legitimation von Mathematik, Naturwissenschaften und Technik in der Gesellschaft keine Nebensächlichkeit darstellt. Wissenschaftsvermittlung, Risikokommunikation und Technikfolgenabschätzung haben sich daher zu zentralen Aufgaben in wissenschaftlichen Einrichtungen ebenso wie in forschungsbasierten Unternehmen entwickelt. Die zunehmend professionelle Vermittlung wissenschaftlichen Wissens hat die Grenzen zwischen den verschiedenen gesellschaftlichen Teilbereichen seither auf vielfältige Weise durchlässig werden lassen. Führt man sich die Vielzahl der Einrichtungen vor Augen, welche die Vermittlung mathematischen, naturwissenschaftlichen und technischen Wissens betreiben, wird deutlich, dass die gesamtgesellschaftlichen Diskurse dabei nicht nur durch Experten und relative Laien, durch Wissenschaftsvermittler und Journalisten, d. h. durch die Institutionen der Massenmedien und deren Öffentlichkeit bestimmt sind. Vielmehr zeigt sich eine vielseitige und heterogene Landschaft der Wissensvermittlung, zu der Schulen ebenso wie Universitäten und Weiterbildungseinrichtungen, Wissenschaftsmuseen und Planetarien, Zoos und Botanische Gärten gehören. Ausgehend von diesen und anderen Institutionen ist zudem eine Event-Kultur entstanden, die u. a. Veranstaltungstypen wie Science Slams oder die Wissenschaftsjahre ausgebildet hat. Dabei geht es nicht nur um *Pop Science* oder *Sciencetainment*, sondern durchaus um die tatsächliche Teilhabe an wissenschaftlichen Diskursen. Umstrittene Felder wie die Nanotechnologie und die Gendiagnostik, die Stammzellforschung und die Hirnforschung werden in Folge gezielt zum Gegenstand öffentlicher Diskussionen, etwa wenn Bürgerkonferenzen eingerichtet werden, die im Gespräch mit Experten und Sachverständigen Risiken und Problemstellungen erörtern. Allerdings hat die linguistische Forschung hier auch gezeigt, dass die Vermittlung wissenschaftlichen Wissens in andere Bereiche nicht durch ideale Repräsentationen möglich ist, vielmehr kann diese unter Berücksichtigung der jeweiligen Bedingungen oftmals eher als Popularisierung oder Wissenstransformation beschrieben werden (vgl. dazu Niederhauser 1999, Liebert 2002).

Dass die Vermittlung wissenschaftlichen Wissens nicht nur durch Wissenschaft und Massenmedien bestimmt ist, zeigt sich auch in anderer Hinsicht. So bildet die Technikkommunikation einen eigenen Zweig, dessen Schwerpunkt in der produktbezogenen Wissensvermittlung liegt, die in der Regel nicht auf eine massenmediale Öffentlichkeit oder Teilöffentlichkeiten abzielt, sondern auf die konkreten Nutzer des Produkts. Die Sprache als Medium der Wissensvermittlung folgt hier anderen Leitlinien, d. h. diese wird beispielsweise vor allem instrumentell verwendet, was sich auch in den in Abschnitt 4 erläuterten linguistischen Aufgaben und Ansätzen widerspiegelt. Solche Formen der direkten Wissensvermittlung, die an spezifischen Ziel- und Nutzergruppen orientiert sind, prägen sich zum Beispiel in Gebrauchsanweisungen oder in Packungsbeilagen von Medikamenten aus, die als solche ganz eigene Textsorten bilden. Wissensvermittlung vollzieht sich hier innerhalb des Spannungsfeldes eines ökonomischen und effektiven Wissenstransfers auf der einen und den Anforderungen an die Verständlichkeit auf der anderen Seite. Neue und andere Formen der Wissensvermittlung haben sich weiter auch durch die Entstehung neuer (sozialer) Medien entwickelt. Digitale Enzyklopädien wie die Wikipedia, Foren zur Selbsthilfe oder auch Science Blogs für interessierte Laien ermöglichen es oftmals auch Nicht-Wissenschaftlern, sich ein komplexes Wissen anzueignen, und bringen traditionelle Wissensordnungen und auch -hierarchien ins Wanken. Zugleich sind solche Prozesse des Umbruchs und die neu entstandenen Zugänge mit Unsicherheiten verbunden, die sich in Fragen nach der Zuverlässigkeit, Objektivität und Bewertung eines solchen Wissens zeigen.

3.3 Komplexität und Heterogenität der Wissensräume

Vor dem Hintergrund des *linguistic turn* teilt die Linguistik somit auch die Prämissen sozialkonstruktivistischer Ansätze. Es gehört dabei zu den spezifischen Erscheinungen einer Wissensgesellschaft, dass Wissen nicht nur als ein wertvolles Gut behandelt wird, sondern zugleich auf sehr unterschiedliche Weise in Gesellschaften verteilt ist. Daraus ergibt sich die Komplexität und Heterogenität gesamtgesellschaftlicher Wissensräume, innerhalb derer die Gewinnung und Vermittlung von Wissen an die vielfältigen Standorte der Subjekte in den jeweiligen Wissenskulturen, an deren Bezüge zu anderen Akteuren und Institutionen sowie an die darin fungierenden Medien gebunden ist. Solche Wissensräume sind daher vielfach gegliedert, oftmals fragmentarisch und diskontinuierlich, weisen partiell Durchlässe auf oder setzen einer einfachen Vermittlung Widerstände entgegen. Die Problematik einer linguistischen Epistemologie zeigt sich dabei auch darin, dass Wissensgewinnung und -vermittlung oftmals in lokale und regionale, nationale und transnationale Ordnungen eingebunden sind. Die Komplexität lässt sich daran ersehen, dass sich mathematische, naturwissenschaftliche und technikwissenschaftliche Entwicklungen kaum auf nationale Diskurse reduzieren lassen, sondern dass sich diese oftmals in transdisziplinären und internationalen Forschungsverbünden vollziehen. So gehört das *Human Genom Project* – mit dem Ziel, das menschliche Genom zu entschlüsseln – zu den prominentesten internationalen Forschungsprojekten der vergangenen Jahrzehnte. Dass dies keine neue Entwicklung ist, zeigt sich auch anhand des *Manhattan-Projekts*, das während des Zweiten Weltkriegs den bis dato größten Forschungsverbund unter Leitung von J. Robert Oppenheimer bildete und letztlich zum Bau der Atombombe führte. Der Sprache kommt in solchen Zusammenhängen oftmals auch die Rolle einer transnationalen Mittlerin zu, etwa wenn das Englische – in anderen Zeiten die lateinische Sprache oder andere Einzelsprachen – die *lingua franca* der Fachdiskurse bildet.

Die Verflechtung lokaler und regionaler Rahmenbedingungen mit nationalen und transnationalen Interessen und Politiken, die auf so unterschiedlichen Ebenen und Feldern wie Wissenschaft, Politik, Recht, Wirtschaft und Soziales eine Rolle spielen, ist daher nur schwer zu überblicken. Zudem sind solche Diskurse nicht nur sprachlich verfasst, sondern durch verschiedene mediale Instanzen bedingt und in ein komplexes Bedingungsgefüge eingebunden: Sprachlich-diskursive Prozesse des wissenschaftlichen Aushandelns werden daher in Relation zu Methodeninventaren, Laborversuchen und experimentellen Anordnungen gesehen, und mit Bezug auf die Akteure und Institutionen, deren Architekturen und Reglements, Moralvorstellungen und Gesetze betrachtet. Eine linguistische Epistemologie interessiert sich von daher auch für den Zusammenhang des mathematischen, naturwissenschaftlichen und technischen Wissens mit den Materialien des Labors und den Geschichten der Wissenschaftler, den politischen Interessen sowie den Einstellungen und Befindlichkeiten verschiedener Akteure und Gemeinschaften. Wissenskulturen lassen sich letztlich daher nur in ihrer Verflechtung mit den Prozessen und Ereignissen einer gesamten Kultur verstehen, ohne dass hier eine Begrenzung auf einen eindeutig identifizierbaren Kernbereich im Sinne von Wissenschaft vorschnell erfolgen kann.

Da die Mathematik, die Naturwissenschaften und die Technik somit nicht einfach aus ihrer historischen, sozialen und kulturellen Verortung herauszulösen sind, lässt sich das Fachwissen folglich auch nicht mehr einfach von seinen nicht-fachlichen Formationen lösen. Innen und Außen der Wissenschaft sind oftmals nicht klar voneinander getrennt. Dies gilt nicht zuletzt auch, weil Hochschulen, Universitäten und andere Forschungseinrichtungen innerhalb dieser Diskurse nicht als autonome Forschungseinheiten fungieren, sondern an konkrete Stätten gebunden und in gesellschaftliche, politische, kulturelle und ökonomische Diskurse eingebunden sind. Dabei spielen auch die faktischen Wissensgrenzen der Forscher eine Rolle, die z. B. als Physiker, Chemiker oder Biologen keine genaue Vorstellung über die Funktionsweise der von ihnen verwendeten technischen Verfahren besitzen – dies gilt insbesondere dann, wenn es um die Abschätzung möglicher Folgen wissenschaftlicher und technischer Innovationen geht.

Die vorhergehenden Überlegungen zeigen, dass die einzelnen Wissensdomänen daher weder klar und deutlich voneinander getrennt sind, noch dass diese der Lebenswelt und dem Alltagswissen einfach gegenüber gestellt werden können. Zwar lässt sich der fachinterne Diskurs mit seinen Wissensmedien wie Fachpublikationen, Fachzeitschriften und wissenschaftlichen Tagungen grundsätzlich von einem fachexternen Diskurs abgrenzen, allerdings sind solche Grenzen weitaus weniger scharf als oftmals postuliert wird. Die Einheit der Wissensdomänen, deren Gegenstände, die damit verbundenen Identitäten und Verfahren zur Selbstverständigung sind daher selbst in quasi-epochale Ordnungen eingelassen, die sich nur über große historische Zeiträume ändern. Die sprachliche Konstitution wissenschaftlichen Wissens, die Übertragungen wissenschaftlicher Konzepte in andere gesellschaftliche Bereiche sowie öffentliche Kontroversen etwa um Organspende, Sterbehilfe oder um die Risiken von Nanopartikeln zeigen, dass die sprachlich-diskursive Konstitution des Wissens tief greifende Folgen nicht nur für unsere Weltanschauung, sondern ebenso für das Selbstverständnis des Menschen sowie für dessen Verständnis von Anfang und Ende des menschlichen Lebens haben. Die Sprache ist in all diesen Prozessen nicht nur auf der Mikroebene lexikalischer Einheiten und grammatischer Strukturen von Bedeutung, sondern zeigt ebenso Wirkung auf der Makroebene historischer und kultureller Prozesse der Verständigung mit anderen ebenso wie der Selbstverortung.

4 Linguistische Aufgaben und Methoden

Nachdem die allgemeinen epistemischen und handlungsbezogenen Rahmenbedingungen der fachlichen Tätigkeit in den drei Bereichen Mathematik, Naturwissenschaften und Technik angesprochen wurden, soll nun das Verhältnis der Sprachwissenschaft zu diesen Gebieten ausführlicher dargelegt werden. Hierzu werden wir zunächst die Tätigkeitsbereiche der Sprachwissenschaft in der Auseinandersetzung mit Mathematik, Naturwissenschaften und Technik besprechen und aufzeigen, was die Sprachwissenschaft in diesen Domänen und für diese Domänen leisten kann. Anschließend soll präzisiert werden, welche methodischen Vorgehensweisen die Linguistik für die Untersuchung der Sprache von Mathematik, Naturwissenschaften und Technik bereitstellt, welche Forschungsfragen bereits tiefer gehend untersucht werden und in welchen Bereichen ein weiter gehendes Einsatzpotenzial der Linguistik besteht.

4.1 Grundlagen und Tätigkeitsbereiche

Die linguistischen Aufgaben in Mathematik, Naturwissenschaften und Technik sind vielfältig und orientieren sich sowohl am Erkenntnisinteresse der Linguistik selbst als auch an dem Bedarf an linguistischen Modellen und Verfahren in den einzelnen Wissensdomänen. Die Linguistik versteht sich dabei zunächst einmal als eine deskriptive Wissenschaft, welche die Sprache in ihrer Struktur und Funktionsweise beschreiben sowie ausgehend von Untersuchungen zur Sprache auch Denkstile und Wissenskulturen erfassen möchte. Die linguistische Arbeit in der Mathematik, den Naturwissenschaften und der Technik hat aber noch einen zweiten, spezifischen

Schwerpunkt: Wenn anwendungsorientierte Aspekte im Vordergrund stehen, arbeitet sie bewusst auch präskriptiv. Eine solche normativ orientierte Tätigkeit wird in der sprachwissenschaftlichen Forschung zwar meist kritisch gesehen. Dies gilt jedoch nicht unbedingt für die Fachsprachen insgesamt und für die Sprache in Mathematik, Naturwissenschaften und Technik im Besonderen. Die kognitiven und kommunikativen Rahmenbedingungen der ‚harten' Wissenschaften und der Technik spiegeln sich in einer überdurchschnittlich genormten und damit auch reflektierten Sprachverwendung wider. Die Modelle und Verfahren der Linguistik können diesen Domänen Orientierungswissen bereitstellen, Standards und Richtlinien für die Sprachpraxis entwickeln und durch geeignete Modelle bei der Entwicklung von Schreib- und Übersetzungswerkzeugen helfen.

Einen weiteren anwendungsorientierten Schwerpunkt der linguistischen Tätigkeit bildet die Sprachproduktion. Hierzu zählt insbesondere die Anwendung linguistischer Modelle und Verfahren in der Praxis, beispielsweise durch Fachübersetzer bzw. technische Übersetzer, technische Redakteure, Wissenschaftsjournalisten und Öffentlichkeitsarbeiter. Diese gewährleisten die intra- und interlinguale Vermittlung von Inhalten und deren Umsetzung in anderen sprachlichen und weiter gesehen medialen Formen genauso wie die Übertragung zwischen Experten und Laien sowie zwischen verschiedenen Expertengruppen (so unterscheiden Möhn/Pelka (1984, 26) zwischen fachinterner, fachexterner und interfachlicher Kommunikation). Diese Arbeit lässt sich sehr wohl als linguistische Tätigkeit verstehen, da die Ausübung dieser Berufe, die sich vor allem in naturwissenschaftlichen und technischen Bereichen herausgebildet haben, linguistisches Wissen zur Anwendung bringt und entsprechendes Wissen auch verlangt.

4.2 Methodische Überlegungen

Da das Spektrum vom deskriptiven, erkenntnisorientierten Arbeiten bis zum präskriptiven, anwendungsorientierten Arbeiten recht groß ist, benötigt die Linguistik in Mathematik, Naturwissenschaften und Technik eine Vielfalt an Methoden und Werkzeugen, die auf das jeweilige Erkenntnisinteresse und Anwendungsziel abgestimmt sind. Zentral ist dabei die gemeinsame Orientierung an der Wissenskonstitution durch Sprache, aber auch das gleichberechtigte Nebeneinander verschiedener Perspektiven linguistischen Arbeitens. So lassen sich denn auch verschiedene linguistische Ansätze unterscheiden, die entweder erkenntnisorientiert (systemlinguistisch, praxistheoretisch, diskurslinguistisch) oder anwendungsorientiert (prospektiv-präskriptiv, praktisch) sind.

4.2.1 Systemlinguistisch

Ein Anliegen der Linguistik ist es, das hochgradig komplexe System der Sprache mit angemessenen Modellen zu beschreiben, um das sich hinter der tatsächlichen Sprachverwendung befindliche System zu erfassen. Die Sprache in Mathematik, Naturwissenschaften und Technik – mit ihren spezifischen Fachwörtern, Formulierungen und Textsorten – wird hier als eine Varietät verstanden, die sich von der jeweiligen natürlichen Sprache im Ganzen und von den anderen Varietäten der Sprache (darunter von der – wie auch immer bestimmten – Gemeinsprache) abgrenzen und dadurch beschreiben lässt. Der systemlinguistische Ansatz ermöglicht es, das spezifische Inventar der sprachlichen Mittel in Mathematik, Naturwissenschaften und Technik von der Wort- über die Satz- bis zur Textebene zu erfassen und in ihrem Funktionieren in den jeweiligen Wissensdomänen zu verstehen (vgl. u. v. a. Drozd/Seibicke 1973, Hoffmann 1976, Möhn/Pelka 1984, Baumann 1998, Hoffmann 1998, Fraas 1998, Roelcke ³2010). Hier stellen sich vor allem zwei Fragen: Wodurch zeichnet sich die in diesen drei Bereichen verwendete Sprache aus? Welche Rolle spielt die Sprache für das interne Funktionieren der Wissensdomänen? Ergebnisse einer solchen linguistischen Tätigkeit sind u. a. Wörterbücher, Grammatiken und Textmusterbeschreibungen, die die Sprache in Mathematik, Naturwissenschaften und Technik dokumentieren. Sie können auch als Orientierungshilfe und Hilfsmittel für Fachwissenschaftler dienen und auch Nichtexperten den Zugang zu fachlichen Inhalten erleichtern.

4.2.2 Praxistheoretisch

Der Reichtum der Sprache in Mathematik, Naturwissenschaften und Technik zeigt sich nicht nur im Sprachsystem und dem Inventar der verwendeten sprachlichen Mittel, sondern auch in der Sensibilität, mit der Fachleute die Sprache in diesen Domänen verwenden und über sie reflektieren. Eine bewusste Sprachverwendung und -reflexion hilft ihnen, Sinn und Ordnung im Hinblick auf die wissenschaftlichen und technischen Gegenstände und Methoden herzustellen, ihr Wissen mit anderen zu teilen und Verständnis zu sichern. Während der systemlinguistische Ansatz primär von linguistischen Modellen ausgeht und diese für die Beschreibung des Sprachsystems nutzt, nimmt der praxistheoretische Ansatz zunächst die Sprache aus der Perspektive der Beteiligten in der Praxis in den Blick und interessiert sich für die Ordnungsstrukturen, die im sprachlichen Vollzug von den Beteiligten angezeigt werden. Zu diesen Spuren des medialen Handelns gehören insbesondere subjektive, durchaus vorwissenschaftliche Reflexionen der Praktiker in der Sprachverwendung. Aus diesen Reflexionen kann dann in einem zweiten Schritt die linguistische Modellbildung erfolgen (vgl. Habscheid 2009).

Dieses soziologisch inspirierte Vorgehen kann Denk- und Arbeitsweisen in Mathematik, Naturwissenschaften und Technik offenlegen sowie eine eigenständige, nicht von vorgegebenen Mustern beeinflusste Beschreibung dieser Wissensdomänen erreichen. Dies ist in der Mathematik beispielsweise da relevant, wo das Wissen fast ausschließlich sprachlich verfasst ist und die Forscher hochreflektiert mit der Sprache umgehen. Ihr Reichtum an Ausdrücken, Einstellungen, Begründungen und Praktiken ist bislang nur zu einem kleinen Teil linguistisch erschlossen worden. Der praxistheoretische Ansatz verspricht, den Fachleuten in Mathematik, Naturwissenschaften und Technik bewusst zu machen, wie sich in diesen Domänen Wissensgewinnung, -dokumentation und -weitergabe vollzieht, und ihnen linguistisches Wissen über sich selbst bereitzustellen.

4.2.3 Diskurslinguistisch

Die Beschreibung der Sprache in Mathematik, Naturwissenschaften und Technik wäre unvollständig, wenn nicht auch die Ebene des Diskurses einbezogen würde. Hier geht es um Wissensbestände, Machtverhältnisse, Geltungsansprüche, Stimmungen, Einstellungen und Deutungen, die sich in der Gesellschaft herausbilden und sprachlich konstituiert sind. Diskurslinguistische Methoden wurden in Einzelstudien erprobt, verfeinert und reflektiert (vgl. Felder/Müller 2009; sowie zu Themen wie Gendiagnostik Domasch 2007; zu Computerbegriffen Busch 2004 oder zu Geo-Engineering Janich/Simmerling 2012). Die Diskurstheorie kennt dabei zahlreiche Ansätze, deren Gemeinsamkeit jedoch darin besteht, dass sie in ihrem Kern sehr wohl linguistische Methoden verwenden oder zumindest ihre Anschlussfähigkeit an linguistische Überlegungen bewahren. In der Regel werden Diskurse über die Analyse einer großen Anzahl von öffentlich zugänglichen Texten untersucht, die einen wesentlichen Ausschnitt des zu untersuchenden Diskurses darstellen und beispielsweise aus Zeitungen oder dem Internet stammen. Diskurslinguistische Studien können Wissenskulturen beschreiben und Aufschluss über den Umgang mit Wissen aus Mathematik, Naturwissenschaften und Technik in der Gesellschaft geben sowie Bewusstsein dafür schaffen, wie ein solches Wissen auf gesellschaftlicher Ebene entsteht, sich verändert und nach welchen Mustern Debatten zu mathematischen, naturwissenschaftlichen und technischen Themen ablaufen.

4.2.4 Prospektiv-präskriptiv/praktisch

Anders als die erkenntnisorientierten linguistischen Ansätze, die im Wesentlichen deskriptiv vorgehen, möchten anwendungsorientierte Ansätze bewusst Einfluss auf die praktische Sprachverwendung in bestimmten Domänen nehmen oder bereiten dies durch geeignete linguistische Modelle vor. Dies ist insbesondere in der Technik der Fall, wo es um die Normierung von Texten wie etwa von Bedienungsanleitungen geht oder allgemein um kontrollierte Sprachen, mit denen schriftliche und mündliche Kommunikation effizienter und sicherer gestaltet werden soll, beispielsweise im Flugverkehr. Die prospektiven Ansätze verfolgen dabei stets auf die Zukunft bezogene Fragen und sind in ihrem Ergebnis meist präskriptiv: Wie lassen sich die sprachlichen Subsysteme in diesen Bereichen optimieren? Welche Modelle sind angemessen als Orientierung für die tatsächliche Sprachtätigkeit, wie Schreibpraxis und andere Anwendungsfelder?

Um für solche Fragen angemessene Modelle zu entwickeln, muss die prospektive Linguistik stärker als bei den deskriptiven Ansätzen auch nicht-linguistische Aspekte einbeziehen, beispielsweise Fachwissen sowie Wissen zur Sprache, zu Werkzeugen und Prozessen (vgl. Schubert 2007). Hierzu gehören auch Anforderungen, die in der Praxis an die Kommunikation und Sprachverwendung gestellt werden, aber im engeren Sinne nicht zu den sprachlichen Eigenschaften zählen, etwa das Ziel einer einfachen Wartbarkeit und Wiederverwendbarkeit von Texten oder Kosten der Texterstellung. Prospektives linguistisches Arbeiten verlangt zudem, dass diese Einflussfaktoren in angemessener Weise modelliert werden und dabei nicht zu schnell von ihnen abstrahiert wird, da die Ergebnisse dann vielleicht in der Theorie schlüssiger erscheinen, aber nicht mehr angemessen und nützlich für die Praxis sind. Ergebnisse des prospektiv-präskriptiven Arbeitens sind beispielsweise Terminologien und Taxonomien, Redaktionsleitfäden und andere Standards und Richtlinien, die sicherstellen sollen, dass Texte in Bezug auf vorliegende pragmatisch-kommunikative Aufgaben und Rahmenbedingungen optimal verwendet werden. Genauso ist auch die Modellierung von Sprache für elektronische Werkzeuge, Schreib- und Reviewprozesse Ergebnis prospektiven linguistischen Arbeitens. Gleichzeitig wirkt diese linguistische Praxis zurück auf die linguistische Forschung, indem sie Anregungen, Wünsche und Fragen an die linguistische Forschung adressiert, sodass eine Interaktion zwischen der prospektiven linguistischen Tätigkeit der Forscher mit der praktischen linguistischen Tätigkeit der Sprachverwender entsteht.

4.3 Ausprägungen

Die aktuellen Ausprägungen der linguistischen Aufgaben und die Bedeutung der genannten Ansätze unterscheiden sich in den Domänen Mathematik, Naturwissenschaften und Technik. So ist die deskriptive linguistische Tätigkeit im lexikalischen, syntaktischen und textuellen Bereich der Sprache der Mathematik (zu der auch bestimmte rein theoretisch orientierte Teilbereiche weiterer Wissenschaften, insbesondere der Physik und der Informatik, zu zählen sind) sicher als zentral anzusehen (vgl. z. B. Ranta 1997a, b, Lakoff/Nuñez 2000, Schmidt 2003, Atayan 2011). Aufgrund einer im Vergleich zu den Naturwissenschaften und der Technik größeren Homogenität in der Gruppe der Nutzer dieser Fachsprache, die hauptsächlich aus Mathematikern selbst und Fachleuten einiger weiterer ‚harter' Wissenschaften besteht, bleibt die prospektive Tätigkeit – linguistisch fundierte terminologische Normierung oder Festlegung und Durchsetzung von Textkonventionen – wohl eher sekundär.

Im Unterschied zur Mathematik stellen die Naturwissenschaften ein weit weniger einheitliches Gebiet dar, dessen große inhaltliche Vielfalt sich in zahlreichen unterschiedlichen Konzeptualisierungssystemen widerspiegelt. Diese können den Gegenstand der linguistischen Forschung sowohl auf der lexikalischen, terminologischen und textuellen Ebene (vgl. u. v. a. Kocourek 1982, Göpferich 1995 sowie die zahlreichen Beschreibungen einzelner Fachsprachen, beispielsweise Physik, Chemie und Biologie in Hoffmann/Kalverkämper/Wiegand 1998) als auch im Hinblick auf die sprachliche Realisierung und diskursanalytische Einbettung der naturwissenschaftlichen Modellierung bilden. Ersteres steht dabei an der Schnittstelle zur präskriptiven linguistischen Arbeit und kann synchron wie historisch – z. B. mit Bezug zur Entstehung von Nomenklaturen – betrieben werden.

Im Hinblick auf die Technik sind alle drei Aspekte – Deskription, Präskription und Produktion – recht deutlich ausgeprägt und treten in vielfältigen Formen auf. Die große Bandbreite technischer Sachbereiche und Textsorten verschiedenen Konventionalisierungs- und Normierungsgrades (vgl. Göpferich 1995, Horn-Helf 2007) eröffnet ein weites Feld für die beschreibende Tätigkeit der Linguistik. Durch die Herausforderungen von Berufen wie technischen Autoren und Fachübersetzern (vgl. Stolze 2009) sowie aus dem Wunsch nach mehr Effizienz und Effektivität in wirtschaftlichen Zusammenhängen heraus ist es notwendig, Arbeitsverfahren nicht nur wissenschaftlich und technisch, sondern auch sprachlich und allgemeiner semiotisch zu optimieren. Zum einen werden dabei konsistente Terminologien und kontrollierte Sprachen erstellt (vgl. Beiträge zur technischen Kommunikation, Terminologiearbeit, Terminographie und Standardisierung von Kommunikation in Knapp u. a. 2011) sowie Regeln für eine deutlichere Arbeitsteilung zwischen nicht-sprachlichen und sprachlichen Tätigkeitsfeldern und auch innerhalb der sprachlichen Produktionsvorgänge entwickelt (Schubert 2007, Rothkegel 2010). Ein weiteres Feld ist die Popularisierung von Wissen in Zeitungen und anderen Massenmedien, die insbesondere im technischen und naturwissenschaftlichen Bereich eine immer größere Rolle spielt (vgl. beispielsweise Niederhauser 1999).

4.4 Ausblick und Forschungsfragen

Die linguistische Tätigkeit in Mathematik, Naturwissenschaften und Technik ist durch mehrere Dimensionen, Abgrenzungen und Grenzüberschreitungen charakterisiert. Eine Herausforderung besteht darin, dass zum Teil noch geeignete Methoden zur Analyse zu fehlen scheinen und dass vorhandene linguistische Methoden noch nicht oder nur in begrenztem Maße angewandt werden. Im Folgenden sollen beispielhaft vier Themenfelder herausgestellt werden, in denen die Anwendung und Weiterentwicklung linguistischer Methoden neue und tiefliegende Erkenntnisse über die Sprache in Mathematik, Naturwissenschaften und Technik versprechen.

4.4.1 Medialität

In der Mathematik, den Naturwissenschaften und der Technik kommt zur rein sprachlichen Kommunikation ein erheblicher Anteil anderer Medien hinzu, die allesamt auf hochgradig komplexe Weise mit der Sprache interagieren, wie beispielsweise mathematische Formeln und andere Symbolsprachen sowie Bilder, Grafiken und Diagramme. Eine adäquate Analyse der Integration formaler Sprachen in natürlichsprachliche Texte und der Text-Bild-Interaktion setzt spezifische Kenntnis nicht-sprachlicher Medien des jeweiligen Faches voraus, die wiederum auf eine mitunter sehr lange Tradition und kulturell bedingte Veränderungen zurückblicken. Eine möglichst vollständige Theorie der multimodalen Struktur innerhalb des jeweiligen Teilsystems (Sprache, Bild, formelhafte Ausdrücke) und der Schnittstellen zwischen diesen gehört zu den Desiderata der linguistischen Erforschung der Sprache in Mathematik, Naturwissenschaften und Technik.

Auch Untersuchungen zur gesprochenen Sprache fehlen auf diesen Fachgebieten fast gänzlich. Hier dürften zum einen die Fragen der Kontrastierung mit dem als prototypisch angesehenen Fall der schriftlichen Kommunikation interessant sein, etwa die mögliche Tendenz zur Aufweichung der oft postulierten Ansprüche an die Fachsprache im lexikalischen, syntaktischen, textuellen und pragmatischen Bereich (Präzision, Ökonomie, Eindeutigkeit usw.), die gerade in den mathematisch-naturwissenschaftlichen Kontexten besonders ausgeprägt sein dürften. Zum anderen können die fachspezifischen Interaktionsmuster genauer beschrieben werden, darunter insbesondere Strategien der Kritik, Gegenargumentation und Polemik (s. a. unter 4.4.2). Gesprächsforschung dürfte zudem den praxistheoretischen Ansatz zu seiner eigentlichen Bedeutung führen, indem fachinterne Kommunikation beschrieben und die Reflexion der Beteiligten über die eigene Sprachverwendung dokumentiert und ausgewertet wird.

4.4.2 Varietät

Ein großes Potential besteht in der Anwendung von vorhandenen linguistischen Methoden auf die verschiedenen Teilsysteme der Sprache in Mathematik, Naturwissenschaften und Technik, also auf Wort-, Satz- und Textebene. Im lexikalischen Bereich wäre beispielsweise eine komplementäre Sichtweise zur klassischen Terminologieforschung denkbar, bei der nicht-merkmalbasierte Semantiken (insbesondere die Prototypensemantik) im Mittelpunkt stehen. Somit könnte der Topos der terminologischen Eineindeutigkeit geprüft werden, wobei auf kommunikative Faktoren sowie diskursive Traditionen und Dynamiken zielende Vorgehensweisen einbezogen werden können.

Textlinguistische und argumentationstheoretische Methoden wären für die Erforschung der jeweiligen fachlichen Logiken (welche keineswegs immer als formale Logiken, sondern auch als fachliche ‚Alltagslogiken' anzusehen sind) von großem Interesse. Das Argumentieren stellt nämlich den wichtigsten Schwerpunkt der sprachlichen Tätigkeit zumindest in den wissenschaftlich orientierten Tätigkeitsbereichen von Mathematik, Naturwissenschaften und Technik dar. Eine typologische Erfassung der in den drei diskutierten Bereichen existierenden inhaltlichen und strukturellen Argumentationsmuster fachinterner wie fachexterner (z. B. mit dem Verweis auf Sach- und Finanzzwänge) Art würde zum einen eine genaue Beschreibung der textuellen Umsetzung fachlicher Argumentationen, zum anderen eine adäquate globale diskursanalytische Erfassung erlauben.

4.4.3 Wissenskonstitution

Diskurslinguistische Arbeiten können helfen, Wissenskulturen einzelner Gruppen, Domänen und in der Öffentlichkeit zu beschreiben, was den Akteuren ihr Handeln bewusst machen und Orientierung geben kann. Neuere Ansätze, wie die korpuslinguistischen Herangehensweisen, insbesondere der pragmatisch-quantitative Ansatz, versprechen auch neue Erkenntnisse über den öffentlichen Diskurs über Wissen aus Mathematik, Naturwissenschaften und Technik. Hierbei erfolgt die Analyse großer Textmengen automatisiert, was die Identifizierung interessanter Teilaspekte und die Hypothesenbildung für Detailanalysen erleichtert (vgl. hierzu Felder/Müller/Vogel 2012). Dies gilt insbesondere für die Untersuchung großer Textmengen aus sozialen Online-Netzwerken und anderen Quellen im Internet. Viel versprechend ist auch die Anwendung diskurslinguistischer Methoden innerhalb von Wissenschaftsdomänen, -netzwerken und in der industriellen Forschung und Entwicklung, denn so können sie Aufschluss über die Wissenskonstitution in den Fächern und Geltungsansprüche der Fachleute geben, also Elemente der Wissenskulturen in den Domänen, die in den sprachsystematischen oder praxistheoretischen Ansätzen nicht erfasst werden.

Auf Mikroebene versprechen praxistheoretische Arbeiten Aufschluss über die Wissenskonstitution in den Fächern, aber auch darüber hinaus. Insbesondere in Forschungs- und Innovationsprojekten kann die linguistische Arbeit Wissenskonstitution und -vermittlung systematisch unterstützen. Wünschenswert wäre, Wege zu finden, um die linguistische Arbeit in der Praxis mit einem eigenen Selbstverständnis der linguistischen Forschung zu verbinden. Wie die teilnehmenden Beobachter in soziologischen Untersuchungen ist beispielsweise ein teilnehmender Linguist vorstellbar, der neben der Übernahme von Schreibaufgaben in einer Forschungsgruppe auch prospektive linguistische Aufgaben, beispielsweise Modellierungen, übernimmt und die Erfahrungen aus der Praxis in die erkenntnisorientierte Forschung einbringt (vgl. hierzu auch Schmidt 2009).

4.4.4 Wissensvermittlung

In der Experten-Laien-Kommunikation wäre die weitere Erforschung spezifischer Strategien didaktisierender und popularisierender Art von Interesse, die hinsichtlich der schriftlichen Kommunikation bereits seit längerem untersucht werden. Zu behandeln wäre dabei ein Kontinuum von eher monomedialer oder beschränkt multimedialer kopräsenter Kommunikation (populärwissenschaftlicher Vortrag u. ä.) über die audiovisuell getragene Popularisierung in Film und Fernsehen bis hin zu stark interaktiven Kommunikationssituationen mit der Möglichkeit aktueller unmittelbarer Erfahrung der Tätigkeit in Mathematik, Naturwissenschaften und Technik (interaktive Museenführungen, offene Labore) oder auch zur technikvermittelten virtuellen multimedialen Kommunikation (interaktive Lernprogramme usw.).

Hier findet sich auch eine Verbindung zum prospektiven linguistischen Arbeiten in der Fachkommunikation i. e. S. Es kann helfen, Optimalitätskriterien für Texte in der Wissensvermittlung aufzustellen und neue Herangehensweisen zu entwickeln, die bei der Erstellung geeigneter Normen für Text- und allgemein Kommunikationsoptimierung eingesetzt werden können. Dies verlangt neue Methoden, da beispielsweise nicht davon ausgegangen werden kann, dass sprachliche Merkmale, die bei der Text- oder Gesprächsanalyse für bestimmte Kommunikationssituationen ermittelt wurden, in diesen oder ähnlichen Kommunikationssituationen angemessen sind und zur Norm gemacht werden sollten. Das Erstellen von Textvarianten im Hinblick auf die Optimalitätskriterien sowie der Test der Varianten, etwa durch Usability-Forschung, Protokollen lauten Denkens oder User Edits sollte – aus praktischem wie theoretischem Interesse – in Angriff genommen werden (vgl. Göpferich 2000).

5 Zusammenfassung

Mathematik, Naturwissenschaften und Technik entfalten in unserem Alltag eine prägende Kraft: Technische Artefakte begleiten unser Leben und Erkenntnisse aus den Naturwissenschaften und der Mathematik beeinflussen unsere Sicht der Welt. Die Sprache nimmt dabei als Medium der Wissensgewinnung und -vermittlung eine zentrale Rolle ein. Die Linguistik der Sprache in Mathematik, Naturwissenschaften und Technik entwickelt Theorien und Methoden, um die sprachliche Verfasstheit des Wissens dieser Wissensdomänen zu erklären und Bewusstsein darüber zu schaffen, wie Erkenntnisse in Forschung und Entwicklung gewonnen, weitergegeben und verwertet werden und wie sie ihrerseits unsere Sprache und unser Denken beeinflussen.

Auch möchte sie Methoden zur Verbesserung der Kommunikation in und außerhalb der Domänen entwickeln. Sie macht uns Selbstverständliches bewusst und kann Schwerverständliches verständlich machen. Indem sie das Verhältnis von Sprache und Wissen ins Zentrum rückt, öffnet die Linguistik der Sprache in Mathematik, Naturwissenschaften und Technik den Blick für neue Methoden und Forschungsfragen, die an die Fachsprachenforschung, Textlinguistik, Diskurslinguistik, Technikkommunikation, Wissenssoziologie und andere Wissenschaftszweige anknüpft und deren Theorien, Methoden und Erkenntnisinteressen in einem neuen Rahmen fortführt.

6 Literatur

Atayan, Vahram (2011): Propositionsbezogene weiterführende Relativsätze in der fachsprachlichen Kommunikation: einige Überlegungen zum tertium comparationis im Sprachvergleich. In: Eva Lavric/Wolfgang Pöckl/Florian Schallhart (Hg.): Comparatio delectat. Akten der VI. Internationalen Arbeitstagung zum romanisch-deutschen und innerromanischen Sprachvergleich. Innsbruck, 3.–5. September 2008. Bd. 2. Frankfurt, 563–577.

Baumann, Klaus-Dieter (1998): Textuelle Eigenschaften von Fachsprachen. In: Hoffmann/Kalverkämper/Wiegand, 408–415.

Black, Max (1979): More about metaphor. In: Andrew Ortony (Hg.): Metaphor and Thought. Cambridge, 19–43.

Busch, Albert (2004): Diskurslexikologie und Sprachgeschichte der Computertechnologie. Tübingen.

Descombes, Vincent (1979): Le même et l'autre. Quarante-cinq ans de philosophie française (1933–1978). Paris. [Dt.: Das Selbe und das Andere. Fünfundvierzig Jahre Philosophie in Frankreich (1933–1978). Übersetzung von Ulrich Raulff. Frankfurt a. M. 1983]

Domasch, Silke (2007): Biomedizin als sprachliche Kontroverse. Die Thematisierung von Sprache im öffentlichen Diskurs zur Gendiagnostik. Berlin/New York.

Drozd, Lubomir/Wilfried Seibicke (1973): Deutsche Fach- und Wissenschaftssprache. Bestandsaufnahme – Theorie – Geschichte. Wiesbaden.

Felder, Ekkehard/Marcus Müller (2009): Wissen durch Sprache. Theorie, Praxis und Erkenntnisinteresse des Forschungsnetzwerkes „Sprache und Wissen". Berlin/New York.

Felder, Ekkehard/Marcus Müller/Friedemann Vogel (Hg.) (2012): Korpuspragmatik. Thematische Korpora als Basis diskurslinguistischer Analysen. Berlin/New York (Linguistik – Impulse und Tendenzen 44).

Fraas, Claudia (1998): Lexikalisch-semantische Eigenschaften von Fachsprachen. In: Hoffmann/Kalverkämper/Wiegand, 428–437.

Göpferich, Susanne (1995): Textsorten in Naturwissenschaften und Technik. Pragmatische Typologie – Kontrastierung – Translation. Forum für Fachsprachen-Forschung 27. Tübingen.

Göpferich, Susanne (2000): Von der deskriptiven zur präskriptiven (prospektiven) Fachtextsortenlinguistik. In: Klaus-Dieter Baumann/Hartwig Kalverkämper/Kerstin Steinberg-Rahal (Hg.): Sprachen im Beruf. Stand – Probleme – Perspektiven. Tübingen, 83–103.

Habscheid, Stephan (2009): Text und Diskurs. München.

Hoffmann, Lothar (1976): Kommunikationsmittel Fachsprache. Leipzig.

Hoffmann, Lothar (1998): Syntaktische und morphologische Eigenschaften von Fachsprachen. In: Hoffmann/Kalverkämper/Wiegand, 416–427.

Hoffmann, Lothar/Hartwig Kalverkämper/Herbert Ernst Wiegand (Hg.) (1998): Fachsprachen. Ein internationales Handbuch zur Fachsprachenforschung und Terminologiewissenschaft. Languages for Special Purposes. An International Handbook of Special-Language and Terminology Research. Berlin/New York.

Horn-Helf, Brigitte (2007): Kulturdifferenz in Fachtextsortenkonventionen: Analyse und Translation; ein Lehr- und Arbeitsbuch. Frankfurt a. M. u. a.

Hübinger, Gangolf (2011): Geschichtsdenken, kulturelle Evolution und sozialer Darwinismus. In: Volker Gerhardt/Klaus Lucas/Günther Stock (Hg.): Evolution. Theorie, Formen und Konsequenzen eines Paradigmas in Natur, Technik und Kultur. Berlin, 185–193.

Hundt, Markus (2009): Verhaltensregulierung und Identitätsstiftung durch Unternehmensverfassungen. Corporate Governance unter sprachlichen Aspekten. In: Ekkehard Felder/Marcus Müller (Hg.): Wissen durch Sprache. Theorie, Praxis und Erkenntnisinteresse des Forschungsnetzwerks »Sprache und Wissen«. Berlin/New York, 479–502 (Sprache und Wissen Bd. 3).

Janich, Nina/Anne Simmerling (2012): „Nüchterne Forscher träumen…" – Nichtwissen im Klimadiskurs unter deskriptiver und kritischer diskursanalytischer Betrachtung. In: Ulrike Meinhof/Martin Reisigl/Ingo H. Warnke (Hg.): Diskurslinguistik im Spannungsfeld von Deskription und Kritik. Berlin, 65–99.

Kay, Lily E. (2000): Who Wrote the Book of Life? A history of the genetic code. Stanford, California. [Dt.: Das Buch des Lebens. Wer schrieb den genetischen Code? Frankfurt a. M. 2005.]

Knapp, Karlfried u. a. (Hg.) (2011): Angewandte Linguistik. Ein Lehrbuch. Dritte, komplett überarbeitete und ergänzte Auflage. Tübingen.

Kocourek, Rostislav (1982): La Langue française de la technique et de la science. Wiesbaden.

Lakoff, George/Rafael E. Nuñez (2000): Where Mathematics Comes From: How the Embodied Mind Brings Mathematics into Being, New York.

Lakoff, George/Mark Johnson (1980): Metaphors we Live by. Chicago.

Liebert, Wolf-Andreas (2002): Wissenstransformation. Handlunssemantische Analysen von Wissenschafts- und Vermittlungstexten. In: Studia Linguistica Germanica 63. Berlin/New York.

Metten, Thomas (2012): Zur Analyse von Atmosphären in Diskursen. Eine diskurslinguistische Untersuchung kollektiver Befindlichkeiten am Beispiel des Vulkanausbruchs in Island. In: Zeitschrift für Angewandte Linguistik 56.1, 33–65.

Möhn, Dieter/Roland Pelka (1984): Fachsprachen. Eine Einführung. In: Germanistische Arbeitshefte 30. Tübingen.

Niederhauser, Jörg (1999): Wissenschaftssprache und populärwissenschaftliche Vermittlung. Tübingen.

Ranta, Aarne (1997a): Structures grammaticales dans le français mathématique: I. In: Mathématique et sciences humaines 138, 5–56.

Ranta, Aarne (1997b): Structures grammaticales dans le français mathématique: II (suite et fin). In: Mathématique et sciences humaines 139, 5–36.

Rheinberger, Hans-Jörg/Omar W. Nasim (2010): Papierpraktiken im Labor. Interview. In: Karin Krauthause/Omar W. Nasim (Hg.): Notieren, Skizzieren. Schreiben und Zeichnen als Verfahren des Entwurfs. Zürich, 139–158.

Roelcke, Thorsten (^{3}2010): Fachsprachen. Berlin.

Rothkegel, Annely (2010): Technikkommunikation, Huther und Roth, Wien.

Schmidt, Vasco Alexander (2003): Grade der Fachlichkeit in Textsorten zum Themenbereich Mathematik, Berlin.

Schmidt, Vasco Alexander (2009): Vernunft und Nützlichkeit der Mathematik. Wissenskonstitution in der Industriemathematik als Gegenstand der angewandten Linguistik. In: Felder/Müller, 451–475.

Schubert, Klaus (2007): Wissen, Sprache, Medium, Arbeit. Ein integratives Modell der ein- und mehrsprachigen Fachkommunikation. (Forum für Fachsprachen-Forschung 76.) Tübingen.
Snow, Charles Percy (1959): The Two Cultures and the Scientific Revolution. London.
Spieß, Constanze (2011): Diskurshandlungen. Theorie und Methode linguistischer Diskursanalyse am Beispiel der Bioethikdebatte. Berlin/New York.
Stolze, Radegundis (2009): Fachübersetzen – Ein Lehrbuch für Theorie und Praxis. Berlin.
Wigner, Eugene P. (1960): The unreasonable effectiveness of mathematics in the natural sciences. In: Communications on Pure and Applied Mathematics 13, 1–14.

Heiko Hausendorf/Marcus Müller
20. Sprache in der Kunstkommunikation

Abstract: Unser Beitrag stellt Erscheinungsformen und Funktionen von Sprache im gesellschaftlichen Funktionsbereich der Bildenden Kunst dar. Um diesen Fokus auf den sozialen Zusammenhang der Kommunikation über und mit Kunst von vornherein zu betonen, sprechen wir in diesem Artikel von Kunstkommunikation. Wir verbinden damit im Anschluss an soziologische Vorstellungen von der funktionalen Differenzierung moderner Gesellschaften einen eigenständig zu untersuchenden Kommunikationsbereich. Der Artikel behandelt die sprachlichen Aspekte der Kunstkommunikation. Dafür ist der Zusammenhang zwischen der Bearbeitung kommunikativer Aufgaben und sozialen Positionierungen zentral; in ihm haben sich die charakteristischen oralen und literalen Routinen der Kunstkommunikation ausgebildet. Das beginnt nach unserem Eindruck schon mit dem Auftauchen von Sprache in der Bildenden Kunst selbst. Weitere Handlungsfelder der Kunstkommunikation sind die sprachlich zu bewältigende Kunstrezeption im Alltag, die professionelle Kunstkritik, die verschiedenen Formen der Kunstvermittlung, die Ausstellungs- und Museumskommunikation sowie die institutionalisierte Kunstwissenschaft und Kunstgeschichte.

1   Kunst, Kunstkommunikation und Sprache
2   Kommunikative Aufgaben und Muster der Kunstkommunikation
3   Soziale Positionierungen
4   Handlungsfelder der Kunstkommunikation
5   Ausblick
6   Literatur

1 Kunst, Kunstkommunikation und Sprache

Zu den gesellschaftlichen Gebrauchszusammenhängen, in denen Sprache auftaucht und für deren Funktionieren Sprache eine wichtige Rolle spielt, gehört zweifelsohne der Bereich der *Bildenden Kunst*. Über das Verhältnis von Bildender Kunst und Sprache ist denn auch immer wieder reflektiert worden, zumeist allerdings nicht aus linguistischer, sondern philosophischer Perspektive (vgl. z. B. den viel zitierten Beitrag zu „Sprachen der Kunst" von N. Goodman 1995). Mit dem neu erwachten linguistischen Interesse an Multimodalität und Intermedialität (s. u.) hat auch die Erforschung von Sprache im sozialen Feld der Bildenden Kunst einen neuen Schub bekommen. Und doch muss auffallen, dass wir linguistisch über den gesellschaftlichen Funktionsbereich der Kunst und seine sprachlichen Anteile viel weniger wissen als über die anderen Funktionsbereiche („Domänen"), von denen in diesem Handbuch die Rede ist (also z. B. Recht, Medizin, Wirtschaft oder Politik). Man kann sich das am Forschungsstand der Text- und Gesprächslinguistik, der wir viele Beiträge zu Erscheinungsformen und Funktionen von Sprache in den genannten Bereichen verdanken, gut veranschaulichen: Noch bis vor Kurzem tauchte „Kunst" in den Katalogen der einschlägigen Handbücher zur Text- und Gesprächslinguistik gar nicht auf. Das gilt auch für die Fachsprachenforschung: Anders als z. B. im Falle des Rechts, der Wirtschaft oder der Politik hat Kunst bislang auch im Hinblick auf die Fachsprachlichkeit der sie begleitenden Kommunikation kaum Beachtung gefunden, abgesehen natürlich von Terminologiekompendien aus der Kunstwissenschaft selbst (vgl. z. B. Pfisterer 2011). Die vergleichsweise wenigen linguistischen Arbeiten zur Kunstkommunikation haben sich bislang zudem wie selbstverständlich auf Kommunikation *über* Kunst konzentriert und Kommunikation über Kunst mit Kunstkommunikation mehr oder weniger gleichgesetzt (vgl. dazu Kindt 2007, 55 ff.; Thim-Mabrey 2007, 99 ff., 101 f.), wobei Einigkeit darin besteht, dass „Kommunikation über Kunst im Gegensatz zu anderen Kommunikationsgattungen bisher keinen etablierten Untersuchungsbereich der Linguistik bildet" (Kindt 2007, 55).

An diesem defizitären Forschungsstand setzt der vorliegende Beitrag an. Er stellt Erscheinungsformen und Funktionen von Sprache im gesellschaftlichen Funktionsbereich der Kunst dar. Um diesen Fokus auf den sozialen Zusammenhang der Kommunikation über und mit Kunst von vornherein zu betonen, sprechen wir in diesem Artikel von *Kunstkommunikation*. Wir verbinden damit im Anschluss an soziologische Vorstellungen von der funktionalen Differenzierung moderner Gesellschaften (Luhmann 1997) einen eigenständig zu untersuchenden Kommunikationsbereich (ähnlich Schmidt 1993). Damit ist insbesondere gemeint, dass sich in der Neuzeit allmählich ein auf das Erleben und Behandeln von Welt als *Kunst* spezialisiertes, mehr oder weniger autonomes gesellschaftliches Teilsystem entwickelt. Auf diese Weise tritt die Kunstkommunikation gleichrangig neben andere spezialisierte Formen wie die politische, die Wirtschafts-, Glaubens-, Gesundheits- oder Rechtskommunikation. Auch im Kunstsystem bilden sich eigenständige Organisationen heraus, die auf Mitgliedschaft beruhen und in denen bzw. durch die Räume dafür geschaffen werden, die Welt anhand einer für die Kunstkommunikation konstitutiven Leitunterscheidung (wie *schön* vs. *hässlich* oder *stimmig* vs. *nicht stimmig*) zu beobachten, zu thematisieren und zu verstehen. Mit all dem wird eine hoch unwahrscheinliche, hoch voraussetzungsreiche Kommunikationspraxis möglich und wahrscheinlich, die unabhängig von konkreten Ereignissen und Personen zustande kommt und in und mit der darüber entschieden wird, was in der modernen Gesellschaft *als Kunst(werk)* erlebbar und behandelbar wird.

Kunstkommunikation ist deshalb nicht nur „Kommunikation über Kunst", sondern auch „Kommunikation mit und durch Kunst" (Luhmann 1995, 36; vgl. Filk/Simon 2010, 23). So wenig, wie man Rechtskommunikation als Kommunikation *über* Recht, politische Kommunikation als Kommunikation *über* Politik oder Wirtschaftskommunikation als Kommunikation *über* Wirtschaft angemessen versteht, so wenig versteht man das Spezifische der Kunstkommunikation, wenn man sie auf Kommunikation *über* Kunst reduzieren wollte. Der Ausdruck *Kunstkommunikation* soll auch darauf verweisen, dass und wie in unserer Gesellschaft *mit* und *durch* Kunstwerke(n) kommuniziert werden kann (Lüddemann 2007) – sei es innerhalb der organisierten Kommunikation unter Experten (Künstlern), Agenten (Kunstvermittlern) sowie Klienten (Kunstinteressierten) oder in der anwesenheits- oder erreichbarkeitsbasierten Kommunikation unter Laien (und Banausen).

Dabei kommt der Sprache eine Schlüsselrolle zu. Man kann schon bezweifeln, ob es ein modernes Verständnis von *Kunst* ohne Sprache überhaupt geben kann. Zweifellos aber ist Sprache in der Kunstkommunikation omnipräsent: nicht nur in der Kommunikation über Kunstwerke, sondern auch bereits im Kontakt mit Kunstwerken, der mit Sprache initiiert, vorbereitet, gerahmt und gestaltet wird. Kommunikation mit und durch Kunstwerke ist ohne einen sprachlich konstituierten Kunstdiskurs nicht denkbar. Diese Implikation ist auch in der Kunst selbst allgegenwärtig, wenn man an die vielen Thematisierungen von (sprachlicher) Kunstkommunikation in der Kunst des 20. Jahrhunderts denkt.

Die vielfältigen Erscheinungsformen und die grundlegenden Funktionen der Sprache in der Kunstkommunikation zu beleuchten, ist das Anliegen des vorliegenden Beitrags. Wir tragen dazu im Folgenden die Erkenntnisse über kommunikative Aufgaben in der Kunstkommunikation und die sprachlichen Mittel zu ihrer Bearbeitung zusammen, gehen auf die für die Kunstkommunikation typischen sozialen Positionierungen ein und skizzieren anschließend die relevanten Handlungsfelder der Kunstkommunikation.

2 Kommunikative Aufgaben und Muster in der Kunstkommunikation

Welches sind die kommunikativen Aufgaben, die diese Kommunikationspraxis auszeichnen? H. Hausendorf (zusammenfassend 2012) definiert insgesamt fünf zentrale Aufgaben, die mit dem Sprechen und Schreiben über Kunst verbunden sind. Dabei handelt es sich um das *Bezugnehmen* (Worum geht es?), das *Beschreiben* (Was gibt es zu sehen?), das *Deuten* (Was steckt dahinter?), das *Erläutern* (Was weiß man darüber?) und das *Bewerten* (Was ist davon zu halten?). Damit sind kommunikative Zugzwänge gemeint, mit denen jeweils eine spezifische Frage- und Problemstellung verbunden ist, die es kommunikativ irgendwie zu bearbeiten gilt. Wenn man sich speziell mit dem Feld der institutionalisierten Kunstwissenschaft bzw. Kunstgeschichte und deren Vorläuferdiskursen (Locher 2001) auseinandersetzt, dann ergibt sich auf der Ebene der kommunikativen Aufgaben eine Dreiergliederung: *Beschreiben* als textuelles Implementieren des Kunstwerks ins Diskursuniversum; *Erzählen* als sprachliche Konstituierung der Sinnzusammenhänge, in welchen das Kunstwerk erst seinen Status als Bestandteil der Kunstgeschichte – und damit seine Bedeutung – erhält; das *Argumentieren* schließlich stellt sich als Fundamentalaufgabe der Kunstwissenschaft, um Zuschreibungen an Kunstwerke als institutionell gesichertem Wissen Geltung zu verschaffen (dazu jeweils Müller 2007, 196–300).

Auf dieser Beschreibungsebene ist noch nicht zu entscheiden, *wie* und *durch wen* die Aufgaben bearbeitet werden. Diese Frage stellt sich erst auf der Beschreibungsebene der *Mittel*: Die Mittel sind die *Verfahren* und *Strategien*, in denen sich die Pragmatik und die Semantik der Aufgabenerledigung erfassen lässt. Wie schließlich die sprachlichen *Erscheinungsformen* aussehen, mit denen die Mittel im Text bzw. im Gespräch ausgedrückt und manifestiert werden, ist auf der dritten Beschreibungsebene zu erfassen, die mit dem Lexikon und der Grammatik der jeweiligen (einzel)sprachlichen Formen zu tun hat.

Aufgaben, Mittel und Formen sind in einem strikten Sinn *phänomenologischer* Natur: Mit ihnen wird das nachgezeichnet, was sich in den Texten und Gesprächen über Kunstwerke immer wieder als empirische Antwort auf die zugrunde liegende(n) Frage(n) findet. Weder geht es dabei um normative Vorstellungen von dem, was zum Sprechen und Schreiben über Kunst dazu gehören sollte, noch wurden die Aufgaben und die Mittel vorab theoretisch abgeleitet.

In dem Maße, in dem sich für wiederkehrende Problemstellungen im Sinne der o. g. Aufgaben routinehaft Lösungen einzuspielen beginnen, kommt es zu musterhaften Ausprägungen von Kunstkommunikation, die sich in Aktivitätstypen und Textsorten und dort wiederum im Wortschatz und in der Syntax manifestieren. Orale und literale Routinen dieser Art sind insbesondere in den Organisationen des Kunstbetriebs anzutreffen, in denen sich mit der Institutionalisierung bestimmter Positionierungen auch musterhaft verfestigte und historisch tradierte Sprech- und Schreibweisen (wie das *Kunstgespräch*) etabliert haben. Diese lassen sich als musterhafte Formen der Bearbeitung der für die Kunstkommunikation charakteristischen kommunikativen Aufgaben beschreiben und haben in typischen Szenen der Situierung vor dem Kunstwerk auch ihre gewissermaßen körperlichen Ausdrucksformen gefunden (vgl. für den *Kunstkenner* z. B. die viel zitierten Kupferstiche zum Thema *Kunst-Kenntnis* von Daniel Chodowiecki aus dem 18. Jahrhundert (Knape 2007, 323–324) und als zeitgenössischen Beleg und zugleich interessanten Kontrast die Beispiele aus der Werbeanzeige einer Bank für die Position des *Kunstkenners*: Ullrich 2007, 198–199). Vergleichsweise gut untersucht ist die Musterhaftigkeit der Bearbeitung der Aufgabe des Bewertens in gedrucktschriftlichen, massenmedial verbreiteten Texten. Sie hat als *Kunstkritik* bereits eine Textsortenbezeichnung gefunden, die es erlaubt, die fragliche Musterhaftigkeit auch reflexiv zu thematisieren und zu kritisieren (Smolik 2001). Auch wenn das Bewerten im Sinne des Deklarierens in diesem Zusammenhang wohl als dominante Texthandlung gelten kann (Thim-Mabrey 2007), beschränkt sich die Textsorte der Kunstkritik natürlich nicht auf Mittel des Bewertens. Wie in anderen Fällen auch sind es die Hierarchisierung und die Kombination der bearbeiteten Aufgaben, die das Muster ausmachen. Das lässt sich gut am Beispiel der Kunstwerkbeschriftungen illustrieren, die in Ausstellungen in der Regel in der Nähe des ausgestellten Werks angebracht sind. Hier ist es das identifizierende Bezugnehmen, das als dominante Texthandlung anzusetzen ist, dem dann das Erläutern und das Beschreiben als Nebenhandlungen zugeordnet werden können (Hausendorf 2011). Musterhaftigkeit erstreckt sich dabei nicht nur auf die Ebene der Aufgaben, sondern auch auf die der Mittel und Formen. Im Fall der Kunstwerkbeschriftungen gilt das z. B. für das Mittel der Angabe eines Werktitels, das selbst dann noch als Mittel des Bezugnehmens funktioniert, wenn der Titel in der Form gleichsam negiert wird („untitled" – s. Vogt 2006). Musterhaft dürften schließlich auch die Mittel und Formen des Beschreibens auf Kunstwerkbeschriftungen sein, in denen die Beschaffenheit und Materialität des ausgestellten Werkes formelhaft durch nicht weiter spezifizierte Stoffnamen und in der reduzierten Syntax einer Präpositionalfügung zum Ausdruck kommen („Öl auf Holz"). Manches spricht dafür, dass sich sowohl in der Dominanz des Bezugnehmens (die ja eine Art der Katalogisierung impliziert) als auch in der gerade illustrierten Kargheit des Ausdrucks des Beschreibens (Was gibt es zu sehen? Nichts als Öl auf Holz) die soziale Position des *Kunstsammlers* (Ullrich 2007, 214) manifestiert, die gerade auch in ihrem nüchternen Zugriff auf das Kunstwerk anschaulich mit dem blumigen Jargon der Beweihräucherung des Kunstwerks im Beschreiben und Erläutern des *Kunstkenners* kontrastiert (Demand 2007). Ein Kandidat für Musterhaftigkeit auf der Ebene der Aufgaben dürfte in diesen Fällen die Kombination von Beschreiben und Deuten sein. In kunstwissenschaftlichen Texten zeigen sich besonders ausgeprägte Muster dort, wo Kunstbeschreibungen zur Erzählung tendieren. Es lassen sich dann Intensivierungsstufen der Narrativisierung unterscheiden (zum Begriff Titzmann 1990, 380; Systematik in Müller 2007, 202–209 sowie Müller 2009b, 140–146).

3 Soziale Positionierungen

Die Mittel zur Bearbeitung der kommunikativ relevanten Aufgaben der Kunstkommunikation verweisen auf spezifische soziale Positionen (Müller/Kluwe 2012a; darin v. a. die Beiträge von H. Hausendorf, A. Gardt, M. Müller und I. Warnke). So ist das Bewerten durch die Darstellung des künstlerischen Rangs eine kommunikative Aktivität, in und mit der sich typischerweise die Position des *Kunstkritikers* („Kunstrichter": Strube 1976) manifestiert, der den Wert des Ausgestellten autoritativ zu bestimmen versteht. Das Erläutern ist typischerweise eine Aktivität des *Kunstkenners*, der weiß, worüber er redet und dessen Expertise kunstwissenschaftlich legitimiert ist. Als Fremdpositionierung, die die eigene Positionierung ergänzt und stützt, kommt beim Bewerten und Erläutern zudem die soziale Position des *Künstlers* ins Spiel. Der *Künstler*, dem als Agens die Tätigkeit des *Schaffens* eines *Werkes* (bzw. *Oeuvres*) zugeschrieben wird, erscheint als Fluchtpunkt und notwendige Ergänzung dieses Sets von sozialen Kategorien. Der *Künstler* ist so gesehen kein Mensch aus Fleisch und Blut, sondern ein Topos, der für das Bewerten und das Erläutern ausgeschöpft werden kann.

Exemplarisch möchten wir das Verfahren der Fremdpositionierung (im Anschluss an Hausendorf 2014) in der Kunstkommunikation an der verbreiteten Gattung des Audio Guides in Ausstellungen nachvollziehen, einer medial mündlichen und konzeptionell schriftlichen Routine der organisierten Kunstkommunikation (Fandrych/ Thurmair 2010). Wenn der Besucher oder die Besucherin einer Kunstausstellung vor dem Kunstwerk Aufstellung nimmt und den Audio Guide anschaltet, betrachtet er oder sie nicht nur qua Situierung Kunst, sondern wird auch zum Kunstbetrachter gemacht, d. h. als *Kunstbetrachter* sozial positioniert. Das hört sich dann z. B. so an:

(1)
01 nu:r ´GRAS?(-)
02 mag man auf den -ERsten blick denken.

Das ist der Beginn des ersten auf ein Kunstwerk bezogenen *Audiokommentars* einer Ausstellung mit dem Titel *Georges Seurat. Figur im Raum*, die vom 02.10.2009 bis zum 17.01.2010 im *Kunsthaus Zürich* stattfand. In der Stimme der Sprecherin wird hier gleichsam der *Kunstbetrachter* hörbar; Hörer und Hörerin sind in der neutralen Referenzform „man" inkludiert. Der *Kunstbetrachter* scheint dabei vom Kunstwerk leicht überfordert und muss deshalb durch den „Audiokommentar" im Hinblick auf seine Wahrnehmungsfähigkeiten instruiert werden; er ist, wie W. Ullrich (2007) im Anschluss an B. O'Doherty (1996, 40) ausführt, „ein bisschen dumm".

(2)
01 je länger man schaut. (.)
02 °h desto mehr gewinnt das <<rall> -BILD an leben>. (.)
03 vermeint man den ´WINDstoß zu spüren- (.)
04 °h der das ´GRAS auf ´UNwiederbringliche art gestalte:t.(-)
05 <<rall um es> im nächsten moment vielleicht in ganz ´ANdere richtungen zu beugen. (-)
06 °h die kleinen gräser werden im gewählten ´MOnumentalen format zum ´URwald; (·)
07 °hh in dem sich der <<acc> ´BLICK des <<cresc> betrachters> verlieren> kann.

Hier kommt der *Kunstbetrachter* auch ausdrücklich zur Sprache. Wie der Name sagt, kommt ihm vor allem die Aufgabe des Wahrnehmens zu, die durch Instruktionen geschult wird: „je länger man schaut". Es ist der „blick", der den *Kunstbetrachter* vor allem auszeichnet. Die Mittel und Formen des Beschreibens sind also kein Selbstzweck; vielmehr erscheint in ihnen der *Kunstbetrachter*. Gelegentlich kommt der damit verbundene Aufforderungscharakter auch ausdrücklich zur Sprache:

(3)
01 ˙AUßERdem lässt sich eine entwicklung (.) weg vom ˙FOtorealistischen- (.)
02 °h hin zum malerischen erkennen. (-)
03 <<f> um dies nach nachvollziehen zu können>, (.)
04 °h <<h> möchten wir sie> bit↑ten (.) das gemälde von versch´Iedenen ˙STANDpunkten aus zu be˙TRACHten. (-)
05 °h aus der ´FERne wirkt ˙HERBST be˙EINdruckend <<acc> fotorealisTISCH>. (--)
06 in <<acc> unmittelbarer nähe> aber? (.)
07 °h verliert sich der zusammenhang. (-)
08 die ˙FARBpunkte scheinen fast vor den augen zu flimmern. (-)
09 <<f> dieser wechsel zwischen abstraktion und realismus (.) °h findet sich auch schon bei den früheren gemälden von gertsch>.(-)
10 ˙NEU ist ˙HIER (.) °h dass der wechsel nicht mehr ausgeglichen scheint. (-)
11 schon aus ´MITtlerer entfernung beginnt das ˙BILD zwischen abstraktem mus´TER? (.)
12 °h und fassbarem gegenstand zu changieren. (-)
13 und je länger man hinschaut- (.)

Der *Kunstbetrachter* ist also einer, der vor allem „hinschaut" und dem deshalb *beschrieben* werden muss, was es zu sehen gibt. Aber er ist auch einer, der verstehen will, was hinter dem Gesehenen steckt, was das Betrachten sinnvoll macht. „Je länger man hinschaut", heißt es in der gerade zitierten Passage weiter,

(4)
01 umso ˙SINNverwirrender wird der eindruck. (-)
02 letztlich bleibt es ˙ZWEIdeutig- (-)
03 ˙OFFEN für die interpretation des betrachtenden.

Der „betrachtende" will also nicht nur sehen, sondern auch verstehen. Dazu darf er „interpretieren" (deuten). Diese Zuschreibung mag erklären helfen, weshalb das Deuten, wie oben illustriert, typischerweise im Anschluss an das Beschreiben erfolgt. Es ist jedenfalls das, wozu der *Kunstbetrachter* animiert werden soll, nachdem er seine Tätigkeit der Kunstwahrnehmung genügend geschult hat:

(5)
01 °h fast meint man- (.)
02 °h den duft von ˙PFLANzen und erde riechen- (.)
03 °h die würzige ˙WALDluft ˙A:tmen zu können. (-)
04 der ganze wald scheint von ˙SICHTbarem (.) °h wie auch von verborgenem leben zu vibrieren. (-)
05 ˙ANgezogen von der ˙FÜLLE der erscheinungen (.) und ˙SATTHEIT der farben (.) möchte man den ver˙EINzelten ˙SONNENflecken nachgehen- (.)

06 °hh um zu ˇSCHAUEN wie es wohl hinter dem nächsten ˇBAUM (.)
07 °h der nächsten ˇBIEgung aussehen könnte.

Der *Kunstbetrachter* ist nicht nur „ein bisschen dumm" (s. o.), er ist auch ein bisschen naiv in seiner deutenden Aneignung des Kunstwerkes, nimmt er das Gemalte doch wie ein Stück Welt, in das es einzutauchen gilt.

Kunstkommunikation hat es, das sollte diese exemplarische Analyse zeigen, immer auch mit dem (zugemuteten) Einnehmen einer bestimmten sozialen Position zu tun. Diese Implikation reicht bis in das Aufkommen der bürgerlichen Gesellschaft zurück. Wie Habermas (2006) gezeigt hat, war es nicht zufällig die Kommunikation über Kunst, die die soziopragmatischen Kontexte lieferte, in denen sich ein Publikum als „Bürgertum" erleben und als solches handeln konnte. Die Ausbildung einer für das Selbstverständnis der modernen Gesellschaft zentralen Kategorie der Selbst- und Fremdwahrnehmung ist also, vereinfacht gesagt, auch und gerade über das Bewerten als Teil einer sich entwickelnden kommunikativen Praxis der Kunstkommunikation gelaufen.

Kunst bietet also nicht nur den primären Akteuren (den *Künstlern*) die Möglichkeit der Einordnung in künstlerische, soziale oder politische Gruppen; vielmehr positionieren sich Dritte im künstlerischen Feld *mit* und *in* der Sprache (Müller/Kluwe 2012b, 1 f.):

– Kunstwissenschaftler durch Kategorisierung und Narrativisierung,
– Kunstkritiker durch Bewertung,
– Kunst- und Museumspädagogen durch den Einsatz von Kunst im Erziehungs- und Bildungsprozess,
– Ausstellungsmacher durch Gruppierung, Inszenierung und Bedeutungszuschreibung,
– Kunsttherapeuten durch die Ausnutzung der Potenziale bildender Kunst bei der (Wieder-)Gewinnung personaler Identität,
– Akteure des Kunstmarktes durch Aushandlung des ökonomischen Wertes von Kunst und Katalyse künstlerischer Konjunkturen,
– Kunstbetrachter und Museumsbesucher durch Strategien der sprachlichen Bewältigung des Kunsteindrucks.

4 Handlungsfelder der Kunstkommunikation

Kunstkommunikation beginnt schon mit dem Auftauchen von *Sprache in der Bildenden Kunst*. Dabei wollen wir den Fall, dass das Kunstwerk vollkommen im Sprachwerk aufgeht, hier aussparen (auch wenn es Grenzfälle gibt – wie die Konkrete Poesie –, die die Unterscheidung zwischen der Bildenden Kunst und der Literatur nicht mitmachen). Der Hauptgrund dafür ist, dass damit ein eigenständiger Bereich angesprochen ist, der auch als solcher zur Geltung zu bringen wäre (und ja in Form der *Literaturwissenschaft* auch disziplinär eigenständig geworden ist, vgl. dazu den Beitrag von U. Fix und B. Wanning in diesem Band).

Es versteht sich von selbst, dass es zwischen den im Folgenden angesetzten Handlungsfeldern der Kunstrezeption, der Kunstkritik, der Kunstvermittlung, der Ausstellungs- und Museumskommunikation und der Kunstwissenschaft eine Fülle von Überschneidungen gibt, in denen sich gewissermaßen quer zur Systematik der Handlungsfelder immer wieder die o. g. Aufgaben der Kunstkommunikation bemerkbar machen. Dazu gehört z. B. das Beschreiben, das sich in der Tradition der Ekphrasis (Boehm/Pfotenhauer 1995) als professionelle Aufgabe der Kunstwissenschaft (Rosenberg 2000; Eroms 2003; Müller 2007; 2009b) findet und in der Didaktik der Bildbeschreibung (Dehn 2007) genauso präsent ist wie in der konkreten Situation vor dem Kunstwerk (Hausendorf 2005). Dennoch scheint es uns am stimmigsten, die Gliederung des Kommunikationsbereichs Kunst von seinen gesellschaftlichen Handlungsfeldern aus anzugehen. Auf diese Weise kann ein erster systematischer Differenzierungsvorschlag zur Rolle der Sprache in der Kunstkommunikation vorgelegt werden.

4.1 Sprache in der Bildenden Kunst

Mit Fokus auf die Bildende Kunst geht es darum, dass und wie Sprache in der Kommunikation mit und durch Kunstwerke(n) auftaucht – und zwar in einem elementaren Sinn als Teil des Kunstwerks selbst. Dazu gehören Kunstwerke, die als Visualisierungen spezifischer Texte oder Phrasen konzipiert und also implizit sprachlich konstituiert sind, wie z. B. Pieter Bruegels Ölgemälde *Die niederländischen Sprichwörter* (s. u. Abb. 1; s. dazu Fraenger 1999). Zu nennen wäre hier letztlich der gesamte Bereich der mittelalterlichen Bibelikonographie.

Abb. 1: Pieter Bruegel „Die niederländischen Sprichwörter" (1559). (http://commons.wikimedia.org/wiki/File:Pieter_Bruegel_the_Elder_-_The_Dutch_Proverbs_-_Google_Art_Project.jpg?uselang=de)

Im Gegensatz und als Reaktion auf die Sprachabstinenz der klassischen Moderne wird Sprache im materiell-performativen Sinne insbesondere in der Gegenwartskunst in vielfältiger Weise eingesetzt. Es findet sich die ganze Bandbreite denkbarer Erscheinungen: einzelne geschriebene Wörter und Phrasen in Gemälden oder an Installationen (wie in Romuald Hazoumés Installation *Dream*, s. u. Abb. 2); Texte, die als Anstoß und perzeptives Zentrum den Anlass für ein selbstreflexives Kunsterlebnis bieten, wie die Karte, die der Künstler Markus Binner während der Vernissage einer Gruppenausstellung an die Besucher verteilte (s. u. Abb. 3; s. dazu Sturm 2012); mündliche Gespräche und monologische Äußerungen aller Komplexitätsgrade als Bestandteile von Installationen; sprachliche Kommentierungen von Kunstaktionen als Bestandteile der musealen Konservierung. Der zentrale Aspekt all dieser Phänomene ist, dass Sprache zwischen der akustisch/optisch wahrnehmbaren Materialität als Teil der künstlerischen Performance und den Bedeutungseffekten ihres Alltagsgebrauchs oszilliert. Dieses Mischungsverhältnis kann verschoben werden durch das akustische oder visuelle Verrätseln von Sprache oder deren Kontextualisierung in einer Weise, die den Bedeutungserwartungen, die ein Wort oder Satz auslöst, zuwiderläuft, wie das z. B. in Allan Sekulas Plakatinstallation zur documenta XII *Alle Menschen werden Schwestern* der Fall ist: s. u. Abb 4.).

Abb. 2: Romuald Hazoumé *Dream* (2007). Aus: Ridell u. a. 2007, 259.

Zur Sprache in der Bildenden Kunst gehören aber auch programmatische Texte von Künstlern, die mehr oder weniger ausdrücklich als Teil des künstlerischen Werks verstanden werden. Das umfasst etwa kunsttheoretische Schriften (z. B. Kandinsky 1912), Künstlermanifeste (Kramer 2011) oder im weiteren Sinne politische Schriften als Teil des künstlerischen Prozesses wie im Fall der „institutional critique" (Kravagna 2001; Alberro/Stimson 2009).

Schließlich wäre hier auch Sprache *an* der Bildenden Kunst zu thematisieren, also Titel, Widmungen und Beschriftungen aller Art, die zum Teil vom Künstler selbst hergestellt (Bruch 2005) oder auch vermieden (Vogt 2006) werden, teils Bestandteil des kuratorischen Prozesses sind – wie das kleine Kärtchen, auf dem unweit eines Bildes der Titel, Angaben zur Materialität und zur Herkunft des Werkes zu lesen sind (s. o. 2).

wollte reinhold (krüger) mit mir auf die vernissage
von der gruppenausstellung, sag ich, ich war ja mit
dem seit der schulzeit befreundet, ich komm da nicht
mit, da kenn ich keinen und wenn mich einer was
fragt, was soll ich denn sagen, hab ja keine ahnung
von kunst. sagt er, wenn dich einer was fragt, sag
einfach, du findest es ganz gut, aber etwas dick auf-
getragen.
prompt steh ich also neben nem objekt vor nem bild,
reinhold irgendwo mit wichtig im gespräch, neben mir
einer mit anzug und schlips, nickt mir zu und sagt
ganz freundlich, interessant nicht? hab ich gesagt, was
reinhold gesagt hat, dass ich sagen soll. – du, den bin
ich den ganzen abend nicht mehr losgeworden.

Abb. 3: Markus Binner *Karte* (2009). Aus: Sturm, Eva (2012, 190).

4.2 Kunstrezeption

Weitere Einsichten in die Rolle der Sprache in der Kunstkommunikation ergeben sich aus der Einsicht, dass Sprechen und Schreiben, Lesen und Zuhören wesentlich dazu beitragen, Kommunikation mit und durch Kunst überhaupt möglich zu machen. Es haben sich historisch verschiedene Spielarten der Kunstkommunikation herausgebildet und z. T. weiter ausdifferenziert, die an die Kunst je unterschiedliche Ansprüche herantragen. Dazu gehört zunächst der Bereich der *Kunstrezeption*, in dem das Verhältnis von Sprache und Kunst seit langem diskutiert wird – etwa als Problem des Beschreibens und Zeigens (Boehm/Pfotenhauer 1995) oder als Problem des Verstehens und Interpretierens (Bätschmann 2001). Über die Phänomenologie der sprachlichen Bewältigung von Kunst im alltagsnahen Reden und Schreiben, ihre Schauplätze und ihre Regel- und Gesetzmäßigkeiten wissen wir bis heute vergleichsweise wenig (s. aber die Beiträge in Hausendorf 2007 und Müller 2012). Auch wenn speziell die Situation vor dem Kunstwerk bekannt und berüchtigt ist für ihre sozialen Imperative (Kindt 1982; Ullrich 2003) und das *Kunstgespräch* eine lange historische Tradition hat, die beispielsweise innerhalb der Rhetorik gezielt neu belebt wird (Knape 2007), sind empirische Untersuchungen der Kommunikation vor dem Kunstwerk auch außerhalb der Linguistik bis heute selten geblieben: Zu nennen wären hier sozialwissenschaftliche Arbeiten in der Tradition der Ethnomethodologie (Vom Lehn/Heath 2007). Daneben befassen sich vor allem kunstpädagogische Arbeiten mit dem Einfluss der Sprache auf die Kunstrezeption (s. 4.4). Mit dem Einfluss der Sprache auf die Wahrnehmung von Architektur beschäftigt sich der Sammelband von E. Führ, H. Friesen und A. Sommer (1998).

Abb. 4: Allan Sekula *Alle Menschen werden Schwestern* (2007). Aus: Ridell u. a. 2007, 301.

4.3 Kunstkritik

Der Bereich der *Kunstkritik* stellt eine moderne Ausdifferenzierung von Kunstrezeption dar, die ganz im Zeichen der Bewertung der Kunst steht. In diesem Bereich haben sich die vielleicht stärksten, jedenfalls aber die wirkmächtigsten sprachlich-kommunikativen Muster der Kunstkommunikation etabliert. Daher verwundert es nicht, dass sich viele der vorliegenden linguistischen Arbeiten zur Kunstkommunikation auf Formen der Kunstkritik konzentriert haben – ohne allerdings das Gesamt des öffentlichen *Kunstdiskurses* mit in den Blick zu nehmen und ohne die analysierten Textsorten systematisch als Manifestation eines übergreifenden Kunstdiskurses und seiner Mechanismen zu thematisieren. In ihrer Charakteristik als Vehikel des Kunstbetriebs der modernen Gesellschaft ist die Sprache der Kunstkritik bislang jedenfalls eher außerhalb der Linguistik thematisiert – und kritisiert worden: z. B. im Hinblick auf den Jargon der Kunstkritik (vgl. dazu z. B. Smolik 2001) und im Hinblick auf die Rhetorik der „Verklärung" und der „Beschämung" (Demand 2003; Demand 2007; vgl. auch Gardt 2012). Es ist klar, dass damit nur ein Bruchteil der Vielfalt der Erscheinungsformen von Kunstkommunikation erfasst worden ist, der zudem unter spezifischen Bedingungen steht: schrift- und drucksprachlich verfasst, massenmedial öffentlich verbreitet, oftmals institutionell gerahmt und mit stark musterhafter Ausprägung des Bewertens (vgl. dazu Thim-Mabrey 2007, 102).

4.4 Kunstvermittlung

Ganz im Zeichen der Dienstbarmachung der Sprache für die Etablierung und Verbesserung des Zugangs zur Kunst steht der Bereich der *Kunstvermittlung*. Hier ist, verschiedene Institutionen wie die Schule, das Feuilleton oder die Akademie übergreifend, insbesondere das Erläutern, Erklären und Aufbereiten von Kunst von Bedeutung. Die Kunstvermittlung ist wohl dasjenige Handlungsfeld, in dem am intensivsten über den Zusammenhang von Sprache und Kunst reflektiert wurde. Im Bereich der Kunstpädagogik wird vor allem das Erleben der eigenen, personalen Identität in der Aneignung künstlerischer Praktiken zum Thema, in einigen Arbeiten wird dabei explizit die Rolle der Ausdrucksfunktion der Sprache hervorgehoben (Peez 2009, Peters 2000). An dieser Stelle knüpfen auch die performativen Praktiken der Kunsttherapie an (Richter-Reichenbach 2012). In der Museumspädagogik wird die Sprache in Vermittlungssituationen untersucht; insbesondere wird der Konflikt zwischen der Versprachlichung eines Kunstwerks und der phänomenalen Kunsterfahrung thematisiert (Sturm 1996). Zunehmend gerät auch die Bildende Kunst als Reflexionskontext und Schreibanlass in der Deutschdidaktik in den Blick (Dehn 2007; Abraham/Sowa 2012).

4.5 Ausstellungs- und Museumskommunikation

Eine moderne Ausdifferenzierung von Kunstkommunikation stellt schließlich auch die *Ausstellungs- und Museumskommunikation* dar, innerhalb derer nicht nur die Kunstvermittlung, sondern auch die Begegnung mit Kunstwerken einen eigenen Ort und Schauplatz (auch im Sinne eigener Räume und Gebäude) gefunden hat. Architektur und Sprache treten als Ressourcen der Kunstkommunikation in einen entsprechend engen und aufschlussreichen Zusammenhang (vgl. zur Bedeutung und Geschichte von Kunstausstellungen im Kunstbetrieb mit vielen vertiefenden Literaturhinweisen den Band von H. Huber, H. Locher und K. Schulte 2002 und aus der Sicht der Kunstsoziologie Bourdieu/Darbel 2006). Ausstellungen, zumal spektakuläre, sind oftmals auch Auslöser der Reflexion über Kunstkommunikation, nicht zuletzt in der Kunst selbst. Gelegentlich ist daran auch die Linguistik als Disziplin beteiligt: vgl. z. B. das begleitend zur *documenta 12* an der Universität Kassel (Institut für Germanistik) entstandene Projekt *Kunst-Sprache-Öffentlichkeit. Kommunikationsraum documenta 12*, das sich eine sprachwissenschaftliche Aufarbeitung des (primär öffentlichen) „documenta-Diskurses" zum Ziel gesetzt hat (<http://www.spracheundkunst.de/index.htm> Stand: 26.03.2013; vgl. dazu auch Gardt 2008).

Das zentrale kommunikative Verfahren der Museums- und Ausstellungskommunikation ist das Zeigen (Deixis) als spezifisches Mittel des wahrnehmungsabhängigen Bezugnehmens, mit dem das Gehörte mit dem Gesehenen verknüpft werden kann (Locher 2007; Fandrych/Thurmair 2010). Im ausstellungsbegleitenden schriftlichen Medium des *Ausstellungskatalogs* sedimentieren sich Muster der Kunstkommunikation entlang der Aufgaben des *Bezugnehmens*, *Beschreibens* und *Erläuterns* (Bosse/Glasmeier/Prus 2004).

4.6 Kunstwissenschaft

Mit der *Kunstwissenschaft* bzw. *Kunstgeschichte* ist die Kunstkommunikation disziplinbildend geworden. Wie jede Wissenschaft ist auch die Kunstwissenschaft in besonderer Weise auf Sprache und die Herausbildung von kunstwissenschaftlicher Fachsprachlichkeit (Kemal/Gaskell 1991; Müller 2007; Pfisterer 2011) angewiesen. Da die einschlägigen wirkmächtigen Großtexte von Kunsthistorikern (*Geschichte der Kunst in X*) eng mit der Ausbildung und Stärkung von kulturellen Kollektividentitäten verbunden sind, haben diskurshistorische Arbeiten sich vor allem dem soziolinguistischen Aspekt der Identitätskonstruktion durch Sprache zugewandt; hier ist insbesondere die sprachliche Konstituierung nationaler Identität in der narrativen Kunstliteratur thematisiert worden (allgemein zur „Geschichte der deutschen Kunst" Müller 2007; für die Zeit des Nationalsozialismus Kashapova 2006; zum Fachdiskurs um den „Naumburger Meister" Straehle 2009; speziell zur Diskursfunktion des possessiven Determinativs „unser" in der kunsthistorischen Literatur Müller 2009a).

Im Bereich der Kunstwissenschaft selbst ist ein zunehmendes Interesse an der Genese des eigenen Faches, und damit auch an deren Text- und Diskursgeschichte, zu verzeichnen (vgl. z. B. Demand 2003, Locher 2001, vgl. auch das prominent besetzte Fachforum *Wissenschaftsgeschichte der Kunstgeschichte* auf dem Kunsthistorikertag 2009 in Marburg). Damit einhergehend wird auch verstärkt über die Praktiken kunstwissenschaftlichen Beschreibens und Erklärens reflektiert (vgl. aus der Kunstwissenschaft selbst als Klassiker Baxandall 1990; zum Beschreiben Rosenberg 2000; aus der Linguistik dazu Eroms 2003; Müller 2007; 2009b; zum Terminologisieren und Beschreiben zu Katalogisierungszwecken Baca/Harpring/Lanzi 2006). Älter ist die Fachdebatte über die Funktion kunsthistorischer Periodisierungsbegriffe (Möbius/Sciurie 1989). Begriffsgeschichtliche Beiträge zur Vorgeschichte der modernen Kunstgeschichte finden sich z. B. bei Kemp 1974 und Warnke 2012. Über Begriff und Funktion der historischen Semantik in der Kunstwissenschaft informiert Müller 2011.

5 Ausblick

Insgesamt lässt sich zur *Diskursdomäne Kunst* festhalten, dass es sich um einen Kommunikationsbereich handelt, der auf der einen Seite noch vergleichsweise wenig erforscht ist, dessen Bedeutung auf der anderen Seite aber stetig zunimmt: Ein Kennzeichen der Gegenwartskunst ist es, dass der künstlerische Prozess, seine Rezeption, Kritik und Vermittlung stark aufeinander bezogen und ineinander verwoben sind. Damit wird auch die Sprachbedürftigkeit von Kunst den Akteuren des künstlerischen Feldes selbst offensichtlich – sei es als Problem oder als Entwicklungsperspektive. In den letzten Jahren haben sich in allen von uns beschriebenen Handlungsfeldern Forschungs- und Reflexionszusammenhänge ergeben, in denen Sprache in der Kunstkommunikation vermehrt zum Thema gemacht wird. In allen Bereichen aber besteht Bedarf an weiteren Untersuchungen. Mit ihrer Fokussierung auf die sprachlichen Praktiken der Kunstkommunikation könnten nach unserem Eindruck insbesondere Vorgehensweisen aus der Gesprächs-, Text- und Diskurslinguistik in allen Handlungsfeldern erfolgreich eingebracht werden. Während die Kunstkritik und die verschiedenen Felder der Kunstvermittlung eine lebendige Tradition der Sprachreflexion haben, steht insbesondere die Erforschung der Alltagskommunikation über Kunst noch am Anfang. So ist der Bereich der nicht-öffentlichen und nicht-professionalisierten mündlichen Kunstkommunikation noch weitgehend unerforscht. Das betrifft speziell das Deuten als eine mit der sozialen Position des *Kunstbetrachters* eng verbundene kommunikative Aufgabe, deren empirische Analyse höchst aufschlussreiche Beiträge zu einer Alltagshermeneutik der Kunstrezeption liefern könnte. Hier stellen sich Fragen wie z. B. *Welche sprachlichen Bewältigungspraktiken entwickeln Laien im Kunstgespräch? Wie formieren sich Alltagsbegriffe von Kunst? Welche alltagsrhetorischen Strategien des Umgangs mit Gegenwartskunst gibt es?*

Auch die Rolle der Sprache in der institutionalisierten Kunstwissenschaft ist noch längst nicht erschöpfend gewürdigt und verstanden worden. Das Fach selbst würde nach unserem Eindruck von einer systematischen und interdisziplinären Erforschung der ihm inhärenten oralen und literalen Praktiken sehr stark profitieren. Fruchtbare Forschungsfragen in den genannten Zusammenhängen sind z. B. *Wie verändern sich Formulierungstraditionen und Textpraktiken beim Übergang von der „Kunstgeschichte" zur „Bildwissenschaft"? Wie ist die Fachsprachlichkeit kunstwissenschaftlichen Schreibens zwischen fachwissenschaftlichem Aufsatz, Katalogtext und Feuilletonbeitrag zu beschreiben? Welchen Kriterien sollte eine Kritik der professionellen Kunstliteratur folgen?*

Das Feld der Ausstellungs- und Museumskommunikation erfährt in den letzten Jahren mit der Zuwendung der Gesprächsforschung zur Multimodalität der face-to-face Interaktion große Aufmerksamkeit, weil sich hier das Ineinandergreifen von Sprache und humanspezifischer Sensomotorik zugunsten des Ausnutzens wahrnehmungs- und bewegungsabhängiger Interaktionsressourcen besonders ergiebig studieren lässt (Kesselheim/Hausendorf 2007; Vom Lehn/Heath 2007). Diese Forschungen könnten sich auch für stärker anwendungsorientierte Fragen nach der Ausstellungsgestaltung fruchtbar machen lassen (*Wie entkommt die Museumspädagogik dem Dilemma zwischen Schulmeisterei und Deutungsverweigerung? Wie kann das Potential des Beschreibens für einen weniger wissensabhängigen Zugang zur Kunst genutzt werden?*).

Mit dem im vorliegenden Beitrag gegebenen Überblick sollte die Vielfalt und Bandbreite von Sprache in der Kunstkommunikation deutlich gemacht werden. Verglichen mit anderen *Diskursdomänen* steht die empirische Erforschung der Erscheinungsformen und Funktionen von Sprache im Feld der Kunstkommunikation noch am Anfang. Sie wird insbesondere dann erfolgreich fortgeführt werden können, wenn sie interdisziplinär ausgerichtet, sensibel für den Zusammenhang von sprachlicher Praxis und sozialer Positionierung und offen für die Einbettung der Sprache in die Komplexität multimodalen Zeichenhandelns ist.

6 Literatur

Abraham, Ulf/Hubert Sowa (2012): Bilder lesen und Texte sehen. Symbiosen im Deutsch- und Kunstunterricht. In: Praxis Deutsch 232, 4–11.

Alberro, Alexander/Blake Stimson (Hg.) (2009): Institutional Critique: An Anthology of Artists' Writings. Cambridge, MA.

Bätschmann, Oskar (2001): Einführung in die kunstgeschichtliche Hermeneutik. Die Auslegung von Bildern. 5., aktual. Aufl. Darmstadt.

Baca, Murtha/Patricia Harpring/Elisa Lanzi (2006): Cataloging Cultural Objects: A Guide to Describing Cultural Works and Their Images. Chicago.

Baxandall, Michael (1990): Ursachen der Bilder. Über das historische Erklären von Kunst. Berlin.

Boehm, Gottfried/Helmut Pfotenhauer (Hg.) (1995): Beschreibungskunst – Kunstbeschreibung. Ekphrasis von der Antike bis zur Gegenwart. München.

Bosse, Dagmar/Michael Glasmeier/Agnes Prus (Hg.) (2004): Der Ausstellungskatalog. Beiträge zur Geschichte und Theorie. Köln.

Bourdieu, Pierre/Alain Darbel (2006): Die Liebe zur Kunst. Europäische Kunstmuseen und ihre Besucher. Unter Mitarbeit von Dominique Schnapper. Aus dem Französischen von Stephan Egger. Konstanz.

Bruch, Natalie (2005): Der Bildtitel. Struktur, Bedeutung, Referenz, Wirkung und Funktion; eine Typologie. Frankfurt a. M. u. a.

Dehn, Mechthild (2007): Unsichtbare Bilder. Überlegungen zum Verhältnis von Text und Bild. In: Didaktik Deutsch 22, 25–50.

Demand, Christian (2003): Die Beschämung der Philister. Wie sich die Kunst ihrer eigenen Kritik entledigte. Springe.

Demand, Christian (2007): Verklärung und Beschämung. Zur Sprache der Kunstkritik. In: Hausendorf, 265–281.

Eroms, Hans-Werner (2003): Kunstwissenschaftliche Beschreibungstexte. In: Jörg Hagemann/Sven F. Sager (Hg.): Schriftliche und mündliche Kommunikation. Begriffe – Methoden – Analysen. Festschrift zum 65. Geburtstag von Klaus Brinker. Tübingen, 77–88.

Fandrych, Christian/Thurmair, Maria (2010): Orientierung im Kulturraum: Reiseführertexte und Audio-Guides. In: Marcella Costa/Bernd Müller-Jacquier (Hg.): Deutschland als fremde Kultur: Vermittlungsverfahren in Touristenführungen. München, 163–188.

Filk, Christian/Holger Simon (Hg.) (2010): Kunstkommunikation. Berlin.

Fraenger, Wilhelm (1999): Das Bild der „niederländischen Sprichwörter". Pieter Bruegels verkehrte Welt. Neu hg. von Michael Philipp. Amsterdam.

Führ, Eduard/Hans Friesen/Anette Sommer (Hg.) (1998): Architektur – Sprache. Buchstäblichkeit, Versprachlichung, Interpretation. Münster u. a.

Gardt, Andreas (2008): Kunst und Sprache. Beobachtungen anlässlich der documenta 12. In: Achim Barsch/Helmut Scheuer/Goerg-Michael Schulz (Hg.): Literatur – Kunst – Medien. Festschrift für Peter Seibert zum 60. Geburtstag. München, 201–224.

Gardt, Andreas (2012): Zur Rhetorik des Kunstdiskurses. In: Müller/Kluwe, 47–65.

Goodman, Nelson (1995): Sprachen der Kunst. Entwurf einer Symboltheorie. Frankfurt a. M.

Gottlob, Susanne/Claudia Jost/Elisabeth Strowick (Hg.): „Was ist Kritik?". Fragen an Literatur, Philosophie und digitales Schreiben. Münster.

Habermas, Jürgen (2006): Strukturwandel der Öffentlichkeit. Untersuchungen zu einer Kategorie der bürgerlichen Gesellschaft. Mit einem Vorwort zur Neuauflage 1990. Neudruck. Frankfurt a. M.

Harms, Wolfgang (Hg.) (1990): Text und Bild. Bild und Text: DFG-Symposion 1988. Stuttgart.

Hausendorf, Heiko (2005): Die Kunst des Sprechens über Kunst. Zur Linguistik einer riskanten Kommunikationspraxis. In: Peter Klotz/Christine Lubkoll (Hg.): Beschreibend wahrnehmen – wahrnehmend beschreiben. Sprachliche und ästhetische Aspekte kognitiver Prozesse. Freiburg i. Br./Berlin, 99–134.

Hausendorf, Heiko (Hg.) (2007): Vor dem Kunstwerk. Interdisziplinäre Aspekte des Sprechens und Schreibens über Kunst. München.

Hausendorf, Heiko (2011): Kunstkommunikation. In: Stephan Habscheid (Hg.): Textsorten, Handlungsmuster, Oberflächen. Linguistische Typologien der Kommunikation. Berlin/Boston, 509–535.

Hausendorf, Heiko (2012): Soziale Positionierungen im Kunstbetrieb. Linguistische Aspekte einer Soziologie der Kunstkommunikation. In: Müller/Kluwe, 93–123.

Hausendorf, Heiko (i.Dr.): *je länger man hinschaut* – Der Betrachter ist im Audioguide. In: OBST 84 (2014). Themenheft Kunst durch Sprache – Sprache durch Kunst. S. 37–56.

Huber, Hans Dieter/Hubert Locher/Karin Schulte (Hg.) (2002): Kunst des Ausstellens. Beiträge, Statements, Diskussionen. Staatliche Akademie der Bildenden Künste Stuttgart. Ostfildern-Ruit.

Kandinsky, Wassily (1912): Über das Geistige in der Kunst, insbesondere in der Malerei. Hg. von Jelena Hahl-Fontaine. Rev. Neuaufl. Vorwort und Kommentar von Jelena Hahl-Fontaine. Bern 2004.

Kashapova, Dina (2006): Kunst, Diskurs und Nationalsozialismus. Semantische und pragmatische Studien. Tübingen.

Kesselheim, Wolfgang/Heiko Hausendorf (2007): Die Multimodalität der Ausstellungskommunikation. In: Reinhold Schmitt (Hg.): Koordination. Analysen zur multimodalen Interaktion. Tübingen, 339–375.

Kemal, Salim/Ivan Gaskell (Hg.) (1991): The Language of Art History. Cambridge UK.

Kemp, Wolfgang (1974): Disegno, Beiträge zur Geschichte des Begriffs zwischen 1547 und 1607. In: Marburger Jahrbuch für Kunstwissenschaft 19, 218–240.

Kindt, Walther (1982): Social functions of communication about works of art. In: Poetics 11, 393–418.

Kindt, Walther (2007): Probleme in der Kommunikation über Kunst. Ergebnisse linguistischer Analysen und ihre Illustration. In: Hausendorf, 55–76.

Knape, Joachim (2007): Situative Kunstkommunikation. Die Tübinger Kunstgespräche des Jahres 2003 in historischer und systematischer Sicht. In: Hausendorf 2007, 317–362.
Kramer, Antje (2011): Les Grands Manifestes de l'art des XIXe et XXe siècles. Paris.
Kravagna, Christian (Hg.) (2001): Das Museum als Arena. Institutionskritische Texte von KünstlerInnen. Köln.
Locher, Hubert (2001): Kunstgeschichte als historische Theorie der Kunst 1750–1950. München.
Locher, Hubert (2007): Worte und Bilder. Visuelle und verbale Deixis im Museum und seinen Vorläufern. In: Gfrereis, Heike/Marcel Lepper (Hg.): Deixis. Vom Denken mit dem Zeigefinger. Göttingen, 9–37.
Louis, Eleonora/Tony Stooss (Hg.) (1993): Die Sprache der Kunst. Die Beziehung von Bild und Text in der Kunst des 20. Jahrhunderts. Wien.
Lüddemann, Stefan (2007): Mit Kunst kommunizieren. Theorien, Strategien, Fallbeispiele. Wiesbaden.
Luhmann, Niklas (1995): Die Kunst der Gesellschaft. Frankfurt a. M.
Müller, Marcus (2007): Geschichte, Kunst, Nation. Die sprachliche Konstituierung einer ‚deutschen Kunstgeschichte' aus diskursanalytischer Sicht. Berlin/New York.
Müller, Marcus (2009a): Die Grammatik der Zugehörigkeit. Possessivkonstruktionen und Gruppenidentität im Schreiben über Kunst. In: Ekkehard Felder/Marcus Müller (Hg.): Wissen durch Sprache. Theorie, Praxis und Erkenntnisinteresse des Forschungsnetzwerks „Sprache und Wissen", 371–418.
Müller, Marcus (2009b): La descrizione e il significato dell'immagine. In: Luca Bagetto/Roberto Salizzoni (Hg.): Immagine e scrittura. Roma, 121–150.
Müller, Marcus (2011): Historische Semantik aus der Sicht der Kunstgeschichte – sowie aus der Sicht auf die Kunstgeschichte. In: Jörg Riecke (Hg.): Historische Semantik. Jahrbuch für Germanistische Sprachgeschichte Band 2. Berlin/Boston, 144–156.
Müller, Marcus (2012): Die Gesellschaft vor dem Bild. Habitus und soziale Position bei der sprachlichen Bewältigung von Kunst. In: Müller/Kluwe, 125–142.
Müller, Marcus/Sandra Kluwe (Hg.) (2012a): Identitätsentwürfe in der Kunstkommunikation. Studien zur Praxis der sprachlichen und multimodalen Positionierung im Interaktionsraum ‚Kunst'. Berlin/Boston (Sprache und Wissen, 10).
Müller, Marcus/Sandra Kluwe (2012b): Kunstkommunikation und Identität. In: Müller/Kluwe, 1–22.
Möbius, Friedrich/Helga Sciurie (Hg.) (1989): Periodisierungsfragen. Dresden.
O'Doherty, Brian (1996): In der weißen Zelle. Inside the White Cube. Berlin.
Peez, Georg (2009): Kunstpädagogik und Biografie. Professionsforschung mittels autobiografisch-narrativer Interviews: Über 50 Kunstlehrerinnen und Kunstlehrer erzählen. München.
Peters, Maria (2000): Erschriebene Grenz-Gänge. Wahrnehmung und ihre sprachliche Tranformation in der Rezeption von Kunst. In: Gottlob/Jost/Strowick, 231–246.
Pfisterer, Ulrich (Hg.) (2011): Metzler Lexikon Kunstwissenschaft. Ideen, Methoden, Begriffe. 2. erw. Aufl. Stuttgart.
Richter-Reichenbach, Karin-Sophie (2012): Ästhetisch-künstlerische Identitätsarbeit aus der Sicht ‚Pädagogischer Kunsttheraphie' und Kunstdidaktik. In: Müller/Kluwe, 205–218.
Ridell, Rachel u. a. (Hg.) (2007): Documenta 12. Katalog. Köln.
Rosenberg, Raphael (2000): Beschreibungen und Nachzeichnungen der Skulpturen Michelangelos. Eine Geschichte der Kunstbetrachtung, München/Berlin.
Schmidt, Siegfrid J. (1993): Über die Funktion von Sprache im Kunstsystem. In: Louis/Stooss, 77–96.
Smolik, Noemi (2001): Sprache als Tarnung. Zum Stand der heutigen Kunstkritik. In: Walter Vitt (Hg.): Vom Kunststück, über Kunst zu schreiben. 50 Jahre AICA Deutschland. Nördlingen, 101–107.
Straehle, Gerhard (2009): Der Naumburger Meister in der deutschen Kunstgeschichte. Einhundert Jahre deutsche Kunstgeschichtsschreibung 1886–1989. München.

Strube, Werner (1976): Kunstrichter. In: Historisches Wörterbuch der Philosophie. Bd. 4, Sp. 1460–1463.
Sturm, Eva (1996): Im Engpass der Worte: Sprechen über moderne und zeitgenössische Kunst. Berlin.
Sturm, Eva (2012): Über Wissensproduktion angeregt durch Kunst, zwei Arbeiten von Markus Binner. In: Müller/Kluwe, 189–203.
Thim-Mabrey, Christiane (2007): Linguistische Aspekte der Kommunikation über Kunst. In: Hausendorf, 99–121.
Titzmann, Michael (1990): Theoretisch-methodische Probleme einer Semiotik der Text-Bild-Relationen. In: Harms, 368–384.
Ullrich, Wolfgang (2003): Tiefer hängen. Über den Umgang mit der Kunst. Berlin.
Ullrich, Wolfgang (2007): „Ein bisschen dumm" – die Rollen des Kunstrezipienten. In: Hausendorf, 197–222.
Vogt, Tobias (2006): Untitled. Zur Karriere unbetitelter Kunst in der jüngsten Moderne. München.
Vom Lehn, Dirk/Christian Heath (2007): Perspektiven der Kunst – Kunst der Perspektiven. In: Hausendorf, 147–170.
Warnke, Ingo (2012): August Schmarsow und die Debatte um Architektur als Kunst. Bemerkungen zur diskursiven Statuierung von Architektur im kulturellen Feld. In: Müller/Kluwe, 143–156.

Anne Betten / Ulla Fix / Berbeli Wanning
21. Sprache in der Literatur

Abstract: Der Aufsatz beschäftigt sich mit der Sprache in der Literatur, dem literarischen Verstehen und den damit verbundenen Wissensformen. Jedes sprachliche Mittel kann literarisch gebraucht werden in Abhängigkeit von Intention und Kontext. Es gibt tradierte Verfahren und Muster, durch die literarische Texte entstehen, und es gibt Abweichungen davon, die erst durch das erworbene Wissen um diese Prozesse erkennbar werden. Die verschiedenen Formen der Differenz von Traditionen bilden ein bestimmendes Merkmal der literarischen Moderne, die Deautomatisierung wird zu deren poetologischem Prinzip. Durch dieses erlernbare Wissen eröffnet sich dem Leser eine unklassifizierte, offene, neue Sicht auf Bekanntes wie auch noch nie Gesehenes und Gehörtes. Seine Persönlichkeit entwickelt sich dadurch weiter, er hat Freude am Lesen von Literatur. Diese intrinsische Motivation ist ein starker subjektiver Antrieb, verweist jedoch auf das Verstehen zurück: Erst im Verstehensprozess entfaltet sich der literarische Text in seinen inhaltlichen und sprachlichen Facetten vollkommen.

1   Was ist eigentlich Literatursprache?
2   Mittel, Verfahren und Muster der Produktion literarischer Texte
3   Das Abweichen von der Norm – Deautomatisierung als poetologisches Prinzip der Moderne
4   Wissen – Verstehen – Interpretation
5   Literatur

1 Was ist eigentlich Literatursprache?

„Was ist eigentlich Literatursprache?" hat Steger (1982) einen Artikel genannt, der die wichtigsten Positionen von Aristoteles bis Mukařovský zusammenfasst. Steger hat die Frage als Linguist immer wieder neu anzupacken versucht, zuletzt im Rahmen eines semantisch-kommunikativen Ansatzes, der die „universelle[n] Kommunikationsbereiche/Sinnwelten: Alltag, Institutionen, Technik, Wissenschaft, Literatur und Religion" nach ihren Semantiken (v. a. dem Verhältnis von Denotat und Konnotat) „in Verbindung mit einer unterschiedlich ausgenutzten gemeinsamen Syntax" unterscheidet (Steger 1998, 285). Nicht viele Linguisten haben sich seit der Neuorientierung des Fachs Ende der 1960er Jahre so wie er Gedanken über Stellung und Besonderheiten der Literatursprache innerhalb des Gesamtsystems der deutschen Sprache und ihrer Textsorten gemacht. Im lange führenden *Lexikon der Germanistischen Linguistik* (Althaus u. a. 1980) wurde in einem größeren Kapitel über „Literarische Aspekte" von 11 Autoren – überwiegend Literaturwissenschaftlern und Literaten und nur einigen Linguisten und Semiotikern – sowohl ein historischer Überblick als auch ein Einblick in verschiedenartige theoretische Ansätze speziell für die Literatursprache der Moderne versucht; Ähnliches gilt für die 7 umfangreicheren Artikel zu einer „literarischen Sprachgeschichte" im Handbuch *Sprachgeschichte* (Besch u. a. 2004) und 3 Beiträge des Handbuchs *Rhetorik und Stilistik* (Fix u. a. 2009) zu rhetorisch-stilistischen Eigenschaften von Erzählliteratur, Lyrik und Drama.

Liefern derartige Überblicke und Analysen lediglich Fachwissen, das nur Germanisten brauchen, oder sind zumindest Teilkenntnisse davon auch Voraussetzungen für die erfolg- und genussreiche Rezeption nicht wissenschaftlich vorgebildeter Leser und Leserinnen? Die Suche nach einer allgemein gültigen Definition, was die so unterschiedlich wie in keinem anderen Textsortenverband/Kommunikationsbereich kodierten Texte als literarische von allen anderen abgrenzt, ist bisher nicht gelungen und wäre wohl auch ein Widerspruch in sich selbst. Dem hat Henne in seinen *Sprachliche[n] Erkundungen der Moderne* entgegengesetzt: „Was Literatursprache ist [...] wissen ihre Leser" (1996, 22) – nicht ohne seinerseits eine Definition zu versuchen. Im letzten Abschnitt werden wir uns der Frage, was Leser wissen müssen/sollten, um Literatur als solche zu erkennen, zu goutieren, zu interpretieren, aus rezeptionsästhetischer und kognitiver Perspektive widmen.

Nicht unerheblich für den Literaturproduzenten wie auch den Rezipienten ist jedoch auch ein Überblick über die „unterschiedlich ausgenutzte gemeinsame[...] Syntax" (s. o.) und vor diesem Hintergrund auch die Kenntnis der Entwicklungsgeschichte der literarischen Sprach- und Textformen, ihrer Kontinuitäten und Brüche, Innovationen und Revolutionen. Erst dieses Wissen ermöglicht eine Würdigung der gewählten Form und der mit dieser verknüpften Funktion eines Kunstwerks und damit auch den „Mehrwert" einer vielschichtigen, fachkundigen ästhetischen Rezeption, die über den unmittelbar an das Gefühl gerichteten Appell der literarischen Botschaft hinausreicht.

Für einen literarhistorisch weniger versierten Leser werden im Normalfall gewisse externe Signale (wie z. B. Verlagsankündigungen, Rezensionen in den öffentlichen Medien, Bestsellerlisten, ferner Buchgestaltung, Titel, Überschriften und Layout) sowie einige (text-) interne Signale (z. B. verdichtete oder gehobene oder experimentelle Sprachverwendung, Fiktionalitätssignale, ungewöhnliche Erzählhaltung/-perspektive etc.), die von der Erfahrung mit Textsorten in Alltags-, Institutionen- und Fachkommunikation abweichen, genügen, um ihn auf die Rezeption eines literarischen Werkes einzustimmen. Nicht zu vergessen ist jedoch, dass derartige interne Kodierungssignale nur auf der Folie einer umfassenden Sprach- und Textsortenkompetenz überhaupt wirksam werden. Die Besonderheit, das ‚Anderssein' literarischer Texte erkennen zu können, setzt also in jedem Fall die Vertrautheit mit den Textmustern der Alltagkommunikation und ihrer Sprachgestaltung voraus, ist Teil des zum Verstehen nötigen Wissensbestands. Allerdings ist mit einer solchen Vertrautheit nicht mehr ohne weiteres zu rechnen. Der Leser wird auch in der Alltagskommunikation sehr häufig mit abweichenden Texten konfrontiert, die ihm eine hohe Rezeptionsleistung abverlangen und die in vielem mit den Techniken literarischer Texte übereinstimmen. Abweichung ist nahezu zu einem Normalfall geworden.

Neben diesen (eher synchronen) Erfordernissen pragmatischer und sprachlicher Kompetenzen für den ‚Normalleser' eröffnen sich dem literarhistorisch Geschulten allerdings viele zusätzliche Möglichkeiten für den ästhetischen Genuss und die Bewertung dichterischer Texte. Kenntnisse der Entwicklungsgeschichte der europäischen Dichtung (und kontrastiv dazu eventuell auch anderer Kulturkreise) machen Autoren und Rezipienten ein großes Repertoire von Techniken zugänglich, wie Dichter in der Vergangenheit unter Ausnutzung der zur jeweiligen Zeit realisierten, aber auch der virtuellen Möglichkeiten des Sprachsystems durch neue Kombinationen des Zeichenvorrats, prononcierten und verstärkten Einsatz gewisser Mittel oder auch Regelverletzungen besondere Aufmerksamkeit, Expressivität, Verfremdung, Innovation u. ä. m. erreicht haben. Bewusste Anklänge, z. B. durch wörtliche oder leicht abgewandelte formale Zitate, bzw. das gesamte *imitatio*- und *variatio*-Prinzip, werden nur von Kennern verstanden, ebenso wie intertextuelle Bezüge. Zur Einschätzung dichterischer Qualität ist sowohl die Kenntnis der zeitgenössischen poetologischen Positionen und der Epochenstile (und der sich davon abhebenden Individualstile) erforderlich als auch die Kenntnis der Rolle von Literatur in den verschiedenen gesellschaftlichen Systemen (z. B. dem höfischen, frühbürgerlichen, absolutistischen etc.) sowie der Bedingungen unter denen sie entsteht: wer sie fördert, zensiert, nach ihr verlangt.

Zu diesen für die Entwicklung der deutschen Literatursprache grundlegenden Kenntnissen gehören zum Beispiel:
- die Reflexionen der frühen Dichter (von Otfrid bis in die Nach-Lutherzeit), ob das Deutsche (bereits) eine literaturwürdige Sprache sei (im Vergleich zu den klassischen Sprachen, aber auch den *Volkssprachen* Englisch und Französisch)
- der aus der Antike tradierte *mimesis*-Begriff, dass Kunst als Nachahmung des Schöpfungswerks gesehen wird und nicht nach der Erfindung von Neuem, sondern nach der vollendeten Gestaltung des Bekannten zu streben hat (*bene tractare*),
- die Erweiterung v. a. der syntaktisch-stilistischen Möglichkeiten des Sprachsystems beim Übergang vom Lateinischen zum Schreiben in der Volkssprache,
- die Anreicherung von Wortschatz und stilistischem Ausdrucksvermögen durch Übersetzungen fremdsprachlicher Meisterwerke in allen Epochen,
- der Entwurf von Regelsystemen in der Formierungsphase der neuzeitlichen Literatur, die vor sprachlicher Überfremdung schützen, aber auch den kunstvollen Einsatz aller seit der Antike bekannten rhetorischen Wirkungsmittel (*ornatus*) fördern sollten,
- das aus der Antike tradierte Ideal, dass es die vornehmste Aufgabe des Dichters sei, das zur Verfügung stehende sprachliche Instrumentarium zu höchster Leistungsfähigkeit auszubauen und zu verfeinern, also Sprachvorbild zu sein.

Diese Liste ist natürlich nicht vollständig (ausführlicher vgl. Betten 2004). Besondere Auswirkungen hat dann aber die Zäsur im 18. Jh.: Nachdem die deutsche Sprache mit großer Beteiligung der Dichter in allen Kommunikationsbereichen voll funktionstüchtig und stilistisch differenziert zum Ausdruck jedweder Inhalte zur Verfügung stand und zum sozialen Standes- und Statusmerkmal des gebildeten Bürgertums geworden war, erfolgte der große Umbruch im Selbstverständnis der Dichter: Unterstützt von dem in der Neuzeit aufkommenden Selbstbewusstsein der Autoren (Genie-Kult), ist es nicht mehr ihr Ziel, Gottes Welt und Werk nachzuahmen, sondern eigene Welten zu schaffen bzw. Entwürfe fiktiver Welten zu kreieren (*poeta creator*). Erst unter diesen Vorzeichen kommt es seit dem 18. Jahrhundert zur parallelen Entwicklung verschiedener Ästhetiken, die die Voraussetzung für die Pluralität des modernen Literaturbegriffs schaffen. Mit der Erreichung und Festigung der schriftsprachlichen Normen stellen sich dem Autor nun neue Aufgaben, z. B. ihrer Versteinerung zum Prokrustesbett sowohl für die allgemeine Sprachentwicklung als auch besonders für die Dichtung entgegenzuwirken, sie durch Provokationen in Frage zu stellen, aufzubrechen, durch Experimente neue Wege aufzuzeigen. Seit dem Sturm und Drang und verstärkt nochmals als Antwort auf das in der Klassik in höchstem Maß vollendete Ideal der wohlgeformten, „schönen" Dichtersprache jagten sich nun literatursprachliche Revolutionen in immer rascherer Folge. Die eher sprachphilosophisch begründete *Sprachkrise* an der Wende vom 19. zum 20. Jahrhundert vertiefte mit ihrem grundsätzlichen Zweifel, mittels der Sprache noch zur Wirklichkeit, geschweige denn zur Wahrheit vorzudringen, die Forderung nach einer *neuen* Sprache für die Dichtung (vgl. die bis heute fortdauernde Diskussion um Hofmannsthals *Chandos-Brief*). Vor diesem Hintergrund wird die Abweichungstheorie das zentrale Deutungs- und Beschreibungsmodell für die Literatur der Moderne. Auf dieses Verhältnis von Norm und Deviation/Deautomatisierung werden wir daher noch genauer eingehen. (Vgl. auch die 16 Beiträge in Betten/Schiewe 2011, die der Frage der individuell konstruierten Literatursprache von Autoren und Autorinnen des 19. und 20. Jhs. besondere Aufmerksamkeit widmen.)

Mit betroffen von diesen Umwälzungen ist auch das auf die antike Philosophie zurückgehende Gattungsverständnis. Obgleich durch die seit dem 18. Jh. geltende Auffassung vom „Text als einzelnem, unwiederholbaren Kunstwerk" in Frage gestellt, lebte es doch durch die Vorstellung vom Autor als „kreativen Verwirklichers eines Idealtypus" weiter (Steger 1998, 285). Seit den 1960er Jahren wird der Gattungsbegriff im Rahmen der Textlinguistik um zusätzliche schriftliche und mündliche Textsorten systematisch erweitert. Die fiktionalen Textsorten der Dichtung (inklusive Theater, Film und digitalen Medien) werden vor dem Hintergrundwissen der „sozial üblichen Erklärungsmuster[...]" in ihren Abweichungen von den „in der empirischen Welt und deren Texttypik gültigen Wirklichkeitsbegrenzungen und Wahrheitsbegriffe[n]" interpretiert (ebd., 286).

2 Mittel, Verfahren und Muster der Produktion literarischer Texte

Die Debatte des 20. Jahrhunderts über das, was das Literarische ausmacht (s. o.), hat u. a. zu der Erkenntnis geführt, dass es keine literarische Sprache ‚an sich' gibt, sondern dass ein und derselbe Wortschatz und ein und dasselbe System von Verknüpfungen in Texten aller Verwendungsbereiche Anwendung finden kann. Entscheidend ist, welche Auswahl zwischen den Mitteln getroffen wird und in welchen Kontext sie eingebracht werden. Den Schreibenden steht mit den ‚Vorräten' des Sprachsystems eine Fülle an Möglichkeiten – Laute, morphologisch-syntaktische Elemente, Wörter und Wendungen – für die Textgestaltung zur Verfügung. Wörterbücher geben Hinweise auf Verwendungsmöglichkeiten durch Angaben von *Stilschichten* als Höhenlage sprachlicher Formen im Verhältnis zum Normalsprachlichen (z. B. *gehoben, literarisch, salopp*) und an *Stilfärbungen*, d. h. zusätzliche, nicht schichtengebundene stilistische Nuancierungen (z. B. *bildlich, scherzhaft, übertreibend*), die etwas über die Leistung der Wörter für den Stil mitteilen und zugleich auch ihre Verwendung einschränken. Diese Angaben sagen aber noch nichts Endgültiges über die tatsächliche Verwendungsweise eines Wortes aus. Es kann auch immer ‚gegen den Strich' gebürstet und in einem bestimmten Kontext gegen seine eigentliche ‚Bestimmung' gebraucht werden. Die Grammatik, wie sie Weinrich (2007) textbezogen beschrieben hat, zeigt Möglichkeiten, die traditionell für literarische Texte als typisch gelten/galten bzw. dort bevorzugt verwendet werden/wurden (z. B. Präteritum und Plusquamperfekt als Tempora des Erzählens S. 219 ff., Thema-Rhema-Beziehung als Mittel des Hervorhebens S. 20). Dass diese Mittel aber tatsächlich in der beschriebenen Weise angewendet werden, ist nicht zwingend. Es handelt sich vielmehr um Elemente, die in jedem Text erscheinen und durchweg eine textkonstituierende Funktion erfüllen können. So muss der Sprachteilnehmer über ein sicheres Sprach- und Textwissen, ein aus der Lektüre gewonnenes Sprachgefühl und Beweglichkeit in der Rezeption verfügen, um erkennen zu können, was im betreffenden Text das Literarische am Gebrauch der Mittel ausmacht. Dass wir uns diese Offenheit mittlerweile eingestanden haben, macht die Begegnung mit literarischen Texten einerseits einfacher: Man kann davon ausgehen, dass alles, was die Sprache bietet, literarisch relevant sein kann. Andererseits wird der Umgang mit solchen Texten aber auch schwieriger: Es gibt nichts Vorherbestimmtes, keine immer geltenden Muster, an denen man den Charakter des Literarischen festmachen könnte. Man muss vielmehr selbst erkennen, worin die Leistung der einzelnen Elemente des Textes besteht.

Das alles soll aber nicht heißen, dass Konventionen und Traditionen für die Herstellung und Rezeption literarischer Texte keine Bedeutung mehr hätten und dass es keine Kategorien mehr gäbe, mit denen man Literarisches erfassen könnte. Es gibt die Kategorien noch, wir kennen sie (wenn auch vielleicht nur unbewusst), aber ihr Einfluss ist geringer geworden. Schon genannt wurden die Kategorien *Stilschicht*,

Stilfärbung (s. o.). Zwei komplexe Kategorienbereiche, nämlich *Stilfiguren* und *Gattungen* werden später ausführlicher betrachtet. Weitere wie *Stilelement, Stilzug, Gattungsstil, Individualstil* und *Epochenstil/Zeitstil* seien nun betrachtet. Die Erweiterung des aus der Elocutio stammenden mikrostilistischen Stilbegriffs (Figuren, Tropen) auf die makrostilistische Vorstellung vom Text als Stil-Ganzem führte dazu, dass man die einzelnen *Stilelemente* als kleinste Bestandteile eines (wie auch immer gefassten) Ganzen betrachtet, die ihren Wert erst im Zusammenhang des Textes bekommen (s. o.). Daraus ergibt sich die Bedeutung der Kategorie *Stilzug* als oft traditionell bestimmtes charakteristisches Gestaltungsprinzip eines Textes, das den gesamten Text prägt (*sachlich, bildhaft, unpersönlich*) und gleichsam als Vermittlungsinstanz zwischen Stilelement und Stilganzem dient. Als konventionelle Vorgabe für die Textherstellung kann auch das Wissen vom *Gattungsstil* dienen, d. h. die Kenntnis der traditionell üblichen Gesamtheit der Stilzüge einer literarischen Gattung. Dem steht mit dem *Individualstil* die Ganzheit der individuellen Charakteristika eines Einzeltextes gegenüber, deren Besonderheit man auch hier wie bei allen Abweichungen nur dann erkennen kann, wenn man die Merkmale des Stils der gewählten Gattung kennt. Interessant ist die oft gestellte Frage, ob und wie sich Individualstile bedeutender Sprachschöpfer auf den allgemeinen Sprachgebrauch auswirken. *Epochenstil* und *Zeitstil* sind umstrittene Kategorien. Es geht um die Frage, ob eine bestimmte künstlerische Epoche bzw. ein historischer Zeitabschnitt durch einen einheitlichen Stil gekennzeichnet sein kann. Das setzt erstens voraus, dass es abgrenzbare Perioden gibt, was angesichts des Nebeneinanders von Kunstströmungen bezweifelt wird, und dass sich zweitens typische Formmerkmale finden lassen, nach denen man z. B. einen Text oder ein Bild einer Kunstrichtung zuordnen kann. Beginnt die Abgrenzung bei den Formmerkmalen, spricht man von *Epochenstil*, Stil des Barock, der Gründerzeit etc., orientiert sie sich an zeitlichen Zäsuren, ist die Rede vom *Zeitstil*, z. B. dem des 17. Jahrhunderts. Den Unsicherheiten der Abgrenzung steht unsere Erfahrung entgegen, dass es doch so etwas wie erkennbare bzw. typische Stilmerkmale einer Zeit/Epoche gibt. Man braucht die Kategorie des Zeit- oder Epochenstils oder jedenfalls das Denken in diesen Bahnen, weil dies zumindest den Versuch herausfordert, Formtypisches einer Zeit/Epoche, das man unbewusst wohl wahrnimmt, auf die Ebene der Bewusstheit zu heben.

Unter den für literarisches Gestalten komplexeren typischen Verfahren und Gebrauchsweisen gibt es solche, die *bevorzugt* in literarischen Texten auftreten, und solche, die *unbedingt* an Literarizität gebunden sind. Zum ersteren gehören *Techniken der Gestaltung literarischer Texte* wie die Herstellung von Anschaulichkeit (Bilder, Vergleiche u. Ä.), die Rhythmisierung des Textes (Reim, Metrik), seine Verdichtung (Fülle von Mitteln), die Erzeugung von Mehrdeutigkeit (Offenheit) und der Gebrauch bestimmter Zeitperspektiven (z. B. Tempora des Besprechens und Erzählens, Weinrich 2007). Auch der Einsatz der rhetorischen Figuren, also des Fundus der ‚klassischen' Stilfiguren, ist hier zu nennen. *Unbedingt* an den literarischen Gebrauch gebunden sind selbstverständlich die Textsorten/Gattungen. Wir setzen Textsorten und Gattungen insofern hier gleich, als sie gleich gelagerte komplexe Vorgaben für die Herstellung von Texten sind. Im Text wechseln wir im Gebrauch von ‚Textsorte' und ‚Gattung', je nachdem, ob von Texten allgemein oder von literarischen Texten die Rede ist.) Hier handelt es sich, verglichen mit dem bisher Genannten, um besonders komplexe Phänomene, nämlich kulturell geprägte Muster für bestimmte Weisen literarischen Schreibens. Dass sie hin und wieder dekonstruierend, parodierend oder spielerisch für andere Zwecke gebraucht werden (Gedicht, Märchen als Werbetext), was ihre Kenntnis voraussetzt, widerlegt das nicht. Im Folgenden werden die Fälle der (wieder ins Bewusstsein rückenden) *Figuren* und der (überhaupt erst bewusst zu machenden) *Gattungen* als Wissensbestände, mit denen wir umgehen, genauer betrachtet.

Um einen Text rezipieren, d. h. eigenes Verstehen entwickeln zu können, muss man mit all seinen Elementen, auch mit den dort verwendeten Figuren ebenso etwas ‚anfangen', sie ‚zuordnen' und ‚verstehen' können wie mit dem, was die Textsorte an Information über den Text mitbringt. D. h. eine – wenn auch sicher begrenzte, meist auf Erfahrungen oder unbewusstem Wissen beruhende – Vertrautheit mit den Leistungen der Figuren wie auch mit denen der Gattungen ist für die Rezeption literarischer Texte nötig. Während die Gruppe der Textsorten und damit auch der Gattungen erst in jüngerer Zeit Aufmerksamkeit auf sich gezogen hat, nämlich mit der Entwicklung einer kulturorientierten Textsortenlinguistik, sind die rhetorischen Figuren als Elemente der Rede und später auch der schriftlichen Darstellung seit der Antike Gegenstand gemeinsamen Wissens. Wenn nun auf beides – Figuren und Textsorten – eingegangen wird, fällt die Darstellung der Leistung der Figuren vergleichsweise kurz aus – es handelt sich ja eher um ein Erinnern an etwas Vertrautes. Mehr Raum wird in diesem Beitrag der Frage gewidmet, inwiefern und wie die Kenntnis von Gattungen/Textsorten, sei sie auch nur unbewusst und begrenzt, Bedingung für die Produktion und Rezeption von Texten, speziell von literarischen Texten, ist.

Die landläufige Vorstellung, dass rhetorische Figuren keiner Betrachtung mehr bedürfen, da sie ‚altmodisch' seien, kaum gebraucht würden und nicht mehr zum allgemeinen Wissensbestand gehören, trifft nicht den wirklichen Sachverhalt. Werbetexte z. B. als besonders exponierter Bereich moderner Sachprosa weisen eine Überfülle rhetorischer Figuren auf, von Parallelismus, Alliteration, Antithese, Chiasmus bis hin zum Spiel mit Bildern, d. h. die Produzenten der Texte gehen davon aus, dass man mit unbewusstem Wissen über diese Mittel der Redegestaltung rechnen kann. Auch in Pressetexten, v. a. solchen kommentierenden Charakters, finden sich viele Figuren.

Nach wie vor finden wir selbstverständlich Figuren auch in literarischen Texten. Wenn sie auch nicht mehr – wie z. B. in den Gedichten des Barock – das vorherrschende Textgestaltungsmittel bilden, sind doch grammatische Figuren wie Wiederholung, Parallelismus, Klimax, Antithese oft gebrauchte Elemente der Textstrukturierung und dienen Tropen wie Metapher, Metonymie, Synekdoche der Lenkung von Aufmerksamkeit, evozieren Anschauung, wecken Vorstellungskraft und provozieren die Verfremdung des Blickes auf die Welt. Mit der Entwicklung der pragmatischen Linguistik und dem damit verbundenen Blick auf Sachtexte aller Art verlagerte sich das sprachwissenschaftliche Hauptaugenmerk von der Form (und damit auch von den Figuren) auf die Intention, Funktion und Situation eines Textes. Dennoch ist den Figuren in der sprach- und sprechwissenschaftlichen Reflexion bis heute unter verschiedenen Perspektiven Aufmerksamkeit zuteil geworden, so natürlich vor allem in der Weiterführung der traditionellen Rhetorik und in pragmatisch-semiotischen Richtungen der Textstilistik. Was theoretisch reflektiert und was praktisch beherrscht wird, ist freilich ein Unterschied. So muss man konstatieren, dass das *bewusste* Wissen über die *ars*, die Beherrschung der rhetorischen Technik, die Kenntnis eines Kanons von Regeln und Figuren, als strukturell verfestigte Sprachmuster stark zurückgegangen ist. Im *unbewussten Wissen* der Sprachteilnehmer aber sind zentrale Figuren durchaus lebendig. Sonst könnten Werbetexte, deren Wirksamkeit ja ständig überprüft wird, nicht in so auffallend großer Zahl mit diesen Figuren arbeiten. Dass diese nach wie vor wirksam sind, heißt: Figuren werden immer noch als etwas Besonderes, als *deviation*, verstanden. Darin gerade besteht der erwartete Effekt. Die Figuren wirken aufgrund ihrer (mehr oder weniger ausgeprägten) Ungewöhnlichkeit als Abweichungen vom ‚normalen' Sprachgebrauch, erregen Aufmerksamkeit und machen auf diese Weise die Lektüre interessant. Auch wenn immer wieder zur Debatte steht, ob sich wirklich alle Figuren nach dem Prinzip der Abweichung erklären lassen und ob der ‚normale Sprachgebrauch' ein geeigneter Bezugspunkt ist, sind Beschreibungen nach wie vor aktuell, die nach diesem Prinzip erklären, wie es mithilfe etablierter sprachlicher Operationen zu den spezifischen Figuren der jeweiligen Änderungskategorien *Verkürzung, Erweiterung, Umstellung, Ersetzung* kommt. Zudem liefert das Kriterium des *ästhetischen Mehrwerts*, der *Überstrukturierung*, die eine Figur bietet, einen weiteren Zugriff. Auch hier geht man davon aus, dass es Rede gibt, die ohne Figuren existiert. Durch den Gebrauch von Figuren wird ebendiese Rede überformt, überstrukturiert und so attraktiv gestaltet. Figuren repräsentieren also nicht nur das Abweichen im Sinne von Anders-Sein-als-erwartet, sondern den zusätzlichen Mehrwert im Sinne von Überstrukturierung. Das ist Teil des unbewussten Wissens der Sprachteilnehmer.

Wie auf den anderen Ebenen der Sprache findet sich auch auf der des Textes universal Einsetzbares. Die Textlinguistik beschreibt Textregularitäten und Textstrukturen, die für die Herstellung von Textganzheiten grundsätzlich zur Verfügung stehen. So gilt es z. B. mehrheitlich als gesichert, dass ein Text einen Anfang und einen Schluss hat (wenn auch Hypertext- und Intertextualitätsdebatten dies ebenso wie die Linearität von Texten in Frage stellen). Es wird vorausgesetzt, dass Texte eine zeitliche Perspektive, eine innere (und oft auch äußere) Gliederung haben, dass sie thematische Gebundenheit aufweisen und linear angelegt sind. Ebenso gilt, dass man, wenn ein Text in seinem Zusammenhang erfasst werden soll, auch das Einzelsprachliche, d. h. Phänomene wie Wortwahl, Tempusgebrauch, Satzperspektive und vieles mehr im Blick haben muss. Zwischen dem Übersprachlich-Universellen und dem Einzelsprachlich-Individuellen liegt jedoch eine Zwischenschicht, ein „mittleres Allgemeines" (Hempfer 1973, 223). Gemeint sind (neben Stilzügen, Stilverfahren, Figuren u. Ä.) v. a. die Textsorten als Muster komplexen sprachlichen Handelns. Das Wissen über eine bestimmte Textsorte fungiert als eine gegenüber allgemeinen Textgegebenheiten zwar spezifischere, nicht mehr universale, aber dennoch Handlungen steuernde Vorgabe, die sich jeweils in einer (oder mehreren) Sprach- und Kulturgemeinschaft(en) herausgebildet hat und von dieser Gemeinschaft im Wesentlichen übereinstimmend akzeptiert wird. Das Textsortenwissen als Fundus sprachlich-kommunikativen Handelns enthält prototypisches Wissen über spezifische Inhalte, über Intentionen und über Formeigentümlichkeiten einer Textsorte. Zunehmend nimmt die Textsortenlinguistik eine kulturwissenschaftliche Perspektive ein und geht demzufolge auch historisch, kultursemiotisch, interkulturell vor. Das handlungstheoretische Textmodell wird erweitert: Der Akzent liegt nun darauf, dass Textsorten kulturell bestimmte Muster der Textherstellung und des Textgebrauchs bieten. Mitglieder einer Kulturgemeinschaft haben sie als Mittel ihres Handelns kollektiv hervorgebracht, um miteinander existieren zu können, z. B. um lebenspraktisch agierend auf die Wirklichkeit zugreifen zu können (Gesetz, Kochrezept, Hausordnung, politisches Gedicht) oder um sich selbstreflektierend in den Blick nehmen und geistig-ordnend auf die Welt zugreifen zu können (Essay, Erzählung, Traktat). Textsortenwissen zu haben heißt also, über sprachliches, kommunikatives und kulturelles Wissen zu verfügen, das für die Produktion und Rezeption von Texten einer bestimmten Textsorte nötig ist. Neben dem linguistischen Mikro- und Makrostrukturwissen (typische Strukturierungen, erwartbare Formulierungen) muss man also, wenn Verstehen gewährleistet sein soll, über weitere – im Textmuster verdichtete – Wissensvorräte verfügen: Kommunikationsnormenwissen (z. B. Konversationsmaximen), Weltwissen (z. B. Frames, Scripts) und Kulturwissen. Im Bereich des Kulturwissens handelt es sich um Wissen über die Angebrachtheit bestimmten kommunikativen Handelns (Eignung einer Textsorte für einen kommunikativen Zweck), über textbezogene Verhaltensweisen (übliche Art der Ausführung des Handelns in einem Textmuster), über Traditionen einer Textsorte (kulturelles Prestige, historischer Wandel). Zu diesem Fundus gehört auch das Wissen um die dominierende Funktion des Textes, die einer Textsorte mit ihrem Muster jeweils eigen ist. Es geht um die Frage, welche Lösung für Probleme der Lebenswirklichkeit eine Textsorte ermöglicht. In der theologischen Auseinandersetzung mit Gattungen heißt das „Sitz im Leben" (Gunkel 1986), in der Literaturwissenschaft „gesellschaftliche Funktion" (Jauß 1972, Hempfer 1973) und „poetische Funktion" (Zymner 2003, 164). Wie auch immer Funktion gefasst wird, die Beschreibung ist jeweils verbunden mit der Frage, wie ein Text gestaltet sein muss, damit er dieser seiner Funktion gerecht werden kann. Die Kategorie der *Gattung* ist der Komplementärbegriff, den die Literaturwissenschaft für das bereithält, was Linguisten *Textsorte* nennen. Literaturwissenschaftler haben das Phänomen in letzter Zeit unter den Aspekten *neue Medien*, *Intertextualität*, *poetologische Selbstverständigung* wieder diskutiert. Beide Kategorien – *Gattung* wie *Textsorte* – meinen zunächst einmal dasselbe, Hempfer (1973, 17), nennt sie „eine Gruppe ähnlich konstituierter

Texte". Nur, schränkt Hempfer ein, „[sucht sich] der Linguist seine Textsorten auch und zunächst in ganz anderen Bereichen [...] als der sich weitgehend auf die Texte der ‚höheren' Literatur beschränkende Literaturwissenschaftler" (ebd.). Damit ist aus heutiger Sicht allerdings längst nicht alles gesagt: Die Grenzen zwischen Alltagstextsorten und literarischen Gattungen verschwimmen immer mehr (s. u.). Dennoch trifft zu, dass im Gattungswissen kulturelle, historische und sprachlich-textliche Wissensbestände in besonders reichem Maße und in spezifischer Weise gespeichert und miteinander verzahnt sind. Es geht nicht nur um den „Sitz im Leben", also um eine (sozial bezogene) Funktion, sondern auch um weitere Gattungsspezifika – nämlich spezifische Formeigentümlichkeiten und spezifische Inhalte, Vorstellungen, die ähnlich im handlungstheoretischen Textsortenmodell als Textproposition, Textillokution und Textlokution zu finden sind, nur müssen sie nun auf die Spezifika literarischer Kommunikation übertragen werden. Es liegt zwar auf der Hand, dass man den Intentionsbegriff, der für Sachtexte angemessen ist, und den Begriff der Funktion literarischer Texte nicht ohne weiteres gleichsetzen kann. Dennoch ist mit beidem der jeweilige „Sitz im Leben" gemeint. Wir wissen also etwas über typische Gegenstände, typische Intentionen und typische Formeigenschaften, die Texte einer Textsorte oder einer Gattung aufweisen – mit allen Vagheiten, die man für die freieren Muster von Gattungen einräumen muss. Bei der Beschäftigung mit Textsorten auf der einen und mit Gattungen auf der anderen Seite zeigt sich: Hier existiert Wissen, das Sprach- und Literaturwissenschaft partiell teilen, wenn es auch unter verschiedenen Aspekten und in unterschiedlicher Ausdrucksweise gefasst wird.

In der bisherigen Darstellung wurde stillschweigend auf die traditionelle Vorstellung vom Wesen eines literarischen Textes Bezug genommen. Es ging darum, dass es überlieferte literarische Textsorten gibt, an die man sich beim Schreiben hält und die dem Rezipienten mit dessen Kultur- und Gattungswissen den Hintergrund für sein Verstehen bieten. In dem Moment, wo im 20. Jahrhundert das Prinzip der *Ästhetisierung*, d. h. der Formgebundenheit und damit auch der *Gattungstreue* über Bord geworfen wird, wo *Entästhetisierung* stattfindet, ist der Zugriff auf die sprachlichgestalterischen Möglichkeiten unbegrenzt. Um sich diesen Zugriff zu verschaffen, könnte mehr noch als zuvor der zwar in die Kritik geratene, aber dennoch als „dekonstruktive Hermeneutik" (König 2002) ernst zu nehmende hermeneutische Zugang gefragt sein. Er setzt eine Fülle von Sprachwissen voraus, außerdem die Fähigkeit, sich auf Polyvalenz und Unabgeschlossenheit des Textes einzustellen, und die Kompetenz, das im und über den Text Erfahrene auf die kulturelle, historische und soziale Situation des Textes zu beziehen.

3 Das Abweichen von der Norm – Deautomatisierung als poetologisches Prinzip der Moderne

Der Begriff der Abweichung wurde in der bisherigen Darstellung bereits mehrfach, aber nicht immer gleichbedeutend verwendet. Dies ist kein Zufall, denn er wird seit der Antike in der poetologischen, grammatischen, stilistischen, sprachphilosophischen Diskussion über die Jahrhunderte je nach Weltbild, soziologischer Funktion der Literatur u. a. m. in den jeweiligen Epochen unterschiedlich aufgefasst. Wie die Zitate, die Fricke seinem grundlegenden Werk *Norm und Abweichung* (1981) vorangestellt hat, belegen, spannt sich der Bogen von der aristotelischen Forderung in der *Poetik*, Dichtung müsse erhaben sein und das Gewöhnliche meiden, bis zu Handkes *Selbstbezichtigung*, die Regeln der Sprache nicht beachtet und Sprachverstöße begangen zu haben – aber auch noch darüber hinaus. Die grundsätzlichen Möglichkeiten, im Rahmen der jeweils gültigen Normen durch Auffälligkeiten in Frequenz und Kombination der allgemein akzeptierten sprachlichen Konventionen etwas Ungewöhnliches, Aufsehen und Bewunderung Erregendes zu schaffen, wie es lange als Aufgabe der Dichtung galt, wurden schon mehrfach angesprochen. In diese Rubrik des „Anders-Schreibens" (vgl. Fix 2012) fallen jedoch auch die bewussten Abweichungen aufeinander folgender Epochenstile, die andere Gestaltungsmittel präferieren als ihre Vorgänger, die aber doch meist im Rahmen stilistischer Variation bleiben (wie z. B. die Romantik gegenüber der Klassik). Roelcke (2004) ordnet sie zwar den „innovativen Experimenten" zu, betont aber zugleich den Gegensatz zu den „großen literatursprachlichen Innovationen des 20. Jhs., die letzten Endes in einer grundsätzlichen Aufhebung sämtlicher Gestaltungsmöglichkeiten bestehen" (S. 3101); letztere nennt er „kommunikative Experimente".

Dass auch die Moderne nicht nur durch sprachliche Regelverletzungen zu bestimmen ist – sofern man den Regel- und Normbegriff nicht extrem ausweitet –, belegt auch Gaugers (1990) Auflistung der Möglichkeiten der modernen Autoren, „gerade im Sprachlichen, in ihrer Sprachverwendung" etwas Neues schaffen zu wollen, „was es – in dieser Hinsicht – vorher, in der vorhergehenden Literatur, nicht gegeben hat" (S. 181). Vorwegzuschicken aber ist, dass Gauger ausdrücklich darauf hinweist, dass es daneben auch große Dichter gibt, die „zwar modern sind, aber gerade nicht im Sprachlichen". Zu diesen zählt er Kafka (dessen Faszination in der Spannung zwischen einer „klassisch genaue[n] Sprache und den Inhalten, die sie [...] zum Ausdruck bringt", liege) sowie Thomas Mann, Robert Musil u. a. m. (S. 180). Aber auch Gaugers sprachliche Charakteristika modernen Schreibens (angeführt sind 10) gehören größerenteils den vom Sprachsystem ‚regulär' zur Verfügung gestellten an, die dadurch markiert sind, dass sie stilistisch auf ungewöhnliche Weise genützt werden: Dies betrifft z. B. die Abhebung von der Allgemeinsprache nach oben (Überhöhung) und nach unten (Rekurs auf gesprochene Sprache, Alltagssprache – von Roelcke (2004, 3099) „konstellative Experimente" genannt, „mit denen im Rahmen von gesellschaftlichen oder individuellen Modellstudien soziologische oder psychologische Erkenntnisse gewonnen werden"); ferner die Hereinnahme des Fachsprachlichen oder Mischungen dieser Möglichkeiten – also letztlich die Öffnung der Literatursprache für alle anderen sprachlichen Varietäten. Z. T. werden diese Verfahren zur Erneuerung der Literatursprache erst in der Moderne erprobt, aber doch noch im Rahmen bislang gültiger grammatischer und pragmatischer Verwendungsregeln. Weitere angeführte Phänomene wie „Negation der Mimesis" und „Verdunkelung, Verrätselung des Textes" (Gauger 1990, 200 f.) sind vorwiegend semantischer Natur. Erst die zuletzt genannten Möglichkeiten, nämlich Inkohärenz, Reduktion des Syntaktischen, Rückzug auf den Signifikanten (S. 203), betreffen Verfahren, die den Anhängern eines radikalen Experiment- und Deviationsbegriffes als Zeichen einer innovativen Literatursprache gelten. Es sind diejenigen Abweichungen, die eine bewusste Verletzung bzw. Aufhebung des konventionellen Verhältnisses von Zeichen, Bezeichnetem und Zeichenbenutzern darstellen, auf denen das Gelingen von Kommunikation im Alltag beruht. Fricke (1981, 16 ff.) hat mit definitorischer Akribie und vielen Beispielen diese Möglichkeiten auf allen sprachlichen Ebenen beschrieben: Graphie und Phonetik, Phonologie, Morphologie, Lexik, Interpunktion, Syntax, Textemik, Semantik, Pragmatik (inklusive der Fiktionalitätsfrage) und logische Möglichkeiten. Viele dieser Sprachexperimente, die z. B. auf der Ebene von Phonologie, Morphologie und Syntax in den besonders rigorosen Experimentierphasen wie Dadaismus oder Konkrete Poesie die Deautomatisierung struktureller und kombinatorischer Sprachregeln vorgeführt und diese dadurch ins Bewusstsein gerückt haben, gehören schon längst zum sprachdidaktischen Schulprogramm. Ebenso ist es für viele Rezipienten zum Qualitätskriterium anspruchsvoller Literatur geworden, dass der Leser als Co-Autor gefordert wird, der die Kohärenz zwischen Lauten, Morphemen/Lexemen oder Sätzen selbst herstellen muss und durch mehrfache Beziehungsmöglichkeiten von grammatischen Elementen zu unterschiedlichen Bedeutungsverknüpfungen gelangt, wodurch er gezwungen wird, fest geformte Wirklichkeitsmodelle in Frage zu stellen und mit fiktiven Weltentwürfen zu spielen.

Zum Erwartungspotenzial an moderne Literatur gehören des Weiteren Korrespondenzen zwischen dem *Stoff* und den sprachlichen Formen, die den Inhalt und seine intendierte Wirkung transparent machen bzw. widerspiegeln. Dazu gehören z. B. ‚primitive' Alltagssprache und/oder Aneinander-Vorbeireden der Figuren zur Demonstration von sozial bedingten Kommunikationsproblemen in sprachrealistischen Texten (z. B. im Drama); mimetische Abbildungen von gesellschaftlichen und psychischen Zuständen durch bestimmte Stilfiguren und Satzstrukturen (wie etwa das Eingekerkertsein der Figuren durch die Bevorzugung von Schachtelsätzen bei T. Bernhard); das gliederungs- und interpunktions- oder zumindest punktlose Dahinströmen lockerer syntaktischer Strukturen als Ausdrucksform der Offenheit, Unabschließbarkeit von Kunst und Leben (wie z. B. in Prosatexten von F. Mayröcker). Bei diesen Beispielen ist allerdings die Grenze zwischen grammatischen und stilistischen Normverstößen schon wieder fließend.

Zur Auflösung fester Formen gehört, wie anfangs bereits gesagt, auch das Aufbrechen der tradierten Gattungsformen: Das bewusste Schweben von Texten zwischen Prosa, Drama, Hörspiel, Hypertext z. B. ist nicht nur bei Autorinnen wie E. Jelinek oder K. Röggla poetologisches Programm. Hierher gehört auch die Verrätselung der Erzählstimmen. Die Frage „wer spricht?" bzw. die schwierige Ermittlung der Erzählposition zwischen fiktiven Erzählinstanzen und wechselnden Figurenperspektiven gehört schon zum klassischen Repertoire modernen Erzählens. Wenn aber in Jelinek-Stücken auswechselbare Sprecher ohne persönliche Identität sog. Sprachflächen rezitieren, so scheinen die letzten Grenzen zwischen Autorinnenstimme, Allerweltsmeinungen, Appell, Kritik, Parodie, Emotionspotential und Ratio genauso zu verfließen wie jegliche „Gattungs"-Grenzen; allein die äußeren Rezeptionsbedingungen wie Aufführungsort Theater oder aber private Lektüre steuern bzw. suggerieren noch gewisse Gattungszuordnungen oder -annahmen. Die Frage nach der poetischen Funktion lässt vieles vermuten, verweist aber auf jeden Fall darauf, dass der Wegfall von formalen (Textmuster-)Grenzen eine unklassifizierte, offene, neue Sicht auf Bekanntes wie auch noch nie Gesehenes und Gehörtes anstoßen soll.

4 Wissen – Verstehen – Interpretation

Der literarische Text wird erst voll entfaltet im Verstehensprozess durch den Leser. Er vermittelt diesem literarisches Wissen. Das Ziel eines Wissenserwerbs ist jedoch meist nicht die primäre Intention, weshalb Literatur gelesen wird. Aus Sicht des Lesers spielt die Freude am Lesen und die dadurch bedingte Bildung der Persönlichkeit eine ebenso große, wenn nicht sogar gewichtigere Rolle für den Rezeptionsprozess. Diese intrinsische Motivation ist ein starker subjektiver Antrieb, verweist jedoch auf das Verstehen zurück: Nur wer einen Text zumindest im Ansatz versteht, entwickelt Interesse daran, wird womöglich neugierig auf diejenigen Passagen, deren Sinn sich ihm nicht beiläufig erschließt. Ein literarischer Text, der die Waage hält zwischen leicht Verständlichem und schwerer oder gar Unverständlichem wirkt auf den Leser, so er einige Vorbildung im Umgang mit Literatur hat, anziehend. Es kann sich also lohnen für den Leser, wenn er sich der *Anstrengung des Begriffs* (Hegel) unterzieht. Dies ist besonders dann der Fall, wenn der literarische Text eine andere Sicht auf ein Thema verspricht, für das sich der Leser grundsätzlich interessiert. Es handelt sich also um ein zweigliedriges Verhältnis: Der Text muss die Möglichkeit eines Verstehens anbieten, der Leser muss die Fähigkeit zum Textverstehen mitbringen. Diese ist erlernbar durch die beiden basalen Kulturtechniken Lesen und Schreiben sowie durch das Denken auf mehreren Ebenen und in verschiedenen Formen, sprachlich und bildlich.

Im Verstehensprozess stehen sich deshalb gleichsam zwei Welten gegenüber: Die Welt der Literatur und die Welt der Rezeption von Literatur, die einer Vermittlung bedürfen. Man kann sie als die *Welten von Text und Kontext* bezeichnen. *Text* meint hier den literarischen Gegenstand, als Buch, Bühnendrama, Film, Hörtext oder im digitalen Format. *Kontext* benennt dann das gesamte Umfeld, in dem der literarische Gegenstand seinem Publikum begegnet. Die Literaturdidaktik als Theorie der Vermittlung literarischer Texte beschäftigt sich mit der Rückkopplung dieser beiden Welten.

Mit anderen Worten: Literarisches Verstehen ist eine Form literarischer Kommunikation. Dabei geht es nicht nur um den literarischen Text (in welcher Form auch immer er erscheint), sondern ebenso und vor allem um dessen Eingebundensein in den Gesamtprozess der kulturellen Sinnproduktion (vgl. Pechlivanos u. a. 1995, 144). Sinnproduktion ist eine der Stärken von Literatur. Sie ergibt sich jedoch nicht von selbst. Ohne Vermittlung von Werk und Wirklichkeit stehen sich die Bereiche *Text und Kontext* berührungsfrei gegenüber, erst ihre Beziehung eröffnet die Möglichkeit der Sinnproduktion. Das gelingt freilich nicht immer, das Verstehen scheitert gelegentlich. Es kommt zu Aporien des Verstehens. Auch diese lassen sich jedoch als Aporien dem Verständnis erschließen. Ebenso, wie Literatur auch das Unsagbare sagen kann, ‚versteht' oder erklärt Literaturdidaktik das Scheitern des Verstehens.

Der dualen Struktur der Welten von Text und Kontext steht auf Seiten des Lernprozesses, durch den die Fähigkeit des literarischen Verstehens erworben wird, ein ebenfalls zweigliedriges Leitkonzept gegenüber: Das Lernen *an* Literatur ist zugleich immer ein Lernen *über* Literatur. Bei der Lektüre literarischer Texte ist der Leser nicht nur daran interessiert, was auf der vordergründigen inhaltlichen Ebene vom Text ausgesagt wird, d. h. er versteht oder nutzt ihn nicht als bloßen Informationstext wie eine Betriebsanleitung oder einen Fahrplan. Er erwartet weitere Gratifikationen des Textes wie Unterhaltung, Horizonterweiterung, künstlerische Sprachverwendung, besondere Stilmittel, neue Einsichten durch die fiktionale Darstellung, neues Begreifen durch die produktive Mehrdeutigkeit der Literatursprache, weil er literarisches Wissen und d. h. etwas *über* Literatur gelernt hat. Jede weitere Lektüre erweitert dieses Wissen, das sich konkret auf Kenntnis literarischer Formen, Einblick in die Historizität von Literatur, Verständnis der besonderen literarischen Sprachverwendung, Umgang mit verschiedenen medialen Erscheinungen von Literatur und ähnliches mehr bezieht. Dieses Wissen ermöglicht es dem Leser, *an* Literatur zu lernen, also sich mit Inhalt, Bedeutung, Wahrheitsfunktion, Sinnstiftung usw. eines literarischen Textes auseinanderzusetzen, das auf diese Weise erworbene Wissen in einen Bezug zur eigenen Persönlichkeit zu bringen und so in einem Wechselspiel der Lektüren und des Lebens die innere Entwicklung selbst zu gestalten.

Einem kundigen Leser gelingt es, mit dem Text eine Art Dialog zu führen. Wie in jedem Dialog kann es zu Missverständnissen kommen. Indem der Leser sich daran übt, diese zu überwinden, erweitert er seine Kompetenzen im Umgang mit literarischen Texten. Er entwickelt sich weiter, wird souveräner, gewinnt mehr Freude am Lesen, steigert also die Motivation. Diese wiederum ist ohnehin Grundantrieb des Lesens von Literatur.

Die dialogische literaturdidaktische Position beruht auf einem hermeneutischen und rezeptionsästhetischen Literatur- und Ästhetikbegriff. Sie geht davon aus, dass literarische Texte dem Leser ein Angebot machen, das eigene Selbst- und Fremdverstehen zu erweitern (Appellstruktur). Der Leser muss sich auf das Sinnangebot einlassen, um in den Text-Leser-Dialog eintreten zu können.

Diese Fähigkeit ist nicht allein dadurch gegeben, dass ein Leser schriftkundig ist. Um Literatur lesen und verstehen zu können, müssen die Lernenden dieser mit den affektiven und kognitiven Voraussetzungen, die sie mitbringen, begegnen können. In gewisser Weise bleibt auch der routinierte Leser immer ein Lernender, weil sich seine Fähigkeiten im Verstehen von Literatur stetig steigern, je mehr er gelesen hat. Die Lesepraxis hat also großen Einfluss auf die von der Lesetheorie beschriebene Lesekompetenz, und sie ist sozialisationsbedingt.

Hier sei noch einmal an die verschiedenen Auffassungen erinnert, was denn einen literarischen Text eigentlich ausmacht (vgl. Legutke u. a. 2002, 104). Versteht man diesen als selbstreferentiellen, nur aus sich selbst heraus verständlichen, autonomen Gegenstand, droht Verstehen im oben beschriebenen Sinne zu scheitern mit allen Folgen für Interesse und Lesemotivation. Nun zeigt aber bereits eine grobe Analyse des Rezeptionsprozesses, dass kein Text nur aus sich selbst heraus verständlich ist. Begreift man den Text jedoch als an vorgegebenen Einsichten (gesellschaftlich, historisch, individuell etc.) zu Messenden, dann wird Verstehen standortgebunden, also von der Person des Lesers abhängig (und nicht vom Text als solchen). Ein Faktor des Verstehensprozesses ist dann das Vorverständnis, das der Leser mitbringt, was allerdings nicht zugleich bedeutet, dass das Vorverständnis per se das Verstehen dominiert. Die Lektüre kann Vorverständnis auch erschüttern, in der Folge kann der Leser es verwerfen, und so erweitert er, indem er die Lücke zwischen dem Vorverständnis und der neuen Lektüreerfahrung schließt, seinen Horizont. Dies ist in aller Kürze die Kernaussage der von Wolfgang Iser und Hans Robert Jauß begründeten Rezeptionsästhetik.

Nicht vernachlässigt werden darf die ästhetische Funktion bei der Rezeption von literarischen Kunstwerken. Sie dominiert aus der Erwartungshaltung des Lesers heraus den Leseprozess, aber sie verdrängt nicht die praktische Funktion (vgl. Mukařovský 1986). Auch bei selbstreferentieller Sprachfunktion des literarischen Textes ist die referentielle Funktion implizit anwesend, sonst könnte niemand verstehen, worum es in dem Text geht. Texte lenken auch nicht von der Wirklichkeit ab, sondern geben trotz Involviertsein dem Leser Möglichkeit zur Reflexion und kritischen Auseinandersetzung. Man kann einen Text auch verstehen, ohne einverstanden zu sein: Ich kann mich von dem, was ich verstanden habe, auch distanzieren.

Hiermit ist gleichsam eine höhere Funktion des Leseprozesses erreicht. Um das Leseverständnis allgemein – also auch von nichtliterarischen Texten – zu erwerben, sind metakognitive Strategien erforderlich, die das Lesen schon im Vorfeld und sogar über sein eigentliches Ende hinaus begleiten: Planen (was will ich aus dem Text an Wissen entnehmen?), Überwachen (verstehe ich, was ich gerade lese, in Bezug zum Vorherigen?) und Kontrollieren (was will ich aus dem Text behalten, habe ich alles verstanden?). Die Strategien werden erlernt. Unverzichtbar ist die Imaginationsfähigkeit als Teilkompetenz des literarischen Lesens. Imagination wird von Kaspar H. Spinner als ein Grundvermögen definiert, das Erinnerungen vergegenwärtigt und Phantasie entwickelt und damit die Befreiung des Menschen von der Erfahrungswelt im unmittelbaren Hier und Jetzt ermöglicht (vgl. Spinner 2004, 173). Daran schließt sich empathische Identifikation an, also die Fähigkeit, sich in andere hineinversetzen zu können, beispielsweise in das Denken und Fühlen einer literarischen Figur. Untrennbar damit verbunden sind die kritische Selbstreflexion und die Verknüpfung des Gelesenen mit individuellen Erfahrungen, Werthaltungen, Wünschen und Hoffnungen. Es kommt nicht darauf an, den Text genau und bis in den letzten Winkel verstehen zu wollen; literarisches Lesen ist im Grunde ein Prozess des Sichselbstverstehens, der nicht abgeschlossen werden kann und also auch nicht Vollständigkeit zum Ziel hat. Vielmehr wird Unverständliches und alles, was Gewohnheiten irritiert, in den Verstehensprozess integriert, und das Verstehen wird noch um die Dimension erweitert, die dessen Gegenteil einschließt. Der literarische Text offeriert ästhetische Erfahrungen, die es dem Leser ermöglichen, sich auch das rational nicht Durchdrungene anzueignen.

Im hermeneutischen Sinne erwirbt man literarisches Verstehen durch Interpretation, in der ein gewisses Maß an Analyse steckt. Dazu gehören weitere Informationen, die den eigentlichen Text ergänzen, z. B. über den Autor und seine Zeit, gesellschaftliche Bedingungen, Gattungswissen, Kenntnis der Sprachfunktionen und Zeichenhaftigkeit und einiges mehr. Die dialogische Situation zwischen Text und Leser erweitert sich durch das Wissen um den Autor zum bekannten hermeneutischen Dreieck. Nach diesem Grundmuster wird bis heute der Umgang mit Literatur an den Schulen überwiegend gelehrt und gelernt, und demzufolge gibt es kaum Literatur rezipierende Menschen, denen es nicht, bewusst oder unbewusst, vertraut ist.

In der Postmoderne löst sich die vermeintliche Sicherheit dieses Musters auf, es wird dekonstruiert. Die hermeneutische Gewissheit, durch immer weiter herausgeschobene Horizontverschmelzungen auf ein größtmögliches Verständnis zuzusteuern, wird unter poststrukturalistischem Einfluss zerschlagen. Das hat Folgen für den Verstehensprozess literarischer Texte in zwei Richtungen, bedingt durch den medialen Fortschritt einerseits und die neuere erkenntnistheoretische Entwicklung andererseits.

Unter medialen Aspekten stellt die hyperfiktionale Form der Literatur neue Anforderungen an den Leser. Zu den inhärenten Eigenschaften des elektronischen literarischen Textes gehören Immaterialität und Prozesshaftigkeit, woraus die grundlegende Veränderung im Umgang mit und in der Wahrnehmung von Literatur und Schrift folgt. Die neuen medialen Qualitäten der Literatur, die auf Datenaustausch beruhen, verwischen die Grenzen zwischen Produzent (Autor) und Rezipient (Leser) und halten den Text selbst im Fluss. Textanschlüsse werden auf vielfältige Weise verwertbar, weil sich der Text insgesamt auf mehreren Plateaus bewegt, die eher verflochten als geschichtet sind. Eine jeweils ‚gültige' Lesart, im hermeneutischen Sinne mit vom Autor vorgegebener Reihenfolge, gibt es nicht mehr. Durch die gesondert begehbaren Lesepfade ist der gleichsam ‚natürliche' Anfang eines Textes ebenso verschwunden wie sein Ende. Immer neue Kombinationsmöglichkeiten stehen bereit, die den assoziativen Leseverlauf bestimmen. Lediglich dessen Grundstruktur einschließlich der wählbaren Varianten kann noch vom Autor vorgegeben werden. Hier kommen die Links zum Einsatz.

Die linktechnische Verbindung ist entweder intern oder extern geschaltet. Interne Links steuern nur Verweise innerhalb des Textes an. Durch externe Links können die potentiell unendlichen Weiten des Internets in den Text eingebunden werden. Dabei können die nach bisherigen Maßstäben textfremden Elemente (z. B. Informationen über den Autor, historische Hintergründe, Worterklärungen usw.) ebenso in den Text hineingeholt werden wie andere literarische Werke oder auch Bilder, selbst Klangfolgen oder gesprochene Worte. Konditionale Links zeigen dem Leser nur dann weitere Hyperlinks auf, wenn er genau festgelegte Textelemente zuvor bereits gelesen hat. Auch durch bestimmte Programmierungen kann ein Text so generiert werden, dass der Leser keine Möglichkeit des technischen Eingriffs hat, die der Autor nicht wünscht. Von einem zwangsläufigen Ende der Autorschaft kann man im Zusammenhang mit Hyperfiction deshalb nicht sprechen, wohl aber davon, dass dem Leser durch seine Aufgabe, kohärente Verbindungen der Textfragmente herzustellen, eine Art Mitautorschaft zufällt, wodurch die bisher getrennten Rollen ineinander übergehen.

Die Rolle und Funktion des Lesers und damit auch sein Leseverstehen werden neu definiert. Er wird zum *Wreader* (= Kunstwort aus *writer* und *reader*) bzw. zum *ProdUser* (jemand, der zugleich nutzt und produziert, in Abgrenzung zum *producer*). Zusätzliche Kompetenzen werden gefordert, will der Leser mit der literarisch-medialen Entwicklung Schritt halten. Statt des ‚Nur-Lesens' wird die Fähigkeit zur Rekonstruktion und Rekombination literarischer Texte benötigt, um sie nicht nur im Kopf des Lesers, sondern auch materialiter entstehen zu lassen (vgl. Aarseth 1997). Das so genannte performative (oder ergodische) Lesen verlangt eine Kompetenz, die über die linearen Lesefertigkeiten hinausgeht. Für die Interpretation bleibt diese Verschiebung nicht ohne Folgen, denn innerhalb eines geschlossenen Hypertextes entspricht die Interpretation nur *einem* Weg durch das Textgebilde, im Zuge einer Relektüre ist jeder weitere Gang eine neue Interpretation. Insofern wird durch diese neue Lesetechnik manche Sicherheit erschüttert, die dem an lineares Lesen Gewöhnten selbstverständlich ist. Das gilt aber nur für diejenigen, die im performativen Lesen eine Durchbrechung ihrer gewohnten Lesemuster erkennen. Die kommende Lesegeneration wird diese Diskrepanz möglicherweise nicht mehr empfinden, sondern das literarische Lesen in seiner nun doppelten Gestalt als lineares und nicht-lineares zugleich erlernen.

Im Zuge dieser Entwicklung kommt es auch zu einer Neubewertung des Schreibens als notwendiger Teil des Leseverstehensprozesses von Hyperfiction. Dies gilt vor allem für offene Hypertexte, die den Leser zu einem aktiven Beitrag auffordern: Ohne diesen entsteht keine ästhetische Erfahrung, und der Leser erkennt keine Bedeutung, der Text bleibt ihm verschlossen. Wenn jedoch der hyperliterarische Text gleichzeitig rezipiert und konstruiert wird, also durch den Rezeptionsprozess tatsächlich erst entsteht, wenn er nach Aarseth (1997) zu einem ergodischen Text wird, muss der Leser schreiben. Dies geschieht nicht als Zusatzfunktion zwecks Textanalyse oder Sicherung einer Interpretation, sondern genuin im Verstehensprozess überhaupt: Ohne Lesen *und* Schreiben gibt es den literarischen Text als offene Hyperfiction gar nicht. Der darin implizit enthaltene Aspekt einer interaktiven Auseinandersetzung mit Literatur wird durch die medialen Möglichkeiten zur Konkreativität erweitert, also zum gemeinsamen Schreiben/Lesen einer Gruppe von Wreadern. Konkreativität im ästhetischen Bereich bezeichnet nach der Definition von Judith Mathez alle literarischen Formen, die eine aktive Beteiligung des Publikums ermöglichen und erfordern, um das Gesamtprodukt hervorzubringen, und zwar in einer nicht-arbeitsteiligen Weise. Produktion und Rezeption werden nicht mehr getrennt (vgl. Mathez 2009).

Neuere Entwicklungen in der Erkenntnistheorie werden erst in Ansätzen auf das Verstehen des Lesevorgangs übertragen. Da ist vor allem Karen Barads Theorie des agentiellen Realismus zu nennen. Für Barad sind nicht abgegrenzte Gegenstände die primäre ontologische Einheit, sondern Phänomene. Darunter versteht sie die „ontologische Unzertrennlichkeit/Verschränkung intraagierender Agentien (*agencies*)" (Barad 2012, 19). Im Unterschied zur Interaktion, bei der die vorgängige Existenz der interagierenden Entitäten davon unabhängig vorausgesetzt wird, markiert der Begriff der Intraaktion einen tief greifenden Wandel. Bestimmtheit und Bedeutung, aber auch die materielle Gliederung der Realität als diskursive Praktik, entstehen erst durch Intraaktionen, die den „agentiellen Schnitt" durch Subjekt und Objekt ziehen, d. h. die das Subjekt-Objekt-Verhältnis nicht als gegebenes verstehen (wie der „kartesische Schnitt" dies vorgibt), sondern stets neu schaffen und definieren. Übertragen auf den Leseverstehensprozess bedeutet dies, insbesondere mit Blick auf die Lektüre offener Hyperfictions, dass genauer erklärt werden kann, wie Leseverständnis zugleich im Kopf des Lesers und materialiter als (elektronischer) literarischer Text entsteht. Dadurch wird ein bisher verborgener Prozess sichtbar, und Lesen, Schreiben, Verstehen und Interpretieren verschmelzen zu einer Einheit. Karen Barad geht sogar so weit zu postulieren, der Begriff der Intraaktion stelle eine Neubearbeitung des traditionellen Begriffs der Kausalität dar (ebd., 20). Könnte dies erfolgreich auf die Theorie des Leseverstehens insbesondere literarischer (Hyper-)Texte übertragen werden, dürfte dies erhebliche Folgen für die oben beschriebenen gängigen Vorstellungen vom Leseverstehensprozess als hermeneutisch aufbauende Kettenreaktion haben, welche schon durch Dekonstruktion und andere poststrukturalistische Theorien erschüttert wurden. Inwieweit die Theorie des agentiellen Realismus auch modernere, z. B. am Begriff des Ergodischen orientierte Lesetheorien verändern wird, kann freilich zum jetzigen Zeitpunkt noch nicht abgeschätzt werden.

Denkbar ist, dass die sich bereits gegenwärtig abzeichnende Hybridisierung von Lesetext und Computerspiel weiter voranschreitet. Mit der zunehmenden Verbreitung von E-Book-Readern verändert sich neben dem E-Book als solchem auch der Buchmarkt. Leser, die als Schreiber direkt oder als Kommentatoren indirekt am Text mitwirken, beeinflussen den Erfolg eines literarischen Werks nicht mehr allein durch ihre Kaufentscheidung, sondern durch ihr Leseverhalten. Umso wichtiger wird, den Leseverstehensprozess in all seinen Veränderungen zu beobachten, Erkenntnisse daraus zu ziehen und die nächste Lesegeneration von Anfang an zu befähigen, sich in dieser neuen *Welt des Kontexts* orientieren zu können.

Literatur

Aarseth, Espen J. (1997): Cybertexts. Perspectives on Ergodic Literature. URL: http://www.hf.uib.no/cybertext/Ergodic.html. (9.2.2013).

Althaus, Hans Peter/Helmut Henne/Herbert Ernst Wiegand (Hg.) (1980): Lexikon der germanistischen Linguistik. 2., vollst. neu bearb. u. erw. Aufl. Tübingen.

Barad, Karen (2012): Agentieller Realismus. Berlin.

Besch, Werner u. a. (Hg.) (1998 ff.): Sprachgeschichte. Ein Handbuch zur Geschichte der deutschen Sprache und ihrer Erforschung. 2., vollst. neu bearb. u. erw. Aufl., 1. Teilbd. 1998, 4. Teilbd. 2004. Berlin/New York [=HSK 2.4].

Betten, Anne (2004): Deutsche Sprachgeschichte und Literaturgeschichte. In: Besch u. a., Bd. 4, 3002–3017.

Betten, Anne/Jürgen Schiewe (Hg.) (2011): Sprache – Literatur – Literatursprache. Linguistische Beiträge. Berlin.

Fix, Ulla (2012): Anders – bezogen worauf? Abweichen – wovon? Historischer Rückblick und aktueller Ausblick auf Andersschreiben und Stilvorstellung. In: Britt-Marie Schuster/Doris Tophinke (Hg.): Andersschreiben. Formen, Funktionen, Traditionen. Berlin, 23–42.

Fix, Ulla (2013): Sprache in der Literatur und im Alltag. Berlin.

Fix, Ulla/Andreas Gardt/Joachim Knape (Hg.) (2009): Rhetorik und Stilistik. Ein internationales Handbuch zur historischen und systematischen Forschung. 2. Halbbd. Berlin/New York [= HSK 31.2].

Fricke, Harald (1981): Norm und Abweichung. Eine Philosophie der Literatur. München.

Gauger, Hans-Martin (1990): Gibt es eine Sprache der Moderne? In: Heinrich Meier (Hg.): Zur Diagnose der Moderne. München/Zürich, 173–210.

Gunkel, Hermann (1986, erstmals 1933): Einleitung in die Psalmen: Die Gattungen der religiösen Lyrik Israels. Göttingen.

Hempfer, Klaus W. (1973): Gattungstheorie. München.

Henne, Helmut (1996): Sprachliche Erkundung der Moderne. Mannheim u. a.

Jauß, Hans Robert (1972): Theorie der Gattungen und Literatur des Mittelalters. In: Hand Ulrich Gumbrecht (Hg.): Grundriss der romanischen Literaturen des Mittelalters. Bd. 1. Heidelberg, S. 107–138.

König, Nicola (2003): Dekonstruktive Hermeneutik moderner Prosa. Hohengehren.

Legutke, Michael u. a. (Hg.) (2002): Arbeitsfelder der Literaturdidaktik. Bilanz und Perspektiven. Lothar Bredella zum 65. Geburtstag. Tübingen, 104.

Mathez, Judith (2009): Konkreative Kinder- und Jugendmedien: Mitmachgeschichten für Kinder in einer medienübergreifenden Analyse. In: Zurich Open Repository and Archive. URL: http://www.zora.uzh.ch (9.2.2013).

Mukařovský, Jan (1986): Schriften zur Ästhetik, Kunsttheorie und Poetik. Tübingen.

Pechlivanos, Miltos u. a. (Hg.) (1995): Einführung in die Literaturwissenschaft, Stuttgart/Weimar.

Roelcke, Thorsten: Sprachgeschichtliche Tendenzen des literarischen Experiments im 19. und 20. Jahrhundert. In: Besch u. a., Bd. 4, 3092–3110.

Spinner, Kaspar H. (2004): Literarisches Verstehen und die Grenzen von PISA. In: Gerhard Härle (Hg.): Wege zum Lesen und zur Literatur. Baltmannsweiler, 169–177.

Steger, Hugo (1982): Was ist eigentlich Literatursprache? In: Freiburger Universitätsblätter 76, 13–36.

Steger, Hugo (1998): Sprachgeschichte als Geschichte der Textsorten, Kommunikationsbereiche und Semantiktypen. In: Besch u. a., Bd. 1, 284–300.

Weinrich, Harald (2007): Textgrammatik der deutschen Sprache. Olms/Hildesheim.

Zymner, Rüdiger (2003): Gattungstheorie. Probleme und Positionen der Literaturwissenschaft. Paderborn.

Alexander Lasch/Wolf-Andreas Liebert
22. Sprache und Religion

Abstract: Der linguistische Forschungsstand zum Thema „Sprache und Religion" weist im Vergleich zu anderen Disziplinen wie der Philosophie und Soziologie deutliche Lücken auf. Dies heißt jedoch nicht, dass das Thema keine Rolle spielte. Allerdings sind die bisherigen Untersuchungen zumeist sprachgeschichtlich ausgerichtet. Synchrone Untersuchungen sind erst in jüngster Zeit zu verzeichnen, insbesondere zu Ritualen, Kommunikationstypen und Textsorten. Studien zur Sprache anderer Religionen als dem Christentum, etwa zu populären Religionen oder den Bereichen von Spiritualität und Esoterik, wie sie beispielsweise in der Soziologie seit Jahren publiziert werden, stellen in der Linguistik ein Desideratum dar. Es wird daher zunächst eine Analyse des Feldes „Sprache und Religion" durchgeführt, die als Ergebnis religiöse Sprache als funktionale Varietät ausmacht und wesentliche Elemente in Form der Schlüsselwörter *Verkündigung, Verehrung, Vergegenwärtigung, Charisma, Unsagbarkeit,* das *Transzendente* und *Metaphysik* identifiziert. Diese Schlüsselwörter stellen zentrale Lemmata eines Handbuchs „Sprache und Religion" dar und werden im Einzelnen beschrieben. Schließlich werden methodische Überlegungen angestellt. Dabei werden zunächst die etablierten lexikologischen, lexikographischen, textlinguistischen und editionsphilologischen Verfahren angeführt, um schließlich auf die Potenziale ethnographischer, interaktionaler und diskurslinguistischer Methoden hinzuweisen.

1 Zum Stand der Forschung
2 Eine situative Analyse des Phänomenbereichs „Sprache und Religion"
3 Zentrale Lemmata
4 Methodische Überlegungen
5 Literatur

1 Zum Stand der Forschung

In der Linguistik ist das Thema „Sprache und Religion" zunächst eine an der Textgeschichte der christlichen Religionen orientierte Forschung. Besonderes Interesse brachte man vor allem der Lutherbibel und den vielfältigen Wechselwirkungen zwischen Alltagssprache und Luthers Bibelübersetzung entgegen. Die Luther-Übersetzung wurde sogar aufgrund des prägenden Einflusses auf die deutsche Sprache als sprachgeschichtliche Zäsur begriffen und in einigen Ansätzen zur Begründung der Epoche des Frühneuhochdeutschen herangezogen. Ein weiterer Schwerpunkt ist, wie in den Literaturwissenschaften, die Auseinandersetzung mit der so genannten ‚Mystik' (z. B. Stötzel 1966).

In dieser philologischen und auch lexikologischen und lexikographischen Tradition stehen die ersten Arbeiten, die das spezifische Thema Religion systematisch zunächst linguistisch (Moser 1964) und dann auch interdisziplinär fokussieren (Kaempfert 1971, 1983). Bereits diese frühen Arbeiten verlegen das Thema „Sprache und Religion" aus dem Gegenstandsbereich einer linguistischen Textanalyse in den breiteren Interessenhorizont der Soziolinguistik. Insgesamt aber kann man den Umgang der Linguistik mit sprachlich-kommunikativen Phänomenen der Domäne „Religion" durchaus als zögerlich charakterisieren. „Sprache und Religion", das bedeutet in der Linguistik in erster Linie die Würdigung sprachhistorisch relevanter Texte und Textverbünde, wie etwa Bibelübersetzungen, Evangelienharmonien oder Zaubersprüche, wie sie für das Althochdeutsche und Altniederdeutsche typisch sind, religiös motivierte Dichtung und Traktatliteratur aus mittelhochdeutscher Zeit oder die Bedeutung der Schriften Martin Luthers für die Herausbildung eines überregionalen Standards im Frühneuhochdeutschen (vgl. dazu exemplarisch von Polenz 2000, 1994). Die religiösen Praxen, in die diese Zeugnisse eingebunden waren, spielten immer eine eher untergeordnete Rolle – Predigten wurden bspw. nicht als kommunikative Ereignisse der Verkündigung analysiert, sondern in der Form von Predigtsammlungen und -drucken. Hugo Mosers Arbeit *Sprache und Religion* (1964) und auch August Langens *Wortschatz des deutschen Pietismus* (1968) sind vor diesem Hintergrund zwar besonders herauszuheben als Studien, die sich dieses Themas annahmen, allerdings schlossen in den Folgejahren nur wenige Arbeiten an ihre Fragestellungen an. Während die so genannte pragmatische Wende innerhalb vieler Bereiche der Linguistik zu einer Neuausrichtung des Forschungsinteresses hin zur Sprache in ihrem Gebrauch und ihrer Rolle im kommunikativen Kontext führte, stagnierte die Entwicklung der Linguistik im Bereich „Sprache und Religion". In anderen Disziplinen wie der Religionswissenschaft, der Ethnologie, der Soziologie und auch der Psychologie war dagegen eine große Dynamik zu verzeichnen, die bis heute ungebrochen ist.

Daher ist die gegenwärtige linguistische Forschung in großem Maße auf die Beiträge anderer Disziplinen angewiesen. Für die Linguistik erwies sich insbesondere die Perspektive der Ethnologie und der Soziologie als besonders fruchtbar. In der Ritualforschung wird etwa versucht, generelle Handlungsmuster des Rituellen zu erarbeiten, die sich auf die Analyse religiöser Praxen gründete. Einschlägig sind hier die Publikationen von Viktor Turner (z. B. 1989, 1967) und Hans Georg Soeffner (z. B. 1989). In der Religionssoziologie wurden in den letzten Jahren eine Fülle von Arbeiten zu unterschiedlichen sozialen und kommunikativen Dimensionen zeitgenössischer Religion und Spiritualität (vgl. etwa Knoblauch 1989, 2009, 1999, 2003; Gebhardt et al. 2005) vorgelegt.

Die Öffnung des Blicks auf Phänomene, die ihre kulturelle und gesellschaftliche Relevanz vor allem der Partizipation bzw. Adaptation religiöser und ritueller Praxen verdanken, brachte einige Studien hervor, die nicht mehr nur die in (meist christlichen) Glaubensgemeinschaften tradierten Textsorten und Exemplare derselben untersuchten (exemplarisch Werlen 1984, 1987; Paul 1990, 2009), sondern sich der Untersuchung von säkularen Ritualen zuwendeten, die typische Muster religiöser Rituale übernahmen (Fix 1998). Dennoch ist die Forschungslage auch heute noch recht überschaubar, um nicht zu sagen dürftig: Wenige Einzeluntersuchungen zu einzelnen Textsorten (Moser 1981; Greule 1992, 1999a und b, 2004; Funk 1991; Lasch 2005, 2013; Pfefferkorn 2005a und b; Grözinger 2009; Paul 2009; Klug 2012) oder zum Themenkomplex Rhetorik und Stilistik der ‚religiösen Sprache' (Fix 1998; Grözinger 2009; Paul 2009) bilden die Ausnahme. Auch typologische Überblicksdarstellungen sind selten und beziehen sich, ganz in der Tradition der sprachhistorischen Annäherung, meist auf die „Textsorten des religiösen und kirchlichen Bereichs" (Simmler 2000, vgl. weiter 2005a, 2005b, 2007). Arbeiten, die sich der Frage nähern, in welchen kommunikativen Kontexten Sprache welche Rolle in religiösen Praxen spielt, sind leider selten (vgl. Lasch 2011). Gleiches gilt unverständlicherweise für Studien, die sich dem Zusammenhang von Text und Bild widmen (Klug 2012). In jüngster Zeit gibt es erste Ansätze in der multimodalen Gesprächsforschung, die bislang aber noch Mikroausschnitte fokussieren (Hausendorf/Schmitt, 2010; Schmitt 2012).

Sieht man von Hugo Mosers Ansatz (1964) ab, der religiös motivierten Sprachgebrauch als Sondersprache ansetzte, dann hat das Thema „Sprache der Religion" als Variation der deutschen Sprache bzw. als Variationsgröße für Sprachen bisher wenig Beachtung gefunden, obwohl eine Einordnung des Themas in diesem Bereich am vielversprechendsten erscheint. Zwar wurde das Thema Religion insbesondere in der Kontaktlinguistik aufgegriffen, meist aber unter Gesichtspunkten wie der Erforschung von Sprachminderheiten oder Sprachkonflikten (vgl. Ammon et al. 2011). Wenn Religion als variierender Faktor angenommen wird, so könnte man zunächst an eine domänenspezifische Variation denken, wie sie etwa im Heidelberger Forschungsnetzwerk „Sprache und Wissen" vorgenommen wird (Felder 2008, 2009). Bei genauerem Hinsehen fällt es allerdings auch auf den zweiten Blick nicht leicht zu bestimmen, was die Spezifik dieser Domäne nun genauer ausmacht. Kennzeichen des religiösen Bereichs sind sowohl eigene Gegenstände, ein Bezug zur Transzendenz als auch eine mehr oder weniger ausgearbeitete Metaphysik. Daneben sind Praktiken zu beobachten und zu beschreiben, die spezifische kulturelle Bedürfnisse und Zwecke synästhetisch erfüllen. Diese Beschreibung legt nahe, dass aus dieser Perspektive religiöse „Sprachen" und die „Sprache der Religion" systematisch als funktionale Varietät zu bestimmen ist. Dies ermöglicht es, z. B. Aspekte der Fachsprachenforschung auf die Beschreibung dieser Varietät zu übertragen: Sie schlägt bspw. eine horizontale und eine vertikale Differenzierung von verschiedenen funktionalen Varietäten vor (Roelcke 2010, 29 ff.). Während die horizontale Gliederung den verschiedenen Religionen auf inhaltlicher Ebene entsprechen würde, würde die vertikale Gliederung Graden auf einer Skala mit den Endpunkten maximaler interner und maximaler externer Kommunikation entsprechen. Das ist besonders attraktiv, um die verschiedenen Kommunikationsbereiche der „Sprache der Religion" systematisch zu erfassen.

Nimmt man den Phänomenbereich „Sprache und Religion" in den Blick, wählt man eine interdisziplinäre Perspektive auf Phänomene religiöser Kommunikation auf der einen Seite als auch auf Phänomene der Adaptation kommunikativer Muster religiöser Kommunikation auf der anderen Seite. Das Fehlen linguistischer Forschung zum Thema „Sprache und Religion" in pragmatischer Hinsicht könnte nun für die Auseinandersetzung mit dem Thema zur Konsequenz haben, dass man den Phänomenbereich „Sprache und Religion" ausschließlich oder vornehmlich durch Autoren nicht-linguistischer Provenienz umreißen lässt. Dies wäre aber für die Etablierung eines linguistischen Forschungsgegenstandes sehr unbefriedigend gewesen. Um den Gegenstand adäquat beschreiben zu können, sind zunächst die Ergebnisse der Nachbardisziplinen von höchster Relevanz, die die linguistischen Einzeluntersuchungen auf einem Feld einleiten, das mit einer Reihe von Leitbegriffen, die wir im Folgenden lemmatisieren, abgesteckt sei. Diese gewinnen wir aus einer situativen Analyse des Phänomenbereichs „Sprache und Religion", ausgehend von der Prämisse, dass religiöse Sprache als eine funktionalen Varietät aufzufassen ist.

2 Eine situative Analyse des Phänomenbereichs „Sprache und Religion"

Auch wenn wir „Sprache und Religion" linguistisch untersuchen, ist es gegenstandskonstitutiv, eine Größe für das im weitesten Sinne Transzendente anzusetzen. Dies soll aber keine Entscheidung über eine Existenz oder Nichtexistenz eines Numinosen bedeuten, sondern lediglich akzeptieren, dass innerhalb eines religiösen Bereiches von denjenigen, die zur Konstitution dieses Bereichs beitragen, ein wie auch immer geartetes Transzendentes als existierend angenommen wird.

Für die Erforschung eines solchen Bereiches, der immer auch ein Nicht-Sichtbares, Nicht-Greifbares als sichtbar und greifbar konstitutiv voraussetzt, ergeben sich eine Reihe von Konsequenzen, die ganz wesentlich aus den Eigenschaften dieses Transzendenten herrühren.

Zunächst einmal ist damit (analytisch) eine Zweiwelten-Struktur gegeben, wie wir sie aus der Literatur, etwa dem Märchen oder der phantastischen Literatur kennen: Die Unterscheidung zweier Welten ist insofern analytisch, als von den Teilnehmern einer religiösen Tradition durchaus keine Trennung erfahren werden muss. Allerdings ist das Transzendente nicht Teil der sinnlich wahrnehmbaren Welt, sondern wirkt in diese hinein. Daher stellt sich unmittelbar die Frage, in welcher Weise es mit Menschen, die nicht dem transzendenten Bereich angehören, in Verbindung treten und kommunizieren kann.

Dieses Grundproblem einer kommunikativen Verbindung zwischen einem Transzendenten und einer Menschenwelt wird von den Religionen in höchst unterschiedlicher Weise angegangen und gelöst. Zum einen besteht die Möglichkeit, dass das Transzendente in Gestalten der menschlichen Welt verkörpert werden und direkt in der sinnlich wahrnehmbaren Welt auftreten, wirken und dann auch meist kommunizieren kann. Die Verkörperung des Transzendenten in der Menschenwelt ist dabei aber nur eine – wenngleich prominente – Möglichkeit, die Kommunikation zwischen den beiden Welten zu ermöglichen. Daneben kann das Transzendente in vielfältiger Weise mit Menschen kommunizieren, ohne körperlich in der Menschenwelt zu erscheinen. Meist stehen dann bestimmte Figuren im Mittelpunkt, die als Vermittler zwischen dem Transzendenten und der Menschenwelt fungieren und daher aus einer Gemeinschaft besonders herausgehoben sind: Sie können dabei Träger institutionalisierter (Papst, Pfarrer, Imam etc.) oder auch nicht-institutionalisierter Rollen (Religionsgründer, Propheten, Gurus) sein. Immer jedoch tragen sie das Charisma, nämlich das des Amtes oder das des unmittelbar vom Transzendenten erfüllten. Gerade die letzte Kategorie verweist auch auf eine Unterscheidung von William James (1997), nämlich die in eine institutionalisierte und eine persönliche Religion. Die persönliche Religion ist dabei ein auf das Transzendente gerichtetes Handeln, wodurch sich der Handelnde in einen unmittelbaren Austausch und in Kommunikation mit diesem Transzendenten begibt. Institutionalisierte Religion besitzt dagegen in der Regel eine Mittlerrolle zwischen Transzendentem und Anhängern. Die Mittlerrollen zielen darauf ab, den Anhängern einer bestimmten Religion spezifische Handlungsweisen qua Autorität des Transzendenten zu verkünden und damit auch normativ auf diese einzuwirken. Dies kann – wie James gezeigt hat – durchaus auch auf die aus einer persönlichen Religion heraus begründeten Fälle von Religionsstiftern zutreffen, die damit auch eine Institutionalisierung erfahren. Eine andere Strategie besteht darin, die Kultur einer religiösen Erfahrung im Sinne einer unmittelbaren Begegnung mit dem Transzendenten zu pflegen. Religionen, die auf die Ermöglichung einer solchen persönlichen religiösen Erfahrung abzielen, wie etwa der Buddhismus, besitzen dementsprechend auch ein anderes Konzept des Vermittlers, dem eher die Rolle eines Mentors zukommt, der zur persönlichen religiösen Erfahrung anleitet und diese ermöglicht. So konzeptualisiert der Buddhismus diese Rolle beispielsweise als „Freund" und nicht als „Pater". Da als ein zentrales Merkmal zeitgenössischer Religiosität das verstärkte Bedürfnis nach dieser Form der persönlichen Religion ausgemacht werden kann (Gebhardt et al. 2005), stellt es auch einen Faktor dar, warum Religionen wie der Buddhismus in der Spätmoderne verstärkt Zulauf verzeichnen.

Eine weitere Besonderheit im religiösen Bereich besteht darin, dass dem Transzendenten die Eigenschaft des Unbeschreiblichen zukommen kann. In diesem Fall entstehen eine Vielfalt indirekter Kommunikationsformen wie Metaphern oder Gleichnisse oder auch Kommunikationsverbote (was z. B. auch Bilderverbote einschließen kann). Zusammen mit der Weitergabe der aus der Kommunikation mit dem Transzendenten entstandenen Kommunikate, die häufig über Jahrhunderte oral und/oder schriftlich tradiert und für die jeweilige Lebenssituation immer wieder neu ausgelegt werden, entstehen komplexe, multimodale Kommunikationsformen. Dieses kann noch dadurch gesteigert werden, dass aus den meisten Formen religiöser Praxis eine elaborierte Metaphysik erwächst, deren Wahrheitsanspruch zumeist (und über lange Zeit) über dem anderer Institutionen im politischen und rechtlichen Bereich angesiedelt wird. Bei einer einflussreichen Religion kommt es weiter zu starken Wechselwirkungen mit der jeweiligen Kultur und Sprache. Soziolinguistisch betrachtet stehen wir daher komplexen Glaubens- und Kulturgemeinschaften gegenüber (Bouma/Aarons 2004). Damit können auch die üblichen soziolinguistischen Kategorien auf diese Gemeinschaften angewandt werden. Unter welchen Bedingungen Personen in eine Glaubensgemeinschaft ein- und austreten können, wie sie sich dort im Spannungsfeld von Normierung und Veränderung bewegen, und in welcher Weise das transzendente Sinnbedürfnis gestillt wird, sind einige der Fragen vor allem die Inklusion und Exklusion betreffend, die sich im Blick auf *Gemeinschaft* ergeben können. Glaubensgemeinschaften können so aber auch nach den spezifischen Kommunikationsformen, konkreter nach der Ausprägung einer besonderen *Sprache* im Sinne einer Varietät, befragt werden.

Was wir aus dieser kurzen Analyse des Feldes gewonnen haben, sind folgende Begriffe: das Transzendente, die Figur des (charismatischen) Vermittlers, eine religionsspezifische Metaphysik sowie soziale Gruppen und ihre Eigenschaften wie etwa die Mitgliedschaft in einer Glaubensgemeinschaft. Linguistisch kann das kommunikative Verhältnis dieser Figuren interessant werden, bspw. widmet sich Lasch (2011) der Verkündigung, der Verehrung und Vergegenwärtigung kommunikationstypologisch. Während Verehrung durchaus ein polyvalentes Kommunikationsmuster darstellt, das in jedem kulturellen Segment prinzipiell verankert sein kann, ist die Verkündigung für den Bereich der Religion insofern spezifisch, als die Verkündigung eine (charismatische) Mittlerfigur voraussetzt, die Wissen direkt vom Transzendenten erhält und dieses weitergibt – daraus können (aber müssen nicht) Glaubensinhalte entstehen, die dann möglicherweise in einem weiteren Schritt in institutionalisierten Formen der Verkündigung prozessiert werden. Der Inhalt der Verkündigung ist eine nicht anzweifelbare Mitteilung von Sachverhalten und Urteilen über Sachverhalte. Im Bereich der Religion beziehen sich diese Kommunikate des Transzendenten und der (um Anerkennung bemühten bzw. anerkannten) Vermittler auf ‚eine Welt', in der Transzendenz und Immanenz nicht geschieden sind. Die Aufhebung der Trennung von Immanenz und Transzendenz muss dabei aber nicht ausschließlich über das Wort erfolgen, auch die Performanz kann bspw. neben der Vergegenwärtigung einer Verkündigungssituation selbst Qualitäten der Verkündigung tragen, wenn bspw. anerkannt ist, dass der Vermittler während der Performanz in Kontakt mit dem Transzendenten steht. Die Rolle des Gläubigen verlangt dabei, dass dieser das Verkündigte als vom Transzendenten stammende Botschaft akzeptiert und – je nach Tradition – in Form einer Auslegung als alltagsrelevant in seine Ethnomethoden integriert. Strukturanalogien ergeben sich hier zu den Bereichen des Rechts und des Politischen (die schlussendlich aus dem des Religiösen erwachsen sind), nur dass es sich hierbei um eine weltliche Autorität in Form einer Person oder einer Institution handelt – die Existenz des Konzeptes und Begriffs „Ersatzreligion" deutet an, wie wirkmächtig kommunikative Muster der Verkündigung alle gesellschaftlichen und kulturellen Bereiche (auch und gerade in ‚säkularen' Gesellschaften) erfassen können.

Die soziolinguistische Betrachtung der Religionen als Glaubens- und Kulturgemeinschaften lenkt den Blick zudem auf die Umwelt von religiösen Gruppen und Traditionen. Wenn sich Inklusions- und Exklusionsmechanismen beschreiben lassen, muss es Umwelten geben, die nicht Teil des Weltausschnitts sind, den die Glaubens- und Kulturgemeinschaft ideologisch für sich reklamiert. Solche Interferenzen sind als linguistischer Gegenstand zu postulieren: Wie kommunizieren (charismatische) Vermittler verschiedener Glaubensgemeinschaften miteinander, wie diejenigen, die der einen oder der anderen Glaubensgemeinschaft angehören? Zwischen diesen findet beständig Kommunikation statt, die man in bestimmte Typen einteilen kann, die ganz wesentlich von der Haltung abhängen, die gegenüber dem Anderen eingenommen wird. Werden Menschen, die nicht zur Gemeinschaft gehören, negativ z. B. als ‚Nichtgläubige' – im Sinne von ‚Nicht-Rechtgläubige' – charakterisiert? Oder wird eine andere Gruppe, Institution und Tradition, als positive Bereicherung konzeptualisiert? Wie verhält man sich gegenüber jenen, die keiner spezifischen Gemeinschaft zuordenbar sind? Diese kommunikativen Kontakte stellen insbesondere für die zukünftigen Forschungen ein hochinteressantes Feld dar, da sich im Kontakt bzw. im imaginierten Kontakt ein großes Potenzial an Konflikten offenbart. Schließlich spielen dabei nicht nur kulturelle, soziale und machtpolitische Faktoren eine Rolle, sondern durchaus auch religionsspezifische (vgl. Assmann 2006) – wie bspw. *Reformation* und *Gegenreformation* offenkundig zeigen.

3 Zentrale Lemmata

Im Folgenden sollen zentrale Lemmata, die in der situativen Analyse des Feldes „Sprache und Religion" schlaglichtartig angesprochen wurden, etwas detaillierter erfasst werden. Dass es dabei teils zu Überschneidungen kommen kann und muss, hat seinen Grund darin, dass die Konzepte und Begriffe, auf die hier abgehoben wird, systematisch nicht auf einer Ebene liegen, sondern einzelne Aspekte eines Phänomens, das für die Erforschung des Phänomenbereichs „Sprache und Religion" von herausragender Bedeutung ist, in den Fokus rücken.

Verkündigung
Wer verkündigt, reklamiert das Rederecht für sich mit einer ungeheuren Botschaft: Nicht nur das, was gesagt wird, sondern auch, wie es gesagt wird, ist übermenschlich, nicht aus dieser Welt. Menschen, die mit einem solchen Anspruch in Erscheinung

treten, werden *Propheten* genannt. Damit sind nicht nur die Propheten des Alten Testaments gemeint. Die Weitung des Begriffs des *Prophetischen* ist ein großes Verdienst der Religionssoziologie, hier exemplarisch bei Bousset (weiterentwickelt dann bei Weber 1922/1980, 275), zu Beginn des letzten Jahrhunderts (vgl. Lang 2001, 170):

> Was den Propheten offenbar geworden ist, und was sie verkünden, das ist eine einheitliche, in sich geschlossene Überzeugung vom Inhalt und Wesen des Lebens, seinen tiefsten Fundamenten und seinen höchsten Zielen. Es ist ein wirklich einheitliches Ganzes, eine geschlossene Überzeugung, die in wenigen Sätzen zusammengefasst werden kann, nicht mehr ein buntes Vielerlei von Gewohnheit, Herkommen, Volkssitten, kultischen und rituellen Forderungen, ekstatischen Äußerungen, moralischen Sätzen. (Bousset 1903, 107)

Propheten (von griech. προφήτης, der „Ausleger, Wahrsager, Vorhersager, Verkünder"; vgl. Klein 1997, 475) sind göttlich inspiriert, Träger des Charismas als einer „von Gott dauerhaft verliehene[n] Gabe" (Lang 2001, 172) und stellen als Träger des persönlichen Charismas das Amtscharisma der Priester eines/r etablierten Kultes/Religion in Frage (Klein 1997, 476; zum Charisma vgl. die Lemmabeschreibung unten). Solche „ethischen Propheten (Sendungspropheten)" haben Teil an der göttlichen Offenbarung, die sie mittels komplexer Zeichensysteme in die Kommunikationswelt der Menschen transferieren – sie haben als Träger göttlichen Charismas zugleich alleinige Auslegungsmacht über das offenbarte Wissen und die dafür verwendeten komplexen Symbole. „Exemplarische Propheten", wie z. B. Buddha (im Anschluss an Weber vgl. Lang 2001, 173 f.), unterscheiden sich nur insofern von „ethischen Propheten", als dass sie nicht selbst postulieren, Träger göttlichen Charismas und Wissens zu sein (und daher auch nicht Gottes Wort bringen), sondern eine Gemeinschaft ihnen diese Qualität zuweist und deshalb nachfolgt: Charisma konstituiert sich über Anhänger. Die Zeichen des Propheten werden – etabliert sich ein neuer Kult – von Priestern in der Nachfolge verwaltet (Lang 2001, 176). Priester üben sich, institutionell abgesichert, in die nachprophetische Verkündigung und Auslegung ein – als Träger des Amtscharismas organisieren sie stabilisierendes rituelles Handeln; sie stellen das einmalige und singuläre prophetische Ereignis auf Dauer. Allerdings beschränkt sich die Aufgabe der „nachprophetischen Gestalten" (Lang 2001, 175) nicht darauf, sondern sie wirken aktiv an der Ausgestaltung der Glaubensinhalte mit – neben religiöse Praxen tritt eine Lehre, eine Theologie, in der das Wissen um religiöse Symbole und Glaubenssätze systematisiert wird (vgl. Weber 1922/1980). Ihre wichtigste Handlung ist jedoch die der *Verkündigung*. Hier sprechen sie, wie der (ethische) Prophet, in der Sprache der Menschen Gottes Wort. Oder sie stellen, z. B. durch Imitation, die göttliche Inspiration eines (exemplarischen) Propheten aus. In beiden Fällen bringen sie Botschaft einer Gottheit und vergegenwärtigen zugleich das prophetische Ereignis. Die *Verkündigung* ist in diesem Sinne das kommunikative Muster, welches religiöse Kommunikation von anderen maßgeblich unterscheidet – göttliches, prinzipiell durch den Menschen nicht verfügbares, Wort und Wissen wird durch menschliches Wort und Handeln zur Anschauung gebracht (vgl. Dembowski 2002, 714); die Sammlung und Archivierung dieses Wortes und Wissens (etwa in *Heiligen Texten*) ist dem nachgelagert. Die *Verkündigung* ist monologische Transferleistung auf einer vertikalen kommunikativen Achse; anschließende kommunikative Handlungen wie etwa Interpretationsleistungen sind notwendigerweise auf einer horizontalen kommunikativen Achse anzusiedeln.

Verehrung
Die zentralen kommunikativen Formen der *Verehrung* sind das Bekenntnis und das Gebet, (Opfer-)Gaben oder Unterwerfungshandlungen, Gesang, rituelle Tänze und andere Arrangements der Körper der Gläubigen usw.: In der Verehrung tritt die Multimodalität religiöser Kommunikation offen zu Tage. Die Verehrung ist „eine heilige Handlung, die in rituell feststehenden Formen von einer Gemeinschaft vollzogen wird, in deren Vertretung ein oder mehrere Zelebranten die gottesdienstlichen Akte vollziehen" (Lanczkowksi 1993, 1) – ist darauf aber, z. B. in nicht institutionalisierten persönlichen Religionen, freilich nicht beschränkt. Verehrungsakte sind kommunikativ – wie die Verkündigung – primär vertikal organisiert, haben allerdings durch die rituelle Einbettung als kommunikative Akte starke Wirkung auf die Kultgemeinschaft, da sie die Aufmerksamkeit und die kommunikativen, gemeinschaftlichen Handlungen auf einen gemeinsamen Fokus ausrichten. Die vertikale Kommunikation – sei damit das Transzendente bzw. ein Mittler adressiert – wird in den meisten Fällen monologisch bleiben. Den Verwaltern religiösen Wissens kommt die Aufgabe zu, die Zeichen zur Interpretation des Gotteswillens heranzuziehen und darauf mit rituellen Handlungen zu reagieren, die ‚in der einen Wirklichkeit' – in der Transzendenz und Immanenz nicht analytisch geschieden sind – auch reale Wirkungen verursachen. Diese Verwalter oder Priester verfügen – im Gegensatz zum singulären Handeln des Propheten – über ein in der Tradition systematisiertes (Handlungs-)Wissen, um die Verantwortung für positive und negative Folgen der kommunikativen Akte der Verehrung auf das (Fehl-)Verhalten der Kult- oder Glaubensgemeinschaft zu verlagern (Weber 1922/1980, 261).

Vergegenwärtigung
Verkündigung und *Verehrung* weisen – religionsgeschichtlich betrachtet (Lanczkowksi 1993, 2) – nicht nur in Bezug auf ihre Ordnung und ihre als adäquat bewerteten kommunikativen Handlungen eine außerordentliche Stabilität auf, sondern auch in Bezug auf die Zeiten und Räume, an denen sie vollzogen werden. Diese unterliegen einer Eigengesetzlichkeit: Kommunikative Handlungen, Heterotopien und Heterochronien (vgl. Foucault 2005) sind unlösbar miteinander verbunden, bilden multimedial und multikodal den Symbolhaushalt religiöser Praxen ab und bringen ihn gleichzeitig immer wieder hervor. Heterotopien sind die Plätze der Verkündigung und Verehrung, die je nach Religionsgemeinschaft unterschiedlich ausgestaltet sind. Rituelle Handlungen dienen der *Vergegenwärtigung* und machen diese Orte der Eigengesetzlichkeit auch zu Orten der Eigenzeitlichkeit: Rituale sind zeitlich unmittelbar, gestalten

aber die Gegenwart durch die Vergegenwärtigung des Vergangenen (vgl. zu diesem Komplex u. a. Turner 1989, 1967; Soeffner 1989; Werlen 1984; Paul 1990; Fix 1998; Kauke 1998; Belliger/Krieger 1998; Rappaport 1998 und Lasch 2005, 2011). *Verkündigung* und *Verehrung* sind an solche anderen (heiligen) Orte und Zeiten gebunden und in Riten eingebettet. Das hat auch Konsequenzen für das zentrale Symbolsystem, die Sprache, die durch ihre Verwendung im Ritual in einem spezifischen Zusammenhang funktionalisiert, um nicht zu sagen, sakralisiert wird.

Rituale dienen aber nicht nur allein der Vergegenwärtigung des (vergangenen singulären) Verkündigungsereignisses, sondern sie machen zugleich das Transzendente in der Menschenwelt (spürbar) gegenwärtig: Durch (persönliches oder institutionalisiertes) Ritual an spezifischen Plätzen und zu besonderen Zeiten und durch die Nutzung bestimmter Gegenstände wird das Transzendente präsent.

Charisma
Charisma – verstanden im Weber'schen Sinne – stellt eine zentrale Kategorie für den Bereich „Sprache und Religion" dar, da der Träger von Charisma eine direkte Verbindung zum Transzendenten aufweisen soll, die diesen vor anderen heraushebt und ihm damit eine Führungsrolle innerhalb einer Gemeinschaft von Anhängern zuspricht. Max Weber ordnete dem Begriff des Charismas den Beweis durch Wundertaten – einen Akt der Verkündigung – untrennbar zu. Viel mehr als über den Träger des Charismas kann man über die Gemeinschaft in Erfahrung bringen, die seine Wundertaten bewertet – denn was ein Wunder sei, ist kollektiv bestimmt. War z. B. eine spontane Heilung vor 2000 Jahren ein solches unfassbares Wunder, so ist es heute z. B. auch eine als authentisch akzeptierte Gotteserfahrung, die als Präsenz des Transzendenten für Gläubige (einer Gemeinschaft) greifbar wird (vgl. etwa Strohschneider 2009 zur Nacharbeitung dieses Musters in narrativen Entwürfen). Die Teilhabe an dieser Präsenz bei bestimmten Vergemeinschaftungsveranstaltungen oder das Rezipieren von Kommunikaten wäre dann eine Minimalvoraussetzung für das, was Weber den „Erfolg" oder das „Wohlergehen" nennt:

> Der Träger des Charisma ergreift die ihm angemessene Aufgabe und verlangt Gehorsam und Gefolgschaft kraft seiner Sendung. Ob er sie findet, entscheidet der *Erfolg*. Erkennen diejenigen, an die er sich gesandt fühlt, seine Sendung nicht an, so bricht sein Anspruch zusammen. Erkennen sie ihn an, so ist er ihr Herr, solange er sich durch „Bewährung" die Anerkennung zu erhalten weiß. [...] Vor allem aber muß sich seine göttliche Sendung darin ‚bewähren', daß es denen, die sich ihm gläubig hingeben, *wohlergeht*. Wenn nicht, so ist er offenbar nicht der von den Göttern gesandte Herr. (Weber, 1922/1980, 655/656, Herv. i. Orig.)

Charisma definiert bei Weber den Typus der charismatischen Herrschaft, es konstituiert sich im Wesentlichen durch Kommunikation und Handlungen zwischen dem Träger des Charismas und seinen Anhängern. Das Amtscharisma steht in seiner Bedeutung dem nicht nach – Vertreter einer Institution stellen das singuläre prophetische Ereignis auf Dauer, indem Wissen tradiert, kommuniziert und in stabilisierenden rituellen Handlungen vergegenwärtigt wird (vgl. Kitzinger 2009).

Unsagbarkeit
Ein zentrales Moment für die Kommunikation religiöser Erfahrung ist die Unsagbarkeit, Unbeschreiblichkeit oder Unaussprechbarkeit, die sich aus unterschiedlichen Erfahrungen speist und das kommunikative Muster des Unsagbarkeitstopos hervorbringt. Dieser Topos erscheint zunächst in Situationen, in denen das Subjekt eine Erfahrung gemacht hat resp. vorgibt, sie gemacht zu haben, die so außergewöhnlich ist, dass es nicht mehr auf die gewohnten Kommunikationsroutinen zurückgreifen kann und dann ‚schwelgt', ‚stammelt', ‚verstummt', ‚weint' oder am ganzen Körper ‚zittert' (Kommerell 1962; Heimböckel 2003; Gülich 2005; Lasch 2005; Schiewer et al. 2010). Eine weitere Quelle für den Unsagbarkeitstopos sind die Phänomene, in denen das Transzendente teilweise oder ganz die Kontrolle über einen Menschen (meist eine Mittlerfigur) übernimmt und dann „durch" diesen „spricht" – die Zeichen (wie z. B. das ‚Zittern') können dabei ambivalenter Natur sein. Dazu zählen der Pfingstmythos, alle Formen der *Besessenheit* oder auch schamanistische und okkult-mediale Praktiken und Erfahrungen. Der Unsagbarkeitstopos spielt auch in der Sprachphilosophie eine wichtige Rolle. Wenn Ludwig Wittgenstein etwa schreibt „Es gibt allerdings Unaussprechliches. Dies *zeigt* sich, es ist das Mystische" (Wittgenstein 1916/1966, 155, 6.522, Herv. i. Orig.), dann verweist der Ausdruck „Unaussprechliches" bereits auf etwas, das gar nicht möglich ist. Über das *Unaussprechliche* zu sprechen konstituiert eine der basalen Paradoxien religiöser Kommunikation, denn wenn etwas unaussprechlich ist, dann kann es eben nicht ausgesprochen werden, auch nicht durch ein Wort wie „Unaussprechliches" oder wortreichere Umschreibungen. Will man das *Unaussprechliche* also in irgendeiner Form kommunizieren, bewegt man sich immer in einer paradoxen Situation, in der die Behauptung eines Unaussprechlichen durch ihr bloßes Aussprechen als unhaltbar entlarvt wird. Zum anderen ist diese basale Paradoxie und ihre Ausnutzung im Unsagbarkeitstopos Ausweis und Schutz eines Gläubigen zugleich: Bedient man sich des Topos, sagt man, im übertragenen Sinne, mehr als tausend Worte vor sich, der Gemeinschaft und im Angesicht des Transzendenten.

Eine weitere Quelle des Unsagbarkeitstopos stellt die religiöse Erfahrung eines ‚jenseits von Kategorien' dar, die dann mit einer Sinnformel wie der *coincidentia oppositorum*, d. h. der Aufhebung des logischen Identitätspostulats, etwa bei Cusanus beschrieben wird (von Kues 2002).

Schließlich wird der Unsagbarkeitstopos dann genutzt, wenn aus einer Ganzheitserfahrung, wie sie etwa in der ‚Mystik' bei Meister Eckhart zu finden ist, die paradoxe Situation erwächst, dass ein Subjekt ein Ganzes beschreiben soll, dessen bloßes Teil es ist.

Der Unsagbarkeitstopos findet seinen Ausdruck in einer Reihe indirekter Redeformen. Dazu zählen insbesondere Metaphern, Gleichnisse, aber auch narrativ entwickelte Paradoxien, wie sie etwa in zen-buddhistischen Koans zu finden sind. Wie Sprache kann auch die Verwendung bzw. der explizite Ausschluss der verfügbaren kommunikativen Codes (z. B. Bilder, Kleidung, körperliche Ausdrucksformen wie Tanz oder Gesang) Ausweis des Unsagbarkeitstopos sein.

Das Transzendente
Grundlage der Religion ist die Erfahrung einer anderen Sichtweise, die für das betroffene Subjekt mit mehr oder weniger großen physischen, psychischen und sozialen Veränderungen verbunden ist. Zumeist wird diese Erfahrung als eine neue Perspektive, manchmal auch als die eigentliche Perspektive, oder einfach als die „Wahrheit" bezeichnet. Die perspektivische Sichtweise ist modern und resultiert aus den Bedingtheiten der modernen Gesellschaft, in der nicht mehr ein Deutungsangebot der Welt und Wirklichkeit und Wahrheit das Monopol auf Deutung hat, sondern in der viele Stimmen in einer pluralistischen Gesellschaft konkurrierende Deutungsangebote offerieren. In vormodernen Gesellschaften des christlichen Europa wirkt das Transzendente immer in der Immanenz, es gibt in der Wahrnehmung nur die Welt, in der auch das Transzendente sich immer zeigt und gedeutet werden muss. Dennoch unterscheidet sich das damit einhergehende Gefühl, Teil von etwas Umfassenderem zu sein, nicht, auch wenn seine Voraussetzungen in vormodernen und modernen Gesellschaften je andere sind – aber das Gefühl wird in den verschiedenen Religionen unterschiedlich konzeptualisiert. Dies reicht von der Annahme von Entitäten in polytheistischen, monotheistischen und paganistischen Glaubensrichtungen, bis hin zu monistischen Vorstellungen eines Verlöschens des Ichs im Buddhismus oder im Advaita. Gerade der Buddhismus in seinen zeitgenössischen Spielarten hat aber gezeigt, dass die monistische Auffassung nicht zu einer Aufgabe von transzendenten Wesenheiten oder *Energien* führen muss, vielmehr besteht auch dort ein elaboriertes System von Buddhas und anderen transzendenten Wesenheiten (vgl. Keown 2010).

Häufig wird das in einer Glaubensgemeinschaft angenommene Transzendente mit strikten Darstellungsnormen und/oder -tabus belegt. Auch dies stellt eine Quelle für verschiedene Formen des indirekten Sprechens (s. o.) dar.

Metaphysik
Ein zentrales Kennzeichen von Religionen ist eine eigene Metaphysik, die in der Regel als vom Transzendenten stammende Autorität verstanden wird und das menschliche Bedürfnis nach Sinn und Sinnformeln stillt (Geideck/Liebert 2003). In der Spiritualität der Spätmoderne stellt diese Metaphysik häufig eine idiosynkratische Brikolage dar (vgl. Gebhardt et. al. 2005). Diese Metaphysiken sind häufig in kultischen Texten kodiert, denen eine ähnliche Verehrung zu Teil wird wie dem Transzendenten selbst. Aus soziolinguistischer Sicht sind v. a. die Dynamiken einschließlich der Konflikte relevant, die diese Metaphysiken in einer heterogenen Umgebung wie anderen Religionen oder säkularen Gesellschaften entfalten. Außerdem ist die Hermeneutik der Teilnehmer einer religiösen Tradition von Interesse und damit die Frage, wie die

häufig aus anderen Sprachepochen stammenden Texte für die Gegenwart gedeutet und interpretiert werden. Aber auch auf der performativen Ebene sind diese Metaphysiken relevant, insbesondere wenn sie mit einem politischen Geltungsanspruch in der Gesellschaft auftreten (Kreationismus, Sharia, Jihat).

4 Methodische Überlegungen

Die Beobachtung und Beschreibung der Art und Weise der Kommunikation über religiös-metaphysische Inhalte stellt den Ausgangspunkt jeglicher methodischen Überlegung dar. Diese Kommunikation kann in institutionalisierten Religionen ebenso wie in informellen und flüchtigen Gemeinschaften wie auch im Bereich der persönlichen Religion stattfinden. Es handelt sich hierbei aber nicht nur um die Kommunikation von Vertretern bestimmter Glaubensgemeinschaften, sondern auch um institutionell nicht gebundene Personen, die Religion im weitesten Sinne thematisieren und insbesondere den spezifisch religionskritischen Diskurs, der sich auf die Aufklärung, den Laizismus oder andere religionskritische Grundlagen beruft.

Inwieweit hier von einer Generierung von *Wissen* gesprochen werden kann, ist ebenso sehr Gegenstand methodischer Überlegungen wie die Frage der Standortgebundenheit der untersuchten Gemeinschaft und des sie untersuchenden Forschers. Bei letzterer Frage gibt es also durchaus eine Verwandtschaft zur Analyse politischer Sprache.

Wie oben erwähnt, wurden bisher in der Regel lexikologische, lexikographische, textlinguistische und auch editionsphilologische Verfahren verwendet, um sich dem Phänomen „Sprache und Religion" zu nähern. Auf neuere, multimodale Ansätze wurde hier ebenso hingewiesen wie auf die ethnografischen und soziologischen Verfahren, die in der Linguistik bislang noch nicht eingesetzt wurden. Um kulturell relevante Prozesse der Generierung, Elaboration, Speicherung und Vermittlung religiös-metaphysischer Inhalte in ihren gesellschaftlichen Kontexten zu beschreiben, bietet sich darüber hinaus zudem die Diskursanalyse an.

Damit sind zunächst die im engeren Sinn an Michel Foucault (1974, 1981 und 2007) angelehnten Ansätze (z. B. Keller 2010) angesprochen. „Diskurs" ist bei Foucault eine „Menge von Aussagen, die einem gleichen [Wissens-]Formationssystem angehören" (Foucault 1981, 156). Diese Formationssysteme, so seine Überzeugung, lassen sich aus den „fundamentalen Codes einer Kultur, die ihre Sprache, ihre Wahrnehmungsschemata, ihren Austausch, ihre Techniken, ihre Werte, die Hierarchie ihrer Praktiken beherrschen," erschließen. Denn diese „fixieren gleich zu Anfang für jeden Menschen die empirischen Ordnungen, mit denen er zu tun haben und in denen er sich wiederfinden wird" (Foucault 1974, 22).

Eine linguistische Variante des Foucault'schen Diskursbegriffs ist durch die Historische Semantik Busses (1987) und die Präzisierung des aktualisierten Diskursverständnisses in einem Forschungsprogramm bei Busse und Teubert (1994, vgl. auch Felder 2006; Felder/Müller 2009) im Sinne von thematisch gebundenen Diskursen vorgenommen worden.

Begreift man die „Sprache der Religion" soziolinguistisch als funktionale Varietät, nimmt man die hier vorgestellten Lemmata als konstitutiv für die Beschreibung dieser Varietät und bettet diskurslinguistische Untersuchungen zu „Sprache und Religion" in eine solche Soziolinguistik ein (vgl. auch Lasch 2013), wird auch der Begriff der Macht, den Foucault in seinen späteren Arbeiten beinahe dominant setzte, in Zukunft eine ganz andere Rollen spielen müssen. Sprechen wir über *Religionen* als Glaubensgemeinschaften, die ideologisch die Durchsetzung einer spezifisch ‚richtigen' Sicht auf Wirklichkeit (als ‚eine Wahrheit') verfolgen, wird man die Mechanismen beschreiben müssen, die Foucault in der *Macht des Diskurses* analysierte – es gibt nicht einen Platz der Macht, sondern so viele Plätze, wie es Wissen gibt: Wissen ist nicht Ergebnis, sondern Ausdruck von Macht; mittels der konstruierten und postulierten und verfochtenen *Wahrheiten* werden Machtverhältnisse erst sichtbar, die gestützt werden sollen und mit anderen konfligieren (zuletzt Foucault 2006; vgl. dazu am Beispiel des Bundes der Assassinen Lasch 2012).

5 Literaturverzeichnis

Ammon, Ulrich/Jeroen Darquennes/Sue Wright (Hg.) (2011): Sprache und Religion. Berlin (Sociolinguistica, 25).

Assmann, Jan (2006): Monotheismus und die Sprache der Gewalt. Vortrag im Alten Rathaus am 17. November 2004. Wien (Wiener Vorlesungen im Rathaus; 116).

Belliger, Andréa/David J. Krieger (1998): Einführung. In: Andrea Belliger/David J. Krieger (Hg.): Ritualtheorien. Ein einführendes Handbuch. Wiesbaden, 7–33.

Bouma, Gary D./Haydn Aarons (2004): Art. 42. Religion. In: Ulrich Ammon u. a. (Hg.): Soziolinguistik. 2 Bde. 2. Aufl. Berlin/New York (Handbücher zur Sprach- und Kommunikationswissenschaft, 3.1), 351–354.

Bousset, Wilhelm (1903): Das Wesen der Religion, dargestellt an ihrer Geschichte. Halle/Saale.

Busse, Dietrich (1987): Historische Semantik. Analyse eines Programms. Stuttgart (Sprache und Geschichte, 13).

Busse, Dietrich/Wolfgang Teubert (1994): Ist „Diskurs" ein sprachwissenschaftliches Objekt? Zur Methodenfrage der historischen Semantik. In: Dies./Fritz Hermanns (Hg.): Begriffsgeschichte und Diskursgeschichte. Methodenfragen und Forschungsergebnisse der historischen Semantik. Opladen, 10–28. Erscheint erneut in: Dies. (Hg.): Linguistische Diskursanalyse. Wiesbaden.

Dembowski, Hermann (2002): Verkündigung. Dogmatisch. In: Theologische Realenzyklopädie 34, 714–717.

Felder, Ekkehard (2008): Forschungsnetzwerk „Sprache und Wissen". Zielsetzung und Inhalte. In: Zeitschrift für Germanistische Linguistik ZGL 36(2), 270–276.

Felder, Ekkehard (2009): Wissen durch Sprache. Theorie, Praxis und Erkenntnisinteresse des Forschungsnetzwerkes ‚Sprache und Wissen'. Berlin/New York (Sprache und Wissen, 3).

Felder, Ekkehard (Hg.) (2006): Semantische Kämpfe. Macht und Sprache in den Wissenschaften. Berlin/New York.

Felder, Ekkehard/Marcus Müller (Hg.) (2009): Wissen durch Sprache. Theorie, Praxis und Erkenntnisinteresse des Forschungsnetzwerks „Sprache und Wissen". Berlin/New York (Sprache und Wissen, 3).

Fix, Ulla (1998): Ritualität im Wandel – Projektbericht. In: Ulla Fix (Hg.): Ritualität in der Kommunikation der DDR. Ergänzt durch eine Bibliographie zur Ritualität. Frankfurt a. M., IX–XXII.

Foucault, Michel (1974). Die Ordnung der Dinge. Eine Archäologie der Humanwissenschaften. Übers. des franz. Originals von 1966. Frankfurt a. M.

Foucault, Michel (1981): Archäologie des Wissens. Übers. des franz. Originals von 1969. Frankfurt a. M.

Foucault, Michel (2005): Die Heterotopien – Der utopische Körper. Zwei Radiovorträge. Frankfurt a. M.

Foucault, Michel (2006): Geschichte der Gouvernementalität. 2 Bde. Frankfurt a. M.

Foucault, Michel (2007): Die Ordnung des Diskurses. Inauguralvorlesung am Collège de france. 2. Dezember 1970. 10. Aufl. Frankfurt a. M.

Funk, Tobias (1991): Sprache der Verkündigung in den Konfessionen. Tendenzen religiöser Sprache und konfessionsspezifischer Varianten in den deutschsprachigen Predigten der Gegenwart. Frankfurt a. M.

Gebhardt, Winfried/Martin Engelbrecht/Christoph Bochinger (2005): Die Selbstermächtigung des religiösen Subjekts. Der „spirituelle Wanderer" als Idealtypus spätmoderner Religiosität. In: Zeitschrift für Religionswissenschaft 13, 133–151.

Geideck, Susan/Wolf-Andreas Liebert (2003): Sinnformeln. Eine soziologisch-linguistische Skizze. In: Dies. (Hg.): Sinnformeln. Linguistische und soziologische Analysen von Leitbildern, Metaphern und anderen kollektiven Orientierungsmustern Berlin/New York, 3–14.

Greule, Albrecht (1992): Über den Beitrag der Sprachwissenschaft zur Kirchenliedforschung. Drei mögliche Zugriffe. In: Zeitschrift für deutsche Philologie 111, 65–77.

Greule, Albrecht (1999a): Die Sprache im Neuen geistlichen Lied. In: Hermann Kurzke/Hermann Ühlein (Hg.): Kirchenlied interdisziplinär. Frankfurt a. M., 83–98.

Greule, Albrecht (1999b): So sie's nicht verstehen, so sollten sie's nicht singen? Über den Beitrag der Sprachwissenschaft zur Kirchenliedforschung. In: Hermann Kurzke/Hermann Ühlein (Hg.): Kirchenlied interdisziplinär. Frankfurt a. M., 47–64.

Greule, Albrecht (2004): Gesangbuch und Kirchenlied im Textsortenspektrum des Frühneuhochdeutschen. In: Franz Simmler (Hg.): Textsortentypologien und Textallianzen von der Mitte des 15. bis zur Mitte des 16. Jahrhunderts. Berlin, 521–533.

Grözinger, Albrecht (2009): Rhetorik und Stilistik in der Theologie. In: Ulla Fix/Andreas Gardt/Joachim Knape (Hg.): Rhetorik und Stilistik. Ein internationales Handbuch zeitgenössischer Forschung. Rhetorik und Stilistik, Halbbd. 2. Berlin/New York (Handbücher zur Sprach- und Kommunikationswissenschaft, 31), 1798–1810.

Gülich, Elisabeth (2005): Unbeschreibbarkeit: Rhetorischer Topos — Gattungsmerkmal — Formulierungsressource. In: Gesprächsforschung – Online-Zeitschrift zur verbalen Interaktion 6, 222–244, URL: http://www.gespraechsforschung-ozs.de/heft2005/ga-guelich.pdf, Stand: 25.4.2014.

Hausendorf, Heiko/Reinhold Schmitt (2010): Opening up Openings. Zur Struktur der Eröffnungsphase eines Gottesdienstes. In: Lorenza Monada/Reinhold Schmitt (Hg.): Situationseröffnungen. Zur multimodalen Herstellung fokussierter Interaktion. Tübingen (Studien zur Deutschen Sprache, 47), 53–102.

Heimböckel, Dieter (2003): Emphatische Unaussprechlichkeit: Sprachkritik im Werk Heinrich von Kleists. Ein Beitrag zur literarischen Sprachskepsistradition der Moderne. Göttingen (Dienst Am Wort).

James, William (1997): Die Vielfalt religiöser Erfahrung. Eine Studie über die menschliche Natur. Frankfurt a. M. (Insel Taschenbuch, 1784).

Kaempfert, Manfred (1971): Säkularisation und neue Heiligkeit. Religiöse und religionsbezogene Sprache bei Friedrich Nietzsche. Berlin (Philologische Studien und Quellen, 61).

Kaempfert, Manfred (Hg.) (1983): Probleme der religiösen Sprache. Darmstadt (Wege der Forschung, 442).

Kauke, Wilma (1998): Ritualbeschreibung am Beispiel der Jugendweihe. In: Ulla Fix (Hg.): Ritualität in der Kommunikation der DDR. Ergänzt durch eine Bibliographie zur Ritualität. Frankfurt a. M., 101–214.

Keller, Reiner (2010): Wissenssoziologische Diskursanalyse: Grundlegung eines Forschungsprogramms. 3. Aufl. Wiesbaden (Interdisziplinäre Diskursforschung).

Keown, Damein (2010): Der Buddhismus. 5. Aufl. Stuttgart (Reclams Universal-Bibliothek, 18771).

Kitzinger, Martin (2009): De potentia in actum. Mittelalterliches zur Moderne. In: Franz J. Felten/ Annette Kehnel/Stefan Weinfurter (Hg.): Institution und Charisma. Festschrift für Gert Melville zum 65. Geburtstag. Köln/Weimar/Wien, 305–317.

Klein, Wassilois (1997): Propheten/Prophetie. Religionsgeschichtlich. In: Theologische Realenzyklopädie 27, 473–476.

Klug, Nina-Maria (2012): Das konfessionelle Flugblatt. Eine Studie zur historischen Semiotik und Textanalyse. Berlin/Boston (SLG, 112).

Knoblauch, Hubert (1989): Das unsichtbare neue Zeitalter. „New Age", privatisierte Religion und kultisches Milieu. In: Kölner Zeitschrift für Soziologie und Sozialpsychologie 41(3), 504–525, URL: http://nbn-resolving.de/urn:nbn:de:0168-ssoar-40933, Stand: 26.4.2014.

Knoblauch, Hubert (1999): Religionssoziologie. Berlin/New York (Sammlung Göschen, 2094).

Knoblauch, Hubert (2003): Qualitative Religionsforschung. Religionsethnographie in der eigenen Gesellschaft. Paderborn u. a. (Uni-Taschenbücher, 2409).

Knoblauch, Hubert (2009): Populäre Religion. Auf dem Weg in eine spirituelle Gesellschaft. Frankfurt a. M.

Kommerell, Max (1962): Geist und Buchstabe der Dichtung. Goethe, Schiller, Kleist, Hölderlin. 5. Aufl. Frankfurt a. M.

von Kues, Nicolaus (2002): De docta ignorantia – Die belehrte Unwissenheit. Hamburg (Philosophisch-theologische Werke. Lateinisch – deutsch/Nikolaus von Kues. Mit einer Einl. von Karl Bormann, Teilbd. 1).

Lanczkowski, Günter (1993): Gottesdienst. Religionsgeschichtlich. In: Theologische Realenzyklopädie 14, 1–5.

Lang, Bernhard (2001): Prophet, Priester, Virtuose. In: Hans G. Kippenberg/Martin Riesebrodt (Hg.): Max Webers ‚Religionssystematik'. Tübingen, 167–191.

Langen, August (1968): Der Wortschatz des deutschen Pietismus. 2., erg. Aufl. Tübingen.

Lasch, Alexander (2005): Beschreibungen des Lebens in der Zeit. Zur Kommunikation biographischer Texte in den pietistischen Gemeinschaften der Herrnhuter Brüdergemeine und der Dresdner Diakonissenschwesternschaft im 19. Jahrhundert. Münster (Germanistik, 31).

Lasch, Alexander (2011): Texte im Handlungsbereich der Religion. In: Stephan Habscheid (Hg.): Textsorten, Handlungsmuster, Oberflächen. Linguistische Typologien der Kommunikation. Berlin/Boston, 536–555.

Lasch, Alexander (2012): Die A[ssassinen] sollen aus Ägypten stammen – Geschichte(n) eines radikal-islamischen Ordens und ihre Diskursivierung an der Schwelle zur Moderne. In: Christian Braun (Hg.): Sprache und Geheimnis. Sondersprachenforschung im Spannungsfeld zwischen Arkanem und Profanem. Berlin (Lingua Historica Germanica, 4), 89–106.

Lasch, Alexander (2013): Sind serielle Texte ein Gegenstand linguistischer Diskursanalyse? Zu diskursbestätigenden und diskursverändernden „Lebensbeschreibungen" in rituellen

Kontexten. In: Dietrich Busse/Wolfgang Teubert (Hg.): Linguistische Diskursanalyse. Neue Perspektiven. Wiesbaden, 65–95.

Moser, Dietz-Rüdiger (1981): Verkündigung durch Volksgesang. Studien zur Liedpropaganda und -katechese der Gegenreformation. Berlin.

Moser, Hugo (1964): Sprache und Religion. Zur muttersprachlichen Erschließung des religiösen Bereichs. Düsseldorf (Wirkendes Wort, Beiheft 7).

Paul, Ingwer (1990): Rituelle Kommunikation. Sprachliche Verfahren zur Konstitution ritueller Bedeutung und zur Organisation des Rituals. Tübingen.

Paul, Ingwer (2009): Rhetorisch-stilistische Eigenschaften der Sprache von Religion und Kirche. In: Ulla Fix/Andreas Gardt/Joachim Knape (Hg.): Rhetorik und Stilistik. Ein internationales Handbuch zeitgenössischer Forschung. Rhetorik und Stilistik, Halbbd. 2. Berlin/New York (Handbücher zur Sprach- und Kommunikationswissenschaft, 31), 2257–2274.

Pfefferkorn, Oliver (2005a): Predigt und Andacht als Textsorten der protestantischen Erbauungsliteratur des 17. Jahrhunderts. In: Zeitschrift für deutsche Philologie 124, 375–394.

Pfefferkorn, Oliver (2005b): ‚Übung der Gottseligkeit'. Die Textsorten Predigt, Andacht und Gebet im deutschen Protestantismus des späten 16. und des 17. Jahrhunderts. Frankfurt a. M. (Deutsche Sprachgeschichte. Texte und Untersuchungen, 1).

von Polenz, Peter (1994): Deutsche Sprachgeschichte vom Mittelalter bis zur Gegenwart. Bd. 1: Einführung, Grundbegriffe, Deutsch in der frühbürgerlichen Zeit. Berlin.

von Polenz, Peter (2000): Deutsche Sprachgeschichte vom Mittelalter bis zur Gegenwart. Bd. 1: Einführung, Grundbegriffe, 14. bis 16. Jahrhundert. 2., überarb. und erg. Aufl. Berlin.

Rappaport, Roy A. (1998): Ritual und performative Sprache. In: Andréa Belliger/David J. Krieger (Hg.): Ritualtheorien. Ein einführendes Handbuch. Wiesbaden, 191–211.

Roelcke, Thorsten (2010): Fachsprachen. 3. Aufl. Berlin (Grundlagen der Germanistik, 37).

Schiewer, Hans-Jochen/Stefan Seeber/Markus Stock (Hg.) (2010): Schmerz in der Literatur des Mittelalters und der Frühen Neuzeit. Göttingen (Transatlantische Studien zu Mittelalter und Früher Neuzeit, 4).

Schmitt, Reinhold (2012): Störung und Reparatur eines religiösen Ritus: Die erloschene Osterkerze. In: Stephan Habscheid/Wolfgang Klein (Hg.), Dinge und Maschinen in der Kommunikation, Stuttgart/Weimar (Zeitschrift für Literaturwissenschaft und Linguistik 168), 62–91.

Simmler, Franz (2000): Textsorten des religiösen und kirchlichen Bereichs. In: Klaus Brinker u. a. (Hg.): Text- und Gesprächslinguistik. Ein internationales Handbuch zeitgenössischer Forschung. Textlinguistik, Halbbd. 1. Berlin/New York (Handbücher zur Sprach- und Kommunikationswissenschaft, 16), 676–690.

Simmler, Franz (2005a): Luthers Evangelienübersetzung und die Entstehung neuer Makrostrukturen im Deutschen. In: Sprachwissenschaft 30, 161–216.

Simmler, Franz (2005b): Biblische Textsorten: ihre Merkmale und Traditionen von der Mitte des 15. bis zur Mitte des 16. Jahrhunderts. In: Daphnis 33, 379–546.

Simmler, Franz (2007): Liturgische Textsorten und Textallianzen. In: Sandra Reimann/Katja Kessel (Hg.): Wissenschaften im Kontakt. Kooperationsfelder der Deutschen Sprachwissenschaft. Festschrift für Albrecht Greule. Tübingen, 451–468.

Soeffner, Hans-Georg (1989): Die Ordnung der Rituale. Die Auslegung des Alltags – Der Alltag der Auslegung. Frankfurt a. M.

Stötzel, Georg (1966): Zum Nominalstil Meister Eckharts. Die syntaktischen Funktionen grammatischer Verbalabstrakta. In: Wirkendes Wort 16, 289–309.

Strohschneider, Peter (2009): Religiöses Charisma und institutionelle Ordnungen in der Ursula-Legende. In: Franz J. Felten/Annette Kehnel/Stefan Weinfurter (Hg.): Institution und Charisma. Festschrift für Gert Melville zum 65. Geburtstag. Köln/Weimar/Wien, 571–588.

Turner, Viktor W. (1998): Liminalität und Communitas (1967). In: Andréa Belliger/David J. Krieger (Hg.): Ritualtheorien. Ein einführendes Handbuch. Wiesbaden, 251–262.

Turner, Viktor. W. (1989): Das Ritual. Struktur und Antistruktur. Frankfurt a. M. (Theorie und Gesellschaft, 10).

Weber, Max (1922/1980): Wirtschaft und Gesellschaft. Grundriß der verstehenden Soziologie. Besorgt von Johannes Winckelmann. Studienausgabe. 5., rev. Aufl. Tübingen, 654–661. Zit. nach http://www.zeno.org/nid/20011439874, Stand: 26.4.2014

Werlen, Iwar (1984): Ritual und Sprache. Zum Verhältnis von Sprechen und Handeln in Ritualen. Tübingen.

Werlen, Iwar (1987): Die ‚Logik' ritueller Kommunkation. In: Zeitschrift für Literaturwissenschaft und Linguistik 60, 41–81.

Wittgenstein, Ludwig (1918/1966): Tractatus logico-philosophicus. Logisch-philosophische Abhandlung. Frankfurt a. M. (edition suhrkamp, 12).

Martin Wengeler/Alexander Ziem
23. Sprache in Politik und Gesellschaft

Abstract: Ziel des vorliegenden Beitrags ist es, den Gegenstandsbereich „Sprache in Politik und Gesellschaft" hinsichtlich forschungsgeschichtlicher Entwicklungen, der Rolle von Sprache und Sprachhandeln in der Politik sowie jener sprachlichen Einheiten, Akteure und Handlungsfelder vorzustellen, die bislang in der einschlägigen Forschung besonders berücksichtigt wurden. Mit einem besonderen Fokus auf den intrinsischen Zusammenhang von polito- und diskurslinguistischen Fragestellungen gibt der Beitrag einen kurzen, pointierten Überblick über inhaltlich einschlägige Studien, wobei zum einen die Darstellung gemeinsamer epistemologisch-diskurslinguistischer Annahmen und Überzeugungen im Mittelpunkt steht, zum anderen aber auch Möglichkeiten skizziert werden, den avisierten Gegenstandsbereich angemessen analytisch zu erschließen.

1   Einleitung
2   Politolinguistik als Diskurslinguistik *avant la lettre*: Einblicke in die einschlägige Forschung
3   Sprache – Wissen – Wirklichkeit: diskurslinguistische Perspektiven
4   Gegenstände des Forschungsbereichs „Sprache in Politik und Gesellschaft"
5   Schlussbemerkungen
6   Literatur

1 Einleitung

Die Politolinguistik hat sich seit den 1970er Jahren – im Anschluss an Dieckmanns einflussreiche Monographie *Sprache in der Politik* (Dieckmann 1975, Erstauflage 1969) – zu einem prosperierenden Forschungsfeld der angewandten Linguistik entwickelt und sich inzwischen zu einem festen linguistischen Forschungszweig etabliert (Girnth 2002, 9 ff.). Aufgrund der öffentlichen Relevanz und Brisanz des Gegenstandes *Sprache in der Politik* haben viele Arbeiten aus diesem Bereich eine Positionierung hinsichtlich der Frage der Bewertung der beschriebenen Phänomene gesucht und diskutiert (vgl. etwa Roth 2004). Mit anderen Worten: Politische Sprachkritik wird in diesem Untersuchungsfeld entweder praktiziert oder kritisch diskutiert. Im Kontext eines dabei entwickelten Anspruchs, sich mit linguistischer Expertise in öffentlich-politische Debatten einzubringen, ist die Beschäftigung mit dem politischen Sprachgebrauch durch die Gründung der Arbeitsgemeinschaft *Sprache in der Politik e. V.* im Jahre 1992 verstetigt worden (vgl. http://www.sprache-in-der-politik.de).

Für die politolinguistische Forschung ist die Frage zentral, in welcher Weise der Sprachgebrauch die ‚politische', „gesellschaftliche Wirklichkeit" konstruiert, legitimiert und distribuiert (im Sinne von Warnke 2009). Es geht also um das, was wir hier als diskurslinguistische Ausrichtung der Betrachtung von „Sprache in Politik und Gesellschaft" ansehen: Welches (kollektive, gesellschaftliche, gruppenspezifische, aber auch individuelle) ‚Wissen' wird durch welche Akteure und Institutionen mit welchen sprachlichen Mitteln geschaffen, begründet und durchgesetzt? Wie wird es jeweils sprachlich bewerkstelligt, dass ‚wir' glauben, dass bezüglich gesellschaftlicher, öffentlich-politischer Problemverhalte etwas Bestimmtes der Fall ist – was dann unser ‚Wissen' zu diesem ‚Gegenstand' ausmacht.

Eine solche Perspektive auf den öffentlich-politischen Sprachgebrauch wird auch und gerade von diskurslinguistischen Zugängen zur „Sprache in Politik und Gesellschaft" eingenommen. Im Mittelpunkt der Darstellung stehen im Folgenden jedoch weniger diskurslinguistische Methoden und Ansätze zur Untersuchung des politischen Sprachgebrauchs; vielmehr steht der Gegenstandsbereich „Sprache in Politik und Gesellschaft" selbst im Fokus, und zwar in dreierlei Hinsicht: erstens mit Blick auf forschungsgeschichtliche Entwicklungen (Abschnitt 2), zweitens hinsichtlich der Frage nach der Rolle, die Sprache und Sprachhandeln im gesellschaftlichen Teilsystem der Politik einnimmt (Abschnitt 3) und drittens im Hinblick auf die sprachlichen Einheiten – vom Schlagwort bis zur Textsorte – sowie die Akteure/Akteursgruppen und Handlungsfelder, die bei der Analyse des politischen Sprachgebrauchs fokussiert werden (Abschnitt 4).

2 Politolinguistik als Diskurslinguistik *avant la lettre*: Einblicke in die einschlägige Forschung

Im Folgenden soll zunächst ein kurzer Blick auf die Forschungsgeschichte des Themas *Sprache und Politik* geworfen werden, und zwar exemplarisch und selektiv mit dem Fokus darauf, dass und inwiefern sich schon frühe Arbeiten zur politischen Sprache als Diskurslinguistik *avant la lettre* in dem Sinne betrachten lassen, dass die in Kap. 3 zu skizzierenden Grundlagen der sprachlichen Konstruktion der Wirklichkeit, des Zusammenhangs von Sprache und Wissen, der Evokation und Etablierung verstehensrelevanten Wissens durch die Verwendung sprachlicher Zeichen sowie des Streits um je geltendes Wissen im Rahmen so genannter agonaler Diskurse vielen Arbeiten zugrunde gelegt werden kann, auch wenn sie solche ‚modernen' Begrifflichkeiten noch nicht verwendet haben. Ein ausführlicher Forschungsbericht, unterteilt nach Untersuchungsgegenständen, bis zum Jahr 2000 findet sich in Diekmannshenke 2001.

2.1 Politischer Sprachgebrauch als Untersuchungsgegenstand: ein Blick auf die 1960er und 1970er Jahre

Sieht man von den frühen Auseinandersetzungen um die Sprache im Nationalsozialismus und um die ‚Spaltung' vor allem der politischen Sprache in BRD- und DDR-Deutsch ab, die immer wieder als ‚Geburtsstunde' der Beschäftigung mit politischer Sprache angeführt werden, so können unseres Erachtens als wichtige Arbeiten aus den 1960er Jahren der Aufsatz des Nicht-Linguisten Hermann Lübbe *Der Streit um Worte* von 1967 sowie das frühe Einführungs- und Standardwerk von Walther Dieckmann „Sprache in der Politik" von 1969 (2. Aufl. 1975) betrachtet werden. Dieckmanns Einteilungen der politischen Sprache (Dieckmann 1975) sind bis heute grundlegend, auch wenn sie vielfach typologisch verfeinert, terminologisch ergänzt und auch sprachtheoretisch differenziert worden sind. In unserem Zusammenhang sind seine *Meinungssprache* und die *Sprache der Überredung* relevant. Es handelt sich um die Sprachgebrauchsbereiche, die sich auf die öffentliche Vermittlung von ‚Weltbildern', Positionen, Einstellungen, Meinungen, ‚Ideologien' richten. Dieckmann fokussiert seine Überlegungen auf den politischen Wortschatz und nimmt damit eine Gegenstandsbestimmung für *politische Sprache* vor, die in der Folgezeit in vielen Untersuchungen übernommen wurde. Obwohl Dieckmann immer wieder auch die Begriffe *Manipulation* und *Propaganda* benutzt, die eher auf eine abbildtheoretische, sprachrealistische Perspektive verweisen, wird bei ihm die realitätskonstituierende Funktion der zentralen politischen Lexik deutlich. Im Zusammenhang mit den Reflexionen zum Begriff *Demokratie* (1975, 66 ff.) drängt sich zudem der Eindruck auf, dass Dieckmann zur adäquaten Analyse des begrifflichen Wandels eine diskurslinguistische Forschungsperspektive vorschwebt. Auch die Bestimmungen zu den Termini *Schlagwort* und *ideologische Polysemie* sind mit den unten zu skizzierenden diskurstheoretischen Perspektiven auf den Gegenstand „Sprache in Politik und Gesellschaft" kompatibel.

Dieckmann zufolge organisiert und konstituiert der (politische) Sprachgebrauch die Welt unterschiedlich: Ideologische Polysemie ist der politischen Lexik eingeschrieben, denn: „Der Wortstreit in der Politik ist nicht Streit ums bloße Wort, sondern Ausfluß der politisch-ideologischen Auseinandersetzung" (Dieckmann 1975, 72). Auch in den Überlegungen zu Schlagwörtern als Wörtern, in denen „Programme kondensiert" (ebd., 103) sind, wird der wirklichkeitskonstitutive Charakter der Schlagwörter deutlich. Interessant ist zu guter Letzt, dass Dieckmann im Rahmen der Reflexion des emotiven und konnotativen Bestandteils von Wortbedeutungen eine Formulierung wählt, die an heutige framesemantische Bestimmungen erinnert (vgl. etwa Fillmore 1985, Ziem 2008, 7–13): In einigen Fällen sei „die Quelle für den emotiven Ausdrucksgehalt oder seine Wirkungskraft der gesamte sprachliche Hintergrund, aus dem ein Wort stammt und der bei seiner Nennung wachgerufen wird" (1975, 79) – was andeutet, dass der verstehensrelevante Hintergrund in der Kommunikation sehr viel umfassender ist, als es die meisten Bedeutungsmodelle suggerieren.

Als wichtige politolinguistische Einzelstudie aus den 1970er Jahren ist Horst Grünerts Untersuchung „zum Sprachgebrauch der ‚Paulskirche'" (1974) zu nennen. Er stellt die persuasive Funktion der *Ideologiesprache* in der Politik und damit die Pragmatik in den Mittelpunkt der Untersuchung. Obwohl er seine Analysen einerseits der ‚rechten' und andererseits der ‚linken Seite' des Paulskirchenparlaments entlang des Gebrauchs zentraler Schlagwörter wie *Volk, Ehre, Freiheit, soziale Frage* oder *Klassen* ordnet, nutzt er vor allem ein eigenständiges Argumentationsmodell mit den Kategorien Fundation, Motivation, retrospektive Kausation und prospektive Konsekution, um den funktionalen Charakter des beschriebenen Zeichengebrauchs deutlich zu machen. So zeigt er, wie mit sprachlichen Zeichen unterschiedliche Denkweisen und Überzeugungen artikuliert werden, um andere von eigenen Positionen zu überzeugen. Und nicht nur in der Anordnung der Analyse, sondern auch in den vorangehenden zeichentheoretischen und methodologischen Überlegungen wird klar, dass nur durch Sprache unterschiedliche Einstellungen, Meinungen, Überzeugungen, Denkweisen zu den verhandelten ‚Gegenständen' vermittelt werden können, dass somit sprachlich verschiedene ‚Wirklichkeiten' konstituiert und legitimiert werden und es schon bei diesem ersten Demokratieversuch auf deutschem Boden um agonale Diskurse ging, die sich in semantischen Kämpfen manifestieren:

> Mit der in dieser Arbeit angestrebten Analyse von Ideologiesprache [...] werden zugleich Einsichten erwartet in Denkweisen konkreter, historisch-gesellschaftlich bestimmbarer Gruppen/Schichten/Klassen, Denkweisen, die gebunden sind an Ideologien und deren Denkmuster und Kategorien. (Grünert 1974, 19)

‚Modern' ist auch die der gesamten Analyse zugrunde liegende Einsicht in die Agonalität politischer Diskurse, der Grünert mit einem von ihm so genannten „Modell der Zweiwertigkeit" (ebd., 21) gerecht werden will: Es gehe um „bipolaren, binären, dualistischen, alternativen Sprachgebrauch" (ebd., 22) widerstreitender Gruppen. Grünerts Untersuchung ist ein erster umfassender empirischer Beitrag zur Untersuchung lexikalischer Einheiten, zur Argumentation und auch zur Relevanz von Akteuren und Handlungsfeldern für die „Sprache in Politik und Gesellschaft" (siehe Abschnitt 4.2).

2.2 Politolinguistik als Sprachkritik

Eine weitere wichtige Publikation in der germanistischen Politikspracheforschung ist der von Heringer 1982 herausgegebene Sammelband „Holzfeuer im hölzernen Ofen. Aufsätze zur politischen Sprachkritik". Behrens, Dieckmann und Kehl führen in dem Band eine akribische sprachbezogene Diskursanalyse einer öffentlichen Auseinandersetzung durch, die in den 1970er Jahren mit nur wenig sprachwissenschaftlicher Kommentierung zeitweise die öffentliche Aufmerksamkeit auf die Relevanz von Sprache in der Politik gelenkt hatte – und zwar einerseits in Form einer „Sprachpolitik im institutionellen Rahmen der CDU" (ebd., 220) und andererseits als „Sprachkritik und Sprachpolitik konservativer Intellektueller" (ebd., 245). Sehr plausibel wird dabei herausgearbeitet, dass die *konservative Sprachkritik* – wie das zusammenfassende Label heißt – der 1970er Jahre einerseits sprachdogmatisch von der Überzeugung ausgeht, selbst die ‚richtige' Sprache, die richtigen Bedeutungen von Begriffen zu verwenden, um dem politischen Gegner sprachliche Manipulationen durch davon abweichende, ‚falsche' Verwendung von Begriffen vorzuwerfen. Andererseits wird ein sprachrelativistischer, zeichentheoretisch gut begründbarer Standpunkt vertreten, dass in politischen Schlüsselwörtern eben unterschiedliche Wirklichkeitskonstruktionen enthalten sind und es in der politischen Auseinandersetzung entsprechend darum gehen muss, die eigenen Interpretationen der Wirklichkeit, die eigenen Denk- und Sichtweisen sprachlich durchzusetzen, zu den hegemonialen Sichtweisen im Diskurs werden zu lassen. Die Autoren stellen fest, dass die sprachdogmatische Position, die strategisch benötigt wird, um die Position des Gegners als illegitim und böswillig erscheinen zu lassen, nicht berücksichtige, „daß die politischen ‚Realitäten' in einem ständigen ideologisch-kulturellen Ringen benannt und umbenannt werden" (ebd., 263), also sprachlich jeweils konstituiert werden.

Hans-Jürgen Heringer und Rainer Wimmer entwerfen in diesem Band ihre Konzepte zu einer linguistisch begründeten Sprachkritik. Sie setzen sich dabei kritisch mit gängiger Sprachkritik auseinander, wobei vor allem die Kritik, die auf einer ‚Abbildtheorie' der Sprache beruht, von Heringer dezidiert zurückgewiesen wird. U. a. wird dabei auch der sprachwissenschaftlich immer noch gerne als Beschreibungsbegriff benutzte Terminus *Euphemismus*, der „schicke Tarnkleider für böse Gedanken" bezeichnen und bewerten solle, als ein der Abbildtheorie zugehöriger Begriff zurückgewiesen:

> Der Anhänger der Abbildtheorie muß sich einen privilegierten Zugang zur Realität und zur Sprache zuschreiben, damit er erkennt, daß solche Wörter [*Preiskorrektur, Freistellung, Nachrüstung*] nur die Realität verkleiden oder gar inhaltsleer sind. (Heringer 1982, 16)

Dem setzt er die Gebrauchstheorie der Sprache, also Wittgensteins Bedeutungs-Konzept, gegenüber, eine Auffassung von Sprache, wie sie auch den diskurslinguistischen Zugängen zur Sprache in Politik und Gesellschaft zugrunde liegt: „Die Realität entsteht im Sprachgebrauch und wird durch ihn und mit ihm verändert" (ebd., 17). „Sprachkritik heißt Analyse des Gebrauchs der Sprache, um sich bewußt zu werden, was durch die Sprache, das Sprachspiel, gegeben ist" (ebd., 19). Als Beispiel für eine sinnvolle gebrauchstheoretisch fundierte Sprachkritik führt Heringer die Analyse von Metaphernfeldern an, mit der bewusst gemacht werden könne, welche Wirklichkeitssicht mit deren Gebrauch vermittelt wird. Dies ist in politolinguistischen Untersuchungen inzwischen vielfach diskursanalytisch praktiziert worden (siehe auch Abschnitt 2.3).

Grundlegend für spätere diskurslinguistische Untersuchungen politischer Sprache sind die ebenfalls im Heringer-Band publizierten Überlegungen und sprachtheoretischen Grundlegungen Stötzels zum „konkurrierenden Sprachgebrauch in der deutschen Presse" (Stötzel 1982) und damit zu *semantischen Kämpfen*. Der Begriff *semantische Kämpfe* wurde bereits in dieser frühen Phase der Politikspracheforschung etabliert, so etwa in Rudi Kellers Beitrag zu *kollokutionären Akten*, der „Diskussionen und Kämpfe um einen Sprachgebrauch" in den Medien thematisiert; Keller schreibt: „Ich möchte solche Kämpfe semantische Kämpfe nennen" (Keller 1977, 24). Stötzel (1982) macht in seinem Beitrag an einigen Einzelbeispielen von semantischen Kämpfen wie *Berufsverbot, BRD, KZ-Ei* die politische Relevanz der Tatsache deutlich, „daß es sich bei der Wortverwendung keineswegs um ein unproblematisches Zuordnungsverhältnis eines Namens zu einer vorsprachlich als inhaltlich bestimmten Sache handelt" (1982, 280). Vielmehr sei „verschiedener Sprachgebrauch Ausdruck einer unterschiedlichen Interpretation von Problemverhalten": „Sogenannte Tatsachen [erscheinen] immer nur sprachvermittelt" (Stötzel 1982, 281). Stötzels Presseanalysen sollen somit „zu Einsichten in die Konstitutionsproblematik führen, d. h. zu Einsichten in die Problematik der sprachlichen Verfassung einer ‚Weltanschauung' (im neutralen Sinne Humboldts, d. h. wie wir die Welt anschauen)" (ebd.).

2.3 Politik und öffentlicher Sprachgebrauch

Auf der zuletzt thematisierten sprachtheoretischen Grundlage fußen auch die empirischen Düsseldorfer Arbeiten zum politischen und öffentlichen Sprachgebrauch in verschiedenen Themenfeldern (z. B. Umweltdiskurs: Jung 1994, Rüstungsdiskurs: Wengeler 1992, Bildungsdiskurs: Hahn 1998), die seit 1989 in einigen Dissertationen, im Band „Kontroverse Begriffe" von 1995 und in einigen diskurshistorischen Wörterbüchern (Stötzel/Eitz 2002 und Eitz/Stötzel 2007/2009) veröffentlicht worden sind und die als frühe diskurslinguistische Arbeiten gelten, auch wenn sie anfangs dieses Etikett und die Berufung auf Foucault noch nicht ausdrücklich in Anspruch genommen haben.

Die genannten Düsseldorfer Arbeiten nahmen ihren Anfang in begriffsgeschichtlich ausgerichteten Analysen, in denen ein Tableau gesellschaftlich relevanter Diskurssegmente der Nachkriegszeit in Deutschland entworfen wurde. In den epistemologischen Zielvorgaben – über die Analyse des Sprachgebrauchs etwas über konkurrierende und/oder vorherrschende Denkweisen oder Wissenssegmente einer Zeit und deren diachronen Wandel zu erfahren – ähneln sie dem theoretisch-praktischen Unterfangen einer *Begriffsgeschichte* Koselleckscher Prägung. In einer zweiten Phase rückten in den Düsseldorfer Arbeiten zunehmend wortübergreifende Diskurssegmente bzw. ‚Aussagen' in den Mittelpunkt. Neben Metaphernfeldern (vgl. Böke 1997) sind es Argumentationen bzw. Argumentationsmuster (Topoi), die untersucht wurden (vgl. Niehr 2004 und Wengeler 2003), um auf der Basis großer Textkorpora auf pragmatisch relevantes Sprachwissen zugreifen zu können. Gezielt wurde damit auf Argumentationsstrukturen, wie sie sich in öffentlichen Debatten entfalten und verfestigen und so das „Denken, Fühlen und Wollen" (Hermanns 1995) der Menschen prägen.

Als weitere wichtige Publikation zum Forschungsbereich *Sprache in der Politik* kann der Sammelband „Begriffe besetzen" von 1991 (Liedtke/Wengeler/Böke 1991) gelten, insbesondere wegen der Beiträge von Klein, Kuhn und Kopperschmidt, die sich hier erstmals grundlegend und differenziert mit der in den 1970er Jahren im politischen Raum entworfenen Metapher des *Begriffe Besetzens* beschäftigen. Mit der sprachwissenschaftlichen Reflexion der Metapher wurden einerseits die sprachlichen Möglichkeiten, Realitäten heterogen und konkurrierend zu konstruieren, differenziert herausgearbeitet in Form einer seither für die Analyse semantischer Kämpfe bewährten Terminologie (Klein 1991), die agonale Diskurse hinreichend klar semantisch und pragmatisch bezüglich ihres Wortschatzes zu beschreiben erlaubt. Zum anderen wurde von Kuhn und Kopperschmidt deutlich gemacht, inwiefern die lexikalische Analyse vielfältige politische und andere öffentliche Diskurse zu berücksichtigen hat und dass sie funktional vor allem durch eine Analyse von Argumentationen, innerhalb derer die Wörter ‚funktionieren', erweitert werden muss.

Ins Bewusstsein rückt jedenfalls gerade durch die linguistische Beschäftigung mit dem Konzept des *Begriffe Besetzens*, dass es in demokratischen Gesellschaften heterogenen Sprachgebrauch zwischen konkurrierenden politischen Gruppen legitimerweise gibt, dass es also eine Auseinandersetzung um und keine diktatorische Festsetzung von Wirklichkeitssichten, Deutungsmustern und ‚Wahrheiten' gibt und dass die Aufgabe der wissenschaftlichen Analyse solcher politischer Diskurse eben die Beschreibung der sich in Sprache manifestierenden und durch sie allererst auch geschaffenen unterschiedlichen Wissenssegmente ist. Dass es Akteure, Akteursgruppen, Massenmedien und Institutionen gibt, die Träger und Vermittler je konkurrierender Wirklichkeitssichten und gruppenspezifischen ‚Wissens' sind, und dass diese Diskursbeteiligten unterschiedliche Einfluss- und Machtressourcen in Diskursen haben, kann in diesen Reflexionen des *Begriffe Besetzens* zwar schon deutlich werden. Es wird aber noch nicht ausdrücklich als Analysegesichtspunkt herausgearbeitet, ebenso wenig wie in den erwähnten Düsseldorfer Arbeiten. Durch die Berücksichtigung soziolinguistischer Ansätze (vgl. Blommaert 2005, Spitzmüller/Warnke 2011) ist aber in den letzten Jahren deutlich geworden, dass die Ebene der die politischen Diskurse prägenden, mit-bestimmenden Akteursgruppen, Medien und Institutionen systematisch in diskurslinguistisch ausgerichtete Analysen der Sprache in Politik und Gesellschaft einbezogen werden muss (vgl. Abschnitt 4.2).

2.4 Kleins Untersuchungen politischer Reden

Als letzte Einzelstudien, die wir hier exemplarisch vorstellen möchten, seien die Arbeiten Josef Kleins zur zentralen politischen Textsorte der Rede erwähnt, die er z. T. selbst ausdrücklich als „linguistische Diskursanalysen" bezeichnet. Als diskurslinguistisch kann zum einen seine Analyse zweier Plenardebatten des Deutschen Bundestages zum Thema Asylrecht aus den Jahren 1991/92 bezeichnet werden (Klein 1995a). Denn sie rückt einerseits ab von der traditionellen Analyse einzelner Reden entweder mit dem analytischen Instrumentarium der antiken Rhetorik oder dem der modernen Pragmatik. Und sie nimmt neben der Parlamentsdebatte auch den Medien- und Alltagsdiskurs zum gleichen Thema mit in den Blick. Inspiriert von der antiken Rhetorik und der Handlungstheorie erweitert Klein deren argumentationsanalytische Instrumentarien, um „komplexe Argumentation oder besser: große Argumentationskomplexe mit pluraler Beteiligung" (1995a, 17) in einem „Argumentationsnetz" (ebd., 26) für die einzelnen antagonistischen parlamentarischen Gruppen zu erfassen. Einzelne Argumente werden Handlungskategorien wie Situationsdeutung, Situationsbewertung und Zielsetzung zugeordnet, und als Analyseergebnis ergeben sich je Partei unterschiedliche „topische Muster komplexer Argumentation", denen alle Einzelargumente der widerstreitenden Gruppen zugeordnet werden können und mit denen sich die übergreifenden ‚Weltbilder' und Deutungsmuster gegenüberstellen lassen.

Wie notwendig bei der Betrachtung einer Einzelrede der systematische Einbezug des Diskurses ist, in den die Rede eingebettet ist, zeigt Klein in einer Analyse der Agenda 2010-Rede des Bundeskanzlers Schröder (Klein 2007). Zuvor hatte er dies allerdings schon im Jahre 1995 programmatisch in einer systematischen Gegenüberstellung des antiken und des modernen Paradigmas politischer Kommunikation herausgearbeitet. Die Analyse politischer Reden könne Ende des 20. Jahrhunderts nicht mehr mit den Instrumentarien der antiken Rhetorik auskommen, da deren Fokussierung auf Einzelreden zum damaligen Zweck der unmittelbaren Überredung/Überzeugung einer anwesenden Zuhörerschaft den heute zu berücksichtigenden vielfältigen Verflechtungen, innerhalb derer eine Rede stattfindet, nicht gerecht werde. Vielmehr müssten diese Verflechtungen systematisch berücksichtigt werden: Während antike Reden durch Faktoren wie Punktualität, Mono- bzw. Duotextualität, Adressatenhomogenität und Individualität des Redners gekennzeichnet gewesen seien, hätten moderne Reden die Merkmale der Prozessualität, der Intertextualität, der Typenvielfalt, der Massenmedialität, der Adressatenheterogenität und der Repräsentanz des Redners für eine Partei. All diese Aspekte lassen sich auch dahingehend zusammenfassen, dass Einzelreden immer Ausschnitte von übergreifenden Diskursen sind, zu denen sie gehören und die dementsprechend in der Analyse zu berücksichtigen sind.

3 Sprache – Wissen – Wirklichkeit: diskurslinguistische Perspektiven

Der letzte Abschnitt hat einen Einblick in wichtige politolinguistische Studien von der frühen Beschäftigung mit politischer Sprache in den 1960er Jahren bis in die Zeit der 1990er Jahre vermittelt. Seither ist einerseits die politolinguistische Forschung verstetigt worden, andererseits hat inzwischen die diskurslinguistische Perspektive auf den Gegenstand einen großen Raum eingenommen. Die Verstetigung erfolgte durch regelmäßige Tagungen und Publikationen der Arbeitsgemeinschaft *Sprache in der Politik e. V.* Im letzten Jahrzehnt sind zudem zwei Einführungsbücher für Studierende (Girnth 2002; Schröter/Carius 2009) erschienen, die Teilbereiche des Themas behandeln und z. T. auch einen Forschungsüberblick liefern. Gute, inzwischen nicht mehr ganz aktuelle Forschungsüberblicke liefern weiterhin etwa Burkhardt 2002 und 2003, Klein 1998 sowie Diekmannshenke 2001 und 2006. Ein umfassender Überblick über den Forschungsgegenstand in Form eines Handbuchs, das alle Facetten der Forschung zur Sprache in Politik und Gesellschaft in der Weise abdeckt, wie es die HSK-Bände für andere linguistische Forschungsgegenstände leisten, ist zurzeit für die Reihe „Sprache – Politik – Öffentlichkeit" im Ute Hempen Verlag in Planung. Die diskurslinguistische Perspektive, die in neueren Arbeiten zur Politolinguistik vorherrschend ist, wird in der diskursanalytischen Dissertation von Spieß (2011) besonders klar und mit ausdrücklichem Bezug zur sich nicht explizit diskurslinguistisch nennenden Politolinguistik herausgearbeitet.

Der knappe Forschungsüberblick im letzten Abschnitt legt nahe, dass politolinguistische Untersuchungen seit ihren Anfängen in den 1960er Jahren gleichsam diskurslinguistisch inspiriert sind, ohne zunächst freilich in der entsprechenden sprachwissenschaftlichen Teildisziplin verankert sein zu können, weil sich diese erst sehr viel später allmählich herausgebildet hat (vgl. hierzu Spitzmüller/Warnke 2011). Beide verfolgen, wie jüngst Niehr (2013, 73) herausgearbeitet hat, „gemeinsame Perspektiven", und es lassen sich gegenseitige „Synergieeffekte" feststellen. Worin besteht nun der genuin diskurslinguistische Impetus von Studien zur Sprache in der Politik? Inwiefern liegen politolinguistischen Studien (sprach-)theoretische und epistemologische Voraussetzungen zugrunde, die auch für diskurslinguistische Untersuchungen charakteristisch sind? Wenn wir im Folgenden auf die theoretischen Grundlagen eingehen, die den hier vertretenen Zugang zum Forschungsgegenstand „Sprache in Politik und Gesellschaft" ausmachen, möchten wir insbesondere die – im politolinguistischen Kontext konstitutive – Wechselbeziehung zwischen Sprache, Wissen und ‚Wirklichkeit' genauer betrachten.

3.1 Wissenskonstitution durch Sprache

In den letzten Abschnitten wurde mit Verweis auf die für die politische ‚Arena' charakteristischen semantischen Kämpfe und Bemühungen, Begriffe zu ‚besetzen', bereits deutlich, dass Sprache auf allen Ebenen der Zeichenorganisation – also vom Morphem über den Satz bis zum Text – Außersprachliches nicht einfach abbildet; vielmehr trägt (der oft strategische Einsatz von) Sprache selbst dazu bei, ‚Wirklichkeit' zu schaffen, das heißt, einen Sachverhalt so auszuweisen, dass seine Gültigkeit innerhalb einer Kommunikationsgemeinschaft nicht grundlegend in Frage gestellt wird. Die Annahme eines intrinsischen Zusammenhangs von sprachlichem und gesellschaftlichem Wissen gründet in sprachphilosophischen Positionen, die sich bis zu Humboldt und Wittgenstein zurückverfolgen lassen. Während Humboldt (1998) etwa hervorhebt, dass Denken, also auch die geistige Vergegenwärtigung und Vorstellung abstrakter Entitäten und Prozesse durch sprachliche Strukturen mit geprägt wird, weist Wittgenstein (1984, II 572) mit dem Konzept der Lebensform dezidert darauf hin, dass Sprache und Sprechen nicht von sozialen Praktiken losgelöst werden können, insofern diese den gegebenen und unhinterfragten Hintergrund für sprachliche Bedeutungen bilden.

Dass Sprache also in diesem Sinne ‚Wirklichkeit' schafft (und diese nicht einfach abbildet), impliziert zugleich, dass die Welt der politischen ‚Fakten' notwendigerweise gebunden ist an bestimmte Vorannahmen und Perspektiven, die Kommunikationsteilnehmer teilen bzw. einnehmen. Sprachlich erschlossenes und kommuniziertes ‚Wissen' hat mithin eine konstruierte Gestalt. Am Beispiel von Schlag- und Schlüsselwörtern, die lange Zeit einen zentralen Untersuchungsgegenstand der Politolinguistik gebildet haben und immer noch von zentraler Bedeutung sind (vgl. etwa Liebert 2003), lässt sich dies veranschaulichen. Abstrakte Entitäten, auf die mit Ausdrücken wie *Globalisierung*, *Finanzkrise*, *Heuschrecke*, *Betreuungsgeld*, *Klimawandel* etc. verwiesen wird, existieren nur innerhalb meist hochkomplexer Begründungszusammenhänge, die meist an Spezialwissen (ökonomischer, politischer, naturwissenschaftlicher etc. Natur) geknüpft sind. Der Bedeutungsgehalt von politischen Schlüsselwörtern ist folglich im hohen Maße abhängig vom diskursiv konstituierten Hintergrund- und Erfahrungswissen der Kommunikationsteilnehmer. So bliebe etwa der Begriff der *Globalisierung* leer oder zumindest hoffnungslos unterbestimmt, wenn er allein auf Wahrnehmungsdaten beruhte; erst die Einbindung in einen umfassenden Begründungszusammenhang macht es plausibel, beispielsweise Umweltprobleme oder Entwicklungen der Finanzmärkte als Folge der *Globalisierung* zu begreifen. Insofern handelt es sich bei *Globalisierung*, *Krisen* etc. um abduktiv erschlossene und mithin konstruierte Konzepte kollektiven Wissens.

Begründungszusammenhänge werden sprachlich hergestellt und kommuniziert, variiert und neu modelliert. Obwohl es zunächst wissenschaftliche Erkenntnisse sind, die einen möglichen Begründungszusammenhang stiften und vielfach auch sprachlich verfasst sind, muss zusätzlich eine große (massen-)mediale Fokussierung vorliegen, damit ein Begriff wie *Globalisierung* zu einem politischen Schlüsselwort werden kann. Schlüsselwörter sind nämlich – wie es Herberg (1994, 4) formuliert –

> lexikalische Einheiten (Simplizia, Wortbildungskonstruktionen, Wortgruppen, Phraseologismen), die dominanten Inhalten des [...] öffentlichen Diskurses [...] typischen sprachlichen Ausdruck geben, sie also gleichsam kondensiert auf den Begriff bringen und daher in dem betreffenden Zeitraum häufig gebraucht werden.

Ähnliches gilt für andere sprachliche Einheiten, die zum Gegenstandsbereich der Politolinguistik gehören, so etwa (konzeptuelle) Metaphern oder Argumentationsmuster (vgl. Abschnitt 4.1). Gemeinsam ist ihnen, dass sie ihre politische Relevanz im öffentlichen, d. h. meist massenmedial vermittelten Diskurs entfalten. Durch massenmediale Thematisierungen erfahren die jeweils verhandelten Konzepte spezifische begriffliche Prägungen. Die besondere Rolle von Sprache erklärt sich dadurch, dass sie als einziges Medium fungiert, mit dem sich abstrakte Entitäten wie *Globalisierung* und *Krisen* differenziert erfassen und vermitteln lassen. Daraus ergibt sich die für diskursanalytisch ausgerichtete Studien zentrale Aufgabe, Realisierungen und Realisierungsvarianten sprachlicher Konstruktionen von gesellschaftlich relevanten ‚Fakten' zu untersuchen.

Die gegenstandskonstitutive Rolle von Sprache lässt sich jedoch nur hinreichend plausibilisieren, wenn auch kognitiven Aspekten der Bedeutungskonstruktion Rechnung getragen wird (ausführlich hierzu: Ziem 2009). Wie sehr bereits lexikalische Bedeutungen Ergebnisse kognitiv-konstruktiver Prozesse sind, lässt sich ebenfalls am Beispiel politischer Schlag- und Schlüsselwörter deutlich machen. Diese zeichnen sich dadurch aus, dass sie einen komplexen Wissenszusammenhang vor dem Hintergrund unterstellter ‚Fakten' auf eine spezifische, innerhalb einer Sprachgemeinschaft konventionalisierte Weise rahmen. Im Fall der vom damaligen SPD-Arbeitsminister Franz Müntefering im Jahr 2005 eingeführten Metapher der *Heuschrecke* dient der metaphorisch verwendete Ausdruck etwa zur pejorativen Bezeichnung von Finanzinvestoren, insbesondere so genannter Private Equity-Firmen, die marode Firmen aufkaufen, um sie nach einer kurzen Sanierung wieder mit hohem Gewinn zu verkaufen. In diesem diskursiven Kontext hat sich die Metapher zu einem Schlüsselwort etabliert, dessen komplexer Bedeutungsgehalt zu einem festen Wissensrahmen geworden ist, der beim Gebrauch der Metapher nicht mehr eigens erläutert werden muss. Ein solcher Prozess der kognitiven Stabilisierung des Bedeutungsgehaltes betrifft die Konventionalisierung von Bedeutungsaspekten, die einen so hohen Grad erreichen kann, dass sich die lexikalische Bedeutung eines Ausdrucks dauerhaft verändert.

Nicht nur bei konventionellen, sondern auch bei ad hoc aufgebauten Bedeutungen spielen kognitive Aspekte eine maßgebliche Rolle. Hierzu ein Beispiel aus der Werbung, in der das für die bundesrepublikanische Nachkriegszeit zentrale Schlüsselwort *Wirtschaftswunder* vereinnahmt wird. Konventionell evoziert der Ausdruck einen Wissensrahmen, der neben wirtschaftsgeschichtlichen Fakten auch historisches Wissen über Kriegs- und Nachkriegsentwicklungen in Deutschland umfasst. Wenn er nun aber in einer Werbeanzeige für Ölheizungen vorkommt (vgl. Ziem 2012, 37–38), in der es aus der Perspektive eines Hauseigentümers heißt, dass sein *Wirtschaftswunder* im Keller stehe, so findet eine kontextuell erzwungene Bedeutungsverschiebung bzw. ein so genanntes „frame-shifting" (im Sinne von Coulson 2001) statt. Die aufgebaute Ad-hoc-Bedeutung ist komplexer Natur und das Ergebnis eines kognitiven Konstruktionsprozesses: Bei der Interpretation des Erstgliedes kommt es einerseits zu einer kausal-metonymischen Verschiebung; *Wirtschaft* steht für die Leistung, die die Ölheizung erzielt; andererseits führt die metaphorische Bedeutungsverschiebung des Zweitgliedes *Wunder* dazu, dass die Ölheizung als ein Wunder konzeptualisiert wird. Insgesamt entsteht so eine neue Lesart des Kompositums, nach der die Ölheizung ein wirtschaftliches Wunder ist, insofern sie Energie spart, zugleich effizient ist und eine höhere Leistung erzielt.

3.2 Epistemologische und (sprach-)theoretische Voraussetzungen

Die letzten Beobachtungen zum Konstruktionscharakter von sprachlichen Bedeutungen in der Domäne der Politik lassen erste Schlussfolgerungen hinsichtlich der epistemologischen und (sprach-)theoretischen Voraussetzungen zu, denen politolinguistische Studien folgen. Zunächst dürfte deutlich geworden sein, dass es nur sinnvoll ist, sprachliche Zeichen in ihrem jeweiligen Verwendungskontext zu analysieren. Am explizitesten ist dieses Prinzip der Kontextgebundenheit bislang interessanterweise in der Gesprächsanalyse thematisiert worden. So weist bereits Garfinkel (1967, 4–7) mit dem Begriff der Indexikalität darauf hin, dass sprachliche Äußerungen einen inhärent indexikalen Charakter haben, insofern sie immer schon auf ihren Verwendungskontext verweisen. Mit anderen Worten: Um den kommunikativen Sinn einer sprachlichen Äußerung zu verstehen, ist es nötig, sprachliche Bedeutungen zu kontextualisieren, und zwar sowohl auf der sprachlich-strukturellen Ebene (Busse 2007) als auch hinsichtlich ihrer situativen Einbettung (Bergmann 2001, 921). In diesem doppelten Sinne ist es für eine adäquate Analyse des politischen Sprachgebrauchs nötig darzulegen, inwiefern sich Kontextfaktoren als handlungsrelevant erweisen, d. h. entscheidenden Einfluss auf die Verwendung und das Verstehen sprachlicher Zeichen ausüben.

Im engen Zusammenhang mit dieser Annahme der Unhintergehbarkeit des Kontextes stehen weitere Prämissen, die einschlägige Studien zum Gegenstandsbereich „Sprache in Politik und Gesellschaft" teilen. Dazu gehören unseres Erachtens insbesondere die folgenden, auch wenn nicht alle gleichermaßen für politolinguistische Studien in Anschlag gebracht werden können (im Fall von (v) etwa schon deshalb nicht, weil *Transkriptivität* ein relativ junges Konzept ist):

(i) *Sprachliches Wissen als gesellschaftliches Wissen.* In sprachtheoretischer Hinsicht ist eine strenge Trennung zwischen Sprach- und Weltwissen nur unter der unhaltbaren These plausibel, dass Bedeutungsbestimmungen in Absehung von referentiellem Wissen möglich sind. Wie sollten sich sprachliche Bedeutungen von politischen Schlagwörtern wie *Globalisierung, Wirtschaftswunder* usw. herausbilden, wenn nicht durch Bezugnahmen auf (kognitiv konstruierte) Bezugsgrößen unserer konkreten Lebens- und Erfahrungswelt?

(ii) *Hintergrundwissen ist verstehensrelevant.* Über kontextuell erschließbare Informationen hinaus ist Hintergrundwissen (etwa über politische Positionen von Parteien, parteipolitische Funktionen von Politikern etc.) verstehensrelevant. Semantische Untersuchungen politischer Begriffe zielen darauf ab, eine möglichst umfängliche Bedeutungsbeschreibung zu liefern, die dem *common ground* einer Kommunikationsgemeinschaft Rechnung trägt.

(iii) *Vom Gesagten zum Gemeinten und Unterstellten.* Sprachliche Zeichen sind nicht Träger von Bedeutungen, sie rufen vielmehr einen Wissensrahmen auf, der innerhalb einer Sprachgemeinschaft bis zu einem gewissen Grad konventionalisiert ist. Das Gesagte erweist sich in der Analyse deshalb als ein ‚Fenster' zum Gemeinten und Unterstellten.

(iv) *Prägungen im Sprachgebrauch.* Der rekurrente Gebrauch eines sprachlichen Ausdrucks in einem spezifischen Verwendungszusammenhang führt zu Begriffsprägungen. Er kann auch zur Folge haben, dass ein Begriff politisch-strategisch ‚besetzt' wird, also für bestimmte parteipolitische Zwecke so vereinnahmt wird, dass seine parteipolitische Herkunft erkennbar bleibt (vgl. Abschnitt 2.3); dies ist etwa bei *Herdprämie* der Fall, dessen inhärent-negative Bewertung des Betreuungsgeldes die parteipolitische Position anzeigt.

(v) *Medialität matters.* Es macht in analytischer Hinsicht einen wesentlichen Unterschied, ob mündliche Äußerungen (etwa in Parlamentsdebatten, Fernseh-Talkshows etc.), schriftsprachliche Texte (etwa in Printmedien) oder mündliche Äußerungen, die im Medium der Schriftsprache, also ‚transkribiert' (im Sinne von Jäger 2002) wiedergegeben werden, den Untersuchungsgegenstand bilden. Die Medialität zeitigt Konsequenzen für die Konzeptionalität des Gesagten bzw. Geschriebenen; die Analyse hat dem Rechnung zu tragen.

Weiterhin ist generell den institutionellen Voraussetzungen besondere Beachtung zu schenken, da politolinguistische Analysen stets den konkreten Sprachgebrauch (im Parlament, in Polittalkshows etc.) und dessen Ausprägungsformen im Spannungsfeld zweier hochgradig institutionalisierter und ausdifferenzierter gesellschaftlicher Teilsysteme, nämlich der Politik und der (Massen-)Medien, betreffen.

4 Gegenstände des Forschungsbereichs „Sprache in Politik und Gesellschaft"

Wir möchten abschließend jene zwei Gegenstandsbereiche der Domäne ‚Sprache in Politik und Gesellschaft" skizzieren, die bislang die Forschungsschwerpunkte bilden. Zunächst lassen sich Ebenen der Organisation sprachlicher Zeichen unterscheiden, die der wirklichkeitskonstitutiven Funktion des öffentlich-politischen Sprachgebrauchs auf verschiedenen sprachlichen Ebenen gerecht werden. Weiterhin differenzieren wir zwischen Handlungsfeldern und Akteuren, die in jüngeren politolinguistischen Studien zunehmend thematisiert werden.

4.1 Sprachliche Einheiten

Die sprachlichen Einheiten, die in Abschnitt 2 bereits erwähnt sind und zu denen die meiste Forschungsliteratur vorliegt, sind der Wortschatz, Metaphern und Argumentationen. Ebenfalls seit längerem etabliert sind die Untersuchung von Sprechhandlungsmustern und Textsorten. Erst in jüngster Zeit und bislang noch kaum untersucht sind Mehrworteinheiten, Phraseologismen, Sätze und Bilder.

Der politische Wortschatz ist – wie oben dargelegt – offenbar die auffälligste Erscheinung der politischen Meinungs- oder Ideologiesprache und hat daher seit Lübbe und Dieckmann die meiste wissenschaftliche Aufmerksamkeit auf sich gezogen. Einerseits ist daraus eine differenzierte Terminologie zur Benennung und funktionalen Beschreibung der politischen Lexik entstanden, die von den erwähnten Begriffen *Schlagwort*, *ideologische Polysemie* und *semantischer Kampf* ausgehend weitere Differenzierungen vornimmt. *Fahnen-* und *Stigmawort* (Hermanns 1980), *Vexierwort* (Teubert 1989), *Hochwert-* und *Unwertwort* (Burkhardt 2003), *Schlüsselwort* und *Leitvokabel*, aber auch *Miranda, Anti-Miranda* sowie *Euphemismus* (vgl. zuletzt Forster 2009) sind solche weithin verwendeten und etablierten Termini. Der *semantische Kampf* wird mit den Begriffen *Bezeichnungskonkurrenz, deskriptive* und *deontische Bedeutungskonkurrenz* (Klein 1989) beschrieben. Theoretisch-programmatisch spielt die Lexik sowohl im Programm der historischen Semantik (Busse 1987), das eine Erweiterung und Vertiefung der Begriffsgeschichte der Historiker darstellt, als auch in Hermanns Konzept der *Sprachgeschichte als Mentalitätsgeschichte* (1995) eine zentrale Rolle, insofern dabei in Anlehnung an Koselleck Wörter als ‚Vehikel von Gedanken' und als Indikatoren und Faktoren der geschichtlichen Entwicklung aufgefasst werden. Auch die neuere Frame-Analyse (Ziem 2008) fokussiert auf lexikalische Einheiten, deren gesamter verstehensrelevanter Hintergrund systematisch bestimmt werden soll. Bei der Charakterisierung von im politisch-gesellschaftlichen Kontext gebrauchten Wörtern als Schlagwörtern handelt es sich meist um heuristische Setzungen, die durch die Analyse zu plausibilisieren sind. Alternativ wird das Kriterium der expliziten oder impliziten Sprachthematisierung durch die Diskursbeteiligten (Stötzel/Wengeler 1995) zum Auswahlkriterium für Schlagwörter erhoben. Mit diesen rein hermeneutisch begründeten Auswahlkriterien möchten neuere korpuslinguistisch arbeitende Ansätze sich nicht mehr zufrieden geben. Sie machen das Kriterium der Frequenz des Vorkommens von Wörtern in großen Textkorpora zum ergänzend hinzuziehenden, wenn nicht sogar zum maßgeblichen Kriterium für die Bestimmung der zu untersuchenden Wörter als politische Schlagwörter (vgl. Ziem, im Druck).

Auch Metaphern als zweite traditionelle sprachliche Einheit politiksprachlicher Untersuchungen werden in jüngerer Zeit mit Hilfe der Annotation von Metapherntoken in großen Textkorpora als Realisierungen bestimmter Metaphernfelder korpuslinguistisch fundiert untersucht. Die Untersuchung von Metaphern kann sich seit langer Zeit auf elaborierte Metapherntheorien von der Bildfeldtheorie Weinrichs (1976) über die Interaktionstheorie Max Blacks (1962) bis hin zu den kognitiven Metapherntheorien von Lakoff/Johnson (1980) und zur aktuellen Blendingtheorie Faucounnier/Turners (2002) beziehen. In deren Rahmen interessieren einerseits die grundlegend metaphorisch strukturierte Form unseres Denkens und unseres kognitiven und sprachlichen ‚Zugriffs' auf politische Sachverhalte, andererseits im politischen Kontext vor allem die Eigenschaften des *Highlighting* und *Hiding* durch Metaphern, die Möglichkeit, durch sie bestimmte Aspekte hervorzuheben und andere im ‚toten Winkel' der Aufmerksamkeit zu belassen. Untersucht worden sind in der Politikspracheforschung seit jeher sowohl Einzelmetaphern vom *gemeinsamen Haus Europa* (Bachem/Battke 1989) bis hin zu *Heuschrecken* (Ziem 2008) als auch Metaphernbereiche/Bildfelder wie etwa Kriegs- und Krankheitsmetaphorik im öffentlichen Diskurs (Musolff 1990, 2003), Wasser- und Militärmetaphorik im Einwanderungsdiskurs (Böke 1997) oder Krankheits- und Kampfmetaphorik in Krisendiskursen (Drommler/Kuck 2013).

Argumentation ist ebenfalls eine seit jeher im Bereich Politik und Gesellschaft untersuchte sprachliche Einheit. Einzeltexte wurden dabei mit den Mitteln und Kategorien der Argumentationslehre der antiken Rhetorik (vgl. Ottmers 1996), andererseits mit Bezug auf neuere Argumentationstheorien von Arne Naess, Stephen Toulmin u. a. (vgl. Lüger 2001, Kopperschmidt 1989) und auch in Anlehnung an gesellschaftstheoretische Konzepte Habermas' (ebd.) untersucht. Die Erweiterung der Analyse auf immer wiederkehrende Argumentationsmuster/Topoi in politischen Diskursen verdankte sich u. a. der Einsicht, dass sowohl Wörter in Diskursen nur im argumentativen Zusammenhang bedeutsam sind bzw. ‚funktionieren' als auch dass Metaphern(bereiche) im Gebrauch argumentative Funktionen haben (Pielenz 1993). Mit Berufung auf den Aristotelischen Topos-Begriff und seine Adaption durch Bornscheuer und Kienpointner ist die diskurslinguistische Topos-Analyse (z. B. Wengeler 2003, Spieß 2011) bezogen auf politisch-gesellschaftliche Diskurse zu einem „zentralen und erfolgreichen Konzept der transtextuell orientierten Linguistik" (Spitzmüller/Warnke 2011, 191) geworden.

So wie ARGUMENTIEREN eine komplexe Sprechhandlung ist, so lassen sich auch andere Sprechhandlungen und Sprechhandlungsmuster im Forschungsbereich

Sprache in Politik und Gesellschaft systematisch untersuchen. Die Linguistik hält dafür mit ihren pragmatischen Konzepten und mit der linguistischen Gesprächsanalyse ein reichhaltiges Methodenrepertoire bereit. Beliebt ist z. B. die Anwendung des Griceschen Implikaturenmodells zur Entschlüsselung des vom Sprecher Gemeinten (prototypisch Keller 1985) oder die Nutzung und Erweiterung der Konversationsmaximen für eine kommunikative Ethik (u. a. Heringer 1982, 1990) oder zur Beschreibung der kommunikativen Anforderungen für politisch Handelnde (Klein 1996). Inspiriert von der Sprechakttheorie werden des Öfteren auch systematisch die Sprechhandlungsmuster untersucht, die Politiker nutzen, um ihre Ziele zu erreichen. Die umfassendste Analyse all dessen, was ein Politiker in seinem Alltag sprachlich tut, hat Holly 1990 in seiner Darstellung der Aktivitäten eines Bundestagsabgeordneten geliefert. Auch Hollys zusammen mit Kühn und Püschel Ende der 1980er Jahre vorgelegte Untersuchungen über politische Fernsehdiskussionen nutzen Sprechhandlungskategorien zur Beschreibung und zur Kritik politischen Sprechens, wenn moniert wird, dass die Sprachhandlung des WERBENS in solchen Diskussionen realisiert wird, auf der Oberflächenebene dies aber als DISKUTIEREN inszeniert wird. Politische Fernsehdiskussionen und -interviews von der ehemaligen „Elefantenrunde" über „Sabine Christiansen" bis hin zu den TV-Kanzlerduellen, von Interviews in Nachrichtensendungen bis hin zu längeren Interviewformaten wie „Was nun, Herr/Frau X" sind aber außer mit pragmatisch-sprechhandlungstheoretischen Konzepten zunehmend mit gesprächsanalytischen Methoden (z. B. Luginbühl 1998) untersucht worden. Das pragmatische Konzept der Präsupposition hat Armin Burkhardt mit vielen Beispielen systematisch angewendet und differenziert.

Ein weiteres vielfach bearbeitetes Untersuchungsfeld stellt die Betrachtung politischer Textsorten dar. Differenzierte Typologien stammen von Strauß (1986) und Klein (2000). Es sind vor allem Wahlkampf-Textsorten wie Parteiprogramme (z. B. Hermanns 1989 und 1991), Wahl- und Abstimmungsplakate (Müller 1978, Demarmels 2009) sowie Wahlwerbespots (Holly 1991), die untersucht werden, aber auch die klassische Textsorte politische Rede in ihrer vielfältigen Differenzierung als Parlamentsrede, bei der auch deren dialogische Elemente wie Zwischenrufe und Zwischenfragen berücksichtigt werden (Burkhardt 2003), Gedenkrede (SuL 87/2001), Kanzlerrede (Schröter 2006) oder Neujahrsansprache (Holly 1996) ist im Fokus der Politolinguistik.

Davon kann man bei den sprachlichen Einheiten Mehrworteinheiten, Phraseologismen, Sätze und Bild-Text-Verknüpfung erst seit kurzem oder nur sehr bedingt sprechen. Mit *Mehrworteinheiten* wird dabei auf eine korpuslinguistische Methode abgehoben, bei der die automatische Suche nach sog. n-Grammen es ermöglicht, hochfrequente und damit diskurstypische Kookkurrenzen, Kollokationen korpusgetrieben zu eruieren und mithin „Sprachgebrauchsmuster" (Bubenhofer 2009) ausfindig zu machen, die etwas über die Verfestigung von Denkschemata, von kognitiven Einheiten im Diskurs aussagen.

Um Mehrworteinheiten handelt es sich natürlich auch bei Phraseologismen und Sätzen. Als sprachliche Einheiten, die zu den Kerngebieten der Linguistik zählen, haben sie im Hinblick auf die speziellen insbesondere inhaltlichen Erkenntnisinteressen der Politikspracheforschung bisher kaum eine Rolle gespielt. Phraseologismen sind vielmehr ein beliebter Gegenstand kulturvergleichender Studien. Mit ihnen können aufgrund ihrer Festigkeit und Idiomatizität Einsichten in kulturell unterschiedliche Denkmuster gewonnen werden. In der Forschung zur Werbesprache als einem Teilbereich des öffentlichen Sprachgebrauchs, der auch großen Einfluss auf politische Wahlwerbung ausübt, werden dagegen Formen und Funktionen von modifizierten Phraseologismen untersucht (Hemmi 1994), ein Gegenstand, der sich mit Gewinn auf politische Sprache anwenden ließe.

Dass auch einzelne politisch-geschichtlich wirkungsmächtige und im kollektiven Gedächtnis verhaftete Sätze wie „Ich bin ein Berliner", „Jetzt wächst zusammen, was zusammengehört" oder „Unter den Talaren der Muff von tausend Jahren" lohnende Untersuchungsgegenstände darstellen, hat Klein (2011) in jüngeren Beiträgen herausgearbeitet. Die Forschung zu politischen Slogans, oft zu Wahlslogans, kann durchaus auch als Forschung zur sprachlichen Einheit Satz verstanden werden (vgl. Hermanns 2007).

Zu guter Letzt sei unter den hier behandelten sprachlichen Untersuchungseinheiten die nicht-sprachliche Einheit des Bildes erwähnt, die im linguistischen Kontext vor allem in ihrem Zusammenspiel mit sprachlichen Daten interessiert. Dass in aktuellen Diskursen auch Bilder und Text-Bild-Beziehungen relevante Inhalte vermitteln, dürfte außer Frage stehen. So hat Stöckl (2004) Methoden zur systematischen Untersuchung von Text-Bild-Kommunikaten in der Presse und in der Werbung entwickelt. Als multimodale Analyse von gesellschaftlichen Diskursen haben in den letzten Jahren Meier (2008) in seiner Analyse der online geführten Diskussionen zur Wehrmachtsausstellung sowie Steinseifer (2011) in seiner Untersuchung zur printmedialen Berichterstattung über den RAF-Terrorismus der 1970er Jahre differenzierte Analysekategorien und interessante Untersuchungsergebnisse vorgelegt. Auch der aus der Kritischen Diskursanalyse stammende Begriff des Kollektivsymbols (Link 1984) leistet für die Berücksichtigung nicht-sprachlicher semiotischer Einheiten gute Dienste.

4.2 Akteure und Handlungsfelder

In der Domäne „Politik und Gesellschaft" rücken neben den verschiedenen sprachlichen Einheiten verstärkt Akteure und Handlungsfelder ins Zentrum von linguistischen Analysen. Wie entsteht sprachliches Wissen in politischen, gesellschaftlichen Handlungsfeldern wie in Behörden, im Gericht oder im Parlament? Welchen Bedingungen unterliegt der Sprachgebrauch in öffentlich relevanten Institutionen und Handlungsfeldern? Wie verhalten sich Akteure in diesen Institutionen und Handlungsfeldern, und welche Rolle spielen sie in einschlägigen Diskursen? Dass Akteure in diskurslinguistischen Studien systematisch zu berücksichtigen seien, haben Spitzmüller/Warnke in ihrem methodologisch ausgerichteten DIMEAN-Modell (2011, 172 ff.) herausgestellt; sie regen an, auf die Critical Discourse Analysis und Soziolinguistik zurückzugreifen: „Akteure können dabei Individuen, Gruppen von Individuen, Netzwerke von Individuen, aber auch nicht-personale Handlungsinstanzen wie Institutionen, Parteien, Medien etc. sein" (ebd., 172). In diesem Sinne können in der politiksprachlichen Forschung Interessengruppen, Massenmedien und Institutionen als *Akteure* unterschieden werden.

Fokussiert auf Individuen und Gruppen von Individuen können die Interaktionsrollen und Diskurspositionen Einzelner, wie etwa die Richard von Weizsäckers im Vergangenheitsbewältigungs-Diskurs oder die Erhard Epplers im Entwicklungshilfe- und Nachrüstungsdiskurs der 1970er und 1980er Jahre, untersucht werden. Einzelindividuen stehen auch in Kämpers Studien zu den sprachgeschichtlichen Umbruchphasen 1945–1955 und 1968 ff. im Mittelpunkt der Betrachtung (Kämper 2005, 2012). Individuen wie Rudolf Höß und Carl Schmitt, Adolf Grimme und Konrad Adenauer, Carl Amery und Viktor Klemperer ordnet Kämper den Diskursgemeinschaften der Täter, Nichttäter und Opfer zu, um den Schulddiskurs der Nachkriegszeit als einen von unterschiedlichen Akteursgruppen bestimmten zu beschreiben. Für 1968 untersucht Kämper die Rolle der Intellektuellen Adorno, Habermas und Dutschke im Demokratiediskurs der Zeit.

Naheliegend ist bezüglich politischer Diskurse auch der systematische Einbezug der Rolle politischer Parteien. Dies ist implizit bei der Untersuchung von Parteien und Parteivertretern ‚emittierter' Textsorten wie Grundsatz- und Wahlprogramme, Fernsehwerbespots, Bundestagsreden oder Talkshowbeiträgen immer schon geschehen; die erwähnte Analyse der Sprachpolitik der CDU in den 1970er Jahren oder Untersuchungen zur Sprache der Grünen fokussieren etwa auf die Rolle einer Partei. Eine systematische Untersuchung der Diskurspositionen einer politischen Partei oder auch die systematische Betrachtung der Rolle einer Partei in einem Themenfeld steht aber noch aus. Ebenso wenig gibt es Untersuchungen zu den Diskurspositionen und -rollen der so genannten Nichtregierungsorganisationen (NGOs) wie Greenpeace oder attac auf der einen (bürgerschaftlichen) Seite und Initiative Neue Soziale Marktwirtschaft (INSM) oder Bertelsmann Stiftung auf der anderen (wirtschaftsnahen) Seite, die sprachwissenschaftlich bestenfalls punktuell bezüglich einzelner Kommunikate analysiert worden sind (Wengeler 2008 zur INSM, Holly 2007 zu „Du bist Deutschland"). Am ehesten könnten Studien zur Rolle von *1968* (Scharloth 2011) für die Sprach- und Kommunikationsgeschichte der BRD, die Berücksichtigung der Rolle der Umweltbewegung im Umwelt- und Atomenergiediskurs (Jung 1994) als Umsetzung des Ziels, Akteursgruppen diskurslinguistisch einzubeziehen, angesehen werden.

Als zweite Gruppe von Akteuren sind Massenmedien zu berücksichtigen, deren sprachliche Besonderheiten und dabei implizit oder explizit ihr Einfluss auf politisch-gesellschaftliche Diskurse ohne das Label Diskurslinguistik sprachwissenschaftlich seit langem behandelt werden: Von den Flugschriften der Reformationszeit über die

Zeitungen seit ihren Anfängen, die Rolle von Rundfunk und Fernsehen angefangen von der NS-Zeit bis heute bis hin zu heutigen Kommunikationsformen im Internet. Daher gehören die ‚Handlungsfelder' dieser Medien, insofern sie Einfluss nehmen auf Diskurse bzw. gesellschaftlich wahrgenommene Diskurse erst schaffen oder zumindest strukturieren, genuin zum Untersuchungsbereich einer diskurslinguistischen Perspektive auf Sprache in Politik und Gesellschaft. Traditionell und bis heute bevorzugt untersucht werden Printmedien. Der SPIEGEL, die ZEIT, die FAZ, aber auch die BILD-Zeitung gelten bis heute als Leitmedien. Für korpuslinguistisch fundierte Studien liefert die digitale Archivierung der Printmedien zudem die praktikable Möglichkeit, Diskurse auf der Grundlage einer großen Menge von Kommunikaten/Texten zu untersuchen.

Dies ist bei Fernseh- oder Radiobeiträgen mit mehr Aufwand verbunden, insofern hier Mündliches zunächst transkribiert werden muss. Untersuchungen der für gesellschaftliche Diskurse ebenfalls als einflussreich betrachteten Genres der Fernsehnachrichten, der Fernsehinterviews und -diskussionen beschränken sich zumeist auf Einzelexemplare und fokussieren dabei stärker auf deren strukturelle Organisation und deren sprachlich-kommunikativen Merkmale als ‚Textsorten'. Ihre Einbeziehung als Medien der Wissensproduktion und -vermittlung, als für Diskurse relevante ‚Akteure' stellt eine Herausforderung für die künftige Forschung dar. Auch die Kommunikation in digitalen Medien wird bisher noch kaum hinsichtlich des Einflusses der webbasierten Kommunikation auf Diskurse, auf gesellschaftliche Wissenskonstitution untersucht. Erste methodisch anspruchsvolle und empirisch ertragreiche Untersuchungen von Online-Diskursen, inhaltlich bestimmter Diskurse sowie der Rolle von Wikipedia für Wissenskonstruktionen in digitalen Medien hat eine Chemnitzer Forschergruppe um Claudia Fraas vorgelegt (Fraas/Meier/Pentzold 2013).

Auch Institutionen können als ‚Akteure' betrachtet werden, und ihre Beiträge zur gesellschaftlichen Wissenskonstruktion stellen ein einflussreiches ‚Handlungsfeld' in Diskursen dar. Um die Vielzahl von Institutionen als Handlungsträger in Diskursen in ihrer systematisch voneinander zu unterscheidenden Funktion abzugrenzen, bietet es sich in einer auf Gewaltenteilung basierenden demokratischen Gesellschaft an, die drei Handlungsfelder Legislative, Exekutive und Judikative zu trennen und die einzelnen Institutionen diesen zuzuordnen.

Für die Forschung zur politischen Sprache spielt dabei die Legislative die zentrale Rolle. Parlamentarische Kommunikation ist sowohl in ihren historischen Facetten wie in ihren systematischen sprachlich-kommunikativen Merkmalen intensiv untersucht worden: Von der Paulskirche (Grünert 1974) über die Weimarer Verfassungsgebende Nationalversammlung (Haß-Zumkehr 1998), den Weimarer Reichstag (Mergel 2002), den Parlamentarischen Rat der Nachkriegszeit (Kilian 1997) bis hin zu Bundestagsdebatten (Burkhardt 2003) sind Parlamentsdebatten Gegenstand z. T. umfangreicher Studien geworden. Auch für diskurslinguistische Analysen, die an der öffentlichen Wissenskonstruktion bezüglich gesellschaftlich umstrittener Themen interessiert sind, sind Parlamentsprotokolle vielfach berücksichtigt worden und ist somit der Einfluss des Parlaments auf Diskurse analysiert worden (vgl. Eitz/Engelhardt 2014).

Zur Exekutive zählen alle Institutionen, die gesetzliche Bestimmungen ausführen und für gesellschaftliche Aufgaben verantwortlich sind, von Polizei und (Hoch-)Schule bis hin zu den verschiedenen ‚Ämtern', also der Verwaltung vom Finanzamt über das Sozial- und Jugendamt bis zu den ‚modernen' Bürgerbüros. Hinsichtlich der Probleme, die sich durch Fachsprachgebrauch, durch die asymmetrischen Kommunikationssituationen zwischen institutionell ‚Mächtigen' und deren Klienten ergeben, ist von der Schul- und Hochschulkommunikation (Ehlich/Rehbein 1983, Meer 1998) über die Bürger-Behörden-Kommunikation im Sozialamt (z. B. Selting 1987) bis hin zu Polizeivernehmungen (Hee 2012) zumeist mit gesprächsanalytischen Mitteln das Funktionieren solcher Kommunikation untersucht worden. Daneben beschäftigen sich Linguisten seit langem damit, schwer verständliche Texte aus behördlicher Kommunikation im Sinne einer größeren Transparenz für ‚Klienten' der Institutionen zu vereinfachen. Untersuchungen, wie und inwiefern die schriftliche und mündliche behördliche Kommunikation zur gesellschaftlichen Wissenskonstruktion beiträgt, stehen allerdings noch aus. Auch die Kommunikation vor Gericht ist vielfach gesprächsanalytisch im Hinblick auf Kommunikationsprobleme betrachtet worden (z. B. Hoffmann 1983). Zudem standen die Festlegung und Bestimmung juristischer Textsorten im Mittelpunkt. Intensiv mit semantischen Aspekten juristischer Textauslegung setzt sich Busse (1992) auseinander und zeigt damit Wege auf, auf welche Weise die Beschäftigung mit dem Handlungsfeld Judikative zur Erschließung ihres Anteils am gesellschaftlichen Wissenskonstruktionsprozess beitragen kann. Solche „Faktizitätsherstellung" durch juristische Diskurse ist auch das Thema vieler im Umfeld von Felder entstandener Arbeiten (z. B. Felder 2003).

5 Schlussbemerkungen

In dem vorliegenden Beitrag haben wir versucht, forschungsgeschichtlich zentrale Aspekte in der Domäne „Sprache in Politik und Gesellschaft" zusammenfassend zu beschreiben. Im Gefolge der pragmatischen Wende der Linguistik hat sich dieser Bereich der angewandten Linguistik zu einem kontinuierlich erweiterten Forschungsfeld entwickelt. Im Anschluss an einen knappen Überblick über die einschlägige germanistisch-linguistische Forschung haben wir die These vertreten, dass die Politolinguistik zumindest insofern ein diskurslinguistisches Programm *avant la lettre* vertritt, als auch sie von der wirklichkeitskonstituierenden Kraft von Sprache ausgeht, die auf verschiedenen sprachlichen Ebenen analysiert und bestimmt wird. Beide teilen darüber hinaus grundlegende sprachtheoretische Voraussetzungen. Auch wenn der Forschungsüberblick keinen Anspruch auf Vollständigkeit erheben kann und soll, hoffen wir doch, dass er einen Einblick in die prosperierende Forschung gegeben hat und Anlass zu weiteren Studien gibt.

Resümierend bleibt festzuhalten, dass im Rahmen der Politolinguistik bereits seit nunmehr über vier Jahrzehnten eine Vielzahl an Studien erschienen ist, die ganz verschiedene Facetten der politischen Sprache betreffen. Zu diesen gehören Burkhardt (1996, 81) zufolge die Bereiche „Sprechen über Politik", „politische Mediensprache" und „Politiksprache". Obwohl diese Unterscheidung der drei großen Gegenstandsbereiche der Politolinguistik deutlich macht, dass drei Akteursgruppen im Fokus der Untersuchungen stehen und standen, nämlich im Bereich „Sprechen über Politik" der potentielle Wähler bzw. „das Volk", im Bereich „politische Mediensprache" die Massenmedien und im Bereich „Politiksprache" die Politiker selbst, darf dies nicht darüber hinwegtäuschen, dass ein Großteil der politolinguistischen Studien weniger den *akteursspezifischen* Sprachgebrauch analysiert als vielmehr sprachliche Einheiten (wie Schlüsselwörter, Metaphern etc.) der politischen Sprache. Ein Defizit bleibt die vergleichende Analyse des politischen Sprachgebrauchs von Institutionen, politischen Parteien und Bevölkerungsgruppen bzw. Wählern (vgl. aber Gotsbachner 2013).

In methodischer Hinsicht stellt die Diskurslinguistik einen reichhaltigen ‚Werkzeugkasten' für konkrete Sprachanalysen bereit; in der Politolinguistik wird und wurde auf diese vielfältig zurückgegriffen (vgl. Niehr 2013). Obwohl in diesem Zusammenhang der mündliche Sprachgebrauch zunehmend Gegenstand von Untersuchungen wird (für Parlamentsdebatten vgl. etwa Stopfner 2013), kommen insgesamt Aspekte der interaktiv-dynamischen Bedeutungs- und Gegenstandskonstitution zu kurz. Grundsätzlich besteht jedoch die Möglichkeit, die in der Politolinguistik bislang vorwiegend am Beispiel schriftsprachlicher Texte untersuchten Spracheinheiten (vgl. Abschnitt 4) unter den spezifischen Bedingungen der konzeptionellen Mündlichkeit zu untersuchen. Weitere Studien in diesem Themenfeld wären wünschenswert.

6 Literatur

Bachem, Rolf/Kathleen Battke (1989): *Unser gemeinsames Haus Europa*: Zum Handlungspotential einer Metapher im öffentlichen Meinungsstreit. In: Muttersprache 99, 110–126.
Behrens, Manfred/Walther Dieckmann/Erich Kehl (1982): Politik als Sprachkampf. In: Heringer, 216–265.
Bergmann, Jörg (2001): Das Konzept der Konversationsanalyse. In: Klaus Brinker u. a. (Hg.): Text- und Gesprächslinguistik. Ein internationales Handbuch zeitgenössischer Forschung. 2. Bd. Berlin/New York, 919–927.
Black, Max (1962): Models and Metaphors, Ithaca, NY.
Blommaert, Jan (2005): Discourse. A Critical Introduction. Cambridge.
Böke, Karin (1997): Die „Invasion" aus den „Armenhäusern Europas". Metaphern im Einwanderungsdiskurs. In: Matthias Jung/Martin Wengeler/Karin Böke (Hg.): Die Sprache des Migrationsdiskurses. Opladen, 164–193.

Bubenhofer, Noah (2009): Sprachgebrauchsmuster. Korpuslinguistik als Methode der Diskurs- und Kulturanalyse. Berlin/New York.

Burkhardt, Armin (1996): Politolinguistik. Versuch einer Ortsbestimmung. In: Josef Klein/ Hajo Diekmannshenke (Hg.): Sprachstrategien und Dialogblockaden. Linguistische und politikwissenschaftliche Studien zur politischen Kommunikation. Berlin/New York, 75–100.

Burkhardt, Armin (1998): Deutsche Sprachgeschichte und politische Geschichte. In: Werner Besch u. a. (Hg.): Sprachgeschichte. Ein Handbuch zur Geschichte der deutschen Sprache und ihrer Erforschung. 2., vollständig neu bearb. und erw. Aufl., 1. Halbband, Berlin/New York, 98–122.

Burkhardt, Armin (2002): Politische Sprache. Ansätze und Methoden ihrer Analyse und Kritik. In: Jürgen Spitzmüller u. a.: Streitfall Sprache. Sprachkritik als angewandte Linguistik? Mit einer Auswahlbibliographie zur Sprachkritik (1990 bis Frühjahr 2002). Bremen, 75–114.

Burkhardt, Armin (2003): Das Parlament und seine Sprache. Studien zu Theorie und Geschichte parlamentarischer Kommunikation. Tübingen.

Busse, Dietrich (1987): Historische Semantik. Analyse eines Programms. Stuttgart.

Busse, Dietrich (1992): Recht als Text. Linguistische Untersuchungen zur Arbeit mit Sprache in einer gesellschaftlichen Institution. Tübingen.

Busse, Dietrich (2007): Diskurslinguistik als Kontextualisierung: Methodische Kriterien. Sprachwissenschaftliche Überlegungen zur Analyse gesellschaftlichen Wissens. In: Ingo Warnke (Hg.): Diskurslinguistik nach Foucault – Theorie und Gegenstände. Berlin/New York, 81–105.

Coulson, Seana (2001): Semantic Leaps: Frame-Shifting and Conceptual Blending in Meaning Construction. Cambridge.

Demarmels, Sascha (2009): JA. Nein. Schweiz: Schweizer Abstimmungsplakate im 20. Jahrhundert. Konstanz.

Dieckmann, Walther (1975): Sprache in der Politik. Eine Einführung in die Pragmatik und Semantik der politischen Sprache. 2. Aufl. Heidelberg.

Diekmannshenke, Hajo (2001): Politische Kommunikation im historischen Wandel. Ein Forschungsüberblick. In: Hajo Diekmannshenke/Iris Meißner (Hg.): Politische Kommunikation im historischen Wandel. Tübingen, 1–27.

Diekmannshenke, Hajo (2006): Politische Kommunikation im historischen Wandel. Tübingen. [Studienbibliographien Sprachwissenschaft 34]

Drommler, Michael/Kristin Kuck (2013): *Krise* aus Metaphern – *Krise* in Metaphern. Metaphorische Konstruktionen von Krisenkonzepten am Beispiel der Debatten zur „Agenda 2010" und zur „Finanzkrise" 2008/09. In: Martin Wengeler/Alexander Ziem (Hg.): Sprachliche Konstruktionen sozial- und wirtschaftspolitischer Krisen. Bremen, 209–239.

Ehlich, Konrad/Jochen Rehbein (Hg.) (1983): Kommunikation in Schule und Hochschule. Linguistische und ethnomethodologische Analysen. Tübingen.

Eitz, Thorsten/Isabelle Engelhardt (2014): Diskursanalyse des öffentlichen Sprachgebrauchs der Weimarer Republik. Hildesheim/New York.

Eitz, Thorsten/Georg Stötzel (2007/2009): Wörterbuch der „Vergangenheitsbewältigung". Die NS-Vergangenheit im öffentlichen Sprachgebrauch. 2 Bände. Hildesheim/Zürich/New York.

Fauconnier, Gilles/Mark Turner (2002): The Way We Think. Conceptual Blending and the Mind's Hidden Complexities. New York.

Felder, Ekkehard (2003): Juristische Textarbeit im Spiegel der Öffentlichkeit. Berlin/New York.

Felder, Ekkehard (Hg.) (2013): Faktizitätsherstellung in Diskursen. Die Macht des Deklarativen. Berlin/New York.

Fillmore, Charles J. (1985): Frames and the semantics of understanding. In: Quaderni di Semantica 6 (2), 222–254.

Forster, Iris (2009): Euphemistische Sprache im Nationalsozialismus. Schichten, Funktionen, Intensität. Bremen.
Fraas, Claudia/Stefan Meier/Christian Pentzold (Hg.) 2013: Online-Diskurse. Theorien und Methoden transmedialer Online-Diskursforschung. Köln.
Garfinkel, Harold (1967): Studies in Ethnomethodology. Englewood Cliffs: Prentice-Hall.
Girnth, Heiko (2002): Sprache und Sprachverwendung in der Politik. Eine Einführung in die linguistische Analyse öffentlich-politischer Kommunikation. Tübingen.
Gotsbachner, Emo (2013): Politisches Kapital aus der Eurokrise schlagen. Eine diskursanalytische Untersuchung von politischen Deutungsangeboten und ihrer heterogenen Wahrnehmungen. In: Martin Wengeler/Alexander Ziem (Hg.): Sprachliche Konstruktionen sozial- und wirtschaftspolitischer Krisen. Bremen, 127–151.
Grünert, Horst (1974): Sprache und Politik: Untersuchungen zum Sprachgebrauch der ‚Paulskirche'. Berlin/New York.
Hahn, Silke (1998): Zwischen *Einheitsschule* und *Eliteförderung*. Semantisch relevante Phänomene in der Bildungspolitik als Beitrag zu einer Sprachgeschichte der Bundesrepublik. Frankfurt a. M. u. a.
Haß-Zumkehr, Ulrike (1998): Die Weimarer Reichsverfassung – Tradition, Funktion, Rezeption. In: Heidrun Kämper/Hartmut Schmidt (Hg.): Das 20. Jahrhundert. Sprachgeschichte – Zeitgeschichte. Berlin/New York, 225–249.
Hee, Katrin (2012): Polizeivernehmungen von Migranten. Eine gesprächsanalytische Studie interkultureller Interaktionen in Institutionen. Heidelberg.
Hemmi, Andrea (1994): „Es muss wirksam werben, wer nicht will verderben". Kontrastive Analyse von Phraseologismen in Anzeigen-, Radio- und Fernsehwerbung. Bern u. a.
Herberg, Dieter (1994): Schlüsselwörter der Wendezeit. Ein Projekt zur Auswertung des IDS-„Wendekorpus". In: Sprachreport 1, 4.
Heringer, Hans Jürgen (Hg.) (1982): Holzfeuer im hölzernen Ofen. Aufsätze zur politischen Sprachkritik. Tübingen.
Heringer, Hans Jürgen (1982): Sprachkritik – die Fortsetzung der Politik mit besseren Mitteln. In: Heringer, 3–34.
Heringer, Hans Jürgen (1990): „Ich gebe Ihnen mein Ehrenwort". Politik, Sprache, Moral. München.
Hermanns, Fritz (1980): Brisante Wörter. Zur lexikographischen Behandlung parteisprachlicher Wörter und Wendungen in Wörterbüchern der deutschen Gegenwartssprache. In: Herbert Ernst Wiegand (Hg.): Studien zur neuhochdeutschen Lexikographie II. Marburg, 87–108.
Hermanns, Fritz (1989): Deontische Tautologien. Ein linguistischer Beitrag zur Interpretation des Godesberger Programms der SPD. In: Josef Klein (Hg.): Politische Semantik. Opladen, 69–149.
Hermanns, Fritz (1991): „Leistung" und „Entfaltung". Ein linguistischer Beitrag zur Interpretation des Ludwigshafener Grundsatzprogramms (1978) der Christlich Demokratischen Union Deutschlands. In: Liedtke/Wengeler/Böke, 230–257.
Hermanns, Fritz (1995): Sprachgeschichte als Mentalitätsgeschichte. Überlegungen zu Sinn und Form und Gegenstand historischer Semantik. In: Andreas Gardt/Klaus J. Mattheier/Oskar Reichmann (Hg.): Sprachgeschichte des Neuhochdeutschen. Gegenstände, Methoden, Theorien. Tübingen, S. 69–101.
Hermanns, Fritz (2007): Slogans und Schlagwörter. In: Jochen A. Bär/Thorsten Roelcke/Anja Steinhauer (Hg.): Sprachliche Kürze. Konzeptuelle, strukturelle und pragmatische Aspekte. Berlin/New York, 459–478.
Hoffmann, Ludger (1983): Kommunikation vor Gericht. Tübingen.
Holly, Werner (1990): Politikersprache. Inszenierungen und Rollenkonflikte im informellen Sprachhandeln eines Bundestagsabgeordneten. Berlin/New York.

Holly, Werner (1991): *Wir sind Europa*. Die Fernsehwerbespots der SPD zur Europawahl 1989. In: Liedtke/Wengeler/Böke, 258–275.
Holly, Werner (1996): Die sozialdemokratischen Bundeskanzler an das Volk. Die Ansprachen von Brandt und Schmidt zum Jahreswechsel. In: Karin Böke/Matthias Jung/Martin Wengeler (Hg.): Öffentlicher Sprachgebrauch. Opladen, 315–329.
Holly, Werner (2007): Audiovisuelle Hermeneutik. Am Beispiel des TV-Spots der Kampagne „Du bist Deutschland". In: Fritz Hermanns/Werner Holly (Hg.): Linguistische Hermeneutik. Tübingen, 389–428.
Humboldt, Wilhelm von (1836): Über die Verschiedenheit des menschlichen Sprachbaus. Paderborn 1998.
Jäger, Ludwig (2002): Transkriptivität. Zur medialen Logik der kulturellen Semantik. In: Ludwig Jäger/Georg Stanitzek (Hg.): Transkribieren – Medien/Lektüre. München, 19–41.
Jung, Matthias (1994): Öffentlichkeit und Sprachwandel. Zur Geschichte des Diskurses über die Atomenergie. Opladen.
Kämper, Heidrun (2005): Der Schulddiskurs in der frühen Nachkriegszeit. Ein Beitrag zur Geschichte des sprachlichen Umbruchs nach 1945. Berlin/New York.
Kämper, Heidrun (2012): Aspekte des Demokratiediskurses der späten 1960er Jahre. Konstellationen – Kontexte – Konzepte. Berlin/New York.
Keller, Rudi (1977): Kollokutionäre Akte. In: Germanistische Linguistik 1–2, 3–50.
Keller, Rudi (1985): Was die Wanzen tötet, tötet auch den Popen. Ein Beitrag zur politischen Sprachkritik. In: Georg Stötzel (Hg.): Germanistik – Forschungsstand und Perspektiven. Vorträge des Deutschen Germanistentages 1984, Teil 1. Berlin/New York, 264–277.
Kilian, Jörg (1997): Demokratische Sprache zwischen Tradition und Neuanfang. Am Beispiel des Grundrechte-Diskurses 1948/49. Tübingen.
Klein, Josef (1989): Wortschatz – Wortkampf – Wortfelder in der Politik. In: ders. (Hg.): Politische Semantik. Bedeutungsanalytische und sprachkritische Beiträge zur politischen Sprachverwendung. Opladen, 3–50.
Klein, Josef (1991): Kann man „Begriffe besetzen"? Zur linguistischen Differenzierung einer plakativen politischen Metapher. In: Liedtke/Wengeler/Böke, 44–69.
Klein, Josef (1995a): Asyl-Diskurs. Konflikte und Blockaden in Politik, Medien und Alltagswelt. In: Ruth Reiher (Hg.): Sprache im Konflikt. Berlin/New York, 15–71.
Klein, Josef (1995b): Politische Rhetorik. Eine Theorieskizze in Rhetorik-kritischer Absicht mit Analysen zu Reden von Goebbels, Herzog und Kohl. In: Sprache und Literatur in Wissenschaft und Unterricht 75/76, 62–99.
Klein, Josef (1996): Dialogblockaden. Dysfunktionale Wirkungen von Sprachstrategien auf dem Markt der politischen Kommunikation. In: Josef Klein/Hajo Diekmannshenke (Hg.): Sprachstrategien und Dialogblockaden. Berlin/New York, 3–29.
Klein, Josef (1998): Politische Kommunikation – Sprachwissenschaftliche Perspektiven. In: Otfried Jarren/Ulrich Sarcinnelli/Ulrich Saxer (Hg.): Politische Kommunikation in der demokratischen Gesellschaft. Ein Handbuch mit Lexikonteil. Opladen, 186–210.
Klein, Josef (2000): Textsorten im Bereich politischer Institutionen. In: Klaus Brinker u. a. (Hg.): Textlinguistik. Ein internationales Handbuch zur Wissenschaft von Sprache und Gesellschaft. Berlin/New York, 732–755.
Klein, Josef (2007): Linguistische Hermeneutik politischer Rede. Eine Modellanalyse am Beispiel von Kanzler Schröders Verkündung der Agenda 2010. In: Fritz Hermanns/Werner Holly (Hg.): Linguistische Hermeneutik. Tübingen, 201–238.
Klein, Josef (2011): Die Pragmatik des salienten Satzes – in politischen und historischen Diskursen zentral, in der Linguistik vernachlässigt. In: Michael Kotin/Elizabeth Kotorova (Hg.): Sprache in Aktion: Pragmatik – Sprechakte – Diskurs. Heidelberg, 115–130.

Kopperschmidt, Josef (1989): Methodik der Argumentationsanalyse. Stuttgart-Bad Cannstatt.
Kopperschmidt, Josef (1991): Soll man um Worte streiten? Historische und systematische Anmerkungen zur politischen Sprache. In: Liedtke/Wengeler/Böke, 70–89.
Kuhn, Fritz (1991): *Begriffe besetzen*. Anmerkungen zu einer Metapher aus der Welt der Machbarkeit. In: Liedtke/Wengeler/Böke, 90–110.
Lakoff, George/Mark Johnson (1980): Metaphors we Live by. Chicago.
Liebert, Wolf-Andreas (2003): Zu einem dynamischen Konzept von Schlüsselwörtern. In: Zeitschrift für Angewandte Sprachwissenschaft 38, 57–83.
Liedtke, Frank/Martin Wengeler/Karin Böke (Hg.) (1991): Begriffe besetzen. Strategien des Sprachgebrauchs in der Politik. Opladen.
Link, Jürgen (1984): Über ein Modell synchroner Systeme von Kollektivsymbolen sowie seine Rolle bei der Diskurs-Konstitution. In: ders./Wulf Wülfing (Hg.): Bewegung und Stillstand in Metaphern und Mythen. Stuttgart, 63–92.
Lübbe, Hermann (1967): Der Streit um Worte. Sprache und Politik In: Hans Georg Gadamer (Hg.): Das Problem der Sprache. München, 351–371.
Lüger, Heinz-Helmut 2001: Akzeptanzwerbung in Pressekommentaren. In: Ulrich Breuer/Jarmo Korhonen (Hg.): Mediensprache – Medienkritik. Frankfurt a. M. u. a., 207–224.
Luginbühl, Martin (1998): Gewalt im Gespräch. Verbale Gewalt in politischen Fernsehdiskussionen am Beispiel der „Arena". Bern u. a.
Meer, Dorothee (1998): Der Prüfer ist nicht der König. Mündliche Abschlußprüfungen in der Hochschule. Tübingen.
Meier, Stefan (2008): (Bild-)Diskurs im Netz. Konzept und Methode für eine semiotische Diskursanalyse. Köln.
Mergel, Thomas (2002): Parlamentarische Kultur in der Weimarer Republik. Politische Kommunikation, symbolische Politik und Öffentlichkeit im Reichstag. Düsseldorf.
Müller, Gerd (1978): Das Wahlplakat. Pragmatische Untersuchungen zur Sprache in der Politik am Beispiel von Wahlplakaten aus der Weimarer Republik und der Bundesrepublik. Tübingen.
Musolff, Andreas (1990): Zur Analyse von Kriegsmetaphorik im öffentlichen Sprachgebrauch. In: Sprache und Literatur in Wissenschaft und Unterricht 66, 62–80.
Musolff, Andreas (2003): Ideological functions of metaphor: The conceptual metaphors of *health* and *illness* in public discourse. In: René Dirven/Roslyn Frank/Martin Pütz (ed.): Cognitive Models in Language and Thought. Ideology, Metaphors and Meanings. Berlin/New York, 328–352.
Niehr, Thomas (2004): Der Streit um Migration in der Bundesrepublik Deutschland, Schweiz und Österreich. Eine vergleichende diskursgeschichtliche Untersuchung. Heidelberg.
Niehr, Thomas (2013): Politolinguistik – Diskurslinguistik: Gemeinsame Bezüge und Anwendungsbezüge. In: Kersten-Sven Roth/Carmen Spiegel (Hg.): Angewandte Diskuslinguistik: Felder, Probleme, Perspektiven. Berlin, 73–88.
Ottmers, Clemens (1996): Rhetorik. Stuttgart/Weimar.
Pielenz, Michael (1993): Argumentation und Metaphern. Tübingen.
Roth, Kersten Sven (2004): Politische Sprachberatung als Symbiose von Linguistik und Sprachkritik. Zu Theorie und Praxis einer kooperativ-kritischen Sprachwissenschaft. Tübingen.
Scharloth, Joachim (2011): 1968 – eine Kommunikationsgeschichte. München.
Schröter, Melani (2006): Adressatenorientierung in der öffentlichen politischen Rede von Bundeskanzlern 1951–2001. Eine qualitativ-pragmatische Korpusanalyse. Frankfurt a. M. u. a.
Schröter, Melani/Björn Carius (2009): Vom politischen Gebrauch der Sprache. Wort, Text, Diskurs. Eine Einführung. Frankfurt a. M.
Selting, Margret (1987): Verständigungsprobleme. Eine empirische Analyse am Beispiel der Bürger-Verwaltungskommunikation. Tübingen.

Spieß, Constanze (2011): Diskurshandlungen. Theorie und Methode linguistischer Diskursanalyse am Beispiel der Bioethikdebatte. Berlin/New York.

Spitzmüller, Jürgen/Ingo H. Warnke (2011): Diskurslinguistik. Eine Einführung in Theorien und Methoden der transtextuellen Sprachanalyse. Berlin/New York.

Steinseifer, Martin (2011): ‚Terrorismus' zwischen Ereignis und Diskurs. Zur Pragmatik von Text-Bild-Zusammenstellungen in Printmedien der siebziger Jahre. Berlin/New York.

Stöckl, Hartmut (2004): Die Sprache im Bild – Das Bild in der Sprache. Zur Verknüpfung von Sprache und Bild im massenmedialen Text. Konzepte, Theorien, Analysemethoden. Berlin/New York.

Stötzel, Georg (1982): Konkurrierender Sprachgebrauch in der deutschen Presse. Sprachwissenschaftliche Textinterpretationen zum Verhältnis von Sprachbewußtsein und Gegenstandskonstitution. In: Heringer, 277–289.

Stötzel, Georg/Eitz, Thorsten (2002): Zeitgeschichtliches Wörterbuch der Gegenwartssprache. Hildesheim.

Stötzel, Georg/Martin Wengeler u. a. (1995): Kontroverse Begriffe. Geschichte des öffentlichen Sprachgebrauchs in der Bundesrepublik Deutschland. Berlin/New York.

Stopfner, Maria (2013): Streitkultur im Parlament. Linguistische Analyse der Zwischenrufe im österreichischen Nationalrat. Tübingen.

Strauß, Gerhard (1986): Sprachspiele, kommunikative Verfahren und Texte in der Politik. Versuch einer Textsortenspezifik. In: Gerhard Strauß: Der politische Wortschatz. Tübingen, 2–66.

Teubert, Wolfgang (1989): Politische Vexierwörter. In: Josef Klein (Hg.): Politische Semantik. Opladen, 51–68.

Warnke, Ingo H. (2009): Die sprachliche Konstituierung von geteiltem Wissen in Diskursen. In: Ekkehard Felder/Marcus Müller (Hg.): Wissen durch Sprache. Theorie, Praxis und Erkenntnisinteresse des Forschungsnetzwerks „Sprache und Wissen". Berlin/New York, 113–140.

Weinrich, Harald (1976): Sprache in Texten. Stuttgart.

Wengeler, Martin (1992): Die Sprache der Aufrüstung. Zur Geschichte der Rüstungsdiskussionen nach 1945. Wiesbaden.

Wengeler, Martin (2003): Topos und Diskurs. Begründung einer argumentationsanalytischen Methode und ihre Anwendung auf den Migrationsdiskurs (1960–1985). Tübingen.

Wengeler, Martin (2008): Das *Merkelmeter* mit seinem *theoretischen Reformoptimum*. Zu Kommunikations- und Sprachstrategien der *Initiative Neue Soziale Marktwirtschaft*. In: Steffen Pappert/Melani Schröter/Ulla Fix (Hg.): Verschlüsseln, Verbergen, Verdecken in öffentlicher und institutioneller Kommunikation. Berlin, 85–110.

Wittgenstein, Ludwig (1984): Philosophische Untersuchungen. Werkausgabe Band 1. 4. Auflage. Frankfurt a. M.

Ziem, Alexander (2008): Frames und sprachliches Wissen. Kognitive Aspekte der semantischen Kompetenz. Berlin/New York.

Ziem, Alexander (2009): Sprachliche Wissenskonstitution aus Sicht der Konstruktionsgrammatik und Kognitiven Grammatik. In: Ekkehard Felder/Marcus Müller (Hg.): Wissen durch Sprache. Theorie, Praxis und Erkenntnisinteresse des Forschungsnetzwerks „Sprache und Wissen". Berlin/New York, 173–206.

Ziem, Alexander (2012): Werbekommunikation semantisch. In: Nina Janich (Hg.): Handbuch Werbekommunikation. Sprachwissenschaftliche und interdisziplinäre Zugänge. Tübingen, 65–87.

Ziem, Alexander (im Druck): Vom lexikalischen Wissen zum argumentativen Gebrauch: Korpusstudien zu *Globalisierung* an der Schnittstelle von Semantik und Pragmatik. In: Armin Burkhardt/Cornelia Pollmann (Hg.): Globalisierung: Medien, Sprache, Politik. Bremen.

Beatrix Busse/Ingo H. Warnke
24. Sprache im urbanen Raum

Abstract: Im Text werden die Grundlagen der Urban Linguistics als sprachwissenschaftliche Ausprägung der interdisziplinären Urban Studies dargestellt. Ausgehend von einer Problematisierung des Stadtbegriffs wird Urbanität als Modell entwickelt, das drei Dimensionen, sechs Merkmale und zwei transversale Eigenschaften umfasst. Gegenstand der Urban Linguistics sind die sprachlichen Phänomene dieses Urbanitätsmodells. Mit dieser Konzeption ist eine Erweiterung bisheriger linguistischer Stadtsprachenforschung verbunden. Es werden nicht nur Variationsphänomene in den Blick genommen, sondern insbesondere auch Prozesse des variationalen Place-Making, die als deklarative Sprachhandlungen zu verstehen sind. Ausgehend von entsprechenden Überlegungen werden im Text spezifische methodologische Bedingungen der Urban Linguistics dargestellt sowie Felder grundlegender linguistischer Forschungen zur Urbanität umrissen.

1 Zu Begriff und Methodologie der Urban Linguistics
2 Forschungsfelder der Urban Linguistics
3 Fazit
4 Literatur

1 Zu Begriff und Methodologie der Urban Linguistics

1.1 Der linguistische Urbanitätsbegriff

Die Konzeption der *Urban Linguistics*, ihre Methodologie und ihre Gegenstände sind durch ein Problem gekennzeichnet, das in der schlichten und sich zugleich als komplex erweisenden Frage erscheint, was eigentlich *urban* heißt. Man kann vermuten, dass sich die *Urban Linguistics* mit sprachlichen Phänomenen in der *Stadt* bzw. im *urbanen Raum* befassen, und das ist auch durchaus richtig. Doch wo beginnt die Stadt, wo hört sie auf, was befindet sich an ihren Rändern, ist sie überall städtisch, wo verschwimmen ihre Grenzen und in was geht die Stadt bzw. der urbane Raum auf, gibt es überhaupt auf städtische Räume begrenzte sprachliche Eigenschaften oder Phänomene? Dieses Fragenbündel weist auf zahlreiche Schwierigkeiten bei der Begriffsbestimmung der *Urban Linguistics* hin. Noch komplexer wird es, wenn man *Urbanität* intensional bzw. kontextuell-funktional bestimmen will: Gegen was ist das *Urbane* überhaupt abzugrenzen, worin liegt der linguistische Unterschied zwischen Stadt und Land, spricht und/oder schreibt man in der Stadt tatsächlich spezifisch anders als auf dem Land, und wenn ja, bestimmt man damit ein Phänomen von Urbanität oder nicht vielmehr nur räumliche Sprachvariation, sind im Zuge der globalen Urbanisierung von Lebensentwürfen nicht mögliche städtische Merkmale von Sprachen ohnehin längst diffundiert in die *Counterurban Spaces* (Britain 2009, 2012, 2013), wie begründet man das Desinteresse der *Urban Linguistics* am ländlichen Raum? Wir könnten diese Fragen weiterführen, die soweit angesprochenen Problemfelder mögen aber bereits ausreichen, um zu zeigen, dass *Urbanität* alles andere als ein wissenschaftlich leicht fassbares Phänomen ist, dass der Begriff *Urbanität* vor allem unter kontextuell-funktionalen Gesichtspunkten vieldeutig erscheint und folglich die Gegenstände der *Urban Linguistics* hybrid sind. Linguistische Fragen nach sprachlichen Aspekten von Urbanität weisen dabei keineswegs einfache Wege aus dieser grundsätzlichen begrifflichen Komplexität.

Nun könnte man aus der Hybridität des Urbanitätskonzepts leicht ein Argument gegen die linguistische Beschäftigung damit entwickeln. Doch wir gehen davon aus, dass gerade die Vielschichtigkeit und teilweise Uneindeutigkeit der diskursiven Aspekte von Urbanität – nicht zuletzt auch im Kontext einer zunehmenden Urbanisierung der Weltbevölkerung – ihre linguistische Relevanz ausmacht. Die übliche sprachwissenschaftliche Praxis distinkter Kategorisierungen mag im Programm der *Urban Linguistics* zwar an ihre Grenzen geführt werden, doch darin sehen wir weit weniger ein Problem der *Urban Linguistics* selbst als eine Notwendigkeit, interdisziplinäre Gegenstände mit disziplinärer Bereitschaft zur Infragestellungen eigener Klassifikationsgewohnheiten zu betrachten. Vor diesem Hintergrund ist der folgende Überblick auch nicht als theoretische und methodologische Festlegung zu verstehen, sondern als Erweiterung bisheriger und Spezifizierung möglicher neuer linguistischer Interessen am urbanen Raum.

Was meint aber *Urbanität* im Programm der *Urban Linguistics*? Wir wollen – trotz unserer Zurückhaltung gegenüber begrifflichen Vereindeutigungen – diese Frage zum Ausgangspunkt unserer Überlegungen machen. *Urbanität* leitet sich etymologisch (vgl. Menge 1911/1992, 778) aus lat. *urbs* mit der Bedeutung „größere Stadt, Hauptstadt einer Gegend" ab. Insbesondere bezeichnet das lat. Nomen „die Stadt Rom", *ad urbem* bedeutet „bei od[er] vor Rom", die „Oberstadt, innere Stadt, Burg" sowie in metonymischer Übertragung die „Stadtbewohner, Städter". Lat. *urbanitas* meint „städtisches Wesen, Stadtleben" und auch hier insbesondere „das Leben in Rom", unter Einschluss der Bedeutung „städtische Sprache, Ausdrucksweise des Städters". Das lat. Adjektiv *urbanus* bedeutet unter anderem „römisch" bzw. „in (od[er] aus, bei) der Stadt Rom" sowie „fein, gebildet", „geschmackvoll, gewählt", „witzig, geistreich" bis „dreist, keck, zudringlich". Urbanität ist also seiner Herkunft nach ein Konzept metropolitaner Räume, es umfasst die in der *metropolis* oder in den großen Städten gesprochenen sprachlichen Varietäten sowie die typischen großstädtischen Verhaltensweisen, die als soziale Distinktionswerte konzipiert sind. Während mit *Stadt* eine räumliche Formation definierter Größe bezeichnet wird, ist mit *Urbanität* eine

In-Wert-Setzung verbunden. Die Parametrisierung verläuft dabei entlang der Werte *Zentrum/Peripherie – Metropole/Kolonie* – und spiegelt sich in vielen Abhandlungen zu Großstädten bzw. Metropolen bis heute. Georg Simmels (1903) Abhandlung *Die Großstädte und das Geistesleben* ist dafür ein kanonisches Beispiel mit ihrer Distinktion zwischen Groß- und Kleinstadt, Natur und Zivilisation, Landleben und Geldwirtschaft usw. Ein besonders eindrückliches und zugleich deutlich zugespitztes Beispiel für die In-Wert-Setzung von Zentrum/Peripherie im Stadt-Land-Modell ist Adornos Abhandlung *Erziehung nach Auschwitz*, wobei hier eine politische Interpretation aus der historischen Erfahrung der Shoa entwickelt ist:

> Die immer noch fortdauernde kulturelle Differenz von Stadt und Land ist eine, wenn sicher auch gewiss nicht die einzige und wichtigste, der Bedingungen des Grauens. Jeder Hochmut gegenüber der Landbevölkerung ist mir fern. Ich weiss, dass kein Mensch etwas dafür kann, ob er ein Städter ist oder im Dorf groß wird. Ich registriere dabei nur, dass wahrscheinlich die Entbarbarisierung auf dem platten Land noch weniger als sonst wo gelungen ist. (Adorno 1997, 680)

Urbanität bezeichnet in unserem Verständnis also ein Merkmalbündel von Werten der (großen) Stadt und ist damit als Konzept weit weniger objektiver Beschreibungsbegriff als ein Bewertungszusammenhang, etwa in historisch-politischen Kontexten. *Urbanität* ist ein Sammelbegriff, der nur in einzelnen Positionen distinkte Kategorisierungen ermöglicht – etwa in Adornos rhetorisch engegeführter Entgegensetzung von Land und Stadt oder in Simmels Polarisierung von Natur und Zivilisation. Jenseits solcher paradigmatischer Positionen bleibt *Urbanität* deshalb ein erstaunlich unterspezifizierter Begriff mit mehr als zerfaserten Grenzen.

Wir schließen daraus, dass Urbanität ein Prototypikalitätsbegriff ist und lehnen uns damit an die Modellbedeutung von lat. *urbs* für Rom an. Mit *Urbanität* bezeichnen wir ein Bündel prototypischer (groß)städtischer Merkmale, die einem metropolitanen Modell der Stadt entsprechen. Während Städte konkrete Raumfigurationen sind und immer nur ein Mehr oder Weniger an Urbanität besitzen – das zudem in historischer Dynamik zu denken ist –, ist das urbane Modell selbst lediglich eine Richtgröße für analytische Perspektiven auf Städte. Prototypikalität von Urbanität bedeutet dabei, dass Analysen grundsätzlich immer nur Grade von Merkmalhaftigkeit aufdecken können, nicht aber eindeutige Zugehörigkeit zur oder eindeutigen Ausschluss aus der Kategorie der Urbanität.

Das urbane Merkmalbündel beschreiben wir dabei über die Parametrisierung von drei Modi der Urbanität: *Dimension*, *Aktion* und *Repräsentation* (vgl. Warnke 2013a, 192). Unter Dimension verstehen wir dabei die räumliche Ausdehnung und Gestaltung einer Stadt, unter Aktion die Praktiken in der Stadt und unter Repräsentation die semiotische Codierung der Stadt. Wir verbinden diese Modi mit den Parametern *Größe*, *Dichte*, *Heterogenität*, *Simultanität*, *Multiformalität* und *Intersemiotizität* wie folgt:

Tab. 1: Modi und Merkmale urbaner Räume als Teil des Urbanitätsmodells

Urbane Modi	Merkmale von Urbanität	
Dimension:	Größe	Dichte
Aktion:	Heterogenität	Simultanität
Repräsentation:	Multiformalität	Intersemiotizität

Die sechs Merkmale von Urbanität für die drei Modi urbaner Räume verstehen wir als interdependent. Hinzu kommen noch zwei transversale Eigenschaften urbaner Räume, die wir in Anlehnung an Venturi (1966) als *Komplexität* und *Widersprüchlichkeit* bestimmen. Denn urbane Räume sind vielschichtig, sie manifestieren zahlreiche Kontraste und Divergenzen. Wenn Größe und Dichte beispielsweise prototypische Merkmale der dimensionalen Eigenschaft einer Metropole sind, so gilt das ja immer nur teilweise, denn Verdichtungen stehen Freiflächen wie Parkanlagen gegenüber, die Größe einer Stadt kann in kleinen Strukturen von Stadtteilen flankiert werden usw.

Tab. 2: Transversale Eigenschaften urbaner Räume als Teil des Urbanitätsmodells

Komplexität	Widersprüchlichkeit

Je deutlicher die Merkmale und transversalen Eigenschaften von Urbanität ausgeprägt sind, umso urbaner ist eine Stadt, ein Stadtteil, eine städtische Ortsfiguration. Das gilt aber dann nicht nur für die Stadt im herkömmlichen Sinn, sondern auch für die Herausbildung von Metropolregionen, für Prozesse der Suburbanisierung oder Counterurbanisierung. Das Urbanitätskonzept ist folglich nicht an die Stadt gebunden. Während mit einer traditionellen Stadt-Land-Distinktion die eingangs genannten Unterscheidungsprobleme aufgeworfen sind, ermöglicht das hier dargestellte *Urbanitätsmodell* der Dimensionen, Merkmale und transversalen Eigenschaften die Beschreibung von mehr oder weniger ausgeprägten Merkmal- und Eigenschaftsbündeln in räumlichen Konstellationen, worin wir einen wesentlichen Vorteil erkennen.

Das linguistische Interesse am urbanen Raum begründet sich nun daraus, dass Urbanität durch eine doppelte qualitative Spezifik gekennzeichnet ist. Urbaner Raum ist sprachlich aufgrund seiner Merkmalhaftigkeit und seiner transversalen Eigenschaften einerseits durch ein großes Maß an Variation und andererseits durch einen hohen Grad an Deklaration im Sinne der Sprechakttheorie gekennzeichnet. Je größer, dichter, heterogener, simultaner, multiformaler, intersemiotischer und je komplexer sowie widersprüchlicher eine Stadt ist, um so eher können wir mit hoher sprachlicher Variation rechnen. Einher geht damit die deklarative Aufladung in sprachlichen Handlungsmustern, also solchen pragmatischen Konstellationen, in denen urbaner Raum durch sprach- oder sonstige zeichengebundene Aussagen konstituiert wird.

Ein einschlägiges Beispiel dafür sind Kampagnen des Stadtmarketings, aber auch städtische Protestkommunikation, Reiseführer, literarische Bilder einer Stadt, Songs, Street Art, Toponyme, Ladenschilder und zahlreiche andere Formen der Deklaration von Raum. Urbane Räume sind sprachlich hoch aufgeladen, woraus wir die Notwendigkeit ableiten, Urbanität weit stärker als bisher als Gegenstand linguistischer Forschung zu betrachten – wohlgemerkt Urbanität und nicht die Stadt. *Urban Linguistics* erfasst alle sprachbezogenen Aspekte des urbanen Modells unter Einschluss ihrer multimodalen Erscheinungen. Damit wird gerade nicht die fragwürdige Stadt-Land-Distinktion perpetuiert, sondern eine prototypische Raumkonstellation auf ihre linguistischen Besonderheiten befragt. Wir betonen dabei, dass die *Urban Linguistics* Teil des interdisziplinären Forschungsprogramms der *Urban Studies* ist.

1.2 Variationales Place-Making

Verstehen wir *Urban Linguistics* als eine sprachwissenschaftliche Forschungsrichtung, die linguistische Phänomene im dargestellten Urbanitätsmodell untersucht, so meinen wir damit zusammenfassend zunächst das Folgende: Sprache ist Teil der Interdependenzen von urbaner *Dimension, Aktion* und *Repräsentation*, sie ist ein Phänomen in großen, dichten, heterogenen, simultanen, multiformalen sowie intersemiotischen Stadträumen und unter anderem strukturiert sie die Komplexität und Widersprüchlichkeit von Städten. *Urban Linguistics* setzt also nicht an der Vorstellung eines bereits vorfindlichen städtischen Untersuchungsfeldes an – eine Untersuchung etwa der Sprache Berlins, New Yorks und/oder Shanghais –, sondern analysiert die mehr oder weniger vielschichtigen und diskrepanten Sprachphänomene von Städten. *Urban Linguistics* ist weit weniger an Sprachen in der Stadt interessiert als am Zusammenhang von Sprache und Urbanität. Damit ist die genaue Kennzeichnung dieses Zusammenhangs zentral.

Wir gehen davon aus, dass die in der Stadtsprachenforschung weithin zugrunde gelegte Annahme, die Stadt sei ein besonderer sozialer Raum und allein deshalb schon wichtiger linguistischer Untersuchungsgegenstand, für die *Urban Linguistics* keinen hinreichenden Begründungszusammenhang liefert. Wie wir ja bereits gezeigt haben, ist es problematisch, von fixen Stadt-Land-Unterscheidungen auszugehen (vgl. Vandekerckhove 2010). Wir schlagen demgegenüber vor, den Zusammenhang von Raum und Sprache in der *Urban Linguistics* als reziproken Konnex anzusehen. In der herkömmlichen variationslinguistischen Perspektive wird Sprache als ein Diasystem (vgl. Weinreich 1954, 390) betrachtet, wobei die wesentlichen Variationsparameter „Zeit, Raum, soziale Schicht […] und soziokommunikative Situation" (Berruto 2004, 193) sind. Aus diesen Parametern resultieren dann „vier oder fünf große Klassen sprachlicher Varietäten":

> Außer den diachronen Varietäten [...] gibt es diatopische (geographische), diastratische (soziale), diaphasische (situative, situationale, funktional-kontextuelle) und eventuell mediale [...]. (Berruto 2004, 193)

Mit einem vergleichbaren Modell arbeitet bereits Labov (1966) als einer der Begründer der Stadtsprachenforschung.

Sprachliche Variation ist selbstverständlich im städtischen Raum beobachtbar, und es kann folglich nicht von der Hand gewiesen werden, dass Stadträume – wie andere Räume auch – Variationsparameter darstellen. Jedoch erscheint es ebenso evident, dass dabei die Abgrenzung des städtischen Raums gegenüber anderen Räumen problematisch bleibt. In der *Urban Linguistics* wird also die Stadt als Variationsraum durchaus ernst genommen, doch diasystematische Vielschichtigkeit und Raumgebundenheit sprachlicher Merkmale werden nur als notwendiger, nicht aber als hinreichender Gegenstand ihres wissenschaftlichen Programms anerkannt. Folglich zeigt auch Britain (2012, 2013), dass – obwohl urbane Milieus synonym mit Studien zu sprachlicher Variation und sprachlichem Wandel verwendet werden – die Variationslinguistik und ihr Fokus auf meist phonologische sprachliche Variation nichts spezifisch Urbanes vorweist, denn die theoretischen Annahmen, Methoden und analytischen Techniken der Variationslinguistik können ebenso erfolgreich auf Studien in ländlichen Gegenden angewendet werden.

Man versteht also auch in der *Urban Linguistics* städtischen Raum als Variationsparameter und untersucht folglich in guter linguistischer Tradition sprachsystematische Besonderheiten wie stadtsprachenspezifische Lautung, Lexik und Grammatik und korreliert diese mit statischen sozialen Parametern. Doch wir wollen das Verhältnis von urbanem Raum und Sprache nicht als unidirektional verstehen. Urbaner Raum ist nicht nur Parameter für Variation, sondern Sprache ist ebenso Parameter der Konstituierung von Urbanität. Die Komplexität des Urbanitätsmodells beinhaltet also die Annahme, dass sprachliche Handlungen neben anderen Praktiken wie z. B. Bauen, Bewegung, Wohnen, Arbeiten als konstituierende Faktoren für Urbanität wirksam sind. Sprache in der Stadt wird in der *Urban Linguistics* folglich nicht nur als Variationsphänomen betrachtet, sondern ebenso als Parameter der Herstellung von urbanen Räumen. Diese Herstellung von Urbanität durch Praktiken der Raumproduktion (vgl. Lefebvre 1974) ist in der *Urban Linguistics* zentral gesetzt. Dabei geht es genauer gesagt aber nicht um die Herstellung eines urbanen *Raums*, sondern um die Herstellung von *Orten* im Kontext des Urbanitätsmodells, kurz um *Ortsherstellung* oder *Place-Making* in der Stadt.

Wir greifen hier eine in den *Urban Studies* zentrale Diskussion um die Unterscheidung von *Space* und *Place* auf. Während man unter *Space* oder *Raum* eine kontextfreie Formation räumlicher Dimensionen etwa nach dem Beispiel der Euklidischen Geometrie verstehen kann, ist *Place* oder *Ort* ein spezifischer Raumtyp mit definierbaren, durch Interaktion von Akteuren hervorgetretenen Eigenschaften und einer unterschiedlich wahrnehmbaren Identität, die erinnert werden kann und historische

Eigenschaften aufweist. Wir verweisen damit auf eine Definition von *Place*, die auch Friedmann (2010, 154) in Auseinandersetzung mit Cresswell (2004) entwickelt hat:

> Accordingly, a place can be defined as a small, three-dimensional urban space that is cherished by the people who inhabit it. To the characteristics of urban places identified by Cresswell above – reiterative social practices, inclusiveness, performability, dynamic quality – we can now add three more: the place must be small, inhabited, and come to be cherished or valued by its resident population for all that it represents or means to them.

Diese Definition ist gegenüber anderen Versuchen – wie etwa Hultmann/Hall (2012, 549), die *Place* als „(i)ntersecting mobilities, relations and practices" verstehen – für die *Urban Linguistics* ausgesprochen nützlich, weil sie auf die drei Modi des urbanen Modells – *Dimension, Aktion, Repräsentation* – beziehbar ist. Ein urbaner Ort ist demnach zunächst ein „small, three-dimensional urban space" (Dimension), er ist zudem aber auch hervorgebracht durch „reiterative social practices" (Aktion) und gebunden daran, was er für Akteure meint, d. h. „represents or means" (Repräsentation) (Friedmann 2010, 154).

Wir verstehen in der *Urban Linguistics* deshalb *Orte* bzw. *Places* als Funktionen der drei Modi des Urbanitätsmodells (siehe Tab. 1). *Orte* werden hergestellt in Prozessen des *Place-Making* (Friedmann 2010) und dies nicht zuletzt durch sprachliche Handlungen. Das Verhältnis von urbanem Raum und Sprache ist also in der *Urban Linguistics* reziprok gedacht, einerseits durch die Statuierung von Sprache als Parameter urbaner Variation, andererseits durch Statuierung von Sprache als Parameter der Ortsherstellung: Urbaner Raum ist linguistischer Variationsparameter und urbane Sprache ist Ortsparameter. Daraus folgt, dass Prozesse des *Place-Making*, der *Ortsherstellung*, mit sprachlich variierten Ausdrucksformen in der Stadt interdependent sind. Wir nennen diesen Prozess *variationales Place-Making* und sehen in diesem den zentralen Forschungsgegenstand einer linguistischen Analyse des Urbanitätsmodells. *Variationales Place-Making* umfasst klassische Themenfelder der Variationslinguistik ebenso wie neuere Ansätze des *Place-Making*, denn beide Phänomenbereiche sehen wir ja als notwendig interdependent.

Versteht man nun die Wahl bestimmter Varietäten – im gesamten Spektrum möglicher Register – als eine ortsherstellende Praxis, so kommt der deklarativen Funktion von Äußerungen in der *Urban Linguistics* eine zentrale Stellung zu. Wir sprechen deshalb im Kontext des Urbanitätsmodells auch von der *Deklarativen Stadt* bzw. *Declarative City*. Unter Deklarativität verstehen wir mit Searle (1976, 13) eine sprachliche Handlung, bei der nicht nur eine Übereinstimmung zwischen propositionalem Gehalt und Realität hergestellt wird (*word-to-world direction*), sondern die Realität selbst eine Änderung erfährt (*word-to-world- and world-to-word-direction*):

> *Declarations.* It is the defining characteristic of this class that the successful performance of one of its members brings about the correspondence between the propositional content and reality,

successful performance guarantees that the propositional content corresponds to the world: if I successfully perform the act of appointing you chairman, then you are chairman [...].

Wie bereits erwähnt, sind Slogans des Stadtmarketing ein gutes Beispiel für die Perspektivierungsleistung von deklarativen Sprachhandlungen in der Stadt: „be Berlin", eine Stadtmarketingkampagne Berlins, die den inoffiziellen aber vielleicht sogar noch wirkungsvolleren Berlinslogan „arm aber sexy" begleitet, ist allein schon durch den Modus keine repräsentative Aussage, sondern eine Aufforderung, ein direktiver Sprechakt: „The illocutionary point of these consists in the fact that they are attempts by the speaker to get the hearer to do something" (Searle 1976, 11). Doch es ist nicht nur die Aufforderung im fiktiven interpersonalen Dialog, sondern als *Place-Making* zudem die Deklaration Berlins als Ort der Vielfalt, an dem es für jeden Hörer möglich ist, Berlin zu sein, also die Stadt subjektiv selbst zu gestalten. Das ist weder ein repräsentativer noch ein direktiver Gehalt der Aussage, sondern eine deklarative Funktion des Slogans. Ein Slogan, der gerade mit seinem deklarativen Gehalt der Herstellung von Berlin als tolerantem Ort der Vielfalt auch diachron motiviert ist; wir verweisen hier auf die viel zitierte Aussage Friedrichs II.:

> Die Religionen Müsen alle Tolleriret werden und Mus der Fiscal nuhr das Auge darauf haben daß keiner dem andern abrug Tuhe den hier muß ein jeder nach Seiner Faßon Selich werden. (zitiert nach Vehse 1842, 352)

Aussagen in der Stadt unter Einschluss ihrer Stilistik und des Wie ihrer Konstruktion, der Nutzung bestimmter Register, also der variationalen Prägung, stellen immer auch Orte her. Das ist die zentrale Annahme der *Urban Linguistics*.

Sprachliche Handlungsmuster sind dabei selbstverständlich eine soziale Praxis, sodass jeder sprachliche Akt auch ein sozialer Akt ist. Diskursive Stile kreieren und assoziieren folglich auch Identitäten und einen (urbanen) Ort, auch wenn das sog. indexikalische Potential von Sprachhandlungen nicht immer offensichtlich ist bzw. bewusst eingesetzt wird. In diesem Zusammenhang möchten wir auf Aghas (2003, 231, Agha 2005) Konzept des *Enregisterments* eingehen, welches ideologische Prozesse beschreibt, in denen linguistische Marker mit bestimmten sozialen Kategorien verbunden werden, die dann soziale Handlungen performativ deklarieren (Johnstone 2009, 159). Sich wiederholende linguistische Formen können dabei die Funktion annehmen, den Status von Sprecherinnen und Sprechern anzuzeigen:

> a linguistic repertoire differentiable within a language as a socially recognized register which has come to index speaker status linked to a specific scheme of cultural values. (Agha 2003, 231, vgl. auch Agha 2005)

Studien zu diesem Thema beziehen die räumliche Dimension in den Prozess des *Enregisterments* ein. Simpson (1999) zeigt beispielsweise, wie heutige Popmusiker einen amerikanischen Akzent adaptieren, um mainstream-modern „amerikanisch" zu klingen. Beal (2009b) illustriert, wie geschickt die Lieder der britischen Popgruppe „Arctic Monkeys" auch Narrative des urbanen Sheffields repräsentieren, welche durch Aussprache, Wortwahl und einem nostalgischen Rückbezug auf historische Orte diskursiv hergestellt werden. Hall-Lew/Stephens (2012) analysieren den Gebrauch des Lexems *country* als indexikalisch für bestimmte ländliche Praktiken und Sprachhaltungen in Amerika in Abgrenzung zur Markierung von Urbanität.

In der Interaktion entstehen bedeutungsvolle Orte, die in sprachlichen Handlungen hergestellt, aber immer auch unterschiedlich wahrgenommen werden können. Der Prozess des *Enregisterments* stellt also einen besonderen Typ der Ortsherstellung dar. Studien, die sich mit diskursiver Indexikalität und *Enregisterment* durch linguistische und andere semiotische Handlungen beschäftigen, betonen (indirekt) verschiedene reziproke Beziehungen zwischen komplexen multimodalen Diskursen und deren Interpretationen sowie deren Bewertungen durch ein ideologisches Schema oder durch persönliche und soziale Identität sowie Lokalität.

Eine dieser Beziehungen ist das ‚Einschreiben' von linguistischen Formen. Die andere bezieht sich auf sog. „metapragmatische Praktiken" (Silverstein 1993), die zeigen, welche bestimmten linguistischen Merkmale (lokale) Identität mit Orten verbinden. So verwendet Johnstone (2009) das Konzept des *Enregisterments*, um die historische Entwicklung des enregistrierten Bewusstseins für den umworbenen und seit jüngster Zeit kommodifizierten Dialekt „Pittburghese" nachzuschreiben. Dies wird z. B. in der existierenden Varietät und Allgegenwärtigkeit von käuflichen Gegenständen deutlich, die lokale sprachliche Besonderheiten, wie z. B. eine Auflistung von dialektalen Wortlisten auf T-Shirts, enthalten. Auf der Basis von umfangreichem aktuellem und historischem Sprachmaterial weist Johnstone (2009) nach, dass eine 1:1 Korrelation von linguistischer Variation und demographischen Fakten – Silversteins (2003) *first order of indexicality* – nicht ausreicht, um zu erklären, wann, warum und wie bestimmte Sprachformen und Handlungen in einer urbanen Sprechergemeinschaft bzw. im öffentlichen Diskurs als dialektal konstruiert und evaluiert werden. Eine negative Bewertung unter den Sprechern findet hier jedoch nicht statt, im Gegenteil. Linguistische Variation, die im Rahmen linguistischer Expertise weiterhin als defizitär, bildungsarm oder mit einer bestimmten sozialen Klasse – oftmals der Arbeiterklasse – assoziiert wird, kann innerhalb dieses öffentlichen Diskurses nur dann vorgefunden und bewertet werden, wenn die Sprecher des lokalen Dialekts mobil werden, die Unterschiede bemerken und darüber reden. Diese *second order of indexicality* (Silverstein 2003) ist mit einer Neu-Einschreibung (dem Prozess des *Re-Enregisterment*) des dialektalen Ausdrucks mit neuen Bedeutungen und Bewertungen verbunden, die lokale Identitäten zum Ausdruck bringen sowie Authentizität, Nostalgie und lokalen Stolz deklarieren, behaupten, hervorbringen. *Place-Making* ist somit diesem Prozess inhärent, denn der lokale Dialekt schafft Bedeutung, und im Prozess der *third order of indexicality* (Silverstein 2003) erhält er außerdem Wert als eine Kommodität. Der Dialekt ist nun zum Kauf zugänglich und Akteure zahlen dafür.

So zeigt sich eine Beziehung der deklarativen Aushandlung von Orten, die bis jetzt in der Forschung vernachlässigt wurde: die diskursive Konstruktion von *Werten* eines Ortes, verbunden mit der Frage, wie diese durch komplexe musterhafte und sich wiederholende Sprachhandlungen und andere semiotische Prozesse hergestellt werden können. Busse (laufendes Projekt) verfolgt die linguistischen und multimodalen Mittel der *Place-Making Activities* in Brooklyn, New York, seit dem Ende des 19. Jahrhunderts. Ziel ist es dabei zu zeigen, wann, wie und in welchem Maße linguistische und andere semiotische Prozesse auf allen Sprachebenen sozialen Wert und *Brooklyn-as-a-brand-name* indizieren und deklarieren.

Zu bedenken ist dabei immer, dass Prozesse des *Enregisterments* durch Mobilität gekennzeichnet sind. Die Wertsetzung durch Wahl bestimmter Register steht also in Abhängigkeit von mobilen Szenarien. Praktiken des *Place-Making*, das Bewusstsein für einen Dialekt und dessen Kultivierung innerhalb einer Sprachgemeinschaft, werden sprachlich in dynamischen Kontexten konstruiert und erfahren dabei Aufwertungen, sie werden schließlich als authentisch wahrgenommen und lokal sowie strategisch positioniert. Der Analyse des *Enregisterments* sollte deshalb nicht ein fixierter Standard zu Grunde gelegt werden. Vielmehr geht es darum zu untersuchen, wie durch spezifische linguistische Strategien bzw. diskursiv ausgehandelte Bewertungen soziale Bedeutung erzeugt wird und wie diesen sprachbasierten Praktiken deklaratives Potential durch eine *Community of Practice* zugeschrieben wird.

Die Frage danach, wie diskursive Praktiken enregistriert werden, sodass Akteure mit ihnen eine bestimmte Identität performativ in einer materiellen Welt gestalten können, erfolgt aus multipler wie auch vergleichender Perspektive. Die Untersuchungen von verschiedenen Einstellungen sowie von qualitativer und quantitativer Variation in einer historischen Dimension sind Grundkonstanten für das Entstehen, Erkennen und Praktizieren von *Enregisterment*. Nicht jede diskursive Praktik indiziert nur eine Identität. Bedeutungen, Wertzuschreibungen und Wertebündel wandeln sich im Verlaufe der Zeit. Um Prozesse des *Enregisterments* oder das, was Moore (2012, 67) als „the social detail that vivifies language usage" bezeichnet hat, im urbanen Raum zu erfassen, kann man nicht von linguistischen Profilen ausgehen, die nur durch eine variationslinguistische Diagnostik zu erschließen wären. Das klassische soziolinguistische Korrelat einer 1:1-Beziehung zwischen sozialer Variable und Sprachgebrauch/-variation ist daher in einem theoretischen Rahmen des variablen urbanen *Place-Making* ebenso limitiert wie die statische Distinktion von Stadt und Land. Linguistische Praktiken sind im Rahmen von *Place-Making* verschiedener und wandelbarer *Communities of Practice* zu sehen. Die Stadt ist ein verdichteter Raum, in dem eine Vielzahl sozialer Effekte in Spannung zueinander stehen. Neben globalen Tendenzen wie demographischem Wandel, Gentrifizierung oder Segregation sind lokale Traditionen, persönliche Bindungen und historisch geprägte Eigenheiten bzw. Eigenlogiken (Berking/Löw 2008) von Bedeutung. Diese Spannung setzt eine hohe Dynamik frei, die sich nicht nur im *Sichtbaren* der Stadt manifestiert – etwa in Prestigebauvorhaben oder Sanierungsprojekten –, sondern vor allem auch im *Sagbaren* (Foucault 1967), in dem, was über die Stadt gesprochen und geschrieben wird.

Der Prozess des *Enregisterments* ist eine kommunikative und soziale Praxis, sodass das Konzept von Genres und deren historische Entwicklungen nicht länger fix ist oder aus einem absoluten Set von Konventionen und Routinen konstituiert wird. Genres sind dynamisch und immer auf einen sozialen Kontext bezogen.

Die eingangs unterlegte Frage, ob es überhaupt eine spezifisch urbane Sprache gibt, verneinen wir also, doch hinsichtlich der Funktion von Sprache im Urbanitätsmodell geht es auch gar nicht um die Analyse von linguistischen Distinktionen zwischen Stadt und Nicht-Stadt, sondern um die spezifischen Leistungen bestimmter Varietäten bei der Ortsherstellung – im Falle des Stadtslogans von Berlin fällt etwa die Sprachmischung sofort auf. Linguistisches *Place-Making* über Deklarationen ist jedoch immer spezifisch. Stadtspezifisch ist dieses *variationale Place-Making* durch die Herstellung von großen, dichten, heterogenen, simultanen, multiformalen, intersemiotischen sowie komplexen und widersprüchlichen Orten. Neue soziolinguistische oder geographische Studien verwenden daher einen ebenso interdisziplinären Rahmen und betonen die Komplexität und Heterogenität von Räumen und deren Effekte auf soziale Prozesse bzw. verkörperte Sprache (Massey 1991, Auer/Schmidt 2010, Britain 2012, 2013).

1.3 Methodologische Anker

Der komplexe und widersprüchliche Gegenstand der *Urban Linguistics* bestimmt nicht nur die konzeptionelle Ausrichtung auf *variationales Place-Making* im Urbanitätsmodell, sondern stellt auch eine sehr spezifische methodologische Bedingung dar. Die Methodenwahl bei der Untersuchung von *variationalem Place-Making* hat diesen besonderen Eigenschaften des urbanen Modells zu entsprechen, die von anderen linguistischen Gegenständen abweichen. Die methodologischen Kernkonzepte sind dabei *Singularität* und *Iteration* sowie ihre Mustererkennung vor dem Hintergrund von Urbanität als einem auch mobilen Raum.

Jedes *Place-Making* ist zunächst eine singuläre deklarative Aufladung von Raum. Abb. 1 zeigt die Markierung eines Gebäudes gemäß *Haager Konvention zum Schutz von Kulturgut bei bewaffneten Konflikten* im ehemaligen Zentralvieh- und Schlachthof Berlin, heute *Entwicklungsgebiet Alter Schlachthof* in Prenzlauer Berg. Die deklarative Funktion des *Place-Making* ist offensichtlich. Das Emblem markiert nicht nur einen Kulturort als schützenswert, sondern stellt diesen performativ als solchen her. Ort wird durch semiotische Intervention gemacht. So vereinzelt aber ein solches Schild im Raum der Stadt erscheint, so komplex und widersprüchlich es kontextualisiert ist, so ist es doch Teil eines Musters schützenswerter Kulturorte, Denkmäler, Erinnerungsorte usw. Die Varianten solcher Muster sind jedoch nicht immer formalisiert wie dieses Emblem, sondern erscheinen in der Stadt auch als idiosynkratische, singuläre

Phänomene. Abb. 2 zeigt beispielsweise eine Erinnerungstafel, ebenfalls in Berlin Prenzlauer Berg, die musterhaft zur Gedenkkultur gehört – wie Abb. 1 –, die aber inhaltlich und formal singulär ist. Deklarationen durch *variationales Place-Making* stehen mithin im Spannungsfeld von Singularität und Iteration.

Abb. 1: Schutzkennzeichen gem. Haager Konvention in Berlin Prenzlauer Berg (© IHW 2012)

Ziel der *Urban Linguistics* ist es nun, die Musterhaftigkeit des *variationalen Place-Making* zu erfassen. Insoweit entsprechen die *Urban Linguistics* vollkommen dem allgemein geteilten Interesse der Sprachwissenschaft an sozialen Repräsentationen und konventionalisierten Regeln. Es geht jedoch nicht nur um das, was in der Linguistik *Sprachgebrauchsmuster* (Biber u. a. 1999, Hunston/Francis 2000, Bubenhofer 2009) genannt wird, also um formal markierte Gebrauchsübereinstimmungen, die in Iterationen nachweisbar sind und über quantitative Verfahren erhoben werden, sondern auch um formal disparate Elemente von Mustern, die in qualitativer Interpretation auf *Place-Making-Patterns* zurückzuführen sind.

Abb. 2: DDR-Gedenktafel in Berlin Prenzlauer Berg (© IHW 2012)

Um hier kein Missverständnis aufkommen zu lassen, betonen wir, dass in der *Urban Linguistics* kein Gegensatz zwischen quantitativ-korpusgestützter Analyse iterativer Musterelemente und qualitativ-ethnographisch relevanten singulären Daten behauptet wird. Wir betonen nur, dass *variationales Place-Making* durch zwei sehr unterschiedliche Datentypen erfolgt. Für die analytische Perspektive folgt daraus die methodologische Annahme, dass man den transversalen Eigenschaften urbaner Räume – also Komplexität und Widersprüchlichkeit – nur dann in linguistischen Analysen gerecht wird, wenn man singuläre und iterative Daten gleichermaßen in den Blick nimmt. Methodisch folgt daraus eine Triangulation von korpusgestützten und ethnographischen Analysen.

Eine Zusammenführung beider Datentypen – iterativen und singulären Phänomen des *Place-Making* – erfolgt dabei durch Dateninterpretation mit Blick auf *Place-Making-Patterns*. Ohne das hier näher ausführen zu können, verweisen wir in diesem Zusammenhang auf Verfahren der *Grounded Theory*, disparate und heterogene Datenbestände so zu interpretieren, dass man „eine konzeptuell dichte und sorgfältig aufgebaute Theorie formulieren kann" (Strauss 1994, 37). Kurz: In der *Urban Linguistics* werden linguistische Feldforschungsmethoden (vgl. Thieberger 2012) und korpusanalytische Ansätze mit dem Ziel verbunden, singuläre und iterative Datenbestände als Zugänge zu einer theorieorientierten dichten Beschreibung (vgl. Geertz 1987) von *Place-Making-Patterns* zu nutzen.

Mit diesem Ziel weist nun die *Urban Linguistics* noch ein weiteres Spezifikum auf, das wir als methodologische Bedingung ansehen. Erhebungen zu *Place-Making-Patterns* setzen notwendigerweise Bewegungen im Raum voraus. Hohe Mobilität im Sinne eines Flusses von Positionswechseln mit oder ohne technische Hilfsmittel ist geradezu ein Erkennungszeichen von urbanen Räumen, sie dient deshalb auch als wirkungsvolles Emblem der Metropole, nicht zuletzt im Film (Abb. 3 und 4).

Abb. 3: Mobilität als metropolitanes Emblem Berlins in Walther Ruttmanns Film *Berlin: Die Sinfonie der Großstadt* (1927) © (http://www.100yearsofmovies.net/2011/08/berlin-symphony-of-great-city-1927.html)

Abb. 4: Mobilität als metropolitanes Emblem in Jim Jarmuschs New York-Episode des Films *Night on Earth* (1991) © (http://americanmoviefan.files.wordpress.com/2011/06/night-on-earth1.jpg)

Mobilität als konstituierender Faktor von Urbanität ist jedoch nicht nur ein Phänomen, sondern bedingt spezifische Verfahren der Analyse. Statische Verfahren, wie sie für die Linguistik prägend waren und teilweise noch immer sind, erweisen sich als nicht hinreichend geeignet zur Erforschung des urbanen Raums. In der *Urban Linguistics* wird deshalb Mobilität von der Ebene der Phänomene auf die Ebene der Verfahren umgedeutet. Wir folgen hier neueren Arbeiten zu mobilen Methoden und verweisen in diesem Zusammenhang insbesondere auf Hall (2009, 574) und sein Interesse an

> developments in the new trans- and post-disciplinary urbanism, which, while clearly aligned with the spatial and mobilities turns, also make space for a continuing – intensified and re-energized – appreciation of place. This is not to insist on or establish a binary opposition – fixity and location as against space and motion. Instead, what is of interest about the new urbanism [...] is its concern with another order of fluidity, decidedly local: the small and (seemingly) trivial practices and movements that constitute the urban everyday.

Aus dieser Perspektive erweisen sich mobile Praktiken (vgl. Hall 2009, 578) als geeignete Verfahren auch der linguistischen Datenerhebung und werden von uns sogar als methodologische Bedingung der *Urban Linguistics* angesehen. Sich durch den Raum zu bewegen, Daten in Bewegung zu erfassen, *variationales Place-Making* durch „footwork" (Hall 2009, 572) zu erfassen, stellt wesentliche Erweiterungen der linguistischen Analysepraxis dar und ermöglicht angemessene Datenerhebungen. Insoweit ist die *Urban Linguistics* auch ein kreatives Feld der linguistischen Methodenentwicklung.

2 Forschungsfelder der Urban Linguistics

Die *Urban Linguistics* ist methodologisch sowie theoretisch interdisziplinär und greift unter anderen auf neuere funktionale Ansätze in der Linguistik zurück und rekurriert auf Disziplinen wie die Humangeographie, die Soziologie, die Literatur- und Kulturwissenschaft oder Architektur. Im Folgenden möchten wir einige klassische sowie sich in der Entwicklung befindende Forschungsrichtungen der urbanen Linguistik kurz beschreiben. Wir beginnen mit der Darlegung der zentralen konzeptionellen Bezugsfelder sowie terminologischen und methodologischen Voraussetzungen einer neueren stadtbezogenen Linguistik. Es geht hier um die konzeptionellen Referenzen sowie terminologischen und methodologischen Voraussetzungen einer forschungsaktuellen stadtbezogenen Linguistik. Ausgangspunkt ist die terminologische Differenzierung von Raumkonzepten in interdisziplinären Forschungszusammenhängen mit besonderem Blick auf Urbanitätstheorien (wie z. B. Lefebvre 1974, Cresswell 2004, Berking/Löw 2008, Zukin 2010). Dabei ist wichtig zu betonen, dass sich aus konkreten räumlichen Figurationen der Stadt spezifische linguistische Fragestellungen ergeben, die es zu erforschen gilt. Dass die Stadt ein Zeichenraum ist, wird dabei ebenso dargestellt, wie die Gegenüberstellung von Stadt und Land als distinkte Kategorien problematisiert wird (Britain 2012).

Als theoretische und methodologische Kritik einer ausschließlich historisch orientierten traditionellen Dialektologie initiiert Labovs (1966) bahnbrechende New York Studie *The Social Stratification of English in New York* den sogenannten *urban turn* in der Dialektologie bzw. Variationslinguistik und formiert die Soziolinguistik als Disziplin, die Variation und Sprachwandel in sozialen Kontexten untersucht. Labov betont darin ebenfalls nicht nur die den Sprachgebrauch beeinflussenden klassischen sozialen Parameter wie Alter, Status, Ethnizität und Gender, sondern entwirft theoretische soziolinguistische Konzepte, wie die sog. *Linguistic Variable*, die *Speech Community*, die *Inherent Variability* und *Style-Shifting* sowie *Change-from-above-and-below*. Sein Modell der Dialektologie urbaner Zentren enthält ebenfalls eine neue methodologische Agenda (Britain 2009). Labovs Studie bildet somit erstmalig den Rahmen für eine Vielzahl (anglophoner) dialektologischer Studien in (westlichen) Städten, wie New York, Detroit, Montreal, Panama City, Norwich, Belfast etc. (Labov 1966, 2006, Trudgill 1974, Cheshire 1984, J. Milroy/L. Milroy 1985, L. Milroy 1987, J. Milroy 1992, Eckert 2000). Heterogene Gemeinschaften, Diversität, Konflikt und Kontrast sowie Komplexität, Wandel und Variation zeigen sich, so die Annahme, in Städten in einer ausgeprägten und dynamischen Weise (Miller 2007). Sie bilden somit die soziolinguistischen Labore *par excellence* (vgl. Britain 2009), die inzwischen aber durch Analysen von Counterurbanisation (Britain 2009, 2013) oder von nicht-anglophonen urbanen Räumen (Al-Wer/de Jong 2009) bzw. einen Fokus auf sog. „communities of practice" und „social styling" (Moore 2012) eine Revision erfahren haben.

Die Stadt wird auch als Ort des Sprechens unter dem Aspekt von Mehrsprachigkeit, Sprachkontakt, Multikulturalismus und Interaktion bestimmt, wobei insbesondere in neueren Studien die Entstehung von Varietäten, sozialen Codes und sog. *Multi-Ethnolects* oder *Urban Vernaculars* (Cheshire u. a. 2011, Cheshire/Adger/Fox 2013, Kerswill in Vorbereitung) in verschiedenen *Communities of Practice* und sozialen Netzwerken behandelt wird. Urbane Gemeinschaften stellen spezifische Kommunikationskonstellationen und kulturelle sowie soziale Räume dar, in denen sowohl neue Sprachen und Codes entstehen, als auch tradierte Sprachen in Wettbewerben um öffentliche Wahrnehmung stehen. Daher ist es von großer Bedeutung, welche Sprecher welchen Alters und welchen ethnischen Hintergrunds in welchen Situationen als *Linguistic Innovator*s fungieren; mit welchen Sprachformen und Sprachgebrauch vor allem jüngere Sprecher in Kontakt stehen und wie die komplexen Prozesse von Sprachwandel und -stabilität vollzogen werden. Die diskursiven Phänomene, die z. B. Teil eines distinkten urbanen *Multi-Ethnolects* werden oder dazu führen, ihn als solchen zu bezeichnen, können für den urbanen Raum different sein und müssen bestimmt werden, um die Frage nach dem Typ des entstehenden neuen Codes zu beantworten. Die Stadt ist also ein dynamisches und höchst variables Terrain, dem mit herkömmlichen Verfahren der raumbezogenen, allein variationsorientierten Linguistik nicht angemessen entsprochen werden kann. Interaktionale Untersuchungen befassen sich hingegen mit diesen unterschiedlichen Gegenständen.

Zu den innovativen Ansätzen innerhalb der Linguistik des städtischen Raums zählen auch die forschungspraktisch gewichtigen Konzepte zu Bewegung im Kommunikationsraum und zu anti-statischen Methodologien (de Certeau 2000, Cresswell 2006, Adey 2009, Büscher/Urry 2009, Hall 2009). Städte sind Räume der Ankunft (Saunders 2010), der Migration, und sie sind Schauplätze des Tourismus (Coupland 2010), mit denen Prozesse der sprachlichen Ein- und Ausgrenzung hervorgebracht werden.

Neuere soziolinguistische Ansätze behandeln Städte folglich nicht nur als räumliche Figurationen, sondern vor allem als sprachliche Konstruktionen, deren Verwendung indexikalisches und damit identitätsstiftendes Potential in mobilen Szenarien besitzt. Die Verhältnisse von Sprache und Ort sowie von Registerwahl und Kommunikationsgemeinschaften und deren Identitäten sind dabei von vorrangigem Interesse im bereits eingeführten Konzept des *Enregisterments* (z. B. Johnstone 2009, Beal 2009a, 2009b). Da die Stadt weit weniger ein ausgewogen befriedetes Spracharreal als ein umkämpftes, konfliktträchtiges Terrain ist, müssen am Beispiel aktueller Diskussionen zur Stadtentwicklung insbesondere auch diese agonalen Dimensionen im urbanen Diskurs behandelt werden (Warnke 2013a, 2013b).

Die Stadt sollte außerdem auch als mediale Repräsentation in den Blick genommen werden. Städte sind sowohl Zeichenträger als auch selbst multimodale Räume. In zahlreichen neueren schriftbezogenen Ansätzen und vor allem semiotischen Theorien zum (urbanen) Raum (Landry/Bourhis 1997, Scollon/Scollon 2003, Backhaus 2007, Jaworski/Thurlow 2010) werden diese Aspekte diskutiert. Dabei werden unterschiedliche theoretische und methodologische Ausrichtungen gewählt, die von soziologischen (Ben-Rafael 2009) über ökolinguistische (Hult 2009) und soziolinguistische (Spolsky 2009) zu sprachökonomischen (Cenoz/Gorter 2009) Ansätzen reichen und diverse Methoden, wie Interviews (Malinowski 2009) sowie Teilnehmerobservation, Medienanalyse und Namenanalyse von Schildern in Einkaufsbezirken (Edelman 2009) beinhalten. Darüber hinaus spielen nicht nur omnipräsente Graffiti, sondern auch andere Formen der Medienstadt eine wichtige Rolle.

Wichtig ist bei jeder Beschäftigung mit Urbanität schließlich, die Geschichte der Stadt und ihrer sprachlichen Ausformungen und Kreationen nicht unberücksichtigt zu lassen. Die Historizität der Stadt und ihre diskursive Verankerung, diachrone Referenzen und historisches Sprechen in und über die Stadt sind daher sowohl in traditionellen variationslinguistischen Urbanitätskonzepten wie in den dargestellten neueren Ansätzen von großer Bedeutung.

3 Fazit

Unser Beitrag zeigt im Überblick, dass die klassische soziolinguistische und variationsorientierte Stadtsprachenforschung im Kontext urbanitätsbezogener Konzepte eine deutliche Erweiterung gefunden hat und die entsprechende *Urban Linguistics* eine wichtige Antwort der Sprachwissenschaft auf die weltweiten Urbanisierungsprozesse darstellt. Stadt und Urbanität sind dabei keine synonymen Bezugsfelder, vielmehr ist Urbanität ein analytisches Modell, das es gilt, auf konkrete Städte zu beziehen. Die kategoriale Abgrenzung von Stadt und Land ist dabei ebenso obsolet wie eine allein variationsbezogene Perspektive. Raum prägt nicht nur den Sprachgebrauch, sondern Sprachgebrauch macht auch Räume, genauer Orte.

Die *Urban Linguistics* ist folglich an Variationsphänomenen durchaus interessiert, versteht diese jedoch in erster Linie als *Place-Making-Phänomene*. Die urbane Stadt als große, dichte Metropole mit heterogenen und simultanen sozialen Praktiken und multiformalen sowie intersemiotisch motivierten Repräsentationen wird in der *Urban Linguistics* entsprechend als eine Ortskonfiguration verstanden, die in einem komplexen und widersprüchlichen Feld von Aussagen deklarativ in Wert gesetzt wird. Spezifischer Sprachgebrauch funktioniert dabei als *variationales Place-Making*.

In der *Urban Linguistics* erfolgt damit eine entscheidende Umwertung. Das zentrale linguistische Interesse an Sprache nutzt dabei die Stadt nicht lediglich als Hintergrund, als Datenbasis, wie dies in der klassischen Stadtsprachenforschung der Fall ist. Die Existenz der Stadt als urbaner Raum wird vielmehr selbst auf deklarative Prozesse bezogen. Das Forschungsfeld der *Urban Linguistics* ist also nicht die Sprache in der Stadt, sondern vielmehr der Zusammenhang von Sprache und deklarativer Stadt. Die soziale In-Wert-Setzung durch Prozesse des *Enregisterments* ist schließlich ebenso zentral wie eine methodologische Neuorientierung an mobilen Analyseverfahren im Spannungsfeld von korpusorientierter Mustererkennung und ethnographischer Fallbeschreibung. Dass jeder synchrone Ausschnitt dabei in Kontexten diachroner Verläufe zu verorten ist, haben wir abschließend gezeigt.

4 Literatur

Adey, Peter (2009): Mobilty. London.
Adorno, Theodor W. (1997): Erziehung nach Auschwitz. In: Theodor W. Adorno/Klaus Schultz/Rolf Tiedemann (Hg.): Gesammelte Schriften [in 20 Bänden]. Bd. 10/2. Frankfurt a. M., 674–690.
Agha, Asif (2003): The social life of cultural value. In: Language and Communication 23, 231–273.
Agha, Asif (2005): Voice, footing and enregisterment. In: Journal of Linguistic Anthropology 15(1), 38–59.
Al-Wer, Enam/Rudolf de Jong (Hg.) (2009): Arabic Dialectology. Leiden.
Auer, Peter/Jürgen Erich Schmidt (Hg.) (2010): Language and Space: An International Handbook of Linguistic Variation: Bd. 1: Theories and methods. New York.
Backhaus, Peter (2007): Linguistic Landscapes: A Comparative Study of Urban Multilingualism in Tokyo. Toronto.
Beal, Joan C. (2009a): Enregisterment, commodification, and historical context: „Geordie" versus „Sheffieldish". In: American Speech 84(2), 138–156.
Beal, Joan C. (2009b): ‚You're Not from New York City, You're from Rotherham': Dialect and identity in British Indie music. In: Journal of English Linguistics 37(3), 223–240.
Ben-Rafael, Eliezer (2009): A sociological approach to the study of linguistic landscapes. In: Elana Shohamy/Durk Gorter (Hg.): Linguistic Landscape. Expanding the Scenery. London, 40–55.
Berking, Helmuth/Martina Löw (Hg.) (2008): Die Eigenlogik der Städte. Neue Wege für die Stadtforschung. Frankfurt a. M./New York.
Berruto, Gaetano (2004): Sprachvarietät – Sprache (Gesamtsprache, historische Sprache). In: Ulrich Ammon u. a. (Hg.): Soziolinguistik. Ein internationales Handbuch zur Wissenschaft von Sprache und Gesellschaft. 2. Aufl. 1. Teilband. Berlin/New York, 188–195 (Handbücher zur Sprach- und Kommunikationswissenschaft. Bd. 3.1).
Biber, Douglas u. a. (1999): Longman Grammar of Spoken and Written English. Harlow, UK.
Britain, David (2009): ‚Big bright lights' versus ‚green and pleasant land'? The unhelpful dichotomy of ‚urban' vs. ‚rural' in dialectology. In: Al-Wer/de Jong, 223–248.
Britain, David (2012): Countering the urbanist agenda in variationist sociolinguistics: Dialect contact, demographic change and the rural-urban dichotomy. In: Sandra Hansen u. a. (Hg.): Dialectological and Folk Dialectological Concepts of Space. Berlin, 12–30.
Britain, David (2013): The role of mundane mobility and contact in dialect death and dialect birth. In: Daniel Schreier/Marianne Hundt (Hg.): English as a Contact Language. Cambridge, 165–181.
Bubenhofer, Noah (2009): Sprachgebrauchsmuster. Korpuslinguistik als Methode der Diskurs- und Kulturanalyse. Berlin/New York.
Büscher, Monika/John Urry (2009): Mobile methods and the empirical. In: European Journal of Social Theory 12(1), 99–116.
Busse, Beatrix (in Vorbereitung): Enregisterment in Brooklyn, New York.
Cenoz, Jasone/Durk Gorter (2009): Multilingualism and Minority Languages: Achievements and Challenges in Education. Amsterdam u. a.
Certeau, Michel de (2000): Walking in the city. In: Graham Ward (Hg.): The de Certeau Reader. London, 101–119.

Cheshire, Jenny (1984): Indigenous nonstandard English varieties and education. In: Peter Trudgill (Hg.): Language in the British Isles. Cambridge, 546–558.

Cheshire, Jenny u. a. (2011): Contact, the feature pool and the speech community: The emergence of multicultural London English. In: Journal of Sociolinguistics 15, 151–196.

Cheshire, Jenny/David Adger/Sue Fox (2013): Relative who and the actuation problem. In: Lingua 126, 51–77.

Coupland, Nikolas (Hg.) (2010): The handbook of language and globalization. Malden, Mass. u. a.

Cresswell, Tim (2004): Place: a Short Introduction. Malden, Mass. u. a.

Cresswell, Tim (2006): Mobility: Mobility in the Modern Western World. London.

Eckert, Penelope (2000): Linguistic Variation as a Social Practice. Oxford.

Edelman, Loulou (2009): What's in a name? Classification of proper names by languages. In: Elana Shohamy/Durk Gorter (Hg.): Linguistic Landscape: Expanding the Scenery. New York/London, 141–154.

Foucault, Michel (1967): Madness and civilization: a history of insanity in the age of reason. New York u. a.

Friedmann, John (2010): Place and place-making in cities: a global perspective. In: Planning Theory & Practice 11(2), 149–165.

Geertz, Clifford (1987): ‚Deep play': Bemerkungen zum balinesischen Hahnenkampf. In: Clifford Geertz (Hg.): Dichte Beschreibung. Beiträge zum Verstehen kultureller Systeme. Frankfurt a. M., 202–260.

Hall, Tom (2009): Footwork: moving and knowing in local space(s). In: Qualitative Research 9(5), 571–585.

Hall-Lew, Lauren/Nola Stephens (2012): Country talk. In: Journal of English Linguistics 40(3), 256–280.

Hult, Francis, M. (2009): Language ecology and linguistic landscape analysis. In: Elana Shohamy/Durk Gorter (Hg.): Linguistic Landscape: Expanding the Scenery. New York/London, 88–103.

Hultman, Johan/C. Michael Hall (2012): Tourism place-making: Governance of locality in Sweden. In: Annals of Tourism Research 39(2), 547–570.

Hunston, Susan/Gill Francis (2000): Pattern Grammar. A Corpus-Driven Approach to the Lexical Grammar of English. Amsterdam.

Jaworski, Adam/Crispin Thurlow (Hg.) (2010): Semiotic Landscapes: Language, Image, Space. London.

Johnstone, Barbara (2009): Pittsburghese shirts: Commodification and the enregisterment of an urban dialect. In: American Speech 84(2), 157–175.

Kerswill, Paul (in Vorbereitung): Identity, ethnicity and place: the construction of youth language in London. In: Peter Auer u. a. (Hg.): Space in Language and Linguistics. Geographical, Interactional, and Cognitive Perspectives. Berlin.

Labov, William (1966): The Social Stratification of English in New York City. Washington, D. C.

Labov, William (2006): Atlas of North American English: Phonetics, Phonology and Sound Change. A Multimedia Reference Tool. Berlin/New York.

Landry, Rodrigue/Richard Y. Bourhis (1997): Linguistic landscape and ethnolinguistic vitality: An empirical study. In: Journal of Language and Social Psychology 16(1), 23–49.

Lefebvre, Henri (1974): La production de l'espace. Paris.

Malinowski, David (2009): Authorship in the linguistic landscape: a multimodal-performative view. In: Elana Shohamy/Durk Gorter (Hg.): Linguistic Landscape: Expanding the Scenery. New York/London, 107–125.

Massey, Doreen (1991): A global sense of place. In: Marxism Today, 24–29.

Menge, Hermann (1911/1992): Langenscheidts Großwörterbuch Lateinisch. Teil I. Lateinisch-Deutsch. Unter Berücksichtigung der Etymologie. 24. Aufl. Berlin u. a.

Miller, Catherine (2007): Arabic urban vernaculars: development and change. In: Catherine Miller u. a. (Hg.): Arabic in the City: Issues in Dialect Contact and Language Variation. Abingdon, 1–32.
Milroy, James/Lesley Milroy (1985): Linguistic change, social network and speaker innovation. In: Journal of Linguistics 21, 339–384.
Milroy, James (1992): Linguistic Variation and Change. Oxford.
Milroy, Lesley (1987): Language and Social Networks. 2. Aufl. Oxford.
Moore, Emma (2012): The social life of style. In: Language and Literature 21(1), 66–83.
Saunders, Doug (2010): Arrival City. How the Largest Migration in History Is Reshaping Our World. New York.
Scollon, Ron/Suzie Wong Scollon (2003): Discourses in Place: Language in the Material World. London.
Searle, John R. (1976): A classification of illocutionary acts. In: Language in Society 5(1), 1–23.
Silverstein, Michael (1993): Metapragmatic discourse and metapragmatic Function. In: John A. Lucy (Hg.): Reflexive Language: Reported Speech and Metapragmatics. Cambridge, 33–58.
Silverstein, Michael (2003): Indexical order and the dialectics of sociolinguistic life. In: Language and Communication 23, 193–229.
Simmel, Georg (1903/2006): Die Großstädte und das Geistesleben. Frankfurt a. M.
Simpson, Paul (1999): Language, culture and identity: with (another) look at accents in pop and rock singing. In: Multilingua 18(4), 343–367.
Spolsky, Bernard (2009): The Handbook of Educational Linguistics. Malden, Mass. u. a.
Strauss, Anselm L. (1994): Grundlagen qualitativer Sozialforschung. Datenanalyse und Theoriebildung in der empirisch soziologischen Forschung. Unv. Nachdruck der 2. Aufl. München.
Thieberger, Nicholas (2012): Introduction. In: Nicholas Thieberger (Hg.): The Oxford Handbook of Linguistic Fieldwork. Oxford/New York, 1–10.
Trudgill, Peter (1974): The Social Differentiation of English in Norwich. Cambridge.
Vandekerckhove, Reinhild (2010): Urban and rural language: changing perspectives. In: Peter Auer/Jürgen Erich Schmidt (Hg.): Language and Space. An International Handbook of Linguistic Variation. Bd. 1: Theories and Methods. Berlin/New York, 315–332.
Vehse, Carl E. (1842): Die Weltgeschichte aus dem Standpunkte der Cultur und der nationalen Characteristik. Band 2: Die neuere Zeit. Dresden.
Venturi, Robert (1966): Complexity and Contradiction in Architecture. With an introduction by Vincent Scully. New York.
Warnke, Ingo H. (2013a): Urbaner Diskurs und maskierter Protest – Intersektionale Feldperspektiven auf Gentrifizierungsdynamiken in Berlin Kreuzberg. In: Kersten Sven Roth/Carmen Spiegel (Hg.): Angewandte Diskurslinguistik. Felder, Probleme, Perspektiven. Berlin, 189–221.
Warnke, Ingo H. (2013b): Making place through urban epigraphy – Berlin Prenzlauer Berg and the grammar of linguistic landscapes. In: Journal for Discourse Studies 2.2013, 159–181.
Weinreich, Uriel (1954): Is a structural dialectology possible? In: Word 10, 388–400.
Zukin, Sharon (2010): Naked City. The Death and Life of Authentic Urban Places. Oxford.

Birgit Brouër/Jörg Kilian/Dina Lüttenberg
25. Sprache in der Bildung

Abstract: Der Beitrag trägt Aspekte der Erforschung des Zusammenspiels von Sprache und Bildung zusammen und versucht, das Forschungsfeld für interdisziplinäre Zugriffe sprach- und bildungswissenschaftlicher Provenienz abzustecken. Dazu werden Begriffe von *Sprache* und *Bildung* hergeleitet, die darauf fokussieren, gesellschaftlich als wertvoll und nützlich erachtete Bildung zum überwiegenden Teil als sprachlich konstruiertes und repräsentiertes Wissen und Können zu erfassen. Für zentrale Bereiche der institutionellen Bildung (Wissenschaftsdisziplinen, Schulfächer) werden sodann historische Grundlagen und aktuelle Ergebnisse der Erforschung der sprachlichen Aushandlung, Konstruktion und Konstitution von Bildung (auch z. B. in Bezug auf Ausschluss, Dominanz, Kanonisierung von Wissen) zusammengefasst, die es gestatten, das Forschungsfeld „Sprache in der Bildung" kritisch zu dokumentieren.

1   Zur Einführung
2   Sprache in der Bildung – historische und aktuelle Perspektiven
3   Sprachliche Aushandlung, Konstruktion und Konstitution von Bildung
4   Versprachlichungsformen in unterschiedlichen sozialen und fachlichen Gruppen
5   Aktuelle bildungswissenschaftliche, didaktische und institutionelle Ansätze und Methoden zur sprachlich gebundenen Wissensvermittlung
6   Aktuelle empirische Untersuchungen und Ergebnisse zur Sprachgebundenheit der Bildung
7   Ausblicke und Desiderata
8   Literatur

1 Zur Einführung

Sprache erfüllt eine wichtige, wenn nicht gar die wesentliche Funktion im Rahmen der Bildung des Menschen. Diese Funktion ist aus sprachwissenschaftlicher, fachdidaktischer und erziehungswissenschaftlicher, psycholinguistischer und entwicklungspsychologischer, kognitionslinguistischer und lernpsychologischer Perspektive zum Gegenstand von Untersuchungen gemacht worden. Die Ergebnisse dieser Untersuchungen haben Eingang gefunden in unterschiedliche Theorien zur Beschreibung und Erklärung des menschlichen Lernens, Wissenserwerbs, Bildungsprozesses. Abgesehen von vereinzelten wechselseitigen Bezugnahmen innerhalb einschlägiger Forschungsbeiträge ist bislang indes kaum versucht worden, die verschiedenen Perspektiven, aus denen heraus das Forschungsfeld „Sprache in der Bildung" beleuchtet wurde, systematisch interdisziplinär miteinander zu verknüpfen und aufeinander zu beziehen. Das Feld ist allerdings auch sehr weit und bedarf der Abgrenzung. Diese

Abgrenzung soll im vorliegenden Zusammenhang geleistet werden durch eine Konzentration der Perspektiven auf bestimmte Fassungen und Dimensionen der Begriffe *Sprache* und *Bildung*, die für die Rolle der Sprache in der Bildung besonders bedeutsam erscheinen.

Unter *Sprache* soll im Rahmen der Erkundungen der Rolle der Sprache in der Bildung vorrangig die natürliche Sprache des Menschen verstanden werden. Dies ist diejenige Sprache, die der Mensch im Lauf seines Spracherwerbsprozesses in der Auseinandersetzung mit unterschiedlichen primären und sekundären Sozialisationsinstanzen, insbesondere den Eltern, den sogenannten Peergroups und den Lehrkräften in Bildungsinstitutionen, erwirbt, erweitert und entwickelt. Diese natürliche Sprache ist grundsätzlich eine historisch und kulturell gewachsene, für die Mitglieder einer Sprechergruppe subsistent normierte sprachliche Varietät einer Einzelsprache. In literaten Gesellschaften werden die einzelnen Sprechergruppenvarietäten zudem überdacht von einer zumeist in Normtexten (Grammatiken, Wörterbüchern) statuierten geschriebenen Standardsprache. In der Regel ist es diese (geschriebene) Standardsprache, die die institutionell organisierte Bildung des Menschen gestaltet und prägt.

Die historisch und kulturell gewachsenen Varietäten, insbesondere aber die Varietät der geschriebenen Standardsprache, sind zugleich Archive des Wissens und Könnens der Gesellschaft und Mittel zur Weitergabe, Formung und Regulierung dieses Wissens und Könnens. Der Erwerb desselben (Prozess) kann ebenso wie der Besitz desselben (Produkt) als *Bildung* bezeichnet werden. Im deutschen Sprachraum (aber auch in anderen Sprachgesellschaften, vgl. die Differenzierung zwischen *education* und *literacy*) werden die Begriffe *Wissen*, *Können* und *Bildung*, seit geraumer Zeit zudem *Kompetenz*, differenziert, wobei *Bildung*, wie erwähnt, einerseits den Prozess des Erwerbs von Wissen, Können und Kompetenzen bezeichnet (vgl. z. B. die Komposita *Bildungsinstitution*, *Bildungsreise*, *Bildungsweg*), andererseits das – zumeist auf kulturell als höherwertig angesehenes Wissen bezogene – Produkt (vgl. z. B. *Bildungsbürgertum*, *Bildungsideal*, *Bildungsprivileg*).

Der Begriff von *Bildung* im Sinne einer prozesshaften Entwicklung, mithin gar inneren Gestaltung sowohl des Individuums als auch der Gesellschaft durch Erwerb und Entfaltung des Wissens und Könnens ist im deutschen Sprachraum noch relativ jung. Johann Christoph Adelung etwa hält es am Ende des 18. Jahrhunderts noch nicht für nötig, in seinem Wörterbuch unter *Bildung* mehr zu notieren als „plur. die -en, S. Bilden"; unter *bilden* führt er dann lediglich als „figürliche" Lesart an: „Den Fähigkeiten des Geistes und Willens die gehörige Richtung geben" (Adelung 1793, s. v. *Bildung* [1018] und *bilden* [1015 f.]). Dieser junge deutsche *Bildungs*-Begriff scheint zudem selbst im engeren europäischen Umfeld singulär zu sein:

> Äquivalente zum deutschen Bildungsbegriff in seinem vollen Bedeutungsgehalt lassen sich in anderen Sprachen nicht auffinden, vor allem nicht seine Heraushebung über andere Begriffe wie ‚Erziehung' und ‚Ausbildung'. (Vierhaus 1972, 508 f.; vgl. Paul 2002, s. v. *Bildung*).

Diese „Heraushebung" ist in ganz besonderer Weise dadurch bedingt, dass *Bildung* seit dem „pädagogischen" 18. Jahrhundert im Vergleich mit *Erziehung* und *Ausbildung*, erstens, ohne feste Bindung an Zwecke erfolgen durfte (vgl. Vierhaus 1972, 511) und, zweitens, in erster Linie an Sprache als Mittel der Bildung gebunden wurde, insbesondere an die ebenfalls erst im 18. Jahrhundert weitgehend standardisierte deutsche Schriftsprache.

Die Beschreibung und Interpretation der Rolle der Sprache in der Bildung im deutschen Sprachraum wird nach voranstehend Ausgeführtem zwar auf Traditionslinien aus der Antike, dem Mittelalter und der Frühen Neuzeit zu achten, insbesondere aber die Geschichte und Entwicklung seit der sog. *Sattelzeit* (um 1750) in den Blick zu nehmen haben. Es ergeben sich dann aus der Betrachtung des kultur- und sozial-, ideen- und mentalitätsgeschichtlichen Zusammenspiels von Sprache und Bildung weitere Fragen, die für die Beschreibung und Interpretation dieses Zusammenspiels bis in die unmittelbare Gegenwart leitend sein können. Es sind dies u. a.

- die Frage nach der sprachlichen Gebundenheit von Bildung, Wissen, Können und Kompetenz aus den Perspektiven von erziehungswissenschaftlichen, fachdidaktischen und sprachwissenschaftlichen Teildisziplinen;
- die Frage nach theoretischen Grundlagen der Beschreibung und Interpretation der sprachlichen Wissenskonstitution und der sprachlichen Vermittlung von Wissen und Können im Kommunikations- und Praxisbereich Bildung und Schule;
- die Frage nach der Rolle von Sprache(n) in der diskursiven Konstruktion und Konstitution des Wissens, das gesellschaftlich als *Bildung* gilt;
- die Frage nach Formen und Funktionen von Sprache(n) im Rahmen der individuellen Bildung;
- die Frage nach Formen und Funktionen der Versprachlichung fachlicher Sachverhalte auf unterschiedlichen Diskursebenen und in unterschiedlichen Sprachschichten (z. B. pädagogisch-fachsprachlich, juristisch-fachsprachlich, politisch-fachsprachlich, umgangssprachlich u. a.);
- die Frage nach institutioneller Lenkung und Normierung sprachlich gebundener Bildung durch Diagnose, Bewertung und Förderung (sowie Regulierung) sprachlicher Leistung.

2 Sprache in der Bildung – historische und aktuelle Perspektiven

Eine kritische Geschichte der Wahrnehmungen, Funktionen und Wirkungen der Rolle der Sprache in der Bildung ist erst noch zu schreiben. Was vorerst geleistet werden kann, ist, für einen begrenzten Raum, im vorliegenden Zusammenhang vornehmlich für den deutschen Sprachraum seit der Frühen Neuzeit, einige bedeutsame Stationen dieser Geschichte und Entwicklung auszuweisen und zu erkunden.

So werden, um nur einige wenige Beispiele zu nennen, im Rahmen einer Geschichte der Reflexion der Rolle der Sprache in der Bildung im deutschen Sprachraum unter anderen Wolfgang Ratke und insbesondere der stark von ihm beeinflusste Johann Amos Comenius zu nennen sein. Für beide eröffnet die Erstsprache bzw. Muttersprache dem Menschen den Weg zur Bildung. Comenius arbeitet diesen Gedanken theoretisch aus und differenziert dabei die bildende Funktion und Wirkung der Sprache in unterschiedlichen Wissensbereichen (z. B. „zum Studium der Realien, der Mathematik, der Physik usw." (Comenius 1657 [1961], 135), „der Wissenschaften, Künste, Sprachen, der Sittlichkeit und Religiosität" (Comenius 1657 [1961], 194)). Im Zuge der Ausformulierung seines Grundgedankens, Sprachunterricht und Sachunterricht miteinander zu verknüpfen, weist Comenius der Sprache eine eher dienende Rolle zu; es „sind die Dinge das Wesentliche (substantia), die Worte das zufällige (accidens)" (Comenius 1657 [1961], 135):

> Sprachen werden gelernt nicht als ein Teil der Bildung (eruditio) oder der Weisheit (sapientia), sondern als Werkzeug, sich Bildung anzueignen und anderen mitzuteilen. (Comenius 1657 [1961], 210)

Sprache ist bei Comenius noch nicht „das bildende Organ des Gedanken" bzw. kreative „energeia", wie dann bei Wilhelm von Humboldt (vgl. Humboldt 1836 [1998], 180), sondern vornehmlich dem Menschen mehr oder minder äußerlich zur Verfügung stehendes „Werkzeug" zur Benennung der Dinge.

Die epistemisch-kreative (bzw. mit Wilhelm von Humboldt: energetische) Rolle der Sprache in der Bildung wurde im deutschen Sprachraum in engem Zusammenhang mit der Entfaltung des Neuhumanismus und der idealistischen Philosophie prominent (vgl. Vierhaus 1972, 536). Wilhelm von Humboldt formuliert den Grundgedanken dieser Funktion der Sprache in der Bildung in einem Brief an Friedrich Schiller aus dem Jahre 1800 wie folgt:

> Die Sprache stellt offenbar unsre ganze geistige Thätigkeit subjectiv (nach der Art unsres Verfahrens) dar; aber sie erzeugt auch zugleich die Gegenstände, insofern sie Objecte unsres Denkens sind. [...] Die Sprache ist daher, wenn nicht überhaupt, doch wenigstens sinnlich das Mittel, durch welches der Mensch zugleich sich selbst und die Welt bildet, oder vielmehr seiner dadurch bewußt wird, daß er eine Welt von sich abscheidet. (W. v. Humboldt an Schiller, September 1800, aus: Schillers Werke. Nationalausgabe [...], Bd. 38, Teil 1 [...], Weimar 1975, 322–339, hier 336)

Jede der beiden genannten allgemeinen Funktionen der Sprache in der Bildung, die dienende Werkzeug-Funktion und die schöpferische Gestaltungsfunktion, ist – vermittelt u. a. durch Herder, Basedow und Pestalozzi – noch in der einschlägigen sprachwissenschaftlichen, fachdidaktischen und erziehungswissenschaftlichen Forschung der unmittelbaren Gegenwart präsent. Die Funktionen schließen einander auch nicht aus, sondern ergänzen einander, und die eingangs erwähnten verschiedenen Wissenschaftsdisziplinen, in denen die Rolle der Sprache in der Bildung erforscht wird, nehmen grundsätzlich beide Funktionen in den Blick.

Insbesondere seit dem letzten Drittel des 20. Jahrhunderts wird dieser Blick durch zusätzliche Aspekte geleitet, die den gesellschaftlich eingebundenen Menschen, der sich sprachlich bildet und sprachlich gebildet werden soll, zu Sprache und Bildung in Beziehung setzt. Schlagwortartige Formeln wie: *Sprache, Bildung und soziale* (auch: *regionale*) *Herkunft*; *Sprache, Bildung und Migration(shintergrund)*; *Sprache, Bildung und Bewusstheit/Bewusstsein*; *Sprache, Bildung und kommunikative Kompetenz*; *Sprache, Bildung und Lernstandsdiagnostik/Lernschwierigkeit/Lernförderung* bringen diese zusätzlichen Aspekte zum Ausdruck. Sie legen zudem den Eindruck nahe, dass es eine intensive interdisziplinäre wissenschaftliche Zusammenarbeit bei der Erforschung dieser Beziehungsgefüge gebe. Dies ist jedoch nicht der Fall. Selbst in den 1960er und 1970er Jahren, gleichsam in den Hochzeiten einer soziolinguistisch orientierten Sprachwissenschaft und Sprachdidaktik sowie einer soziologisch geprägten und gesellschaftskritischen Erziehungswissenschaft, lassen sich nur sehr wenige Spuren einer solchen interdisziplinären Erforschung der Rolle der Sprache in der Bildung erkennen. Zwei Beispiele mögen dies veranschaulichen:

Das „Funk-Kolleg Erziehungswissenschaft", eine 1969/70 im Radio ausgestrahlte, 1971 in drei Bänden publizierte und in der Pädagogik der 1970er Jahre sehr einflussreiche Vorlesungsreihe, darf als eine der Reaktionen auf die 1964 von Georg Picht postulierte „Bildungskatastrophe" gesehen werden. Die insgesamt 29 Registerstichwörter mit dem Morphem {sprach} als Bestimmungswort (von *Sprachbeherrschung* bis *sprachwissenschaftlich*) und die 39 Registerstichwörter mit der Ableitung *Bildung* als Bestimmungswort (von *Bildung* bis *Bildungszweige*) finden jedoch, abgesehen von Hinweisen etwa auf sozialschichtspezifische Spracherwerbsprozesse, Sprachgebräuche und deren Einflüsse auf die schulische Bildung (vgl. z. B. Klafki u. a. 1970/71, Bd. 1, 292 ff., Bd. 2, 57 ff.) sowie Hinweisen auf sprachliche „Aktionsformen des Lehrens" (Klafki u. a. 1970/71, Bd. 2, 148–156), nicht systematisch zueinander.

Fast dasselbe Bild der Nichtberücksichtigung zeigt sich im 1973 erschienenen sprachwissenschaftlichen Pendant, dem „Funk-Kolleg Sprache". Dieses Funk-Kolleg wendet sich explizit an „alle Lehramtskandidaten der sprachlichen Fächer sowie Abiturienten und Oberstufenschüler; Lehrer aller Schularten" (Baumgärtner u. a. 1973, Bd. 1, 15), doch stand dabei zu Beginn der 1970er Jahre das Ziel im Vordergrund, die germanistische Lehrerbildung sowie den Deutschunterricht auf den aktuellen Stand der linguistischen Forschung zu bringen. Ein engerer Zusammenhang von Bildung und Sprache wird in diesem Einführungswerk lediglich im Kapitel zur „Sprachbarrieren-Problematik" hergestellt, in dem ebenfalls, wie im „Funk-Kolleg Erziehungswissenschaft", Hinweise auf sozialschichtspezifische Spracherwerbsprozesse, Sprachgebräuche und deren Einflüsse auf die schulische Bildung gegeben werden (vgl. Baumgärtner u. a. 1973, Bd. 2, 229 ff.); etwas später werden noch in einem Unterkapitel „kompensatorische Spracherziehungsprogramme" kritisch reflektiert (vgl. Baumgärtner u. a. 1973, Bd. 2, 292 ff.). In beiden „Funk-Kollegs" also wird ein enger Zusammenhang zwischen sozialer Herkunft, Sprache und Bildung thematisiert und aus der Perspektive des jeweiligen Gesamtfaches dargestellt, ohne jedoch systematisch die Grenzen dieses Gesamtfaches nennenswert zu überschreiten.

Als zweites Beispiel für die erwähnte fachliche Begrenzung der Betrachtung des Gegenstandes sei die Erforschung des Lehr-Lern-Gesprächs angeführt (vgl. zum Folgenden auch Kilian 2002, 4–21). Das Gespräch als Medium der Wissensvermittlung und Wissenserzeugung ist seit dem Ende des 18. Jahrhunderts Gegenstand erziehungswissenschaftlicher sowie didaktischer Reflexion; seit etwa Mitte der 1960er Jahre ist eine Intensivierung dieser Forschung zu verzeichnen. In der Sprachwissenschaft ist das Unterrichtsgespräch erst sehr viel später zum Gegenstand wissenschaftlicher Erforschung geworden, insbesondere – und bemerkenswerterweise ebenfalls – seit Mitte der 1960er Jahre im Zuge der sog. kommunikativen Wende und der Begründung einer linguistischen Erforschung der gesprochenen Sprache. Die Stränge der erziehungswissenschaftlichen sowie der sprachwissenschaftlichen Erforschung des Lehr-Lern-Gesprächs laufen, abgesehen von Ausweisen der Kenntnisnahme in den Literaturverzeichnissen einzelner Studien, indes weitgehend ohne interdisziplinäre Berührung nebeneinander her (vgl. z. B. für den aktuellen Forschungsstand zum Lehr-Lern-Gespräch in der Erziehungswissenschaft Bittner 2006; für den aktuellen Forschungsstand in der germanistischen Sprachwissenschaft und Sprachdidaktik Becker-Mrotzek 2009). Als ein dringendes Desiderat ist vor diesem Hintergrund die Zusammenführung und kritische Darstellung der aktuellen Forschungsstände zur Rolle der Sprache in der Bildung zu bezeichnen.

3 Sprachliche Aushandlung, Konstruktion und Konstitution von Bildung

In einer Gesellschaft, zumal in einer Gesellschaft mit einer historisch gewachsenen Schriftkultur und einem durch Einrichtung von Bildungsinstitutionen vorstrukturierten Bildungsweg der einzelnen Mitglieder, gilt der Mensch als *gebildet*, wenn er das gesamtgesellschaftlich als wertvoll und nützlich angesehene Wissen und Können zumindest bis zu bereichsspezifisch genauer bestimmbaren Graden erworben hat und darüber verfügt. Mit „bereichsspezifisch genauer bestimmbaren Graden" ist gemeint, dass der *Bildungs*-Begriff gekoppelt ist an gesellschaftliche Kommunikations- und Praxisbereiche, an deren jeweilige Wissensdomänen sowie an die gesellschaftliche Bewertung der Inhalte und Kompetenzen innerhalb dieser Wissensdomänen. Manche Kommunikations- und Praxisbereiche und ihre Wissensdomänen weisen im deutschen Sprachraum gesamtgesellschaftlich eine engere konzeptuell-semantische Beziehung zum *Bildungs*-Begriff auf, andere eine etwas lockerere. Ersteres darf für die Tradition der historischen, philosophischen, literarischen, ästhetischen Bildung festgestellt werden (vgl. Vierhaus 1972, 525 f.); Letzteres gilt wohl für die naturwissenschaftlich-technische Bildung. So wird im deutschen Sprachraum eine Person eher als *gebildet* bezeichnet, wenn sie über Wissen zu Goethes Leben und Werk verfügt als wenn sie über Wissen zum Bau einer Hängebrücke verfügt. Im bildungspolitischen Sinne bezieht sich der *Bildungs*-Begriff seit Beginn des 21. Jahrhunderts jedoch weniger auf Inhalte wie die genannten, mehr hingegen auf beobachtbare, mithin messbare Fähigkeiten und Fertigkeiten (Kompetenzen).

Das Wort *Bildung* bezeichnet dabei im traditionellen wie im aktuellen Sinne mehreres: Es bezieht sich einmal auf die Entwicklung und Entfaltung individuellen Wissens und Könnens, auf den Prozess des Erwerbs desselben und auf das Resultat der Verfügung über dasselbe; und es bezieht sich sodann auf eine gesellschaftliche Vereinbarung, mithin staatliche Festlegung dessen, was für die Gesamtheit der gesellschaftlich bzw. staatlich zusammengehörigen Individuen regulär zur Bildung zählt. Beide Perspektiven auf Bildung, die individuelle wie die gesellschaftliche bzw. staatliche, sind im deutschen Sprachraum erst im 18. Jahrhundert entfaltet worden (zur Genese vgl. Vierhaus 1972, 515 f.).

Als ein Desiderat der Forschung ist zu benennen, dass die Wege der sprachlichen Aushandlung, Konstruktion, Konstitution und Durchsetzung sowie der Regulierung und des Ausschlusses von Inhalten und Kompetenzen, die den Begriff der Bildung speisen, bislang kaum erforscht sind, zumal nicht interdisziplinär aus sprachwissenschaftlicher und erziehungswissenschaftlicher Perspektive.

Ein Beispiel für die Konstitution von (eher weniger) Inhalten und (eher mehr) Kompetenzen, die in der Gegenwart zur Bildung von Menschen gerechnet werden, mögen die im Jahr 2004 veröffentlichten „Nationalen Bildungsstandards" für die (Schul)fächer Deutsch, Mathematik, erste Fremdsprache, Biologie, Chemie und Physik für den Mittleren Schulabschluss bieten (vgl. KMK 2004a). In diesen Bildungsstandards werden für alle allgemeinbildenden Schulen, die zum Mittleren Schulabschluss führen, bestimmte unterrichtsfachspezifische Inhalte und Kompetenzen festgelegt und als gesellschaftlich relevantes, erwünschtes und bei Erreichen des Mittleren Schulabschlusses erwartbares Wissen und Können deklariert. Im Beschluss der Kultusministerkonferenz vom 4.12.2003 heißt es dazu:

> Bildungsstandards greifen allgemeine Bildungsziele auf und benennen Kompetenzen, die Schülerinnen und Schüler bis zu einer bestimmten Jahrgangsstufe an zentralen Inhalten erworben haben sollen. Sie konzentrieren sich auf Kernbereiche eines Faches. (KMK 2004b, 3)

Die Benennung von Kompetenzen ist sehr umfangreich; die Benennung von „zentralen Inhalten" sehr auswählend. Im vorliegenden Zusammenhang sollen die Bildungsstandards jedoch nicht einer Kritik zugeführt werden, sondern als ein Beispiel für die sprachliche Konstruktion und bildungspolitisch verbindliche Konstitution eines Teils der gesamtgesellschaftlich als wertvoll und nützlich angesehenen Bildung dienen. Auf die einschränkende Formulierung „eines Teils" ist indes besonders hinzuweisen. Denn es gibt, einerseits, vor und nach und neben dem Mittleren Schulabschluss weitere Bildungswege in Deutschland (und vergleichbar in vielen anderen Staaten), für die zusätzlich je eigene Kompetenzen und Inhalte als der Bildung wertvoll und nützlich deklariert sind; und es handelt sich, andererseits, selbst bei den Kompetenzen und Inhalten für den Mittleren Schulabschluss um Auswahlen, um

> fachliche und fachübergreifende Basisqualifikationen, die für die weitere schulische und berufliche Ausbildung von Bedeutung sind und die anschlussfähiges Lernen ermöglichen. (KMK 2004b, 3)

So kommt, um ein Beispiel aus den nationalen Bildungsstandards im Fach Deutsch anzuführen, der Name Schillers darin nicht vor – und doch muss die Kenntnis der Person und wesentlicher Dichtungen Schillers auch im Rahmen dieser Bildungsstandards zu dem gerechnet werden, was im deutschen Sprachraum zum historisch gewachsenen Begriff der Bildung zählt. Anderes wiederum ist in diesen Bildungsstandards ebenfalls nicht genannt, weist darüber hinaus aber auch keine Tradition der gesamtgesellschaftlichen Bildungswertschätzung auf und wird bereits durch die Nicht-Nennung, mithin durch das bewusste Verschweigen in Bildungszusammenhängen aus dem Kreis des gesamtgesellschaftlich als wertvoll und nützlich angesehenen Wissens und Könnens ausgeschlossen (man denke etwa, um im Bereich der Literatur zu bleiben, an Autorinnen, Autoren und Texte der sog. Trivialliteratur).

Mit diesen Bildungsstandards (wie mit bildungspolitisch vergleichbaren Dokumenten) wird das Ergebnis einer sprachlichen Aushandlung und Konstruktion von Wissen und Können als fachspezifisch ausgewiesenen Teilen von Bildung dokumentiert und qua sprachlicher Dokumentation durch eine bildungspolitische Institution gesamtgesellschaftlich konstituiert. Die Prozesse der Konstruktion, Aushandlung, Konstitution und Regulierung des gesellschaftlich relevanten und erwarteten Wissens sind, sofern es sich um in Normtexten statuiertes Wissen handelt, grundsätzlich institutionalisiert, gleichwohl gesamtgesellschaftliche Sprachspiele mit sehr unterschiedlichen Mitspielern: Schülern, Lehrern, Studierenden, Wissenschaftlern, Eltern, Bildungspolitikern, Wirtschaftsvertretern u. a. Vor diesem Hintergrund ist es kaum verwunderlich, dass Bildung von verschiedenen Akteuren verschieden wahrgenommen und entsprechend verschieden als Wirklichkeit konzeptualisiert wird (vgl. Kilian/Lüttenberg 2009). Die diskursiven Zusammenhänge solcher sprachlichen Aushandlungen, Konstruktionen und Konstitutionen – und auch Aussonderungen, Dominanzen, Kanonisierungen – des als gesellschaftlich wertvoll und nützlich erachteten Wissens und Könnens in einer Gesellschaft sind bislang kaum erforscht. Sehr viele Fragen, u. a. in Bezug auf Forschungsmethoden und Korpora, sind dazu noch zu formulieren und zu beantworten.

4 Versprachlichungsformen in unterschiedlichen sozialen und fachlichen Gruppen

Die sprachliche Konstruktion von Bildung zeigt sich beispielsweise in Form von Wissen. Der Entwicklungspsychologe Jerome Bruner stellte bereits in der Mitte des 20. Jahrhunderts die Bedeutung der Sprache für die Konstruktion persönlichen Wissens, persönlicher Fähigkeiten und sozialer Interaktionen in das Zentrum seiner Theorien. So wird beispielsweise in seiner Theorie zum Spracherwerb die zentrale Bedeutung der sozialen Interaktion für die Ausbildung logischer Strukturen hervorgehoben (Bruner 1987). Menschen konstruieren Konzepte, mit deren Hilfe sie ihre Welt kategorisieren und für sich vereinfachen können. Diese Konzepte sind sprachlich gebunden. Die Sprache ermöglicht dem Menschen die Wechselwirkung mit seiner Welt und seinen Mitmenschen (vgl. Humboldt 1836).

Zwei Aspekte prägen heutzutage das Verständnis des Wissensbegriffs. Zum einen ist dies die sozialkonstruktivistische These von der Relativität und Kontingenz „nicht nur jeglichen menschlichen Wissens, sondern auch dessen, was Menschen überhaupt als Wirklichkeit begreifen" (Knoblauch u. a. 2002, 11). Zum anderen ist das die Erkenntnis, dass das symbolvermittelte deklarative Wissen, das heutzutage mit seiner Komplexität zum prototypischen Wissen aufgestiegen ist, auf prozeduralem Wissen fußt (vgl. Konerding 2009, 86 f.). Das „rudimentärste Wissen" des Alltags (Luckmann 2002b, 81) beschränkt sich auf Wissenselemente, die unmittelbar in einer konkreten Problemsituation auch nonverbal vermittelt, erworben und genutzt werden können. All das, was darüber hinausgeht, wird mit Mitteln der Sprache erfasst, und diese sprachlichen Mittel erlauben es, „anderen solche Wissenselemente mitzuteilen, die für sie wichtig sein können, und zwar nicht nur hier und jetzt, sondern auch in der absehbaren Zukunft" (Luckmann 2002b, 81).

Gegenwärtige kognitionstheoretische Analysen stellen eine enge Verbindung zwischen sprachtheoretischen Konzeptionen und der Wissenssoziologie her, nach der das Wissen in modernen Gesellschaften als eine gesellschaftliche Konstruktion verstanden wird, die nach komplexen und ausdifferenzierten „Sozialwelten" (Luckmann) gegliedert ist. In den meisten Fällen wird das Wissen sprachlich generiert und vermittelt (vgl. Felder/Müller 2009, 2), doch sind bekanntlich auch Einzelsprachen in ihrer sozialen und dadurch auch bildungsbezogenen Verteilung heterogen in vertikaler (soziale Schichten) und horizontaler Sicht (Fachsprachen). Die Kommunikation, auch die Wissensvermittlung, kann nur dann erfolgreich sein, wenn sich die Beteiligten des gleichen Kommunikationscodes der betreffenden Sozialstruktur bedienen. In diesem Sinne ist das Fachwissen ein kulturspezifisches Wissen, das u. a. auch fachkulturübergreifend vermittelt werden kann und soll. Festzuhalten ist dennoch, dass ein „vollständiger Wissenstransfer" nur im Zuge der zureichenden fachspezifischen Enkulturation vollzogen werden kann und alle „übrigen Fälle von Wissenstransfer […] ein nicht unproblematisches Übersetzen als kulturelles ‚Über-Setzen'" (Konerding

2009, 105) sind. Auch innerhalb einer Fachsprache verzeichnet man mehrere Ebenen, die deren Komplexität ausmachen, beispielsweise die fachliche Umgangssprache, die Labor- und Werkstattsprache, die Lehr- und Lernsprache und die Wissenschaftssprache (vgl. von Hahn 1983, 73 f.; Pfeifer/Häusler/Lutz 1997, 87).

In diesem Zusammenhang ist es nur folgerichtig, dass Didaktiker – fachübergreifend – zunächst die Rolle der Umgangssprache in der (prozeduralen) Wissensanbahnung betonen, mit der die eigentliche Fachsprache eingeführt wird (vgl. Pfeifer/Häusler/Lutz 1997, 87). In jüngerer Zeit konzentriert sich die schulische Fachdidaktik auf die Erforschung und Vermittlung der so genannten Bildungssprache, die sich ihrerseits von der Alltagssprache unterscheidet:

> Was unter dem Stichwort „Bildungssprache" in den Blick genommen wird, das sind die besonderen sprachlichen Formate und Prozeduren einer auf Texthandlungen wie Beschreiben, Vergleichen, Erklären, Analysieren, Erörtern etc. bezogenen Sprachkompetenz, wie man sie im schulischen und akademischen Bereich findet. (Feilke 2012, 5, vgl. dazu Gogolin 2010)

Der weite Begriff der *Bildungssprache* hat fächerbezogene Ausprägungen, während er grammatische Formen und Sprachhandlungsmuster umfasst, die über einzelne Fachsprachen hinausweisen. So verfügt z. B. die chemische Fachsprache über verbale und nonverbale sprachliche Zeichen, die in einem komplexen Beziehungsgefüge stehen (vgl. Pfeifer/Häusler/Lutz 1997, 86 f.): Wie alle sprachlichen Zeichen weisen sie sigmatische (in Bezug zu gedanklichen Abbildern), semantische (in Bezug zu bezeichneten Objekten), pragmatische (in Bezug zu dem Gebrauch) und syntaktische (in Bezug zur Bildung von Zeichenreihen) Aspekte auf. Diese sprachlichen Zeichen bilden in der chemischen Fachsprache drei Klassen (vgl. Pfeifer/Häusler/Lutz 1997, 90 f.):

1. Symbole (z. B. *Mg, H_2O, l(iquid), +, →, PSE*),
2. Namen zur Benennung von Stoffen, Elementen, Verbindungen, Reaktionen, Regeln (z. B. *Harnstoff, Schiffsche Base, Cannizzarro-Reaktion, Faraday-Konstante*),
3. Termini als Einheiten der chemischen Terminologie (*Basizität, bimolekular*).

Die Grenzen zwischen Namen und Termini sind fließend. Die Rechtschreibung betrifft vor allem den syntaktischen Aspekt der Zeichen in der chemischen Fachsprache und stützt sich auf die Stöchiometrie (Summenformeln), die Valenzlehre und die Stereometrie (die eigentlichen Strukturformeln). Problematisch bleibt die letztere, da dreidimensionale Strukturen i. d. R. zweidimensional dargestellt werden (vgl. Pfeifer u. a. 1997, 91 f.). Insbesondere in der organisch-chemischen Literatur werden Strukturformeln zu den sog. „Skelettformeln" vereinfacht, in denen außer dem Wasserstoff nur noch die Heteroatome sowie deren Verbindung zu dem Kohlenstoffgerüst markiert werden.

Trotz des prototypischen Verständnisses gerade der naturwissenschaftlichen Fachsprachen als semantisch exakter Technolekte gibt es immer wieder Probleme in der fachsprachlichen Verständigung (vgl. Pfeifer u. a. 1997, 86 f.), da Fachsprachen u. a. eine historische und eine topographische Dimension aufweisen. Nicht zu unterschätzen ist auch die Polysemie fachwissenschaftlicher Ausdrücke: So wird z. B. das Symbol <→> in unterschiedlicher Weise verstanden: als Bezeichnung einer irreversiblen Reaktion, als Hin- und Rückreaktion einer Gleichgewichtes, als Bildung der Produkte durch Einstellung des Gleichgewichts (vgl. ebd., 97). Deshalb muss diese „semantische Vielfalt" im Unterricht beachtet werden, was i. d. R. zu einer Vereinfachung der Fachsprache führt. Die Beherrschung der Fachsprache, die dem „Erkenntnisstand des Schülers und der fachwissenschaftlichen Entwicklung" (Pfeifer 1997, 86) angepasst ist, bleibt dabei eines der zentralen Ziele der Fachdidaktik.

Zu weiteren Desiderata gehören u. a. eine systematische Untersuchung von Sprache, Bildung und (sozialer und regionaler) Herkunft, eine vertiefte Auseinandersetzung mit Formen und Funktionen der Vermittlungssprache im Klassenzimmer und in der Erwachsenenbildung sowie anwendungsbezogene Analysen der Wissenschaftsvermittlung an Laienadressaten (vgl. Liebert 2002).

5 Aktuelle bildungswissenschaftliche, didaktische und institutionelle Ansätze und Methoden zur sprachlich gebundenen Wissensvermittlung

Da *Bildung* als Prozess und Produkt des Erwerbs von *Wissen* und *Können* ausgewiesen wird (vgl. Kap. 2 in diesem Aufsatz), soll hier zunächst auf diese Begriffe eingegangen werden. Wegen seiner Komplexität kann der Wissensbegriff an dieser Stelle nicht hinreichend definiert werden. Traditionell wird bei der Betrachtung von Wissen zwischen deklarativem, metakognitivem, prozeduralem und Problemlösungswissen unterschieden (die beiden zuletzt Genannten rechnet man zu „Können"). Die Erforschung von Prozessen des Wissenserwerbs stellt einen zentralen Bereich der Kognitionspsychologie dar. Wissen wird im Gedächtnis auf unterschiedliche Arten und Weisen repräsentiert, etwa symbolisch oder analog. Für die Vermittlung von Wissen sind diese Repräsentationsarten von großer Bedeutung (vgl. Seel/Hanke 2010).

Die Vermittlung dieses Wissens ist jedoch an komplexe Ursachen gebunden (vgl. Baumert u. a. 2001, 33). Durch die Erkenntnis der tragenden Rolle der Sprache bei der schulischen Wissensvermittlung in Unterrichtsprozessen (vgl. Kap. 4) und durch das Verständnis des Unterrichts als einer „sprachlich konstituierten sozialen Wirklichkeit" (Lüders 2003, 125) erklärt sich das Interesse der Pädagogik am Lehrer-Schüler-Verhältnis als einem Sprachverhältnis (vgl. Lüders 2003, 17). Erste Analysen zur *Unterrichtssprache* als eines pädagogischen Grundbegriffs gehen in die 1960er und 1970er Jahre des 20. Jhs. zurück (vgl. Kap. 2 in diesem Aufsatz). Auch wenn sich nicht alle Untersuchungen einem bestimmten Forschungsparadigma verschreiben, kann man eine Reihe bedeutsamer Forschungsmethoden der Erforschung der Unterrichtssprache feststellen, insbesondere soziolinguistische und qualitativ-hermeneutische (vgl. Lüders 2003, 126 ff.). So wird etwa auf die komplexen Funktionen der Sprache im Unterrichtsprozess hingewiesen – operative, instruktive, kommunikative, soziale und emanzipative (vgl. Loch 1970, 494 f.) – und zwischen unterrichtlicher Fach- und Metasprache unterschieden (vgl. Priesemann 1971, 69). Die Gegenstände der Erforschung der Unterrichtssprache beziehen sich auf die Ausformung und die Funktion der Unterrichtssprache, die Kennzeichen der Lehrer- und Schülersprache und die Erzeugung eines Verstehens (vgl. Lüders 2003, 146). So kann nachgewiesen werden, dass die Phasengliederung des Unterrichtsdiskurses in den höheren Klassenstufen immer unschärfer wird, dass das Unterrichtsgespräch jedoch trotzdem im Zusammenhang mit der Wissensvermittlung im Unterricht unverzichtbar ist (vgl. Lüders 2003, 262 ff.):

> Offenbar besitzen Frage-Antwort-Rückmeldungs-Muster die Eigenschaft, eine Anpassung subjektiver Weltkonzepte an objektive Kulturinhalte immerhin anzubahnen oder wenigstens Vorformen eines gemeinsam geteilten, auf den jeweiligen Unterrichtsgegenstand bezogenen Wissens zu etablieren (Lüders 2003, 269).

Ein Desiderat bleibt z. B. die Analyse des Steuerungsanteils der Lehrkraft in der Wissensverarbeitung der sog. Instruktionsphase, der zentralen Phase des Unterrichts (vgl. Lüders 2003, 203). Die weitere Analyse von Funktionen der Unterrichtssprache, vor allem in höheren Klassenstufen, bleibt ebenfalls ein Desiderat (vgl. Lüders 2003, 204). Das Konversationsmodell von Mehan (1979) kann nur als eine holzschnittartige Abbildung des Unterrichtsgeschehens gelten. Dringend notwendig ist überdies eine Verbindung der Unterrichtssprachforschung mit „einer auf die Ermittlung wahrscheinlicher Zusammenhänge zwischen Unterricht und Lernen ausgerichteten erfolgsorientierten Unterrichtsforschung" (Lüders 2003, 208). Insbesondere muss darauf hingewiesen werden, dass die Verbindung der Unterrichtssprachforschung mit der Unterrichtsqualitätsforschung ein großes Desiderat darstellt (vgl. Lüders 2003, 271).

Ein weiterer Aspekt der Sprache in der Bildung ist die Erforschung der Literacy. Dieser Begriff, der auf den Umgang mit der Schrift- und Medienkultur abzielt, gerät in den 1960er Jahren in den Blick der Wissenschaft und verleiht dem traditionellen Bildungsbegriff neue Facetten (vgl. Nickel o. J.). Die Schrift der griechischen Antike betrachtet man als „erste Technologie systematischer Vermittlung von Wissen" (Stagl/Ribartis 2010, 10). Die heutige schrift- und medienbasierte Literalität untersucht man auf ihre wissenskonstituierende und -vermittelnde Rolle (vgl. ebd., 13 f.), wobei die Vorstellung, es gäbe „einfache und eindeutige Vermittlungswege zwischen Texten und Lesarten, Empfindungen, Denken und Schreiben" in den Hintergrund tritt (Stagl/Ribartis 2010, 14). Die gegenwärtige Literacy-Forschung bewegt sich im breiten Spektrum der Fragen nach dem Zusammenhang von Literacy und medialisierter

Gesellschaft, sozialen Interaktionsformen und Multikulturalität (s. dazu auch Kap. 6 in diesem Aufsatz).

Die in den PISA-Studien erhobene Lesekompetenz als Reading Literacy sieht man als „eine grundlegende Form des kommunikativen Umgangs mit der Welt" (Baumert u. a. 2001, 78) und somit als eine Teilkompetenz der globalen Literacy an, die für die Wissensvermittlung essentiell ist. Die Beschreibung der Lesekompetenz als einer „Grundbildungskompetenz" (Baumert 2001, 97) von getesteten Jugendlichen orientiert sich an drei Subskalen: „Informationen ermitteln", „textbezogenes Interpretieren" und „Reflektieren und Bewerten". Jede Subskala wird nach steigender Komplexität in Kompetenzstufen gegliedert, wobei sich die Testentwickler auf bereits vorhandene Forschung zu schwierigkeitsbestimmenden Merkmalen in Texten stützen (vgl. Baumert 2001, 90). Neuere pädagogisch-psychologische Literatur betont die Relevanz des Wissens über effektive Lesestrategien (vgl. Weinert 1994). Methodisch hat sich das reziproke Lehr-Lernverfahren bereits erfolgreich bewährt (vgl. Baumert 2001, 132). Wünschenswert bleiben jedoch immer noch theoretische Modelle und praktische Methoden, die sich den schlechteren Lesern widmen, da diese auch nach der Vermittlung von Lesestrategien immer noch schlechter als gute Leser abschneiden. Abgesehen von der Reading Literacy ist an dieser Stelle auch die Konzeption des epistemischen Schreibens als einer besonderen Art der Wissenstransformation zu erwähnen (vgl. Bereiter 1980, Pohl/Steinhoff 2010), die einer empirischen Absicherung und weiteren Differenzierung harrt.

Außerhalb der an der Schuldidaktik ausgerichteten Forschung sind sprachwissenschaftliche und interdisziplinäre Untersuchungen der Wissensvermittlung zu erwähnen, etwa die wissenssoziologische Diskursanalyse (Keller 2005), die onomasiologisch-kognitive Metaphernanalyse (Jäkel 2003) und Analysen der sprachlichen Wissensvermittlung durch Mündlichkeit und Schriftlichkeit und im multimedialen Bereich (Hanna 2003). Eine systematische Darstellung des Zusammenhangs zwischen Sprache und Bildung, verstanden als Wissen im Rahmen einer kognitiven Struktur, bleibt bis heute ein Forschungsdesiderat.

6 Aktuelle empirische Untersuchungen und Ergebnisse zur Sprachgebundenheit der Bildung

In der empirischen Bildungsforschung wird Sprache in erster Linie im Zusammenhang mit Sprachkompetenz betrachtet. Dabei wird Sprachkompetenz als Komplex sprachlicher Teilfähigkeiten definiert, wie z. B. der produktiven (z. B. Schreiben) und rezeptiven (z. B. Hörverstehen) Teilfähigkeit (vgl. Jude/Klieme 2007, 11). Das Interesse an der Erforschung von Sprachkompetenz resultiert vor allem aus der sprachlichen Gebundenheit von Wissen und Bildung allgemein, wobei die Rolle der Sprache im Bildungsprozess selbst kaum thematisiert wird. Es wird viel mehr vorausgesetzt, dass Bildungsprozesse über Sprache vermittelt werden und der Sprache beispielsweise beim Wissenserwerb eine große Bedeutung zukommt (z. B. Bos u. a. 2003). In großen, teilweise internationalen Schulleistungsstudien werden sprachliche Kompetenzen von Schülerinnen und Schülern mit dem Ziel erfasst, aus den gewonnenen Daten mögliche Erkenntnisse zur Verbesserung schulischen Lehrens und Lernens abzuleiten. Während in einigen dieser Studien Leistungsunterschiede im sprachlichen Bereich Gegenstand der Untersuchung sind (z. B. IGLU, PISA 2000 und 2009), betrachten Bildungsforscher in vergleichbaren Studien den Einfluss der Sprache auf den Kompetenzerwerb in anderen Bereichen wie z. B. den mathematisch-naturwissenschaftlichen Kompetenzen (PISA 2003, 2006 und 2012, TIMMS). Am Beispiel ausgewählter empirischer Studien soll nachfolgend die Sprachgebundenheit von Bildung veranschaulicht werden.

Seit 2001 wird mit den IGLU-Studien (Internationale Grundschul-Leseuntersuchung) regelmäßig im Abstand von fünf Jahren das Leseverständnis von Schülerinnen und Schülern der vierten Jahrgangsstufe erfasst. IGLU 2011 ist eine internationale Vergleichsstudie, an der insgesamt 56 Staaten und Regionen beteiligt sind. In Deutschland wurden Daten von ca. 4000 Schülerinnen und Schülern an 198 Schulen erhoben. Auch bei den international vergleichenden PISA-Studien, die im Abstand von jeweils drei Jahren mit einem je unterschiedlichen Themenschwerpunkt durchgeführt werden, wird die Lesekompetenz von Schülerinnen und Schülern erfasst. Beteiligt sind ca. 32 Staaten, wobei in Deutschland z. B. im Jahr 2000 insgesamt 5073 Schüler aus 219 Schulen getestet wurden. Sowohl die IGLU- als auch die PISA-Studien haben gezeigt, dass Schülerinnen und Schüler mit Migrationshintergrund in Deutschland schlechtere Bildungschancen haben als die Vergleichsgruppe ohne Migrationshintergrund. Hält man die Lesekompetenz konstant, vergleicht man also Schülerinnen und Schüler mit ähnlichen Lesekompetenzen hinsichtlich ihrer Bildungschancen, ist keine Benachteiligung der Migranten mehr zu beobachten (vgl. Baumert u. a. 2001). Die entscheidende Hürde für die Kinder und Jugendlichen mit Migrationshintergrund stellt also ihre Lesekompetenz dar, wobei die Unterschiede in der Lesekompetenz auf die sprachlichen Kompetenzen der Kinder und Jugendlichen zurückgeführt werden können.

Als eine Konsequenz aus diesen Erkenntnissen wurde von 2004 bis 2009 das Programm FörMig (Förderung von Kindern und Jugendlichen mit Migrationshintergrund) durchgeführt. Kernpunkte dieses in zehn Bundesländern aufgelegten Programms der Bund-Länder-Kommission waren vor allem die Sprachförderung auf der Basis individueller Sprachstandserhebungen und Sprachförderungsprogramme vom Elementarbereich bis hin zur beruflichen Bildung. Ein besonderer Schwerpunkt besteht in der Beachtung der Übergänge im Bildungssystem (vom Kindergarten zur Schule, von der Grundschule zur weiterführenden Schule usw.), wobei stets verschiedene Partner bei der Sprachförderung kooperieren. Eine Folge dieses Programms war die Gründung eines FörMig-Kompetenzzentrums an der Universität Hamburg im Jahr 2010, dessen

Ziel es ist, die gewonnenen wissenschaftlichen Erkenntnisse für die Bildungspolitik und Öffentlichkeit nutzbar zu machen.

Neben diesen überregional und teilweise auch international durchgeführten Studien und Programmen lassen sich in der empirischen Bildungsforschung auch kleinere Projekte mit spezifischen Fragestellungen zur Erforschung des Zusammenhangs von Sprache und Bildung finden. Hier sei nur eine kleine Auswahl exemplarisch dargestellt. In einer Studie von Kohlscheen (2007) beispielsweise wurde die ästhetische Wahrnehmung von Sprache als Mittel sozialer Distinktion bei Studierenden untersucht. Dazu bediente sich der Autor der Habituskategorien Bourdieus. In einer experimentellen Studie untersuchten Stanat, Baumert und Müller (2005) die Möglichkeiten der Förderung der sprachlichen Kompetenzen von Grundschulkindern aus sozial benachteiligten Familien mit Migrationshintergrund im Rahmen eines Sommercamps. In dieser Studie wurde unter anderem ein Ferienprogramm zur Förderung deutscher Sprachkompetenzen implementiert und auf seine Wirksamkeit hin überprüft. Um die Erforschung sprachlicher Kompetenzen von Kindern im Vorschulalter ging es Albers (2009) in einer Studie, in der er mit qualitativen und quantitativen Methoden arbeitete. Dabei wurde mit einer Stichprobe von 314 Kindern ein Sprachscreening durchgeführt, um die Stichprobe in drei Gruppen einzuteilen: eine Subgruppe der sprachlich unauffälligen Kinder, eine Subgruppe von Kindern mit Förderbedarf und eine Subgruppe von Kindern mit Therapiebedarf. Aus jeder Gruppe wurden je vier Kinder mit der Methode der teilnehmenden Beobachtung qualitativ untersucht, um günstige Bedingungen für eine gelingende Sprachentwicklung in Kindertageseinrichtungen zu identifizieren.

Aus den vielfältigen Fragestellungen und Ergebnissen dieser und anderer empirischer Studien lassen sich viele Hinweise auf die Rolle der Sprache in Bildungsprozessen ableiten. Eine systematische Zusammenführung dieser Erkenntnisse steht jedoch noch aus.

7 Ausblicke und Desiderata

Bildung ist an Sprache gebunden. Dennoch ist die Rolle der Sprache in Bildungsprozessen ebenso wenig geklärt wie die Bedeutung, die der Sprache in verschiedenen wissenschaftlichen Disziplinen tatsächlich zugewiesen wird. Der vorliegende Beitrag hat unterschiedliche Aspekte des Forschungsfeldes „Sprache in der Bildung" aufgezeigt, die in einem gleichnamigen Handbuch aus den Perspektiven unterschiedlicher Wissenschaften präsentiert und diskutiert werden sollen. Insbesondere auf folgende Desiderata soll mit Hilfe des Handbuchs hingewiesen werden:

Als wesentliche Grundlage für die Klärung der Rolle der Sprache in der Bildung wird die systematische Untersuchung der Bedeutung von Sprache in ihren unterschiedlichen Formen und Funktionen als Vermittlungssprache in institutionellen Lehr- und Lernprozessen erachtet. Welchen Einfluss haben hier beispielsweise die soziale oder regionale Herkunft der Lehrenden und Lernenden? Welche Rolle spielen unterschiedliche Lernkontexte wie z. B. Klassenzimmer oder Erwachsenenbildung? Zur Erforschung solcher Fragen sollte zunächst der Zusammenhang zwischen Sprache, Wissen und kognitiver Struktur systematisch dargestellt werden. Wünschenswert wäre es, eine Verbindung herzustellen zwischen der Erforschung der Unterrichtssprache mit den Forschungsbereichen, die sich mit der Qualität des Unterrichts befassen.

Mit Sprache werden Realitäten konstruiert. Die diskursiven Zusammenhänge solcher sprachlichen Konstruktionen, z. B. mit Blick auf Dominanzen oder auch Aussonderungen von Wissen und Können, sollten besser erforscht werden. Dazu müssen jedoch die Forschungsmethoden und Forschungsmaterialien teilweise neu entwickelt und konzeptuell begründet werden. Ein erster und wesentlicher Schritt dafür ist die Zusammenführung und kritische Darstellung der aktuell verfügbaren Forschungsergebnisse zur Rolle der Sprache in der Bildung. Dieses Desiderat wird handlungsleitend für die Gestaltung des Handbuchs „Sprache in der Bildung" sein.

8 Literatur

Adelung, Johann Christoph (1793): Grammatisch-kritisches Wörterbuch der Hochdeutschen Mundart, mit beständiger Vergleichung der übrigen Mundarten, besonders aber der Oberdeutschen. 2., verm. u. verb. Aufl. Bd. 1, Leipzig. Nachdruck mit einer Einführung und Bibliographie von Helmut Henne. Hildesheim/New York 1970.

Albers, Timm (2009): Sprache und Interaktion im Kindergarten. Eine quantitativ-qualitative Analyse der sprachlichen und kommunikativen Kompetenzen von drei- bis sechsjährigen Kindern. Bad Heilbrunn.

Baumert, Jürgen u. a. (Hg.) (2001): PISA 2000. Basiskompetenzen von Schülerinnen und Schülern im internationalen Vergleich. Opladen.

Baumgärtner, Klaus u. a. (1973): Funk-Kolleg Sprache. Eine Einführung in die moderne Linguistik. 2 Bde. Frankfurt a. M.

Beck, Bärbel/Eckhard Klieme (Hg.) (2007): Sprachliche Kompetenzen. Konzepte und Messung. Weinheim/Basel.

Becker-Mrotzek, Michael (Hg.) (2009): Mündliche Kommunikation und Gesprächsdidaktik. Baltmannsweiler.

Bittner, Stefan (2006): Das Unterrichtsgespräch. Formen und Verfahren des dialogischen Lehrens und Lernens. Bad Heilbrunn.

Bruner, Jerome (1987): Wie das Kind sprechen lernt. Bern.

Bos, Wilfried u. a. (Hg.) (2003): Erste Ergebnisse aus IGLU. Schülerleistungen am Ende der vierten Jahrgangsstufe im internationalen Vergleich. Münster.

Comenius, Johann Amos (1657): Große Didaktik. Neubearbeitet und eingeleitet von Hans Ahrbeck. Berlin. 1961.

Feilke, Helmuth (2012): Bildungssprachliche Kompetenzen – fördern und entwickeln. In: Praxis Deutsch 39, 4–13.

Felder, Ekkehard/Marcus Müller (2009): Das Forschungsnetzwerk Sprache und Wissen – Zielsetzungen und Inhalte. In: Ekkehard Felder/Marcus Müller (Hg.): Wissen durch Sprache. Theorie, Praxis und Erkenntnisinteresse des Forschungsnetzwerkes „Sprache und Wissen". Berlin/New York, 11–18.

Gogolin, Ingrid (2010): Was ist Bildungssprache? In: Grundschulunterricht Deutsch 4, 4–5.

Hahn, Walther von (1983): Fachkommunikation. Entwicklung, linguistische Konzepte, betriebliche Beispiele. Berlin/New York.

Hanna, Ortrun (2003): Wissensvermittlung durch Sprache und Bild. Sprachliche Strukturen in der ingenieurwissenschaftlichen Hochschulkommunikation. Frankfurt a. M. (Arbeiten zur Sprachanalyse, 42).

Humboldt, Wilhelm von (1836): Ueber die Verschiedenheit des menschlichen Sprachbaues und ihren Einfluss auf die geistige Entwicklung des Menschengeschlechts. Hg. von Donatella Di Cesare. Paderborn u. a. 1998.

Jäkel, Olaf (2003): Wie Metaphern Wissen schaffen. Die kognitive Metapherntheorie und ihre Anwendung in Modell-Analysen der Diskursbereiche Geistestätigkeit, Wirtschaft, Wissenschaft und Religion. Hamburg (Schriftenreihe Philologia, 59).

Jeismann, Karl-Ernst (1987): Zur Bedeutung der „Bildung" im 19. Jahrhundert. In: Karl-Ernst Jeismann/Peter Lundgreen (Hg.): Handbuch der deutschen Bildungsgeschichte. Bd. III: 1800–1870. Von der Neuordnung Deutschlands bis zur Gründung des Deutschen Reiches. München, 1–21.

Jude, Nina/Eckhard Klieme (2007): Sprachliche Kompetenz aus Sicht der pädagogisch-psychologischen Diagnostik. In: Beck/Klieme, 9–22.

Keller, Reiner (2005): Wissenssoziologische Diskursanalyse. Wiesbaden.

Kilian, Jörg (2002): Lehrgespräch und Sprachgeschichte. Untersuchungen zur historischen Dialogforschung. Tübingen.

Kilian, Jörg (2009): Wie der Mensch seine Sprache (er)findet: Herders „Abhandlung über den Ursprung der Sprache". In: Deutschunterricht extra 4: Reflexion über Sprache, 4–7.

Kilian, Jörg/Dina Lüttenberg (2009): Kompetenz. Zur sprachlichen Konstruktion von Wissen und Können im Bildungsdiskurs nach PISA. In: Ekkehard Felder/Marcus Müller (Hg.): Wissen durch Sprache. Theorie, Praxis und Erkenntnisinteresse des Forschungsnetzwerkes „Sprache und Wissen". Berlin/New York, 245–278.

Klafki, Wolfgang u. a. (1970/71): Funk-Kolleg Erziehungswissenschaft. Eine Einführung. 3 Bde. Frankfurt a. M.

KMK (2004a): Bildungsstandards für den Mittleren Schulabschluss (Jahrgangsstufe 10). Zit. nach: http://www.kmk.org/bildung-schule/qualitaetssicherung-in-schulen/bildungsstandards/dokumente.html. (abgerufen am 6.3.2013).

KMK (2004b): Vereinbarung über Bildungsstandards für den Mittleren Schulabschluss (Jahrgangsstufe 10). (Beschluss der Kultusministerkonferenz vom 04.12.2003). Zit. nach: http://www.kmk.org/fileadmin/veroeffentlichungen_beschluesse/2003/2003_12_04-Bildungsstandards-Mittleren-SA.pdf. (abgerufen am 6.3.2013).

Knoblauch, Hubert/Jürgen Raab/Bernt Schnettler (2002): Wissen und Gesellschaft. Grundzüge der sozialkonstruktivistischen Wissenssoziologie Thomas Luckmanns. In: Luckmann, 9–44.

Kohlscheen, Jörg (2007): „Die feinen Unterschiede" in der Sprache. Zum Verhältnis von Spracheinstellung und Habitus am Beispiel von Studierenden der Ruhr-Universität Bochum. Saarbrücken.

Konerding, Klaus-Peter (2009): Sprache – Gegenstandskonstitution – Wissensbereiche. Überlegungen zu (Fach-)Kulturen, kollektiven Praxen, sozialen Transzendentalien, Deklarativität und Bedingungen von Wissenstransfer. In: Ekkehard Felder/Marcus Müller (Hg.): Wissen durch

Sprache. Theorie, Praxis und Erkenntnisinteresse des Forschungsnetzwerkes „Sprache und Wissen". Berlin/New York, 79–112.

Liebert, Wolf-Andreas (2002): Wissenstransformationen. Handlungssemantische Analysen von Wissenschafts- und Vermittlungstexten. Berlin/New York (Studia Linguistica Germanica, 63).

Loch, Werner (1970): Sprache. In: Josef Speck/Gerhard Wehle (Hg.): Handbuch der pädagogischen Grundbegriffe. Bd. 2. München, 481–528.

Luckmann, Thomas (2002): Individuelles Handeln und gesellschaftliches Wissen. In: Hubert Knoblauch/Jürgen Raab/Bernt Schnettler (Hg.): Thomas Luckmann: Wissen und Gesellschaft. Ausgewählte Aufsätze 1981–2002. Konstanz, 68–89 (Erfahrung – Wissen – Imagination, 1).

Lüders, Manfred (2003): Unterricht als Sprachspiel. Eine systematische und empirische Studie zum Unterrichtsbegriff und zur Unterrichtssprache. Bad Heilbrunn.

Mehan, Hugh (1979): Learning Lessons. Social Organisation in the Classroom. London.

Nickel, Sven: Literacy. Bremen. (Hochschuldidaktische Handreichungen Sprach- und Literaturdidaktik im Elementarbereich). Zit. nach: http://www.elementargermanistik.uni-bremen.de/Handreichung_Nickel_Literacy.pdf. (abgerufen am 23.6.2013).

Paul, Hermann (2002): Deutsches Wörterbuch. Bedeutungsgeschichte und Aufbau unseres Wortschatzes. 10., überarb. und erw. Aufl. von Helmut Henne/Heidrun Kämper/Georg Objartel. Tübingen.

Pfeifer, Peter u. a. (1997): Konkrete Fachdidaktik Chemie. München.

Pohl, Thorsten/Torsten Steinhoff (Hg.) (2010): Textformen als Lernformen. Köln (Kölner Beiträge zur Sprachdidaktik).

Priesemann, Gerhard (1971): Zur Theorie der Unterrichtssprache. Düsseldorf.

Seel, Norbert M./Ulrike Hanke (2010): Lernen und Behalten. Weinheim (Bachelor, Master).

Stagl, Gitta/Eva Ribartis (2010): Literalität – eine zentrale Frage der Wissensvermittlung. Wien (Materialien zur Erwachsenenbildung 1).

Stanat, Petra/Jürgen Baumert/Andrea Müller (2005): Förderung von deutschen Sprachkompetenzen bei Kindern aus zugewanderten und sozial benachteiligten Familien. In: Zeitschrift für Pädagogik 51 (6), 856–875.

Vierhaus, Rudolf (1972): Bildung. In: Otto Brunner/Werner Conze/Reinhart Koselleck (Hg.): Geschichtliche Grundbegriffe. Historisches Lexikon zur politisch-sozialen Sprache in Deutschland. Bd. 1 A–D. Stuttgart, 508–551.

Weinert, Franz Emanuel (1994): Lernen lernen und das eigene Lernen verstehen. In: Kurt Reusser/Marianne Reusser-Weyeneth (Hg.): Verstehen. Psychologischer Prozess und didaktische Aufgabe. Bern, 183–205.

Sachregister

A
Abbildtheorie/Abbildfunktion 7, 146, 361, 497
Abweichung/Deviation und Norm in literarischen Texten 465
Agonalität 21, 376
Akteure 19
– und Handlungsfelder in der politischen Kommunikation 509
Alltagskommunikation 211
– und Literatur 456
Alltagssprache und Fachsprache 411 f.
alltagsweltliche Sprachmodelle 318
Alltagswissen 63
Alter und Sprache 291
Amtssprache 393 ff.
Anamnesegespräch 341, 348
Arbeitsbesprechung 401
Arbitrarität 95
Argumentation/Argumentationsanalyse 237, 254 f., 498, 500, 507
Artikulation, konzeptuelle 74
artikulatorische Phonologie 130
Arzt-Patienten-Gespräch 337 ff.
Aspekt 378
ästhetische Funktion/Ästhetisierung 464, 469
Aszendenz-Deszendenz-Modell 226
Attitüde 319
Audiokommentar 440
Audiotexte 245
Aussage 225, 228
Äußerung 167 ff., 174 ff., 180 ff.
Ausstellungs- und Museumskommunikation 448
Autorschaft 471

B
Bedeutung 34, 36, 87, 149; s. a. Frame
–, lexikalische 47, 49, 146, 149, 157 ff., 365, 503
–, deontische 256, 499, 506
– als Konstruktion 34, 504
– als soziales Phänomen 39 ff.
– in literarischen Texten 461, 466
– in Rechtstexten 361 ff.
– in Texten aus Mathematik, Naturwissenschaften und Technik 429 f.
– in politischen Texten 495
– Methoden ihrer Erforschung 52
–, ihre Explikation im pragma-semiotischen Ansatz 363
– und Multimodalität 247 ff.
– und Syntax 44
– und Wortart 44
– und Wissen 41
Bedeutungskonstanz 42
Bedeutungswandel 50 ff.
Begriff/Begriffsgeschichte 42, 52, 163, 380, 498
Beschreiben, in der Kunstkommunikation 437 ff.
Bewerten, in der Kunstkommunikation 437 ff.
Bezugnehmen, in der Kunstkommunikation 437 ff.
Bildfelder 507
Bild und Sprache 242 ff., 249 ff., 509
Bildung,
–, Wissen und Sprache 539 ff.
–, Geschichte des Begriffs 540 ff.
Bildungssprache 548
Bildungsstandards 545
Blending 507
Buchstabe 125 ff.
Bürger-Behörden-Kommunikation 512
Bürger und Sprache der Verwaltung 394
Bürokratie und Sprache f. 392

C
Change Management 403
Chunks 67
clause 178
Cluster 153
communicative event 247
communicative resource 245
Compliance 345, 347 f.
Computerlinguistik 152
Corporate Identity 383 ff.
corpus-based/corpus driven 153

D
Deautomatisierung 465
deklarative Stadt 525
deklaratives/prozedurales Wissen 57 ff., 61 ff., 202 f., 547

Deklarativität 525
Denken und Sprache 3, 8, 42, 147, 496
Denkschemata 508
deontische Bedeutung 256, 499, 506
Deuten, in der Kunstkommunikation 437 ff.
Deviation/Abweichung und Norm in literarischen Texten 465
Diagnosegespräch 345 ff.
Dialekt 527
Dialektologie urbaner Zentren 533
diasystematische Raumgebundenheit sprachlicher Merkmale 524
Didaktik 549 ff.
digitale Kommunikationsnetze 307
digitale Sprachsignalverarbeitung 136
Ding an sich 9
Diskurs 16, 24, 159, 221 ff., 368, 487
– als transversale Aussagenstruktur 230
–, Vagheit des Begriffs 222
Diskursanalyse/Diskurslinguistik 223 ff., 251, 254
–, Rolle des Wortes 150, 159
– und Wissen 231
– und Organisationen 397
– und Mathematik, Naturwissenschaften, Technik 426
– und Politolinguistik 494 ff., 501
Diskursdomäne 21
diskursive Praktik 472
Diskurslinguistik s. Diskursanalyse/ Diskurslinguistik
Diskurstypen 260
doppelte Artikulation 130

E
Edition 273 ff.
‚Einschreiben' linguistischer Formen 527
Einzelsprache 18
Emotionskodierung 238
empirische Bildungsforschung 551
Empirismus 10
Energeia 358
Enregisterment 526 f.
entrenchment 185
Episteme 37, 42, 60 f., 203
epistemische Kontextualisierung 37, 45
Epistemologie 3, 10
–, linguistische 421, 494

– bei Wilhelm von Humboldt 542
– und Sprachhandlungstypologie 3, 25
Epochenstil 460
Erkenntnis 3, 5, 27, 77
Erkenntnisgewinnung in Mathematik, Naturwissenschaften und Technik 416 ff.
Erläutern, in der Kunstkommunikation 437 ff.
Erstgespräch 339 f.
Ethnographie des Alltags 237
ethnographische Analysen 531
Euphemismus 506
Eurozentrismus 11
Evidenz 77
Evokation 43
Exemplifikation 187 ff.
experimentelle Methoden der Wortforschung 150, 154
experimentelle Phonologie 135
Experten-Laien-Kommunikation in Mathematik, Naturwissenschaften und Technik 431
Experten- und Laienwissen 73
explizites Wissen 204
Eye-Tracking-Verfahren 155

F
Facebook 296, 308
Fachdiskurs in Mathematik, Naturwissenschaften und Technik 411 ff.
Fachkulturen 72 ff., 413
Fachsprache 25, 548
– der Wirtschaft 381, 384 ff.
– in Mathematik, Naturwissenschaften und Technik 412 ff., 417 ff.
–, juristische 366
– und Alltagssprache 411 f.
Fachsprachenforschung, präskriptive 424 f.
Fachwissen 25, 72 ff.
Fachwort 162, 352
Fahnen- und Stigmawort 506
Faktizität 13, 77
Feldforschungsmethoden 531
feministische Linguistik 13
Figuren 461 f.
flektierende Sprachen 11
folk linguistics 314
Formelsprache 413
Form-Funktions-Korrelation 18
Forschungsnetzwerk *Sprache und Wissen* 25, 366, 477

Frage 212
Fragetypen 343
Frame 38 ff., 43, 48, 67, 159, 235, 254, 502 ff.;
    s. a. Wissensrahmen; Bedeutung
Frame-Analyse/Framelinguistik 232, 506
frame-shifting 504
Fremdwortpurismus 147
Fremdwort und Erkenntnis 11
funktionale Einheit 182
funktionale Varietät 477
Funktionen von Sprache 5, 8
Fuß 126 ff.

G
Gattungsstil 460
Gattungsverständnis bei literarischen
    Texten 458
Gebärde/Gebärdensprache 126 ff., 138, 181,
    185, 190 f.
Gebärdensprachliche Prominenzhierarchie 132
gebrauchsbasierte Ansätze in der
    Grammatik 169 ff.
gebrauchsbasiertes Wissen 87
gebrauchsorientierte Sprachwissenschaft 243;
    s. a. Sprachgebrauch
Gebrauchstheorie der Bedeutung 48, 51
Gedächtnis 38
gegenstandskonstitutive Rolle von
    Sprache 503
Geistes- und Naturwissenschaften, ihre
    Fachkulturen 413
Gemeinschaften, posttraditionale 296
Gender 13
Generative Grammatik 185
Geschichte der Sprachtheorie und
    Sprachwissenschaft 3, 34, 270
Geschichtlichkeit 269
geschriebene Sprache 179, 191; s. a.
    Schriftlichkeit und Mündlichkeit
Gesellschaft und Sprache 13, 292 ff., 540
Gespräch 18, 195 ff.
– als Wissensformation 16, 544
– in der Medizin 339
Gesprächsanalyse 437 ff.
Gesprächsausbildung im Medizinstudium und in
    der Weiterbildung 351
Gesprächseröffnung und -beendigung 341, 347
Gesprächsforschung/-linguistik,
    angewandte 195 ff., 209, 400

Gesprächssorten/-typen 22
– in der Medizin 348
– in Organisationen 400 ff.
gesprochene Sprache 182, 185, 190; s. a.
    Schriftlichkeit und Mündlichkeit
Gesprochene-Sprache-Forschung 209
Gestik 181, 185, 190 f.
Globalisierung und Wissen 421 ff.
Grammatikalisierung 98
Grammatiktheorien/-modelle 130, 170
graphematische Prominenzhierarchie 133
Grounded Theory 237, 531
Gruppensprache 291 ff., 298, 302, 307
Gruppensoziologie 292

H
Handeln, sprachliches/kommunikatives 3,
    15, 18, 22, 237; s. a. Interaktion;
    Sprachhandlung; Sprachgebrauch
– in der Medizin 335 ff.
– in Organisationen 397
– in der Kunstkommunikation 443
– in der politischen Kommunikation 509
– in der juristischen Textarbeit 364
– durch Ingenieure und Techniker 415
– und Wissen 57 ff.
Hermeneutik 52, 268 ff., 464, 467 ff.
Hierarchie 394
Hintergrundwissen 505
historische Semantik 163
Historizität 324
Hochwertwort/Unwertwort 506
Hyperfiktionale/hyperliterarische Texte 470

I
Ideal Language Philosophy 10
Identität, ihre sprachliche/kommunikative
    Konstruktion
– im urbanen Raum 525 f.
– in Organisationen 396
– in Unternehmen 383 ff.
– in der Politik 496 ff.
– in der Frühen Neuzeit 271
Ideologie 319
– in der Wissenschaftsgeschichte 270
Ideologiekritik 13
ideologische Polysemie 495, 506
ideology brokers 321
Idiomatismen 157

IGLU-Studien 552
Implikatur 505
implizites Wissen 204
Indexikalität des Sprachgebrauchs 100
Individualstil 460
individuelles und kollektives Wissen 200
indogermanische Sprachen 11
Inferenzen 37
Institutionelle Kommunikation 210
Instrumentalistische Sprachtheorie 361
Interaktion 15, 181, 184, 186, 190, 237, 533; s. a. Handeln, sprachliches; Kommunikation; Sprachhandlung
– in ärztlichen Gesprächen 351
Interaktionsnetzwerke 297
Interaktionstypen 63
– im Gespräch 348
– in Organisationen 400 ff.
interaktive Kontexte 15
Intermedialität 106
Interpretation 470
interpretative Semantik 36 ff.
Intersektionalität 228
Intramedialität 106
Invisibile-hand-Prozess 281
isolierende Sprachen 11
Issues Management 383

J
Jargon der Kunstkritik 439, 447
Jugendsprache 291, 324
Jugendsprachforschung 295
juristische Fachsprache 366
juristische Textarbeit 358 ff.

K
Kampagnen des Stadtmarketings 523
klassisches Mittelhochdeutsch 272
Kode 244 ff.
Kognition 3, 37, 74, 186, 503
Kognitionspsychologie 64
kognitionstheoretische Analysen 547
kognitive Funktion des Wortes 146 f.
– von Sprache 5
kognitive Perspektivität 379
kognitive Semantik 36 ff., 48, 53, 159
kognitive Wende 16
Kollektive Praxen 63
kollektives und individuelles Wissen 200

Kollokation 99, 153, 157
Kommunikation 15, 19; s. a. Interaktion; Sprachgebrauch; Sprachhandlung; kommunikatives Handeln
–, institutionelle 210
–, parlamentarische 511
–, politische 500
– im Bereich der Religion 478
– in der öffentlichen Verwaltung 393 ff.
– im Alltag 211
– und Medialität 112
– als kulturell geprägte Lebenspraxis 20
–, ihre gesellschaftliche Relevanz 198
Kommunikationsgemeinschaft/ Kommunikationsnetze 296, 307
kommunikatives Handeln/kommunikative Interaktion 15, 197
– in der Kunstkommunikation 437 ff.
– in religiösen Texten 481 ff.
– in Organisationen 396 ff.
– in der Medizin 335
kommunikative Gattungen/Praktiken/ Routinen 3, 18, 27, 197, 244, 323, 375, 400 ff.
kommunikativer Sinn 504
kommunikative Perspektivität 379
kommunikative Kompetenzen in Organisationen und Unternehmen 405
kommunikativ-funktionale Einheiten 182
Kompetenzen, sprachliche, von Kindern 553
Kompetenz und Performanz 135
Kompositionalität 186
Können vs. Wissen 61, 539 f.
Konstruktion/Konstruktionsgrammatik 148, 185, 213
Konstruktivismus 3 f., 9, 13, 150, 269 ff., 318 ff., 358 ff., 374 ff., 383 ff., 396 ff., 412 ff., 497 ff., 502 ff., 525 ff., 546, 554
–, neurobiologischer 12
–, Radikaler 13
– und Sprachgeschichtsschreibung 269
Kontexte, interaktive 15
–, multimodale 243
Kontextualisierung 45, 99 f., 243, 504
Konventionalität 17, 40 ff.
– von Bedeutung 50
Konversationsanalyse 210
Konzept s. a. Bedeutung; Frame
–, sprachhistorisches 271 ff.

konzeptionelle Mündlichkeit und
    Schriftlichkeit 196 f.
konzeptuelle Artikulation 76
konzeptuelles Wissen 147; s. a. Bedeutung;
    Frame
Kookkurrenzen 153, 508
Korpus 150
Korpusanalyse/Korpuslinguistik 151 ff., 155,
    237, 508, 531
Korpuspragmatik 367
Krisenkommunikation 382
Kulturalität 324
kulturelle Sinnproduktion 468
Kulturgeschichte und Sprachgeschichte 279
Kultur
–   und Wortschatz 147
–   in Unternehmen 399
Kulturwissenschaften 13, 52, 231, 269, 279,
    463, 533
Kunstbetrachter 440
Kunstgespräch 438
Kunstkommunikation 435
–, Handlungsfelder 443 ff.
Kunstkritik 439 ff.
Kunstrezeption 439 ff., 446 ff.
Kunstvermittlung 440 ff., 448
Kunstwissenschaft 449

L
Laienkommunikation 337
Laienlinguistik 314 ff.
–   Laien- und Expertenwissen 73, 337
Langue 169 ff., 184 ff.; s. a. Sprachsystem
Laut 125 ff.
Lautsprachen 127 ff.
Lautsprachliche Sonoritätshierarchie 132
Lautsprachverarbeitung 138
Lebensformen/Lebenspraxen 15, 24, 63, 363
Lebenswelt, religiöse 478
lehren 549 ff.
Lehr-Lern-Gespräch 544
Lemma 152
lernen 549 ff.
Lesekompetenz 551
lexikalische Bedeutung 47, 49, 146, 149,
    157 ff., 365, 503
lexikalische Transferprozesse 350
Lexikographie 161 ff.
–, ihre Geschichte 147

lexikographische Semantik 49
Linguistic Turn 416
linguistische Epistemologie 494; s. a.
    Episteme; Epistemologie
–   Anthropologie 316
linguistisches Relativitätsprinzip 11
Literacy 550
literarische Gattungen/Textsorten 460
literarische Texte 455
–, sprachliche Kennzeichen 459, 461, 465 f.
–, ihre Produktion 459
–, Verstehen und Interpretation 467, 470
Literatur, elektronische Texte 470
Literatursprache, deutsche, ihre
    Entwicklung 457
literatursprachliche Innovationen 459 ff., 465
Literatur und Alltagskommunikation 456
Logik 77
Logische Semantik 47
Lokalität 527

M
Massenmedien 510
materialistische Erkenntnistheorie 7
Mathematik 411
Medialität/Medien 106 ff., 113, 208, 242 ff.,
    429 f., 505; s. a. Multimedialität,
    Multimodalität
mediale Medizinkommunikation 351
mediale Verfasstheit der
    Unternehmenskommunikation 382
Medialitätsgeschichte 287
medialitätstheoretische Ansätze in der
    Grammatik 169 ff.
Medien s. Medialität/Medien
Medienbegriff, essentialistischer 110
mediengenerativistische Auffassung 112
Mediengeschichte 109
Medienphilosophie/Medientheorie 106 ff.
Medien und Sprache 108 f., 111
Medizindiskurs 335 ff.
Medizin, Fachwortschatz 352
Medizinisches Wissen 338
Medizinische Wissenskommunikation 335 ff.,
    351
Mehrebenenstruktur 94
Mehrsprachigkeit 533
Mehrworteinheiten 148, 157, 508
Mensch, als zoon politikon 5

mentale Artikulation 76
mentales Lexikon 145
Merkmalsemantik 47, 53
Metapher 256 f., 380, 503, 507
– in der Wirtschaftskommunikation 380
– in Mathematik, Naturwissenschaften und Technik 418
Metapragmatik 322 f.
Metasemiose 323
Metasprachdiskurs 314 ff.
Metasprache 314 ff., 322
metasprachliches Wissen 314 ff.
Milieu 294
Mimesis 466
Missverstehen 211
Mobilität 528, 531 f.
modalitätsübergreifende Phonologie 125 ff.
mode of communication 245
modes 243 ff.
Morphem 156
Motiviertheit 95
Multi-Ethnolect 534
Multikodalität 208, 242 ff.
Multikulturalismus 533
Multimedialität 106, 197, 242 ff.; s. a. Medialität; Multimodalität
–, in der politischen Kommunikation 509
Multimedialitätseinheiten als Wissensformationen 16
Multimedialitätseinheiten-in-Funktion 18
multimodale Analyse von gesellschaftlichen Diskursen 509
multimodale Texttypen 247
Multimodal Interaction Analysis 247
Multimodalität 238, 242 ff., 252 ff.; 509; s. a. Multimedialität
Mündlichkeit und Schriftlichkeit 126, 196 f., 234, 394
Museums- und Ausstellungskommunikation 443, 448
Musik 247, 259, 260
Muster/Musterbildung 18, 65, 186
– in der Kunstkommunikation 437

N

narrating history 269
natürliche Sprache 540
Natur- und Geisteswissenschaften, ihre Fachkulturen 411 ff.

Netzwerke, soziale 303
Neuer Realismus 8, 14
neuhochdeutsche Schriftsprache 275 ff.
neurobiologischer Konstruktivismus/ Neurokonstruktivismus 12
neurowissenschaftliche Analysemethoden 137
Nichtwissen 201
non-verbale Kommunikation/ Zeichensysteme 243
Normtextbedeutung 360 ff.
Norm und Abweichung/Deviation in literarischen Texten 465

O

öffentlicher Kunstdiskurs 447 f.
öffentliche Verwaltung 395
Öffentlichkeit 320
Onlinekommunikation 238
Ontologie 4, 6, 13
Opposition 92
Organisationale Interaktionstypen 400
Organisationen und Sprache 392 ff.
Organisationslinguistik 403
orthografisches Wort 146
Ortsherstellung 527

P

paradigmatisch 188
paralinguistische Dimension 247
parlamentarische Kommunikation 511
Parole 169 ff.
Peergruppen 293 f., 306
Performanz 22, 100, 172, 397
– und Kompetenz 135
Perspektive/Perspektivität 9, 270, 379
Phänomenorientierung X, 15, 17, 24, 34
Philosophie 77
Phonologie 125 ff.
–, experimentelle 135
phonologische Bedeutungsunterscheidung 84
phonologische Hierarchie 126
Phraseme 157
Phrasen 174
Phraseologie-Forschung 148
PISA 551 f.
poetische Funktion 463, 467
politische Lexik 495, 506
politische Sprachkritik 493
Politolinguistik 493 ff.

posttraditionale Gemeinschaften 296
pragma-semiotischer Ansatz der
    Bedeutungsexplikation 363
Pragmatik 96 f.; s. a. Handeln, sprachliches;
    Interaktion; Sprachhandlung
Praktiken, kommunikative 323; s. a.
    Handlung, sprachliche; Interaktion;
    Sprachgebrauch
praktische Semantik 48
Präskription 315 ff.
präskriptive Fachsprachenforschung 424 f.
Print-Texte 247
Produktion literarischer Texte 459
prospektive Linguistik 427
Prototypensemantik 47, 53
Prototypikalität 41
prozedurales/deklaratives Wissen 57 ff., 61 ff.,
    202 f., 547
Public Relations 382
Purismus 147, 271, 324; s. a. Sprachideologie

Q
qualitative Analyseverfahren 150 ff., 309, 530
quantitative Analyseverfahren 150 ff., 309, 530
Queer Linguistics 230

R
Radikaler Konstruktivismus 13
Rahmen, konzeptueller 43; s. a. Frame
Rationalisierung von Sprache in
    Organisationen 392
Rationalismus 10
Raum und Sprache 523
Realismus 3 f.
Realität 3, 499
Rechtsarbeit 366
Rechtslinguistik 358 ff.
–, Themenfelder 366
Rechtspragmatik 358 ff.
Rechtssemantik 358 ff.
Rechtssprache 26, 393
Recht und Sprache 358 ff.
Redewendungen 148
referentielle Leistung von Sprache 13
Regelverletzungen 465
Relativismus 12
Relativitätsprinzip, linguistisches 11
Religion, Sprache und Wissen 475 ff.
–, ,religiöse Sprache'

–, ihre Rhetorik und Stilistik 477
–, ihr Wortschatz 481 ff.
Repräsentationsfunktion der Sprache 361
representational mode 245
Rezeptionsästhetik 469
Rezeptionsforschung 258
Rezeption von Literatur 456
Rhetorik 4, 59, 77, 146, 251, 257 ff., 460
rhetorische Figuren 461
Risikokommunikation 420

S
Sachverhaltskonstitution durch Sprache, in der
    Wirtschaft 374
Satz 167 ff., 173
Satzmuster 186
Satzsemantik 49
Schema als basale syntaktische
    Analyseeinheit 183
Schema/Schematisierung 36 ff., 43 ff., 48, 66,
    167 ff., 183 ff.; s. a. Bedeutung; Frame
Schlagwörter 254, 502 ff.
Schlüsselwörter 502 ff.
Schreibforschung 258
Schriftlichkeit und Mündlichkeit 126, 196 f.,
    234, 394
Schriftsprache 126 ff.
–, neuhochdeutsche 275 ff.
Schriftsystemforschung 128, 162
Schule 550 ff.
Sehepunkt 379
Semantiken 23
Semantik 34 ff.; s. a. Bedeutung
–, interpretative 36 ff.
–, kognitive 36 ff., 53
–, Rolle des Wortes 149
semantische Kämpfe 14, 78, 376, 498
semantische Kompositionalität 95
semantische Netze 48
semantisches Wissen 87
Semiose 97 f., 364
–, unendliche 364
semiotic resource 245
Semiotik 242 ff., 252 ff.; s. a. Multimedialität
semiotische Komplexität 247
sentence 178
Serialität und Singularität 233
Silbe/Silbenstrukturen 130 ff.
Singularität und Serialität 233

Sinnkonstitution in Organisationen 397
Sinnproduktion 468
Sinn und Medialität 113
Sinnwelten 287
Situationskonstellationen 15
Situativität von Sprache 18; s. a. Handeln, sprachliches
Skripte 67
Social Networks 308; s. a. soziale Netzwerke
Sondersprache 298
soziale Gruppe 291 ff.
soziale Identität 527; s. a. soziale Gruppe
– und Kommunikation in Unternehmen 399
soziale Netzwerke 295, 305, 307 f.
soziale Praxis/Praktiken 3, 502, 526
soziale Positionierungen in der Kunstkommunikation 439 ff.
soziales Handeln 15; s. a. Handeln, sprachliches
Sozialität 5
Sozialsemiotik 250, 252
Sozialwissenschaften 309
Soziolekt 293 ff., 298, 302
Soziolinguistik 19, 298, 302, 316
–, korrelative und interpretative 309
soziolinguistische Ansätze in *Urban Linguistics* 534
Sozio-Pragmatik, Rolle des Wortes 149
Sprachbedürftigkeit der Kunst 435
Sprachbewusstseinsgeschichte 287
Sprache, Denken und Wirklichkeit 5
Spracheinstellungen 314 ff., 319
Spracherwerb/Spracherwerbsforschung 68, 144, 155, 162
Sprache
– und Bild 249 ff.
– und Bildung 542
– und Denken 3, 8, 42, 147, 496
– und Geschichte 267
– und Gesellschaft 292 ff.
– und Wissen 43, 57 ff.
Sprachfunktionen 5, 8
Sprachgebrauch 16 f., 20, 71, 81 ff., 100, 169, 243, 505; s. a. Kommunikation; Sprachhandlung; Interaktion
– in der Politik 493 ff.
– in Unternehmen 399
Sprachgebrauchsgeschichte 287
Sprachgebrauchsmuster 508, 530

Sprachgeschichte/Sprachgeschichtsschreibung 269, 283 ff.
Sprachhandlung 3, 15; s. a. Handeln, sprachliches; Sprachgebrauch; Kommunikation
–, begrifflich-definitorische 380
– in der Kunstkommunikation 437 ff.
– in religiösen Texten 481 ff.
Sprachhandlungstypen 26
Sprachhandlungstypologie, epistemologische 3, 25
sprachhistorische Konzepte 271
Sprachideologie 270 ff., 314 ff.; s. a. Purismus
Sprachideologieforschung 319
Sprachkontakt 533
Sprachkontaktgeschichte 287
Sprachkritik 314 ff., 493 ff.
–, linguistische 497
– und Sprache der Bürokratie 395
– und politische Sprache 496 ff.
sprachliche Handlungsmuster 526
sprachliche Interaktion 15
sprachliches Handeln s. Handeln, sprachliches
sprachliches Wissen als gesellschaftliches Wissen 505
sprachliche Variation 305
sprachliche Weltansichten 3
Sprachlichkeit des Rechts 359
Sprachloyalität 306
Sprachmodalität 125 ff.
Sprachnorm 20
Sprachphilosophie 5, 34
Sprachpolitik 510
Sprachpsychologie 64
Sprachpurismus 147, 271, 324; s. a. Sprachideologie
Sprachreflexion 270 ff., 314, 326; s. a. Geschichte der Sprachtheorie
–, Ideologisierungen 270
Sprachspiel 77, 85, 116, 363, 397, 497, 546
Sprachsystem 20, 81 ff., 169 ff., 223, 242, 275 ff., 318; s. a. Langue
–, Stellung des Wortes 156
–, Struktur und Funktion 93 f.
Sprachsystemgeschichte 287
Sprachsystemtheorien 136
Sprachtechnologie 151
Sprachtheorie und Sprachwissenschaft, ihre Geschichte 3, 34, 270

Sprachvariation 306
Sprachverarbeitung 137
Sprachverfall 315
Sprachwandel 173, 275 ff., 281, 307 f., 315
Sprachwirklichkeit 17
Sprechakttheorie 26
Stadt
–, deklarative 525
– als Variationsraum 524
städtische Protestkommunikation 523
Stadtmarketingkampagne 526
Stadtsprachenforschung 523
Standardsprache 540
Stereotypensemantik 47
Stigma- und Fahnenwort 506
Stil, Abweichung/Deviation 465
Stilelement 460
Stilfärbung 460
Stilschicht 459
Stil und Literatur 459
Stilzug 460
Strict Layer Hypothesis 127
Strukturalismus 82, 126, 135, 147, 170, 188, 278
Struktur und Funktion im Sprachsystem 93 f.
Subkulturen 294
symbolischer Interaktionismus 40
Symbolsprachen 413
Syntax 168 ff.
–, Rolle des Wortes 148, 159
– und Bedeutung 44
Systemtheorie 14
System und Performanz 172
Szenen 294

T
technê 60 f.
Technik 411 ff.
Technikfolgenabschätzung 420
technisches Schreiben 417 ff.
Technolekte 548
Teilsysteme, sprachliche 18
Terminologiearbeit 424 ff.
– in Mathematik, Naturwissenschaften und Technik 417 ff.
Text 99 f., 159, 195 ff., 225
– als soziales Werkzeug 198 f.
– als Wissensformation 16, 209
Textanalyse 49, 53, 157, 159 f., 197, 202, 205 ff., 227, 249 ff., 254 ff., 359 ff., 364 ff., 367 ff., 381 f., 400 ff., 425 f., 430, 437 ff., 440 f., 444 ff., 460 ff., 467 ff., 487 f., 496 ff., 506 ff., 547, 551
Textbegriff, seine Ausweitung 197
Text-Bild-Beziehungen 242 ff., 509
Texte-in-Funktion 18
Textgestaltung in literarischen Texten 459
Textlinguistik 16, 195 ff., 254
Textmuster 207, 463
Textproduktionsforschung 258
Textsemantik 43 f., 49, 53, 102, 157, 159, 202 f., 249 ff., 254 ff., 360 ff., 364 ff., 367 ff., 375 ff., 380 ff., 398 ff., 417 ff., 425 f., 430, 437 ff., 444 ff., 457 ff., 460 ff., 551
Textsorten 20, 22, 207, 460, 463
– in der politischen Kommunikation 508
–, literarische 460
Textsorten-/Gattungswissen 203, 463
Texttranszendenz 226
Texttypen, multimodale 247
textual resource 245
Text und Wissen 199 ff.
Thematizität 233
Therapiegespräch 346 ff.
Toponyme 523
Topos 255, 507 f.
Transversalität 228 ff.
Transkriptivität 504
Transmedialität 106
Transsemiotizität 238
Transtextualität 226
transversale Eigenschaften urbaner Räume 519 ff.
Tumblr 308
Twitter 308
Typographie 256

U
Übersetzungswissenschaft 162
Universalismus 4
Universalität 324
Unternehmenskommunikation 374, 380, 386
–, interne und externe 377 ff.
Unternehmenskultur 397
Unternehmensphilosophie 383
Unternehmenssprachen 382
Unterricht 550
Unterrichtssprache 550

Unwertwort/Hochwertwort 506
urbane Räume
–, Merkmale 519 ff.
–, transversale Eigenschaften 519 ff.
Urbanitätsmodel 519 ff.
Urban Linguistics 519 ff.
Urban Vernaculars 534

V
Variation 305 ff.
variationales *Place-Making* 519 ff., 523
Varietäten 3, 18, 22, 303 ff., 540
Varietätenlinguistik 19
–, Rolle des Wortes 149
verhaltensorientierte Analysemethoden 137
Verhaltensroutinen 63
Vermittlung von Wissen 203, 549
Verständigungsprobleme 211
Verständlichkeit und Verstehen 90
Verstehen 37, 211 f., 269, 461, 505
– literarischer Texte 467
– und Verständlichkeit 90
verstehensrelevante Routinen 16
verstehensrelevantes Wissen 38, 232
Verwaltungssprache 393 ff.
Verwaltung und Kommunikation 393 ff.
Verwendungskontext 504
visuelles Lexikon 249
Vorstellung 146; s. a. Bedeutung; Frame

W
Wahrheit 3 ff., 77
Wahrnehmung 12
Weltansicht, sprachliche 3, 10
Weltwissen 20, 49, 147, 463, 505
Wert und Opposition im Sprachsystem 92 ff.
Wirklichkeit 3, 499
Wirtschaftslinguistik 373 ff.
Wirtschaftssprache 373 ff., 381
Wissen
–, deklaratives und prozedurales 202 f.
–, implizites und explizites 204
–, individuelles 200
–, kollektives 200
–, konzeptuelles 147
–, metasprachliches 322 f.
–, propositionales und instrumentelles 201 f.
–, verstehensrelevantes 38 ff., 232

– als Resultat interaktiver Bedeutungskonstitution 338
– in Texten 199 ff.
– und Bedeutung 41
– und Diskursanalyse 231
– und Globalisierung 421 ff.
– und Handeln 57 ff., 61 ff.
– und Können 539 f.
–, seine epistemische Qualität 203
–, seine Kulturspezifik 147
Wissensarchäologie 270 ff.
Wissensarten 57 ff., 61, 505
Wissensasymmetrie 211
Wissenschaftskommunikation 317
Wissensdomäne 3, 17, 75
Wissenserwerb 200
Wissensformationen/Wissensstrukturen 16, 37
Wissensgesellschaft 57
Wissenskommunikation, medizinische 351
Wissenskonstitution 17
– in Mathematik, Naturwissenschaften und Technik 430 f.
Wissensproduktion und -vermittlung 511
Wissensrahmen 38 ff., 48, 67, 235, 365, 503; s. a. Frame
Wissensräume 421
Wissenssoziologie 235
Wissensstrukturen/Wissensformationen 16, 37
Wissenstransfer 72 ff., 342
Wissenstransformation 209
Wissensvermittlung 203, 419, 431, 549
Wissen über gesprochene und geschriebene Texte 199
Wissen *über* Texte und *in* Texten 209
Wissen und Sprache 43, 57 ff.
– im Recht 358 ff.
– in der Bildung 539 ff.
– in der Medizin 335 ff.
– in der Religion 475 ff.
– in der Wirtschaft 373 ff.
– in Mathematik, Naturwissenschaften und Technik 411 ff.
– in Organisationen 392 ff.
– in der Philosophie 59 f.
– in Politik und Gesellschaft 493 ff.
Wissen vs. Können und Meinen 59 ff., 546
Wissen/wissen, Etymologie und Wortgeschichte 58
Workplace Studies 395

Wortakzent 138 f.
Wortart und Bedeutung 44
Wortbedeutung 149, 363
- und Syntax 159
Wortbegriff 144 ff.
Wortbeziehungen 152 ff.
wortbezogene Ideologie 147; s. a. Purismus
Wortbildung 156
Wörterbuch 161, 300
Wort 143 ff.
-, phonologisches 126 ff.
- im Sprachsystem 156
- im Text 151
- in der Syntax 148
- in der Diskursanalyse 150
- in der Semantik 149
- in der Soziopragmatik 149
- in der Varietätenlinguistik 149
- und Bedeutung 47, 146, 149, 365
-, seine kognitive Funktion 146
-, seine Elemente 156
Wort, Etymologie, Begriffsgeschichte und Definitionen 144 ff.

Worte vs. *Wörter* 146
Wortfeld 53
Wortform 151 f.
Wortforschung 150 ff.
-, angewandte 162
-, experimentelle Methoden 154
Wortschatz 143 ff., 161, 294, 298
- der Politik 495, 506
- in Mathematik, Naturwissenschaften und Technik 429 f.
- religiöser Texte 481

Z

Zeichen 44 ff.
Zeichenbegriff Saussures 172
Zeichenhaftigkeit 111
Zeichenmodalität (*mode*) 242 ff.
Zeichenressourcen 247
Zeichenschema 187
Zeichentheorie 5, 39 ff., 45 ff.
Zeichenverhalten 15
Zeitstil 460